우리나라 전통신문

조선시대 「조보(朝報)」 연구

조선왕조실록 사료를 바탕으로

우리나라 전통신문
조선시대 「조보」(朝報) 연구
조선왕조실록 사료를 바탕으로

초판 1쇄 발행 2022년 10월 10일

지은이 차배근

펴낸곳 서울대학교출판문화원
주소 08826 서울 관악구 관악로 1
도서주문 02-889-4424, 02-880-7995
홈페이지 www.snupress.com
페이스북 @snupress1947
인스타그램 @snupress
이메일 snubook@snu.ac.kr
출판등록 제15-3호

ISBN 978-89-521-3151-5 93300

우리나라 전통신문

조선시대 「조보(朝報)」 연구

조선왕조실록 사료를 바탕으로

차배근 지음

서울대학교출판문화원

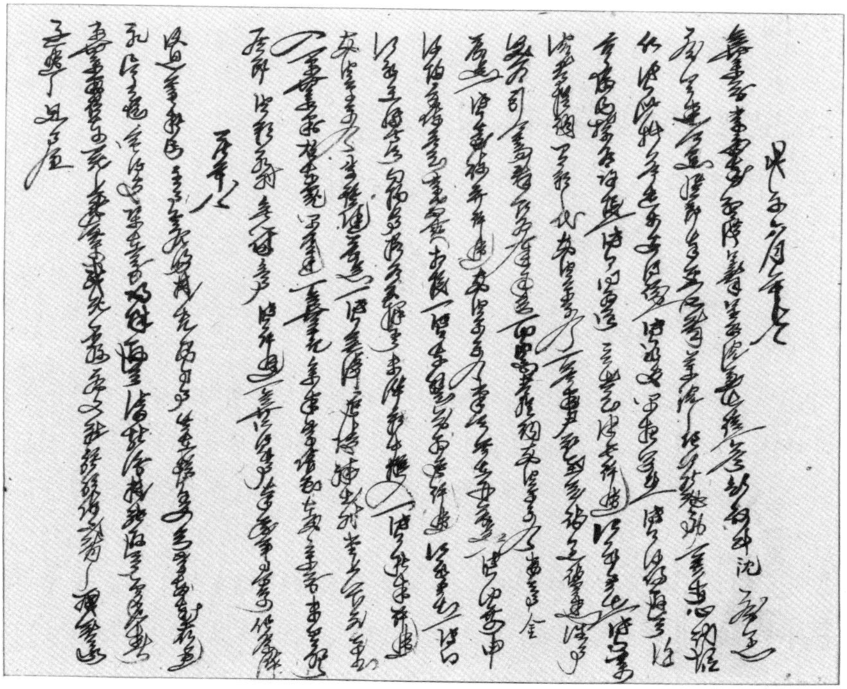

〈사진 1〉 무오년(戊午年: 철종 9년, 서기 1858년) 6월 27일자 조보(附 政事)(35×40.5cm)

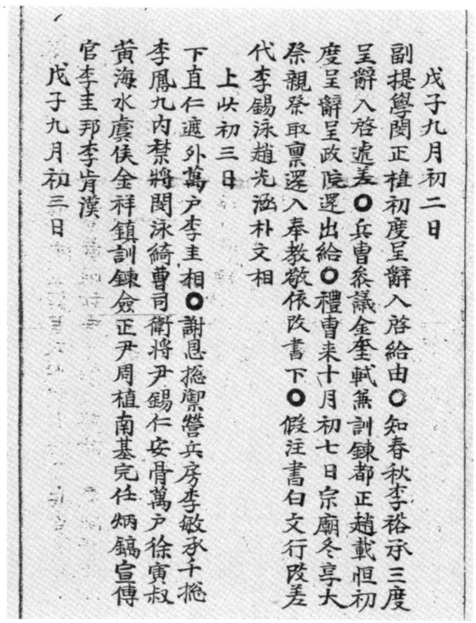

戊子九月初二日
副提學閔正植初度呈辭入啓給由○知春秋李裕承三度
呈辭入啓遞差○兵曹叅議金奎軾兼訓鍊都正趙載桓初
度呈辭呈政院還出給○禮曹来十月初七日宗廟冬享大
祭親祭取稟還入奉教敬依改書下○假注書白文行改差
代李錫泳趙光涵朴文相
上岰初三日
下直仁適外萬户李圭相○謝恩摠禦營兵房李敏承千摠
李鳳九内禁將閔泳綺曹司衛將尹錫仁安骨萬户徐寅叔
黃海水虞候金祥鎮訓鍊僉正尹周植南基完任炳鎬宣傳
官李圭邦李肯漢
戊子九月初三日

〈사진 2〉 조보초(朝報抄) 표지와 1쪽(편찬자 미상, 고종 25년, 戊子, 서기 1888년 9월 2일부터 이듬해 12월 18일까지 매일의 조보 내용을 초록해 놓은 책, 20.5×29cm)

머리말

조보의 정확한 전체 그림은 도대체 어떤 모양이었을까?

지난 3년 동안 조선왕조실록에서 찾아낸 749건의 조보관계기사의 조각들을 가지고, 마치 직소 퍼즐(jigsaw puzzle) 그림을 맞추어 나가듯이, 우리나라 전통적 신문의 하나인 조보(朝報)의 전체 그림을 맞추어 보려고 수많은 시간을 보내며 고민에 고민을 거듭했다.

조보는 우리나라의 전통적 신문 현상들 중에서 대표적인 것으로 우리나라 신문의 원조(元祖) 내지 원형(原型)으로 볼 수 있다. 따라서 그간 이에 관한 수많은 연구들이 이루어져 왔다. 하지만 이들 선행연구들을 보면, "나무만 보고 숲은 보지 못한 듯"한 감이 없지 않았으며, 무엇보다 그에 관한 사료(史料)들이 실증적이기보다는 전언적(傳言的)인 것들이 대부분이었다. 그래서 실증적 사료를 사용하여 조보에 관한 전체적 그림을 그려 보겠다고 감히 돈키호테식 만용(蠻勇)을 부렸다. 그러나 조보의 실물들이 거의 남아 있지 않을뿐더러, 남아 있는 것들도 대부분이 조선조 후기의 것들이었다. 이들이 전체 조보를 대표한다고 하기는 어렵기에 그 대안으로 생각한 것이 바로 조선왕조실록에서 조보에 관한 기사들을 모두 찾아내서 이들을 서로 짜 맞추어서 조보에 관한 전체적 그림을 그려 보겠다는 것이었다.

조선왕조실록은 1392년 태조부터 1863년 철종까지 긴 세월에 걸쳐 쓰여진, 방대한 자료이면서도 정확성과 객관성이 뛰어난 기록 유산으로서 한국사 연구의 기본 사료가 된다. 따라서 국사편찬위원회 홈페이지에 공개되어 있는 조선왕조실록에서 조보(조지·저보·기별·난보·경보·소보·분발 등 다른 명칭 모두 포함)에 관한 것을 검색해 보았더니 모두 749건이 나왔다. 그러나 이들 중에서 실제로 조보관계기사는 447건이었다. 이들 조보관계기사를 모두 프린트해서 읽어 나가면서 마치 퍼즐 그림을 맞추어 나가듯이 이 책을 써 보았다.

앞서 말했듯이 조보는 우리나라의 대표적 전통신문이다. 그러나 이에 관한 단행본 연구서가 아직 나와 있지 않아, 내가 죽기 전에 한 권 써 보겠다고 평소부터 한문도 배우면서 뜸을 들여 왔던 것이다. 그래서 이 책 원고를 탈고하고 나니 아쉬움도 많지만 후련한 기분도 좀 들었다. 언론사(言論史) 공부를 시작하며 나 자신에게 내주었던 몇 가지 숙제 중에서 어쨌거나 하나는 마쳤기 때문이다.

책을 잘 썼는지, 잘못 썼는지는 저자 본인이 평가할 수 있는 문제가 아니다. 그러나 조보에 관련된 실록 기사들은 꼼꼼히 챙겨서 이 책에 되도록 자세히 소개해 놓았다. 우리나라 언론의 역사를 공부하는 학도들에게 자료를 찾는 수고로움이라도 조금 덜어 주었으면 좋겠다는 것이 지은이의 바람이다.

끝으로 이 책의 교정을 꼼꼼히 봐 준 박정규 박사와 이원락 박사 그리고 책을 예쁘게 꾸며 준 서울대학교출판문화원에 감사의 뜻을 전한다. 끝으로 좀 쑥스럽지만 개인적인 말을 한 줄 적고 싶다. 이 책의 출간에 즈음하여 나의 사랑하는 아내 신문자, 큰딸 경욱, 작은딸 경화, 사위 노원호, 손자 노준형과 준서에게 고마움을 표하고 싶다. 모두들 건강하고 행복하게 살자.

2022년 9월 22일

화성시 절골 낭형당에서

지은이 적음

차례

머리말 vi

제1장 서론: 우리나라 신문의 원조와 조보

제1절 우리나라 신문의 원조에 관한 여러 가지 견해 4

1) 1930년대 이전 신문·잡지에서의 언급들 4

2) 1930년대에 우리나라 신문의 원조에 관한 여러 견해들 8

3) 광복 이후 우리나라 신문의 기원에 관한 여러 견해들 17

제2절 우리나라 신문의 원조로서의 조보 21

1) 신문이 갖추어야 할 필요조건들 21

2) 우리나라 신문의 기원으로서 조보의 타당성 22

제3절 우리나라 조보에 관한 그간의 연구실태 25

1) 민간인쇄조보에 관한 이이·박제가·이긍익 등의 논급 25

2) 조보에 관한 꾸랑·유길준·황현의 소개와 논급 29

3) 일제강점기에 조보에 관한 소개와 논급 33

4) 광복 이후 각종 저서들에서 조보에 관한 소개와 논의 40

5) 한국신문전사(前史)에 관한 글에서 조보에 관한 논의 45

6) 조보의 기원과 실태 및 유사물에 관한 박정규의 연구들 50

7) 조보에 관한 차배근의 여러 가지 다양한 연구들 52

8) 조보 관련 쟁점들에 관한 김영주의 연구 59

9) 서지학·문헌정보학·기록학 분야에서 조보에 관한 연구 63

10) 국사학계에서 조보에 관한 연구들 70

11) 한문학계에서 조보의 유통에 관한 유영옥의 연구 77

12) 북한에서 조보에 관한 연구와 기술 78

13) 조보에 관한 선행연구들의 요약과 주요 문제점 86

제4절 이 책의 주요 목적과 연구문제 및 연구방법 88
1) 우리나라 조보에 관한 의문점들과 연구문제 88
2) 조보에 관한 1차 사료원(史料源)의 조사와 그 실태 90
3) 조보에 관한 2차 사료원으로서 조선왕조실록 104
4) 이 책의 구성 체재의 개관 108

제2장 조보의 여러 가지 명칭과 유사물

제1절 실록에 나타난 조보의 여러 가지 명칭들의 개관 114
1) 조보의 여러 가지 명칭들에 대한 견해 114
2) 실록에서 검색해 본 조보 관련 명칭들의 출현 건수 121
3) 조보와 조지는 동의어로 서로 혼용 123
4) 저보도 조보의 별칭 중 하나로 많이 사용 126
5) 기별도 조보의 별칭 중 하나임이 분명 128
6) 난보는 조보의 별칭이나 경보와 소보는 알 수 없어 130
7) 분발은 조보의 별칭이 아니라 그 호외인 속보지 134

제2절 저보(邸報)의 유래와 실록에 나타난 실체 136
1) 중국에서 '저보'의 생성·발전과 소멸 136
2) 우리나라 '저보' 제도와 명칭의 중국 유래설 138
3) 저보는 조보의 별칭인가, 다른 신문현상인가 140
4) 결언: 저보는 조보의 별칭임이 거의 분명 143

제3절 기별(奇別)의 유래와 실록에 나타난 실체 145
1) 각종 사전들에서 기별 또는 기별지의 뜻풀이 145
2) 기별지의 정체에 관한 학자들의 두 가지 견해 147
3) 실록에서 기별지에 관한 기사들의 개관 149
4) 실록을 통해 본 기별지의 실체 153

제4절 난보(爛報)의 유래와 실록에 나타난 그 실체 161
1) 조보의 속칭으로서 '난보'라는 명칭의 유래 161

2) 실록에 나타난 난보에 관한 기사들의 실례 163
3) 난보의 정체에 대한 추가적 연구의 필요성 165

제5절 경보(京報)의 유래와 실록에 나타난 그 정체 167
1) 경보관계기사 14건 중 우리나라 경보에 관한 것은 0건 167
2) 연세대학교 소장 경보의 실체는 무엇인가? 172
3) 중국에서 '경보'의 기원과 성격 및 발전과 쇠퇴 175
4) 청나라 '경보'와 연세대학교 소장 경보와의 관계 177

제6절 소보(小報)의 유래와 실록에 나타난 그 정체 179
1) 실록에 검색건수 35건 중 실제 소보관계기사는 28건 179
2) 소보에 관한 문헌과 선행연구들 180
3) 실록 기사들을 통해 본 소보의 정체 181
4) 소보는 각사(各司)에서의 내부적 관보였던 듯 182
5) 실록 기사들에 나타난 소보의 주요 내용 184
6) 소보의 정체와 기능 등에 관한 연구의 필요성 186

제7절 조보의 호외(號外)로서 분발의 기원과 특성 188
1) 실록 기사들에 나타난 분발의 실태 188
2) 각종 문헌들을 통해 본 분발의 실체와 특성 191

제8절 그 밖의 조보유사물들의 실체에 관한 고찰 200
1) 조보의 기타 여러 가지 별칭들과 그 어원 200
2) 조보의 유사물들과 그 명칭에 관한 고찰 203

제3장 신문의 기원과 우리나라 조보의 기원

제1절 우리나라 조보의 기원에 관한 세 가지 학설 210
1) 신라시대 기별로부터의 기원설 210
2) 중국 언론문물제도의 이입설 213
3) 우리나라 기별지에 중국 저보·조보의 접목설 215

제2절 서양에서 신문의 기원과 생성 217
1) 고대 로마에서 최초의 신문 「악타」의 출현 217
2) 「악타 세나투스」와 「악타 디우르나」의 여러 형태 222
3) 「악타 세나투스」와 「악타 디우르나」의 주요 내용 226
4) 「악타 세나투스」와 「악타 디우르나」의 배포 방법과 범위 230
5) 「악타 세나투스」와 「악타 디우르나」의 존속 기간 233
6) 「악타 디우르나」의 소멸과 그 이후의 신문 실태 235

제3절 중국에서 신문의 기원과 발달 과정 241
1) 중국에서 동양 최초의 신문현상 '저보' 출현 241
2) 당(唐)나라의 건국과 저보의 재생·발전 246
3) 송(宋)나라 때 관보로서 저보의 변모 248
4) 명(明)나라 때 저보의 회생과 발전 253
5) 청(淸)나라 때 저보의 소멸과 서양언론문물의 이입 255

제4절 실록을 통해 본 우리나라 조보의 세 가지 기원설 261
1) 신라시대 기별로부터의 기원설의 타당성 검토 261
2) 중국으로부터 이입설의 타당성 검토 266
3) 우리나라 기별지에 중국 저보·조보 접목설의 타당성 검토 274
4) 우리나라 조보의 세 가지 기원설에 대한 결언 276

제5절 우리나라 민간신문의 기원과 전말(顚末) 284
1) 우리나라 민간신문의 기원에 관한 언론사학자들의 견해 284
2) 실록에 나타난 민간인쇄조보에 관한 기사 내용 287
3) 민간인쇄조보에 관한 율곡과 이긍익 등의 논평 290
4) 민간인쇄조보의 언론사적 주요 의의 294

제4장 우리나라 조보의 존속 실태와 소멸

제1절 실록을 통해 본 조보의 존속 기간 개관 302

제2절 중종 시기(1506-1544) 조보의 존속 실태 305
1) 조선 제11대 임금 중종과 중종실록 305
2) 중종실록에 나타난 조보의 존속 실태 307

제3절 명종 시기(1545-1567) 조보의 존속 실태 314

제4절 선조 시기(1567-1608) 조보의 존속 실태 316
1) 조선 제14대 임금 선조와 선조실록 316
2) 임진왜란 이전(1567-1592) 조보의 존속 실태 319
3) 임진왜란 동안(1592-1598) 조보의 존속 실태 320
4) 임진왜란 이후(1598-1608) 조보의 존속 실태 326

제5절 광해군 시기(1608-1623) 조보의 존속 실태 334
1) 조선 제15대 임금 광해군과 광해군일기 334
2) 광해군일기중초본에 나타난 조보의 존속 실태 336

제6절 인조 시기(1623-1649) 조보의 존속 실태 349
1) 조선 제16대 임금 인조와 인조실록 349
2) 인조실록에 나타난 조보의 독자와 내용 350
3) 조보 담당자들에 대한 통제와 조보의 활용 355

제7절 효종 시기(1649-1659) 조보의 존속 실태 361
1) 조선 제17대 임금 효종과 효종실록 361
2) 효종실록을 통해 본 조보의 존속 실태 362

제8절 현종 시기(1659-1674) 조보의 존속 실태 369
1) 조선 제18대 임금 현종과 현종실록 369
2) 현종 시기에 나타난 조보의 존속 실태 370

제9절 숙종 시기(1674-1720) 조보의 존속 실태 375
1) 조선 제19대 임금 숙종과 숙종실록 375
2) 숙종실록을 통해 본 조보의 존속 실태 376
3) 청나라 조보·당보의 유입과 일본 조보에 대한 언급 382

제10절 경종 시기(1720-1724) 조보의 존속 실태 386
1) 조선 제20대 임금 경종과 경종실록 386
2) 경종실록을 통해 본 조보 발행 실태 388
3) 임금의 비지(批旨)를 위조한 가짜 조지도 등장 390

제11절 영조 시기(1724-1776) 조보의 존속 실태 393
1) 조선 제21대 임금 영조와 영조실록 393
2) 독자들을 통해 본 영조 시기 조보의 존속 실태 394
3) 조보의 여러 가지 주요 내용들의 실태 396
4) 조보의 주요 기능 및 영향력과 전파력 400

제12절 정조 시기(1776-1800) 조보의 존속 실태 402
1) 조선 제22대 임금 정조와 정조실록 402
2) 독자들을 통해 본 정조 시기 조보의 존속 실태 403
3) 주요 내용들을 통해 본 조보의 존속 실태 407
4) 조보 내용들의 취사선택과 그에 대한 통제 415
5) 정조실록에 나타난 조보의 주요 기능 425
6) 정조실록 기사들을 통해 본 조보의 효과 429
7) 조보의 존속 실태에 관한 기타 사항들 432

제13절 순조 시기(1800-1834) 조보의 존속 실태 436
1) 조선 제23대 임금 순조와 순조실록 436
2) 순조실록을 통해 본 조보의 존속 실태 437

제14절 철종 시기(1849-1863) 조보의 존속 실태 442
1) 조선 제25대 임금 철종과 철종실록 442
2) 철종실록을 통해 본 조보의 발행 실태 443

제15절 고종 시기(1863-1907) 조보의 존속 실태 446
1) 조선 제26대 임금 고종과 고종실록 446
2) 조보를 조정의 공보매체로 적극 활용 449
3) 고종 시기 조보의 독자들과 주요 내용 455
4) 승정원일기, 일성록 등의 보수를 위한 사료로써 조보의 활용 458

제16절 갑오개혁에 따른 조보의 소멸과 그 이후 460
1) 우리나라 조보의 소멸 시기와 소멸 이유 460
2) 관보국의 설치와 '신식 관보'의 발행 464
3) 우리나라 조보와 근대신문과의 관계 469
4) 「한성순보」와 「한성주보」의 폐간 이후 우리나라 신문 사정 474

제5장 우리나라 조보에 관한 신문학적 종합분석

제1절 조보의 발행 목적과 발행기관에 관한 분석·고찰 480
1) 실록 기사들에 나타난 조보의 여러 가지 발행 목적 480
2) 조보의 발행기관으로서의 승정원 485
3) 조보의 제작·발행 과정과 네 가지 버전 489
4) 조보 원본의 편집·제작자들과 분장 업무 497
5) 조보의 편집·제작자들의 직무에 관한 규제와 문책 506

제2절 조보의 메시지에 관한 분석·고찰 514
1) 조보의 기본 형태·편집 체재와 사용문자 514
2) 조보에 게재할 내용의 취사선택과 통제 524
3) '조보에 내지 말라'는 내용들과 그 사례 534
4) 실록에 나타난 조보의 주요 내용과 그 실태 544
5) 조보의 내용 중 천재와 이변에 관한 기사에 대한 고찰 582

제3절 조보의 전달·배포·유포 채널에 관한 분석·고찰 593
1) 조보의 전달·배포·유포 방법에 관한 선행연구들 593
2) 조보의 각 버전에 따른 전달·배포·유포 방법 596
3) 오리지널 버전(원본) 조보의 게시 방법 597
4) 기별서리 버전 조보의 등사와 전달·배포 방법 600
5) 경주인 버전 조보의 전달·배포 채널 607
6) 무단필사 버전 조보의 전달·유포 채널 618

제4절 조보의 독자들에 관한 분석·고찰 625
1) 임금과 세자·황후·왕자 등도 조보의 독자 625
2) 중앙과 지방의 각 관아에서도 조보를 구독 627
3) 조보를 본 독자들 중 관리들의 실태 630
4) 관리들 이외에 실록에 나타난 조보 독자들의 실태 640
5) 독자들이 조보를 본 장소와 시간 646

제5절 조보의 기능과 효과에 관한 분석·고찰 650
1) 실록에 나타난 조보의 여러 가지 주요 기능 650
2) 실록에 나타난 조보의 효과와 영향력 659

참고문헌 663
찾아보기 667

제1장

서론:
우리나라 신문의 원조와 조보

모든 사물에는 반드시 그 원조(元祖, originator)가 있기 마련이며, 어떤 사물이나 현상에 관한 연구는 그 원조에 관한 것부터 시작된다. 그러면 언론학의 가장 중요한 연구 대상의 하나인 신문의 원조는 무엇일까? 서양에서는 로마공화국시대 말기인 기원전 59년부터 발행한 2종의 관보(官報)인 「악타 세나투스」(*Acta Senatus*)와 「악타 디우르나」(*Acta Diurna*)를 신문의 효시로 보고 있다. 한편 동양에서도 이와 비슷한 시기인 중국 한(漢)나라 때 나온 「저보」(邸報)를 신문의 기원으로 간주하고 있다. 그렇다면 우리나라 신문의 기원 내지 원조는 도대체 무엇일까?

제1절

우리나라 신문의 원조에 관한 여러 가지 견해

서양이나 중국과는 달리, 우리나라 신문의 원조가 무엇이냐에 관해서는 여러 가지 견해들이 있다. 어떤 사람은 '조보'(朝報)를 우리나라 신문의 시원(始原)으로 삼는가 하면, 또 어떤 사람은 우리나라 최초의 근대 신문이라고 할 수 있는 「한성순보」(漢城旬報)를 우리나라 신문의 기원으로 간주한다. 그런가 하면, 혹자는 우리나라 최초의 근대적 민간신문인 「독립신문」을 우리나라 신문의 기원으로 삼아야 한다고 주장하기도 한다. 그러면 우선 우리나라 신문의 원조에 관한 여러 사람들의 견해를 발표 순으로 간단히 살펴보기로 하겠다.

1) 1930년대 이전 신문·잡지에서의 언급들

우리나라 신문의 원조에 관한 학술적 논의들이 이루어지기 시작한 것은 1930년대부터였다. 그러나 그 이전에도 신문에서 우리나라 신문의 역사를 소개하면서 그 기원 내지 원조에 관하여 언급한 것들이 없지 않다. 이러한 것들 중에서 일찍이 1910년대에 나온 것들로는 아래와 같은 두 개의 신문기사를 들 수 있다.

(1) 1910년대에 우리나라 신문의 효시에 관한 논급

「대한매일신보」(大韓每日申報) 한글판 1910년 1월 1일자 지면을 보면 "한국에 신문"이라는 제목의 짤막한 기사가 실려 있다. 이 기사를 보면, "한국에서 난 신문지 중에 관보가 가장 몬져 낫스니…" 운운하며 조선 선조(宣祖) 때 서울에 사는 지식층 민간인들이 매일 조보를 활자로 인쇄하여 각 관청과 지방의 경주인에게 판매하다가 금지당했던 소위 '민간인쇄조보'를 우리나라 최초의 신문으로 내세우면서 아래와 같이 기술해 놓았다.[1]

> 한국에서 난 신문지 중에 관보가 가장 몬져 낫스니 이것도 셔리들이 란초로 써셔 벼살 잇난 자에게만 젼할 뿐이오 졍서로 출판하여 사람마다 보게 함을 금하엿고 션조대왕 때에 엇던 션배가 신문지를 발간하다가 죠뎡에서 본국일을 외국에 루셜하난거시라 하여 발행을 금지하고 그 사람을 가두엇스며 … 오호~라 신문은 문명사업에 뎨일기관이 아닌가 이것이 방애함만 업셨으면 삼백젼을 젼패하난 큰 신문이 오늘날 대한국에 잇셧을진더.

이러한 기사가 나온 지 6년 뒤인 1916년(大正 5년) 3월 4일자 「매일신보」(每日申報) 3면을 보면, '삼소거사'(三笑居士)라는 필명의 인물이 쓴 "조선신문계의 회고와 아보(我報)"라는 기사가 실려 있다. 그런데 이 기사에서 필자는 "조선에 조선인의 주창(主唱)으로 신문이 탄생함은 광무(光武) 2년(서기 1898년) 3월[2]에 「독립신문」의 발행으로써 효시라 하겠으니…" 하면서, 「독립신문」을 우리나라 신문의 효시 내지 기원으로 보았다.

(2) 1924년 희산학인은 기별을 우리 신문의 원조로 내세워

한편 '희산학인'(希山學人)이라는 필명의 사람도, 1924년 6월 1일자 「매일신보」 4면에 실은 "40여 년간 변천 많은 조선신문계: 민간경영은 서재필씨가 효시"라는 제목의 글에서, 우리나라에서 민간인 경영의 최초의 신문은 「독립신문」이라고 주장했다. 그러나 관보까지 합치면, 우리나라 최초의 근대적 신문은 1883년(계미년) 창간한 「한성순보」라는 것이다. 하지만 당시 우리나라 전통신문으로는 기별(奇別)과 야사(野史)도 존재했다면서 이에 관하여 아래와 같이 서술해 놓았다.

---

1 이 기사는 「대한매일신보」 국한문판 1월 6일자에도 "我國에 報紙"라는 제목으로 실려 있다.

2 그러나 「독립신문」은 실제로는 건양(建陽) 원년(서기 1896년) 4월 7일 창간했다.

… 암담한 한양천지(漢陽天地)에 제신문(諸新聞)이 탈태(脫胎)의 고고(呱呱)한 성(聲)을 발하기는 즉거금(卽距今) 사십유이년(四十有二年) 계미(癸未)에 박문관(博文館)[3]에서 발행흔 한성순보(漢城旬報)가 시(是)이니 시(時)에 정계에셔는 정치에 관한 기사를 매일 백지에 난초(亂草)로 서(書)하야 고급관리에게 배포하얏스니 이른바 기별(奇別)이라. 『차기별』(此奇別)이라 하는 것은 서법(書法)이 기괴한 「이서」(吏書)로 난숙(爛熟)한 인(人)이 아니면 도저히 독(讀)키 난(難)할만흔 정원이배(政院吏輩)의 특종필법으로 난초(亂草)하야 매일 조조(早朝)에 배포한 것이니 금(今)십칠년전 즉 합병하기 수년전까지도 유(有)하얏다』. 그리고 재야의 간(間)에는 정계의 득실과 민간의 선악과 희귀기괴한 사(事)를 밀기(密記)하야 건연(巾衍)에 장치(藏置)하얏스니 이것을 왈호대 야사(野史)라 하얏다. 이러한 시(時)를 제(際)하야 수인(誰人)을 물론하고 이목(耳目)에 급(及)치 못하얏던 한양천지 사백육십년간에 일종 순보(旬報)라 하는 것이 발생하얏스니 … (「매일신보」 1924. 6. 1, 4면).

이 글에서 보듯이 희산학인은, 계미년(1883)에 창간한 「한성순보」를 우리나라 최초의 신문으로 보았다. 그러나 이러한 「한성순보」가 나올 때 우리나라 "정계에서는 정치에 관한 기사를 매일 백지에 난초(亂草: 마구 갈겨 쓴 초서)로 서(書)하야 고급관리에게 배포"하는 이른바 '기별'(奇別)이라는 것이 있었다면서, "기별이라고 하는 것은 서법(書法)이 기괴한 「이서」(吏書)[4]로 난숙(爛熟: 아주 능숙함)한 사람이 아니면 도저히 읽기[讀] 어려울[難] 만한 정원이배(政院吏輩)[5]의 특종필법으로 난초(亂草)하여 매일 이른 아침에 배포한 것이니 지금으로부터 십칠년 전, 즉 [한일]합병하기 수년전까지도 있었다"고 설명했다. 여기서 희산학인이 말한 '기별'이란 조보임에 틀림없는데, "정원이배(政院吏輩)의 특종필법으로 난초(亂草)하여 매일 이른 아침에 배포한 것"이라는 설명에서 정원이배는 승정원 서리들을 말하며, 조보는 이들 승정원 서리들이 '조보

---

3 실제로는 '박문국'(博文局)이었다.

4 신라 때부터 한자(漢字)의 음(音)과 뜻을 빌려 우리말을 적던 차자(借字) 표기법으로 이두(吏讀) 또는 구결(口訣) 문자를 말한 것 같다.

5 승정원의 서리(書吏) 무리들을 말한다. 이 글에서 말하는 「기별」은 조보를 지칭하는 것 같은데, 조보는 조선시대에 승정원에서 발행했기 때문이다.

체'라는 특수한 필법으로 필사해서 매일 아침 일찍이 배포했기 때문이다. 왜 '조보' 라고 하지 않고, '기별'이라고 불렀는지는 알 수 없으나, 당시 항간에서는 흔히 이렇게 불렀기 때문인 것 같다.

그 명칭이야 어떻든 간에, 희산학인에 의하면 우리나라 최초의 근대 신문은 1883년 창간한 「한성순보」이나, 그 이전에 '기별'이라고 부르는 조보라는 전근대적 신문이 1910년 한일합병하기 수년 전까지도 있었다는 것이다. 이러한 기별 즉 조보 이외에 또한 "재야의 사람들 사이에는 정계의 득실과 민간의 선악과 희귀기괴한 일을 밀기(몰래 기록함)하야 건연(巾衍: 책을 넣어두는 상자)에 장치(藏置: 몰래 감추어 보관)하였으니 이것을 가로대 야사(野史)라고 하였다"면서, 이것도 우리나라의 전근대적 신문 현상의 하나로 간주하였다. 그러나 이와 같은 기별(조보)이나 야사와는 다른, "누구를 막론하고 이목에 미치지 못했던 한양천지 사백육십년간에 일종 순보라 하는 것이 발생하얏스니" 이것이 우리나라 최초의 근대신문인 「한성순보」였다는 것이다.

(3) 일기자도 기별을 논급했으나 원조라고는 주장 않아

1925년 5월 발행한 「개벽」(開闢)이라는 잡지 제59호(pp. 63-65)를 보면, "조선언론계의 연혁"이라는 글이 실려 있는데, 필자가 그냥 '일기자'(一記者)로 되어 있어 누구인지는 알 수 없다. 그러나 이 사람도 앞서 설명한 희산학인과 마찬가지로 우리나라에 근대신문이 출현하기에 앞서, 고래로부터 기별지와 야사라는 신문과 유사한 전통적 문서가 존재해 왔다고 아래와 같이 첫머리에서 언급하였다.

> 우리의 조선은 여러 가지 문화가 남보다 뒤진 까닭으로 언론기관이 생기기도 또한 남보다 뒤졌었다. 물론 고래부터 기별지나 야사 같은 신문 유사의 문서가 있던 것은 사실이지만은 소위 근대식의 신문이 발간되기는 최근 사십삼년 전으로부터 비롯하였는데, 기별지는 관보의 일종으로 구시대에 정원서리가 매일 정치에 관한 사실을 백지에 초록(草錄)하야 고급관리에게 배포하던 것이니 진자(眞字: 한문을 말함)에 이두를 교용(交用)하고 서법(書法)이 기괴난잡하야 보통인은 능독(能讀)키 난(難)하였다(일기자, 1925, p. 63).

이와 같은 글을 보면, 그 내용이 앞서 희산학인의 글인 "40여 년간 변천 많은 조선신문계"와 흡사하다. 따라서 희산학인이 곧 "조선언론계의 연혁"이라는 글의 필자인 '일기자'와 동일인이라는 생각도 든다. 그야 어떻든 희산학인과 "조선언론계의 연혁"의 필자인 '일기자'가 우리나라의 근대적 신문인 「한성순보」에 앞서, 우리나라의 전통적 신문 내지 신문 유사 문서로서 기별지(조보)와 야사부터 언급함으로써, 우리나라 신문 역사를 연구할 때 기별지(조보)에 관해서도 학문적 관심을 갖게 되었다고 볼 수 있다. 그리하여 이때부터 누구나 우리나라의 신문 역사에 관하여 기술할 때는 비록 간단하게나마 기별지나 조보에 관하여 언급하고 넘어가게 되었다.

2) 1930년대에 우리나라 신문의 원조에 관한 여러 견해들

1920년 「동아일보」와 「조선일보」 등의 창간 이후 우리나라에서 활발히 이루어지기 시작한 신문학(新聞學)에 관한 연구는 1930년대에도 계속 활기를 띠면서 여러 가지 연구들이 이루어졌다. 그러면서 「철필」(鐵筆)·「호외」(號外)·「쩌-날리즘」 등 언론 관계 전문 잡지들을 창간하여 그에 신문학 관계 논문들을 발표하고, 또한 종합 잡지에도 신문학 관계 논문들을 발표했다. 그러면서 우리나라 신문·잡지의 역사에 관한 연구들도 활발히 이루어지면서 자연히 우리나라 신문의 기원과 원조 등에 관한 논급과 주장들도 많이 나오게 되었다.

(1) 수춘학인은 우리나라 신문 원조로 신라시대 기별지 꼽아

1930년 7월, 「별건곤」(別乾坤)이라는 잡지 제5권 6호(pp. 22-27)에 우리나라 신문과 잡지의 역사에 관한 학술적이고 본격적 논문이 발표되었다. 이는 수춘학인(壽春學人)이라는 필명의 인사가 쓴 "조선신문잡지연혁급발달사"(朝鮮新聞雜誌沿革及發達史)라는 것이었다. 이 글의 필자 '수춘학인'이 누구인지는 확실치 않으나, 차상찬(車相瓚)의 필명임에 거의 틀림없다. 차상찬이 「개벽」 잡지 신간(新刊) 제4호(1935. 4, pp. 2-12)에 발표한 "조선신문발달사"라는 기사와 「조광」(朝光) 잡지 제2권 11호(1936. 11)에 게재한 "조선신문발달사"라는 글을 보면 그 내용이 상기 수춘학인의 "조선신문잡지연혁급발달사"와 같은 곳이 많기 때문이다.

"조선신문잡지연혁급발달사"는 크게 네 부분, 즉 '갑(甲): 세계신문의 유래', '을(乙): 조선신문의 유래', '병(丙): 미국계 신문 = 독립신문', '정(丁): 조선신문의 전성시대와 암흑시대'로 구성되었다. 이들 중, 우선 '갑(甲): 세계신문의 유래' 중에서 중요한 부분만 소개하면 아래와 같다(원문을 현대어 표기로 수정하였음).

> 조선 신문의 유래를 말하자면 먼저 세계 신문의 유래를 잠깐 말하는 것이 편리할 것 같다. 서양에 있어서 최초의 신문지는 저 로마의 유명한 영웅호걸 '씨사'가 창설한 「아구다·세나다스」[*Acta Senatus*], 「아구다·데율나·뽀뿌리·로마니」[*Acta Diurna Populi Romani*]니 — (기원전 60년경) — 이들 양자는 모두 관보로서 원로원의 회의 및 그 결정에 관한 간단한 기록과 국민의회의 기사 및 기타 중요한 공공적 기사를 보도하는 것이었다. 그러나 이들 관보의 내용 발표는 석고(石膏)를 칠한 판상(板上)에 문자를 써서 일반 시민에게 공시(公示)하였으니 즉 오늘날의 게시판과 비슷하였고 또 지방주민을 위해서는 다수의 서기(書記)로 하여금 이를 필사케 하여 요구자에게 발송하였다. …
>
> 이처럼 서양의 신문역사가들은 이 로마의 관보를 세계 신문의 원조라고 칭하나 동양 여러 나라, 특히 중국에서는 '춘추'(春秋)라고 칭하는 원시적 관보가 상기(上記)한 로마의 2종 관보보다 약 오륙백 년을 앞서서 발행되었은즉 관보로는 이것이 세계 최초의 것이라 하겠다. 그 뒤 당(唐)나라 현종(玄宗) 때(로마의 관보 때보다 약 800년 후)에 이르러서 또 저명한 '저보'(邸報)가 있었으니 이는 당시 당나라의 국도(國都) 장안(長安)에 있는 16절도사의 사저(私邸)에서 발행하야 각기 소관지방에 통보하는 것으로서 그 내용은 황실의 동정(動靜), 조칙(詔勅), 장주(章奏), 관리의 서임(敍任), 사령(辭令), 조알(朝謁), 상휼(賞恤), 묘당회의(廟堂會議) 및 기타 사사(私事) 통신 등이었는데, 명대(明代)의 '궁문초'(宮門抄), 청대(淸代)의 '경보'(京報)와 동질이명(同質異名)인 것이다(수춘학인, 1930, p. 22).

이처럼 수춘학인은 '세계신문의 유래'부터 설명한 다음, 이어서 '조선신문의 유래'에 대해서는 다음과 같이 서술하였다. 즉 "상술함과 같이 관보를 신문의 원조라고 하면 우리 조선에 있어서는 관보의 일종인 소위 '기별지'가 신문의 원조라 하겠고, 또 민간에 있어서는 야담(野談), 야사(野史) 같은 것이 또한 신문의 일종으로 볼 수 있다. 그러나 그 시초된 연대에 이르러서는 아직 상세한 기록이 없으나 신라사(新羅史)에 의하면 신문왕(神文王) 12년 임진(서기 682년 — 지금으로부터 1,248년 전)[6]에 설총(薛聰)이 이두문(吏讀文)을 지어 관부문찰(官府文札: 관공서 문서)에 사용하였다고 하였은즉 그때부터 기별지가 시행된 것을 족(足)히 짐작하겠다. 그러나 소위 근대식의 신문은 이태황[고종] 20년 계미년(지금으로부터 47년 전)에 일본인(日本人) 이노우에 가쿠고로우(井上角五郎)의 주간(主幹) 아래 창간된 「한성순보」이니…" 운운하였다. 하지만 이 글에서 수춘학인이 우리나라 신문의 기원으로 꼽은 것은 신라시대에 나온 '기별지'로 조선시대에 나온 조보는 아니었다.

(2) 이종수는 기별지 외에 민간조보도 거론, 그러나 원조로는 부정

한편 이종수(李鍾洙)도 우리나라 신문의 기원으로 신라 시대의 기별지를 꼽았다. 그러나 그 이외에 조선 시대의 민간인쇄조보도 들면서 이에 관하여 간단히 논급했는데, 이종수가 1931년 11월 발행된 「동광」(東光) 잡지 제28호에 실은 "조선신문사: 사상변천을 중심으로"라는 글(pp. 69-75)의 '서언'을 보면, 아래와 같이 서술해 놓았다.

> 조선 신문의 기원은 신라 신문왕(神文王) 12년(서기 692년)에 설총(薛聰)이 이두를 지어 관부문찰에 썼다는 '기별'에서 찾을 수 있으나, 참고할만한 문헌이 절(絕: 끊어짐)하였고, 또 [조선조] 선조(宣祖) 11년(1589)[7]에는 "유수배(遊手輩), 득정부허(得政府許), 인행조보(印行朝報), 매이자생(賣以資生), 행지수월(行之數月), 상진노유지(上震怒流之)"[8]라고 하는 조보가 있었으나, 이 역시 징(徵: 증명함)할 문헌을 얻을 수 없다. 설혹 그 문헌을 찾아 그 내용을 상세히 알 수 있다 하여도 그것이 관보의 성질을 벗어나지 못할 것임을 짐작할 수 있으니, 과연 '신문'이라고 할 만한 신문은 자본주의의 도래(渡來)와 같이 시작되고, 그것과 같이 발달하였다고 할 수 있다. 소위 신사조(新思潮)가 태평양을 건넛서 자본주의 문명이 물밀어 들어오기 시작하였을 때에 한성순보가 생기고, 그 후에 독립신문, 대한매일신보(大韓每日申報), 대한민보(大韓民報) 등이 있었으니… [이하 생략](이종수, 1931, p. 69).

---

6 신문왕 12년(692)은 신문왕 2년(682)의 착오이다. 신문왕은 11년 동안 재위했기 때문에 신문왕 12년은 없다. 그리고 신문왕 2년(682)의 간지(干支)는 임진이 아니라 임오(壬午)이다.

7 그러나 조선왕조실록에는 선조 10년(서기 1577년)으로 되어 있다.

8 해석: 직업 없는 무리들이 정부로부터 허가를 얻어 조보를 인쇄, 발행하여 팔아서 생활을 꾸려나가기를 수개월 동안 하다가 [이를 알게 된] 임금이 크게 노(怒)하여 그들(신문을 발행한 무리들)을 유배를 보냈다.

이 글에서 보듯이 이종수도 앞서 수춘학인과 마찬가지로 우리나라 신문의 기원으로 신라 시대의 '기별'을 들고 있다. 그리고 이러한 기별 이외에 또 하나의 기원으로 조선조 선조(宣祖) 11년(1589)에 민간인들이 인쇄해서 판매했던 '조보'를 들고 있다. 이 조보는 그 아래 한문 설명에서 보듯이, 조선조 선조 때 한양의 직업이 없는 무리들이 정부로부터 허가를 얻어 조보를 인쇄해 팔아서 생활을 꾸려 나가기 위해 수개월 동안 발행한 소위 '민간조보'를 말하는데, 이러한 민간조보를 우리나라 신문의 기원 중 하나로 손꼽은 것은 특기할 만하다.

그러나 신라시대의 '기별'은 "증명할 문헌을 얻을 수 없으며, 설혹 그 문헌을 찾아 그 내용을 상세히 알 수 있다 하여도 그것이 관보의 성질을 벗어나지 못할 것임을 짐작할 수 있으니" 과연 '신문'이라고 단언하기는 어려우며, 우리나라에서 신문이라고 할 만한 신문은 "자본주의의 도래와 같이 시작되고, 그것과 같이 발달했다고 할 수 있는"「한성순보」와 그 후에 나온「독립신문」,「대한매일신보」,「대한민보」 등이라고 이종수는 주장했다.

(3) 차상찬도 선조 때 '민간인쇄조보'를 우리 신문 기원으로 추가

차상찬(車相瓚)도 1935년 4월「개벽」잡지 신간(新刊) 제4호(pp. 2-12)에 발표한 "조선신문발달사"라는 글에서 위의 이종수와 마찬가지로 우리나라 신문의 기원으로서 기별지와 함께 조선조 선조 때 잠시 나왔던 소위 '민간인쇄조보'를 들고 있다. 차상찬의 이 "조선신문발달사"라는 학술적 글에서는 당시까지 우리나라 신문의 발달사를 크게 네 부분, 즉 '(一) 조선신문의 기원', '(二) 조선신문의 창설시기(1883-1888)', '(三) 미국계(米國系) 신문시대(1896-1898)', '(四) 황(皇)·제(帝) 양신문의 병립시대'로 나누어 기술하였다. 이들 중, '(一) 조선신문의 기원'을 보면, 앞서 소개한 수춘학인의 "조선신문잡지연혁급발달사"라는 글에서 "세계신문의 유래"의 내용을 거의 그대로 요약해 놓았다. 그리고 조선신문의 기원에 대한 내용도 수춘학인의 "조선신문잡지연혁급발달사"의 내용과 거의 동일하다. 그러나 차상찬의 글에서는 기별지 이외에 조선조 선조 11년(서기 1578년)[9]에 잠시 나왔던 민간인쇄조보도 우리나라 신문의 기원으로 추가했는데, 그 내용을 소개하면 아래와 같다.

---

9 앞서 각주 7에서 말했듯이 조선왕조실록에는 선조 10년(서기 1577년)으로 되어 있다.

> 상술함과 같이 관보를 신문의 원조라 할 것 같으면, 우리 조선에 있어서는 관보의 일종인 소위 '기별지'가 신문의 원조라 하겠고, 민간에 있어서는 야담, 야사 같은 것도 또한 신문의 일종으로 볼 수 있다. 그러나 그 시초된 연대에 있어서는 아직 상세한 기록을 발견치 못하였으나, 신라사(新羅史)에 의하면 신문왕(神文王) 12년 임진(서기 682년 = 지금으로부터 1,253년 전)[10]에 설총(薛聰)이 이두문을 지어 관부문찰(관공서 문서)에 사용하였다고 하였은즉 그때부터 기별지 같은 것이 벌써 시행(始行)되었던 것을 족(足)히 짐작하겠고, 또 [조선조] 선조(宣祖) 11년(1578)경에는 관료파 족친(族親)의 무직인(無職人)들이 소위 '조보'라는 것을 발행하여 자생(資生)하다가 선조에게 진노(震怒)되어 금지, 유형(流刑)된 일이 있었다. —선조실록에 운(云)하되 유수배(遊手輩), 득정부허(得政府許), 인행조보(印行朝報), 매이자생(賣以資生), 행지수월(行之數月), 상진노유지(上震怒流之)[11]— 그때 그 조보 내용이 어떠하였던 것은 지금에 족징(足徵)할 문헌이 없으나, 역시 이것도 관보의 일종, 다시 말하면 신문의 일종이었던 것은 사실이다(차상찬, 1935, pp. 3-4).

이 글에서 차상찬이 우리나라 신문의 기원으로 신라시대의「기별지」이외에 또 하나 추가한 조선 선조 때의 조보는, 앞서 설명했듯이 한양의 직업이 없는 무리들이 정부로부터 허가를 얻어 조보를 인쇄해 팔아서 생활을 꾸려 나가기 위해 수개월 동안 발행한 소위 '민간인쇄조보'를 말한다. 그러나 이를 차상찬은 "관보의 일종"이라고 말했으며, 앞서 이종수도 "그것이 관보의 성질을 벗어나지 못할 것임을 짐작할 수 있으니" 운운했는데, 이는 아마도 '민간인쇄조보'는 승정원에서 발행한 조보 내용을 그대로 인쇄만 해 놓은 것이었기 때문이었던 것 같다.

(4) 안재홍도 선조 때 '민간인쇄조보'를 우리 신문 기원으로 간주

안재홍(安在鴻, 호는 民世) 역시 우리나라 신문의 기원으로서 방금 위에서 말한 조선 선조 때의 민간인쇄조보와 기별지를 들면서, 이에 관하여「조선일보」에 1927년 1월

---

10 여기서 신문왕 12년 임진은 신문왕 2년(682) 임오(壬午)의 착오이다. 이하 마찬가지.

11 앞서 각주 8 참조.

5일부터 9일까지 총 3회에 걸쳐 연재한 "조선신문사론"(朝鮮新聞史論)이라는 글에서 간단히 논급하였다. 그리고 8년 뒤인 1935년 7월 6일부터 26일까지 총 17회에 걸쳐 또 「조선일보」에 민세학인(民世學人)이라는 필명으로 발표한 "조선신문소사"(朝鮮新聞小史)라는 글[12] 첫머리에서 다시 우리나라 신문의 기원으로서 민간인쇄조보와 기별에 관해서 논급했는데, 이를 소개하면 아래와 같다.

> 선조(宣祖) 11년 무인(戊寅. 서기 1578년)[13]에 당시의 소위 유수배(遊手輩)가 정부의 양해를 얻어가지고 조보를 인행(印行)하야 팔아서 자생(資生)하였는데, 행한 지 수월(數月)에 상(上: 선조)이 진노하시사 모두 원지(遠地: 먼 곳)에 유배하였다. 유수배는 언뜻 보아 룸펜적인 '인텔리'인데 상류사회의 식자들로 사환(仕宦)의 등용문에 밋그러져서 '백두'(白頭: 서민)로 있던 유한식자(有閑識者)이오, 조보는 곧 관보이니 관리의 임면(任免)을 중심으로 정계의 동향을 보여주는 자(者)로 '신문'의 선구이오, '인행'(印行)이라는 것은 일찍부터 발달한 활자를 이용하였음이오, "팔아서 자생하였다"는 것은, 상대(上代)의 사류(士類)는 사환(仕宦)이 아니면 생계가 어려웠으니, 창안적인 신문인으로 간신히 생활을 보장하였음이오, 상(上)께서 진노하셨다 함은 존귀하신 분이나 그 당국의 기휘(忌諱)에 부딪침은 일반인 것이오, 유배는 상당한 엄형으로 금고(禁錮) 1년 혹은 그와 상하(上下)하는 것에 해당하니 그 용법의 형태가 출판법 위반에 해당하는 것으로서 실은 신문지법(新聞紙法) 위반 혹은 보안법 위반에 유사한 것이다. 오인(吾人)의 아는 한(限)에 조선 전대(前代) 신문지에 관한 사료는 이 이상 묵은 것 없으니 조선의 신문사(新聞史)가 필화사(筆禍史)와 병생(竝生)한 것은 심심한 고급의 냉소를 금치 못할 바이다(「조선일보」, 1935. 7. 6.).

안재홍은 이와 같이 조선조 선조 때 잠시 나왔던 소위 '민간인쇄조보'의 전말(顚末)을 설명한 뒤, 당시 조정에서 낸 관보로서의 '조보'와 '기별'에 관해서도 간단히 설

12 이 글은 1947년 이해창(李海暢)이 창간한 종합저널리즘연구지인 「신문평론」(新聞評論) 제1호(1947. 4.)부터 제4호(1948. 2.)에 안민세(安民世)라는 이름(민세는 안재홍의 호)으로 전재되어 있다.

13 앞서 각주 7과 9 참조.

명했는데, 이것도 소개해 보면 아래와 같다.

> 조보가 분명한 관보어니와 이에서 파생된 것인 저보(邸報)가 있으니, 조선 상대(上代)에는 각 도부군(道府郡) 등의 지방관청에서는 중앙지에 반드시 경주인(京主人)이 있어 관계(官界)의 소식을 각각 그 자기의 지방에 적어 보내었던 것이니, 이는 기별로서 아칭(雅稱)하여 저보라고 한 것이다. 이를테면 정다산(丁茶山)의 『목민심서』(牧民心書)에는 "저보하송지초(邸報下送之初)에 기사성폐자(其司省弊者)는 성지(省之)니라"고 한 것 같은 것은 그 일례이다. 즉 승정원에서 처리하는 사항, 조령, 장주(章奏)와 관리의 임면 등을 기재하여 매조(每朝)에 반포하는 '기주'(記注) 축(軸)이니, 기별은 기별서리라는 자(者) 있어 모필(毛筆)로서 만들어 내고, 기별군사라는 사령(使令)이 있어 분전(分傳)하던 것이다. 여기에는 일종의 속기법인 간체문자도 생겼었고 호외(號外)와 매한가지의 긴급한 무시(無時)의 기별이 있었던 것이다(『조선일보』, 1935. 7. 6.).

이와 같이 안재홍은 우리나라의 '조보'에 관하여 설명한 뒤, 그러나 이것은 조선에만 있는 것이 아니고, 중국에도 있던 것이라면서 중국의 조보와 저보에 관해서도 아래와 같이 설명해 놓았다.

> 중국의 송대(宋代)에는 '저보'가 있어 고염무(顧炎武)가 『일지록』(日知錄)에서 그의 채경(蔡京)시대부터 "저보가 문사방(聞四方)"한 전말(顚末)을 적어, "저보자(邸報字)가 견우사서(見于史書)함이 개시어차시(蓋始於此時)라"[14] 하였고, '조보'와 '신문' 및 '신보'(新報)란 것도 송나라 때부터 있었던 것이니, 그 번쇄(煩瑣: 갈피가 복잡하고 어수선함)를 고증하기 쉽지 않다. 당(唐)나라 명성(明星)과 양귀비(楊貴妃)와 이태백(李太白) 등으로 좋은 '뉴-스'가 많이 돌던 개원시대(開元時代: 서기 713-741년)에는 「개원잡보」(開元雜報)라는 소설류의 간행물이 있어서 일대(一代)의 문화를 자랑하는 당나라 시대의 특색을 이야기하는 바도 있다(『조선일보』, 1935. 7. 6.).

14 해석: "저보가 사방에서 들린" 전말(顚末: 어떤 일이나 사건이 진행되어 온 처음부터 끝까지 경위)을 적어, "저보의 글자가 역사 서적에서 보인 것은 대개 이때가 처음이라" 하였고.

안재홍은 이처럼 중국의 저보에 관해서도 간단하게 설명한 다음, "구주(歐洲: 유럽)에서는 멀리 로마국 때에 정치·군사의 여러 가지 소식을 편차(編次: 순서에 따라 편집)하여 경사(京師: 서울)로부터 각 도독부(都督府) 소재지에 반포하고 혹은 공중에게 게시한 바 있었다고 한다. '긔별'은 통지라는 말이니 '보'(報)를 의미함이오, 보(報)는 보도로서 경성(警醒: 미혹에서 깨어나 정신을 차리도록 타일러 깨우침)을 의미하니, [우리나라] 고종(高宗) 21년 계미(癸未: 서기 1883년) 통리아문(統理衙門)에 박문국을 두고 10월 1일에는 순한문의 「한성순보」를 간행한 것은 [우리나라에서] 근세 보장(報章)의 시초이오, 민간신문으로는 고종 건양(建陽) 원년 병신(丙申: 서기 1896년) 4월 7일 당시 독립협회의 기관지로 창간한 「독립신문」이 그 효시인 것이다"라고 결론지었다.

(5) 차상찬은 1936년 또 우리 신문 효시로 조보 거론

차상찬(車相瓚)은 1936년 11월 발행된 「조광」(朝光) 잡지 제2권 11호(창간 1주년 기념호, pp. 40-52)에 또 "조선신문발달사"라는 글을 발표했다.[15] 이는 앞서 1935년 4월 「개벽」지 신간(新刊) 제4호(pp. 2-12)에 발표했던 "조선신문발달사"라는 글을 약간 수정·보완한 글이었다. 그 내용의 항목을 보면, "(一) 조선신문의 효시", "(二) 조선 최초의 민간신문시대: 독립신문시대", "(三) 황성제국병립시대: 황성신문, 제국신문", "(四) 조선신문의 전성기·암흑기: 대한매일신보와 지금의 매신(每申), 만세보, 대한민보", "(五) 을미 이후 민간 각 신문: 조선일보, 동아일보, 조선중앙일보"로 구성되어 있다. 이들 항목 중에서 맨 처음 "(一) 조선신문의 효시"를 보면, 기별지, 조보 등에 관한 설명이 거의 2쪽에 걸쳐 비교적 자세하게 나오는데, 그중 일부를 소개하면 아래와 같다.

> 신문사가(新聞史家)들이 세계 신문의 기원을 말할 때에 옛날 라마(羅馬) 시대의 관보를 서양 신문의 원조라 하고, 당(唐)나라 때에 와서 저보를 중국 신문의 원조라 할 것 같으면 우리 조선의 신문 원조는 아마 기별지라 할 것이다. 이 기별지는 금일 소위 관보의 일종으로 혹칭(或稱) '조보' 또는 '난보'(爛報)라 하는 것이니, 이름 그대로 매일 발생되는 관정(官廷)과 관부(官府)의 사실을 기록

---

15 이 글은 한국기자협회에서 1969년 11월 창간한 신문연구잡지 「저널리즘」 제5호(1971년 봄)에 다시 전재(轉載)되었다. 그러나 내용 중 '대정'(大正)이니 '소화'(昭和)니 하는 연대는 서기로 고쳤으며, 또한 '조선'은 '한국'으로 바꾸어 게재했다.

하야 관계(關係) 각 관서 및 관계(官界) 주요 인물에게 기별하여 주는 것이었다. 그 시초의 연대는 문헌에 별로 상고(詳考)할 곳이 없으나 신라사(新羅史)에 의하면 신문왕(神文王) 12년 임진(壬辰, 서기 692년, 唐則天武后天授 2년, 지금으로부터 1,254년 전)[16]에 설총(薛聰)이 이두문을 지어서 관부문찰에 사용하였다 운(云)한즉 그때부터도 벌써 기별지 같은 것이 시행되었던 것을 짐작하겠고, 이조(李朝)에 와서는 그 제도가 더욱 발달하여 그것을 전속으로 서사(書寫)하는 소위 '기별서리'(주로 吏曹書吏)와 또 그것을 배급하는 기별군사까지 두어 가지고 날마다 승정원에서 처결한 사항을 기록, 등사하야 관계각처에 배급하고 그 필법은 금일의 속기법과 비슷한 소위 '기별지 글씨'라는 특이한 필법으로 보통 사람으로는 같은 한자(漢字)라도 해득하기 어렵게 썼었다.

그러다가 선조 11년 무인(戊寅, 서기 1578년, 임진병란이 일어나기 15년 전)에 관료의 족속 중 직업이 없이 유랑하는 사람들이 당시 모대신(某大臣)에게 특별 교섭하여 허가를 얻어 가지고 소위 '조선보'(朝鮮報, 즉 기별지)란 것을 목판(木版)에 인쇄하야 여러 사람들에게 발매, 자생(資生)하였으니 그것이 곧 조선에서 처음으로 생겨난 영리(營利)의 인쇄관보지(印刷官報紙)[17]로 조선 신문의 원조가 되는 것이었다. 그러나 수개월 후에 선조께서 그것을 보시고 크게 노하셔서 말씀하시되, "관부(官府)의 기밀을 일반 민간에게까지 누설시키는 것은 좋지 못할 뿐 아니라 방금 외국과 국제관계가 날로 험악하야 가는 때에 국가의 기밀이 외국에 알려진다면 여간한 큰 일이 아닌즉 즉시 정지시켜라" 엄명하시고 또 거기에 관계한 사람을 모두 원지(遠地)에 유배하였으니, 조선실록에 이른바 "유수배(遊手輩), 득정부허(得政府許), 인행조보(印行朝報), 매이자생(賣以資生), 행지수월(行之數月), 상진노유지(上震怒流之)"라고 한 것이 그것이다(차상찬, 1936, pp. 40-41. 원문의 한자를 한글로 고치고 문체도 현대식으로 많이 고쳤음).

차상찬은 이와 같이 조선 신문의 효시(嚆矢)에 관하여 서술한 다음, "이 조보는 그 내용으로나 형식이 물론 일종의 게시판과 비슷한 저 로마의 관보(이는 석고를 칠한

---

16 여기서 신문왕 12년 임진은 신문왕 2년(682) 임오(壬午)의 착오이다.

17 이는 아마도 관보를 영리를 목적으로 인쇄해서 판매한 신문이라는 뜻인 것 같다. 본래 관보는 영리를 목적으로 하는 것이 아니기 때문이다.

판 위에다 문자를 써서 일반 시민에게 공시하였다)라든지 사발통문(沙鉢通文)에 불과한 당(唐)나라의 저보보다는 훨씬 진보되었다고 하겠지마는 그것이 곧 신문이라 하기에는 어렵고 소위 근대식의 신문 형체를 가지고 나온 신문은 이태왕(李太王) 22년[20년의 착오] 계미(癸未)(서기 1883년, 일본 명치 16년, 청나라 광서 9년, 지금으로부터 53년 전) 8월에 창간한「한성순보」니…" 운운하며,「한성순보」를 우리나라의 최초의 근대적 신문으로 간주하였다. 즉 우리나라에도 신라시대부터 기별지라는 것이 있었고, 이것이 조선시대에 와서는 더욱 발달되었으며, 선조 11년[10년의 착오]에는 영리를 목적으로 한 인쇄신문도 출현했는데, 이들을 우리나라 신문의 효시로 볼 수 있으나, 신문이라고 보기는 어려우며, 우리나라에서 "근대식의 신문 형체를 가지고 나온 [최초의] 신문"은 1883년 창간한「한성순보」라는 것이다.

한편 임우성(任宇星)도 1938년 8월「비판」(批判)이라는 잡지에 게재(pp. 2-10)한 "조선신문사"라는 글에서, "물론「한성순보」이전 몇 백 년 앞서서 소위 '기별지'라는 것이 있어 왔던 것이나 근대식의 신문 형체를 이야기한다면 아무래도「한성순보」를 조선 신문의 효시라고 하는 것이 지당할 것이다"(위의 글, p. 2)라고 말하였다.

3) 광복 이후 우리나라 신문의 기원에 관한 여러 견해들

1945년 8월 15일 우리나라가 일제로부터 광복을 찾자, 우리나라에서도 신문학 내지 언론학에 관한 교육과 연구가 본격적으로 이루어지기 시작했다. 그러면서 우리나라 신문역사에 관한 논문뿐만 아니라, 단행본 서적들도 연달아 나왔다. 그렇다면 이들 서적에서는 우리나라 신문의 기원 또는 원조를 언제의 무엇이라고 말했는가?

(1) 성준덕은『한국신문사』에서 민간인쇄조보를 원조로 주장

우리나라 신문역사에 관한 최초의 단행본으로 1955년 출판된 성준덕(成俊德) 편『한국신문사』(서울: 신문학회)의 첫째 쪽, 첫째 줄을 보면, "우리나라에서 보도적 사명을 띠고 발간된 최초의 간행물로는 [조선조] 선조(宣祖) 11년 무인(戊寅: 서기 1578년)[18]에

---

18 앞서 여러 번 말했듯이 조선왕조실록에는 선조 10년(서기 1577년)으로 되어 있다.

정부의 양해 아래 나온 조보였다"고 적었다. 그러면서 아래와 같이 서술해 놓았다.

> 이는 당시 '인테리'들로서 사환(仕宦)의 등용문[科擧]에 떨어져 '백두'(白頭: 서민)로 있으면서 관보를 발간한 것이었으니, 보도의 핵심은 관리의 임면(任免)이며, 한편 정계의 동향 등도 보여주기도 하는 [것이] 신문지적 사명이었다. [신문] 제작과정에 있어서는 일찍부터 발달된 활자를 이용하였고, 편집의 체재는 기술면보다도 누구든지 보기 좋게 하는 데 있었다. 그러나 발간된 지 수개월이 못 되어 선조대왕께서 진노하시사 조보 편집자 일동을 상당한 엄형에 처하였으니 그 당시에도 오늘날과 같은 신문지법(新聞紙法) 혹은 공안법(公安法) 같은 데 저촉되었던 것이었다. … 조보는 확실히 관보로서 발간되었으나, 이에서 파생하여 저보라는 것이 또 있었다. 우리나라 상대(上代)에는 각 도부군(道府郡) 등 지방관청으로부터 의례이 중앙에다가 '경주인'(京主人: 주재원)이 있어 이는 관계(官界) 소식을 각각 자기 지방청으로 적어 보내는 것이 주요 사명이었으니, 이를「기별」이라고도 하고「저보」라고도 하였다.
>
> 즉 승정원에서 처리하는 사항 —조령(詔令), 장주(章奏)와 관리임면 등을 보도하여 매일 아침마다 반포하는 기주(記注)축이니 기별 등은 서리(書吏)가 따로 있어서 모필[붓]로써 만들어 내면 기별군사는 이를 즉시 분전(分傳)하는 것이다. 여기에는 또한 일종의 속기법도 생겼었고, 호외(號外)와 매한가지로 긴급할 때에는 '무시'(無時)라는 특별기별도 있었다. 기별은 통지라는 말이니 '보'(報)를 의미한 것이고, 또한 '보'는 보도(報道)를 의미하는 것으로 경성(警醒)을 의미한 것이었다. 고종 20년 계미(癸未: 서기 1883년) 통리아문(統理衙門)에 비로소 박문국(博文局)이 설치되었고, 그해 11월에 순한문의「한성순보」를 발간하였으니 이것이 근대적 형태의 신문지로서는 효시이다(성준덕, 1955, pp. 1-2).

성준덕은 이와 같이 "우리나라에서 보도적 사명을 띠고 발간된 최초의 간행물"로는 조선조 선조(宣祖) 11년(서기 1578년)[선조 10년(서기 1577년)이 맞음]에 민간인들이 잠시 발행한 '민간인쇄조보'를 들고 있다. 그러나 근대적 형태의 신문지의 효시로는「한성순보」를 꼽았다.

(2) 우리 신문 원조에 대한 최준·정진석·김민환의 견해

1960년 최준(崔埈)도 『한국신문사』(서울: 일조각)라는 책을 출판했는데, 본문 첫머리를 "우리나라에서는 소식을 전하는 일종의 기별지가 있었다. 기별이란 소식을 전하는 것으로서 입으로나 글자로 전달하였음은 두말할 것도 없다"는 문장으로 시작하여, 기별지가 우리나라 신문의 효시였음을 피력하였다. 그런 다음, 이 기별지는 그 후 고려왕조를 거쳐 조선왕조에 들어서서는 조보로 발전하여 제7대 세조 때부터는 승정원에서 취급했다고 아래와 같이 설명해 놓았다.

> 신라와 고려왕조를 거쳐 조선왕조에 들어서서는 이 기별제도가 더욱 발달되었다. 태조 원년 서기 1392년 9월 14일 예문춘추관(藝文春秋館)을 두어 사관(史官)으로 하여금 조정의 결재사항과 견문록을 기록하여 경외(京外) 대소아문(大小衙門)에 돌렸다. 이후 조보는 이씨왕조 제7대 왕 세조 때부터 승정원에서 취급하였다. 조선왕조실록에 의하면 제11대 왕 중종(中宗) 15년(서기 1520년) 사관(史官)이 조보를 써서 상공관계자에게 이를 반포하였다는 것과 승정원의 기록원을 늘리자는 기록이 있다. 제12대 왕 인종(仁宗) 때에도 이러한 기록이 나타나 있다. 이로써 조선왕조에 들어서서의 조보 발행은 그 궤도에 올랐음을 알 수가 있다(최준, 1960, p. 1).

한편 정진석은 그의 『한국언론사』(서울: 나남, 1990) 제1장 '근대신문의 출현' 첫머리에서 "우리나라에서는 근대신문이 발행되기에 앞서 뉴스를 전달하는 서한신문(書翰新聞)의 형태로 존재하던 것이 조보였다"고 기술함으로써 조보를 우리나라 신문의 원조로 간주하였다. 그러면서 "조보는 기별 또는 저보 등 여러 이름으로 불리기도 했는데, 이러한 전근대적 형태의 뉴스 전달 매체가 언제부터 존재했는지 그 확실한 기원을 알 수는 없지만 조선조 초기 또는 그 이전부터 있었을 것으로 짐작된다. 조선왕조 때에는 승정원의 발표 사항을 기별서리들이 손으로 써서 주로 관리를 중심으로 한 양반계급에 배포했다. 배포 방법은 경주인(京主人)과 영주인(營主人)을 통해서 이루어졌다"(정진석, 1990, p. 25)고 부연 설명하였다.

김민환은 그의 저서 『한국언론사』(서울: 나남, 1996)에서 조보가 우리나라 신문의 원조냐, 아니냐에 관해서는 명확하게 밝히지 않은 채, "근대적 신문이 성립되기 이전에 동서양을 막론하고 신문적 현상 또는 신문유사물이 존재하여 신문과 같은 기능을 수행했다. 북한 학계는 우리나라에서 고려 전반기에 이미 이런 신문의 성격을 띤 것이 부정기적으로나마 발행되었을 것으로 추정하고 있다. 조선조에 들어 필사 매체는 크게 발전했다. 이성계는 즉위한 그 해인 1392년 예문춘추관을 설치하고 사관으로 하여금 '조보'라는 것을 필사하여 각 관청에 돌리게 하였다. 조보의 발행기관은 그 후 승정원으로 바뀌었다"(김민환, 1996, p. 94)고 서술해 놓았다.

제2절

우리나라 신문의 원조로서의 조보

지금까지 우리나라 신문의 기원은 언제 무엇일까에 관한 여러 식자와 학자들의 견해와 주장들을 살펴보았다. 이들 여러 견해 내지 주장을 종합해 보면 크게 네 가지 즉 ① 신라시대의 기별지, ② 조선시대에 조정에서 발행했던 조보, ③ 조선시대 선조 때 잠시 나왔던 소위 '민간인쇄조보' 및 ④ 「한성순보」를 각각 우리나라 신문의 기원으로 내세우고 있다. 그러면 이와 같은 네 가지 견해 내지 주장들 중에서 어떤 것이 가장 타당한가?

1) 신문이 갖추어야 할 필요조건들

신라시대의 기별지나 조선시대의 조보와 민간인쇄조보 등을 오늘날의 신문과 비교할 수는 없다. 하지만 이들을 신문의 기원 내지 원조로 간주하려면, 그래도 신문으로서의 요건을 어느 정도 갖추어야 한다고 생각한다. 그렇다면 신문이 신문으로서 갖추어야 할 요건들은 무엇인가?

독일의 신문학자 오토 그로트(Otto Groth)는 '참된 신문'(true newspaper)이 갖추어야 할 요건으로 다섯 가지를 들었다. 첫째, 최소한 1주일 이내의 시간적 간격으로 정기적으로 발행(published periodically)해야 하며, 둘째, 발행의 계속성 내지 연속성이 있어야 하며, 셋째, 기계적 방법으로 복제(mechanical reproduction)되어야 하며, 넷째, 신문을 보고자 하는 사람은 누구나 접근(access to the publication)할 수 있어야 하며, 다섯째,

내용이 소수의 몇 사람들이 아니라 불특정 다수에게 관심이 있고 다양하며 시의적(時宜的, timely)이어야 한다는 것이다(Allen, 1930, pp. 309-319에서 재인용).

그로트가 내세운 이와 같은 신문의 요건들은 어디까지나 현대의 '참다운 신문'을 기준으로 한 것이다. 그러므로 옛날 신문의 요건으로는 맞지 않는 것도 많다. 예컨대, "신문은 기계적 방법으로 복제되어야 한다"고 했으나, 인쇄술이 발명되기 이전의 '필사신문'은 손으로 복제했다. 또한 신문은 그 누구나 접근할 수 있어야 된다고 했으나, 옛날 중국의 저보나 조보에는 고급관원 등 특수 계층만 접근이 가능했다. 그러므로 근대 신문이 나오기 이전에 존재했던 전통적 신문들을 그로트가 제시한 요건들만 가지고는 평가할 수 없다.

그렇더라도 다섯 가지 요건들 중에서 최소한 두서너 가지는 갖추어야 신문으로 볼 수 있다고 생각한다. 만약 어떤 출판물이 발행의 정기성이나 계속성을 지니고 있지 않다면 그것은 서적이지 신문이 될 수 없기 때문이다. 또한 어떤 출판물이 한두 가지 주제의 비시의적(非時宜的) 내용만 다룬다면 이것도 신문이라고는 말하기 어렵다. 따라서 우리나라 신문의 기원을 언제 어떤 것으로 잡을 것이냐를 결정할 때도 그로트가 제시한 신문의 요건들을 되도록 감안해야 된다고 생각한다. 그러면 앞서 우리나라의 신문사가(新聞史家)들이 우리나라 신문의 기원 내지 원조로 지적한 ① 신라시대의 기별지, ② 조선시대에 조정에서 발행했던 조보, ③ 조선시대 선조 때 잠시 나왔던 소위 '민간인쇄조보' 및 ④ 「한성순보」 중에서 어느 것을 우리나라 신문의 기원으로 잡는 것이 가장 타당할 것인가?

2) 우리나라 신문의 기원으로서 조보의 타당성

첫째로 수춘학인을 비롯한 여러 학자들은 신라시대에 존재했다는 '기별'을 우리나라 신문의 기원으로 보면서, 그 근거로서 "신라사(新羅史)에 의하면 신문왕(神文王) 12년 임진(692)에 설총(薛聰)이 이두문을 지어 관부문찰(관공서 문서)에 사용하였다고 하였은즉 그때부터 긔별지가 시행(始行)된 것을 족(足)히 짐작하겠다"(수춘학인, 1930, p. 22)고 내세웠다. 차상찬도 "그 시초의 연대는 문헌에 별로 상고(詳考)할 곳이 없으나 신라사에 의하면 신문왕 12년 임진(壬辰, 서기 692년)에 설총이 이두문을 지어서 관부문찰에 사용하였다 운(云)한즉 그때부터도 벌써 기별지 같은 것이 시행되었던 것을 짐작하겠고…”(차상찬, 1936, p. 40)라고 하였다.

그러나 이종수는 말하기를, “조선 신문의 기원은 신라 신문왕 12년에 설총이 이두를 지어 관부문찰에 섰다는 ‘기별’에서 찾을 수 있으나, 참고할 만한 문헌이 절(絶: 끊어짐)하였고…”(이종수, 1931, p. 69) 운운하면서, 신라시대의 기별에 관하여 참고할 만한 문헌이 없어서 그 기별을 우리나라 신문의 기원으로 보기 어렵다고 주장했다. 또한 앞서 수춘학인이나 차상찬의 글을 보면, “신라 신문왕 12년에 설총이 이두를 지어 관부문찰에 섰다”는 사실만 가지고서, 이를 통해 신라시대에 기별이라는 일종의 신문이 있었음을 짐작할 수 있으며 그 기별이 우리나라 신문의 기원이라고 주장했는데, 이는 논리적 비약으로 볼 수 있다. 그러므로 신라시대에 존재했다는 ‘기별’을 우리나라 신문의 기원으로 보는 것은 타당하지 않다고 보겠다.

둘째로 이종수와 차상찬 등은 신라시대의 기별 이외에 또 조선조 선조 10년(서기 1577년)에 민간인들이 잠시 발행했던 소위 ‘민간인쇄조보’를 우리나라 신문의 기원으로 내세웠는데, 이 민간인쇄조보는 신문으로서의 여러 가지 요건들을 갖추고 있다. 즉 매일 정기적으로 발행했으며, 기계적 복제방법인 인쇄를 통해 발행했고, 이를 돈을 받고 판매함으로써 누구나 접근이 가능했다. 그러므로 이 ‘민간인쇄조보’를 우리나라 신문의 기원으로 보는 데는 일리가 있다. 하지만 이 ‘민간인쇄조보’는 겨우 수개월 동안 발행하다가 사라졌다. 그러므로 신문의 주요 요건의 하나인 “발행의 계속성 내지 연속성”을 결여했다. 또한 이 ‘민간인쇄조보’는 그 발행·제작자들이 뉴스를 취재, 편집, 인쇄해서 발행한 것이 아니라 승정원에서 내는 관보인 조보를 그대로 인행(印行), 즉 인쇄만 해서 판매한 것이었다. 그러므로 이러한 ‘민간인쇄조보’를 우리나라 신문의 기원으로 보는 데는 문제가 있다.

셋째로 안재홍, 최준 등은 조선시대에 조정의 승정원에서 나온 조보를 우리나라 신문의 기원으로 보고 있는데, 이 조보는 비록 관보였지만 신문으로서의 요건들을 가장 많이 충족시키고 있다. 즉 오늘날의 조간신문처럼 매일 아침 정기적으로 발행했으며, 몇백 년 동안 계속적이고 연속적으로 발행했고, 비록 내용은 임금의 명령 등이 주류를 이루었지만 시의적 뉴스들도 다루었기 때문이다. 그러나 이러한 조보는 인쇄해서 발행하지 않았으며, 또한 독자들도 주로 고위관리나 사대부(士大夫)들이었다는 것이 근대 신문과는 크게 다른 점이었다.

넷째로 안재홍은 말하기를, “비록 조보도 우리나라 신문의 효시로 볼 수 있으나 이는 신문이라고 보기 어려우며, 우리나라에서 근대식의 신문 형체를 가지고 나온

[최초의] 신문"은 1883년 창간한 「한성순보」라고 주장했다(「조선일보」, 1935. 7. 6.). 또한 임우성(任宇星)도 말하기를, "물론 「한성순보」 이전 몇백 년 앞서 소위 '기별지'라는 것이 있어 왔으나, 근대식의 신문 형체를 이야기한다면 아무래도 「한성순보」를 조선신문의 효시라고 하는 것이 지당할 것이다"(임우성, 1938, p. 2)라고 주장했다. 그러나 「한성순보」는 본래 우리나라에서 기원한 신문이 아니라, 서양의 언론 문물을 중국과 일본을 통해 받아들여 생성된 신문이다.

그렇다면 우리나라 신문의 기원에 관한 위와 같은 네 가지 견해들 중에서 어떤 것이 가장 타당한가? 본 저자는 세 번째 학설, 즉 조선시대에 승정원에서 나온 조보를 우리나라 신문의 기원으로 잡는 것이 가장 타당하다고 생각한다. 그럼에도 불구하고 아직까지 우리나라 언론학계에서 조보에 관한 연구가 체계적으로 이루어지지 않아서 그에 관한 단행본 연구서조차 없는 실정이다. 그러므로 이 책에서는 지금껏 제대로 연구되지 않은 우리나라 조보에 관하여 자세히 고찰해 보기로 하겠다. 그러나 그 전에 조보에 관한 이제까지의 연구 실태부터 살펴보고 넘어가기로 하자.

제3절

우리나라 조보에 관한 그간의 연구실태

우리나라 조보에 관한 지금까지의 연구들을 살펴보면 그리 많지 않았으며, 조보만을 주제로 한 연구들은 1980년대부터야 나타나기 시작했다. 그러나 우리나라 신문사(新聞史)를 기술하면서 조보에 관하여 간단히 논급하거나 소개한 글이나 논문들은 앞서도 소개했듯이 대단히 많았다. 또한 우리나라 문화사를 소개하며 조보에 관하여 간단히 소개하거나 논급(論及)한 글이나 책도 적지 않았다.

1) 민간인쇄조보에 관한 이이·박제가·이긍익 등의 논급

조선왕조실록을 보면, 조보에 관한 논급이 중종 3년(1508) 3월 14일 1번째 기사에서부터 고종 28년(1891) 11월 19일 2번째 기사에 이르기까지 모두 261번이나 나온다. 그러나 이들은 어디까지나 조보에 관한 논급일 뿐 조보에 관한 설명이나 해설 등은 아닌데, 이들에 관해서는 제2장부터 자세히 살펴보기로 하고, 우선 여기서는 그 밖의 여러 문헌들에 나오는 조보에 관한 논급들만 간단히 알아보기로 하겠다.

(1) 선조시대 민간인쇄조보에 관한 율곡 이이(李珥)의 논급

각종 문헌들을 읽다 보면 조보에 관한 논급들을 여기저기 많이 나온다. 예컨대, 율곡 이이(李珥)가 명종 20년(1565)부터 선조 14년(1581)까지 17년 동안 적어 놓은 『석담일기』(石潭日記)[19] 하권(下卷)의 '만력 6년 무인'(萬曆六年戊寅) 선조(宣祖) 11년(1578) 2월 일기를 보면, 앞서 언급한 소위 '민간인쇄조보'의 전말(顚末)에 관하여 비교적 자세히 서술해 놓았는데, 그 내용을 소개하면 아래와 같다.

> 2월: 전에 서울에서 할 일 없이 놀던 사람들이 중국에서는 관보(官報)를 인행(印行)한다는 것을 듣고, 그것을 본받아 생계를 하려 하여 의정부(議政府)에 글을 올려 말하기를, "조정의 관보를 인행하여 각 관청에 내고 그 값을 받아 생활의 밑천을 삼겠습니다"라고 했다. 이것을 의정부에서 허락했고, 또 사헌부(司憲府)에 품신하니 사헌부에서도 허락했다. 그 사람들이 활자를 만들어 조정의 관보를 인쇄하여 각 관청과 외방 관청의 서울주재사무소 저리(邸吏)와 사대부들에게 파니 보는 사람들이 모두 편의하다 생각하였다. 이렇게 행한 지 두어 달 뒤에 임금이 우연히 보고 진노하여 말하기를 "관보를 간행하는 것은 사사로 사국(史局)을 설치하는 것과 다를 것이 무엇인가? 만일 다른 나라에 유전(流轉)되면 나라의 악을 드러내게 되는 것이다"라고 했다. 그리고 대신(大臣)에게 묻기를, "누가 이 일을 주장한 것이요?" 하니, 대신이 황송하여 명백한 말을 하지 못했다. 이리하여 그 사람들을 금부(禁府)에 가두고 형을 캐고 주모한 사람을 추궁하였다. 그 사람들이 이것으로 생활의 밑천을 삼으려는 데 불과하고 사실 주모한 사람은 없었다. 매를 맞아 거의 죽게 되자 대간(臺諫)이 형을 정지하자고 청했으나 허락하지 않고, 대신(大臣)이 임금에게 계청(啓請)한 뒤에야 법에 비추어 처리하라 하고는, 마땅히 대역부도(大逆不道) 법으로 정하라 하였다. 이에 금부에서 과중하다고 임금에게 아뢰니, 처음에는 따르려 하지 않았으나, 그 뒤에 다음 법에 비추어 모두 귀양 보냈다.
>
> 삼가 생각해 보건대, 조정의 관보를 인행한 것이 처음부터 간사한 모의에서가 아니요, 우망(愚妄)한 사람들이 사소한 이익으로 살아가려는 것이었다. 그리하여 당초 정부[의정부]와 사헌부에 품신하자 모두 인행할 것을 허락하였으니, 과실은 두 관청에 있는 것이다. 이 어찌 어리석은 백성만 죄를 줄 것

---

19 『경연일기』(經筵日記)라고도 부른다. 이는 율곡이 관직을 시작한 다음 해인 30세(명종 20년, 서기 1565년)부터 46세(선조 14년, 서기 1581년)까지 17년 동안 당시의 정사(政事)를 중심으로 국왕의 행례(行禮), 신하들의 진퇴 등 여러 가지 시정을 일기체로 기록하면서 자신의 의견도 첨술(添述)해 놓은 책이다.

인가. 설사 임금의 위엄이 진동하더라도 두 관청에서 인행을 허가할 사실을 자수(自首)하여 그 사람들을 구원했으면 비록 견책은 당했을망정 어찌 죽기까지 되었겠는가. 머뭇머뭇하고 말을 하지 않아서 어리석은 백성이 형벌을 당하게 하고, 임금이 백성을 속이는 거조를 행하도록 하니, 겁만 먹고 나약하여 의리가 없는 자들이라고 하겠다.[20]

이와 같은 율곡의 글에서, 백성들이 인행한 관보란 곧 조보를 말하는데, 이처럼 민간 백성들이 조보를 인행, 즉 인쇄해서 발행했다는 사실은 조선왕조실록에도 선조 10년(1577) 11월 28일자 기사에 모두 네 차례나 언급되어 있다. 또한 선조 11년(1578) 1월 15일자 실록에도 두 차례나 기록되어 있는데, 이들에 관해서는 제3장에서 자세히 살펴보기로 하겠다.

(2) 민간인쇄조보에 관한 박제가와 이긍익의 논급

민간인쇄조보에 관한 언급은 박제가(朴齊家)가 조선조 정조 2년(1778) 이덕무(李德懋)와 함께 사은사(謝恩使) 채제공(蔡濟恭)을 따라 청나라 수도 북경을 방문하고 돌아와서 쓴 견문록『북학의』(北學議: 1778년 간행)에도 나온다. 이 책 '내편'(內篇)을 보면 '당보'(塘報)라는 제목으로 당시 중국에서 발행하던 저보(邸報)에 관해서 간단히 소개하면서, "중국의 저보는 모두 인판(印版)이다. 우리나라에서도 [저보를] 인출하다가 중지했는데, 이 사실이『경연일기』(經筵日記)에 기록되어 있다는 말을 들었다"고 적었다. 여기서 '경연일기'는 곧 앞서 언급한 율곡의『석담일기』를 말한다. 그러므로 박제가가 말한 "우리나라에서도 [저보를] 인출하다가 중지했는데"라는 문장에서 '저보'는 율곡이『석담일기』에서 말한 소위 '민간인쇄조보'를 말하는 것이 틀림없다. 이러한 민간인쇄조보가 선조 10년(서기 1577년) 가을에 일시적으로 인출되다가 중지되었다는 사실을 그로부터 200년이 지난 1778년까지도 식자(識者)들이 알고 있었음을 박제가의『북학의』를 통해서도 알 수 있다.

또한 선조 10년에 민간인쇄조보가 일시적으로 인출되다가 중지되었다는 사실

20 고전국역총서『대동야승 IV: 석담일기 하권』, 서울: 재단법인 민족문화추진회, 1973, pp. 224-225에서 인용.

은 229년 뒤인 1806년 이긍익(李肯翊)의 『연려실기술』(燃藜室記述)이라는 역사책에도 기록되어 있다. 즉 이 책 별권(別卷) 13권 '정교전고금령항(政敎典故禁令項)을 보면 아래와 같은 내용이 실려 있는데, 이를 보면 앞서 율곡의 『석담일기』에 나오는 내용과 거의 비슷하다.

> 선조조에 서울의 직업 없는 사람들이, 중국에서는 통보(通報)를 모두 인행(印行)한다는 말을 듣고, 중국에 본을 따서 조보를 인쇄하여 팔아서 생활하려 하여 의정부에 문서를 올려 조보를 인쇄하여 각 관청에서 대가(代價)를 받아 생활할 것을 청하니 의정부에서 허락하여 사헌부에 품의하니 사헌부에서 허락하였다. 이에 그 사람들이 활자를 새기고 조보를 인쇄하여 각 관청과 지방의 저리(邸吏)에게 파니, 사대부로서 보는 자가 모두 이를 편리하게 여겼다.
>
> 두어 달을 실행하는데 임금이 우연히 보고 진노(震怒)하여 이르기를 "조보를 인행하는 것은 사국(史局)을 사설화(私設化)하는 것과 무엇이 다르랴. 만일 다른 나라에 유전된다면 이것은 나라의 잘못을 선전하는 것이다" 하면서 대신(大臣)들에게 묻기를 "누가 이 일을 주장하였느냐?" 하니 대신들이 황공하여 이르기를 "명맥하지 않습니다" 하였다. 이에 [조보를 인행한] 그 사람들을 의금부 옥에 가두고 심문하여 반드시 그 의론을 주장한 사람을 캐어 내려 하니 그 사람이 답하기를 "이것으로써 우리들 생활을 하려는 것뿐입니다"라고 하였다. 이래서 모두[주: 30여 명] 먼 곳으로 정배보냈다(「燃藜室記述」 別卷 卷之十三, 政敎典故 - 刑獄 - 禁令項).

조보에 관하여 논급한 글이나 책들을 찾아보면, 위와 같이 소위 '민간인쇄조보'에 관한 것들이 여러 개가 나온다. 이 민간인쇄조보는 앞서 말했듯이 승정원에서 매일 아침 발표하는 조보를 그대로 인쇄만 한 것이었고, 발행기간도 불과 2, 3개월에 지나지 않았다. 하지만 이러한 민간인쇄조보가 계속 발행되었다면, 우리나라 언론도 일찍부터 크게 발전했을 것이다. 그래서 율곡도 그의 『석담일기』에서 민간인쇄조보의 발행 금지를 아쉽게 생각하면서, 이를 막지 못한 사간원과 사헌부의 관리들을 "겁만 먹고 나약하며 의리가 없는 자들"이라고 비난한 것 같다.

2) 조보에 관한 꾸랑·유길준·황현의 소개와 논급

'민간인쇄조보'에 관한 위와 같은 논급들 이외에 승정원에서 발간한 조선왕조의 정식 관보인 '조보'에 관한 논급들도 적지 않게 찾아볼 수 있다. 그러나 그 대부분은, 예컨대 "조보를 보니 어떠어떠한 일이 있었다" 또는 "조보에 어떤 일이 실려 있다" 등의 언급들이다. 반면, 조보 그 자체에 관한 논급이나 소개는 몇 개밖에 되지 않는데, 그중에서 우선 1910년 한일합병 이전에 나온 세 가지 문헌자료부터 소개해 보기로 하겠다.

(1) 꾸랑의 『한국서지』에서 조보에 관한 해제(解題)

조보에 관하여 비교적 상세하게 소개한 것은, 프랑스 외교관 모리스 꾸랑(Maurice Courant)이 편찬해서 1894년 프랑스 파리에서 발간한 우리나라 서지(書誌)에 관한 책인 *Bibliographie Coréenne*(한국서지)[21] 제1권에서 찾아볼 수 있다. 이 책 'V. 의범부(儀範部) 2장 치리류(治理類) 3. 조정(朝廷)·의정부(議政府)'의 "한경보(漢京報) 또는 조보 또는 기별"이라는 항목(번호 1521)을 보면, 조보에 관하여 아래와 같이 해제(解題)해 놓았다.

> 1521. 한경보(漢京報) 또는 조보(朝報) 또는 기별(奇別)
>
> 높이 35cm, 길이는 다양한 단면(單面)의 초서체(草書體) 필사본.

---

21 이 책이 출간된 계기는 다음과 같다. 1887년 한국에 부임한 프랑스의 첫 번째 외교관인 빅또르 꼴렝 드 쁠랑시(Victor Collin de Plancy)가 우리나라 문헌들에 관심을 갖게 되었는데, 1890년 모리스 꾸랑이 그의 보좌관으로 한국에 오자 쁠랑시가 꾸랑에게 자신과 함께 한국도서들을 외부에 알리기 위한 작업을 할 것을 제안했다. 그리하여 두 사람이 한국서지의 정리 작업에 착수했으나, 쁠랑시가 일본으로 전근되자, 꾸랑이 혼자서 한국서지를 정리하여 *Bibliographie Coréenne*라는 이름으로 1894년과 1895년에 1, 2권을 프랑스 파리의 Ernest Leroux, Éditeur에서 처음 출판하고, 이어서 그 내용을 보유하여 6년 만인 1901년에 완성해서 출판했다. 이 책은 이희재가 번역하여 1994년 일조각에서 발간한 바 있는데, 이희재의 번역서 머리말을 보면, 이 번역서의 이름[書名]을 꾸랑이 이 책을 편찬할 당시의 우리나라 국호(國號)를 따서 『조선서지』(朝鮮書誌)라고 할 것인가, 아니면 현재 국호를 따라 『한국서지』로 할 것인가를 망설이다가 『한국서지』로 번역했다고 한다. 따라서 본서에서도 『한국서지』로 부르기로 하겠다.

임금을 끊임없이 둘러싸고 있는 신하들은 모든 주어지는 명령을 즉시 적어서 궁내에 있는 승정원의 사무실에 전한다. 승정원의 승지들, 각 행정기구와 대신(大臣)에 의해 보내진 문서 담당자들 그리고 각 부서에 지불해야 할 것이 있는 사람들은 궁중의 하인들이 가져온 내용들을 그것들이 도착하는 대로 어떤 명(命)도 첨부하지 않고 전사(轉寫)하며 그것이 바로 조보를 구성하는 것이다. 모든 관(官)과 모든 대신들은 따라서 1부씩을 갖게 된다. 승지에 의하여 만들어진 부수(部數)들은 배달인에게 넘어가 그것을 계속적으로 구독하는 여러 관리들과 돈 1냥 반의 비용을 지불하는 개인들에게 전달된다. 다른 부수들은 월말에 모아져 지방의 행정관과 양반들에게 보내진다. [외국] 공사관(公使館)이나 영사관(領事館)에도 실질적으로 판매된다. 조보의 모든 견본이 같은 것은 아니다. 대신(大臣)들의 것은 훨씬 완전하다.

조보는 매일, 일반적으로 정오 전에 나왔다. 따라서 전날의 저녁까지와 당일 아침의 교명(敎命)이 포함된다. 각각의 부분 위에 날짜가 적혔고, 각 장(張)마다 어떤 제목도 기입되지 않았다. 조보는 임금의 기원(祈願), 의식, 행동과 임금의 건강상태, 조정의 상(喪), 임명, 과거(科擧)의 안내, 이에 합격한 지원자들의 명단을 싣고 있다. 사건에 관한 것은 거의 없고, 삼정승의 퇴임과 임명, 기근 그 밖의 중요한 일을 제외하고는 언제나 간단한 용어로 되어 있다. 공식적인 조보는 선조 때 연원부원군(延原府院君) 이광정(李光庭)에 의해 창시되었다고 몇몇 한국인은 말하고 있다(꾸랑 저, 이희재 역, 『한국서지』. 서울: 일조각, 1994, pp. 393-394에서 인용).

이러한 해제의 항목명이 "한경보 또는 조보 또는 기별"로 되어 있는 것을 보면, 조보는 '한경보' 또는 '기별'이라고도 불렸다는 말이다. 그러나 위의 『한국서지』에서 "한경보"라는 항목(번호 3417)을 보면 "*Korean Repository* Vol. 1, 1892, p. 64, 129, 156, 194, 228, 262, 289, 315, 348, 374에서 발췌. 이 월간지는 1892, 1895, 1896, 1897, 1898년 서울의 Trilingual Press에서 발간"이라고 기록해 놓았을 뿐이며, '한경보'가 조보의 다른 명칭이라는 언급은 전혀 없다. 따라서 조보를 '한경보'라고도 불렀다는 말인지, 아니면 서양 선교사들이 1892년 서울에서 창간했던 *Korean Repository*라는 잡지의 우리말 명칭이 '한경보'였다는 뜻인지는 알 수 없다.

그건 그렇고, 『한국서지』의 서론을 보면, 한국의 문자(文字)에 관해서도 설명하면서, 조보에서 사용한 문자도 간단하게 논급했다. 즉 "조보" 항(번호 1521)을 보면, "모두 중국의 표의문자[한자]이지만 실제로는 어휘와 문자구조가 이문(吏文)의 언어와 유사한 혼용어로 적혀 있다. 그래서 '감시(監視)한다'는 뜻은 '적간'(摘奸)으로, '준비'의 뜻을 '마련'(磨鍊)으로, '콩'은 '태'(太), '무명'은 '백목'(白木), 물오리는 '월외'(月外)로 쓰여 있는데, 이러한 표현들은 한자(漢字)로는 전혀 뜻이 통하지 않거나 다른 의미로 쓰이는 것이다. '하다'라는 '위'(爲)와 '…는'이라는 자(者)는 자주 사용되는데 이는 한국어의 조사 '하다'와 소사인 '는'은 자주 나오기 때문이다. 문구의 끝에는 '사'(事)가 놓이고, 명령형은 조사 없이 동사만 쓰이며, 동사만으로 구성된 간략한 구절에는 '하고,' '하니', '하야' 등을 독자가 붙여서 긍정형으로 설명한다든지 문구의 끝에 동사가 생략된다든지 하는 이 모든 특성이 조보의 체제를 이문(吏文)과 문학어 사이의 기묘한 중간형으로 만들고 있다"(꾸랑 저, 이희재 역, 1994, p. 40)고 설명해 놓았다.

(2) 유길준의『서유견문』에서 조보에 관한 언급

조보에 관한 논급은 1895년 유길준(兪吉濬)이 출판한『서유견문』(西遊見聞. 東京: 交詢社)에서도 찾아볼 수 있다. 이 책 제17편 "신문지"(新聞紙) 항을 보면, 유길준은 신문의 정의(定義), 주요 내용, 종류, 시원(始原), 인쇄 방법, 구독과 배포 방법, 상업성과 재정, 제작 방법, 기능(機能) 등에 관하여 간단하면서도 비교적 상세하게 소개해 놓았다. 그중에서 '신문의 시원'에 관한 부분을 보면, 우리나라 조보에 관한 아래와 같은 언급이 나와 있다.

> 금기신문지(今其新聞紙)의 창시(創始)흔 근원을 추구(推究)흐건대 아방(我邦)의 조보갈치 사환(仕宦)흐는 자(者)에게 서사(書寫)흐야 윤회(輪回)흐더니 그 후에 인민이라도 풍요흔 자(者)는 그 세(其稅)를 출(出)흐고 획관(獲觀)흐며 삼백 년 전에 영국(英吉利)과 이탈리나(伊太利)의 양국에 등판(登板)흐는 신문지가 시유(始有) 흐얏으나… (유길준, 1895, p. 457)

이를 현대어로 풀이하면, "오늘날의 신문지가 처음으로 시작된 근원을 미루어 생각하여 밝혀보건대, 우리나라의 '조보'와 같이, 관청에 나가서 나랏일을 보는 자에게 필사하여 회람하다가 그 후에 일반 백성이라도 돈이 많은 사람은 그 재산을 출자하거나 또는 돈을 모아서 300년 전에 영국과 이탈리아 두 나라에서 신문을 인쇄하여 발간하는 신문지(민간신문)가 처음 나오게 되었다"는 것이다.

다시 말해, 신문의 역사를 밝혀 보면, 처음에는 우리나라 '조보'처럼 관보로서 정부에서 나랏일에 관한 소식과 정보 등을 필사해서 관리들에게 회람시켰다는 것이다. 그러다가 일반 백성들 중에서 재산이 많은 사람이 돈을 내거나 모아서 300년 전에 일반 뉴스나 정보 등을 수집하여 이를 인쇄해서 발매하는 상업적 민간신문이 처음으로 나오게 되었다고 한다. 그러므로 "우리나라 조보는 민간신문(예컨대, 「독립신문」)이 출현하기 이전, 조정에서 발간한 관보"였다고 유길준은 보았다.

(3) 조보의 폐지와 신식관보의 발간에 관한 황현의 논급

한편 황현(黃玹)이 쓴 『매천야록』(梅泉野錄)[22]에도 조보에 관한 논급이 나온다. 그러나 황현은 '조보'라고 하지 않고 '저보'(邸報)라고 불렀다. 이 책 제2권 고종(高宗) 31년(1894), 갑오년 11월 4번째 기사를 보면, 1894년 갑오경장 때 조정에서 조보를 폐지하고 그 대신 신식 관보를 발행하기 시작한 사실을 한문으로 서술해 놓았는데, 이를 우리말로 번역하면 아래와 같다.

> 승정원의 공사청(公事廳)을 파하고 종전의 공문반포예규(公文頒布例規)도 함께 폐지하고, 일체를 칙령(勅令)으로써 행했다. [임금의] 전교(傳敎)를 칙지(勅旨)라고 개칭하고 저보를 관보라고 하였는데, 구제(舊制) 매일저보(每日邸報)는 각 아문(衙門) 서리들이 초록해서 나누어 전했다. [그런데] 그 초기(草記)가 거칠고 문란해서 기별초(奇別草)라고 이르기까지 했는데 오래지 않아 보는 사람[오래 보아 오지 않은 사람]은 제대로 알 수 없어서 관보국(官報局)을 설치하여 인쇄로 하였다(황현 저, 이장희 역, 『매천야록』, 서울: 대양서적, 1973, pp. 177-178에서 인용).[23]

---

22 이 책은 한말(韓末)의 우국지사인 매천(梅泉) 황현(黃玹)이, 고종 원년(서기 1864년)부터 순종 융희 4년(서기 1910년) 8월 한일합병에 이르기까지 47년간의 역사적 사실을 한문으로 기록한 구한말(舊韓末)의 비사(秘史)인데, 국사편찬위원회에서 한국사료총서 제1집으로 1971년에 간행했다. 이 책을 대본으로 삼아 이장희(李章熙)가 번역한 한글판 『매천야록』도 1973년 서울 대양서적(大洋書籍)에서 나왔다.

23 원문은 다음과 같다: 罷承政院公事廳, 從前公文頒布例規幷廢止, 一切以勅令行之, 改稱傳敎曰勅旨, 邸報曰官報, 舊制每日邸報, 各衙門胥吏鈔錄分傳, 草記荒亂, 謂之奇別草, 非久覽者, 不能諳, 至是設官報局,

이 글을 좀 더 쉽게 풀이해 보면, 조선조 조정에서 1894년 갑오경장(甲午更張)을 단행하면서, 승정원의 공사청(公事廳) 즉 임금의 명령을 전하던 내시(內侍)의 직소를 폐지하고, 아울러 종전의 공문반포예규도 함께 폐지하고, 일체를 칙령(勅令)으로써 행했다는 것이다. 그러면서 임금의 명령을 예전에는 전교(傳敎)라고 하던 것을 '칙지'(勅旨)라고 개칭했다고 한다.

한편 승정원에서 매일 발행하던 '저보' 즉 조보도 '관보'로 고쳤는데, 옛 제도(舊制)의 조보는 각 아문서리(衙門胥吏)들이 초록해서 나누어 전했다. 그런데 조보는 주로 한문(漢文)을 쓰되 이두(吏讀)를 보조적으로 사용하였으나, 그 서체(書體)가 거칠고 문란해서 기별초(奇別草) 즉 '기별글씨체'라 불리기도 했다. 조보의 이러한 서체는 매우 독특하고 난잡한 초서체(흘림체)였기 때문에, 한문에 능통한 사람이라도 조보를 오랫동안 보아서 그에 익숙하지 않으면 알아보기 어려울 정도였다고 한다. 따라서 조정에서는 관보국이라는 부서를 새로 설치하고, 예전의 조보를 신식(新式)으로 고치면서 인쇄를 해서 발행하기 시작했다는 것이다.

3) 일제강점기에 조보에 관한 소개와 논급

1910년부터는 우리나라의 근대적 신문과 잡지들에서도 조보에 관하여 논급한 기사들이 나타나기 시작했다. 또한 우리나라 문화사에 관한 서적에서도 조보에 관한 언급이 출현했다. 그리하여 1945년 광복까지 36년 동안의 일제강점기에도 조보에 관한 수십 건의 글들이 각종 신문과 잡지 등에 실렸는데, 이들을 발표순으로 간단히 소개하면 아래와 같다.

(1) 「대한매일신보」 1910년 1월 1일 기사에서 조보 언급

서두에서 말했듯이 「대한매일신보」 한글판 1910년 1월 1일자 지면을 보면, 작자 미

印刷行之(黃玹, 『梅泉野錄』, 卷二, 高宗 31년[1894], 甲午 11월조 네 번째 기사). 이 기사의 중간에 나오는 '초기황란'(草記荒亂)에서 '초기'는 본래 초고(草稿)로 쓴 것 또는 서울 각 관청에서 정무상(政務上) 그다지 필요하지 않은 사항을 사실만 간단히 적어 임금에게 올리던 문서를 말한다. 하지면, 여기서 '초기'는 조보의 초서체(草書體)를 뜻한다고 볼 수 있다.

상의 '한국에 신문지'라는 기사가 실려 있다.[24] 이 기사를 보면, 당시까지의 우리나라 신문의 역사와 현황을 간단히 설명하면서, "한국에서 난 신문지 중에 관보가 가장 몬져 낫스니 이것도 셔리들이 란초로 써셔 벼살 잇난 자에게만 젼할 뿐이오 졍서로 출판하여 사람마다 보게 함을 금하엿고 션조대왕 때에 엇던 션배가 신문지를 발간하다가 죠뎡에서 본국일을 외국에 루셜하난거시라 하여 발행을 금지하고 그 사람을 가두엇스며 … 오호~라 신문은 문명사업에 뎨일기관이 아닌가. 이것이 방애함만 없셧으면 삼백 년을 젼패하난 큰 신문이 오늘날 대한국에 잇셧을진더"라고 서술해 놓았다.

이러한 기사 내용을 현대어로 쉽게 고쳐 보면, "한국에서는 신문지 중에 관보가 가장 먼저 나왔으니, 이것도 서리(書吏)들이 난초(亂草)로 써서 벼슬 있는 자에게만 전(傳)할 뿐이오, 정서(正書)로 출판하여 사람마다 보게 함을 금지하였고 선조대왕 때에 어떤 선배가 신문지를 발간하다가 조정에서 본국의 일을 외국에 누설하는 것이라 하여 발행을 금지하고 그 사람을 가두었으니 … 오호~라 신문은 문명사업에 제일기관이 아닌가. 이것이 방애함만 없었으면 삼백 년을 전해 오는 큰 신문이 오늘날 대한국에 있었을진저"라는 것인데, 사실 이 기사에서 '조보'라는 말은 직접 나오지 않는다. 그러나 "한국에서 신문지 중에 관보가 가장 먼저 나왔고, 이것은 서리 즉 기별서리들이 '난초'라는 소위 흘림체로 써서 벼슬아치들에게만 전달했으며, 정서로 출판해서 일반 백성들도 보게 함은 금지했다"는 내용으로 미루어 볼 때, 이는 '조보'를 지칭했음이 분명하다.

또한 이 기사에서 "선조대왕 때에 어떤 선배가 신문지를 발간하다가 조정에서 본국의 일을 외국에 누설하는 것이라 하여 발행을 금지하고 그 사람을 가두었으며" 운운하며, 만약 이 신문이 금지되지 않고 삼백 년 동안 계속 전해 내려왔다면, 오늘날 "대한국에 큰 신문이 있었을진저"라고 통탄했는데, 여기서 이 신문은 앞서 여러 번 말한 선조 때 발행되던 '민간인쇄조보'를 말한 것이다.

---

24 이 기사는 「대한매일신보」 국한문판 1월 6일자에도 "아국(我國)에 보지(報紙)"라는 제목으로 실려 있다.

(2) 이중화도 '반도의 신문과 잡지' 기사에서 조보에 관해 약술

「반도시론」(半島時論)이라는 잡지의 1918년 1월호를 보면, 이중화(李重華)가 쓴 "반도(半島)의 신문과 잡지"라는 글이 실려 있다. 이 글에서 이중화는 우리나라의 신문과 잡지의 역사를 전반적으로 소개하면서 조보에 관해서도 간단하게 언급했다. 그러나 조보의 발행 절차에 관해서는 비교적 자세하게 설명했는데, 이를 소개하면 아래와 같다.

> 조보의 발행은 순전한 정부의 공식발행이 아니라, 승정원이 매일 정사(政事)의 재가된 안건을 게판(揭板)하면 국무(國務) 각 관청으로서 각 1인이 서리를 파송하여 차(此)를 등사하여 각해(各該) 관청의 장관에세 발송하며, 또 이를 경향(京鄕) 관리와 기타 원독(願讀)의 수응(需應)에 공(供)하얏나니 매일 이를 수사(手寫)하여 분송(分送)하는 임무를 담당한 자를 기별서리라 칭(稱)하며 이 사람 등이 회합하는 곳을 기별청(奇別廳)이라 하였나니 기별은 소식 즉 신문의 뜻이라(이중화, 1918, p. 25).

이처럼 이중화가 조보의 발행 과정을 상세하게 설명한 것은 아마도 그가 조보의 발행 과정을 직접 관찰했기 때문일 수도 있는데, 조보는 이중화가 14세였던 1894년까지 계속 발행되었다.[25]

(3) 안확은 『조선문명사』에서 조보의 주요 기능 설명

안확(安廓)이 1923년 출간한 저서 『조선문명사』(朝鮮文明史. 일명 朝鮮政治史. 서울: 회동서관)를 보면, 제80절 "조지(朝紙)와 민론(民論)"에서 조보를 '조지'(朝紙)라고 부르며, 이를 정치사적 입장에서 간단히 언급했다. 그중에서 주요하다고 생각되는 부분만 소개하면 아래와 같다.

> 전제(專制) 국가에는 매양 그 정사(政事)를 비밀에 부(附)하는 일이 다(多)하다. 연(然)이나 아조선(我朝鮮) 근대에 재(在)하여는 정사를 공포하야 인민에게 광보

25 이중화는 1881년 서울에서 출생하여 흥화학교(興化學校) 영어과(英語科)를 졸업하고 1904년 모교 교사가 되었다가 1911년 배재학당 교사로 옮겼다. 그 뒤 한글학자로 활약하다가 해방 이후 1950년 타계했다.

(廣報)하는 일이 있으니 이것이 또한 정치의 발달한 특질이라. 그 정사 발포의 기관(機關)은 관보니 명왈(名曰) 조지(朝紙)라 하는 것일새 즉 정사신문지(政事新聞紙)라.

이 조지는 승정원에서 발표하면 각 행정부의 서리(書吏)가 등초(騰抄)하여 세(世)에 반포할새 재조재야(在朝在野)의 사람들은 모두 이를 독(讀)하고 매일 정사의 여하를 통지하게 되다. 당시 조지의 체재는 활자가 이미 사용되나 인간(印刊)이 불원(不遠)하므로 등사하여서 반포하니 혹왈(或曰) 기별이라 하다(등사는 여자의 手로 出함이 多).

조지는 정치발달의 신요소(新要所)니 왕명의 권력을 개장(開張)하는 동시에 정치상 민활과 세력을 조야(朝野)에 여(與)하는 기관이라. 조야의 인(人)을 물론하고 이 조지의 소식을 일접(一接)하면 여론이 야기하고 공론이 발생하여 인민의 생활이 사회 및 국가와 충돌치 않고 병존함을 득(得)코자 함에 지(至)하다. 고로 조지는 먼저 사회 인중(人衆)의 각자 의견 즉 여론의 발생을 촉(促)하는지라. 그 여론은 혹시 대오(大誤)가 유(有)하여 인(人)으로 하여금 오류, 무지, 공포, 격앙, 자부(自負), 미신 등에 함(陷)키 이(易)함이 다(多)하니 매년 초춘(初春)에 당하여는 의례 와언(訛言)이 비출(飛出)하여 하하사(何何事)가 생(生)한다 하는지라, 이는 오직 문학상(文學上) 고찰에 부(付)할 것이 아니라 실상 정치상 민의(民意)의 충동적 영향으로 연구할 것이다(안확, 1923, pp. 186-187).

안확은 말하기를, “전제 국가에서는 매양 그 정사(政事)를 비밀에 부치는 일이 많으나, 우리 조선에서는 근대에 있어서는 정사를 공포하야 인민에게 광보하는 일이 있었으니 이것이 [우리나라] 정치의 발달한 특질인데, 그 정사 발포의 기관(機關)은 관보로서 ‘조지’라고 부르는 정사신문지”라고 우선 조보에 관하여 설명했다. 그러면서 “이러한 조지 즉 조보는 승정원에서 발표하면 각 행정부의 서리가 등초(騰抄)하여 세상에 반포하여, 조정이나 재야의 사람들은 모두 읽고 매일 정사의 여하를 알게 되는데, 당시 이러한 조지의 체재는 활자가 이미 사용되나 인간(印刊)이 불원(不遠)하므로 등사하여서 반포하니 혹왈(或曰) ‘기별’이라고 부른다”라고 조보의 발행처와 발행 방법을 설명했다. 그러면서 이러한 조보의 “등사는 여자의 수(手)로 출(出)함이 다(多)”[26]라고 즉 조지(조보)를 베끼는 것은 여자의 손으로 이루어지는 것이 많다고 괄호 안에 부기해 놓았다.

그런 다음, "조지는 정치발달의 신요소로서 왕명의 권력을 개장하는 동시에 정치상 민활과 세력을 조야에 주는[與] 기관"이라고 하면서, "조야의 사람들이 이러한 조지의 소식을 한번 접하면서 여론이 야기(惹起)하고 공론이 발생하여 인민의 생활이 사회 및 국가와 충돌치 않고 병존함을 얻고자 함에 이르므로, 고로 조지는 먼저 사회 대중 각자 의견 즉 여론의 발생을 촉진시킨다"는 것을 조지(조보)의 주요 기능으로 내세웠다.

(4) 1920-30년대에 한국신문역사에 관한 글들에서 조보 논급

1919년 3월 1일, 우리 민족이 일제(日帝)에 항거하여 독립운동을 대대적으로 일으키자, 이에 놀란 일제는 그 이전까지 10년간의 무단정책 대신 이른바 '문화정책'을 표방하면서, 한국인들에게도 신문 발행을 허가해 주었다. 그리하여 1920년 봄, 「조선일보」와 「동아일보」 등이 창간되면서 우리 민족 언론이 소생하자, 신문에 관한 학문적 관심과 연구도 살아났다.

그러면서 각종 신문과 잡지에 우리나라 신문의 역사에 관한 많은 글들이 속속 발표되었는데, 이들을 보면 거의 대부분이 우리나라 신문의 기원 내지 시원의 하나로서 조보에 관해서도 논급했다. 그중에서 우리나라 신문의 원조로서 기별이나 조

〈표 1-1〉 1920-30년대에 기별과 조보에 관한 논급 논문들

발표자(발표년)	논문제목	발표잡지
희산학인(1924)	40여 년간 변천 많은 조선신문계	「매일신보」 1924년 6월 1일 4면
일기자(1925)	조선언론계의 연혁	「개벽」 제59호(1925. 5), pp. 63-65
안재홍(1927)	조선신문사론(朝鮮新聞史論)	「조선일보」 1927. 1. 5-9 총 3회
수춘학인(1930)	조선신문잡지연혁급발달사	「별건곤」 제5권 60호(1930. 7), pp. 22-27
이종수(1931)	조선신문사: 사상변천을 중심으로	「동광」 제28호(1931. 11), pp. 69-75
하정(1934)	조선신문발달사: 사상변천을 중심으로	「신동아」 제4권 5호(1934. 5), pp. 52-59
민세학인(1935)	조선신문소사	「조선일보」 1935. 7. 6-27 총 17회 연재
차상찬(1935)	조선신문발달사	「개벽」 신간 제4호(1935. 4), pp. 2-12
차상찬(1936)	조선신문발달사	「조광」 제2권 11호(1936. 11), pp. 40-52
임우성(1938)	조선신문사	「비판」 1938년 8월호, pp. 2-10

26 이 말은 무슨 말인지 확실치 않다. 그러나 조보에 관한 문헌들을 보면, 기별서리나 경주인들이 승정원에서 조보를 일단 한 부 베껴서(謄抄) 집으로 가져오면, 이를 그의 부인이나 딸들이 다시 여러 부를 필사해서 각 기관이나 주요 인사 등에게 배포했다고 하는데, 이를 말한 것 같다.

보에 관하여 언급한 글들의 목록을 보면 〈표 1-1〉과 같은데, 이들에 관해서는 앞서 제1항 "우리나라 신문의 기원과 조보"에서 이미 소개한 바 있다. 그러므로 이들 각 글의 내용에 관한 소개는 여기에서는 생략하기로 하겠다.

(5) 최남선의 「고사천자」에서 조보와 분발에 관한 약술

한편 최남선(崔南善)도 1935년 9월 11일부터 같은 해 11월 27일까지 「매일신보」에 연재한 「고사천자」(古事千字)라는 제목의 우리나라 문화사에 관한 글에서 조보에 관하여 간단히 소개한 바 있다. 이 글 중에서 "[秋] 춘추관"이라는 항목을 보면, 조선시대에 국사(國史)를 수찬(修撰)하던 관사(官司)인 춘추관(春秋館)에서 어떻게 국사를 수찬했는지를 설명하면서, 그 기본 사초(史草)들 중 하나로서 조보에 관하여 간략하게 설명했는데, 그중에서 주요 부분만 간추려 보면 아래와 같다.[27]

> ① 조보는 난보(爛報) 또는 조지(朝紙)라고도 하여 승정원에서 처리하는 사항을 매일 아침에 기재, 반포하는 통보이니, 다만 통보를 주로 하여 속(俗)에 '기별'로 칭함이 상(常)을 지었다.
>
> ② 조보의 사무를 위하여 승정원에 서사(書寫)를 장(掌)한 '기별서리'와 분전(分傳)을 임(任)한 '기별군사'의 직(職)이 있었다.
>
> ③ 조보는 매일 아침 또는 수시(隨時)하여 승정원으로부터 요로(要路) 대관(大官)의 집과 각 지방의 경주인처(京主人處)로 분전되는데, 경주인의 받는 것은 그냥 즉시 또 수편(隨便)하여 각해(各該) 지방관에게로 체전(遞傳)되어, 이른바 '한경보'(漢京報) 혹은 '경보'(京報)로 중앙 사정의 전문(傳聞)의 길이 되었다.
>
> ④ 조보의 제도는 줄잡아도 지나(支那: 중국)의 당대(唐代)에 존재하여 저보(邸報)로 일컬었다.
>
> ⑤ 조보의 게재 사항[내용]에 관하여는 『은대편고』(銀臺便攷) 권(卷) 1, 이고(吏攷) 조보의 조하(條下)에 "치간처치(致諫處置), 위패승패취직(違牌承牌就職), 승문원간택(承文院揀擇), 좌기후구전(坐起後口傳), 시행계목(施行啓目), 삼처분관

27 이 부분은 고대 아세아문제연구소 육당전집편찬위원회 편, 『육당 최남선 전집』 4권(서울: 현암사, 1973), pp. 96-98에서 인용한 것이다.

(三處分館), 동지사선래(冬至使先來), 식년무과 규거(式年武科規矩), 복제단자이병비(服制單子吏兵批), 세초전지(歲抄傳旨), 관찰사절도사천(觀察使節度使薦), 능행시군령(陵行時軍令), 수궁대장망(守宮大將望), 삼사육조참의급이품이상패거래(三司六曹參議及二品以上牌去來), 분주서가주서망(分注書假注書望). ○배표방물봉낭길일(拜表方物封囊吉日), 제과택일(諸科擇日), 병출조보(竝出朝報). ○범사계피인등설전교(凡事係彼人等說傳敎), 환곡사전교급거조(還穀事傳敎及擧條), 사계군무기당군문장신포신입전(事係軍務騎堂軍門將臣捕臣入傳), 병물출조보(並勿出朝報). ○사계황명(事係皇明), 물출조보(勿出朝報)"라는 규정이 보였다. 이러한 금지사항은 대개 대외관계, 특히 국가 기밀의 외국 설문(洩聞)을 고려한 것임을 살필 것인데, 광해군일기(권 162) 신유(辛酉) 3월 계축(癸丑)의 조(條)에 "왜관(倭館) 잠상(潛商)의 금(禁)을 엄케 하니 백금(白金) 5, 60냥으로써 조보, 정목(政目)을 왜관인(倭館人)에게 매급(賣給)한다는 사(事)가 입문(入聞)되었기 때문이라" 함과, 인조실록(권 48) 25년 정해(丁亥) 11월 병오(丙午)의 조하(條下)에 "남한산성에 갑주 50부, 강화도에 20부를 수송하도록 명하고, 이를 조보에 내지 말도록 했는데, 이는 대개 청나라 사람들이 그것을 알 것을 두려워했기 때문이다"라 함 등은 [조보가] 저간의 소식을 전하는 것임을 알 수 있다(p. 98).

⑥ 조보(기별)는 본디 지편(紙片)에 등서(謄書)하여 소수인의 요로에 전포(傳布)하던 것이러니, 수요의 증가와 한가지 다량의 공급에 편(便)하기를 기견(起見)하여 [우리나라가] 활자국(活字國)인만큼 배인광포(排印廣布)의 거(擧)가 선조(宣祖) 초에 출현했었는데 이것이 또한 국정외설(國情外洩)의 계제(階梯)될까를 저어함으로부터 거무하(居無何)에 금단되었다(이는 선조 때 잠시 출현했다가 금지된 소위 '민간인쇄조보'를 말함). 그 시말은 하기(下記) 문헌에 나타났음과 같다. ○[선조실록 권 11, 10년 丁丑 11월 庚辰] "임금이 비망기로 대신들에게 전교하기를, '내가 우연히 조보를 보건대, 마치 고사(古史)처럼 인출(印出)하였으니, 매우 놀랄 일이다.'" ○[동권 12, 11년 戊寅 正月 丁卯] "승정원에서 아뢰기를, 조보를 인출한 사람 등을 … 병조로 하여금 낱낱이 아뢰어 죄를 다스리게 했다." ○[선조수정실록 권 12, 선조 11년 戊寅 2월] "사사로이 조보는 인출하는 것을 금지하고…" 운운했는데, 이 수정실록의 글은 대개 이이(李珥)의 기사를 취한 것인 듯하여 『석담일기』(石潭日記) 선조

11년 무인(戊寅) 2월 조하(條下)에, 대동(大同)의 문(文)과 및 그 평론이 있음을 발견한다(경연일기 3, 萬曆 6년 戊寅 참조). 상기(上記)와 같이 조보의 인행(印行)이 본디 중조(中朝: 중국)를 방(倣)한 것이요, 또 불과 3, 4삭간(朔間) 발행에 그쳤을 법하되 선조 정축(丁丑)은 서기 1577년에 해당하여 16세기 하엽 서양 보지(報紙)의 권여시대(權輿時代)로 더불어 서로 비등함을 기(奇)타 하겠다.

최남선은 위와 같이 조보의 뜻, 담당자, 배포, 제도, 내용 등에 관하여 설명했다. 그리고 선조 때(서기 1577년) 잠시 출현했다가 사라진 소위 '민간인쇄조보'에 관해서도 간단히 논급하였다. 그러면서 "만일 이러한 조보의 인행으로 하여금 구애(拘礙)없이 존속함을 얻었던들 그것이 세계 신문역사상에 있는 영료(榮耀)가 어떻게 컸을지를 헤아리지 못할 것이다"(『육당 최남선 전집』 4권, 1973, p. 98)라고 선조 때의 민간인쇄조보의 인출이 금지된 것을 아쉬워하였다.[28]

4) 광복 이후 각종 저서들에서 조보에 관한 소개와 논의

1945년 8월 15일, 우리나라가 일제(日帝)로부터 광복과 함께 언론의 자유도 찾자, 신문학에 관한 연구도 다시 활발하게 이루어지기 시작했다. 그러면서 특히 우리나라

---

28 그러면서 우리의 민간조보는 서양의 인쇄신문보다 11년 내지 29년이나 빨랐다고 최남선은 다음과 같이 말했다: "서양 신문의 기원에 관하여는 제설(諸說)이 분분하고, 우리 '기별'의 유(類)는 로마대(羅馬代)에 이미 *Actuarii*라는 관리의 손에 편집, 발행되던 *Acta Diurna*라는 일종의 관보가 있기도 하며 15세기 말에는 단장(單張)의 지면에 시사(時事)를 통보하는 일종의 보지(報紙)가 행하기도 하였지마는, 시방 신문지에 가까운 체재로서 발행한 것은 대개 16세기 말경에 비로소 출현하니, 저 1566년 베네차 정부에서 창간한 *Natszie Scritte*라는 관보는 처음 필사건(筆寫件)을 각처의 공회소(公會所)에 비치하고 가제타(Gazzetta)의 견료(見料)를 받고서 일반의 관람을 허(許)하였기 때문에 후세에 신문지를 가제타라고 칭위(稱謂)하는 기원이 되었음으로서 유명한 것이어니와 오히려 필사물의 전완(傳玩)으로 활자 인쇄에 의한 일반성을 가지지 못한 것이요, 정기 간행하는 보지(報紙)의 시작은 혹 1588년 7월 1일의 영국 '잉글리쉬 머큐리', 혹 1615년 독일 에게놀드 엠멜이 창간한 *Frankfurter Journal*을 거언(擧言)하는데, 전자(前者)는 우리 선조 정축년(丁丑年, 서기 1577년)에 뒤지기 11년, 후자는 29년이니, 만일 조보의 인행으로 하여금 구애(拘礙)없이 존속함을 얻었던들 그 세계 신문지 사상(史上)에 있는 영료(榮耀)가 어떻게 컸을지를 헤아리지 못할 것이다(『육당 최남선 전집』 4권, 1973, p. 98).

신문사(新聞史)에 관한 연구에서, 그 시원의 하나로서 조보에 관한 연구들도 이루어졌다. 그런가 하면, 우리나라 문화사(文化史)에 관한 연구서나 논문들에서도 조보에 관한 소개나 논급들이 많이 나왔다. 그중에서 우선 1960년 이전 각종 저서들에서 나온 논급부터 살펴보면 아래와 같다.

(1) 유자후의 『조선민주사상사』에서 조보에 관한 언급

1949년 유자후(柳子厚)는 『조선민주사상사』(서울: 조선금융조합연합회)라는 책을 간행했다. 이 책에서 "ㄹ. 이조(李朝)의 조지(朝紙)와 여론"이라는 항목(pp. 114-118)을 보면, "조지라 하는 것은 승정원에서 처리하는 사항을 매일 아침에 기재하여 반포하는 통보로서 난보(爛報)니 조보니 통지니 기별지니 하는 별호가 많이 전하여져 오는 것이니 요컨대 조정에서 반포하는 관보였다"(유자후, 1949, p. 114)라고 조지 즉 조보의 뜻과 명칭부터 밝혀 놓았다. 그러면서 "이 제도가 언제부터 시작되었는지 자세히 알 길이 없으나 상당히 오랜 제도가 아닌가 한다"면서, "군주전제국(君主專制國)의 정사(政事)는 매양 인민으로 하여금 그저 쫓게 하고 인민으로 하여금 알게 하지 않는 즉(卽) 비밀에 부치는 일이 많은 법이다. 그런데 이조(李朝)에서는 정사의 내용을 공포하여 인민으로 하여금 알게 하기 위하여 널리 통보하였었는데, 이것은 민본(民本)사상과 민주주의의 정신이 환발(渙發)된 민주정치의 성질을 십분 대래(帶來)한 것이 아닐 수 없다"(유자후, 1949, p. 114)라고, 조선시대에 발행된 조지 즉 조보의 정치사적 의의(意義)를 높이 평가했다. 그러면서 조지 즉 조보의 발행기관, 발행과 배포 방법, 체재 등에 관하여 아래와 같이 설명해 놓았다.

> 이 조지는 왕명의 출납을 장악하고 있는 승정원에서 승지가 발포하면 기별서리가 등사하여 각 행정부에서 오는 각 부(部)의 기별서리가 와서 각기 이것을 이초(移抄)하여다가 기별군사에게 배부하여 인차(鱗次)로 도(道), 읍(邑), 면(面)까지 일세(一世)에 반포케 되는 것이었다(이 조지인 기별지를 서사하는 서리를 '기별서리'라 하였고 이 반포의 기별지를 배달하는 자를 '기별군사'라 일컬어 왔다). 재조(在朝)의 관(官)이나 재야의 인(人)이 모두 이 조지를 열독하고 매일 정사의 동향을 알게 되는 것이었다. 조지의 체재로 말하면, 당시 이미 활자가 있었으나 윤전식이 아닌 식자(植字)의 조판, 또는 목각(木刻)의 인쇄판으로 도저히 지난(至難)함으로 기별지라 하게 된 것이었다. 그리고 이 기별지의 등사가 여자의

> 손에서도 많이 나왔다는 기록과 전설이 있음을 보면 진한문(眞漢文)의 기별지를 우리 국문으로 번역하여 등사한 것 같다. 그리하여 나라의 정사의 동향을 여성들에게도 주지(周知)케 하였던 것이다(유자후, 1949, p. 115).

유자후는 조보에 관하여 이렇게 설명한 다음, 그 사명과 기능에 관하여, "이 기별지와 조지의 사명은 정치 발전의 새로운 요소의 힘으로 나타났던 것이다. 즉 국왕의 명령과 권력을 개장(開張)할 수 있는 동시에 정치상에 있어서 민활한 세력과 민의의 반영을 주는 기관으로서 큰 힘을 나타냈었던 것이다. 이 조지가 재야에 한번 반포되면 여론이 풍발(風發)하고 공론이 운흥(雲興)하는 기회를 빚어내게 되어 조지는 매일같이 민의(民意)의 공론과 민정(民情)의 여론을 촉진케 하는 원동력이 되었던 것이다. 그리하여 민국(民國)을 민의와 민정대로 끌고 나갈 수 있게 되었던 것이다"고 서술했다.

그러면서 "만일 국정(國政)을 비밀에 부쳐 인민으로 하여금 알지 못하게 한다 하면 그 인민들의 여론은 때로는 크게 과오를 범케 되어 인민으로 하여금 공연히 무지와 오류와 공포와 격앙과 자부와 미신 등에 추함(墜陷)케 하는 일이 많을 것이다. 그리하여 의지할 곳이 없을 것으로 흔히 매년 초춘(初春) 같은 때를 당하면 쓸데없는 억측으로 의례껏 허언낭설(虛言浪說)의 비와(飛訛)를 조출(造出)하여 인심을 요동케 하는 일이 적지 아니 하였었다"(유자후, 1949, p. 115)고 부연 설명했다. 그런데 이 부분은 앞서 소개한 안확(安廓)의 『조선문명사』에 언급된 조보의 기능과 거의 흡사하다.

(2) 『신문학개론』과 『한국신문사』 등에서 조보에 관한 논급

1955년 8월 곽복산(郭福山)이 『신문학개론』(서울: 서울신문학원)을 출간했는데, 이 책은 당시까지 우리나라에서 나온 가장 대표적인 신문학 관계 개론서였다. 이 책에도 조보에 관한 언급은 나오지만, 한두 줄에 불과했다. 제2장 제4절 "초기의 우리나라 신문"이라는 항목을 보면, "우리나라 최고(最古)의 신문유사물은 신라시대의 관보(기별) 또는 이조(李朝) 선조시대(1585[1577의 오류])의 '조보'(필사신문) 등으로서 기원을 삼는다는 문헌의 기록이 있으나 실물은 하나도 발견되어 있지 않다. 그러나 신문 제작의 절대 요소인 종이와 인쇄 사정을 보면 '제지법'이 서양보다 훨씬 앞섰고, 활자 발명은 구텐베르히보다 먼저 시작되었으므로 신문의 기원은 상당히 오랜 역사에 속할 것이다. 다못 우리나라 신문이 최근세에 들어와서 서기 1883년 반관보류(半官報類)

의 한성순보로서 출발한 것은 사회적, 정치적 결함에 기인된다고 보지 않을 수 없다"(곽복산, 1955, p. 54)고 기술해 놓았을 뿐이다.

1958년 성준덕(成俊德)은 우리나라 신문 역사에 관한 최초의 단행본인 『한국신문사』(서울: 신문학회)를 편찬했는데, 그 첫째 쪽, 첫째 줄을 보면, "우리나라에서 보도적 사명을 띠고 발간된 최초의 간행물로는 조선 선조 11년 무인(戊寅: 서기 1578년[선조 10년, 丁丑, *이는 1577년의 오류])에 정부의 양해 아래 나온 조보였다"고 주장했다. 그러면서 이처럼 선조 11년[선조 10년이 맞음]에 민간인들이 잠시 발행한 '민간인쇄조보'에 관하여 간략하게 설명해 놓았는데, 이는 앞서 제1항 "우리나라 신문의 기원과 조보"에서 이미 소개한 바와 같다.

1956년 이상협(李相協)은 「대한신문연감: 1956」(서울: 대한신문연감사)에 게재한 "한국신문의 걸어온 발자취"라는 글의 첫머리에서, "신문사(新聞史)를 엮으려면 자연 신문사 이전사(以前史)까지 소급해야 하겠으나, 여기서는 생략하고 다만 관보의 일종인 조보 또는 기별지가 있었다는 것만 기록해 둔다"고 전제했다. 그러면서도 조보에 관하여, "이는 조정(朝廷)의 공식 발표가 아니고, 승정원에서 그날의 정사(政事)의 재가건(裁可件)을 비롯하여 관리 임면 등의 기록을 게판(揭板)하면 국무(國務) 각 관청에서 파송(派送)한 기별서사가 기사(記寫)한다. 이것을 다시 기별군사가 매일 아침 관계 각 처에 배달하였다. 또 지방관청에서는 중앙에 경주인(京主人)을 두고 이를 전사(轉寫)하여 각기 지방에 전달하였다"(이상협, 1956, p. 1)고 간단히 언급해 놓았다.

최준(崔埈)은 1960년 4월 발행된 한국신문학회(현 한국언론학회)의 학술지 「신문학보」(新聞學報, 현 한국언론학보) 창간호(제1호)에 게재한 "한국신문사(韓國新聞史)의 서설(序說)"이란 논문에서 조선조 선조 때 잠시 출현했다가 사라진 소위 '민간인쇄조보'에 관하여 다음과 같이 언급했다. 즉 "일찌기 1520년[1577년의 오류] 민간유지들이 조보를 인행(印行)하여 이로써 생활을 하였다. 그러나 봉건사회의 이씨왕조(李氏王朝)인 선조는 이를 탄압하여 조보에 관계한 민간인들을 유배시켰다. 이로써 민간인들의 신문이 폐간되어 그 후 3세기 동안이란 긴 세월에 걸쳐 민간인의 신문은 나오지 못했다. 그 후 19세기 말인 1896년에 이르러 비로소 서재필의 손으로 한국 최초의 근대적 민간신문인 「독립신문」의 등장을 보았다"(최준, 1960, p. 17).

그리고 성준덕에 이어 최준도 1960년 『한국신문사』(서울: 일조각)라는 책을 출판했는데, 그 본문 첫머리를 "우리나라에서는 소식을 전하는 일종의 기별지가 있었다. 기별이란 소식을 전하는 것으로서 입으로나 글자로 전달하였음은 두말할 것도 없다"(최준, 1960, p. 1)라는 문장으로 시작하여, 기별지가 우리나라 신문의 효시였음을 피력하였다. 그런 다음, 이 기별지는 고려왕조를 거쳐 조선왕조에 들어서서는 조보로 발전하여 제7대 선조(宣祖) 때부터는 승정원에서 취급했다고 설명해 놓았는데, 이것도 앞서 "우리나라 신문의 기원과 조보"에서 소개한 바 있다.

(3) 강대원의 『세계신문소사』에서 조보에 관한 언급

1959년 강대원(康大元)은 『세계신문소사』(世界新聞小史)라는 책을 서울신문학원에서 발간했는데, 제10장 "한국의 신문" 중 제1절 "근대신문사 이전의 신문"에서 조보에 관하여 간단히 언급했다. 그러나 이러한 언급에 앞서 저자는 말하기를, "어느 나라이고 신문을 가진 나라라면 신문 이전의 신문의 형태는 각기 틀리나, 대체로 통칭 구두신문(spoken newspaper)으로부터 시작되어 수서신문(手書: 즉 筆寫新聞, written newspaper)의 단계를 거쳐, 인쇄신문인 근대신문으로 발전했다"면서 우리나라에서 신문의 발달 과정을 다음과 같이 설명했다.

> 지금으로부터 1,066년 전인 신라 신문왕(神文王) 12년대에 생긴 '이두문'은 관부문찰(官府文札)에 사용하고 기별문으로 소식을 전달하였다. 서기 1578년 [1577년의 오류] 이조(李朝) 선조시대의 조보는 필사한 것으로 상유(上諭)나 임면사령(任免辭令)을 내용으로 한 관보의 역할을 하였다. 기타 고려와 이조 때의 야은시인(野隱詩人)들이 만든 관동별곡(關東別曲)·심청전·춘향전, 효종(孝宗) 때의 공사견문록(公私見聞錄), 정윤작(鄭崙作) 등의 글과 노래 속에서도 비록 정기적인 것은 아니나, 세상 물정을 풍자한 것이 있어서, 이것이 바로 시(詩)를 뉴스화한 것이었고, 난시(亂時)의 장성들의 궁정에의 전황봉서(戰況奉書)도 필사신문의 형태를 갖춘 것이었다. 이러한 구두-필사의 원시적 형태를 가지고 발달해 온 신문이 인쇄술의 발명과 동시에 인쇄물인 근대신문을 출현시켰다. 전설(前說) 기별문과 조보를 근대신문 이전의 대표적 신문의 기원으로 간주하고 있다(강대원, 1959, p. 211).

강대원은 이처럼 신문의 발달 단계를 크게 3단계 즉 구두신문 → 수서신문(필사신문) → 인쇄신문(근대신문) 단계로 나누면서 우리나라 조보를 2단계인 수서신문(필사신문)의 하나이며, 근대신문 이전의 대표적 신문의 기원으로 간주했다. 그러나 조보가 언제부터 출현했는지에 관해서는 구체적으로 밝히지 않은 채, "서기 1578년 이조(李朝) 선조 시대의 조보는 필사한 것으로 상유(上諭)나 임면사령(任免辭令)을 내용으로 한 관보의 역할을 하였다"고 말했는데, 여기서 강대원이 말한 조보는 1577년 잠시 출현했던 민간인쇄조보를 지칭한 것 같기도 하나, 이것은 수서(필사)신문이 아니라 인쇄신문이었다.

5) 한국신문전사(前史)에 관한 글에서 조보에 관한 논의

천관우(千寬宇)는 1963년 "한국신문전사(韓國新聞前史)의 몇 가지 문제"라는 논문(고재욱선생 화갑기념논총집 『민족과 자유와 언론』, 서울: 일조각, pp. 411-444)에서 조보에 관하여 비교적 상세하게 논의했다. 또한 「한국신문연감: 1968」(서울: 한국신문협회)에 발표한 "한국신문 80년의 발자취: 제1부 해방 이전"이라는 글의 첫머리에서도 조보에 관하여 언급하였다. 그런가 하면 1968년 이진섭(李眞燮)도 『한국의 언론』 제1집에 게재한 "왕조의 언론전사(言論前史) 형태"라는 글에서 조보에 관하여 논의하였는데, 이들 세 가지 논문의 내용을 간단히 소개하면 아래와 같다.

(1) 천관우, "한국신문전사의 몇 가지 문제"에서 조보에 관한 논의

천관우는 "한국신문전사의 몇 가지 문제"라는 논문에서, 우선 한국에서 전근대적 신문 발생의 기술적·사회적 조건으로서 ① 문자, ② 인쇄술, ③ 지지(紙地), ④ 교통시설, ⑤ 통신시설, ⑥ 신문 제작자와 신문 독자에 관하여 논술했다. 그런 다음, 이러한 조건들 속에서 이루어졌던 우리나라의 전근대적 신문의 선행적 형태로서 조보의 기원과 기능(機能) 등에 관하여 재검토했는데, 비록 분량은 길지 않았으나 상당히 수준 높은 연구였다.

천관우는 먼저 조보의 본질부터 언급하겠다면서, 황현(黃玹)의 『매천야록』(梅泉野錄) 고종 31년(1894) 11월 조에 나오는 조보에 관한 기사 내용을[29] 기준으로 하여, 조

29 "罷承政院公事廳, 從前公文頒布例規, 幷廢止, 一切以勅令行之, 改稱傳敎曰勅旨, 邸報曰官報, 舊制每日邸報, 各衙門胥吏, 鈔錄分傳, 草記荒亂, 謂之奇別草, 非久覽者, 不能諳, 至是, 設官報局, 印刷行之."(大意: 승정원의 공사청을 폐지하였다. 종전의 공문 반포하는 예규도 아울러 폐지되고, 일체를 칙령

보의 본질로서 첫째, 조보는 현대 관보의 전신(前身)이라는 것, 둘째, 조보는 본래 각 관청의 서리(胥吏)가 승정원에서 발표하는 원본(原本)을 필사해 가는 것으로서 '기별'이라고도 했다는 것, 셋째, 고종 31년 갑오개혁(일명 갑오경장)으로 승정원이 없어지면서 관보국이 신설되어 필사'조보'(또는 기별) 대신에 인쇄된 관보가 나오게 되었다는 것을 들었다.

이처럼 조보는 관보로서 주로 "중앙의 각 아문(衙門: 관청)의 소용(所用)이었으나, 서울에 주재하고 있는 경주인(京主人)들도 서사(書寫)하여 각각 자기 고을에 전달했을 뿐만 아니라, 일반 사대부(士大夫) 집에서도 구득(求得)할 수 있었다"면서 그 실례의 하나로, 『매천야록』 고종 14년(1877) 조에 나오는 다음과 같은 내용 즉 "근래 서울의 사대부는 부귀, 유한(有閑)하여 평소에는 손에 붓을 드는 일이 없고, … 누워서 저보(조보)를 보고 며칠날 무슨 과거(科擧)가 있다는 것을 알고 있고…" 운운한 것을 들었다.

한편 천관우는 말하기를, "조보는 곧 저보로서 일찍이 중국에서 발달한 제도"라면서, 그러나 "이 제도가 중국에서 전래된 것인지, 혹은 우리나라에서 독자적으로 발달한 것에다가 중국식 명칭을 붙인 것인지는 아직 분명히 말할 수는 없지만, 아무튼 조보와 저보는 동일한 것으로서, 그 어의(語義)로 보면, 조보는 조정이 발표하는 보도 그것이요, 저보는 그것을 필사하여 경향(京鄕) 각지로 전달하는 보도 곧 일종의 서한신문을 지칭하는 것으로 보이며, 기별은 곧 저보의 우리 고유의 표현이었던 것이라 할 수 있다"(천관우, 1963, p. 439)고 했다.

하지만 "이러한 조보 또는 저보가 언제부터 우리나라에서 행해졌는지는 역시 아직 밝혀지지 않고 있으나, 그 조기(早期)의 기록으로 인용되는 것의 하나가 조선 중종(中宗) 15년(1520)의 중종실록 내용, 즉 남곤(南袞)이 임금에게 아뢰기를, "의정부 사록(司錄) 1인(人)을 승정원에 상근케 하여 … 조보만은 듣는 대로 곧 의정부에 통고할 수 있게 하는 것이 편할 듯합니다"라고 하니, 임금이 전교하기를, "도대체 조보를 의정부나 사헌부, 사간원이 다 알고 있도록 할 필요가 있는가? … 단지 승정원에

으로 직접 시행하게 되었으며, '傳敎'를 '勅旨'로, '邸報'를 '官報'로 개칭하였다. 舊來의 제도로는, 매일 邸報는 각 관청의 胥吏가 초록하여 分傳한 것인데 그 필기가 난잡한 것으로, 이것을 '奇別草'라 하여, 익숙지 않은 이는 잘 알아보지 못할 정도였다. 이에 관보국을 신설하고 인쇄로 頒行하게 되었다.)

서 그 뜻은 알아서 중대사가 있거든 의정부의 낭관(郎官)을 불러 통지해 주면 가(可)하겠다"(중종실록 15년 2월 갑인)고 반대 의사를 표시했다는 요지의 기사라고 하였다.

그러나 천관우는 조보가 이보다, 즉 중종 15년보다 일찍이 출현했을 것이라고 말하면서, 그 근거로 '경주인'(京主人)에 관한 기록을 들고 있다. '경주인'이란 감영(監營) 등 지방 관서의 서울연락사무소인 '경저'(京邸)의 책임자로 조보를 필사해서 자신의 지방 관서에 전달하는 일도 겸임했던 서리(胥吏)를 말한다. 그런데 이광린(李光麟)의 "경주인연구"(1962)라는 논문에 의하면, "현재까지 알려진 경주인에 관한 최고(最古)의 기록은 고려 명종(明宗) 8년(1178)이나(東京國立博物館所藏 金堤金山寺 香爐銘), 더 거슬러 올라가면 신라 때 '기인제'(其人制)의 설치와 때를 같이 하지 않을까 하는 추정도 가능하기 때문"이다.

(2) 천관우, "한국신문 80년의 발자취"에서도 조보에 관해 논급

천관우는 「한국신문연감: 1968」에 발표한 "한국신문 80년의 발자취: 제1부 해방 이전"이라는 글의[30] 첫머리에서도 조보에 관하여 간단하게 언급하였다. 이에 의하면, "신문의 원시 형태로는 흔히 게시신문과 서한신문이 있다고들 하지마는 우리나라에서도 이 두 종류가 모두 있어 왔다"고 한다. 그러면서 "게시신문의 예로는 방(榜)이니, 벽서(壁書)니, 괘서(掛書)니 하는 것을 들 수 있는데, 이것은 관(官)이 민(民)에 대하여 하향적으로 고시(告示)하는 일반적인 경우만이 아니라, 때로는 민이 관에 대하여 저항의 뜻을 담아 행하는 경우도 있어서, 조선왕조에서도 그런 상향적인 예는 드문 편이 아니었다. 그러나 이것은 민중에게 공개된다는 점에서는 일종의 신문이라 하겠지만, 그것이 대개는 1회 한이라는 점에서 온전한 신문이 아니었음을 물론이다"(천관우, 1968, p. 27)라고 말했다.

다음으로 "서한신문의 예로는, 중앙 관청과 지방 관청 간의 각종 지시·보고 이외에도 저보 혹은 기별이라는 저례(著例)가 있었다. 중국에서는 한(漢)·당(唐) 이래로 황실의 동정, 관료의 이동, 유시(諭示)나 상소(上疏) 같은 것을 정부에서 기록, 발표하는 '조보'라는 것이 있어서, 지방 제후(諸侯)의 각 경저(京邸)에서는 그 내용을 필사하

---

30 이 글은 천관우의 저서 『언관(言官)·사관(士官)』(서울: 배영사, 1969)의 158-159쪽 "한국신문의 발자취: 저보와 기별"에도 실려 있다.

여 지방으로 전달하였으니 이것을 저보라고 하였다. 이러한 제도가 우리나라에서도 일찍부터 있었던 듯하여, 조보에 관해서는 조선 중종(中宗) 15년(1520)에, 그리고 조보의 지방 전달에 관해서는 조선 명종(明宗) 8년(1553)에 기록이 보인다”(천관우, 1968, p. 27)고 했다. 그러면서 천관우는 계속 말하기를, “이 저보 혹은 기별은 지방에서는 경저에 배치한 서리(胥吏)인 경주인, 중앙의 각 관청에서는 그 소속 서리로 하여금 초록(抄錄)해서 전달케 하여 수시로 필요한 관계(官界), 정계(政界)의 정보를 얻었던 것인 바, 그중에서도 경향(京鄕) 연락을 임무로 하는 경주인은 이미 고려 명종(明宗) 8년(1178) 이전부터 있었다 하는 만큼(이광린, 1962), 저보도 조선 중종 때 훨씬 이전까지 거슬러 올라갈 가능성도 없지 않다”고 했다.

그러나 “이 서간신문은 게시신문에 비하면 그 전달의 빈도가 잦은 것이라고 하겠으나, 아직도 정기적인 것은 아니었으며, 또 공개성으로 보면, 특정한 수신인들에게만 전달되는 뉴스에 불과했던 것이다. 조선 선조(宣祖) 11년(1568)[선조 10년, 서기 1577년의 오류]에 일부 민간인이 조보를 전사(轉寫) 인쇄해서 ‘모리자생’(謀利資生)하는 일이 있어 이를 엄단하였다는 기록도 있다. 그러나 조보를 일반 민간에게 광포(廣布)한다는 일은 당시의 전제 왕권하에서 순조롭게 성장할 수 있는 일이었다고 보기는 어렵다”(천관우, 1968, p. 27)고 서술했다.

(3) 이진섭도 “왕조의 언론전사 형태”에서 조보에 관해 논의

1968년 이진섭(李眞燮)은 문화공보부에서 발행한 『한국의 언론』 제1집에 게재한 “왕조(王朝)의 언론전사(言論前史) 형태”라는 글에서, 우리나라 역대 왕조에서의 여러 가지 전근대적 전달 형태들을 소개하였다. 그러면서 “제3절 문자 사용 후의 전달 형태”들 중 하나로 ① 기별·기별지, ② 조보·저보, 그리고 ③ 민간 손으로 된 조보에 관해서도 소개했는데, 그 내용을 간추려 보면 아래와 같다.

첫째로 기별 제도는 일찍이 고려왕조를 거쳐 조선왕조에 들어서서 더욱 발달하였다. 즉 1392년, 태조 원년 9월 14일, 예문춘추관을 두어 사관(史官)으로 하여금 조정의 결재사항과 견문록을 기록하여 경외(京外) 대소아문(大小衙門)에 관보로서 돌렸다고 한다. 그 후 이조(李朝) 7대 왕 세조 때부터 취급한 ‘조보’ 또는 일명 ‘난보’(爛報), ‘조지’(朝紙)라는 것도 일반 사대부들은 통칭 기별 또는 기별지로 말해 왔다. 이 기별이란 말이 오늘에 와서도 일상 용어로 사용되고 있듯이, 그 뜻은 역시 알고자 하는 궁금한 소식, 말하자면 일종의 뉴스로서 전달의 형태를 갖춘 것이었다. 그러나 이러한 형태의 기별은 어디까지나 일종의 관보의 형식으로 전제 군주제도하에 있던 제약된 내용이었고, 언론 이전의 형태로서 부정기적인 것이며, 서한신문의 예(例)의 하나였다(이진섭, 1968, p. 25).

둘째로 조보·저보·난보·조지는 조선조 세조 때부터 승정원에서 취급하게 되었고, 1520년(중종 15년)에는 상공(商工) 관계자에게 반포했으며 인종 때에도 이러한 기록이 보인다. 이것은 조정에서 처결된 사항을 기록, 서사(書寫)하여 발간한 것이며 그 내용은 조칙(詔勅)을 비롯해서 장주(章奏)와 묘당(廟堂)의 결의사항, 서임사령(敍任辭令), 지방관(地方官)의 장계(狀啓), 그 밖에 사회 돌발 사건도 보도했다. 이 조보 제도는 고종 31년(1894) 11월 21일 갑오개혁으로 승정원이 폐지될 때까지 계속되었다(이홍직 편, 1963, p. 1403).

이러한 조보 제도는 원래 중국의 '저보'(邸報)에서부터 발달한 제도라고 한다. 즉 조보는 중국의 저보와 엇비슷한 제도로 우리나라에서도 이루어졌는데, 조정에서 발표하는 보도인 것은 중국이나 우리나 동일하다. 이러한 '조보' 또는 '저보'가 우리나라에서 언제 시작되었다는 확실한 시기는 미상이나, 확실한 기록으로 처음 나타난 것으로 항상 인용되는 것은 1520년, 중종실록 15년 2월 갑인(甲寅) 조에 나오는 기사, 즉 남곤(南袞)이 임금에게 아뢰기를, "의정부 사록(司錄) 1인을 승정원에 상근(常勤)케 하여, 조보를 듣는 대로 곧 의정부에 통고할 수 있게 하는 것이 편할 듯하다"고 하자, 이에 대하여 중종 임금이 반대 의사를 표시했다는 기록이다. 이러한 기록에서 남곤의 주장이 조보라는 제도가 있다는 것을 전제(前提)로 하고 있는 이상, 이때도 조보가 있었음은 분명하다.

조보의 전달은 기별서리 또는 이조서리(吏曹書吏)가 필사한 것을 기별군사가 육조(六曹)에 돌렸는데 지방의 전달은 주로 서울에 주재하고 있는 경주인(京主人)들이 필사해서 각기 자기 고을에 전달했다. 그래서 기별서리가 모인 곳은 기별청이라고 했고, 경주인이 모인 곳은 경인청(京人廳)이라고 했다. 이 경인(京人) 제도는 원래 고려 때부터 있었다 하며 조선조 때 더욱 조직적으로 움직여, 당시 경주인들은 중앙과 지방 관청의 전반 연락 사무를 받아 보는 향리(鄕吏)의 위치에 있었다. 이들을 경저리(京邸吏), 저인(邸人)이라고도 했는데, 이들이 일을 보는 처소를 일명 경저(京邸)라고도 했다. 그러나 이러한 전달 형태의 조보는 1894년 고종 31년 11월 21일 없어지고 말았으며, 그 대신 관보국을 신설하고 조보를 인쇄로 반포하게 됨으로써(천관우, 1963), 필사조보는 인쇄관보로 바뀌게 되고 말았다(이진섭, 1968, pp. 25-28에서 요약).

셋째로 '민간의 손으로 된 조보'는 조선왕조 선조 11년(서기 1578년)[선조 10년, 서기 1577년의 오류]에 서울의 직업 없는 사람들이 중국에서는 통보(通報)를 모두 인쇄, 발행한다는 말을 듣고, 이를 본따서 조보를 인쇄하여 팔았던 것을 말한다. 그러나 이러한 민간조보는 선조의 진노를 사서 창간한 지 불과 수개월이 못 가서 금지되고, 그에 관계된 사람 30명이 정배를 당하고 말았으며, 그 뒤 이러한 형태의 민간조보는 다시는 조선왕조에서 나오지 않았다(이진섭, 1968, pp. 28-30).

6) 조보의 기원과 실태 및 유사물에 관한 박정규의 연구들

위에서 살펴보았듯이 1960년대에도 조보에 관한 연구와 논급들이 많이 있어 왔다. 그러나 조보만을 단독 주제로 한 연구는 1978년에야 처음 나왔는데, 그것은 박정규(朴正圭)의 "조보의 기원에 대한 연구"(『신문연구소학보』(서울대학교) 제15집, pp. 113-134)였다. 하지만 이 논문은 그 제목에서 보듯이 조보 전체에 관한 것이 아니라, 조보의 기원과 성립 과정만 고찰한 것이었고, 조보 전체를 주제로 한 연구는 1980년대부터 나오기 시작했다. 그중 첫 번째는 1980년 차배근(車培根)이 발표한 "우리나라 조보에 대한 신문학적 분석고: 한국신문의 원형으로서의 그 사적 의의"라는 논문(『신문연구소학보』(서울대학교) 제17집, pp. 65-102)이었다. 그러나 이 논문의 내용에 관해는 조금 뒤에 살펴보기로 하고, 우선 1978년 발표된 박정규의 "조보의 기원에 대한 연구"부터 살펴보기로 하겠다.

(1) 우리나라 조보의 기원에 관한 연구

박정규에 의하면, 그가 조보의 기원부터 연구하게 된 것은, 어떤 제도를 고찰하려면 무엇보다도 그 기원과 성립 과정부터 검토되어야 하기 때문이라고 했다. 그러면서 박정규는 먼저 중국에서 조보 제도의 기원과 성립 과정부터 검토했는데, 그 이유를 "중국은 일찍부터 우리나라의 조보 제도와 같은 것을 운용해 왔고, 또 그것이 직접이든 간접이든 간에 우리나라에 영향을 미쳤다고 보기 때문이다"(박정규, 1978, p. 116)라고 했다.

이와 같은 이유로 먼저 중국에서 조보 제도의 기원과 성립 과정부터 검토해 본 박정규는 주장하기를, "우리나라 조보 제도는 그 명칭이나 유통경로 등을 볼 때 중국 제도의 영향을 크게 받은 것은 사실인 것 같다"면서, 우리나라는 "삼국시대부터 [중국의] 한(漢)·당(唐)의 문물과 제도를 적극적으로 도입하였으므로 조보 제도도 중국 제도를 모방했을 가능성이 많다고 본다"고 했다. 그러면서 이를 뒷받침하는 여러 가지 사료(史料)들을 제시했다. 끝으로 조보의 다른 명칭들과 유사물에 관해서도 논급한 다음, 선조 10년(서기 1577년)에 서울에서 잠시 출현했던 '민간인쇄조보'에 관해서도 간단히 소개했다.

(2) 조보와 그 여러 가지 유사물들에 관한 연구

박정규는 위와 같은 연구에 이어 1982년 "조선왕조시대의 전(前)근대적 신문에 관한 연구: 조보와 그 유사물의 특성을 중심으로"라는 논문을 서울대학교 대학원에 제출하여 박사학위를 받았다. 이 박사학위논문은 그 제목에서도 알 수 있듯이, 우리나라의 대표적인 전근대신문 형태인 조보와, 그 밖의 여러 가지 전근대적 필사신문 현상으로서 분발(分撥)·정사(政事)·소차(疏箚)·영기(營奇)·녹지(錄紙) 등에 관한 연구였다. 이 논문은 모두 4개 장(章)으로 구성되었는데, 제1장은 서론이고, 제4장은 결론이며, 제2장은 우리나라의 "대표적인 전근대신문 형태로서의 조보"에 관한 연구이고, 제3장은 "기타 특수기능의 필사신문적 현상"에 관한 연구였다.

이들 중, 제2장 조보에 관한 연구는 다시 5개 절(節)로 구성되어 있는데, "제1절 조보의 성립과 그 특성"에 관한 연구에서는 ① 조보의 여러 가지 기원설과 명칭, ② 조보의 기원과 그에 관한 문헌 기록, ③ 기별과 저보의 유래, ④ 조보의 기타 명칭과 특성, ⑤ 조보의 제도적 확립에 관하여 살펴보았다. 그리고 제2절부터 제5절까지는, 다음에서 논급할 차배근(1980)의 "우리나라 조보에 관한 신문학적 분석고"에서와 마찬가지로 조보를 신문 커뮤니케이션 과정의 주요 요소들에 따라 고찰했는데, 제2절에서는 조보의 커뮤니케이터와 그 특성에 관하여, 제3절에서는 조보의 내용과 그 특성에 관하여, 제4절에서는 조보의 체재와 제작에 관하여, 제5절에서는 조보의 배포와 독자 및 그 영향에 관하여 고찰했다.

한편 제3장에서는 "기타 특수기능의 필사신문적 현상"이라는 제목 아래, 조보의 유사물에 관한 연구 결과를 5개 절로 나누어 제시했다. 즉 제1절에서는 "조보의 호외(號外) 형태인 분발(分撥)"에 관하여, 제2절에서는 "인사(人事)소식 매체로서의 정사(政事)"에 관하여, 제3절에서는 "서사(書寫) 복제하여 배포한 소차(疏箚)"에 대하여, 제4절에서는 "지방소식 매체로서의 영기(營奇)"에 관하여, 그리고 제5절에서는 "기타 비공식적 신문현상"에 관한 연구 결과를 제시했다.

(3) 조보와 「한성순보」의 관계에 관한 연구

박정규는 1983년 또 "한성순보와 조보에 관한 연구"라는 논문을 발표(「신문학보」 제16호, pp. 23-31)했는데, 이는 "우리나라 최초의 근대적 신문인 「한성순보」와 조보와의 관련성을 밝혀서 「한성순보」에 우리나라 전통적 신문 형식이 존재했음을 밝혀 보고자"(p. 23) 한 논문이었다. 그리하여 이 논문에서는 조보와 「한성순보」의 국내 뉴스 기사의 출처와 형식, 운영과 신문의 배포 방식 등을 비교하고 있다.

그 결과, ① 「한성순보」의 국내 뉴스 기사의 자료원(資料源, source)은 대부분 조보로서 이를 전재(轉載)하는 형식을 취하였으며, 물가시세표인 시성탐보(市省探報)나 국내사보(國內私報) 기사와 같이 시정(市井) 뉴스를 취재하여 편집, 제작한 것도 있으나, 이는 극히 적은 분량이었다(p. 28). ② 인쇄신문인 「한성순보」는 필사신문인 조보와 마찬가지로 순한문체(純漢文體) 기사를 채용했으며, 보급면에서도 전근대적 형태를 그대로 가지고 있었는데, 이러한 점은 「한성순보」를 진정한 근대신문으로 보기에 커다란 한계점이라고 지적했다. ③ 따라서 마치 우리나라 고대소설(古代小說)이 근대소설로 넘어올 때 신소설(新小說) 단계를 거쳤듯이 조보라는 전통적 신문이 근대적 신문으로 넘어오면서 거쳤던 '과도기적 근대신문'이 바로 「한성순보」라고 본다(p. 28)고 박정규는 끝맺었다.

7) 조보에 관한 차배근의 여러 가지 다양한 연구들

바로 위에서 살펴본 박정규의 "조선왕조시대의 전(前)근대적 신문에 관한 연구"에 2년 앞선 1980년, 차배근(車培根)은 "우리나라 조보에 대한 신문학적 분석고: 한국신문의 원형으로서의 그 사적 의의"라는 논문(「신문연구소학보」(서울대학교) 제17집, 1980, pp. 65-102)을 발표했다. 이는 조보의 기원과 성립 과정, 발행기관, 내용, 배포 방법, 주요 독자, 기능 등등 조보 전체에 관한 종합적 연구였다. 이 논문에 이어, 1984년 차배근은 또한 중국의 저보를 비롯한 전(前)근대적 신문현상들에 관한 연구논문과 『중국전근대언론사』라는 서적을 출판하였다.

(1) 우리나라 조보에 관한 신문학적 분석고

우선 차배근이 1980년 발표한 "우리나라 조보에 관한 신문학적 분석고"라는 논문의 연구 동기부터 소개하면, 우리나라의 근대신문은 외국에서 이식(移植)해 왔으며 최초이자 대표적 신문으로는 「독립신문」을 손꼽을 수 있다는 것이다. 그렇지만 그 이전에 우리나라에는 신문이 전혀 없었다고 생각하는 것은 잘못인데, 비록 전근대적 형태이기는 하지만, '기별지' 또는 '조보'라는 신문현상이 1894년 갑오개혁 때까지 존재해 왔다는 것이다. 하지만 이것이 봉건정부의 관보였다는 이유만으로 우리나라 신문의 원형으로 보지 않으려는 학자들도 없지 않으나, 이는 잘못인바, 예컨대 북한의 신문들은 모두 관보적 성격을 띠었다고 해서 북한에는 신문이 없다고 말할 수 없기 때문이라는 것이다.

그러므로 조보가 관보였다는 단순한 이유 때문에 우리나라 신문의 원형이 아니라든지, 또는 우리나라의 근대신문과는 아무런 관계가 없는 것처럼 생각하기에 앞서, 우선 조보를 신문학적 입장에서 분석, 검토해 해 보는 연구가 필요하다는 것이었다. 따라서 우리나라에서 근대신문이 등장하기 이전에 존재해 왔던 전통적 신문현상의 하나인 조보를 현대적 신문학 이론을 바탕으로 분석, 검토한 뒤에 그것을 우리나라 신문의 원형으로 볼 수 있는지 여부를 밝혀 보는 것이 곧 이 연구의 동기이자 연구 목적이었다고 차배근은 밝혔다.

그런 다음, 이러한 연구 목적의 수행을 위하여, 차배근은 신문 커뮤니케이션 모형을 그 분석연구의 틀로 삼아서, 조보는 ① 어떠한 시대적 상황에서(상황분석, context analysis), ② 누가 왜(커뮤니케이터분석, communicator analysis), ③ 어떤 내용을 어떻게 수집, 처리해서(내용분석, content analysis), ④ 누구에게(독자분석, receiver analysis), ⑤ 어떠한 방법으로 배포 또는 전달해서(매체분석, channel analysis), ⑥ 독자들과 사회에 어떠한 영향을 미쳤는가(효과분석, effects analysis)를 분석해 보았다.

바로 이와 같은 '분석의 틀'(framework of analysis)에 따라, 차배근은 연구문제도 크게 여섯 개로 나누어, 다음과 같은 문제들을 고찰해 보았다. 그리하여 이들 연구문제에 대한 연구 결과를 바탕으로, 조보를 우리나라 신문의 원형으로 볼 수 있는지, 만약 원형으로 볼 수 있다면 그 이유는 무엇인지를 밝혀 보고자 하였는데, 우선 각 연구문제와 그에 대한 주요 연구 결과만 간단히 소개해 보면 아래와 같다.

[연구문제 1] "조보는 어떠한 시대적 상황(정치적, 사회적)에서 언제부터 생성,

발전해서 언제까지 존재했는가?" 연구 결과: 조보는 조선 봉건정부가 봉건제도와 중앙집권제를 일층 더 강화하던 시기인 조선조 초에 그 보조적 수단으로 탄생되었거나, 아니면 적어도 이 시기에 조보의 이용성이 더욱 높아지면서 보편화되어, 조선조 말인 1894년 갑오개혁 때까지 존속하다가 신식 관보로 전환되었다.

[연구문제 2] "조보는 누가 왜 어떠한 통제 아래 어떻게 발행했는가?" 연구 결과: 조보는 조선왕조의 봉건군주의 지시와 통제 아래 승정원에서 발행했다. 그러나 오늘날처럼 인쇄해서 발행한 것이 아니라, 승정원에서 정부 각 부서와 고급관리에게 알려 줄 필요가 있는 주요 사건이나 사항 등을 써서 매일 아침에 게시(揭示)하면, 이를 중앙정부의 각 부서와 한성부(漢城府)의 기별서리들과 지방정부의 경주인(京主人) 등이 필사해서 각각 자기 부서로 전달했다.

[연구문제 3] "조보는 주로 어떤 내용을 다루었는가?" 연구 결과: 조보의 가장 중요한 내용은 국왕의 통치상 명령과 지시 및 국왕의 동정(動靜)에 관한 것들과, 관리의 임면(任免)과 이동, 승진 등의 인사 관계 소식 등이었다. 그러나 조선조의 통치 철학인 유교사상의 강화에 필요한 충효사상이나 정절(貞節)에 관한 것들도 많이 포함되었으며, 또한 임금의 윤음(綸音)과 신하들의 상소(上疏)와 임금의 비답 내용도 많이 다루었다.

[연구문제 4] "조보의 주요 대상 독자는 누구였는가?" 연구 결과: 조보의 주요 독자는 계급적으로는 봉건지배층으로, 그중에서도 소위 '사대부'(士大夫)로 통칭되는 양반, 고위관료층이 기본 구성원으로 되어 있었다. 그러나 이러한 독자층이 시대와 더불어 점차 확대되어 19세기 말에 이르러서는 기별서리나 경주인 등에게 돈만 주면 일반 백성은 물론, 외국 공관에서도 조보를 입수해서 볼 수 있었다.

[연구문제 5] "조보는 그 독자 대상들에게 어떠한 방법으로 어떻게 배포되었는가?" 연구 결과: 서울 시내의 경우는 조정이나 기타 각급 관청에 소속된 기별서리나 기별군사들이 해당 관서에 배포했으며, 지방의 경우는 지방 관서의 서울연락소장인 경주인이나 계수주(界首主)가 서울-지방 간의 연락원인 경방자(京房子) 혹은 파발(擺撥)을 이용하여 조보를 배포한 것으로 추정된다.

[연구문제 6] "위와 같은 조보는 그 독자들과 국가사회에 어떠한 영향을 미쳤는가?" 연구 결과: 첫째로 조보를 발행한 조정의 입장에서 보면, 조보는 조선왕조의 여러 가지 정책이나 공지사항 등을 관리나 양반 계급들에게 알려줌으로서 공보행정을 원활히 이룩할 수 있었으며, 그 결과 봉건사회의 유지를 가능하게 만들어 주었다. 둘째로 독자들의 개인적 입장에서 볼 때는, 비록 조보는 그 내용이 주로 임금과 조정 및 관료 등에 관한 것이기는 했지만, 독자들의 뉴스 추구 욕구를 어느 정도 만족시켜 주었다.

이상과 같은 연구 결과를 토대로, 차배근은 결론 부분에서 "조보를 우리나라 신문의 원형으로 볼 수 있는가?"라는 질문에 관하여 "그렇다"고 결론지었다. 그러면서 조보가 우리나라 신문사에서 갖는 몇 가지 의의들을 열거한 뒤, "조보가 조선조 정부의 관보였다는 사실만을 들어, 조보를 우리나라 신문의 원형으로 삼지 않으려는 일부 신문사가(新聞史家)들의 생각은 시정되어야 할 것"이라고 주장하였다.

(2) 중국「저보」의 기원과 발달과정에 관한 소고

위와 같은 연구에 이어, 1984년 차배근은 "중국「저보」(邸報)의 기원과 발달과정에 관한 소고(小考): 우리나라「조보」와 비교연구를 위하여"라는 논문을 발표(「신문연구소학보」(서울대학교) 제21집, 1984, pp. 53-99)했다. 이 논문은 그 부제(副題)에서 보듯이, 중국의 저보를 우리나라 조보와 비교해 보기 위한 것이었다. 우리나라 조보에 관하여 논술할 때, 흔히들 중국의 저보나 조보와 관련시키면서, 예컨대 천관우(1963, p. 439)와 이진섭(1968, p. 26)은 말하기를 "우리나라의 조보 제도는 원래 중국에 발달한 제도"라고 말했기 때문이다. 또한 박정규(1978, pp. 122-123)도 "우리나라 조보 제도는 그 명칭이나 유통경로 등을 볼 때 중국 제도의 영향을 크게 받은 것 같다"면서, "우리나라는 삼국시대부터 한(漢)·당(唐)의 문물과 제도를 적극적으로 도입했으므로, 조보 제도도 중국의 그것을 모방했을 가능성이 크다고 본다."고 했다.

그러므로 이러한 주장들의 사실 여부를 알아보기 위해서는 우선 중국의 저보나 조보의 기원과 발달 과정부터 정확히 알 필요가 있다면서, 이를 위하여 중국에서 저보와 조보의 생성·발전 과정을 연구해 본 것이 바로 차배근의 연구였다. 그러나 지면 관계상 이 논문의 내용을 일일이 소개할 수 없어, 목차만 소개하면 〈표 1-2〉와 같다.

〈표 1-2〉 차배근의 "중국 저보의 기원과 발달과정에 관한 소고"의 목차

I. 서언: 연구목적과 연구문제 등	C. 편집·발행 절차 및 통제
II. 한대(漢代)-저보의 출현	D. 저보 내용의 개요
A. 저보의 존재에 관한 사료(史料)들	E. 저보의 인쇄와 인쇄처
B. 저보의 정치적·사회적 생성요인	F. 저보의 발행횟수·독자대상·보급방법
C. 저보의 유래·성격·내용	V. 명대(明代)의 저보, 동면으로부터 회생
III. 당대(唐代)의 저보, 그 재생과 발전	A. 저보의 기술적 발전상
A. 저보의 재생과 발전상	B. 저보의 내용상 발전과 통제
B. 저보의 주요 발전요인들	VI. 청대(清代)-저보의 소멸
C. 저보의 개황과 특성	A. 청대의 공보(公報)제도와 저보
IV. 송대(宋代)의 저보, 관보로의 정착	B. 청대에서 저보의 존속기간
A. 저보의 여러 가지 명칭	C. 저보의 발행기관과 내용
B. 저보의 발행기관과 관제(官制)	VII. 결언

이 표에서 보듯이, 차배근은 한(漢)나라 때 저보의 출현 이후, 무려 2,000여 년 동안에 중국의 저보가 어떻게 변모, 발전해 오다가 청(淸)나라 말기에 소멸하게 되었는지를 역사적으로 추적해서 고찰해 보았다. 그런 다음에 결론에서 말하기를, 이 논문에서는 중국의 저보와 우리나라 저보와의 상호관련성 내지 영향 여부를 명확하게 밝혀 보지 못했으나, 우리나라 조보에 관하여 깊이 있게 연구하려면 중국의 저보나 조보 내지 중국의 언론사(言論史)에 관한 지식과 연구가 필요하다고 끝맺었다.

(3) 중국의 저보·조보 등에 관한 저서 『중국전근대언론사』

중국의 저보에 관한 위와 같은 연구논문에 이어, 차배근은 중국의 전(前)근대언론사를 연구, 정리해서 1984년 6월 『중국전근대언론사』(中國前近代言論史)라는 단행본으로 출간(서울대학교출판부)했다. 이 책은 우리나라 조보 자체와 직접적으로 관계가 있는 서적은 아니지만, 우리나라의 조보를 폭넓게 고찰하는 데 도움이 될 수 있다. 특히 우리나라 조보의 기원이나 중국의 영향 등을 고찰하거나, 우리나라 조보와 중국의 그것을 비교해서 공통점이나 차이점 등의 특성을 알아보는 데 많은 참고가 될 수 있다. 따라서 이 책에 관해서도 간단히 소개하기로 하겠는데, 우선 이 책 머리말을 보면, 집필 동기를 아래와 같이 밝혀 놓았다.

> 우리나라 대학에 신문학과가 처음 출현한 지도 30년이 지났다. 그러나 여태

까지 우리가 연구하고 가르치고 또한 배워 온 한국언론사(韓國言論史) — 그것은 근대신문사의 테두리를 크게 벗어나지 못한 채, 그 이전에는 이 땅에 어떠한 신문현상들이 존재했는지에 대해서는 너무 소홀히 해 왔던 감이 없지 않다. … 그래서 이 방면의 관계 서적들을 뒤적이다가 새삼 느끼게 된 것은, 우선 중국의 전(前)근대언론사를 한 번쯤 자세히 읽어 보는 것이 도움이 될 것이라는 점이었다. 한국과 중국과의 문화적 유대 관계, 그것은 역사를 거슬러 올라갈수록 강하게 얽혀 있음을 부정할 수 없기 때문이다. … 그리하여 중국의 언론사를 공부하면서 나름대로 노트에 정리해 놓았던 것을 후학들에게 소개하고 싶어 책으로 내게 되었는데, 이는 우리와 같은 문화권에 속해 있는 중국의 언론사를 이해하고, 나아가서는 우리의 그것과 비교, 연구하게 만드는 데 조금이나마 도움을 주고 싶은 욕심이 생겨났기 때문이다. …

이 책에서는 저보와 조보 등의 신문현상뿐 아니라, 그 밖의 여러 가지 전근대적 언론현상들의 역사도 모두 다루었는데, 큰 목차(장·절)만 간단히 소개하면 〈표 1-3〉과 같다.

표에서 보듯이 이 책에서는 중국 상고(上古) 시대에 언어와 문자의 생성에서부터 시작해서 저보 등 관보의 출현과 발전은 물론, 송대(宋代)의 소보(小報), 청대(淸代)의 경보(京報) 등 민간신문의 생성·발전 과정도 폭넓게 다루었다. 이 책은 앞서도 말했듯이 우리나라의 조보를 비롯한 여러 가지 전(前)근대적 언론현상을 이해하기 위한

〈표 1-3〉 차배근의 『중국전(前)근대언론사』의 장·절(章·節) 목차

제1장 고대(古代)의 전근대적 신문현상 제1절 상고(上古)시대: 언어와 문자의 생성 제2절 춘추전국시대: 중국언론사상의 형성	제4장 송대(宋代)에서 민의(民意)와 각종 신문현상 제1절 송대의 정치적·문화적 상황 제2절 민의와 그 표달방식을 통해 본 언론상 제3절 문자보 저보와 소보(小報) 제4절 기타 신문현상들: 변보·방문·시문(時文)
제2장 진(秦)-수(隋)대의 언론과 신문현상 제1절 진제국(秦帝國)시대: 언론의 수난 제2절 한왕조(漢王朝)시대: 언론의 재생 제3절 육조(六朝)시대: 언론의 암흑기	제5장 원·명대(元·明代)의 언론과 신문 제1절 원제국(元帝國)의 중국통치와 언론 제2절 명대(明代)의 민의와 신문·언론
제3장 당대(唐代)의 언론과 문자신문 제1절 당대의 정치적·문화적 배경 제2절 민의(民意)의 소생과 언로의 개방 제3절 저보의 재생발전과 계원잡보의 출현	제6장 청대(淸代)의 전근대적 신문과 관보 제1절 청조(淸朝)의 정치와 문화적 배경 제2절 전통적 신문현상: 저보·경보·당보·양향보 등 제3절 근대적 신문사상의 맹아와 관보의 흥기

방편의 하나로서 우선 중국의 그것들을 고찰해 본 것이다.

(4) 『한국민족문화대백과사전』에서 조보에 관한 기술

차배근은 1991년 한국정신문화연구원(현 한국학중앙연구소)이 편찬, 발간한 『한국민족문화대백과사전』(성남: 한국정신문화연구원)에서도 '조보' 항목을 기술했는데, 그 내용을 옮겨 보면 아래와 같다.

> **[조보]** 우리나라 전근대적 신문 형태의 하나. 조보란 조정의 소식 또는 조정에서 내는 신문이라는 뜻이다. 조보 이외에 긔별지(奇別紙)·조지(朝紙)·저보(邸報)·저장(邸狀)·저지(邸紙)·난보(爛報)·한경보(漢京報) 등으로 불렸다. 그러나 일반 백성들에게는 긔별 또는 긔별지로 통했는데, 긔별은 곧 소식이라는 뜻으로 조보가 소식을 전해 주었기 때문이다.
>
> 조보의 기원에 대해서 차상찬은 신라시대로 추정하였다. 그러나 현재까지 알려진 조보에 관한 가장 오래된 기록은 중종실록 제38권 중종 15년(1520) 3월 26일자 기사에 실려 있는 기록이다. 조보는 중종 때부터 고종에 이르기까지 계속 발행되어 오다가 1895년 2월 신식 관보로 바뀌면서 없어졌다. 조보는 승정원에서 국가 통치에 필요한 사건들에 관한 소식을 취사선택하여 매일 아침 게시하면 이를 각 관아에서 파견한 기별서리들이 필사하여 기별군사를 통하여 각 관아와 고급관료들에게 전달하였다. 따라서 필사자들에 따라 조보의 내용과 체재는 동일하지 않았으나, 우리나라 한지(韓紙)에 필사했기 때문에 조보의 크기는 대체로 35cm이었고, 길이는 일정하지 않았다.
>
> 조보의 내용은 대체로 ① 국왕의 모든 명령과 지시를 포함하는 전교(傳教), ② 국가의 당면 정책 및 중요 문제에 관한 유생과 관료들의 건의인 소장(疏章)과 이에 대한 국왕의 비답, ③ 국왕이 관민에게 보내는 회유문인 윤음(綸音), ④ 조정 관리들의 인사(人事), ⑤ 천재지변에 관련된 기문기사(奇聞奇事), ⑥ 지방관들이 국왕에게 올리는 각종 보고서와 복명서 등에 관한 것이었다.
>
> 조보의 배포 범위는 원칙적으로 삼공(三公)·판서·한성부윤 및 중앙관서장, 그리고 지방의 절도사·병마절도사 및 전직 고급관료였다. 그러나 실제로

는 비공식적으로 일반 사대부들도 볼 수 있었으며, 조선조 말에는 일반 양반 계급도 기별서리나 기별군사에게 돈을 주고 조보를 입수해서 읽었다고 한다. 그러나 일반 백성들은 조보를 볼 수 없었다. 그럼에도 조보는 조선의 정치 이념이었던 유교사상을 양반 계급을 비롯한 모든 백성들에게 주입시켜 그에 따라 행동토록 하게 함으로써 조선왕조의 봉건체제의 확립과 유지 및 강화에 상당한 영향을 미쳤다고 볼 수 있다. 또한 사대부 계급에게 특히 국사에 관한 뉴스 추구 욕구를 어느 정도 충족시켜 줌으로써 오늘날의 신문과 같은 기능도 어느 정도 수행했다고 볼 수 있다. 〈참고문헌〉 중종실록, 우리나라 조보에 대한 신문학적 분석고(차배근, 서울대학교신문연구소학보 17집, 1980), 조선왕조시대의 전근대적 신문에 관한 연구(박정규, 서울대학교대학원, 1982). 〈車培根〉

8) 조보 관련 쟁점들에 관한 김영주의 연구

김영주는 1999년부터 조보에 관한 세 편의 연구논문을 발표했다. 하나는 "조선조 민간인쇄조보의 몇 가지 쟁점"이라는 논문으로, 1999년 부경언론학회 학술지「언론학연구」제3집(pp. 265-299)에 발표한 것이었다. 또 하나는 한국언론정보학회 학술지「한국언론정보학보」통권 43호(2008년 가을호, pp. 247-281)에 발표한 "조보에 대한 몇 가지 쟁점: 필사조보의 기원, 명칭, 폐간 시기, 기문기사 성격과 민간인쇄조보를 중심으로"라는 논문이었다. 그리고 세 번째는 2017년 이범수와 함께 발표한 "조선시대 민간인쇄조보의 언론사적 의의"라는 논문(「한국언론정보학보」통권 85호, pp. 7-29)이었다.

(1) 조선조 민간인쇄조보의 몇 가지 쟁점에 관한 연구

첫째로 "조선조 민간인쇄조보의 몇 가지 쟁점"이라는 논문은 I. 머리말, II. 관련 사료의 검토, III. 민간인쇄조보의 쟁점, IV. 맺는말로 구성되어 있다. 그러나 이들 중에서 가장 핵심이 되는 것은, "조선조 민간인쇄조보의 몇 가지 쟁점"이라는 논문 제목에서도 엿볼 수 있듯이 "III. 민간인쇄조보의 쟁점"이었다. 이 항목에서 김영주는 그 쟁점으로서 세 가지, 즉 ① 조선조 민간인쇄조보는 세계 최초의 일간인쇄신문인가? ② 발행 주체는 어느 계층인가? ③ 민간인쇄조보의 발행 사건은 한국언론사에 무엇을 남겼는가? 하는 것을 내세웠다. 그리고 이들 각 쟁점에 대하여 고찰한 뒤에 결론을 내렸는데, 결론 부분만 간단히 소개해 보면 아래와 같다.

> ① "조선조 민간인쇄조보는 세계 최초의 일간인쇄신문인가?" [결론] 조선시대의 동시대인들이 선조 10년(1577)에 보았다는 [중국] 명대(明代)의 신문은 필사본과 활판인쇄본의 중간단계라고 할 수 있는 '목판인쇄본'으로 발행된 것으로 추측된다. 따라서 1577년 8월부터 11월말까지 약 3개월 동안 발행되었던 조선시대의 민간인쇄조보는 '세계 최초의 활판인쇄 일간신문'일 가능성이 크며, 같은 시기에 발행되었던 중국 명나라의 인쇄조보는 '세계 최초의 목판인쇄 일간신문'으로 여겨진다(p. 287).
>
> ② "조선조 민간인쇄조보의 발행 주체는 어느 계층인가?" [결론] 그들은 '기인'(其人)들이었다. 선조 때의 기인들은 [예전에] 지방행정에 관한 자문자(諮問者)로서의 역할이 거의 상실되고 각 궁방(宮房)과 관사(官司)에 시탄(柴炭: 땔감)을 공급하는 전문상인(貢人)으로 전환되는 시점에 서 있었다. 따라서 이들이 빠르고 정확한 조정의 고급 정보가 필요했던 저리(邸吏)들과 사대부 계층을 상대로 새로운 정보매체가 될 가능성이 높은 민간인쇄조보를 발행, 판매하여 이익을 얻으려고 한 것은, 왕궁과 관청에 땔감을 전문적으로 공급하는 전문상인으로서 관보의 필사조보도 쉽게 구할 수 있는 위치에 있었으므로 가능한 일이었다(p. 291).
>
> ③ "조선조 민간인쇄조보의 발행 사건은 한국언론사에 무엇을 남겼는가?" [결론] 공개성과 근대성이 함유되었던 보도매체였던 '민간인쇄조보'는 비록 단명으로 끝나기는 했지만, 다양한 구두매체와 서면매체, 그리고 시위매체를 가지고 있던 조선왕조는 당시의 여러 나라와 비교해 볼 때 상대적으로 체계화된 커뮤니케이션 통로가 발달되어 있었으며, 이로 말미암아 근대시기의 반제·반봉건 운동에 일익을 담당했던 근대신문들의 탄생과 착근에 직간접적으로 적지 않은 기여를 한 것으로 판단된다(p. 297).

(2) 조보에 대한 몇 가지 쟁점에 관한 연구

둘째로 "조보에 대한 몇 가지 쟁점: 필사조보의 기원, 명칭, 폐간 시기, 기문기사 성격과 민간인쇄조보를 중심으로"라는 논문은 앞서 말했듯이, 「한국언론정보학보」 통권 43호(2008년 가을호, pp. 247-281)에 발표한 것이었다. 이 논문은 1. 서언, 2. 본론 1) 조보의 기원 문제, 2) 조보의 명칭 문제, 3) 조보의 폐간 시기 문제, 4) 기문기사의 성격 문제, 5) 민간인쇄조보의 문제, 3. 맺는말로 구성되어 있다. 그러나 논문 앞에 실린 초록만 소개해 보면 아래와 같다.

> 이 논문의 목적은 아직까지 명확하게 밝혀지지 않은 조보의 기원 문제를 다시 한번 검토해 보고, 조보의 명칭 및 폐간 시기 문제를 비롯하여 기문기사 성격, 선조 때 발생한 민간인쇄조보 발행 사건 등에 초점을 맞추어 살펴보는 데 있다. 내부적 통보매체인 필사조보는 조선왕조 초기에 해당하는 15세기 말경(대략 성종 대)에 탄생하여 중종조에 체계적인 발전을 이룩하였으며, 정부의 인쇄관보와 한말의 유수한 민간일간지들이 발행되었던 1907년 11월(승정원의 왕명출납기능을 수행하였던 비서감이 폐지됨)까지 지속적으로 발행된 것으로 추정된다.
>
> 조보의 명칭 가운데 가장 보편적으로 사용되는 용어는 조보였고, 그 다음이 저보였다. 다음으로는 조지(朝紙), 기별, 난보(爛報), 경보(京報)의 순이었으며, 나머지 용어들, 예컨대 기별지, 저장(邸狀), 저지(邸紙), 보장(報狀), 한경보(漢京報), 영기(營奇) 등은 거의 사용되지 않았다. '기별'은 조선조 중반(중종·인조 대)에, '조지'는 조선조 후반(숙종·고종 대)에 집중적으로 사용되었다.
>
> 필사조보는 폐쇄성과 난초체라는 속기로 필사되어 중요 독자층인 사대부들이 구독하기가 매우 불편하였으므로 1577년(선조 10년) 8월 서울에 사는 수명의 민간인(양민 중의 其人)들이 의정부와 사헌부로부터 발행 허가를 얻어 목활자로 인쇄조보를 발행하였다. 민간인쇄조보가 약 3개월 동안 발행된 시점에 선조는 "사국(史局)을 사설화(私設化)하고 국가 기밀을 누설할 가능성이 있다"는 이유로 폐간 조치하고 신문발행 관련자 30여 명을 유배시키고 언론 양사(사헌부와 사간원)의 책임자를 경질하는 조치를 취하였다. 조선시대 일부 기인(其人)들이 중국 인쇄조보를 본떠 만든 민간인쇄조보(목활자본)는 그 당시 중국의 인쇄신문 형태(길이 20-25cm, 폭 10-15cm, 면수 5-10쪽)와 비슷했을 것으로 추정된다. 민간인쇄조보는 선조의 탄압 정책으로 약 3개월 만에 폐간되는 비운을 맛보았지만 영리를 목적으로 민간인이 발행하고 활판인쇄술을 세계

최초로 채용하여 발행하였다는 점에서 세계 최초의 '활판인쇄상업일간신문' 일 가능성이 매우 높은 신문이었다.

(3) 민간인쇄조보의 언론사적 의의에 관한 김영주·이범수 연구

셋째로 2017년 김영주는 이범수와 함께 "조선시대 민간인쇄조보의 언론사적 의의"라는 논문을 「한국언론정보학보」 통권 85호(pp. 7-29)에 발표했다. 이 논문의 목적은 "민간인쇄조보 관련 문헌의 내용을 간략히 정리하고 최근 발굴된 민간인쇄조보의 체제와 내용, 언론학적 의의 등을 고찰하는 데 있다"(p. 7)는데, 그 내용을 초록 중에서 간단히 간추려서 소개하면 아래와 같다.

민간인쇄조보는 조선조 선조 10년(정축년) 8월에 발행 허가를 받아 11월 27일까지 발행되었다. 이번에 발굴된 민간인쇄조보는 11월 6일자, 15일자, 19일자, 23일자, 24일자로서, 이를 볼 때 당시 민간인쇄조보는 일간이었던 것으로 추정된다. 이 민간인쇄조보는 목활자(85-90%)와 금속활자(10-15%)를 혼용하여 발간했는데, 크기는 폭 40cm, 길이 29cm, 1면당 22행, 1행당 21-22자로서 판형은 오늘날의 타블로이드판에 가깝다. 하루치 분량은 2장으로 추정되는데, 이것도 필사조보와 마찬가지로 제호가 없으며, 기사 제목도 별도로 없다.

기사들의 내용을 보면, 국왕의 명과 지시 등이 모두 15건으로서 가장 많았으며, 다음은 관리들에 관한 인사(人事)가 모두 10건으로서 두 번째로 많았고, 다음은 서울과 지방의 각 관청들에서 임금에게 올리는 각종 보고가 모두 9건으로서 세 번째로 많았다. 관리들의 와병(臥病)·병모 면회·성묘·자녀 결혼 등으로 인한 사직, 휴직, 휴가를 요청하는 기사들도 비교적 많았다. 그 나머지는 문안(問安)·건강 등에 관한 기사가 4건, 관상감관계 기사가 4건, 경연(經筵)의 개최 여부에 관한 기사가 2건 등이었다. 그러나 이러한 기사들 중에서 도목정사(都目政事: 인사행정)를 비롯한 정사(政事)기사, 상신(相臣)들의 사직소, 전직 관리들에 대한 추증(追贈) 등을 넓은 의미에서 관리들의 인사 동정으로 간주하면, 관리들의 인사에 관한 기사가 모두 19건으로서 전체 기사들 중에서 가장 큰 비중을 차지했다. 따라서 이를 볼 때, 당시의 주된 독자층인 사대부들은 관리들의 인사 동정에 많은 관심을 보였던 것 같다.

이처럼 관리들의 인사 동정에 관한 사대부 계층의 정보 추구 욕구를 달래 주었던 민간인쇄조보는 선조 임금의 탄압으로 말미암아 3-4개월 만에 폐간의 운명을 맞게 되었다. 그러나 당시의 민간인쇄조보는 발행자, 메시지(뉴스), 독자, 인쇄술 등

신문으로서 주요 요소들을 모두 갖추었다. 따라서 이는 향후의 감정을 거쳐 세계 최초의 '상업일간인쇄신문'으로 평가될 여지를 충분히 남겨 두고 있다고 연구자들은 끝을 맺었다.

9) 서지학·문헌정보학·기록학 분야에서 조보에 관한 연구

위에서 보았듯이, 조보에 관한 연구들은 주로 언론인이나 언론학자들에 의해 언론학적 입장에서 이루어졌다. 그러나 이와는 달리, 서지학(書誌學)·문헌정보학(도서관학)·기록학(Archival Science) 등의 분야에서 조보를 고찰한 연구들도 없지 않았는데, 이러한 연구들은 근래에 점차 증가 추세에 있다. 그러면 이들 연구에서는 조보에 관하여 어떻게 기술하였는가?

(1) 조보와 경보에 대한 임종순의 서지학적 연구

1969년 임종순(任鍾淳)은 "조보와 경보(京報)에 대하여"라는 논문을 발표했다(『서지학』 제2호). 이는 연세대학교 중앙도서관에 소장되어 있는 '경보'의 내용과 목록을 서지학적 입장에서 소개하면서 그에 앞서 조보에 관해서도 간단히 설명한 논문이었다. 임종순에 의하면, "우리나라에서는 경보 발간 사실(史實)에 대해 각 문헌에는 나타나 있지 않으며, 이로 미루어 봐서 경보라는 형태의 보도지(報道紙)는 없었던 것 같았으나 연세대학교 중앙도서관에 경보란 제목하에 서책이 소장되어 있는 것으로 보아 경보가 행해졌다는 것만은 사실(史實)이 됐다"(p. 23)는 것이다. 하지만 "그 편찬처는 공거일록(公車日錄)이나 정치일기(政治日記) 등과 같이 미상이며 필사본이다"라고 말했다.

현재 연세대학교 중앙도서관이 소장하고 있는 경보는 고종 5년(1868)부터 고종 18년(1881)까지 발행된 것이나, 그중 고종 7년, 10년, 16년이 결본이라 모두 10책만 남아 있는데, 고종 5년 이전과 고종 18년 이후 분도 있었는지는 현재로서는 불명이라고 한다. 경보의 규격을 보면, 대본(大本)과 소본(小本)의 2종이 있는데, 대본은 1면에 14행, 1행에 36-31자로 되어 있으며, 소본은 1면에 15행, 1행에 28-22자로 되어 있다고 한다.

이러한 경보의 내용을 보면, ① 왕명을 중심으로 한 정령(政令)과 인사(人事) 관계 내용을 많이 다루었으며, ② 정부초기(政府草記), 총부초기(摠部草記), 3군부초기(三

軍府草記), 이조초기(吏曹草記), 예조초기(禮曹草記), 병조초기(兵曹草記), 산실청초기(産室廳草記), 홍문관초기(弘文館草記) 등과 장계(狀啓), 정원계(政院啓), 병조계(兵曹啓) 등의 상계(上啓)와 초기(草記)를 비롯하여 중앙관아 및 지방의 수령방백(守令方伯)의 계초(啓草: 狀·啓·書目·上疏)가 기록되어 있으며, ③ 모든 명령 등 사항에서 '교왈'(敎曰)로 되어 있지 않고, '전왈'(傳曰)로 기록되어 있으며, ④ 관리(官吏)의 신몰(身沒)에 관한 기록이 정치일기의 기록보다 많은 것은 공거일록(公車日錄)과 비견되며, 특히 호군(護軍)의 신몰에 관하여 기록되어 있으며, ⑤ 그 밖에 형사사건, 관리의 개명(改名)에 대한 임금의 윤허, 과거(科擧), 이선(異船)의 침범, 화폐, 사회복지 등에 관한 내용들이 실려 있으며, 이들 경보의 각 년분의 권말(卷末)에는 부록으로 윤음(綸音), 교문(敎文), 상소(上疏), 과거방목(科擧榜目), 책문(冊文), 제문(祭文) 등이 부기되어 있다고 한다.

이처럼 임종순은 연세대학교 중앙도서관이 소장한 경보에 관하여 상세히 소개한 뒤, 결론에서 말하기를, "우리나라의 경보에 대한 구체적인 확증은 잡지 못했지만, 공거일록과 비슷한 경보가 있었다는 것을 알 수 있게 됐으나, 이것의 편찬 및 발행 등에 대해서는 아직 미상인 점을 남겨 두는 것이 아쉽다"(p. 29)고 피력했다. 그러면서 "경보는 조보와 마찬가지로 중앙의 실정과 지방의 실정 및 궁정의 사정을 통보하는 관보적 형태를 지닌 보도지(報道紙)였다"고 주장했다.

(2) 최승희 『한국고문서연구』에서 조보에 관한 해제

최승희(崔承熙)가 1989년 발간한 『한국고문서연구』(韓國古文書硏究) 증보판(서울: 지식산업사)을 보면 조보와 저보에 관해서도 소개해 놓았다. 이 책에서 최승희는 조보와 저보를 다 같이 대관부문서(對官府文書)의 하나로 보았으나, 이들을 각각 별개로 구별해 놓았는데, 이는 아래와 같다.

○ **조보(朝報)**: 조정(朝廷)의 소식을 알리는 문서이다. 지금의 관보의 성격을 가진 것으로 '기별'(奇別)이라고도 한다. 승정원에서 처리한 일을 매일 아침 적어서 반포하게 되는데, 이 조보를 쓰는 사람은 기별서리라고 하고, 조보를 돌리는 사람을 기별군사라고 하였다. 지방에 보내는 조보는 5일분을 봉투에 넣고, 앞면에는 '모관(某官, 예컨대 定州牧使) 개탁(開坼), 승정원 공사(公事)'라고 쓰고, 뒷면에는 '모년 모월 모일부터 모일까지'(某年某月某日以某日至)라고 표시하였다. 조보에는 특수한 조보체(朝報體)가 있어 이를 전문적으로 쓰

는 서리(書吏)와 이를 읽을 수 있는 아전(衙前)이 있었다. 특히 정주(定州)와 같이 북방에 있는 지방관에게 보내는 조보는 거의 판독이 불가능할 정도로 독특한 서체로 되어 있는데, 이는 조정의 소식(비밀)이 중국으로 유출되는 것을 막기 위한 목적이 있지 않았나 생각된다.

〈조보, 예〉 (서울대, No. 66006)

下直安奇察訪李學善昨日禮曹草記因議政府草記 今番增廣監試會試 年七十以上付之榜末人

令京兆查考帳籍 年冒年與漏籍者一一拔去原榜 如法勘罪事 允下 而自京兆考籍後 秩序區別

修成冊越送 故取考其成冊 則榜年少籍年多秩 李文泳等八人 籍年七十以上冒年秩 崔晋錫等

四十八人 籍年七十以下冒年秩 李勉儀等三十一人 漏籍秩 李昌煥等十七人

榜名與年俱左帳籍秩 姜萬馨等七人 榜名籍名相左秩 宋煥明一人 合一百三十四人

雖有分秩之差殊 均是冒年與漏籍 故謹依啓下內辭意 一幷拔去 原榜目中付標以入

而其罪狀 令攸司勘處事 傳曰允 七十以上 當有處分 而七十以下之勘罪 不可無斟量者存特爲安徐

庚辰七月二十二日

(이하 생략)

[요지] 이는 정주목사(定州牧使)에게 보낸 조보로서 경진(庚辰, 1880) 7월 21일부터 25일까지 5일분의 기별(조보)이다. 내용은 판독하기 어려운 조보체로 되어 있으나, 승정원일기 고종(高宗) 17년 경진 7월 21일조에 같은 내용이 게재되어 확인할 수 있다. 피봉(皮封)에는 '정주목사개탁 승정원공사'(定州牧使開坼, 承政院公事)라 하였고, 후면에는 '경진 7월 21일부터 25일까지'(庚辰七月二十一日以二五日至)라고 적었다. 서울대학교에도 이와 비슷한 여러 건의 조보가 있다.

○ **저보(邸報)**: 경저(京邸)에서 본군(本郡)에 보내는 보고(報告)·통지(通知)이다. 신관(新官: 수령)의 부임을 본군에 알리는 것도 경저에서 이러한 저보로 하였다. [주(註)] 목민심서(牧民心書) 권 1, 부임육조(赴任六條), 제배(除拜)에 "저보하송지초 기가성폐자성지"(邸報下送之初 其可省弊者省之)라 하고 있는데, 이 때의 저보는 신관[新官: 사또(使道)]의 부임을 알리는 저보가 되겠다.

(3) 전근대적 관보로서 조보에 관한 최정태의 문헌정보학적 연구

조보에 관한 문헌정보학적 연구로는 최정태의 『한국의 관보: 조선조에서 대한민국 정부 수립 이전까지』(서울: 아세아문화사, 1992)라는 책을 들 수 있다. 이는 "저자가 성균관대학교에서 취득한 박사학위논문 "관보의 변천과 특성에 관한 연구"를 개제(改題)하여 수정을 가한 것이다"(1992, ii). 우선 이 책의 제2장 "관보의 개념과 변천"을 보면, "조선조 승정원에서는 조정의 소식을 알리기 위하여 관원을 동원, 그날그날 「조보」를 필사하여 발행했다. 내용은 조정(朝廷)이 지정한 공식 뉴스가 주축을 이루었으나, 특이한 자연 현상 등 사회의 관심사도 게재하였다. 이용자는 각 아문(衙門)의 관리와 전직(前職) 관리 및 양반 계급에 속하는 특수 계층이었다"고 조보에 관하여 간략하게 소개했다. 그런 다음, 제3장 "전근대적 관보"의 제1절 "조보"(pp. 13-33)에서, 조보의 ① 효시(嚆矢), ② 이명(異名)과 유사 자료, ③ 발행 및 작성자, ④ 형태 및 발행사항, ⑤ 내용, ⑥ 이용자, ⑦ 서지(書誌)에 관한 연구 결과들을 모두 20쪽에 걸쳐 간략하게, 그러나 비교적 상세히 제시했는데, 이들을 항목별로 간추려 보면 아래와 같다.

① **조보의 효시:** 조보의 원조로 차상찬(1935, p. 3)은 소위 기별지를 들고 있으며, 최준(1960, p. 1)도 신라 신문왕(神文王) 12년(서기 692년) 설총(薛聰)이 이두를 만든 이후부터 기별 제도가 있었다고 논증하고 있다. 그러나 과연 기별지가 그 당시 실제로 존재했는지, 또한 그러한 매체가 정기적으로 발행될 수 있었는지에 대해서는 의문점이 없지 않다. 이에 관한 실물이나 고증할 만한 문헌을 발견하지 못했기 때문이다. 그러므로 기별지는 단지 조보의 별칭으로 사용된 것으로 보이며, 그 발행 시기도 신라가 아닌 그 후기로 미룰 수 있다. 그러면 조보는 언제부터 발행된 것인가? 여기에 대해서는 아직까지 확인된 자료가 없다. 다만 문헌상에 조보가 처음으로 기록된 사실이 조선조 중종실록(中宗實錄) 37권, 중종 15년(서기 1520년) 3월 갑인조(甲寅條)에 나오고 있음을 볼 때, 그 이전부터 조보가 발행되고 있었음을 알 수 있다. 그러나 이 자료는 조보의 발행 사실을 기록한 것이 아님은 물론이다. 따라서 그 이전의 조보의 발행을 입증할 수 있는 자료가 출현하기를 기대한다.

② **조보의 이명(異名)과 유사 자료:** 조보와 유사 성격 내지 이명(異名)을 가진

자료가 상당수에 달한다. 이를 열거하면, 경기(京奇), 경보(京報), 기별(奇別 또는 寄別), 분발(分撥), 영기(營奇), 저보(邸報), 정사(政事), 한경보(漢京報) 등이다.

③ **조보의 발행 및 작성자:** 조선조에는 승정원에서 발행하였다. 조보의 발행은 승정원 내의 어느 한 부서가 단독으로 행하지 않고 6방(房) 승지의 자문 아래 정7품급 주서(注書) 2명과 사변가주서(事變假注書) 1명이 합의하여 조보 내용을 편집하고 실무를 주재하였다. 완성된 조보 원본은 매일 아침 기별청으로 보내져 기별서리들이 일일이 필사로 복제하여 발행하였다. 이와 같이 조보는 기별서리가 백지에다가 일일이 필사하였기 때문에 필사 과정에서 내용이 생략될 수도 있고, 요점만 기록되는 것도 있어 원본의 내용과 어느 정도 차이가 있을 수 있다.

④ **조보의 형태 및 발행사항:** 조보가 성행하던 시기에는 이미 교서관(校書館) 등에서 인쇄로서 충분히 전적(典籍) 등이 발행되고 있었다. 따라서 조보의 인쇄발행 문제가 자주 논의되었지만 끝내 실행되지 못했다. 그 대신 기별서리들이 조보를 필사해서 발행했는데, 서체(書體)는 소위 '기별체'라는 독특한 흘림체(초서체)를 사용함으로써 일반인들은 해독하기 어려웠다. 그 이유는 조정의 비밀이 중국으로 유출되는 것을 막기 위한 목적이 있었다는 주장(최승희, 1989, p. 194)도 있으나, 짧은 시간 안에 많은 양의 복제가 필요한 만큼 필사자들이 시간적 여유가 부족한 탓에 속필(速筆)한 것에서 온 결과가 아닌가 한다. 또한 조보의 형태는 다양한데, 이는 필사하는 종이는 기별서리 각자가 준비하므로 그 질과 크기가 조금씩 다르기는 하지만, 전통적인 조선 한지(韓紙)를 그대로 접어 사용함으로써 폭은 비슷하였다(폭은 35cm나, 길이가 일정치 않았음).

⑤ **조보의 내용:** 조보는 관보의 기능을 가지고 국왕의 조칙(詔勅)를 비롯하여 비답(批答) 및 윤음 등을 실어 조정의 동정을 알렸으며, 관리의 임면 등 인사사항과 지방장관의 장계(狀啓) 등을 수록했다. 또한 천재지변 등의 자연현상도 관심 있게 다루었다. 이처럼 조보는 정부의 결정 및 지시사항만을 전달한 것에 그친 것이 아니라, 관리의 임면, 이동, 승급 등 일체의 인사관계 소식과 국왕의 동정, 왕의 건강상태, 경연(經筵), 기타 국가적 행사들, 예컨대 과거(科擧) 그리고 때로는 관료들의 사망에 이르기까지의 자세한 소식들도 보도함으로써, 오늘날 우리가 보통 생각하고 있는 관보보다 더 광범위한

내용을 다루었다.

⑥ **조보의 이용자:** 조보는 아침마다 왕명의 출납과 조정의 결정 및 지사사항을 알리는 대국민 공보매체였으나, 모든 백성이 이용하는 것이 아니라 소속 관서와 전·현직 관리 그리고 사대부 등 양반 계층에 한정되었다. 그것은 당시의 통치자들이 왕권을 강화하고 봉건제도를 유지하기 위하여 의식적으로 조보를 인쇄하지 않고 필사하도록 하여 일부 집권부에만 정보를 독점토록 하는 방편으로 삼았다고 혹자는 말하고(차배근, 1980, p. 81 참조) 있으나, 조보는 특유의 흘림체로 쓰여졌기 때문에 처음부터 자료를 공개했을지라도 당시 서민층의 높은 문맹률로 보아 자연히 일반인은 접근이 어려웠기 때문이라고 볼 수 있다. 조보의 이용 방법으로는 왕실 및 중앙관서, 그리고 조보가 당일 필요한 곳은 기별군사를 통하여 즉시 전달되었지만 지방 및 하부 관청에서는 조보를 일괄적으로 모아서 배포하였기 때문에 정보의 시의성이 떨어지고 정부의 공시사항이나 지시, 전달사항이 신속히 처리되지 못했다.

⑦ **조보의 서지(書誌):** 끝으로 조보의 서지 항목에서는 현재 주요 도서관 등에서 소장하고 있는 조보 내지 일반의 조보류와 조보를 초록 또는 집록한 '난선'(爛選)이나 '난초'(爛抄) 등의 서지사항들을 소장처별로 소개해 놓았다.

최정태는 위와 같이 그의 저서『한국의 관보』제3장 제1절 "조보" 항목에서 조보에 관한 연구 결과들을 제시하였다. 그런 다음, 이들을 다시 제6장 "결론"에서 요약해 놓았는데, 이를 소개하면 다음과 같다. ① 조선시대 승정원에서 매일 조정에서 일어나는 활동 상황을 알리기 위하여 오늘날의 관보와 유사한 조보를 필사하여 발행했다. 그러나 그 체재와 형식면에서 오늘날의 관보와 차이가 있어 전근대적 관보로 규정할 수 있다. ② 수록 내용을 보면 국왕의 출납이나 장계(狀啓) 등 관청 사항이 주류를 이루었고, 자연현상에 관한 기사 등을 게재하여 농경(農耕)에 필요한 정보도 실었다. ③ 이용자는 초기에는 왕실 및 각 아문(衙門)과 전(前)·현(現)직 관리와 양반 계층에 한정되었으나, 후기에는 공공기관과 일반에게도 공개되었다.

(4) 양진석의 "국민대 소장 조보의 특징"에 관한 연구

2000년 양진석(梁晉碩)은 "국민대 소장 조보의 특징"에 관한 논문을「학예연구」(국민대학교박물관) 창간호(pp. 45-53)에 발표했는데, 이는 제목처럼 국민대학교 소장 조보의 특징을 연구한 것이었다. 먼저 앞부분에서는 조보의 뜻, 명칭, 기원과 존속 기간, 발행기관, 배포 대상, 내용, 발행 목적, 역할 등에 관하여 설명해 놓았다.

그러고 나서 국민대학교 박물관에 소장되어 있는 총 50건의 조보의 현황을 소개했다. 이를 보면, 무엇보다도 국민대 소장 조보를 통해서 발견된 새로운 사실은, 승정원 이외에도 의정부(議政府), 홍문관(弘文館) 등도 조보 발행기관의 하나였음을 확인할 수 있다는 점이었다고 주장했다. 한편 국민대 소장 조보를 수취한 기관들을 살펴보면, 경산현령(慶山縣令)이 8건, 함창현령(咸昌縣令)이 2건, 나머지는 미상이었다고 한다. 그리고 국민대 소장 조보들의 시기적 분포를 보면, 순조 대가 1건, 철종 대가 9건, 고종 대가 29건(광무년간 이후 1건 포함), 미상이 11건 등이라고 했다.

그런 다음, 국민대 소장 조보의 특징으로서 모두 다섯 가지를 열거했다. 첫째, 국민대 소장 조보는 조보를 소장하고 있는 기관만 비교하더라도 양적인 면에서 결코 뒤지지 않는다. 둘째, 조보를 발행한 기관이 승정원뿐만 아니라, 다른 기관에서도 발행했음을 입증해 주고 있다. 셋째, 문서들의 작성 연대를 살펴보면 대부분 19세기에 작성된 것들인데, 이와 같은 현상은 조보가 지닌 특성 중 하나인 정보의 수집 기능을 넘지 못했다는 점 때문에 나타났다고 할 수 있다. 넷째, 다른 기관에 소장된 조보와 연계하여 살필 수 있는 자료들이 많다는 점이 특징이다. 마지막으로 다섯째, 조보의 발행이 1895년 신식 관보의 창간 이후에도 종료되지 않았음을 보여주고 있다고 했다.

(5) 서진원의 "조보에 관한 기록학적 고찰"

근래에는 기록학(Archival Science) 분야에서도 조보에 관한 연구논문이 나왔는데, 그것은 서진원의 "조보에 관한 기록학적 고찰"이다. 이는 2016년 서울대학교대학원에 제출된 문학석사학위논문이다. 우선 목차를 보면, 머리말, 제1장 조보의 생산, 수집, 활용, 제2장 조보의 게재 내용과 생산 목적, 제3장 조보의 기록물적 성격, 맺음말로 구성되어 있다. 여기서는 논문 서두에 있는 국문 초록만 소개해 보면 아래와 같다.

> 조선시대의 조보는 국왕의 국정 수행에 대한 정보를 주요 내용으로 하는 일종의 소식지로서 조선시대부터 갑오개혁 직후까지 매일 단위로 승정원을 통

해 생산되어 고위관료, 중앙과 지방의 각 관청에 유통되었다. 본고에서는 조선시대 조보에 대하여 문헌학적 분석을 중심으로 한 연구를 실행했다. 기록물로서 정의한 조보에 대해 기록관리 체계로의 분석을 꾀하여 체계적 틀에서의 관리 기능성에 대하여 고찰하였다. 또한 조보와 관보의 직접적 비교를 시도함으로써 두 대상의 공통점 및 차이점을 밝히고 이를 계통적 관점에서 접근하였다. 조보와 관보는 현대기록학의 1차적 가치와 2차적 가치를 모두 갖는 공통점이 있지만, 통시적 흐름과 시대상에 따른 제도 변화의 영향을 받아서 일정 부분 차이가 존재한다. 이는 기능 분화의 관점에서 조망할 수 있는데, 그럼에도 크게 변질되지 않은 동질적인 부분이 있다는 것을 본고를 통하여 밝혔다.

기록학적 관점에서 조보는 조선시대에 당대 활용도가 높았던 1차적 가치를 지닌다. 또한 조보는 일종의 정보 공개 창구 역할을 하였다. 마지막으로 조보는 보존을 통해 조선시대 기록 체계에 편입되어 향후 사서 편찬의 축으로 활용되는 비현용 단계의 2차적 가치를 가짐을 알 수 있다. 조보는 기록물적 속성을 띠고 있는 1차 자료로서의 기능을 하는 측면이 있었으나 별도의 규정이나 체계는 미비하였다. 대신 생산에 있어서 특정한 체계를 갖췄으며 수집과 활용 측면에서도 관례가 존재하는 것으로 추정되는 등 일정한 기록관리의 객체로 기능하였을 여지가 있다.

10) 국사학계에서 조보에 관한 연구들

조보는 언론학뿐 아니라 국사학의 주요 연구대상이 될 수 있다. 그러나 국사학계에서는 조보에 관한 연구가 많이 이루어지지 않았으며, 다만 한국사에 관한 연구에서 조보나 저보에 관한 것이 나오면 그것을 풀이하거나 해설해 주는 정도였다. 그러다가 근래에 와서 특히 젊은 국사학자들을 중심으로 조보를 주제로 한 논문들이 하나 둘 나오고 있다.

(1) 이광린의 "경주인연구", 조보에 관한 직접적 언급은 없어

비록 조보에 관한 직접적 언급은 없었지만, 1962년 이광린(李光麟)은 조보, 특히 저보와 밀접한 관계가 있는 경주인(京主人)에 관한 논문 즉 "경주인연구"(「인문과학」 제7집, pp. 237-267)를 발표했다. 우선 서언을 보면, "경주인은 경저리 혹은 저인(邸人)이라고 하여 이조(李朝)시대에 중앙과 지방과의 연락을 담당하였던 여각(旅閣)의 주인인데, … 과거 이 제도에 대해서는 아무도 연구함이 없는 듯하므로 여기에 간단히 고찰하여 이조 사회제도의 일면을 밝혀 볼까 한다"고 연구 목적을 밝혔다. 그런 다음, 경주인의 기원, 임무, 역가(役價)와 저채(邸債)에 관하여 구체적이고 풍부한 사료(史料)들을 들면서 설명했다.

"경주인은 경저리 혹은 저인이라고 하여 조선 시대에 중앙과 지방과의 연락을 담당했던 여각의 주인"(p. 237)이었는데, 서울 성내외(城內外)에는 전국 각 군현의 경주인 집들이 있어, 속담에도 "파리 경주인"이라는 말이 있듯이 지방의 이례(吏隷) 즉 향리(鄕吏)와 노예들이 마치 파리가 모여들 듯이 경주인 집으로 모여들었다고 한다. 명종실록 권 12 명종 6년 10월 무인조(戊寅條)를 보면, "임금이 주강(晝講)을 할 때 … 지경연사(知經筵事) 정사룡(鄭士龍)이 아뢰기를 중국 한(漢)나라 때에 군국(郡國)의 저사(邸舍)가 모두 수도에 있었는데, 우리나라 역시 이 제도를 모방하여 서울에 경저(京邸)를 설치하여 여러 읍(邑)의 향리들이 서울에 왕래할 때 모두 저(邸)에 머무르게 하니 고로 저주(邸主)된 자 또한 경저를 운영하면서 살 수가 있었고, 서울의 각사(各司)가 문서를 지방에 전달할 때에 통보하기 쉬웠다"고 기재되어 있다고 한다.

따라서 이와 같은 기록을 볼 때 우리나라 경저 제도는 분명히 중국에서 받아들였음을 알 수 있는데, 전국의 각 군현이 서울에 경저를 설치, 운영한 것은 중앙의 소식을 지방에 전하고, 지방의 손님을 접대하기 위한 것임을 알 수 있다고 한다. 그러면 경저나 경주인 제도는 우리 역사에서 언제쯤 설치되었을까? 이광린에 의하면, 고려(高麗) 중엽, 정확히 말해서, 고려 제19대 임금 명종(明宗) 8년(1178) 이전에 이미 설치되어 있었던 것 같다고 한다.

경주인은 크게 네 가지 임무를 맡았는데, 첫째는 상경하는 지방민의 접대와 보호였고, 둘째는 해당 군현 지방군의 심부름꾼 역할이었다. 셋째는 지방 군현과의 문서 연락 임무였는데, 이것에는 조보의 전달 임무도 포함되었을 것이나, 이광린은 이에 관해서는 전혀 언급이 없었다. 그리고 넷째는 자기 군현의 세공(稅貢)의 책임 납부 임무였는데, 만약 자기 지방에서 각종 상납물이 기일 내에 도착하지 않으면 경주인이 대납해야만 했다고 한다.

경주인의 신분은 향리나 천예(賤隷) 계급에 속하였는데, 처음에는 지방에서 상경하여 일정한 기간 동안 종사한 뒤 교체되었다. 그러나 조선조 후반기에 대동법(大同法)이 실시된 뒤로부터는 지방민이 올라오지 않고 서울 사람들이 나라에서 역가(役價)를 받아 경저를 경영했다고 한다. 그러자 경주인 자리가 비싼 값에 매매되어, 심지어 5천 냥에 매매되자, 경저의 기능은 완전히 마비되었고, 경저가 없는 군현들이 많이 나타나게 되었다. 게다가 지방관을 비롯하여 이례(吏隷)들이 경저에 숙박한 비용과 혹 경주인에게 빌려 쓴 금액 등의 저채(邸債)를 조속한 시일 내에 상환하지 못하면 경주인이 이자(利子)까지 붙여 요구했는데, 이것이 커다란 사회 문제로 발전했다고 한다.

(2) 이홍직의 『국사대사전』에서 조보에 대한 풀이

비록 조보에 관한 논문이나 연구서는 아니지만, 1963년 이홍직(李弘稙)이 편찬, 발간한 『국사대사전』(서울: 지문각)을 보면 기별과 조보에 관한 풀이가 나온다. 앞서 말한 것처럼 이들은 조보에 관한 논문은 아니지만 이것도 소개하기로 하겠는데, 이는 여러 분야에서 널리 인용되기 때문이다.

> **기별(奇別, 寄別):** 승정원에서 그날그날의 뉴스를 전하던 관보. 일명 난보(爛報)·조지(朝紙). 우리나라에서도 일찍부터 소식을 전하는 것으로 '기별'이라는 것이 있었는데, 고려를 거쳐 조선에 들어와서 이 제도가 더욱 발달하였다. 1392년(태조 1년) 예문관(藝文館)·춘추관(春秋館)을 설치하고 사관(史官)으로 하여금 조정의 결재사항과 견문록을 기록하여 내외 대소 관청에 돌리게 하는 조보를 발행하였고, 세조 때부터는 승정원에서 조보를 취급하였다. 이러한 관보 이외에도 일반 통문(通文)과 소식의 전달 방법은 모두 기별이라고 하였다. → 조보. [문헌] 최준, 한국신문사.
>
> **조보(朝報):** ❶ 우리나라 최초의 관보. 역대 왕조에서는 기별지가 발달되어서, [조선조] 태조(太祖) 1년(1392) 예문춘추관을 두어 사관(史官)으로 하여금 조정의 결재사항과 견문록을 기록케 하여 각 아문에 돌렸다. 세조 때부터 이 조보는 승정원에서 취급하게 되었고, 1520년(중종 15년) 때에는 상공(商工) 관계자에게도 반포하였으며, 인종 때도 이러한 기록이 보인다. 이는 승정원에서 처결된 사항을 기록, 서사(書寫)하여 발행한 것으로 그 내용은 조칙을 비롯하여 장주(章奏)와 묘당(廟堂)의 결의사항, 서임(敍任)사령, 지방관의

장계(狀啓), 그 밖에 사회의 돌발사건도 보도하였다. 이 조보 제도는 1894년(고종 31년) 11월 21일 승정원이 폐지될 때까지 계속되었다. [문헌] 조선왕조실록, 석담일기. ❷ 우리나라 최초의 민간발행신문. 1578년(선조 11년)[이는 선조 10년, 서기 1577년의 오류] 당시 민간의 유지들이 조정에서 발행한 조보를 본떠서 창간하였다. 그 규모와 내용은 조보와 별 차이가 없으나 다른 점은 이것이 인쇄되어 날마다 발간되었다는 것이다. 또 조정을 비롯한 각계각층의 독자를 획득하여 그 구독료로써 생계를 꾸려 나갔으니, 이는 후일의 민간지 발전의 밑받침이 되었다. 그러나 발행된 지 수개월이 못 되어 선조의 진노로 금지 당하게 되고, 관계 인사들은 구속 후 가혹한 신문을 받고 유배되기도 했다. 그 이유는 이것이 이웃 나라에 흘러 나가면 나라의 좋지 못한 것을 폭로케 된다는 것이었다. 이와 같은 탄압이 있은 후로 다시는 이런 형태의 신문은 나오지 못했다. → 신문 [문헌] 선조실록, 최준, 한국신문사.

신문(新聞): 우리나라 신문의 전사적(前史的) 현상으로는 조보 또는 기별보를 들 수 있다. 조보는 조선조 세조 때부터 승정원에서 취급했다. 조선왕조실록에 의하면, 1520년(중종 15년) 사관(史官)이 이를 써서 상공(商工) 관계자에게 반포하였다는 것과 기록원을 늘리자는 기록이 있으며, 인종 때에도 이러한 기록이 보인다. 이로 미루어 조선에 들어서서 조보의 발행은 그 궤도에 올랐음을 알 수 있다. 이는 승정원에서 처결된 사항을 기록, 서사(書寫)하여 발행한 것으로 그 내용은 조칙을 비롯하여 장주, 묘당의 결의사항, 서임사령, 그리고 지방관의 장계 등이었다. 기록 서사는 기별서리가 주로 맡아 보았고, 그 배달은 육조판서의 필요에 따라 기별군사가 하루에 몇 번이고 돌렸다. 또 이것을 서울에 주재하는 경주인들도 서사하여 각각 자기 고을에 기별하였다. 민간 최초의 조보는 1578년(선조 11년)[이는 선조 10년, 1577년의 오류]에 비롯되었다. 조정의 것과 다른 점은 인행으로 날마다 발행했는데, 이는 민간신문의 초기 형태라 보여진다.

(3) 『한국민족문화대백과사전』에서 저보와 기별에 관한 기술

조보와 저보 등에 관한 국사학자들의 기술은 1991년 한국정신문화연구원(현 한국학중앙연구원)에서 편찬한 『한국민족문화대백과사전』에서도 찾아볼 수 있는데, 이 대백과사전에서 조보에 관한 항목은 앞서 말했듯이 언론학자 차배근이 기술했다. 그러나 저보와 기별에 관한 항목은 국사학자 최승희와 이영춘(李迎春)이 각각 집필했는데, 이들을 소개해 보면 아래와 같다.

> **[저보]** 경저(京邸)에서 본군(本郡)에 보고, 통지하는 문서. 서울에는 중앙과 지방의 연락기관으로서 전국 각 군현의 저사(邸舍)가 설치되어 있었는데, 이를 경저라고 하였다. 이 경저를 맡아 운영하는 사람을 경저리·저리·경주인 등으로 불렀다. 이 제도는 고려 중엽부터 조선 말기까지 계속되었다. 원래 경저의 역(役)은 지방에서 향리를 상경시켜 일정한 기간 동안 종사케 한 뒤 교체하였던 것인데, 대동법 실시 이후에는 지방에서 상경하지 않고 서울 사람들이 역가(役價)를 받아 경영하였다. 경저의 임무는 신임수령에 대한 금전의 대여 및 봉사, 상경하는 지방민 및 이례(吏隸) 등에 대한 숙식 등 편의 제공, 중앙과 지방의 문서 연락, 지방세공(地方稅貢)의 대납 등이었다. 경저리는 이러한 일을 한 뒤에 그에 대한 대가를 수령·지방민·이례 등에게 그 몇 배를 청구하여 이익을 취할 수 있었으므로 조선 후기 경저리의 역은 이권화되었고, 경저리의 자리는 비싼 값으로 매매되었다. 저보는 경저리가 위와 같은 일을 처리하면서 본군에 보고, 통지하는 문서이다. 신임수령의 부임 날짜를 본군에 알리는 일도 경저에서 저보로 하였다. 현재 전해지는 저보의 원본은 찾아보기 어렵다. 〈참고문헌〉 경주인연구(이광린, 인문과학 7집, 1962), 한국고문서연구(최승희, 한국지식산업사, 1989). 〈崔承熙〉
>
> **[기별]** 고려 및 조선시대에 중앙정부에서 서울의 각 관아 및 지방 관아에 발부하는 일체의 통신문. 조보·저보·통문 등이 있었으나, 보통은 조보를 지칭하였다. 조보를 필사하는 서리를 '기별서리'라 하고, 그것을 전달하는 군사를 '기별군사'라 하였다. 조보는 조지·난보(爛報)라고도 하였는데, 승정원에서 매일 재가된 법령이나 교명, 기타 공지사항들을 수록하여 내외·대소의 각 관아에 통지하는 일종의 관보였다. 이는 고려시대부터 행해졌으나 조선시대에 더욱 발달하여 보편화되었다. 조선 초기에는 예문춘추관에서 작성하여 배부하였으나, 세조 때부터 승정원에서 담당하게 되었다. 지방에 보내는 조보는 대개 5일치를 묶어 한 봉투에 넣어 발송하였다. 그리고 저보는 경저리들이 자신들의 고을 관아에 보내는 통지문으로 신관(新

官)의 부임 소식 등을 알렸다. 〈참고문헌〉 승정원일기, 한국신문사(최준, 일조각, 1960), 한국고문서연구(최승희, 한국정신문화연구원, 1981). 〈李迎春〉

(4) 조보의 발행과 그 성격에 관한 김경수의 연구

근래에는 국사학계에서도 특히 젊은 국사학자들을 중심으로 조보를 주제로 한 논문들이 나오기 시작했다. 그중 하나로는 1999년에 발표한 김경수의 "조보의 발행과 그 성격"(「사학연구」 제58·59집, 1999, pp. 723-755)을 들 수 있다. 우선 이 논문의 머리말을 보면, "조보에는 국왕의 동정, 인사 내용, 관리의 상주(上奏)·정사(呈辭)·숙배(肅拜) 및 패초(牌招), 국왕의 처결사항[批答] 등 조정의 동정은 물론 지방 관리가 보고한 장계(狀啓)에 이르기까지 다양한 내용이 게재되어 있다. 따라서 이러한 조보를 통하여 당시 정치 운영의 실질적인 모습과 당대 역사 사실의 이해, 그리고 정보 전달이라는 언론 기능까지 살필 수 있다. … 그럼에도 불구하고 [이러한 조보를] 역사학적 입장에서 분석한 논문은 거의 없는 실정이다. … 이에 본고에서는 조보의 기원과 형태, 현존하는 조보의 사례 분석을 통하여 그 실체와 성격을 살펴보고, 앞으로의 구체적 연구를 위한 단서를 제공하고자 한다"고 연구의 동기와 목적 및 내용 등을 밝혀 놓았다.

그런 다음, 본론으로 들어가서 "II. 조보의 기원과 형태"에서는 ① 조보의 기원, ② 발행기관, ③ 조보의 형태 등 세 가지 항목에 관하여 각종 문헌을 통하여 고찰하였다. 그리고 "III. 조보의 사례 분석"에서는 일부 도서관에 남아 있는 조보의 초록 또는 집록(集錄: 爛選·爛抄 등)에 실려 있는 조보들과 현존하는 조보들의 분석을 통하여 조보의 주요 내용 등을 고찰하였다.

이러한 고찰들의 결과를 바탕으로 "IV. 맺음말"에서는 주로 조보의 성격에 관하여 기술하면서, 모두 다섯 가지를 들었다. 첫째 조보는 유교 지배 이데올로기의 구축, 즉 의리와 명분을 중시하는 지적 사조의 실천적 성격을 지녔다. 둘째 조보는 군주의 정령과 조정의 행사, 인사 내용 등을 싣고 있다는 점에서 당대 역사 사실을 밝힐 수 있는 역사 자료적 성격이 크다. 셋째 조보는 중앙집권체제의 강화 과정에서 요구되는 지배층의 의식에서 나타났다. 넷째 조보는 사초(史草)와 유사한 성격을 지니고 있다. 끝으로 조보는 현실 정치에 민감한 경외(京外)의 관료나 예비 관료군, 그리고 유배되었거나 잠시 현직에서 물러난 인사들, 일반 사족층 및 재야의 양반과 유생들에게 조정의 상황을 전해 주는 중요한 정보 매체로서의 기능을 수행하였다.

(5) 인조 대(仁祖代)의 조보와 공론정치에 관한 김경래의 연구

2004년에는 김경래가 "인조 대(仁祖代) 조보와 공론정치"라는 논문(서울대학교 대학원 문학석사학위논문)을 발표했는데, 이 논문은 2007년 같은 제목으로 「한국사론」 제53집에도 요약, 게재되었다. 그러나 여기서는 석사논문 앞에 실은 국문 초록만 간략하게 소개한다.

> 조보에 관한 기존의 연구가 주로 조보 제도의 운영에 관한 '사실적 규명'에 치중한 반면, 본고는 조보의 성격은 무엇이며, 당대의 정치·사회에서 어떤 역할을 하였는가를 밝히고자 하였다. 그리고 그 구체적 시기는 『승정원일기』를 통해 간접적이나마 조보의 내용 추출이 가능한 인조 대(仁祖代)로 설정하였다.
>
> 조보는 기본적으로 정책 결정의 과정과 내용을 여러 정치 주체들에게 공개하고 전달하기 위한 매체로, 이상적으로는 조정(朝政)의 모든 내용을 숨김없이 싣는 것이 원칙이었다. 그리하여 조보는 천문, 기상 현상뿐만 아니라 왕의 동정(動靜) 및 전교(傳敎), 그리고 각종 관부(官府)의 보고와 논계(論啓), 상소 등이 세세하게 모두 수록되었다. 또 인사(人事) 관련 사항도 주요 기재사항이었다. 단, 군기(軍機)는 비공개가 원칙이었으며, 인조 대의 경우, 경연 및 면대(面對)에서 구두로 오간 이야기들도 엄격히 수록을 금지하였다.
>
> 이러한 성격의 조보가 운영된 바탕에는 '조정(朝政)의 득실'을 모두 공개함으로써 왕의 독단과 '자용'(自用)을 방지하고, 여럿이 함께 의논하여 정치를 올바른 방향으로 이끈다는 공론정치의 이념이 자리하고 있었다. 그러나 다수의 공론보다는 신료들의 공론에 더 비중을 두었다. 그리하여 조보는 원칙적으로 관청과 관료들에게만 제공되었으나, 예비 관료군으로서 조정(朝政)에 관심이 많았던 일반 사류(士類)들 역시 여러 방법을 통해 조보를 취득하는 것이 가능하였다. 그리하여 늦어도 선조 때부터는 재야 사람들이 조보를 취득하여 서로 조정에 대해 비평하는 현상이 매우 일반적이었음이 확인되었다.
>
> 선조(宣祖) 대 후반에 정립된 공론정치는 광해군 대에 잠시 위축되기도 했으나, 인조 대에 들어와서 다시 활발하게 전개되었다. 그리하여 조정의 모든 사항들을 공개적으로 논계하여 조보에 실리게 하였고, 이를 통해 재야의 사림층에도 조정의 논의를 알림으로써 공론을 형성하기도 하였다. 그러나 인조 대의 이러한 공론정치기 조보의 특성은 그 뒤 탕평정치기, 세도정치기 등 다

른 시기와의 비교를 통해 좀 더 선명하게 드러날 수 있을 것이다. 또한 앞으로 임금별 연구의 축적도 필요하다. 그리하여 이들 연구가 모두 이루어졌을 때 비로소 조보의 실체가 제대로 규명될 수 있을 것이다.

11) 한문학계에서 조보의 유통에 관한 유영옥의 연구

한문학계의 관심인지, 아니면 연구자 개인의 관심인지는 알 수 없으나, 2011년에는 한문학자도 조보에 관한 연구논문을 발표했다. 그것은 바로 동양한문학회 학술지 「동양한문학연구」 제33집의 237-266쪽에 게재된 유영옥의 "『이재난고』(頤齋亂藁)를 통해 본 조보의 유통과 함의"라는 논문이었다. 그 첫머리에 기재되어 있는 국문 초록을 보면, 아래와 같이 연구의 동기, 목적, 내용 등을 밝혀 놓았다.

> 승정원에서 매일 발행하는 조선의 조보는 청국과는 달리, 등재된 정보가 풍부하고 믿을 만하여, 경향 각지의 사대부들이 항상 선호하고 의존하는 관찬(官撰)의 공식 정보지이다. 조보에는 조칙(詔勅)·비답(批答)·윤음(綸音)·상주(上奏)·장계(狀啓)·인사(人事)·정사(呈辭)·숙배(肅拜)·패초(牌招) 등의 정보가 망라되어 있어, 사대부들은 일상의 여러 측면에서 조보를 다양하게 접하고 활용하였다. 그러나 기존의 조보 연구는 신문학이나 정치사 위주로만 이루어져, 조보가 정치적 서사(敍事)일 뿐만 아니라 사대부 일상생활의 문화적 기표가 됨을 밝히지 못했다. 따라서 본고는 18세기 호남 사족(士族) 황윤석(黃胤錫)의 자필일기『이제난고』를 통해, 정치적 속성 이면에서 공명하는 조보의 숨은 매력을 ① 공론정치의 대본(臺本), ② 일종의 구직(求職) 정보지, ③ 고향 소식을 전하는 안서(雁書), ④ 지인(知人)과의 사적(私的) 네트워크, ⑤ 관계를 가늠하는 척도, ⑥ 은혜롭고 부담 없는 선물 등의 측면에서 포착해 보고자 한다.

이렇게 말한 다음, "I. 머리말"에서 "지금까지 조보에 대한 연구는 신문학 차원에서 그 기원과 생성 및 유통 과정을 통시대적으로 밝히거나, 공론의 형성과 확대 등의 정치 현상 내지 사초적(史草的) 성격에만 초점을 맞춰 고찰해 왔다. 이에 본고에서는『이재난고』를 토대로 조보 연구의 외연을 넓혀, 생활사 내지 문화사의 측면에서 사대부와 조보의 접속을 살펴보겠다"(p. 239)고 연구 동기와 목적을 밝혔다. 그리고 본론에서는 "II. 조보의 발행과 가치", "III. 관료(官僚)로서의 황윤석과 조보의 접속", "IV. 사족(士族)으로서의 황윤석의 조보 활용" 방법과 양태 등에 관하여 고찰하였다.

그리고 나서 "V. 맺음말"에서 말하기를, "이제 황윤석의 조보 읽기를 미루어서 조선 후기 사족사회에 유통된 조보의 함의를 살펴보면, 조보는 우선 공론정치의 대본(臺本)이 될 뿐만 아니라, 과거(科擧) 급제와 출사(出仕)에 매진하는 이들에게 구직(求職) 정보지가 되고, 향유(鄕儒)에게는 고향 소식을 전하는 안서(雁書)가 되었다. 조보를 통해 지인(知人)의 급제, 출사, 임면, 사망 기타의 동정을 알고 그로 인해 기쁨과 슬픔을 표시하고 전달하는 측면에서는, 사대부 개인과 개인 사이의 지극히 사적(私的)인 네트워크를 형성시키는 연결고리라고도 볼 수 있다. 또 상호간에 조보 열람을 요청하는 관계에서 피아(彼我)의 친분 정도를 잴 수 있고, 친지(親知)·지우(知友) 간에 주고받는 유익하면서 결코 부담스럽지 않는 선물의 모습을 띄기도 했다"고 끝맺었다.

12) 북한에서 조보에 관한 연구와 기술

지금까지 위에서는 광복 이후 한국(남한)에서 조보에 관한 주요 연구들의 실태를 살펴보았다. 그러나 그간에 북한에서도 조보에 관한 연구들이 이루어졌을 것이라고 생각해 이들에 관해서도 조사해 보았다. 하지만 북한 자료들에 대한 접근이 쉽지 않아서 겨우 세 건만 찾아볼 수 있었다. 따라서 여기서는 이들 세 가지 연구 문헌들의 내용만 간단히 소개해 보기로 하겠다.

(1) "조선 신문의 원형으로서의 기별지에 관하여"라는 논문 요지

첫 번째 자료는 1958년 조선과학원출판사에서 발간한 「력사논문집」 제2집의 219-270쪽에 실려 있는 "조선 신문의 원형으로서의 기별지에 관하여"라는 논문인데, 필자의 이름은 나와 있지 않고, '김일성종합대학 신문학강좌'라고만 적혀 있다.[31] 우선

31 이 논문은 저자가 1980년 하와이대학교 대학원생도서관에서 찾았는데, 논문의 각 홀수쪽[面]

논문의 목차를 보면, 머리말, I. 기별지의 기원 및 그의 존속 기간, II. 기별지의 내용과 성격, III. 기별지의 발행을 위한 사업 조직과 독자, 기별지의 형태, 맺는말로 구성되어 있다. 이들 각 항목의 내용을 간단히 간추려 보면 다음과 같다.

먼저 "머리말"을 보면, 기별지[32] 즉 조보에 관한 연구는 "오늘 우리의 혁명 과정이 과거의 우리 문화재에 대한 맑스-레닌주의적 검토를 요한다는 일반적 요구에서뿐만 아니라 다음과 같은 사실들이 그에 대한 우리의 관심을 더욱 높인다는 데서도 기인된다"(p. 219). "그것은 첫째로 조선 신문의 원형으로서의 기별지가 봉건정부의 공보로서 다만 통치상 필요한 뉴스의 전달자로서 뿐만 아니라, 동시에 봉건제도의 유지 강화를 위한 사상적 무기로 복무함으로써 계급 투쟁의 무기로서의 자기 본성을 명확히 보여 주고 있다는 사실이며, 둘째로는 19세기 말 우리나라에서의 신문 발생이 비교적 외국의 영향을 많이 받았다는 사실로부터 그 이전에 우리나라에는 신문의 흔적도, 싹도 없었으며 따라서 우리나라의 근대신문은 그 이전에 우리나라의 신문 형태와는 아무런 관계도 없는 듯이 생각하는 경향들이 아직도 존재한다는 사실이다"라는 점을 들어 조보에 관한 연구 필요성을 설명했다.

그런 다음, "본 논문은 다음과 같은 문제를 포함하는 것을 부언한다"면서 세 가지 연구문제를 열거했다. 그 연구문제는 "첫째로 기별지는 어떤 계급에 의하여 어떤 사회적 근거로 언제부터 발행되었으며, 언제까지 존속하였는가?"(제I절), "둘째로 기별지는 어떤 내용을 가지고 무슨 목적으로 발행되었으며, 어떤 계급에 복무하였

상단 윤곽선 위를 보면, 세 글자를 먹물 같은 것으로 새까맣게 지워 놓았다. 이는 본래 필자 이름을 인쇄해 넣었다가 지운 것 같다. 그리고 논문 제목 아래, '김일성종합대학 신문학강좌'라는 것을 별도로 인쇄해서 풀로 붙여 놓은 것 같은데, 이렇게 붙인 흔적이 선명하게 보이기 때문이다. 따라서 이 논문의 필자가 누구인지는 알 수 없으나, 논문 내용으로 미루어 볼 때 역사에 해박한 인물인 것 같은데, 정진석에 의하면, 월북 언론인 이갑섭일 것이라고 한다(정진석, "월북 언론인 이갑섭의 '조보' 연구: 경성제대 졸업한 엘리트, 왜 북한은 이름을 지웠을까?" 「신동아」, 2009년 12월호).

32 필자는 서두에서 말하기를, "기별지는 그 명칭이 기별지 이외에도 단순히 기별, 또는 조보, 조지(朝紙), 저보, 저지(邸紙), 저장(邸狀), 난보(爛報), 한경보(漢京報) 등, 여러 가지로 불리었던 바, 이들 아홉 개의 명칭들 중 조지, 기별, 저지, 저장은 각각 조보, 기별지, 저보로부터 파생된 것이므로 결국 다섯 개의 명칭이 그의 기본적인 것으로 되나, 이들 중 가장 보편적인 것은 고유 조선어인 기별지 혹은 기별이며, 다음은 한문식 표현들인 조보와 저보이고, 조지, 저지, 저장, 난보, 한경보 등은 드물게 쓰였으므로 이 논문에서는 고유 조선어인 '기별지'라고 부르겠다"고 밝혀 놓았다.

는가?"(제II절), "셋째로 뉴스의 수집으로부터 기별지의 발행 및 배포에 이르기까지 기별지의 발행 사업이 어떤 기관에 의하여 어떻게 조직, 진행되었으며, 또 어떤 계층을 독자로 했는가?"(제III절)였다. 논문에서는 이들 연구문제 각각에 대하여 비교적 상세하게 고찰했으나, 여기서는 각 연구문제에 대한 결론 부분만 간단히 소개하기로 하겠다.

첫째로 연구문제 I. 기별지의 기원 및 그의 존속 기간에 관한 고찰에서 우선 기원에 관한 것부터 보면, 필자는 주장하기를 "세계에서 가장 오랜 신문의 원형은 기원전 1세기에 로마에서 발생한 〈악타 세나투스〉와 〈악타 디우르나 포플리 로마니〉인 바, 이것들은 제1집정관으로 등장한 쥬리어쓰 씨저가 군사독재로서 노예착취제도를 강화하고 자기의 통치권을 공고화하던 시기에 씨저 자신의 지시에 의하여 발행되었으며, 이보다 늦었으나 신문 형태에 보다 더 접근한 중국의 저보도 역시 봉건정치 제도를 일층 더 중앙집권화하던 시기에 바로 봉건정권기관들에 의하여 발행되었다. 신문 발행에서 이와 같은 역사적 정형은 우리나라 신문사에 있어서도 그대로 적용된다"면서 우리나라에서도 조선조 봉건정부가 통치상 보조적 수단으로서 기별지를 창시하게 되었는데, 이러한 기별지는 16세기에 창시하여 17-18세기를 거쳐 19세기까지 계속 발행된 것이 확실하다고 결론지었다.

둘째로 연구문제 II, 즉 기별지의 내용과 성격에 관한 기술 내용을 보면, 비록 기별지는 관보로서 주로 정부의 결정, 지시사항들을 전달하기도 했지만, 이에 그친 것이 아니라 "리조 봉건지배층의 사상적 독소로서 반동적인 유교 사상의 관점, 그의 윤리관과 사회관, 비과학적이며 숙명론적인 세계관을 선전하는 사상적 무기의 역할도 놀았던 것이다"(p. 234)라고 기술했다. 그렇다고 해서 기별지가 현실적인 문제와 유리된 것이 아니라, 도리어 봉건 통치에서 제기되는 여러 가지 현실적 문제에 관한 내용의 보도도 중시했는데, 기별지는 봉건정부의 사상적 무기로서의 측면과 봉건 통치의 실제적이며 현실적인 강력한 보조 수단으로서의 성격을 동시에 갖고 있었기 때문에, 이들 두 가지 성격적 측면은 그 내용에서도 유기적으로 통일되어 있었기 때문이라고 했다.

셋째로 연구문제 III, 즉 기별지의 발행을 위한 사업 조직과 독자, 기별지의 형태에 관한 고찰 내용을 보면, "기별지는 봉건지배층에 복무했기 때문에 그것이 봉건지배층에 의해 발행된 것은 당연하다"(p. 253)는 것이다. 그러므로 봉건 관청의 일정한 부서, 즉 승정원이 다른 여러 부서가 제공하는 자료에 의거하면서 승정원의 관원 곧 서리(書吏)들에 의하여, 그리고 인쇄 대신 서사(書寫)에 의하여 그 부대사업으로 발행되었다고 한다. 그리고 "기별지의 독자는 계급적으로 볼 때 봉건지배층이며, 구체적으로 봉건지배층 중 사대부로 통칭되는 양반, 고위관료층이 그 기본 구성원으로 되어 있었다"(p. 261)고 서술했다.

끝으로 "맺는말"에서는 "이상 여러 절에 걸쳐 고찰한 바와 같이 신문의 원형으로의 기별지는 상업적인 신문사나 신문기자에 의해서가 아니라, 관청의 한 부서로부터 그의 부대사업으로, 편성에 대한 아무런 고려도 없이 그리고 수공업적 방식으로 발행되었다. 그러나 기별지는 농업 생산의 담당자인 농민을 일방으로 하고, 국왕을 선두로 한 관료, 토호, 지주 등 착취 계급을 다른 일반으로 하는 봉건사회 경제 체제에 있어 지주들이 농민에 대한 착취를 보장하는 통치의 유력한 실무적 및 사상적 보조 수단으로서 근 5세기에 걸치는 장구한 기간에 중단됨이 없이, 그리고 다른 계급에게 이와 같은 수단을 허여함이 없이 유일한 신문적 형태로서 존속해 온 강인성을 보여 주고 있다"(p. 268)고 끝맺었다. 이처럼 이 논문은 기별지에 관한 것을 오직 맑스-레닌주의 입장에서 고찰하여 기술했다.

(2) 리용필 저 『조선신문100년사』에서 조보에 관한 기술

조보에 관한 북한의 두 번째 문헌자료는 리용필 저, 『조선신문100년사』(평양: 김일성종합대학출판사, 1985)에 나오는 조보에 관한 논급이다. 제1장 "우리나라에서의 근대신문의 출현"에서 제1절 "근대신문 이전의 옛 신문"을 보면, "봉건사회에서 정치적 지배권을 독점한 봉건통치자들도 자기들의 통치 질서를 유지 강화하는 데 도움을 줄 선전 통보 수단들을 필요로 하였다"(p. 8). 그러나 "그들이 발간한 간행물은 대중적 보도선전이 아니라 철저하게 봉건통치층 내부에 국한된 내부 통보물이었으며, 제한된 부수를 가진 필사 선전물이었다. 이러한 내부 통보물이 정기성을 띨 때 그것은 신문적 요소를 가진 신문 유사물로서 신문 선사(先史)를 이루게 된다. 우리나라 중세 봉건사회에서 간행한 조보가 바로 그러한 신문의 맹아적 요소를 가진 근대신문의 선행물(先行物)로서, … 우리나라 근대신문의 발생에 일정한 영향을 주었다"(p. 9)라고 기술했다.

이러한 조보는 일명 기별지 또는 저보 등으로 불리었는데, "그 최초의 기원에 대해서는 아직 정설이 없다. 그러나 15세기 초에 예문춘추관에서 사관(史官)으로 하여금 조정의 결재사항들과 견문록을 옮겨 적어 중앙과 지방의 여러 관청에 돌리게 하였고, 그 얼마 후부터는 국왕의 결재사항과 관공문서를 전문적으로 다루는 기관인 승정원에서 조보를 발행했다는 사실은 이미 확실한 것으로 되어 있다. … [그 뒤] 1894년 11월 승정원이 폐지될 때까지 근 509년 동안 조보의 발행 사업이 존속된 것만은 움직일 수 없는 역사적 사실이다"(p. 9)라고 주장했다. 이후 "그러면 이러한 조보를 신문적 요소를 가진 신문 유사물로 볼 근거는 무엇인가?"라고 문제를 제기한 다음, 그 근거로서 크게 두 가지를 들었다.

첫째로 "조보의 신문적 요소는 우선 그 자료 내용에서 찾아볼 수 있다."면서, "조보는 봉건통치 질서를 세울 목적 밑에 국왕의 명령, 지시들과 매일매일의 결재사항들을 주요 내용으로 하였다. … 또한 중앙의 각 부와 지방장관들로부터 보내온 장계(보고), 신하들이 임금에게 통치상 의견을 제기하는 상소문, 충신열녀의 표창 등의 자료들이 많이 실렸다. … 또한 지방의 농사 형편과 기상관계 자료, 외교, 군사관계 자료들도 실렸다. 그리고 큰물 피해, 화재, 폭우 등에 의한 자연재해들, 이상야릇하고 신비한 제반 현상들에 대한 자료들도 실렸는데, 이 모든 것은 결국 조보가 보도적이며, 선전적인 기능을 수행하였다는 것을 보여 주는 것"(p. 10)이기 때문이라는 것이다.

둘째로 "조보의 신문적 요소는 그 발간 방식에서도 찾아볼 수 있다"면서, 조보는 신문사와 같은 언론기관에서가 아니라, 봉건정부의 한 부서인 승정원에서 직접 발행했다고 설명했다. "봉건관리들에게 그때그때에 알릴 필요가 있는 자료들을, 관공문서들 가운데서 선택, 발췌하여 매일 붓으로 써서 '조보소'에 게시하면 중앙 각 관서와 한성부 및 저(서울에 있는 지방장관들의 연락소와 같은 곳)에서 기별서리들이 모여와 그대로 종이에 옮겨 베껴서 해당한 관리들에게 전달하였다. 조보소에 게시할 때의 규격은 조선 한지 규격 높이 그대로인 35센티미터 정도였고, 길이는 그날의 자료의 양에 따라 조금씩 달랐다. 글의 제목은 따로 달지 않고 매호 머리에 날짜를 달고 매개 기재사항에는 자료 출처만 밝혔으며, 글씨는 순한문(이두문자를 일부 섞어 씀) 초서체였다. 조보의 독자는 중앙의 정승, 육판서로부터 지방의 관찰사, 군수에 이르는 관리들이었다. 조보는 이와 같이 오늘날의 신문과는 먼 거리에 있었으나, 그 내용과 발간 방식에서 신문적 요소를 어느 정도로나마 체현하고 있었다. 즉 조보가 보도와 선전을 목적으로 하는 기재사항들을 내용으로 하여 거의 매일 정기적으로 발간, 보급되었다는 사실 자체가 그것을 말해 준다"(p. 10)고 했다. 그러므로 조보는 신문적 요소를 가진 신문 유사물로 볼 수 있다고 결론지었다.

하지만 조보는 “일반 대중을 대상으로 하여 광범한 사회적 여론을 선도하는 근대적 의미에서의 신문과는 달리, 협소한 봉건통치층 내부에 국한하여 발간, 보급되었고, 그 형식에서도 문서 전사의 범위를 벗어나지 못하고 취재, 집필과 같은 기자 활동 방식을 도입하지도 못했다”면서, 그 주요 이유를 “봉건적 군주전제 제도 밑에서는 사실상 조보와 같은 내부 통보물 이상의 대중적 정기간행물을 만들어 낼 수 없었기 때문”(p. 11)이라고 설명했다. 이런 사실은 1577년 가을에 있었던 이른바 민간인들에 의한 ‘인행조보사건’이 잘 말해 준다면서, 조선조 선조 10년(1577)에 서울의 직업 없는 사람들이 조보를 인쇄하여 팔다가 선조의 진노를 사서 불과 수개월이 못 가서 금지되고, 그에 관계된 사람 30명이 정배를 당한 사건을 설명해 놓았다.

(3) 리철화 집필 『조선출판문화사』에서 조보에 관한 논급

조보에 관한 북한의 세 번째 문헌자료는 『조선출판문화사: 고대~중세』인데, 이 책의 표지에는 저자나 편자의 이름은 나와 있지 않고, 다만 책 이름[書名] 아래 ‘조선·평양’이라고만 밝혀 놓았다. 그러나 책 맨 뒤쪽의 판권장을 찾아보면, “집필 리철화, 편집 림영규, 장정 김기보, 교정 김영옥”이라고 기재해 놓았으며, “낸 곳: 사회과학출판사, 인쇄소: 평양종합인쇄공장, 인쇄: 1995년 1월 10일, 발행: 1995년 1월 20일”이라고 밝혀 놓았다. 바로 이러한 책의 “제4편 리조시기 출판 문화”의 “제3장 조보와 닉명서를 비롯한 각종 형태의 선전문”에서 “제1절 조보의 기원과 발행 조직, 내용과 성격”을 보면, ① 조보의 기원, ② 조보의 발행 조직과 내용 및 성격, ③ 조보의 형태, ④ 조보의 배포 방법, ⑤ 조보의 긍정적 및 부정적 작용에 관하여 393쪽부터 400쪽까지 모두 7쪽에 걸쳐 간략하게 소개해 놓았다.

① **조보의 기원:** 첫째로 “조보의 기원”이라는 항목을 보면, “우리나라에서 근대신문의 원형으로서 조보와 같은 보도물이 오랜 옛날부터 존재하여 왔다(조보의 명칭은 조보, 기별지, 소식, 저보, 란보, 한경보 등 여러 가지로 불리웠으나 편의상 ‘조보’로 통일한다)”(p. 393)면서, “조보가 우리나라에서 어느 시기부터 있게 되었는가 하는 문제는 여러 가지 설이 있기는 하지만 고려의 충렬왕 시기(13세기)부터라고 본다”고 밝혀 놓았다. 그러면서 그 근거로 “『고려사』(高麗史)에 의하면 ‘처음 선전소식을 만들었다’라고 했고, 『고려사절요』(高麗史節要)에는 더 구체적으로 다음과 같은 기사가 나오는데, 이들 기사에서 ‘소식’은 ‘기별’이라는 말과 같은 의미이기 때문”이라는 점을 들었다.

> 처음 선전소식을 만들었다. 옛 제도에는 모든 명령과 요구하는 것을 꼭 지시로 내려보냈는데 임금(충렬왕)이 왕위에 오른 이후부터 지시가 너무 잦고 번거로운 바람에 고을들이 그 지시를 맞이하기에 힘겨워서 지쳤다. [이에] 이성분이 건의하기를 "소소한 일을 일일이 지시로 내려보내서 번거롭게 할 필요가 없으니 청컨대 승성(승지)를 시켜서 임금의 지시를 종이에 써서 하나의 서사물로 만들고 그 종이 끝에 서명을 한 다음 여러 도에 내려보내도록 할 것입니다"라고 하였다. 안찰사와 고을원들이 그것을 '소식'이라고 하였는데 이로부터 '소식'이 너무 많아져서 고을들이 괴롭게 여기었다(리철화, 1995, p. 393에서 재인용).

이러한 '소식' 즉 기별[지]은 "14세기 말에 와서 이조(李朝)의 성립과 관련하여 1392년에 예문춘추관에서 봉건정부의 명령, 지시, 정령들을 서울과 지방의 각급 관청에 통보하였는데 이것은 그 이전 시기부터 내려오던 '선전소식'보다 발전된 이조 시기에 있어서 조보의 시초라고 볼 수 있다"(『백과사전』 4권, 과학백과사전출판사, 1976, pp. 638-639)면서, "조보에 대한 기사가 이조 시기의 기록으로서 가장 일찍 보이는 것은 1432년(세종 14년) 7월 20일 황희의 편지에서 '지금 남쪽에서 돌아와 막 안부를 물으려고 하던 차에 마침 저보 가운데서 춘부고을원으로 임명되었다는 것을 알게 되었습니다'(『조선사료집』 속 제2집, 제5호)라고 한 것이다. 이 자료를 통하여 이 시기에는 조보가 있었을 뿐만 아니라 관리들에 대한 일상적인 보도 수단으로 이용되고 있었다는 것도 짐작할 수 있다. 이렇게 사용되기 시작한 조보는 이조 말기 1884년[1883년의 착오] 한성순보가 나올 때까지 근대신문의 원형으로서 오랜 기간 존속되었다"고 서술하였다.

② **조보의 발행 조직과 내용 및 성격:** 둘째로 "조보의 발행 조직과 내용 및 성격"이라는 항목을 보면, "조보의 발행은 이조 봉건시기 초기에는 예문춘추관에서 담당, 수행하였고, 16세기에는 승정원에서 그 사업을 주관하였다"(p. 395). 조보는 "편집으로부터 발행, 배포 과정은 지극히 간단하였다. 승정원에서 각 관청으로부터 제공받은 자료와 승정원 자체가 발표할 필요를 느끼는 자료들을 먼저 취사선택하여 조보소에 넘기면 중앙 각급 관청들과 한성부 및 기타 기관들에서 파견한 기별서리들이 필사해 갔다"(pp. 395-396). 그리고 "이렇게 필사한 것은 사실 원고가 아니라 그 자체가 곧 보도물이며 인쇄하지 않고 필사로 끝나는 만큼 이로써

조보의 편집과 제작 과정은 끝났다. 이것은 인쇄하는 것이 아니고(선조 때 잠깐 인쇄한 일이 있었다) 필사해 가는 것인 만큼 그 필사한 글씨는 속기체 초서로 썼기 때문에 알아보기 힘들 정도이다. 특히 글씨는 필사해 가는 기별서리가 다른 만큼 글씨체가 필사하는 서리의 필법에 따라 각이(各異)하였다"(p. 396)고 한다. 또한 "조보의 내용을 보면, 봉건정부의 관보로서 무엇보다도 먼저 국왕의 명령 지시와 국가의 중요 결정 및 관리 임명에 대한 기사들을 먼저 실었으며 다음으로 나라 안에서 생긴 기이한 소식과 이상한 일들, 천재, 사변, 외국과 관련된 소식, 전란과 관계된 기사들이었다"(p. 398)라고 설명하고 있다.

③ **조보의 형태:** 셋째로 "조보의 형태를 보면, 매일, 매 장의 크기가 동일하지 않으나 대체로 그 크기는 35센티미터 정도의 조선 종이 한 장에 해당하며 그보다 훨씬 작은 것도 있었다. 기사의 배열은 내용의 경중과 사건 처리 순서에 따라 배열되어 있다. 처음에 발행하는 날짜를 쓰고 그 다음 기사에는 따로 제목을 붙이지 않았으며 기사 문장은 한문에다 이두와 이두식 용어와 문체를 혼용하였다. 그래서 하나의 독특한 조선식 한문 문체를 이루고 있으며 대체로 표현이 간략화되어 있다"(p. 396).

④ **조보의 배포 방법:** 넷째로 "조보의 배포 방법을 보면, 수도(首都) 안에서는 기별서리 자신이 직접 가지고 배포하는 경우와 각 관청에 배치되어 있는 기별군사가 배포하는 경우가 있었다. 그리고 도(道), 군(郡)급에는 서울연락소인 경주인과 도급의 서울연락소인 계수주인이 각기 자기가 위임받고 있는 도 혹은 군에 발송하였다. 이 발송에는 우역체계를 이용하기도 하였다. 이렇게 발송하는 경우에는 매개 독자에게 각각 한 부씩 보내는 것이 아니라 회람 형태로 되어 있었으며, 비밀을 보장하기 위하여 밀봉해 보내는 것이 통례로 되어 있었다. 따라서 배포 대상 즉 독자층은 높은 관리들이거나 퇴직한 양반들에게 한하였고 일반에게는 배포하지 않았다"(p. 397).

"그런데 조보의 발행 역사에서 하나의 특이한 사실로 지적해야 할 것은 16세기 중엽에 와서 활자로 인쇄한 사실이다. 율곡 이이의 『경연일기』 1578년 2월조에 의하면 서울에서 무직업자들이 조보를 인쇄하여 돈벌이를 하려고 하다가 당시 국왕인 선조에게 발각되어 탄압을 받아 발행이 중지되고 발행하던 사람들은 귀양 간 사실을 기록하고 있다(율곡전서 권 30). 우리는 이것을 통하여 당시 국왕을 비롯한 봉건통치자들이 인민들의 언론 출판에 대한 통제가 얼마나 가혹하였으며,

자기들의 계급적 이해관계에 조금이라도 저촉되는 경우에는 무자비한 탄압을 가하였다는 것을 알 수 있다"(p. 397)고 한다.

⑤ **조보의 긍정적 및 부정적 작용:** 마지막으로, "조보는 그 기원부터 봉건통치의 강화를 위하여 만들어 낸 것이지만 출판보도물의 발전 역사에서 긍정적인 측면과 부정적인 측면이 있었는데, 긍정적 작용을 한 것은 첫째로 근대신문의 원형으로서 조보가 세계신문역사에서 그 연대가 가장 오랜 것의 하나라는 점이고, 둘째로 들어야 할 것은 이 조보가 당시 역사 편찬에서 중요한 자료로 이용된 사실"(p. 399)이라는 것이다. "그러나 조보는 부정적 측면도 있는데, 그것은 첫째로 조보가 존속 기간 동안 계속 봉건통치를 강화하는데 복무한 반인민적 보도물이라는 점이며, 둘째로 조보가 보도물로서 일정한 기능을 수행하여 온 만큼 신문의 원형이라고 할 수 있지만, 그 내용과 형식, 편집 방법에서 볼 때 근대신문과는 완전히 구별되는 보도물이라는 점이다. 다시 말하면 신문의 체모를 너무나 갖추지 못했다"(p. 400)고 조보에 관한 논급을 끝맺었다.

13) 조보에 관한 선행연구들의 요약과 주요 문제점

위에서 우선 조보에 관한 그간의 연구 실태부터 살펴보았는데, 이를 보면 거의 모두가 우리나라 신문의 효시로서 조보를 거론하고 있다(성준덕, 1955; 이진섭, 1963; 천관우, 1963; 최준, 1960 등). 그러나 그 기원이나 내용 등에 관하여 해명되어야 할 부분이나 의문점 등이 아직도 상당히 많다. 예컨대, 우리나라 조보를 우리나라 신문의 원조 내지 효시로 볼 수 있다면, 그 이유는 무엇인가? 조보의 기원은 무엇인가? 다시 말해서 조보는 도대체 언제, 어떻게 출현했는가? 조보는 여러 가지 명칭으로 불렸는데 그 이유는 무엇이며, 조보에 관한 여러 가지 명칭들 중 어느 것이 단순한 별칭이며 어느 것이 그 유사물인가? 조보는 출현 이후 어떻게 발전했으며, 언제까지 존속하다가 왜, 어떻게 해서 사라졌는가? 선행연구들에는 이러한 문제들에 관한 명확한 결론들이 아직 나와 있지 않다.

또한 우리나라 조보에 관한 지금까지 이루어진 여러 가지 연구들의 실태를 살펴보면, 방법론적으로도 문제가 없지 않다. 그중 가장 커다란 문제점으로는 실증적 연구의 부족을 들 수 있다. 다시 말해서, 지금까지 조보에 관한 연구들을 보면 2차적 문헌자료들을 중심으로 연구해 왔으며, 아직까지 남아 있는 모든 조보들, 즉 1차적 사료를 대상으로 한 연구는 거의 없는 실정이다. 그 결과, 만약 앞서 연구한 연구자의 연구논문에 오류가 있을 경우, 그것을 후속 연구자가 그대로 인용함으로써 오류가 계속 반복되는 악순환도 없지 않다. 그러므로 조보에 관한 앞으로의 연구에서는 무엇보다도 1차적 사료를 대상으로 한 실증적 연구가 요구된다.

제4절

이 책의 주요 목적과 연구문제 및 연구방법

앞서 말했듯이 우리나라 신문의 기원 내지 효시(嚆矢)로는 조보를 손꼽을 수 있다. 그럼에도 불구하고 아직까지 우리나라 언론학계에서는 조보에 관한 연구가 체계적으로 이루어지지 않아서 그에 관한 단행본 연구서조차 없는 실정이다. 또한 우리나라 조보에 관한 여러 선행연구들의 실태를 살펴보면 아직까지 해결되지 않은 의문점이나 문제들이 적지 않으며, 연구방법상으로도 실증적 연구가 부족한 실정이다. 따라서 본 연구서에서는 우리나라 조보에 관한 주요 문제들을 조선왕조실록에 나타나 있는 실증적 사료들을 바탕으로 고찰해 보고자 하였다. 그렇다면 구체적으로 말해서 본서에서는 우리나라 조보에 관한 어떤 문제들을 어떠한 연구방법을 통하여 고찰해 보았는가?

1) 우리나라 조보에 관한 의문점들과 연구문제

위에서 말했듯이 우리나라 조보에 관한 지금까지 여러 가지 연구들의 실태를 살펴보면, 조보의 명칭, 기원, 발전 실태, 존속 기간, 폐지 이유 등에 관하여 아직까지 명확하게 밝혀지지 않은 문제나 의문점들이 적지 않다. 본서에서는 이러한 여러 가지 의문점이나 문제들 중에서도 특히 중요하다고 생각되는 네 가지 문제들을 우선 고찰해 보고자 했는데, 이들 각 연구문제와 그에 관한 연구 이유를 열거해 보면 아래와 같다.

[연구문제 1] 우리나라 조보에 관한 여러 문헌이나 논문들을 보면 '조보'라는 명칭 이외에도 기별·기별지·조지(朝紙)·저보·저지(邸紙)·저장(邸狀)·경보(京報)·한경보(漢京報)·경기(京奇)·난보(爛報)·소보(小報)·관보 등등 여러 가지로 불러져서, 이들이 조보와 동일한 현상의 다른 명칭(별칭·이칭)인지, 아니면 다른 신문현상의 이름인지 자못 혼란스럽다. 그렇다면 조보의 명칭에는 도대체 어떤 것들이 있었으며, 그중에서 어떤 것이 공식 명칭이고, 어떤 것이 별칭이나 이칭(異稱), 또는 조보와 유사한 다른 신문현상들의 명칭인가?

[연구문제 2] 우리나라 조보는 언제, 어떻게 해서 출현했는지 그 기원에 관해서 아직까지도 정확하게 알려져 있지 않다. 그러나 이에 관한 학설들을 종합해 보면 크게 세 가지, 즉 ① 신라시대 기별지로부터 기원설, ② 중국 언론문물제도의 이입설 및 ③ 우리나라 기별에다가 중국의 저보·조보 등을 접목해서 생성되었다는 접목설로 나눌 수 있다. 그렇다면 이러한 세 가지 학설들 중에서 어떤 것이 가장 타당성이 높으며, 우리나라 조보는 도대체 정확히 언제 출현했는가?

[연구문제 3] 우리나라 조보가 언제 출현했는지 그 정확한 시기는 알 수 없었으나 조선왕조실록을 보면 중종 3년(1508) 3월 14일부터 조보에 관한 기록이 나오고 있다. 따라서 이때 조보가 출현한 것 같기도 한데, 그러면 그 후 조보는 언제까지, 얼마 동안이나 존속하다가 언제, 왜, 어떻게 해서 소멸되었는가?

[연구문제 4] 우리나라 신문의 기원 내지 효시로서의 조보를 S(Source) → M(Message) → C(Channel) → R(Receiver) → E(Effects) 모형에 따라 신문학적으로 분석해 본다면, 조보는 ① 어떠한 시대적·지리적 상황(context or situation)에서 어떤 기관(S)이 무슨 목적으로 ② 주로 어떤 내용(M)을 어떤 형태로 편집, 제작하여 ③ 어떤 채널(C)을 통하여 ④ 어떤 독자(R)들에게 전달하여 ⑤ 그 독자들과 사회에 어떠한 영향(E)을 미쳤는가?

바로 위와 같은 네 개의 연구문제들 중에서 마지막의 [연구문제 4]는 '조보'라는 우리나라의 전근대적 신문현상을 신문학의 대표적 연구모형 내지 분석틀의 하나인 소위 S → M → C → R → E 모형에 따라 분석, 고찰해서 그 결과들을 가지고 종합적 결론을 얻기 위한 것이다.

2) 조보에 관한 1차 사료원(史料源)의 조사와 그 실태

위와 같은 네 가지 연구문제들을 고찰해 보되, 이들을 이 책에서는 조보에 관한 1차 사료들을 바탕으로 실증적 방법을 통하여 연구해 보고자 하였다. 앞서 말했듯이 우리나라 조보에 관한 그간의 여러 연구들을 보면, 주로 2차적 문헌자료들을 중심으로 연구했다. 그 결과, 만약 앞서 연구한 연구자의 연구논문에 오류가 있을 경우 그것을 후속 연구자가 그대로 인용함으로써 학문상의 오류가 계속 반복되는 경우도 적지 않았다. 그러므로 본서에서는 위에서 밝힌 네 가지 연구문제에 대한 해답을 되도록 1차 사료(first-hand materials)를 사용하여 실증적 방법을 통해 구해 보고자 하였다. 그리하여 먼저 조보에 관한 1차 사료들의 사료원(史料源, sources of historiographical materials)들부터 조사해 보았다.

(1) 조보에 관한 1차 사료원으로서 조보 실물들의 실태

첫째로 조보에 관한 1차 사료들 중에서 가장 대표적인 것은 역시 조보의 실물이다. 따라서 가능하다면 이들을 사용하여 연구문제들에 관한 해답을 얻어 보기 위하여 현재까지 남아 있는 조보들의 소재를 각종 문헌과 인터넷 포털 사이트 등에서 검색해 보았다. 그 결과, 서울대학교 규장각과 여러 대학의 박물관, 국립중앙도서관 등에 조보의 실물들이 다수 소장되어 있었는데, 이들의 실태를 소장처별로 간단히 소개해 보면 아래와 같다.

① 서울대학교 규장각 소장 조보 실물

a. 정서(正書) 조보: 헌종 15년(1849) 6월 1일(양력 7월 20일)부터 7월 19일(양력 9월 5일)까지 정서한 조보 49점이 소장되어 있다(규장각도서 제11567호). 이들은 승정원에서 조보의 내용을 정서하여 임금과 왕비 등에게 바쳤던 것들 중 일부로 추정되는데, 일반 조보는 소위 '조보체'라는 초서체(草書體)로 필사했으나, 임금과 왕비 등에게 올리는 조보는 정서했으며, 이들 정서 조보는 임금과 왕비 등이 열람한 뒤 규장각에 보관했기 때문

이다.[33]

b. 초서체 조보들을 모아서 고문서(古文書) 11권과 12권으로 정리해 놓은 것도 있다. 이들 중, 규장각 미정리 고문서 가번호(假番號) 66005-66020, 76737-76754, 76936, 76939-76940 등은 1881년(庚辰年), 1889년(乙丑年), 1894년(甲申年)에 나온 조보이다. 이 밖에 1886년(丙戌年), 1887년(丁亥年)에 나온 조보의 실물도 소장되어 있다.

② **국립중앙박물관 소장 조보 실물**

a. 고종 13년(1876) 2월 1일부터 닷새 동안 발행된 조보 5점(소장품번호: 구(舊)-001925-000). 각 조보의 크기는 33.3×113.4cm이다.

b. 갑신년(1884) 10월 18일부터 11월 21일까지 발행된 조보 34점(소장품번호: 신수(新收)-013546-000). 크기는 34.5×1,659.5cm이다. 이들은 갑신정변(1884. 10. 17-19)에 관한 내용을 담고 있는 것이 특징이다.

③ **국민대학교박물관 소장 조보 실물:** 설촌(雪村) 송시철(宋時喆: 1610-1673) 등 여산(礪山) 송(宋)씨 집안이 수집한 조선시대 고문서인 '설촌고문서'에 조보가 총 50점이 들어 있다. 이들 조보의 시기적 분포를 보면, 순조 대가 1건, 철종 대가 9건, 고종 대가 29건(광무년간 이후 1건 포함), 미상이 11건이다(양진석, "국민대 소장 조보의 특징,"「학예연구」 창간호, 2000, pp. 51-52 참조).

④ **국립순천대학교박물관 소장 조보 실물:** 최승효의 유가족이 기증한 유물(최승효기증실) 중에 조보 1점이 들어 있다(유물번호: 순천대 209144-000). 이는 승정원에서 전라도 장흥부사(長興府使)에게 보낸 조보로 크기는 세로 36×가로 482cm의 길다란 두루마리이다. 이 조보는 고종 32년(1895) 5월 16일부터 5월 20일까지 임금 주변에 있었던 일들 중 국가통치상 필요한 사건들에 대한 소식만 취사선택하여 기술한 것으로 흔히 '을미년 조보'라고 부른다. 이 조보에는 어떤 관리가 무슨 일로 휴가를 갔고, 누가, 언제, 무슨 일을 마치고 돌아와서 임금을 알현하였으며, 복명 내용은 무엇인지, 임금

---

33 고종실록 10권, 고종 10년(1873) 11월 9일 10번째 기사를 보면, 부수찬(副修撰) 홍시형(洪時衡)이 올린 상소의 대략에, "기관현(奇觀鉉)이 신을 탄핵한 상소를 보니, … 전후 날짜에 대해서는 규장각에 보관되어 있는 정서로 쓴 조보에 명백하게 기록되어 있습니다" 운운하는 내용이 나온다.

의 칙행(勅行) 행로가 어떠했는지 등이 날짜별로 기록되어 있는데, 왕실에서 일어난 일, 임금의 동태, 당시 신민들의 왕에 대한 의식, 그리고 지방민의 실상 등을 엿볼 수 있는 자료이다.

⑤ **국사편찬위원회 소장 조보 실물:** 철종 10년(1859)부터 고종 28년(1891)까지의 조보 200여 점(2책)이 조보로 분류되어 있다. 이들 중에는 정사(政事)와 분발(分撥) 등도 많이 포함되어 있다.

⑥ **유곡역고문서(幽谷驛古文書)에 들어 있는 조보 실물:** 경상북도 문경시 공평동 299번지 소재 유곡역에 관련된 고문서 중에 조보 5점이 포함되어 있다.

⑦ **개인 소장 조보 실물들**

a. 진기홍(陳琪洪) 씨가 조보 여러 점을 소장하고 있다.

b. 최준(崔埈) 교수도 조보 여러 점을 소장하고 있었으나, 그의 별세 후의 행방은 미상이다.

c. 박정규(朴正圭) 교수도 조보 여러 점을 소장하고 있다.

위와 같은 조보의 실물들 이외에도 개인들이 소장하고 있는 것들이 많을 것으로 사료된다. 고문서와 골동품 등의 경매(옥션)에도 조보 실물이 종종 나오기 때문이다. 경매에 나왔던 조보들을 인터넷 포털 사이트에서 찾아보았더니 '혼옥션' 현장경매 제38회에 조보 1점(경매번호 38-168)이 나왔는데, 이는 얇은 한지에 필사한 것으로 크기는 160×36.7cm이었다. 그 뒤 '혼옥션' 현장경매 제56회에도 조보 1점(경매번호 56-074)이 나왔는데, 이는 고종 27년(경인년, 서기 1890년)에 나온 것으로 크기는 140×22cm의 두루마리 조보로, 이것에는 당시 한성판윤 이경하(李敦夏)의 이름도 나온다. 또한 '혼옥션' 제80회 현장경매에는 모두 6점의 조보(경매번호 80-143)가 나왔는데, 이들 조보의 크기는 각각 282×32cm이었으며, 내용은 노두광(盧光斗), 한상익(韓益相), 신대응(申大膺) 등의 동학교도에 관한 것이다. 한편 안동옥션골동품경매장(경북 안동시 용상동 566-5번지 안동가구프라자 내)에도 2014년 12월 4일 조보 1점이 경품으로 나왔는데, 이는 고종 20년(1883)에 나온 것으로 크기는 88.0×19.5cm이었다. 하지만 경매에 나왔던 이들 조보가 현재 어디에 소장되어 있는지는 알 수 없다.

(2) 조보에 관한 1차 사료원으로서 조보등록집의 실태

위와 같이 먼저 조보의 실물들을 찾아보았더니 여러 곳에 남아 있었다. 그러나 분량이 많지 않으며, 대부분이 조선 중기나 후기의 것들이었다. 따라서 다른 사료들도 찾아보았더니, 비록 실물은 아니지만, 조보의 내용을 그대로 베껴 놓은 이른바 '등록(謄錄) 조보'들도 적지 않게 발견되었다. 그렇다면 이러한 조보들은 도대체 누가, 왜 베껴 놓았을까? 그 이유에는 여러 가지가 있었을 것이다. 짐작컨대 조보는 원래 '조보체'라는 독특한 초서체로 필사했으므로 일반 사람들은 물론, 한문을 잘 아는 식자층도 이해하기 어려웠기 때문에 이러한 조보를 다른 사람들과 공유(회람, 윤독 등)하거나, 보관했다가 후세에 남기기 위하여 조보체를 잘 아는 사람이 조보 내용을 다시 알기 쉬운 해서체(楷書體)로 정서해 놓았던 것 같다. 그 결과, 이들도 조보 연구에 있어 귀중한 사료가 되고 있다. 이와 같은 사료원의 하나로 서울대학교 규장각 등에 소장되어 있는 '조보'라는 제목의 '조보등록집'(朝報謄錄集) 2종을 들 수 있는데, 이들을 간단히 소개해 보면 아래와 같다(박정규, 1982, pp. 27-28에서 주로 참고).

① **「조보」 등록집(I)**: 헌종 15년(을유년, 서기 1849년) 6월 1일부터 7월 20일까지의 조보의 내용(초서체)을 그대로 해서체로 바꾸어 정서해서 묶어 놓았다. 이는 아마도 헌종의 승하(昇遐)에 관련된 조보의 내용을 정서해서 후세에 기록으로 남기기 위해서였던 것으로 추정된다. 이 조보등록집에 들어 있는 조보들을 보면, 헌종의 승하(1849년 6월 5일) 닷새 전인 1849년 6월 1부터 시작해서 국상(國喪)을 끝마친 7월 20일까지 50일 동안의 조보의 내용들을 빠짐없이 서사(書寫)해서 한 권의 책자로 묶어 놓았기 때문이다. 누가, 왜 이렇게 해 놓았는지는 정확히 알 수 없으나, 이 책자의 뒷면을 보면, '을유(乙酉) 칠월(七月) 염사일(念四日) 자산(慈山) 김경진(金敬鎭) 료필(了筆)'이라고 적혀 있다. 따라서 이를 보면, '김경진'이라는 사람이 당시의 조보를 베껴서 책으로 묶어 놓은 것임은 알 수 있으나, 김경진이 어떤 사람이었는지는 알 수 없다. 그리고 끝에 '을유 칠월 염사일 료필'이라고 적어 놓은 것을 볼 때 1849년 7월 24일(念四日) 조보의 '베껴 쓰기를 마쳤음'(了筆)을 알 수 있다. 그런데 이러한 책자를 어떻게, 언제부터 규장각에서 소장하게 되었는지는 알 수 없다.

② **「조보」 등록집(II)**: 고종 25년(무자년, 서기 1888년) 9월 2일자부터 고종 31년(갑오년, 서기 1894년) 2월 15일까지 무려 5년 6개월 동안의 조보와 정사(政事), 도목정사(都目政事)를 하루도 거르지 않고 매일 그대로 정서해서 묶어

놓은 조보등록집이다. 이 조보등록집은 모두 21책에 달하는데, 각 책에 수록되어 있는 조보의 발행 날짜들을 보면 〈표 1-4〉와 같다. 이들 책자에 기록해 놓은 조보들의 내용이 실제 조보의 내용과 일치하는지를 알아보기 위하여 박정규는 1889년(을축년) 4월 1일부터 30일까지 한 달치 조보의 내용을 서울대 규장각 소장의 동일 기간의 조보 실물들(규장각 미정리 고문서 가번호 76936)의 내용과 일일이 대조해 보았다. 그 결과, 둘의 내용은 거의 동일했다고 한다(박정규, 1982, p. 28). 그렇다면 도대체 누가 이처럼 5년 6개월치 조보들의 내용을 일일이 그대로 정확하게 베껴 놓았을까? 그 장본인이 누구였는지는 알 수 없으나, 박정규는 당시 춘천유수(春川留守)를 역임했던 민(閔)씨 성(姓)을 가졌던 사람이나 그와 밀접한 관계를 가졌던 사람으로 추측하고 있다. 왜냐하면 상기 조보등록집 책 7에 기록되어 있는 1890년(경인년) 2월 10일자, 2월 11자, 12일자 기사들을 보면 당시 춘천유수에 관한 내용이 나오는데, 이 조보등록집에서는 그 유수의 성과 이름을 모두 밝히지 않고, '閔○○'라고 성만 밝히고 이름은 '○○'으로 결자(缺字) 표시를 해 놓았기 때문이라는 것이다(박정규, 1982, p. 28, 각주 45).

이러한 조보등록집처럼 일정 기간의 모든 조보 내용을 그대로 베껴 놓은 책자들도 있지만, 어떤 사람이 자신의 일기나 문집 등에 한두 장의 조보 내용만 베껴 놓

〈표 1-4〉 조보등록집(II) 각 책에 수록된 조보의 발행 날짜

책자 번호	수록 조보의 발행 날짜	책자 번호	수록 조보의 발행 날짜
책 1	1888(무자) 9. 2-1889(기축) 1. 1	책 12	1891(신묘) 2. 1-1891(신묘) 4. 21
책 2	1889(기축) 1. 1-1889(기축) 4. 18	책 13	1891(신묘) 4. 21-1891(신묘) 6. 29
책 3	1889(기축) 4. 19-1889(기축) 7. 15	책 14	1891(신묘) 7. 1-1891(신묘) 8. 30
책 4	1889(기축) 7. 16-1889(기축) 10. 8	책 15	1891(신묘) 9. 1-1891(신묘) 11. 20
책 5	1889(기축) 10. 9-1889(기축) 12. 18	책 16	1891(신묘) 11. 21-1892(임진) 1. 21
책 6	1889(기축) 12. 19-1890(경인) 2. 10	책 17	1892(임진) 1. 22-1892(임진) 4. 7
책 7	1890(경인) 2. 11-1890(경인) 3. 23	책 18	1892(임진) 4. 8-1892(임진) 6. 29
책 8	1890(경인) 3. 24-1890(경인) 7. 19	책 19	1892(임진) 7. 1-1892(임진) 11. 30
책 9	1890(경인) 7. 19-1890(경인) 10. 20	책 20	1892(임진) 12. 1-1893(계사) 9. 18
책 10	1890(경인) 10. 21-1890(경인) 12. 8	책 21	1893(계사) 9. 19-1894(갑오) 2. 15
책 11	1890(경인) 12. 8-1891(신묘) 1. 29		

은 것들도 있다. 예컨대, 조선 후기의 학자 권창식(權昌植: 1724-1804)의 시문집인『잠계문집』(潛溪文集)[34]을 보면, 권 6에 조보 1편이 수록되어 있다. 한편 숙종 43년(1717) 조보의 내용을 초록해 놓은「숙종정유조보등록」(肅宗丁酉朝報燈錄)이라는 책자(필사본 1권)도 있는데, 비록 제목에는 '조보등록'이라고 적혀 있지만, 실제로는 당시 숙종이 안질이 심하여 정사(政事)를 볼 수 없어 좌의정 이이명(李頤命)을 단독으로 만나 대담하여 왕세자의 대리청정(代理聽政) 문제를 논의하였던 내용을 주로 초록해 놓은 것이다.

(3) 조보에 관한 1차 사료원으로서 조보초록집의 실태

위와 같이 조보의 내용을 그대로 베껴 놓은 조보등록집과는 달리, 조보의 내용들 중에서 중요하거나 필요한 대목만 가려 뽑아서 초록(抄錄)해 놓은 것들도 있는데, 이런 초록들 역시 조보에 관한 연구에서 중요한 사료원이 된다. 따라서 이와 같은 조보초록들도 조사해 본 결과, 문신(文臣)이나 유학자들이 조보 내용을 초록하여 책의 형태로 묶은 뒤에 그 표지에『난보초록』(爛報抄錄)·『난선』(爛選)·『난초』(爛抄) 등의 책 제목을 적어 놓은 것들이 수십 종이나 되는데, 제목을 이렇게 붙인 것은 조보를 흔히 '난보'(爛報)라고도 불렀기 때문이다. 이와 같은 조보초록집들은 상당히 많으나, 그중에서 대표적인 것만 시대순으로 간단히 소개하면 아래와 같다(이 부분은 최정태, 1992, pp. 28-33에서 많이 참고했음).

① **보취(報聚)**: 편찬자 미상. 현종 원년(1660)부터 숙종 22년(1696)까지의 조보 내용 중에서 주요 정사(政事)에 관한 것들을 발췌, 필사하여 책으로 묶고[編綴] 표지에 '보취'라는 제목을 붙여 놓았다. 본래는 모두 74책(原集 54책, 2집 20책)이었으나, 현재 전해지는 것은 40책(原集 24책, 2집 16책)으로 서울대 규장각에 소장(No. 12866)되어 있다. 필사본으로 크기는 25.6×22.5cm.

② **난여(爛餘) a**: 편찬자 미상. 현재 제4책, 제5책, 제7책만 서울대 규장각에 소장(古4254-14)되어 있다. 제4책은 숙종 6년(1680)부터 숙종 13년(1687)까

---

34 이 문집은 1931년에 권창식의 후손 현섭(賢燮)과 영준(寧準) 등이 편집, 간행한 것으로 총 6권 2책(석인본)인데, 현재 국립중앙도서관, 국민대학교도서관, 동아대학교도서관, 연세대학교도서관 등에 소장되어 있다.

지, 제5책은 숙종 13년(1687)부터 숙종 15년(1689)까지, 제7책은 숙종 15년(1689)부터 숙종 16년(1690)까지 조보의 내용들을 초록해 놓았다. 필사본으로 크기는 28.5×18.7cm.

③ **난록(爛錄)**: 편찬자 미상. 숙종 39년(1713)부터 영조 3년(1737)까지의 조보 내용 중에서 사실(史實)들만 초록하여 책 형태로 묶었다. 현재 서울대 규장각에 소장(古4250-28)되어 있는데, 본래는 모두 34책이었으나, 1-5책은 결본(缺本)이다. 필사본으로 크기는 30.5×20cm.

④ **난여(爛餘) b**: 편찬자는 문신이자 서예가인 김재로(金在魯: 1682-1759). 숙종 46년(1720)부터 경종 4년(1724)까지 4년간의 조보 내용들을 초록해 놓은 것으로 모두 26권 26책이다. 현재 대구의 계명대학교도서관에 소장(No. 古951.091)되어 있는데, 필사본으로 책의 크기는 26.5×17.1cm이다.

⑤ **난여일록(爛餘日錄)**: 편찬자 미상. 모두 3책(필사본)으로, 경종 2년(1722)부터 경종 4년(1724)까지의 조보 내용을 초록해 놓았다. 현재 서울대 규장각에 소장(古4254-34)되어 있다.

⑥ **난초(爛抄) a**: 윤치희(尹致羲: 1797-1866) 편찬. 분량은 모두 24권 12책으로 순조 즉위년(1800) 7월부터 순조 35년(1834) 4월까지 35년 순조 재위기간의 조보 내용을 초록해 놓았다. 각 권에 수록되어 있는 조보의 발행기간은 다음과 같다. 권 1(1800.3-1801.2), 권 2(1801.3-1801.12), 권 3(1802.1-1803.3), 권 4(1803.4-1804.6), 권 5(1804.7-1806.1), 권 6(1806.2-1806.8), 권 7(1806.9-1808.5), 권 8(1808.閏5-1809.12), 권 9(1810.1-1810.9), 권 10(1810.9-1811.12), 권 11(1812.1-1812.3), 권 12(1812.4 -1812.12), 권 13(1813.1-1815.12), 권 14(1816.1-1817.12), 권 15(1818.1-1818.12), 권 16(1819.1-1820.12), 권 17(1821.1-1822.12), 권 18(1823.1-1823.12), 권 19(1824.1-1825.12), 권 20(1826.1-1827.3), 권 21(1827.4-1828.12), 권 22(1829.1-1830.閏4), 권 23(1830.5-1830.12), 권 24(1831.1-1834.11). 현재 서울대 규장각에 소장(No. 7474)되어 있는데, 필사본으로 책의 크기는 23.4×15cm이다.

⑦ **난초(爛抄) b**: 헌종 원년(1835)부터 헌종 15년(1849)까지 헌종 재위연간 조보의 초록집이다. 필사본 1책(66장)으로 크기는 23×19cm. 이 초록집은 현재 한국학중앙연구원 장서각(藏書閣)에 소장(No. 2-178)되어 있으며, 사본(寫本)은 서울대 규장각에도 소장(古4250-86)되어 있다.

⑧ **난선(爛選)**: 편찬자는 조선 후기 문신으로 대사성(大司成), 이조참의(吏曹參議) 등을 역임한 윤정선(尹定善: 1826-1865)이다. 그는 위의 '난초'(爛抄) a의 편자 윤치희(尹致羲)의 아들로 그의 아버지가 엮은 '난초'를 본받아서 편찬했다고 한다(고려대학교민족문화연구소 편, 『한국도서해제』, 서울: 고려대학교민족문화연구소, 1971, p. 100). 이 책은 헌종이 즉위한 1834년부터 승하한 1849년까지 16년간의 헌종 재위시대 조보의 내용을 발췌하고, 여러 군신(群臣)의 장소(章疎)도 뽑아 실은 것으로 모두 6권 6책이다. 권 1(卷1)에는 1834.11-1836.2, 권 2에는 1836.3-1839.12, 권 3에는 1840.1-1841.12, 권 4에는 1842.1-1844.12, 권 5에는 1845.1-1847.9, 권 6에는 1847.10-1849.6월분의 조보 초록들이 수록되어 있다. 현재 서울대 규장각에 소장(No. 5898)되어 있는데, 모두 필사본으로 각 책의 크기는 31.6×20cm이다.

⑨ **난록(爛錄) b**: 편찬자는 민치량(閔致亮). 고종 3년(1866)부터 고종 24년(1887) 8월까지의 조보 내용을 초록해 놓았다. 분량은 모두 7책인데, 이들을 권(卷)으로 나누지 않았으며, 책의 크기는 24.2-29.8×20.7-23.4cm이다. 현재 한국학중앙연구원 장서각에 소장(No. 2-176)되어 있다.

⑩ **난초(爛抄) c**: 편찬자 미상. 철종 14년(1863)부터 고종 3년(1866)까지의 조보 내용을 초록해 놓은 것(필사본)이다. 현재 서울대 규장각에 소장(古4250-85)되어 있는데, 분량은 3책으로 크기가 서로 다르나 대략 34×20.5cm이다.

⑪ **난보(爛報)**: 편찬자 미상. 고종 3년(1866)부터 이듬해(1867)까지 조보 내용을 초록해 놓았다(필사본). 현재 연세대학교도서관에 소장되어 있는데, 분량은 3책이며, 책의 크기는 34×22.5cm이다.

⑫ **조보초(朝報抄)**: 편찬자 미상. 고종 25년(1888) 음력 9월 2일부터 이듬해(1889) 12월 18일까지 매일의 조보 내용을 초록해 놓았다(필사본, 5책). 이 초록집은 현재 박정규(전 청주대학교 신문방송학과 교수)가 소장하고 있는데, 모두 5책이며 각 책의 크기는 29×20.5cm이다. 책 1의 표지를 보면, 오른쪽 첫머리에 '朝報一'이라고 책 번호를 세로로 적어 놓았고, 왼쪽 끝에는 '政附'라고 쓰고 그 아래 '戊子九月初二'라고 적어 놓았다. 여기서 '政附'는 조보 내용 이외에 '정사'(政事)의 내용도 붙여 놓았다는 뜻인데, 책 내용을 보면 실제로 그렇게 해 놓았다. 표지 다음 쪽에는 '自戊子九月初二日至十二月三十

日'이라고 책 1에 수록한 조보의 발행 날짜를 적어 놓았고, 다음 쪽에는 왼쪽 끝부분에 '朝報抄 戊子年'이라고 써 놓았다. 그리고 다음 쪽부터 매일매일의 조보 내용 중 일부를 초록해 놓았다. 예컨대, 첫머리 기사를 보면, '戊子九月初二日'이라고 날짜를 쓰고, 줄을 바꿔 이 날짜에 간행된 조보의 내용을 아래와 같이 초록해 놓았다.

副提學閔正植初度呈辭入啓給由 ◌知春秋李裕承初度呈辭入啓遞差 ◌兵曹參議金奎軾兼訓鍊都正趙載恒初度呈辭呈承政院還出給 ◌禮曹來十月初七日宗廟冬享大祭親祭取稟還入奉教敬依改書下 ◌假注書白文行改差代李錫泳趙光涵朴文相

다른 날짜의 조보 내용도 대체로 이런 식으로 초록해 놓았다. 책 1에는 1888.9.2-12.30, 책 2에는 1889.1.1-4.18, 책 3에는 1889.4.19-10.7, 책 4에는 1889.7.16-10.7, 책 5에는 1889.10.8-12.18까지 조보 내용을 각각 해서(楷書)로 초록해 놓았는데, 한 책의 분량이 대략 200쪽 내외로 전체 분량은 1,000여 쪽에 달한다.

⑬ **난초(爛草)**: 편찬자 미상. 고종 31년(1894) 6월부터 이듬해(1895) 9월까지의 조보 내용을 초록해 놓았다. 모두 6책이며 권(卷)으로는 나누어 놓지 않았다. 현재 한국학중앙연구원 장서각에 소장(No. 2-180)되어 있는데, 책의 크기는 23.2-25×15.7-2.3cm이다.

⑭ **난보초록(爛報抄錄)**: 편찬자는 미상. 고종 42년(1905) 1월 5일부터 이듬해(1906) 4월 20일까지의 조보 내용을 2책(권으로는 나누지 않았음)에 초록해 놓았다. 현재 한국학중앙연구원 장서각에 소장(No. 2-177)되어 있는데, 각 책의 크기는 35.5×20.9cm이다.

위와 같은 조보초록집들 이외에 일본 도쿄(東京)에 있는 '도요분코'(東洋文庫)[35]에

35 도요분코(東洋文庫, The Oriental Library)는 도쿄도 분쿄구에 있는 동양학전문도서관이자 연구소로 세계적으로 널리 알려져 있다. 이 도요분코는 일본 굴지의 재벌 미쓰비시(三菱) 합자 회사의 제3대 사장 이와사키 히사야(岩崎久彌: 1865-1955)가 1917년 호주의 조지 어네스트 모리슨(George Ernest Morrison: 1862-1920)의 장서를 구입해서 1924년 재단법인으로 창립, 개관했

도 우리나라 조보의 초록집 2책이 소장되어 있다. 이들이 어떻게 일본으로 건너간 것인지는 알 수 없으나 이들 두 책의 앞 페이지 뒷면에도 동일하게 "昭和十六年九月一日 幣源坦殿 惠贶東洋文庫"라고 쓰여진 딱지가 붙어 있다. 따라서 이를 볼 때, 일본의 관변사학자(官邊史學者) 시데하라 다이라(幣源坦: 1870-1953)가 쇼와 16년(1941)에 이들을 도요분코에 기증한 것은 알 수 있으나, 그가 어디서 어떻게 조보초록집을 구해서 도요분코에 기증했는지는 알 수 없다.

이들 조보초록집을 누가 편찬했는지도 알 수 없다. 그러나 제1책은 고종 1년(1864) 1월부터 고종 2년(1865) 4월까지 조보를 초록해 놓은 필사본이고, 제2책은 고종 3년(1866) 5월부터 고종 5년(1868) 3월까지 조보를 축약해서 초록해 놓은 필사본으로 분량은 모두 합쳐 59장이며, 각 장의 크기는 24.3×29.7cm이다. 이들 조보초록집에 초록해 놓은 내용들을 보면, 임금의 전교(傳敎)와 인사관련 기록이 가장 많은데, 인사관련 기록은 이조(吏曹)의 정사(政事)가 대부분이며, 매년 실시하는 도목정사(都目政事)도 빠짐없이 수록되어 있다. 이울러 과거(科擧)의 시관(試官), 시제(試題), 방목(榜目) 등에 관한 내용도 높은 비중을 차지하고 있다. 이 밖에 임금의 동정, 윤음(綸音), 비답(批答), 입시(入侍)기록, 경연, 차대거조(次對擧條), 차자(箚子), 계(啓), 상소(上疏), 관료의 고과(考課), 포폄(褒貶), 임면과 사은숙배, 왕실의 인척과 신하의 사망 소식, 의정부와 비변사를 비롯한 각 관청의 초기(草記), 각종 별단(別單), 가자(加資), 천문 현상 등에 관한 것도 초록해 놓았다(http://kostma.korea.ac.kr/riks/sub6View.do?base_uci_no=3465, 2014.12.04에서 인용).

(4) 조보에 관한 1·2차 사료원으로서 각종 일기와 문집의 실태

위와 같은 조보초록집들 이외에, 문신이나 유학자 등의 각종 일기(日記)나 문집 등에도 조보를 그대로 등록 또는 초록해 놓았거나, 조보에 관하여 언급해 놓은 내용들이 적지 않게 들어 있다. 따라서 이러한 문헌들도 조보에 관한 연구의 주요 사료

다. 모리슨은 스코틀랜드계 이민자의 자손인, 호주인 탐험가로, 1895년 10월부터 1912년 8월까지 영국 런던의 타임스(*Times*)지 중국 특파원을 지내면서 중국 관계 서적, 논문, 문서, 팸플릿 등 2만 4천 점을 모았는데, 1917년 이들을 이와사키 히사야에게 3만 5천 파운드에 매각한 것이었다. 이와 같은 장서를 토대로 설립해서 발전시킨 도요분코는 오늘날에는 세계 5대 동양학전문도서관의 하나로 손꼽히고 있다.

원이 될 수 있는데, 그중에서 중요하다고 생각되는 문헌들만 저술 시기순으로 들어 보면 아래와 같다.

① **음애일기(陰崖日記)**: 조선 중기 문신·학자인 이자(李耔: 1509-1516)가 1509년(중종 4년) 9월부터 1516년 12월까지 조정에서 일어난 일 등을 기록한 일기인데, 이에 관한 당시의 조보 내용도 그대로 베껴 놓았다. 필사본. 1권 1책. 이 『음애일기』를 이자의 『음애문집』(陰崖文集)에서는 '음애잡기'(陰崖雜記)로, 『대동야승』(大東野乘)과 『설해』(說海)에는 '음애일록'으로 기록하고 있다.

② **미암일기(眉巖日記)**: 조선 중기 학자·문신인 미암(眉巖) 유희춘(柳希春: 1513-1577)이 1567년(명종 22년) 10월부터 서거하기 직전인 1577년(선조 10년) 5월까지 약 11년에 걸쳐 거의 매일같이 한문으로 기록한 개인일기이다. 이 일기에는 개인의 일상에서부터 국정의 대요, 인물의 진퇴 등 당시의 정치·경제·사회풍속 등이 상세하게 기록되어 있는데, 조보에 관해서도 84회나 언급하고 있다. 이 일기는 임진왜란으로 1592년(선조 25년) 이전의 승정원일기(承政院日記)가 모두 불타 없어져서 다시 선조실록(宣祖實錄)을 편찬할 때 그 첫 10년간의 주요 사료(史料)가 되었다. 이 일기는 본래 14책이었으나 일부가 유실되어 현재 11책만 남아 있는데, 유실된 부분은 1567년부터 1577년까지의 기록에 해당한다. 현재 국립중앙도서관에 소장되어 있다.

③ **고대일록(孤臺日錄)**: 정경운(鄭慶雲: 1556-1610)이 임진왜란이 발발한 1592년(선조 25년) 4월부터 1609년까지 19년 동안 경상우도 함양 일대에서 의병 활동을 하며 쓴 체험일기이다.[36] 정경운은 전란 때 초유사 김성일(金誠一)의 초모유사(召募有司)와 의병장 김면(金沔)의 소모종사관으로 활약하며 자신이 체험한 의병 활동을 비롯하여 당시의 전언(傳言)이나 편지, 조보, 방문(榜文)

36 이 일기책은 정경운의 4대손 정주석(鄭周錫)이 소장하고 있었는데, 1900년대 초에 8대손인 정동규(鄭東奎)가 초서체로 된 원본을 해서체로 다시 필사했다. 그러나 9대손인 정용호(鄭龍鎬) 대에 와서 함양군 휴천면 목현리에 큰불이 나서 원본 『고대일록』은 소실되고 말았다. 하지만 다행히 복사해 놓은 것이 있어, 1992-1993년 경상대학교 남명학연구소에서 이를 영인하여 『남명학연구』 2, 3호에 소개했고, 2001년에는 국립진주박물관에서 『임진왜란사료총서』 10집으로 영인했다. 2009년에는 남명학연구원에서 『고대일록』이라는 제목으로 태학사에서 역주본을 출간함으로써 일반인도 쉽게 이용할 수 있게 되었다.

등의 내용까지 초서로 기록했는데, 그 내용을 보면 오늘날의 신문이나 뉴스처럼 전쟁 상황을 생생하게 전달하고 있다. 이 책은 필사본으로 4권 4책 총 257장인데, 권 1에는 1592년(선조 25년) 4월 23일부터 1593년 12월 30일까지 2년간, 권 2에는 1594년(선조 27년) 1월 1일부터 1597년(선조 30년) 12월 30일까지 4년간, 권 3에는 1598년 1월 1일부터 1602년(선조 35년) 12월 28일까지 5년간, 권 4에는 1603년(선조 36년) 1월 1일부터 1609년(광해군 1년) 11월 1일까지 7년간의 일기가 수록되어 있다. 그러나 1599년(선조 32년) 6월 11일부터 1600년(선조 33년) 5월 6일까지 약 11개월 동안의 일기는 누락되어 있다.

④ **정무록(丁戊錄):** 조선 중기에 황유첨(黃有詹)이 당시 대북파와 소북파의 정쟁을 기록한 책이다. 책명을 '정무록'이라고 한 것은 정미년(1607) 10월에서 무신년(1608) 8월까지 10개월간에 일어난 정변기사를 기록했기 때문이다. 이 책에는 당시의 조보와 소초(疏草: 상소문 초고) 등도 집록(輯錄)해 놓아서 조보 연구에 있어 귀중한 사료가 된다. 이러한 정무록은 필사본으로 분량은 1권, 93장인데, 권말의 12, 13장은 1628년(인조 6년)에서 1644년(인조 22년) 사이에 후인들이 추기(追記), 첨필(添筆)한 것으로 당시의 시사평론과 『정무록』의 저자 황유첨, 그리고 그의 아버지 섬(暹)에 관한 기사가 실려 있다. 정무록은 『대동야승』[37] 권 82에 수록되어 현재까지 전해지고 있다.

⑤ **응천일록(凝川日錄):** 조선 중기 문신 박정현(朴鼎賢: 1561-1637)이 광해군 1년(1609) 11월부터 인조 13년(1635) 8월까지 조보 및 소초(疏草) 등을 모아 초록해 놓은 책이다. 그러나 내용 중에 광해군 10년(1618) 1월에 있었던 인목대비(仁穆大妃) 폐출로부터 이듬해 1월 17일까지와 인조 1년(1623) 2월 인조반정부터 같은 해 6월 23일까지의 기사는 빠져 있는데, 이는 편자가 소북

---

37 조선시대 초부터 인조 때까지의 야사·일화·소화·만록·수필 등을 모아 엮은 종합서. 한 개인이 저술한 것이 아니라 여러 저자들이 각각 편술한 책들을 함께 엮어 놓은 것으로, 『대동야승』은 이러한 종합서의 총서명(叢書名)이다. 편찬 시기는 정확히 알 수 없으나, 대체로 숙종 말에서 영조 사이일 것으로 추측된다. 종래에 사본 72권 72책으로 전해오던 것을 1909-1911년간에 조선고서간행회(朝鮮古書刊行會)에서 13책으로 출판하여 널리 퍼졌고, 이것을 1968년 다시 4책으로 영인, 출판하였으며, 1971년 민족문화추진회에서 정부 지원의 고전국역총서계획의 일환으로, 원문이 포함된 번역본 17책을 간행한 바 있다.

인이었기 때문에 고의로 뺀 것으로 보인다. 이 책은 필사본으로 본편 7권과 부록 1권으로 구성되어 있는데, 현재 국사편찬위원회가 소장하고 있다. 또한 본편 7권은『대동야승』권 44부터 권 55까지에 수록되어 있으며,「광해초상록」(光海初喪錄) 1권도『대동야승』권 50에 수록되어 있다. 이는 1622년 광해군의 상사(喪事)에 관한 전말을 기록한 것이다.

⑥ **기축록속(己丑錄續):** 선조 22년(1589) 정여립(鄭汝立)을 비롯한 동인(東人)들이 모반 혐의로 박해 받은 기축옥사(己丑獄事, 기축사화라고도 부름)에 연루되어 죽은 정개청(鄭介淸: 1529-1590)을 제향(祭享)하는 서원의 훼철과 복설에 관한 기록을 모아 놓은 책으로 필사본 1책이다. 정개청이 죽자 그의 제자들이 서원에서 그에게 제사를 지냈는데, 동인이 집권할 때는 허락되었으나 서인이 집권하면서 서원을 폐지했다. 그러자 정개청의 지지자인 동인들은 서원의 복구를 요구했고, 서인들은 이에 반대했는데, 이에 관련된 양측의 상소문, 당시의 승정원일기·원의(院議)·왕지(王旨)·차자(箚子) 등을 비롯하여 조보의 내용도 모아서 연대순으로 기록해 놓은 것이 곧 이 '기축록속'이다. 책제목을 '기축록속'이라고 한 것은, 이 책의 편찬 이전에 황혁(黃赫)이 선조 22년(1589) 기축옥사의 발생에서부터 인조 3년(1625) 이 옥사가 일단락될 때까지의 여러 가지 기록들과 문서를 편집해서 '기축록'(己丑錄)이라는 제목으로 간행한 바가 있었기 때문이라고 한다.

⑦ **이재난고(頤齋亂藁):** 조선 후기 학자 이재(頤齋) 황윤석(黃胤錫: 1739-1791)이 1749년 10세 때부터 1791년 63세로 서거하기 2일 전까지 듣고, 보고, 배우고, 생각한 문학·경학(經學)·예학(禮學)·사학(史學)·산학(算學)·병형(兵刑)·종교·도학(道學)·천문·지리·역상(易象)·언어학·전적(典籍)·예술·의학·음양·풍수·성씨(姓氏)·물산(物産) 등 정치, 경제, 사회, 농·공·상 등 인류 생활에 이용되는 실사(實事)를 망라하여 붓으로 직접 쓴 일기체 또는 기사체(記事體) 형식의 문집으로, 분량이 모두 57책에 무려 6,000장에 이르는데, 그 속에는 조보에 관한 내용도 다수 포함되어 있다.[38] 이러한『이재난고』의 원본은 황윤

---

38 조보에 관한 이러한 내용을 토대로 2011년 유영옥이 "「이재난고」를 통해 본 '조보'의 유통과 함의"라는 논문을「동양한문학연구」(동양한문학회) 제33집, pp. 237-266에 발표한 바 있다.

석의 후손 황병관(黃炳寬)이 소장(개인 소장)하고 있는데, 1984년 9월 20일 전라북도 시도유형문화재 제111호로 지정되었다. 한편 이 책을 한국정신문화연구원(현 한국학중앙연구원)이 1994년부터 10년 동안에 걸쳐 인행(印行)함으로써 이제는 누구나 볼 수 있게 되었는데, 본래 총 57책으로 분철되어 있던 것을 52책까지는 적당한 분량으로 나누어 9권으로 만들고, 여기에 색인집을 붙여 모두 10권으로 출판했다.

⑧ **흠영(欽英)**: 조선 후기 문인 유만주(兪晩柱)가 21세 때인 영조 51년(1775)부터 죽기 직전인 정조 11년(1787) 12월 14일까지 13년 동안 매일매일의 행적과 소회, 집안의 대소사, 시문(詩文), 조보의 내용 등을 연·월·일 순서로 기록해 놓은 일기체 문집이다. 그가 죽은 뒤, 그의 벗 임로(任魯)가 난초(亂草) 상태의 초고를 정리하여 총 25책 161권으로 편찬했으나, 제25책에 해당하는 '흠영별부'(欽英別部)가 망실되어 현재는 24책만 남아 있다. '흠영'이라는 책 제목은 유만주의 호인 흠영외사(欽英外史)에서 따온 것이라고 한다. 흠영원본(欽英元本)·흠영계징(欽英稽徵)·흠영계징원본(欽英稽徵元本)·흠영집기(欽英集記)·흠영기일(欽英記日)로도 불린다. 이 책은 현재 서울대 규장각에 한 질만이 소장되어 있다.

⑨ **청우일록(靑又日錄)**: 조선 말기의 권문세가 안동 김씨 집안 자손 김형규(金衡圭: 1835-1885)가 1873년(고종 10년) 10월부터 1884년 8월까지 정치적 사건, 사회 상황, 예컨대 일본과의 강화도조약(1876), 대원군의 서장자 이재선(李載先)을 왕으로 추대하려다 발각된 사건(1881), 임오군란(1882) 등에 관하여 직접 보거나 들은 것들을 일기체로 기록한 역사기록물이다. 그러나 1873년 12월, 1874년 3월-9월, 1875년 2·3·6·8·9·10월, 1876년 7·12월, 1877년 2·5월, 1878년 2월의 기록은 빠져 있다. 본래는 4책(仁·義·禮·智)이었던 것으로 추측되나 현재는 1책(仁)만 전하는데, 한국학중앙연구원 장서각 하성문고(霞城文庫)에 소장되어 있으며, 1976년 국사편찬위원회에서 『한국사료총서』 22집으로 간행하였다. 이 책에는 당시 조보의 내용을 그대로 전재(轉載)해 놓은 것들이 적지 않은데, 그중에는 다른 사료원에서는 찾아보기 어려운 것들이 많으며, 그 내용이 정확하여 사료적 가치가 높은 것으로 평가되고 있다(박정규, 1982, p. 30).

3) 조보에 관한 2차 사료원으로서 조선왕조실록

앞서 말했듯이 본래 이 연구서에서는 위와 같은 조보의 실물과 등록물 등 1차 사료들을 통해서 연구문제에 관한 해답을 얻어 보고자 했다. 그러나 조보의 실물이 많이 남아 있지 않으며, 남아 있는 것들도 대부분이 조선 후기의 것들이다. 이는 조보 등록물도 마찬가지였다. 비록 조보의 초록물은 비교적 많으나, 이들은 초록자가 자신의 목적과 관심에 따라 임의로 초록해 놓은 것들이므로, 조보의 대표성이 결여되어 있다고 할 수 있다. 그러므로 이들 사료로는 주어진 연구문제에 대한 정확한 해답을 얻기 어렵다고 판단하였다. 그리하여 본 연구에서는 조선왕조실록(朝鮮王朝實錄)에 수록되어 있는 조보관계기사들을 모두 조사하여 이들을 토대로 연구문제에 대한 해답을 얻어 보기로 계획을 바꾸었다.

(1) 조선왕조실록에 관하여

조선왕조실록(이하 '실록'으로 약칭)은 조선왕조 제1대 임금 태조부터 제25대 임금 철종에 이르기까지 25대, 472년간의 역사를 연월일 순서에 따라 편년체로 기록한 역사서이다.[39] 우리나라는 고려시대부터 춘추관을 상설하고 사관(史官)을 두어 날마다 시정(時政)을 기록하였으며, 한 임금이 승하하면 반드시 그 임금의 재위 기간의 역사를 편찬하여 이를 '실록'이라고 하고 특별히 설치한 사고(史庫)에 보관하였다. 그러나 고려시대의 실록은 현재 남아 있지 아니하고, 조선시대 역대 임금의 실록은 태조로부터 철종에 이르기까지 25대, 472년간의 실록 총 1,893권, 888책의 원본이 현재 서울대학교 규장각 한국학연구원에 남아 있는데, 그 내역을 소개하면 〈표 1-5〉와 같다.[40]

---

39 이를 일제강점기에는 '이조실록'(李朝實錄)이라고 불렀으나, 정당한 명칭이 아니므로 광복 후에 '조선왕조실록'으로 고쳐 부르게 되었다. 여기 조선왕조실록에 관한 것은 신석호(申奭鎬)의 논문 "조선왕조실록의 편찬과 보관"(『한국사료해설집』, 서울: 한국사학회, 1964, pp. 14-22)에서 주로 인용했음을 밝혀 둔다.

40 이 표에서 마지막에 실린 제26대 고종실록과 제27대 순종실록은 일제강점기인 1927년부터 1935년까지 만 8년에 걸쳐 이왕직(李王職: 일제강점기에 왕가와 관련한 사무 일체를 담당하던 기구)의 주간 아래 편찬한 것인데, 이들은 일본인들의 간여 아래 편찬된 것이기 때문에 조선왕조실록에서 제외하자는 의견도 많으나, 여기에서는 추가하였다.

〈표 1-5〉 현존 조선왕조실록의 내역

종별	권수(卷數)	책수(冊數)	편찬연대
1대 태조실록	15	3	태종 13년(1413)
2대 정종실록	6	1	세종 8년(1426)
3대 태종실록	36	16	세종 13년(1431)
4대 세종실록	163	17	단종 2년(1454)
5대 문종실록	12	6	세조 1년(1455)
6대 단종실록(노산군일기)	14	6	예종 1년(1469)
7대 세조실록	49	18	성종 2년(1471)
8대 예종실록	8	3	성종 3년(1472)
9대 성종실록	297	47	연산군 5년(1499)
10대 연산군일기	63	17	중종 4년(1509)
11대 중종실록	105	102	명종 5년(1550)
12대 인종실록	2	2	명종 5년(1550)
13대 명종실록	34	21	선조 4년(1571)
14대 선조실록	221	116	광해군 8년(1616)
선조수정실록	42	8	효종 8년(1657)
15대 광해군일기(중초본)	187	64	인조 11년(1633)
광해군일기(정초본)	187	40	효종 4년(1653)
16대 인조실록	50	50	효종 4년(1653)
17대 효종실록	21	22	현종 2년(1661)
18대 현종실록	22	23	숙종 3년(1677)
현종개수실록	28	29	숙종 9년(1683)
19대 숙종실록	65	73	영조 4년(1728)
20대 경종실록	15	7	영조 8년(1732)
경종수정실록	5	3	정조 5년(1781)
21대 영조실록	127	83	정조 5년(1781)
22대 정조실록	54	56	순조 5년(1805)
23대 순조실록	34	36	헌종 4년(1838)
24대 헌종실록	16	9	철종 2년(1851)
25대 철종실록	16	9	고종 2년(1865)
26대 고종실록(이왕직 편찬)	52	52	1927-1935
27대 순종실록(이왕직 편찬)	17	3	1927-1935

이와 같은 방대한 조선왕조실록은 일시에 편찬된 것이 아니라, 각 임금 대대로 편찬한 것들이다. 즉 한 임금이 승하하면 '실록청'이라는 임시 기관을 설치하고, 총재관(總裁官)과 당상(堂上), 낭청(郎廳)을 임명하여 여러 부서(대개 都廳과 1, 2, 3房)로 나

누어 그 임금의 실록을 편찬하여, 예컨대 '세종장헌대왕실록'(世宗莊憲大王實錄), '중종공희휘문소무흠인성효대왕실록'(中宗恭僖徽文昭武欽仁誠孝大王實錄) 등의 이름[41]으로 인행(印行)한 것이었다. 이러한 실록의 기본 사료가 된 것은 춘추관의 시정기(時政記)와 사관(史官)들의 사초(史草)였으며, 이 밖에 승정원일기와 의정부등록(議政府謄錄) 등 정부 각 기관의 기록과 필요한 경우 개인문집 등도 수합하여 사료로 사용했고, 후세에는 비변사등록(備邊司謄錄)과 일성록(日省錄)도 주요 사료로 사용했다. 그리하여 해당 임금이 즉위한 날부터 사망한 날까지의 사실(史實)을 연월일 순의 편년체로 편찬했는데, 대개 다음과 같은 3단계를 거쳐 완성했다.

첫째 단계: 1, 2, 3방에서 춘추관의 시정기와 기타 사료 중에서 중요한 사실을 초출(抄出)하여 초초(初草: 초고)를 작성한다.

둘째 단계: 도청(都廳)에서 초초 중에 빠진 사실을 추가하고 불필요한 것을 삭제하고 잘못된 것을 수정하여 중초(中草)를 작성한다.

셋째 단계: 총재관과 도청, 당상이 중초의 잘못을 수정함과 동시에 문장과 체재(體裁)를 통일하여 정초(正草)를 작성한다.

이렇게 하여 실록이 완성되면 곧 전국 여러 곳에 특별히 설치한 사고(史庫)에 한 질씩 비장(秘藏)하고, 실록의 기본 사료였던 춘추관의 시정기와 사관의 사초 및 실록의 초초, 중초는 모두 세초(洗草)[42]하였다. 이는 국사의 비밀 누설을 방지함과 동시에 종이를 재생산하기 위한 것이었는데, 이러한 세초 작업은 조지서(造紙署)가 있던 자하문(紫霞門) 밖 차일암(遮日巖) 아래 개천에서 거행했다. 그리고 사고에 비장한 실록은 사관 이외에는 누구도 보지 못했는데, 이는 실록에 임금의 선악과 군신(群臣)의 간위(奸僞) 등도 사실대로 직필(直筆)해 놓았기 때문이었다.

---

41 이처럼 각 임금의 실록의 정식 이름은 길고 복잡하나, 이들을 편의상 간단히 줄여 '세종실록', '중종실록' 등으로 부르고 있다.

42 먹물로 쓴 글자들을 물에 씻어서 보이지 않게 하는 것을 말한다. 이렇게 세초한 종이는 조지서(造紙署)에서 종이를 만드는 데 재활용했다. 제11대 임금 중종 이후 각 임금의 실록편찬 과정은 뒤의 제4장에서 자세히 소개하겠다.

(2) 이 책에서의 조선왕조실록의 활용

1910년 대한제국의 멸망 이후 실록을 대중에게 공개하기 시작하였으며, 경성제국대학에서 1929년부터 1932년까지 4년 동안에 걸쳐 태백산사고본 실록을 원본으로 하여 1,893권, 888책의 조선왕조실록 전체를 사진판으로 영인하였다. 그러나 이때 겨우 30부만 영인하고, 그것도 대부분 일본으로 가져가서 한국 내에는 겨우 8질밖에 두지 않았다. 하지만 1945년 광복이 되고, 실록의 수요가 격증하자 국사편찬위원회에서 정부에 예산을 요구하여 1955년부터 1958년까지 4년 동안에 1,893권, 888책의 방대한 태백산사고본 실록을 8분의 1로 축쇄, 영인하여 A4판 양장본 48책으로 간행하여 국내 각 도서관은 물론 구미 각국의 주요 대학의 도서관에 널리 반포하였다.

한편 국사편찬위원회에서는 실록을 한글로 번역, 간행하는 사업을 1968년부터 시작하여 1993년까지 25년이라는 오랜 기간에 걸쳐 완성(이때 고종실록과 순종실록도 번역)하여 『국역조선왕조실록』이라는 이름으로 1994년에 출판(신국판 413책에 색인집 24책을 합해 모두 437책 간행)했다. 그러자 이를 컴퓨터 회사인 서울시스템의 한국학데이터베이스연구소에서 1994년 5월부터 전산화하기 시작, 1995년 CD-ROM으로 만들었다. 한편 2003년 국사편찬위원회도 「원전·표점조선왕조실록」이라는 이름의 CD-ROM을 만들고, 2005년 서울시스템의 CD-ROM과 합쳐 국사편찬위원회 홈페이지(http://sillok.history.go.kr/)에 올려서 누구나 조선왕조실록 원문과 국역 기사들을 무료로 볼 수 있게 되었다.

따라서 이 책의 지은이는 우선 국사편찬위원회 홈페이지에 공개해 놓은 조선왕조실록의 원문과 번역본을 기본 사료로 삼기로 했는데, 이 실록은 우리말로도 번역되어 국사편찬위원회 홈페이지에서 누구나 그 원문과 국역문을 볼 수 있기 때문이다.[43] 그리하여 우선 국사편찬위원회 홈페이지에 공개해 놓은 조선왕조실록의 검색창에 '조보'라는 단어를 쳐 보았더니 무려 340건의 기사들의 목록이 나타났다. 또한 '조지'(朝紙)에 관련된 기사는 172건, '저보'에 관련된 기사는 60건 등으로 조보관계기사들이 모두 897건이나 검색되었다. 이들 기사 중 몇 개의 내용을 찾아보았더니 조

43 조선왕조실록의 원문과 번역문을 누구나 무료로 볼 수 있도록 그 홈페이지에 개방해 놓은 국사편찬위원회에 감사드리며, 이 책에 인용해 놓은 조보관계기사들은 모두 국사편찬위원회 홈페이지에 공개해 놓은 조선왕조실록(http://sillok.history.go.kr/)에서 인용한 것임을 밝힌다.

보의 연구에 관한 사료로서 유용성과 가치가 상당이 높았으며, 무엇보다도 사료의 분량이 충분하다고 판단되었다. 따라서 조보에 관한 이들 실록 기사들을 기본 사료로 삼아 이 책에서 설정한 연구문제들에 대한 해답을 구해 보았는데, 각 연구문제에 관한 구체적인 연구방법은 뒤에서 그때그때 설명하기로 하겠다.

4) 이 책의 구성 체재의 개관

끝으로 이 책의 구성 체재를 간단히 소개하면, 모두 5개 장으로 나누어져 있다. 여기 제1장 서론에 이어 제2장 "조보의 여러 가지 명칭과 유사물"에서는 [연구문제 1] 즉 "우리나라 조보에 관한 문헌이나 논문들을 보면 '조보'라는 명칭 이외에도 기별·기별지·조지·저보·저지·저장·경보·한경보·경기·난보·소보·관보 등등 여러 가지로 불려서, 이들이 조보와 동일한 현상의 다른 명칭(별칭, 이칭)인지, 아니면 다른 신문현상의 명칭인지 자못 혼란스럽다. 그렇다면 조보의 명칭에는 도대체 어떤 것들이 있으며, 그중에서 어떤 것이 공식적 명칭이고, 어떤 것이 별칭이나 이칭(異稱), 또는 조보와 유사한 다른 신문현상들의 명칭인가?"에 관하여 살펴보기로 하겠다.

제3장 "신문의 기원과 우리나라 조보의 기원"에서는 [연구문제 2] 즉 "우리나라 조보는 언제, 어떻게 해서 출현했는지 그 기원에 관하여 아직까지 정확하게 알려져 있지 않다. 그러나 이에 관한 학설들을 종합해 보면 크게 세 가지, 즉 ① 신라시대 기별로부터 기원설, ② 중국 언론문물제도의 이입설 및 ③ 우리나라 기별에다가 중국의 저보·조보 등을 접목해서 생성되었다는 접목설로 나눌 수 있다. 그렇다면 이러한 세 가지 학설들 중에서 어떤 것이 가장 타당성이 높으며, 우리나라 조보는 도대체 정확히 언제 출현했는가?"라는 문제에 관하여 고찰해 보기로 하겠다.

제4장 "우리나라 조보의 존속 실태와 소멸"에서는 [연구문제 3] 즉 "우리나라 조보가 언제 출현했는지 그 정확한 시기는 알 수 없으나 조선왕조실록을 보면 중종 3년(1508) 3월 14일부터 조보에 관한 기록이 나온다. 따라서 이때 조보가 출현한 것 같기도 한데, 그러면 그 후 조보는 언제까지 얼마 동안이나 존속하다가 언제, 왜, 어떻게 해서 소멸되었는가?"라는 문제에 관하여 알아보기로 하겠다.

마지막으로 제5장에서는 "우리나라 조보에 관한 신문학적 종합분석"이라는 제목으로 [연구문제 4] 즉 "우리나라 신문의 기원 내지 효시로서의 조보를 S(Source)→

M(Message)→C(Channel)→R(Receiver)→E(Effects) 모형에 따라 신문학적으로 분석해 본다면, 조보는 ① 어떠한 시대적·지리적 상황(context or situation)에서 어떤 기관(S)이 무슨 목적으로 ② 주로 어떤 내용(M)을 어떤 형태로 편집, 제작하여 ③ 어떤 채널(C)을 통하여 ④ 어떤 독자(R)들에게 전달하여 ⑤ 그 독자들과 사회에 어떠한 영향(E)을 미쳤는가?" 하는 문제에 관하여 종합적으로 고찰해 보기로 하겠다.

제2장

조보의 여러 가지 명칭과 유사물

조보에 관한 본격적 고찰에 앞서, 여기 제2장에서는 앞서 제1장 서론에서 말한 [연구문제 1]에 관하여 살펴보기로 하겠다. 즉 "우리나라 조보에 관한 문헌이나 논문들을 보면 '조보'라는 명칭 이외에도 기별·기별지·조지(朝紙)·저보·저지(邸紙)·저장(邸狀)·경보(京報)·한경보(漢京報)·경기(京奇)·난보(爛報)·소보(小報)·관보 등등 여러 가지로 불러서, 이들이 조보와 동일한 현상의 다른 명칭(별칭, 이칭)인지, 아니면 다른 신문현상의 이름인지, 자못 혼란스럽다. 그렇다면 조보의 명칭에는 도대체 어떤 것들이 있으며, 그중에서 어떤 것이 공식적 명칭이고, 어떤 것이 별칭이나 이칭(異稱), 또는 조보와 유사한 다른 신문현상의 명칭인가?"

제1절

실록에 나타난 조보의 여러 가지 명칭들의 개관

[연구문제 1]의 고찰을 위해서는 먼저 조보의 명칭에는 도대체 어떤 것들이 있는지부터 알아야 한다. 또한 조보와 유사한 현상들에는 어떤 것들이 있는지도 알아볼 필요가 있다. 따라서 우선 조보에 관한 여러 선행연구들에서 조보와 그와 유사한 여러 가지 신문현상들의 명칭들부터 조사해 보았다.

1) 조보의 여러 가지 명칭들에 대한 견해

조보의 명칭에 관해서도 연구자들에 따라 여러 가지 견해들이 있었다. 즉 연구자에 따라 조보의 명칭들도 달랐고, 그 숫자에도 차이가 있었다. 그러면 조보의 명칭들에 관한 몇 사람의 견해부터 우선 살펴보기로 하겠다.

(1) 안재홍과 최남선의 글에 나타난 조보 관련 명칭들

안재홍(安在鴻)은 1935년 7월 「조선일보」에 연재한 "조선신문소사"라는 글에서 기술하기를, "조보가 분명한 관보이어니와 이에서 파생된 자(者) 저보가 있으니, 조선 상대(上代)에는 각 도(道)·부(府)·군(郡) 등 지방행정청에서는 중앙지에 반드시 경주인이 있어 관계(官界)의 소식을 각각 자기의 지방에 적어 보내든 것이니 이는 '기별'로서, 아칭(雅稱)하여 저보라고 한 것이다. … 여기에 호외(號外) 매한가지의 긴급한 '무시(無時)의 기별'이 있었든 것이다"(「신문평론」 창간호, 1947, pp. 8-9에서 재인용)라고 하였다.

이에서 보듯이 조보, 관보, 저보, 기별, '무시의 기별'이라는 여러 가지 명칭들이 조보를 지칭하고 있다. 그러나 이들 중 어떤 것이 조보의 별칭이며, 어떤 것이 조보에서 파생된 다른 신문현상의 명칭인지에 관해서는 명확하게 밝혀 놓지 않았다. 그러므로 정확히는 알 수 없으나, 이들 중 '무시의 기별'이란 분발(分撥)을 지칭한 것 같은데, 이에 관해서는 본 장 맨 뒤에서 살펴보기로 하겠다.

한편 최남선(崔南善)이 「매일신보」에 1935년 9월 11일부터 11월 27일까지 연재한 「고사천자」(故事千字)라는 글에서 춘추관에 관한 항목을 보면, "조보의 제(制)는 줄잡아도 지나(支那: 중국)의 당대(唐代)에 존재하며 저보로서 일컬으니, … [우리나라] 조보는 매조(每朝) 또 수시하여 승정원으로부터 요로 대관(大官)의 가(家)와 각 지방의 경주인처(京主人處)로 분전(分傳)되었는데, 경주인의 받는 것은 그냥 즉시 또 수편(隨便)하여 각해(各該) 지방관에게로 체전(遞傳)되어, 이른바 '한경보'(漢京報) 혹은 '경모'(京毛)로 중앙 사정 전문(傳聞)의 길이 되었다"(최남선, 1973, p. 97에서 재인용)고 한다. 이러한 최남선의 글을 보면, 조보는 저보로도 일컬었으며, 지방 관리에게 체전(遞傳: 우편물 따위를 차례로 보냄)하는 조보는 '한경보' 혹은 '경모'라고도 불렀음을 알 수 있다.

최남선은 또한 말하기를, "조보는 난보(爛報) 또는 조지(朝紙)라고도 하여 승정원에서 처리하는 사항을 매일 아침에 기재, 반포하는 통보이니, 다만 통보를 주로 하여 속(俗)에 '기별'(奇別)로 칭함이 상(常)을 지었다"(최남선, 1973, p. 98)면서, 조보의 명칭으로 조보 이외에 난보, 조지, 기별, 한경보, 경모(京毛) 등을 들었다.

(2) 김일성종합대학 신문학강좌에서는 9가지 명칭 열거

다음으로 북한의 조선과학원출판사에서 발간한 「력사논문집」 제2집(1958)에 실려 있는 김일성종합대학 신문학강좌(필자는 미상이나 월북 언론인 이갑섭으로 추정)의 "조선 신문의 원형으로서의 기별지에 관하여"라는 논문을 보면, '조보'를 '기별지'라고 부르면서, "기별지(리두식 표기로 奇別紙라고 쓴다)는 단순히 기별 또는 조보, 조지, 저보, 저지, 저장, 란보, 한경보 등으로 불리였는 바, 이들 아홉 개의 명칭 중 조지, 기별, 저지, 저장은 각각 조보, 기별지, 저보로부터 파생된 것이므로 결국 다섯 개 명칭이 그의 기본적인 것으로 된다"(pp. 220-221)고 말했다. 그러면서 "이와 같은 여러 가지 명칭 중 가장 보편적인 것은 고유 조선어인 기별지 혹은 기별이며, 다음은 한문식 표현들인 조보와 저보이고, 조지, 저지, 저장, 난보, 한경보 등은 드물게 쓰였으며, 이 중에는 통용어가 아니고 어떤 개인이 임의로 부른 듯한 저장, 저지와 같은 것도 있으며, 한경보는 필자가 본 바로는 모리스 꾸랑의 『조선서지』(Maurice Courant, *Bibliographic Coréenne*)에서만 발견될 뿐이었다"(pp. 220-221)라고[1] 기술했다.

위와 같이 김일성종합대학 신문학강좌에서는 조보의 명칭으로 모두 아홉 개를 들었다. 그러나 그중에서 조보·한경보·저보의 뜻에 관해서만 다음과 같이 간단히 설명해 놓았다. 즉 ① "조보란 조정의 소식 혹은 조정의 신문을 말하며, '단란조보'(斷爛朝報)에서 나온 조보뿐이 아니라 단편적인 소식 일반을 가리키는 말로서, 때로는 단편적인 소식이라는 의미로서, 때로는 조보를 의미하는 말로 쓰인 듯하다. 그렇기 때문에 문헌상 양자(兩者)를 구별하는 곳도 있다." ② "한경보란 '서울 소식' 혹은 '서울 신문'을 의미하며, 기별이란 소식 즉 뉴스를 의미한다는 것은 더 설명할 필요도 없다." ③ "저보란 지방장관들이 각 지방 서울사무소인 '저'(邸)로부터 받는 소식 혹은 신문을 의미한다"(p. 221).

이처럼 조보·한경보·저보의 명칭에 관해서 간략하게 설명한 뒤, "중국에도 기별지와 같은 정권 기관의 공보가 일찍부터 있었는 바, 그것도 역시 여러 명칭 즉 조보, 저보, 잡보(雜報), 조보(條報), 경보(京報), 당보(塘報), 역보(驛報) 등등으로 불리웠으며, 조보와 저보라는 명칭은 우리나라와 공통되었다는 사실만을 우선 여기서 지적한다"(p. 222)고 부언했다.

(3) 박정규는 조보의 명칭으로 모두 11개나 들어

박정규의 "조선왕조시대의 전근대적 신문에 관한 연구: 조보와 그 유사물의 특성을 중심으로"라는 논문(문학박사학위논문, 서울대학교 대학원, 1982)을 보면, "조보·기별·저보 등의 명칭은 적어도 조선왕조 후기에 동일한 신문현상을 가리키는 것이었다. 조보가 승정원에서 발행된 것에 대한 공식적 명칭이었다면, 기별은 순수한 우리말로 이두식 표기였으며, 저보는 경저(京邸)를 통해 지방에 배포된 것의 명칭이었다. 조보는 그 밖에 조지, 기별지, 저지, 난보, 경보, 경기(京奇), 한경보, 저장 등 여러 가지 명칭이 있었다"(p. 35)면서, 조보의 명칭으로 모두 11개를 들었다.

그러면서 "이렇게 다양한 명칭으로 불리워진 것은 조보 지면에 제호식(題號式)

---

1 그러나 위에서 언급했듯이 최남선의 「고사천자」라는 글에도 '한경보'라는 말이 나온다. 최남선에 따르면 지방의 관리들에게 체전되는 조보는 '한경보' 혹은 '경모'라고 불렀다고 한다.

명칭이 기재되어 있지 않았다는 점도 있으나, 독자층이 중국 문화에 밝은 관계로 중국의 명칭을 그대로 사용한 것도 하나의 이유였을 것이다. 조보·저보·저장·난보·경보는 중국에서 흔히 사용한 명칭이었기 때문이다"(p. 35)라고 조보의 여러 가지 명칭들과 그렇게 불린 연유를 설명했다. 그런 다음, 이를 "조보의 기타 명칭과 특성"이라는 항목에서 좀 더 상세히 설명해 놓았는데, 그대로 옮겨 보면 아래와 같다.

> 조보의 다양한 별칭은 조보·저보·기별의 세 명칭에서 파생된 것이 대부분으로 조지·저지·기별지 등이 그것이다. … 특히 '조지'(朝紙)라는 명칭은 조선 후기에 와서는 조선왕조실록, 법전, 승정원일기 등에서 '조보'라는 명칭보다 더욱 빈번히 사용하고 있다. 조보의 다른 명칭으로는 '난보'(爛報)가 있었는데, 조선왕조실록에서도 거의 나타나지 않고 있으며, 간혹 문집(文集) 등에서 찾을 수 있다. 조보의 기사들을 초출(抄出)하여 편집한 책들이 현재 남아 있는데, 이들의 제명(題名)이 '난여'(爛餘), '난선'(爛選), '난록'(爛錄) 등으로 난보에서 유래하는 '난'(爛) 자(字)를 붙이고 있는 것으로 보아 난보라는 명칭도 적지 않게 통용되었던 것 같다.
>
> 그 밖에 조보에 대한 다른 명칭으로 서울 소식이라는 의미를 가진 경기(京奇)·경보(京報)·한경보(漢京報) 등도 사용되었다. '경기'라는 명칭이 보이는 가장 오래된 문헌은 김성일(金誠一: 1538-1593)의 일기이다. 김성일이 이조(吏曹) 정랑으로 겸춘추관기주관(兼春秋館記注官)에 서임된 을묘년(乙卯年, 1579)에 휴가를 받아 경상도 청기(青杞)로 귀근(歸覲)하였을 때 일기를 보면, "경기(京奇)를 보니 초5일 정사(政事)에 이식(李拭)을 발탁하여 대사헌을 삼고 이기(李墍)를 대사간(大司諫)으로 하고, 정사위(鄭士偉)를 집의(執義)로 삼고, …"[2] 운운하는 기사가 나오는데, 경상도 영해(寧海) 영양현(英陽縣)의 청기에서 서울 소식을 읽었다는 것이다. 경기는 서울 기별이란 의미로 널리 사용되었던 것으로 문집이나 일기에 '견경기'(見京奇) 또는 '문경기'(聞京奇) 등의 문구가 자주 보인다. 경기라는 명칭이 16세기 후반의 문헌에 나타난 것으로 보아 상당히 오랫동안 전래된 명칭으로 보인다. '서울 기별' 또는 '서울 소식'이라는 의미로 승정원에

2 김성일(金誠一), 「학봉집」(鶴峰集), 을묘일기(乙卯日記) 2월 27일자.

서 발행한 조보와는 기사 내용이 동일한 것만은 아니었으며, 조금 다른 특성을 지니고 있었다(박정규, 1982, pp. 41-42).

박정규는 위와 같이 조보의 명칭으로서 모두 11개를 들면서 조선시대에 관보로서의 정식 명칭은 조보였으나 그 외에 조지·기별·기별지·저보·경기 등의 명칭이 나타났는데, 개화기에 우리나라에 주재한 서양 사람들은 조보를 *The Daily Gazette*로 호칭하기도 했다고[3] 한다. 각 명칭에 따라 내용이나 성격을 약간 달리하는 것도 있으나, 조보·저보·기별은 거의 같은 개념으로 사용되었고, 서로 혼용해서 쓰이기도 하였다. 한편 박정규는 조보의 별칭들 이외에 조보의 유사물로서 분발(分撥), 정사(政事), 소차(疏箚), 방지(榜紙), 녹지(錄紙), 영기(營奇), 시속소문 등을 들면서, 이들은 조보와는 성격이 다른 뉴스 전달 매체였다고 주장했다(박정규, 1982, p. 127).

(4) 최정태는 조보의 이명(異名)으로 여덟 개 손꼽아

문헌정보학자 최정태는 그의 연구서『한국의 관보』(서울: 아세아문화사, 1992)에서 우리나라 전근대(前近代) 관보의 하나로서 조보에 관하여 기술하면서, "조보의 이명(異名)과 유사자료"라는 항목에서 "조보에는 유사 성격 내지 이명(異名)을 가진 자료가 상당수에 달하는데, 이들을 열거하면 다음과 같다"면서 조보의 이칭(異稱) 즉 별칭으로 모두 8가지를 들었다. 그러면서 이들 각각에 관하여 다음과 같이 간단히 설명했다(최정태, 1992, pp. 15-16).

① **경기(京奇)**: '서울 기별'이라는 뜻으로 간행된 것으로서 지역 명칭이라 볼 수 있다.

② **경보(京報)**: 중국의 조보인데 청대(清代)에 와서 경보라고 개칭되었다. 우리나라에는 경보 발행 사실에 대한 것이 문헌에 나타나 있지 않으나 현 연세대학교 중앙도서관에 '경보'(京報)란 제목의 서책을 소장하고 있는 것으로 보아 경보가 행하여졌다는 것만은 사실이 되었다(주: 임종순, "조보와 경보에

3 1892년 1월 Ohlinger 부부(夫婦)가 서울에서 창간한 영문잡지 *The Korean Repository*에서는 매월 "Extracts from *The Daily Gazzete*"라는 난을 두고 조보의 주요 뉴스를 발췌해서 게재했다.

대하여", 「서지학」 제2호, 1969).

③ **기별**: 한자로 '奇別' 또는 '寄別'로 표기하며 조보의 우리말 별칭이다. 기별이 조보의 전기(前期) 형태로서 신라시대를 거쳐 조선조에 발전되었다는 견해도 있지만, 이 분야의 목록, 색인 및 서지류(書誌類)를 찾아보면 '기별'이란 명칭을 가지고 발행된 자료의 흔적은 보이지 않는다.

④ **분발(分撥)**: 당일분 전체 기사 중에서 중요하고 긴급한 내용을 발췌, 서사(書寫)하여 신속하게 통보하였던 것이다. 오늘날의 '속보'(速報)나 '호외'(號外)에 해당한다.

⑤ **영기(營奇)**: 지방 감영에서 발행한 지방 소식인데 감영에서 처리되는 각종 정보와 각 군현(郡縣)에서 보고하는 소식을 지방민에게 통보하는 매체이다. Local official gazette에 해당한다.

⑥ **저보(邸報)**: 경저(京邸)에서 본군(本郡)에 보내는 보고 통지이다. 신관(新官: 수령)의 부임을 본군에 알리는 것도 경저에서 저보로 하였다(주: 최승희, 『한국고문서연구』, 성남: 한국정신문화연구원, 1985, p. 195).

⑦ **정사(政事)**: 조정의 인사 소식만을 게재한 것을 대량으로 복제하여 일반에 배포한 자료이다. 구한국 「관보」(官報)의 발행 초기에는 '정사'만을 별쇄해서 따로 발행하였다.

⑧ **한경보(漢京報, Hankyengpo: Gazette de Seoul)**: 모리스 꾸랑(Maurice Courant)이 『조선서지』(*Bibliographie Coréenne*) '조보'란에 처음으로 사용하였다(주: Maurice Courant, *Bibliographie Coréenne*, Tome II, Paris: Ernest Leroux, 1895, pp. 177-178). 조보가 서울에서 발행되기에 이러한 명칭이 붙은 듯하다. 이칭(異稱)으로 '조보'(Tjyopo: Gazette de la Cour) 또는 '기별'(Keuipyel: Nouvelles)이라고 부른다.

이처럼 최정태는 조보의 이명(異名)으로서 모두 여덟 가지를 들었으나, 이들 중 어떤 것들이 조보의 별칭이고 어떤 것들이 유사물인지는 분명하게 밝혀 놓지 않았다. 그러나 이들 중 분발·영기·정사는 조보의 별칭이 아닌 것이 분명하므로, 조보의 별칭은 5개가 되는 셈인데, 이들은 곧 경기·경보·기별·저보·한경보이다(조보까지 합치면 모두 6개가 됨).

(5) 이 밖에도 여러 사람이 조보의 별칭으로 여러 가지 열거

이상에서 언급한 다섯 사람 이외에도 여러 사람들이 조보의 별칭으로 여러 가지를 들었다. 예컨대, 차상찬(車相瓚)은 말하기를, "우리 조선의 신문 원조는 아마 '기별지'라 할 것이다. 이 기별지는 금일 소위 관보의 일종으로 혹칭 '조보' 또는 '난보'(爛報)라 하는 것이니…"(차상찬, 1936, p. 40)라고 우리나라 신문의 원조로서 기별지를 들면서, 이것의 다른 명칭은 조보 또는 난보라고 했다.

유자후(柳子厚)는 조보를 조지(朝紙)라고 부르면서, "조지라 하는 것은 승정원에서 처리하는 사항을 매일 아침에 기재하여 반포하는 통보로서 난보(爛報)니 조보니 통지니 기별지니 하는 별호가 많이 전하여져 오는 것이니 요컨대 조정에서 반포하는 관보였다"(유자후, 1949, p. 114)고 말했다.

이진섭(李眞燮) 역시 우리나라 신문의 원조로 기별을 들면서, 이 기별제도는 일찍이 고려왕조를 거쳐 조선왕조에 들어서서 더욱 발달했다고 말했다. 즉 1392년, 태조 원년 9월 14일, 예문춘추관을 두어 사관(史官)으로 하여금 조정의 결재사항과 견문록을 기록하여 경외(京外) 대소아문(大小衙門)에 관보로서 돌렸다고 한다. 그 후 "이조(李朝) 7대 왕 세조 때부터 취급한 '조보' 또는 일명 '난보', '조지'라는 것도 일반 사대부들은 통칭 기별 또는 기별지로 말해 왔다"(이진섭, 1968, p. 23)고 했다.

임종순은 "조보는 경보라는 명칭 이외에도 저보, 저초(邸鈔), 각초(閣鈔), 당보(塘報), 역보(驛報) 또는 기별지라고도 하였다"(임종순, 1969, p. 19)면서 조보의 별칭으로 모두 7개를 들었다.[4]

김영주는 주장하기를 "조보의 명칭 가운데 가장 보편적으로 사용되는 용어는 조보였고, 그 다음이 저보였다. 다음으로는 조지, 기별, 난보, 경보의 순이었으며, 나머지 용어들, 예컨대 기별지, 저장(邸狀), 저지(邸紙), 보장(報狀), 한경보(漢京報), 영기(營奇) 등은 거의 사용되지 않았다. '기별'은 조선조 중반(중종·인조 대)에, '조지'는 조선조 후반(숙종·고종 대)에 집중적으로 사용되었다"(김영주, 2008, p. 247)고 했다.

북한의 사회과학출판사에서 나온『조선출판문화사: 고대~중세』라는 책을 보면, "우리나라에서 근대신문의 원형으로서 조보의 명칭은 조보, 기별지, 소식, 저

---

4 그러면서 임종순은 부언하기를, 중국에서 신문은 한당(漢唐)시대에 저보에서 시작되었는데, 이를 잡보(雜報), 조보, 조보(條報)라고도 칭했다가 당송(唐宋)시대에 조보로 개칭되었다고 했다.

보, 란보, 한경보 등 여러 가지로 불리웠으나 편의상 '조보'로 통일한다"(p. 393)고 말했다.

그러므로 위에서 언급한 열 사람이 지적한 조보의 별칭 또는 유사물의 이름만을 모두 합치면 무려 22개(조보 포함)나 되는데, 이들을 열거해 보면 각초, 경기, 경모, 경보, 기별, 기별지, 난보, 당보, 보장, 분발, 역보, 영기, 저보, 저장, 저지, 저초, 정사, 조보, 조지, 통지, 한경보이다. 이들 이외에도 소보(小報), 관보 등의 명칭도 여러 문헌들에 보이고 있다. 그렇다면 이들 24개 명칭들은 모두가 동일한 신문현상, 즉 조보의 단순한 별칭들이었는가, 아니면 서로 다른 별개 신문현상의 명칭들이었는가? 만약 동일한 신문현상을 여러 가지 명칭으로 불렀다면 그 이유는 무엇이며, 이들 중 어느 것이 공식 명칭이었는가? 그리고 김영주가 주장하기를 "조보의 명칭 가운데 가장 보편적으로 사용되는 용어는 조보였고, 그 다음이 저보였고, 다음으로는 조지, 기별, 난보, 경보의 순이었으며, 나머지 용어들, 예컨대 기별지, 저장, 저지, 보장, 한경보, 영기 등은 거의 사용되지 않았으며, '기별'은 조선조 중반(중종·인조 대)에, '조지'는 조선조 후반(숙종·고종 대)에 집중적으로 사용되었다"(김영주, 2008, p. 247)고 했는데, 이것은 사실인가?

2) 실록에서 검색해 본 조보 관련 명칭들의 출현 건수

이와 같은 문제를 실증적으로 고찰해 보기 위한 방편의 하나로서, 국사편찬위원회 홈페이지의 『조선왕조실록』(http://sillok.hisory.go.kr/main/main.jsp) 원문(原文: 국역본이 아닌 한문본)[5]에서 앞서 언급한 24개의 조보 관련 명칭[한자어]들을 검색해 보았다. 그 결과, 5회(건) 이상 나온 명칭은 조보·조지·저보·기별·난보·경보·소보·분발로서 8개뿐이었으며, 나머지 명칭들의 출현 건수는 5회 미만이었고, 심지어 1건도 나오지 않는 경우도 있었다. 따라서 상기(上記)한 8개 명칭들의 출현 건수를 역대 임금별로 집계해 보았더니 〈표 2-1〉에서 각 명칭 아래 '검색'이라는 난(欄, column)과 같이

5 실록 원문(한문본)과 이를 우리말로 번역해 놓은 국역본에서, 예컨대 '조보'라는 단어를 검색해 보면, 원문에서는 447건이 나오나 국역본에서는 417건이 나오는데, 그 이유는 알 수 없다. 따라서 본서에서 조보관계기사의 건수는 원문(한문본)을 기준으로 했다.

나타났는데, 이 숫자들은 실록의 검색창에, 예컨대 '조보'니 '저보'니 하는 단어들을 쳤을 때 나타난 검색 건수이다.

〈표 2-1〉 조선왕조실록(원문)에서 조보 관련 명칭의 검색 결과

구 분	조보(朝報)		조지(朝紙)		저보(邸報)		기별(奇別)		난보(爛報)		경보(京報)		소보(小報)		분발(分撥)	
	검색	실수	검색	실수	검색	실수	검색	실수	검색	실수	검색	실수	검색	실수	검색	실수
1. 태 조	0		0		0		0		0		0		0		0	
2. 정 종	0		0		0		0		0		0		0		0	
3. 태 종	0		0		0		1		0		0		0		1	1
4. 세 종	1		0		0		0		0		0		1		0	
5. 문 종	0		0		0		0		0		0		0		0	
6. 단 종	0		0		0		0		0		0		0		0	
7. 세 조	0		0		0		0		0		0		1		0	
8. 예 종	0		0		0		0		0		0		0		0	
9. 성 종	1		0		0		2		0		0		0		0	
10. 연산군	0		0		0		0		0		0		0		0	
11. 중 종	18	13	0		0		38	5	0		0		1		0	
12. 인 종	0		0		0		0		0		0		0		0	
13. 명 종	6	6	0		2	2	1		0		0		0		0	
14. 선 조	66	62	0		7	7	13	3	0		5		2		0	
(수정)	(5)	(5)	0		1	1	0		0		0		1		0	
15. 광해(중)	118	56	0		6	6	2	1	0		2		0		13	13
(정초본)	(98)	(55)	0		(6)	(6)	1		0		(2)		0		0	
16. 인 조	36	34	0		8	8	0		0		1		0		2	2
17. 효 종	9	9	0		6	6	1		0		0		1	1	1	1
18. 현 종	4	4	0		4	4	0		0		0		1	1	0	
(개수)	(4)	(3)	0		5	(4)	0		0		0		1		0	
19. 숙 종	15	14	9	9	8	8	0		0		2		7	7	0	
(보정)	2	2	0		0		0		0		0		0		0	
20. 경 종	2	2	2	2	0		2	1	0		1		1	1	0	
(수정)	2	2	1	1	0		0		0		(1)		1	(1)	0	
21. 영 조	36	35	34	34	7	7	7	1	3	3	0		10	10	1	1
22. 정 조	14	13	82	20	1	1	7		8	7	0		7	7	2	
23. 순 조	1	1	9	9	2	2	1		1	1	1		0		1	
24. 헌 종	0		0		0		1		0		0		0		0	
25. 철 종	0		3	3	3		2		0		0		0		0	
26. 고 종	9	7	32	32			23	1	0		0		0		9	
27. 순 종	0		0		0		3		0		0		0		0	
합 계	340	261	172	110	60	52	104	12	12	11	12		35	27	30	18

*실록에서 8개 조보 관련 명칭의 총검색 건수는 749건이나 실제로 신문현상에 관한 명칭들의 총실수는 447건이다.

그러나 이러한 명칭들이 들어 있는 실록 기사들의 원문을 하나하나 찾아 그 내용을 살펴보았더니, 조보 등의 신문현상을 가리키는 말이 아닌 것들이 많았다. 예컨대, '조보'라는 단어가 '조정의 소식'이니, '조정의 보고'니 하는 뜻의 '조보'인 경우가 적지 않았다. 따라서 이런 것들을 제외하고, 신문현상으로서 조보와 그 유사물에 관한 기사들의 출현 건수만 집계해 보았더니, 〈표 2-1〉에서 각 명칭 아래 '검색'란 왼쪽 '실수'(實數)란에 기재된 건수와 같이 나왔다. 그러므로 이들 실수만을 가지고 어떤 명칭이 얼마나 많이 실록에서 사용되었는지를 살펴보았다.

다음으로 역대 임금별 '검색' 건수와 '실수'를 보면, 예컨대 선조수정, 현종개수, 경종수정이니 하는 것들이 나오는데, 이들은 전쟁이나 화재 등으로 소실된 실록을 다시 편찬한 것을 말한다. 그러나 이러한 수정본, 개수본 등에 들어 있는 조보관계 기사들의 내용은 원본의 그것과 동일한 것이 적지 않다. 따라서 이처럼 동일한 내용의 실록 기사들은 집계에서 제외시켰는데, 이렇게 제외시킨 실록 기사들의 건수가 바로 괄호 안에 넣은 숫자들이다. 그러면 〈표 2-1〉에서 괄호 안에 들어 있지 않은 '실수' 란의 건수만을 가지고, 조선왕조실록에서는 조보에 관한 여러 가지 명칭 중 어떤 것을 얼마나 사용했으며, 각 명칭은 어느 임금 때부터 사용하기 시작했고, 어느 임금 때 많이 사용했는지를 우선 개관해 보기로 하겠다.

3) 조보와 조지는 동의어로 서로 혼용

우선 위의 〈표 2-1〉에서 맨 아랫줄 '합계'란의 실수들을 보면, '조보'라는 명칭이 모두 261건으로서 가장 많았는데, 이는 다른 명칭들, 즉 조지·저보·기별·난보·경보 등의 건수들을 모두 합친 것과 비슷한 정도였다. 또한 이 명칭은 중종 3년(1508)에 실록에 처음 나타난 이후 고종 때인 1894년 갑오개혁 이후 종래의 조보가 '신식관보'로 바뀔 때까지 계속해서 나오고 있다. 따라서 이런 사실(史實)로 미루어 볼 때, 조선시대에는 '조보'라는 명칭이 가장 보편적으로 사용되었던 대표적인 명칭이었음을 알 수 있다. 다음으로 실록에 많이 나타난 것은 '조지'로서 110건이었고, 세 번째는 '저보'로서 52건, 네 번째는 '소보'로서 27건, 다섯 번째는 '분발'로서 18건, 여섯 번째는 '기별'로서 12건, 일곱 번째는 '난보'로서 11건이었고, '경보'는 한 건도 나타나지 않았다. 그렇다면 이들 8개의 명칭은 조보의 별칭인가, 아니면 각각 다른 신문현상의 명칭이었는가?

우선 조보와 조지에 관하여 살펴보면, 실록에서 '조보'라는 명칭은 중종 3년(1508)부터 나타나기 시작했다. 그러나 '조지'라는 명칭은 숙종실록 13권, 숙종 8년(1682) 11월 20일 4번째 기사에서부터 나타나기 시작하여 숙종 연간(1674-1720)에만도 모두 9건이 나타났다. 하지만 이들 중 숙종실록 15권, 숙종 10년(1684) 12월 3일 2번째 기사에 나온 조지는 중국의 당보(塘報)에 관한 것으로, 곧 "대저 천영선(千永善)이 [중국에서] 얻은 문서는 바로 청국의 당보로서 우리나라 조지와 같은 것이었다"라는 것이었다.

한편 숙종실록 13권, 숙종 8년(1682) 11월 20일 4번째 기사의 국역본 주(註: 4087)를 보면, 조지는 "승정원에서 매일 아침 그 전날 조정에서 처리된 일들을 적어 돌리는 일종의 관보로, 조보라고도 불림"이라고, 이 기사의 국역자(國譯者: 한글 번역자)가 풀이해 놓았다. 이러한 풀이는 다른 실록 기사들에서도 계속해서 똑같이 나온다. 그런가 하면, 영조실록 2권, 영조 원년(1724) 11월 5일 5번째 기사를 보면, 아래와 같이 동일한 기사에서 영의정은 '조지'라고 부르고 있는 반면, 승지와 영조 임금은 '조보'라고 호칭하고 있다.

> 영의정 이광좌(李光佐)가 임금께 아뢰기를, "거조(擧條: 신하가 임금에게 아뢰는 조항)를 써낸 뒤에야 군상(君上)의 덕의(德意)와 조정의 득실을 알 수 있는 것입니다. … 그러나 근래 가끔 전혀 조지에 써내지 않는 경우가 있고…" 하자, 승지 김동필(金東弼)이 말하기를, "원래 [거조를] 조보에 모두 다 써내는 예가 없습니다"라고 하니, 심단(沈檀)이 말하기를, "예전에는 경연이 끝난 뒤에 승지와 주서(注書)가 감히 집으로 돌아가지 못하고 서로 거조를 의논하여 반드시 그날 저녁에 계하(啓下)하여 조보에 모두 다 내었습니다"라고 하니, 임금이 말하기를 "거조를 조보에 모두 내지 않는 것이 비록 잘못된 구례라 하나…" [이하 생략]

따라서 이러한 실록 기사를 볼 때 조지는 조보의 별칭으로, 이들 두 명칭은 임금과 영의정, 승지들도 서로 혼용했음을 알 수 있다. 이처럼 동일한 기사에서도 조보와 조지의 명칭을 혼용한 실례는 실록에 상당히 많이 나온다.[6] 그러므로 '조지'와 '조보'라는 명칭은 동일한 신문현상을 가리키는 용어임을 알 수 있다. 그러나 앞서 말했듯이 실록에서 '조보'라는 명칭은 중종 3년(1508) 3월 14일 1번째 기사에서 처음 나온 반면, '조지'라는 명칭은 174년 뒤인 숙종 8년(1682) 11월 20일 4번째 기사에 처음 나온다. 따라서 이로 미루어 볼 때 '조지'라는 명칭은 조보가 나온 지 적어도 174년 뒤부터 사용된 것 같은데, 왜 이때부터 조보를 조지라고도 부르기 시작했는지는 알 수 없다.

이유야 어떻든 숙종 때부터 사용되기 시작한 '조지'라는 명칭은 그 뒤 상당히 자주 사용되면서 '조보'라는 명칭과 많이 혼용되었다. 숙종실록에는 조보라는 명칭이 14건, 조지라는 명칭은 9건이 나왔으며, 경종실록에는 조보와 조지라는 명칭이 각각 2건, 영조실록에는 조보라는 명칭이 35건, 조지라는 명칭이 34건이 나와서 사용빈도가 거의 비슷했다. 그러나 정조 때부터는 조보라는 명칭보다 조지라는 명칭을 더 많이 사용한 것 같은데, 정조실록에는 조보라는 명칭은 13건이 나온 반면, 조지라는 명칭은 20건이나 나왔기 때문이다. 그 다음 순조실록에는 조보라는 명칭이 1건밖에 나오지 않았으나, 조지라는 명칭은 9건이 나왔다. 그리고 고종실록에도 조보라는 명칭은 9건이 나온 반면, 조지라는 명칭은 32건이나 나왔다. 따라서 이를 볼 때, 정조 때부터는 조보라는 명칭보다 조지라는 명칭을 더 많이 사용한 것 같다. 그러나 그 이유는 알 수 없다.[7]

---

6 예컨대, 영조실록 23권, 영조 5년(1729) 7월 6일 1번째 기사를 보면, 영중추부사 이광좌(李光佐)가 [어의(御醫) 민형수(閔亨洙)의 상소문에 대하여] 상소하기를, "약방의 계사(啓辭)가 [갑진년, 경종 4년, 1724년 7월] 조보에 나왔는데도 [민형수가 상소에서] 이제 말하기를 '[선왕 경종이] 편찮으시다는 소식을 듣지 못했다가 갑자기 휘음(諱音)을 받들게 되었다'고 하니, 임금이 비답하기를, '그가 조지에 난 것을 보지 못했겠는가?'" 운운하며, 앞에서는 '조보'라고 했으나, 뒤에서는 '조지'라는 명칭을 사용했다. 또한 정조실록 3권, 정조 1년(1777) 5월 10일 5번째 기사에서도 "경상도 관찰사 이연상(李衍祥) 상소하기를, "정월 보름쯤에 양산군(陽山郡)에 사는 서류(庶類) 한 사람이 본군(本郡)에 소지(小紙)를 올리면서 말하기를 '이것은 조보를 등서하여 온 것이다.'" 운운했으나, 조금 뒤에서는 "이는 조지에서 보지 못했던 바입니다"라며 조보와 조지라는 명칭을 서로 혼용하였다.

7 혹시 '조보'보다는 '조지'라는 명칭이 더 정확한 표현이었기 때문인지도 모르겠는데, '조보'라고 하면 '조정의 뉴스'라는 뜻도 되나, '조지'라고 하면 '조정에서 나오는 신문(newspaper)'이기 때문이다. 그래서 중국에서도 news는 '신문'(新聞)이라고 말하는 반면, newspaper는 '보지'(報紙)라고 부르며 단어를 구별해서 사용하고 있다.

4) 저보도 조보의 별칭 중 하나로 많이 사용

다음으로 실록에서 '저보'라는 명칭의 검색 결과를 보면, 〈표 2-1〉에서 보듯이 명종실록 2권, 명종 원년(1545) 11월 14일 1번째 기사에서부터 나오기 시작하여 순조실록 20권, 순조 17년(1817) 10월 2일 1번째 기사까지 모두 60건이 나왔다. 그러나 이들을 일일이 살펴보았더니 8건은 중국 청나라의 저보에 관한 것이었다. 따라서 우리나라 저보에 관한 것은 모두 52건이었는데, 이들은 13대 명종(1545-1567) 때부터 실록에 나타나기 시작하여 23대 순조(1800-1834) 때까지 나오다가 그 이후에는 보이지 않았다. 그렇다면 이러한 저보는 조보의 별칭인가, 아니면 조보와는 다른 별개 신문현상의 명칭이었을까?

결론부터 말하면 '저보는 조보의 별칭임이 분명하다'고 말할 수 있다. 그 이유는, 첫째로 실록기사들을 보면, 하나의 동일한 기사 안에서도 '저보'와 '조보'를 혼용하고 있기 때문이다. 예컨대, 인조실록 10권, 인조 3년(1625) 10월 22일 2번째 기사를 보면, "장령 김영조(金榮祖)가 아뢰기를, '신이 대궐에 나아가서야 비로소 저보를 보았는데, 요즘 목성선(睦性善) 등이 올린 상소 때문에 양사가 논열(論列)하면서 어떤 사람은 소장을 불에 태우라고 청하기도 하고 어떤 사람은 관직을 파면시키라고 청하기도 하였으나 성상께서 윤허하지 않는다는 비답을 내렸다고 하였습니다. … 다만 조보에 언급한 것을 근거하여 살펴보니 목성선만이 운운한 것이 아니라 신도 괴이하게 여겼습니다'" 운운하며 앞에서는 '저보'라고 했다가 뒤에서는 '조보'라고 불렀다. 이처럼 동일한 기사에서 저보와 조보라는 명칭을 혼용한 것은 아래의 기사에서도 찾아볼 수 있다.

> 전(前) 좌랑 이회보(李回寶)가 상소하였는데, "신이 4월 28일 직숙(直宿)하면서 삼가 저보를 보니, 대행대왕(大行大王)의 증후를 감한(感寒)이라고 분명하게 썼었는데, 어의(御醫)가 학질로 다스려 마침내는 종천(終天)의 슬픔을 안게 되었습니다. … 자전(慈殿)께서 다른 궁에서 별도로 거처하신 후 전의 증세가 다시 일어났다는 설이 매양 조보에 나왔습니다. 그런데 환어하신 이래 이제 넉 달이 되었으나 한번 감기가 드신 것 외에는 전의 증세가 재발했다는 말을 듣지 못하였습니다"(효종실록 2권, 효종 즉위년, 서기 1649년 9월 1일 5번째 기사).

둘째로 비록 실록에는 '저보'라는 단어가 명종 원년(1545)부터 나오기 시작하여 순조 17년(1817)까지 우리나라 저보에 관한 것만도 52건이 나오지만, 저보의 실물은 아직까지 발견된 바 없기 때문이다. 그러므로 저보는 조보의 별칭 중 하나였음이 거의 확실하다.

셋째로 순조실록 20권, 순조 17년(1817) 10월 2일 1번째 기사, 즉 "승지 김이교(金履喬) 등이 상소하였는데, 대략 이르기를, "서산군(瑞山郡)의 전패(殿牌)[8]에 변고를 일으킨 죄인 한경유(韓慶裕)의 일을 품처하는 일에 대해서는, 의금부의 초기(草記)로 인하여 본도(本道)로 하여금 거행하라는 명이 있어 본도에서 조율하여 아뢰었는데, 승정원에서는 이미 형률을 시행한 것으로 잘못 알고 저보에 반포하였고, 의금부에서는 갑자기 노적(拏籍)의 초기를 전례대로 계하(啓下)하였습니다"라는 기사를 들 수 있다. 이 기사는 전패를 훼손한 자에 대한 처벌에 관한 형률을 이미 시행한 것으로 잘못 안 승정원에서 그 법률을 저보에 반포했다는 것으로, 이를 통해 저보는 승정원에서 냈다는 것을 알 수 있다. 그렇다면 이 기사에서 저보는 승정원에서 낸 조보임이 분명하기 때문이다.

넷째로 실록에 나타난 저보의 독자를 들 수 있다. 앞서 말했듯이 최승희(崔承熙)에 의하면, 조보는 "조정(朝廷)의 소식을 알리는 문서"인 반면, 저보는 "경저(京邸)에서 본군(本郡)에 보내는 보고 통지인데, 신관(新官: 수령)의 부임을 본군에 알리는 것도 경저에서 저보로 하였다"(최승희, 1989, p. 195)고 한다. 그렇다면 저보는 지방 각 군(郡)의 관원들이 주로 보았어야 한다. 하지만 앞서 살펴보았듯이 실록에 나타난 저보의 독자들을 보면, 지방 관원들보다는 영의정을 포함한 중앙의 고급관료들이 훨씬 더 많다. 그러므로 실록에 나오는 '저보'라는 명칭은 경저에서 본군에 보낸 통지문이 아니라 조정에서 내는 '조보'를 지칭한 것이므로, 저보는 곧 조보의 별칭이라고 볼 수 있다. 굳이 조보와 저보를 구별한다면, 조보는 중앙의 승정원에서 내는 신문현상인 반면, 저보는 이러한 조보를 경주인이 다시 필사해서 본군에 보낸 것이라고 말할 수 있다. 따라서 저보는 넓게 보면 조보의 일종이나, 좁게는 조보를 경주인

---

8 전패(殿牌): 각 고을의 객사(客舍)에 '전'(殿) 자를 새겨 세운 나무 패. 이는 임금을 상징하는 것으로 매월 초하루와 보름에 관리 전원이 모여 배례하고 지방에 출장한 관원은 이에 대하여 배례했는데, 만일 훼손하면 당자는 물론 수령까지 불경죄로 처벌받고, 심한 경우는 현(縣)이 강등되기까지 했다.

이 필사해서 자기 고을에 보낸 것으로서 조보의 제2버전(second version)이라고 말할 수 있는데, 이에 관해서는 뒤에서 자세히 살펴보기로 하겠다.

5) 기별도 조보의 별칭 중 하나임이 분명

'기별'이라는 명칭은 앞서 〈표 2-1〉에서 보듯이, 태종실록 35권, 태종 18년(1418) 4월 27일 1번째 기사에 처음 1건이 나왔다. 그러나 이 기사에서 '기별'은 신문현상이 아니라 '소식'을 말하는 것으로, 곧 "함승복(咸承復)·배상충(裵尙忠)이 북쪽 땅으로 들어가 군마를 뽑으니 반드시 변란이 일어날 것이다. 이같이 좋지 않은 기별을 즉시 주상(主上)께 아뢰겠느냐?" 운운한 것이었다.

이러한 기사 이후, '기별'이라는 단어는 50여 년 동안이나 실록에 나오지 않다가 성종실록 4권, 성종 1년(1470) 4월 2일 4번째 기사에 다시 나왔다. 그러나 이것 역시 '소식'을 말하는 것으로 곧 "의금부에서 삼복(三覆)하여 아뢰기를, 허문영(許永文)이 난언(亂言)하기를, '나라를 치고 다른 사람을 세우면 반드시 좋은 기별이 있을 것이다' 라고 하였다"는 것이었다. 그 뒤 성종실록 259권, 성종 22년(1491) 11월 15일 2번째 기사에 또 '기별'이라는 단어가 나오나, 이것 역시 '소식'을 뜻하는 것으로, "[중국 명나라] 허원수(許元帥)가 들어가지 않고 군사를 돌이킨다는 기별이 있으므로…" 운운한 것이었다.

이처럼 '소식' 등을 의미하는 '기별'이라는 단어는 태종실록부터 순종실록까지 모두 104건이나 나왔다. 그러나 신문현상(기별지)을 일컫는 '기별'이라는 명칭은 중종 때부터 나오기 시작해서 중종실록에 5건(실수)이나 나타났다. 하지만 인종실록과 명종실록에는 나오지 않다가 선조실록에 3건, 광해군일기중초본에 1건, 경종실록에 1건, 영조실록에 1건, 그리고 고종실록에 1건이 나왔다. 그리하여 모두 12건이 나왔으나, 이들 중 중국의 조보·저보 등을 가리키는 것이 5건이나 되었고, 우리나라 조보 등을 가리키는 '기별'에 관한 기사는 겨우 7건에 불과했다. 그렇다면 이러한 '기별'은 조보의 별칭인가, 아니면 조보와는 다른 별개의 유사물인가?

앞서 조보에 관한 선행연구들에서 살펴보았듯이, 수춘학인(壽春學人)에 의하면 "소위 '기별지'가 우리나라 신문의 원조라 하겠는데, … 그 시초된 연대에 이르러서는 아직 상세한 기록이 없으나 신라사(新羅史)에 의하면 신문왕(神文王) 12년 임진(서기

682년 —지금으로부터 1,248년 전)에 설총(薛聰)이 이두문을 지어 관부문찰(官府文札: 관공서 문서)에 사용하였다고 하였은즉 그때부터 긔별지가 시행(始行)된 것을 족(足)히 짐작하겠다"(수춘학인, 1930, p. 22)고 했다. 이와 같은 수춘학인의 주장을 최준(崔埈)도 그대로 받아들여, "기별제도는 신라 신문왕 때 시작되어, 그 후 고려왕조를 거쳐 조선왕조에 들어서서는 더욱 발달되어, 태조 원년 서기 1392년 9월 14일 예문춘추관을 두어 사관(史官)으로 하여금 조정의 결재사항과 견문록을 기록하여 경외(京外) 대소아문(大小衙門)에 돌렸으며, 이러한 기별제도는 조보로 발전하여 제7대 왕 세조(世祖) 때부터는 승정원에서 취급하였다"(최준, 1960, p. 1)고 그의『한국신문사』첫 페이지에 적어 놓았다.

그러므로 만약 이것이 사실이라면, '기별'이나 '기별지'라는 말은 조선조 태조실록에서부터 나와야 한다. 그러나 태종실록 35권, 태종 18년(1418) 4월 27일자 1번째 기사에 '기별'이라는 단어가 처음으로 1건이 나오나, 이것은 위에서 말했듯이 단순히 '소식'을 말한 것이었다. 그 뒤에 실록에 '기별'이라는 단어가 수십 번 나왔으나, 무슨 까닭인지 신문현상을 뜻하는 '기별'에 관한 기사는 조선 건국 이후 180년이나 지난 제11대 중종실록 49권, 중종 18년(1523) 8월 15일 1번째 기사에 처음 나온다. 그러나 이것도 '조보'를 지칭한 것인지는 확실치 않은데, 이 기사를 간단히 소개하면 다음과 같다.

> 좌의정 이유청(李惟淸)이 [임금에게] 와서 사직하며 아뢰기를, … "신이 접때 마침 집에 있을 때에 처형될 사람이 집 앞을 지나며 상말을 다하여 욕하되 신의 죽은 아비·어미에게까지 미쳤는데, 그 모욕받은 것은 입으로 형언할 수 없습니다. … 어제 기별을 보니 형조에서 전옥서(典獄署)의 관원이 금지하지 못했다 하여 죄주기를 청하였다고 하는데, 이는 신이 모욕받았기 때문에 이렇게까지 되었으니 매우 황공합니다(이하 생략).

이상에서 우선 실록에 나타나 있는 기별에 관하여 간단히 살펴보았는데, 결론적으로 '기별'도 조보의 여러 가지 별칭 중 하나였음이 분명하다. 그러나 실록에서의 사용 빈도를 보면, 공식적 명칭으로는 많이 사용되지 않았던 것 같다. 하지만 일반 백성들 사이에서는 널리 사용되었을 가능성이 없지 않은데, 여하튼 기별에 관한 것을 뒤에서 좀 더 자세히 살펴보기로 하겠다.

6) 난보는 조보의 별칭이나 경보와 소보는 알 수 없어

다음으로 난보(爛報)·경보(京報)·소보(小報)라는 명칭에 관하여 간단히 살펴보기로 하자. 이들 각 명칭도 실록에서 검색해 보았더니 앞서 소개한 〈표 2-1〉과 같이 나타났다. 그러면 이들 세 개의 명칭은 조보의 별칭인가, 아니면 조보와는 다른 신문현상의 명칭인가?

(1) 난보도 조보의 별칭 같으나 확실치 않아

'난보'라는 명칭은 〈표 2-1〉에서 보듯이 모두 12건이 나왔다. 그러나 이들 중 정조실록 2권, 정조 즉위년(1776) 8월 8일 5번째 기사에 나오는 '난보'는 조보 등의 신문을 말하는 것이 아니라, 중국 노(魯)나라의 역사책『춘추』(春秋)를 말한 것이었다. 따라서 조보 또는 그 유사물로서의 '난보'에 관한 기사는 모두 11건이었다. 이들이 실록에 처음 나타나기 시작한 것은 영조 즉위년(1724)부터였으나, 영조실록에 3건, 정조실록에 7건, 순조실록에 1건만 나올 뿐, 그 밖의 다른 임금의 실록에는 나오지 않았다.

'난보'라는 명칭이 실록에 처음 나온 것은 영조실록 2권, 영조 즉위년(1724) 11월 12일 3번째 기사였다. 그 내용을 간단히 소개해 보면, "김동필(金東弼)이 승지로 청대(請對)하여 아뢰기를, 이날 내리신 언교(諺敎: 언문으로 쓴 왕후의 교서)는 단지 두 번이었으나, 망측하고 차마 들을 수 없는 말로 세 차례 언교가 있었다며 소지(小紙)에 전해 올리고, 난보 아래 점부(粘付: 풀로 붙임)하여 진신(搢紳: 지위가 높고 점잖은 벼슬아치)들에게 전파하였습니다"라는 것이었다. 그런데 이 기사를 우리말로 번역한 국역자(國譯者)는 이 기사에 나오는 '난보'를 "기별을 말함. 기별은 관보의 한 가지로 승정원에서 그날그날 생긴 일을 매일 아침에 적어서 반포하는 일. 또는 그것을 적은 종이"[9] 라고 풀이해 놓았다. 따라서 이를 보면, 난보는 승정원에서 매일 아침 반포했던 조보를 지칭한 것 같은데, 앞서 살펴본 것처럼 기별 또는 기별지는 '조보'의 별칭이기 때문이다. 그러므로 우리나라에서도 중국에서와 마찬가지로 조보를 난보라고도 불렀던 것 같다.

---

9 이와 마찬가지로 영조실록 34권, 영조 9년(1733) 6월 9일 6번째 기사에서도 이 기사의 국역자는 난보를 "승정원에서 처리한 일을 날마다 적어서 아침에 반포하던 일. 또는 그것을 적은 종이"라고 풀이해 놓았다.

그러나 정조실록 13권, 정조 6년(1782) 5월 29일 2번째 기사를 보면 정조 임금이 대신(大臣)들에게 하교하면서 "홍상범(洪相範)·홍상길(洪相吉) 등의 역적들이 … 무릇 나의 동정운위(動靜云爲)와 음식기거(飮食起居)를 하나의 난보로 만들어서 [마치] 간첩들이 하는 것처럼 전하였으므로…" 운운하는 말이 나온다. 따라서 이를 보면, 난보는 승정원에서 매일 아침 반포하는 조보가 아니라, 역적 등이 만들어서 전파한 별도의 신문현상이었던 것 같기도 하다.

한편 영조실록 60권, 영조 20년(1744) 12월 2일 2번째 기사를 보면, 임금이 주강(晝講)에 이어서 대신(大臣)과 찬집청(纂輯廳)의 여러 당상관을 인견하였는데, 좌의정 송인명(宋寅明)이 말하기를, "[임진왜란 중에] 승정원일기가 모두 불타 없어져 문적(文籍)이 탕진되었으므로 옛날 일들을 징험하기 어렵습니다. 사가(私家)에 혹은 일기초(日記草)가 있고 혹은 조보정사(朝報政事)도 있으며, 삼사(三司)에도 또한 내려오는 난보들이 있습니다. 관청을 설치하는 것은 비록 서서히 의논한다 하더라도 시임(時任) 승지와 주서(注書) 가운데서 이를 주관하게 하여 신칙해서 수합하도록 하는 것이 마땅할 것 같습니다." 하니 임금이 윤허하였다는 내용이 나온다. 이에서 보듯이 승정원일기를 다시 쓰기 위한 자료로서 일기초가 있고 조보와 정사(政事)도 있으며, 삼사에도 내려오는 난보들이 있다고 송인명이 말하였다. 따라서 난보는 조보와 서로 다른 별개의 신문현상이 아니었는가 하는 생각이 들기도 한다. 그러나 난보는 단순히 조보의 별칭일 수도 있는데, 이에 관해서는 뒤에서 다시 자세히 살펴보기로 하겠다.

(2) 경보관련기사는 12건 나오나 우리나라 조보와는 무관

다음으로 '경보'(京報)라는 단어를 실록에서 검색한 결과, 모두 12건이 나왔다. 이를 역대 임금별로 살펴보면 〈표 2-1〉에서 보듯이 '경보'라는 단어가 14대 선조 27년(1594)부터 나오기 시작하여 27대 순조 즉위년(1800)까지 모두 12건이나 나타났다. 그러나 이들은 모두 중국 명나라나 청나라의 서울[京師]인 '북경으로부터 소식'이나 '북경에서 나온 조보' 또는 '북경의 소식'을 말한 것이었는데, 이러한 기사의 실례를 몇 개만 소개해 보면 아래와 같다.

실록에서 '경보'라는 단어가 처음 나온 것은 선조실록 48권, 선조 27년(1594) 2월 21일 4번째 기사였는데, 이는 우리나라 우부승지 이광정(李光庭)이 임진왜란 때 우리나라를 도우러 왔던 중국 명(明)나라 군대의 철병과 관련된 중국의 상황을 임금에게 보고했다는 기사이다. 그 내용을 보면 "우부승지 이광정이 임금에게 아뢰기를,

신(臣)이 모화관(慕華館)에 이르러 [명나라] 참장(參將) 호택(胡澤)과 경력(經歷) 심사현(沈思賢)을 전위(餞慰)하니, 호 참장이 말하기를 '어제 경보를 보니, 과도(科道)의 상본(上本)에 송(宋)과 이(李)를 탄핵하기를…'" 운운했다는 것이다. 따라서 이러한 내용을 볼 때 이 기사에 나오는 '경보'는 우리나라의 경보가 아니라 중국의 경보를 말한 것임을 알 수 있다. 그러나 당시는 중국 명나라에서 '경보'라는 신문지가 나타나기 전이었다. 따라서 명나라의 호 참장이 어제 보았다는 '경보'는 명나라 수도 북경(北京)의 '조보'를 지칭한 것 같다.

'경보'라는 단어가 두 번째로 나온 실록 기사는 선조실록 102권, 선조 31년(1598) 7월 1일 2번째 기사로, 이는 진주사 최천건(崔天健)과 서장관 경섬(慶暹)이 임금에게 올린 배사(拜謝)의 주본(奏本)을 소개한 것인데, 그 내용 중에 "뜻하지 않게 경보가 홀연히 전해져 군중(軍中)에 자자하게 전파되었다"는 말이 나온다. 그런데 이에서 '경보'는 '중국 명나라 서울 북경으로부터의 소식'을 뜻하는 것으로 신문현상으로서의 경보를 말하는 것이 아니었다.

'경보'라는 단어는 선조실록 109권, 선조 32년(1599) 2월 10일 6번째 기사에도 나온다. 이는 "군문도감접반사(軍門都監接伴使)가 아뢰기를, '방금 장기고(張旗鼓: 이름은 張九經)가 이해룡(李海龍)을 불러 배첩을 주며 말하기를 '조금 전에 경보를 보니, 황상이 귀국의 변무주본(辨誣奏本)을 보시고 매우 기뻐하여…'" 운운한 것이었는데, 여기서 '경보'는 '북경에서 보내온 소식'이라고 국역판 선조실록에서 주(註: 4217)를 달아놓았다. 따라서 이것도 우리나라에서 나온 경보가 아님이 분명하다.

선조실록 110권, 선조 32년(1599) 3월 8일 3번째 기사에도 '경보'라는 말이 나온다. 이는 "군문접반사(軍門接伴使) 노직(盧稷)이 임금께 아뢰기를, [명나라] 대중군(戴中軍: 이름은 戴延春)이 오늘 아침에 신(臣)을 불러 말하기를 '노야(老爺)가 경보를 보고 이르기를 섬서(陝西)의 경왕(慶王)은 건청궁(乾淸宮)과 곤령궁(坤寧宮)의 건조를 위하여 공역을 돕고, 양응룡(楊應龍)은 토관(土官)인데도 코끼리를 바치고 금을 바쳤다'고 하니, 조선도 외국으로 자처할 수는 없고 공역을 돕는 일이 있어야 할 듯합니다"라고 한 것이었다. 그런데 이 기사에서 노야가 보았다는 경보는 중국 명나라의 것을 말한 것 같으나 당시에 중국 명나라에는 '경보'라는 신문현상이 아직 없었던 것을 보면, 여기서의 '경보'는 '북경의 조보'를 지칭한 것 같다.

'경보'라는 단어는 선조실록 125권, 선조 33년(1600) 5월 5일 6번째 기사에 또 나온다. 이는 임진왜란이 끝나고 2년 뒤인 1600년, 우리나라 제독 이승훈(李承勳)이 명나라 군대의 계속적 주둔과 군량 문제 등에 관하여 임금께 올린 계첩(揭帖)에서 "어제 경보를 접수했는데, 동사(東師)를 철수하라는 제대(制臺)와 계장과(桂掌科)의 두 소(疏)에 대해 모두 성지를 받들어 부(部)에 내려 구경(九卿)과 과도(科道)가 모여 의논하게 하였습니다" 운운한 것이었다. 그런데 이 기사에서 이승훈이 접수했다는 경보는 중국 북경으로부터의 기별이나 소식을 말한 것이었다.

위와 같이 실록을 보면, '경보'라는 단어가 12번 나오나, 이들은 모두 중국 명나라 또는 청나라의 '서울[京師]로부터의 소식'이나 '북경에서 나온 조보'를 말하며, 우리나라의 신문현상을 호칭한 것은 한 건도 없었다. 따라서 '경보'는 우리나라 조보의 별칭이라고 보기 힘들다.

(3) 소보는 조보의 별칭이 아니라 별개의 신문현상

'소보'라는 단어도 실록에서 검색해 보았더니 〈표 2-1〉에서 보듯이 모두 35건이 나왔다. 이들 중 맨 처음 나온 것은 세종실록 33권, 세종 8년(1426) 7월 18일 3번째 기사였다. 그러나 이 기사에서 '소보'는 "임금님의 특별하신 은혜에 조금이라도 보답하라"는 문장에서 "조금이라도 보답[小報]하라"는 말로서, 조보나 그 밖의 신문현상과는 아무런 관계가 없었다. 그러므로 이러한 뜻의 '소보'에 관한 실록 기사들을 제외하면, 조보나 그 밖의 다른 신문현상에 관한 기사는 모두 27건이었다. 그러나 이들 중 현종실록 5권, 현종 3년(1662) 6월 7일 1번째 기사와 현종개수실록 7권, 현종 3년(1662) 6월 7일 1번째 기사는 그 내용이 완전히 동일하다. 따라서 이들 중에서 현종개수실록 기사를 제외하면, 조보 내지 기타 신문현상으로서의 '소보'에 관한 기사는 실제로 26건에 불과했다. 이들 중에서 소보에 관한 첫 번째 기사는 효종실록 8권 효종 3년(1652) 1월 4일 2번째 기사였는데, 그 내용을 소개해 보면 다음과 같다.

> 헌납 정언벽(丁彦璧)이 인피(引避)하면서 [임금에게] 아뢰기를, "신(臣)은 동료들의 회의에 참여하지 못했기 때문에 헌부(사헌부)가 대사간 이시해(李時楷)의 논(論)을 전달받아 보여 주었는데, 그것은 숭선군(崇善君)과 낙선군(樂善君)이 모두 역적의 공초에 나왔으니 함께 절도(絶道)에 안치하지 않을 수 없다는 일이었습니다. … 그런데 저녁에 소보를 보건대, 양사(兩司)가 모두 절도에 방치(放置)시킬 것을 청하였는데, 이에 근도(近島)에 옮겨 안치하도록 명했다고 되어 있었습니다. 그들 둘이 서로 의지하며 거주하게 한 이것이야 곡진히 보전해 주려

는 성상의 지극한 뜻에서 나온 것입니다.

이 기사에서 보듯이 헌납 정언벽이 "저녁에 소보를 보니, 양사(사헌부와 사간원)가 모두 [왕자군을] 절도(멀리 떨어진 외딴 섬)에 방치시킬 것을 청했으나, [임금이] 근도(가까운 섬)에 옮겨 안치하도록 명령했다"고 기록되어 있다. 그렇다면 이 기사에서 헌납 정언벽이 보았다는 '소보'란 도대체 무엇인가? 조보의 별칭인가, 아니면 조보와는 다른 별개의 신문현상이었는가?

결론부터 말하면, 소보는 '조보'의 별칭은 아니고, 조보와는 다른 별개의 전통적 신문현상이었던 것 같다. 숙종실록 55권, 숙종 40년(1714) 7월 16일 2번째 기사를 보면, "정언 안정(安綎)이 연기현(燕岐縣) 임소로부터 소명을 받들고 대각(臺閣: 사간원을 말함)에 부임하였는데, … 안정의 피사(避辭)에 대하여 대략 이르기를, 간신(諫臣)이 제일 먼저 다투는 바는 '분의'(分義)란 두 글자가 있고 없고에 있는데, 본부(本府: 사간원을 말함)에서 등사한 소보와 조지에 분명히 분의 두 글자가 있었습니다. 그리고 다른 사람이 조지를 본 것도 어찌 한정이 있겠습니까마는, 또한 이 두 글자를 가지고 말을 전하면서 해괴하게 여기지 않는 자가 없었습니다. 그래서 신(臣)이 소를 올려 논하는 가운데에 아울러 언급한 것입니다" 운운한 내용이 나온다. 바로 이 기사에서 "본부에서 등사한 소보와 조지에 분명히 분의 두 글자가 있었습니다"라고 한 것으로 미루어 볼 때 소보와 조지(즉 조보)가 별개의 것임을 말해 주고 있다. 그렇다면 소보와 조보의 차이는 무엇이었을까? 이에 관해서는 뒤에서 살펴보기로 하겠다.

7) 분발은 조보의 별칭이 아니라 그 호외인 속보지

끝으로 분발(分撥)이라는 단어를 실록에서 검색해 본 결과, 모두 30건이 나왔다. 그러나 이들 중 12건은 신문현상의 하나로서의 '분발'에 관한 것이 아니라, 예컨대 "분발(奮發)하다," "나누어 출발(分撥)하다," "나누어 배치(分撥)하다," "조보에 나오다"(朝報分撥) 등을 말하는 것이었고, 나머지 18건이 실제로 분발에 관한 기사들이었다. 따라서 이들만 살펴보면, '분발'이라는 용어는 광해군일기중초본 52권, 광해 4년(1612) 4월 14일 2번째 기사에 처음 나오기 시작하여 광해군일기중초본에만도 13번이나 나온다.

그러나 그 뒤로는 인조실록에 2건, 효종실록에 1건, 영조실록에 1건이 나올 뿐이다. 이들 중 인조실록 34권, 인조 15년(1637) 3월 13일 2번째 기사의 국역본(한글 번역본)을 보면, 주(註) 029에서 분발을 "조보에 중요한 사항이 있을 때, 이 사실을 발행하기 전에 먼저 초안하여 회람하는 일을 말한다"고 풀이해 놓았다. 그다음 효종실록 4권, 효종 1년(1650) 6월 3일 3번째 기사인 '상어주강'(上御晝講)에 관한 기사를 보면, "조정의 모든 일을 각사(各司) 하인들이 조그만 종이에 써서 관원들에게 보내는 것을 분발이라고 일컫는다"는 내용이 나온다. 따라서 이로 미루어 볼 때, 분발이란 조정의 모든 일을 각사(各司)의 하인들이 조그만 종이에 써서 관원들에게 보낸 정보지였음을 알 수 있다.[10]

이러한 분발은 수시로 관원들에게 보냈으나, 아침에 나온 조보와는 달리 분발은 특히 저녁 때 많이 나온 것 같다. 실록을 보면 "날이 저물어서 다시 분발을 보니"(광해군일기중초본 52권, 광해 4년, 서기 1612년 4월 14일 2번째 기사), "초경이 지난 뒤 간원이 우선 정지한다는 분발을 보고서야"(광해군일기중초본 52권, 광해 4년, 서기 1612년 4월 28일 1번째 기사) 하는 말 등이 여러 번 나오기 때문이다.

이런 분발에는 관리의 처벌, 부정행위, 재난 등에 관한 내용도 실렸던 것 같다. 광해군일기중초본 132권, 광해 10년(1618) 9월 12일 13번째 기사를 보면, "좌찬성 이상의(李尙毅)가 임금께 아뢰기를, '신(臣)이 좌기(坐起: 출근하여 업무를 처리함)에 나아가 변방에 관한 일을 참여해 듣고서 분발을 보았는데, 김개·원종·김우성 등을 한결같이 조율하여 처단하는 일이었습니다'" 운운했기 때문이다.

이와 같은 내용의 분발은 조보와 마찬가지로 주로 조정의 고위관료들에게 배포했으나 하리(下吏)나 별장 등의 하급 관리들도 이를 얻어서 서로 돌려 보았던 것 같다. 광해군일기중초본 132권, 광해 10년(1618) 9월 12일 6번째 기사에는 사헌부가 금부도사(禁府都事) 수직하리(守直下吏)의 나국(拿鞫)과 파수별장(把守別將) 등의 파직을 임금께 청하면서 아뢰기를 "이들 사이에는 편지가 끊이지 않고 있을 뿐만 아니라 조보와 분발을 공공연하게 서로 전해 보여 주고, …" 운운한 내용이 나오기 때문이다. 그러면 이러한 분발은 언제부터, 어떻게 출현하게 되었으며, 조보와의 차이점은 무엇인가? 이러한 문제에 관해서는 뒤에서 자세히 논의해 보기로 하겠다.

---

10 그러나 최정태에 의하면, 분발은 "당일분 조보의 전체 기사들 중에서 중요하고 긴급한 내용을 발췌, 서사(書寫)하여 신속하게 통보한 속보지(速報紙)로서 오늘날의 호외와 같은 것이었다"(최정태, 1992, p. 15)고 한다.

제2절

저보(邸報)의 유래와 실록에 나타난 실체

지금까지 위에서는 우선 실록에 나타난 조보에 관련된 여러 가지 명칭들에 관한 검색 결과들을 우선 간단히 개관해 보았다. 그러면 이들 중 조보와 조지에 관해서는 제3장부터 자세히 살펴보기로 하고, 이 장에서는 저보·기별·난보·경보·소보·분발에 관하여 좀 더 자세하게 알아보기로 하겠다.

1) 중국에서 '저보'의 생성·발전과 소멸

저보는 앞서 말했듯이 조보의 별칭 중 하나였다고 볼 수 있다. 그러나 조보와 다른 것이라는 의견이나 주장들도 없지 않다. 그러면 우선 저보라는 명칭의 유래와 저보의 실체 등에 관한 여러 학자들의 주장이나 견해부터 살펴본 뒤에, 어떤 견해나 주장이 맞는지를 실록에 나타난 저보에 관한 기사들을 중심으로 실증적으로 고찰해 보기로 하겠다.

(1) 중국에서 저보의 생성 배경과 그 명칭의 유래

우리나라에서 조보를 '저보'라고도 부른 것은 중국의 '저보'에서 유래했다는 것이 중론이다. 그렇다고 해서, 이것이 우리나라의 조보나 저보 제도를 중국에서 유입했기 때문이라는 것은 아니며, 단순히 조보를 중국식으로 저보라고도 불렀을 뿐이라는 견해도 있다. 그렇다면 중국에서 저보란 도대체 어떠한 신문현상으로서 언제, 어떻게 생성되었는가?

저보는 중국의 최초이자 가장 대표적인 신문현상이다. 그러나 언제 출현했는지에 관해서는 중국의 신문역사학자들 사이에서도 논란이 되고 있다.[11] 거궁전(戈公振)의 저서 『중국보학사』(中國報學史)에 의하면, 전한(前漢)의 소제(昭帝: B.C. 86-74) 때 이미 저보가 존재했다고 한다(戈公振, 1928, p. 10). 그러나 라이광린(賴光臨)은 저보는 애제(哀帝) 원년, 서기로 B.C. 6년에 처음 나왔다면서, 이 해는 바로 서양 최초의 신문인 「악타 푸불리카」(*Acta Publica*)를 로마제국의 율리우스 카이사르(Julius Caesar)가 만든 해라고 주장했다(賴光臨, 1966, p. 10).[12] 이처럼 저보의 출현 시기에 관해서는 학자들마다 조금씩 이견이 있지만, 한나라(B.C. 206-A.D. 220) 때 처음 나온 것은 거의 확실하다. 그러면 이때 저보라는 신문현상은 어떻게 출현하게 되었으며, 왜 '저보'라고 이름 붙였는가?

우선 저보가 출현한 한(漢)나라 때의 정치 상황부터 간단히 살펴보면, 앞서의 진(秦)나라가 중앙집권제를 하다가 고립되어 멸망했다는 사실을 잘 인식한 한나라 고조(高祖) 유방(劉邦)은 정치체제를 군국제(郡國制)로 고쳤다. 그리고 자신의 자제들을 각 군국, 즉 후국(侯國)의 왕으로 봉해 중앙정부를 받들어 보위하게 하는 동시에, 이들로 하여금 서로 견제토록 하여 국가의 안정을 도모하고자 했다. 그러나 군국들의 세력이 점차 강하게 되면서 중앙정부와의 긴장 관계가 점차 높아져 갔다. 그러면서 각 군국의 제후들은 중앙정부의 정치·재정·군사 등에 관한 소식과 정보 등을 알기 위하여 수도에 '저'(邸)라는 연락사무소를 설치하고, 그 책임자인 경저리(京邸吏)로 하여금 경사(京師: 서울)의 주요 소식들, 예컨대 황실의 동정, 황제의 유시(諭示), 관원들의 상주(上奏), 관리의 승강(昇降) 등에 관한 소식들을 수집하여 보내도록 했다.

이런 것들을 통칭하여 '저보'라고 불렀는데, 이는 '저'에서 전보(傳報)하는 소식이라는 뜻이었다. 이러한 '저보'는 오늘날 우리가 말하는 '신문'과는 물론 거리가 먼 것이었으나, 중국에서는 이를 최초의 신문으로 간주하고 있다. 이와 비슷한 신문현상

---

11 중국의 저보에 관해서는 차배근, "중국 「저보」의 기원과 발달과정에 관한 소고: 우리나라 「조보」와의 비교연구를 위하여," 「신문연구소학보」(서울대학교) 제21집, 1984, pp. 53-99 및 차배근, 『중국전근대언론사』(서울: 서울대학교출판부, 1984)를 참조할 것.

12 그러나 카이사르가 서양 최초의 신문인 「악타 세나투스」(*Acta Senatus*)와 「악타 디우르나」(*Acta Diurna*)를 처음 발행하기 시작한 해는 기원전 59년이었다. 뒤의 제3장 참조.

은 같은 시기에 서양에서도 출현했는데, 이는 로마공화국시대에 유행했던「악타 디우르나」(*Acta Diurna*)로서, 지방의 장원(莊園)에 주로 머물던 귀족 영주들과 지방 인사들이 수도 로마에 노예통신원(slave reporter)을 주재시켜, 이들로 하여금 로마의 주요 뉴스들을 수집하여 편지로 통보하도록 했던 것이었다.

(2) 저보는 당·송·명나라를 거쳐 청나라 중기까지 존속

한(漢)나라 때 출현하여 유행했던 저보는 그러나 기원후 220년부터 중국이 군웅할거시대로 들어가면서 거의 400년 동안 사라지고 말았다. 그러다가 서기 618년 당(唐)나라가 수립되면서 저보가 다시 소생하여 크게 성행했다. 그러나 960년 당나라가 멸망하고, 새로 건국된 송(宋)나라는 982년 진주원(進奏院)이라는 기관을 설립하여 종래의 여러 저보를 관보로 전환시켜 발행토록 하면서 저보의 명칭도 '조보'(朝報)로 바꿨는데, 조보란 조정(朝廷)에서 내는 신문이라는 뜻이었다.

이러한 조보 이외에 북송(960-1126) 때는 민간신문도 나타나서 한때 크게 성행했는데, 이를 '소보'(小報)라고 불렀다. 그러나 1260년 몽골족이 중국 대륙을 점령하여 원(元)나라를 세우면서 조보와 소보는 모두 사라지고 말았다. 그 뒤 1368년 명(明)나라가 들어서자 조보가 다시 부활하여, 청(淸)나라 중기까지 발행되었다. 하지만 옹정제(雍正帝: 1723-1735) 때 또다시 저보 발행이 금지되었다. 그리고 그 대신 당보(塘報)만 발행토록 했는데, 이는 저보와 비슷했으나, 각 성(省)에서 경사(京師: 서울)에 주재시킨 제당(堤塘) 또는 제당관(堤塘官)이라는 무관(武官)이 각 아문(衙門)이나 육과(六科)에 가서 상유(上諭)나 기타 정사(政事)에 관한 소식들을 초록해 자신들이 소속된 성으로 발송한 것이었다.

따라서 일반 백성들은 이러한 당보를 볼 수 없었다. 그러자 뉴스에 목말라하는 일반 백성들을 대상으로 한 민간신문이 나타나게 되었는데, 이것이 바로 '경보'(京報)라는 것이었다. 그러나 이러한 경보는 하나의 특정한 신문이 아니라, 당시에 주로 북경에서 민간인들이 발행하던 10여 개의 신문들을 통칭하여 경보라고 불렀다.

2) 우리나라 '저보' 제도와 명칭의 중국 유래설

위에서 우선 중국에서 저보의 기원과 발전 과정에 관해서 간단히 살펴보았는데, 우리나라 저보는 바로 중국의 저보에서 유래했다는 것이 여러 학자들의 일반적인 견해이다. 하지만 이러한 견해는 다시 둘로 갈리는데, 하나는 우리나라 저보나 조보는 중국의 저보 제도를 받아들인 것이라는 견해이고, 또 하나는 명칭만 받아들여 우리나라 조보를 중국식으로 '저보'라고 불렀다는 견해이다.

(1) 저보 제도는 중국에서 전래했다는 설

먼저 우리나라 저보나 조보는 중국의 저보 제도를 그대로 받아들었다는 견해부터 살펴보자. 최남선은 「고사천자」(古事千字)라는 제목의 글에서[13] "[우리나라] 조보의 제(制)는 줄잡아도 지나(支那: 중국)의 당대(唐代)에 존재하며 저보로서 일컬었으니…" 운운하며, 우리나라 조보는 중국의 저보에서 전래된 듯이 말하였다(최남선, 1973, p. 97에서 재인용). 이진섭도 "왕조의 언론전사 형태"라는 논문에서 저보라는 명칭 대신에 조보라는 명칭을 사용하면서 "조보 제도는 원래 중국에서 발달한 제도"(이진섭, 1968, p. 26)라면서 조보의 중국으로부터 전래설을 편들었다. 그런가 하면, 박정규도 "우리나라의 조보 제도는 그 명칭이나 유통경로 등을 볼 때 중국 제도의 영향을 크게 받은 것 같다"면서, 우리나라는 "삼국시대부터 한당(漢唐)의 문물과 제도를 적극적으로 도입하였으므로 조보 제도도 중국 제도를 모방했을 가능성이 많다고 본다"(박정규, 1978, pp. 122-123)고 말했다.

한편 천관우는 "한국신문전사(韓國新聞前史)의 몇 가지 문제"라는 논문에서 우리나라 조보에 관한 기록의 하나로서, 황현(黃玹)의 『매천야록』(梅泉野錄)에 나오는 내용 즉 "근래에 서울의 사대부들은 부귀, 유한(遊閒)하여 보통 때는 손에 붓을 드는 일이 없고 … 누워서 저보를 보며, 모일(某日)에 무슨 과거(科擧)가 있다는 것을 알고…" 운운한 것을 들면서, 여기서 '저보'는 곧 조보로서 일찍이 중국에서 발달한 제도라고 말했다(천관우, 1963, p. 439). 그러나 우리나라 조보 제도가 "중국에서 전래한 것인지, 혹은 우리나라에서 독자적으로 발달한 것에다가 중국식 명칭을 붙인 것인지는 아직 분명히 말할 수 없다"(천관우, 1963, p. 439)는 단서를 달았다.

---

13 이 글은 본래 최남선이 1935년 9월 11일부터 같은 해 11월 27일까지 「매일신보」에 연재했던 것이나, 고대 아세아문제연구소 육당전집편찬위원회 편, 『육당 최남선 전집』 4권(서울: 현암사, 1973)에도 실려 있는데, 여기서는 이 전집에 실려 있는 글을 인용했다.

(2) '저보'라는 명칭만 중국에서 유래했다는 설

차배근은 1984년 발표한 "중국 「저보」의 기원과 발달과정에 관한 소고: 우리나라 「조보」와의 비교연구를 위하여"라는 논문에서, 우리나라는 자고로 중국과 밀접한 교류를 가지면서 여러 가지 문물을 받아들여 왔기 때문에, 중국의 저보 내지 조보가 우리나라 조보에 영향을 미쳤을 가능성이 많다고 했다(차배근, 1984, p. 98). 그러나 의문점이 없지 않은데, 그것은 중국에서는 저보가 한대(漢代: B.C. 206-A.D. 220)부터 시작해서 청나라(1644-1912) 중기까지 계속 나왔음에도 불구하고, '저보'라는 명칭이 우리나라 실록에서는 전혀 나오지 않다가 중종 3년(1508)에 '조보'라는 명칭이 처음 나오고, 그러고 나서도 117년 뒤인 인조(仁祖) 3년(1625)에야 처음 저보라는 명칭이 나오느냐 하는 것이다. 그러므로 우리나라 조보 제도는 "중국의 '저보'에서 전래한 것"이 아니라, 우리나라에서 독자적으로 조보를 낸 뒤, 이를 중국식으로 '저보'라고도 불렀을 가능성도 없지 않다. 그렇다면 우리나라 저보는 언제부터 출현했을까?

천관우는 말하기를, "중국에서는 한(漢)·당(唐) 이래로 황실의 동정, 관료의 이동, [황제의] 유시(諭示), [신하의] 상소(上疏) 등을 정부에서 기록, 발표하는 '조보'라는 것이 있어서, 지방 제후(諸侯)의 각 경저(京邸)에서는 그 내용을 필사하여 지방으로 전달하였으니 이것을 저보라고 하였는데, 우리나라에서도 이 제도가 일찍부터 있었던 듯하여, 조보에 관해서는 조선 중종 15년(1520)에, 그리고 조보의 지방 전달에 관해서는 조선 명종 8년(1553)에 기록이 보인다"(천관우, 1968, p. 27)고 하였다. 그러면서 계속해서 말하기를, "이 저보 혹은 기별은 지방에서는 경저에 배치한 서리인 경주인, 중앙의 각 관청에서는 그 소속 서리[기별서리]로 하여금 초록해 전달케 하여 수시로 필요한 관계(官界), 정계의 정보를 얻었던 것인바, 그중에서도 경향(京鄉) 연락을 임무로 하는 경주인은 이미 고려 명종 8년(1178) 이전부터 있었다고 하는 만큼(이광린, 1962), 저보도 조선 중종 때 훨씬 이전까지 거슬러 올라갈 가능성도 없지 않다"(천관우, 1968, p. 27)고 했다.

3) 저보는 조보의 별칭인가, 다른 신문현상인가

저보에 관련하여 또 하나 논란이 되는 것은, 저보는 조보의 단순한 별칭인가, 아니면 조보와는 다른 어떤 신문현상의 명칭인가 하는 것이다. 위에서도 보았듯이 저보와 조보에 관하여 말할 때 어떤 학자는 이들을 동의어로 간주해서 서로 혼용하고 있으나, 또 어떤 학자는 이들을 서로 구별하여 사용하고 있기 때문이다.

(1) "저보와 조보는 동일하다"는 견해들

황현(黃玹)의 『매천야록』 제2권에서 고종 31년(1894) 갑오 11월조 4번째 기사를 보면, 1894년 갑오개혁 때 조정에서 조보를 폐지하고 그 대신 신식 관보를 발행하기 시작한 사실을 한문(漢文)으로 서술해 놓았다. 이를 한글로 번역하면 아래와 같은데, 이 기사에서 저보는 곧 조보를 말하는 것이다. 그러므로 황현은 조보를 저보라고 부르며 동일한 신문현상의 다른 명칭으로 사용했다.

> 승정원의 공사청(公事廳)을 파하고 종전의 공문반포예규(公文頒布例規)도 함께 폐지하고, 일체를 칙령으로써 행했다. [임금의] 전교(傳敎)를 칙지(勅旨)라고 개칭하고 저보를 관보라고 하였는데, 구제(舊制) 매일 저보는 각 아문 서리들이 초록해서 나누어 전했다. [그런데] 그 초기(草記)가 거칠고 문란해서 기별초라고 이르기까지 했는데 오래지 않아 보는 사람[오래 보아 오지 않은 사람]은 제대로 알 수 없어서 그래서 관보국을 설치하여 인쇄로 하였다(황현 저, 이장희 역, 『매천야록』, 서울: 대양서적, 1973, pp. 177-178에서 인용).

한편 천관우는, "우리나라의 조보 제도가 중국에서 전래한 것인지, 혹은 우리나라에서 독자적으로 발달한 것에다가 중국식 명칭을 붙인 것인지는 아직 분명히 말할 수 없지마는, 아무튼 조보와 저보는 동일한 것으로, 그 어의(語義)로 보면, '조보'는 조정이 발표하는 보도(報道) 그것이요, '저보'는 그것을 필사하여 경향 각지로 전달하는 보도, 곧 일종의 서한신문을 지칭하는 것으로 보이며, '기별'은 곧 '저보'의 우리 고유의 표현이었던 것이라 할 수 있다"(천관우, 1963, p. 439)고 말했다. 간단히 말해서, 조보와 저보는 동일하다는 것이다. 그러나 그 어의로 보면, '조보'는 조정이 발표하는 보도를 말하며, '저보'는 그것을 필사하여 경향 각지로 전달하는 일종의 서한신문을 지칭하는 것으로 보이며, '기별'은 곧 '저보'의 우리 고유의 표현이었다고 말하고 있다.

천관우는 그 뒤 1968년 발표한 글에서도 조보·저보·기별을 같은 것으로 보았다(천관우, 1968, p. 27). 이진섭 역시 저보를 조보와 동일한 것으로 보았는데, "왕조시대의 언론전사 형태"라는 그의 글을 보면, "조보 제도는 원래 중국에서 발달한 제도라고 한다. … 이렇듯이 저보가 중국의 그것과 엇비슷한 제도로 우리나라에도 이루어졌는데, 조정에서 발표하는 보도임에는 중국이나 우리나라나 동일하다. 이 조보·저보가 우리나라에서 언제 시작되었다는 확실한 기록은 미상이나…"(이진섭, 1968, p. 26) 운운하며 조보와 저보를 동일시하면서 서로 혼용하였다.

그런가 하면, 서두에서 말했듯이, 1958년 발표된 김일성종합대학 신문학강좌 "조선 신문의 원형으로서의 기별지에 관하여"라는 논문을 보면, "기별지는 단순히 기별 또는 조보, 조지, 저보, 저지(邸紙), 저장(邸狀), 란보, 한경보(漢京報) 등으로 불리였는 바…"(pp. 220-221) 운운하면서 저보를 조보의 별칭으로 보았다. 임종순도 "조보는 경보라는 명칭 이외에도 저보, 저초(邸鈔), 각초(閣鈔), 당보(塘報), 역보(驛報) 또는 기별지라고도 하였다"(임종순, 1969, p. 19)면서 저보를 조보의 별칭 중 하나로 보았다. 박정규도 역시 "조보·기별·저보 등의 명칭은 적어도 조선왕조 후기에는 동일한 신문현상을 가리키는 것이었다"면서, "조보가 승정원에서 발행된 것에 대한 공식적 명칭이었다면, 기별은 순수한 우리말로 이두식 표기였으며, 저보는 경저를 통하여 지방에 배포된 것의 명칭이었다"(박정규, 1982, p. 35)고 말했다. 그러나 이와 같은 주장들과는 달리, 저보와 조보는 서로 다르다는 견해들도 적지 않다.

(2) "저보와 조보는 서로 다르다"는 견해들

안재홍은 1935년 7월 「조선일보」에 연재한 "조선신문소사"라는 논문에서, "조보가 분명한 관보이어니와 이에서 파생된 자(者) 저보가 있으니, 조선 상대(上代)에는 각 도(道)·부(府)·군(郡) 등 지방행정청에서는 중앙지에 반드시 경주인이 있어 관계(官界)의 소식을 각각 그 자기의 지방에 적어 보내든[던] 것이니 이는 '기별'로서, 아칭(雅稱)하여 저보라고 한 것이다"(「신문평론」 창간호, 1947, pp. 8-9에서 인용)라고 기술했다. 즉 저보는 조보의 별칭이 아니라 조보에서 파생된 것으로, 경주인이 중앙의 소식을 자기의 지방에 적어 보낸 기별 즉 소식이 저보라는 것이다.

한편 최승희(崔承熙)도 저보와 조보를 서로 다른 것으로 보았다. 1989년 발간한 『한국고문서연구』 증보판(서울: 지식산업사)을 보면, 조보와 저보를 모두 대관부문서(對官府文書)의 하나로 보았으나, 이들을 각각 별개의 것으로 구별해서 조보는 "조정(朝廷)의 소식을 알리는 문서"이며, 저보는 "경저에서 본군(本郡)에 보내는 보고 통지인데, 신관(新官: 수령)의 부임을 본군에 알리는 것도 경저에서 저보로 하였다"(최승희,

1989, p. 195)고 설명해 놓았다. 그런가 하면, 한국정신문화연구원(현 한국학중앙연구원)에서 편찬한『한국민족문화대백과사전』에서도 조보와 저보를 별개의 항목으로 구별해서 조보에 관한 것은 차배근이, 저보에 관한 것은 최승희가 각각 집필해 놓았는데, 이들 중 저보에 관한 최승희의 설명은 아래와 같다.

> **[저보]** 경저(京邸)에서 본군(本郡)에 보고, 통지하는 문서. 서울에는 중앙과 지방의 연락기관으로서 전국 각 군현(郡縣)의 저사(邸舍)가 설치되어 있었는데, 이를 경저라고 하였다. 이 경저를 맡아 운영하는 사람을 경저리(京邸吏)·저리(邸吏)·경주인(京主人) 등으로 불렀다. 이 제도는 고려 중엽부터 조선 말기까지 계속되었다. … 경저의 임무는 신임수령에 대한 금전의 대여 및 봉사, 상경하는 지방민 및 이례(吏隸) 등에 대한 숙식 등 편의 제공, 중앙과 지방의 문서 연락, 지방세공(地方稅貢)의 대납 등이었다. … 저보는 경저리가 그와 같은 일을 처리하면서 본군에 보고, 통지하는 문서이다. 신임수령의 부임 날짜를 본군에 알리는 일도 경저에서 저보로 하였다. 현재 전해지는 저보의 원본은 찾아보기 어렵다.

한편 최정태는, "조보에는 유사 성격 내지 이명(異名)을 가진 자료가 상당수에 달하는데, 이들을 열거하면 다음과 같다"면서 조보의 이명 즉 별칭으로 모두 8가지를 들었다. 그러면서 이들 각각에 관하여 간단히 설명해 놓았는데, 그중에서 저보에 관한 것을 보면, "경저에서 본군에 보내는 보고 통지이다. 신관(新官)의 부임을 본군에 알리는 것도 경저에서 저보로 하였다"고, 위에서 언급한 최승희의『한국고문서연구』에 나오는 저보에 관한 해설을 그대로 옮겨 놓았다.

4) 결언: 저보는 조보의 별칭임이 거의 분명

지금까지 위에서 저보에 관하여 고찰해 보았는데, 저보에 관한 연구에서 논란이 되는 주요 문제 중 하나는 앞서 말했듯이 저보는 조보의 별칭인가, 아니면 조보와는 다른 별개의 신문현상이었는가 하는 것이다. 그러면 끝으로 이 문제에 관하여 간단히 살펴보기로 하겠는데, 결론부터 말하면 "저보는 조보의 별칭임이 분명하다"고 말할 수 있다. 그 주요 이유는 다음과 같다.

> 첫째, 실록 기사들을 보면, 하나의 동일한 기사 안에서도 '저보'와 '조보'를 혼용하고 있기 때문이다(실례: 인조실록 10권, 인조 3년, 서기 1625년 10월 22일 2번째 기사).
>
> 둘째, 비록 실록에는 '저보'라는 단어가 명종 원년(1545)부터 나오기 시작하여 순조 17년(1817)까지 우리나라 저보에 관한 것만도 49건이나 나오지만, 저보의 실물은 아직까지 한 점도 발견된 바 없기 때문이다.
>
> 셋째, 순조실록 20권, 순조 17년(1817) 10월 2일 1번째 기사를 보면, 서산군(瑞山郡)의 전패(殿牌)를 훼손한 자에 대한 처벌에 관한 형률을 이미 시행한 것으로 잘못 안 승정원에서 그 법률을 저보에 반포했다고 되어 있는데, 이는 저보를 승정원에서 냈다는 것을 말해 준다. 그렇다면 이 기사에서 저보는 조보임이 분명하기 때문이다.
>
> 넷째, 실록에 나타난 저보의 독자들을 보면, 지방의 관원들보다는 영의정을 포함한 중앙의 고급관료들이 훨씬 더 많다. 그러므로 실록에 나오는 '저보'라는 명칭은 경저에서 본군에 보낸 통지문이 아니라, 조정에서 내는 '조보'를 지칭한 것이기 때문이다.

그러므로 저보는 곧 조보의 여러 가지 별칭들 중 하나였음이 거의 확실하다. 그러나 굳이 조보와 저보를 구별한다면, 조보는 중앙의 승정원에서 발표하는 신문 현상인 반면, 저보는 이러한 승정원의 조보를 경주인이 다시 필사해서 본군에 보낸 것이라고 말할 수 있다. 따라서 저보는 넓게 보면 조보의 일종이나, 좁게는 조보를 경주인이 다시 필사해서 자기 고을에 보낸 것으로서 곧 조보의 제2버전(second version)이라고 말할 수 있다.

제3절

기별(奇別)의 유래와 실록에 나타난 실체

위에서 살펴본 저보와 함께 논란의 대상이 되는 것은 기별 또는 기별지의 정체이다. 기별은 조보의 별칭이냐, 아니면 조보와는 다른 별개의 유사물이냐, 그것도 아니면 단순히 '소식'을 의미할 뿐이냐 하는 것이 곧 논란의 대상이 되기 때문이다. 그러면 지금부터는 이러한 문제에 관하여 살펴보되, 우선 기별 또는 기별지라는 명칭에 대한 여러 학자들의 견해부터 살펴본 뒤에, 실록에 나타난 기별 또는 기별지에 관한 기사들을 바탕으로 기별지의 정체를 밝혀 보기로 하겠다.

1) 각종 사전들에서 기별 또는 기별지의 뜻풀이

'기별'이라는 말은 오늘날에도 종종 사용되고 있다. 그러므로 우선 기별(또는 기별지)의 뜻부터 사전에서 찾아보면, 이희승(李熙昇) 편 『국어대사전』(서울: 민중서관, 1961)에서는 "① 승정원에서 처리한 일을 날마다 아침에 적어서 반포하는 일, 또는 그 적은 종이. 난보·조보·조지. ② 소식을 전함. 또는 통지함"이라고 풀이해 놓았다. '다음 한국어사전'에서는 기별을 "① [기본 의미] 다른 장소에 있는 사람에게 어떤 사실이나 소식을 전하여 알게 함. 유의어: 통지. ② [역사] 조선시대, 승정원에서 처리한 일을 매일 아침 적어 반포하던 일. 또는 그것을 적은 종이"라고 설명해 놓았다. 그런가 하면, 고려대학교 민족문화연구원 편, 『한국어대사전』(서울: 고려대학교, 2011)에서는 "기별은 소식, 통지, 그리고 오늘날의 'information'과 같은 뜻을 가지고 있다"

고 설명해 놓았다. 남광우(南廣佑) 편, 『고어사전』(古語辭典. 서울: 일조각, 1975, p. 76)과 유창돈(劉昌惇) 편, 『이조어사전』(李朝語辭典. 서울: 연세대학교출판부, 1985, p. 110)을 보면, '기별'(奇別 또는 寄別)은 '긔별'이라는 말이 변형된 것으로서, '소식'을 의미한다고 한다.

그렇다면 이러한 뜻의 '기별'이란 말은 언제부터 쓰여졌는가? 이에 관하여 명확하게 알 수는 없으나, 세종대왕이 한글을 창제한 뒤 세종 27년(1445) 정인지(鄭麟趾) 등이 한글로 지은 서사시 「용비어천가」(龍飛御天歌) 34장을 보면, "서븘 긔벼를 알쌋"(서울 기별을 알세)라는 말이 나온다. 그 이듬해 수양대군(首陽大君: 세조)이 한글로 지은 서사시 「석보상절」(釋譜詳節) 6권에는 "그 긔별 드르시고"(그 기별을 들으시고)라는 말이 나오며, 세종 31년(1449) 세종대왕이 직접 한글로 지은 장편의 노래 「월인천강지곡」(月印千江之曲)에는 "긔별을 솔ᄫᆞ시ᄂᆞᆯ"(기별을 사뢰시거늘: 아뢰거늘)이라는 구절이 나온다. 따라서 '긔별'이란 말은 한글이 창제된 1445년 이전부터 사용된 것 같은데, 수춘학인(壽春學人)에 의하면, "우리 조선에 잇서서는 관보의 일종인 소위 '기별지'가 신문의 원조라 하겟으나 … 그 시초된 연대에 이르러서는 아즉 상세한 기록이 업스나 신라사(新羅史)에 의하면 신문왕(神文王) 12년 임진(서기 682년 — 거금 1,248년 前)에 설총이 이두문을 지어 관부문찰(官府文札)에 용(用)하얏다 하얏슨즉 그때부터 긔별지가 시행(始行)된 것을 족히 짐작하겟다"(수춘학인, 1930, p. 24)고 하였다. 그러므로 이를 믿는다면, 기별이라는 말은 통일신라시대부터 이미 사용된 것 같다.

다음으로 세종대왕기념사업회 편, 『한국고전용어사전』(서울: 세종대왕기념사업회, 2001)을 보면, '기별'을 "1) 다른 사람에게 소식을 알림. 2) ① 고려, 조선시대에 소식을 전하기 위하여 관청 및 민간에서 발행한 일체의 통신문. ② 관원들 사이의 연락문서인 조보, 경저리들이 자기 지역 관청에 보내는 통지문인 저보. ③ 서원, 향청(鄕廳), 문중에서 공동 관심사를 알리는 통문 등을 말함. ④ 특히 조보는 승정원에서 처리한 일들을 날마다 아침에 적어서 반포한 것인데, 이것을 기별지, 필사하는 관리를 기별서리, 이를 전달하는 군사를 기별군사라고 하였음"이라고 자세히 설명해 놓았다.

그런가 하면, 이홍직(李弘稙) 편, 『국사대사전』(서울: 일중당, 1963)에서는 '기별'을 "승정원에서 그날그날의 뉴스를 전하던 관보. 일명 난보·조지. 우리나라에서도 일찍부터 소식을 전하는 것으로 '기별'이라는 것이 있었는데, 고려를 거쳐 이조에 들어와서 이 제도가 더욱 발달하였다. 1392년(태조 1년) 예문관·춘추관을 설치하고 사관(史官)으로 하여금 조정의 결재사항과 견문록을 기록하여 내외 대소 관청에 돌리게 하는 조보를 발행하였고, 세조 때부터는 승정원에서 조보를 취급하였다. 이러한 관보 이외에도 일반 통문과 소식의 전달 방법은 모두 기별이라고 하였다"고 풀이해 놓았다.

한국정신문화연구원 편, 『한국민족문화대백과사전』(성남: 한국정신문화연구원, 1991)에서 '기별'이라는 항목(이영춘 집필)를 찾아보면, "고려 및 조선시대 중앙정부에서 서울의 각 관아 및 지방 관아에 발하는 일체의 통신문. 조보, 저보, 통문 등이 있었으나 보통은 조보를 지칭하였다. 조보를 필사하는 서리를 '기별서리'라 하고, 그것을 전달하는 군사를 '기별군사'라 하였다. 조보는 조지, 난보라고도 하였다"면서 기별은 보통은 조보를 지칭했다고 설명해 놓았다.

2) 기별지의 정체에 관한 학자들의 두 가지 견해

위에서 보았듯이 각종 사전을 찾아보면 기별에 대한 풀이가 다양하다. 그러나 이들을 종합해 보면, ① 소식이나 ② 소식을 전하는 일(통지) 또는 ③ 소식을 적은 종이를 말한다. 여기서 "소식을 적은 종이"는 기별지·통신문·통지문·통문을 말하기도 하지만, 일반적으로는 조보·조지·저보·난보를 지칭한다고 풀이한다. 그렇다면 기별(기별지)은 곧 조보와 같다는 말인가, 아니면 그 유사물이란 말인가?

(1) 기별은 조보와 같은 것으로 곧 조보의 별칭이라는 견해

유자후(柳子厚)는 1949년 출판한 『조선민주사상사』(서울: 조선금융조합연합회)라는 책에서 "조지(朝紙)라 하는 것은 승정원에서 처리하는 사항을 매일 아침에 기재하여 반포하는 통보로서 난보니 조보니 통지니 기별지니 하는 별호가 많이 전하여져 오는 것이니…"(유자후, 1949, p. 114) 운운하면서, 기별지를 조지 즉 조보의 별호 중 하나로 보았다.

북한의 과학원출판사에서 발간한 「력사논문집」 제2집(1958)에 실려 있는 김일성종합대학 신문학강좌 "조선 신문의 원형으로서의 기별지에 관하여"라는 논문에서도 '조보'를 '기별지'라고 부르면서, "기별지(리두식 표기로 奇別紙라고 쓴다)는 단순히 기별 또는 조보, 조지, 저보, 저지, 저장, 란보, 한경보 등으로 불리였는 바, 이들 아홉 개의 명칭 중 조지, 기별, 저지, 저장은 각각 조보, 기별지, 저보로부터 파생된 것이므로 결국 다섯 개의 명칭이 그의 기본적인 것으로 된다"(pp. 220-221)고 말했다. 그러므로 기별(또는 기별지)는 조보의 여러 가지 별칭들 중의 하나라는 것이다.

한편 천관우(千寬宇)도 황현(黃玹)의 『매천야록』 고종 31년(1894) 11월조에 나오는 다음과 같은 내용, 즉 "승정원의 공사청을 폐지하였다. … '저보'를 '관보'로 개칭하였다. 구래(舊來)의 제도로는, 매일 저보는 각 관청의 서리가 초록하여 분전(分傳)한 것인데 그 필기가 난잡한 것으로, 이것을 '기별초'라 하여 익숙지 않은 이는 잘 알아보지 못할 정도였다. 이에 관보국을 신설하고 인쇄로 발행하게 되었다"는 문장을 들면서, 여기서 '저보'는 '기별'이라고도 했는데, "이 저보가 곧 조보로서, 일찍이 중국에서 발달한 제도이다"(천관우, 1963, pp. 438-439에서 인용)라고, 기별을 저보·조보와 똑같은 것으로 보았다.

최정태(崔貞泰)는 조보의 이칭(異稱) 즉 별칭으로 8가지를 들면서, 기별은 "한자(漢字)로 '奇別' 또는 '寄別'로 표기하며 조보의 우리말 별칭이다. 기별이 조보의 전기(前期) 형태로서 신라시대를 거쳐 조선조에 발전되었다는 견해도 있지만 이 분야의 목록, 색인 및 서지류(書誌類)를 찾아보면 '기별'이란 명칭을 가지고 발행된 자료의 흔적은 보이지 않는다"(최정태, 1992, pp. 15-16)고 부연 설명해 놓았다.

임종순도 "조보는 경보라는 명칭 이외에도 저보, 저초(邸鈔), 각초(閣鈔), 당보(塘報), 역보(驛報) 또는 기별지라고도 하였다"(임종순, 1969, p. 19)면서 기별을 조보의 7가지 별칭 중 하나로 보았다. 또한 북한에서 나온 『조선출판문화사: 고대~중세』(평양: 사회과학출판사, 1995)에서 "조보의 기원"이라는 항목을 보면, "조보의 명칭은 조보, 기별지, 소식, 저보, 란보, 한경보 등 여러 가지로 불리웠으나 편의상 '조보'로 통일한다"(p. 393)면서, 기별지를 조보의 여러 별칭 중 하나로 보았다.

그런가 하면, 김영주는 "조보의 명칭 가운데 가장 보편적으로 사용되는 용어는 조보였고, 그다음이 저보였다. 다음으로는 조지, 기별, 난보, 경보의 순이었으며, 나머지 용어들, 예컨대 기별지, 저장(邸狀), 저지(邸紙), 보장(報狀), 한경보(漢京報), 영기(營奇) 등은 거의 사용되지 않았다. '기별'은 조선조 중반(중종·인조 대)에, '조지'는 조선조 후반(숙종·고종 대)에 집중적으로 사용되었다"(김영주, 2008, p. 247)면서 기별을 조선조 중반에 집중적으로 사용된 조보의 별칭으로 보았다.

(2) 기별은 조보와는 다른 유사물이라는 견해

위에서 보았듯이 많은 학자들은 기별(기별지)을 조보와 같은 것으로, 곧 조보의 별칭 중 하나로 보았다. 하지만 이와는 달리 기별을 조보의 별칭이 아니라 그 유사물로 보는 학자도 없지 않다. 이런 학자의 대표적 인물로는 안재홍(安在鴻)을 들 수 있는데, 그가 1935년 7월 「조선일보」에 연재한 "조선신문소사"(朝鮮新聞小史)라는 글을 보면, "조보가 분명한 관보이어니와 이에서 파생된 자(者) 저보가 있으니, … 이는 '기별'로서, [이를] 아칭(雅稱)하여 저보라고 한 것이다"(「신문평론」 창간호, 1947, pp. 8-9에서 인용)라고 설명해 놓았다. 다시 말해서, 기별은 저보의 속칭이며, 저보는 조보에서 파생된 것으로 기별은 조보가 아니라, 조보에서 파생된 신문현상의 하나인 저보라는 것이다.

그러나 앞서 저보에 관해 살펴보았듯이, 조보와 저보를 동일한 것으로 보는 견해도 많은데, 이러한 견해에 따르면, 기별=저보=조보이므로 기별과 저보는 같은 현상에 대한 별칭일 뿐이라는 말이 된다. 하지만 안재홍은 저보와 조보는 다른데, 이들 중 저보의 아칭이 곧 기별이라고 주장했다.

한편 최승희도 안재홍과 마찬가지로 저보와 조보를 서로 다른 것으로 보고 있다(최승희, 1989, p. 195). 그러나 그는 기별이 저보의 별칭이라고는 말하지 않았다. 하지만 박정규(朴正圭)는 "조보가 승정원에서 발행된 것에 대한 공식적 명칭이었다면, 기별은 순수한 우리말로 이두식 표기였으며, 저보는 경저를 통하여 지방에 배포된 것의 명칭이었다"(박정규, 1982, p. 35)고 말했다. 이상에서 살펴보았듯이 어떤 학자들은 기별(기별지)을 조보와 같은 것으로 보면서, 기별을 조보의 별칭 중 하나로 보았다. 하지만 이와는 달리, 기별을 조보의 별칭이 아니라 그 유사물로 보는 견해도 있다. 그렇다면 이와 같은 두 가지 견해 중, 어떤 것이 옳은가?

3) 실록에서 기별지에 관한 기사들의 개관

위와 같은 문제들을 고찰해 보기 위하여 우선 실록에서 '기별'과 '기별지'(奇別紙)라는 단어를 검색해 보았다. 그 결과, '기별지'에 관한 기사는 나오지 않았으나 '기별'이라는 말이 들어 있는 기사(한문본)는 앞서 〈표 2-1〉에서 보듯이 조선 3대 임금인 태종(1401-1418) 때부터 시작하여 마지막 임금인 순종(1907-1910) 때까지 500여 년에 걸쳐 모두 105건이 나왔다.

(1) 실록에 나타난 '기별'이라는 단어의 검색 결과

이들 기사 중, 맨 처음 나온 기사는 태종실록 35권, 태종 18년(1418) 4월 27일 1번째 기사였다. 그러나 그 내용을 보면, "함승복(咸承復)·배상충(裵尙忠)이 북쪽 땅으로 들어가 군마(軍馬)를 뽑으니 반드시 변란(變亂)이 일어날 것이다. 이같이 좋지 않은 '기별'을 즉시 주상(主上)께 아뢰겠느냐?" 운운한 것으로, 신문현상으로서의 기별에 관한 것이 아니라, '소식'을 말하는 것이었다.

이러한 기사가 처음 나온 뒤, 50여 년 동안이나 기별에 관한 기사가 실록에 나오지 않다가 성종실록 4권, 성종 1년(1470) 4월 22일 4번째 기사에 '기별'이라는 단어가 다시 나왔다. 그러나 이것 역시 '소식'을 말하는 것으로 곧 의금부(義禁府)에서 삼복(三覆)하여 아뢰기를, "허영문(許永文)이 난언하기를, '나라를 치고 다른 사람을 세우면 반드시 좋은 기별이 있을 것이다'라고 하였다"는 것이었다. 그 뒤 성종실록 259권, 성종 22년(1491), 11월 15일 2번째 기사에 또 '기별'이라는 단어가 나오나, 이것 역시 '소식'을 뜻하는 것으로, "[중국 명나라의] 허원수(許元帥)가 [본국으로] 들어가지 않고 군사를 돌이킨다는 기별이 있으므로…" 운운한 것이었다.

다음으로 연산군일기에는 '기별'이라는 단어가 나오지 않다가 중종실록에는 무려 38개나 나타난다. 그러나 인종실록에는 1건도 나타나지 않다가 명종실록에 1건, 선조실록에 13건, 광해군일기중초본에 2건, 광해군일기정초본에 1건, 인조실록에 1건, 경종실록에 2건, 영조실록에 7건, 정조실록에 7건, 순조실록에 1건, 헌종실록에 1건, 철종실록에 2건, 고종실록에 23건, 순종실록에 3건이 나왔다. 그리하여 기별에 관한 기사는 태종실록부터 순종실록까지 모두 105건이다.

그러나 이들 중 신문현상 즉 기별지를 뜻하는 것은 18건에 불과한 데다가, 그마저도 5건은 중국의 저보·조보 등을 가리키는 것이었다. 따라서 우리나라의 기별지에 관한 것은 13건이었으나, 이들 중 광해군일기정초본 186권, 광해군 15년(1623) 2월 10일 1번째 기사와 광해군일기중초본 186권, 광해군 15년(1623) 2월 10일 1번째 기사는 그 내용이 똑같았다. 따라서 이를 빼면, 우리나라 기별지에 대한 실록 기사는 실제로는 12건이다. 그러므로 이들 12건의 기사들을 중심으로 기별의 정체에 관하여 고찰해 보았다.

(2) 신라 때 출현했다는 기별이 중종실록에 처음 등장

첫째로 우선 기별이 실록에 언제부터 출현해서 언제까지 존속되었는지를 고찰해 보았다. 앞서 여러 번 말했듯이 수춘학인(壽春學人)과 최준 등에 의하면, 기별 제도는 신라 신문왕 때 시작되어 그 후 고려왕조를 거쳐 조선왕조에 들어서서는 더욱 발달되어, 태조 원년(1392) 9월 14일 예문춘추관을 두어 사관(史官)으로 하여금 조정의 결재사항과 견문록을 기록하여 경외 대소아문에 돌렸으며, 이러한 기별 제도는 조보로 발전하여 제7대 선조 때부터는 승정원에서 취급했다고 한다. 그러므로 만약 이것이 사실이라면, '기별'이나 '기별지'라는 말이 태조실록에서부터 나와야 한다.

그러나 앞서도 말했듯이 실록에서 기별이라는 단어가 처음 나온 것은 태종 18년(1418) 4월 27일 1번째 기사였으며, 이 기사에서 '기별'은 기별지(신문)가 아니라 '소식'을 말하는 것이었다. 그 후 50여 년 만인 성종실록 4권, 성종 1년(1470) 4월 22일 4번째 기사에 나온 '기별'이라는 단어 역시 소식을 뜻하는 것이었다. 그러다가 신문 현상의 하나로서 기별(기별지)에 관한 기사가 실록에 처음 나온 것은, 어찌된 까닭인지는 알 수 없으나, 조선 건국 이후 181년이나 지난 제11대 임금 중종실록 49권, 중종 18년(1523) 8월 15일 1번째 기사였는데, 그 내용을 소개하면 다음과 같다.

> 좌의정 이유청(李惟淸)이 [임금에게] 와서 사직하며 아뢰기를, … "신이 접때 마침 집에 있을 때에 처형될 사람이 집 앞을 지나며 상말을 다하여 욕하되 신의 죽은 아비·어미에게까지 미쳤는데, 그 모욕받은 것은 입으로 형언할 수 없습니다. … 어제 기별을 보니 형조에서 전옥서(典獄署)의 관원이 금지하지 못했다 하여 죄주기를 청하였다고 하는데, 이는 신이 모욕받았기 때문에 이렇게까지 되었으니 매우 황공합니다. …"

이러한 기사에 뒤이어 중종실록 51권, 중종 19년(1524) 9월 18일 3번째 기사에 또 기별지에 관련된 기사가 나온다. 그러나 이는 "삼공(三公)이 의논하여 임금께 아뢰기를, '신(臣)들이 어제 방윤(方輪)의 서장(書狀)과 중국의 기별 및 상소를 보니…'" 운운한 것으로 우리나라가 아니라 중국 명(明)나라 기별(저보)에 관한 것이었다. 다음으로 중종실록 54권, 중종 20년(1525) 5월 3일 1번째 기사에 또 '기별'에 관한 내용이 나오는데, 이는 이유청(李惟淸)이 아뢰기를, "기별을 보니 '심사손(沈思遜)이 와서 아뢰기를'이라고 썼기에…" 운운한 것으로, 여기서 기별도 조보를 지칭한 것 같다. 그 뒤 우리나라 조보를 가리키는 기별에 관한 기사가 순종 때까지 10건이 더 나오나, 이들 중 고종실록 29권, 고종 29년(1892) 4월 1일 4번째 기사에 나온 것은 기별지 자체에 관한 것이 아니라 '기별청'(奇別廳)에 관한 것이었다. 그렇다면 위와 같은 실록 기사들을 볼 때 기별은 언제부터 출현해서 언제까지 존속했다고 말할 수 있겠는가?

앞서 말했듯이, 수춘학인과 최준 등에 의하면, 기별은 신라 신문왕 때부터 시작되어 고려왕조를 거쳐 조선왕조에 들어서서는 더욱 발달되어, 제7대 선조 때부터 조보로 발전되었다고 한다. 그러나 이러한 주장이 사실(史實)이라면 '기별'이나 '기별지'라는 단어가 태조실록에서부터 나오다가 선조 때부터 조보로 그 명칭이 바뀌어야 한다. 그럼에도 실록에는 '기별'(기별지)에 관한 기사가 중종실록 18년(1523) 8월 15일 1번째 기사에 비로소 처음 나온다. 따라서 이로 미루어 볼 때, 위에서 말한 수춘학인과 최준의 주장하는 우리나라 기별지 내지 조보의 신라기원설에 대해 의문이 든다. 그러므로 기별은 조보와 다른 별개의 신문현상이 아니라, 조보의 별칭이었던 것 같다. 뒤의 제3장에서 자세히 살펴보겠지만 우리나라 조보는 중종 때 출현하여 고종 때까지 존속하면서 여러 가지 명칭으로 불렸기 때문이다.

(3) 중국의 조보와 우리나라 기별과의 관련성은?

위에서 말한 수춘학인과 최준 등이 주장하는 우리나라 기별(신문)의 신라기원설에 대해 또 하나 의문이 드는데, 앞서 말했듯이 실록에서 기별지에 관한 18건의 기사들 중, 중국의 저보·조보 등을 가리키는 것이 5건이나 되기 때문이다. 우선 이들 기사의 내용부터 간단히 소개해 보면 아래와 같다.

① 등극사(登極使) 이유청(李惟清)이 장계하기를, "등극반조사(登極頒詔使)의 임명 여부를 알려고 [중국의] 기별 1통을 얻어 보니, 거기에 '관원을 뽑아 조서를 가지고 조선국에 가서 개독(開讀)하고 성지를 받들라 했다'"(중종실록 42권, 중종 16년, 서기 1521년 9월 20일 3번째 기사).

② 삼공(三公)이 의논하여 아뢰기를, "신들이 이제 방윤(方輪)의 서장과 중국의 기별 및 상소를 보니, 신들의 생각도 과연 상교(上教)와 같습니다…"(중종실록 51권, 중종 19년, 서기 1524년 9월 18일 3번째 기사)

③ 임금이 정원에 전교하였다. "중국 기별을 보건대, 서반(西班) 호사신(胡士紳)의 주본(奏本)에, 외국인 대우를 전처럼 하지 않아 임금의 총명을 속이고 막게 된다는 말들이 있었으니 과연 지당한 말이다"(중종실록 56권, 중종 21년, 서기 1526년 3월 21일 1번째 기사).

④ 임금이 김근사(金謹思) 등에게 명하여 의논하기를, "내가 일찍이 중원(中原: 중국의 중원)의 기별을 보니, 변방에 일이 있으면 병부(兵部)와 호부(戶部)가 각기 관장한 일을 가지고 낭관을 뽑아 보내서 감찰하였다. 우리나라는 전부터 이런 관례가 없으나 이를 모방해서 하는 것도 무방할 것이다"(중종실록 85권, 중종 32년, 서기 1537년 5월 6일 5번째 기사).

⑤ 임금이 정원에 전교하기를, "이번에 중원(中原: 중국의 중원)의 기별을 보니, 해내(海內)에 알릴 만한 일은 모두 우리나라로 하여금 알게 하겠다고 하였으니, 황제의 뜻도 그런 것 같다"(중종실록 86권, 중종 32년, 서기 1537년 11월 12일 1번째 기사).

이와 같은 기사들에서 중국의 기별이란 곧 명나라 때 저보나 조보를 말한 것으로, 이러한 기사들을 볼 때 당시 우리나라 임금이나 고급관료들은 중국의 저보나 조보 등을 구해서 읽으면서 중국의 사정을 숙지했던 것 같다. 그러므로 혹시 우리나라에서도 중종 때부터 중국의 저보나 조보를 모방하여 조보를 발행하게 된 것은 아닐까 하는 생각이 든다. 이는 특히 위에서 ④번의 기사를 보면, "임금이 김근사 등에게 명하여 의논하기를, '내가 일찍이 중원의 기별을 보니, 변방에 일이 있으면 병부와 호부가 각기 관장한 일을 가지고 낭관을 뽑아 보내서 감찰하였다. 우리나라는 전부터 이런 관례가 없으나 이를 모방해서 하는 것도 무방할 것이다'"라는 내용이 나오기 때문이다. 비록 이는 기별 제도에 관한 것은 아니지만, 이로 미루어 볼 때 중국의 조보 제도를 모방했을 가능성이 없지 않다. 그러므로 우리나라 조보는 신라시대의 기별에서 기원했다는 소위 신라기원설보다는, 중종 연간에 중국의 저보나 조보 등의 문물제도를 받아들여 생성되었다는 이입설이 더 타당성을 얻을 수도 있는데, 이에 관해서는 다음 제3장에서 자세히 살펴보기로 하겠다.

4) 실록을 통해 본 기별지의 실체

위에서 우선 실록에 나오는 기별 관계 기사들의 검색 결과를 간단히 살펴보았다. 그러면 다시 본래의 문제로 돌아가서, "기별은 조보의 별칭인가? 아니면, 조보와는 다른 신문현상 즉 조보의 유사물인가?" 이와 같은 문제를 알아보기 위하여 실록에 나타난 기별지의 발행기관, 주요 내용, 독자, 배포 방법 등을 조사해서 이들을 조보의 그것들과 비교해 보았다. 기별이 조보의 별칭이라면 기별지의 발행기관, 내용, 독자, 배포 방법 등이 조보의 그것들과 같아야 하나, 만약 다르다면 기별지는 조보와는 다른 별개의 신문현상으로 볼 수 있기 때문이다. 그러면 이러한 고찰의 결과는 어떻게 나왔을까?

(1) 기별지 관계 실록 기사에서 기별서리는 조보의 기별서리인듯

첫째로 기별지의 발행기관과 편집·제작 담당자 등에 관한 실록 기사들을 검색해 보았더니 기별서리에 관련된 기사가 2건, 기별하리(奇別下吏)에 관한 기사가 1건, 기별청(奇別廳)에 관한 기사가 1건이 나왔다. 이들만 가지고서는 기별지의 발행기관과 편집·제작자가 누구였는지는 알 수 없으나, 아래와 같은 실록 기사를 보면, 여기서 말한 '기별'은 아무래도 조보를 지칭한 것 같다.

> 헌부(憲府: 사헌부)가 [임금에게] 아뢰기를, "근일 이장(李璋)이 승복한 사연을 신(臣)들은 자세히 모르고 있습니다. 이제 기별서리로 하여금 의금부에 가서 묻게 하였더니, 금부(禁府)의 낭관이 대답하기를 '전에 승전(承傳)이 있었기 때문에 전해줄 수 없다' 하였습니다. 대간(臺諫)은 나라의 일이라면 모르는 것이 없어야 하고, 더군다나 이장의 옥사는 의당 그 시말을 알아야 합니다. 전지(傳旨)에서 말한 '가져가는 것을 불허한다'는 것은 그의 추안(推案)을 가리켜 말한 것인데, 소소한 기별도 만약 이를 빙자하여 통하지 못하게 하면 뒷 폐단이 있을까 염려되기 때문에 감히 아뢰는 것입니다" 하였다(중종실록 74권, 중종 28년, 서기 1533년 3월 4일 5번째 기사).

이 기사를 보면, 조보에 관한 이야기를 하다가 끝에 가서 "기별서리로 하여금 정원에서 등서하게 하여…" 운운했는데, 여기서 기별서리는 조보를 등서한 서리임에 틀림없다. 조보의 경우, 승정원의 승지나 주서(注書)가 조보의 기사들을 작성해서 게시문 형태로 발표하면, 이를 각 관아의 기별서리들이 그대로 베껴서 자신의 소속 관아에 전달하였기 때문이다. 그렇다면 기별지의 경우는 누가 그 기사들을 작성했으며, 이를 누가 각 기관에 배포했는가? 이에 관한 기사들이 실록에 나오지 않고, 조보에 관한 기사들만 나오는 것을 볼 때, 실록에서 말한 우리나라 기별지들은 조보를 지칭한 것 같다. 그러므로 조선시대에 기별 내지 기별지라고 불렀던 것은 별개의 신문현상이 아니라, 조보의 별칭이었던 것으로 볼 수 있다.

(2) 기별지와 조보의 주요 내용을 비교해 보면 거의 같아

둘째로 위와 같은 문제를 확인해 보기 위하여 기별지와 조보의 내용을 서로 비교해 보았다. 만약 기별지가 조보의 별칭이라면 그 내용도 같아야 하는 반면, 만약 기별지와 조보가 서로 다른 신문현상이라면 그 내용들도 서로 달라야 하기 때문이다. 따라서 기별지에 관한 실록 기사들에서 "기별지를 보니 어떠어떠한 내용이 실려 있었다"는 식의 기사들을 모두 찾아서 기별지에 어떤 내용이 실렸는지를 알아보았다. 그러나 겨우 3건밖에 찾지 못했는데, 이들의 내용을 소개하면 아래 〈표 2-2〉와 같다.

그러나 이들 3개 기사에 나타난 기별지의 내용만 가지고서는 기별지에 정확히 어떤 내용들이 실렸는지 알 수 없다. 하지만 기별지도 조보와 마찬가지로 임금의 하교, 신하들의 계달(보고), 인사문제, 형률 등에 관한 내용들을 실렸을 것으로 추정되는데, 만약 그렇다면 〈표 2-2〉에 소개한 기사들에서 기별은 조보를 지칭한 것으로서 곧 조보의 별칭인 것 같다.

한편 중종실록 61권, 중종 23년(1528) 4월 9일자 1번째 기사를 보면, "병방승지 윤인경(尹仁鏡)이 임금에게 아뢰기를, '무릇 군사 기밀에 관한 일을 의논만 해 놓고 시행하지 않고 있는 것은, 써서 전파하지 못하도록 해야 하므로 봉해서 정원에 두는 것이 준례입니다. … 대저 이런 일을 기별에 써넣는다면, 한갓 여기에만 전파되는 것이 아니라 저들의 지경(地境)에서도 반드시 쉽게 알게 될 것이기 때문에 군사

〈표 2-2〉 실록에 나타난 기별지의 주요 내용

주제	기별관계기사들의 내용과 출처
계달(啓達)	임금이 조강(朝講)에 나아갔다. 좌의정 이유청(李惟淸)이 아뢰기를, "요사이 사인(舍人) 심사손(沈思遜)이 계달한 일을 신(臣) 등은 비밀한 것이라고 생각했는데, 기별을 보니 '심사손이 와서 아뢰기를'이라고 썼기에 신 등이 보고 깜짝 놀랐습니다"(중종실록 54권, 중종 20년, 서기 1525년 5월 3일 1번째 기사).
인사(人事)	임금이 조강에 나아갔다. 대사간 김유(金鏐)가 아뢰기를, "어제 기별을 보니, '성균관의 사유(師儒)를 감당할 만한 자는 외임(外任)인 수령이라도 모두 간택한다' 하였습니다"(중종실록 64권, 중종 23년, 서기 1528년 11월 3일 2번째 기사).
형률(刑律)	좌의정 이유청(李惟淸)이 [임금께] 와서 사직하며 아뢰기를, "신이 어제 기별을 보니 '형조에서 전옥서(典獄署)의 관원이 금지하지 못했다' 하여 죄주기를 청하였다고 하는데, …"(중종실록 49권, 중종 18년, 서기 1523년 8월 15일 1번째 기사)

기밀에 관한 일은 전일에 대신(大臣)도 비밀로 해야 한다고 했었습니다'"라는 내용이 실려 있다. 따라서 이를 볼 때, 군사 기밀에 관한 일은 기별지에 싣지 못하게 했음을 알 수 있다. 이 기사에서 '무릇 군사 기밀에 관한 일을 의논만 해 놓고 시행하지 않고 있는 것은, 써서 전파하지 못하도록 해야 하므로 봉해서 정원에 두는 것이 준례입니다'라는 것을 볼 때, 이 기사에서 기별은 곧 조보를 지칭한 것 같은데, 이는 조보를 정원 즉 승정원에서 냈기 때문이다.

(3) 기별지의 주요 독자들과 배포 범위도 조보와 거의 동일

셋째로 기별지가 조보의 별칭인지, 아니면 다른 신문현상인지를 알아보기 위하여 주요 독자들과 배포 범위도 서로 비교해 보았다. 이를 위하여 실록에 실린 기사들 중에서 "기별을 보았다"는 기사, 예컨대 "좌의정 이유청이 아뢰기를, '신(臣)이 기별을 보니…'" 운운하는 등등의 내용이 담긴 기사들을 모두 찾아서 기별을 읽은 사람들의 관직이나 신분들을 조사해 보았다. 그 결과, 겨우 3건밖에 나오지 않았다. 즉 ① 중종실록 54권, 중종 20년(1525) 5월 3일 1번째 기사에, 좌의정 이유청이 기별을 보았다는 것과, ② 중종실록 49권, 중종 18년(1523) 8월 15일 1번째 기사에 역시 좌의정 이유청이 기별을 보았다는 것, 그리고 ③ 중종실록 64권, 중종 23년(1528) 11월 3일 2번째 기사에 대사간 김유(金鏐)가 기별지를 보았다는 것만 나왔다. 따라서 이것만을 가지고서는 기별지의 독자들은 어떤 사람들이었는지 알 수 없다.

그러나 정승들도 기별지를 보았던 것은 확실하다. 하지만 비밀스럽고 중요한 기별은 삼공(三公: 영의정·좌의정·우의정)들에게 기별지를 거치지 않고 직접 전달하기도 했던 것 같다. 중종실록 78권, 중종 29년(1534) 12월 3일 1번째 기사를 보면 아래와 같은 내용이 나오기 때문이다.

> 임금이 정원(政院)에 전교하기를, "어제 모든 기별은 사관(史官)을 시켜 써서 녹사(錄事)에게 주어 삼공에게 전하도록 해 달라고 삼공이 아뢰었기 때문에 이미 윤허하였다. 그러나 한림(翰林)은 승정원과 전혀 관계가 없고 단지 사국(史局)에서만 일할 뿐이다. 사초의 일을 전파할 수는 없으니 주서(注書)를 시켜 써서 보내는 것이 어떻겠는가?" 하였다. 정원이 회계(回啓)하기를, "삼공이 모두 춘추관을 겸하기 때문에 입번(入番)한 사관이 기별을 전하게 할 것으로 의논했었습니다. 그러나 주서는 일이 많아 써서 전하는 일을 할 수 없기 때문에 의

> 논하여 아뢰지 않았습니다. 전례를 살펴보면 사관이 정부의 녹사를 불러 기별을 쓰게 하여 삼공에게 보낼 것으로 전에 이미 전지(傳旨)를 받들었으니 어떻게 해야 합니까? 지금 삼공들의 의논은, 나라에는 비밀스런 일이 있기 때문에 녹사를 시켜 써서 전하게 할 수는 없으니, 사관을 시켜 써서 봉한 다음 서명하여 보내게 하라는 것이었습니다" 하니 임금이 전교하였다(이하 생략).

이 기사에서 '기별'은 기별지가 아니라 소식이나 정보 등을 말하는데, 이러한 기별 중에서 비밀스러운 것들은, 전례(前例)에는 사관이 의정부의 녹사를 불러 쓰게 하여 삼공에게 전달했으나, 앞으로는 사관이 직접 쓰게 한 다음 밀봉하여 삼공에게 전달토록 하라는 것이었다.

한편 중종실록 57권, 중종 21년(1526) 11월 28일 1번째 기사를 보면, 우승지 정옥형(丁玉亨)이 함경북도 병사(兵使) 유계종(柳繼宗)의 계본(啓本)과 봉계(封啓)를 올리면서 아뢰기를, "계본에 '서울에서 있었던 각 날짜의 기별을 열진(列鎭)들만 다 알 뿐 아니라 오랑캐들도 먼저 알고 있습니다. 계속 이러하다면 군기(軍機)가 비밀스럽지 못하게 되기 때문에 감히 봉계합니다'라고 했습니다. 계하(啓下)할 때도 봉하여 병조 낭관에서 주시고 단초책(單抄冊)에 등사하지 못하게 하는 것이 어떻겠습니까?' 하니, '아뢴 대로 하라'고 전교하였다"는 내용이 나온다. 따라서 이를 보면 기별지는 함경북도의 열진과 그 근처에 사는 오랑캐들까지도 보았던 것 같다. 그런데 기별지가 이곳까지 내려가려면 1개월 이상 걸렸던 것 같은데, 위의 실록 기사 말미에 "도(道: 함경북도)에서 치계(馳啓)하는 일에 대해서는 1개월이 지나야 가까스로 서울에서 있었던 여러 날의 기별이 내려옵니다"라고 적혀 있기 때문이다. 그러므로 여기서 기별은 조정의 승정원에서 낸 조보였던 것 같다.

(4) 기별지의 발행자와 담당자 등에 관한 것은 실록에 보이지 않아

넷째로 독자들에게 기별지를 어떻게 전달 또는 배포했는지에 관한 실록 기사들을 찾아보았더니 기별서리, 기별하리, 기별청에 관한 기사가 각각 1건씩 나왔다. 그러나 이들은 비록 '기별'이라는 말은 붙어 있지만 기별지에 관계된 것들이 아니라 조보에 관련된 것들이었다. 우선 기별서리에 관한 광해군일기중초본 및 정초본 186권, 광해군 15년(1623) 2월 10일 1번째 기사를 보면, 아래와 같이 조보에 관한 것만 나오지 기별지의 등서를 수행했다는 내용은 나오지 않고 있어, 기별지의 등서와 전달 업무는 누가 담당했는지 알 수 없다.

> 비변사가 아뢰기를, "어제 최호(崔濩)와 한급(韓汲)이 올린 계사를 보건대, 그 내용이 양사(兩司)의 계사보다 더 준엄하였으니 신들의 죄가 큽니다. … 작년에 비국(備局)에 관한 일을 조보에 써낸 것에 대해서 엄한 분부를 내리셨으므로 이후로 한 글자 한마디 말도 함부로 내지 않았는데 삼사가 조보에 내지 않은 것을 가지고 비밀로 했다는 것입니까. 모든 공사(公事)를 결정한 뒤에 당상들이 나가면 낭청(郎廳)이 바르게 써서 들이는데, 날이 저물어 문이 닫혔으면 종이봉투에 넣어 정원에 올립니다. 삼사는 종이봉투에 넣는 것을 가지고 비밀로 했다는 것입니까. 서계한 것을 삼사가 죄안(罪案)으로 삼는 것은 옳은 것이지만 비밀로 했는지 여부에 대해서는 괴이하게 여길 것이 없습니다. 그러나 삼사가 비국의 공사를 들을 수 없는 것이 큰 흠전(欠典)이니, 이후로는 기별서리로 하여금 정원에서 등서하게 하여 일에 따라 바로잡아 함께 국사를 처리하게 한다면 매우 다행스럽겠습니다."

다음으로 기별하리에 관해서는 선조실록 199권, 선조 39년(1606) 5월 1일 8번째 기사를 보면 아래와 같은데, 이 기사에서 '기별하리'니 '기별이서'니 하는 것은 모두 기별서리를 가리키는 말로서 곧 조보에 관한 업무를 맡았던 하급 서리 또는 이서(吏胥)를 말하는 것이다.

> 임금이 비망기(備忘記)로 좌부승지 최염(崔濂)에게 전교하였다. "조금 전 떠드는 소리에 대해 물었더니, 각사(各司)의 기별하리들이 빈청(賓廳)에 떼 지어 모여 그렇게 되었다고 한다. 평상시 대궐문을 엄하게 지키지 못하여 잡인들이 마음대로 드나들어 여염집과 같은 것도 이미 놀랍거니와, 빈청은 바로 대내(大內)와 지척으로 종재(宗宰)가 와서 처하는 곳이다. 그런데 기별이서(奇別吏胥)들로 하여금 빈청에 모여 마음대로 떠들어 소리가 어소(御所)에까지 들리도록 했으니 매우 놀랍다. 입직한 병조 낭청과 수문장을 아울러 파직하라"(선조실록 199권, 선조 39년, 서기 1606년 5월 1일 8번째 기사).

이와 같은 문제가 발생하자, 기별서리들이 모여 조보를 등서할 수 있는 별도의 건물을 마련해 주었던 것이 바로 기별청(奇別廳)인데, 이는 곧 승정원에서 반포하는 조보를 기별서리들이 등서하던 곳을 말한다. 그러나 기별청에 관한 기록은 고종 29년(1892)에 처음 나오는 것으로 보아 이때서야 설치된 것 같은데, 이에 관한 실록 기사를 보면 아래와 같다.

> 형조에서 아뢰기를, "김두형(金斗亨)의 공초에, '도목정사(都目政事)를 하는 날 이조(吏曹)의 대령서리(待令書吏)로서 기별청에서 일을 보았습니다. 그런데 밤낮 쓰고 있으니 정신이 혼미하여 그저 이조서리가 보내 온 것만 믿고 써서 공포했을 뿐 횟수가 얼마나 되는지, 정목이 끝났는지 끝나지 않았는지도 몰랐고, 또 문밖에서 들여보낸 것이 있기 때문에 손이 가는 대로 써냈는데 그것은 바로 안태정(安泰鼎)이 써 보낸 것이었습니다. 그리하여 스스로 서로 호응한 죄를 범하게 되었습니다. 이미 전조에서 죄를 다스려 형배될 처지가 되었으니 지금 엄하게 조사하는 마당에 더 할 말이 없습니다' 하였습니다"(고종실록 29권, 고종 29년, 서기 1892년 4월 1일 4번째 기사).

하지만 이 기사를 보면, 기별청에서 조보나 기별지를 등서했다는 내용은 없고, 이조(吏曹)의 대령서리(待令書吏)가 기별청에서 도목정사를 등서하다가, 안태정이 써 보낸 것을 이조서리가 보내 온 것인 줄 알고 도목정사에 공포했다는 내용만 나오고 있다. 따라서 이를 볼 때 기별청에서는 조보뿐만 아니라, 도목정사 등 정부의 다른 주요 공지(公知) 문서들도 등서해서 공포했던 것 같다. 그러므로 이와 같은 여러 실록 기사들로 미루어 볼 때, 비록 '기별'이라는 수식어는 붙었지만 '기별지'를 위한 별도의 기별서리나 기별하리들은 없었음이 분명한데, 이는 조보의 등서자나 전달자를 기별서리나 기별하리로 불렀기 때문이다. 따라서 이로 미루어 볼 때, 기별지라는 별도의 신문현상은 없었으며, 조보를 기별지라고도 불렀던 것 같다.

(5) 결론적으로 말해서 기별지는 조보의 별칭임이 분명

다섯째로 기별지와 조보의 기능도 비교해 보기 위하여 이에 관한 것을 실록에서 찾아보았으나, 찾지 못했다. 하지만 기별지도 승정원일기나 실록 등이 유실되어 이를 다시 편찬하거나 수정할 때 주요한 사료(史料)로서 활용되었다는 기록은 있었는데, 영조실록 74권, 영조 27년(1751) 12월 15일 4번째 기사를 보면 아래와 같다.

승지 남태기(南泰耆)가 아뢰기를, "경술년(영조 6년, 서기 1730년) 10월의 [승정원]일기 한 권(卷)을 공연히 유실하였으니, 즉시 마땅히 빠진 곳을 채워 넣어야 하는데, 연설(筵說) 및 소장(疏章)은 지난해의 일기청(日記廳) 준례에 의거하여 비록 사가(私家)에 소장된 것이 있더라도 재록(載錄)하지 말고 단지 양사(兩司)의 초기별(草奇別) 및 각사(各司)의 초기(草記)만을 베껴야 합니다. 그리고 기유년(영조 5년, 서기 1729년) 5월 망후(望後)의 [승정원]일기도 전에 또 유실하여 그 당시에 가주서(假注書)로 하여금 베껴 쓰도록 하였는데 잡란(雜亂)하고 소략(疏略)하여 거의 모양을 이루지 못하였습니다. 청컨대, 일체 수정(修整)하소서" 하니, 임금이 옳게 여겼다.

그런데 이 기사에서 '양사(兩司)의 초기별(草奇別)'은 사헌부와 사간원에 보관되어 있던 기별지를 말하나, 실제로는 기별지가 아니라 조보였음이 분명하다. 다른 여러 가지 실록 기사들을 보면, 양사에서 기별지를 본 뒤에 이를 보관해 두었다는 기록은 없으나, 승정원일기나 실록이 전란이나 화재로 인하여 유실되었을 때 각지에 보관된 조보를 수집해서 사료로 삼아 승정원일기나 실록을 다시 편찬했다는 기록은 수없이 많이 나오기 때문이다. 그러면 결론적으로 말해서, 기별지는 조보의 별칭인가, 아니면 조보와는 다른 것으로서 곧 조보의 유사물인가? 앞서 살펴본 여러 가지 실록 기사들로 미루어 볼 때, 기별지는 조보의 별칭임이 거의 분명하다.

제4절

난보(爛報)의 유래와 실록에 나타난 그 실체

기별지 이외에 조보의 또 하나의 별칭 또는 유사물로는 '난보'(爛報)라는 것이 있었다. 그렇다면 이는 조보의 별칭인가, 아니면 별개의 신문현상으로서 우리나라에 실제로 존재한 것이었는가? 이것은 현재 난보의 실물(實物)들이 남아 있지 않아서 알 수 없다. 따라서 우선 난보에 관한 문헌과 선행연구들을 찾아본 결과, 우리나라 난보에 관한 연구는 찾아볼 수 없었다. 그러나 중국의 난보에 관한 연구는 있었는데, 차배근의 『중국전근대언론사』(서울: 서울대학교출판부, 1984)를 보면, 난보에 관한 설명이 비교적 상세하게 나와 있다. 따라서 이를 우선 간단히 소개하면 아래와 같다.

1) 조보의 속칭으로서 '난보'라는 명칭의 유래

중국 한(漢)나라 때 출현한 저보는 당(唐)나라를 거쳐 송나라 초기까지도 유행했다. 그러나 이를 송나라 조정이 진주원(進奏院)이라는 정부 기관에서 발행토록 함으로써, 그 이전까지 반관반민(半官半民)의 성질을 가졌던 저보가 관보로 되었고 명칭도 '조보'로[14] 고쳐졌다(차배근, 1984, p. 168). 이러한 조보를 속칭 '난보'라고도 불렀는데, 이

14 '진주원보'(進奏院報), '진주관보'(進奏官報), '진주보'(進奏報)라고도 불렀다. 송나라 때는 조보를 진주원에서 발행했기 때문이다.

는 '단란조보'(斷爛朝報)의 준말로서, 송나라 때 대학자요 정치가요 시인이었던 왕안석(王安石: 1021-1086)이 처음 사용했다고 한다. 즉『속자치통감』(續資治通鑑) 권 86에 의하면, 왕안석이 '춘추필법'(春秋筆法)의 대명사로 유명한 노(魯)나라의 역사책『춘추』(春秋)를 해석해서 세상에 간행하려고 했다. 그러나 그것을 이미 다른 사람이 해석해서 출판한 것을 알게 되자, 자신이 다시 출판할 수 없는 것을 깨닫고,『춘추』를 헐뜯어 '단란조보'라고 불렀다고 하는데, 여기서 '단란조보'란 일관성 없이 토막토막 끊어진 기사를 나열한 관보와 같다는 뜻이었다.

이런 이야기는『송사』(宋史)의「왕안석열전」(王安石列傳)에도 나온다. 왕안석은 자신의 독자적 견해에 따라 중국의 고전을 재해석해서 이를 출판하여 학교에 배포할 때『춘추』는 제외시키면서, 농담으로『춘추』를 '단란보조' 즉 관보처럼 일관성이 없고 토막난 기사들을 모아 놓은 것과 같은 책이라고 혹평하였다고 한다.

이처럼『춘추』를 '단란보조', 줄여서 '난보'라고 불렀다는 사실은 우리나라 조선왕조실록에도 나온다. 정조실록 2권, 정조 즉위년(1776) 8월 8일 5번째 기사를 보면, 임금이 밤에 재전(齋殿)에 나아가 좌부승지 유언호(兪彦鎬)를 소견하고,『춘추』를 강(講)하라고 명하였다. 그러면서 임금이 말하기를, "금릉(金陵: 중국 남경 부근의 지명)에서『춘추』를 '난보'라고 하여 마침내『춘추』의 뜻을 폐하였으니, 어찌 개탄할 일이 아니겠는가?" 하니, 유언호가 아뢰기를, "세속이 쇠퇴하고 도학(道學)이 경미해져서, 일종의 경의(經義)를 훼손시키는 의논이 방자하게 그사이에 행하여지게 되어 춘추대일통(春秋大一統)의 뜻이 장차 아주 까마득하게 어두워지게 되었는데, 호안국(胡安國)이 전(傳)을 짓게 되어서 성인(聖人)의 요지가 비로소 크게 밝아졌습니다" 운운하였다.

바로 위와 같이 중국에서는, 송나라 때부터 '조보' 앞에 '단란' 즉 "일관성 없이 토막토막 끊어지고 문드러졌다"는 수식어를 붙여 '단란조보' 또는 간단히 줄여서 '난보'라고 부르게 되었는데, 이는 대체로 조보를 부정적으로 말할 때 사용했다. 그렇다면 우리나라에서도 중국의 경우에서와 마찬가지로 조보를 좋지 않게 부를 때 '난보'라고 일컬었는가, 아니면 중국의 경우와는 달리 우리나라에는 '난보'라는 별도의 신문현상이 존재했는가?

2) 실록에 나타난 난보에 관한 기사들의 실례

이와 같은 문제를 실증적으로 고찰해 보기 위한 방법의 하나로, 실록(한문본)에서 '난보'라는 단어를 검색해 보았더니 모두 12건의 기사가 나왔다. 그러나 이들 중 정조실록 2권, 정조 즉위년(1776) 8월 8일 5번째 기사에 나오는 '난보'는 조보 등의 신문을 말하는 것이 아니라, 중국 노(魯)나라의 역사책『춘추』를 말한 것이었다. 따라서 조보 또는 그 유사물로서의 '난보'에 관한 기사는 모두 11건이었는데, 이들을 역대 임금별로 보면, 영조실록에 3건, 정조실록에 7건, 순조실록에 1건이 나올 뿐, 그 밖의 다른 임금의 실록에는 나오지 않았다. 그런데 난보에 관한 실록 기사들을 보면 난보는 조보와 서로 다른 것일 수도 있지만, 단순히 조보의 별칭일 수도 있다. 우선 실록에 나와 있는 난보에 관한 기사들 중 10개만 간단히 소개해 보면 아래와 같다.

① 김동필(金東弼)이 승지로 청대하여 임금에게 아뢰기를, "이날 내리신 언교(諺敎)는 단지 두 번이었으나, 망측하고 차마 들을 수 없는 말로 세 차례 언교가 있었다며 소지(小紙)에 전해 올리고, 난보 아래 점부(粘付)하여 진신(搢紳)들에게 전파하였습니다"(영조실록 2권, 영조 즉위년, 서기 1724년 11월 12일 3번째 기사).

② 부교리 김약로(金若魯)가 상소하였다. 그 대략에 이르기를, "정월 19일 밤 연석(筵席)에서의 설화에 대하여 이미 누설하지 말라는 금령이 있어서 사람들이 얻어 볼 수는 없겠으나, 다만 앞뒤의 하교가 난보에 나온 것을 보건대 그것이 큰 관계가 있고 큰 조치인 것은 알 수 있습니다"(영조실록 34권, 영조 9년, 서기 1733년 6월 9일 6번째 기사).

③ 임금이 주강(晝講)에 이어서 대신(大臣)과 찬집청(纂輯廳)의 여러 당상관을 인견하였다. 좌의정 송인명(宋寅明)이 아뢰기를, "[임진왜란 중에] 승정원일기가 모두 불타 없어져 문적이 탕진되었으므로 옛날 일들을 징험하기 어렵습니다. 사가(私家)에 혹은 일기초(日記草)가 있고 혹은 조보정사(朝報政事)도 있으며, 삼사(三司)에도 또한 내려오는 난보들이 있습니다"(영조실록 60권, 영조 20년, 서기 1744년 12월 2일 2번째 기사).

④ 임금이 하교하기를, "홍상범(洪相範)·홍상길(洪相吉)이 효시(梟示)가 되었고 역적 홍계능(洪啓能)이 전모(前矛)가 되었으며, 심지어 김귀주(金龜柱)·홍인

한(洪麟漢)·정후겸(鄭厚謙) 이 세 역적은 서로 의지하여 조아(爪牙)를 이루었고 교결하여 복심(腹心)이 되었다. 무릇 나의 동정운위(動靜云爲)와 음식기거(飮食起居)를 하나의 난보로 만들어서 간첩들이 하는 것처럼 전하였으므로…"(정조실록 13권, 정조 6년, 서기 1782년 5월 29일 2번째 기사).

⑤ 지중추부사 김한기(金漢耆)가 상소하기를, "신은 느닷없이 어영대장(御營大將)에 특별히 임명을 받은 데다가 계속해서 훈련원을 겸하여 살피라는 명까지 있었기에 곧바로 진(陣)으로 나갔다가 이튿날 전교로 인하여 군복을 입고 비로소 입시를 하였습니다. … 신의 조카가 호위하는 까닭을 편지로 물었기 때문에 [신을 어영대장으로 임명했다는 내용이 실려 있는] 난보를 보내주었으며…"(정조실록 28권, 정조 13년, 서기 1789년 12월 29일 2번째 기사).

⑥ 영의정 홍낙성(洪樂性)과 좌의정 유언호(兪彦鎬)와 영돈녕부사 김이소(金履素)가 잇따라 차자(箚子)를 올려, 허적(許積)을 복관시킨 명을 취소할 것을 청하니, 원(原)차자를 봉해서 돌려주라고 명하고, [임금이] 비답하기를, "차자의 말투가 이미 원만하지 못한 흠이 있는 데다가 사실 문제에 있어서도 어긋나는 점이 있는데, 기주(記注)에 등록되어 있는 것과 난보에 반포되어 있는 것을 본다면 충분히 알 수 있을 듯하다"(정조실록 43권, 정조 19년, 서기 1795년 10월 13일 2번째 기사).

⑦ 우의정 윤시동(尹蓍東)은 차자를 올려 아뢰기를, "신(臣)은 지금 경기감사 김문순(金文淳)의 보고를 보고서야 비로소 강화도 연로(沿路)에 가마 행렬이 빈번하여 결코 예사로 왕래하는 것이 아니라는 것을 알게 되었습니다. 또 난보를 보니, 강화유수가 주대(奏對)를 청하였고 대신(大臣)과 경재(卿宰)가 모두 예궐하였다가 혹 파체(罷遞)된 자도 있었는데 곧 분간(分揀)하게 하였다고 합니다"(정조실록 44권, 정조 20년, 서기 1796년 2월 18일 1번째 기사).

⑧ 영의정 홍낙성(洪樂性)이 차자를 올려 사직하였는데, [임금이] 비답을 내리기를, "아간(亞諫)이 아뢴 말은 틀리게 베낀 난보를 잘못 보아서 본뜻을 이해하지 못하고 한 것이다. 그가 스스로 잘못을 깨닫게 될 것인데 경(卿)이 어찌 심각하게 인혐(引嫌)한단 말인가. 안심하고 사직하지 말라" 하였다(정조실록 45권, 정조 20년, 서기 1796년 10월 20일 1번째 기사).

⑨ 사간 이우규(李羽逵)를 삭직하였다. 우규가 상소하여 영의정 홍낙성(洪樂性)과 좌의정 채제공(蔡濟恭)을 논핵하였는데, 그 상소에서, "신이 며칠 전 재

상의 차자에 대한 비답을 거두어들이도록 청하였는데 진실로 난보 중의 한 글자를 잘못 본 죄를 짓게 되었습니다"(정조실록 45권, 정조 20년, 서기 1796년 10월 22일 3번째 기사).

⑩ 정언 신광식(申光軾)이 상소하였는데, 대략 이르기를, "역적 홍낙임(洪樂任)의 복심이 되고 조아(爪牙)가 된 전(前) 헌납 송문로(宋文輅)가 작년 대상(大喪) 이후에 온 집안 식구가 모두 서울로 올라와서 남문 가까운 곳에 살 곳을 정하고 아침저녁 무시로 성문을 출입하면서 난보와 소장(疏章) 등을 온갖 계책을 내어 구해 보았으며…"(순조실록 2권, 순조 1년, 서기 1801년 2월 27일 1번째 기사).

이들 기사를 보면, 난보의 발행이나 난보 자체에 관한 설명 등은 전혀 나오지 않는다. 따라서 이들 기사로는 난보의 정체를 알 수 없다. 그러나 위의 기사들의 내용을 자세히 살펴보면, ③, ⑤-⑩에서의 난보는 조보를 지칭한 것 같다. 그러나 ①과 ④를 보면, 난보는 조보와는 다른 별개의 신문현상인 것 같기도 하다. 그러면 '난보'란 도대체 무엇인가? 단순히 조보의 별칭일까, 아니면 조보와는 다른 별개의 신문현상이었는가?

3) 난보의 정체에 대한 추가적 연구의 필요성

이와 같은 문제에 대한 정확한 해답을 얻기 위해서는 앞으로 더 연구해 보아야 할 줄 안다. 그러나 난보에 관한 위와 같은 기사들에 나타나 있는 여러 가지 내용들로 미루어 볼 때, 난보는 중국의 경우에서와 마찬가지로 조보의 별칭이었던 것 같은데, 그 이유를 몇 가지 들어 보면 다음과 같다.

첫째로는 위에서 열거한 난보관계기사들에 난보의 발행이나 난보 자체에 관한 설명 등이 전혀 나오지 않는다는 점을 들 수 있다. 만약 조보 이외에 또 난보라는 것을 발행했다면 이에 관한 언급이 조선왕조실록 어딘가에 한 번쯤은 나올 법도 하나, 그렇지 않기 때문이다.

둘째로는 위에서 열거한 실록 기사들에 나타난 난보의 내용을 보면, 조보의 내용과 비슷하다는 점을 들 수 있다. 만약 난보가 조보와는 다른 별개의 신문현상이었다면, 그 내용에 차이점이 있어야 한다. 조정에서 비슷한 내용의 관보를 두 종이나 낼 필요가 없기 때문이다.

셋째로는 난보의 실물(實物)이 전혀 남아 있지 않다는 점을 들 수 있다. 만약 난보가 조보와는 다른 별개의 관보였다면 조보와 마찬가지로 그 실물이 하나라도 남아 있어야 한다. 그러나 난보의 실물이 하나도 남아 있지 않은 것은, 실물이 모두 없어져서 그럴 수도 있겠지만, 난보라는 신문현상 자체가 없었기 때문일 수도 있다.

바로 위와 같은 세 가지 이유들로 미루어 볼 때 난보는 조보의 별칭으로 보는 것이 타당할 것 같다. 그러나 한 가지 의문점이 있는데, 그것은 중국에서는 송나라의 왕안석 때부터 조보를 '난보' 즉 '단란조보'(斷爛朝報)라고 불러 왔음에도 불구하고 우리나라에서는 왜 600여 년이 지난 영조 즉위년인 1724년부터 '난보'라는 용어가 조선왕조실록에서 처음 나타나기 시작하여 그에 관한 기사가 영조실록에 3건, 정조실록에 7건, 순조실록에 1건만 나올 뿐, 그 밖의 다른 왕들의 실록에는 나오지 않는가 하는 점이다.

그 이유는 알 수 없으나, 아마도 영조와 정조 임금 때 조보가 제구실을 하지 못하고 비방과 폭로 등을 일삼자, 이런 현상을 헐뜯어서 '단란조보' 즉 일관성 없고 토막토막 끊어진 기사를 나열한 조보라고 혹평한 데서 비롯된 것은 아닐까 생각된다. 앞서 말했듯이 정조실록 13권, 정조 6년(1782) 5월 29일 2번째 기사를 보면, 임금이 하교하기를 "홍상범(洪相範)·홍상길(洪相吉)이 효시되었고 역적 홍계능(洪啓能)이 전모(前矛)가 되었으며, 심지어 김귀주(金龜柱)·홍인한(洪麟漢)·정후겸(鄭厚謙) 이 세 역적은 서로 의지하여 조아(爪牙)를 이루었고 교결하여 복심이 되어 무릇 나의 동정운위(動靜云爲)와 음식기거(飮食起居)를 하나의 난보로 만들어서 간첩들이 하는 것처럼 전하였으므로, 해기(駭機)와 독봉(毒鋒)의 급박함이 호흡하는 사이에 달려 있었으니, 내가 이때에는 실로 어느 곳에서 쉴 수 있게 될는지 알 수 없는 상황에 처해 있었다"고 개탄했다는 내용이 나오기 때문이다. 따라서 '난보'라는 명칭은 잘 사용하지 않게 되어, 자연히 실록에도 난보에 관한 기사가 나오지 않게 된 것은 아닐까 추측해 볼 수 있다.

제5절

경보(京報)의 유래와 실록에 나타난 그 정체

서두에서 말했듯이, 박정규는 조보의 또 하나의 별칭으로 경보(京報)를 꼽았다(박정규, 1982, p. 35). 하지만 임종순은 "조보와 경보에 대하여"라는 논문에서 말하기를, "기록상으로 중국에는 조보와 경보가 보이나, 우리나라에는 조보(실물도 있음)만 있을 뿐 경보에 대한 사실(史實)은 보지 못하였다. … 그러나 연세대학교 중앙도서관에 '경보'라는 제목의 서책을 소장하고 있는 것으로 보아 경보가 행하여졌다는 것만은 사실이다"(임종순, 1969, p. 23)라면서, 연세대학교에 소장되어 있는 경보(모두 10책)의 목록과 내용을 소개했다. 한편 최정태도 앞서 임종순의 논문을 들면서, "경보는 중국의 조보인데 청대(淸代)에 와서 경보라고 개칭되었는데, 우리나라에는 경보의 발행 사실에 대한 문헌이 나타나 있지 않으나 현 연세대학교 중앙도서관에 '경보'라는 제목하에 서책을 소장하고 있는 것으로 보아 경보가 행하여졌다는 것만은 사실이 되었다"(최정태, 1992, p. 15)라고 주장했다. 그렇다면 경보는 조보의 다른 별칭 중 하나인가, 아니면 조보와는 별개의 신문현상이었는가?

1) 경보관계기사 14건 중 우리나라 경보에 관한 것은 0건

이와 같은 문제를 고찰해 보기 위하여 실록(한문본)에서 '경보'라는 단어를 검색한 결과, 앞서 〈표 2-1〉에서 보듯이 모두 14건이 나왔다. 그러나 이들 중 광해군일기중초본에 나와 있는 2건의 기사는 정초본에 들어 있는 기사들과 그 내용이 완전히 동일하다. 그래서 광해군일기정초본에 들어 있는 2건은 〈표 2-1〉에서 괄호 안에 넣었으며, 합계에도 넣지 않았다. 따라서 실록에 나오는 경보에 관한 기사는 실제로는 12건이 되는 셈인데, 이들은 선조 27년(1594)부터 나오기 시작하여 순조 즉위년(1800)까지 나오고 있다. 그러나 우리나라 신문현상의 하나로서 경보에 관한 것은 한 건도 없었다.

(1) 선조 때 처음으로 5건이 나오나 모두가 우리나라 경보가 아님

'경보'라는 단어가 처음 나온 실록 기사는 선조실록 48권, 선조 27년(1594) 2월 21일 4번째 기사로서, 이는 우리나라의 우부승지 이광정(李光庭)이, 임진왜란 때 우리나라를 도우러 왔던 중국 명(明)나라 군대의 철병과 관련된 중국의 상황을 임금에게 보고했다는 기사이다. 그 내용을 보면 이광정이 임금에게 아뢰기를, "신(臣)이 모화관(慕華館)에 이르러 [명나라] 참장(參將) 호택(胡澤)과 경력(經歷) 심사현(沈思賢)을 전위(餞慰)하니, 호 참장이 말하기를 '어제 경보를 보니, 과도(科道)의 상본(上本)에 송(宋)과 이(李)를 탄핵하기를…'" 운운했다는 것이다. 따라서 이러한 내용을 볼 때 이 기사에 나오는 '경보'는 우리나라 경보가 아니라 중국의 경보를 말한 것임을 알 수 있다. 그러나 당시는 중국 명나라에서 '경보'라는 신문현상이 나타나기 전이었다. 따라서 명나라 호 참장이 어제 보았다는 '경보'는 명나라 수도 북경(北京)의 '조보'를 지칭한 것 같은데, 이에 관해서는 조금 뒤에 살펴보기로 하겠다.

두 번째로 '경보'라는 단어가 나온 것은 선조실록 102권, 선조 31년(1598) 7월 1일 2번째 기사이다. 이는 진주사 최천건(崔天健), 서장관 경섬(慶暹)이 임금에게 올린 배사(拜謝)의 주본(奏本)을 소개한 것인데, 그 내용 중에 "불의경보홀전, 군중훤파"(不意京報忽傳, 軍中喧播)[15]라는 말이 나온다. 그러나 이 문구에서 '경보'(京報)는 곧 '경사' 즉 '중국 명나라의 서울인 북경으로부터의 소식'을 뜻하는 것이지, 신문현상으로서의 경보를 말하는 것이 아니었다.

세 번째로 '경보'라는 단어는 선조실록 109권, 선조 32년(1599) 2월 10일 6번째 기사에도 나온다. 이는 "군문도감접반사(軍門都監接伴使)가 아뢰기를, '방금 장기고(張旗鼓, 이름은 張九經)가 이해룡(李海龍)을 불러 배첩(拜帖)을 주며 말하기를 조금 전에 경

15 [풀이] "뜻하지 않게 경사(京師)에서 소식이 홀연히 전해져 군중에 자자하게 전파되었다."

보를 보니, 황상이 귀국의 변무주본(辨誣奏本)을 보시고 매우 기뻐하여…'" 운운한 것인데, 여기서 '경보'는 "북경에서 보내온 소식"이라고 국역판 선조실록에서 주(註: 4217)를 달아 놓았다. 따라서 이것도 우리나라에서 나온 경보가 아님이 분명하다.

네 번째로 선조실록 110권, 선조 32년(1599) 3월 8일 3번째 기사에도 '경보'라는 말이 나온다. 이는 군문접반사(軍門接伴使) 노직(盧稷)이 임금께 아뢰기를, "[명나라] 대중군(戴中軍, 이름은 戴延春)이 오늘 아침에 신(臣)을 불러 말하기를 '노야(老爺: 명나라 장군 毛文龍을 말함)가 경보를 보고 이르기를 섬서(陝西)의 경왕(慶王)은 건청궁(乾淸宮)과 곤령궁(坤寧宮)의 건조를 위하여 공역(工役)을 돕고, 양응룡(楊應龍)은 토관(土官)인데도 코끼리를 바치고 금을 바쳤다'고 하니, 조선도 외국으로 자처할 수는 없고 공역을 돕는 일이 있어야 할 듯합니다"라는 것이었다. 그런데 이 기사에서 노야가 보았다는 경보는 중국 명나라의 것을 말한 것 같다. 그러나 방금 위에서 말했듯이 당시에 중국 명나라에는 '경보'라는 신문현상이 아직 없었던 것을 보면, 이는 '북경의 조보'를 지칭한 것 같다.

다섯 번째로 실록에 나오는 '경보'는 선조실록 125권, 선조 33년(1600) 5월 5일 6번째 기사에 나오는 것이다. 이는 임진왜란이 끝난 2년 뒤인 1600년, 우리나라 제독 이승훈(李承勳)이 명나라 군대의 계속적 주둔과 군량 문제 등에 관하여 임금께 올린 게첩(揭帖)에서 "어제 경보를 접수했는데, 동사(東師)를 철수하라는 제대(制臺)와 계장과(桂掌科)의 두 소(疏)에 대해 모두 성지를 받들어 부(部)에 내려 구경(九卿)과 과도(科道)가 모여 의논하게 하였습니다" 운운한 것이었다. 그런데 이 기사에서 이승훈이 접수했다는 경보는 중국 북경으로부터의 기별이나 소식을 말한 것이었다.

(2) 광해군일기와 숙종실록에 나오는 경보관계기사

선조실록에 이어, 광해군일기중초본과 정초본[16]에도 '경보'라는 단어가 각각 2건이 나온다. 그러나 앞서 말했듯이 중초본에 수록된 2건의 기사는 정초본의 기사들과

---

16 광해군일기는 광해군 재위 기간의 실록이나, 광해군이 인조반정으로 폐위되었기 때문에 '광해군일기'라고 부르는데, 인조 11년(1633)에 일단 편찬했으나, 그 내용에 무필(誣筆)이 많다면서 이수광(李睟光) 등이 다시 편찬하자는 건의를 했고, 이에 따라 효종 4년(1653)에 다시 편찬했다. 따라서 광해군일기에는 두 종류가 있는데 인조 11년에 편찬한 것은 '중초본', 효종 4년에 편찬한 것은 '정초본'이라고 부른다.

내용이 똑같다. 따라서 여기서는 광해군일기중초본에 나오는 2건의 경보관계기사들만 소개해 보기로 하겠다.

먼저 광해군일기중초본 52권, 광해군 4년(1612) 4월 1일 9번째 기사를 보면, "이덕수(李德洙)가 [그의 편지 내용에 관하여] 공초하기를, '저의 장인 조수륜(趙守倫)이 평택현감으로 있을 적에 경보를 듣고 싶어서 저에게 물어 왔으므로 제가 들은 이야기들을 주워 모았는데 경중을 모르고 이런 편지를 보내게 된 것입니다'" 운운했는데, 여기 나오는 '경보'는 신문이 아니라, '서울 소식'을 말한다.

다음으로 광해군일기중초본 162권, 광해군 13년(1621) 윤(閏) 2월 21일 1번째 기사를 보면, "헌납 유여항(柳汝恒)이 [임금에게] 아뢰기를, '신이 [아비를 따라 북경에] 가던 도중에 서울의 경보를 접하였는데, 유학 이원길(李元吉)이 올린 상소의 대강 내용에 무오년(戊午年) 식년시(式年試) 건을 지레 먼저 정계한 것이 잘못'"이라고 운운하였다. 그런데 이 기사에서 "서울의 경보를 접하였다"는 말은 곧 "서울의 소식을 접했다"는 뜻인 것 같다. 그리고 경보의 내용이 유학 이원길이 올린 상소에 관한 것이었음을 볼 때, 유여항이 접했다는 서울의 경보는 조보를 가리킨 것으로 볼 수 있다.

인조실록에는 '경보'라는 단어가 한 번 나오는데, 인조실록 13권, 인조 4년(1626) 6월 16일 2번째 기사를 보면, "비변사가 임금께 또 비밀리에 아뢰기를, '근일 경보를 어렴풋이 들으니, 노야(老爺: 명나라 장수 毛文龍)가 무원(撫院)에서 본국[우리나라를 말함]에 대하여 비방하였는데, 두 마음을 지녔다는 등의 말까지 있다'"고 운운하였다. 그러나 이 기사에서도 '경보'는 신문을 말한 것이 아니라, 경사(京師) 즉 '중국 명나라 수도 북경의 소식'을 말한 것이었다.

숙종실록에는 '경보'라는 단어가 두 번 나오나 이들도 우리나라의 '서울 소식'을 말한 것이었다. 먼저 숙종실록 9권, 숙종 6년(1680) 6월 10일 1번째 기사를 보면, 사은겸진주사 심익현(沈益顯)·신정(申晸)·목임유(睦林儒) 등이 청나라에 갔다가 와서 신정이 임금께 아뢰기를, "오시수(吳始壽)가 원접사가 되었을 때 신이 평안감사로 용만(龍灣: 의주)에서 만났는데, 오시수가 경보를 듣고 불평하는 기색으로 말하기를, '윤계(尹堦)의 소(疏)가 자기 말과 같지 않으니, 매우 괴이하다'고 하였다"고 했는데, 여기서 오시수가 들었다는 '경보'는 '서울의 소식'임이 분명하다. 다음으로 숙종실록 26권, 숙종 20년(1694) 4월 26일 2번째 기사를 보면, "국청(鞫廳)에서 죄인 김인(金寅)·윤희(尹憘)·성호빈(成虎彬)에게 물으니, 김인이 말하기를, '김생(金生)을 통하여 경보를 듣고 몹시 놀라고 한심하였다'"는 내용이 나오는데, 여기서 김생을 통해 들었다는

'경보'도 '서울 소식'을 뜻하는 것이었다.

(3) 경종실록과 순종실록에서 경보관계기사

조선 제20대 임금인 경종의 경종실록과 그 수정본에도 각각 '경보'라는 말이 한 번씩 나온다. 경종실록 13권, 경종 3년(1723) 11월 2일 2번째 기사를 보면, "사간원에서 임금께 전계(前啓)를 거듭 아뢰고 또 말하기를, '부여현감 이만근(李萬根)이 고을 사람이 새로 얻은 경보에 이집(李楫)의 상소에 비답이 있는 것을 보고 한 말과 지적한 뜻이 몹시 비상(非常)하였습니다'" 운운하였다. 그런데 이 기사의 국역본을 보면, 이에 나오는 경보를 "서울의 조보"라고 주(註: 1870)를 달아 놓았다. 따라서 이 기사에서 고을 사람이 얻었다는 경보는 조보를 가리키는 것임이 분명한데, 이에 관련된 후속 기사들을 보면, 고을 사람들이 새로 얻었다는 경보는 승정원에서 발행한 조보가 아니라 임금의 비지(批旨)를 위조한 조보로, 당시 부여의 여러 고을에 돌아다니고 있었다고 한다.

끝으로 순종실록 1권, 순조 즉위년(1800) 9월 23일 1번째 기사를 보면, 역모죄인 장시경(張時景)이 공초하기를, "김행구(金行久)는 과연 저의 형의 사우(査友)인데, 형이 서한에 쓰기를 '이번의 국애(國哀: 왕실의 초상)는 매우 수상한 것에 관계된다'고 말하여, 들은 바의 경보를 알아보려 했으나, 마침 강물이 불어나서 그 서한을 전하지 못했습니다"라고 했다. 그러나 이 문장에서 '들은 바의 경보'란 신문현상의 하나로서의 '경보'가 아니라, '서울 소식'을 뜻한 것이었다.

(4) 조선왕조실록에 나오는 '경보'는 조보의 별칭 중 하나

위에서 살펴본 바와 같이, 실록 전체의 원문(한문본)에서 '경보'라는 단어를 검색해 보면, 선조 27년(1594)부터 시작하여 순조 1년(1800)까지 모두 12건이 나왔다. 그러나 이들의 내용을 각각 고찰해 보면, 3건은 중국의 조보를 가리키는 것이었고, 또 3건은 중국의 경사(京師: 북경)로부터의 소식이라는 뜻의 경보였다. 그리고 5건은 우리나라 서울[京]의 소식[報]을 말한 것이었고, 그 나머지 1건만이 신문현상을 지칭한 것이었지만, 이는 조보를 의미하는 것이었다고 볼 수 있다. 그러므로 이러한 사실로 미루어 볼 때, '경보'는 조보의 별칭 중 하나로, 곧 '서울[京]에서 발행하는 조보' 또는 '서울[京]로부터 오는 조보'라는 뜻으로 '경보'라고 불렀을 가능성이 높다.

하지만 앞서 말했듯이 임종순은 "조보와 경보에 대하여"라는 논문에서 연세대학교 중앙도서관에 소장되어 있는 '경보'의 내용과 목록을 소개하면서 "우리나라에서는 경보 발간 사실(史實)에 대해 각 문헌에 나타나 있지 않으며, 이로 미루어 봐서 경보라는 형태의 보도지(報道紙)는 없었던 것 같았으나 연세대학교 중앙도서관에 경보란 제목하에 서책(書冊)을 소장하고 있는 것으로 보아 경보가 행하여졌다는 것만은 사실(史實)이 됐다"(임종순, 1969, p. 23)고 주장했다. 또한 최정태도 임종순의 논문을 들면서, "경보는 중국의 조보인데 청대(淸代)에 와서 경보라고 개칭되었는데, 우리나라에는 경보 발행 사실에 대한 문헌이 나타나 있지 않으나 현 연세대학교 중앙도서관에 '경보'(京報)란 제목하에 서책을 소장하고 있는 것으로 보아 경보가 행하여졌다는 것만은 사실이 되었다"(최정태, 1992, p. 15)고 말했다. 그렇다면 현재 연세대학교 중앙도서관에 소장되어 있는 경보는 도대체 무엇인가?

2) 연세대학교 소장 경보의 실체는 무엇인가?

임종순에 의하면, 현재 연세대학교 중앙도서관에 소장되어 있는 경보는 조선 제26대 임금인 고종 5년(1868)부터 고종 18년(1881)까지의 경보이나, 그중 고종 7년, 10년, 16년이 결본이라 모두 10책만 남아 있는데, 고종 5년 이전과 고종 18년 이후 분도 있었는지는 현재로서는 불명이라고 한다. 또한 이들은 낱장으로 된 경보들이 아니라, 경보의 내용을 다시 필사하거나 또는 초록(抄錄)해서 묶어 놓은 서책인데, 그 "편찬처는 공거일록(公車日錄)이나 정치일기(政治日記) 등과 같이 미상이며 필사본"이라고 한다.

(1) 연세대학교 중앙도서관 소장 '경보' 서책의 목록

위와 같은 서책들의 각 표지 왼쪽에는 '경보'(京報)라고 붓글씨로 크게 적어 놓았다. 이들 서책의 규격을 보면, 대본(大本)과 소본(小本)의 2종이 있는데, 대본은 1면에 14행, 1행에 36-31자로 되어 있으며, 소본은 1면에 15행, 1행에 28-22자이다. 그러나 이러한 규격은 경보 자체의 규격이 아니라, 경보를 필사 또는 초록해 놓은 서책들의 규격인데, 우선 이들 서책(10책)의 목록을 소개해 보면, 〈표 2-3〉과 같다.

이처럼 임종순은 연세대학교 중앙도서관 소장 경보에 관하여 상세히 소개한 뒤 결언에서 주장하기를, "우리나라의 경보에 대한 구체적인 확증은 잡지 못했지만,

〈표 2-3〉 연세대학교 소장 '경보'의 목록 내역

책 No.	목록 내역	책 No.	목록 내역
책 1	고종 5년(1868) 무진년(戊辰年)의 경보	책 7	고종 14년(1877) 정축년(丁丑年)의 경보
책 2	고종 6년(1869) 기사(己巳年)의 경보 *고종 7년(1870) 경보는 결본	책 8	고종 15년(1878) 무인년(戊寅年)의 경보 *고종 16년(1879)의 경보는 결본
책 3	고종 8년(1871) 신미년(辛未年)의 경보	책 9	고종 17년(1880) 경진년(庚辰年)의 경보
책 4	고종 9년(1872) 임신년(壬申年)의 경보 *고종 10년(1873) 경보는 결본	책 10	고종 18년(1881) 신사년(辛巳年)의 경보
책 5	고종 11년(1874) 계유년(癸酉年)의 경보 *'계유년'은 '갑술년'의 오류인 듯.		
책 6	고종 12년(1875) 을해년(乙亥年) 1월 1일부터 6일까지, 4월 1일, 7월 1일부터 23일까지 경보 및 고종 13년(1876) 병자년(丙子年) 1월 1일부터 7일까지, 5월 1일부터 12월까지 경보 *고종 12년과 13년분 경보들은 1책으로 합철(合綴)되어 있음.		

공거일록(公車日錄)과 비슷한 경보가 있었다는 것을 알 수 있게 됐으나, 이것의 편찬 및 발행 등에 대해서는 아직 미상인 점을 남겨 두는 것이 아쉽다"(임종순, 1969, p. 29)고 피력했다. 그러면서 "경보는 조보와 마찬가지로 중앙의 실정과 지방의 실정 및 궁정의 사정을 통보하는 관보적 형태를 지닌 보도지(報道紙)였다"고 결론지었다.

그러나 앞서 말했듯이 경보는 조보와 별개의 것이 아니라, 조보의 별칭에 지나지 않는다고 볼 수 있다. 그렇다면 현재 연세대학교 중앙도서관에 소장되어 있는 경보는 도대체 무엇인가? 이들은 낱장으로 된 실제 '경보'들의 실물이 아니라, 누군가가 조보를 보고 그 내용을 다시 필사하거나 또는 초록해서 묶어 놓고 그 표지에 '경보'라고 적어 놓은 것임이 거의 틀림없다. 현재 우리나라의 유수한 도서관이나 박물관 등에서 소장하고 있는 조보에 관한 사료들을 보면, 조보의 내용을 초록, 발췌, 또는 집서화(集書化)하거나 재정리해 놓은 서책들인 이른바 『보취』(報聚), 『난선』(爛選), 『난초』(爛草), 『난록』(爛錄), 『난보』(爛報), 『난여』(爛餘), 『난휘』(爛彙) 등이 있는데, 연세대학교 중앙도서관에 소장되어 있는 경보들의 서책도 바로 이러한 난선, 난초, 난록, 난보 등의 하나라고 볼 수 있기 때문이다.

그러므로 연세대학교 중앙도서관에 소장되어 있는 "경보란 제목하에 서책"만을 가지고 우리나라에서도 "경보가 행하여졌다는 것만은 사실(史實)이 됐다"고 주장하는 것은, 마치 "제비 한 마리를 보고 봄이 왔다"고 하는 것과 비슷하다는 생각이 든다. 이는 현재 연세대학교 중앙도서관에만 '경보'라는 것이 존재하기 때문이기도 하지만, 앞서 살펴보았듯이 500년간의 조선왕조실록에 우리나라 신문으로서 '경보'를 지칭하는 기사가 단 두 번밖에 나오지 않았고, 그것도 '조보'를 지칭하는 것들이기 때문이다. 또한 연세대학교에 소장되어 있는 경보의 서책은 고종 5년(1868)과 고종 18년(1881) 사이의 경보들임에도 불구하고, 고종실록에는 '경보'라는 단어가 단 한 번도 나오지 않기 때문이기도 하다.

그렇다면 연세대학교 소장 경보들의 서책 표지에 왜 '경보'라고 적어 놓았을까? 그것은 아마도 현재 연세대학교에 소장되어 있는 경보의 서책을 엮은 사람이 서울에서 오는 '조보'를 보고 그 내용을 다시 필사하거나 초록해서 책으로 묶어 놓은 다음, 그 표지에 '서울[京]에서 온 소식[報]' 또는 '서울의 소식'이라는 뜻에서 '경보'(京報)라고 적어 놓았던 것 같다.

(2) 연세대학교 소장 '경보'와 중국 청나라 때 경보와의 관계는?

하지만 앞서 말했듯이 임종순은, "연세대학교 중앙도서관에 경보란 제목하에 서책을 소장하고 있는 것으로 보아 경보가 행하여졌다는 것만은 사실(史實)이 됐다"면서, "경보는 조보와 마찬가지로 중앙의 실정과 지방의 실정 및 궁정의 사정을 통보하는 관보적 형태를 지닌 보도지(報道紙)였다"(임종순, 1969, p. 23)고 주장했다. 그러면서 그에 앞서 중국의 경보에 관하여 아래와 같이 소개해 놓았는데, 이는 아마도 현재 연세대학교에 소장되어 있는 경보를 비롯하여 우리나라의 경보는 중국의 경보에서 유래되었으며, 그래서 명칭도 '경보'라 한 것으로 생각했기 때문인 것 같다.

> 중국의 조보는 청대(清代)에 와서 경보라고 개칭되었으며, 관보의 일종이었다. … 이러한 경보는 옹정(擁正) 이후 건융(乾隆), 가경(嘉慶), 도광(道光), 함풍(咸豊), 동치(同治), 광서(光緖) 연간에 점차 보급되고 동치 연간에는 이의 간행을 개방시켜 민간의 보방(報房)에서 간행케 되어 합성보방(合成報房)과 취흥보방(聚興報房) 등 10여 보방이 이 경보를 저본(底本)으로 해서 신문을 간행하였다. … 이 경보는 1908년(光緖 33年)에 정치관보, 1911년(宣統 3年)에 내각관보로 개칭되었으며, 서구인들은 이것을 '페이킹 가제트'(Peking gazette)라고 칭했다"(임종순, 1969, p. 23).[17]

이와 같은 임종순의 주장을 최정태도 그대로 받아들여, "경보는 중국의 조보인데 청대(清代)에 와서 경보라고 개칭되었는데, 우리나라에는 경보 발행 사실에 대한 문헌이 나타나 있지 않으나 현 연세대학교 중앙도서관에 「경보」(京報)란 제목하에 서책을 소장하고 있는 것으로 보아 경보가 행하여졌다는 것만은 사실이 되었다"(최정태, 1992, p. 15)라고 주장했다. 그렇다면 중국의 경보는 어떤 성격의 신문현상이었으며, 언제 출현해서 어떻게 발전했고, 그것이 우리나라의 경보(만약 존재했다면)에 어떤 영향을 미쳤을까?

3) 중국에서 '경보'의 기원과 성격 및 발전과 쇠퇴

중국언론사에서 경보라는 말은 주로 청나라 때 경사(京師: 서울)인 북경에서 민간인들이 인행해서 판매했던 모든 신문들을 통칭할 때 쓰이는 말이다.[18] 그러나 청나라 때 사람 유정섭(兪正燮)이 지은 『계사존고』(癸巳存稿)라는 책을 보면, "옛날의 왕씨(王氏, 王喬年)가 명대(明代)의 불완전한 '경보'를 발견했다"는 구절이 나온다. 하지만 이러한 구절을 제외하고는 명나라 때 '경보'라는 신문이 존재했다는 사료는 아직 발견되지 않았다. 따라서 경보는 청나라 때 출현했다고 보는 것이 통설이나 출현 시기는 확실치 않다. 그러나 경보에 관한 가장 빠르고 확실한 기록으로는 방금 위에서 말한 유정섭의 『계사존고』(癸巳存稿) 11권에 나오는 내용, 즉 "옹정(擁正) 12년(조선 영조 10년, 서기 1734년) 12월 3일에 영양(寧陽)의 손영상(孫永祥)의 집에서 소[牛]가 기린을 낳았는데, 경보를 보니 이 사실을 천독(川督) 황연계(黃延桂)와 천무(川撫) 헌덕(憲德)이 조정에 보고하였다"는 것을 들 수 있다. 이와 같은 기록으로 미루어 볼 때 경보는 청나라 옹정 연간(1723-1735)에 출현한 것 같은데, 그 후에는 경보에 관한 사료도 많이 찾아볼 수 있으며, 실물도 많이 남아 있기 때문이다. 그렇다면 이러한 경보는 어떻게 해

---

17 여기서 경보가 1908년(光緖 33年)에 정치관보, 1911년(宣統 3年)에 내각관보로 개칭되었다는 것은 전혀 사실이 아니다. 중국의 정치관보, 내각관보 등의 신식 관보에 관한 것은 차배근, 『중국전근대언론사』(서울: 서울대학교출판부, 1984) 제6장 3절(pp. 325-357)을 참조할 것.

18 본서에서 중국의 경보에 관한 것들은 차배근, 『중국전근대언론사』(서울: 서울대학교출판부, 1984) 제6장(pp. 306-318)에서 주로 참조하였다.

서 출현하게 되었는가?

(1) '경보'의 출현 배경과 성격 및 그 명칭의 뜻

중국에서는 일찍이 한(漢)나라 때부터 저보라는 전근대적 신문이 나타나서 당(唐)나라, 송(宋)나라, 명(明)나라를 거쳐 청나라 때까지(비록 송나라와 명나라 때에는 그 명칭이 조보로 바뀐 적도 있으나) 거의 2천 년 동안이나 연연히 이어져 내려왔다. 그리하여 청나라도 초기에는 '저보'를 이어받아서 계속 발행했으나, 옹정 연간에 갑자기 저보의 발행을 금지하고 대신 '당보'(塘報)라는 공보지만 발행토록 하였다.

그때까지 중국 사회에서 백성들의 뉴스 추구 욕구를 충족시켜 주었던 저보가 없어지자 백성들이 뉴스에 굶주리게 된 것은 당연한 일이었다. 그러자 이러한 백성들의 욕구에 부응하여 나타난 것이 바로 경보였는데, 이를 처음 발간하기 시작한 곳은 '영록당'(榮祿堂)이라는 북경의 지물포였다. 이 상점은 조정의 내부(內府)와 어떤 관계가 있어서 경보의 발행·판매권을 얻어서 경보를 발행하여 판매하기 시작했는데, 잘 팔렸다고 한다(戈公振, 1928, p. 49). 그러자 다른 민간인들도 보방(報房, 경보방의 준말)을 차려서 경보를 발행함으로써 경보가 유행하게 되었는데, '보방'이란 오늘날의 민간신문사와 같은 곳이었다. 이런 보방은 점차 늘어나서 북경에 5-6개가 출현했으나, 각각 특정한 고유 명칭을 갖고 있지는 않았으며, 경보를 내는 곳이면 모두 보방이라고 불렀다. 또한 이들 보방에서 발간한 경보들도 특정한 제호(題號)를 갖고 있지 않았으며, 이들을 모두 합쳐 '경보'라고 불렀다. 이는 청나라 경사(京師: 서울)인 북경에서 나오는 신문이란 뜻이었다. 그러므로 '경보'란 어떤 특정 신문의 제호가 아니라, 청나라 때 북경에서 발행된 모든 민간신문들의 총칭이었다.

(2) '경보'의 주요 내용·인쇄·배포 방법 및 쇠퇴

이들 보방에서 내는 경보들은 각 보방에 따라 내용과 면수 등이 서로 달랐다. 그러나 내용은 대체로 ① 궁문초(宮門鈔)라고 불린 궁정 소식, ② 관리의 임면(任免)과 승진·이동 등 인사(人事) 관계 소식, ③ 황제의 칙령이나 공고 등의 상유(上諭), ④ 주접(奏摺) 즉 여러 신하들의 상소와 보고 등이었는데, 이들은 매일 오후에 청나라 조정에서 나오는 각초(閣抄)를 거의 그대로 베낀 것들이었다. 하지만 어떤 보방에서는 과거(科擧) 시험에 관한 정보도 경보에 추가함으로써 과거 응시자들이 자신들이 발행하는 경보를 읽도록 만들기도 했다.

한편 당시 경보의 기사들에는 오늘날과 같은 제목(headline)이나 표제(label) 등도 없었으며, 일정한 편집 방침도 없이 여러 가지 기사들을 그냥 연달아 나열해 놓았다. 이런 기사들은 진흙판(泥版: 일명 두부판)이나 목활자(청나라 말기에는 연활자)를 사용하여 죽지(竹紙)나 모태지(毛太紙)에 단면 인쇄했는데, 발행면수는 날마다 일정치 않아서 많을 경우에는 10면을, 적을 경우에는 5-6면을 냈다. 각 면의 크기는 대체로 세로가 약 6촌(약 19cm), 가로가 약 3촌(약 9cm)으로 손바닥보다 약간 컸다. 각 면의 행수(行數)는 대개 8행이었고, 1행은 20-30자였다. 그리고 당시 경보들은 거의 모두가 황색 표지를 붙이고 그 왼쪽 상단에 종서(縱書)로 '경보'라고 써 놓았으며, 표지는 붙였지만 중철(中綴)은 하지 않고 그냥 접어서 판매하거나 배포했다.

이와 같은 경보는 매일 발행했으나 발행 시간에 따라 두 가지 종류가 있었다. 하나는 황혼 무렵인 초저녁에 나오는 것으로, 내용이 비교적 간략했다. 다른 하나는 늦은 저녁에 나오는 경보로 비교적 상세한 내용을 담고 있었다. 이러한 경보가 보방에서 나오면 북경 성안의 경우는 '송보인'(送報人)이라고 부른 배달원들이 배포했는데, 이들은 등에 세로 5척(尺), 가로 5촌(寸) 크기의 남색(藍色) 천을 걸치고, '경보'라는 표지가 달린 신문통[報囊]을 양어깨에 둘러매고 다니며 경보를 판매 또는 배달했다. 값은 보통 1부에 10문(文)이었으나, 배달 거리나 보방에 따라 각양각색이었다.

이러한 경보는 일반 서민들도 즐겨 보면서 대단히 유행했으나 1900년에 일어난 의화단란(義和團亂)으로 인하여 발행이 일시 중단되었다. 그 뒤 일부 보방들이 다시 경보의 발행을 재개했으나, 그 수는 2-3개에 지나지 않았고, 이들도 날로 쇠퇴하다가 중국에서도 근대신문들이 등장하여 유행하면서 사라지고 말았다. 언제 사라졌는지는 정확히 알 수 없으나, 20세기 초까지 발행된 것은 확실하다고 볼 수 있다.

4) 청나라 '경보'와 연세대학교 소장 경보와의 관계

우리나라의 경보와의 관계를 알아보기 위하여 위에서 중국의 경보에 관하여 간단히 살펴보았는데, 앞서 언급했듯이 강대원은 『세계신문소사』(서울: 서울신문학원, 1959) 제9장 "중국의 신문사"에서 "한(漢)나라 때부터 출현한 저보는 당(唐), 송(宋), 명(明)나라를 거쳐 청나라 때 경보로 개혁하고 민간의 서포(書鋪)에서 인쇄하여 일반에게 판매하게끔 되었다. [이러한 경보는 청나라 말기에] 내각관보(內閣官報), 정치관보, 정치

공보, 상무관보(商務官報) 등으로 명칭을 개혁하고 그 내용도 차차로 근대적 색채가 되어 갔다"(강대원, 1959, p. 194)고 기술했으나, 이는 사실과 전혀 다르다.

하지만 임종순은 이러한 강대원의 기술을 그대로 인용하여, "중국의 조보는 청대(淸代)에 와서 경보라고 개칭되었으며, 관보의 일종이었다"면서, "이 경보는 1908년(광서 33년)에 정치관보, 1911년(선통 3년)에 내각관보로 개칭되었으며, 서구인들은 이것을 '페이킹 가제트'(Peking gazette)라고 칭했다"(임종순, 1969, p. 23)고 했다. 이와 같은 임종순의 주장을 최정태도 그대로 받아들여, "경보는 중국의 조보인데 청대에 와서 경보라고 개칭되었는데, 우리나라에는 경보 발행 사실에 대한 문헌이 나타나 있지 않으나 연세대학교 중앙도서관에 「경보」(京報)란 제목하에 서책을 소장하고 있는 것으로 보아 경보가 행하여졌다는 것만은 사실이 되었다"(최정태, 1992, p. 15)라고 주장했다.

그러나 위에서 살펴보았듯이 경보는 청나라 때 기존의 저보를 개혁한 관보가 아니라, 민간인들이 영리를 목적으로 설치한 보방에서 인행해서 일반 백성에게 판매된 일종의 상업적 신문이었다. 그러므로 이러한 청나라 경보를 우리나라에서 모방 또는 유입해서 경보라는 신문을 냈을 가능성은 극히 낮다. 조선시대의 전제적(專制的) 정치 현실에 비추어 볼 때 청나라의 경보와 같은 민간상업신문이 나올 가능성은 거의 없기 때문이다.

따라서 현재 연세대학교 중앙도서관에 소장되어 있는 경보는 중국 청나라에서 나왔던 경보와는 아무런 관계가 없고, 다만 명칭만 같았다고 볼 수 있다. 청나라나 우리나라에서 '경보'라고 부른 것은 그것이 경사(京師) 즉 수도(首都)에서 나온 신문이거나 또는 경사로부터의 소식이라는 뜻에서였다. 그렇다고 해서 우리나라에서도 경보라는 신문이 발간된 사실이 있다는 말은 아닌데, 앞서 말했듯이 현재 연세대학교에 소장되어 있는 경보는 고종 때 우리나라에서 실제로 발간했던 신문이 아니라, 어떤 사람이 서울에서 오는 '조보'를 보고 그 내용을 다시 필사 또는 초록해서 책으로 묶어 놓은 다음, 그 표지에 '서울[京]에서 온 소식[報]' 또는 '서울의 소식'이라는 뜻에서 '경보'(京報)라고 적어 놓았던 것 같기 때문이다.

제6절

소보(小報)의 유래와 실록에 나타난 그 정체

다음으로 소보(小報)에 관해서도 좀 더 자세히 살펴보기로 하자. '소보'라는 명칭은 흔히 쓰이지 않으나 실록에도 나온다. 또한 중국의 신문역사를 보면 소보에 관한 언급이나 서술이 많이 나오는데, 소보는 청(淸)나라 때 유행한 민간신문이었기 때문이다. 그렇다면 우리나라 실록에 나오는 소보는 중국의 소보와 같은 별개의 신문현상이었는가, 아니면 단순히 우리나라 조보의 별칭인가?

1) 실록에 검색건수 35건 중 실제 소보관계기사는 28건

이와 같은 문제를 실증적으로 고찰해 보기 위하여 실록(한문본)에서 '소보'라는 단어를 검색해 본 결과 〈표 2-1〉과 같이 나타났는데, '소보'라는 단어가 처음 나온 것은 세종실록 33권, 세종 8년(1426) 7월 18일 3번째 기사였다. 그러나 이 기사에서 '소보'는 "임금님의 특별하신 은혜에 조금이라도 보답하라"(小報天日曲照之恩)라는 문장에서 "조금이라도 보답(小報)하라"는 말로서, 조보나 그 밖의 신문현상과는 아무런 관계가 없다.

다음으로 세조실록 14권, 세조 4년(1458) 12월 9일자 2번째 기사, 중종실록 69권, 중종 25년(1530) 9월 8일자 1번째 기사, 선조실록 2권, 선조 1년(1568) 12월 2일자 1번째 기사, 선조수정실록 25권, 선조 24년(1591) 3월 1일자 7번째 기사, 영조실록 80권, 영조 29년(1753) 9월 13일자 1번째 기사 등에도 '소보'라는 단어가 나오나,

이들도 “조금이라도 보답한다”, “조금 보답한다”, “작게 보답한다” 등을 뜻하는 말들이다. 그리고 선조실록 184권, 선조 38년(1605) 2월 11일자 3번째 기사에도 ‘소보’라는 말이 나오나, 이는 ‘작은 보고’라는 뜻이다.

그러므로 이러한 뜻의 ‘소보’에 관한 실록 기사들을 제외하면, 조보 내지 신문현상에 관한 실제 검색 건수는 28건이었다. 그러나 이들 중 경종실록 5권, 경종 3년(1723) 6월 7일 1번째 기사와 경종수정실록 7권, 경종 3년(1723) 6월 7일 1번째 기사는 그 내용이 완전히 동일하다. 따라서 이러한 경종수정실록 기사를 제외하면, 조보 내지 기타 신문현상으로서의 ‘소보’에 관한 기사는 실제로 27건에 불과했다. 그러면 이들 기사의 내용을 중심으로 “소보란 도대체 무엇인가? ‘조보’의 별칭이었는가, 아니면 조보와는 다른 별개의 신문현상이었는가? 만약 조보와는 다른 별도의 신문현상이었다면 조보와는 어떻게 달랐으며, 그 특성은 무엇이었는가?” 하는 문제에 관하여 살펴보기로 하겠다.

2) 소보에 관한 문헌과 선행연구들

우선 소보에 관한 문헌과 선행연구부터 찾아보았더니 우리나라 소보에 관한 것은 발견할 수 없었다. 그러나 중국의 소보에 관한 것은 있었는데, 차배근의 『중국전근대언론사』(서울: 서울대학교출판부, 1984)를 보면, 중국의 소보는 송(宋)나라 때 출현한 중국의 신문역사상 최초의 순수 민간신문이었다(p. 194). 이러한 소보의 생성 배경과 요인으로 차배근은 크게 두 가지를 들었다. 첫째는 송나라 때의 비교적 자유로운 언론 상황이었으며, 둘째는 송나라가 기존의 반관반민적(半官半民的) ‘저보’를 중앙정부의 관보로 전환하자, 그것이 독자들의 뉴스 추구 욕구와 수요를 모두 만족시켜 줄 수 없게 되자 자연히 ‘소보’라는 민간신문이 나타나게 되었다는 것이다. 따라서 비록 소보의 기원은 확실치 않으나, 송나라가 태종(太宗) 7년(982) 수도 개봉(開封)에 진주원(進奏院)을 설치하고 이곳에서 저보를 통일적으로 발행하기 시작한 시기에 소보가 출현한 것으로 짐작된다(차배근, 1984, p. 197)고 한다.

그러나 출현 초기의 소보에는 ‘소보’라는 명칭도 없었으며, 발행인도 확실치 않았고, 누군가가 조정의 국사(國事)에 관한 뉴스를 조그만 종이에 써서 회람 형식으로 전파하기 시작했다고 한다. 그러므로 초기의 소보를 오늘날의 신문과 같은 형태로 생각하는 것은 잘못이다. 하지만 이러한 소보가 점차 발전하여 북송(北宋, 960-1127) 말기에는 이를 직업적으로 발행하는 사람들이 나타나면서 '소보'라는 명칭도 생겨나게 되었다. 그러자 이러한 소보를 조정에서는 "엉터리로 조보를 만든다"면서 금지시켰다. 그럼에도 불구하고 소보는 더욱 발전하여 원(元)나라와 명(明)나라 때를 거쳐 청나라 때에도 한때 유행하다가 금지되었다. 즉 시대적으로 우리나라 조선 후기에 해당하는 청나라 강희연간(康熙年間: 1662-1722) 말과 옹정연간(擁正年間: 1723-1735) 초(조선 경종에서부터 헌종 시기)에 소보가 크게 유행하다가 조정의 강경한 금지 조치로 사라지게 되었다. 이처럼 청나라 조정이 소보의 발행을 강력히 금지시킨 것은, 소보의 발행자들인 보방인(報房人)들이 조정의 서리들과 결탁해서, 조정에서 아직 발표하지 않은 소식이나 일부러 발표하지 않은 기밀 사항들을 입수해서 소보를 만들어 판매했기 때문이었다(차배근, 1984, pp. 320-325 참조).

3) 실록 기사들을 통해 본 소보의 정체

소보의 정체, 기원, 내용 등을 알아보기 위하여 위에서 우선 중국의 소보에 관하여 간단히 살펴보았는데, 중국의 소보는 순수한 민간신문이었다. 그러나 우리나라에서는 선조 11년(1578) 2월 서울의 직업 없는 사람들이 중국에서는 관보를 인행(印行)한다는 말을 듣고 그것을 본받아 생계를 도모하려고 조보를 인쇄하여 두어 달 동안 팔다가 임금에게 발각되어 그 관계자들이 모두 귀양을 간 일을 제외하고는 1896년 4월 7일 「독립신문」이 나올 때까지 민간신문이라는 것은 없었다. 그러므로 우리나라의 소보가 중국에서 전래하거나, 중국의 소보를 모방한 것이라고는 볼 수 없다. 그렇다면 우리나라의 조선왕조실록에 나오는 소보의 정체는 도대체 무엇인가?

이 소보는 '조보'의 별칭이 아니라, 아마도 조보와는 다른 별개의 신문현상이었던 것 같다. 숙종실록 55권, 숙종 40년(1714) 7월 16일 2번째 기사를 보면, "정언 안정(安綎)이 연기현(燕岐縣) 임소로부터 소명을 받들고 대각(臺閣: 사간원을 말함)에 부임하였는데, … 안정의 피사(避辭)에 대하여 대략 이르기를, 간신(諫臣)이 제일 먼저 다투는 바는 '분의'(分義)란 두 글자가 있고 없고에 있는데, 본부(本府: 사간원을 말함)에서 등사한 소보와 조지에 분명히 '분의' 두 글자가 있었습니다. 그리고 다른 사람이 조지를 본 것도 어찌 한정이 있겠습니까마는, 또한 이 두 글자를 가지고 말을 전하면서 해괴하게 여기지 않는 자가 없었습니다. 그래서 신(臣)이 소를 올려 논하는 가운데 아울러 언급한 것입니다" 운운하는 내용이 나온다. 바로 이러한 기사에서 "본부에서 등사한 소보와 조지에 분명히 '분의' 두 글자가 있었습니다" 운운한 것은 소보와 조지(즉 조보)가 별개임을 말해 주고 있다. 그렇다면 소보와 조보의 차이는 무엇이었을까?

4) 소보는 각사(各司)에서의 내부적 관보였던 듯

확실치는 않으나, 조보는 앞서 살펴보았듯이 승정원에서 발행한 반면, 소보는 승정원을 포함한 주요 각사(各司: 한양의 각 관아)에서 특히 해당 관아에 관계된 국사(國事)의 주요 사항들을 관원들에게 알려 주어 행정사무를 원활히 하기 위하여 발행한 내부적 관보(internal gazette)였던 것 같다. 왜냐하면 현종실록 5권, 현종 3년(1662) 6월 7일 1번째 기사를 보면, "예조의 아전이 낭관에게 소보로 통지하면서" 운운했기 때문이다. 또한 숙종실록 52권, 숙종 38년(1712) 8월 1일 3번째 기사를 보면, "형조에서 유민정(柳敏廷)을 추문하니, … 재신(宰臣)이 함답(緘答)을 했다는 기별을 듣고는 소보와 함사(緘辭)를 보려고 과연 형조 판서 황흠의 자제에게 찾아갔지만…" 운운했는데, 여기서 소보는 형조에서 발행한 소보였으며, 그래서 유민정이 이를 보려고 형조판서의 자제를 찾아갔던 것 같다. 이 밖에도 다음과 같은 실록 기사들을 보면, 소보는 각사에서 발행한 내부적 관보였다는 생각이 드는데, 그 이유를 들어 보면 아래와 같다.

> ① 숙종실록 34권, 숙종 26년(1700) 7월 3일 2번째 기사를 보면, 좌의정 이세백(李世白)이 차자(箚子)를 올리기를, … "권시경(權是經) 등의 나문(拿問)을 청한 것은 만약 그의 말과 같이 과연 일의 형편상 어쩔 수 없다면 연달아 계청하는 것도 좋습니다. 그러나 이튿날 소보를 얻어 본즉, '권시경 등의 일을 정계(停啓)하기는 조금 늦었다'고 하였습니다. 또 다음 소보에서는 '권시경 등의 일은 대간(臺諫)이 분부를 고쳤으므로 정계하지 않는다'라고 하였으니, 그의 거조(擧措)가 이상한 것은 신이 알 바가 아니나, 그가 정계하려고 한 것은 이미 알아볼 수 있습니다. … 그리고 대신(大臣)의 차자가 있었다는

소식을 듣고 창황히 [조정으로] 나왔더니, 하리(下吏)가 이에 정계라는 말을 소보에 썼던 것입니다" 운운했는데, 이 기사 맨 끝줄에서 "하리가 정계라는 말을 소보에 썼다"는 것은 이 소보는 의정부 소보여서 하리가 그 기사를 작성했던 것 같기 때문이다.

② 영조실록 14권, 영조 3년(1727) 11월 5일 1번째 기사를 보면, 정언 김시형(金始炯)이 소(疏)를 올려 "전일 계사 가운데의 신광하(申光夏)·정계장(鄭啓章)·이필익(李必益)의 일을 거듭 논하고, 또 탕평과 인협(寅協)의 도리를 진달하기를, … '진실로 말할 만한 것이면 당연히 말을 해야 하나 말하지 못할 일이면 말하지 말아야 하는데, 어제 입계하였다고 소보에 써냈더니 도로 가져갔고 오늘 입계하였다고 소보에 써냈더니 또 가져갔으니, 그 거조의 전도(顚倒)됨을 듣는 자가 해괴해 합니다'" 운운했다. 그런데 여기서 소보는 사간원의 소보여서 그에 정언이 입계했다고 두 번이나 써 놓을 수 있었던 것 같기 때문이다(조보는 승지나 주서만 기사를 썼음).

③ 영조실록 24권, 영조 5년(1729) 9월 2일 2번째 기사를 보면, "영중추부사 이광좌(李光佐)가 [임금께] 아뢰기를, 인견(引見)이 계하(啓下)된 다음에 합문(閤門) 밖으로 나아간즉, 그때에 대간(臺諫)이 바야흐로 조태구(趙泰耉)를 삭출하자고 아뢰려다가 갑자기 멀리 귀양 보내기로 고치고서 소보를 보내어 보여 주었으니, 대개 공갈하여 들어오지 못하도록 한 것입니다" 운운했는데, 여기서 소보는 사헌부나 사간원에서 발행하는 소보였기 때문에 대간(臺諫)이 조태구를 멀리 귀양 보내기로 고치고 이를 소보에 써서 그에게 보내어 보여 주었던 것 같기 때문이다.

④ 숙종실록 40권, 숙종 30년(1704) 12월 26일 1번째 기사를 보면, 정언 한중희(韓重熙)가 아뢰기를, "신이 어제 대각(臺閣)에 나아가니 사간원의 갈도(喝道) 이운(李雲)이 정소(呈訴)하기를, '소보를 가지고 가는 즈음에 홀연히 노상에서 여염의 상한(常漢) 나석보(羅碩寶)라고 칭하는 사람이 그 종들과 더불어 자신을 난타해서 심지어 유혈이 얼굴을 덮고 의복이 모두 찢어졌으며 가지고 있던 돈과 물품도 모두 잃게 되었다'고 하였는데, 피 묻은 얼굴과 찢어진 옷은 한결같이 정소와 같았습니다" 운운하였다. 여기서 사간원의 갈도가 가지고 가다가 난타당해 빼앗겼다는 소보는 사간원의 소보였던 것 같은데, 조보는 주로 기별서리나 기별군사 또는 저리(邸吏)가 배포하였기 때문이다.

⑤ 경종실록 2권, 경종 즉위년(1720) 12월 2일 3번째 기사를 보면, 우의정 조태구(趙泰耉)가 다시 차자를 올려 호차(胡差)가 종실(宗室)을 만나 보기를 요구하는 일에 대하여 논하였는데, 대략 이르기를, "아! 이것이 무슨 거조(擧措)입니까? 이미 보여 준 글을 이제 빼앗을 도리는 없으나, 같이 오라고 보내신 승지가 보여 준 바 정원의 소보 가운데 이른바 황지(皇旨)의 등본을 가만히 보니…" 운운했는데, 이에서 '정원의 소보 가운데'라는 문구를 보면 정원 즉 승정원에서도 조보 이외에 또 자체적으로 소보를 낸 것 같기 때문이다.

바로 위와 같은 여러 가지 실록 기사들의 내용으로 미루어 볼 때, 소보는 조정의 각사(各司)에서 해당 관아에 관계된 국사의 주요 사항들을 관원들에게 알려 주어 행정사무를 원활히 하기 위하여 발행한 내부적 관보였던 것 같다. 그 반면, 조보는 승정원에서 전국의 관아와 주요 관원들을 대상으로 발행한 전국적이고 포괄적인 관보였다. 그래서 이러한 조보와는 달리, 각사의 내부적 관보를 '소보'라고 불렀던 것 같기도 하다. 그렇다면 이와 같은 소보는 주로 어떠한 내용을 다루었는가?

5) 실록 기사들에 나타난 소보의 주요 내용

소보의 실물을 찾지 못하여 그 내용을 정확히 알 수 없으나, 소보에 관한 실록 기사들을 보면, "소보를 보건대" 또는 "소보를 보니" 하는 등의 말 다음에 소보의 내용을 간단히 소개한 것들이 나오고 있다. 예컨대, "우의정 조현명(趙顯命)이 차자(箚子)를 올렸는데, 대략 이르기를, '신이 소보를 보니, 부모의 병이 있다 해서 말미를 청하는 일이나 성묘하기 위해서 휴가를 청하는 일 따위는 받아들이지 말라'는 하교가 계셨으니…"(영조실록 55권, 영조 18년, 서기 1742년 2월 15일 2번째 기사) 등의 내용이 나온다. 그러므로 이를 통해 소보에 "부모의 병이 있다고 해서 말미를 청하는 일이나 성묘하기 위해 휴가를 청하는 일 따위는 받아들이지 말라"는 임금의 하교가 소보에 실렸음을 알 수 있다. 따라서 소보의 내용에 관한 이와 같은 실록 기사들을 찾아보았더니 〈표 2-4〉와 같은데, 이를 통해 소보에도 여러 가지 다양한 주제의 기사들이 실렸음을 엿볼 수 있다.

이 밖에도 소보에는 청나라 황제의 황지(皇旨: 왕명서)도 실렸던 것 같다. 경종실

〈표 2-4〉 소보의 내용에 관한 실록 기사들과 그 주제

소보의 내용에 관한 주요 실록 기사들	내용의 주제
① 교리 이최중(李最中)이 상서하기를, "신이 삼가 소보를 보니, 명선(明善)과 명혜(明惠) 두 공주 묘우(廟宇)가 쓸쓸하다는 것으로 친히 임어하겠다는 명을 내리는 데 이르렀습니다"(영조실록 83권, 영조 31년, 서기 1755년 2월 1일 3번째 기사).	임금의 전교(傳敎)
② 광주부윤 민통수(閔通洙)가 상소하여 이르기를, "선신(先臣)이 성주(星州)의 적소(謫所)에 있을 때 갑자기 국상(國喪: 경종의 붕어)을 듣고 곧 주성(州城)에 들어가 그대로 머물러 성복(成服)할 즈음에 지난 조지를 얻어 보았더니 대점(大漸) 전일의 소보 가운데에 '다음(茶飮)을 하셨다' 등의 말이 있으므로…"(영조실록 49권, 영조 15년, 서기 1739년 7월 29일 1번째 기사).	임금의 병환과 처방
③ 교리 신대윤(申大尹)이 상소하기를, "근일에 그때의 소보를 구해 보니 나라에 원자(元子) 탄생의 경사가 있던 날에 병조참의로 사은숙배(謝恩肅拜)하였습니다"(정조실록 25권, 정조 12년, 서기 1788년 2월 18일 3번째 기사).	병조참의의 사은숙배
④ 대사헌 정창순(鄭昌順)이 상소하기를, "어제 오후에야 비로소 소보를 보고 금문(禁門)으로 마구 들어가 성상을 놀라게 한 사람이 있었다는 것을 알았습니다"(정조실록 15권, 정조 7년, 서기 1783년 5월 25일 2번째 기사).	대궐에 무단 침입자
⑤ 좌의정 조현명(趙顯命)이 차자를 올리기를, "지금 소보를 접견해 보니, 이조참의 이천보(李天輔)는 당인(黨人)을 먼저 기용했다고 하여 특별히 외직에 보임시키라는 명이 있습니다"(영조실록 68권, 영조 24년, 서기 1748년 윤7월 19일 4번째 기사). ○좌의정 채제공(蔡濟恭)이 차자를 올리기를, "금방 소보를 보니 경력을 구두 임명으로 이동시킬 것을 재촉하였고…"(정조실록 31권, 정조 14년, 서기 1790년 11월 14일 2번째 기사) ○영중추부사 이광좌(李光佐)가 아뢰기를, "인견(引見)이 계하된 다음에 합문 밖으로 나아간즉, 그때에 대간(臺諫)이 바야흐로 조태구를 삭출하자고 아뢰려다가 갑자기 멀리 귀양 보내기로 고치고서 소보를 보내어 보여 주었으니,…"(영조실록 24권, 영조 5년, 서기 1729년 9월 2일 3번째 기사) ○우의정 이시수(李時秀)가 상차하기를, "지금 소보를 보았더니 유배지에 대한 초기가 이미 계하되었습니다"(정조실록 54권, 정조 24년, 서기 1800년 5월 30일 2번째 기사).	관원의 인사 (임면·징계 등)
⑥ 정언 김시형(金始炯)이 소(疏)를 올려 아뢰기를, "어제 입계하였다고 소보에 써 냈더니 도로 가져갔고 오늘 입계하였다고 소보에 써냈더니 또 가져갔으니…"(영조실록 14권, 영조 3년, 서기 1727년 11월 5일 1번째 기사) ○교리 임제원(林濟遠)이 상소하기를, "소보 내용에도 '입계'(入啓) 두 글자를 명백하게 써서 내놓았기에, 많은 사람들의 눈이 모두 보게 되고 온 세상이 전송(傳誦)하게 되었던 것인데…"(정조실록 16권, 정조 7년, 서기 1783년 11월 22일 3번째 기사).	입계(入啓) 소식
⑦ 수찬 조홍진(趙弘鎭)이 상소하기를, "방금 소보를 보니 삼사(三司)가 전에 올린 계(啓)에 대해서는 모두 관례대로 비답을 내린 데 반해 새로 올린 계에 대해서는 탈 없이 타결되었다는 전교를 내렸습니다"(정조실록 40권, 정조 18년, 서기 1794년 8월 28일 4번째 기사).	계(啓)에 대한 임금의 비답(批答)
⑧ 헌부에서 북한산에 축성하는 일을 정론(停論)하자고 상소하였는데, "지금 소보를 보았더니 그 논계가 과연 정지되었습니다"(숙종실록 50권, 숙종 37년, 서기 1711년 3월 10일 2번째 기사).	논계(論啓) 내용
⑨ 교리 박상래(朴相來)가 상서하였는데, 대략 이르기를, "하루가 지난 후에 갑자기 소보를 보니 차자가 이미 입달되었을 뿐만 아니라 신이 우료(右僚)라는 이유로 차수(箚首)가 되어 있으니…"(영조실록 126권, 영조 51년, 서기 1775년 12월 14일 1번째 기사).	차자(箚子)의 입달
⑩ 이건명(李健命)의 함답(緘答)으로 인하여 형조에서 유민정(柳敏廷)을 추문하니, "재신(宰臣)이 함답을 했다는 기별을 듣고는 소보 및 함사를 보려고 과연 형조판서 황흠의 자제에게 찾아갔지만…"(숙종실록 52권, 숙종 38년, 서기 1712년 8월 1일 3번째 기사).	재신(宰臣)의 함답(緘答)

록 2권, 경종 즉위년(1720) 12월 2일 3번째 기사를 보면, 우의정 조태구(趙泰耉)가 다시 차자를 올려 아뢰기를, "승지가 보여 준 바 정원(승정원)의 소보 가운데 이른바 황지의 등본을 가만히 보니" 운운하는 내용이 나오기 때문이다. 그러나 승정원의 소보는 등대(登對)에 관한 것은 싣지 않았던 것 같은데, 정조실록 13권, 정조 6년(1782) 5월 26일 5번째 기사를 보면, 공조참의 이택징(李澤徵)이 상소하기를, "[신이] 삼가 괴이하게 여기는 것은 각신(閣臣: 규장각 관원)의 등대는 당초 후원(喉院: 승정원)을 거치지 않고 있고 또 조지에도 반포하지 않는 것입니다. 그러나 정원에서는 연체(筵體)를 갖추고 극진히 하여, 여러 신하들로 하여금 아무가 입대(入對)하였다는 것을 환히 알게 하여 소보의 등대가 정정당당하게 해야 합니다"라고 요청했기 때문이다.

6) 소보의 정체와 기능 등에 관한 연구의 필요성

위와 같이 실록 기사에 인용되거나 나타난 자료들을 바탕으로 소보의 주요 내용들을 추정해 보았는데, 이들을 보면 앞서 살펴본 조보의 내용과 비슷한 점이 많다. 이는 아마도 조보의 여러 가지 내용 중에서 각사(各司)가 해당 관아에 관련된 주요 사항들을 뽑거나 간추려서 발간한 것이 곧 각사의 소보였기 때문인 것 같다. 그러나 반대로, 조보를 만드는 승정원의 주서(注書)가 각사의 소보에 게재되었던 것들 중에서 중요한 것들을 뽑아 조보에 냈기 때문에 소보와 조보의 내용이 같거나 겹쳤을 수도 있다. 예컨대, 영조실록 49권, 영조 15년(1739) 7월 29일 1번째 기사를 보면, 아래와 같이 소보에 났던 "[임금이] 다음(茶飮)하셨다"(차를 드셨다)는 내용이 다음날 조지(조보)에도 났기 때문이다.

> 광주부윤 민통수(閔通洙)가 상소하여 이르기를, "이광좌(李光佐)가 [경종 임금의] 병환을 숨겨 어지럽게 만든 정상은 본디 희미해서 알기 어려운 것이 아닙니다. … [임금에게 올린] 독삼차(獨蔘茶)로 말하더라도 다음(茶飮)이라고 소보에 쓰여져 나왔습니다. 선신(先臣)이 성주(星州)의 적소(謫所)에 있을 때에 갑자기 국상(國喪)을 듣고 곧 주성(州城)에 들어가 그대로 머물러 성복(成服)할 즈음에 지난 조지를 얻어 보았더니 대점(大漸) 전일(前日)의 소보 가운데에 '다음(茶飮)을 하셨다' 등의 말이 있으므로 선신(先臣)이 괴이하게 여겨 '이것은 어떤 다

음(茶飮)인데, 다명(茶名)을 쓰지 않았는가?' 하였습니다."

이상에 살펴보았듯이 조선왕조실록을 보면, 소보에 관한 기사들이 모두 27건으로 적지 않게 나온다. 그러나 본 저자가 과문(寡聞)한 탓인지는 모르겠으나, 우리나라 소보에 관한 다른 문헌과 선행연구들은 찾지 못했다. 따라서 확언할 수는 없으나, 소보는 조보의 다른 명칭이 아니라, 조보와는 다른 별개의 신문현상으로, 승정원이 아니라 각사(各司)에서 해당 관아에 관련된 주요 사항들을 뽑거나 간추려서 발간한 내부적 관보였던 것 같다. 하지만 매일 발행했는지, 또는 며칠에 한 번씩 발행했는지는 알 수 없으며, 또한 실물을 찾지 못해서 그 체재나 형태 등의 특성도 알 수 없다. 그러므로 이러한 문제를 포함하여 소보에 관한 본격적인 연구가 필요해 보인다.

제7절

조보의 호외(號外)로서 분발의 기원과 특성

앞서 언급했듯이 조보의 별칭 내지 유사물로는 분발(分撥, 간혹 分發이라고도 표기)도 있다. 이는 승정원에서 조보의 내용을 수집하면서 그중에서 아주 중요하고 긴급하다고 판단되는 것들을 발췌하여 그 이튿날 아침 조보를 정식으로 발행하기 이전에 조정의 요로(要路)에 전달한 것으로서, 박정규가 말했듯이, 조보의 호외(號外)와 같은 것이었다. 그러면 여기서는 이러한 분발에 관해서 실록에 나타난 사료들을 중심으로 좀 더 자세히 살펴보기로 하겠다.

1) 실록 기사들에 나타난 분발의 실태

먼저 실록의 원문(한문본)에서 '분발'이라는 단어를 검색한 결과, 앞서 〈표 2-1〉에서 보듯이 모두 30건이 나왔다. 그러나 이들 중 12건은 신문현상의 하나로서 '분발'에 관한 것이 아니라, 예컨대 "분발(奮發)하다", "나누어 출발(分撥)하다", "나누어 배치(分撥)하다", "조보에 나오다"(朝報分撥) 등을 말하는 것이었고,[19] 나머지 18건만 실

19 ① 태종실록 26권, 태종 13년(1413) 12월 16일 1번째 기사: "헌부에서 정부의 이방녹사(吏房錄事)를 탄핵했는데, 이달 16일 아조(衙朝)에 분발(分發)을 너무 늦게 한 것이 당상관들로 하여금 삼엄(三嚴: 임금이 거동할 때 북을 쳐서 알리는 세 번의 엄) 뒤에 예궐(詣闕)하도록 만든 까닭이다"라고 한 것에서 '분발'은 통지를 말함. ② 선조실록 47권, 선조 27년(1594) 1월 9일 3번째 기

제로 분발에 관한 기사들이었다. 따라서 이들 기사를 보면, '분발'이라는 용어는 광해군일기중초본 52권, 광해 4년(1612) 4월 14일 2번째 기사에 처음 나오기 시작하여 광해군일기중초본에만도 13번이나 나온다. 그러면 이러한 분발은 어떤 성격의 어떠한 신문현상이었는가?

(1) 저녁 때 많이 나와, 관리소집 수단으로도 사용한 듯

첫째로 효종실록 4권, 효종 원년(1649) 5월 27일 2번째 기사를 보면, "조정의 모든 일을 각사(各司)의 하인들이 조그만 종이에 써서 관원들에게 보내는 것을 분발이라고 일컫는다"는 내용이 나온다. 따라서 이러한 기사로 미루어 볼 때, 분발이란 조정의 모든 일을 각사(各司)의 하인들이 조그만 종이에 써서 관원들에게 보낸 정보지(情報紙)였음을 알 수 있다.

둘째로 이와 같은 분발은 승정원에서 수시로 적어 관원들에게 보냈으나, 아침에 나오는 조보와는 달리, 분발은 특히 저녁때 많이 낸 것 같다. 광해군일기중초본 52권, 광해 4년(1612) 4월 14일 2번째 기사를 보면, "우정언 오장(吳章)이 동료들에게 가볍게 보인 소치로 인해 파척(罷斥)을 당한 일로 간통(簡通)했기에 신이 '잘 알았다'고 써서 답했습니다. 그런데 날이 저물어서 다시 분발을 보니 그 일은 결국 입계되지 않았습니다" 운운하는 내용이 나오기 때문이다. 또한 광해군일기중초본 52권,

---

사: "특별히 해부(該部)에 명하여 상의(商議), 분발(分撥)토록 하여 한 나라의 죽어가는 목숨을 구원하여 주시기를 간절히 바라 마지않습니다"에서 '분발'은 마음을 돋우어 기운을 낸다는 뜻. ③ 선조실록 98권, 선조 31년(1598) 3월 29일 6번째 기사: "단 대병(大兵)이 이미 나누어 분발(分撥)하였으니 양식(糧食)을 조달하는 것이 가장 긴급하다"에서 '분발'은 출발했다는 뜻. ④ 정조실록 2권, 정조 즉위년(1776) 12월 25일 1번째 기사: "곧바로 윤음을 위조한 것을 마치 조보에 분발한 것처럼 했다는 말은 듣지 못했다"에서 '분발'은 조보에 기사를 내는 것을 말함. ⑤ 정조실록 15권, 정조 7년(1783) 4월 28일 4번째 기사: "전라도와 충청도 곡식을 토선(土船)에 나누어 실어서 분발시켜라"에서 '분발'도 출발을 의미. ⑥ 순조실록 15권, 순조 12년(1812) 4월 21일 13번째 기사: "경외(京外)의 병사들을 효원(孝源) 등으로 분발하라"에서 '분발'은 나누어 배치하라는 뜻. ⑦ 고종실록 20권, 고종 20년(1883) 10월 27일 7번째 기사, 고종실록 21권, 고종 21년(1884) 윤5월 4일 3번째 기사, 고종실록 22권, 고종 22년(1885) 3월 13일 3번째 기사, 고종실록 23권, 고종 23년(1886) 5월 3일 1번째 기사, 고종실록 29권, 고종 29년(1892) 5월 29일 2번째 기사, 고종실록 41권, 고종 38년(1901) 양력 3월 23일 1번째 기사, 고종실록 42권, 고종 39년(1902) 양력 7월 15일 2번째 기사: "해관(海關)에 화물 품목표를 발급하면 바야흐로 화물선의 분발회수(分撥數)를 알 수 있다"에서 '분발' 역시 출발을 뜻함.

광해 4년(1612) 4월 28일 1번째 기사에도 "지평 송극인(宋克仁)이 [임금께] 추국의 일을 조보에 내지 못한 죄로 파척시켜 줄 것을 청하면서, '신(臣)은 성상소로서 명을 받은 뒤 연계를 우선 정지해야 할지 여부를 동료들에게 알려 의논한 즉시 조보에 냈어야 했는데, 깜박 살피지 못하고 말았습니다. 초경(初更)이 지난 뒤 간원(諫院)이 우선 정지한다고 한 분발을 보고서야 비로소 잘못을 깨달았으니, 잘못이 큽니다. 파척시켜 주소서'" 운운하는 내용이 나오기 때문이다.

셋째로 분발은 대신(大臣)들에게 조정에 주요 행사가 있음을 알려 주거나, 또는 관료들을 소집하는 수단으로도 사용된 것 같다. 광해군일기중초본 123권, 광해 10년(1618) 1월 7일 11번째 기사를 보면, 예조 판서 이이첨(李爾瞻)이 아뢰기를, "저물녘에 정청(庭請)하는 일로 분발이 왔기에 신이 즉시 예궐하였더니 해가 뉘엿뉘엿 지려고 하는 무렵인데 백관이 집결하고 있었습니다" 운운했기 때문이다. 또한 광해군일기중초본 131권, 광해 10년(1618) 8월 27일 3번째 기사에도 사간원·사헌부 관원들이 국청의 일로 사피(辭避)할 때, 그에 관한 의논이 있다고 하면서 "먼저 분발을 낸 뒤 여러 재신(宰臣)들을 소집하고…" 운운한 내용이 나온다. 그런가 하면, 광해군일기중초본 131권, 광해 10년(1618) 8월 28일 2번째 기사에도 "판의금 이이첨(李爾瞻)이 국청의 일로 임금께 아뢰기를, '신이 이달 25일 저녁에 비국(備局)의 분발을 보았는데 병판(兵判)의 분부로 인하여 의논할 일이 있으니 일찍 모이라는 것이었습니다'" 운운한 내용이 보인다.

(2) 관리의 처벌, 재난 소식 등을 조그만 종이에 적어 전달

넷째로 분발에는 관리들의 처벌, 부정행위, 호재(虎災) 등에 관한 내용도 실었던 것 같다. 광해군일기중초본 132권, 광해 10년(1618) 9월 12일 13번째 기사를 보면, "좌찬성 이상의(李尙毅)가 임금께 아뢰기를, '신(臣)이 좌기(坐起)에 나아가 변방에 관한 일을 참여해 듣고서 분발을 보았는데, 김개·원종·김우성 등을 한결같이 조율하여 처단하는 일이었습니다'" 운운했기 때문이다. 또한 인조실록 18권, 인조 6년(1628) 3월 18일 1번째 기사에는 "우의정 김류(金瑬)가 차자(箚子)를 올려 임금께 아뢰기를, '신(臣)이 국청(鞫廳)에 있으면서 분발을 보니, 바로 간원에서 낙안군수 임경업(林慶業)의 파직을 청한 것이었고, 그 가운데 '세시(歲時)에 선물을 수십 가지나 보냈다'는 말이 있었습니다" 운운했다. 그런가 하면, 영조실록 83권, 영조 31년(1755) 3월 7일 2번째 기사를 보면, "의금부에서 임국훈(林國薰)을 형신하니 공초하기를, '신(臣)이 작년에 서울에 왔을 적에 분발을 보고서 호재(虎災)가 있었음을 알았으며'" 운운하는 내용이 나오는데, 재난 소식이 분발에 수록된 것은 당시 호재 등을 단순한 사건이 아니라, 하늘이 내리는 천벌로 보았기 때문인 것 같다.

다섯째로, 분발은 조보보다 작은 종이에 필사해서 배포했던 것 같다. 인조실록 34권, 인조 15년(1637) 3월 13일 2번째 기사를 보면, "이조(吏曹)가 아뢰기를 '근래에 조사(朝士)들이 [서울에] 기착(寄着)할 곳이 없어 간혹 관직을 제수하였는데도 이를 모르고서 그대로 시골로 내려가 버립니다. … 이것은 조사가 조보를 보지 못하기 때문입니다. 조보는 종이를 마련하기 어렵다고 하더라도 사은(謝恩)과 배사(拜辭)에 관한 분발은 조그만 종이에도 쓸 수 있으니, 기별하는 아전 1명을 차출하여 본조에서 행공하고 있는지의 여부를 알 수 있게 하고…'" 운운하는 내용이 나오기 때문이다. 그런데 바로 이 실록 기사의 국역본(한글 번역본)을 보면, 분발을 "조보에 중요한 사항이 있을 때, 이 사실을 발행하기 전에 먼저 초안하여 회람하는 일을 말한다"(註: 029)고 풀이해 놓았다.

끝으로 분발은 주로 고위관료들에게 배포했지만, 하리(下吏)나 별장(別將) 등 하급관리들도 이를 얻어서 서로 돌려 보았던 것 같다. 광해군일기중초본 132권, 광해 10년(1618) 9월 12일 5번째 기사에 "사헌부가 금부도사(禁府都事)가 수직하리(守直下吏)의 나국(拿鞫)과 파수별장(把守別將) 등의 파직을 임금께 청하며 아뢰기를, '이들 사이에는 편지가 끊이지 않고 있을 뿐만 아니라 조보와 분발을 공공연하게 서로 전해 보여 주고, …'" 운운한 내용이 나오기 때문이다.

2) 각종 문헌들을 통해 본 분발의 실체와 특성

위에서는 우선 실록의 원문(한문본)에 나오는 분발관련기사들을 살펴보았는데, 이들을 보면, 신문현상의 하나로서 '분발'이라는 명칭은 광해군 때(1608-1623)부터 처음 나오기 시작했다. 따라서 혹시 이때부터 '분발'이 출현한 것은 아닌지 하는 생각이 드나, 그 진위는 알 수 없다. 또한 당시에 이미 조보라는 신문현상이 존재했는데, 도대체 왜 '분발'이라는 신문현상이 또 나오게 되었으며, 조보와 분발의 차이점은 무엇인가? 이런 문제에 관해서는 실록에 나온 분발관련기사가 겨우 18건밖에 되지 않아, 이것만을 가지고서는 알 수 없다. 그러므로 지금부터는 분발에 관한 각종

문헌들을 통하여 분발의 기원, 제작, 내용, 독자 등에 관하여 좀 더 자세히 살펴보기로 하겠다.[20]

(1) 분발에 대한 여러 학자들의 정의

먼저 분발의 뜻부터 살펴보면, 최남선은 말하기를, "기별의 일종에 '분발'이 있으니, 효종실록 4권, 효종 원년(1649) 6월 을유 '상어주강'(上御晝講) 조의 주(註)에는 '조정의 모든 일[凡事]을 각사(各司)의 하인이 조그만 종이에 써서 관원들에게 보내던 것을 분발이라고 일컫는다'라고 했다. 또한 『조선어사전』(朝鮮語辭典, 411頁)에서는 분발을 '조지의 요항(要項)을 발행 이전에 등사하여 배부함이다'라고 하였다"(최남선, 1973, p. 96)고 한다.

이어서 최남선은 부연 설명하기를, "분발은 요컨대 승정원기주(承政院記注)를 진시(趂時: 즉시) 속보하는 하루[日]에도 누차 발행하는 통신이요, 이 분발을 취합하여 익일에 발행하는 조보는 곧 시방 통신 재료를 합집(合輯)한 조간 '관보' 내지 신문의 유(類)라 할 것인데, 사환가(仕宦家)에서는 이것을 축일(逐日) 연철(連綴)하고 혹 등서성책(謄書成冊)하여 후일의 빙고(憑考)에 자(資)하는 일이 있으니, 세(世)에 난초(爛抄), 난여(爛餘), 난선(爛選), 난략(爛略) 등으로 칭하는 수권 내지 대부질(大部帙)의 국사기록서들이 이것이요, 여기 약간의 수정을 가하여 더욱 서체를 구(具)케 한 것이 세(世)에 행하는 영조 이후 열조(列朝)의 '기사'(紀事)라고 이름난 일종 문헌이다"(최남선, 1973, pp. 98-99)라고 했다.

안재홍(安在鴻)은 '분발'이라는 명칭은 사용하지 않았으나, 그가 1935년 7월 「조선일보」에 연재한 "조선신문소사"라는 글을 보면, "'기별'은 기별서리란 자(者) 있어 모필로서 만들어 내고 기별군사라는 전령이 있어 분전(分傳)하든 것이다. 여기에는 일종의 속기법인 간체(簡體) 문자도 생겼었고 호외(號外) 매한가지의 긴급한 '무시'(無時)의 기별이 있었든 것이다"(안재홍, 1947, pp. 8-9에서 인용)라고 기술했는데, 여기서 '무시'의 기별이란 곧 분발을 지칭했음이 분명하다. 왜냐하면 분발은 곧 '호외 매한가지의 긴급한 무시의 기별'이라고 정의할 수 있기 때문이다.

---

20 이 부분은 박정규, "조선왕조시대의 전(前)근대적 신문에 관한 연구: 조보와 그 유사물의 특성을 중심으로", 문학박사학위논문(서울대학교 대학원), 1982, 제3장 제1절 "조보의 호외 형태인 분발"(pp. 128-134)에서 많이 참조했음을 밝혀 둔다.

한편 인조실록 34권, 인조 15년(1637) 3월 13일 2번째 기사의 국역자(한글 번역자)는 이 기사에 나오는 분발에 관하여 주(註)에서 풀이해 놓기를, "조보에 중요한 사항이 있을 때, 이 사실을 발행하기 전에 먼저 초안(草案)하여 회람하는 일을 말한다"고 했다. 이와 비슷하게 영조실록 83권, 영조 31년(1755) 3월 7일 2번째 기사의 국역자도 분발을 "조보에 중요한 사항이 있을 때 조보를 발행하기에 앞서 그 중요 사항을 먼저 뽑아서 베껴서 돌리던 일"이라고 주(註)에 풀이해 놓았다. 또한 이희승 편, 『국어대사전』(서울: 민중서관, 1968)에서도 분발을 "조보의 요항(要項)이 있을 때에 조보를 미처 발행하기 전에 베껴서 먼저 돌리는 일"이라고 풀이해 놓았다. 그리고 한국어사전편찬회 편, 『한국어대사전』(서울: 현문사, 1976)에서도 분발을 "조보를 발행하기 전에 그 긴요한 사항을 베껴서 펴는 일"이라고 풀이해 놓았다. 그러나 이러한 풀이들은 분발을 내는 행위에 중점을 둔 것이며, 신문현상으로서의 분발은 "조보를 발행하기 전에 그 긴요한 사항을 베껴서 먼저 돌리는 소식지 또는 정보지(情報紙)"라고 풀이하는 것이 옳을 줄 안다.

그러나 박정규는 분발을 간단히 정의하는 대신, 다음과 같이 조보와 관련시켜 약간 길게 설명해 놓았다. 즉 "조보는 매일 승정원에서 발표한 기사를 기별서리들이 필사, 복제하여 독자에게 배포하였으나, 각 독자에게 밀접한 관계가 있는 뉴스가 발생하면 전체 기사의 발표 이전이라도 개개의 기사를 즉시 연관 독자에게 신속하게 전달했다. 이것은 대개가 한 건(件)의 뉴스를 한 장의 종이에 서사하여 제작한 것으로 [이를] 분발이라고 하였으며, 서울에 있는 중요 관청이나 고위관리들은 분발을 전속으로 배달하는 기별군사를 두었다"(박정규, 1982, p. 128)고 설명했다.

끝으로 분발에 대한 정의를 하나만 더 들어 보면, 최정태는 말하기를, "분발은 당일분 전체 기사 중에서 중요하고 긴급한 내용을 발췌, 서사하여 신속하게 통보하였다. 오늘날 '속보'나 '호외'(號外)에 해당한다"(최정태, 1992, p. 15)고 풀이해 놓았다. 그러나 분발은 "당일분 전체 기사 중에서 중요하고 긴급한 내용을 발췌, 서사하여 신속하게 통보하였다"가 아니라, 이렇게 통보한 속보지(速報紙)로서 오늘날의 호외와 같은 것이었다고 정의해야 할 줄 안다.

(2) 분발의 출현 시기와 그에 관한 기록들

그러면 이와 같은 분발은 언제 출현했는가? 실록을 보면, 광해군일기중초본 52권, 광해 4년(1612) 4월 14일 2번째 기사에 분발에 관한 언급이 처음 나온다. 이 기사는

"우정언 오장(吳章)이 동료들에게 가볍게 보인 소치로 인해 파척을 당한 일로 간통(簡通)했기에 신이 '잘 알았다'고 써서 답했습니다. 그런데 날이 저물어서 다시 분발(分撥)을 보니 그 일은 결국 입계되지 않았습니다." 운운한 것이었다. 바로 이 기사를 시작으로 해서 분발이라는 용어가 광해군일기중초본에만도 12번이나 더 나온다. 따라서 혹시 이때 즉 광해군 때 분발이라는 새로운 신문현상이 나온 것은 아닐까 하는 생각이 든다.

그러나 박정규에 의하면, 지금까지 알려진 가장 오래된 분발에 관한 기록은 조선 제14대 임금 선조의 계비 인목대비(仁穆大妃)를 모시던 나인(內人)이 지은 것으로 추정되는 궁중수필 『계축일기』(癸丑日記)의 '서궁록'(西宮錄) 1권에 나오는데, 이를 보면, "계묘년(癸卯年)의 공쥬(公主)를 탄생(誕生)ᄒᆞ오시니 분발을 가져간제 오뎐(誤傳)ᄒᆞ야 대군(大君)이라 듯고 대답디 아니 ᄒᆞ다가 공쥬 나시다 듯고 무엇 주더라 ᄒᆞ니 더브러 믜워ᄒᆞ믈 알니리라"(원문은 순한글임)고 공주의 탄생을 대군의 잘못으로 인해 분발로 알렸다는 것이다. 그런데 "이 일은 계묘년 즉 선조 36년(1603)에 일어났으므로 적어도 그 이전에 분발을 통하여 긴급한 소식을 전달했음을 알 수 있으며 일개 나인이 그 매체(분발)를 언급했을 정도로 상당히 보급되어 그 이용이 보편화되었을 것이다"라면서, 그러니까 "분발 제도는 17세기 초 이전에 이미 제도화되었던 것 같다"(박정규, 1982, p. 129)고 한다.

하지만 그 진위는 아직 밝혀지지 않아서, 분발의 출현 시기와 기원은 정확히 알 수 없다. 그러나 분발과 조보의 관계를 고구(考究)하면 어느 정도 짐작이 가능할 것 같다. 앞서 분발에 대한 정의들에서 살펴보았듯이 분발은 조보 발행 이전에 그중에서 주요 기사들을 미리 서사하여 배포한 것으로서, 곧 조보에서 분화된 것이므로 조보의 출현과 정착 시기를 알면, 분발의 출현 시기도 대체로 짐작할 수 있을 것이기 때문이다. 그렇다면 우리나라에서 조보는 언제 출현하여 언제 정착되었는가?

이에 관해서도 아직 정설은 없으나, 조보는 적어도 15세기경인 조선 초기에는 그 이용성이 강화되었거나 하나의 제도로서 확립되었다고 볼 수 있다. 그러므로 분발도 조보와 거의 같은 시기인 15세기 또는 그보다 조금 뒤에 출현한 것으로 볼 수 있는데, 박정규에 의하면, "분발이 조보의 호외 형태라면 그 기원을 중종 15년(1520) 이후로 잡아야 할 것이며, … '분발'이라는 낱말이 「계축일기」에 나오는 것으로 보아 분발의 존재가 선조 36년(1603) 이전이라는 점이 밝혀졌으므로 분발 제도는 중종조(1506-1544)와 선조조(1567-1608) 사이의 시기에 생성된 것이 아닌가 한다"(박정규,

1982, p. 130)고 추정했다. 이러한 추정은 조보가 먼저 생기고, 이에서 분발이 파생했다는 것을 전제로 한 것이나, 이와 반대로 분발 제도가 먼저 생겼고, 그것이 발전하여 조보가 되었을 가능성도 없지는 않다. 그러나 일반적으로는 조보가 먼저 생기고, 조보에서 분발이 파생했다고 보고 있다. 그렇다면 조보가 이미 존재했는데, 왜 '분발'이라는 신문현상이 또 나오게 되었는가?

(3) 분발의 기원과 조보와의 관계 및 차이점

박정규에 의하면, "조보를 통하여 전달되는 소식이 그 발행 이전에 관련 관청이나 관료들에게 미리 알려지게 하는 분발 제도의 발생은 새로운 매체의 분화, 발전이라고 하겠다. 분발 제도가 발생한 16세기경에는 양반 관료들의 분열과 대립이 격화된 시기이므로 그들이 정치적 분쟁 등에 대비하기 위하여 조정의 소식과 정보를 보다 신속하게 알지 않으면 아니 되었을 것이다. [그래서 분발은] 처음에는 왕족이나 고위관료들만이 독자 대상으로 되었겠으나 점차로 일반 관리들도 볼 만큼 보편화된 매체로 발전했다고 하겠다"(박정규, 1982, p. 130)고 분발이라는 매체가 새로 나오게 된 이유를 설명했다. 그렇다면 본래의 조보와 새로 나온 분발의 차이점이나 분발만의 특성은 무엇이었는가?

박정규는 조보와 분발의 실물의 비교를 통하여 그 차이점들을 고찰해 보았다. 진기홍(陳錤洪)이 소장하고 있는 자료를 보면, 이용구(李容九)라는 사람이 사간원(司諫院) 정언(正言)으로 제수되었다는 소식이 각각 기재되어 있는 도목정사(都目政事), 분발, 조보, 고백(告白)을 풀로 서로 붙여 놓은 것이 있는데, 박정규는 이들 중 분발과 조보에 실려 있는 기사들을 비교해 보았다고 한다. 그 결과, 기축년(1889) 10월 2일 분발 기사에서는 "임금이 대간후보자들의 명단을 올리라고 분부하셨다"라고만 간단히 전했으나, 그 이튿날(10월 2일) 분발에서는 "대간후보자들의 명단을 [임금께] 올렸더니 대사헌에는 이용구(李容九), 대사간에는 신태관(申泰寬) … 정언에는 이용구(李容九)와 신좌균(申佐均)을 낙점했다"고 기재해 놓았다고 한다. 이후 10월 3일 나온 조보를 보면, 10월 2일에 벼슬을 제수받았던 이용구뿐 아니라 모든 사람들의 성명과 관직을 열거하였다. 그리고 나서, "대간(臺諫)들이 새로운 관직을 제수받은 뒤에 사은숙배(謝恩肅拜)를 했다는 소식도 전했다"(박정규, 1982, pp. 134-135)고 한다.

이와 같은 분발과 조보의 기사들에서 보듯이, 분발은 어떤 사건이 발생한 즉시 그 소식을 우선 간단하게 전한 반면, 조보는 그 사건에 관하여 좀 더 자세하게 전달하였다. 따라서 분발은 "조선왕조시대에 존재한 소식 매체 가운데 가장 신속성 있는 매체의 하나였다고 본다"(박정규, 1982, p. 135)고 박정규는 주장했다. 그러나 이 밖에도 조보와 분발은 여러 가지 차이점들이 있다면서 제작, 내용, 독자 등에서의 차이점들을 아래와 같이 들었다.

(4) 분발의 제작·내용·독자상에서 조보와의 차이점

우선 제작상에서 분발과 조보의 차이점을 보면, 조보의 경우는 매일 아침에 승정원에서 발표한 기사를 기별서리가 필사, 복제하여 기별군사들이 독자들에게 배포했으나, 분발의 경우는 분발서리(分撥書吏)라는 관직은 별도로 없었던 것 같고, 기별서리가 분발을 제작하면 그 배포는 분발군사가 맡았던 것 같다. 왜냐하면 분발은 조보의 주요 내용을 그 이전에 수시로 긴급하게 알려주는 매체이므로, 조보를 필사, 제작하는 기별서리가 분발의 제작도 담당했기 때문인 것 같은데(박정규, 1982, p. 132), 『육전조례』(六典條例)에도 '분발서리'라는 직책의 명칭은 나오지 않는다.[21] 그러므로 만약 분발과 조보의 제작을 둘 다 기별서리가 맡았다면, 분발 기사의 내용이 그 날짜 조보의 내용과 일치하는가, 아니면 다른 내용도 들어 있었는가?

이와 같은 문제를 알아보기 위하여 박정규는 국사편찬위원회에 소장되어 있는 미정리(未定理) 분발의 실물 중에서 수신인이 '소안동댁'(小安東宅), '장교댁'(長橋宅), '겸

---

21 『육전조례』는 고종 3년(1866) 편찬한 법전으로 각 관청의 구성 인원과 예산 등 여러 사항을 규정해 놓았다. 이 법전의 5권(卷之五) 예전(禮典)의 예조조(禮曹條)를 보면, 예조는 그 안에 계제사(稽制司), 전형사(典享司), 전객사(典客司)를 두고 그들이 각각 그 사무를 관장했는데, 이를 위해 이서(吏胥)로 계제사서리(稽制司書吏) 15명, 전형사서리(典享司書吏) 10명, 전객사서리(典客司書吏) 5명, 서사서리(書寫書吏) 2명, 장무서리(掌務書吏) 1명, 기별서리(奇別書吏) 4명, 고직(庫直) 1명, 대청직(大廳直) 1명을 두었으며, 도예(徒隷)로는 사령(使令) 23명, 구종(驅徒) 6명, 문서직(文書直) 3명, 방직(房直) 1명, 군사(軍士) 2명, 의막직(依幕直) 2명, 분발군사 1명, 다모(茶母) 1명, 역인(役人) 13명이 있었다. 이들 중 각사(各司) 소속 서리들의 구체적 직무는 명시되어 있지 않으나, 예조의 용하조(用下條) 즉 경상비(經常費) 지출 내역을 보면, 소차서리(疏箚書吏) 3명, 기별서리 4명과 분발사령 3명, 기별군사 1명의 봉급은 모두 합쳐 쌀 29석(石) 7말(斗) 5되(升), 목포절전(木布折錢) 132냥, 목포(木布) 5필이며, 분발사령 3명, 기별군사 1명의 봉급은 합쳐서 쌀 14석, 목포절전 70냥, 목포 6필로 되어 있다. 따라서 이를 보건대, 분발을 전달하는 분발군사 또는 분발사령이 있었음은 분명하나, 분발서리에 관해서는 그 명칭이 『육전조례』의 다른 조항에서도 전혀 나타나지 않는 것으로 미루어 보아 분발만을 서사하여 펴내는 업무를 전담한 서리는 없었던 것 같다(박정규, 1982, pp. 131-132).

보덕댁'(兼輔德宅)으로 표시된 7건의 기사를 뽑아, 그 내용을 조보에 나온 기사들과 비교해 보았다. 그 결과, 분발에 실린 소식들은 조보가 발행되기 전에 그 소식과 관련이 깊은 독자에게 보낸 것이지만, 그 내용 가운데 조보에는 게재되지 않은 것도 있었는데, 이는 아마도 분발과 조보를 제작한 기별서리가 달랐기 때문인 같다고 박정규(1982, p. 133)는 추정했다.

한편 분발의 내용은 대상 독자들의 직무나 지위에 따라서도 달랐는데, 분발의 독자는 원칙적으로 조보의 정기독자로 주로 서울에 있는 관청들의 관리였으며 양반이나 전직(前職) 관리도 포함되었으나, 그 매체의 성격상 지방의 독자는 있을 수 없었다. 물론 분발은 조보의 내용 중에서 모든 독자에게 공통적으로 중대하고 긴급한 소식을 신속하게 전달하는 것이었으나, 그 밖의 다른 소식들은 대상 독자 개인에 따라 중요도나 흥미도가 달랐기 때문에, 분발은 조보보다 훨씬 사적(私的) 매체의 성격을 갖게 되어 그 내용이 독자에 따라 일정치 않았다고 한다. 왜냐하면 기별서리가 분발을 제작할 때에는 대상 독자가 어떤 종류의 소식을 필요로 하는지를 알아서 그 내용들을 선별했으며, 독자도 그렇게 해달라고 서리에게 요청했을 것이기 때문이라는 것이다(박정규, 1982, p. 131).

(5) 분발의 체재·서체·배포상에서 조보와의 차이점

앞서도 여러 번 말했듯이 조보는 매일 아침 승정원에서 발표한 기사를 기별서리들이 필사, 복제하여 기별군사를 시켜 독자들에게 배포한 것이나, 분발은 독자들에게 밀접한 관계가 있거나 중요한 뉴스가 발생하면, 조보의 발행 이전이라도 개개의 기사를 즉시 관련 독자에게 신속하게 전달한 것이다. 그러므로 분발은 대개 1건의 뉴스를 조그만 한 장의 종이에 서사(書寫)하여 전달했다. 따라서 분발의 크기는 조보보다 훨씬 작았다. 이러한 사실은 앞서 언급했듯이 인조실록 34권, 인조 15년(1637) 3월 13일 2번째 기사에서도 찾아볼 수 있다. 이 기사를 보면, "이조(吏曹)가 임금께 아뢰기를, '근래에 조사(朝士)들이 [서울에서] 기착할 곳이 없어 간혹 관직을 제수하면 사은(謝恩)하고는 마음대로 시골로 내려가 버리고 혹은 경성(京城)에 있다가 관직을 제수하였는지 모르고서 그대로 시골로 내려가 버립니다. … 이것은 조사가 조보를 보지 못했기 때문입니다. 조보는 종이를 마련하기 어렵다 하더라도 사은(謝恩)과 배사(拜辭)에 관한 분발은 조그만 종이에도 쓸 수 있으니…" 운운하여 조사들의 관직 제수 사실을 분발을 통해 알리자는 내용이 나온다.

한편 분발의 서체(書體)도 조보와는 달랐다. 일반적으로 조보는 난초(亂草)로 흘려 쓴 것이 대부분이었으나 분발은 비교적 정자(正字)로 썼다. 이는 조보는 많은 독자를 가지고 있어 난초로 대량 복제하지 않으면 안 되었으나, 분발은 독자가 크게 제한되어서 구태여 초서로 흘려 쓰지 않아도 복제에 큰 무리가 없었기 때문이라고 하겠다. 박정규에 의하면 그가 직접 살펴본 분발들의[22] 체재와 내용 등은 다양하지만, 분발의 크기는 대체로 세로 20cm 정도이며, 길이는 다양하나 30cm를 초과하는 것은 매우 드물었다(박정규, 1982, p. 132)고 한다.

그리고 분발의 기사들 앞머리에는 날짜[日附]만 표시되어 있으나, 조보에는 연도의 간지(干支)와 월일을 모두 표시하였다. 또한 조보의 일부(日附)에는 연월일 이외에 다른 문구가 첨가되어 있지 않으나, 분발에는 날짜 앞에 '상장'(上狀)이라는 낱말이 붙어 있다. 예컨대, 갑오년(甲午年) 5월 15일자 분발 기사의 경우, '상장십오일'(上狀十五日)이라는 문구로 시작하였다.

또한 분발의 뒷면 상단(上端)에는 대부분 수신인이 표시되어 있으나, 성명을 명기한 것이 아니라, 예컨대 '소안동댁'(小安東宅), '장교댁'(長橋宅), '겸보덕댁'(兼輔德宅) 등으로 표시했거나 단지 '예'(禮)나 '간'(諫) 자(字)를 써서 예조나 사간원이 수신처임을 밝혔으며, '간' 자 밑에 '一' 또는 '二' 등의 줄을 그어서 사간원의 최고위자인 대사간(정3품)과 두 번째 지위에 있는 사간(종3품)을 표시하기도 했다. 이러한 수신자의 표시는 조보도 마찬가지였으나, 기사가 적힌 종이 뒷면에 수신자를 쓴 것으로 보아 분발은 봉투에 넣어 배포하지는 않았던 것 같다(박정규, 1982, p. 132).

서울의 주요 관청이나 고위관료들은 이러한 분발을 전속으로 배달하는 분발군사를 통해 발행 즉시 받아 보았다. 분발군사는 분발사령(分撥使令)이라고도 불렀는데, 고종 3년(1866)에 편찬한 법전인『육전조례』를 보면, 분발의 배포만 담당하는 분발군사의 정수(定數)가 충훈부(忠勳府)에 4명, 예조에 3명 등으로 명기되어 있다. 그러나 이처럼 명기되지 않은 관청들도 특정의 직무를 규정하지 않은 군사들이 많은 것으로 보아 그중에는 분발군사도 포함되었을 것이다. 따라서 각 관청은 적어도 1명

---

22 분발의 실물(實物)이 많이 소장되어 있는 곳은 국사편찬위원회 도서실인데, 갑오개혁 이전 조선 말기의 분발들은 정리되어 있으나, 일부는 조보로 잘못 분류된 것도 있다. 개인들 중에서는 진기홍(陳錤洪)이 여러 점을 갖고 있는데, 박정규는 국사편찬위원회와 진기홍 소장의 분발 실물을 보았다고 한다.

이상의 전속 또는 겸직 분발군사가 있었던 것 같다. 그러므로 서울에 있는 고위관료들은 이들 분발군사를 통해 수시로 발행되는 분발을 하루에도 몇 차례씩 받는 경우가 흔히 있었다고 한다. 그러나 조선시대에는 교통과 통신이 전근대적 체제였으므로 서울 이외의 지역에서는 수시로 발행되는 분발을 분발군사가 즉시 전달할 수 없었다(박정규, 1982, p. 132). 그러므로 지방의 관리와 양반들은 뒤늦게 조보를 통해서 중요한 소식들을 알 수밖에 없었다.

제8절

그 밖의 조보유사물들의 실체에 관한 고찰

지금까지 조보 관련 명칭으로서 조보, 조지, 저보, 기별(지), 관보, 경보, 난보, 소보에 관하여 살펴보았다. 그러나 서두에서 말했듯이 이들 8가지 명칭 이외에도 저지(邸紙)·저장(邸狀)·저초(邸鈔)·각초(閣鈔)·보장(報狀)·한경보(漢京報)·경기(京奇)·역보(驛報)·당보(塘報)·영기(營奇)·관보(官報) 등의 명칭들이 있었다. 따라서 이들 명칭도 실록에서 검색해 보았다. 그러나 검색 결과가 나오지 않았거나, 검색 결과가 나오기는 했지만, 그것들은 신문현상을 가리키는 것이 아니라 다른 사물이나 현상 등을 지칭하는 것들이었다. 하지만 실록에서 검색되지 않았다고 해서, 실제로 이들 명칭이 조선시대에 사용되지 않았다고 말할 수는 없다. 그 명칭이 다른 문헌들에서는 실제로 사용되었음을 찾아볼 수 있기 때문이다. 그러므로 이러한 명칭들에 관해서도 간단히 살펴보기로 하겠다.

1) 조보의 기타 여러 가지 별칭들과 그 어원

첫째로 저장(邸狀)과 저지(邸紙)라는 명칭은 실록에는 나오지 않았다. 그러나 조선 후기 문신 학인 송준길(宋俊吉: 1606-1672)의 『동춘당문집』(同春堂文集) 제4권에 실려 있는 "사대사헌직겸진소회차"(辭大司憲職兼陳所懷箚)라는 글에 "항견저장"(項見邸狀)이라는 문구가 나오는데, 이는 "저장을 보았다"는 말이다. 여기에서 '저장'은 저보를 가리킨 것 같다. 앞서 말했듯이, '저보'라는 명칭은 '경저로부터의 소식'이라는 뜻에서 비롯된 것으로 곧 조보의 별칭이기 때문이다. 한편 송준길의 상기 문집의 속편인 『동춘당문집속이』(同春堂文集續二) 중에서 "태남중휘, 신해"(苔南仲輝, 辛亥)라는 제목의 글 속에는 '저지'(邸紙)라는 말이 나오는데, 이는 '저장'과 같은 말로서 조보의 별칭이다. 따라서 이를 볼 때, 저장과 저지라는 명칭은 비록 실록에는 나오지 않으나, 문인들이 실제로 사용한 명칭, 즉 조보의 별칭이라고 볼 수 있다.

둘째로 저초(邸鈔)·각초(閣鈔)도 실록에서는 검색되지 않았으나, 이들은 저보에서 파생된 명칭으로 조보를 가리키기도 했다. 중국의 언론학자 쩡쉬바이(曾虛白, 1981, p. 73)에 의하면, 저보는 저초라고도 불렸으며, 또한 각초라고도 불렸다. 이는 저보의 주 내용인 유지·장주 등은 모두 내각에서 발표한 것을 초록한 것이기 때문이었다고 한다. 그리고 보장(報狀)도 조보를 말하는데, 심지어는 이를 간단하게 '보'(報) 또는 '장'(狀)으로 부르기도 했다(차배근, 1984, p. 167).

셋째로 보장(報狀)이라는 단어는 실록에 모두 114건이나 나왔다. 그러나 기사의 내용을 일일이 살펴보았더니, 이들은 신문현상을 가리키는 것이 아니라, 어떤 사실이나 내용을 윗사람에게 보고하는 공문을 말하는 것들이었다. 그러나 중국에서는 보장이 조보를 지칭하기도 했다. 한편 실록을 보면, '보장'(報章)이라는 단어도 많이 나온다. 그러나 이는 어떤 특정한 신문현상을 지칭하는 것이 아니라, 모든 신문현상을 호칭하는 말로서, 예컨대 오늘날의 '신문'이라는 말과 비슷한 것이다.

넷째로, 경기(京奇)·역보(驛報)·당보(塘報)도 실록에 적지 않게 보인다. 이들 중, 경기는 조보의 별칭 중 하나인데, 조보를 '경기'라고 부른 것은 '서울[京]의 기별[奇]'이라는 뜻에서였다(최정태, 1992, p. 15). 역보와 당보는 우리나라 실록에 많이 나오지만, 중국의 역보나 당보를 지칭한 것들이었다. 중국에서 저보나 조보를 '역보'라고 부른 것은 중국 당나라 때부터 역제(驛制)를 이용하여 저보나 조보를 각 지방으로 송달한 데에서 연유된 것이라고 한다(차배근, 1984, pp. 113-114). '당보' 역시 역제에서 비롯된 명칭인데, 쩡쉬바이(曾虛白, 1981, p. 94)에 의하면, 중국 명나라 때 역제를 통한 문서 연락 업무와 조보의 송달 업무는 '제당'(堤塘)이라는 관리가 담당한 데에서 비롯되어 조보를 '당보'라고 부르기도 했다고 한다. 그런데 우리나라 숙종실록 15권, 숙종 10년(1684) 12월 3일 2번째 기사를 보면, "대저 천영선(千永善)이 [중국에서] 얻은 문서는 바로 청국(淸國)의 당보로서 우리나라 조지[조보]와 같은 것이었다"는 내용이 나온다. 이를 볼 때 우리나라에서도 조보를 중국식으로 '당보'라고 부르기도 했던 것 같다.

다섯째로 한경보(漢京報)라는 명칭도 실록에는 보이지 않으나, 앞서 언급했듯이 꾸랑(Mauice Courant)의 『한국서지』(*Bibliographie Coréenne*)를 보면, "#1521 한경보(Hankyengpo: Gazette de Seoul), 또는 조보(Tjyo po: Gazette de la Cour), 또는 기별(Keuipyel: Nouvelles)"이라는 항목을 별도로 설정하여 그 형태, 글씨체, 기사 수집 방법과 제작 과정에 대하여 다음과 같이 해제해 놓았다. 즉 "폭은 35cm, 길이가 일정치 않은 낱장의 종이에 초서체로 쓰여진다. 국왕 측근에 상주하는 관리가 왕의 명령을 기록하여 궁내에 있는 승정원에 보낸다. 그러면 각 관청 및 고위관리들이 파견한 서리들이 구독료를 지불한 후 왕실 관리가 가져온 기사가 도착하면 어떤 간섭도 받지 아니하고 필사한다. 이것이 조보가 되는 것이다." 다만 이것으로 '한경보'라는 명칭의 유래는 알 수 없으나, 중국 청나라 때 북경에서 민간인들이 발행하던 '경보'라는 신문의 명칭 앞에 '한'(漢) 자를 붙여 '한경보'라고 한 것 같은데, 당시 우리나라 서울의 지명인 '한성'(漢城)에서 나온 경보라는 뜻에서 그랬는지도 모르겠다. 그러나 한경보라는 명칭은 꾸랑의 『한국서지』와 최남선이 「매일신보」에 1935년 9월 11일부터 11월 27일까지 연재한 「고사천자」라는 글 이외의 다른 문헌에서는 아직 발견하지 못했다.

여섯째로 관보라는 명칭은 실록에서 태종 때부터 무려 90건이나 검색되었다. 하지만 고종 31년(1894) 갑오개혁 이전에 나오는 '관보'라는 단어들은 모두가 조보나 저보 등의 신문현상을 지칭한 것이 아니라, 예컨대 "외방에서는 본관에 보고하여"(外方本官報: 태종실록 3권, 태종 2년, 서기 1402년 6월 18일 2번째 기사), "평안도 경차관의 보고에 의하여"(據平安道敬差官報: 세종실록 26권, 세종 6년, 서기 1424년 10월 30일 5번째 기사), "이러한 사유로써 관원을 시켜 보고했는데"(以此情由差官報之: 세종실록 70권, 세종 17년, 서기 1435년 12월 6일 4번째 기사), "차임해서 보낸 관원의 보고에서 이르기를"(差去官報說: 세종실록 90권, 세종 22년, 서기 1440년 7월 1일 1번째 기사) 등에서처럼 '모모(某某) 관리에게 보고하다'라는 뜻의 '관보'를 말한 것들이었다. 그리고 갑오개혁 이후 실록에 나오는 26건의 '관보'라는 단어들은 1894년 6월 21일 김홍집(金弘集) 내각에서 창간한 소위 '신식 관보'의 제호(題號)였다. 그러므로 실록에 나오는 '관보'라는 단어들은 조보의 별칭은 아니었는데, '관보'라는 말은 일반적으로 정부나 관청에서 발간하는 모든 관영신문들을 호칭하는 것으로서 '민보'(民報) 즉 민간회사나 민간단체 등에서 발간하는 신문의 상대어(相對語)로 주로 사용되고 있다.

2) 조보의 유사물들과 그 명칭에 관한 고찰

한편 조보의 별칭으로 알려진 여러 명칭 중에는 조보와는 다른 유사물들도 많았다. 이러한 유사물로는 정사(政事), 소차(疏箚), 영기(營奇), 방지(榜紙), 녹지(錄紙), 시속소문 등을 들 수 있는데, 박정규에 의하면 이들은 조보의 별칭들이 아니라, 조보의 유사물로서 조보와는 그 성격이 다른 뉴스 전달 매체였다(박정규, 1982, p. 127)고 한다. 그러면 이들은 구체적으로 어떤 뉴스 전달 매체였는가?

첫째로 정사(政事)란 조보와는 달리, 당시의 독자들인 양반 관료들의 중요 관심사였던 조정의 인사(人事) 소식만을 게재한, 인사소식 전문 매체였다. 이러한 정사는 단골서리들이 조보보다 작은 종이에 인사 소식만 적어서 대량으로 필사, 복제하여 대체로 5일에 한 번씩 독자들에게 배포했다고 한다(박정규, 1982, p. 135). 그러면서 이러한 정사의 기원은 명확치 않으나, 선조실록 64권, 선조 28년(1595) 6월 술신(戌申)조에 "[임진왜란으로 인하여] 승정원일기나 실록이 없어져 다시 복원할 때 조보와 정사(政事) 등이 중요한 사료가 되었다"는 기록 등으로 미루어 볼 때 오래된 제도임에 틀림없다고 부언했다. 이와 같은 정사의 실물은 많이 남아 있는데, 서울대학교 규장각에는 경진년(1880) 7월 6일자 정사(미정리고문서 가번호 76737)가 소장되어 있고, 국사편찬위원회에도 다수의 정사 실물들이 보관되어 있다.

둘째로 소차(疏箚)란 상소(上疏)와 차자(箚子)를 일컫는 것으로 신하가 임금에게 올리는 글이다. 대개 건의·청원·진정 등을 서사(書寫), 복제하여 고위관료와 사대부에게 배포한 것을 말한다(박정규, 1982, p. 141). 이러한 소차도 조선시대에는 필사신문적 기능을 수행했다고 한다.

셋째로 영기(營奇)란 "지방의 각 감영에서 발행하는 지방 소식지로서, 각 감영에서 처리되는 각종 정보와 각 군현(郡縣)에서 보고하는 소식을 지방민에게 통보하는 매체(Local official gazette)였다"(최정태, 1992, p. 15). 지방의 각 군현이 서울의 경저에 경주인을 두어 경향 간의 연락 사무를 맡게 한 것처럼 각 도(道)의 감영 소재지에는 영저(營邸)를 설치하여 영주인(營主人)을 두고 지방과 감영 간의 연락 사무를 맡게 했다. 이러한 제도가 언제부터 생겼는지는 확실치 않으나 조선 중기인 영조 6년(1730)에 이르러서는 모든 공문서를 일단 도(道)의 감영을 거쳐 지방에 전달되도록 했으며(이광린, 1962, p. 252), 이러한 제도는 법제화되어 『속대전』(續大典, 卷5, 刑典 雜令條)에도 수록되었다. 그리하여 지방의 수령이나 관리들은 감영의 소식을 영주인을 통해 알게 되었는데, 영주인이 감영의 소식을 서사하여 자신의 지방 수령이나 관리에게 보낸 것을 곧 영기라고 했다(박정규, 1982, pp. 152-154). 그 반면, 서울의 경저에서 보내오는 소식은 '경기'(京奇)라고 불렀다. 박정규에 의하면, 진기홍(陳錤洪)이 소장하고 있는 조선시대 필사신문들 중에는 한 장의 종이에 경기와 영기를 구분하여 기사를 기록한 것도 있었다고 한다(박정규, 1982, p. 148, 각주 457). 이는 영주인이 경기와 영기를 한 장의 종이에 나누어 기재하여 자기 군현의 수령에게 보낸 것으로 추정된다.

넷째로 방지(榜紙)란 과거(科擧) 합격자들의 소식을 독자들에게 조속히 전달해 준 필사신문의 한 형태였다. 이러한 신문현상까지 출현한 것은 조선시대에 실시되었던 과거에 합격하는 것은 곧 고급관료가 될 수 있는 기회를 얻는 것이므로 당시 사람들은 누가 과거에 새로 합격했는지에 관심이 많았기 때문이라고 한다(박정규, 1982, p. 158). 이와 같은 방지의 실물들은 현재 국사편찬위원회도 소장하고 있고, 또한 박정규도 몇 점을 갖고 있다고 한다. 박정규에 의하면, 그가 갖고 있는 방지의 기사를 보면, 조보에 실려 있는 방목(榜目: 과거 합격자 명단)과는 그 체제가 많이 다르다고 한다. 예컨대 1885년 음력 7월 23일자 방지를 보면, 서두에 "乙亥七月二十三日年製榜"이라고 일부(日附)와 제목을 기재한 다음, 시삼하(詩三下)에 1인(人), 삼하이(三下二)에 1인, 초삼하(草三下)에 1인, 차상(次上)에 7인의 명단이 실려 있고, 그와 함께 아버지 성명도 열기해 놓았다고 한다. 이러한 방지는 누가 발간했는지 알 수 없으나, "과거 합격자들의 발표일에만 발행한 부정기적(不定期的) 필사신문의 성격을 가진 것으로 그 특성은 속보성에 뛰어난 점"이라고 박정규는 주장했다(박정규, 1982, p. 159).

다섯째로 녹지(錄紙)는, 박정규에 의하면, "조보를 필사하는 기별서리나 경주인(京主人) 등이 시정(市井) 소식이나 정국(政局)의 주요 소식 또는 조보 등에 게재되지 않은 다양한 뉴스를 취재하여 다른 종이에 따로 기록하여 독자들에게 전달한 민보적(民報的) 신문현상"이었다고 한다(박정규, 1982, p. 161). 이와 같은 녹지 중에서 최준(崔埈) 교수가 소장한, 1894년 갑오개혁 무렵에 나온 녹지를 보면, 한 장에 모두 6건의 기사를 날짜 표시 없이 각 기사마다 대략 10행의 길이로 짧게 순한문으로 적어 놓았다. 그중 1번째 기사를 보면, "[갑오개혁으로 말미암아] 전일(前日)의 조정 중신과 민(閔)씨 성을 가진 사람들은 모두 난을 피하여 낙향해서 한 사람도 서울에 남아 있지 않으며, 서울에서 정권을 잡고 있는 사람은 모두 개화당이며 10부(部) 장관과 일본인 고문이 정치를 하고 있다"는 것이었다. 두 번째 기사는 "전(前) 충청감사 조병식(趙秉式)과 참판 민영주(閔泳柱), 전 경상감사 이용직(李容直) 모두가 경무옥(警務獄)에 수감되었다"는 것이었고, 마지막으로 6번째 기사는 "황해도의 동학배들이 아직 조정과 타협하지 않았다"는 것이었다. 이러한 내용들은 당시 조보와 같은 관보에는 싣기 어려운 것이었음을 볼 때, 녹지는 바로 이와 같은 관보적 매체의 결점을 보완하기 위하여 발생한 민보적 성격의 신문현상이었다고 박정규(1982, p. 161)는 말했다. 그러나 이러한 녹지는 조선 말기에만 잠시 출현했던 것 같다.

마지막으로 시속소문이란 그 명칭처럼 시속(時俗) 즉 시정(市井)에 떠도는 소문(소식)을 전달해 준 뉴스 매체였다. 이에 관한 것은 진기홍(陳錤洪)의 저서 『구한국시대의 우표와 우정』(서울: 경문각, 1964)에 소개되어 있다. 시속소문의 실물은 현재 1장밖에 남아 있지 않아서 자세한 것은 알 수 없으나, 진기홍이 소장하고 있는 것(1885년 발행)을 보면, 앞서 살펴본 조보·저보·경기 등의 기사는 순한문체로 쓰여진 데 반하여, 시속소문은 국한문체(國漢文體)로 되어 있으며, 내용도 그 성격이 완전히 다른데, 그 기사의 원문(原文)을 소개해 보면 아래와 같다(박정규, 1978, p. 133에서 전재).

시속소문이라

> 이왕쥬젼하든창은양국셔어쳐니라ᄒᆞ는거슬내놋고명연의는쥬전을ᄒᆞ는듸그어쳐군이로쥬전을헌ᄒᆞ옵고 / 大院君는다시쇼식업습고 / 京畿楊州로兵丁五百名을정ᄒᆞ여거월붓터요을쥬고 / 松道都留守閔泳煥이가兵丁千餘名을정ᄒᆞ하여이달붓터요를쥬고 / 서울城外城內의도젹이심ᄒᆞ옵고 / 前大將韓圭稷弟氏가前營使을ᄒᆞ여가지고前營兵丁數百名쥭여습고이兵丁은다름아니라去年十月亂의倭人을편역ᄒᆞ여淸人과朝鮮人을向ᄒᆞ여총질헌놈이요 / 閔宮廳直이의高永根니와金宗源니는날마다별입시ᄒᆞ옵네다 長端府使高永根永平郡守金宗源이외다 / 李鳳九는아직셔용못도야삽니다 / 淸使爰世介는셔울와서잇습는듸조용히잇습내다 / 젼기신는倭國과淸國쇼식을날마다젼보ᄒᆞ옵내다 / 역적金玉均이가애매헌양으로閔應植이게로편지을슈차ᄒᆞ여습늬다

이처럼 시속소문의 기사는 국한문을 혼용하여 세로로 썼으며, 각 기사 사이에는 '/' 표를 하여 서로 구분했다. 이러한 시속소문을 누가, 언제부터 언제까지, 얼마나 발간했는지는 실물이 1장밖에 남아 있지 않아서 알 수 없으나 시속소문은 조보나 그 유사물과는 달리 민간인이 발간했던 것 같은데, 박정규에 의하면, "시속소

문은 부정기적으로 시정(市井) 소식을 전달해 준 뉴스 매체(서한신문)였음이 확실하다"(박정규, 1978, p. 133)고 한다.

제3장

신문의 기원과 우리나라 조보의 기원

앞서 제2장에서 살펴보았듯이 조보에는 여러 가지 별칭들과 유사물들이 있었다. 하지만 지금부터는 이들 중 조보와 조지에 관해서만 살펴보기로 하되, 이들을 합쳐 '조보'라고 부르기로 하겠다.[1] 그러면 우리나라 조보는 도대체 언제, 어떻게 출현했는가? 제3장에서는 바로 이와 같은 문제에 관하여 고찰해 보기로 하겠다.

---

1 앞서 제2장에서 살펴보았듯이 저보·기별·난보도 조보의 별칭이다. 그러나 이에 관해서는 아직 논란이 되기도 하므로 여기 제3장부터는 조보와 조지에 관해서만 살펴보기로 하되, 조보와 조지를 합쳐 '조보'라고 부르기로 한다. 왜냐하면 조지는 조보의 단순한 별칭이기 때문이다.

제1절

우리나라 조보의 기원에 관한 세 가지 학설

우리나라 조보가 언제, 어떻게 출현했는지에 관해서는 아직 명확하게 알려져 있지 않다. 그러나 이에 관한 여러 가지 학설들을 종합해 보면 크게 세 가지, 즉 ① 신라시대 기별(기별지)로부터의 기원설, ② 중국 언론문물제도의 이입설(移入說) 및 ③ 우리나라의 기별지에다가 중국의 저보·조보 등을 접목해서 생성되었다는 접목설(接木說)로 나눌 수 있다. 그러면 우선 이와 같은 세 가지 학설에 관하여 살펴본 뒤, 그중에서 어떤 학설이 가장 타당성이 높은지를 실록에 나타난 사료들을 바탕으로 검토해 보기로 하겠다.

1) 신라시대 기별로부터의 기원설

첫째로 신라시대 기별로부터의 기원설이란, 우리나라 조보는 신라시대의 '기별지'를 기원으로 해서 독자적이고 자연적으로 생성되었다는 학설을 말한다. 이러한 학설을 처음 내세운 사람은 차상찬이었다. 그는 1930년 수춘학인(壽春學人)이라는 필명으로 발표한 "조선신문잡지연혁급발달사"(朝鮮新聞雜誌沿革及發達史)라는 논문에서 다음과 같이 주장했는데, 이 논문을 근거로 우리나라 조보는 신라시대의 기별지에서 비롯되었다는 학설이 나오게 되었다.

신문의 원조(元祖)라 하면, 우리 조선에 잇서서는 관보의 일종인 소위 '기별지'

가 신문의 원조라 하겟으나 … 그 시초된 연대에 이르러서는 아즉 상세한 기록이 업스나 신라사(新羅史)에 의하면 신문왕(神文王) 12년 임진(壬辰, 서기 682년, 거금 1,248년 전)[2]에 설총(薛聰)이 이두문을 지어 관부문찰(官府文札)에 용(用)하얏다 하얏슨즉 그때부터 긔별지가 시행(始行)된 것을 족히 짐작하겟다(수춘학인, 1930, p. 24).

그 뒤 이종수(李鍾洙)도 "조선 신문의 기원은 신라 신문왕 12년(692)[3]에 설총이 이두를 지어 관부문찰에 썼다는 '기별'에서 찾을 수 있다"(이종수, 1931, p. 69)고 하였다. 그러나 그는 "참고할 만한 문헌이 절(絶)하였다"면서 약간 유보적인 입장을 취했다.

최준(崔埈)도 1960년 출간한 『한국신문사』(서울: 일조각) 첫머리에서 "우리나라에서는 소식을 전하는 일종의 기별지가 있었다. 기별이란 소식을 전하는 것으로서 입으로나 글자로 전달하였음은 두말할 것도 없다"면서, 기별지가 우리나라 신문의 효시라고 아래와 같이 역설하였다.

이 기별제도는 신라와 고려왕조를 거쳐 조선왕조에 들어서서는 더욱 발달되었다. 태조 원년 서기 1392년 9월 14일 예문춘추관을 두어 사관(史官)으로 하여금 조정의 결재사항과 견문록을 기록하여 경외(京外) 대소아문(大小衙門)에 돌렸다. 이후 조보는 이씨왕조 제7대 왕 세조 때부터 승정원에서 취급하였다. 조선왕조실록에 의하면 제11대 왕 중종 15년(1520) 사관(史官)이 조보를 써서 상공관계자에게 이를 반포하였다는 것과 승정원의 기록원을 늘리자는 기록이 있다. 제12대 왕 인종 때에도 이러한 기록이 나타나 있다. 이로써 조선왕조에 들어서서의 조보 발행은 그 궤도에 올랐음을 알 수가 있다(최준, 1960, p. 1).

최준이 이처럼 역설함으로써 신라시대 기별로부터의 기원설은 언론학계뿐 아

2 신라 신문왕은 11년 동안 재위했기 때문에 신문왕 12년은 없으며, 서기 682년은 신문왕 2년이므로 여기서 신문왕 12년은 신문왕 2년이 맞는 것 같다. 하지만 이해의 간지(干支)는 임진년이 아니라 임오년(壬午年)이다.

3 신문왕 12년(692)은 신문왕 2년(682)의 착오이다. 즉 신문왕 2년(682)이 맞다.

니라 국사(國史)학계에서도 널리 받아들여지게 되었다.[4] 하지만 이 학설에는 의문점도 적지 않다. 최준은 말하기를, 기별제도가 조선왕조에 들어서는 더욱 발달하여, 태조 원년 서기 1392년 9월 14일 예문춘추관을 두어 사관으로 하여금 조정의 결재사항과 견문록을 기록하여 경외 대소아문에 돌렸다고 했다. 그러나 이런 기록을 어디에서 인용했는지 그 출처를 밝혀 놓지 않아 정확히 알 수 없다. 그런데 태조 원년(1392) 9월 14일 예문춘추관 관계 실록 기사를 찾아보면 아래와 같다.

> 예문춘추관에서 세 가지 일을 상언(上言)하였다. 1. 매양 정전(正殿)에서 만기(萬機)를 재결하고 신료들을 접견할 때에는 원컨대 사신(史臣)으로 하여금 좌우에 입시(入侍)케 하여 일이 크고 작은 것을 논할 것 없이 모두 참여해서 듣도록 하소서. 2. 겸관(兼官)으로서 수찬(修撰) 이하의 관직에 충당된 사람은 원컨대 각기 보고 들은 바를 기록하여 사초(史草)로 만들어서 모두 본관(本館: 예문춘추관)으로 보내게 하소서. 3. 본관으로 하여금 서울과 지방의 크고 작은 아문(衙門)에 직접 공첩(公牒)을 보내어 무릇 시행한 것이 정령(政令)에 관계되고 권계(勸戒)에 전할 만한 것은 명백히 공문서로 보내게 할 것이며 또 도평의사사(都評議使司)와 검상조례사(檢詳條例司)로 하여금 매양 그달의 마지막 날에 조례(條例)를 모두 써서 본관으로 보내어 기록에 빙고(憑考)하게 하고 이것을 일정한 법식(法式)으로 삼게 하소서 하니, 임금이 이를 모두 허락하였다(태조실록 2권, 태조 원년, 서기 1392년 9월 14일 1번째 기사).

이런 기록을 보면, 예문춘추관이 사료(史料)의 수집을 위한 세 가지 방안을 임금에게 진언하면서 그에 관한 공첩(공문서)을 각 아문에 보내라고 한 것일 뿐, "사관(史官)으로 하여금 조정의 결재사항과 견문록을 기록하여 경외 대소아문에 돌리게 하소서"라는 내용은 없다. 또한 최준은 말하기를, 세조 때부터 조보를 승정원에서 취급했다고 했으나, 이것도 어떤 사료를 근거로 한 것인지 알 수 없다. 그러므로 우리나라 조보는 신라시대 기별에서 비롯되었다는 기원설이 맞는지는 알 수 없다. 이에

---

4 예컨대, 이홍직 편, 『국사대사전』(서울: 일중당, 1963)에서 "기별·기별지" 항목을 보면, 최준의 『한국신문사』에 나오는 주장을 그대로 인용해 놓았다.

관해서는 뒤에서 다시 자세히 살펴보기로 하겠다.

2) 중국 언론문물제도의 이입설

둘째로 중국 언론문물제도의 이입설이란, 위의 신라시대 기별로부터의 기원설과는 달리 우리나라의 조보는 중국의 저보·조보 등의 문물제도를 받아들여 생성되었다는 학설을 말하는데, 이를 이식설(移植說)이라고도 부른다. 이러한 학설은 최남선(崔南善), 이진섭(李眞燮), 천관우(千寬宇), 박정규(朴正圭) 등이 주장하였다. 하지만 이들은 우리나라 조보가 중국의 저보나 조보에서 유래되었다고 명확하게 단정하지는 않고, 다만 우리나라 조보는 중국의 저보나 조보와 밀접한 관계를 갖고 있다고 말함으로써 그것이 중국에서 이입되었음을 시사하였다.

이들의 주장을 좀 더 구체적으로 살펴보면, 최남선은 말하기를 "조보의 제(制)는 줄잡아도 지나(支那: 중국)의 당대(唐代)에 존재하며 저보로서 일컬으니…"(최남선, 1973, p. 97에서 재인용) 운운하면서 우리나라 조보 제도가 중국에서 유래했음을 시사하였다. 이진섭도 "왕조의 언론전사(言論前史) 형태"라는 논문에서 우리나라 조보에 관하여 언급하면서, "이 조보 제도는 본래 중국에서 발달한 제도라고 한다"(이진섭, 1968, p. 25)고 하였다.

한편 천관우는 "한국신문전사의 몇 가지 문제"라는 논문에서, 황현(黃玹)의 『매천야록』(梅泉野錄)에 나오는 다음과 같은 내용, 즉 "근래 서울의 사대부들은 부귀, 유한(有閑)하여 손에 붓을 드는 일이 없고 … 누워서 저보를 보면서 모일에 무슨 과거가 있다는 것을 알고…" 운운한 것을 제시하면서 여기서 "저보는 곧 조보로서, 일찍이 중국에서 발달한 제도이다"(천관우, 1963, p. 439)라고 했다. 그리고 "이 제도가 중국에서 전래한 것인지, 혹은 우리나라에서 독자적으로 발달한 것에다가 중국식 명칭을 붙인 것인지는 아직 분명히 말할 수는 없지만, 아무튼 저보와 조보는 동일한 것이다"라고 주장했다.

박정규도 "조보의 기원에 대한 연구"라는 논문에서 "우리나라 조보 제도는 그 명칭이나 유통경로 등을 볼 때 중국 제도의 영향을 크게 받은 것 같다. 삼국시대부터 한당(漢唐)의 문물과 제도를 적극적으로 도입했으므로 조보 제도도 중국 제도를 모방했을 가능성이 많다고 본다"(박정규, 1978, p. 122)고 말했다. 그러면서 그 근거로 아래와 같은 두 가지, 즉 ① 경저(京邸)와 경주인 제도 및 ② 승정원 제도를 들고 있는데, 그중에서 경저와 경주인 제도에 관한 것만 소개해 보면 아래와 같다.

> 중국 한대(漢代)에 저(邸)라는 제도가 있어 이를 관장하는 사람을 저관(邸官) 또는 저리(邸吏)라고 하고, 이들을 통하여 지방 정부에 보내진 서한신문을 저보라고 했는데, 우리나라에도 저(邸)나 저리(邸吏)와 유사한 경저(京邸)나 경저리가 일찍부터 존재하였다. 조선시대 이전에 서울에는 지방과의 연락기관으로 전국 각 군현(郡縣)의 경저가 설치되었고, 이 경저를 맡아 운영하는 사람이 경저리 또는 경주인이다. 이들은 지방민의 접대와 지방과의 문서 연락과 지방세공(地方歲貢)의 납부를 맡고 있었다. 조선시대에 들어와서는 승정원에서 발행한 조보를 필사하여 경주인을 통하여 각 지방에 보냈으니 이를 저보라 하였다. 이러한 저보 제도는 중국 한대(漢代)의 저리나 당·송대(唐·宋代)의 진주관(進奏官)에 의해 행해진 것과 비슷하므로 우리나라 저보의 출현은 경저의 설치 연대에서 추정될 수도 있겠다. … 경주인에 관한 최고(最古)의 기록은 고려 명종(明宗) 8년(1178)까지 올라가며, 이는 틀림없이 중앙과 지방의 연락기관을 담당한 경저의 주인일 것이다(박정규, 1978, p. 123).

바로 이러한 것들로 미루어 볼 때 우리나라 조보 제도는 중국의 저보 제도를 본뜬 것이라고 볼 수 있다는 것이다. 그러면서 박정규는 중국에서 승정원 제도를 받아들일 때 조보 제도도 받아들였을 것이라고 주장했다(박정규, 1978, p. 124). 그러나 이는 잘못인데, 우리나라에서는 조선시대부터 승정원에서 조보를 발행했으나, 중국에서는 승정원에서 저보나 조보를 발행한 적이 없기 때문이다. 중국에서는 한(漢)나라 때는 서울에 있는 각 번진(藩鎭)의 저(邸)에서 저보를 발행하다가 당나라 초기에는 상도유후원(上都留後院)에서, 그리고 778년부터는 상도진주원(上都進奏院)에서 저보를 발간했으며, 송(宋)나라 때는 진주원(進奏院)에서 조보를 발행했다. 이후 명(明)나라와 청나라 때도 승정원에서 저보나 조보를 발간한 적이 없다(차배근, 1984, p. 168 참조). 그러므로 중국에서 승정원 제도를 받아들일 때 조보 제도도 받아들였을 것이라는 추측은 잘못된 것 같다. 또한 우리나라가 중국의 경저와 경주인 제도를 받아들이면서 조보도 받아들였을 것이라는 박정규의 주장을 직접 뒷받침해 주는 사료는 아직 발견되지 않았다. 그러므로 우리나라 조보가 중국의 저보나 조보에서 유래되었다거나 또는 우리나라 조보는 중국의 저보나 조보 제도를 수용하거나 모방하여 생성된 것이라는 중국으로부터 이입설은 아직 증명되지 못했다. 하지만 저보니 조보니 하는 명칭만은 중국에서 받아들인 것이 분명한 것 같다.

3) 우리나라 기별지에 중국 저보·조보의 접목설

셋째로 우리나라 조보는 우리나라의 전통적 신문현상인 기별지에다가 중국의 저보·조보 등을 접목해서 생성되었다는 접목설(接木說)은, 마치 대봉감나무를 야생 고염나무[이를 대목, 臺木이라고 함]에 접을 붙여 대봉감나무로 키우듯이, 외국의 언론문물제도를 들여와서 자국(自國)의 전통적 신문문물에 접목시켜서 새로운 신문문물을 생성시켰다는 학설을 말한다. 다시 말해서, 중국의 저보나 조보 등의 언론문물제도를 들여와서, 우리나라의 전통적 신문현상의 하나인 기별지에 접목해서 우리나라의 조보를 생성시켰다는 학설이다.

하지만 이러한 접목설을 직접적으로 제기한 사람은 없으며, 다만 차배근이 1996년 발표한 "한국 근대신문의 생성과정과 「독립신문」: 이식설에 관한 몇 가지 의문점을 중심으로"라는 논문(차배근, 1996, p. 7)에서 간접적으로 거론된 것이었다. 그러나 이후 이러한 접목설에 관한 연구가 나오지 않아서 그 타당성은 알 수 없다. 만약 저보나 조보가 중국에서 건너온 언물문물제도라고 하더라도 우리나라에서 정착되면서 우리의 실정에 알맞게 변형되었을 것은 당연한 일이다. 그러므로 우리나라 조보의 기원에 관한 학설 가운데 접목설도 어느 정도의 타당성은 있다고 볼 수 있다.

이상에서 우리나라 조보의 기원에 관한 세 가지 학설에 관하여 간단히 살펴보았다. 그렇다면 이들 중에서 어떤 학설이 가장 타당한가? 이에 관해서는 많은 연구가 필요한데, 각 학설마다 의문점이 적지 않기 때문이다.

예컨대, 만약 우리나라 조보는 신라시대 기별지에서 비롯되었다는 기원설이 맞다면, 왜 나중에 중국식으로 '조보'라는 명칭을 붙였을까? 만약 우리나라 조보가 중국의 조보 제도를 이입해서 만들었다는 이입설이 맞다면, 도대체 언제, 어떻게 이입해서 우리나라 조보로 정착시켰는가? 또한 만약 중국의 저보나 조보 제도를 이입해서 우리나라 조보를 만들었다면, 중국의 저보나 조보 제도를 그대로 모방한 것인가? 아니면 그것을 우리 실정에 맞게 변형시켜서 만들었는가? 만약 중국의 저보나 조보 제도를 이입했다면, 중국의 저보는 반(半)민간신문에서 관보로 발전했는데, 왜 우리나라의 조보는 관보로만 존재했는가? 또한 중국의 저보나 조보는 인쇄해서 발행했는데, 왜 우리나라의 조보는 그렇지 않았는가? 도대체 우리나라 조보는 언제부터 시작되어 어떻게 발전하다가 언제, 왜 소멸하게 되었는가? 등등 여러 가지 의문점들이 존재하기 때문이다.

그러면 이러한 의문점들에 관하여 고찰해 보기에 앞서, 다른 나라들에서는 언제, 어떻게 신문이 생성되었는지부터 살펴보고 넘어가기로 하겠다. 이는 우리나라 조보의 기원을 알아보는 데도 타산지석(他山之石)이 될 수 있기 때문이다.

제2절

서양에서 신문의 기원과 생성

모든 사물의 기원이 그렇듯이, 서양 신문의 기원에 관해서도 여러 학설들이 있다. 이는 무엇보다도 신문의 개념과 요건을 어떻게 규정하느냐에 따라 그 기원이 달라질 수 있기 때문이다. 서양의 일부 신문역사학자들은, 기원전 5세기경 고대 로마에서 사제(司祭)가 매년 그 해에 일어났던 일 중에서 많은 사람들의 관심거리가 될 만한 공적 사건들의 목록을 흰 빛깔의 진흙판에 문자로 새겨 교회 앞에 게시해서 대중들이 보게 했던 소위 「로마사제연보」(司祭年報, *Annals*)라는 것을 최초로 출현한 신문 현상으로 보고 있다(임근수, 1970, p. 33).[5] 그런가 하면, 어떤 학자는 로마공화정시대에 유행한 서한신문(newsletter)을 서양 최초의 신문현상으로 간주하고 있다.

1) 고대 로마에서 최초의 신문 「악타」의 출현

이와 같이 서양 신문의 기원에 관해서도 여러 학설들이 있다. 그러나 일반적으로는 로마공화정시대에 나온 2종의 관보인 「악타 세나투스」(*Acta Senatus*)와 「악타 디우르나」(*Acta Diurna*)[6]를 서양 최초의 신문으로 보고 있다. 하지만 이들은 오늘날의 신문과

5 이러한 「사제연보」는 기원전 133년 폐지되었다고 한다(*Encyclopedia Britannica*).

6 이들 두 가지 신문의 명칭부터 살펴보면, '악타'(*Acta*)는 행위(acts)나 그에 관한 기록(record)을 뜻했다고 한다. 그리고 세나투스(*Senatus*)는 "원로원(Senato)에 관한 것"이라는 뜻이었다. 따라

는 아주 거리가 먼 것이었다. 이들은 종이에 인쇄된 것이 아니라, 새로운 소식 등을 문자로 석고판 등에 새긴 다음, 그것들을 로마시내의 주요 지점의 게시판들에 걸어 놓고, 그것을 시민들이 읽어 보도록 한 것이었다. 따라서 이들은 일종의 게시판신문 또는 대자보(大字報)였다. 그렇다면 이러한 신문들은 언제 어떻게 해서 나오게 되었는가? 이에 대해서도 두 가지 학설이 있다.

(1) 기원전 59년 카이사르가 처음 발행했다는 학설

첫 번째 학설은 로마공화국 말기의 집정관 카이사르(Gaius Julius Caesar, 흔히 시저라고도 부른다)의 명령에 따라 기원전 59년부터 「악타 세나투스」와 「악타 디우르나」를 처음으로 발행하기 시작했다는 주장이다. 즉 기원전 60년 평민파의 카이사르가 크라수스(Marcus L. Crassus), 폼페이우스(Magnus Pompeius)와 결탁하여 정권을 잡고, 소위 제2차 삼두정치를 실시하면서 그 정치적 도구이자 일종의 관보로서 「악타 세나투스」와 「악타 디우르나」를 기원전 59년부터 발행하기 시작했다는 것이다.

이러한 학설을 주장하는 학자들로는 메릴(Merrill, 1959), 지파드(Giffard, 1975-1976), 판드(Fand, 1997), 로미오(Romeo, 2013) 등을 들 수 있다. 이들은 그 주요 근거로서 로마제국시대의 역사학자 수에토니우스(Gaius Suetonius)가 지은 『드 비타 카이사

서 「악타 세나투스」는 원로원의 행위(acts)나 그에 관한 기록(record)이라는 뜻이 되는데, 이러한 뜻과 마찬가지로 「악타 세나투스」는 실제로 원로원의 회의절차, 결의사항 등을 주로 다루었다. 때문에 「악타 세나투스」를 일반 시민들은 '코멘타리 세나투스'(*Commentarii Senatus*)라고 부르기도 했다. 한편 「악타 디우르나」에서 '악타'는 위에서 말했듯이 행위나 그에 관한 기록이라는 뜻이고, '디우르나'(*Diurna*)는 매일(daily)이라는 뜻이다. 따라서 「악타 디우르나」는 곧 "사람들의 행위에 관한 매일매일의 기록 또는 보고"라는 말인데, 이러한 「악타 디우르나」는 처음에는 평민회의 의결사항, 법률, 재판 진행 중인 사건 등을 다루다가 나중에는 유명인들의 결혼, 사망 소식 등을 비롯한 로마 사람들의 매일 매일의 주요 행위들을 기록해서 게시판 형태로 로마 시민들에게 널리 알려 주었다. 때문에 「악타 디우르나」를 당시 로마 사람들은 「악타 디우르나 포풀리 로마니」(*Acta Diurna Populi Romani*) 또는 간단히 「악타 포풀리」(*Acta Populi*)라고도 불렀는데(Merrill, 1959, p. 31), '포풀리'(*populi*)는 사람을, '로마니'(*Romani*)는 로마를 뜻한다. 이러한 「악타 포풀리」는 「악타 푸블리카」(*Acta Publica*)라고도 불렀는데, '푸블리카'(*publica*)는 대중 또는 공공이라는 뜻이다. 따라서 「악타 푸블리카」는 대중 또는 공중의 행동들의 보고라는 의미인데, 당시 「악타 디우르나」는 점차 대중적 관심의 공공적 내용을 많이 다뤘기 때문이다(http://definitionsw.uslegal.com/a/acta-publica). 위와 같이 「악타 디우르나」는 여러 가지 이름으로 불렸으나, 간단히 「악타」 또는 「디우르나」라고 부르기도 했다고 한다(Giffard, 1975-1976, pp. 107-108).

럼』(*De vita Caesarum*)에 나오는 기록, 즉 "카이사르가 집정관(consul)이 된 뒤 맨 처음 법제화한 것은 원로원과 평민회 두 곳의 의사록(proceedings)을 매일 편찬해서 발행해야 한다는 것이었다"는[7] 구절을 제시하고 있다. 바로 이러한 법규에 따라 기원전 59년부터 원로원(*Senato*)과 평민회(*Concillium plebis*)의 의사록을 공포토록 했는데, 전자를 「악타 세나투스」, 후자를 「악타 디우르나」라고 불렀다고 한다(Merrill, 1959, p. 31). 그렇다면 카이사르는 왜 이처럼 원로원과 평민회의 의사록을 날마다 편찬해서 발행토록 했는가?

지파드(C.A. Giffard)에 의하면, 이는 카이사르가 원로원과 평민회 내의 그의 정적(政敵)들의 권력을 약화시키기 위해서였다고 한다(Giffard, 1975-1976, pp. 107-108). 당시 로마의 지도자들은 서로 뉴스를 통제하기 위한 투쟁을 벌이면서 각종 뉴스들과 그 매체들을 정치 투쟁의 무기로 활용했다고 한다. 따라서 이로 미루어 볼 때, 기원전 59년 카이사르가 「악타 세나투스」와 「악타 디우르나」를 발행토록 한 것도 정적들의 권력을 약화시키기 위한 것이었음이 거의 확실하다는 것이다. 그리하여 원로원과 평민회 의사록을 매일 편찬해서 발행토록 했는데, 이들 중 원로원의 의사록에 관한 것이 「악타 세나투스」요,[8] 평민회의 의사록에 관한 것이 「악타 디우르나」라고 한다. 그러나 뒤로 갈수록 원로원과 평민회의 의사록뿐 아니라, 정치와 군대의 동향, 주요 행사나 사건들에 관한 뉴스도 싣게 됨으로써 신문과 같은 성격을 띠게 되었다는 것이다.[9]

이러한 지파드의 주장에 스티븐스(Michell Stephens)도 동조하고 있다. 그러나 스티븐스는 부언하기를, 당시 카이사르는 여러 가지 뉴스나 소문들이 정치인들의 정치 활동을 도울 수도 있고 또한 해칠 수도 있다는 것을 잘 알고 있었기 때문에 여러

---

7 "Caesar's very first enactment after becoming consul was, that the proceedings [acta] both of the Senate and the people should day by day be compiled and published"(Gaius Suetonius, *The Lives of the Caesars*, Translated by J. C. Rolfe, London: Heineman, 1924, Vol. I에서 인용).

8 원로원에서는 기원전 449년부터 의사록(議事錄)을 기록해 왔다고 한다. 하지만 일반에는 공개하지 않다가 카이사르의 명령에 따라 기원전 59년부터 「악타 세나투스」라는 이름으로 공개하게 되었다고 한다.

9 Wikipedia에 적혀 있기를, 기원전 59년 이전부터 원로원의 의사록은 작성되었으며 간혹 비공식적으로 공개된 적이 있었는데, 카이사르가 당시 원로원의 내막과 비밀을 폭로하기 위해 그 의사록 내용을 공개토록 했다고 한다(http://en.wikipedia.org/w/index.php?title=Acta=Senatus&oldid).

가지 뉴스들과 그 매체들을 자신의 정치적 투쟁에서 무기로 사용하기 위하여 「악타 디우르나」와 「악타 세나투스」를 발행하기 시작했고, 이를 통하여 당시 로마의 지도자들과 그들의 행동에 관한 뉴스나 소문들을 통제했다고 한다(Stephens, 1988, p. 64).

로미오(Nick Romeo)도 말하기를, 카이사르가 「악타 세나투스」와 「악타 디우르나」를 발행한 것은 그의 정적(政敵)들의 정치적 행위들을 폭로하기 위해서였다고 한다. 그리하여 주로 원로원과 평민회의 의사록 등을 공포토록 했는데, 전자를 「악타 세나투스」라고 했고, 후자를 「악타 디우르나」라고 했다고 한다(Romeo, 2013). 그러나 나중에는 정적들의 행위를 폭로하기 위한 목적 이외의 여러 가지 다양한 내용의 뉴스들도 싣게 되었다고 한다. 그러나 이러한 주장과는 달리, 판드(Irving Fand)는 카이사르가 정부의 공적 뉴스와 공고 등의 기록을 로마시내 일원에 게시하도록 했는데, 이것이 곧 「악타 디우르나」라는 관보로서, 이들의 발행 이유는 원로원을 비롯하여 정부 각 부처에서 어떤 일이 일어나는지를 대중들이 알아야 하기 때문이었다고 말한다(Fand, 1997, p. 30).[10]

(2) 그 이전부터 유행한 것을 카이사르가 관보화했다는 학설

위와 같이 「악타 세나투스」와 「악타 디우르나」의 발행 목적에 관해서는 여러 주장이 있으나, 이들 신문은 카이사르가 기원전 59년부터 처음 발행했다는 점에는 이견(異見)이 없다. 그러나 첫 번째 학설과는 달리, 두 번째 학설은 「악타 세나투스」와 「악타 디우르나」는 카이사르가 기원전 59년부터 처음 발행한 것이 아니라, 「악타 세나투스」는 기원전 449년부터 원로원에서 기록해 왔던 의사록 내용을 기원전 59년부터 공개토록 한 것이었으며, 「악타 디우르나」는 기원전 131년경부터 특히 귀족들 사이에 유행해 왔던 사적(私的) 통보 제도를 카이사르가 원만한 국정 운영과 효과적인 국가 통치를 위하여 기원전 59년에 체계적이고 공식적인 관보로 만든 것이라는 설이다. 따라서 「악타 세나투스」와 「악타 디우르나」의 기원은 기원전 59년 이전부터 존재해 왔던 원로원의 의사록과 민간의 사적 통보 제도에 두어야 한다는 것이다.

이러한 학설의 대표적 주창자로는 독일 신문학의 선구자 뷔허(Karl Bücher)를 들

---

10 그러나 이러한 학설과는 달리, Merrill은 기원전 6년에 아우구스투스 황제(Gaius Julius Caesar Octavianus)가 광대한 로마제국에 각종 정보를 효과적으로 전달하기 위하여 「악타 디우르나」를 처음 창시했다고 말한다(Merrill, 1959, p. 31).

수 있다. 그가 1922년 "저널리즘의 기원"(Die Anfänge des Zeitungswesens)이라는 논문에서 말하기를, 고대 로마인들도 일찍부터 서로 간의 커뮤니케이션을 위하여 여러 가지 수단을 사용해 왔다고 한다. 그중 하나로 「악타 디우르나」를 들 수 있는데, 이는 1년 중 거의 태반을 지방의 장원(莊園)에서 보내고 있던 로마의 귀족 영주와 장군 등이 원로원과 평민회의 의결사항, 국가의 정세, 군대의 동정 등을 알기 위하여 전속(專屬) 통보원(일종의 통신원)들을 수도(首都) 로마에 주재시키면서 매일매일 일어나는 주요 정치적 사건들에 관한 뉴스들을 수집해서 편지로 통보토록 한 서신 형태의 사적 통보 제도였다고 한다.

이러한 제도는 기원전 60년 카이사르가 집정하기 오래전부터 유행했는데, 그 통보원들은 대개 지식 있는 노예 혹은 자유 노예로 수도 로마의 정황에 정통했다고 한다.[11] 이러한 통보원을 카이사르의 부하 장군이던 안토니우스(Antonius, B.C. 82?-30)도 한 명 데리고 있었는데, 그 통신원은 원로원의 결의사항뿐 아니라 의원들의 연설과 투표에 관해서도 안토니우스에게 보고했다고 한다(이해창, 1979, p. 162에서 인용).

이처럼 당시 「악타 디우르나」의 통보원들 중에는 원로원 의원들의 연설 내용과 결의사항 등을 취재해서 그 주인에게 보고할 수 있는 사람들도 있었지만, 대부분은 노예들로서 신분이 낮은 까닭에 원로원이나 정부기관을 출입하면서 뉴스들을 수집할 수가 없었다. 대신 주로 항간의 소문들을 수집해서 자신들 주인에게 통보했는데, 자연히 「악타 디우르나」의 내용은 충실하지 못한 경우가 많았다고 한다. 때문에 기원전 60년 카이사르가 정권을 잡아 집정관이 되자, 이듬해 위와 같은 결함들을 가진 사적 「악타 디우르나」를 정부의 공식적 통보 제도로 전환해서 조직화하는 한편, 일반 시민들도 접할 수 있는 공개적 공보매체로 만들어서 평민회의 회의 상황, 국민제(國民祭)에 관한 보고를 비롯하여 전국에서 일어나는 주요 사건들을 국민들에게 알려 주었는데, 이것이 곧 로마공화국의 관보인 「악타 디우르나」였다고 한다. 그

11 이들을 '노예통보원'(slave reporter)이라고 불렀다고 한다. 이들은 지식도 있고 수도의 사정에도 밝은 노예들 중에서 임명했는데, 직접 뉴스를 취재하고 수집해서 자기 주인들에게 통보했다는 점에서는 오늘날의 신문 기자의 전신(前身)이라고 볼 수 있으며, 영어로는 이들을 기자와 마찬가지로 'reporter'라고 표기하고 있다. 이러한 노예통보원들은 주인의 지시에 따라 여러 가지 정보들을 수집해서 주인에게 통보했다. 예컨대 당시 로마의 장군이었던 안토니우스(Antonius)는 자기 통보원에게 원로원의 의결사항뿐 아니라 토의 내용, 투표 결과 등도 조사해서 보고토록 했다고 한다.

렇다면 왜 카이사르는 이러한「악타 디우르나」와「악타 세나투스」를 발행토록 했는가?

앞서 말했듯이 지파드, 스티븐스, 로미오 등의 학자들은 카이사르가 기원전 60년, 자신이 정권을 잡은 다음 해부터「악타 세나투스」와「악타 디우르나」를 발행하기 시작한 것은 그의 정적(政敵)들의 비위를 폭로해서 그들의 권력을 약화시키는 등의 정치적 무기로 사용하기 위해서였다고 주장한다. 그러나 이러한 주장과는 달리, 뷔허는 이들이 발행된 원인은 "로마의 통치권이 지중해 연안 전체에 미치고, 해외 여러 지역도 로마의 속주(屬州)로 예속하게 되자, 이들 광대한 지역을 통치하고, 또한 국정(國政)을 원만하게 운영하기 위해서는 수도 로마에서 일어난 주요 사건들과 여러 가지 일들을 특히 지방 관원(官員)과 조세청부인(租稅請負人, publicanus), 공무상 지방으로 나갔거나, 지방의 대농장에 머물고 있던 귀족들에게 알려 줄 필요를 느꼈기 때문"(임근수, 1970, p. 33에서 재인용)이었다고 주장한다. 이러한 필요성의 측면에서 뷔허는 카이사르가 기원전 59년 발행하기 시작한 관보인「악타 세나투스」와「악타 디우르나」를 서양 최초의 신문으로 보고 있다. 그러나 당시「악타 세나투스」와「악타 디우르나」는 오늘날의 신문과는 거리가 먼 것이었다. 그렇다면 그 형태와 내용은 어떠했는가?

2)「악타 세나투스」와「악타 디우르나」의 여러 형태

「악타 세나투스」와「악타 디우르나」의 형태는 크게 두 가지로 나누어 볼 수 있다. 첫째는 앞서 말했듯이 원로원과 평민회의 의사록을 비롯한 각종 소식 등을 문자로 석고판 등에 새겨 로마시내의 주요 지점의 게시판들에 걸어 놓은 게시판신문 형태로서, 이것이 본래의 형태였다. 그리고 둘째는 위와 같은 게시판신문 형태의「악타 세나투스」와「악타 디우르나」의 내용을 파피루스에 필사해서 로마시내 이외의 지역에 보낸 복제판신문 형태였다. 그러면 이러한 신문 형태는 구체적으로 어떤 것을 말하며, 어떻게 해서 나오게 되었는가?

(1) 게시판신문 형태와 그 복제판신문 형태

앞서 말했듯이, 로마공화국 말기의 집정관 카이사르는 기원전 59년부터 관보(official

gazette)인「악타 세나투스」와「악타 디우르나」를 발행하기 시작했다. 그러나 이들은 오늘날의 신문처럼 종이에 인쇄한 것이 아니라, 각종 소식 등을 날마다 문자로 석고판 등에 새긴 다음, 이것들을 로마 광장(Forum of Rome)을 위시한 로마시내 주요 공공장소의 게시판들에 걸어 놓아 시민들이 읽도록 한 게시판신문이었다. 그러나 지방에 거주하는 사람들은 이와 같은 게시판 형태의「악타 세나투스」와「악타 디우르나」를 직접 읽어 볼 수 없었다. 그러자 지방에 머물고 있던 로마의 귀족과 장군 등이 고용한 로마 주재의 전속(專屬) 통보원들이[12] 로마시내에 걸어 놓은 게시판신문 형태의「악타 세나투스」와「악타 디우르나」의 내용을 파피루스(papyrus)에 필사해서 지방에 머물고 있는 주인들에게 편지로 통보했는데, 이로써 파피루스판 형태의「악타 세나투스」와「악타 디우르나」도 나오게 되었다.

한편 귀족과 고급관료들의 노예들은「악타 세나투스」와「악타 디우르나」의 내용을 필사해서 사적(私的)으로도 배포했는데, 이런 필사본들이 로마제국이 한창 번영하던 때는 스코틀랜드와 이집트까지도 배포되었고 한다(Fand, 1997, p. 30). 그러나 이들은 어디까지나 지방의 귀족과 장군 등의 로마 주재 통보원이나 노예들이「악타 세나투스」와「악타 디우르나」의 내용을 비공식으로 필사해서 그 주인들에게 편지를 통해 통보한 사신(私信) 형태의 서한신문에 불과한 것이었다.

하지만 이러한 형태의 필사신문이 점차 상류사회에서 유행하게 되자, 귀족이나 장군 등의 개인적 통보원과는 별도로 직업적 통보원도 등장했다. 이들은 로마시내에 걸어 놓은「악타 세나투스」와「악타 디우르나」의 내용을 파피루스에 필사해서 로마와 그 밖의 지역 사람들에게 팔았는데, 그리하여 일종의 상업적 형태의 필사본「악타 세나투스」와「악타 디우르나」도 등장하게 되었다고 로마시대 신문에 관한 연구학자인 지파드(Giffard)는 주장하고 있다(Giffard, 1975-76, p. 107). 그러나 당시 직업적 통보원들은 게시판신문 형태의 관보인「악타 세나투스」와「악타 디우르나」의 내용을 그대로 필사만 해서 독자들에게 판 것이 아니라, 거기다가 자신들이 거리나

---

12 이들은 앞서 말했듯이 지방의 장원에서 지내고 있던 로마의 귀족들이나 공무상 지방에 머물고 있던 장군이나 고급관료 등이 원로원과 평민회의 의결사항, 국가의 전세, 군대의 동정 등을 알기 위하여 수도(首都) 로마에 주재시키면서 중요한 뉴스들을 수집해서 편지로 통보토록 한 개인적 통보원(일종의 통신원)이다. 말하자면 조선시대에 우리나라의 경저리(京邸吏)와 비슷한 것이었다.

시장 등에서 수집한 가십 따위의 소식들도 추가했다고 한다. 따라서 만약 이것이 사실(史實)이라면, 당시 직업적 통보원들이 이처럼 필사해서 독자들에게 판「악타 세나투스」와「악타 디우르나」는 서양 최초의 상업적 성격의 신문이자 민간신문이라고도 볼 수 있다. 그렇다면 위와 같은 지파드의 주장의 근거는 무엇인가?

(2) 상업적 필사판「악타 세나투스」와「악타 디우르나」의 등장

지파드는 그 근거의 하나로, 로마공화국시대의 유명 정치인이자 철학자였던 키케로(Marcus Tullius Cicero, 시세로라고도 부름, B.C. 106-43)가 그의 친구 아티쿠스(Atticus)와 주고받은 편지들을 모아 놓은 『에피스투래 애드 파밀리아레』(*Epistulae ad Familiares*, 영어로는 Letters to his Friends)에 나오는 몇 가지 내용을 들고 있다. 기원전 51년 키케로는 킬리키아 총독(Cilicia proconsul)으로 임명되었는데, 킬리키아는 현재 튀르키예 남쪽에 위치한 소아시아 지역이었다. 이처럼 로마에서 멀리 떨어진 소아시아에 가서 지내야만 했던 키케로가 그의 친구 아티쿠스에게 보낸 편지들 중에서 하나를 보면, "난 뉴스도 매우 늦게야 들어오는 지역에서 외롭게 지내고 있다"(Cicero, *Epistulae ad Familiares*, II, ix, 1)고 불평하고 있었다. 이러한 키케로의 불평처럼 그에게 바깥세상 뉴스들이 늦게 들어갔는지는 모르겠으나, 그는 당시 수도 로마에서 발행한「악타 세나투스」와「악타 디우르나」까지 받아 보았다. 키케로가 기원전 51년 그의 친구 아티쿠스에게 보낸 편지를 보면, "내가 올해 3월 7일까지 [로마]시내 관보(gazette)를 받아 보았다"(Cicero, *Letters to Atticus*, VI, 2)는 내용이 나온다. 그러면 누가「악타 세나투스」와「악타 디우르나」를 키케로에게 보내 주었는가?

키케로에게「악타 세나투스」와「악타 디우르나」를 보내 준 사람은 직업적 통보원이 아니라, 키케로의 친구들이었다. 그중 한 사람인 카일리우스(Caelius)가 키케로에게 보낸 편지를 보면, "그대가 로마를 떠날 때 내가 그대에게 약속하기를, 로마 시내에서 일어나는 모든 일들, 예컨대 원로원의 의결사항과 포고, 가십, 루머 등에 관하여 자세하게 알려 주겠다고 했는데, 그런 것들을 여기 이 편지에 동봉한다"(Cicero, *Epistulae ad Familiares*, VIII, I, 1)고 적고 있다. 또 카일리우스가 시세로에게 보낸 다른 편지를 보면, "로마시내의 여러 가지 일들에 관한 뉴스들을 수집해 그대에게 전달한다"면서 그것을 '뉴스 다발'(news packets)이라고 불렀다(Cicero, *Epistulae ad Familiares*, VIII, ii, 2).

이러한 뉴스 다발을 보낸 지 약 1년 뒤에 카일리우스가 키케로에게 보낸 또 하나의 편지를 보면, 당시 로마의 집정관 카이사르와 원로원 간의 권력 투쟁에 관하여 언급하면서, "카이사르와 원로원 양쪽이 어떻게 투표했는지에 관해서는 이 편지에 동봉하는 '뉴스 다발'을 보면 알 것이네. 이 '뉴스 다발'에는 여러 가지 잡다한 것들이 들어 있는데, 그중에서 알 가치가 있는 것들만 읽기 바라며, 게임과 장례식, 그리고 가십 등에 관한 것들은 읽지 말고 건너뛰기 바라네. 그러나 이 '뉴스 다발'의 상당 부분은 자네에게 유용한 소식이나 정보일 것이라고 생각하네"(Cicero, *Epistulae ad Familires*, VIII, xi, 4)라고 적고 있다. 그러면 카일리우스가 키케로에게 보낸 로마시내의 사건들에 관한 '뉴스 다발'은 누가 만든 것일까?

이 '뉴스 다발'은 카일리우스 자신이 직접 작성한 것은 아닌 것 같다고 지파드는 말하고 있다(Giffard, 1975-76, p. 107). 왜냐하면 카일리우스가 키케로에게 보낸 편지를 더 읽어 보면, "자네에게 보내는 '뉴스 다발'이 나의 주머니를 텅 비게 만들고 있다네"(Cicero, *Epistulae ad Familires*, VIII, i, 1)라는 농담이 나오는 것으로 미루어 볼 때, 그 '뉴스 다발'은 카일리우스가 돈을 주고 사서 키케로에게 보낸 것 같기 때문이다. 그렇다면 카일리우스는 누구에게서 그 '뉴스 다발'을 사서 키케로에게 보낸 것일까? 지파드에 의하면, 그 뉴스 다발은 전문적 뉴스 통보업자(professional reporter)에게서 산 것이 거의 분명하다고 한다. 그리고 그 뉴스 통보업자는 원로원이나 평민회의 결의사항과 집정관의 포고 등을 비롯한 중요한 뉴스들은 당시 로마공화국 정부에서 발행한 「악타 세나투스」와 「악타 디우르나」에서 베끼고, 또 한편으로는 게임과 장례식, 가십 등에 관한 소식들은 시장(市場)이나 거리에서 수집해서 '뉴스 다발'을 만들었을 것이라고 지파드는 말하고 있다.

따라서 만약 이러한 지파드의 주장이 맞다면, 「악타 세나투스」와 「악타 디우르나」에는 세 가지 버전(version)이 있었다고 볼 수 있다. 첫째 버전은 로마정부가 원로원과 평민회의 의사록을 비롯한 각종 소식 등을 문자로 석고판 등에 새겨서 로마 시내의 주요 지점의 게시판들에 걸어 놓은 게시판(news bulletin) 형태의 오리지널 버전이었다. 둘째 버전은 지방에 머물던 귀족·장군·총독·고급 관리 등의 로마 시내 주재 통보원들이 게시판 형태의 오리지널 버전 「악타 세나투스」와 「악타 디우르나」의 내용을 파피루스에 필사해서 그 주인들에게 편지를 통해 보낸 서한신문(newsletter) 형태의 버전이었다. 그리고 셋째 버전은 직업적 통보원들이 게시판 형태의 「악타 세나투스」와 「악타 디우르나」의 내용을 파피루스에 필사하고, 거기에 흥밋거리 소식들도 추가해서 일반 독자들에게 돈을 받고 판매했던 필사신문(handwritten newssheets) 형태의 버전이었는데, 만약 이러한 버전이 실제로 존재했다면, 이는 서양 최초의 상업적 신문이자 민간신문이라고 볼 수도 있다.

3)「악타 세나투스」와「악타 디우르나」의 주요 내용

「악타 세나투스」와「악타 디우르나」가 발행되던 당시, 이들 관보는 게시판에 게시한 지 이틀이 지나면 철거하여 로마의 문서보관소(archive)에 보관하면서 역사를 기록할 때 그 사료(史料)로 사용했다고 한다. 그러나 이들「악타 세나투스」와「악타 디우르나」의 원본은 물론이고, 이것을 파피루스에 필사한 것들도 현재는 전혀 남아 있지 않아,[13] 그 내용을 알 수 없다. 그러므로「악타 세나투스」와「악타 디우르나」의 내용은 이에 관한 여러 가지 2차 사료들을 바탕으로 추정해 볼 수밖에 없는데, 그 내용은 시대의 흐름에 따라 많은 변화가 있었을 것이다. 또한 앞서 말했듯이「악타 세나투스」와「악타 디우르나」에는 세 가지 형태의 버전, 즉 ① 게시판 형태의 오리지널 버전, ② 이를 사적 통보원이 파피루스에 필사해서 그 주인들에게 보낸 서한신문 형태의 버전 및 ③ 직업적 통보원들이 오리지널 버전을 파피루스에 필사하고, 거기에 흥밋거리 소식들도 추가해서 일반 독자들에게 돈을 받고 판매했던 필사신문 형태의 버전이 있었는데, 이들 각 버전에 따라 그 내용에 차이가 있을 수 있다. 그러나 여기서는 이러한 차이는 무시하고,「악타 세나투스」와「악타 디우르나」의 대체적 내용만 각각 간단히 살펴보기로 하겠다.

(1)「악타 세나투스」의 주요 내용

「악타 세나투스」는 앞서 말했듯이 '원로원(Senato)의 행위나 그에 관한 기록'이라는 뜻으로, 주로 원로원의 회의 절차와 토론·토의 내용, 결의사항 등을 다루었다고 한다. 그러나 기원전 60년 카이사르가 로마공화국의 집정관이 되자, 원로원 내 그의 정적(政敵)들의 권력을 약화시킬 목적으로 이듬해부터 발행하기 시작하여 원로원 내

13 그러나 뷔허에 의하면 서로마제국의 멸망 직후에는「악타 세나투스」와「악타 디우르나」의 유물이 콘스탄티노플(Constantinople)에 다소 남아 있었다고 한다(Bücher, 1893, p. 236).

에서 일어나는 비밀스러운 일들을 폭로하는 등 정치 투쟁의 무기로 사용한 것으로 미루어 볼 때, 「악타 세나투스」는 원로원의 회의 절차와 토론·토의 내용, 의결사항 등을 그대로 보도한 것이 아니라 카이사르 자신에게는 유리하고, 그의 정적들에게는 불리한 내용을 주로 보도했던 것으로 보인다(Giffard, 1975-1976, pp. 107-108).

그러나 기원전 44년 카이사르가 공화정 수호자들인 브루투스(Brutus) 등에 의해 원로원 의사당에서 피살된 이후 「악타 세나투스」의 내용이 많이 달라졌다고 한다. 카이사르가 사망하자 그의 정적이었던 원로원 지도자들이 「악타 세나투스」와 「악타 디우르나」의 내용을 검열하면서 통제했기 때문이다(Giffard, 1975-1976, p. 109). 하지만 중요한 정치적 및 군사적 사건들을 비교적 정확하고 자세하게 보도했다고 한다.

위와 같이 「악타 세나투스」는 처음에는 주로 원로원의 의사록과 행위 등을 주로 보도했으나, 시간의 경과에 따라 그 내용이 많이 달라졌다. 스티븐스(Stephens)에 의하면 「악타 세나투스」는 로마공화정 말기에는 정치와 군대의 동향, 주요 행사나 사건들에 관한 뉴스도 싣게 됨으로써 오늘날의 신문과 같은 성격을 띠기 시작했다(Stephens, 1988, pp. 61-67). 한편 젭(Richard C. Jebb)도 주장하기를, 당시 「악타 세나투스」와 「악타 디우르나」를 읽어 본 사람들의 기록에 의하면, 이들 관보는 나중에는 중대한 정치적·군사적 사건들보다는 정부의 각종 공고, 법원 뉴스, 공식적 의식(儀式, official ceremonies), 건축과 토목 공사, 저명인사들의 결혼, 사망 및 그 자손들의 출생 등의 보도에 더 초점을 맞추었다고 한다(Jebb, 1907, pp. 159-160).

그러나 기원전 31년, 아우구스투스(Augustus)가 고대 로마의 초대 황제(imperator)가 되어 제정(帝政)을 실시하기 시작하면서 「악타 세나투스」의 내용을 종종 검열하며 규제하다가 결국 「악타 세나투스」의 발행을 금지시켰다. 하지만 「악타 디우르나」는 계속 발행토록 해서, 이는 로마제국시대인 기원후 222년경이나 330년경, 또는 476년 경까지 상당히 오랫동안 존속되었던 것 같다. 그러면 「악타 디우르나」는 주로 어떤 내용들을 다루었는가?

(2) 로마공화국시대 「악타 디우르나」의 주요 내용

「악타 디우르나」의 내용도 시대에 따라 많이 달라졌다. 그러나 여기서는 로마공화국시대와 로마제국시대로 나누어 살펴보기로 하겠다. 먼저 로마공화국시대인 기원전 59년 「악타 디우르나」를 처음 발행하기 시작한 초기에는 평민회의 의결사항, 법률, 재판 진행 중인 사건이나 그 결과 등을 주로 다루었다고 한다. 그러나 나중에는 귀족들의 출생·결혼·사망 등을 비롯한 로마 시민들의 매일매일의 주요 행위들을 널리 알려 주었다고 한다. 때문에 이러한 「악타 디우르나」를 로마 사람들은 「악타 디우르나 포풀리 로마니」(*Acta Diurna Populi Romani*)라고 불렀다. 또한 「악타 디우르나」가 점차 일반적이고 대중의 관심을 끌 수 있는 내용을 다루자, 「악타 푸블리카」(*Acta Publica*)라고 부르기도 했다(http://definitionsw.uslegal.com). 그렇다면 「악타 디우르나」는 도대체 언제부터 귀족들의 출생·결혼·사망 등을 비롯한 일반적이고 대중적인 내용들을 다루기 시작했는가? 아마도 기원전 59년 「악타 디우르나」를 발행하기 시작한 뒤 몇 년 지나지 않은 뒤부터였던 것 같다.

앞서 말했듯이 기원전 51년 키케로가 킬리키아 총독(Cilicia proconsul)으로 임명되어 소아시아 지역에 가 있을 때, 그의 친구 아티쿠스(Atticus)와 주고받은 편지들을 모아 놓은 『에피스투래 애드 파밀리아레』(*Epistulae ad Familiares*) 중에서 카일리우스가 키케로에게 보낸 편지를 보면, 당시 「악타 세나투스」와 「악타 디우르나」에는 원로원에서 각종 안건에 관한 의결 등을 비롯하여 심지어는 게임·장례식·가십 등에 관한 잡다한 소식들도 들어 있다는 언급을 찾아볼 수 있다. 좀 더 구체적으로 말하면, 기원전 50년에 카일리우스가 키케로에게 보낸 또 하나의 편지를 보면, 당시 로마의 집정관 카이사르와 원로원 간의 권력 투쟁에 관하여 언급하면서, "카이사르와 원로원 양쪽이 어떻게 투표했는지에 관해서는 이 편지에 동봉하는 '뉴스 다발'을 보면 알 것이네. 이 '뉴스 다발'에는 여러 가지 잡다한 것들이 들어 있는데, 그중에서 알 가치가 있는 것들만 읽어 보기 바라며, 게임과 장례식, 그리고 가십 등에 관한 것들은 읽지 말고 건너뛰기 바라네"(Cicero, *Epistulae ad Familires*, VIII, xi, 4)라고 적고 있는데, 여기서 '뉴스 다발'이란 「악타 세나투스」와 「악타 디우르나」를 말한다.

따라서 위와 같은 카일리우스의 편지 내용으로 미루어 볼 때, 이들 관보에는 당시 원로원에서 각종 안건에 관한 의결 등을 비롯하여 심지어는 게임·장례식·가십 등에 관한 잡다한 소식들도 들어 있었음을 알 수 있다. 그러나 이런 내용들이 「악타 세나투스」와 「악타 디우르나」 중에서 어느 것에 실렸던 것인지는 정확히 알 수 없으나, 이들 관보의 성격을 감안해 볼 때, 「악타 세나투스」에는 주로 원로원의 각종 의결 등에 관한 소식이 실렸고, 「악타 디우르나」에는 주로 게임·장례식·가십 등에 관한 잡다한 소식들이 실렸던 것 같다(Stephens, 1988, p. 65).

그런데 「악타 디우르나」의 내용에는 기원전 44년 카이사르가 피살된 뒤, 다시 적지 않은 변화가 있었다. 카이사르가 사망하자 그의 양자 옥타비아누스(Octavianus)가 안토니우스(Antonius)와 레피두스(Lepidus)와 더불어 기원전 43년 "국가재건 3인 위원회"를 만들어, 이른바 제2차 삼두정치를 실시하기 시작하면서 이들이 「악타 세나투스」와 「악타 디우르나」의 내용을 검열하고, 조작도 했다는 역사적 증거가 있지만, 그럼에도 불구하고 이들 「악타 디우르나」에는 당시 로마공화국의 중대한 정치적·군사적 사건들에 관한 뉴스와 정보들이 비교적 잘 나타나 있었다고 지파드는 말하고 있다(Giffard, 1975-1976, p. 109). 그러나 젭에 의하면, 당시 이들 관보는 아주 중대한 사건에 관한 뉴스보다는 정부의 공고, 재판 관계 소식, 귀족들의 탄생·사망·결혼, 공식적 행사, 건축과 토목 사업 등에 관한 뉴스의 보도에 초점을 맞추었다고 한다(Jebb, 1907, pp. 159-160). 그러면 이와 같은 「악타 디우르나」의 내용은 기원전 31년 옥타비아누스가 로마의 초대 황제가 되어 제정(帝政)을 실시하기 시작한 이후에 어떻게 변화했는가?

(3) 로마제국시대 「악타 디우르나」의 주요 내용

로마제국시대에도 「악타 디우르나」의 내용은 크게 변화하지 않았는데, 초기에는 정치 소식, 전쟁 소식, 원로원과 평민회의 의사록, 사법안건, 종교 행사 등에 관한 기사들이 주류를 이루었다(Merrill, 1959, p. 31). 그러나 황제들이 「악타 디우르나」를 자신들의 칙령·포고·법령 등의 발표 수단으로 사용함으로써 이러한 것도 싣게 되었다고 한다. 그런가 하면, 로마제국의 제2대 황제인 티베리우스(Tiberius)는 「악타 디우르나」를 이용한 자기선전에도 골몰했다고 전해지고 있다(임근수, 1970, p. 35). 그 뒤 다른 황제들도 자신들의 치적 선전에 「악타 디우르나」를 적극 활용한 것 같다. 기원후 2세기에 로마제국의 원로원 의원이자 역사가였던 타키투스(Publius Tacitus)는 "악타는 황제들의 위대한 업적을 역사에 남기려 하면서도 실제로는 시시콜콜한 사건들만 자세히 기록하고 있다"(Tacitus, 1942, XIII, xxxi)고 비웃었기 때문이다.

하지만 「악타 디우르나」의 내용은 점차 정부의 공적 공고(public notices)와 고지, 각종 안내 및 그 밖의 시민들이 알 필요성이 있는 정보들, 예컨대 황제의 동정, 황족과 귀족 및 그 자녀들의 출생·결혼·사망 등에 관한 것으로 확대되었다. 이에 대하여 엔드레스(Kathleen L. Endres)도 말하기를, 「악타 디우르나」는 로마제국시대 초기에는 주로 공식적 뉴스들을 실었으나, 뒤에는 정부 사업의 자세한 내용들, 법령·포고·정책·해결책, 부자와 유명인들에 관한 뉴스, 재해·화재·사형 집행·날씨 등에 관한 뉴스와 정보들을 제공했으며, 또한 범죄·결혼·이혼·가십 등도 다루는 대중적 매체로 진화했다고 한다(Endres, 2008, p. 33).

그런가 하면, 「악타 디우르나」는 '휴먼 인터레스트 기사'(human interest stories)도 풍부하게 제공했다. 대(大) 플리니(Pliny the Elder)가 기원후 1세기에 지은 『자연의 역사』(*Natural History*)라는 책을 보면, 「악타 포풀리 로마니」(*Acta Populi Romani*), 즉 「악타 디우르나」에 실렸던 충성스러운 개 이야기를 소개하고 있다. 어떤 개의 주인이 사형당하자 그 개가 주인의 시체 옆을 잠시도 떠나지 않다가, 관리가 그 주인의 시체를 티베르강(Tiber River)에 떠내려 보내자, 그 개는 주인의 시체가 물속으로 가라앉지 않도록 애쓰면서 멀리까지 헤엄쳐 갔다는 것이다(Pliny, 1940, XIII, 1xi, 145). 또한 플리니는 그의 『자연의 역사』에서 "봉황새를 로마시내에서 전시했다"는 기사가 기원후 47년에 「악타 포풀리 로마니」에 실렸다면서 봉황새에 관하여 소개했으나(Pliny, 1940, X, ii, 5), 그것이 진짜 봉황새였는지는 의심스럽다.

위와 같이 「악타 디우르나」의 내용은 시간의 경과에 따라 많이 달라졌음이 분명하지만, 로마공화국 말기와 로마제국 시기에 생생하고 풍부한 여러 가지 최신 뉴스들을 로마와 그 속주들의 시민들에게 제공해 주었다(Stephens, 1988, p. 65). 특히 「악타 디우르나」는 「악타 세나투스」와는 달리, 장례·화재·처벌·파산·고관의 임면, 경기장의 기수, 광대 등에 관한 기사들도 다루면서 조그만 사건에 대해서도 흥미를 자아낼 수 있도록 각별히 노력했을 뿐 아니라, 돌발 사건에 대해서도 힘이 미치는 한도 내에서 취재해서 실었다고 한다(Bücher, 1893, p. 235). 그러나 사실의 보도를 넘어선 의견·논평의 발표 즉 통치상 비판 또는 비난은 허용되지 않았다고 한다(임근수, 1970, p. 35).

4) 「악타 세나투스」와 「악타 디우르나」의 배포 방법과 범위

지금까지 「악타 세나투스」와 「악타 디우르나」의 주요 내용에 관하여 살펴보았다. 그러면 이러한 내용의 관보들을 어떻게 배포했으며, 이들은 얼마나 널리 배포되었는가? 이들 신문은 넓은 지역의 수많은 사람들에게 배포되었던 것 같다. 비록 게시판에 게시해 놓은 「악타 세나투스」와 「악타 디우르나」를 직접 읽는 사람들의 숫자는 많지 않았지만, 게시판 형태의 「악타 세나투스」와 「악타 디우르나」를 파피루스에 필사한 필사본들은 로마 전국은 물론 그 속주들에도 널리 배포되었기 때문이다. 이처럼 「악타 세나투스」와 「악타 디우르나」의 배포 범위는 세 가지 버전에 따라 차이가 있었다.

(1) 게시판 형태의 「악타」들의 전파 범위

첫째로 게시판 형태의 오리지널 「악타 세나투스」와 「악타 디우르나」는 로마시내에만 게시한 것인 데다가 게시한 지 이틀이 지나면 철거하여 따로 보관했기 때문에 그 독자들은 제한될 수밖에 없었다. 그렇지만 독자나 그 내용을 알게 된 사람들은 결코 적지 않았는데, 이들 관보는 로마시내의 한 곳에만 게시한 것이 아니라, 사람들이 많이 모이는 광장이나 목욕탕 등 여러 곳에 게시했으며, 또한 이들 장소에서 글을 아는 사람들이 이들 「악타 세나투스」나 「악타 디우르나」를 소리 내서 읽으면 글을 모르는 평민(plebeian)들도 그 내용을 알게 되었기 때문이다(Endres, 2008, p. 33). 그런데다가 「악타 세나투스」와 「악타 디우르나」를 직접 읽었거나 다른 사람들이 읽는 것을 들은 사람들이 그 내용을 또 다른 사람들에게 이야기해 주었기 때문에 「악타 세나투스」와 「악타 디우르나」에 포함된 여러 가지 뉴스들은 여러 사람들의 입을 통하여 상당히 널리 전파되었다고 한다.

(2) 서한신문 형태의 「악타」들의 배포 방법

둘째로 지방에 머물고 있는 귀족·장군·총독·고급관료 등의 로마시내 주재 통보원들이 게시판 형태의 오리지널 「악타 세나투스」와 「악타 디우르나」의 내용을 파피루스에 필사해서 그 주인들에게 편지를 통해 보낸 서한신문(newsletter) 형태의 버전도 상당히 널리 배포되었다고 한다. 로마의 역사학자 타키투스(Tacitus)가 쓴 『더 아날스 오브 타키투스』(*The Annals of Tacitus*)을 보면, "이 두 악타는 필사되어 지방청이나 군대 중에 보내졌다"고 기술하고 있다. 따라서 이를 볼 때 로마정부에서 게시판 형태의 「악타 세나투스」와 「악타 디우르나」의 내용을 다시 파피루스에 필사해서 지방이나 속주의 총독들에게 보냈음을 알 수 있다. 그러나 정부뿐 아니라, 귀족들의 통보원들도 「악타 세나투스」와 「악타 디우르나」의 내용을 파피루스에 필사해서 자기 주인과 그 주인이 지정한 사람들에게 보냈는데, 이러한 일을 담당한 통보원들은 거의 노예들이었다.[14] 따라서 판드는 말하기를, 노예들이 「악타 세나투스」나 「악타 디우르나」의 내용을 필사하여 주인들에게 사적으로 보내고, 그 주인들은 그 필사본을 다시 친구나 친척 등에게 보냄으로써, 앞서 말했듯이 키케로(Cicero),[15] 코르니피키우스(Cornificius), 카시우스(Cassius)와 같은 로마의 정치인들은 소아시아, 아프리카, 중동에서 근무하던 기간에도 로마의 정치적 상황을 자세히 알 수 있었다고 한다(Fand, 1997, p. 30).

한편 로마제국의 세력이 한창 팽대했을 당시는 「악타 디우르나」의 필사본들이 스코틀랜드에서 이집트에 이르기까지 널리 배포되었다고 한다. 그렇다면 당시 「악타 세나투스」나 「악타 디우르나」의 필사본들은 어떤 방법을 통하여 멀리 스코틀랜드나 이집트까지 보내졌는가? 이에 관해서는 확실하게 알 수 없으나, 아마도 노예나 여행자 등을 통해서 사적(私的)으로 보낸 것 같은데, 로마공화국시대에는 우편제도가 아직 제대로 발달되지 않았기 때문이다. 또한 로마제국의 초대 황제 아우구스투스가 로마제국 전체를 연결하는 우편제도의 기초를 강화해서, 이를 통하여 여러 속주들의 총독들에게 각종 공문뿐 아니라, 책 등도 전달했음(Endres, 2008, p. 33)에도 불구하고, 이러한 우편제도(imperial post system)를 「악타 세나투스」나 「악타 디우르나」 필사본들의 배포에는 활용하지 않은 것 같다. 지파드에 의하면, 로마 황실은 「악타 세나투스」와 「악타 디우르나」를 만들어 게시판에 게시하는 것으로 그 책임이 끝났으며, 그 필사본의 배포는 관장하지 않았기 때문이다(Giffard, 1975-1976, p. 132). 때문에 로마의 귀족(patrician)들이 「악타 세나투스」와 「악타 디우르나」의 필사본을 다른 귀족이나 친구 등에게 보낼 때는 개인적으로 말을 빌리거나, 여행자나 노예들을 통하여 전달했다고 한다.

(3) 필사신문 형태의 「악타」들의 배포

셋째로, 직업적 통보원들이 게시판 형태의 「악타 세나투스」와 「악타 디우르나」의 내용을 파피루스에 필사하고, 거기에 흥밋거리 소식들도 추가해서 일반 독자들에게

---

14 이러한 통보원들 이외에, 게시판 형태의 「악타 세나투스」나 「악타 디우르나」를 본 일반 사람들도 그 내용을 파피루스에 필사해서 로마시내 이외의 지역에 거주하는 친구나 친척 등에게 전달해 줌으로써 「악타 세나투스」나 「악타 디우르나」의 내용은 로마 전체는 물론 다른 속주들에게까지 널리 전파되었다고 한다.

15 앞서 말했듯이 키케로(Cicero)가 기원전 51년 소아시아의 킬리키아 총독으로 파견되어 있을 당시, 그의 친구 캘리우스(Caelius)가 「악타 세나투스」와 「악타 디우르나」의 필사본들을 보내 주었다고 한다(Cicero, *Epistulae ad Familires*, VIII, ii, 2).

돈을 받고 판매하던 필사신문 형태의 버전 역시 일반 대중들에게도 널리 배포되었다고 한다. 지파드(Giffard)에 의하면, 「악타 세나투스」와 「악타 디우르나」의 내용을 필사해서 그 수요자들에게 판 직업적 필사업자(professional copyist)들은 필사노예(scribe slave)들을 고용하여 하나의 「악타 세나투스」와 「악타 디우르나」를 수백 내지 수천 부씩 필사하여 돈을 받고 팔았는데, 숙련된 필사노예 집단은 빠른 시간 내에 하나의 「악타 세나투스」와 「악타 디우르나」를 수천 장씩 필사할 수 있었다고 한다(Giffard, 1975-1976, p. 132).

이러한 직업적 필사업자들은 전국 각지에 산재해 있었다. 그리하여 이들이 필사해서 판 「악타 세나투스」와 「악타 디우르나」들은 광대한 로마제국 전체는 물론, 스코틀랜드와 이집트 등지에도 널리 유포될 수 있었다고 한다(Fand, 1997, p. 30). 덕분에 유럽 각지와 아프리카, 소아시아 등을 원정하고 있던 군인들도 최신 「악타 세나투스」와 「악타 디우르나」 필사본들을 읽을 수 있었는데, 타키투스(Tacitus)의 『더 아날스 오브 타키투스』(*The Annals of Tacitus*) 중에서 기원후 66년 조를 보면, "속주(屬州, province)와 군대에서도 「디우르나 포풀리 로마니」(*Diurna Populi Romani*)를 열심히 읽고 있다"는 내용이 나온다(Tacitus, 1942, XVI, xxii).

한편 이들이 읽은 「악타 세나투스」와 「악타 디우르나」의 필사본을 다시 다른 사람들에게 넘겨줌으로써 신문 한 부를 여러 사람들이 돌려가며 읽게 되었고, 그것을 읽은 사람들은 그 내용을 다른 사람들에게 이야기해 주기도 함으로써, 「악타 세나투스」와 「악타 디우르나」의 내용은 사람들의 입과 입을 통해서도 널리 배포되었다고 한다. 그리하여 「악타 세나투스」와 「악타 디우르나」에서 비롯된 뉴스들은 로마로부터 바닷길, 그리고 로마 군대와 노예들이 건설한 포장 간선도로들을 통하여 로마공화국이나 로마제국은 물론, 유럽 각지와 중동으로까지 흘러 나갔다. 따라서 「악타 세나투스」나 「악타 디우르나」의 배포 범위는 대단히 넓었다고 말할 수 있다.

5) 「악타 세나투스」와 「악타 디우르나」의 존속 기간

위에서는 「악타 세나투스」와 「악타 디우르나」의 배포 방법과 범위에 관하여 살펴보았는데, 그러면 이들 신문은 언제까지 발행되었는가? 이에 관해서는 아직까지 정확하게 알려져 있지 않다. 그러나 「악타 세나투스」는 로마공화국시대 말기인 기원전 59년부터 약 30-40년 동안 발행되다가 로마제국의 첫 번째 황제인 아우구스투스의 통치 기간(B.C. 32-A.D. 14)에 발행이 중단된 것 같다. 로마제국시대의 역사학자 수에토니우스(Suetonius)가 지은 『카이사르의 생애』(*The Lives of Caesars, The Twelve Caesar* 라고도 번역)라는 역사책 중에서 아우구스투스 편(Augustus, 36)을 보면, "아우구스투스 황제가 악타(원로원의 의사록)는 계속 기록하도록 했지만[16] 그것의 발표는 금지했다"는 내용이 나오기 때문이다. 또한 그 뒤에도 공개적 신문으로서의 「악타 세나투스」에 관한 기록은 찾아볼 수 없다. 그러므로 「악타 세나투스」는 로마제국시대 초기에 발행이 중지된 것이 거의 분명한데, 뷔허도 말하기를, 「악타 세나투스」는 로마제국의 초대 황제 아우구스투스가 금지했다고 한다(이해창, 1979, p. 162에서 재인용).

그러나 이러한 「악타 세나투스」와는 달리, 「악타 디우르나」는 로마제국시대에 들어와서도 계속 발행되었다. 하지만 「악타 세나투스」가 언제까지 발행되다가 중단되었는지 정확히 알 수 없는데, 스티븐스(Stephens)에 의하면, 로마제국 중기인 기원후 222년경까지 계속해서 발행되었다고 한다. 『히스토리아 아우구스투스』(*Historia Augusta*)라는 역사책을 보면 기원후 222년조에 '악타'에 관한 언급이 나오기 때문이라는 것이다(Le Clerc, *Des Journaux chez les Romains*, pp. 407-419). 따라서 이를 볼 때 「악타 디우르나」는 기원전 59년부터 기원후 222년경까지 약 280년 동안이나 계속해서 정기적으로 발행했다고 볼 수 있다고 스티븐스는 주장하고 있다(Stephens, 1988, pp. 61-67).

위와 같은 주장들과는 달리, 「악타 디우르나」는 로마제국의 콘스탄티누스(Constantinus) 황제가 기원후 330년 수도를 비잔티움(Byzantium, 곧 Constantinople로 개칭)으로 옮길 때까지 372년 동안이나 발행되었다(*Encyclopedia Britannica*)는 주장도 있다. 따라서 만약 이러한 주장이 사실이라면 「악타 디우르나」는 기원전 59년부터 무려 389년 동안이나 발행되었다고 볼 수 있다. 그러나 뷔허는 말하기를, 「악타 세나투스」는 로마제국 초기인 아우구스투스 황제 시대에 금지되고 말았으나, 「악타 디우르나」는 로마제국시대에도 널리 보급되고 그 내용도 현저하게 확대되면서 로마제국시대 대부분의 시기 동안 계속되었다고 한다. 그러다가 로마제국의 멸망 이후 사라지게 되

16 아우구스투스 황제의 후계자 티베리우스 시기(1세기)도 원로원의 젊은 위원 한 사람을 선정해서 원로원의 의사록(악타)을 작성해서 황실기록보관소(imperial archives)와 공공도서관(public libraries)에 보존토록 했는데, 이 기록을 보기 위해서는 특별 허가를 받아야 했다고 한다(Tacitus, *Ann*. v. 4).

었는데, 로마 이후 유럽을 지배하게 된 게르만 민족은 그 문화나 정치 조직상에서나 「악타 디우르나」와 같은 신문 매체를 유지할 능력이 없고 또 그것을 유지할 필요도 없었기 때문이라는 것이다(Bücher, 1922, p. 236).

그러므로 위와 같은 여러 학자들의 주장을 종합해 볼 때, 「악타 세나투스」는 기원전 59년부터 약 30-40년 동안 발행하다가 로마제국 초기인 아우구스투스 황제 시대에 중단된 것이 거의 분명하다. 그러나 「악타 디우르나」는 로마제국시대인 기원후 222년경이나 330년경, 또는 476년경까지 존속되다가 사라진 것으로 추정된다. 그러면 그 뒤, 서양 신문의 역사는 어떻게 전개되었는가? 이에 관해서도 간단하게 살펴보고 넘어가기로 하겠다.

6) 「악타 디우르나」의 소멸과 그 이후의 신문 실태

기원후 395년 로마제국이 동로마제국과 서로마제국으로 양분되고, 476년 서로마제국이 멸망한 뒤 서양 사회는 이른바 '암흑시대'로 일컬어지는 중세기(the middle age)로 들어가면서 모든 언론 자유와 함께 「악타 디우르나」도 사라지게 되었다. 그러자 뉴스에 굶주리게 된 일반 백성들은 문자신문 대신에 다시 고대(古代)에 사용했던 구두적(口頭的) 뉴스 전파 수단들, 예컨대 방랑시인(放浪詩人), 행상(行商), 구걸승(求乞僧), 떠돌이 광대, 역체(驛遞) 종사원의 입 등을 통하여 사사로운 뉴스들을 얻으며 자신들의 뉴스 추구 욕구를 달랬다.

(1) 구두신문시대로 회귀, 식자층은 서한신문으로 뉴스 추구

이와 같이 중세기로 들어오자 일반 백성들은 다시 '구두신문'이나 '담화신문'을 통하여 뉴스들을 주고받았다. 그러나 상류층이나 식자층은 서신(書信)을 통하여 각종 정보나 뉴스들을 서로 주고받았다. 중세기로 들어와서 봉건제도가 확립되면서 유럽 각지의 질서가 잡히고 가톨릭교의 세력이 강대해지자, 정치와 종교상 권력자들 즉 황제·교황·제후들은 각자의 이해관계를 도모하기 위해 좀 더 조직적인 정보나 뉴스의 전달 방식의 필요성을 절실히 느끼게 되었다. 그리하여 교황을 비롯한 가톨릭교 지도자들은 중세기 초기부터 서신을 이용하여 가톨릭교에 관련된 사항들을 서로 전달하기 시작했으며, 황제와 제후들도 서신을 통한 통치 커뮤니케이션 방법을 사용하기 시작했다.

이렇게 되자 그 밖의 권력층과 가톨릭교 신부 등도 서신을 이용해서 각종 정보를 주고받게 되었다. 또한 중세기 중기부터 새로 부상하기 시작한 신흥 상인층과 식자층 시민들도 서신을 통해 각종 정보와 뉴스를 주고받기 시작했다. 이처럼 서신이 문자신문의 기능을 대행해 주면서 일종의 신문으로 발전해서 유행하게 되었는데, 이를 언론사학자들은 '서한신문'(書翰新聞, newsletter)이라고 부른다.

이러한 서한신문은 특히 십자군전쟁(The Crusades: 1096-1270)을 계기로 더욱 유행하게 되었다. 11세기 말 가톨릭교도들이 회교도들을 정벌하기 위한 십자군전쟁을 일으키자, 유럽 각지의 상인들은 군수 물자의 보급을 위하여 군수품 송달의 거점이었던 이탈리아의 베니스(Venezia)에 모여들어 국내외 각지에 지점을 설치하고 군수품 통상을 벌이게 되면서, 특히 십자군전쟁의 전황(戰況)에 관한 뉴스와 정보들을 알아야 할 필요성을 느끼게 되었다. 그러자 베니스 상인들은 이스라엘 지점에 나가 있는 상인들에게 본국으로 보내는 상용(商用) 편지의 말미에 추신(追伸) 형식으로 전황에 관한 뉴스를 곁들여 보내도록 했는데, 이를 '노벨라'(*Novela*, 즉 news)라고 불렀다. 그러나 초기의 노벨라는 사신(私信) 형태를 벗어나지 못하다가, 14세기에 이르러 공적 성격을 띠면서, '아비시'(*Avvisi*)라고 불리게 되었다. 프랑스 역사학자 보데(Bode)는 이러한 공적 서한신문을 서양 신문의 기원으로 보고 있다(임근수, 1970, p. 45에서 인용).

(2) 서한신문에서 필사신문으로의 발전과 대중매체로 부상

위에서 살펴본 바와 같이 서양에서는 11세기 말부터 서한신문이 나타나기 시작하였으나, 일반 대중에게는 그리 중요한 역할을 하지 못했다. 당시 대부분의 일반 대중은 문자를 해득할 수 없었을 뿐 아니라 서한신문을 구해 보기도 쉽지 않았기 때문이다. 그러나 뉴스에 굶주린 일반 대중 중에서도 서한신문을 얻어 보려는 사람들이 점차 많아지자, 서한신문의 주요 내용들을 발췌, 필사해서 그 수요자들에게 판매하는 직업적 통보업자들이 등장하게 되면서, 드디어 필사신문(筆寫新聞, handwritten newspaper)이 탄생하게 되었다. 하지만 초기의 필사신문들은 서한신문과 형태가 비슷하여 구별하기 어려웠다. 그러나 필사신문의 수요가 증가하면서, 그 형태와 내용이 계속 발전하여 중세 후기에는 신문의 면모를 갖추게 되었다.

이러한 필사신문이 언제, 어디에서 나타났는지는 정확히 알 수 없다. 그러나 보아벵(Boivin)에 의하면 처음 나타난 것은 13세기 영국이었으며, 그 뒤 1449년에는 필사신문의 발행이 이미 하나의 훌륭한 사업으로 성장했다고 한다(임근수, 1970, p. 52에서 인용). 하지만 영국에서 필사신문이 크게 유행한 것은 16세기 말부터였다. 그중 가장 대표적인 것은 「뉴스 레터」(*News-Letter*)로, 이는 주로 런던 관계 뉴스와 궁정 관계 소식들을 필사해서 각지의 영주들에게 송달해 준 것이었다.

한편 프랑스에서도 1409년 「주르날 당 부르조아 드 파리」(*Journal dans bourgeois de Paris*)라는 필사신문이 처음 나와서 시중(市中)의 잡보를 비롯하여 스캔들, 이야깃거리, 일기 등을 소개했다. 하지만 프랑스에서 필사신문이 본격적으로 유행한 것은 16세기부터였다. 당시의 대표적 필사신문이었던 「누벨 아 라 멩」(*Nouvelles à la Main*)은 처음에는 매주 파리 지역 예약자에게만 그들이 요구하는 뉴스의 쪽수에 따라 일정한 대금을 받고 제공하는 형식이었다. 그러다가 뒤에는 일부 외국에까지 보급했는데, 정부의 비밀주의를 여러 차례 공격하고, 공개적 비판도 감행하여 정부로부터 심한 탄압을 받기도 했으나, 18세기 말엽까지 발행하면서 그 명성이 유럽 각지에 널리 알려졌다.

하지만 유럽에서 처음으로 대규모의 공개적 보급 판매를 시작한 필사신문은 이탈리아 베니스에서 1536년부터 발행한 「가제트」(*Gazette* 또는 *Gazetta*)였다. 뷔허(Bücher)는 이 필사신문이 내용과 형식 등에서 가장 근대적 신문에 가까운 것이었다고 주장하고 있다(Bücher, 1893, pp. 242-243). 그러나 이러한 「가제트」도 처음에는 각 곳에서 들어오는 서한신문들 중에서 중요한 것만 추려 회람보(回覽報)와 같은 형태로 발행했으며, 대상 독자도 일반 대중이 아니라, 주로 베니스의 거상(巨商)과 명문 등 상위계층에만 국한했다. 그 뒤 이것이 근대적 신문에 가까운 것으로 발전하면서 「가제트」라는 제호가 '신문'의 대명사가 되다시피 했는데, 일설에 의하면, 「가제트」라는 제호는 당시 베니스 거리에서 신문을 팔던 사람들의 시끄러운 소리를 까마귀(gazza 또는 gazzera) 소리에 비유한 데서 비롯되었다고 한다.

독일에서는 16세기 후반부터 필사신문들이 나오기 시작했다. 독일의 신문역사학자 데스터(Karl d'Ester)에 의하면, 크라세(Jeremias Krasser)라는 사람이 1573년 아우크스부르크(Augsburg)에 보도사무소를 설치하고 처음으로 필사신문을 복제하여 예약자들에게 판매했다고 한다(임근수, 1970, p. 54에서 인용). 그러자 이를 모방한 여러 필사신문들이 나타났다. 그중 가장 유명했던 것은 아우크스부르크의 대무역상 겸 금융업자였던 푸거(Fugger) 일가(一家)에서 발행한 「푸거 짜이퉁겐」(*Fugger Zeitungen*)으로, 이 필사신문의 뉴스 출처는 대단히 광범위하여 유럽 각지는 물론 근동·중국·미국에서 보내온 것도 있었다고 한다. 또한 내용도 정치 사건을 비롯, 농산물 수확량·물가시세·무역상품·상보(商報) 안내·신간 소개·연극 안내 등 다양했고, 심지어 광고에 가까운 것까지 실었다. 따라서 이를 볼 때 「푸거 짜이퉁겐」은 근대신문과 거의 비슷했던 것 같다.

(3) 부정기 인쇄신문의 등장과 발전

서양에서는 위와 같이 13세기경부터 영국·프랑스·독일 등 여러 나라에서 필사신문들이 나타나기 시작하여 뉴스의 전달 매체로서 중요한 역할을 했다. 그러다가 1445년 독일의 요하네스 구텐베르크(Johannes Guttenberg)가 금속활자를 발명하고, 13세기부터는 중국의 제지술(製紙術)이 유럽에 전파되어 종이도 대량으로 생산할 수 있게 되자, 15세기 말경부터 인쇄업자들은 당시에 유행하던 필사신문의 내용들 중에서 흥미 있는 뉴스를 간추리는 한편, 행상(行商)·학자·여행자 등으로부터 이야깃거리들도 수집하여 이들을 한 장짜리 종이에 인쇄해서 팔기 시작함으로써, 마침내 인쇄신문이 출현하게 되었다.

서양에서 인쇄신문의 효시는 15세기 말 독일에서 나온 「플루크 블라트」(*Flug-Blatt*)로 알려져 있는데, 이 인쇄 신문이 나오자, 일반 대중들은 '노이에 자이퉁'(Neue Zeitung, 새 신문)이라고 부르면서 크게 환영했다고 한다. 「플루크 블라트」는 부정기적(不定期的)으로 발행했으며, 신문의 크기는 대개 4절 내지 8절지 정도였고, 기사의 문체는 운문 형식이었다. 그리고 이 신문을 비롯하여 초기의 인쇄신문들은 모두가 한 장 짜리였는데 앞면에만 기사들은 인쇄하고, 뒷면은 백지로 남겨 놓았다. 이는 독자들이 신문을 보고 추가할 내용이나 새로운 뉴스가 있으면 그것을 뒷면의 백지에 써서 다른 사람들에게 회람토록 하기 위해서였다.

이와 같은 인쇄신문들이 금속활자가 처음 발명된 독일에서 먼저 출현하여 인기를 끌자, 유럽 다른 나라들도 이를 모방해서 15세기 말 내지 16세기 초부터 인쇄신문들을 발행하기 시작했다. 그리하여 영국에서는 「뉴스 쉬트」(*News-Sheet*)와 「뉴스 북스」(*News-Books*), 이탈리아에서는 「렐라치오네」(*Relatione*), 프랑스에서는 「누벨」(*Nouvelle*)과 「디스쿠르」(*Discours*), 네덜란드에서는 「더취 뉴스 쉬트」(*Dutch News-Sheet*) 등의 인쇄신문들이 나타나게 되었는데, 이들은 모두 독일의 「플루크 블라트」를 모방한 것이었다.

그러나 이러한 초기의 인쇄신문들은 모두가 부정기적으로 발행되었다. 그러다가 16세기로 들어서면서 정기적으로 발행하는 신문들도 나오게 되었다. 인쇄술이 더욱 개량되고 동서 교류가 빈번해지면서 뉴스의 수요가 증가하자, 인쇄업자들이 정기적으로 신문을 발행하기 시작했기 때문이다. 대개는 월간·순간·주간 등으로 냈는데, 최초의 정기발행신문은 1536년 이탈리아 베니스에서 처음 나왔다. 1566년부터는 독일에서도 정기신문이 나타나기 시작했는데, 최초의 본격적 주간신문은 「렐라치온」(*Relation*)이었다(Münster, 1956, p. 198). 이어서 1631년에는 네덜란드에서도 「쿠란트」(*Courant*)라는 주간신문이 발행되었고, 1662년 영국에서도 「위클리 뉴스」(*Weekly News*)라는 주간신문이 창간되었다.

(4) 일간신문의 출현과 근대신문의 성립

위와 같은 주간신문들은 17세기 말부터 일간신문으로 전환되기 시작했다. 그간에 우편제도가 발달하여 이를 통하여 매일매일 신문을 독자들에게 발송하는 것이 가능해졌기 때문이다. 세계 최초의 일간신문은 독일의 라이프치히(Leipzig)에서 나온 「라이프찌거 자이퉁」(*Leipziger Zeitung*)으로 알려졌는데, 이 신문은 본래 주간신문으로 오랫동안 발간해 오다가 일간신문으로 전환한 것이었다.

18세기로 들어서자 유럽 각국에서 일간신문들이 속속 나타나기 시작했다. 1702년 3월 11일 영국의 런던에서는 말렛(Elizabeth Mallet)이라는 사람이 「데일리 쿠란트」(*Daily Courant*)라는 일간신문을 창간했으며, 1777년 1월 1일 프랑스 파리에서도 「주르날 드 파리」(*Journal de Paris*)라는 일간신문이 등장했다. 그런가 하면, 1783년 5월 30일에는 신대륙인 미국의 필라델피아에서도 「펜실베이니아 이브닝 포스트 앤드 데일리 애드버타이저」(*The Pennsylvania Evening Post and Daily Advertiser*)라는 미국 최초의 일간신문이 나타났는데, 이는 그 이전부터 발행해 오던 주간신문 「펜실베이니아 이브닝 포스트」를 일간신문으로 전환한 것이었다.

이처럼 18세기 초부터 유럽과 미국에서 일간신문들이 대거 등장하고, 신문발행사업도 근대화됨으로써, 오늘날의 신문과 비슷한 근대신문의 시대가 열렸다. 이에 중요한 영향을 미친 요인들로는 우선 금속활자의 발명과 제지술의 보급을 들 수 있다. 또한 우편제도의 발달도 근대신문의 성립에 중요한 영향을 미쳤다. 우편제도가 발달함에 따라 쉽고 빠른 신문의 정기적 보급이 가능해졌고, 이는 신문의 정기적 발행을 가능하게 만들었기 때문이다.

이밖에도 여러 가지 요인들이 근대신문의 출현에 중요한 영향을 미쳤는데, 십자군전쟁 이후 서양 중세사회의 몰락과 문예부흥, 종교개혁, 시민사회의 대두, 계몽사상과 민권개념의 대두, 근대국가의 성립, 자본주의와 세계무역경제의 형성 등도 근대신문의 성립에 중요한 요인으로 작용했다. 당시 서양 사회를 휩쓴 자유와 평등 사상은 여론의 형성과 계도를 위한 주요 매체로서의 신문의 근대화를 촉진했기 때문이다. 또한 자본주의 사상은 경제적·문화적 매체로서의 근대신문을 성립시켜, 근대신문들은 자본주의 경제 체제를 밑바탕으로 삼아 각종 뉴스를 수집, 복제, 배포하여 대중의 뉴스 추구 욕구를 만족시켜 주고 그 대가로서 이윤을 추구하게 되었다. 정리하자면, 여러 가지 요인들이 근대신문의 성립에 영향을 미쳤는데, 그 주요 요인들로서 좀바르트(Werner Sombart)는 여섯 가지, 즉 ① 인쇄술의 발명, ② 우편제도의 발달, ③ 기업적 보도전달 중개자들의 출현, ④ 중세 봉건사회의 붕괴, ⑤ 인간관계의 공간적 분포, ⑥ 시민사회의 대두와 그에 따른 독자층의 확대를 들었다(임근수, 1970, p. 68에서 재인용).

제3절

중국에서 신문의 기원과 발달 과정

위에서는 우선 서양에서 신문의 기원과 발달 과정을 간단히 살펴보았다. 그러면 이번에는 중국에서 신문의 기원과 발달 과정에 관해서 살펴보기로 하겠다. 중국은 동양에서 가장 대표적인 국가이고, 동양에서 가장 먼저 '신문현상'이 출현한 나라이며, 우리나라와 고대부터 문화적으로 밀접한 관계가 있어 왔기 때문이다. 앞서 말했듯이 어떤 학자들은 우리나라 조보는 중국의 저보·조보 등의 문물제도를 받아들여 생성되었다는 소위 중국 언론문물제도의 이입설을 주장하기도 하였다. 따라서 우리나라의 조보에 관해서 좀 더 잘 알기 위해서도 중국의 언론문물제도에 관한 고찰이 필요하다.

1) 중국에서 동양 최초의 신문현상 '저보' 출현

일반적으로 중국 최초의 신문현상으로는 한나라(漢, B.C. 206-A.D. 220) 때 출현한 '저보'(邸報)를 들고 있는데, 이러한 저보가 정확히 언제 출현했는지는 확실치 않다. 그러나 거궁전(戈公振)에 의하면 전한(前漢)의 소제(昭帝, B.C. 86-74) 때 이미 저보가 존재했다고 한다. 만약 이것이 사실이라면, 저보는 로마공화국에서 기원전 59년에 출현한 서양 최초의 신문현상인 「악타 세나투스」와 「악타 디우르나」보다 조금 앞서 출현했다고 볼 수 있다. 그러면 동양 최초의 신문현상인 중국의 '저보'는 어떠한 것이었으며, 어떻게 발달했는지 살펴본 뒤에 우리나라 조보의 기원과의 관계에 관하여 논의해 보기로 하겠다.

(1) 저(邸)와 저보(邸報)의 유래와 뜻

중국의 저보는 앞서 살펴본 서양의 로마공화국 초기에 유행했던 사적(私的) 통보제도인 「악타 디우르나」(*Acta Diurna*)와 아주 비슷한 것이었다. 즉 로마의 지방 인사와 귀족들이 수도(首都)에 노예 통보원들을 주재시키면서 이들로 하여금 주요 뉴스들을 수집해서 편지로 통보토록 했던 것과 마찬가지로, 중국에서도 각 지방의 제후(諸侯)들이 경사(京師: 서울)에 '저'(邸)라는 연락사무소를 설치하고, 그 책임자인 경저리(京邸吏)들로 하여금 경사의 주요 소식들, 예컨대 황실의 동정, 황제의 유시(諭示), 관원들의 상주(上奏), 관리의 승강(昇降) 등에 관한 소식들을 수집하여 보내도록 했다. 이것을 중국에서는 '저보'라고 불렀는데, 이는 '저에서 전보(傳報)하는 소식'이라는 뜻에서였다.[17] 그렇다면 '저'(邸)란 구체적으로 어떠한 곳이며, 그 기능은 무엇이었는가?

우선 '저'의 뜻부터 살펴보면, 중국에서 가장 오래된 자전(字典)인 『설문』(說文)에서는 "저(邸)란 속국의 집이다"라고 풀이해 놓았다. 한편 『개주』(鍇注)라는 책에서는 "제후가 조정에 와서 묵는 곳이 저이다"라고 했다. 그런가 하면, 후한(後漢)시대의 역사가 반고(班固)가 지은 『한서』(漢書)를 보면, "군국(君國)의 관리가 묵는 집으로서 서울에 있는 것을 모두 저라고 부른다"고 설명해 놓았다. 그리고 『사원』(辭源)이라는 중국어 자전에서는 "저란 집을 말한다. 한(漢)나라의 제후와 왕들이 서울에 저를 설치했고, 당나라의 번진(藩鎭)들도 역시 그렇게 했는데, 저에서는 조령, 장주 등을 베껴서 여러 번진에 보냈다. 고로 이를 저보라고 불렀다"고 설명해 놓았다.

따라서 '저'에 관한 위와 같은 설명들을 종합해 보면, '저'란 지방의 각 군국(君國)이나 번진들이 수도(서울)에 설치해 놓은 관사(官舍) 또는 연락사무소라고 말할 수 있다. 이러한 '저'는 ① 지방의 각 군국의 왕이나 번진의 제후 등이 서울의 조정(朝廷)에 왔을 때 숙소로 사용했으며, ② 지방의 군국이나 번진 등의 지방정부에서 보내

---

17 중국의 저보와 그 밖의 신문현상들에 관해 자세한 것은 차배근(1984), 『중국전근대언론사』(서울: 서울대학교출판부) 및 차배근(1984), "중국 '저보'의 기원과 발달과정에 관한 소고: 우리나라 '조보'와의 비교연구를 위하여"(서울대학교 「신문연구소학보」 제21집, pp. 53-99)를 참조할 것. 이 책의 중국 신문의 기원과 발달에 관한 부분은 후자, 즉 차배근의 1984년도 논문에서 많이 인용했다.

오는 문서 등을 조정 즉 중앙정부에 전달하는 일을 담당하는 한편, ③ 조정에서 나오는 조령(詔令), 장주(章奏) 등과 서울의 동태를 해당 지방정부, 즉 각 군국이나 번진의 수장에게 전해주는 역할을 담당했다고 쩡쉬바이(曾虛白)는 정리하고 있다(曾虛白, 1981, p. 63). 이와 같은 '저'의 여러 가지 임무 중에서 세 번째로 거론된, 조정에서 나오는 조령·장주 등과 서울의 동태를 파악해서 해당 군국이나 번진의 수장에게 전해준 것을 곧 '저보'라고 불렀다.

따라서 '저보'는 오늘날의 「조선일보」니 「동아일보」니 하는 식의 신문 제호가 아니라, 서울 주재 지방정부 연락사무소인 '저'에서 그 해당 지방정부 즉 군국이나 번진에 보내는 모든 보고서를 말했다. 그러므로 저보는 오늘날의 신문과는 거리가 먼 것이었다. 그러나 당시 저보는 각 저에서 그 소속 지방정부에 계속 보낸 조정과 서울 등에 관한 소식지였다는 관점에서 볼 때는 문자신문의 초기 형태의 하나였다고 볼 수 있다. 따라서 중국의 신문학자들은 대체로 저보를 중국 최초의 문자신문으로 간주하고 있다. 그렇다면 이러한 저보는 어떻게 해서, 언제 출현하게 되었는가?

(2) 저보 출현의 정치·사회·문화적 요인

첫째로 저보가 출현하게 된 주요 요인으로는 정치적 요인을 들 수 있다. 기원전 206년 진(秦)나라를 멸망시키고 한(漢)나라를 세운 유방(劉邦)은 정치체제를 군국제(郡國制)[18]로 고쳤다. 왜냐하면 진왕조(秦王朝)가 중앙집권제를 실시하다가 고립되어 멸망하게 되었다고 인식했기 때문이다. 그리하여 진나라의 중앙집권제를 군국제로 고쳐서 각 군국에 자신의 자제들을 왕으로 봉(封)하여 중앙정부를 받들어 보위하게 하는 동시에, 이들로 하여금 서로 견제케 하여 국가의 안정을 도모하고자 하였다. 그러나 군국의 여러 왕들이 점차 정치·재정·군사상의 세력을 키우면서 중앙정부와 긴장 관계가 야기되기 시작했다. 군국들은 중앙정부의 동태와 시정(時政) 등을 파악하기 위하여 수도에 연락사무소인 저(邸)를 설치하고 황실의 동정, 황제의 유시, 관원들의 상주, 관리의 승강 등에 관한 소식들을 수집하여 보내도록 했는데, 이러한 보고서가 바로 '저보'였고, 그렇게 '저보'라는 신문현상이 출현하게 된 것이었다.

---

18 군현제(郡縣制)와 봉건제를 혼합한 지방행정제도로, 수도(首都)와 가까운 중요한 지역에는 군현제를 실시하여 중앙에서 임명한 지방관들이 각 군이나 현을 다스리게 하고, 나머지 지역에는 봉건제를 실시하여 분봉(分封)된 제후를 임명하고 그들이 각 군국을 다스리게 한 제도를 말한다.

둘째로 저보라는 신문현상의 출현을 촉진시킨 또 하나의 주요 요인으로는 역참(驛站)과 우정(郵政) 즉 교통과 우편제도의 발달을 들 수 있다. 이러한 제도는 본래 진(秦)나라 때 시작되었는데, 중국을 통일한 진나라는 봉건제도를 폐지하고 전국을 군현(郡縣)으로 나누어 황제가 직접 다스렸다. 즉 전국을 43개 군(郡)으로 나누고, 그 아래에는 현(縣), 또 그 아래에는 향(鄕), 또 그 아래에는 정(亭)을 두고, 이들 지방행정 단위들과의 신속한 연락을 위하여 수도와 지방 요지를 연결하는 치도(馳道)[19]를 건설하였다. 이러한 치도의 건설과 함께, 진나라는 우역(郵驛)제도도 실시했다. 이는 치도의 10리(40km)마다 역(驛)을 설치하여 공문서를 한 역에서 다음 역으로 이어서 신속하게 전달하는 한편, 공무를 보러 다니는 관원들에게 말과 숙소를 제공한 제도를 말한다. 바로 이러한 진나라의 우역제도를 한(漢)나라는 그대로 받아들였는데, 이것도 저보의 출현과 발달에 중요한 영향을 미쳤다. 왜냐하면 각 군국에서도 우역제도를 이용하여 저보를 신속하게 전달할 수 있었기 때문이다.

셋째로 저보의 출현과 발달에 영향을 미친 또 하나의 주요 요인으로는, 붓·먹·종이 등의 발명을 들 수 있다. 만약 이러한 것들이 없다면 문자적 신문현상의 출현은 불가능하기 때문이다. 이들 필기도구 중 붓은 진나라 때 몽념(蒙恬)이 처음 만들었다고 하나, 몽념이 만든 붓은 마른 나무로 된 관(管)에 사슴 털로 심을 박고 그 둘레에 양털을 씌운 것이었다. 그러나 이와는 달리, 대나무 관에 토끼털을 박아서 만든 붓은 한나라 때 처음 나왔다고 한다. 먹도 역시 한나라 때부터 쓰기 시작해서 오늘날과 같은 것으로 발전했다. 상고(上古)시대에는 대나무 가지에 칠(漆)을 묻혀 글씨를 쓰다가, 중고(中古)에는 흑석(黑石)을 갈아서 그 물로 글씨를 썼고, 한나라 때부터 칠연(漆煙)과 송연(松烟)으로 만든 먹(黑丸)이 사용되기 시작했다. 종이는 후한(後漢)시대인 서기 105년 채륜(蔡倫)이 처음 발명했다. 이러한 문물의 발전 덕분에 문자를 통한 통신이 가능하게 되었고, 드디어 '저보'라는 문자신문도 출현하게 되었던 것이다. 그렇다면 이러한 저보는 주로 어떤 내용을 다루었는가?

---

19 『사기』(史記)에서 진시황기집해(秦始皇紀集解)를 보면, "치도(馳道)는 천자(天子)의 도로로서 오늘날의 중도(中道)와 같다"고 했다. 진(秦)나라 때 치도는 동으로는 연(燕)과 제(齊)나라까지, 남으로는 오(吳)와 초(楚)나라까지 이르렀는데, 도로의 넓이는 50보(步)요, 도로 양옆으로 30장(丈)마다 나무를 심어서 교통은 물론, 행군이나 소식의 전체(傳遞)에도 아주 편리했다고 한다.

(3) 한나라 저보의 주요 내용과 그 실태

한나라 때 저보의 실물은 현재 남아 있지 않아 그 내용은 정확히 알 수 없다. 그러나 저보의 뉴스원(source)은 주로 궁정의 기록인 기거주(起居注), 월력(月曆), 일력(日曆) 등이었으며, 이들을 각 경저에서 초록하는 것을 허용했다는 것으로 미루어 볼 때 저보의 내용은 대체로 궁정의 소식이 주류를 이루었을 것으로 짐작하고 있다(曾虛白, 1981, p. 70). 그렇다면 저보의 주요 뉴스원이 되었던 기거주, 일력, 월력은 어떤 것들이었는가?

기거주란 황제의 매일매일의 동정을 적어 놓은 책이었고, 월력은 한 달 동안 유사(有司)가 백관들에게 반드시 내려야 할 정령(政令)들을 사관(史官)이 미리 적어 놓은 기록물이었으며, 일력은 사관이 시정기(時政記)·기거주·월력·신료묘비행장(臣僚墓碑行狀) 등을 근거로 해서 쓴 매일매일의 궁정일기였다. 그런데 이러한 문서들을 각 경저에서 초록하는 것을 궁정에서 허용했다고 한다. 그러므로 저보의 내용은 대체로 황제와 궁정의 여러 소식이 주류를 이루었을 것이라고 추정된다.

그러나 이러한 궁정 소식 이외에도 황제의 칙령, 조서 등도 저보의 주요 내용이었을 것으로 추측된다. 황실에서는 수시로 황제의 칙령, 조서 등을 공식적으로 공포했기 때문이다. 또한 조신(朝臣)들이 황제에게 올리는 장주(章奏)들도 저보에 실렸던 것 같은데, 이러한 것들은 저보의 제작자인 경주인이나 경저리들이 조금만 노력하면 얻어 볼 수 있었기 때문이다.

끝으로 한나라 때 저보의 실태를 쩡쉬바이(曾虛白)가 요약해 놓은 것을 간단히 소개해 보면, ① 각 군국의 경저들에서 소속 군국의 제후에게 보내는 저보는 경사 즉 서울의 소식과 정치적 정보를 극히 중시했으며, ② 또한 이들의 전달이 매우 신속하였고, ③ 각 군국의 제후들은 자기 경저의 장승(長承) 즉 경주인으로 하여금 국사에 관한 소식이나 정보를 모두 수집하여 통보토록 했으며, ④ 당시의 관원이나 백성들도 뉴스 가치에 대한 정확한 인식을 갖고 있었는데, ⑤ 그래서 저보를 전사(轉寫)해서 다른 사람들에게 돌림으로써 큰 사건이 발생하면 그에 관한 소식이 곧 온 세상에 퍼지게 되었고, ⑥ 따라서 조정에서도 뉴스 통제의 필요성을 알고 있어 어떤 사건은 숨기기도 했다고 한다(曾虛白, 1981, p. 70). 특히 여기서 주목할 만한 것은, 비록 저보는 본래 서울의 소식을 지방정부 즉 각 군국의 제후에게 통보하기 위하여 생성된 일종의 서한신문이었지만, 나중에는 일반 백성들에게도 널리 유포되면서 필사신문 형태로 발전해 나갔다는 사실이다.

2) 당(唐)나라의 건국과 저보의 재생·발전

이와 같이 저보가 발전해 나갔으나, 서기 222년 후한(後漢)의 멸망 이후 중국 대륙이 다시 분열되기 시작하여 약 4백 년 동안 제2의 춘추전국시대를 이루었다(이 시대를 六朝時代라고 부름). 그러다가 북주(北周)의 무장 양견(楊堅)이 수(隋)나라를 세우고 589년 중국 천하를 통일했으나, 29년 만에 멸망하였다. 이후 이연(李淵)이 그의 아들 이세민(李世民)과 함께 618년 당(唐)나라를 세우고 강력한 중앙집권제를 실시하여 906년까지 3세기 동안 중국 대륙을 지배하면서 찬란한 문화의 황금시대를 이룩하였다.

(1) 저보의 재생·발전과 그 주요 요인

당나라가 들어서자 곧 저보가 다시 나타나서 크게 발전하기 시작하였다. 린위탕(林語堂)에 의하면 "8세기에 저보가 이미 존재한 것이 분명한데, 당시 당나라 서울 장안(長安)에는 지방정부의 번왕(藩王)들이 설치한 경저들이 20여 개 되었다"(Lin Yu-Tang, 1936, p.16)고 한다. 한편 라이광린(賴光臨)도 말하기를, "개원(開元: 玄宗, 713-741) 이래 개명적 정치 관념의 대두와 더불어 저보가 공개적으로 발행되기 시작하여 광범하게 전파되었다. 따라서 저보는 최신의 소식을 빨리 얻을 수 있는 중요한 매체가 되었다"(賴光臨, 1966, p. 13)고 한다. 그러면서 저보의 내용도 광범위하고 풍부해졌으며, 독자들의 범위도 날로 확대되어 지방정부의 수장(首長: 藩王)과 중앙정부의 신료들에게만 국한되지 않고 일반 백성들도 저보를 볼 수 있게 되었다고 한다(曾虛白, 1981, p. 73). 그렇다면 당나라 때 이처럼 저보가 발달한 요인은 무엇이었는가? 그 주요 요인으로 쩡쉬바이(曾虛白)는 다음과 같은 두 가지를 들었다.

첫째 요인으로는 각 지방 번진(藩鎭)들의 주경사진주원(駐京師進奏院)의 격증을 들었다. 당나라 때는 각 지방 번진의 절도사들이 모두 서울에다가 진주원(進奏院) 즉 한나라 때의 저(邸)와 같은 연락소를 설치하여 저보를 다투어 발행했기 때문이라는 것이다. 여기서 '번진'이란 지방행정조직을 말하는데, 당나라는 지방정부의 권력을 약화시키기 위하여 중앙집권제를 채택하여 지방 수개의 주(州)를 하나의 번진으로 묶고 거기에 절도사를 두어 다스리게 하였다. 바로 이러한 번진들이 서울(장안)에 연락소를 설치하여 황실과 중앙정부의 소식을 수집하여 보내도록 했던 것인데, 이러한 기능을 담당한 연락소를 당나라 초기에는 '상도유후원'(上都留後院)이라고 불렀다. 그러다가 778년 대종(代宗) 황제의 칙령에 따라 명칭을 '상도진주원'(上都進奏院)으로 개칭했다. 그러나 일반적으로는 '번저'(藩邸)라고 불렀는데, 각 번진에서 이러한 번저들을 다투어 설치하여 수십 개의 번저가 장안의 숭인방(崇仁坊)에 밀집하여 각각 저보를 발행하자, 드디어 조정에서 저보를 편집, 인행(印行)하여 각 진주원에 발급하는 한편, 각 번진의 절도사들에게 배포하게 되었다.

둘째로, 쩡쉬바이(曾虛白)는 당나라 때 저보가 크게 발달하게 된 또 하나의 주요 요인으로 조판(雕版)인쇄술의 발달과 성행을 들었다. 조판인쇄란 나무판에 글자를 새겨 인쇄하는 소위 목판인쇄를 말한다. 이러한 인쇄술이 발명되기 이전인 한나라 때는, 저보를 제작할 때 그 내용을 일일이 붓과 먹을 사용하여 종이에 필사해야 했다. 그러나 수(隋)나라 문제(文帝) 13년(593) 조판인쇄술, 즉 목판인쇄술이 발명됨으로써 당나라 초기부터는 저보를 인쇄해서 발행하게 되었다. 그리하여 다량의 저보를 신속하게 인행할 수 있게 됨으로써 저보가 크게 성행하게 되었다고 한다.

(2) 저보의 개황(概況)과 주요 특성

위와 같은 요인들으로 인하여 당나라 때 저보가 크게 발달하게 되었는데, 그러면 저보는 누가 발행했으며, 내용은 어떠하였고, 독자들은 주로 누구였으며, 독자들에게 어떻게 배포되었는가? 이에 관해서 대략적으로 소개해 보면 아래와 같다.

첫째로 저보의 발행은, 당나라 초기에는 각 번저(藩邸) 즉 상도유후원에서 전적으로 담당했던 것 같다. 즉 상도유후원의 총책임자인 상도저무유후사(上都邸務留後使)가 중심이 되어 조정에서 발표하는 조칙·유지·법령 등을 베끼고, 황실과 서울에서 일어나는 일들의 소식과 정보 등을 수집, 편집해서 소속 번진으로 발송했는데 이것이 곧 저보였다. 그러나 이러한 저보가 성행하자, 조정에서는 그에 대한 통제의 필요성을 인식하여 778년(대종 12년) 번저의 명칭을 종래의 상도유후원에서 상도진주원(上都進奏院)으로 바꾸는 동시에 조정(내각)에서 저보를 직접 편집해서 인행하기 시작했으며, 이를 각 상도진주원이 발급받아 해당 번진으로 전달함으로써 각 번저에서는 저보를 전달하는 구실만 담당하게 되었던 것 같다. 따라서 이때부터는 저보가 사실상 조정에서 발행하는 관보인 조보(朝報)로 전환되어, 이전까지는 반관반민(半官半民)의 성격을 가졌던 저보가 완전한 관보의 성격을 띠게 되었다.

둘째로 저보의 내용을 보면, 그 범위가 점차 광범해지고 풍부해졌다. 그러나 저보를 조정에서 직접 인행한 뒤부터는 주로 궁정에서 공식적으로 발표하는 소식, 예컨대 황제와 황실의 동정과 유지, 정사(政事) 등과 신하들이 황제에게 올린 장주의 내용 등이 주류를 이루었던 것 같다. 당나라 중기부터는 저보를 흔히들 '각초'(閣鈔) 또는 '과초'(科鈔)라고 불렀는데, 각초는 내각(內閣)에서 발표하는 소식들을 옮겨 적었다는 뜻이며, '과초'는 과거(科擧) 시험에 관한 소식들을 옮겨 적었다는 뜻이기 때문이다. 이로 미루어 볼 때 당나라 중기부터는 저보의 내용이 궁정과 정사, 과거 등에 관한 소식에 국한되었던 것 같다.

셋째로 저보의 독자들은 본래 각 번진의 절도사와 고급관리 및 서울의 신료들이었으나, 점차 그 범위가 확대되어 하급 관리와 사인(士人) 계급들도 저보를 얻어서 보았던 것 같다. 이는 중앙정부의 조직 규모가 날로 비대해져 벼슬자리들도 늘어났기 때문이다. 또한 당나라 때도 과거제도가 시행되어 사인(士人) 계급이면 누구나 응시할 수 있었고, 과거에 급제하면 관직에 나갈 수 있었기 때문에 사인 계급은 조정의 정사 특히 인사문제에 많은 관심을 갖고 그에 관한 소식들을 얻기 위하여 저보를 적극적으로 얻어서 열심히 읽어 보고 또한 서로 돌려 보았다.

넷째로 저보의 배포 방법을 보면, 서울에서 각 번진으로의 송달은 우역제(郵驛制)를 이용했던 것 같다. 당나라 때도 한나라 때의 우역제도를 적극 활용했기 때문이다. 그래서 저보를 '역보'(驛報)라고 부르기도 했다. 또한 당나라는 각종 도로를 신설하거나 보수하여 교통이 매우 발달했다. 따라서 이러한 도로들을 따라 저보도 전국적으로 신속하게 전파되었던 것 같다. 그런가 하면 뱃길을 따라 저보가 송달되기도 했던 것 같은데, 당나라는 전국 각지로부터 공물 수송을 위하여 남북을 연결하는 운하를 파서 뱃길도 매우 발달했기 때문이다.

3) 송(宋)나라 때 관보로서 저보의 변모

3세기 동안이나 찬란한 문화의 황금시대를 자랑했던 당나라도 9세기 후반부터 내란으로 혼란을 겪다가 서기 907년, 주온(周溫)이 애제(哀帝)의 제위를 찬탈함으로써 멸망하고 말았다. 그리고 주온이 후량(後粱)이라는 새로운 왕조를 세웠으나 곧 멸망하였고, 이후 계속하여 왕조가 바뀌면서 53년 동안에 무려 다섯 번이나 교체되었다. 그러다가 후주(後周)의 무장 조광윤(趙匡胤)이 960년 개봉(開封)에 송(宋)나라를 세우고, 979년까지 19년 동안에 주위의 10개 국가를 정복하여 중국을 다시 통일했다. 그리하여 남송(南宋)을 포함, 모두 319년 동안 송나라가 존속되다가 1279년 몽골족의

원(元)나라에 의해 패망하고 말았다. 그러면 송나라 때는 저보가 어떠한 길을 걸었는가?

(1) 송나라 저보의 여러 가지 명칭의 실태

송나라 때는 저보가 여러 가지 다양한 명칭을 갖게 되었다. 앞서 말했듯이 저보란 어떤 특정 신문의 제호가 아니라, 각 군국·번진 또는 주진(州鎭)의 서울연락소인 저(邸)에서 발행한 모든 신문을 통칭하는 말이었다. 따라서 송나라 때도 일반적으로는 '저보'라고 불렀으나, 이 밖에도 저장(邸狀), 보장(報狀), 진주원보(進奏院報), 진주관보(進奏官報), 진주보(進奏報), 조보 등 여러 가지 명칭을 갖게 되었으며, 심지어는 간단하게 그냥 '보'(報) 또는 '장'(狀)이라고 부르기도 하였다.

앞서 말했듯이 저보라는 명칭은 본래 한나라 때 '저'(邸)에서 유래되었으나, 당나라 때 '저'를 진주원으로 개칭하자 저보도 '진주원보'라 부르게 되었다. 송나라 때도 역시 공식적으로는 저를 진주원이라고 불렀으나, 일반 백성들은 관습적으로 '저'라고 불렀고, 진주원 우두머리인 진주관도 '저관'(邸官) 또는 '저리'라고 불렀다. 그렇기 때문에, 진주원에서 발행하는 관보도 옛날대로 '저보'라고 불렀던 것이다. 또한 저보를 '저장'(邸狀)이라고도 불렀는데, 여기서 '장'(狀)은 '보'(報)라는 말과 비슷한 뜻을 갖고 있었기 때문이다. 한편 저보를 '보장'이라고 부르기도 했는데, 당나라 때는 본래 일반 문보(文報)를 지칭하던 말이었으나, 송나라 때는 저보를 간혹 보장이라고도 불렀다.

끝으로 '조보'라는 명칭은 본래 관보 또는 정부의 공보를 지칭하던 말이었다. 그러나 이것이 송나라 때는 저보의 공식 명칭이 되었던 것 같다. 저보가 한나라와 당나라 때는 반관반민의 성격을 가졌으나, 송나라 때에는 순수한 관보로 제도화되었기 때문이다. '조보'라는 단어는 송나라 때 왕안석(王安石: 1021-1086)이 처음으로 창안해서 사용하기 시작했다는 설(說)도 있다. 그러나 조보라는 단어가 그 이전 문헌들에서도 적지 않게 나오고 있음을 볼 때, 왕안석이 처음 사용했다고 보기는 어려울 것 같다. 여하튼 조보라는 말은 남송(南宋: 1127-1279) 때 와서는 보편적으로 사용되었다. 그러나 이 책에서는 편의상 저보라고 부르기로 하고, 특별한 경우에만 그에 해당하는 명칭을 사용하기로 하겠다.

(2) 저보의 발행기관 진주원(進奏院)의 설치

저보는 지방의 각 주진의 재경진주원(在京進奏院)에서 발행했다. 송나라는 당나라의 제도를 그대로 답습했기 때문에 지방의 주진들은 서울에 진주원이라는 연락사무소를 설치하고 조정과의 연락사무를 관장케 하는 동시에 저보를 필사하여 소속 주진에 발송토록 하였다. 이러한 일을 맡은 진주원의 책임자를 송나라 때는 진주지후관(進奏知後官, 982년 진주관으로 개칭)이라고 불렀다. 당시 각 주진은 상당한 권력을 갖고 있었기 때문에 자연히 진주지후관의 지위도 높아서 이들 중에는 어사대부(御史大夫)에 버금가는 사람도 있었다고 한다. 이들 진주지후관은 처음에는 주진의 장리(將吏)가 맡았으나, 그들이 서울(장안)에 가서 오랫동안 주재하는 것을 꺼려하자 뒤에는 서울 사람을 모집하거나 주진장관의 심복을 진주지후관으로 임명했다.

이러한 각 주진의 진주지후관들은 송나라 초기에는 매일 오전에 수도 개봉(開封)의 우액문(右掖門) 외곽에 모여 조정에서 발표하는 제칙(制勅)과 제반 사부첩(司符牒)을 받은 다음, 정오에 각각 자신의 사거(私居)로 돌아가서 이들을 필사하여 자기의 주진으로 발송하였다. 그런데 각 주진의 진주지후관들이 자신들 집으로 돌아가서 저보를 필사해서 발송하자 두 가지 문제점이 발생하게 되었다. 첫째는 정령(政令)의 전달이 자연히 늦어지는 것이었고, 둘째는 공사(公事)가 누설되는 것이었다. 이러한 문제점을 해결하기 위하여 태종 7년(982) 각 주진의 진주지후관들을 모두 상국사(相國寺)의 행향원(行香院)에 모여 살게 하면서 동시에 진주지후관의 명칭도 진주관(進奏官)으로 개칭했는데, 당시 행향원에서 기거하게 된 진주관들은 모두 150명에 달했다고 한다.

이어서 동년 10월, 조정은 진주원(進奏院)을 정식으로 조정 내에 설치하고, 각 주진의 진주관에게 사무실 하나씩을 주는 동시에, "○○주진주원"이라는 글자를 구리에 새긴 인장인 동주인(銅朱印)도 하나씩 내려 주어, 이를 모든 문서의 수발에 사용토록 했다. 또한 진주원의 관원들을 모두 원내에서만 숙식토록 함으로써 비밀의 누설을 방지했다. 이리하여 진주원은 사실상 하나의 통일적 기구가 되었다. 그리고 이러한 진주원의 모든 일을 통합, 감독하기 위하여 진주원장관을 두었는데, 경조관(京朝官) 또는 삼반사신(三班使臣) 중에서 임명했다. 신종(神宗) 4년(1071)에는 진주원장관은 추밀원에서 선발한 2명의 경조관이 맡도록 했는데, 남송(南宋) 때에 와서는 주진의 수가 크게 감소함에 따라 진주관 수도 81명으로 줄었다가 다시 60명이 되었다.

(3) 저보의 실무 담당자와 주요 내용

송나라 때 저보는 위에서 설명한 진주원에서 각 주진의 진주관들이 만들었다. 그러나 편집 정책 내지 방침은 추밀원에서 결정했고, 편집 책임은 검정관(檢正官)과 검상관(檢詳官)이 맡았다. 그리고 실무적 내지 사무적 편집 업무만 진주원장관과 각 주진의 진주관들이 담당했다. 그러므로 진주원장관은 오늘날의 신문사 주필 내지 편집국장에 해당하고, 진주관들은 오늘날의 취재기자 내지 편집기자에 해당한다고 볼 수 있다.

저보의 내용은 북송(960-1127)과 남송(1127-1279) 시대에 약간의 차이가 있었다. 그러나 주좬유(朱傳譽)에 의하면 크게 8가지 유형, 즉 ① 관리의 천출(遷出), ② 조신(朝臣)의 장주(章奏), ③ 황제의 조령(詔令), ④ 신료의 조사(朝辭)와 조견(朝見), ⑤ 관료의 사표(謝表), ⑥ 의례(儀禮), ⑦ 형옥(刑獄), ⑧ 시문(詩文)으로 구성되었다(朱傳譽, 1967, pp. 24-37)고 한다.

첫째로 관리의 천출이란 관리의 인사이동을 말하는데, 이에 관한 것이 저보의 내용 중에서 가장 중요시되었다. 송나라를 건국한 태조는 문인들을 특별히 우대하였고, 각종 과거(科擧)를 통하여 문인들을 대량 등용시키는 정책을 폈기 때문에 관리가 되려는 사람들이 대단히 많았고, 백성들의 공명심도 크게 높아지면서 조정의 인사 문제에 대한 관심이 대단히 높았기 때문이다.

둘째로 조신의 장주란 신하들이 황제에게 올린 상소문 등을 말하는데, 이러한 것도 조보의 중요한 내용이 되었다. 그렇다고 해서 신하들이 올린 모든 장주를 저보에 발표한 것은 아니었으며, 장주문 중에서 중요하다고 생각하는 것만 골라서 그 내용을 요약하거나 발췌해서 저보에 실었다.

셋째로 황제의 조령이란, 황제가 신하나 일반 백성들에게 내리는 명령이나 선지(宣旨)를 말하는데, 전제국가에서 황제나 임금의 명령은 대단히 중요한 것이었다. 따라서 이러한 황제의 조령도 저보의 중요한 내용이 되었다.

넷째로 신료의 조사란 유배 중인 신료가 황제에게 올리는 글을 말하며, 조견이란 외신 즉 지방의 관료들이 서울에 올라와서 황제를 뵈면서 올리는 글을 말한다. 이러한 것들도 저보에 많이 실었다고 한다.

다섯째로 관료의 사표란, 신료들이 지방으로 전임되어 임지에 도착하면 반드시 황제에게 그 은혜에 감사하는 글을 올리는데, 이러한 글을 사표 또는 사상표(謝上表), 도임표(到任表)라고 한다. 이러한 글들도 저보에 많이 실었는데, 심지어 보도의 형식도 정해져 있었다고 한다.

여섯째로 의례란 황제나 그 친족(친왕)들의 출생·결혼·서거·장례 등에 관한 의식을 말하는데, 이에 관한 소식들은 저보에 반드시 실었다고 한다.

일곱째로 형옥이란, 죄인들에 대한 신문·형신·형벌 등에 관한 것을 말하는데, 이러한 것들에 관한 소식도 저보의 중요한 내용이 되었다고 한다.

여덟째로 시문이란, 시(詩)나 문장 등을 말하는데, 이러한 것들도 간혹 저보에 싣기도 했다고 한다. 그러나 이러한 시문은 순수 문학적 작품이 아니라, 대부분 시정(時政)을 비판 또는 풍자하는 것들이었다고 한다.

(4) 저보의 인쇄·발행회수·독자 및 배포 방법

송나라 때 저보는 대체로 위와 같은 내용을 실었다. 그러면 이러한 저보는 어떤 형태로 발행했는가? 다시 말해서, 손으로 필사해서 발행했는가? 아니면 인쇄해서 발행했는가? 이에 관하여 두 가지 주장들이 있다. 하나는 필사해서 발행했다는 주장이고, 또 하나는 인쇄해서 발행했다는 주장이다. 그러나 여러 가지 사료들로 미루어 볼 때 목판인쇄해서 발행한 것이 거의 확실하다.

당시 저보는 오늘날의 신문처럼 여러 건의 기사들을 한 장의 지면에 인쇄한 것이 아니라, 1건을 1장 또는 여러 장에 인쇄해서 발행했다. 이러한 저보는 매일 인출(印出)한 것 같은데, 남송(南宋) 고종 연간(1127-1130)에 조승(趙昇)이 쓴 글을 보면, "조보는 날마다 나와야 하는 것으로 매일 문하성에 편정(編定)하여…" 운운한 내용이 나오기 때문이다(朱傳譽, 1967, p. 43에서 재인용). 그러므로 송나라 때 저보는 일간(日刊)으로, 상당히 발전된 형태의 근세적 신문현상이었다고 볼 수 있다.

저보의 주된 독자는 조정 내외의 신료와 중앙의 각 아문이었으며, 지방정부에도 배포되었다. 저보의 배포는 서울의 경우는 진주원에서 직접 배포하고 지방의 경우는 병부(兵部)에서 맡았던 것 같다. 송나라 효종(孝宗) 2년(1124) 6월 13일 병부에서 올린 보고서를 보면 "진주원에서는 각 부처로부터 노주(路州)와 군감사(軍監司)에서 발송하는 문서를 접수하여 종래부터 본부(병부)에서 배포를 즉시 시행해 왔다"(『宋會要輯稿職官』 2의 50)는 말이 나오기 때문이다. 그러나 지방으로 보내는 저보는 매일 발송하지 않고 모아 뒀다가 열흘에 한 번씩 한꺼번에 보냈던 것 같다. 『송회요집고형법』(宋會要輯稿刑法) 2의 29를 보면, "진주원에서는 열흘마다 외주군(外州軍)에 보장을 발송한다"는 내용이 나오기 때문이다.

(5) 저보 이외에 민간신문 소보도 유행

송나라 때는 위와 같은 저보 이외에 민간신문도 처음 나타나서 한때 크게 성행했는데, 이를 '소보'(小報)라고 불렀다. 이러한 소보는 특히 남송의 영종(寧宗: 1208-1224) 이후 다수의 독자들을 확보함으로써 오히려 저보가 점차 그 위상을 상실하게 될 정도였다. 그러면 이러한 소보는 언제부터 어떻게 출현하게 되었는가?

소보의 생성 배경과 주요 생성 요인으로 차배근은 크게 두 가지를 들었다. 첫째는 송나라 때의 비교적 자유로운 언론 상황이었고, 둘째는 송나라가 기존의 반관반민적 저보를 중앙정부의 관보로 전환하여 독자들의 다양한 뉴스 추구 욕구와 수요를 모두 만족시켜 줄 수 없게 되자 자연히 '소보'라는 민간신문이 나타나게 되었다는 것이다. 따라서 비록 소보의 기원은 확실치 않으나, 송나라 왕조가 태종(太宗) 7년(982) 수도 개봉(開封)에 진주원을 설치하고 이곳에서 저보를 통일적으로 발행하기 시작한 시기에 소보가 출현한 것으로 짐작된다(차배근, 1984, p. 197).

출현 초기의 소보에는 '소보'라는 명칭도 없었으며, 발행인도 확실치 않았다. 누군가가 조정의 국사(國事)에 관한 뉴스를 조그만 종이에 써서 회람 형식으로 전파하기 시작한 것이 소보의 시초이다. 그러므로 초기의 소보를 오늘날의 신문과 같은 형태로 생각하는 것은 잘못이다. 하지만 이러한 소보가 점차 발전하여 북송(960-1127) 말기에는 이를 직업적으로 발행하는 사람들이 나타나면서 '소보'라는 명칭도 생겨나게 되었다. 그러자 조정에서는 이러한 소보를 엉터리로 조보를 만든다면서 금지시켰으나, 소보는 오히려 더욱 발전하여 원(元)과 명(明)나라 때를 거쳐 청나라 때도 한때 유행하다가 소멸되었다.

4) 명(明)나라 때 저보의 회생과 발전

찬란한 문화를 자랑하던 송나라도 1279년 몽골족에 의해 멸망하고 중국 대륙은 백여 년 동안, 이민족(異民族)이 세운 원(元)나라의 지배를 받게 되었다. 그러면서 조보와 소보의 발행이 모두 금지되었던 것 같다. 원나라 때 저보와 소보에 관한 기록은 찾아볼 수 없기 때문이다. 그러나 그 뒤 1368년 한족(漢族)이 원나라를 멸망시키고 명(明)나라를 세우자, 조보가 다시 부활하게 되었다. 명나라는 앞서 당나라와 송나라의 관례에 따라 다시 저보의 발행을 시작했기 때문이다. 즉 명나라 조정이 매일 정사(政事)에 관한 사항들을 모아서 발표하면, 이를 여러 관아들에서 초사(抄寫)하여 소속 관료들에게 전달했다. 또한 각 지방 관부(官府)에서도 관원을 서울에 파견하거나, 서울에 사는 사람을 고용하여 조정에서 발표하는 정사의 내용과 새로운 소식 등을 부현(府縣)으로 전송토록 함으로써 저보가 크게 발달하게 되었다. 또한 송나라 때 출현한 민간신문의 소보도 계속 발행되었다.

(1) 저보 내용의 다양화, 그러나 내용을 통제하기도

명나라 때 저보의 주요 특징으로는 그 이전에 비해 내용면에서 진일보했다는 점을 들 수 있다. 이는 보도 내용이 좀 더 다양해졌다는 것이다. 예를 들어 저보에는 조정의 정사 이외에 서양인들에 관한 것도 실렸는데, 신종(神宗) 44년(1616) 남경(南京)에 천주교가 들어와서 서광계(徐光啓)라는 명나라 사람이 천주교도가 되었다는 사실을 보도한 바 있다. 이처럼 서양에 관한 것도 보도할 정도로 저보의 내용이 다양화되자, 자연히 독자층도 넓어져서 저보를 심지어 시정(市井)에서 팔기도 했다. 담유목(談孺木)이 편찬한 『조림잡조』(棗林雜俎)라는 책을 보면, 의종(毅宗) 17년(1644) 금(金)나라 다이곤(多爾袞)이 산해관(山海關)에 쳐들어오자마자 명나라의 사정을 알기 위하여 즉시 저보를 사서 보았다는 내용이 나온다(談孺木, 『棗林雜俎』, 仁集邸報條).

이처럼 저보를 시정에서 팔기도 했지만, 명나라 정부는 저보에 여러 가지 제재를 가했다. 예컨대, 송나라 때 제도를 본따서 통정사(通政司)라는 기관을 설치하여 내외 장주(章奏) 일체를 접수하는 일을 관장토록 하면서, 황제나 조정에 불리한 소식들은 저보에 게재하지 못하게 하였다. 이와 같은 저보에 대한 통제는 명나라 말기에 더욱 심해져서, 당시에 권력을 잡고 있던 엄숭(嚴嵩)은 사당(私黨)을 기르면서 저보에 실리는 뉴스를 마음대로 통제하였다. 또한 환관 위충현(魏忠賢) 역시 그렇게 했다고 한다.

(2) 저보의 목활판인쇄와 대량 복제의 시작

명나라 때 저보의 또 하나의 주요 특징으로는 목활자로 인쇄해서 발행했다는 점이다. 저보를 처음 목활판인쇄한 것은 숭정(崇禎) 11년, 즉 1638년부터이다. 이에 관한 사료의 하나로서, 고형림(顧亭林)의 『형림문집』(亭林文集) 제3권 15쪽을 보면, "옛날 저보를 돌이켜 보면 숭정 11년에 비로소 활판인쇄되었는데 … 그 이전에는 모두 사본(寫本)이었다"는 내용이 나오고 있다. 또한 『서은총설』(書隱叢說) 제13권 12쪽에도 아래와 같은 기록이 실려 있다.

> 인판(印版)의 성행은 오늘날보다 더 성할 때가 없었다. … 송(宋)나라 때 필승(畢昇)은 아교와 진흙을 사용하여 그것을 구워서 활자판을 만들었다. 그러나 오늘날은 목활자를 사용하는데 그 일격(一格)을 책상 위에 설치하고 활자를 취해서 배정한다. 인출(印出)하고 나서는 그 활자들을 섞어서 다시 다른 쪽[頁]에 배정[조판]한다. 대략 생자(生字: 잘 쓰이지 않는 글자)는 조금 새기고 숙자(熟字: 많이 쓰이는 글자)는 많이 새겨 놓아 배정해서 쓰는 데 편리하게 한다. 우리집에는 활판으로 인쇄된『소사천집』(蘇斜川集) 10권이 있는데, 그 활자들의 대소는 모두 똑같지 않다. 근일에 저보도 왕왕 활판을 사용하여 조판, 인쇄하는데 여러 번 인쇄하고 여러 번 판(版)을 바꾸는 데 편리하기 때문에 그렇게 하는 것이다. 그래서 활판 저보에는 오류오자(誤謬誤字)가 있으나 그것은 가히 용서할 수 있는 것이다.

이와 같은 기록을 볼 때, 처음에는 저보를 일일이 손으로 필사하여 복사하는 데 시간이 많이 걸렸으나, 그 뒤 목판인쇄로 발행하기 시작하자 필사하는 것보다 훨씬 신속하게 발행되었다. 그러나 이것 역시 불편해서 명나라 숭정(崇禎) 11년(1638)부터 목활자로 활판인쇄를 하게 되었음을 알 수 있다. 그리하여 시간과 인력, 경비 등도 절약할 수 있었고 또한 저보를 대량으로 인쇄할 수 있게 되었다고 한다.

5) 청(淸)나라 때 저보의 소멸과 서양언론문물의 이입

1644년 만주족이 명나라를 멸망시키고 그 대신 청(淸)나라를 세웠다. 그리고 북경을 도읍으로 정한 청나라는 1912년까지 268년 동안 중국 대륙을 지배하였다. 청나라는 명나라의 제반 제도를 거의 그대로 답습하였다. 그리하여 초기에는 저보도 그대로 발행되었다. 그러나 쩡쉬바이(曾虛白)는 옹정연간(擁正年間: 1723-1735)에 저보의 발행이 갑자기 중지되었다고 말하고 있다(曾虛白, 1981, p. 95). 반면에 주취유(朱傳譽)는 저보가 청나라 말까지 계속 발행되었다고 주장하고 있다(朱傳譽, 1967, p. 83). 그렇다면 누구의 주장이 맞는가?

(1) 저보는 옹정(擁正)연간까지 계속되다가 중지된 듯

한마디로 단언할 수는 없으나, 문종(文宗: 1850-1861) 이후에는 저보가 존재하지 않았던 것이 거의 확실하다. 『흠정대청회전사례』(欽定大淸會典事例) 제15권을 보면, "문종 원년(1851)에 장패(張芾)라는 사람이 저보를 다시 복간하여 각 성(省)에 배포할 것을 조정에 건의하자, 조정에서 '그대의 식견은 잘못된 것으로 정체(政體)를 알지 못하는 가소로운 짓'이라고 질책했다"는 내용이 나오기 때문이다. 그렇다면 청나라에 와서 저보가 사라지기 이전의 모습은 어떠하였는가?

청나라 초기에 저보의 모습은 명나라 때와 거의 마찬가지였던 것 같다. 청나라 초기에는 명나라의 모든 제도를 거의 그대로 답습했기 때문이다. 우선 청나라 초기의 공보제도를 보면, 황제의 유지(諭旨)와 정사(政事)에 관한 거의 모든 소식은 내각을 경유하여 발표할 것과 발표하지 않을 것을 구분한 다음, 발표할 것만 각 아문으로 내려보내 이것을 초록해서 지방으로 발송케 하였다. 그러나 제본(題本)이라는 장주만은 육과(六科)[20]를 통하여 발표토록 하였다. 그리고 명나라 때부터의 통례(通例)에 따라 저보의 편집·발행인들로 하여금 각 아문이나 육과에 와서 내각으로부터 내려온 발표용 상유(上諭), 장주(章奏) 등을 보고 그 내용을 초록, 인쇄하여 각 성(省)이나 번진 등의 지방관서로 발송토록 하였는데, 이것이 곧 저보였던 것이다. 그렇다면 청나라 때는 이러한 저보의 발행을 누가 맡았는가?

주쥔유(朱傳譽)에 의하면, 명나라 때와 마찬가지로 각 성(省)이 서울에 주재시킨 무직(武職)의 제당관(堤塘官)이 저보에 관한 실무적 책임을 맡아서 각 아문이나 육과에 가서 상유나 기타 정사에 관한 소식들을 초록해다가 저보를 제작, 인쇄해서 자기들 소속의 성으로 발송했다고 한다. 또한 이러한 작업을 용이하게 하기 위하여 '보방'(報房)이라는 발행소까지 설치하기도 했다(朱傳譽, 1967, p. 83)고 한다. 그리고 저보의 내용은 명나라 때와 마찬가지로 황제의 상유와 신하들의 장주가 주류를 이루었으나, 때로는 독무(督撫)들이 황제에게 선물을 진상했다든지 또는 황제로부터 상(賞)을 받았다든지 하는 잡다한 소식들도 실었다고 한다. 저보의 체재 역시 명나라 때와 비슷했고, 인행했으며, 청나라 중기부터는 우역제도를 이용해서 전체(傳遞)했다.

---

20 명(明)나라 때 만든 관제(官制)로서, 고려와 조선시대의 우리나라의 6조(曹)와 마찬가지로 곧 나랏일을 나누어 분담하던 6개의 중앙관청인 이(吏)·호(戶)·예(禮)·병(兵)·형(刑)·공(工)부를 말한다.

(2) 저보의 발행 중지와 당보(塘報)로 교체

이와 같은 저보는 옹정연간(1723-1735)까지 계속 발행되었다. 그러나 갑자기 발행이 중지되고, 그 대신 '당보'(塘報)라는 관보가 나타나서 종래의 저보를 대체하게 되었다고 쩡쉬바이(曾虛白)는 주장하고 있다(曾虛白, 1981, p. 83). 그렇다면 청나라 조정은 왜 저보의 발행을 중지시켰으며, 이를 대체하게 된 당보(塘報)는 어떤 신문이었는가?

당보의 기원과 성격에 관해서는 여러 가지 설이 엇갈리고 있다. 그러나 이들을 간단히 종합해 보면, 당보는 본래 명나라 때부터 존재해 온 군보(軍報)였으나, 이를 청나라가 그대로 받아들여 발전시켜서 일반신문으로서의 완전한 체계를 갖추게 되었다. 그러자 두 가지 형태의 관보를 이중적으로 발행할 필요가 없다고 판단한 청나라 조정에서 저보의 발행을 중지시키고, 당보만 발행하게 되었던 것이다. 따라서 당보는 군보의 성격을 갖고 있던 종래의 당보를 일반 관보로 발전시키는 동시에 종래의 저보를 흡수, 통합시켜 만들어 낸 신문현상이었다.

그러나 이러한 당보는 청나라 말기에 그 편집, 제작을 맡았던 제당(堤塘)의 관리들이 돈을 받고 유리한 소식을 게재해 주거나, 그 반대로 불리한 내용을 삭제해 주는 등의 부정행위를 벌이는 통에 신뢰를 잃게 되었다. 그런데다가 당보의 전체(傳遞)를 맡았던 관리들이 당보를 제때 전달해 주지 않아서, 예컨대 북경에서 강서성(江西省)까지 도달하는 데 무려 80여 일이나 걸리는 경우도 허다하게 되면서 당보가 제 기능을 제대로 하지 못하다가 청나라 말기에 사라지고 말았다.

(3) 저보와 당보 이외에 민간신문 소보와 경보도 유행

청나라 때에도 위와 같은 당보 이외에 민간신문인 소보(小報)와 경보(京報) 등이 유행하기도 하였다. 이들 중 소보는 앞서 말했듯이 송나라 때 출현하여 원(元)나라와 명(明)나라를 거쳐 청나라 때에도 유행하였다. 그러나 옹정연간(1723-1735)에 조정의 강경한 금지 조치로 사라지게 되었다. 이처럼 청나라 조정이 소보의 발행을 강력히 금지시킨 것은, 소보의 발행자들이 조정의 서리들과 결탁해서 조정에서 아직 발표하지 않은 소식이나 기밀사항 등을 입수해서 소보를 만들어 판매했기 때문이었다(차배근, 1984, pp. 320-325 참조).

하지만 또 하나의 대표적 민간신문이었던 경보는 옹정연간에 출현하여 청나라 말까지 유행했다. 이런 민간신문이 나오게 된 것은, 위에서 말했듯이 청나라 조정에서 갑자기 저보의 발행을 금지하고 그 대신 당보(塘報)라는 관보만 발행토록 하자, 백성들이 다양하고 일상적인 뉴스에 굶주리게 되었기 때문이다. 이러한 백성들의 뉴스 추구 욕구에 부응하여 나타난 것이 곧 경보였다. 그리하여 여러 민간인들이 보방(報房)이라는 것을 차려서 경보를 발행하였고, 곧 경보가 유행하게 되었는데, '보방'이란 오늘날의 민간신문사와 비슷한 것이었다.

이러한 보방이 점차 늘어나서 한때는 북경에만 5-6개가 출현했으나, 각각 특정한 명칭을 갖고 있지는 않았으며, 경보를 내는 곳이면 모두 보방이라고 불렀다. 또한 이들 보방에서 발간하는 경보들도 특정한 제호(題號)를 갖고 있지 않았으며, 이들을 모두 합쳐 '경보'라고 불렀는데, 이는 청나라 경사(京師: 서울)인 북경에서 나오는 신문이란 뜻이었다. 그러므로 '경보'란 어떤 특정 신문의 제호가 아니라, 청나라 때 북경에서 발행된 모든 민간신문들의 총칭이었다.

이러한 보방들에서 내는 경보들은 각 보방에 따라 내용과 면수 등이 모두 서로 달랐다. 그러나 내용은 대체로 ① 궁문초(宮門鈔)라고 불린 궁정 소식, ② 황제의 칙령이나 공고 등의 상유, ③ 관리의 임면과 승진·이동 등의 인사관계 소식, ④ 주접(奏摺) 즉 여러 신하들의 상소와 보고 등이었는데, 이들은 매일 오후에 청나라 조정에서 나오는 각초(閣鈔)를 거의 그대로 베낀 것들이었다. 하지만 어떤 보방에서는 과거(科擧)에 관한 정보도 추가함으로써 과거 응시자들이 자신들의 보방에서 발행하는 경보를 읽도록 만들기도 했다. 당시 경보의 기사들에는 오늘날과 같은 기사제목(headline)이나 표제(label) 등도 없었으며, 일정한 편집 방침도 없어서 여러 가지 기사들을 그냥 연달아 나열해 놓은 것이 전부였다.

이런 기사들은 진흙판(일명 두부판)이나 목활자(청나라 말기에는 연활자)를 사용하여 죽지(竹紙)나 모태지(毛太紙)에 단면 인쇄했다. 발행면수는 날마다 일정치 않아서 많을 때는 10면, 적을 때는 5-6면을 냈다. 당시 경보들은 거의 모두가 황색 표지를 붙이고 그 왼쪽 상단에 종서로 '京報'(경보)라고만 써 놓았으며, 표지는 붙였지만 중철은 하지 않고 그냥 접어서 판매하거나 배포했다.

경보는 매일 발행했으나 발행 시간에 따라 두 가지 종류가 있었다. 하나는 황혼 무렵인 초저녁에 나오는 것으로, 이는 내용이 비교적 간략했다. 반면 늦저녁에 나오는 경보는 비교적 상세한 내용을 담고 있었다. 이러한 경보가 보방에서 나오면 북경 성안의 경우는 '송보인'이라고 부른 배달원들이 배포했다. 이들 송보인은 등에 세로 5척(尺), 가로 5촌(寸) 크기의 남색(藍色) 천을 걸치고, '경보'라는 표지가 달린 신문통[報囊]을 양어깨에 둘러매고 다니면서 경보를 판매하고 배달했다. 신문값은 보통 1부에 10문(文)이었으나, 배달거리나 보방에 따라 달랐기 때문에 그 값이 각양각색이었다.

이와 같은 경보는 일반 서민들도 즐겨 보면서 대단히 유행했으나 1900년에 일어난 의화단(義和團)의 난(亂)으로 인하여 발행이 일시적으로 중단되었다. 그 뒤 일부 보방들이 다시 경보의 발행을 재개했으나 그 수는 2-3개에 지나지 않았고, 이들도 날로 쇠퇴하다가 중국에서도 근대적 신문들이 등장하여 유행하게 되면서 사라지고 말았다. 경보가 언제 사라졌는지는 정확히 알 수 없으나, 20세기 초까지 발행된 것은 확실하다고 볼 수 있다.

(4) 서양언론문물의 이입과 전통적 신문들의 소멸

지금까지 위에서 살펴보았듯이 중국에서도 일찍이 한(漢)나라 때 '저보'를 시작으로 해서 2천여 년간 여러 형태의 신문현상들이 존재해 왔다. 그러나 불행하게도 이들은 서양에서처럼 근대신문으로 이행, 발전하지 못하고, 중국의 근대신문은 청나라 말기에 서양의 근대적 언론문물제도를 수용하여 생성되었다.

서양에서는 18세기 초부터 영국, 이탈리아, 프랑스 등을 중심으로 근대신문들이 나타나기 시작하여, 전 세계로 퍼져 나가면서 서양의 여러 나라는 물론 동양에서도 서양의 근대적 신문들을 수용 또는 모방해서 신문을 발행하기 시작했다. 중국의 경우, 서양의 근대신문이 도입되기 시작한 것은 19세기부터 서양 열강의 무역상들과 선교사들이 중국으로 몰려오면서부터였다. 1822년 포르투갈인들이 맨 먼저 마카오에서 「아 아벨하 드 치나」(*A Abelha de China*)라는 포르투갈어 신문을 창간했다. 이어서 1827년에는 영국인들도 「더 캔턴 레지스터」(*The Canton Register*)라는 영어 신문을 내기 시작했으며, 그 뒤를 이어 독일인, 프랑스인들도 자국어 신문을 발행하기 시작했다. 그러다가 이들 외국어 신문사들은 중국인들을 대상으로 한 중국어 신문까지 발행하기 시작했는데, 1858년 홍콩의 「데일리 프레스」(*Daily Press*)라는 영어 신문사에서 처음으로 중국어판 「중외신보」(中外新報)를 창간했다. 그러자 다른 외국어 신문사들도 중국어판을 발행하기 시작하여, 1858-1895년 사이에만도 모두 7종의 중국어 신문이 홍콩·상해·천진 등지에서 나오게 되었다.

이처럼 여러 외국어 신문사들이 각각 중국어판을 발행하자, 중국인들도 신문의 필요성과 유용성을 점차 인식하게 되었다. 또한 중국인 신문 독자들도 점차 늘어나자, 중국인 자신들도 신문을 내게 되어, 1873년 중국인에 의한 최초의 중국어 신문인「소문신보」(昭文新報)가 한구(漢口)에서 창간되었다. 이듬해에는 홍콩에서「순환일보」(循環日報)가, 상해에서는「회보」(滙報)가 중국인들에 의하여 창간되었다. 그리하여 중국에서도 근대신문의 시대가 열리게 되었으며, 이후 이들 근대신문이 점점 발전하고 변모하여 오늘날과 같은 신문의 모습을 갖추게 되었다.

제4절

실록을 통해 본 우리나라 조보의 세 가지 기원설

앞에서는 서양과 중국에서 신문의 기원과 발전 과정에 관하여 살펴보았다. 그렇다면 우리나라 최초의 신문으로 알려진 조보는 언제부터 어떻게 출현하였는가? 이와 같은 문제를 고찰하기 위하여 지금부터는 실록 기사들을 바탕으로 서두에서 말한 우리나라 조보의 기원에 관한 세 가지 학설들, 즉 ① 신라시대 기별로부터의 기원설, ② 중국 언론문물제도의 이입설 및 ③ 우리나라 기별에다가 중국의 저보·조보 등을 접목해서 생성되었다는 접목설의 타당성을 각각 검토해 보기로 하겠다.

1) 신라시대 기별로부터의 기원설의 타당성 검토

첫째로 신라시대 기별로부터의 기원설이란, 우리나라 조보는 신라시대의 '기별지'에서 비롯되어 독자적이고 자연적으로 생성되었다는 학설을 말한다. 이러한 학설을 처음 내세운 사람은 차상찬이었으며, 그 뒤 최준이 이를 그대로 받아들여 『한국신문사』에서 신라시대의 기별 제도는 고려왕조를 거쳐 조선왕조에 들어서서는 더욱 발달되어 "태조 원년(1392) 9월 14일 예문춘추관을 두어 사관(史官)으로 하여금 조정의 결재사항과 견문록을 기록하여 경외(京外) 대소아문(大小衙門)에 돌렸으며, 이후 조보는 조선왕조 제7대 왕 세조 때부터 승정원에서 취급하였다"(최준, 1960, p. 1)고 주장하였다. 그리하여 우리나라 조보는 신라시대 기별지에서 비롯되었다는 학설이 언론학계뿐 아니라 국사학계에서도 정설이 되다시피 했다. 그렇다면 이 학설은 과연 타당한 것인가?

(1) 실록에서 '기별'이라는 단어의 검색 결과

이 학설의 타당성을 검토해 보기 위하여 우선 조선왕조실록(이하 '실록'으로 약칭)에서 '기별'(기별지 포함)과 조보라는 단어를 각각 검색해 보았다. 만약 우리나라 조보가 신라시대 기별로부터 비롯되었다는 기원설이 맞다면, 기별과 조보에 관한 기사들이 조선의 초대 임금인 태조 때부터 계속 나와야 하기 때문이다. 따라서 검증을 위해 우선 실록에서 '기별'이라는 단어를 검색해 보았다. 그 결과 모두 101건이 나왔는데, 이들 중 맨 처음 나온 것은 태조실록이 아니라, 제3대 임금인 태종의 태종실록 35권, 태종 18년(1418) 4월 27일 1번째 기사에서였다. 그러나 이 기사의 내용을 보면, "함승복(咸承復)·배상충(裵尙忠)이 북쪽 땅으로 들어가 군마(軍馬)를 뽑으니 반드시 변란이 일어날 것이다. 이같이 좋지 않은 '기별'을 즉시 주상(主上)께 아뢰겠느냐?" 운운한 것으로서, 신문현상으로서의 기별지에 관한 것이 아니라 '소식'을 말하는 것이었다.

이러한 기사가 처음 나온 뒤, 50여 년 동안이나 기별에 관한 기사가 실록에 나오지 않다가 성종실록 4권, 성종 1년(1470) 4월 22일 4번째 기사에 '기별'이라는 단어가 다시 나왔다. 그러나 이것 역시 '소식'을 말하는 것으로, 곧 의금부(義禁府)에서 삼복(三覆)하여 아뢰기를, "허영문(許永文)이 난언하기를, '나라를 치고 다른 사람을 세우면 반드시 좋은 기별이 있을 것이다'라고 하였다"는 것이었다. 그 뒤 성종실록 259권, 성종 22년(1491) 11월 15일 2번째 기사에 또 '기별'이라는 단어가 나오나, 이것 역시 '소식'을 뜻하는 것으로, "[중국 명나라] 허원수(許元帥)가 [본국으로] 들어가지 않고 군사를 돌이킨다는 기별이 있으므로…" 운운한 것이었다.

연산군일기에는 '기별'이라는 단어가 나오지 않다가 중종실록에는 무려 38개나 나타났다. 그러나 이들 중 29건은 '소식' 등을 의미하는 기별에 관한 것들이었고, 신문현상을 뜻하는 기별에 관한 기사들은 10건에 불과했으며, 그중에서도 5건은 중국의 저보나 조보를 가리킨 것이었고, 우리나라의 신문현상으로서 기별[21]에 관한 것은 겨우 5건에 불과했다. 하지만 이들도 반드시 우리나라 조보에 관한 것이라고는 확언하기 어려운데, 이들 중 첫 번째로 기별지에 관한 내용이 나온 중종실록 49권, 중종 18년(1523) 8월 15일 1번째 기사를 간단히 소개하면 다음과 같다.

---

21 이와 같은 신문현상으로서의 '기별'은 앞으로 '기별지'로 호칭해서 '소식'으로서의 기별과 구별하도록 하겠다.

> 좌의정 이유청(李惟清)이 [임금에게] 와서 사직하며 아뢰기를, … "신이 접때 마침 집에 있을 때에 처형될 사람이 집 앞을 지나며 상말을 다하여 욕하되 신의 죽은 아비·어미에게까지 미쳤는데, 그 모욕받은 것은 입으로 형언할 수 없습니다. … 어제 기별을 보니 형조에서 전옥서(典獄署)의 관원이 금지하지 못했다 하여 죄주기를 청하였다고 하는데, 이는 신이 모욕받았기 때문에 이렇게까지 되었으니 매우 황공합니다."

이러한 기사에 뒤이어, 중종실록 54권, 중종 20년(1525) 5월 3일 1번째 기사에 또 '기별'에 관한 기사가 나온다. 이는 이유청(李惟清)이 아뢰기를, "기별을 보니 '심사손(沈思遜)이 와서 아뢰기를'이라고 썼기에…" 운운한 것이었는데, 여기서의 기별도 우리나라 조보를 지칭한 것 같다. 세 번째로 중종실록 61권, 중종 23년(1528) 4월 9일 1번째 기사에 또 기별지에 관한 내용이 나오는데, "병방승지(兵房承旨) 윤인경(尹仁鏡)이 아뢰기를, '대저 이러한 일들을 만약 기별에 써 넣는다면…'" 운운한 것이었다. 그리고 네 번째로 중종실록 64권, 중종 23년(1528) 11월 3일 2번째 기사에 "대사간(大司諫) 김유(金鏐)가 아뢰기를, '어제 기별을 보니…'" 운운하는 내용이 나온다. 이상과 같은 기사들에서 '기별'은 우리나라의 조보를 가리킨 것이라고 볼 수 있다.

그러나 중종 다음 임금인 인종의 인종실록에는 기별지에 관한 기사가 한 건도 나오지 않다가 명종실록에 1건, 선조실록에 3건, 광해군일기중초본에 1건,[22] 경종실록에 1건, 영조실록에 1건, 고종실록에 1건이 나왔다. 그리하여 실록 전체에서 기별지에 관한 기사들은 태종 때부터 고종 때까지 모두 합쳐 12건이 나왔다. 따라서 실록에 나타난 기별지에 대한 기사만을 가지고 볼 때는, 기별지는 중종 때 출현해서 고종 때까지 존속했다고 볼 수 있다.

(2) 신라 때 출현했다는 기별지가 중종실록에 처음 등장

하지만 앞서 여러 번 말했듯이 수춘학인과 최준 등에 의하면, 기별 제도는 신라 신문왕 때 시작되어, 그 후 고려왕조를 거쳐 조선왕조에 들어서서는 더욱 발달되

22 광해군일기정초본 186권, 광해군 15년(1623) 2월 10일 1번째 기사에도 기별지에 관한 내용이 들어 있었으나, 그 내용이 광해군일기중초본 186권, 광해군 15년(1623) 2월 10일 1번째 기사와 똑같다. 따라서 이 기사는 제외했다.

어, 태조 원년(1392) 9월 14일 예문춘추관을 두어 사관(史官)으로 하여금 조정의 결재사항과 견문록을 기록하여 경외(京外) 대소아문에 돌렸으며, 이러한 기별 제도는 조보로 발전하여 제7대 왕 세조 때부터는 승정원에서 취급했다고 한다. 만약 이러한 주장이 사실이라면, '기별'이나 '기별지'라는 말이 태조실록에서부터 나와야 한다.

그러나 위에서 살펴보았듯이 실록에서 기별이라는 단어가 처음 나온 것은 태종실록 35권, 태종 18년(1418) 4월 27일 1번째 기사에서였고, 그마저도 '소식'을 말하는 것이었다. 그리고 신문현상의 하나로서의 '기별' 즉 기별지(奇別紙)에 관한 기사는 조선 건국 이후 180년이나 지난 제11대 왕 중종의 중종실록 49권, 중종 18년(1523) 8월 15일 1번째 기사에 비로소 처음 나왔다. 이는 어찌된 까닭일까?

그 이유는 알 수 없으나, 위와 같은 실록 기사들만을 놓고 볼 때는, 수춘학인과 최준이 주장하는 우리나라 조보의 신라기원설에 의문이 든다. 이러한 의문이 더 드는 것은, 조보에 관한 기사도 중종실록 5권, 중종 3년(1508) 3월 14일 1번째 기사에 처음 나오기 때문인데, 이는 기별지에 관한 기사가 처음 나오기 15년 5개월 전이었다. 그러면 우선 조보에 관한 실록 기사들을 살펴본 뒤에, 다시 조보는 신라시대 기별에서 비롯되었다는 신라기원설의 타당성에 관하여 논의해 보기로 하겠다.

(3) 조보에 관한 것도 중종실록에 처음 나오기 시작

앞서 말했듯이, 수춘학인과 최준 등에 의하면, 기별지는 신라 신문왕 때부터 시작되어, 고려왕조를 거쳐 조선왕조에 들어서서는 더욱 발달되었고, 제7대 왕 세조 때부터 조보로 발전되어 승정원에서 취급했다고 한다. 그러므로 만약 이러한 수춘학인과 최준 등의 주장이 사실(史實)이라면 '기별'이나 '기별지'라는 단어가 태조실록에서부터 나오다가 세조실록부터는 '조보'로 그 명칭이 바뀌어야 한다. 하지만 실록에서 '조보'라는 단어를 검색해 보면, 방금 위에서 말했듯이 제11대 임금인 중종의 중종실록 5권, 중종 3년(1509) 3월 14일 1번째 기사에 비로소 처음 나오는데, 여기에서 조보에 관한 부분만 소개해 보면 아래와 같다.

> 임금이 조강(朝講)에 나아갔다. … 영사 성희안(成希顔)이 또 아뢰기를 … 지난번에 외방 수령들을 사태(沙汰: 선악을 가림)할 때에 신(臣)이 대신들과 더불어 둘러앉아 함께 의논했으니 어찌 털끝만큼이라도 사의(私意)가 있겠습니까? 그

런데 그 후의 언사(言事)하는 사람이 오히려 공평하지 못했다는 의논이 있었으니, 일하기 어려움이 이와 같습니다. 신이 또 지난번에 북경으로부터 요동(遼東)에 도착하여 조보를 보니, 논박을 받아 산관(散官)으로 된 사람이 많았습니다.

이와 같은 기사에 나오는 '조보', 즉 성희안이 요동에서 보았다는 조보는 중국 명나라 조보가 아니라, 우리나라 조보임에 틀림없다. 중종실록의 국역본(國譯本)에서도 이 기사에 나오는 '조보'를 "승정원에서 처리한 사항을 매일 아침 반포하던 통보"라고 풀이해 놓았다. 그러므로 중종실록 5권, 중종 3년(1508) 3월 14일 1번째 기사에 나오는 조보는 우리나라 조보임이 분명한데, 이와 같은 기사를 시작으로 중종 연간(1506-1544)에만도 조보에 관한 기사가 16건이나 나온다. 그런데 이들 기사를 보면 최준이 말한 기사, 즉 "조선왕조실록에 의하면 제11대 왕 중종 15년(1520) 사관(史官)이 조보를 써서 상공관계자에게 이를 반포하였다"(최준, 1960, p. 1)는 내용의 기사는 나오지 않는다. 또 최준에 의하면, 기별지는 조선왕조에 들어와서 더욱 발달되어, 제7대 왕 세조 때부터 조보로 발전되었다고 한다. 그렇다면 '조보'라는 명칭은 세조실록에서부터 나와야 한다. 그러나 그렇지 않고, 제11대 임금인 중종의 중종실록에서부터 갑자기 나오기 시작한다. 따라서 신라시대의 기별 제도가 조선왕조에 들어와서 더욱 발달되어, 제7대 왕인 세조 때부터 조보로 발전했다는 최준의 주장에도 의문이 든다.

(4) 신라시대 기별지로부터 기원설에 대한 의문들

만약 우리나라 조보가 신라시대의 기별로부터 비롯되었다는 최준 등의 학설이 맞다면, 실록에서 기별과 조보에 관한 기사들이 조선 초대 임금인 태조의 태조실록부터 계속 나와야 한다. 하지만 위에서 살펴보았듯이 기별지에 관한 기사는 조선 건국 이후 180년이나 지난 제11대 임금 중종의 중종실록 49권, 중종 18년(1523) 8월 15일 1번째 기사에 비로소 처음 나오기 시작했다. 그리고 조보에 관한 기사도 역시 중종실록에서부터 갑자기 나오기 시작했다. 그렇다면 왜 이처럼 기별지와 조보에 관한 기사가 중종실록에 처음 나오며, 왜 하필이면 기별지와 조보에 관한 기사가 다 함께 같은 시기인 중종 때 나오는 것일까? 이는 단순한 우연의 일치일까, 아니면 어떤 특별한 의미를 지니고 있는 것일까?

이것이 바로 신라시대의 기별지에서 우리나라 조보가 비롯되었다는 최준 등의 기원설에 대한 가장 큰 의문이다. 그러므로 이러한 의문점이 우선 풀려야만 우리나라 조보의 신라기원설이 맞는지, 또는 맞지 않는지를 판가름할 수 있다. 이와 같은 의문점을 명확하게 풀기는 쉽지 않다. 하지만 기별지와 조보에 관한 기사가 중종실록에 처음 나오는 것은 혹시 이때 우리나라 조보가 처음 출현했기 때문은 아닐까 하는 생각이 든다. 이를 환언하면 우리나라 조보는 신라시대의 기별에서 비롯된 것이 아니라, 조선왕조 중종 시기에 처음으로 출현했을 수도 있다는 말이다. 그렇다면 중종실록에 나오는 조보는 무엇이며, 기별은 또한 무엇인가?

이에 관해서도 확실히 알 수는 없지만, 중종 때 조보가 먼저 출현하자 이를 기별이라고도 부르게 된 것이라 짐작되는데, 왜냐하면 그 이전부터 우리나라에서는 소식을 기별이라고 불러 왔기 때문이다. 또한, 조보에 관한 기사는 중종실록 5권, 중종 3년(1508) 3월 14일 1번째 기사에 처음 나온 반면, 기별지에 관한 기사는 15년 5개월 뒤인 중종실록 49권, 중종 18년(1523) 8월 15일 1번째 기사에 처음 나오기 때문이기도 하다.

그러므로 위와 같은 여러 가지 실록 기사들로 미루어 볼 때, 우리나라 조보는 신라시대의 기별지에서 비롯되었다는 최준 등의 학설과는 달리, 중종 때 처음 출현한 것 같다. 그러나 이에 관해서는 앞으로 더 많은 연구가 필요한데, 만약 중종 때 우리나라 조보가 처음 출현했다면 어떻게 해서 이때 출현하게 되었는지부터 밝혀져야 하기 때문이다. 그리하여 우리나라 조보는 신라시대의 기별로부터 비롯되었다는 학설을 대치할 수 있는 대안적 학설이 나와야 하기 때문이다.

2) 중국으로부터 이입설의 타당성 검토

위에서는 우선 우리나라 조보는 신라시대의 기별 제도에서 비롯되었다는 최준 등의 학설의 타당성 여부에 관하여 살펴보았다. 그러면 여기서는 우리나라 조보는 중국에서 유래했다는 소위 '이입설'의 타당성 여부에 관하여 살펴보기로 하겠다. 먼저 이러한 학설, 즉 우리나라 조보는 중국의 저보 제도를 받아들인 것이라는 학설은 도대체 누가 주장했는가?

(1) 우리나라 조보 제도는 중국에서 전래했다는 학설

최남선은 「고사천자」(古事千字)라는 제목의 글에서[23] “[우리나라] 조보의 제(制)는 줄잡아도 지나(支那: 중국)의 당대(唐代)에 존재하며 저보로서 일컬었으니…” 운운하며, 우리나라 조보는 중국의 저보에서 전래된 듯 말하였다(최남선, 1973, p. 97에서 재인용). 이진섭도 “왕조시대의 언론전사 형태”라는 논문에서 저보라는 명칭 대신에 조보라는 명칭을 사용하면서, “조보 제도는 원래 중국에서 발달한 제도”(이진섭, 1968, p. 26)라면서 중국으로부터 전래설을 펀들었다. 그런가 하면, 박정규도 “우리나라의 조보 제도는 그 명칭이나 유통경로 등을 볼 때 중국 제도의 영향을 크게 받은 것 같다”면서, 우리나라는 “삼국시대부터 한당(漢唐)의 문물과 제도를 적극적으로 도입하였으므로 조보 제도도 중국 제도를 모방했을 가능성이 많다고 본다”(박정규, 1978, pp. 122-123)고 했다.

한편 천관우는 “한국신문전사(韓國新聞前史)의 몇 가지 문제”라는 논문에서 우리나라 조보에 관한 기록의 하나로서 황현(黃玹)의 『매천야록』(梅泉野錄)에 나오는 내용 즉 “근래에 서울의 사대부들은 부귀, 유한(有閑)하여 보통 때는 손에 붓을 드는 일이 없고 … 누워서 저보를 보며, 모일(某日)에 무슨 과거(科擧)가 있다는 것을 알고…” 운운한 것을 들면서, 여기서 ‘저보’는 곧 조보로서 일찍이 중국에서 발달한 제도라고 말했다(천관우, 1963, p. 439). 그러나 우리나라 조보 제도가 “중국에서 전래한 것인지, 혹은 우리나라에서 독자적으로 발달한 것에다가 중국식 명칭을 붙인 것인지는 아직 분명히 말할 수 없다”(천관우, 1963, p. 439)는 단서를 달았다.

천관우는 또한 1968년 발표한 “한국신문 80년의 발자취: 제1부 해방 이전”이라는 글에서도 말하기를, “중국에서는 한(漢)·당(唐) 이래로 황실의 동정, 관료의 이동, [황제의] 유시(諭示), [신하의] 상소(上疏) 등을 정부에서 기록, 발표하는 ‘조보’라는 것이 있어서, 지방 제후(諸侯)의 각 경저(京邸)에서는 그 내용을 필사하여 지방으로 전달하였으니 이것을 저보라고 하였는데, 우리나라에서도 이 제도가 일찍부터 있었던 듯하여, 조보에 관해서는 조선 중종 15년(1520)에, 그리고 조보의 지방 전달에 관해서는 조선 명종 8년(1553)에 기록이 보인다”(천관우, 1968, p. 27)고 하였다.

---

23 이 글은 본래 1935년 9월 11일부터 같은 해 11월 27일까지 「매일신보」에 연재했던 것이다. 고대 아세아문제연구소 육당전집편찬위원회 편, 『육당 최남선 전집』 4권(서울: 현암사, 1973)에도 실려 있는데, 여기서는 이 전집의 글을 인용했다.

차배근도 "중국 '저보'의 기원과 발달과정에 관한 소고: 우리나라 '조보'와의 비교연구를 위하여"라는 논문에서, 우리나라는 자고로 중국과 밀접한 교류를 가지면서 여러 가지 문물을 받아들여 왔기 때문에, 중국의 저보 내지 조보가 우리나라 조보에 영향을 미쳤을 가능성이 많다고 했다(차배근, 1984, p. 98).

그러나 이와 같이 우리나라 조보는 중국의 저보에서 유래했다는 소위 '이입설'에도 의문점이 적지 않다. 그중에서 가장 큰 의문점은 "중국에서는 저보가 한(漢)나라(B.C. 206-A.D. 220) 때부터 계속해서 나왔음에도 불구하고, '저보'라는 명칭이 우리나라 실록에서는 전혀 나오지 않다가 중종 3년(1508) 3월 14일 1번째 기사에 '조보'라는 명칭이 먼저 나온 뒤, 그로부터 37년 8개월 만인 명종 즉위년(1545) 11월 14일자 명종실록 2권에서야 처음으로 '저보'라는 명칭이 나타나느냐?" 하는 것이다.

(2) 중국 조보관계기사도 중종실록에 갑자기 7건이나 나와

위와 같이 우리나라 조보는 중국에서 유래했다는 소위 '이입설'에도 의문점이 적지 않다. 따라서 이러한 학설의 타당성을 알아보기 위하여 실록에서 중국의 저보나 조보('기별'이라는 호칭 포함)에 관한 기사들을 검색해 보았다. 그 결과, 앞서 말했듯이 중종실록에 갑자기 16건이나 나왔는데, 그중에서 7건이 중국 명나라의 저보를 가리키는 것이었다. 그러면 이들은 어떠한 내용의 기사들이었는가? 이들을 소개해 보면 아래와 같다.

> ① 등극사(登極使) 이유청(李惟淸)이 장계하기를, "등극반조사(登極頒詔使)의 임명 여부를 알려고 [중국의] 기별 1통을 얻어 보니, 거기에 관원을 뽑아 조서를 가지고 조선국에 가서 개독(開讀)하고 성지를 받들라 했다"(중종실록 42권, 중종 16년, 서기 1521년 9월 20일 3번째 기사).
>
> ② 삼공(三公)이 의논하여 아뢰기를, "신들이 이제 방윤(方輪)의 서장과 중국의 기별 및 상소를 보니, 신들의 생각도 과연 상교(上敎)와 같습니다…"(중종실록 51권, 중종 19년, 서기 1524년 9월 18일 3번째 기사).
>
> ③ 홍문관 수찬 황염(黃恬)이 말하기를, "왕안석(王安石)의 말이 '춘추(春秋)는 단란조보(斷爛朝報)와 같은 글이다' 했었기 때문에 황망(慌忙)한 터라, 왕안석의 말이라고 주대(奏對)했었습니다"(중종실록 55권, 중종 20년, 서기 1525년 11월 27일 1번째 기사).

④ 임금이 정원에 전교하였다. "중국 기별을 보건대, 서반(西班) 호사신(胡士紳)의 주본(奏本)에, 외국인 대우를 전처럼 하지 않아 임금의 총명을 속이고 막게 된다는 말들이 있었으니 과연 지당한 말이다"(중종실록 56권, 중종 21년, 서기 1526년 3월 21일 1번째 기사).

⑤ 임금이 김근사(金謹思) 등에게 명하여 의논하기를, "내가 일찍이 중원(中原: 중국의 중원)의 기별을 보니, 변방에 일이 있으면 병부(兵部)와 호부(戶部)가 각기 관장한 일을 가지고 낭관을 뽑아 보내서 감찰하였다. 우리나라는 전부터 이런 관례가 없으나 이를 모방해서 하는 것도 무방할 것이다"(중종실록 85권, 중종 32년, 서기 1537년 5월 6일 5번째 기사).

⑥ 임금이 정원에 전교하기를, "이번에 중원(中原)의 기별을 보니, 해내(海內)에 알릴 만한 일은 모두 우리나라로 하여금 알게 하겠다고 하였으니, 황제의 뜻도 그런 것 같다"(중종실록 86권, 중종 32년, 서기 1537년 11월 12일 1번째 기사).

⑦ 진위사(陳慰使) 안현(安玹)과 진향사(進香使) 조사수(趙士秀) 등이 서계(書啓)하기를, "신들이 북경에 있을 때에 제독주사(提督主事)가 보는 조보를 얻어 보니, 병부(兵部)의 제본(題本) 안에 되[虜]의 환란에 대비하는 것을 의논한 것이 있었습니다"(중종실록 98권, 중종 37년, 서기 1542년 4월 20일 2번째 기사).

이와 같은 기사들에서 중국의 기별이란 곧 명나라 때 저보를 말한 것이었는데, 이러한 것들로 미루어 볼 때 당시 우리나라 임금이나 고위관료들은 명나라 저보를 구해서 읽었고, 그에 관하여 잘 알고 있었던 것 같다. 그래서 혹시 중종 때 명나라의 저보를 모방하여 우리나라에서도 조보를 발행하게 된 것은 아닐까 하는 생각이 든다. 특히 이러한 생각이 드는 것은 위에서 ⑤번 기사를 보면, "임금이 김근사 등에게 명하여 의논하기를, '내가 일찍이 중원의 기별을 보니, 변방에 일이 있으면 병부와 호부가 각기 관장한 일을 가지고 낭관을 뽑아 보내서 감찰하였다. 우리나라는 전부터 이런 관례가 없으나 이를 모방해서 하는 것도 무방할 것이다'"라는 내용이 나오기 때문이다. 비록 이는 기별 제도에 관한 것은 아니지만, 이러한 기사로 미루어 볼 때 중국의 저보 제도를 우리나라에서 모방했을 가능성이 없지 않다. 따라서 이를 확인하기 위하여 중종 이후 다른 임금의 실록에 나타난 중국의 저보나 조보에 관한 기사들을 더 찾아보았다.

(3) 선조 때도 우리 임금과 신료들은 명나라 조보 구해 읽어

선조실록에도 우리나라 임금과 신료들은 명나라 저보(조보라고도 불렀음)를 구해서 읽었다는 내용이 많이 나온다. 예컨대, 선조실록 46권, 선조 26년(1593) 12월 1일 9번째 기사를 보면, "임금이 대신(大臣)에게 비망기(備忘記)를 내려 일렀다. … 전일(前日) 중국의 조보를 보건대, …" 운운한 내용이 나온다. 또한 선조실록 50권, 선조 27년(1594) 4월 24일 2번째 기사를 보면, "충겸(忠謙)이 아뢰기를, '신이 중국 조보를 보니…'" 운운하였다. 그렇다면 우리나라 임금과 신료들은 어떻게 명나라 조보를 구해서 읽었을까?

아마도 임진왜란 때 우리나라를 돕기 위하여 와 있던 명나라 장수와 관료들이 명나라에서 가져다 보는 명나라 조보를 얻어서 보았던 것 같다. 당시 명나라 장수 등은 자기 나라 조보를 가져다 보았기 때문이다. 예컨대, 선조실록 44권, 선조 26년(1593) 11월 9일 3번째 기사를 보면, "임금이 남별궁(南別宮)에서 [명나라] 장도사(張都司)를 만났는데, 도사가 말하기를, '조보를 보면 군사 조발과 군량 운반에 관한 일이 있습니다'" 하였는데, 여기서 조보는 명나라 조보를 지칭한다. 또한 선조실록 98권, 선조 31년(1598) 3월 24일 1번째 기사를 보면, 명나라 진어사(陳御史)가 중국으로 돌아가면서 홍제원(弘濟院)에서 선조 임금에게 말하기를, "어제 조보를 보니 '가등청정(加藤清正)과 소서행장(小西行長)이 군량이 다하여 물러갈 형세가 있다'고 하였습니다" 운운하는 내용이 나오는데, 여기서 조보도 명나라 저보를 말한다.

한편 명나라 저보는 우리나라 사신들이 명나라에 갔다가 돌아오면서 가지고 오거나 또는 그 일부를 등서(謄書)해 오기도 했다. 선조실록 78권, 선조 29년(1596) 8월 1일 4번째 기사를 보면, "주문사(奏聞使) 구성(具筬)이, 중국 조정의 통보[저보]에 난 석상서(石尙書)의 글을 등서하여 가지고 온 것을 드리니 상이 이르기를 '주문(奏聞)이 아닌데 이것이 어떻게 [명나라] 조보에 나왔단 말인가?'" 하며 놀랐다는 내용이 나온다. 또한 선조실록 78권, 선조 29년(1596) 8월 10일 4번째 기사에는 "승문원(承文院)에서 아뢰기를, '상께서 [중국 명나라] 석상서(石尙書)에게 글을 보낸 일이 [명나라] 조보에 나왔으니…'" 운운하는 내용이 나오는데, 이를 보면 명나라 조보에는 우리나라에 관한 일도 실렸던 것 같다. 그런가 하면, 임진왜란이 끝나고 약 두 달 뒤인 선조실록 109권, 선조 32년(1599) 2월 23일 1번째 기사를 보면 아래와 같은 내용도 나와 있다.

> 상(上: 선조 임금)이 [명나라] 도사(都司) 오종주(吳從周)의 관소에 거동하였다. … 오종주가 말하기를, "귀국에서도 천조(天朝: 중국)의 당보(塘報)를 봅니까?" 하니, 상이 이르기를, "외번(外藩)의 신하가 어떻게 얻어 보겠소이까" 하자, 오종주가 말하기를, "천하가 한 집안이고 내외가 일체인데 어찌 번방(藩邦)이라고 하여 스스로 멀리하십니까. 사천(泗川)의 촉왕(蜀王)은 매일 사람을 보내 조보(朝報)를 탐지해 갑니다"라고 하였다.

이 기사에서 말한 중국의 '당보'(塘報)는 명나라 때 문서의 수발(受發)과 전달 업무를 관장하던 기관인 제당(堤塘)에서 발행한 것으로 본래는 일종의 군보(軍報)였으나 그 뒤 일반신문으로 발전한 것이었다. 그런데 오종주가 이러한 당보를 조선에서도 보느냐고 선조 임금에게 묻자, 선조 임금이 외번의 신하가 어떻게 얻어 보겠느냐고 반문했다고는 기록되어 있으나, 당시 우리나라에서도 명나라 당보를 여러 경로를 통해 구해다가 본 듯하다. 당시 명나라에서는 '당보'도 그냥 '조보'라고 불렀던 것 같은데, 위의 기사를 보더라도 오종주가 앞에서는 당보를 보느냐고 물었다가 뒤에서는 사천(泗川)의 촉왕(蜀王)은 매일 사람을 보내 조보를 탐지해 간다고 했기 때문이다.

한편 선조실록 198권, 선조 39년(1606) 4월 19일 4번째 기사를 보면, "우승지 송준(宋駿)이 예조의 말로 아뢰기를, '삼가 살피건대, 진하사 민몽룡(閔夢龍) 등이 요동에 도착하여 성모(聖母)에게 존호(尊號)를 올리는 등황조서(謄黃詔書) 1통을 사적(私的)으로 얻어서 보내왔습니다. 평상시에 사신이 북경에 있으면서 이와 같이 중요한 관계가 있는 조보를 문견(聞見)하여 치계(致啓)하면, 중국 조정에서 우리나라에 통보하여 알릴 때까지 기다리지 않고 사신이 치계한 것에 의거하여 중국 조정에 주문(奏聞)하는 것이 예입니다. 그런데 이번에는 진하사가 요동에 도착하자마자 등황조서를 얻어 전계(轉啓)하였습니다" 운운하고 있다. 따라서 이러한 내용으로 미루어 볼 때, 우리나라 사신들이 중국 북경에 가면 명나라 조보(저보)를 읽으면서 그곳에 중요한 기사가 나면 그 내용을 우리나라 조정에 보고하여 그에 따라 중국 조정에 대처한 것을 알 수 있다. 그러므로 우리나라 임금과 고위관료들은 당시 명나라 조보에 관해서도 잘 알고 있었던 것 같다.

(4) 숙종 때는 청나라 조보·당보도 많이 유입돼

인조 22년(1644) 만주족이 명나라를 멸망시키고 청(淸)나라를 세웠다. 그리고 북경을 도읍으로 정한 청나라는 1912년까지 268년 동안 중국 대륙을 지배하였다. 그러면서 청나라의 언론문물제도가 우리나라에 유입되기 시작했다. 숙종실록 15권, 숙종 10년(1684) 12월 3일 2번째 기사를 보면, "약방 부제조(副提調) 윤지선(尹趾善)이 말하기를, '당초에 천영선(千永善)을 재자관(齎咨官)의 행차에 [북경으로] 들여보낸 것은 오로지 저쪽 사정을 정탐하기 위한 것인데, … 대저 천영선이 얻어 온 문서는 바로 청국의 당보(搪報)로서, 우리나라 조지(朝紙)와 같은 것이었다. 청국 글자로 썼는데, 청나라 역관(譯官)으로 하여금 그 글을 번역하게 하였더니, 바로 우리나라 남(柟)과 허견(許堅)의 옥정(獄情)을 저들에게 보고한 것들이었다'"는 내용이 나온다. 이로 미루어 볼 때, 우리나라 사신의 수행원들이 청나라에 가는 주요 목적의 하나는 청나라 사정을 염탐하기 위한 것이며, 그 방법의 하나로 청나라 당보(조보)를 얻어 왔음을 알 수 있다. 또한 당시 청나라 당보에는 우리나라에서 청나라에 보고한 남(柟)과 허견(許堅)의 옥정(獄情) 등도 실렸음을 알 수 있다.

다음으로 숙종실록 51권, 숙종 38년(1712) 7월 24일 2번째 기사를 보면, "교리 오명항(吳命恒)이 문의(文義)로 인하여 임금께 아뢰기를, … '또 역설(譯舌)의 무리가 북경의 조보 1장을 얻으면 그 진가를 분별하지 않고 언제나 상자(賞資)를 더하니 더욱 경계해야 합니다' 하니, 임금이 옳게 여겼다"는 내용이 나온다. 여기서 '역설'은 우리나라의 중국어 통역사를 말하는데, 이들이 청나라 북경에서 나오는 청나라 조보 한 장을 얻으면 그것이 진짜인지 아닌지를 가리지 않고 칭찬을 하니 이를 더욱 경계해야 한다고 임금께 아뢰니, 임금이 이를 옳게 여겼다는 것이다. 이러한 기사 내용으로 미루어 볼 때, 당시 우리나라의 중국어 통역 무리는 청나라 조보를 어떤 경로를 통해서라도 한 장 얻으면, 그것이 마치 보물이라도 되는 듯 자랑하면서 다른 사람들에게 보여 주었던 것 같다. 그러므로 당시 우리나라 사대주의적 상류층은 청나라 조보의 체재나 내용에 관해서도 익히 알고 있었던 것 같다.

그러나 우리나라 임금과 고위관료들은 청나라 조보 내용의 신빙성을 그리 높게 평가하지 않은 듯하다. 숙종실록 31권, 숙종 23년(1697) 12월 17일 3번째 기사를 보면 "도승지 이현석(李玄錫)이 상소하기를, '명(明)나라 사기(史記)는 뒤섞여 어지러우며 계통(系統)이 없습니다. 이른바 『소대전칙』(昭代典則) 등의 책은 조보나 등차(謄箚)한 것에 지나지 않으므로, 어떤 것은 동일한 사건인데도 흩어져 나와 있고, 어떤 것은 미미한 사건인데도 잘못 헤아려, 『통감강목』(通鑑綱目)의 예를 본뜬다면 큰 차이가 있습니다'"라면서, 중국의 조보를 은근히 폄하했기 때문이다.

끝으로 숙종실록 65권, 숙종 46년(1720) 1월 24일 2번째 기사를 보면, 당시 일본에는 청나라 연경(燕京)과는 달리 조보가 없었다는 언급이 나온다. 이는 우리나라 일본통신사(日本通信使) 홍치중(洪致中) 등이 일본에 갔다가 돌아와서 세자(世子)에게 보고한 것인데, 그 내용을 간단히 소개해 보면 아래와 같다.

> 통신정사 홍치중(洪致中), 부사(副使) 황선(黃璿), 종사관(從事官) 이명언(李明彦) 등이 일본에서 돌아오니, 세자가 소견하고 위유(慰諭)하였다. 홍치중이 말하기를, "위령(威靈: 임금의 위력)이 미친 바로 인해 저들이 중간에서 방해하는 일이 없었으니, 이는 모두가 나라의 은혜입니다. 저들의 국경에 들어간 뒤로부터 혹시라도 알아 둘 만한 사정이 있을까 해서 각별히 유의하였습니다. 병제(兵制)와 같은 종류에 있어서는 더욱 들어 알고자 하였으나, 연경(燕京)과는 달리 본래 조보가 없고, 또 그 법령(法令)이 매우 엄해서 비록 하천(下賤)들일지라도 그 사정을 언급하지 않았으므로 실로 탐지해 낼 방도가 없었습니다."

이에서도 볼 수 있듯이 당시 일본에는 중국이나 우리나라와는 달리 조보와 같은 관보가 존재하지 않았다. 때문에 일본에 갔다 온 통신사(通信使)들이 귀국 후 숙종의 세자에게 보고하기를, 일본에는 조보가 없어서 그곳 사정을 알 수 없다고 말한 것이었다.

(5) 중국으로부터 이입설에 대한 여러 가지 의문점들

지금까지 우리나라 조보는 중국에서 유래했다는 소위 '이입설'의 타당성 여부를 알아보기 위하여, 실록에 나타난 중국의 저보나 조보에 관한 기사들을 살펴보았다. 그 결과, 이러한 기사들은 제11대 임금인 중종 때부터 갑자기 나오기 시작하여 중종실록에만 7건이 실려 있다. 그런데 이들 기사의 내용을 보면, 당시 우리나라 임금이나 고위관료들은 명나라 저보를 구해서 읽었고, 그에 관하여 잘 알고 있었던 것 같다. 그래서 중종 때 명나라 저보를 모방하여 우리나라도 조보를 발행하게 된 것은 아닐까 하는 생각이 든다.

앞서 말했듯이 중종실록 85권, 중종 32년(1537) 5월 6일 5번째 기사를 보면, "금이 김근사(金謹思) 등에게 명하여 의논하기를, '내가 일찍이 중원(中原: 중국의 중원)의 기별을 보니, 변방에 일이 있으면 병부(兵部)와 호부(戶部)가 각기 관장한 일을 가지고 낭관을 뽑아 보내서 감찰하였다. 우리나라는 전부터 이런 관례가 없으나 이를 모방해서 하는 것도 무방할 것이다'"라는 내용이 나오는데, 이는 비록 기별 제도에 관한 것은 아니지만, 이러한 기사로 미루어 볼 때 중국의 조보 제도도 모방했을 가능성이 없지 않기 때문이다. 따라서 이를 확인하기 위하여 중종 이후 다른 임금의 실록에 나타난 중국의 저보나 조보에 관한 기사들을 더 찾아보았더니, 조선의 임금과 고위관료들은 중국의 저보, 당보, 조보 등을 여러 경로를 통해서 구해다가 열심히 읽은 것으로 나타났다. 그러므로 우리나라에서도 조보를 계속해서 발행토록 했던 것 같다.

그러나 이에 관하여 직접적으로 언급한 사료를 찾지 못하여, 천관우가 말했듯이, 우리나라 조보 제도가 중국에서 전래한 것인지, 혹은 우리나라에서 독자적으로 발달한 것에다가 중국식 명칭을 붙인 것인지는 아직 분명히 말할 수 없다(천관우, 1963, p. 439). 따라서 우리나라 조보는 중국에서 유래했다는 소위 '이입설'의 타당성 여부는 아직 가리기 쉽지 않다. 우리나라 조보는 중국의 저보에서 전래한 것이 아니라, 우리나라에서 독자적으로 조보를 낸 뒤, 거기에다가 중국식으로 '조보'라는 명칭을 붙였을 가능성도 배제할 수는 없기 때문이다. 또한 중국에서는 한(漢)나라 때부터 저보를 계속 발행해 왔음에도 불구하고, 우리나라 실록을 보면 중종 3년(1508) 3월 14일 1번째 기사에 '조보'라는 명칭이 처음 나오고, 그 뒤 37년 8개월 뒤인 명종실록 2권, 명종 즉위년(1545) 11월 14일 1번째 기사에서야 '저보'라는 명칭이 등장한다는 점도 이를 뒷받침한다.

3) 우리나라 기별지에 중국 저보·조보 접목설의 타당성 검토

셋째로 우리나라 조보는 우리의 전통적 기별지에다가 중국의 저보·조보 등을 접목해서 생성되었다는 접목설(接木說)이 있다. 이는 마치 대봉감나무의 접지(椄枝)를 야생 고염나무(이를 臺木이라고 함)에 접붙여 대봉감나무로 키우듯이, 외국의 언론문물제도를 들여다가 자국(自國)의 전통적 신문문물에 접목해서 새로운 신문문물을 생성시켰다는 학설이다. 다시 말해서, 이는 중국의 저보나 조보 등의 언론문물제도를 들여다가 우리나라의 전통적 신문현상인 기별지에 접목해서 우리나라의 조보를 생성시켰다는 학설을 말한다. 그러면 이러한 학설은 누가 제기했는가?

(1) 접목설은 1996년 차배근이 간접적으로 처음 제기

이와 같은 접목설을 직접적으로 제기한 사람은 없으며, 다만 차배근이 1996년 발표한 "한국 근대신문의 생성과정과 「독립신문」: 이식설에 관한 몇 가지 의문점을 중심으로"라는 논문에서 간접적으로 거론한 적이 있었다. 이에 관하여 간단히 설명하면, 먼저 임근수(林根洙)가 1975년 "한국커뮤니케이션사 연구의 방법에 관한 일고찰"이라는 논문에서 우리나라 근대신문의 '이식설'(移植說)을 제기하면서, 그 이유를 아래와 같이 주장했다.

> 서구(西歐)의 근대신문은 어떠한 시원(始原)으로부터 출발해서 자연발생적으로 근대사회의 '근대신문'으로 이행, 발전되어진 것인데 반하여, 우리나라를 비롯한 비서구사회의 '근대신문'은 그 전반적 근대화 과정에 있어서와 마찬가지로 인위적·인공적 또는 타율적 노력에 의하여 비자연발생적으로 부식되어진 것이다. 즉 비서구사회의 근대신문은 '묘목의 이식(移植) → 착근(着根) → 배양(培養) → 생장(生長)'이 그 생성의 기본적 공식이 될 수 있다는 것인데, 이것을 필자는 '이식설'(移植說)로 호칭하고 싶다. 그러니까 … 우리나라를 비롯한 모든 비서구사회에서 근대신문의 생성 과정은 '비자연발생적 이식설'로 설명되어야 한다(임근수, 1975, p. 127).

바로 이러한 임근수의 이식설에 대하여 차배근은 의문을 제기하였는데, 우리나라의 중국을 통한 서양 근대문물 수용 과정을 자세히 살펴보면, 타율적 이식이 아니라, 자율적이고 능동적 수용이었기 때문이다. 우리나라에 서양의 근대문물이 '서학'(西學)이라는 이름으로 이입되기 시작한 것은 조선 중기인 17세기 부경사행(赴京使行) 즉 중국 북경에 정기적 또는 부정기적으로 파송된 외교사행을 통해서였는데, 이러한 부경사행은 정치적 목적과 동시에 문화적 목적도 지녔다고 한다.

(2) 접목설의 타당성 여부도 아직 밝혀지지 않아

당시 부경사행은 우리나라 한양과 중국 북경을 연결하는 유일한 공식적 문화 교류의 통로이자 도관(導管)이었다. 따라서 우리나라 임금들은 부경사행원들에게 중국의 각종 서적과 조보 등을 구해 오도록 했다. 그리하여 부경사행원들은 북경에 가면 유리창(琉璃廠)의 책방들을 출입하면서 각종 도서와 문서들을 구입했다. 그때 서학에 관한 책들도 입수했으며, 일부 사행원들은 서양 선교사들을 찾아가서 필담이나 역관(譯官)을 통해 학문을 논하고 각종 시설을 견학하고, 그들에게서 각종 한역서학서(漢譯西學書)들을 기증받아 우리나라로 가져왔다(山口正之, 1933). 그 결과, 우리나라에서 '실학'이라는 학문까지 낳게 되었는데, 이는 곧 해외문물의 수용에 대한 우리 민족의 진취성을 보여 주는 한 국면이라고 할 수 있다. 그러므로 서양의 근대적 언론문물이 타율적으로 우리나라에 이식되었다는 임근수의 주장에 대하여 차배근은 의문을 제기한 것이었다.

그러면서 차배근은 접목설을 제시했다. 이는 앞서 말했듯이, 외국의 언론문물제도를 들여다가 자국(自國)의 전통적 신문문물에 접목해서 새로운 신문문물을 생성했다는 학설이다. 다시 말해서, 우리나라 조보는 중국의 저보나 조보 등의 언론문물을 들여다가, 우리나라의 전통적 신문현상인 기별지에 접목해서 생성되었다는 것이다. 그러나 이러한 접목설에 관한 후속연구가 나오지 않아서, 그 타당성은 알 수 없다. 하지만 어느 정도의 타당성은 있다고 볼 수 있는데, 우리나라 조보는 중국의 그것을 수동적으로 받아들이거나 또는 단순히 모방한 것이 아니라, 능동적으로 수용(受容)해서 우리나라의 실정에 맞도록 만들었다고 말할 수 있기 때문이다.

만약 우리나라 조보가 중국에서 건너온 제도라고 하더라도 이것이 우리나라에서 정착되면서 우리 실정에 알맞게 변형되었을 것은 당연한 일이다. 이는 중국의 저보·조보와 우리나라 조보의 차이점을 비교해 보아도 알 수 있는데, 중요한 차이점의 하나로는 중국의 저보·조보는 당(唐)나라 때부터 인쇄해서 발행했으나, 우리나라 조보는 끝까지 인쇄하지 않고 필사만 해서 발행했다는 점을 들 수 있다. 또 다른 차이점으로는, 중국의 저보·조보는 역사적으로 반관반민적(半官半民的) 성격을 지녔으나, 우리나라 조보는 순수한 관보적 성격만 지녔다는 점을 들 수 있다.

4) 우리나라 조보의 세 가지 기원설에 대한 결언

지금까지 위에서 우리나라 조보의 기원에 관한 세 가지 학설에 관하여 간단히 살펴보았다. 그렇다면 이들 중에서 어떤 학설이 가장 타당한가? 이에 관해서는 더 많은 연구가 필요한데, 각 학설마다 여러 가지 의문점을 지니고 있기 때문이다. 예컨대, 만약 우리나라 조보는 신라시대 기별지에서 비롯되었다는 기원설이 맞다면, 왜 중국식으로 '조보'라는 명칭을 붙였을까? 만약 우리나라 조보가 중국의 조보 제도를 이입해서 만들었다는 이입설이 맞다면, 도대체 언제부터 어떻게 이입했는가? 만약 접목설이 맞다면, 중국의 저보 제도를 어떻게 우리나라 조보로 정착시켰는가? 그러면 마지막으로 이들 각 학설에 관한 고찰 결과들을 다시 한번 간단히 요약해 보기로 하겠다.

(1) 신라시대 기별지로부터 기원설에 관한 논의와 결언

첫째로 신라시대 기별로부터의 기원설이란, 앞서 말했듯이, 우리나라 조보는 다른 나라 언론문물제도의 영향을 받지 않고 신라시대의 기별 제도를 기원으로 해서 독자적이고 자연발생적으로 생성되었다는 학설을 말한다. 이러한 학설을 처음 내세운 사람은 수춘학인(壽春學人)이라는 필명의 차상찬이었다(수춘학인, 1930, p. 24). 그러나 이 학설이 한국언론학계에서 널리 받아들여지게 된 것은 최준(崔埈)이 1960년 출간한 『한국신문사』(서울: 일조각)에 의해서였다. 이 책에서 최준은 차상찬의 주장을 그대로 받아들여, "기별 제도는 신라 신문왕 때 시작되어, 그 후 고려왕조를 거쳐 조선왕조에 들어서서는 더욱 발달되어, 태조 원년(1392) 9월 14일 예문춘추관을 두어 사관(史官)으로 하여금 조정의 결재사항과 견문록을 기록하여 경외(京外) 대소아문(大小衙門)에 돌렸으며, 이러한 기별 제도는 조보로 발전하여 제7대 왕 세조 때부터는 승정원(承政院)에서 취급했다. 조선왕조실록에 의하면 제11대 왕 중종 15년(1520) 사관이 조보를 써서 상공관계자에게 이를 반포하였다는 것과 승정원의 기록원을 늘리자는 기록이 있다. 제12대 왕 인종 때에도 이러한 기록이 나타나 있다. 이로써 조선왕조에 들어서서 조보의 발행은 그 궤도에 올랐음을 알 수가 있다"(최준, 1960, p. 1)고 주장했다. 하지만 이러한 최준의 주장에는 여러 가지 의문점들이 있다.

첫째, 최준은 주장하기를, "신라시대에서 비롯된 기별 제도가 그 후 고려왕조를 거쳐 조선왕조에 들어서서는 태조 원년(서기 1392년) 9월 14일 예문춘추관을 두어 사관(史官)으로 하여금 조정의 결재사항과 견문록을 기록하여 경외(京外) 대소아문(大小衙門)에 돌렸으며, 이러한 기별 제도는 조보로 발전하여 제7대 왕 세조 때부터는 승정원에서 취급했다"고 운운했는데, 만약 이것이 사실(史實)이라면 '기별'(또는 기별지)

이나 '조보'라는 단어나 그에 관한 기사가 태조실록에서부터 나와야 한다.

그러나 실록에서 '기별'이라는 단어를 검색해 보면, 어찌된 일인지, 제3대 임금인 태종의 태종실록 35권, 태종 18년(1418) 4월 27일 1번째 기사에 '기별'에 관한 것이 처음 나온다. 그러나 이 기사에서 '기별'은 신문현상으로서의 기별지에 관한 것이 아니라, '소식'을 말하는 것이었다. 그 뒤 제9대 임금인 성종의 성종실록에도 기별 관련 기사가 2건이 나왔으나, 이것들도 '소식'에 관한 것이었다. 그러나 조선 제11대 임금인 중종의 중종실록에는 기별에 관한 기사가 갑자기 무려 38개나 나타났는데, 이들 중 28건은 '소식' 등에 관한 것이었고, 신문현상을 뜻하는 기별에 관한 기사들은 10건이었으나, 그중에서 5건은 중국의 저보나 조보를 가리킨 것이었고, 우리나라 기별지 즉 조보에 관한 것은 겨우 5건에 불과했다.

다음으로 '조보'라는 단어를 실록에서 검색해 보았더니, 조선왕조의 개국(1392) 이후 116년 동안이나 한 건도 나오지 않다가 중종 3년(1508) 3월 14일자 중종실록 5권에 처음 나오기 시작하여 중종실록에만도 조보관계기사가 모두 16건이나 쏟아져 나왔다. 그런데 이들 기사를 보면, 최준이 말한, "조선왕조실록에 의하면 제11대 왕 중종 15년(1520) 사관(史官)이 조보를 써서 상공관계자에게 이를 반포하였다"(최준, 1960, p. 1)는 내용의 기사는 나오지 않는다. 또 최준에 의하면, 기별지는 조선왕조에 들어와서 더욱 발달되어, 제7대 왕 세조 때부터 조보로 발전되었다고 한다. 그렇다면 '조보'라는 명칭이 세조실록에서부터 나와야 한다. 그러나 그렇지 않고, 제11대 임금인 중종의 중종실록에서부터 갑자기 나오기 시작한다. 따라서 신라시대의 기별 제도가 조선왕조에 들어와서 더욱 발달되어, 제7대 왕 세조 때부터 조보로 발전되었다는 최준의 주장에 대해서도 의문이 든다. 또 하나의 의문이 드는 것은, 왜 이처럼 기별지와 조보에 관한 기사가 모두 하필이면 중종실록에 처음 나오는 것일까? 이는 단순한 우연의 일치일까, 아니면 어떤 특별한 의미를 지니는 것일까?

바로 이러한 문제들이 최준 등이 주장한 신라시대의 기별지에서 우리나라 조보가 비롯되었다는 기원설에 대한 큰 의문들이다. 그러므로 이러한 의문점들이 우선 풀려야만 우리나라 조보의 신라기원설이 맞는지, 맞지 않는지를 판가름할 수 있다. 이와 같은 의문점을 명확하게 풀기는 쉽지 않으나, 기별지와 조보에 관한 기사가 중종실록에 처음 나오는 것은 혹시 이때 우리나라 조보가 처음 출현했기 때문은 아닐까 하는 생각이 든다. 이를 환언하면 우리나라 조보는 신라시대의 기별에서 비롯된 것이 아니라, 조선 중종 시기에 처음으로 출현했을 수도 있다는 말이다. 그렇다면 중종실록에 나오는 조보는 무엇이며, 기별은 또 무엇인가?

이에 관해서도 확실히 알 수는 없지만, 중종 때 조보가 먼저 출현하자, 이를 '기별'이라고도 부르게 된 것은 아닌지 짐작된다. 그 이전부터 우리나라에서는 소식을 기별이라고 불러 왔기 때문이다. 이러한 생각이 드는 것은, 조보에 관한 기사는 중종실록 5권, 중종 3년(1508) 3월 14일 1번째 기사에 처음 나오는 반면, 기별지에 관한 기사는 15년 5개월 뒤인 중종실록 49권, 중종 18년(1523) 8월 15일 1번째 기사에 처음 나오기 때문이다.

그러므로 위에서 살펴본 여러 가지 실록 기사들로 미루어 볼 때, 우리나라 조보는 신라시대의 기별지에서 비롯되었다는 최준 등의 학설과는 달리, 중종 때 처음 출현한 것도 같다. 그러나 이에 관해서는 앞으로 더 많은 연구가 필요한데, 만약 중종 때 우리나라 조보가 출현했다면 어떻게 해서 이때 처음 출현하게 되었는지를 밝혀야 하기 때문이다. 다시 말해서, 우리나라 조보는 신라시대 기별로부터 비롯되었다는 기원설을 대치할 수 있는 대안적 학설이 나와야만 한다.

둘째, 최준은 또 말하기를, 기별 제도가 조선왕조에 들어서는 더욱 발달하여, "태조 원년 서기 1392년 9월 14일 예문춘추관을 두어 사관(史官)으로 하여금 조정의 결재사항과 견문록을 기록하여 경외(京外) 대소아문(大小衙門)에 돌렸다"고 했는데, 이런 기록을 어디에서 인용했는지 그 출처를 밝혀 놓지 않아서 정확히 알 수 없다. 그러나 조선왕조실록에서 태조 원년(1392) 9월 14일 예문춘추관에 관한 기사를 찾아보면, 예문춘추관이 사료(史料)를 수집하기 위한 세 가지 방안을 임금에게 진언(進言)하면서 그에 관한 공첩(공문서)을 각 아문에 보내라고 했다는 내용만 나올 뿐, "예문춘추관을 두어 사관으로 하여금 조정의 결재사항과 견문록을 기록하여 경외 대소아문에 돌렸다"는 내용은 없다. 또한 최준은 말하기를, 조보는 세조 때부터 승정원에서 취급했다고 했는데, 이것도 어떤 사료를 근거로 한 것인지 알 수 없으나, 실록에서는 찾아볼 수 없다.

그러므로 위와 같은 여러 사실들로 미루어 볼 때, 비록 신라와 고려시대에 조보의 실태는 그에 관한 사료들을 찾지 못해 알 수 없으나, 조선왕조실록에 나타난 조보에 관한 사료만을 통해서 볼 때, 우리나라 조보는 신라시대의 기별로부터 비롯되었다는 최준 등의 학설이 과연 타당한 것인지에 관해서는 여러 가지 의문이 든다. 그러나 이 학설이 틀렸다고 단언할 수는 없는데, 이 책에서는 어디까지나 조선왕조실록에 나오는 기별과 조보에 관한 기사들만을 바탕으로 이 학설의 타당성 여부를 검토해 보았기 때문이다.

(2) 중국 언론문물제도의 이입설에 관한 논의와 결언

둘째로 중국 언론문물제도의 이입설이란, 위의 신라시대 기별지로부터 비롯되었다는 기원설과는 달리, 우리나라 조보가 중국의 저보·조보 등의 문물제도를 받아들여서 생성되었다는 학설을 말하는데, 이를 이식설(移植說)이라고도 부른다. 이러한 학설은 앞서 말했듯이 최남선(1973, p. 97), 천관우(1963, p. 439), 이진섭(1968, p. 26), 박정규(1978, pp, 122-124) 등이 주장하였다. 하지만 이들은 우리나라 조보가 중국의 저보나 조보에서 유래되었다고 단정하지는 않고, 다만 우리나라 조보는 중국의 저보나 조보와 밀접한 관계를 갖고 있다고 말함으로써 우리나라 조보는 중국에서 이입되었음을 시사하고 있다. 그렇다면 이러한 이입설은 과연 얼마나 타당한 것인가?

이를 검증해 보기 위해서 이에 관한 사료(史料)들을 실록에서 찾아보았으나, 이에 관한 직접적 증거 사료, 즉 우리나라 조보는 중국의 저보·조보 등의 문물제도를 받아들여 만들어졌다는 내용은 찾아볼 수 없었다. 그러나 실록에서 조보에 관한 기사들을 찾아보면, 우리나라 조보와 중국의 저보나 조보에 관한 기사들이 중종 때 갑자기 많이 나타나는데, 그 이유는 도대체 무엇일까? 이것이 우리나라 조보에 관한 연구에서 대표적 미스터리(mystery) 중 하나인데, 이는 혹시 당시에 처음으로 우리나라가 중국의 저보나 조보 등의 문물제도를 받아들여 조보를 발행하기 시작했기 때문에 그런 것은 아닐까 하는 생각이 든다. 그렇다면 당시 실록에 나타난 중국의 저보나 조보에 관한 기사들은 얼마나 되었으며, 이들 기사의 내용은 어떤 것이었는가?

앞서 말했듯이 종종실록에서 '기별'에 관한 기사를 검색해 보면, 신문현상으로서의 기별에 관한 기사가 갑자기 9건이나 나오는데, 그중 5건이 중국 명나라의 조보·저보 등을 가리키는 기별에 관한 것이었다. 이들 중에서 특히 중종실록 85권, 중종 32년(1537) 5월 6일 5번째 기사를 보면, "임금이 김근사 등에게 명하여 의논하기를, '내가 일찍이 중원(中原: 중국)의 기별을 보니, 변방에 일이 있으면 병부(兵部)와 호부(戶部)가 각기 관장한 일을 가지고 낭관을 뽑아 보내 감찰하였다. 우리나라는 전부터 이런 관례가 없으나 이를 모방해서 하는 것도 무방할 것이다'"라는 내용이 나온다. 비록 이는 기별 제도 즉 저보나 조보에 관한 것은 아니지만, 이 기사를 볼 때 당시 명나라의 저보 제도를 받아들이거나 모방해서 우리나라에서도 조보를 발행하기 시작한 것은 아닐까 하는 생각이 든다. 당시 명나라의 저보 제도가 우리나라 조보 제도와 비슷했다는 점도 이를 뒷받침한다.

앞서 살펴보았듯이 명나라는 송나라 때의 관보인 조보 제도 대신에 한나라와 당나라에서 성행했던 저보 제도를 받아들여, 매일매일의 정사(政事)에 관한 사항들을 모아서 조정에서 구두(口頭)로 발표했다. 그러면 그 내용을 여러 관아의 관원들이 초사(抄寫)하여 자기 소속 관아에 전달했다. 한편 지방의 부·현(府·縣) 등에서는 명나라의 수도 북경에 관원을 파견하거나 북경 사람을 고용하여 조정에서 발표한 사항들을 초사하여 해당 부·현으로 전송하게 했는데, 명나라에서는 이런 것들을 저보라고 불렀다. 그러나 1638년부터는 조정에서 매일 정사에 관한 사항들을 모아 구두로 발표하는 대신 이것을 인쇄해서 발행하기 시작했는데, 이처럼 인쇄해서 발행한 것과 이를 '저보'라고 부른 것을 제외하고는 명나라의 저보 제도는 우리나라 조보 제도와 비슷했다. 그렇다면 이는 과연 우리나라 조보 제보 제도가 중국의 제도를 모방해서 만들어졌기 때문일까?

이를 알아보기 위해 조선왕조실록에서 '저보'라는 단어를 검색해 보았더니, 이에 관한 기사가 중종실록이나 그 이전 임금의 실록에는 나오지 않다가 명종실록 2권, 명종 원년(1545) 11월 14일 1번째 기사에서부터 나오기 시작하여 순조실록 20권, 순조 17년(1817) 10월 2일자 1번째 기사까지 모두 52건의 기사들이 나왔다. 그렇다면 중국에서는 저보가 한(漢)나라 때부터 계속 나왔음에도 불구하고, 왜 '저보'라는 명칭이 우리나라 실록에서는 전혀 나오지 않다가 중종 3년(1508)에 '조보'라는 명칭이 처음 나오고 나서 117년 뒤인 인조 3년(1625)에야 처음 나올까 하는 의심이 든다. 그러므로 중종 때 중국 명나라 저보 제도를 받아들여 우리나라에서도 조보를 발행하기 시작했다고 보기는 어렵다.

그렇다면 혹시 우리나라 조보는 중국의 저보에서 전래한 것이 아니라, 우리나라에서 독자적으로 조보를 낸 뒤 그에 중국식으로 '조보'라는 이름을 붙였거나, 또는 신라시대부터 존재해 온 기별 제도를 중종 때 조보 제도로 공식화한 것은 아닐까 하는 생각도 든다. 그러나 만약 그렇다면 실록에 기별관계기사들이 먼저 나오다가 명칭이 바뀌어 조보관계기사가 나와야 한다. 하지만 실록을 보면, 이와는 반대로 조보라는 단어가 중종 3년(1508)에 먼저 나오고, 117년 뒤인 인조 3년(1625)에야 저보에 관한 기사가 나오기 시작한다. 그러므로 신라시대부터 존재해 온 기별 제도를 중종 때 조보로 명칭을 바꾸거나 공식화했다고 보기도 어렵다.

이 밖에도 우리나라 조보는 중국의 조보 제도를 받아들인 것이라는 이입설에는 여러 가지 의문점들이 있다. 만약 중국의 저보나 조보 제도를 이입해서 우리나라 조보를 만들었다면, 도대체 언제부터 어떻게 이입해서 우리나라 조보로 정착시켰는가? 또한 중국의 저보나 조보 제도를 그대로 모방한 것인가? 아니면 그것을 우리 실정에 맞게 변형시켜서 만들었는가? 만약 중국의 저보나 조보 제도를 이입했다면, 중국의 저보는 반(半)민간신문에서 관보로 발전했는데, 왜 우리나라 조보는 관보로만 존재했는가? 또한 중국의 저보나 조보는 인쇄해서 발행했는데, 왜 우리나라 조보는 그렇지 않았는가? 그러므로 이러한 의문점들부터 명확히 밝혀야만 우리나라 조보는 중국의 저보 제도를 받아들인 것이라는 이입설의 타당성 여부를 가릴 수 있겠다.

(3) 우리나라 조보의 접목설에 관한 논의와 결언

셋째로 접목설이란, 앞서 말했듯이 우리나라 조보는 우리의 전통적 신문현상인 기별지에다가 중국의 저보·조보 제도를 접목하여 생성된 것이라는 학설을 말한다. 그런데 위에서 언급했듯이 우리나라 조보는 조선 중종 때 중국 명나라의 저보 내지 조보 제도를 모방해서 생성되었을 가능성이 없지 않다. 그러나 중종실록에 나오는 조보관계기사들의 내용을 보면, 중종 때 조보가 이미 상당히 발달했음을 볼 수 있으므로 이때 처음으로 조보를 발행하기 시작했다고 보기도 어렵다. 그러므로 그 이전부터 존재해 온 우리나라의 기별 제도가 중종 때 조보 제도로 공식화한 것은 아닐까 하는 생각도 든다. 만약 그렇다면 우리나라 조보는 우리나라의 전통적 신문현상인 기별지에다가 중국의 저보·조보 제도를 접목하여 생성되었다는 소위 접목설은 타당성이 있다고 볼 수 있다.

하지만 이러한 접목설에도 의문점들이 없지 않다. 실록에서 '기별'에 관한 기사들을 찾아보면, 중중 이전에는 나오지 않다가 중종 때 갑자기 9건이나 나오는데, 이것을 보면 그 이전에 기별 제도가 있었으며, 이것이 중종 때 조보 제도로 공식화되었다고 보기는 힘들기 때문이다. 그러므로 접목설보다는 중국 언론문물제도의 이입설이 더 타당성을 지니고 있는 것 같기도 하다. 조선의 중종 시기(1506-1544)에 해당하는 중국 명나라의 정덕(正德: 1506-1521)과 가정(嘉靖: 1521-1566) 연간의 명나라 저보와 우리나라 조보를 비교해 보면, 매일매일의 정사(政事)에 관한 사항들을 모아 조정에서 구두(口頭)로 발표하면, 이것을 여러 관아 관원들이 초사(抄寫)하여 자기들 관청에 전달했으며, 지방의 부·현(府·縣) 등에서는 명나라 수도인 북경에 관원을 파견하거나 북경 사람을 고용하여 조정에서 발표한 사항들을 초사하여 해당 부·현으로 전송하게 한 것이 서로 똑같았기 때문이다.

그러나 명나라에서는 1640년부터 조정에서 매일매일의 정사(政事)에 관한 사항들을 모아서 구두로 발표하는 대신, 그것들을 인쇄해서 발행했다. 그러나 우리나라에서는 그것들을 인쇄해서 발행한 적은 없다. 또한 중국의 저보·조보는 역사적으로 반관반민적(半官半民的) 성격을 지녀 왔으나, 우리나라 조보는 순수한 관보적 성격만 지녀 왔다. 따라서 이러한 점들을 보면, 우리나라는 중국의 저보나 조보 제도를 그대로 모방한 것이 아니라, 우리 실정에 맞게 변형시켜서 수용했다고 볼 수 있는데, 우리나라 조보가 비록 중국에서 건너온 제도라고 하더라도 우리나라에서 정착되면서 우리 실정에 알맞게 변형되었을 것은 당연한 일이다. 이런 관점에서 보면 우리나라 조보의 기원에 관한 접목설도 어느 정도의 타당성은 있다고 볼 수 있다. 그러나 이러한 접목설에 관한 연구가 나오지 않아서, 그 타당성 여부는 아직까지 확실히 알 수 없다.

제5절

우리나라 민간신문의 기원과 전말(顚末)

지금까지 앞에서는 관보로서의 우리나라 조보의 기원에 관하여 살펴보았다. 그러나 이러한 관보 이외에, 우리나라에서도 한때 민간신문이 출현한 적이 있는데, 이는 우리나라 최초의 민간신문으로 일컬어지는 「독립신문」(1896년 창간)보다 319년이나 앞선 선조 10년(1577)에 나왔다. 따라서 이를 우리나라 민간신문의 기원 내지 원조(元祖)로 보는 언론사학자들도 적지 않다. 그러면 마지막으로 여기서는 우리나라 민간신문의 기원에 관해서 살펴보기로 하겠다.

1) 우리나라 민간신문의 기원에 관한 언론사학자들의 견해

방금 말했듯이 우리나라 민간신문의 기원으로는 일반적으로 1896년 4월 7일 서재필(徐載弼)이 창간한 「독립신문」을 손꼽아 왔다. 그러나 「대한매일신보」 한글판 1910년 1월 1일자 지면에 실린 "한국에 신문"이라는 기사(국한문판은 1월 6일자 "我國에 報紙"라는 기사)를 보면, 아래와 같은 내용이 나와 있다.

> 한국에서 난 신문지 중에 관보가 가장 몬져 낫스니 이것도 셔리들이 란초로 써셔 벼살 잇난 자에게만 젼할 뿐이오 졍서로 츌판하여 사람마다 보게 함을 금하엿고 션조대왕 때에 엇던 션배가 신문지를 발간하다가 죠명에서 본국일을 외국에 루셜하난거시라 하여 발행을 금지하고 그 사람을 가두엇스며 …

오호~라 신문은 문명사업에 뎨일기관이 아닌가 이것이 방애함만 업셧으면 삼백젼을 젼패하난 큰 신문이 오늘날 대한국에 잇셧을진뎌.

이 기사에서 "션조대왕 때에 엇던 션배가 신문지를 발간하다가 죠뎡에서 본국 일을 외국에 루셜하난 거시라 하여 발행을 금지하고 그 사람을 가두엇스며…" 운운한 것은 곧 선조 10년(1577) 민간인들이 조보를 인쇄해서 팔다가 금지당한 소위 '민간인쇄조보'를 말하는데, 이것이 바로 우리나라 민간신문의 효시라는 주장이다. 하지만 이종수(李鍾洙)는 1931년 11월 「동광」(東光) 잡지 제28호에 실은 "조선신문사: 사상변천을 중심으로"라는 글의 '서언'에서 선조 때 나온 민간인쇄조보에 관하여 아래와 같이 서술하면서, 우리나라 민간신문의 효시로는 「독립신문」을 들 수 있다고 주장했다.

조선신문의 기원은 신라 신문왕(神文王) 12년(692)[24]에 설총(薛聰)이 이두를 지어 관부문찰(官府文札)에 썼다는 '기별'에서 찾을 수 있으나, 참고할 만한 문헌이 절(絶: 끊어짐)하였고, 또 [조선조] 선조(宣祖) 11년(서기 1589년)에는 "유수배(遊手輩), 득정부허(得政府許), 인행조보(印行朝報), 매이자생(賣以資生), 행지수월(行之數月), 상진노유지(上震怒流之)"[25]라고 하는 조보가 있었으나, 이 역시 징(徵: 증명함)할 문헌을 얻을 수 없다. 설혹 그 문헌을 찾아 그 내용을 상세히 알 수 있다 하여도 그것이 관보(官報)의 성질을 벗어나지 못할 것임을 짐작할 수 있으니, 과연 '신문'이라고 할 만한 신문은 자본주의의 도래와 같이 시작되고, 그것과 같이 발달하였다고 할 수 있다. 소위 신사조(新思潮)가 태평양을 건너서 자본주의 문명이 물밀어 들어오기 시작하였을 때에 한성순보가 생기고, 그 후에 독립신문, 대한매일신보, 대한민보 등이 있었으니 … 이것들을 우리나라 민간신문의 효시로 볼 수 있다(이종수, 1931, p. 69).

---

24 신문왕(神文王) 2년(682)의 착오이다. 신문왕 12년(692)이 아니라, 신문왕 2년(682)이 맞다.

25 직업이 없는 무리들이 정부로부터 허가를 얻어 조보를 인쇄, 발행하여 팔아서 생활을 꾸려나가기를 수개월 동안 하다가 [이를 알게 된] 임금이 크게 노(怒)하여 그들(신문을 발행한 무리들)을 모두 유배를 보냈다. 이종수의 이 기사에서 "선조(宣祖) 11년(서기 1589년)"는 선조 10년(서기 1577년)의 오류이다.

하지만 그 뒤 안재홍(安在鴻)은 1935년 7월 6일부터 26일까지 총 17회에 걸쳐 「조선일보」에 민세학인(民世學人)이라는 필명으로 발표한 "조선신문소사"(朝鮮新聞小史)라는 글[26] 첫머리에서 우리나라 민간신문의 기원으로 '민간인쇄조보'를 들었다. 또한 차상찬(車相瓚)도 1935년 4월 「개벽」 잡지 신간(新刊) 제4호(pp. 2-12)에 발표한 "조선신문발달사"라는 논문과 1936년 11월 발행 「조광」(朝光) 잡지 제2권 11호(창간 1주년 기념호, pp. 40-52)에 발표한 "조선신문발달사"라는 논문에서 안재홍과 마찬가지로 우리나라 민간신문의 기원 내지 효시로 선조 때 나온 민간인쇄조보를 들었다. 그런가 하면, 1955년 출판된 우리나라 신문역사에 관한 최초의 단행본인 성준덕(成俊德) 편, 『한국신문사』(서울: 신문학회)의 첫째 쪽, 첫째 줄에서도 "우리나라에서 보도적 사명을 띠고 발간된 최초의 간행물로는 [조선조] 선조(宣祖) 11년 무인(戊寅: 서기 1578년)[선조 10년, 서기 1577년의 오류]에 정부의 양해 아래 나온 조보였다"면서, 아래와 같이 서술하였다.

> 이는 당시 '인테리'들로서 사환(仕宦)의 등용문[科擧]에 떨어져 '백두'(白頭: 서민)로 있으면서 관보를 발간한 것이었으니, 보도의 핵심은 관리의 임면(任免)이며, 한편 정계의 동향 등도 보여 주기도 하는 [것이] 신문지적 사명이었다. [신문] 제작 과정에 있어서는 일찍부터 발달된 활자를 이용하였고, 편집의 체재는 기술면보다도 누구든지 보기 좋게 하는 데 있었다. 그러나 발간된 지 수 개월이 못 되어 선조대왕께서 진노하시사 조보 편집자 일동을 상당한 엄형에 처하였으니 그 당시에도 오늘날과 같은 신문지법 혹은 공안법 같은 데 저촉되었던 것이었다.

한편 최준도 「신문학보」(현 언론학보) 제1호(1960)에 발표한 "한국신문사의 서설"이라는 논문에서 "일찌기 1520년[1577년의 착오]에는 당시 민간유지들이 조보를 인행(印行)하여 이로서 생활을 하였다. 그러나 봉건사회의 이씨왕조인 선조는 이를 탄압하여 조보에 관계된 민간인들을 유배시켰다. 이로써 민간인들의 신문이 폐간되

26 이 글은 1947년 이해창(李海暢)이 창간한 종합저널리즘연구지 「신문평론」 제1호(1947.4)부터 제4호(1948.2)에 걸쳐 안민세(安民世)라는 이름('민세'는 안재홍의 호)으로 전재되어 있다.

어 그 후 3세기라는 긴 세월에 걸쳐 민간인의 신문은 나오지 못했다. 그리고 19세기 말인 1896년에 이르러 비로소 서재필의 손으로 한국 최초의 근대적 민간신문인 「독립신문」의 등장을 보았다"(최준, 1960, p. 17)고 주장했다. 그러면 선조 때 민간인들이 인행했다는 소위 '민간인쇄조보'는 어떤 것이었으며, 선조 임금은 이를 왜 금지시켰는가?

2) 실록에 나타난 민간인쇄조보에 관한 기사 내용

실록에서 위와 같은 '민간인쇄조보'에 관한 기사들을 찾아보면 모두 7건이 나온다. 이들 중 6건은 선조실록에 실려 있고, 나머지 1건은 선조실록수정본에 실려 있다. 그러면 우선 이들 기사들의 내용부터 살펴보기로 하겠다.

(1) 선조실록에 나타난 민간인쇄조보에 관한 기사 내용

실록에 나오는 민간인쇄조보에 관한 최초의 기사는 선조실록 11권, 선조 10년(1577) 11월 28일 3번째 기사인데, 그 내용을 소개해 보면 아래와 같다.

> [임금이] 비망기(備忘記)로 대신(大臣)들에게 전교하기를, "내가 우연히 조보를 보건대 마치 고사(古史)처럼 인출(印出)하였으니 매우 놀랄 일이다. 당초 누가 주장하여 인출하였는가? 어째서 아뢰지 않고 마음대로 만들었는가?" 하였다. 회계(回啓)하기를, "지난 8월에 본부(本府)가 합좌(合坐)했을 적에 어떤 사람이 연명으로 정장(呈狀)하여 조보를 인출하려고 하므로 신들이 '이는 본부에서 주장하는 일이 아니니 그대들 마음대로 하라' 하였습니다. 이 일이 사체(事體)에 해가 되는 줄 깨닫지 못하여 즉시 금지하지 않았습니다" 하니, [임금이] 답하기를, "기별은 일시 보기만 하면 되는 것인데 감히 인출하였으니 매우 놀라운 일이다. 끝까지 추문하여 죄를 다스려야 한다. 지금부터는 조정에서 이와 같이 일 만들기를 좋아하여 옳지 못한 예(例)를 만드는 조정의 습관에 대해 경들은 심히 미워하고 통렬히 근절시켜서 시속(時俗)을 순후하게 만들도록 하라" 고 하였다.

이러한 기사에 이어, 두 번째로 나오는 민간인쇄조보에 관한 기사는 선조실록 11권, 선조 10년(1577) 11월 28일 4번째 기사인데, 이를 보면, "임금이 대신(大臣)들에게 전교하기를, '대소(大小)의 서책을 인출할 때에는 모두 계달하여 취품(取稟)한 뒤에 시행하도록 하라. 만일 마음대로 함부로 인출할 경우에는 통렬히 죄를 다스리겠다. 조보를 인출하기 위해 새긴 글자는 모두 몰입(沒入)하고 인출한 사람들은 의금부에 내려 추국하라'고 하였다"고 한다. 그러자 "양사(兩司: 사헌부와 사간원)가 아뢰기를, '조보를 인출한 사람들이 연명으로 정장(呈狀)하였는데 신들이 무방하다고 여겨 금지하지 않았으니 신들을 체직시켜 주소서' 하니, 사직하지 말라고 [임금이] 비답하였다"는 내용이 선조실록 11권, 선조 10년(1577) 11월 28일 5번째 기사에 나와 있다.

한편 사헌부가 다시 임금에게 유수배들이 조보를 인출한 것은 고의가 아니니 조옥(詔獄)에 내리라는 명을 거두기를 청하였다. 그러나 이를 임금이 거절하자, 부득이 처벌할 수밖에 없었는데, 선조실록 11권, 선조 10년(1577) 11월 28일 6번째 기사를 보면 아래와 같이 적혀 있다.

> 사헌부가 아뢰기를, "조보를 인출한 사람들은 특별히 고의로 범법한 것이 아니고 이익을 얻고자 도모한 것에 불과합니다. 중국에서는 통보(通報)를 인출하여 유통시켜도 금하지 않기 때문에 우리나라의 사대부들도 간혹 무방하다고 여기는 사람이 있습니다. 이는 제 마음대로 옳지 못한 예(例)를 만든 것이 아닌데 조옥에 내리라고 명한 것은 너무 과중하니 성명(聖命)을 거두소서" 하니, [임금이] 답하기를, "이는 우리나라에서는 있지 않던 변고이다. 사대부 가운데 무방하다고 여기는 자가 누구인가? 그대들이 감히 구제하려 하는가? 결코 죄를 다스리지 않을 수 없으니 다시 말하지 말라" 하였다. [이에] 30여 명을 잡아 가두고 누차 형신을 가한 뒤 결단하여 차등 있게 사배(徙配)하였다.

(2) 조보 인출자들의 처벌과 이들의 용서를 임금께 청원

이렇게 해서 조보를 인출한 30여 명을 일단 처벌했으나, 약 두 달 후에 사간원(司諫院)에서 다시 임금에게 조보를 인출한 자들을 용서할 것을 청했다. 그러나 임금이 이러한 청원을 다시 거부했는데, 선조실록 12권, 선조 11년(1578) 1월 15일 1번째 기사를 보면 다음과 같이 기록되어 있다.

간원이 아뢰기를, "조보를 인출한 사람들은 중국 조정에서 인출하는 조보를 모방하여 만들었는데 그 본심을 헤아려 보면 이익을 꾀하여 생계를 도우려고 한 것에 지나지 않습니다. 지금 연루된 자가 30여 명이나 되는데 여러 차례 형신(刑訊: 고문)을 받아 운명(殞命)할 지경에 이르렀습니다. 급히 놓아주도록 명하소서" 하니, [임금이] 답하기를, "어찌하여 수인(囚人)들을 위해 영구(營救)하는가? 내가 스스로 참작하여 결단한 것인데 감히 논집하는가? 중국 조정에서 하는 것처럼 조보를 인출하는 것이 어찌 노배(奴輩)들이 알 수 있는 것이겠는가? 이것은 반드시 간사한 자가 지휘한 것이다. 만약 사실대로 바로 공초(供招)한다면 죄가 그래도 용서될 수 있지만, 그렇지 않다면 추국을 그만두지 않을 것이다. 고의로 지은 죄를 형벌하는 데는 작은 것도 놓아줄 수 없는 것인데 더구나 큰 것이겠는가. 전후하여 영구하기 위해 논집하는 것은 계획에 있어서는 옳다고 하겠다. 그러나 이와 같이 논집한다면 끝까지 형신하여 통렬한 징계를 당하게 될 것이다. 윤허하지 않는다" 하였다.

이처럼 사간원에서 다시 임금에게 민간조보의 인출자들을 용서할 것을 청했으나, 임금이 끝내 윤허하지 않았다. 그러자 양사(兩司: 사간원과 사헌부)의 대신(大臣)들이 자신들을 체직(遞職: 다른 직책으로 바꿈)해 줄 것을 임금에게 청했지만, 임금은 "사직하지 말라"고 했다. 그러나 홍문관에서 차자(箚子)를 올려 양사를 논박하자 임금이 양사 대신들을 모두 체직시켰는데, 선조실록 12권, 선조 11년(1578) 1월 15일 2번째 기사를 보면, "양사가 아뢰기를, '조보를 인출한 자들의 일에 대해서는 당초 조정에서도 무방하다고 하여 허락해 준 것인데 지금 여러 달 동안 가두어 놓고 형신을 하고 있습니다. 그런데도 즉시 인혐(引嫌)하여 죄를 나누어 지지 않았으니 신들을 체직시켜 주소서' 하니, 사직하지 말라고 답해서, 물러가 물론(物論)을 기다렸는데, 홍문관이 차자를 올려 양사를 논박하니 모두 체직시켰다"고 적혀 있다.

(3) 선조실록수정본에서는 조보 인출을 허가한 관료들을 힐난

위와 같은 민간인쇄조보에 관한 사건은 선조실록수정본 12권, 선조 11년(1578) 2월 1일 1번째 기사에도 잘 요약되어 있는데, 이를 소개해 보면 다음과 같다.

조보를 사적으로 인출하는 일을 금지하였다. 이에 앞서 서울에 사는 놀고먹는 식자들이 중국에서는 통보(通報)를 모두 인출한다는 소문을 듣고 그것을 모방하여 조보를 인출해 판매해서 생계의 밑천으로 삼으려고 정부와 헌부에 정소(呈訴)하였는데 모두 허락했었다. 그러자 기인(其人)들이 활자를 새겨 조보를 인쇄해서 각사(各司) 및 외방 저리(邸吏)에게 판매를 하니 사대부들이 모두 편리하게 여겼다. 그런데 시행한 지 두어 달 만에 상이 우연히 보고 진노하기를, "조보를 간행하는 행위는 사국(史局)을 사설한 것과 무엇이 다른가. 만약 다른 나라에 유전(流傳)되기라도 한다면 이것은 국가의 나쁜 점을 폭로하는 행위가 될 것이다" 하고 대신에게 묻기를, "누가 이 일을 주장했는가?" 하자, 대신들이 황공하여 명백하지 않다는 말로 아뢰었다. 그러자 기인을 금부에 내려 제일 먼저 주창한 사람을 찾아내서 극형에 처하고자 하였다. 그러나 기인 등이 여러 차례 형신을 받으면서도 자복하지 않았다. 대신과 대간이 다시 그들을 위하여 변리(辨理)하니 비로소 형을 정지하고 먼 지방으로 유배하라고 명하였다. 대체로 대신과 대간들이 처음부터 자기들에게 죄를 돌리지 않고 애매하게 그 책임을 모면하려 했기 때문에 이와 같은 실형(失刑)의 거조가 있게 되었으니 식자들은 이 점을 한스럽게 여겼다.

이 기사는 승정원의 승지나 주서(注書)가 쓴 것이 아니라, 선조실록수정본을 수정, 편찬한 사관(史官)이 쓴 것 같은데, 위의 기사의 말미를 보면 이 사건에 관계되었던 "대신과 대간들이 처음부터 자기들에게 죄를 돌리지 않고 애매하게 그 책임을 모면하려 했기 때문에 이와 같은 실형의 거조가 있게 되었으니 식자들은 이 점을 한스럽게 여겼다"고 논평해 놓았다. 그러나 위에서 보았듯이, 이 사건에 관계되었던 대신과 대간들은, 조보 인출자들을 용서해 줄 것을 선조께 여러 번 청원했다가 체직을 당하기도 했다.

3) 민간인쇄조보에 관한 율곡과 이긍익 등의 논평

위와 같은 실록 기사들에서 보았듯이 선조 10년(1577)에 민간인들이 승정원에서 발행하는 조보를 인쇄해서 판매하다가, 임금의 진노를 사서 조보의 인출을 금지당하고 유배까지 당한 일이 있었다. 그러자 이러한 일에 대하여 율곡(栗谷) 이이(李珥)

와 연려실(燃藜室) 이긍익(李肯翊)도 아쉬워하면서 정부 관계자들의 행위를 힐난한 바 있다.

(1) 민간인쇄조보에 대한 율곡 이이(李珥)의 기술과 논평

율곡 이이는 그가 관직을 시작한 다음 해인 30세 때(명종 20년, 서기 1565년)부터 46세(선조 14년, 서기 1581년)까지 17년 동안 당시의 정사(政事)를 중심으로 국왕의 행례(行禮), 신하들의 진퇴 등 여러 가지 시정(時政)에 관한 것들을 한문을 써서 일기체로 기록하면서 그 자신의 의견을 첨술(添述)해 놓았는데, 이를 『석담일기』(石潭日記)라고 부른다. 그 이유는 이이의 또 하나의 호(號)가 '석담'이었기 때문이다. 그는 한때 황해도 해주(海州)의 석담이라는 곳에 가서 살면서 제자들을 양성했는데, 석담은 아마 여기서 나온 이름인 것 같다. 이러한 『석담일기』는 『경연일기』(經筵日記)라고도 부르는데, 이 일기는 매일 조정에서 펼쳐진 경연(經筵)에서의 강연과 정계 동향을 일기로 엮은 것이기 때문이다.

이러한 『석담일기』 하권(下卷)에서 '만력육년무인'(萬曆六年戊寅)[27] 즉 선조 11년(1578) 2월 일기를 보면, 이이는 민간인쇄조보의 전말(顚末)을 비교적 자세히 서술하면서 민간조보의 발행이 금지된 것에 대하여 아쉬워했다. 그러면서 민간인쇄조보의 발행을 허가했던 의정부와 사헌부의 관계자들을 "나약하고 의리 없는 자"라고 힐난했는데, 이에 관한 『석담일기』의 내용(한문)을 우리말로 번역한 것을 소개하면 아래와 같다.

> 2월: 전에 서울에서 할 일 없이 놀던 사람들이 중국에서는 관보를 인행(印行: 인쇄해서 널리 펴냄)한다는 것을 듣고, 그것을 본받아 생계를 하려 하여 의정부(議政府)에 글을 올려 말하기를, "조정의 관보를 인행하여 각 관청에 내고 그 값을 받아 생활의 밑천을 삼겠습니다"고 했다. 이것을 정부에서 허락했고, 또 사헌부에 품신하니 사헌부에서도 허락했다. 그 사람들이 활자를 만들어 조정의 관보를 인쇄하여 각 관청과 외방 관청의 서울 주재 사무소(外方邸吏)와 사대부들에게 파니 보는 사람들이 모두 편의하다고 생각하였다.

---

27 만력(萬曆)은 중국 명(明)나라 제13대 황제의 연호(年號)인데, 당시 우리나라에서는 중국의 연호를 사용하였다. 그러다가 1897년 8월 연호를 '광무'라고 고치면서부터 우리나라에서도 고유의 연호를 사용하기 시작했다.

이렇게 행한 지 두어 달 뒤에 임금이 우연히 보고 진노하여 말하기를 "관보를 간행하는 것은 사사(私事)로 사국(史局)을 설치하는 것과 다를 것이 무엇인가? 만일 다른 나라에 유전되면 나라의 악을 드러내게 되는 것이다" 했다. 그리고 대신(大臣)에게 묻기를, "누가 이 일을 주장한 것이요?" 하니, 대신이 황송하여 명백한 말을 하지 못했다. 이리하여 그 사람들을 금부(禁府: 의금부)에 가두어 형(刑)을 캐고 주모한 사람을 추궁하였다. 그 사람들은 이것으로 생활의 밑천을 삼으려는 데 불과하고 사실 주모한 사람은 없었다. 매를 맞아 거의 죽게 되자 대간(臺諫)이 형을 정지하자고 [임금에게] 청했으나 허락하지 않고, 대신이 계청(啓請)한 뒤에야 법에 비추어 처리하라 하고는, 마땅히 대역부도(大逆不道) 법으로 정하라 하였다. 금부에서 과중하다고 아뢰니, 처음에는 따르려 하지 않았으나, 그 뒤에 다른 법에 비추어 모두 귀양 보냈다.

삼가 생각해 보건대, 조정 관보를 인행한 것이 처음부터 간사한 모의가 아니요, 우망(愚妄: 어리석고 망령된)한 사람들이 사소한 이익으로 살아가려는 것이었다. 당초 정부와 사헌부에 품신하자 모두 인행할 것을 허락하였으니, 과실은 두 관청에 있는 것이다. 이 어찌 어리석은 백성만 죄를 줄 것인가. 설사 임금의 위엄이 진동하더라도 두 관청에서 인행을 허가한 사실을 자수(自首)하여 그 사람들을 구원하였으면, 비록 견책을 당하였을망정, 어찌 죽기까지 되었겠는가. 머뭇머뭇하고 말을 하지 않아 어리석은 백성이 형벌을 당하게 하고, 임금이 백성을 속이는 거조를 행하도록 하니, 겁만 먹고 나약하여 의리가 없는 자들이라 하겠다(『대동야승』 제15권 석담일기 하권, 선조 11년, 서기 1578년에서 전재).

이러한 일기에서 율곡이 민간조보에 대해 첨술(添述)한 의견을 보면, "그 사람들이 활자를 만들어 조정의 관보를 인쇄하여 각 관청과 외방 관청의 서울 주재 사무소(경저를 말함)와 사대부들에게 파니 보는 사람들이 모두 편의하다고 생각하였다"고 평가했다. 그러면서 이러한 민간인쇄보조를 임금이 금지한 것에 대해서도 못마땅하게 평가했다. 또한 조보의 인출을 허가했던 의정부와 사헌부의 관헌들에 대해서도 "설사 임금의 위엄이 진동하더라도 두 관청에서 인행을 허가한 사실을 자수(自首)하여 그 사람들을 구원하였으면, 비록 견책을 당하였을망정, 어찌 죽기까지 되었겠는가. 머뭇머뭇하고 말을 하지 않아 어리석은 백성이 형벌을 당하게 하고, 임금이 백성을 속이는 거조를 행하도록 하니, 겁만 먹고 나약하여 의리가 없는 자들이라 하겠다" 고 힐난했다.

(2) 민간인쇄조보의 전말에 대한 이긍익(李肯翊)의 기술

한편 조선 후기의 실학자 이긍익(李肯翊: 1736-1806)도 그가 42세 때인 1778년부터 집필하기 시작해 1806년 사망할 때까지 약 30년 동안에 걸쳐 편찬한 조선시대의 야사집(野史集)인 『연려실기술』(燃藜室記述) 별집(別集) 13권 '정교전고금령항'(政敎典故禁令項)에서도 상기 민간인쇄조보의 전말에 관하여 아래와 같이 소개해 놓았다.

> 선조조(宣祖朝)에 서울의 직업 없는 사람들이, 중국에서는 통보(通報)를 모두 인쇄하여 발행한다는 말을 듣고, 중국을 본떠서 조보를 인쇄하여 팔아서 생활하려 하여, 의정부에 문서를 올려 조보를 인쇄하여 각 관청에서 가치를 받아 생활할 것을 청(請)하니, 의정부에서 허락하여 사헌부에 품의하니 사헌부에서도 허락하였다. 이에 그 사람들이 활자를 새기고 조보를 인쇄하여 각 관청과 지방의 저리에게 파니, 사대부로서 보는 자가 모두 이를 편리하게 여겼다.
>
> 두어 달을 실행했는데, 임금이 우연히 보고 진노하여 이르기를, "조보를 간행하는 것은 사국(史局)을 사설화(私設化)하는 것과 무엇이 다르랴. 만일 다른 나라에 유전된다면 이것은 나라의 잘못을 선전하는 것이다." 하면서 대신(大臣)들에게 묻기를 "누가 이를 주장하였느냐?" 하니 대신들이 황공하여 아뢰기를 "명백하지 않습니다"라고 하였다.
>
> 이에 조보를 간행한 사람들을 의금부 옥(獄)에 가두고 심문하여 반드시 그 논의를 주장한 사람을 캐어 내려 하니 그 사람이 답하기를 "이것으로써 우리들 생활을 하려는 것 뿐입니다"라고 하였다. 그리하여 모두 먼 곳으로 정배 보냈다.

이와 같은 기술은 앞서 율곡의 『석담일기』에서의 그것과 거의 같은데, 아마도 이긍익이 율곡의 『석담일기』에서 인용한 것 같다. 이긍익(1736-1806)은 율곡 이이(1536-1584)보다 200년 뒤에 태어난 사람이기 때문이다. 위에서 민간인쇄조보에 관한 율곡의 기술을 보면, 말미에 민간인쇄조보의 간행에 관여했던 의정부와 사헌부의 관료들을 "나약하고 의리 없는 자들"이라고 혹평해 놓았다. 그러나 이긍익은 이러한 논평은 첨술하지 않았는데, 이는 아마도 이긍익의 『연려실기술』에 흐르고 있는 역사가로서의 그의 기본 정신인 '술이부작'(述而不作) 때문이었는지도 모르겠다. '술이부작'이란 말은 본래 『논어』(論語)의 '술이편'(述而篇) 첫머리에 나오는 말로, "공자 가라사대, '나의 저서(著書)는 고인(古人)의 도(道)를 서술하되 스스로 창작하지 아니한다'"는 뜻이다.

4) 민간인쇄조보의 언론사적 주요 의의

지금까지 선조 때 약 3개월간 나타났다가 사라진 소위 '민간인쇄조보'에 관하여 살펴보았다. 그러면 이러한 민간인쇄조보는 우리나라 언론사에서 어떠한 의의(意義)들을 갖는가? 이에 관한 학자들의 견해들을 종합해 보면, 크게 세 가지를 들 수 있다.

(1) 민간인쇄조보의 세 가지 언론사적 주요 의의

첫째로 안재홍은 선조 때 민간인쇄조보의 주요 의의로서 그것이 우리나라 민간신문의 효시라는 점과 함께 우리나라 신문에 대한 탄압사(彈壓史) 내지 필화사(筆禍史)의 대표적 사례였다는 점을 들면서 아래와 같이 설명하였다.

> 선조 11년 무인(戊寅, 서기 1578년)[이는 선조 10년, 서기 1577년의 착오임]에 당시의 소위 '유수배'(遊手輩)가 정부의 양해를 얻어 가지고 '조보'를 간행하야 팔아서 자생(資生)을 하였는데 행한지 수개월에 상(上: 선조 임금)이 진노하시사 모다 원지(遠地)에 유배하였다. '유수배'는 언뜻 보아 룸펜적인 '인텔리'인데 상류사회의 식자들로 사환(仕宦)의 등용문에 밋그려져서 '백두'(白頭: 서민)로 있든 유한식자(有閑識者)이오 '조보'는 즉 관보이니 관리의 임면(任免)을 중심으로 정계의 동향을 보여주는 자(者)로 '신문'의 선구이오 '인행'(印行)이라 하는 것은 일즉부터 발달된 활자를 이용하얏음이오 팔아서 자생(資生)하였다는 것은 상대(上代)의 사류(士類)는 사환(仕宦: 벼슬길에 나아감)이 아니면 생계가 어려웟스니 창안적인 신문인(新聞人)으로 간신히 생활을 보장하였음이오 상(上)께서 진노하섯다 함은 존귀하신 분이나 그 당국의 기휘(忌諱)에 부드침임은 일반인 것이오 유배는 상당한 엄형으로 금고(禁錮) 1년 혹은 그와 상하하는 자에

> 해당하니 그 용법의 형태가 출판법 위반에 해당하는 자로서 실은 신문지법 위반 혹은 보안법 위배에 유사한 자이다. 오인(吾人)의 아는 한에 조선 전대(前代) 신문지에 관한 사료(史料)는 이 이상 묵은 자 없으니 조선의 신문사(新聞史)가 필화사(筆禍史)와 병생(竝生)한 것은 심심한 고급의 냉소를 금치 못할 바이다(「조선일보」, 1935. 7. 6.).

최준도 민간인쇄조보의 가장 중요한 언론사적 의의로서 그것이 우리나라 민간신문의 효시라는 점을 강조하였다. 1960년 「신문학보」(현 언론학보) 제1호(1960)에 발표한 "한국신문사의 서설"이라는 논문에서 최준은 "일찍이 1520년[1577년의 착오]에는 당시 민간유지들이 조보를 인행하여 이로써 생활을 하였으나, 봉건사회의 이씨왕조인 선조는 이를 탄압하여 조보에 관계한 민간인들을 유배시켰다. 이로써 민간인들의 신문이 폐간되어 그 후 3세기 동안이란 긴 세월에 걸쳐 민간인의 신문은 나오지 못했다. 그 후 19세기 말인 1896년에 이르러 비로소 서재필의 손에서 한국 최초의 근대적 민간신문인 「독립신문」의 등장을 보았다"(최준, 1960, p. 17)면서 민간인쇄조보의 가장 큰 언론사적 의의로서 그것이 우리나라 민간신문의 효시라는 점을 강조하였다.

최준은 또한 1960년 발간한 『한국신문사』에서도 선조 때의 민간인쇄조보의 언론사적 의의로서 우리나라 최초의 민간신문이었다는 점을 강조하였다. 그러면서 "더구나 이 민간들의 조보가 조정을 비롯한 민간 각계각층에 독자를 두고 매이자생(賣以資生)하였다는 사실이다. 이것은 뚜렷한 민간신문의 성격을 갖춘 것으로서 우리나라 최초의 민간신문이라 하겠다. 또 민간인들이[28] 조보를 날마다 인쇄, 발행하

---

28 이들 민간인들이 구체적으로 어떤 직업의 어떤 사람들인지는 실록에 밝혀 놓지 않았으나, 박정규에 의하면 "京中息子游食人"(선조수정실록 12권, 선조 11년 2월삭 임오조) 또는 "京中遊手輩"(然藜室記述 別卷 卷之 13, 政敎典故-刑獄-禁令項 및 석담일기)라는 표현을 쓰고 있으나 이것은 죄인으로 다루고 있던 당시의 호칭으로, 경멸적 의미로 쓰여진 것이 아닌가 한다. 그들은 아마 관리가 못된 양반이나 중인 계급의 사람으로 서책상인(書冊商人)이었거나 서책상인의 활동에 자극을 받아 조보의 인쇄, 판매의 전문업자가 된 사람으로 볼 수 있다고 한다. 원래 우리나라에서는 서책을 상품으로 판매하는 관습이 없었다. 관판본(官版本)은 반사(頒賜)의 절차를 취하고 사판본(私版本)은 증여라는 형식으로 각 기관이나 개인들에게 서적을 분배했으므로 자유롭게 구득할 수 없었으며 서책의 판매도 금하고 있었다. 따라서 조정에서는 서적을 판매할 수 있는 서사(書肆)를 설립하자는 의논이 자주 논의되다가 명종 6년(1551) 5월 사헌부의 계청으로

여 그 구독료로서 생계를 꾸며 나갔다는 것은 후일의 민간신문 발전의 한 발받침을 마련해 놓은 것이다"(최준, 1960, p. 3)라고 주장했다. 또한 최준은 민간인쇄조보의 또 하나의 중요한 언론사적 의의로, 그것이 우리나라 최초의 인쇄신문이었다는 점도 들었는데, "1578년[선조 10년, 1577년의 착오] 11월 민간유지들이 발행한 조보는 조정에서 발행한 조보를 본따서 발행한 것으로, 그 규모와 내용에 있어서는 조정의 조보와 별로 다름이 없었으나 다만 하나 특기할 일은 이것이 인행(印行) 즉 인쇄로 날마다 발행되었다는 점"(최준, 1960, p. 3)이라고 설명하고 있다.

(2) 민간인쇄조보의 효능 등에 대한 박정규의 논평

위에서 보았듯이 민간인쇄조보의 언론사적 주요 의의로서 언론사학자들은 크게 세 가지, 즉 첫째로 우리나라 최초의 민간신문으로서의 의의, 둘째로 우리나라 최초의 인쇄신문으로서의 의의, 그리고 셋째로 신문에 대한 우리나라 최초의 탄압사로서의 의의를 들고 있다. 이에 대하여 박정규도 동의하면서, "인쇄조보가 비록 짧은 기간밖에 계속되지 않았지만 민간이 스스로 조보를 인쇄해서 독자들에게 판매한 점은 우리나라 신문역사상 중요한 의의를 차지한다고 하겠다. 오늘날의 엄격한 신문 개념으로 본다면 여러 제약점을 지녔지만 신문의 가장 기본적 요건을 정기성과 기계적 복제성이라고 한다면 인쇄보조는 [승정원에서 발행한] 필사조보에 비해서 진일보한 형태이며 특히 민간인이 인쇄, 제작하여 영리를 추구한 점은 오늘날 민간신문의 경영 방식과 유사하다고 하겠다"(박정규, 1978, p. 128)고 평가했다.

하지만 박정규는 부연하기를, "지금까지 민간인쇄조보에 대해서는 그 선구적이

예조(禮曹)가 서사를 따로 설치하여 서책의 구득(購得)을 쉽게 하도록 하는 결정을 보게 되었다(명종실록 11권, 명종 6년 5월 癸丑, 甲寅條; 김두종, 1974, p. 228에서 재인용). 이때부터 서책들을 상품으로 자유롭게 판매할 수 있는 형식을 취하지는 아니하였으나 지물(紙物)이나 쌀, 면포의 대납 등으로 쉽게 입수할 수 있게 되었고, 점차로 서책의 전문 상인도 나오게 되었다. 특히 선조 9년(1576)에 인쇄되어 나온 어숙권(魚叔權)의 「고사촬요」(故事撮要)에는 "수표교하북변(水標橋下北邊) 이제리문입(二第里門入), 하한수가각판(河漢水家刻板), 매자심래(買者尋來)"(김두종, 1974, p. 279)라는 문구가 있는 것으로 보아 민간인쇄조보가 나올 당시에는 서책상인이 있었음을 알 수 있다. 또한 조보의 유통과 관계가 깊은 경저에서도 목활자를 사용하여 중종에서부터 선조에 이르기까지 여러 종류의 서책을 발간한 사실(김두종, 1974, p. 200)로 보아 인쇄조보를 발간한 사람들도 서책업자였거나 그와 관계가 깊은 전문업자였다"(박정규, 1978, pp. 129-130)고 볼 수 있다고 한다.

고 자랑스러운 활동 때문에 비교적 소개가 많이 되었으나 과장된 사실(史實)도 많은 것 같다"면서, "인쇄조보가 조정을 비롯한 각계각층의 민간인을 독자로 했다는 견해가 있으나(최준, 1960, pp. 2-3), 이는 시정되어야 할 것 같다"고 했다. 왜냐하면 "당시는 양반·중인·상민·천민의 신분 계급이 엄격하여 인민의 대다수를 차지하는 상민과 천민들은 구독 대상이 되지 못했을 것이며, [인쇄조보의 구독 대상은] 사대부를 중심으로 한 양반 계급과 일부 중인들에 한정되었을 것이다. [이는] 특히 실록에서도 인쇄조보의 독자를 각 관청과 경주인이라고 밝힌 점(선조수정실록 12권, 선조 11년 2월 1일)을 보아도 알 수 있다"(박정규, 1978, p. 128)는 이유 때문이었다.

제4장

우리나라 조보의 존속 실태와 소멸

앞서 제3장에서는 우리나라 조보의 기원에 관하여 살펴보았는데, 그 정확한 출현 시기는 알 수 없으나 조선왕조실록(이하 '실록'으로 약칭)을 보면 중종 3년(1508) 3월 14일 1번째 기사부터 조보에 관한 기록이 나오고 있다. 따라서 이때 조보가 출현한 것 같기도 하지만, 정확히는 알 수 없다. 그러면 중종 3년 이후 조보는 언제까지, 얼마 동안이나 존속하다가 언제, 왜, 어떻게 해서 소멸했는가? 여기 제4장에서는 바로 이와 같은 문제 즉 [연구문제 3]에 관하여 살펴보기로 하겠다.

제1절

실록을 통해 본 조보의 존속 기간 개관

앞에서 언급한 [연구문제 3]을 알아보기 위하여 우선 실록에서 조보에 관한 기사가 언제부터 언제까지 나오는지를 검색해 보았다. 그 결과, 아래 〈표 4-1〉에서 보듯이 제11대 임금인 중종 3년(1508) 3월 14일부터 나오기 시작하여 중종 연간에만도 13건이나 나왔다. 그러나 바로 다음 임금인 제12대 임금 인종 때는 재위 기간이 겨우 8개월로 짧았던 탓인지 조보에 관련된 기사가 한 건도 나오지 않았다. 하지만 제13대 임금 명종 때부터 제26대 임금 고종 28년(1891)까지 제24대 임금 헌종과 제25대 임금 철종 때를 제외하고는 383년 동안 조보에 관한 기사가 계속해서 실록에 보이고 있다. 그러다가 고종 28년(1891) 11월 19일 이후는 더 이상 조보에 관한 기사가 나오지 않는다. 이로 미루어 볼 때, 조보는 비록 언제부터인지는 확실치 않으나, 최소한 중종 3년(1508) 3월 14일부터 고종 28년(1891) 11월 19일까지 383년 동안 계속해서 존속했음을 알 수 있다.

한편 조지(朝紙)에 관한 기사도 실록에서 검색해 보았다. 앞서 제2장에서 말했듯이 조지는 조보의 동의어이자 별칭으로, 실록에서도 조보와 서로 혼용되었기 때문이다. 따라서 조지에 관한 기사도 실록에서 검색해 본 결과, 〈표 4-1〉에서 보듯이 제19대 임금 숙종 8년(1682) 11월 20일부터 나오기 시작하여 제26대 임금 고종 41년(1904) 7월 15일까지 제24대 임금 헌종 때를 제외하고는 222년 동안에 걸쳐 모두 110건이 나왔다. 그러므로 이러한 조지의 존속 연한을 조보의 연한에 포함시키면, 조보(조지 포함)는 제11대 임금 중종 3년(1508) 3월 14일부터 제26대 임금 고종 41년(1904) 7월 15일까지 최소 396년 동안 계속 존속해 왔다고 말할 수 있다. 그러나 이

〈표 4-1〉 실록에서 '조보'와 '조지'라는 말이 들어 있는 기사들의 역대 임금 재위 기간별 건수

실록	조보관계기사		조지관계기사		조보+조지 합계	
	검색건수	실제건수	검색건수	실제건수	검색건수	실제건수
4대 세종실록(1418-1450)	1	0			1	0
9대 성종실록(1469-1494)	1	0			1	0
11대 중종실록(1506-1544)	18	13			18	13
12대 인종실록(1545)	0	0			0	0
13대 명종실록(1545-1567)	6	6			6	6
14대 선조실록(1567-1608)	66	62			66	62
선조수정실록(동)	(5)	(5)			(5)	(5)
15대 광해일기중초본(1608-1623)	118	56			118	56
광해일기정초본(동)	(98)	(55)			(98)	(55)
16대 인조실록(1623-1649)	36	34			36	34
17대 효종실록(1649-1659)	9	9			9	9
18대 현종실록(1659-1674)	4	4			4	4
현종개수실록(동)	(4)	(3)			(4)	(3)
19대 숙종실록(1674-1720)	15	14	9	9	24	23
숙종보궐정오(동)	2	2	0	0	2	2
20대 경종실록(1720-1724)	2	2	2	2	4	4
경종수정실록(동)	2	2	1	1	3	3
21대 영조실록(1724-1776)	36	35	34	34	70	69
22대 정조실록(1776-1800)	14	13	82	20	96	33
23대 순조실록(1800-1834)	1	1	9	9	10	10
24대 헌종실록(1834-1849)	0	0	0	0	0	0
25대 철종실록(1849-1863)	0	0	3	3	3	3
26대 고종실록(1863-1907)	9	7	32	32	41	39
합계	340	261	172	110	512	371

*검색건수는 실록에서 '조보'나 '조지'라는 단어를 검색했을 때 나온 모든 기사의 건수이며, 실제건수는 모든 검색건수에서 신문현상으로서 조보에 관한 기사의 건수이다. 그리고 ( ) 안의 건수는 실록 원본과 수정본의 기사 내용이 같은 기사들의 건수를 말하는데, 이들은 합계에서 제외했다.

는 어디까지나 실록에 실린 기사로 추측한 조보의 존속 기간이다.

그러면 지금부터는 실록에 나타난 신문현상으로서 조보와 조지에 관한 모두 371건(조보 261건, 조지 110건)의 기사들을 바탕으로 역대 임금들의 재위(在位) 시기별 조보의 존속 실태에 관하여 살펴볼 것이다. 다시 말해서, 조선왕조 역대 임금들의 실록에 나타나 있는 조보(조지 포함, 이하 마찬가지)에 관한 기사들을 중심으로 조보의 존속 실태를 살펴보기로 하겠다. 그러나 제12대 임금 인종의 인종실록과 제24대 임

금 헌종의 헌종실록에는 조보나 조지에 관한 기사가 단 한 건도 나오지 않는다. 따라서 인종 재위 시기와 헌종 재위 시기는 제외하고, 나머지 14명의 임금들의 각 재위 시기에 조보가 어떤 양태로 존속했는지 그 실태를 역대 임금들의 실록에 나오는 조보와 조지관계기사들을 바탕으로 고찰해 보기로 하겠다.

제2절

중종 시기(1506-1544) 조보의 존속 실태

앞서 말했듯이 실록에서 조보와 조지에 관한 기사들을 검색해 보면, 조선 제11대 임금인 중종 3년(1508) 3월 14일부터 조보에 관한 기록이 나오기 시작하여 중종 시기(1506-1544)에만도 모두 13건이 검색된다. 따라서 이들을 바탕으로 해서 중종 시기 조보의 존속 실태부터 살펴보기로 하되, 우선 중종과 종종실록에 관하여 간단히 살펴보고 넘어가기로 하겠다.[1]

1) 조선 제11대 임금 중종과 중종실록

중종은 성종 19년(1488) 성종과 그의 계비 정현왕후 윤씨(貞顯王后尹氏) 사이에서 성종의 둘째 아들이자 연산군의 이복동생으로 태어나서, 성종 25년(1494) 진성대군(晉城大君)에 봉해졌다. 그는 서열상으로는 왕위에 오를 수 없었으나 신하들이 일으킨 소위 '중종반정'(中宗反正)으로 인하여 19세 때인 연산군 12년(1506)에 조선 제11대 임금으로 왕위에 올랐다. 그 뒤 1544년 11월 14일까지 재위하다가 세자인 인종(仁宗)에게 왕위를 물려주고, 이튿날인 15일 창경궁의 환경전(歡慶殿)에서 재위 39년 만에 승하하였다. 당시 중종의 나이는 57세였다. 중종의 시호는 공희휘문소무흠인성효대

1 이 부분은 네이버 지식백과의 한국민족문화대백과와 두산백과를 많이 참조하고 인용했음을 밝혀 둔다. 뒤의 다른 임금들의 재위 시기에서 시대적 상황과 실록에 관한 것 역시 이들 사전에서 많이 인용하였으나, 인용 부분에 일일이 출처를 밝히지 않았음도 밝혀 둔다.

왕(恭僖徽文昭武欽仁誠孝大王)이며, 묘호는 중종(中宗)이다. 능호는 정릉(靖陵)으로, 현재 서울시 강남구 삼성동에 그의 아버지인 성종의 능인 선능(宣陵)과 함께 있다.

중종이 승하하고, 인종 1년(1545) 2월 대간(臺諫)의 건의에 따라 실록청을 설치하고 당상과 낭관을 보임해서 중종실록의 편찬에 착수하려 했지만, 같은 해 7월에 인종이 재위 8개월 만에 사망함으로써 중단되었다. 이후 명종 1년(1546) 가을, 춘추관에 실록청을 설치하고 중종실록을 인종실록과 함께 편찬에 착수했지만 여러 가지 어려움이 뒤따랐다. 기묘사화 이후의 사실에 대한 의론(議論)이 분분하고 시비가 그치지 않아 편찬관 사이에 의견의 대립이 심했기 때문이다. 그리하여 편찬에 착수한 지 4년 만인 1550년 10월에야 편찬 작업을 끝내고, 다음 해 3월, 중종실록을 인종실록과 함께 최종적으로 완성하여 서고에 봉안(奉安)했다.

중종실록의 각 권은 대개 4, 5개월 분의 사실을 수록했지만, 적은 것은 2, 3개월, 많은 것은 11개월 분의 사실을 수록한 것도 있다. 또한 사론(史論)과 세주(細註)가 많이 수록되어 있는 것도 중종실록의 특징 중의 하나이다. 사론의 경우, 각 권마다 보통 10여 개, 많은 것은 35개 이상이 실려 있는데, 이는 그 이전의 실록과 큰 차이를 보이는 점이다. 세주도 많이 실려 있는데, 세주란 특기사항, 보충 설명, 방언과 제도에 관한 용어 설명 등을 말한다.

또한 중종실록은 다른 실록에 비해 분량이 상당히 많은 편이다. 이는 중종의 재위 기간(39년)이 길기 때문이기도 하지만, 개별 사실에 대한 기술이 길고 비교적 상세하기 때문이기도 하다. 특히 전대(前代)의 실록과는 달리 경연에서의 토론이나 경학, 도학에 관한 논의를 구체적으로 기술한 점이 특이한데, 이는 도학이 크게 성행한 16세기의 상황과 관련된 것으로 생각된다. 한편 대외관계에서는 중종 17년(1522)까지는 종계변무(宗系辨誣)와 관련해서 대명관계(對明關係)가 많이 수록되어 있다. 그 이후에는 주로 야인·왜인과의 관계가 많이 보이는데, 토산물 진공(進貢)이 많았던 연산군 대와는 대조적으로 변경 침입과 관련된 사실이 많이 수록되어 있다.

그러나 중종실록은 편찬이 끝난 지 얼마 뒤부터 사실(史實)의 공정성이 의심되기도 했다. 선조실록에 의하면, 중종실록은 기묘사화 및 그 이후 사실(史實)에 많은 누락이 있었다고 한다. 또한 이긍익(李肯翊)은 『연려실기술』에서 "[중종실록은] 기묘사화 때 사관(史官)들이 비밀 정사에 전혀 입시하지 못해 간신들의 도깨비 같은 실상을 기록하지 못했을 뿐만 아니라, 편찬도 간신들이 맡았기 때문에 당시 실상과는 많은 차이가 있다"고 지적했다. 또한 기묘사화 전후의 서술 태도와 내용에서 차이가 나며, 기묘사화와 관련된 사실 자체가 빠지거나 왜곡된 부분이 많다는 비판도 있다.

2) 중종실록에 나타난 조보의 존속 실태

중종실록은 1506년 10월부터 1544년 12월까지 중종 재위 38년 3개월간의 역사를 기록했는데, 정식 이름은 「중종공희휘문소무흠인성효대왕실록」(中宗恭僖徽文昭武欽仁誠孝大王實錄)이다. 분량은 105권 102책이며, 주자(鑄字)로 인쇄했다. 현재 서울대학교 규장각에 소장되어 있다.

(1) '조보' 관련 최초의 기사에 이어 모두 13건이나 나와

중종 시기에 조보의 실태를 알아보기 위하여 국사편찬위원회 홈페이지의 중종실록에서 '조보'라는 단어를 검색해 보았다. 그 결과, 중종실록 5권, 중종 3년(1508) 3월 14일 1번째 기사에 처음 조보에 관한 기록이 나왔는데, 이에 관해서는 앞서 제3장 '우리나라 조보의 기원'에서 자세히 살펴보았다. 이 최초의 기사 내용을 다시 간단히 소개하면 아래와 같다.

> 임금이 조강(朝講)에 나아갔다. … 영사 성희안(成希顔)이 또 아뢰기를, "지난번에 외방 수령들을 사태(沙汰: 선악을 가림)할 때에 신(臣)이 대신들과 더불어 둘러앉아 함께 의논했으니 어찌 털끝만큼이라도 사의(私意)가 있겠습니까? 그런데 그 후의 언사(言事)하는 사람이 오히려 공평하지 못했다는 의논이 있었으니, 일하기 어려움이 이와 같습니다. 신이 또 지난번에 북경으로부터 요동(遼東)에 도착하여 조보를 보니, 논박을 받아 산관(散官)으로 된 사람이 많았습니다."

이 기사의 끝부분에 나오는, 성희안이 요동에서 보았다는 '조보'는 중국 명나라 조보가 아니라, 우리나라 조보임이 틀림없다. 중종실록 국역본(國譯本)에서도 이 기사에 나오는 '조보'를 "승정원에서 처리한 사항을 매일 아침 반포하던 통보"라고 풀이해 놓았다. 따라서 이 기사로 미루어 볼 때, 중종 2년(1507)이나 3년경에 우리나라에는 이미 조보가 존재했으며, 그 조보는 저 멀리 중국 땅인 요동에까지 전파되었다는 말이 된다. 그렇다면 당시 조보의 실태는 어떠했는가?

중종실록에서 조보에 관한 기사들을 검색해 보면, 위와 같은 최초의 기사에 이어 17건이 더 나온다. 그러나 이들 중 5건은 신문현상으로서 조보에 관한 것이 아니라, '조정의 소식' 등에 관한 것이었다.[2] 다음으로 중종실록 55권, 중종 20년(1525) 11월 27일 1번째 기사는 홍문관 수찬 황염(黃恬)이 말하기를, "왕안석(王安石)의 말이 '춘추(春秋)는 단란조보(斷爛朝報)와 같은 글이다' 했기 때문에, 황망한 터라, 왕안석의 말이라고 주대(奏對)했었습니다"라는 것으로서 여기서 조보는 우리나라 조보를 말한 것이 아니었다. 또한 중종실록 98권, 중종 37년(1542) 4월 20일 2번째 기사를 보면, "진위사 안현(安玹)과 진향사 조사수(趙士秀) 등이 서계하기를, '신들이 북경에 있을 때에 제독주사(提督主事)가 보는 조보를 얻어 보니, 병부(兵部)의 제본(題本) 안에 오랑캐의 환란에 대비하는 것을 의논한 것이 있었습니다'" 운운한 내용이 나오는데, 여기서 조보는 중국 청나라에서 나온 조보를 말한 것이었다. 따라서 위에서 살펴본 것들을 제외하면, 중종실록에서 검색된 18건의 조보관계기사들 중 실제로 우리나라 신문현상으로서 조보에 관한 기사는 모두 13건이었다.

(2) 중종실록에 나타난 '조보'의 독자와 주요 내용

이와 같은 13건의 조보관계기사들 중에서 우선 '조보를 보건대', '조보를 보니' 하는 기사들을 모두 찾아서, 누가 조보를 어디서 보았으며, 어떤 내용을 보았는지 알아

---

2 중종실록 41권, 중종 16년(1521) 4월 18일 5번째 기사에서 '조보'는 '중국 조정의 소식'을 가리키는 것으로, "이미 요동에 사람을 보내어 중국 조정의 소식을 탐문하게 했으니" 운운한 것이었다. 또한 중종실록 41권, 중종 16년(1521) 4월 12일 2번째 기사에서의 '조보' 역시 '중국 조정의 소식'을 말한 것으로, "안경(安境)이 탕참(湯站)에 이르러 중국 조정의 소식을 물으니" 운운한 것이었다. 그리고 중종실록 41권, 중종 16년(1521) 4월 28일 2번째 기사 즉 "대간(臺諫)이 아뢰기를, '내일 칙서(勅書)를 맞는 것은 바로 국가의 중대한 일입니다. 신(臣) 등이 물러가 집에 있기가 미안(未安)해서 조보를 기다렸습니다. 그러나 날이 이미 저물었는데도 아직까지 들은 바 없기에 신 등이 들어왔습니다'"라는 기사에서 '조보'는 승정원에서 아침에 발표하는 조보가 아니라, '사관(史官)으로 하여금 조정의 결재사항과 견문록을 기록하게 해서 각 아문에 돌리던 것'을 말한 것 같다. 또한 중종실록 48권, 중종 18년(1523) 5월 28일 3번째 기사를 보면, "헌부(憲府)가 임금께 아뢰기를, '각사(各司) 서리가 조보한 일을 살펴보면 어느 곳에서 나온 것인지를 몰라서 그런 것인지, 승전색(承傳色)·승정원이 근밀(謹密)하지 못한 소치인지 다 알 수 없으니,… " 운운했는데, 여기서 '조보한 일'이란 '조정의 공사를 보고한 일'을 뜻하는 것으로 신문현상으로서의 조보가 아니다.

〈표 4-2〉 중종실록에 나타난 '조보를 보았다'는 독자들과 그 내용의 개관

누가(독자) 언제·어디서	조보에서 무엇(내용)을 보았는가?	기사 출처
① 간원(諫院: 사간원)이 아뢰기를, 본원에서 조보를 보건대,	'내농작(內農作)은 간략한 예(禮)로 한다'고 하였습니다.	중종실록 46권, 중종 18년(1523) 1월 2일 3번째 기사
② 조강(朝講)에서 참찬관 정사룡(鄭士龍)이 아뢰기를, 신이 전일(前日)의 조보를 보건대,	'조광조(趙光祖)와 동시에 죄입은 사람들을 모두 서계토록 했다' 하기에 사람들이 보거나 듣고서 놀라워하지 않는 사람들이 없었는데, 뒤에 다시 들으니 곧 헛말이었습니다.	중종실록 48권, 중종 18년(1523) 5월 20일 1번째 기사
③ 남곤(南袞) 등이 아뢰기를, 신들이 조보를 보고	평안도의 여역(癘疫: 돌림병)에 관한 일에 매우 놀랐으나, 그치게 할 방도를 생각해 내지 못했습니다.	중종실록 52권, 중종 19년(1524) 12월 9일 1번째 기사
④ 헌납 김기(金紀)가 아뢰기를, 어제 조보를 보니	삼공(三公)이 금란서리(禁亂書吏)를 추고할 일로 입계(入啓)하였는데…	중종실록 60권, 중종 23년(1528) 1월 29일 2번째 기사
⑤ 정원(승정원)이 아뢰기를, 지금 조보를 보니,	지극히 놀랐습니다. 김극달(金克達)의 죄는 진실로 중대하거니와 그 사간이 이 때문에 도망하는 사람이 많다는 것은 전 관찰사 성세창(成世昌)이 이미 계달했고…	중종실록 68권, 중종 25년(1530) 9월 8일 1번째 기사

보았다. 그 결과를 간단히 표로 제시하면 〈표 4-2〉와 같은데, 이에서 보듯이 '조보를 보았다'는 기사가 중종 18년(1523)부터 25년(1530)까지 5건이나 나온다. 이로 미루어 볼 때, 중종 시기에 조보가 계속 발행되었음을 알 수 있다.

한편 '조보를 보았다'는 독자들은 정부 기관으로는 사간원, 승정원 등이고, 관리로는 참찬관, 헌납 등으로 정부의 각 기관이나 관리들이었다. 다음으로 이들이 '조보에서 보았다'는 내용을 보면, "조광조와 동시에 죄입은 사람들을 모두 서계하도록 했다", "삼공(三公)이 금란서리(禁亂書吏)를 추고할 일로 입계하였다", "김극달(金克達)의 [사간(事干)한] 죄는 진실로 중대하거니와…" 등등 죄와 그에 대한 처벌에 관한 내용이 많았다. 그리고 '내농작은 간략한 예(禮)로 한다'라는 궁중의 동정도 조보에 실렸는데, 여기서 '내농작'이란 창덕궁의 돈화문 밖에 있는 밭에서 내시(內侍)들이 채소 농사를 지어 임금에게 바치던 것을 말한다. 이 밖에 평안도에서 여역(癘疫: 돌림병)이 돌고 있다는 소식도 조보에 실렸다.

그러나 이러한 몇 가지 사례들만 가지고서는 당시 조보에 실린 기사의 내용이 어떤 것들이었는지 확실히 알 수는 없다. 하지만 중종실록 41권, 중종 16년(1521) 4월 28일 2번째 기사의 국역본을 보면, 조보에 관한 주(註: 10576)에서 "조보는 관보로

서 사관(史官)으로 하여금 조정의 결재사항과 견문록을 기록하게 해서 각 아문에 돌리던 것을 말한다. 그 내용은 주로 조칙을 비롯해서 장주(章奏)와 조정의 의결사항, 서임(敍任), 사령, 지방관의 장계, 그 밖에 사회의 돌발 사건도 보도했다"고 풀이해 놓았다.

한편 조보에는 헛소문도 실렸던 것 같다. 중종실록 48권, 중종 18년(1523) 5월 20일 1번째 기사를 보면, 조강에서 참찬관 정사룡(鄭士龍)이 아뢰기를, "신이 전일의 조보를 보건대 '조광조와 동시에 죄입은 사람들을 모두 서계하도록 했다' 하기에 사람들이 보거나 듣고서 놀라워하지 않는 사람이 없었는데, 뒤에 다시 들으니 곧 헛말이었습니다" 하니, 임금이 이르기를 "그런 헛말을 어찌하여 [조보에] 써서 전파하였는가? 그때 대신들이 말하는 사람이 있었으나, 내가 인심을 동요하게 해서는 안 된다고 여겨 들어 주지 않았다"는 내용이 나온다.

(3) 중종실록에 나타난 조보의 주요 기능과 제도

중종실록을 보면 조보의 기능과 직무 등에 관한 내용도 나온다. 중종실록 22권, 중종 10년(1515) 5월 2일 1번째 기사를 보면, 조강에서 대사헌 권민수(權敏手)가 아뢰기를, "모든 국사(國事)가 비밀이 지켜지지 않고 있는데, 이는 승정원이 잘 검속하지 못하기 때문입니다. … 또 사관(史官)도 그 말을 누설하고 있어서 매우 사리에 부당하니, 정원에 하교하시어 이런 폐단이 없게 해야 합니다" 하니, 상(上: 임금)이 이르기를, "조보가 하는 일은 예로부터 있는 것이다. 그러나 비밀히 해야 할 일은 정원이 스스로 비밀을 지켜야 할 것이다"라고 하면서, 국사를 알리는 것은 조보의 맡은 바 직무이므로, 비밀을 핑계로 조보를 규제해서는 아니 되니, 비밀로 해야 할 일은 승정원이 스스로 알아서 해야 된다고 천명했다. 그러면서 곧이어 중종은 승정원에 전교하기를, "무릇 조보는 다만 양사(兩司: 사헌부와 사간원)에게 알리는 것이니 일체 금지할 필요는 없다"(중종실록 22권, 중종 10년, 서기 1515년 5월 2일 2번째 기사)고 부언했다.

한편 중종은 기존의 조보 제도를 고치자는 영사 남곤(南袞)의 요청에 반대하기도 했다. 중종실록 38권, 중종 15년(1520) 3월 26일 1번째 기사를 보면, 조강에서 영사 남곤이 아뢰기를, 근일 본부(本府: 의정부를 말함)에서 사록(司錄)으로 하여금 항상 승정원에 출사(出仕)하여 조보를 통하도록 하자고 계청하였으나 임금의 윤허를 얻지 못했다는 내용이 기록되어 있는데, 이는 아래와 같다.

임금이 조강에 나아갔다. 남곤이 아뢰기를, “정부(의정부)는 마땅히 온 나라의 일을 참여하여 알아야 하는 것이니, 혹 일을 의논할 경우 미리 생각해야 위의 하문에 답할 때에 쩔쩔매는 실수를 하지 않을 것입니다. 외방의 재변, 수재나 한재(旱災), 도둑 등의 일은 비록 예에 따라 관계되는 해사(該司)에 내리고 있으나 정부 역시 참여해 들어야 하는 것입니다. 예전에는 중서성(中書省)이 정치하는 본부가 되어 모든 공사(公事)가 여기를 통해 출납되었는데, 지금은 승정원이 후설(喉舌)의 기관이 되어 그 출납을 관장하고 있기 때문에 정부는 관여하지 못하게 되었습니다. 그러므로 사록 한 사람을 항상 승정원에 출사(出仕)시키도록 의논드린 것인데, 출사하게 되면 한림주서(翰林注書)가 기사(記事)할 때에는 진실로 참여할 수가 없다 하더라도, 무릇 조보의 기사에 대하여는 듣는 대로 통보하게 하는 것이 편리할 듯하였으므로 전일에 이것을 아뢰었었습니다. 조종조(祖宗祖)에서도 역시 한림 한 사람에게 항상 사록을 겸하도록 한 것이 아마 이 때문인 것 같습니다. 그 뒤 관제를 고칠 때에 폐지했는데 이미 폐지된 법을 비록 다시 세울 수는 없다고 하더라도, 사록을 항상 승정원에 출사케 해서 조보를 통보하게 한다면 신의 생각에는 사체(事體)에 방해되지 않을 듯합니다” 하니, 임금이 이르기를, “무릇 조보의 내용은 과연 의정부 및 대간에서 다 알도록 함이 가하나, 녹사로 하여금 기록된 내용을 보고 듣게 해도 자세히 알 수 있을 것이다. 옛날에는 비록 한림으로 사록을 항상 겸하도록 했으나, 관제가 이미 바뀌었으니 별도로 그 법을 세우는 것은 불가하다. 다만 정원은 이런 뜻을 알아서 큰일이 있으면 정부 낭관을 불러 말하는 것이 가하다” 하매, 남곤이 아뢰기를, “춘추(春秋)의 직임은 항상 외관(外官)이 겸임하는 예가 많은데, 지금 역시 사록이 그 직을 겸임해서 항상 정원에 출사토록 하는 것이 어떠하겠습니까?” 하니, 임금이 이르기를, “신법(新法)이 비록 좋더라도 반드시 폐단을 낳게 되니 다시 세우는 것은 불가하다” 하매, 남곤이 아뢰기를, “신의 뜻 역시 그러합니다. 다만 사록을 항상 정원에 출사시켜 조보를 통보하게 한다면, 반드시 잘못 전하는 일도 없을 것이고, 또 빠뜨리는 것도 없을 것입니다. 옛날에는 대간과 좌우급사중(左右給事中)이 좌(左)는 중서성에 속하고 우(右)는 문하성(門下省)에 속해 출납하는 모든 정령(政令)을 참여해서 알았는데, 지금의 관제는 옛날과 같지 않기 때문에 임시 편의한 대로 하고자 하는 것입니다” 하니, 김극개(金克愷)가 아뢰기를, “관제는 고칠 수 없습니다. 조종의 헌장(憲章)은 마땅히 잘 지켜서 실추가 없도록 해야지 이미 정해 놓은 법규를 번거롭게 고쳐서는 안 됩니다" 하였다.

이처럼 기존의 조보 제도를 일부 고쳐 사록으로 하여금 항상 승정원에 출사하여 조보를 통하도록 하자는 남곤의 계청이 있었다. 이것에는 중종 임금이 반대했으나, 어떤 사항을 사관(史官)으로 하여금 조보에 기록하게 하여 삼공의 집에 보내던 관례는 혁파하라고 명령했다. 그런데 중종실록 86권, 중종 33년(1538) 1월 21일 2번째 기사를 보면, 임금이 하교하기를 "이조좌랑 노한문(盧漢文)이 윤대에서 진술했듯이 사관으로 하여금 조보에 기록하게 하여 삼공의 집에 보내는 것은 김안로(金安老)가 시킨 짓이다. 김안로가 한 일은 모두 혁파하도록 하였는데, 이 일은 위에서 미처 알지 못하였고 아래에서도 계달하는 자가 없었기 때문에 그전에 하던 대로 하여 지금에 이른 것이다. 삼공이 비록 춘추관의 당상이라고 하더라도 사관이 사초(史草)를 써서 재상의 집에 전하는 것은 일에 있어서 매우 적합하지 않다. 곧 아뢴 대로 혁파하라"고 했다는 내용이 나온다.

(4) 조보의 영향력과 전파력에 관한 추정

조보가 새로 등장했다고 추정되는 중종 시기에 그 효과나 영향력이 얼마나 되었는지는 알 수 없다. 그러나 그 전파력은 상당했던 것으로 짐작된다. 앞서 말했듯이 중종실록 48권, 중종 18년(1523) 5월 20일 1번째 기사를 보면, 조강에서 참찬관 정사룡이 아뢰기를, "신이 전일의 조보를 보건대 '조광조와 동시에 죄입은 사람들을 모두 서계하도록 했다' 하기에 사람들이 보거나 듣고서 놀라워하지 않는 사람이 없었는데…" 운운하는 말이 나오기 때문이다. 또한 중종실록 48권, 중종 18년(1523) 5월 26일 2번째 기사를 보면, 재변(災變)으로 인하여 죄인들을 소방(疏放: 놓아주는 것)할 때, 그 무리들을 모두 놓아주게 되었다고 조보에 잘못 기록되어 원근에 전파되었다는 아래와 같은 내용도 나온다. 따라서 이를 볼 때, 조보의 전파력은 적지 않았던 것 같다.

홍문관 부제학 정사룡(鄭士龍) 등이 상소하기를, "하늘이 재변을 내림이 비록 한 가지만이 아니기는 하지만, 그 이유는 임금을 인자하게 사랑하여 안전해지게 하려는 것뿐이니, 진실로 하늘의 마음을 체득하여 수성(修省)하는 실지를 다한다면, 재변을 돌이켜 상서(祥瑞)가 되게 하고 화를 바꿔 복이 되게 할 수 있는 것이나, 그렇지 못하면 하늘이 화 내린 것을 후회하지 아니하여 난리와 멸망이 뒤따르게 되는 법이니, 하늘과 사람이 서로 관계되는 일을 어찌 깊이 두려워하지 않을 수 있겠습니까? 신 등이 삼가 살피건대, 근년 이래로 가무는 재변이 없는 해가 없었는데, 올해는 더욱 심하여 이미 농사지은 공력을 잃게 되었고, 거기에다 복음(伏陰: 여름에 서리나 우박이 오는 것)의 재해가 일어 서리와 우박이 서로 해치니, 하늘의 견고(譴告)가 또한 심각합니다. 신 등이 논사(論思)하는 직에 있으므로 낮이나 밤이나 보답하려고 도모하여 왔기 때문에 감히 전 사람들처럼 말을 부회(傅會)하지 않고, 삼가 시무(時務)에 간절하고 중요한 것만을 열거하여 올리오니, 바라건대 전하께서 유의하여 주소서. (중략) 지난번에 대신들이, 재변으로 인하여 소방할 때에 있어 지난날의 잔당들을 죄의 경중을 구별하자고 의논했었는데, 신(臣) 등은 그 뜻이 어디 있는가를 알 수 없었습니다. 비록 전하께서 세미한 살핌과 원대한 생각으로 단연 들어주지 않으셨지만, 중외(中外)에 환히 알려져, 그 무리들을 모두 놓아주게 되었다고 잘못 조보에 기록하여 원근에 전파되었습니다. 따라서 그 무리들이 용서하는 은전(恩典)이 내리기를 바라며 남몰래 서로 다행스러운 경사로 여기게 되었으니, 이는 진실로 대신들의 잘못 아뢴 말이 그렇게 만든 것입니다" 하였다.

끝으로 중종실록 98권, 중종 37년(1542) 4월 20일 2번째 기사를 보면, "진위사 안현(安玹)과 진향사 조사수(趙士秀) 등이 서계하기를, '신들이 북경에 있을 때에 제독주사(提督主事)가 보는 조보를 얻어 보니, 병부(兵部)의 제본(題本) 안에 오랑캐[虜]의 환란에 대비하는 것을 의논한 것이 있었습니다'" 운운한 내용이 나오는데, 여기서 조보는 중국 명나라에서 나온 조보를 말한다. 따라서 이를 볼 때, 우리나라 북경 사신들은 명나라에 가면 그곳의 조보를 읽고 그 내용을 우리나라 임금과 고위관료들에게 보고했던 것 같다. 그리하여 이들은 중국의 조보에 관하여 잘 알고 있었다. 따라서 이것이 혹시 우리나라에서도 조보를 발행하는 데 영향을 미치지 않았을까 하는 생각이 든다.

제3절

명종 시기(1545-1567) 조보의 존속 실태

위에서 살펴보았듯이 중종 3년(1508)부터 실록에 조보관계기사가 나오기 시작하여 중종실록에만도 모두 13건이나 나왔다. 그러나 다음 임금인 제12대 왕 인종의 인종실록에는 조보관계기사가 한 건도 나오지 않는데, 이는 아마도 인종의 재위 기간이 겨우 8개월에 불과했기 때문인 것 같다. 인종은 중종 39년(1544)에 즉위했으나, 왕위에 오르기 전부터 건강이 좋지 않아서 8개월 만인 인종 1년(1545) 7월 1일 31세의 나이로 승하했다. 이후 명종이 왕위를 계승하여 22년 동안 치세했다. 그리고 1567년 6월 명종이 승하하자, 관례에 따라 선조 1년(1568) 8월 명종실록의 편찬을 시작하여 약 4년 만인 선조 4년(1571)에 완성해서 인쇄, 간행했다. 명종실록은 명종 즉위년(1545) 7월부터 명종 22년(1567) 6월까지 명종의 재위 기간인 21년 11개월간의 국정 전반에 관한 역사를 편년체(編年體)로 기록한 것인데, 정식 명칭은 「명종대왕실록」(明宗大王實錄)으로 모두 34권 21책이다.

명종 시기에 조보의 발행 실태를 알아보기 위하여 명종실록에서 조보관계기사를 검색해 보았더니 모두 6건이 나왔다. 그중에서 4건은 현직 또는 전임(前任) 관료가 '조보를 보았다'는 것이었는데, 이들 기사에서 누가, 어떤 내용을 조보에서 보았는지를 간단하게 표로 정리해 보면 〈표 4-3〉과 같다. 이 표를 보면, '조보를 보았다'는 기사가 명종 7년부터 명종 21년까지 계속해서 나오고 있다. 따라서 명종 시기에도 조보가 계속 발행되었음을 알 수 있다.

한편 '조보를 보았다'는 독자들을 보면, 대사간·간원(사간원)·영평부원군·선공감부정 등으로 조정의 중요 기관과 고위관료들이었다. 이들이 조보를 본 장소를 보

〈표 4-3〉 명종실록에 나타난 '조보를 보았다'는 독자들과 그 내용의 개관

누가(독자) 언제·어디서	조보에서 무엇(내용)을 보았는가?	기사 출처
① 대사간 윤춘년(尹春年) 등이 임금께 아뢰기를, 신들이 이달 8일의 조보를 보니,	전(前) 청풍군수 최덕종(崔德種)은 관아의 권속을 많이 거느렸는데도 공죄(公罪)로만 조율하였고, 전 덕원부사(德原府使) 이혹(李鵠)은 사행(私行)을 접대하였다 해서 사죄(私罪)로 조율하였습니다.	명종실록 13권, 명종 7년(1552) 5월 26일 1번째 기사
② 간원이 아뢰기를, 전사간(前司諫) 최우(崔堣)는 김여부(金汝孚) 등과 붕결(朋結)하였다가 일이 발각되어 파직되어, 문외출송을 당한 뒤에도 서울을 출입하며 조보를 빌려 보기도 하였으니…	(미상)	명종실록 27권, 명종 16년(1561) 5월 28일 1번째 기사
③ 임금이 도승지 강사필(姜士弼)을 영평부원군 윤개(尹漑)의 집에 보내 문병하자, 윤개가 아뢰기를, 신이 늙고 병든 중에서도 날마다 조보를 보고…	요즘 조정이 많이 개혁되어 점차 순백(純白)에 이르고 있습니다. 미상불 기쁘고 좋아 잠시만 더 살아 덕화(德化)의 성취를 보았으면 했는데, 의외에 중병에 걸렸습니다.	명종실록 32권, 명종 21년(1566) 3월 5일 1번째 기사
④ 임금이 백인걸(白仁傑)을 선공감 부정으로 명했는데, 그는 당시 유배지에서 바둑을 두고 있다가 조보를 보고서야	그것(임명 사실)을 알았다.	명종실록 32권, 명종 21년(1566) 4월 11일 4번째 기사

면 서울 이외에 유배지에서도 보았는데, 그곳이 어디였는지는 알 수 없으나, 조선시대에 유배형은 세 가지 등급, 즉 2,000리, 2,500리, 3,000리로 나누어 서울에서 멀리 떨어진 곳으로 보냈다.

다음으로 '조보에서 보았다'는 조보의 내용을 보면, 관료들의 처벌에 관한 것, 조정의 동정(動靜), 관료의 임명 등에 관한 것들이었다. 조보에는 이와 같은 것들 이외에도 여러 가지 내용이 실렸던 것 같다. 명종실록에 실린 조보관계기사들 중, 나머지 2개를 보면, "사헌부에서 임금에게 아뢰기를, '지평 이우직(李友直)과 정언 정탁(鄭琢)이 성상소(城上所)에서 합사(合司)하여 논계한 것을 조보에 전언한 것은 대의를 잃지 않아 제법 아무 잘못이 없어 보였습니다'(명종실록 34권, 명종 22년, 서기 1567년 6월 15일 2번째 기사)라고 하였다"는 것과, 이에 대하여 사간원에서 아뢰기를, "합사 내용을 조보에 전언하여 나라 안에 전파한 것은 잘못이니 정탁을 파직하라고 하였다"는 내용이 실려 있다.

제4절

선조 시기(1567-1608) 조보의 존속 실태

제14대 임금인 선조 시기에도 조보는 계속 발행되었는데, 이 시기에는 임진왜란[3]이 있었다. 이 전란은 1592년 5월 23일 일본군이 우리나라 부산포로 침입하면서 시작되어 무려 7년 동안(정유재란 포함)이나 계속되다가 1598년 종결되었다. 따라서 임진왜란은 '7년 전쟁'이라고도 부르는데, 전란의 와중에도 조보는 계속 발행되었다.

1) 조선 제14대 임금 선조와 선조실록

선조는 아버지 덕흥군(德興君) 초(岹)와 어머니 증영의정(贈領議政) 정세호(鄭世虎)의 딸 하동부대부인(河東府大夫人) 정씨의 셋째 아들로, 1552년 11월 11일 한성(漢城) 인달방(仁達坊)에서 출생하였다. 그는 조부인 중종과 숙부인 명종의 총애를 받으면서 성장하여 하성군(河城君)에 봉해졌다. 1567년 명종이 갑자기 붕어하자, 선조는 16세의 나

3 임진왜란은 임진년에 일어났기 때문에 이렇게 부르나, 일반적으로 정유재란까지 포함시켜 임진왜란이라고 한다. 이러한 임진왜란은 일본에서는 '분로쿠노에키'(文祿の役)라고 부르는데, '분로쿠'는 당시 일본의 왕 고요우제이덴노우(後陽成天皇)의 연호(年号)가 '분로쿠'(文祿)였으며, 전쟁은 일본어로 '에키'(役)라고 부르기 때문이다. 그리고 정유재란은 '게이초노에키'(慶長の役)라고 부르는데, 여기서 '게이초'(慶長)는 당시 일본의 왕 고미즈노오덴노(後水尾天皇) 연호가 '게이초'였기 때문이다. 한편 중국에서는 임진왜란과 정유재란을 모두 합쳐 '만력원조전역'(萬曆援朝戰役)이라고 부르는데, 여기서 '만력'(萬曆)은 당시 명나라 신종(神宗)의 연호이며, '원조'(援朝)는 조선을 돕는다는 뜻이고, '전역'(戰役)은 전쟁을 말한다.

이로 조선왕조 제14대 왕으로 즉위하여 41년 동안 나라를 다스리다가 1608년 3월(음력 2월) 붕어했다.

(1) 선조의 승하와 선조실록의 편찬·간행

선조가 승하하자 이듬해인 광해군 1년(1609) 7월 12일 실록청을 설치하고 선조실록의 편찬을 시작했다. 그런데 실록의 편찬을 시작했으나, 곧 사초(史草)의 부족 문제에 직면하게 되었다. 임진왜란 중에 춘추관일기·승정원일기·각사등록(各司謄錄) 등 주요 국가기록이 거의 모두 불타 없어졌기 때문이다. 그러므로 경연관 정경세(鄭經世)의 건의로 춘추관에서 임진왜란 이전의 사관(史官)들에게 과거의 기억을 기록해서 제출하게 하였다. 또한 임진왜란 이전의 조보·정목(政目)과 개인 일기 및 야사(野史) 등을 춘추관에 납입토록 했으나 유희춘(柳希春)의 『미암일기』(眉巖日記)와 이정형(李廷馨)의 『동각잡기』(東閣雜記) 등의 개인 일기만 여러 종 수집하는 데 그쳤다. 그러자 실록청은 다시 임진왜란 이전의 사료를 수집하고자 했다. 그러나 이 또한 배삼익(裵三益)·이기(李芑)·이수준(李壽俊) 등이 집에 보관하고 있던 조보의 단간(斷簡)과 사대부 집에 전하는 문집 중에 들어 있는 소(疏)·차(箚)·비명(碑銘)을 수집하는 데 그쳤다. 이런 관계로 실록 편찬 작업이 더디게 되자, 광해군 3년(1611) 3월에는 사헌부에서 실록 편찬자들의 근무 기강을 잡도록 하는 상소를 올리기도 했다.

이와 같은 우여곡절 끝에, 7년 4개월 만인 광해군 8년(1616) 11월에 선조실록이 드디어 완성되었는데, 정식 이름은 「선조소경대왕실록」(宣祖昭敬大王實錄)이었다. 선조실록은 모두 221권 116책으로 분량이 방대한데, 이는 선조의 재위 기간이 1567년 7월부터 1608년 3월까지 무려 40년 8개월이나 되었기 때문이다. 그러나 실록 내용을 보면 대부분이 선조 25년(1592) 임진왜란 이후 16년간의 기록이고, 그 이전의 기록은 적다. 좀 더 구체적으로 말해서 선조실록 전체 221권 중 선조 즉위년(1567) 7월부터 선조 25년(1592) 3월까지의 기사는 25권에 불과한 반면, 임진왜란 이후 16년간의 기사는 196권이나 된다. 이처럼 임진왜란 이전의 기사가 적은 것은 임진왜란 이전의 춘추관일기·승정원일기·각사등록 등의 국가기록이 임진왜란 때 거의 모두 불타 없어졌기 때문이다.

(2) 선조실록에 대한 비판과 수정실록의 편찬

위와 같이 해서 선조실록을 간행했으나, 곧 그 내용에 대한 비판이 나오게 되었다.

임진왜란으로 인한 사료 부족 때문에 임진왜란 이전의 기사는 아예 기록되지 않은 달이 있는 등 부실한 면이 많았기 때문이다. 그런가 하면, 임진왜란 이후의 기사들을 기록할 때는 충분한 사료들을 확보할 수 있었음에도 불구하고, 기사가 조잡하고 정치적으로 공정한 입장을 견지하지 못한 것이 많았다. 한편 권수(卷數)의 편차도 커서, 선조 즉위 때부터 1592년 음력 3월까지 약 25년분의 실록은 25권에 불과한 반면, 임진왜란 이후 선조의 승하까지 약 16년분의 기사는 무려 196권이나 되었다. 또한 인쇄 상태도 이전 임금들의 실록들에서는 거의 금속활자를 사용했기 때문에 인쇄 상태가 깨끗했으나, 선조실록에는 갑인자체(甲寅字體) 목활자와 을해자체(乙亥字體) 목활자 및 새로 제작된 목활자 등 여러 가지 글씨체의 목활자를 섞어 사용한 데다가 목활자의 새김도 거칠어서 인쇄 상태가 조잡해 보였다. 따라서 선조실록은 역대 임금의 실록 중 가장 질이 떨어진다는 평을 면치 못하게 되었다.

그러나 이러한 외적인 것들보다 더 문제가 된 것은 기사 내용의 불공정성이었다. 선조실록의 총재관은 처음에는 서인 이항복(李恒福)이었으나, 나중에는 북인 기자헌(奇自獻)이 맡았다. 따라서 특히 서인 이이(李珥)·성혼(成渾)·박순(朴淳)·정철(鄭澈) 및 남인 유성룡(柳成龍) 등에 대해서는 사실을 날조까지 하면서 좋지 않게 기록한 반면, 이산해(李山海)·이이첨(李爾瞻) 등 북인 일파에 대해서는 지나치게 좋게만 기록하여 시비(是非)와 선악이 많이 전도되었다. 따라서 광해군 15년(1623) 서인 일파가 인조반정을 통해 광해군과 대북파를 몰아내고 정권을 잡게 되자, 인조 19년(1641)에 당시 대제학 이식(李植)이 선조실록의 개수를 건의했다.

인조는 이식이 선조실록의 개수를 전담하는 방식으로 이를 윤허했다. 이에 따라 2년 뒤인 인조 21년(1643) 5월 선조실록의 개수가 본격적으로 시작되어, 그해 7월 이식이 예문관검열 심세정(沈世鼎)을 대동하고 적상산사고(赤裳山史庫)에 가서 선조실록 중 수정할 곳을 골라서 뽑아다가 인조에게 보고했다. 그러나 인조 24년(1646) 이식이 파직되고 이듬해 사망하면서 선조실록 개수 작업은 중단되었고, 이는 효종 즉위 후로 미뤄졌다. 효종 즉위년(1649)에 선조실록의 개수를 다시 시작하고자 했으나 이루어지지 못했고, 그 뒤 효종 8년(1657) 경덕궁에 선조실록 개수를 위한 실록수정청을 설치하고 이를 김육(金堉)에게 총괄토록 했다. 그리하여 그해 9월 30일 마침내 선조실록 개수를 완료했는데, 표지에는 「선조소경대왕수정실록」(宣祖昭敬大王修正實錄)이라고 쓰여 있다. 본래의 선조실록은 총 221권 116책으로 구성되었던 반면, 선조수정실록은 모두 42권 8책인데, 이처럼 42권이 된 것은 선조 재위 기간에서 1년분의 기사를 1권으로 만들었기 때문이다. 선조수정실록은 조선왕조실록 중에서 기존에 편찬된 실록을 개수한 최초의 사례인데, 수정실록이 나왔다고 하여 그 전에 편찬한 실록을 파기하지 않고 함께 보존했다. 그리하여 현재까지 선조실록과 선조수정실록은 둘 다 전해지고 있는데, 이들 모두 국사편찬위원회 홈페이지에서도 볼 수 있다.

2) 임진왜란 이전(1567-1592) 조보의 존속 실태

이처럼 선조실록에는 두 가지 버전이 있다. 따라서 먼저 본래의 선조실록에서 조보 관계기사들을 검색해 보았더니 모두 66건이 나왔으나, 이들 중 실제로 조보, 즉 신문현상으로서의 조보에 관한 기사는 62건이었다. 한편 선조수정실록에서도 조보에 관한 기사를 검색해 본 결과 모두 5건이 나왔으나, 그 중에서 신문현상으로서의 조보에 관한 것은 1건에 불과했다. 그러므로 본 연구서에서는 본래 선조실록에 나오는 조보관계기사들만을 토대로 선조 시기 조보의 존속 실태를 살펴보기로 하되, 41년간의 선조의 재위(1567-1608) 기간을 다시 세 시기, 즉 ① 선조의 즉위부터 임진왜란의 발발까지의 시기(1567. 7.-1592. 5. 23.), ② 임진왜란의 시작부터 종전까지의 전란 시기(1592. 5. 23.-1598. 12. 16.) 및 ③ 임진왜란의 종전 이후 선조의 사망까지의 시기(1598. 12. 17.-1608. 2.)로 나누어, 이들 각 시기에서 조보의 존속 실태를 살펴보기로 하겠다.

우선 선조의 즉위부터 임진왜란의 발발까지 25년 동안의 선조실록에서 조보관계기사들을 찾아보았더니 모두 10건이 나왔다. 이들 중 3건은 조보를 읽었다는 기사로서, 곧 ① 기대승(奇大升)이 아뢰기를, "신(臣)이 병이 들어 고향으로 돌아갈 때 한강에 이르러 조보를 보고 매우 놀랐습니다"(선조실록 6권, 선조 5년, 서기 1572년 5월 1일 1번째 기사), ② 조강(朝講)에서 임금이 승지에게 이르기를, "조보를 보니…"(선조실록 7권, 선조 6년, 서기 1573년 3월 17일 1번째 기사), ③ "어제 저녁의 조보는 이러하였다"(선조실록 7권, 선조 6년, 서기 1573년 9월 9일 1번째 기사) 운운한 것이었다. 이들을 보면, 한강 나루터에서도 조보를 보았으며, 임금도 조보를 읽었음을 알 수 있다.

한편 선조실록 12권, 선조 11년(1578) 1월 15일 4번째 기사를 보면, "조보를 등서하는 사람들이 시끄럽게 궐정(闕庭)을 메우므로 양사(사헌부와 사간원)와 의정부의 관리를 제외하고 전(前)과 같이 함부로 들어온 자는 병조(兵曹)로 하여금 낱낱이 아뢰어 죄를 다스리게 했다"는 내용의 기사가 나온다. 이는 승정원에서 발표하는 조보를 등서하기 위하여 대소 관청의 기별서리들과 경저인들이 궁궐의 승정원 앞마당에 가득 모여들어 시끄럽게 하므로, 병조로 하여금 질서를 잡게 했다는 것이다. 이러한 기사를 보건대, 당시 조보의 등서와 전달 활동이 활발하게 이루어졌음을 짐작할 수 있다. 그런가 하면, 이 시기에는 앞서 제3장 중 '민간인쇄조보의 기원과 전말'에서 자세히 살펴보았듯이, 민간인쇄조보도 등장하여 서너 달 동안 발행되다가 금지당한 일도 있었다.

3) 임진왜란 동안(1592-1598) 조보의 존속 실태

선조 때는 임진왜란(정유재란 포함)이 일어나서 7년 동안(1592-1598)이나 계속되었다. 그럼에도 이 시기의 선조실록에는 조보에 관한 기사들이 계속해서 등장하여 모두 32건이 나오고 있다. 이를 볼 때 전란의 와중에도 조보는 계속해서 부단히 발행되었음을 알 수 있다. 이는 선조실록 89권, 선조 30년(1597) 6월 12일 2번째 기사를 보아도 알 수 있는데, 이 기사에는 "지평 남이신(南以信)이 임금께 와서 아뢰기를, 나라에 조보가 있어 온 것은 그 유래가 이미 오래되어 비록 난리 때나 파월(播越)하는 중에도 일찍이 잠시라도 폐한 적이 없었기 때문에" 운운한 내용이 나온다.

(1) 전란 중에도 조보를 계속 발행하여 열심히 읽어

이처럼 임진왜란 중에도 조보는 계속 발행되었으며, 임금을 위시한 신료(臣僚)들이 이를 열심히 읽었다. 선조실록 84권, 선조 30년(1597) 1월 23일 1번째 기사를 보면, "임금이 별전(別殿)에 나아가 대신(大臣) 비변사 유사당상(有司堂上)에게 이르기를, '어제 내가 본 병부(兵部)의 소첩(小帖)은 바로 조보를 등사한 것과 같았다'"는 내용이 나온다. 이를 볼 때 임금이 병부의 소첩을 보고 그것이 조보를 등사한 것임을 알아차릴 정도로 조보를 숙독했던 것 같다. 또한 선조실록 60권, 선조 28년(1595) 2월 11일 2번째 기사를 보면, 이호민(李好閔)의 사직소(辭職疏)에 "심지어는 사람들이 다 보고 있는 조보 같은 것"이라는 문구가 나오는데, 이를 볼 때 이런 말이 나올 정도로 많은 사람들이 조보를 보았음을 알 수 있다. 이 밖에도 임진왜란 당시의 선조실록을 보면, '조보를 보았다'는 언급이 자주 나오는데 그중 몇 개만 열거해 보면 아래와 같다.

① 사간 신경진(辛慶晉)이 아뢰기를, "신이 삼가 조보를 보니…"(선조실록 56권, 선조 27년, 서기 1594년 10월 12일 3번째 기사)

② 사간 최관(崔瓘)이 임금에게 나아가 아뢰기를, "… 또 신이 조보를 보니,…"(선조실록 57권, 선조 27년, 서기 1594년 11월 16일 1번째 기사)

③ 검토관 정경세(鄭經世)가 아뢰기를, "임진 변란 초에 신은 상중(喪中)에 있었으므로 어쩌다 조보를 보면,…"(선조실록 59권, 선조 28년, 서기 1595년 1월 30일 2번째 기사)

④ "역적 오원종(吳元宗)이 조보와 기타 문서를 매양 가지고 와서 보여 주었습니다"(선조실록 47권, 선조 27년, 서기 1594년 1월 25일 2번째 기사).

한편 우리나라 조보는 당시 조선을 돕기 위해 조선에 와 있던 명(明)나라 장수와 관료들도 보았던 것 같다. 선조실록 94권, 선조 30년(1597) 11월 3일 3번째 기사를 보면, "영의정 유성룡(柳成龍)이 임금에게 아뢰기를, [명나라] 경리(經理)가 우리나라 양사(兩司)의 관원을 불러다 [우리나라] 조보 속의 조각로(趙閣老)가 논박을 입은 일을 지적하여 보였으며…" 운운한 내용이 나온다.

(2) 우리나라 임금과 신료들은 명나라 조보도 구해 읽어

이처럼 우리나라에 와 있던 명나라 장수와 관료들이 우리나라 조보를 보았듯이, 우리나라 임금과 신료들 역시 명나라 조보를 구해서 읽었다. 선조실록 46권, 선조 26년(1593) 12월 1일 9번째 기사를 보면, "임금이 대신(大臣)에게 비망기를 내려 일렀다. … 전일(前日) 중국의 조보를 보건대,…" 운운한 내용이 나온다. 또한 선조실록 50권, 선조 27년(1594) 4월 24일 2번째 기사를 보면, "충겸(忠謙)이 아뢰기를, '신이 중국 조보를 보니…'" 운운하고 있다. 그렇다면 우리나라 임금과 신료들은 어떻게 명나라 조보를 구해서 읽었을까?

이는 아마도 당시 우리나라에 와 있던 명나라 장수와 관료들이 명나라에서 가져다 보는 명나라 조보(저보)를 얻어서 보았던 것 같다. 당시 명나라 장수 등은 자기 나라의 조보를 가져다 보았기 때문이다. 예컨대, 선조실록 44권, 선조 26년(1593) 11월 9일 3번째 기사를 보면, "임금이 남별궁(南別宮)에서 [명나라] 장도사(張都司)를 만났는데, 도사가 말하기를, '조보를 보면 군사 조발과 군량 운반에 관한 일이 있습니다'" 하였는데, 여기서 조보는 명나라 조보를 지칭한다. 또한 선조실록 98권, 선조

31년(1598) 3월 24일 1번째 기사를 보면, 명나라 진어사(陳御史)가 중국으로 돌아가면서 홍제원(弘濟院)에서 선조 임금에게 말하기를, "어제 조보를 보니 '가등청정(加藤清正)과 소서행장(小西行長)이 군량이 다하여 물러갈 형세가 있다'고 하였습니다" 운운한 내용이 나오는데 여기서의 조보도 명나라 조보를 말한다.

한편 명나라 조보는 우리나라 사신들이 명나라에 갔다가 돌아올 때 가지고 오거나 그 일부를 등서(謄書)해 오기도 했다. 선조실록 78권, 선조 29년(1596) 8월 1일 4번째 기사를 보면, "주문사 구성(具宬)이 중국 조정의 통보(조보)에 난 석상서(石尙書)의 글을 등서하여 가지고 온 것을 드리니 상이 이르기를, '주문(奏聞)이 아닌데 이것이 어떻게 [명나라] 조보에 나왔단 말인가?' 하며 놀랐다"는 내용이 나온다. 또한 선조실록 78권, 선조 29년(1596) 8월 10일 4번째 기사에는 "승문원에서 아뢰기를, '상께서 [중국 명나라] 석상서에게 글을 보낸 일이 [명나라] 조보에 나왔으니…'" 운운한 내용이 나오는데, 이를 보면 명나라 조보에는 우리나라에 관한 일도 실렸던 것 같다.

(3) 기밀 누설 방지를 위해 조보 관계자들에 대한 통제

전란 중이라 그런지, 당시 선조실록을 보면 기밀 누설로 인한 조보 발행기관인 승정원의 승지들에 대한 문책 기사들이 눈에 많이 띈다. 예컨대, 선조실록 65권, 선조 28년(1595) 7월 14일 4번째 기사를 보면, 아래와 같은 내용이 나온다.

> 상(上)이 별전에 나가 비변사 당상을 인견하면서 이르기를 "근래 조보가 돌기 이전에 비밀 장계(狀啓)가 거리에 먼저 알려졌다 한다. 이는 반드시 우리나라 사람이 중간에서 누설했기 때문이니 매우 놀랍다" 하니, 부제학 이정형(李廷馨)과 동지중추 윤선각(尹先覺)이 아뢰기를, "지난번 중국 사신이 8일에 싸 가지고 온 장계를 보자고 했다 합니다. 이로써 말하면 반드시 누설한 일이 있으니, 매우 마음이 아픕니다" 하였다. 선각이 아뢰기를, "이정형이 아뢰려던 바가 즉시 조보에 전파되었으므로 정형이 차주(箚奏)하지 않았는데, 정원(승정원)에서도 또 신중히 살피지 않았으니, 오로지 정원의 책임입니다" 하니, 상이 이르기를, "매우 온당치 못하다" 하였다. … 집의 유대정(兪大禎)이 아뢰기를, "색승지(色承旨)를 파직하고 동참했던 승지를 추고(推考)하소서" 하니, 상이 이르기를, "비록 자세히 살피지 못했더라도 파직시킬 수는 없다" 하였다.

또한 선조실록 65권, 선조 28년(1595) 7월 15일 1번째 기사에는 "사헌부에서 아뢰기를 '군국(軍國)의 기밀 사항을 일체 밖에 누설할 수 없는데, 근일 정원(승정원)에서 자세히 살피지 않고 본초(本草)를 내주어 조보에 전파되기까지 하였으니, 색승지를 파직하고 동참했던 승지를 아울러 추고할 것을 명하소서' 하니 임금이 답하기를 '그렇게 하라'고 하였다"고 적혀 있다. 그리고 선조실록 88권, 선조 30년(1597) 5월 17일 7번째 기사에는, "헌납 최천건(崔天建)이 와서 임금께 아뢰기를, '모든 공사(公事)로 인한 문서에 혹시라도 중국의 장수들과 관련된 것이면 비밀히 하여 일체 알아차리지 못하게 해야 할 터인데, 이를 조보에 내보내어 외부에 전파시켰으니, 매우 부당한 짓입니다. 담당 승지를 추고하도록 하소서' 하니, '아뢴대로 하라'고 임금이 답하였다"는 내용이 나오는데, 이를 보면 우리나라에서는 당사자인 명나라 장수들에게도 그들에 관한 일은 일체 비밀에 부쳤던 것 같다.

때문에 선조실록을 보면, 임금이 "조보에 내지 말라"[勿出朝報]는 명령이나 지시를 내렸다는 내용이 많이 나온다. 예컨대, "임금이 전교하기를, '내가 일찍이 승지에게 말하기를, 이 자문(咨文)은 조보에 내지 말라. 외인이 알까 두렵다'고 하였다"(선조실록 53권, 선조 27년, 서기 1594년 7월 17일 3번째 기사), "상이 정원에 전교하기를, '지금 대간이 회계(回啓)한 말은 조보에 내지 말라'고 하였다"(선조실록 56권, 선조 27년, 서기 1594년 10년 17일 11번째 기사)는 내용 등이 나온다. 그리고 이러한 명령이나 지시는 임금뿐 아니라 영의정 등도 내렸던 것 같다. 선조실록 88권, 선조 30년(1597) 5월 9일 2번째 기사를 보면, "영의정 유성룡(柳成龍) 등이 아뢰기를, '상이 내리신 비망기를 신들이 직접 단단히 봉함하여 승지에게 건네주고 조보에 내지 말라 하고서 물러 나왔습니다'"라고 적혀 있다.

이처럼 임금이나 영의정 등이 어떤 사항에 대해서는 '조보에 내지 말라'고 명령했지만, 반대로 어떤 사항에 대해서는 '조보에 내라'고 지시하기도 했다. 예컨대, "상(上)이 정원에 전교하기를, 황신(黃愼)의 서장(書狀)에 '적들이 다시 나올 것인지는 확실히 알 수 없으나 설령 나온다고 하더라도 반드시 명년 봄에는 나오지 못할 것이다'라고 하였는데, 지금의 적에 대한 정보는 한 마디라도 중요한 듯하니, 이 한 건을 조보에 기재하여 민정(民情)을 안정시켜야 한다'(선조실록 83권, 선조 29년, 서기 1596년 12월 5일 3번째 기사)고 하자, 비변사가 아뢰기를, '황신의 서장 안에 기록되어 있는 조항은 상교(上教)에 따라 조보에 기재하여 민정을 안정시키는 것이 지당합니다'라고 하였다"(선조실록 83권, 선조 29년, 서기 1596년 12월 8일 4번째 기사)고 한다.

(4) 조보의 등서 제한에 이어 급기야 조보 폐지 시도

전란의 와중에서도 조보는 중단 없이 발행되었다. 그러나 선조는 조보 제도의 개정을 여러 번 지시했으며, 선조 30년(1597) 6월에는 갑자기 조보 발행의 중단을 명명했다가 지평 남이신(南以信)의 간청으로 철회하기도 했다. 조보 제도를 고치라는 선조의 지시는 일본과 명나라와 사이에 강화회담이 한창 진행 중이던 서기 1596년 말경부터 시작되었다. 선조실록 83권, 선조 29년(1596) 12월 29일 1번째 기사를 보면, 큰 관부(官府)를 제외하고 조보의 등서 즉 조보를 베끼는 것을 금지하라고 했는데, 그 이유는 우리나라를 도와주러 왔던 중국(명나라) 사람들에게 우리나라의 실정을 감추기 위한 것이었다.

> 상(上: 임금)이 비망기로 일렀다. "지금 군사 계획이 이미 누설되었으니 이 일은 다시 할 수 없게 되었다. … 또한 우리나라 조보는 누구나 등서하고 있는데 조종조(祖宗朝)에서는 이와 같은 일이 없었다. 이는 비록 군사 기밀이 아니더라도 사체(事體)에 방해되는 것이 많다. 더구나 중국 관원은 별로 맡은 일도 없으면서 도성 안에 계속 남아 있는 사람이 있는데, 대체로 중국 사람의 속셈은 헤아리기 어려우니 모든 일을 남몰래 살피지 않을 이치가 없다. 이후부터는 비록 예사로운 조보일지라도 큰 관부(官府)를 제외하고 여러 작은 각 관사(官司)에서 등서하는 것은 일체 엄금할 일을 정원은 비변사에 이르라"고 하였다.

이와 같은 기사에 이어, 선조실록 89권, 선조 30년(1597) 6월 8일 1번째 기사에는 아래와 같은 내용이 나오는데, 이를 보면 언제부터였는지는 모르겠으나, 선조가 각사(各司)에서 조보를 만드는 것을 금지했었음을 알 수 있다.

> 상이 별전에 나아가 병기, 군량, 조보 등에 관한 문제를 논의했다. … 상이 이르기를, "우리나라의 조보가 군기(軍機)를 누설하기 때문에 전일(前日)에 각사(各司)로 하여금 만들지 말도록 금했다. 지금은 하지 않고 있는가?" 하니, 노직(盧稷)이 아뢰기를, "의정부와 육조(六曹), 삼사(三司) 이외에는 하지 않고 있습니다" 하자, 상이 이르기를, "요즈음은 조보를 정지하는 것이 옳다. 삼사와 정부(의정부)는 별도로 가주서(假注書)를 정하여 봉(封)해서 보여 주고, 그 나머지는 만들지 않는 것이 마땅하다" 하였다.

[참고사료 4-1]

선조의 조보 폐지에 대한 지평 남이신의 반대 간언

지평(持平) 남이신(南以信)이 임금께 와서 아뢰기를, "정원에 계하한 공사(公事)를 보건대, 조보를 없애고 오직 정부(의정부)와 삼사(三司)에만 가주서(假主書)를 두어 써서 보내라고 하셨으니, 상(上)께서 하교하신 뜻이 실로 우연한 것이 아니긴 합니다. 다만 나라에 조보가 있어 온 것은 그 유래가 이미 오래되어 비록 난리 때나 파월(播越)하는 중에도 일찍이 잠시라도 폐한 적이 없었기 때문에, 중국에서 온 장수들도 모두 그 사실을 알고 있습니다. 이제 곧 경리(經理)가 우리 경내에 도착할 즈음에 갑자기 일체를 폐지하게 하면 그가 반드시 우리나라에서 숨기는 일이 있다고 하여 의심하게 될 것이니 난처해질 걱정이 있을 듯한데, 당초 비변사의 계사에서 우려한 것도 바로 이것이었습니다.

또 목전의 일로 말하더라도 모든 조가(朝家)의 거동과 각사의 출납에 대한 일은 반드시 조보를 본 연후에 각자 통지하여 처리하게 됩니다. 만약 정부와 삼사를 제외하고는 모두 미리 알 수 없다면 비록 육조아문(六曹衙門)이라 하더라도 문견할 곳이 없어 급한 일을 처리할 수 없을 것이며 그 밖에 갖가지로 방애(防礙)되는 일이 또한 여기에서 그치지 않을 것입니다. 새로운 규례를 만들려면 반드시 그 처음을 자세히 살펴야만 행하는 데 폐단이 없게 됩니다. 보통으로 응당 행해야 될 공사 등은 2품 이상의 아문에 보고하고 최근 해 오던 예대로 각기 조보 1통씩을 써서 돌려 보게 하고, 이 밖에 중국이나 적의 정황을 알리는 기밀에 관계된 사항은 가주서(假注書)로 하여금 제목에 '비밀'이라는 표식을 붙여 정부와 삼사(三司)에 통시(通示)하여 볼 수 있도록 하되 '비밀'이란 두 자가 있는 원본은 또한 조보로 써서 내놓지 않으면 조보의 옛 규정을 폐지하지 않고도 의심할 만한 형적이 없게 될 것입니다. 다시 의논하여 시행하도록 명하소서" 하니, "모두 아뢴 대로 하라"고 임금이 답하였다(선조실록 89권, 선조 30년, 서기 1597년 6월 12일 2번째 기사).

이처럼 선조가 "요즈음은 조보를 정지하는 것이 옳다"고 말하자, 지평 남이신(南以信)이 동년 6월 12일 임금을 찾아뵙고 그 부당성(不當性)을 간언했는데, 그 내용을 소개하면 [참고사료 4-1]과 같다. 이는 선조실록 89권, 선조 30년(1597) 6월 12일 2번째 기사에 나오는데, 남이신은 조보의 발행을 중지해서는 안 될 주요 이유로서, ① 우리나라에 조보가 있어 온 것은 그 유래가 이미 오래되어 비록 난리 때나 파월(播越)하는 중에도 일찍이 잠시라도 폐한 적이 없었다는 것, ② 그런데 명나라 경리(經理)가 우리 경내에 도착할 즈음에 갑자기 [조보] 일체를 폐지하게 하면 그가 반드시 우리나라에서 숨기는 일이 있다고 하여 의심하게 될 것이니 난처해질 걱정이 있을 듯하다는 것, ③ 만약 조보를 폐지하면 의정부와 삼사(三司)를 제외하고는 문견할 곳이 없어 급한 일을 처리할 수 없을 것이며 그 밖에 갖가지로 방애(防礙)되는 일이 또한 여기에서 그치지 않을 것이라는 점 등을 들었다. 그러자 선조는 남이신이 아뢴 대로 하라면서 조보 폐지 명령을 거두었고, 조보는 살아남을 수 있었다.

4) 임진왜란 이후(1598-1608) 조보의 존속 실태

무려 7년 동안이나 계속되었던 임진왜란(정유재란 포함)은 선조 31년(1598년) 12월 16일 드디어 끝이 났다. 그러나 당시 우리나라의 상황은 처참한 지경이었다. 이런 나라를 이끌어 가던 선조는 1608년 음력 2월 1일 서거하였는데, 이로써 40년 7개월 동안의 선조 임금의 시대는 끝나게 되었다. 그러면 지금부터는 임진왜란 이후부터 선조의 서거까지 10년 동안 선조실록에 나타난 조보관계기사들을 바탕으로 이 시기에 조보의 존속 실태를 살펴보기로 하겠다.

(1) 임진왜란 이후 조보에 관한 첫 번째 실록 기사 내용

임진왜란 이후 선조의 서거까지 10년 동안 선조실록에서 조보관계기사들을 찾아보면 모두 21건이 나온다. 이들 중에서 가장 처음 나오는 조보관계기사는 종전 이후 약 두 달 뒤인 선조 32년(1599) 2월 23일 1번째 기사이다. 그러나 이 기사는 우리나라 조보에 관한 것이 아니라 중국 명나라의 당보(塘報)에 관한 것이었는데, 그 내용을 소개해 보면 아래와 같다.

상(上: 임금)이 [명나라] 도사(都司) 오종주(吳從周)의 관소에 거동하였다. … 오종주가 말하기를, "귀국에서도 천조(天朝: 중국)의 당보(塘報)를 봅니까?" 하니, 상이 이르기를, "외번(外藩)의 신하가 어떻게 얻어 보겠소이까" 하자, 오종주가 말하기를, "천하가 한집안이고 내외가 일체인데 어찌 번방(藩邦)이라고 하여 스스로 멀리하십니까. 사천(泗川)의 촉왕(蜀王)은 매일 사람을 보내 조보를 탐지해 갑니다"라고 하였다.

이 기사에서 말한 중국 명나라의 '당보'는 명나라 때 문서의 수발(受發)과 전달 업무를 관장하던 기관인 제당(堤塘)에서 발행한 것으로 본래는 일종의 군보(軍報)였으나 그 뒤 일반신문으로서 발전한 것이었다. 그런데 "당보를 조선에서도 보느냐?"고 오종주가 선조에게 묻자, 선조가 "외번의 신하가 어떻게 얻어 보겠소이까"라고 대답했다고 기록되어 있으나, 당시 우리나라에서도 명나라 당보를 여러 경로를 통해서 구해다가 본 듯하다. 앞서 언급했듯이 선조실록을 보면 명나라 조보를 보았다는 기록이 여기저기 나오기 때문인데, 위의 기사의 말미에서도 보듯이 당시 우리나라에서는 명나라 '당보'도 그냥 '조보'라고 불렀다.

위와 같은 명나라 당보에 관한 실록 기사 이후, 약 7개월 동안 선조실록에는 명나라 당보나 우리나라 조보를 막론하고 조보에 관한 기사가 전혀 나오지 않는다. 그러다가 선조 32년(1599) 9월 14일 3번째 기사에 우리나라 조보에 관한 내용이 나온다. 이는 "영의정 윤두수(尹斗壽)가 정사(呈辭)하기를, '신(臣)은 몸가짐이 옳지 못하여 중하게 탄핵을 입고 심지어는 탐욕과 음험으로 지목받아 그 추악한 말이 [조보의] 지면에 낭자하였습니다. 그리하여 조보가 전해지자 더럽게 보고 천히 여기지 않는 자가 없으니, 신은 다시 감히 정부의 체모를 욕되게 할 수 없습니다. … 신에게 새로 제수한 직명을 속히 체차하여 방헌(邦憲)을 바루소서' 하니, 임금이 '안심하고 [질병의] 조리만 하라'고 답하였다"는 것이었다.

(2) 조보의 독자들과 조보의 주요 내용

위에서 보았듯이 실록에 조보관계기사가 간혹 몇 달 동안 나오지 않는 경우도 있다. 그렇다고 해서 그 기간에 조보가 나오지 않았기 때문은 결코 아니었던 것 같은데, 앞서 언급한 조보의 폐간이나 정간에 관한 기사는 실록에 나오지 않기 때문이다. 임진왜란 이후, 1608년 음력 2월 1일 선조의 서거까지 10년간의 선조실록에서 우선 '조보를 보았다'는 기사들과 '본 내용'(조보의 내용)을 찾아보면, 아래와 같이 4건이 나오는데, 이를 보더라도 이 기간에도 조보가 계속 나왔음을 알 수 있다.

① 장령 권경우(權慶祐)가 아뢰기를, "어제 조보에서 삼가 정원(승정원)이 입계한 사연을 보건대…"(선조실록 119권, 선조 32년, 서기 1599년 11월 22일 2번째 기사).

② 경상등도도체찰사판중추부사(慶尙等道都體察使判中樞府事) 이덕형(李德馨)이 임금께 아뢰기를, "지난번 신이 조보를 보니, 수원의 부사도 제대로 임명할 수가 없다 하였습니다"(선조실록 142권, 선조 34년, 서기 1601년 10월 19일 2번째 기사).

③ 지평 최충원(崔忠元)이 아뢰기를, "신이 14일의 조보를 보니, 성상의 비답에 '조금도 계사 중의 사실과는 같지 않다'고 하셨습니다"(선조실록 154권, 선조 35년, 서기 1602년 9월 22일 3번째 기사).

④ 유영경(柳永慶)이 아뢰기를, "조보와 정원의 계사로 보면, 전일 김순명(金順命)이 아뢴 것에 잘못한 점이 없고 바로 그의 직분이었습니다"(선조실록 165권, 선조 36년, 서기 1603년 8월 10일 2번째 기사).

그러나 외방에서는 조보를 보기가 좀 어려웠던 것 같다. 선조실록 144권, 선조 34년(1601) 12월 25일 2번째 기사를 보면, "헌납 이진빈(李軫賓), 정언 김지남(金止男), 이경운(李卿雲)이 아뢰기를, "신들이 4, 5년 이래 상(喪)을 당하기도 하고 외직(外職)에 있기도 하여 조정에 있은 날이 적어서 그 사이의 조보를 본 것이 드물었으므로…" 운운했기 때문이다.

한편 위에서 소개한 4건의 기사들에 나타난 조보의 내용을 보면, 정원(승정원)이 입계한 사연, 수원 부사의 임명, 성상의 비답, 상소 등에 관한 것이었다. 그러나 조보에는 이러한 것들 이외에 고발 사건도 많이 실렸던 것 같다. 선조실록 142권, 선조 34년(1601) 10월 25일 1번째 기사를 보면, 주강(晝講) 후에 "조수익(趙守翼)이 임금에게 아뢰기를, '조정에 기강이 있은 뒤에 외방에도 있게 되는 것인데 지금 하관(下官)은 상관을 두려워하지 않고 하인은 관원을 두려워하지 않아 조금이라도 염피(厭避)하는 마음이 있으면 즉시 정고(呈告)하여 이것이 조보에 기록되어 나오는데 없는 날이 없습니다'" 운운했기 때문이다. 그런가 하면, 조보에는 헛소문까지 나기도 했던 것 같은데, 선조실록 217권, 선조 40년(1607) 10월 3일 3번째 기사를 보면, "간원(諫院)이 아뢰기를, 공조 참판 허진(許晋)은 헛소문을 심지어는 정원에 올리고 조보에 싣기까지 하였습니다"라는 내용이 나온다.

(3) 조보 담당자들의 잘못과 그에 대한 문책

이처럼 조보에 심지어는 헛소문까지 싣는 일 등이 발생하자, 그에 대한 문책도 많이 이루어졌다. 이러한 문책 사례들은 임진왜란 이후 선조실록에도 여러 개가 나오는데, 그중에서 네 가지만 간략하게 소개해 보면 아래와 같다.

① 계하(啓下)되기도 전에 상소를 조보에 낸 일로 질책하다: "[임금이] 비망기(備忘記)를 내렸다. '정원은 중추적 역할을 수행하는 기관이니 출납할 때에 십분 신밀(愼密)히 하여 성실한 자세로 왕명을 잘 받들어야 마땅하다. 그런데 이번 채겸길(蔡謙吉)의 상소와 관련하여, … 도대체 임금이 보지도 못한 상소를 대신(大臣)이 먼저 알고서 상차(上箚)하여 쟁변(爭辨)하기에 이른 것이다. 계하하지 않은 상소는 본디 조보에 나올 리가 없으니, 이는 필시 정원에서 지레 발표했거나 개인적으로 사전에 몰래 알려 줘서 그렇게 되었을 것인데, 사체(事體)로 볼 때 매우 해괴하고 놀랍다. 엄중히 구명(究明)하고 싶으나 우선은 용서할 것이니 앞으로는 이같이 하여 스스로 죄를 짓지 말도록 하라'"(선조실록 119권, 선조 32년, 서기 1599년 11월 16일 5번째 기사).

② 가주서(假注書)가 조보를 졸필로 써서 체차하다: "사헌부가 아뢰기를, '가주서 이형원(李馨遠)은 비밀스런 조보를 졸필로 어지럽게 글씨를 써서 사람들이 해득할 수가 없게 하니, 기사(記事)의 임무에 적합하지 않습니다. 체차하소서' 하니, [임금이] 아뢴 대로 하라고 답하였다"(선조실록 128권, 선조 33년, 서기 1600년 8월 19일 2번째 기사).

③ 비답을 미처 살피지 못한 탓으로 체직을 청하다: "장령 채형(蔡衡)이 아뢰기를, '어제 비답을 받들 적에 미처 상세히 살피지 못한 탓으로 본부의 조보에 '파추(罷推)할 필요가 없다'고 한 '추'(推) 자를 전연 쓰지 않고서 단지 '파직(罷職)할 필요가 없다'고만 썼으니 … 신을 체직(遞職)시켜 주소서' 하니, 임금이 답하기를, '대단한 일이 아니니 사퇴하지 말라' 하였다"(선조실록 180권, 선조 37년, 서기 1604년 10월 25일 3번째 기사).

④ 헛소문을 조보에 실은 죄로 색리(色吏)를 치죄하다: "간원이 아뢰기를, '공조참판 허진(許晉)은 아무런 탈이 없이 집에 있었는데 예조(禮曹)가 망령되이 하리가 전하는 헛소문을 믿고서 죽었다는 공사(公事)를 만들었고 심지어는 정원에 올리고 조보에 싣기까지 하였습니다. 당상과 낭청을 모두 추고토록 명하시고 색리를 수금하고 치죄하소서' 하니, 임금이 '아뢴 대로 하라'고 답하였다"(선조실록 217권, 선조 40년, 서기 1607년 10월 3일 3번째 기사).

한편 선조실록 220권, 선조 41년(1608) 1월 22일 3번째 기사를 보면, 비밀문서의 취급에 관한 승정원의 규례가 나온다. 즉 "정원이 아뢰기를, '신들은 모두 용렬한 자로서 후설(喉舌)의 직책에 있으니 왕명을 출납하는 책임에는 비록 만에 하나도 실효를 거두지 못했지만 정원에 유래되는 구례(舊例)에 대해서는 반드시 준수하여 파괴시키지 않으려고 한 것이 신들의 구구한 뜻이었습니다. 전부터 밖에서 들어온 모든 비밀문서와 안에서 내린 봉서(封書)를 조보에 나기 전에 대간이 알려고 하면 성상소가 서찰로 주서(注書)에게 물어보고 주서도 서찰로 답하는 것이 바로 구례입니다'"라고 설명하고 있다.

(4) 조보에 보도 금지[勿出朝報] 사항들

위와 같이 비밀문서와 안에서 내린 봉서(封書)는 그것이 조보에 나기 전에 대간(臺諫)이 알려고 해도 일정한 규례에 따라 서찰로 알려 주는 등 보안을 지키도록 했다. 그런가 하면 조보에 내지 못하도록 한 사항들도 있었다. 선조실록 127권, 선조 33년(1600) 7월 17일 1번째 기사를 보면, 선조의 6남 순화군(順和君) 이보(李王土)가 많은 사람들이 보는 대낮에 여인을 붙잡아 겁간(劫姦)하자, "승정원이 이러한 패륜(悖倫) 행위를 한 순화군의 처벌 문제에 관하여 임금께 아뢰자, 임금이 전교하기를, '알았다. 이 곡절을 정원만이 알고 조보에는 내지 말라'고 하였다"는 내용이 나온다.

한편 선조는 명(明)나라 장수들의 조선인 소통사(小通事)들의 행패에 대해서도 조보에 내지 말라고 지시한 바 있는데, 이에 관한 실록 기사들을 소개해 보면 [참고사료 4-2]와 같다. 여기서 '소통사'란 정식 역관(譯官)인 통사(通事)를 보조하던 하급 통역관을 말하는데, 이들은 명나라 장수들을 따라다니며 호가호위(狐假虎威)로 우리나라 백성들을 수탈했다. 그러자 이러한 사실을 승정원에서 선조에게 보고하자, 선조가 "이러한 보고(계사)를 아직은 조보에 내지 말라"고 지시했던 것이다.

[참고사료 4-2]

명나라 장수들의 조선인 소통사들의 행패에 대한 보도 금지

헌부가 아뢰기를, "요즈음 중국 장수(將帥)의 행차가 잇따라 나와, 의주(義州)부터 부산까지 일로(一路)의 백성들이 접대하느라 분주하여 겨를이 없는데, 백성들에게 피해를 주고 포악한 짓을 자행하는 것은 실로 소통사(小通事)들이 부추긴 것입니다. 이들은 의주에 있을 때에는 별도로 한 무리를 이루고 있다가 중국 장수가 나오면 그를 수행하고자 온갖 술수를 부리며, 한번 수행하게 되면 의기양양하여 기탄없이 수령을 욕보이고 백성들을 구타하며 선물을 요구하여 반드시 한없는 욕심을 채우고야 맙니다. 난리가 일어난 이후로 이 자들의 횡포가 날이 갈수록 심해져 지금에 이르러서는 극도에 달하였습니다. 금번 [명나라] 이참장(李參將)이 남쪽으로 내려갔을 때에 소통사들이 각기 가정(家丁) 한 사람씩을 데리고 가서 여러 고을을 분담하여 돌아다니면서 침해하고 수탈하였는데 베를 한 치까지 심사하여 징수하는 등 수운하는 것이 전일에 비해 아주 많으니, 가슴을 도려내는 듯한 백성들의 아픔이 실로 애처롭습니다. 민심의 울분이 이에 이르러 더욱 극심하니 어찌 마음대로 하도록 내버려 두고 징계하여 다스리지 않을 수 있겠습니까. 이참장을 수행했던 소통사들을 참장이 강을 건너간 뒤에 모두 잡아다가 엄히 국문하여 죄 주소서. 그리고 지금 이후로는 중국 장수의 차비역관(差備譯官)은 으레 원역관(元譯官)으로 차정(差定)하고, 평안 감사와 의주 부윤에게 하유하여 소통사는 일체 수행하지 못하도록 하소서" 하였다. (중략)

임금이 정원에 전교하기를, "참장이 떠난 지 겨우 하루밖에 안 되어 이목(耳目)이 두렵고 또 우리나라 사람이 누설할지도 모르니, 이 계사(啓辭)를 아직은 조보에 내지 말라. 그리고 참장이 강을 건너간 뒤에 처리하는 것이 온당할 듯하니 정원이 의논하여 처리하라" 하였다(선조실록 185권, 선조 38년, 서기 1605년 3월 17일 3번째 기사).

이처럼 명(明)나라 눈치를 보느라고 조보에 보도 금지 명령을 내린 사례는 또 있었다. 선조실록 127권, 선조 33년(1600) 7월 5일 4번째 기사를 보면, "정원이 아뢰기를, [명나라] 도통판(陶通判)의 차비통사(差備通事)가 와서 말하기를, '통판(通判)의 말에 너의 나라는 본래 예의를 안다고 일컫는데, 지금 국왕이 꼭 백의로 회례(回禮)하고자 하니 그 예(禮)의 소재를 실로 알 수 없다' 하니, … 임금이 전교하기를, '중국인은 흰 빛깔 옷을 싫어하기 때문에 흰옷으로 회례하는 것을 싫어하는 데에서 이 말이 나오게 된 것이다. 이 뜻을 승지만 알고 조보에는 내지 말라' 하였다"고 적혀 있다.

임금은 이와 같은 보도 금지 명령 이외에, 내용을 조금 바꾸어 조보에 내라는 명령을 내리기도 했다. 선조실록 126권, 선조 33년(1600) 6월 24일 2번째 기사를 보면, "약방제조(藥房提調) 김명원(金命元) 등이 중전에게 문안하기를, '삼가 의관(醫官)에게 내린 분부를 보니 신들이 걱정됨을 견디지 못하여 감히 와서 문안합니다' 하니, 임금이 답하기를, '서열(暑熱) 때문에 잠시 불편한 것이니 문안하지 말라' 하였다. … 이어서 승정원에 전교하기를, '정원과 옥당(玉堂)이 전례에 따라 문안하면 틀림없이 내전이 번거롭게 여길 것이니, 하지 말도록 하라. 또 조보에 만약 중전이나 중궁전(中宮殿)이라고 써서 낸다면 미안할 듯하니 왕비전(王妃殿)이라고 쓰라' 하였다"고 한다.

(5) 조보의 전파 범위와 영향력

위와 같은 여러 가지 실록 기사들을 볼 때, 임진왜란 이후에도 조보의 발행이 계속되었음을 알 수 있다. 그러면서 조보가 조정의 정사(政事)에 관한 소식의 전파에 중요한 역할을 했던 것 같다. 선조실록 220권, 선조 41년(1608) 1월 28일 6번째 기사를 보면, "경상도 유생 진사 정온(鄭蘊) 등이 상소하기를, '원임 대신(臺臣) 정인홍(鄭仁弘)이 쫓겨난 것에 대한 진위는 모두 조보에 발표되고 전파된 데서 나와 원근이 모두 보고 들은 것입니다'"라는 내용이 나온다. 또한 선조실록 178권, 선조 37년(1604) 9월 15일 2번째 기사에는, "대사헌 최천건(崔天健), 장령 이호의(李好義), 지평 최동식(崔東式)이 아뢰기를, [이러한] 도감(都監)의 공사(公事)가 계하된 지 이미 오래되었는데도 어제 조보에 나오고 나서야 이제 비로소 나아오게 되었으니…" 운운하는 내용이 실려 있는데, 이러한 기사들을 볼 때, 관료들도 조보를 통하여 나라의 여러 소식들을 알았던 것 같다.

이 밖에도 선조실록 220권, 선조 41년(1608) 1월 28일 5번째 기사에는 "경상도 유생(儒生) 생원 하성(河惺) 등이 상소하기를, '삼가 생각건대 적신(賊臣) 유영경(柳永慶)이 권세를 멋대로 부리고 파당을 심어 임금을 저버리고 국가를 그르친 죄는 … 조보에 실려 있고 여러 사람의 입에 전파되었으니 이목(耳目)이 있는 자는 누가 보고 듣지 못하였겠습니까…'" 운운하는 내용이 나온다. 또한 이틀 뒤인 선조 41년(1608) 1월 28일 6번째 기사에는 "경상도 유생 진사 정온(鄭蘊) 등이 상소하기를, '직도(直道)를 용납하기 어려운 것은 예로부터 모두 그러했으니, 대신(臺臣)들이 정인홍(鄭仁弘)을 귀양 보내자고 청한 것은 실로 당연합니다. … 이는 모두 조보에 발표되고 전파된 데서 나와 원근이 모두 보고 들은 것입니다'" 운운한 내용이 들어 있다. 따라서 이러한 기사들로 미루어 볼 때, 나라의 중대사에 관한 뉴스의 폭넓은 전파에 조보가 중요한 역할을 했음을 알 수 있다.

선조실록에는 위와 같은 우리나라 조보에 관한 기사들 외에 중국의 조보에 관한 기사도 들어 있다. 선조실록 198권, 선조 39년(1606) 4월 19일 4번째 기사를 보면, "우승지 송준(宋駿)이 예조의 말로 아뢰기를, '삼가 살피건대, 진하사 민몽룡(閔夢龍) 등이 요동에 도착하여 성모(聖母)에게 존호를 올리는 등황조서(謄黃詔書) 1통을 사적(私的)으로 얻어서 보내왔습니다. 평상시에 사신이 북경에 있으면서 이와 같이 중요한 관계가 있는 조보를 문견하여 치계(致啓)하면, 중국 조정에서 우리나라에 통보하여 알릴 때까지 기다리지 않고 사신이 치계한 것에 의거하여 중국 조정에 주문(奏聞)하는 것이 예입니다. 그런데 이번에는 진하하는 사신이 요동에 도착하자마자 이 등황조서를 얻어 전계(轉啓)하였습니다'" 운운하고 있다. 이러한 내용으로 미루어 볼 때, 우리나라 사신들이 중국 북경에 가면 중국의 조보를 구해 읽었고, 중요한 기사가 나면 그 내용을 우리나라 조정에 보고하여 그에 따라 우리나라에서는 중국 조정에 대처한 것을 알 수 있다. 그러므로 우리나라 임금과 고위관료들은 당시 중국의 조보에 관해서도 잘 알고 있었던 것 같다.

제5절

광해군 시기(1608-1623) 조보의 존속 실태

다음으로 제15대 임금 광해군 시기에 조보의 존속 실태에 관해 살펴보기로 하겠다. 광해군은 1575년 아버지 선조와 어머니 공빈(恭嬪) 김(金)씨의 둘째 아들로 태어났다. 선조의 정비인 의인왕후(懿仁王后) 박씨가 아들이 없자, 당시 조정에서는 공빈 김씨 소생의 첫째 아들이자 광해군의 친형인 임해군(臨海君) 진(珒)을 세자로 삼으려 했으나 광패(狂悖)하다는 이유로 보류되었다. 그러다 임진왜란 중인 선조 25년(1592) 둘째 아들인 광해군을 피난지 평양에서 서둘러 세자로 책봉했다. 1608년 2월 1일 선조가 승하하자 세자였던 광해군이 왕위에 오르게 되었다.

1) 조선 제15대 임금 광해군과 광해군일기

광해군은 재위 15년 동안 임진왜란으로 인한 피해를 복구하고 무너진 재정 기반의 재건과 민생의 안정을 위한 혁신적 정책을 추진하고, 후금과도 탄력 있는 외교 관계를 추구하여 내치와 외교 면에서 많은 성과를 올렸다. 그러나 붕당 간의 대립이 심화된 상태에서 왕권의 기반이 매우 취약했고, 결국 1623년 3월 12일 이서(李曙), 이귀(李貴), 김유(金瑬) 등 서인 세력이 정변을 일으켜 광해군을 폐위시킴으로써 그의 실록은 '광해군일기'라고 부르게 되었다.

앞서 역대 임금들의 실록들에서도 보았듯이, 임금이 승하하면 그의 실록을 편찬하는 것이 관례였다. 그러나 광해군은 폐위된 왕이기 때문에 실록은 편찬하지 않고 시정기(時政記)만 수정하도록 하였는데, 시정기란 춘추관에서 각 관서들의 업무 기록을 종합하여 편찬한 국정 기록물을 말한다. 이처럼 광해군 당시의 시정기를 수정토록 한 것은, 이수광(李睟光) 등이 시정기에는 무필(誣筆), 즉 사실을 바른대로 쓰지 않고 거짓으로 쓴 것이 많다고 주장하면서 이를 수정할 것을 제의했기 때문이다. 그러나 이러한 제의는 조정의 재정 궁핍 등의 이유로 시행되지 못했다.

설상가상으로 1624년 1월 이괄(李适)이 난을 일으켜서 한때 한양을 점령했는데, 이 시기 광해군 때의 시정기와 승정원일기 등의 사료가 될 기록들이 많이 흩어져 없어지고 말았다. 이후 이괄의 난이 평정된 뒤, 광해군 때에 주서(注書)를 지낸 사람들의 가장일기(家藏日記) 등을 수합하고, 춘추관에 명하여 당시 사관(史官)으로 있던 사람들의 가장사초(家藏史草)와 각처에 남아 있던 조보, 야사(野史) 등을 수집해서 시정기를 수정토록 했다.

하지만 시정기만으로는 왕위에 있던 광해군의 실록을 대신할 수 없다는 의견들이 대두되자, 결국 1624년 2월 29일 춘추관의 건의로 광해군일기를 편찬할 것이 결정되었다. 그리하여 1624년 6월, 찬수청(纂修廳)을 남별궁(南別宮)에 설치하고 광해군일기의 편찬을 시작하였다. 그러나 기본 사료인 시정기와 승정원일기 등이 대부분 이괄의 난 때 없어졌기 때문에 부득이 광해군 즉위 이후의 조보와 사관(史官)들의 집에 보관돼 있는 사초, 사대부 집안의 소장 일기, 상소문의 초고, 야사, 문집 등을 광범위하게 수집, 정리해서 편찬했다.

광해군일기 편찬 사업은 1627년 정묘호란으로 한때 중단되기도 하였다. 그랬다가 1632년 2월 다시 찬수청을 남별궁에 설치하고, 윤방(尹昉)을 총재관으로 임명하고, 편찬원들을 4방으로 나누어 편찬을 계속해서 이듬해 12월 중초본(中草本)을 완성했다. 중초본이란 어떤 책을 쓸 때 두 번째로 작성한 것을 말한다. 책을 쓸 때 제일 먼저 작성된 것을 초고본(初稿本) 혹은 초초본(初草本)이라고 하고, 이를 수정한 것을 재고본(再稿本) 또는 중초본(中草本)이라고 하며, 이를 다시 마지막으로 수정하여 완성된 책을 정고본(定稿本) 또는 정초본(正草本)이라고 하는데, 위에서 언급한 대로 광해군일기의 중초본은 1633년 12월 완성되었다. 그러자 이듬해인 1634년 정월부터 등록관(謄錄官) 50인을 임명하고 4반으로 나누어 정서하기 시작하여 1634년 5월에 2부의 정초본을 완성했다.

이렇게 해서 정초본이 완성되면 초초본과 중초본은 세초(洗草)하여 없애 버리고 정초본만을 인쇄해 사고에 보관하는 것이 관례였다. 그러나 광해군일기의 중초본은 세초하지 않고 태백산사고에 보관해 놓았는데, 이는 이례적인 일이었다. 그래서 광해군일기는 조선왕조실록들 중에서 유일하게 중초본도 남게 되었는데, 이를 보면 붉은 먹 또는 검은 먹으로 내용을 수정하거나 가필해 놓은 곳이 많다. 그러므로 설명한 것처럼 중초본을 수정, 보완하여 정초본을 만들었다고 본다면, 정초본이 더 정확하다고 볼 수도 있다. 그러나 정초본은 인조반정으로 집권한 서인들이 주도해서 편찬했던 것이기 때문에 이들의 입장이 대거 반영되었다. 뿐만 아니라, 서인들은 인조반정을 정당화하기 위한 책략과 명분이 필요했기 때문에 광해군을 혼군(昏君)으로 규정했다. 하지만 광해군은 당쟁의 소용돌이 속에서 희생되었다고 보는 것이 옳으며, 연산군과는 다른 시각으로 보아야 한다고 국사학자들은 말하고 있다.

광해군일기의 정초본 2부는 인천 강화도의 정족산사고(鼎足山史庫)와 전라도 무주의 적상산사고(赤裳山史庫)에 나누어 분장했다. 그 뒤 숙종 12년(1686)과 정조 18년(1794) 두 차례에 걸쳐 다시 인쇄, 출판하자는 논의가 있었으나, 끝내 실현되지 못했다. 현재 광해군일기는 인조 11년(1633) 편찬한 중초본과 효종 4년(1653) 편찬한 정초본의 두 종류가 전해지고 있다. 이들 중 중초본은 총 187권, 64책으로 구성되어 있는데, 태백산사고에 보관되어 있으므로 태백산본이라고도 부른다. 한편 정초본은 187권, 40책으로 되어 있는데, 이 정초본은 강화도 정족산사고에 보관되어 있으므로 정족산본이라고도 부른다.

2) 광해군일기중초본에 나타난 조보의 존속 실태

위와 같이 광해군일기에는 중초본과 정초본이 있는데, 광해군 재위 시기 조보의 발행 실태를 살펴보기 위하여 우선 중초본에서 조보에 관한 기사들을 검색해 보았더니, 모두 118건이 나왔으나 그중에서 실제로 조보에 관한 기사는 56건이었다. 다음으로 정초본에서 조보에 관한 기사들을 검색해 보았더니 모두 98건이 나왔으나 그중에서 실제로 조보에 관한 기사는 55건이었는데, 이들의 내용은 중초본의 기사들과 거의 같았다. 그러므로 이 책에서는 중초본에 나오는 56건의 조보관계기사들만을 바탕으로 해서 광해군 재위 시기에 조보의 존속 실태를 살펴보기로 했다.

(1) '조보를 보았다'는 기사들을 통해 본 조보의 존속 실태

광해군일기중초본에 나오는 56건의 조보관계기사들 중에서 우선 '조보를 보니', '조보에 나온 ○○을 보니' 등의 문장이 나온 기사들을 찾아보았더니, 모두 21건이 나왔다. 이들 기사를 간단하게 정리해 보면 〈표 4-4〉와 같은데, 이에서 보듯이, '조보를 보았다'는 기사가 광해군 원년(1608)부터 광해군 6년(1614)까지 계속 나온다. 그러나 그 뒤부터 광해군이 인조반정으로 인하여 폐위된 1623년까지 9년 동안은 어쩐 일인지 '조보를 보았다'는 기사가 보이지 않는다. 하지만 이 기간 동안에 조보가 발행되지 않았다는 기록도 광해군일기에 나오지 않는다. 그러므로 광해군 재위 기간(1608-1623)에도 조보가 계속해서 발행되었다고 볼 수 있다. 그렇다면 당시 조보는 주로 누가 보았는가?

〈표 4-4〉 광해군일기에 나타난 '조보를 보았다'는 독자들과 그 내용의 개관

누가(독자) 언제·어디서	조보에서 무엇(내용)을 보았는가?	기사 출처
① 대사언 김신원(金信元)이 아뢰기를, 앞서 조보에서	사헌부의 계사(啟辭)를 보았는데…	광해군일기 1권, 광해 1년(1608) 2월 3일 3번째 기사
② 유학 정충복이 상소하기를, 지난 25일의 조보를 보니	대신(大臣)들의 의논이 온당치 않아…	광해군일기 10권, 광해 1년(1608) 11월 10일 6번째 기사
③ 우의정 심희수(沈喜壽)가 아뢰기를, 일찍이 휴가 중에 조보에서	간관(諫官) 한 사람이 말로 인해 죄를 얻어 떠난 것을 보았습니다.	광해군일기 19권, 광해 1년(1609) 8월 26일 1번째 기사
④ 대사간 유인길(柳寅吉) 등이 아뢰기를, 어저께 조보에서	그저께 승지 조탁이 올린 계사를 보았습니다.	광해군일기 46권, 광해 3년(1611) 10월 29일 1번째 기사
⑤ 우의정 이항복이 임금께 대답하기를, 지난번에 조보를 보니	정원(승정원)에 이런 계(啓)가 있었습니다.	광해군일기 50권, 광해 4년(1612) 2월 6일 2번째 기사
⑥ 황상이 공초하기를, 조보를 보고서	간택 날짜를 물려서 정했다는 것을 알았고…	광해군일기 51권, 광해 4년(1612) 3월 26일 5번째 기사
⑦ 이시발(李時發)이 공초하기를, 삼가 조보를 보니	이항복에게 내린 성상의 비답이 지엄하였는데…	광해군일기 52권, 광해 4년(1612) 4월 2일 2번째 기사
⑧ 기자헌(奇自獻) 영부사가 말하기를, 앞서 조보를 보니	[승지가] 평양 숭인전에 측근의 신하를 파견한다는 말이 있었습니다.	광해군일기 55권, 광해 4년(1612) 7월 18일 5번째 기사
⑨ 정인홍(鄭仁弘)이 차자에서 이르기를, 당초에 박여량이 조보를 신에게 보여 주었으므로	신이 상소를 올려 유영경을 논계했다고 하였으므로,…	광해군일기 57권, 광해 4년(1612) 9월 20일 1번째 기사
⑩ 우의정 정인홍이 상차(上箚)하기를, 신은 영외(嶺外)에 살아 도성에서 천리 멀리 떨어져 있으니	흉신(兇臣)들이 멋대로 해 시사가 위태롭다는 것을 어떻게 스스로 알 수 있겠습니까. 박여량이 조보를 신에게 보여 주어 [그것을 알게 되었습니다].	광해군일기 57권, 광해 4년(1612) 9월 22일 3번째 기사

〈표 4-4〉 광해군일기에 나타난 '조보를 보았다'는 독자들과 그 내용의 개관(계속)

누가(독자) 언제·어디서	조보에서 무엇(내용)을 보았는가?	기사 출처
⑪ 우의정 정인홍이 아뢰기를, 신은 먼 외방에 있었으니	공이 있는 자를 어떻게 알겠습니까. 박여량이 조보 세 장을 보내서 신이 비로소 [그것을] 알았는데,…	광해군일기 57권, 광해 4년(1612) 9월 29일 7번째 기사
⑫ 전(前) 우의정 한응인(韓應寅)이 공초하기를, 신(臣)이 물러 나와 이튿날 조보를 보니	'우리 양궁(兩宮: 임금과 세자) 사이에는 화기가 애애하다'는 전교가 실려 있었습니다.	광해군일기 66권, 광해 5년(1613) 5월 16일 13번째 기사
⑬ 장령 정조가 아뢰었다. 성상의 분부 받들고 나서 조보에 나온	여러 적들의 공초를 상고해 보건대…	광해군일기 66권, 광해 5년(1613) 5월 24일 4번째 기사
⑭ 정언 조정립(趙廷立)이 아뢰기를, 신이 도성에 들어온 뒤에 요즈음 조보를 보니,	양사가 합계하여 이항복이 역적 정협을 잘못 천거한 죄를 논하였습니다.	광해군일기 67권, 광해 5년(1613) 6월 3일 2번째 기사
⑮ 정언 강홍중(姜弘重)이 아뢰기를, 삼가 근일의 조보를 보니,	합계의 내용은 좌의정 이항복이 역적 정협을 잘못 추천한 것에 대한 것이었습니다.	광해군일기 67권, 광해 5년(1613) 6월 9일 20번째 기사
⑯ 전 우의정 정인홍이 상소하였는데, 신이 삼가 조보를 보고 또 길에서 들어 보니,	전하께서 역적을 너무나 관대하게 다스리기에 힘쓰신 나머지 공론을 따르지 않는다고 하였습니다.	광해군일기 67권, 광해 5년(1613) 6월 19일 12번째 기사
⑰ 판중추부사 기자헌이 이어서 아뢰기를, 신이 조보를 보니,	의주부윤을 잘못 추천한 일로 비변사 당상의 추고를 청하는 것이었습니다.	광해군일기 72권, 광해 5년(1613) 11월 6일 2번째 기사
⑱ 사간 이정원이 아뢰기를, 신이 밤이 깊어서야 조보를 보니,	정온의 죄율을 안치(安置)로 아뢰겠다는 것이었습니다.	광해군일기 75권, 광해 6년(1614) 2월 24일 5번째 기사
⑲ 사간원이 아뢰기를, 이달 17일에 신들이 삼가 조보를 보니,	군자감 정호관이 상소를 올렸는데, 그 대략은 문사의 직임을 체직하게 하여 보잘것없는 분수를 편안하게 해주고 정온을 너그러이 용서해 주어 성덕을 넓히기를 바란다는 것이었습니다.	광해군일기 76권, 광해 6년(1614) 3월 26일 5번째 기사
⑳ 좌의정 정인홍이 영남의 [고향집에] 있으면서 상차(上箚)하여 사직하면서 아뢰기를, 근래 조보를 보니,	양사와 옥당의 계사에 배척하고 공격함이 원수보다 더 심합니다.…	광해군일기 82권, 광해 6년(1614) 9월 13일 6번째 기사
㉑ 사헌부가 아뢰기를, 어제 조보를 보니,	도사(都司)를 거짓으로 일컬었다는 말이 있었으니,…	광해군일기 84권, 광해 6년(1614) 11월 4일 1번째 기사

위의 〈표 4-4〉에서 조보를 보았다는 사람들의 신분이나 관직을 보면, 우의정(전임 포함)이 7명, 좌의정 1명, 사간원(司諫院)과 대사간, 사간 각각 1명과 정언 2명, 사헌부와 대사헌 1명, 그리고 영부사, 장령, 판중부사가 각각 1명, 유학(儒學)이 1명,

신분 미상이 1명으로 나타났다. 이를 보면, 조보의 독자들은 거의 모두가 관료였음을 알 수 있다. 그러나 이는 일반화할 수는 없는데, 위의 〈표 4-4〉에서 포함된 기사들에 나온 독자들은 실록에 나오는 독자들로서, 이들이 조보의 모든 독자들을 대표할 수 없기 때문이다.

한편 조보를 보았다는 사람들이 그것을 어디에서 보았는지를 살펴보면, 실록에는 거의 명시되어 있지 않아서 알 수 없다. 그러나 위의 〈표 4-4〉에서 ⑩번을 보면, "우의정 정인홍이 상차(上箚)하기를, '신은 영외(嶺外)에 살아 도성에서 천 리 멀리 떨어져 있으니 … 흉신(兇臣)들이 멋대로 해 시사가 위태롭다는 것을 어떻게 스스로 알 수 있겠습니까. [그러나] 박여량이 조보를 신에게 보여 주어 [그것을 알게 되었습니다]'" 운운한 것과 ⑭번에서 "정언 조정립이 아뢰기를, '신이 도성에 들어온 뒤에 요즈음 조보를 보니…'" 운운한 것을 보면, 조보는 주로 도성(都城) 즉 서울에서 보았으나, 멀리 떨어진 지방에서도 인편을 통해 가끔 조보를 본 것 같다. 또한 ⑳번에서 "좌의정 정인홍이 영남의 [고향 집에] 있으면서 상차하여 사직하면서 아뢰기를, '근래 조보를 보니…'" 운운한 것을 보면, 좌의정 정인홍은 영남의 고향 집에 있으면서도 조보를 보았음을 알 수 있다.

(2) 광해군일기에 나타난 조보의 주요 내용

다음으로 조보에 실렸던 내용들을 보면, 〈표 4-4〉에서 두 번째 단(段)과 같다. 이 내용들을 서로 같거나 비슷한 것끼리 나누어 보면, 아래와 같이 크게 7개 유목(類目, categories)으로 나눌 수 있다.

① 임금의 전교(傳敎): "우리 양궁 사이에는 화기가 애애하다"는 전교.

② 신하들의 계사(啓辭): 사헌부의 계사, 승지 조탁이 올린 계사, 정원의 계(啓), 좌의정 이항복이 역적 정협을 잘못 추천한 것에 대한 양사의 합계(合啓).

③ 상소(上疏)와 그에 대한 임금의 비답(批答): 우의정 정인홍이 상소를 올려 유영경을 논계함, 군자감 정호관의 상소 내용, 이항복에게 내린 성상의 비답.

④ 임금의 동정(動靜): 전하께서 역적을 너무나 관대하게 다스리기에 힘쓰신 나머지 공론을 따르지 않음.

⑤ 조정(朝廷)의 동정: 대신(大臣)들의 의논 내용, 간택 날짜를 물려서 정함, 흉신(兇臣)들이 멋대로 해서 시사가 위태로움, 양사와 옥당의 계사에 배척하

고 공격함이 원수보다 더 심함, 승지가 평양 숭인전에 측근의 신하를 파견함.

⑥ 추고(推考)와 공초(供招): 의주부윤(義州府尹)을 잘못 추천한 일로 비변사 당상의 추고를 청함, 여러 적들의 공초를 상고.

⑦ 상벌(賞罰): 공이 있는 자들, 정온의 죄율을 안치로 아뢲, 간관이 말로 인해 죄를 얻어 직을 떠남.

⑧ 기타: 도사(都司)를 거짓으로 일컬음.

그러나 이러한 조보의 내용은 어디까지나 광해군일기에 나타난 조보의 내용에 관한 21건의 기사들만을 토대로 한 것이므로, 조선시대 모든 조보의 내용으로 일반화할 수는 없다. 그러므로 광해군 시기뿐만 아니라, 여러 다른 임금의 재위 시기에 발행되었던 조보의 내용들도 종합해 보아야 하는데, 이에 관해서는 제5장에서 살펴보기로 하겠다.

(3) 임금의 명령에 따른 조보 게재 금지[勿出朝報] 사항들

위에서는 광해군일기에 나타난 조보의 내용에 관해서 살펴보았는데, 광해군일기를 보면, 어떠어떠한 내용은 "조보에 내지 말라"[勿出朝報]는 임금의 명령이 특히 많이 나온다. 이러한 명령들을 광해군일기에서 찾아보았더니 〈표 4-5〉에서 보듯이 모두 12건이나 나왔다. 이는 광해군일기에 나오는 모든 조보관계기사 56건 중 21%나 되는데, 이를 보고 '광해군은 전제정치를 하면서, 국사에 관한 일들을 비밀로 한 것이 많았다'고 생각할 수 있다. 그러나 〈표 4-5〉에서 보듯이, 조보에 게재하지 말라는 내용들은 대부분(13건 중 9건)이 명나라 사신 등이 알지 못하도록 감추라는 것들이고, 국내의 일에 관한 것은 4건에 불과했다.

이처럼 조보에 게재하지 말라는 내용의 거의 대부분이 명나라 사신 등이 알지 못하도록 감추기 위한 것들이었던 것은, 광해군은 명(明)·청(淸) 교체기의 국제 정세에서 균형 있는 중립외교를 펼쳐 조선의 안보를 유지하기 위하여 명나라의 눈치를 보지 않을 수 없었기 때문이었던 것 같다. 그리하여 "양사(兩司)가 합계하여 주청사(奏請使)를 파견하지 말도록 임금에게 청한 원계사(元啓辭)도 조보에 내지 않았던"(광해군일기 60권, 광해 4년, 서기 1612년 閏11월 17일 2번째 기사) 것 같다.

한편 우리나라에 관한 것으로서 임금이 조보에 내지 말라고 한 것은, 주로 역모 죄인의 추국(推鞫)이나 친국(親鞫)에 관한 것이었다. 그리하여 이는 조보에 나오지

〈표 4-5〉 광해군 시기 조보 게재 금지 사항들

① 임금이 비망기(備忘記)로 일렀다. "중국 관리들이 [우리나라에] 들어온 뒤, … 조보에 감추어야 할 일은 중국 관리들이 관소에 머무는 동안은 내지 말도록 하라"(광해군일기 3권, 광해 1년, 서기 1608년 4월 8일 2번째 기사).
② 임금이 전교하였다. "객사(客使)가 오랫동안 국경에 머무를 모양이니, 우리나라의 비밀스러운 일은 조보에 내지 말고, 또 몰래 내통하는 자를 특별히 엄금하도록 은밀히 선위사(宣慰使) 등에게 지시하라"(광해군일기 15권, 광해 1년, 서기 1609년 4월 5일 4번째 기사).
③ 임금이 비망기로 일렀다. "중국 사신과 관계되어 휘(諱)해야 할듯한 일은 대간의 계사라 하더라도 봉입(封入)하고 조보에 싣지 말라"(광해군일기 17권, 광해 1년, 서기 1609년 6월 2일 7번째 기사).
④ 임금이 전교하였다. "지금 중국 사신이 황상(皇上)의 좌우에서 가까이 모시는 신하로서 조서를 받들고 우리나라에 왔으니, 체면이 높고 무겁다. … 조사(詔使)와 관계되는 모든 일을 십분 잘 단속하고 절대로 조보에 내지 말라"(광해군일기 17권, 광해 1년, 서기 1609년 6월 9일 3번째 기사).
⑤ 임금이 전교하였다. "선조(先朝) 때에는 모든 중국 장군 및 중국 조정의 일에 관계되는 기별과 남북 변방의 정세와 군사 기밀에 대한 일을 모두 비밀로 하게 했던 것은 의도한 바가 있었던 것이다. 더구나 중국 사람들이 관(館)에 머무르고 있는 날에 어찌 비밀히 할 일이 없겠는가. 이 뒤로는 정원(승정원)이 일일이 살펴서 옛 전례에 의하여 시행하되 조보에 내지 못하게 하라"(광해군일기 25권, 광해 2년, 서기 1610년 2월 11일 3번째 기사).
⑥ 임금이 전교하였다. "중국 사신들이 강을 건널 날이 머지않았으니, 무릇 비밀에 관계되는 일은 조보에 내지 말고 정원에서 전례에 의거하여 살펴서 시행하라"(광해군일기 29권, 광해 2년, 서기 1610년 5월 24일 1번째 기사).
⑦ 임금이 전교하였다. "칙사(勅使)가 머무르고 있는 지가 이미 오래여서, 조보나 정목(政目) 같은 것을 모두 보고 있을 것인데, 그 속에 비밀에 부쳐야 될 일이 없지 않을 것이다. 그런데도 인심이 매우 사나워 전연 돌아보지 않은 채 누설하고 있으니, 정원은 은밀히 더욱 살펴 만약 책사나 비밀스러운 일에 관계되는 것이 있으면 은밀히 봉서(封書)로 출입하여 조보에 실리지 말게 하라"(광해군일기 31권, 광해 2년, 서기 1610년 7월 20일 3번째 기사).
⑧ 임금이 전교하기를, "모든 비밀에 간여된 사항은 조보에 내지 말라" 하였다. 이때 역적을 토벌하는 사항 중 혹 중국 조정에 알리지 아니해야 할 것들은 모두 비밀에 부치게 하였기 때문에 세상에 아무도 전달할 수 없었다(광해군일기 69권, 광해 5년, 서기 1613년 8월 8일 3번째 기사).
⑨ 임금이 전교하였다. "중국에서 노추(奴酋)를 정벌하는 일에 관하여는 비밀로 출입시키고 일체 조보에 내지 말도록 [정원이 살펴서 시행하라]"(광해군일기 80권, 광해 6년, 서기 1614년 7월 8일 13번째 기사).
⑩ 임금이 비망기로 일렀다. "옥당의 차자(箚子)와 헌부의 계사 및 비답을 모두 조보에 싣지 말라는 일을 정원에서 신명해 검칙하라"(광해군일기 17권, 광해 1년, 서기 1609년, 6월 8일 4번째 기사).
⑪ 임금이 전교하였다. "안에서 봉하(封下)하는 일은 정원이 비밀로 하고 조보에도 내지 말아야 한다"(광해군일기 25권, 광해 2년, 서기 1610년 2월 13일 2번째 기사).
⑫ 임금이 또 전교하였다. "지금부터는 죄인을 추국한 것 따위의 일은 아울러 조보에 내지 말도록 하라"(광해군일기 69권, 광해 5년, 서기 1613년 8월 29일 5번째 기사).
⑬ 임금이 비망기로 이르기를, "신설(申渫) 등의 일은 조보에 내지 말라." 왕은 고변하는 사람들의 마음이 해이해질까 봐 걱정한 것이다(광해군일기 84권, 광해 6년, 서기 1614년 11월 26일 5번째 기사).

않았는데, 광해군일기 29권, 광해 2년(1610) 5월 26일 1번째 기사를 보면, "의금부가 아뢰기를, … 윤승훈(尹承勳)은 의논드리기를 '기축년 사이에 파직되어 집에 있었는데, 추국에 관한 일은 조보에 나오지 않았으므로 들을 길이 없었습니다. [저희도] 비록 사람들을 통해 겨우 한두 가지 듣기는 하였으나 역시 자세히 듣지는 못하였습니다'" 운운하는 내용이 나온다.

그리고 친국에 관한 것도 조보에 내자고 사헌부에서 임금에게 주청한 일이 있다. 광해군일기 52권, 광해 4년(1612) 4월 5일 2번째 기사를 보면, "사헌부가 아뢰기를, '친국하는 날 탑전(榻前)에서 아뢴 일은 외인이 들을 수 없을 뿐만이 아니라 삼사의 관원도 듣지를 못하였으니, 온당하지 못한 것 같습니다. 만일 비밀에 관련된 것이 아니면 정원으로 하여금 아울러 조보에 내게 하소서' 하니, 임금이 답하기를, '탑전에서 아뢴 내용을 어떻게 조보에 낼 수 있겠는가' 하였다"는 내용이 나온다. 그 뒤, 광해 6년(1614)에 "'성주(星州) 죄인을 왕명으로 불러 추국하라'고 심희수(沈喜壽)가 임금에게 아뢨으나, 그 계사도 조보에 싣지 않았다"(광해군일기 76권, 광해 6년, 서기 1614년 3월 10일 3번째 기사).

이처럼 어떤 사건에 관한 것을 조보에 싣지 못하게 한 것은 주로 임금이었다. 그러나 조정의 실권자도 그랬던 것 같은데, 광해군일기 53권, 광해 4년(1612) 5월 7일 2번째 기사를 보면, "사헌부와 사간원이 합사하여 아뢰기를, 역신(逆臣) 유영경(柳永慶)은 정승의 자리를 도적질하여 차지하고 … 위(位)를 물려주어 섭정하게 하는 명은 종묘사직의 큰 계책으로 온 나라의 신민(臣民)이 응당 환히 알아야 할 것인데 비망기를 숨기고 조보에 내지 않았고, …" 운운한 내용이 나오기 때문이다.

(4) 신하의 건의에 따라 조보에 역적 흉서도 게재

위와 같이 조보에 내지 못하도록 한 것도 많았지만, 반대로 조보에 내도록 한 것들도 있었다. 그러나 이는 임금이 그렇게 하도록 한 것이 아니라, 대부분 신하들이 건의한 것들이었다. 그리하여 흉서(凶書)까지도 조보에 내서 중외에 널리 알린 경우도 있는데, 이에 관한 실록 기사를 소개해 보면 아래와 같다.

> 의금부가 임금에게 아뢰기를, "이평(李坪)의 상소를 대신(大臣)에게 의논하니, … [반란을 모의한 역적] 김일승(金日昇)이 '기축년에 정적(鄭賊)과 몰래 주고받은 서찰을 조보에 내도록 하였으니, 이 규례에 의하여 이를 조보에 싣는다면

모든 사람들이 읽어 역당(逆黨)의 흉악한 정상을 사람마다 분명히 알 수 있을 것입니다. … 흉서를 돌려 보이는 문제에 있어서는, 전례에 의하여 조보에 내어서 중외로 하여금 두루 알 수 있도록 하는 것은 안 될 것은 없습니다' 하고, 영부사 기자헌(奇自獻)은 의논드리기를 '추형하는 일은 헌의 중에 '본래 형서에 실려 있지 않으며, 옛날 제왕과 우리나라의 여러 임금들이 간혹 시행한 예가 있기도 하지만, 이는 다만 한때의 명에서 나왔을 뿐입니다'라고 하였고, 흉서와 역적의 편지는 구례에 의해 베껴서 조보에 내어 사방의 사람들에게 역당의 흉악한 정상을 분명히 알도록 하는 것은 아마도 불가할 게 없는 듯합니다'" 하니, 임금이 "의논대로 하라"고 전교하였다(광해군일기 53권, 광해 4년, 서기 1612년 5월 6일 5번째 기사).

이처럼 이평의 상소로 인해 역적 김일승의 의대(衣帶) 속에서 나온 편지 흉서를 중외에 반포하게 되었는데, 그 편지에는 아래와 같이 적혀 있었다고 한다.

이 지역의 군대가 이미 수천 명이 되는데, 출동할 시기를 또 늦추었으니 염려스럽고 염려스럽다. 그러니 급히 명망이 있는 자를 … 군중(軍中)에서 뭇사람의 마음을 진정시켜야 한다. 그리고 노전(盧田)과 관둔전(官屯田), 내노비(內奴婢)와 궁첩 부녀들을 공이 있는 사람에게 나누어 주고, 공물을 진상하는 일을 일체 경감하여 혁파하고, 승사(僧社)와 천예(賤隸)들이 모두 벼슬길에 나갈 수 있게 하고, 사천(私賤)과 관속(官屬)도 모두 혁파하고, 도읍을 구월산 아래에 정한다는 것을 맹서하는 글에 넣어라. 거사할 때에 한편으로는 감사, 병사, 신천군수, 봉산군수를 먼저 제거한 뒤에, 다른 나머지 읍의 수령은 각각 그 장관이 임의대로 처리하라. 김강재(金强哉)는 수상한 뜻이 있어서 이미 처치하기로 정하였다. 이 중(僧)은 믿을 만하기 때문에 글을 써서 삼천부(三天符) 아래에 올린다. [후략](광해군일기 53권, 광해 4년, 서기 1612년 5월 9일 5번째 기사).

이처럼 김일승의 의대(옷 밖으로 두르는 띠)에서 나온 흉서를 조보에 실어 중외에 반포하자, 대사헌 이이첨(李爾瞻) 등이 임금께, "김일승은 역적 팽석(彭錫)과 가장 친밀한 일당으로 장(杖)을 맞다가 바로 죽었는데, 의대 속의 흉서가 이미 드러남으로써 그 역모의 정상이 모두 드러나 의심의 여지가 없었습니다. 그런데 이를 조보에 써 팔방에 돌려 보이기만 하고, 상형(常刑)은 가하지 않으니 매우 가슴이 아픕니다"라고 아뢰었다고 한다(광해군일기 54권, 광해 4년, 서기 1612년 6월 7일 6번째 기사).

이처럼 역적의 흉서를 조보에 내서 널리 알렸다는 기사는 광해군일기 74권, 광해 6년(1614) 1월 26일 2번째 기사에도 나온다. 이를 보면, "양사(兩司) 장관이 탑전에서 아뢰기를, '근래 인심이 극도로 악해져서, 지난해에 저주한 한 가지 일은 명백하여 의심할 것이 없어서 비록 어리석은 남자와 어리석은 여자라도 모르는 이가 없는데도, 그 사이에 역적을 비호하는 의논이 하나 있어서, 혹 사실이 아니라고 하더라도 너무나 통탄스러운 일입니다. 지금 이 옥사는, 의일(義一)은 이미 다 바르게 공초를 했으나 그 밖의 여러 죄인은 굳게 참고 자복하지 않아서, 외간에서는 이 곡절을 모르고 이 옥사를 실상이 없는 것이라고 하니, 참으로 해괴하고 분개스럽습니다. 김란(金蘭)을 잡아들여 의일과 대질시키고, 의일의 베개 속에 있던 서찰을 김란이 일일이 보게 한 뒤에 처치하되, 그 흉서 속의 음모한 곡절을 다 조보에 내서 중외에 보여 백성들로 하여금 다 그것이 명백하여 의심스러운 것이 없음을 환히 알게 해야 합니다' 하니, 임금이 이르기를, '마땅히 헤아려 처리하겠다'고 하였다"(광해군일기 74권, 광해 6년, 서기 1614년 1월 26일 2번째 기사)고 적혀 있다.

(5) 조보에 응당 내야 할 것을 내지 않거나 잘못 내면 처벌

한편 조보에 내야 할 사항이나 기사를 빠뜨리거나, 잘못 내거나 또는 일정한 규정이나 절차 등을 지키지 않으면 그 담당자에게 책임을 물어 처벌했던 것 같다. 예컨대 광해군일기 52권, 광해군 4년(1612) 4월 28일 1번째 기사를 보면, "지평 송극인(宋克訒)이 아뢰기를, '윤훤(尹暄)을 잡아다가 국문하는 일에 대해 어제 비로소 [임금께서] 비답을 내리셨습니다. 신은 성상소(城上所)로서 명을 받은 뒤 연계(連啓)를 우선 정지해야 할지 여부를 동료들에게 알려 의논한 즉시 조보에 냈어야 했는데, 깜박 살피지 못하고 말았습니다. 초경(初更)이 지난 뒤 간원이 우선 정지한다고 한 분발(分撥)을 보고서야 비로소 잘못을 깨달았으니 잘못이 큽니다. 파척(罷斥)시켜 주소서' 하니, [임금이] '사직하지 말라'고 답하였는데, 물러가 물론(物論)을 기다렸다"는 내용이 나오기 때문이다.

그런가 하면, 광해군일기 62권, 광해 5년(1613) 1월 4일 1번째 기사를 보면, "사헌부가 아뢰기를, '비밀히 한 일을 조보에 내지 않을 경우 주서(注書)는 으레 양사의 구실아치에게 써 주어 대간(臺諫)에게 통하게 하여야 합니다. 그런데 지난번 비밀 전교는 주서가 양사에게 써 보내지 않았기에, 성상소에서 정원의 하급 구실아치를 불러 써 보내라는 뜻으로 타이르니, 답하기를 '양사에서 알고 싶으면 나름대로 쪽지편지를 써 탐문하라' 하였습니다. 일의 체모를 알지 못하고 대간을 경멸한 죄를 징계하지 않을 수 없습니다. 해당 주서를 파직하소서' 하고, 사간원도 아뢰어 논하였으나, 모두 따르지 않았다"는 내용도 나온다. 또한 조보에 내야 할 일들을 내지 않는 경우가 발생하자, 사헌부에서 조보 담당자인 주서(注書)의 자질을 논하면서, 만약 이들이 잘못할 경우는 엄격히 추고하라는 건의를 임금에게 올리기도 했는데, 이에 관한 기사를 소개해 보면 아래와 같다.

> 사헌부가 아뢰기를, "당후(堂后: 주서)의 직임은 보통의 서관(庶官)에 비할 것이 아니므로 실관(實官)에 사고가 있으면 비록 혹 임시 차임을 하더라도 반드시 일시의 인망이 있는 사람을 가리는 것은 그 뜻이 있는 데가 있어서입니다. 그런데 요즘 와서는 전례만을 따라 구차히 채울 뿐, 전혀 사람을 가리지 않고 있으니 이미 물의가 많습니다. 어제 대사헌 송순(宋諄), 대사간 윤선(尹銑)이 탑전에서 직접 의[역적 의일(義一)을 말함]를 법으로 다스릴 것을 아뢴 것은 많은 곡절이 있어서 그런 것이며, 골육의 은혜를 온전히 해야 한다고 하는 설에 대하여 하교하기에 이르러서는 현저히 복계(覆啓)의 논의가 있었는데도 아득히 모르고 지나쳐 버린 채 전혀 실상을 기록하지 않아서 조보에도 나오지 않았으니, 식견이 매우 부족합니다. 해당 주서를 파직하소서" 하니, 임금이 답하기를, "무릇 친국을 할 때 탑전에서 올린 계사를 조보에 내는 것은 구례가 아닌데, 하필 전에 없던 예를 만들어야 하는가. 다만 전혀 사실을 기록하지 않은 것에 대해서는 추고해야 옳다" 하였다(광해군일기 73권, 광해 5년, 서기 1613년 12월 8일 3번째 기사).

또한, 어떤 기사를 조보에 잘못 낼 때도 담당자를 처벌했다. 광해군일기 52권, 광해 4년(1612) 4월 18일 4번째 기사를 보면, "정언 오장(吳長)이 임금에게 아뢰기를, '그제 역적 김제세(金濟世)를 사형에 처하라는 일을 아뢰고, 어제 잠시 그 의논을 정지했는데, 신이 깜박 잊고 성상소 하리(下吏)에게 '고정'(姑停)이라는 두 글자를 말하지 않아서 조보에 써서 내지 못하게 하였으니, 파척시켜 주소서' 하니, '사직하지 말라'고 임금이 답하였는데, 물러가 물론(物論)을 기다렸다"는 내용이 나온다.

(6) 조보의 회람과 등서 및 중국인·왜인에게도 판매

앞서 살펴보았듯이 조보의 주요 독자는 조정의 관료들이었다. 그러나 실제적으로는 이들 이 외에도 수많은 사람들이 조보를 보았는데, 당시는 조보가 한 번 보고 버려지는 것이 아니라, 여러 다른 사람들에게 계속해서 회람되었기 때문이다. 그렇다면 당시 조보가 얼마나 널리 전파되었을까? 이에 관한 직접적 사료(史料)는 광해군일기에 나와 있지 않아 정확히 알 수 없다. 그러나 광해군일기 68권, 광해 5년(1613) 7월 27일 6번째 기사에 "지평 조존도(趙存道)가 아뢰기를, '신이 삼가 관학(館學: 성균관) 유생 이득양(李得養) 등의 상소를 초한 것을 관관(館官) 등의 조보 말단에다 첨부하여 여러 곳에 회람시킨 것을 보았습니다'" 운운하는 내용이 나온다. 따라서 이로 미루어 볼 때, 조보의 전파력(傳播力)은 상당했던 것 같다. 관학 유생들이 조보의 말단에 상소를 첨부하여 배포했던 것은, 당시 조보가 널리 전파되면서 상당한 영향력을 발휘했음을 시사한다.

한 부의 조보가 계속해서 다른 사람들에게 회람되기도 했지만, 또한 등서(謄書) 즉 베껴서 전파되기도 했다. 본래 우리나라 조보는 인쇄해서 발행한 것이 아니라, 승정원에서 발표하는 내용을 기별서리들이 필사해서 배포한 것이기 때문이다. 당시에 이들 기별서리가 어떻게 조보를 필사했는지 그 장면을 간단히 언급한 기사가 광해군일기 24권, 광해 2년(1610) 1월 11일 6번째 기사에 나오는데, 이를 보면, 생원시(生員試)에서 응시자들이 서로 커닝하는 장면을 "한 사람이 사서의(四書疑)를 지으면 백 사람이 베끼는데 목을 빼어 엿보면서 돌려가며 베끼기를 마치 하리(下吏)들이 조보를 서로 전하며 베끼듯이 합니다"라고 묘사해 놓았다.

한편 당시에 조보는 우리나라 사람뿐 아니라, 중국인들과 심지어는 왜인(일본인)들에게까지 몰래 판매되기도 하였는데, 광해군일기 25권, 광해 2년(1610) 2월 11일 4번째 기사를 보면, 아래와 같은 내용이 나오고 있다.

> 임금이 전교하였다. "우리나라의 인심이 좋지 못하고 법령이 엄하지 않아서 간사하고 자질구레한 무리들이 이익을 즐겨 나라를 팔고 있으니 그 폐해가 없지 않다. 누군가 조보의 정목(政目)과 국중 기관(機關)에 관한 일을 남몰래 써서 타국에 누설하고 알린다는 기별이 전부터 있었다. 더구나 지금은 왜인들이 국경에 드나들고 중국 사신이 때 없이 오가는 처지이니, 또 반드시 잠상(潛商: 불법 상인)으로서 남몰래 이들과 교통하는 무리가 있을 것이다. 엄한 기찰

> 을 더하여 율(律)에 따라 중히 다스려서 뜻밖의 변을 막아야 한다. 이 뜻을 비밀리에 경상도, 평안도 등처의 관찰사에게 유시하라."

이와 같은 임금의 전교가 내리자, 약 보름 뒤인 3월 6일 영의정 이덕형(李德馨)이 특히 왜인과의 교통에 관하여 상차(上箚)하기를, "옛날 선조(先朝) 때에 평의지(平義智: 일본 대마도 18대 도주)가 [우리나라에] 처음 나오자, 선왕께서 매우 염려하시어 잠상(潛商)을 단절하게 하고 여러 차례 교서를 내려 경계하게 하였는데, 동평관(東平館: 일본 사신이 우리나라에 와서 머물던 숙소. 현 인사동 부근에 있었음)에 이르러서는 특별히 병조와 포도청에 명하여 순찰하며 금지하게 하였으니, 법이 엄하지 않은 것이 아니었습니다. 어두운 밤마다 순찰하는 수직 군사에게 뇌물을 주며 죽기를 각오하고 교역(交易)하여 심지어는 조보를 등초(謄抄)하여 보여 주기까지 하였다는 말이 있었으니, 이는 다름이 아니라 상인들도 비록 국법이 지극히 엄한 줄은 알지만 처형당하는 자는 몇 명이 없고 이익을 챙기는 자가 매우 많으니 금법(禁法)을 범하는 것이 참으로 당연합니다"(광해군일기 26권, 광해 2년, 서기 1610년 3월 6일 4번째 기사)라면서, 이를 엄격히 금지할 것을 건의했다.

(7) 조보의 보관과 실록 등의 사초로 활용

조보는 사람들이 시의적 소식을 알기 위하여 보았지만, 또한 실록 등을 편찬하거나 수정할 때 그 사초(史草)로도 활용되었다. 이는 특히 임진왜란으로 말미암아 실록을 비롯하여 승정원일기 등 많은 사적(史籍)들이 소실되었기 때문인데, 광해군일기 21권, 광해 1년(1609) 10월 5일 1번째 기사를 보면 아래와 같은 내용이 나온다.

> [선조]실록청이 임금에게 아뢰기를, "임진년 이전의 실록을 지금 수정하여 편찬하려고 하는데 고증할 만한 자료가 전혀 없어서 착수할 수 없으니 매우 걱정스럽습니다. 고(故) 지사(知事) 유희춘(柳希春), 고 참판 이정형(李廷馨)이 기록한 개인의 일기가 다행히 춘추관에 보관되어 있으나 전에 행장(行狀)을 지을 때 그 일기를 보았더니, 이정형의 일기는 조보에 나온 것 가운데 뚜렷한 약간의 말만을 기록하였으므로 15, 16년 전에 기록한 것이 단지 1권뿐이었고, 유희춘의 일기는 1년에 한두 달의 사건만 기록하고 다른 달의 사건은 모두 기록하지 않았으므로 너무나 소략하여 만분의 일도 고증할 수 없었습니다. 그러

나 이외에 다시 고증할 만한 자료가 없습니다. 따라서 지금 우선 임진년 이후의 사초(史草)를 가지고, 한편으로는 먼저 수정하고 한편으로는 여러모로 자료를 수집해야겠습니다. 삼가 듣건대, 고 감사 배삼익(裵三益)의 집에 병란 이전의 조보가 연도별로 보관되어 있고, 고 판서 이개(李墍), 고 첨지 이수준(李壽俊)의 집에도 병란 이전의 조보가 보관되어 있으며, 고 참의 유조인(柳祖訒)의 집에는 임진년의 '행조일기'(行朝日記)가 있다고 하니, 이들 본가의 자제들에게 빠짐없이 찾아내어 보내도록 해야겠습니다."

이렇게 선조실록청에서 임금께 아뢰자, 임금이 "그렇게 하라"는 비답(批答)을 내렸다. 이처럼 조보는 조선왕조실록의 편찬과 수정 시에 주요한 사초로 사용되기도 했는데, 이것도 조보의 주요 기능 내지 공능(功能)의 하나였다.

제6절

인조 시기(1623-1649) 조보의 존속 실태

1623년 3월 서인들이 이른바 '인조반정'(仁祖反正)을 일으켜 당시 임금을 폐위시키고 '광해군'으로 강등한 다음, 강화로 유배시켰다. 그리고 그 대신 선조의 다섯째 아들인 정원군(定遠君)의 맏아들 능양군(綾陽君) 이종(李倧)을 왕으로 옹립했는데, 그가 바로 조선 제16대 임금인 인조(仁祖)였다. 인조는 26년 동안 나라를 다스리다가 1649년 5월 8일 55세를 일기로 승하했다.

1) 조선 제16대 임금 인조와 인조실록

인조실록의 편찬은 시기적으로 조금 늦게 시작했는데, 1649년 효종의 즉위 이후 청나라 사신의 방문이 계속되었기 때문이다. 그리하여 인조가 승하한 다음 해인 효종 1년(1650) 음력 4월에야 효종은 인조실록의 편찬을 명하고, 대제학을 차출하도록 하여, 그해 음력 8월 1일 정식으로 인조실록 편찬 작업을 시작하였다. 그리고 3년 뒤인 효종 4년(1653) 음력 6월 26일 춘추관에서 인조실록의 편찬이 완료되었음을 보고했으며, 이어서 7월 1일 총재관 김육과 대제학 채유후(蔡裕後) 등이 「인조대왕실록」 총 50권 50책을 효종 임금에게 바쳤다.

보통 다른 임금의 실록은 왕이 즉위한 해를 즉위년으로 두고 그 이듬해를 원년(元年)으로 칭하는 일반적 기년법인 유년칭원법(踰年稱元法)을 사용하였다. 그러나 인조는 전 왕인 광해군을 폐위하고 즉위했기 때문에 즉위년칭원법(卽位年稱元法)을 사용하였다. 그리하여 인조실록은 인조가 즉위한 해인 1623년을 원년으로 해서 1623년 3월 13일부터 1649년 5월 8일까지 26년 2개월 동안에 있었던 정치·외교·국방·경제·사회·문화 등 각 방면의 역사적 사실을 연월일 순에 따라 편년체로 서술했다.

한편 인조실록의 인쇄를 위해서 별도의 목활자를 제작하였는데, 이를 '인조실록자'(仁祖實錄字)라고 부른다. 이 활자의 크기는 1.5×1.7cm로 선조실록에 쓰인 활자보다 약간 크며, 자체는 경오자체(庚午字體)의 형태이다. 이러한 인조실록자를 새로 제작하기 위해 각 도에서 황양목을 채취하고, 활자를 새기는 각자장(刻字匠)들도 징용했다고 한다.

2) 인조실록에 나타난 조보의 독자와 내용

인조의 재위 시기, 인조반정 이후 서인의 집권에 따라 정계가 재편되면서 국가 정책에 변화가 있었다. 또한 반후금정책(反後金政策)을 취한 결과 두 차례의 호란을 겪은 격동기이기도 했다. 그러면 이러한 격동기에 조보의 실태는 어떠했는가?

(1) '조보를 보았다'는 실록 기사들을 통해 조보의 독자와 내용

이를 알아보기 위하여 인조실록에서 조보에 관한 기사들을 검색해 보았더니 모두 36건이 나왔다. 그러나 이들 중, 인조실록 14권, 인조 4년(1626) 8월 18일 2번째 기사에서 '조보'는 '선조(先朝)의 공신에 대한 공을 보답한다'는 뜻의 '조보'(朝報)로서 신문현상으로서의 조보가 아니었다. 그러므로 이를 제외하면, 인조실록에서 실제 조보에 관한 기사는 모두 35건이었다. 이들 기사에서 우선 '조보를 보니…', '조보를 보건대…' 또는 '조보를 보고…' 운운하는 기사들을 찾아보았다. 그 결과, 인조 2년(1624) 5월 29일부터 인조 24년(1646) 11월 15일까지 22년 동안에 걸쳐 모두 10건의 기사들이 나왔다. 따라서 이로 미루어 볼 때, 인조 시기에는 병자호란(1636. 12-1637. 1)이 발생했음에도 불구하고 조보는 계속 발간했던 것 같은데, '조보를 보았다'는 기사들에서 누가 어떤 내용을 보았는지를 표로 정리해 보면 〈표 4-6〉과 같다.

〈표 4-6〉에서 우선 누가 조보를 보았는지에 대해 살펴보면, 정부 기관으로는 헌부(사헌부)가 1개소, 그리고 관료로는 좌의정 2명을 비롯하여 대사간, 도승지, 정언, 장령, 교리, 장악정이 각각 1명이었고 왕족인 평원군도 들어 있었다. 따라서 이

〈표 4-6〉 인조실록에서 '조보를 보았다'는 독자들과 그 내용의 개관

누가(독자) 언제·어디서	조보에서 무엇(내용)을 보았는가?	기사 출처
① 장악정 정종명(鄭宗溟)과 교리 정홍명(鄭弘溟)이 상소하기를, 신의 아비는 실로 알지도 못하다가 조보를 보고야	그 뒤에 다시 국문(鞫問)하자는 논의가 간원에서 나왔음을 [알고]…	인조실록 6권, 인조 2년(1624) 5월 29일 4번째 기사
② 장령 김영조(金榮祖)가 아뢰기를, 신이 대궐에 나아가서야 비로소 저보(邸報)를 보았는데,	요즘 목성선(睦性善) 등이 올린 상소 때문에 양사가 논열(論列)하면서 어떤 사람은 소장을 불에 태우라고 청하기도 하고 어떤 사람은 관직에서 파면시키라고 청하기도 하였으나 성상께서 윤허하지 않는다는 비답을 내렸다고 하였습니다. … 다만 조보에 언급한 것을 근거하여 살펴보니 목성선만이 운운한 것이 아니라 신도 괴이하게 여겼습니다.	인조실록 10권, 인조 3년(1625) 10월 22일 2번째 기사
③ 정언 이경증(李景曾)이 아뢰었다. 동료가 한 간통(簡通)을 보내왔는데, 바로 김시양(金時讓)을 논하는 계초(啓草)였습니다. 그 가운데 '시양만이 한번 정사(呈辭)하고 그쳤으니, 이미 사대부의 명예와 절의를 잃었다'는 말이 있었고, 또 파직으로 의율(擬律)까지 했습니다. 그런데 조보를 보니,	내용이 전과 같았습니다['명예와 절의를 잃었다'는 조항에 대해 삭제했는지 여부는 언급하지 않았습니다].	인조실록 12권, 인조 4년(1626) 5월 2일 2번째 기사
④ 대사간 이식(李植)이 상소하기를, 신은 병으로 일을 살피지 못하고 외간의 새로운 논의도 아득히 듣지 못하다가 우연히 조보를 접하고는	헌납 김반(金槃)이 신들이 계사에서 한 말을 따다가 매우 준절하게 책망한 것을 보았습니다. …	인조실록 14권, 인조 4년(1626) 8월 29일 2번째 기사
⑤ 김류(金瑬)가 상소하기를, 신이 조보를 보건대,	최명길(崔鳴吉)의 함사(緘辭)에 신의 이름을 배척하여 거론하기를 '크게 김류의 진노를 당하였다' 하고, 또 김류가 상신(相臣)에게 말을 전하기를 '만약 남쪽 군병을 조발하여 보내려면 먼저 나를 체찰사(體察使)에서 해임시키라' 하였는데…	인조실록 16권, 인조 5년(1627) 5월 15일 4번째 기사
⑥ 헌부가 아뢰기를, 삼가 조보를 보건대,	대신과 중신들도 이들[내관]에게 멸시를 받고서 사실에 의거하여 진계하였는데도 전하께서 죄를 주지 아니하셨으니…	인조실록 29권, 인조 12년(1634) 3월 8일 1번째 기사
⑦ 도승지 정온(鄭蘊)이 상소하기를, 신이 삼가 근일의 조보를 보건대,	전하께서 늘 예위(禰位)가 비어 있는 것을 염려하셨는데…	인조실록 30권, 인조 12년(1634) 8월 21일 2번째 기사

〈표 4-6〉 인조실록에서 '조보를 보았다'는 독자들과 그 내용의 개관(계속)

누가(독자) 언제·어디서	조보에서 무엇(내용)을 보았는가?	기사 출처
⑧ 좌의정 최명길(崔鳴吉)이 아뢰기를, 요즈음 조보를 보니,	혹 자신이 관반(官班)이라는 이름을 띠고도 말미를 받아 시골에 내려가거나, 어사로서 떠날 준비를 하라는 명을 받고도 상소하고 나간 자가 있습니다.	인조실록 35권, 인조 15년(1637) 9월 10일 1번째 기사
⑨ 좌의정 김상헌(金尙憲)이 상차(上箚)하기를, 신이 조보를 보건대,	전 장령 이응시(李應蓍)가 일을 논하다 죄를 얻었다고 했는데,…	인조실록 47권, 인조 24년(1646) 5월 5일 3번째 기사
⑩ 평흥군(平興君) 신준(申埈)이 조보를 보고 사람들에게 말하기를,	[광주부윤 구오(具鏊)가 궁인(宮人)을 데리고 사는 이유로 간원이 죄를 청한 데 관해서] "나는 처음에는 [그 여인이] 궁인인 줄 모르고 취했다가 논박을 받았으니 일이 매우 억울하지만, 구오의 이 일은 참으로 황당하다" 하므로, 듣는 이가 비웃었다.	인조실록 47권, 인조 24년(1646) 11월 15일 1번째 기사

*②를 보면, 장령 김영조가 대궐에 나아가서야 비로소 저보(邸報)를 보았다고 했으나 뒤에서는 "다만 조보에 언급한 것을 근거하여 살펴보니" 운운했는데, 여기서 저보는 조보를 가리킨 것으로, 곧 조보의 별칭이다.

를 볼 때 조보의 주요 독자는 사헌부 등 정부 기관과 고위관료들이었음을 짐작할 수 있다.[4] 그렇다면 이들은 조보에서 어떤 내용을 보았는가? 다시 말해서 조보에는 어떤 내용들이 실렸는가?

〈표 4-6〉에서 두 번째 단에 나온 조보의 내용들을 보면, ① 임금의 동정(動靜): 예컨대 예위(禰位)가 비어 있는 것에 대한 임금의 염려, 내관의 방자한 행동에 대한 임금의 관용, ② 각사(各司)나 신하들이 임금에 올린 상소 내용과 그에 관한 논열(論

4 그러나 신임 관료들은 조보를 보기 어려웠던 것 같다. 인조실록 34권, 인조 15년(1637) 3월 13일 2번째 기사를 보면, "이조(吏曹)가 아뢰기를, '근래에 조사(朝士)들이 기착할 곳이 없어 간혹 관직을 제수하면 사은하고는 마음대로 시골로 내려가 버리고 혹은 경성에 있다가 관직을 제수하였는데 이를 모르고서 그대로 시골로 내려가 버립니다. 이에 간사한 관리가 중간에서 요첩(料帖)을 위조하여 국고의 미곡을 훔쳐 먹는 경우가 간혹 있습니다. 이것은 조사가 조보를 보지 못하기 때문입니다. 조보는 종이를 마련하기 어렵다 하더라도 사은과 배사에 관한 분발(分撥)은 조그만 종이에도 쓸 수 있으니, 기별하는 아전 1명을 차출하여 본조에서 행공하고 있는지의 여부를 알 수 있게 하고 호조의 급료기(給料記)를 가져다 진위를 조사하도록 하는 것이 합당합니다' 하니, 상이 따랐다"고 하기 때문이다. 이 기사에 나오는 '분발'은 앞서 제2장에서 살펴보았듯이 중요한 사항이 있을 때, 이 사실을 조보에 보도하기 전에 먼저 필사하여 주요 독자에게 신속하게 전달하는 매체를 말한다.

列), ③ 관료들의 비행 등에 관한 사간원의 계사 내용(예컨대, 광주부윤 구오가 궁인을 데리고 사는 것에 대하여 간원이 죄를 청함), ④ 함사(緘辭: 관아에 직접 출두할 수 없는 경우 서면으로 진술하는 문서)의 내용, ⑤ 전(前) 장령 이응시(李應蓍)가 일을 논하다 죄를 얻었다는 다소 비판적인 소식 등이 수록되었다. 이 밖에도 조보에는 여러 가지 내용이 실렸던 것 같은데, 인조실록 5권, 인조 2년(1624) 3월 25일 7번째 기사를 보면, 이조(吏曹) 참판 최명길(崔鳴吉)이 아뢰기를, "대체로 조정의 정령(政令)은 정원을 거쳐서 조보에 내므로 그것이 옳지 않으면 일에 따라 논계합니다"라는 내용이 나오기 때문이다. 이를 볼 때, 당시의 조보에도 오늘날의 관보처럼 조정의 정령(政令)들을 발표했음을 알 수 있다.

(2) '조보에 내지 말라'는 임금의 지시와 그 내용

위와 같이 조보에는 여러 가지 내용을 발표했다. 그러나 임금이 '조보에 내지 말라' 지시한 내용도 적지 않았다. 이에 관한 기사들을 인조실록에서 검색해 보았더니 아래 〈표 4-7〉에서 보듯이 조보관계기사 총 35건 중에서 7건(20%)이나 되었다. 그런데 이들 중 6건은 조보의 내용을 중국의 명나라와 청나라에 숨기기 위함이었다. 그리고 나머지 1건만 우리나라에 관한 것이었다. 이는 "다만 그 내용 중에서 임금이 부표(付標)한 곳만 조보에 내지 말라"는 것이었는데, 임금이 부표해 놓은 곳은 '주욕'(主辱)이라는 두 글자로서, '임금이 욕을 당했다'는 뜻이었다.

이 밖에 군국(軍國)의 일, 경연에서 오간 말들도 모두 조보에 내지 못하게 한 것 같다. 인조실록 39권, 인조 17년(1639) 7월 26일 1번째 기사를 보면, "전에 경연관 이상형(李尙馨), 유심(柳淰) 등이 아뢰기를, '근래에 군국의 일 및 경연에서 오고 간 말들을 모두 조보에 내지 못하게 한 것은 그 의도가 있겠습니다만, 양사(兩司)의 관원도 따라서 알지 못하게 되어 일의 체모가 온당하지 못할 뿐만 아니라 후일의 폐단까지 있게 되었습니다. [그러니] 주서(注書)로 하여금 비밀히 써서 보내게 하거나 아니면 초책(草冊)을 봉해 보내게 하소서' 하니, 임금이 대신(大臣)에게 물어서 처리하게 하였다"는 내용이 나오기 때문이다.

한편 금부(禁府: 의금부의 약칭)의 공사(公事)에 관한 것도 조보에 내지 않았던 것 같다. 인조실록 19권, 인조 6년(1628) 10월 28일 1번째 기사를 보면, "대사간 정백창(鄭百昌) 등이 아뢰기를, '금부의 공사에 이르러서는 조보에 나오지 않아 전부터 양사(兩司)가 본부에서 가져다 보았으니, 본부의 낭청이 봉하고 서명하여 보내는 것이 예

〈표 4-7〉 인조 시기의 조보 게재 금지 사항들

① 임금이 하교하였다. "[명나라에] 사은방물(謝恩方物)과 비국(備局)의 초기(草記)는 모두 조보에 내지 말라"(인조실록 35권, 인조 15년, 서기 1637년 6월 27일 2번째 기사).
② 지경연 이현영(李顯英)이 아뢰기를, "[명나라] 칙사가 올 때 제반 기구를 성대히 갖추는 것은 마지못해서 한 것이지만, 우리나라로서는 피폐한 형상을 보여야 할 것입니다. 이제 듣건대, 훈국(訓局)이 제군(諸軍)의 포장을 새로 만든다 하는데, 이렇게 하지 말아야 할 듯합니다" 하니, 임금이 이르기를, "헌 것을 섞어 쓰는 것이 마땅하다" 하고, 이어서 김상에게 이르기를, "연중(筵中)의 번거롭고 잦단 말은 조보에 내지 말라" 하였다(인조실록 35권, 인조 15년, 서기 1637년 10월 16일 1번째 기사).
③ 헌부(사한부)가 임금께 아뢰기를, "지금 인심을 수습하는 데에는 민폐를 철저히 고치는 것보다 급한 일이 없습니다. [명나라] 칙사 행차와 세폐(歲幣)를 갖추는 것은 그만둘 수 없더라도, 나라 안의 경비는 오히려 뜻에 따라 줄일 수 있을 것입니다" 하니… 임금이 답하기를, "아뢴 대로 하라. 세폐라는 것은 한 나라의 힘을 다하더라도 장만할 수 없는데 너희들은 백성의 힘을 번거롭게 하지 않을 수 있다고 말하니, 매우 오활(迂闊)하다 하겠다" … 이어서 정원에 하교하기를, "이 계사는 매우 오활하므로 다른 나라 사람이 보면 해로울 수도 있을 것이니, 아뢴 것과 비답을 모두 조보에 내지 말라" 하였다(인조실록 35권, 인조 15년, 서기 1637년 11월 8일 1번째 기사).
④ 지평 심대부(沈大孚)가 아뢰기를, "윤신지(尹新之)는 변란이 일어났다는 소문을 듣고 곧바로 달아날 때 처자식과 가산은 하나도 버린 것이 없으면서도 유독 제 아비만은 버리고 갔습니다. 이경(李坰)은 옆 섬에 있다가 강도(江都)가 어육이 되었다는 말을 듣고서도 7일 동안이나 희희낙락하며 떠들고 배불리 먹으면서 제 아비를 근심하지 않았습니다. 이들은 마땅히 먼 변경에 귀양 보내 나라 안에서 함께 살지 못하도록 해야 하는데, 모두 미처 논열(論列)하지 못하였습니다. … [이들을] 빨리 파척하시고, 곧바로 사패(司敗)에게 내려 생각이 있으면서도 입 다물고 있어 명기(名器)를 더럽힌 죄를 다스리소서" 하니, 임금이 답하기를, "이 피혐은 근래의 규정에 어긋남이 있다. 도로 내주고 조보에 내지 말라" 하였다(인조실록 36권, 인조 16년, 서기 1638년 3월 22일 1번째 기사).
⑤ 임금이 하교하였다. "지금부터 비국(備局) 당상과 빈청(賓廳)에서 회좌(會座)한 일 및 인견한 일을 모두 조보에 내지 말라"(인조실록 39권, 인조 17년, 서기 1639년 8월 3일 2번째 기사).
⑥ 갑주(甲胄) 50부를 남한산성에, 20부를 강도(江都)에 수송토록 명하고 조보에는 내지 말도록 하였는데, 이는 청나라 사람이 알까 두려워해서였다(인조실록 48권, 인조 25년, 서기 1647년 11월 10일 3번째 기사).
⑦ 장령 홍무적(洪茂績)이 아뢰기를, "기로소(耆老所)는 곧 국가가 태평할 때에 노인을 우대하던 성전(盛典)입니다. 지금 임금이 욕을 당하여 신하가 죽어야 하는 절박한 때를 당한 데다가 연사조차 흉년이 들어 제향(祭享)과 어공(御供)도 모두 감손하기에 이르렀습니다. 그런데 기구(耆舊)의 여러 노신(老臣)들이 마음을 다해 나라 근심할 것을 생각하지 않고 자기를 높이고 영화를 자랑하는 일을 다시 설치하기를 스스로 청하니, 보고 듣는 사람치고 누가 괴이히 여기고 놀라지 않을 수 있겠습니까. 기로소의 당해 당상을 무겁게 추고하소서" 하니, 임금이 답하기를, "다시 설치하는 것이 무방하다. 당상은 추고하지 말라" 하고, 이어서 그 계사를 정원에 봉해 내리며 이르기를, "부표(付標)한 곳은 조보에 내지 말라" 하였는데, [부표한 곳은] 곧 '임금이 욕을 당했다[主辱]'는 두 글자였다(인조실록 38권, 인조 17년, 서기 1639년 3월 21일 2번째 기사).

입니다…'" 운운하는 내용이 나오기 때문이다.

(3) 조보에 숨기지 말아야 할 것과 의도적으로 내야 할 것들

위와 같이 임금이 조보에 내지 말도록 한 내용도 적지 않았으나, 반대로 조보에 내도록 한 것도 있었다. 예컨대 인조실록 10권, 인조 3년(1625) 9월 26일 1번째 기사를 보면, 주강(晝講)에서 참찬관 최명길(崔鳴吉)이 임금께 아뢰기를, "천재(天災)가 거듭 발생하여 인심이 놀라 소동하고 있습니다. 따라서 천재가 있더라도 조보에는 내지 말고 상께서 경계하고 삼가면서 마음을 닦고 허물을 반성하시는 것이 마땅합니다" 하니, 임금이 이르기를, "온 나라 백성은 모두가 적자(赤子)이니 그들에게 앞으로 화란(禍亂)이 있을 것을 알게 해야 된다. 왜 그들에게 숨겨야 한단 말인가"라고 했다.

한편 신하가 임금에게 조보에 내라고 주청한 것도 있었다. 예를 들어, 인조실록 39권, 인조 17년(1639) 8월 16일 1번째 기사를 보면, 비국(備局)이 아뢰기를, "상께서 옥체가 편치 못하신 지 오래되어서 온 나라가 허둥지둥하는데, 하물며 동궁(東宮)과 대군(大君)이 이역(異域)에 머물러 계시니[정묘호란 때 소현세자와 봉림대군이 청나라 심양에 볼모로 잡혀간 것을 말함], 인정과 사리상 어떻게 해야 되겠습니까? 나라 안의 크고 작은 일을 심양(瀋陽)에서 알지 못하는 것이 없는데, 이미 침을 맞은 데다가 이어서 저주하는 변고까지 있었으니, 청국에서 이 사실을 듣고는 반드시 마음이 움직일 것이고, 그러다 보면 귀근을 허락할 가망성이 전혀 없지는 않습니다. 유달(柳達)이 침술로 청나라에서 신임을 받고 있는데, 이제 다른 의원으로 교체하고 속히 불러올 것 같으면, 귀근을 허락케 하는 데 일조가 될 수 있겠습니다. 그리고 성상의 병환이 차도가 일정하지 않으시니 약방에 내리는 비답을 조보에 내어 원근에 보이는 한편, 참작해 비답을 내림으로써 청국으로 하여금 그 허실을 알지 못하게 하는 것도 혹 하나의 계책이겠습니다" 하니, 임금이 "계사대로 시행하라"고 답했다고 한다.

3) 조보 담당자들에 대한 통제와 조보의 활용

오늘날의 신문도 그렇듯이 인조 때의 조보에도 오류나 오보, 또는 누락 등이 있었다. 예컨대, 인조실록 47권, 인조 24년(1646) 4월 21일 1번째 기사를 보면, 내옥(內獄) 죄인 형란(荊蘭)의 결안 중에서 삭제하라고 한 어구를 그대로 조보에 냈다는 이유로 그 담당자가 처벌을 받기도 했다. 이를 좀 더 자세히 소개하면, 내옥에 투옥된 죄인 형란이 공초한 말 가운데 "원손(元孫)은 성질이 민첩하지 못하고 또 보존될 것인지도 기필할 수 없으니 모름지기 유서(遺書)를 여러 왕손에게 전하라"는 등의 말이 있었는데, 이를 문사낭청 조한영(曺漢英)이 초록하면서 "원손을 보전할 수 없다"는 말을 차마 바로 쓰지 못해 삭제했다. 그런데 삭제한 그 말이 조보에 그대로 나와서 임금이 이를 보고, 이러한 실수를 저지른 담당자를 처벌했던 것이다.

(1) 조보에서 오보와 주서의 직임 및 불찰에 대한 처벌

그런가 하면, 궁궐 안의 저주 사건을 조보에 실어 문제가 되기도 했다. 인조실록 27권, 인조 10년(1632) 11월 15일 3번째 기사를 보면, "홍문관 부제학 이경여(李敬輿) 등이 차자를 올리기를, '불행하게도 흉악하고 사특한 변고가 궁액(宮掖)의 안에서 나왔고 또 불행하게도 못된 짓을 저지른 자들이 대부분 자전(慈殿)의 궁인에게서 나왔습니다. … [이들] 제적(諸賊)이 승복한 초사(招辭)에서 [특정 부분에 대하여 이는 조보에] '써서는 안 된다'고 임금이 '부당서'(不當書)라는 세 글자의 부표(付標)를 해 놓으셨는데도, 그 뒤에 정원(승정원)이 제대로 계품하여 선처하지 못한 결과, [부표해 놓은 부분이] 일체 삭제되지 않은 상태로 조보에 등사되어 사방에 전해짐으로써 성상의 아름다운 뜻이 모두 드러나지 못하게 되었고, 어리석은 백성들이 의혹을 갖게 되었습니다"라고 기록되어 있다.

그리고 이틀 뒤인 인조 10년(1632) 11월 17일 2번째 기사를 보면, "임금이 하교하기를, '전일 [저주 사건의 범인] 귀희(歸希) 등을 사사(賜死)할 적에 전지(傳旨) 가운데 미안한 말이 있기에 부표해서 내렸으니, 그 뜻이 범연한 것이 아니었다. 그런데 그때 승지가 제대로 살피지 못한 결과 아울러 조보에 등사해 나오게 하였으니, 일이 부당하기 짝이 없다. 해당 승지를 추고하라'"고 했다는 내용이 나온다.

그런데 이와 비슷한 일은 그 이전에도 있었던 듯하다. 인조실록 19권, 인조 6년(1628) 11월 21일 1번째 기사를 보면, 임금의 조강(朝講)에서 나온 말을 조보에 잘못 초출한 승정원의 주서(注書)를 파직하라고 사간원에서 임금에게 아래와 같이 아뢰었다는 내용이 나온다.

> 간원이 아뢰기를, "당후(堂后: 주서의 별칭)의 직임은 실로 기주(記註)를 관장하여 임금의 행동과 국가의 정사(政事)를 기록하니, 한원(翰苑)에 버금가는 막중한 임무입니다. 그런데 근래 전혀 사람을 가리지 않아 식자들이 한심하게 여긴 지 오래입니다. [주서는] 그저께 조강에서 대간(臺諫)이 아뢴 말을 조보에 대강만을 초출하였으며, 성상의 비답에서도 잘못하여 빠뜨린 곳이 많았습니다. 사리에 어두워 직무를 제대로 수행하지 못한 과실이 큽니다. 당해 주서를

파직하소서."

이처럼 조보의 담당 주서가 맡은 바 직무를 제대로 수행하지 못하고 있다는 것은 인조실록 25권, 인조 9년(1631) 10월 17일 3번째 기사에서도 찾아볼 수 있는데, 이를 보면 "임금이 이르기를, '요즘 동궁(東宮)의 조보를 가져다가 상고해 보니 주서의 기사가 매우 엉성하였다'"는 말이 나온다.

(2) 실록·승정원일기·시정기의 편찬·수정 사초로 조보 활용

앞서도 여러 번 말했듯이 조보의 주요 기능의 하나로 실록 등 역사책을 편찬하거나 개수할 때 그 사초(史草)로서 중요한 구실을 한다는 것을 들 수 있다. 조보의 이러한 구실은 인조실록에서도 찾아볼 수 있는데, 실록 등을 편찬 또는 개수하기 위하여 과거의 조보를 수집하여 참고했다거나 또는 참고할 예정이라는 기사들이 모두 7건이나 나온다. 이들 중 인조실록 2권, 인조 1년(1623) 8월 18일 2번째 기사를 보면, 앞서 말한 선조수정실록의 편찬 동기와 그 사초로서 조보를 참고했다는 사실을 아래와 같이 설명해 놓고 있다.

> 임금이 주강에 문정전(文政殿)에서 논어를 강(講)하였다. … 지사(知事) 이정구(李廷龜)가 아뢰기를, "선조실록은 이항복(李恒福)이 총재가 되고 신이 문형(文衡)으로서 제학 신흠(申欽)과 함께 찬수하다가 계축년 옥사로 죄를 입어 쫓겨났습니다. 그러다가 이이첨(李爾瞻)이 정권을 잡게 되자 그 초고를 모두 깎아 없애 볼 수 없게 하였으니, 이는 그들이 싫어하는 말을 제거한 것입니다" 하니, 임금이 이르기를, "그렇다면 지금 개정한다 해도 앞으로 무엇을 근거로 할 것인가?" 하자, 정구가 아뢰기를, "예컨대 정원일기(政院日記)를 상고할 수 있습니다. 또 듣건대 외간에 조보가 무진년(선조 1년, 서기 1568년)부터 무자년(선조 21년, 서기 1588년)까지의 내용이 있다고 하는데, 간혹 없어진 부분은 듣고 본 것으로 참고하여야 합니다."

인조가 즉위한 뒤, 기존의 선조실록을 수정하여 선조수정실록을 다시 편찬하게 되었는데, 8개월 뒤인 인조실록 5권, 인조 2년(1624) 4월 11일 1번째 기사를 보면, 승정원이 임금에게 아뢰기를, 선조수정실록의 편찬에 필요한 사초(史草)들이 부족하다면서, "또 각 년의 조보와 소차(疏箚)도 양사(兩司) 및 사대부의 집에 간직해 있는 것을 일일이 거두어 모아 달과 날짜순으로 베껴서 채우게 하소서" 하니, 이를 임금이 따랐다고 기록되어 있다.

한편 조보는 시정기(時政記)의 수정에도 사초로 사용되었다. 인조실록 6권, 인조 2년(1624) 5월 5일 3번째 기사를 보면, "춘추관이 아뢰기를, '무신년(광해군 즉위년, 서기 1608년) 이후의 잃어버린 시정기를 이미 당시 현존했던 사관(史官)으로 하여금 다시 수정하게 하였으나, 당시의 사관이 혹 시골에 있기도 하고 이미 죽기도 하였으며, 서울에 있는 사람도 직무에 얽매여 있으므로 기한 내에 수정하기 어려운 형편입니다. 정원일기를 수정하는 예에 따라 겸춘추(兼春秋) 2원(員)을 따로 내어 각처에 있는 조보 및 당시 사관의 집에 있는 초책(草冊)을 거두어 모으게 하는 한편, 날마다 사진(仕進)하여 시임(時任) 사관과 함께 살펴서 수정하게 하고, 본관 당상도 번갈아 가며 검칙하게 하소서' 하니, 이를 임금이 따랐다"고 적혀 있다.

이러한 기사에 이어, 인조실록 6권, 인조 2년(1624) 6월 29일 2번째 기사를 보면, "춘추관이 아뢰기를, '시정기를 수정하는 일은 이미 청(廳)을 설치하였으니, 장차 당초에 청한 뜻에 따라 찬집(撰集)하여 보충해야 할 것입니다. … 조보와 야사(野史)를 망라하여 거두어 모으는 이때에 모두 찬집해 내지 못하면, 뒷날 수사(修史)할 때에 의거할 수 없으므로 양사(良史)의 재주가 있더라도 착수하기 어려울 듯합니다'" 하는 내용이 나온다.

또한 조보는 광해군일기중초본을 수정하여 정초본을 편수할 때도 그 사초로 사용되었다. 인조실록 28권, 인조 11년(1633) 7월 11일 4번째 기사를 보면, "춘추관이 아뢰기를, '광해군 초년 이후로는 사필(史筆)이 이이첨(李爾瞻)의 문객에게서 나왔으므로 그 더럽고 어지러운 정치를 모두 사실대로 바로 쓰지 않았기 때문에 반정(反正) 초기에 사대부들 집에 소장된 일기 및 장소(章疏), 조보에서 주워 모으고 또 듣고 본 것에서 채취하여 찬수하였습니다. 그런데 갑자년 변란[1624년 이괄의 반란]에 이것이 거의 반이나 유실되었고 뒤에 병화로 인하여 강도사고(江都史庫)에 간직해 두었습니다. 사관을 시켜 이를 가져다가 사국(史局)을 설치해 수정하여 역사를 완성하게 하소서' 하니, 임금이 따랐다"고 한다. 그리하여 광해군일기정초본을 편찬하게 되었는데, 그 경위를 인조실록 28권, 인조 11년(1633) 9월 2일 2번째 기사에서 아래와 같이 기록해 놓았다.

> 찬수청이 아뢰기를, "광해군일기 186개월 동안의 사적을 이괄(李适)의 변란 때에 모두 잃어버렸습니다. 그 후에 찬수청을 설치하여 승정원일기를 편찬하면서 일반 여염(閭閻)에서 조보나 장주(章奏)를 수집하고 당시에 눈과 귀로 직접 보고 들었던 사실을 참고하여 겨우 두서(頭緖)를 이루었습니다. 그때에 132개월분은 이미 중초(中草)를 만들었고 54개월분은 난초(亂草) 상태로서 미처 베껴 쓰지 못하였는데, 또 호란(胡亂)을 만나 갑작스레 찬수청을 철수했었습니다. 그 뒤 세월이 흐를수록 점점 더 승정원일기의 자료가 분실될까 염려되었기 때문에 이를 계청하여 찬수청을 설치해 지금 수정하고 있으니, 이것은 머지않아 끝마치게 될 것입니다. 신의 처음 생각에는 중초를 다 베끼기를 기다려 사국(史局)에 간직해 두었다가 사세를 보아 가면서 인쇄해 내려고 하였습니다. 그러나 논의한 자들이 대부분 '간신히 모아 놓았는데 초안만 잡아 놓으면 뜻밖에 재앙이 생길 염려가 없지 않으니 찬수청을 설치한 이 기회에 기한을 정하여 인쇄해 내는 것보다 더 좋은 방법이 없다'고 하는데, 이 말도 일리가 있는 것 같습니다" 하니, 임금이 답하기를, "빠른 시일 내에 인쇄하여 내는 것이 좋겠다"고 하였다.

(3) 조보는 과거시험 답안[試券] 자료로도 이용돼

조보는 위와 같이 각종 역사책 편찬을 위한 사초로 사용되었을 뿐 아니라, 유생들이 과거시험 답안을 쓸 때도 활용되었다. 인조실록 14권, 인조 4년(1626) 9월 2일 1번째 기사를 보면 아래와 같은 내용이 나온다.

> 우의정 신흠(申欽)이 차자를 올려 아뢰기를, … "지금의 [과거시험] 문체(文體)는 진부한 것이 병폐입니다. 우리나라 선인들이 지은 글들을 따다가 짜 맞추기 때문에 심오한 뜻이 있어서 깊이 반복해서 음미해 보아야 그 글의 좋고 나쁨을 알 수 있는 것이 아닙니다. 더구나 시권(試券: 답안지)이 겨우 5백여 축이어서 수효가 많지 않았는데 어찌 잘못 보아서 인재를 놓칠 리가 있겠습니까. 평소에 아무리 재사(才士)라고 하던 사람도 시험장에 들어가서는 제술(製述)을 잘하지 못하는 경우가 있기 마련인데, 시관(試官: 시험관)이 어떻게 그가 평소 재사라는 것을 미리 알아서 뽑겠습니까. 신이 비록 가부(可否)하는 것을 혐의스럽게 여겼지만 낙권(落卷: 낙방한 시권)까지도 지나쳐 보지 않았기 때문에 좋

은 작품이 있었는데도 뽑히지 못했다는 것은 신으로서는 생각할 수 없는 일입니다. 그중에 한 편이라도 약간 특이하고 문세(文勢)가 훌륭한 것이 있었다면 어찌 뽑지 않았을 리가 있겠습니까. 낙권 가운데는 지금의 폐단을 말한 것이 매우 많았는데, 모두가 근래의 조보에 실린 대간(臺諫)들의 논계(論啓) 내용을 베껴 쓴 것으로서, 어염(魚鹽) 등의 해세(海稅)와 사노비(寺奴婢), 공주(公主)집의 도배하는 문제, 이욱(李澳), 이락(李洛)의 방환(放還), 모장(毛將)의 처리 문제 등등 일일이 따질 수 없는 것으로, 이런 종류의 글이 전체에서 반이나 되었습니다. 그 말들이 난잡한 데다 과문(科文)의 체제에도 어긋났고 문체도 좋지 않았기 때문에 뽑지 않았던 것입니다. 이른바 '재사가 많이 낙방되었다'고 하는 것은 이들을 두고 한 말인지 모르겠습니다."

이러한 내용의 기사에서 보듯이, 인조 4년(1626)경에 과거시험의 답안지들을 보면, 조보에 실린 대간(臺諫)들의 논계(論啓) 내용을 베껴 쓴 것들이 많았다. 따라서 이러한 내용으로 미루어 볼 때, 당시에 과거시험을 준비한 유생들은 조보를 열심히 읽으며 그에 실린 대간들의 논계 내용과 문체를 공부해서 과거시험을 볼 때 활용한 것 같은데, 이런 사실은 지금까지 인조실록에서 처음 나타났다.

중국의 신문역사책들을 보면, 송나라 때 민간신문인 '소보'(小報)에는 신문판매 촉진 방법의 일환으로서 언제, 어디서, 어떠한 과거시험을 치른다는 뉴스와 함께 과거시험 참고물도 소개했다(차배근, 1984, p. 166). 또한 청나라 때 민간신문인 '경보'(京報) 역시 과거시험에 관한 뉴스와 정보를 게재함으로써 과거응시자들이 반드시 경보를 사 보도록 만들었다. 그런가 하면, 경보를 발행하던 보방(報房)들은 과거시험 준비용 서적까지 출판하기도 했다(차배근, 1984, p. 313).

제7절

효종 시기(1649-1659) 조보의 존속 실태

다음으로 조선 제17대 임금인 효종의 재위 기간에 조보의 존속 실태를 살펴보기로 하겠다. 효종은 광해군 11년(1619) 7월 3일(음력 5월 22일) 인조(당시 능양군)와 인열왕후(당시 청성현부인)의 둘째 아들로 태어났다. 1623년 인조반정 이후 왕자로 책봉되고 인조 4년(1626) 봉림대군(鳳林大君)의 작위를 받았다. 그러나 인조 14년(1636) 시작된 병자호란에서 청나라에 패배한 조선이 인조 15년(1637) 1월 30일 삼전도에서 항복한 이후, 봉림대군은 소현세자 등과 함께 청나라에 볼모로 끌려갔다가 8년 만에 귀국했으나, 소현세자가 갑자기 죽자 부왕 인조가 봉림대군을 세자로 책봉했다. 인조 27년(1649) 5월 부왕 인조가 죽자, 세자 봉림대군은 창덕궁 인정문에서 제17대 임금인 효종으로 즉위했다.

1) 조선 제17대 임금 효종과 효종실록

임금이 된 효종은 북벌계획을 추진하여 군비를 강화하고, 대동법을 시행하는 등 국정에 혼신했다. 그러다가 과로로 인하여 재위 10년 만인 1659년 5월 4일 갑작스럽게 서거하고 말았다. 이듬해인 현종 원년(1660) 음력 5월 5일 춘추관의 계청에 따라 실록청을 설치하고, 5월 11일 이경석(李景奭)을 총재관으로 삼았다. 그리고 도청당상(都廳堂上), 도청낭청(都廳郎廳) 등 모두 58명이 효종실록의 편찬에 참여했다. 이들 중 일부 관원들이 실록 편찬 기간에 근무 태만으로 징계를 받기도 했지만, 편찬은 큰 무리 없이 진행되어 9개월 만인 현종 2년(1661) 2월 편찬과 인쇄까지 완료했는데, 효종실록은 단정한 서체의 활자로 인쇄했기 때문에 그 이전의 다른 실록들보다 인쇄 상태가 깨끗하다.

효종실록의 정식 이름은 「효종대왕실록」(孝宗大王實錄)이며, 1649년 6월부터 1659년 4월까지 효종의 재위 기간인 9년 11개월 동안에 있었던 정치·외교·국방·경제·사회·문화 등 각 방면의 역사적 사실을 연월일 순에 따라 편년체로 서술하였다. 분량은 21권 22책인데, 부록 1책에는 효종의 행장·지문(誌文)·시책문(諡冊文)·애책문(哀冊文)을 수록하였다.

효종실록은 효종의 승하 후 3년 이내에 편찬과 인쇄가 모두 완료되었는데, 이는 25명의 역대 임금의 실록 중에서 유일하다. 따라서 효종실록의 완성 당시 효종의 3년상이 아직 끝나지 않아 모두 상복을 착용 중이었는데, 실록 봉안을 위해서는 길복(吉服: 보통 옷)을 입어야 하는 점 때문에 실록청에서는 실록의 봉안을 바로 시행할 수 없었다. 그래서 예조(禮曹)에 자문을 구했더니, 의식에 쓰이는 도구 중 일부를 빼고 우선 흰 옷과 흰 모자를 쓰고 춘추관에 임시 봉안했다가, 그해 가을에 4대 사고에 봉안할 때는 길복을 입도록 하라는 답변을 받았다. 그리하여 효종실록은 현종 2년(1661) 음력 2월에 인쇄까지 완료했으나, 그해 가을에 각 사고(史庫)에 봉안되었다.

2) 효종실록을 통해 본 조보의 존속 실태

효종 시기에 조보의 존속 실태를 살펴보기에 앞서 우선 효종실록에 관하여 간단히 살펴보았다. 그러면 이 시기에 조보의 존속 실태는 어떠했는가? 그 실태를 알아보기 위하여 국사편찬위원회 홈페이지에 공개되어 있는 효종실록에서 조보관계기사들을 검색해 보았더니 겨우 9건의 기사가 나왔다.

(1) 조보의 독자와 주요 내용들의 개관

이처럼 효종실록에는 조보에 관한 기사가 9건에 불과했지만, 이들은 효종 원년(1649)부터 효종 8년(1657)까지에 걸쳐 나오는데, 효종의 재위 기간은 10년이었다. 따라서 효종의 재위 기간에도 조보가 계속 발행되었음을 알 수 있다. 그러면 당시에 조보는 누가 보았으며, 어떤 내용들이 실려 있었는가? 이와 같은 문제를 알아보기

〈표 4-8〉 효종실록에 나타난 '조보를 보았다'는 독자들과 그 내용의 개관

누가(독자) 언제·어디서	조보에서 무엇(내용)을 보았는가?	기사 출처
① 전 좌랑 이회보(李回寶)가 상소하여 이르기를, [신(臣)이] 삼가 저보를 보니,	대행대왕(大行大王)의 증후를 감한(感寒)이라고 분명하게 썼었는데,… 자전께서 다른 궁에서 별도로 거처하신 후 전의 증세가 다시 일어났다는 설이 매양 조보에 나왔습니다.	효종실록 2권, 효종 원년(1649) 9월 1일 5번째 기사
② 부응교 권우(權堣), 부교리 윤집(尹鏶), 부수찬 오정위(吳挺緯)가 상소하기를, 신들이 조보를 보니	한희유(韓希愈)의 죄목(罪目) 가운데 '분주히 힘을 썼다'는 하교가 있었고…	효종실록 8권, 효종 3년(1652) 6월 7일 5번째 기사
③판중추부사 조익(趙翼)이 상소하기를, 신이 조보를 보건대,	이조(吏曹)가 선조 때의 시종신(侍從臣)을 서계(書啓)할 때 신의 이름도 그 가운데 포함시켰는데, …	효종실록 11권, 효종 4년(1653) 9월 21일 4번째 기사
④ 주강(晝講)에서 찬선 송준길(宋浚吉)이 아뢰기를, 신이 서울에 들어온 지 이미 수십 일이 되었는데 조보를 연일 보건대,	천변(天變)이 실리지 않은 날이 없었습니다.	효종실록 19권, 효종 8년(1657) 9월 5일 3번째 기사
⑤ 영중추부사 이경석(李景奭)이 차자를 올려 아뢰기를, 삼가 조보를 보니	호남 영하(嶺下)의 여러 고을에 또 이달 초에 지진의 변이 있었다고 하였습니다.	효종실록 20권, 효종 9년(1658) 10월 20일 3번째 기사
⑥ 진선 권시(權諰)가 상소로 아뢰기를, 신이 지금 조정에 와서 조보에 그 이름[정지문]이 있는 것을 보고 깜짝 놀라…	정지문(鄭之問)이란 자가 마땅히 주살되어야 한다는 뜻에 대해서는 사람들이 모두 알 것이니, …	효종실록 19권, 효종 8년(1657) 11월 13일 2번째 기사

위하여 효종실록에서 '조보를 보았다'는 기사들을 찾아보았더니 모두 6건이 나왔는데, 이들 기사의 내용을 간단히 표로 정리해 보면 〈표 4-8〉과 같다.

우선 이 표의 첫째 단(段)에서 조보의 독자들을 보면, 전(前) 좌랑, 부응교, 부교리, 부수찬, 판중추부사, 영중추부사, 찬선, 진선 등 조정의 중급관료들이었는데, 그 중에는 전임(前任) 관료도 있었다. 이들이 조보를 본 장소는 대부분 서울이었던 것 같다. 그리고 ④번에서 "서울에 들어온 지 이미 수십 일이 되었는데 조보를 연일 보았다"라고 하는 것으로 미루어 볼 때, 이 시기에도 조보는 매일 발행했음을 알 수 있다. 그런데 ①번을 보면, 이회보(李回寶)가 이르기를, 앞에서는 "삼가 저보를 보니" 운운했다가 뒤에서는 "증세가 다시 일어났다는 설이 매양 조보에 나왔습니다" 운운했는데, 이는 당시에 조보를 '저보'라고도 불렀기 때문이다.

다음으로 위와 같은 독자들이 조보에서 무엇을 보았는지 그 내용을 보면, 대행대왕(大行大王)의 병환, 한희유의 죄목, 역적 정지문에 대한 성토, 이조(吏曹)에서 시

종신의 서계, 천변(天變)과 지진 등에 관한 것이었다. 이러한 것들로 미루어 볼 때, 당시 조보의 내용은 궁정의 동정, 인사(人事), 역적이나 관리의 처벌, 천변과 지진과 그로 인한 재해 등이 주를 이루었던 것 같다.

(2) 조보의 중대 내용으로서 천재지변과 재이(災異)

이와 같은 조보의 내용 중에서 중요한 것의 하나는, 비단 효종 때뿐 아니라 조선 시대 전체를 통틀어서도, 천재지변(天災地變)에 관한 것이었다. 이는 단순히 그 피해 때문이 아니라, 당시에는 천재지변을 하늘이 특히 임금에게 내리는 경고(警告)의 하나라고 생각했기 때문이었는데, 이는 아래와 같은 기사들을 통해서도 능히 알 수 있다.

> 임금이 주강(晝講)에 나가 「시전」(詩傳)의 기변장(頍弁章)을 강(講)하였다. … 찬선 송준길(宋浚吉)이 아뢰기를, "임금이 방종하면 해롭지 않은 곳이 없는데 천변에 이르러서는 반드시 괜히 생기는 것이 아니므로 임금이 진실로 방심하고 천변을 두려워하지 않는다면 어떻게 해볼 도리가 없는 것입니다. 옛날 일을 가지고 보더라도 어찌 그렇지 않았었습니까. 신이 서울에 들어온 지 이미 수십 일이 되었는데 조보를 연일 보건대 천변이 실리지 않은 날이 없었습니다. 그중에 미세한 변고는 그 영향이 얼마나 올지 모르겠습니다만 태백성(太白星)이 낮에 나타나는 것에 있어서는 옛날 사람들의 말을 본다면 '태백성이 낮에 나타나고 두어 달 사이에 무사한 적은 있지 않다'고 했습니다" 하니, 임금이 이르기를 "해마다 이런 변고가 생기니 매우 근심스럽고 두렵다" 하였다.
>
> 준길이 또 아뢰기를, "정자(程子)가 말하기를 '「춘추」(春秋)에 운석(隕石)과 백이(伯夷)의 사당(廟)에 벼락이 떨어진 일을 기록하면서 '돌이 떨어졌다'(石隕)고 하지 않고 '돌을 떨어지게 하였다'(震隕石夷伯之廟)라고 하고 '진'(震) 자를 반드시 백이의 사당이란 글자 위에다 쓴 것은, 그것을 인사(人事)의 잘못으로 돌린 것이다'라고 했습니다. 대체로 재변(災變)이 생기는 것은 인사로 말미암은 것이지마는 이미 생긴 뒤에 그 재변을 그치게 하는 도리 또한 인사에 달려 있습니다. '만일 인사를 닦으면 재변은 재앙이 되지 않는다'고 했는데 이 역시 정자의 말입니다. 그러므로 신(臣)의 어리석은 생각으로는 성상께서 고요한 곳에 몸을 묻으시고 마음을 차분하게 갖고서 하늘의 상제(上帝)를 대하듯이 조

심하고 두려워해야 한다고 봅니다"(효종실록 19권, 효종 8년, 서기 1657년 9월 5일 3번째 기사).

이 기사에서도 보듯이, 당시는 천재지변이 일어나는 것을 임금이 특히 정치를 잘못한 탓으로 생각했다. 그리하여 천재지변이 일어나면 임금은 두려워했고, 신하들은 임금에게 선정을 베풀라고 주문했다. 예컨대, 겨울에 천둥과 번개가 친 것도 큰 변고(變故)의 하나로 간주하여 소란을 떨기도 했다. 이에 관련하여 효종실록 20권, 효종 9년(1658) 10월 20일 3번째 기사를 보면 아래와 같은 내용이 나온다.

> 영중추부사 이경석(李景奭)이 차자를 올리기를, "신(臣)이 그저께 입시하여 전하의 용안을 보고 전하의 목소리를 들어 보니 온화하고 화평하여 기체가 완전히 회복되셨기에 기쁨을 금하지 못하였고 물러 나와서는 마음이 무던하여 먹지 않아도 배가 부른 것 같았습니다. 그런데 뜻밖에 지난밤에 차가운 비가 동이물을 붓듯이 퍼부으면서 거센 바람까지 불어 집을 흔들었으며 새벽에는 천둥과 번개가 치는데 번쩍번쩍하고 요란하였습니다. 이는 여름에도 너무 심하다고 할 정도인데 더구나 겨울에 있어서는 어떻겠습니까. 신이 섬뜩하여 일어나 앉아서 날이 새기를 기다렸습니다. 삼가 생각하건대 상께서 지금 조섭 중에 계신데 놀라고 불안한 마음이 어떠하셨겠습니까. 신이 더욱 구구한 걱정을 금치 못하겠습니다. 삼가 조보를 보니 호남 영하(嶺下)의 여러 고을에 또 이달 초에 지진의 변이 있었다고 하였습니다. 10월에 아래에서는 지진이 일어나고 위에서는 천둥이 쳤으니 그 응험이 어떻게 나타날지는 모르겠으나, 이치(理致)로 미루어 보면 사람이 어찌 편할 수 있겠습니까. 아, 참으로 위태롭습니다. …「주역」의 진괘(震卦)에 이르기를 '군자(君子)는 하늘을 두려워하여 몸을 닦고 살피기를 힘쓴다' 하였고, 또 익괘(益卦)의 상(象)에 이르기를 '바람과 우레가 익괘이니 군자가 이 상을 이용하여 선한 일을 보면 따라가고 허물이 있으면 고친다' 하였는데, 대체로 재앙을 만나면 두려워해야 한다는 것은 말하는 자는 보통으로 말하고 듣는 자도 예삿일로 듣습니다만, 이것 말고는 다른 도리가 없습니다."

심지어는 '암탉이 수탉으로 변한 것'도 하늘이 임금에게 내린 경고로 간주하여 신하들이 상소를 올려 선정(善政)을 펴라고 주청하기도 했는데, 효종실록 11권, 효종 4년(1653) 7월 2일 2번째 기사를 보면 아래와 같이 적혀 있다.

> 영중추부사 이경여(李敬輿)가 상차(上箚)하여 또 아뢰기를, "재이(災異)의 도(道)는 그 이치가 아득하나, 이번에 암탉이 수탉으로 변한 것은 음(陰)이 성할 조짐임을 알 수 있습니다. 예전에 소옹(邵雍)이 말하기를 '나라가 흥할 때에는 군도(君道)가 성하고 부도(父道)가 성하고 부도(夫道)가 성하고 군자의 도가 성하나, 망할 때에는 반드시 신도(臣道)가 성하고 자도(子道)가 성하고 처도(妻道)가 성하고 소인의 도가 성하고 이적(夷狄)의 도가 성한다. 이 때문에 구괘(姤卦)의 초육(初六)에 여장(女壯: 여덕이 부정하여 강장함)을 미리 경계하여 성인(聖人)이 양을 돕고 음을 눌렀으니 그 뜻이 깊다' 하였습니다. 삼가 바라건대, 전하께서는 선을 들어 쓰고 악을 막으며 옳은 것을 옳게 여기고 그른 것을 그르게 여겨 군자가 늘 성하고 소인이 늘 사라지게 하며 충직한 자를 가까이하고 참녕한 자를 멀리하며 덕의(德義)를 먼저 힘쓰고 공리(功利)를 뒤로 하여 이것으로 국가의 원기를 도와서 끝없는 큰 복을 터 잡게 하소서. …
>
> 접때 연영전에 납시어 많은 관원을 접견하셨을 때에 재변을 당하여 몹시 절박하게 경계하고 두려워하시는 뜻이 말씀에 넘치고 뭇 신하에게 하문하여 도움을 구하는 것이 매우 절실하셨으니, 입시한 신하들이 누구인들 반가워하고 감격하지 않았겠습니까. … 신은 전후에 은혜를 받은 것이 월등한데 지척에서 하문하실 때에 고루한 생각을 다 아뢰지 못하였으므로 애타는 마음이 밤새도록 그치지 않았습니다. 이에 감히 예전에 들은 것을 대략 주워 모으고 진심을 드러내어 다음과 같이 삼가 아뢰니, 성심(聖心), 성학(聖學), 제가(齊家), 효제(孝悌), 돈종(惇宗), 임상(任相), 추성(推誠), 예하(禮下), 애민(愛民), 근정(勤政)과 기강을 세우고, 명기(名器)를 중히 여기며, 붕당을 없애고, 아첨을 멀리하고, 상벌을 살피고, 형옥을 돌보고, 교화를 밝히고, 인재를 기르고, 병정(兵政)을 닦고, 절검을 숭상하고, 신의를 중히 여기는 것이 옳을 것입니다."

'암탉이 수탉으로 변한 것'은 오늘날의 신문에서는 가십거리의 하나에 불과하다. 따라서 조보에 나오는 이와 같은 기사를 보고서 어떤 학자는 말하기를, "조보에는 오늘날 신문기사와 같은 내용도 수시로 게재했는데, 특히 신기한 자연 현상을 관심 있게 다루었다"면서 그 실례로 "'달이 검푸른 빛인데 그 안은 붉고 바깥은 푸른색이더라', '큰 우박이 내렸는데, 달걀처럼 커서 나는 새가 모두 죽고 사람도 놀라서 죽었다'" 등의 기사가 흔히 등장했다"(최정태, 1992, p. 24)고 했다. 그러나 당시 시대상을 보면, 이러한 기사들은 단순히 자연 현상에 관한 기사거나, 가십거리가 아니라 아주 중요한 정치기사였다. 특히 삼광(三光) 즉 해와 달과 별에 이상이 생긴다는 것은 곧 임금을 비롯하여 내전 등의 변고가 생기고, 임금이 바뀐다는 징조일 수 있기 때문이다.

(3) '조보에 내지 말라'는 지시와 조보의 전파력

효종 시기에도 역시 '조보에 내지 말라'는 임금의 명령이나 신하의 요청이 있었다. 이들 중 우선 임금이 '조보에 내지 말라'고 한 사례로서, 효종실록 11권, 효종 4년(1653) 윤(閏)7월 14일 1번째 기사를 보면 아래와 같다.

> 전(前) 대사헌 김남중(金南重)이 상소하기를, "신이 삼가 듣건대, 그저께 조강 때에 전하께서 대군(大君)이 망룡의(蟒龍衣)를 입었다는 말을 거론하여 골육을 이간한다고 대간(臺諫)을 죄책하셨는데 대신(大臣)이 신의 이름만을 거론하여 대답하였다 합니다. 대개 신이 처음에 듣건대, 대군이 그곳에 있을 때에 저들이 우대하여 망룡의를 입게 하였다고 하였습니다. 신이 이 말을 듣고 놀랍고 의혹하여 그때 동행한 사신에게 물었더니, 진짜 용포(龍袍)가 아니라 여러 가지로 수놓은 옷이라 하기에 신이 이에 전해 들은 것이 부실한 줄 알았습니다. 자초지종은 이러할 뿐입니다. 보통 사람에 대해서도 윤리를 벗어난 말이나 망측한 이야기로 골육 사이를 갈라놓아서는 안 되는데, 더구나 대군이 어떤 지위라고 천일(天日) 아래에서 무함하려 하겠습니까. 신이 이미 엄한 하교를 들은 이상 감히 이미 갈린 대관(臺官)이라 하여 태연하게 그만둘 수 없으므로 감히 이렇게 아룁니다"고 하였는데, 상이 답하지 않고 정원에 명하여 "조보에 내지 말게" 하였다.

다음으로 신하의 요청에 따라 어떤 내용을 조보에 내지 않은 사례를 보면, 아래와 같이 영중추부사 이경여(李敬輿)가 정원(政院)의 계사를 조보에 내지 말도록 임금에게 요청한 것이 있다.

> 영중추부사 이경여(李敬輿)가 상차하여 아뢰기를, "은대(銀臺: 승정원의 별칭)의 직임은 곧 옛 문하(門下)의 직임이니 그 임무가 매우 중대합니다. 당(唐) 태종이 일찍이 문하를 경계하여 '일에 불편한 것이 있으면 다 아뢰어야 한다. 문서를 봉행하기만 한다면 누군들 할 수 없겠는가' 하였습니다. 마땅한 사람을 정밀하게 가리고 구제(舊制)를 더욱 밝혀 정교(政敎) 중 공의(公議)에 맞지 않는 것을 봉환하도록 허락함으로써 나타나기 전에 잘못을 바로잡게 하고, 정원(政院)의 계사는 조보에 내지 말아서 들어가 임금에게 고하고 밖에서 순행(順行)하는 뜻을 보존시켜야 할 것입니다"(효종실록 11권, 효종 4년, 서기 1653년 7월 2일 2번째 기사).

이처럼 임금이나 신하가 어떤 내용을 조보에 내지 못하게 한 구체적인 이유는 여러 가지가 있겠으나, 그중 하나는 조보의 전파력 때문이었다고 볼 수 있다. 어떤 일이 조보에 나면, 그 소식이 널리 퍼졌기 때문이다. 이와 같은 조보의 전파력은 다음과 같은 효종실록 5권, 효종 1년(1650) 윤(閏)11월 22일 1번째 기사가 방증해 주고 있다. 이 기사를 보면, 강화유수 조계원(趙啓遠)이 병을 이유로 사직하자, 임금이 하교하기를, "계원이 사직한 장계(狀啓) 가운데 이른바 '경연에서의 말'이 조보에도 나지 않았는데 어떻게 알았단 말인가. … 경연에서 한 말이 도처에 전파되었다"고 했는데, 여기에서 "조보에도 나지 않은 말이 도처에 전파되었다"는 것은 곧 조보에 난 말은 도처에 전파되었다는 것을 말해 준다.

제8절

현종 시기(1659~1674) 조보의 존속 실태

지금부터는 조선 제18대 임금 현종 시기에 조보의 존속 실태를 살펴보기로 하겠다. 현종은 인조 19년(1641) 뒤에 효종이 된 봉림대군(鳳林大君)이 병자호란 직후 청나라에 볼모가 되어 심양(瀋陽)에 끌려가 있을 때 그곳 심관(瀋館)에서 봉림대군과 우의정 장유(張維)의 딸 인선왕후(仁宣王后) 사이의 장자로 태어났다. 인조 27년(1649)에 9세의 나이로 왕세손에 책봉되었고, 효종 2년(1651)에 11세의 나이로 왕세자가 되었다가 효종 10년(1659) 5월 효종이 붕어하자 그 뒤를 이어 왕위에 올랐다.

1) 조선 제18대 임금 현종과 현종실록

현종의 즉위 직후, 인조의 계비(繼妃)인 자의대비(慈懿大妃)의 복제 문제를 놓고 이른바 기해예송(己亥禮訟)이 일어났다. 이때 현종은 서인의 주장을 물리치고 기년복을 채택했는데, 이로써 서인 정권이 무너지고 남인이 실권을 장악하게 되었다. 현종은 선왕 때 병자호란으로 흔들렸던 지배 질서의 확립을 위해 선왕 효종이 추진해 오던 명분론적 북벌은 중단했다. 그러나 군비 강화에 힘썼으며 무너진 재정 구조의 재건을 위해 호구 수의 증가와 농업의 발전, 조세징수 체계의 확립을 위해 노력했다. 또한 여러 가지 국가 제도의 개선에 힘썼으며, 강화도의 정족산성에 새로 사고(史庫)를 마련해 역대 임금들의 실록을 보관하게 했다. 그러다가 15년 만인 현종 15년(1674)에 승하했다.

그러자 다음 해인 숙종 1년(1675) 5월 춘추관의 계청에 따라 실록청을 설치하고 현종실록의 편찬에 착수했다. 그러나 당시 서인이 실각하고 남인이 새로 정권을 잡아 국사가 다난했으며, 당상·낭청이 모두 경연관과 기타 중책을 겸임하고 있었기 때문에 편찬 작업이 순조롭지 못하여, 2년이 되도록 실록이 완성되지 않았다. 그러자 1677년 2월 임금의 독촉에 따라 당상과 낭청을 증원하고 묘사유파법(卯仕酉罷法) 즉 오전 7시[卯時]에 출근하고 오후 7시[酉時]에 퇴근하는 법까지 세워서 열심히 편찬해 그해 5월에 현종실록 초고(草稿)를 완성하고 9월에 인쇄를 완료했다.

이 실록의 정식 이름은 「현종순문숙무경인창효대왕실록」(顯宗純文肅武敬仁彰孝大王實錄)으로, 1659년 5월부터 1674년 8월까지 현종 재위 기간인 15년 4개월 동안의 국정 전반에 관한 역사를 연월일 순에 따라 편년체로 서술했다. 분량은 모두 22권 23책인데, 부록 1책에는 현종의 행장·애책문(哀冊文)·시책문(諡冊文)·숭릉지(崇陵誌)를 수록했다. 그러나 이 실록은 숙종 초에 잠시 집권한 남인의 주도로 편찬된 것이었다. 그래서 서인이 다시 정권을 잡은 뒤 현종개수실록 편찬에 착수했고, 1683년 9월 본래의 현종실록보다 더 많은 분량의 총 28권 29책의 현종개수실록을 발간함으로서, 현종실록은 2종이 존재하게 되었다.

2) 현종 시기에 나타난 조보의 존속 실태

현종 시기 조보의 존속 실태를 알아보기 위하여 국사편찬위원회 홈페이지에 공개되어 있는 2종의 현종실록에서 조보관계기사를 검색했다. 먼저 본래의 현종실록에서 조보관계기사를 검색해 보았더니 4건이 나왔다. 다음으로 현종개수실록에서도 조보관계기사들을 검색해 보았더니 역시 4건이 나왔다. 그래서 이들 2종의 현종실록에 실려 있는 조보관계기사들의 내용을 서로 대조해 본 결과, 현종실록 3권, 현종 1년(1660) 10월 21일 1번째 기사와 현종개수실록 4권, 현종 1년(1660) 10월 21일 1번째 기사의 내용은 서로 완전히 똑같았다. 그러나 나머지 현종개수실록에 들어 있는 3건의 조보관계기사들은 현종실록에는 나오지 않았다. 따라서 현종개수실록 4권, 현종 1년(1660) 10월 21일 1번째 기사는 제외하고, 나머지 7건의 기사들을 토대로 현종 시기에 나타난 조보의 존속 실태를 살펴보기로 하겠다.

(1) 현종 시기에는 누가 조보에서 무엇을 보았나?

2종의 현종실록에 수록된 7건의 조보관계기사들 중에서 우선 '조보를 보니' 또는 '○○가 조보에 실려 있었다' 등등이 언급된 기사들을 찾아보았더니 모두 5건이 나왔다. 그래서 이들 기사에서 누가 조보를 보았으며, 조보에서 어떤 내용을 보았는지를 알아보았는데, 그 결과를 간단히 표로 정리해 보면 〈표 4-9〉와 같다.

우선 누가 조보를 보았는지 그 독자들부터 살펴보면 예조판서, 이조(吏曹)참의, 도승지(都承旨), 부교리, 함경감사인데, 이를 보면 중앙정부 소속의 고급관료뿐 아니

〈표 4-9〉 현종실록에 나타난 '조보를 보았다'는 독자들과 그 내용의 개관

누가(독자) 언제·어디서	조보에서 무엇(내용)을 보았는가?	기사 출처
① 이조(吏曹)참의 조복양(趙復陽)이 소를 올려 사직을 청하고, 또 아뢰기를, 저번에 들으니 전라감사 김시진(金始振)이 호조판서 허적(許積)에게 글을 보내 자기가 직접 연분(年分)을 다시 조사하려 한다고 했습니다. 그런데 조보를 보니	허적이 이것[연분의 재조사]을 진달(陳達)하여 제도(諸道) 감사(監司)로 하여금 일체 그렇게 하도록 하기를 청하였습니다.	현종실록 3권, 현종 1년(1660) 10월 21일 1번째 기사
② 부교리 이민적(李敏迪)이 청대하여 입시해서 아뢰기를, 신이 방금 전에 외방에서 왔기 때문에 진휼(賑恤)에 관한 시책을 자세히 모르겠습니다만, 시험 삼아 조보에 나온 것을 보건대,	백급(白給: 무상 지급)하는 수량은 너무 적은 반면 조적곡(糶糴穀)으로 주는 것이 태반을 차지하고 있으니, 어사가 내려가더라도 착실하게 구제하는 효과를 기대하기는 어려울 듯합니다.	현종실록 5권, 현종 3년(1662) 2월 8일 3번째 기사
③ 도승지 남용익(南龍翼)이 임금께 아뢰기를, 양사가 논한 궁가(宮家)의 일에 대하여 오래도록 윤허해 따르려 하지 않으시는데, 날이면 날마다 그 사실이 조보에 기재되어	팔방에 전파되고 있으니, 성덕에 누만 끼치는 일이 되고 있습니다.	현종실록 6권, 현종 4년(1663) 1월 16일 1번째 기사
④ 함경감사 서필원(徐必遠)이 상소하기를, 신이 유학(幼學) 조해(趙楷) 등의 상소 및 조보 내의 양사(兩司)가 인피한 내용을 보고 너무나 놀랐습니다.	조해 등 동유(童儒)들 소견이야 말할 것이 없다 하더라도 조정의 사대부들마저 그런 말을 한단 말입니까.	현종실록 8권, 현종 5년(1664) 3월 28일 1번째 기사
⑤ 예조 판서 조복양(趙復陽)이 상소하여 사직하기를, 삼가 조보에 나온	대사헌 이경억(李慶億)이 추고(推考)하기를 청하면서 아뢴 것을 보니, 면전에서 속였다는 말은 실수한 것인 듯하다고 말하였습니다. … 그러나 조보에 쓰여져서 사방에 전파되어 보고 듣는 중외의 사람들이 모두들 의아해 하고 있습니다.	현종개수실록 19권, 현종 9년(1668) 4월 10일 3번째 기사

라 지방정부의 수장인 함경감사도 조보를 보았던 것 같다. 그러면 이들은 조보에서 무엇을 보았는가? 이에 관해서도 알아보았는데, 이는 곧 당시 조보에는 어떤 내용들을 실었는지를 알아보기 위해서였다. 그 결과, ① 연분(年分) 즉 농작의 풍흉에 따라 매년 정하는 전세(田稅) 비율의 재조사, ② 진휼(賑恤) 즉 흉년에 가난하고 군색한 백성을 불쌍히 여겨 도와주는 시책, ③ 인피(引避) 즉 관리가 공무상 어떤 혐의를 받으면, 그 혐의가 풀릴 때까지 맡은 바 직무를 하지 않는 것, ④ 궁가(宮家) 즉 대군, 왕자군, 공주, 옹주 등 왕족이 사는 집이나 이들에 관한 일, ⑤ 관리의 추고(推考) 즉 벼슬아치의 허물을 추문하여 고찰하던 일 등에 관한 기사들이 조보에 실렸음을 알 수 있다.

(2) 재이(災異)는 있었으나 그에 관한 조보 기사는 보이지 않아

위와 같은 것들 이외에도 재이(災異) 즉 자연 현상으로 생기는 재앙과 땅 위에서 일어나는 변고에 관한 것도 조보의 주요 내용이 되었는데, 현종 시기에도 역시 재이가 많이 일어났다. 그러나 이를 조보에는 내지 않았던 것 같은데, 현종개수실록 19권, 현종 9년(1668) 4월 29일 2번째 기사를 보면, 남부참봉 박승후(朴承後)가 재이와 5부 방민(坊民)의 폐단에 대해 올린 상소문에 아래와 같이 기재되어 있기 때문이다.

> 남부 참봉(南部參奉) 박승후(朴承後)가 상소하여 요즈음의 재이(災異)와 5부 방민(五部坊民)의 폐단에 대해서 진달하였는데, 상이 따스한 비답을 내렸다. [박승후가] 재이에 대해 논하면서 다음과 같이 아뢰었다.
> "아, 오늘날 하늘이 어쩌면 이렇게까지 노하였단 말입니까. 새해 첫 달 열흘 사이에 음산한 무지개가 태양을 꿰뚫었으며, 이(珥: 햇무리)가 있고 관(冠)이 있고 배(背)가 있었습니다. 이른바 배란 것은 등지고서 가는 형상인 것으로, 그 조짐이 몹시 흉한 것입니다. 계속해서 백기(白氣)가 서방에 나타났는데, 신은 천문에 대해서는 본디 전혀 깜깜합니다만 방서(方書)를 상고해 보니, 거기에 '오성(五星)의 정기가 흩어져서 요성(妖星)이 되는데, 병인일(丙寅日)에 나타난 것은 모두 형혹(熒惑)이 생겨나는 바이다. 그것의 이름은 7개가 있는데, 비록 이름은 다르지만 재변(災變)이 되기는 마찬가지로, 그것이 가리키는 곳에서는 그에 따른 재이를 당한다. 이른바 재이란 것은 수한(水旱)과 병상(兵喪), 기황(飢荒)을 말한다. 길면서도 큰 것은 재이가 심하고 오랫동안 내리며, 짧고

작은 것은 재이가 약하고 짧은 기간 동안 내린다'고 하였습니다. 지난번에 서방에 나타난 백기는 그 이름이 한둘이 아니나 대개 혜성(彗星)의 일종입니다. 혜성이란 것은 옛것을 없애고 새것을 펴는 것을 말합니다.

그 후에도 각종 변고가 없는 날이 없었으며, 2월 23일 초저녁에는 온 하늘 사방에 거의 20곳이나 되는 곳이 일시에 갈라졌는데, 모양이 4, 5척 되는 장검(長劍)을 세워 놓은 것 같았습니다. 그런데 하늘의 남쪽 한 곳과 북쪽 한 곳은 처음에는 희미하다가 점차 커졌는데, 무지개의 빛과 같은 것이 푸르고 붉게 빛났고, 길이도 4, 5척가량 되었으며, 잠시 뒤에 점차 희미해졌고 장검 같은 형상은 한참만에야 없어졌습니다. 이것은 신(臣) 혼자서만 본 것이 아니라 고을 사람들 중에서도 본 자가 많았습니다. 그런데 조보에는 나오지 않았으니, 이곳에서만 보이고 저곳에서는 보이지 않은 것은 아닙니까. 신은 우러러 그 변고를 보고는 마음이 놀랍고 보기에 참혹하였습니다. 이에 방서를 상고해 보니, 거기에 '하늘이 갈라진 것은 양(陽)의 기운이 부족한 것으로, 나라가 분열되려는 상이다'라고 하였습니다. 한혜제(漢惠帝) 2년에 하늘의 동남쪽이 갈라졌으며, 진혜제(晋惠帝) 원강(元康) 2년에 서남쪽 하늘이 갈라졌고, 양무제(梁武帝) 태청(太清) 2년에 서북쪽 하늘이 갈라졌는데, 끝내는 모두 병란이 일어났습니다. 그러니 지금 하늘 사방이 모두 갈라진 것이 어찌 크게 두려운 것이 아니겠습니까."

이 기사에서도 엿볼 수 있듯이, 예전에는 재이를 단순한 자연 현상으로 보지 않고, 중국 고대 동중서(董仲舒)의 '천인감응'(天人感應) 학설을 근거로 해서 하늘이 땅 위의 임금들에게 정치를 바르게 하라고 보내는 일종의 경고로 보았다. 서한(西漢)의 사상가 동중서는 하늘이 능히 인간사에 간여할 수 있고 사람의 행위 또한 하늘을 감응시킬 수 있어, 자연계의 재이(災異)와 상서로움은 하늘이 사람에 대한 견책과 장려를 표현하는 것이라 여겼다. 그는 "국가에 장차 실도지패(失道之敗)가 예상되면 하늘은 먼저 재해를 내려 꾸짖고 훈계한다. 그럼에도 스스로 반성할 줄 모르면 다시 괴이한 일을 나타내 경계하고 놀라게 한다. 그래도 여전히 변하지 않으면 상하게 하고 패망으로 나아가게 한다"고 했다. 이 때문에 임금은 재해의 원인을 알아보고 이에 상응하는 조치를 취해서 하늘을 감동시켜야 하며, 그래서 하늘이 원래대로 안배해 주도록 만들어야 한다는 것이었다. 그러므로 조보에서도 재이에 관해 기사를 중시했고, 하인들은 임금에게 재해에 상응하는 조치를 취해서 하늘을 감동시켜야 한다며 여러 가지 선정(善政) 방법을 주문했다. 그러나 무슨 이유에서인지 현종실록에는 조보에 재이에 관한 내용이 실렸다는 것은 보이지 않았다.

끝으로 현종개수실록 5권, 현종 2년(1661) 3월 11일 2번째 기사를 보면, "헌부(사헌부)가 논하기를, … 형조의 월령낭청(月令郎廳)이 조보와 추(騶: 말먹이)의 값을 옥졸(獄卒)에게 징수하고 옥졸은 죄수에게서 징수하는 것을 논하여, 해조(該曹: 형조)로 하여금 즉시 변통하게 하기를 청하자, 이를 임금이 따랐다"는 내용이 나온다. 따라서 이를 볼 때 당시 조정의 각사(各司)에서는 조보의 값을 냈던 것 같다. 그러나 그 값을 밝혀 놓지 않아서 당시에 얼마씩 냈는지는 알 수 없다.

제9절

숙종 시기(1674-1720) 조보의 존속 실태

다음으로 조선 제19대 임금 숙종 시기에서 조보의 존속 실태에 관하여 살펴보기로 하겠다. 숙종은 현종과 그의 아내 명성왕후(明聖王后) 김씨의 아들로, 현종 2년(1661) 8월 15일 경덕궁 회상전(會祥殿)에서 태어났다. 외아들이었던 숙종은 현종 8년(1667)에 왕세자로 책봉되었으며, 현종 15년(1674) 8월 18일 현종이 붕어하자, 14세의 나이로 즉위했다.

1) 조선 제19대 임금 숙종과 숙종실록

숙종은 이처럼 어린 나이에 왕위에 올랐지만, 강력한 왕권을 휘두르면서 나이 많은 대신 앞에서도 거리낌 없이 큰소리를 치고 마음에 들지 않는 신하는 즉시 유배를 보내거나 사약을 내리는 등 왕으로서 과단성 있는 면모를 보였다. 특히 숙종은 격화된 서남당쟁을 자신에게 유리하게 이용하여, 상황에 따라 남인 혹은 서인에게 치명적 패배를 안겨 주는 이른바 환국정치(換局政治)로 정국의 주도권을 잡았다. 그러나 숙종은 1717년 병이 들어 세자에게 대리청정을 맡긴 지 3년째 되던 1720년 6월 8일 승하하고 말았는데, 향년 60세였다. 숙종의 재위 기간은 1674-1720년으로 총 46년 동안 조선을 다스렸다.

숙종이 승하하자, 반년 뒤인 경종 즉위년(1720) 11월부터 숙종실록의 편찬을 시작했다. 그러나 숙종실록이 완성되기까지는 9년이나 걸렸다. 이는 숙종의 재위 기간이 46년이나 되어 기사 분량이 많았을 뿐 아니라, 편찬 과정에서 노론, 소론 간의 정쟁으로 실록의 편찬 책임자가 여러 번 변동되었기 때문이다. 하지만 1724년 8월 경종이 죽고 노론 측에서 지지하던 영조가 즉위하여 노론이 정권을 담당하게 되자, 실록 총책임자는 다시 노론으로 바뀌어 실록 편찬이 순조롭게 진행되었고, 영조 3년(1727) 9월 인쇄가 완료되었다.

그런데 인쇄가 완료될 무렵에 정미환국(丁未換局)이 일어나서 노론이 물러가고 이광좌(李光佐) 등 소론이 다시 정권을 잡았다. 그러자 소론은 노론이 편찬한 실록에 대해 마땅히 들어가야 할 기사도 노론에게 불리하면 빼거나 일부러 잘못 기록한 것이 있다며 숙종실록의 개수(改修)를 요구하였다. 그러면서 이들은 숙종실록을 전면 개수하려 했으나 작업이 거의 완료된 상태였으므로 전면 개수는 곤란했기 때문에, 이광좌의 주도로 권마다 끝에 보궐정오(補闕正誤)를 만들어 원본과 합본하여 간행하는 방법을 택했다. 보궐정오란, 각 권의 끝에 빠진 기사를 보충해 넣거나 잘못된 기사를 바로잡는 것이다. 이에 실록보궐청을 설치하고 이광좌를 총재관으로 삼아 숙종실록의 보궐정오본을 편찬하여 영조 4년(1728) 3월 인쇄를 마친 뒤 완성된 실록을 노론이 편찬한 실록과 합쳐 각 사고(史庫)에 봉안했다.

이렇게 해서 숙종실록에도 두 가지 버전이 있게 되었는데, 숙종실록의 정식 이름은 「숙종현의광륜예성영렬장문헌무경명원효대왕실록」(肅宗顯義光倫睿聖英烈章文憲武敬明元孝大王實錄)으로 1674년 8월부터 1720년 6월까지 숙종의 재위 45년 11개월 동안의 역사를 다루고 있다. 분량은 65권 73책으로 활자본인데, 책의 체재를 보면 1권과 2권을 1책으로 묶었고, 13, 14, 15, 32, 34, 38, 50권은 상하 2책으로 각각 나누었으며, 35권은 상중하 3책으로 만들었기 때문에 책 수가 73책이나 되었다.

2) 숙종실록을 통해 본 조보의 존속 실태

숙종 시기 조보의 존속 실태를 알아보기 위해 국사편찬위원회 홈페이지의 숙종실록에서 조보관계기사를 검색했다. 위와 같이 숙종실록은 두 가지 버전이 있는데, 이들 중 우선 본래의 숙종실록에서 조보에 관한 기사들을 검색해 본 결과, 15건이 나왔다. 그러나 15건의 기사 중 1건은 신문현상으로서 조보에 관한 것이 아니었다.[1] 따라서 신문현상으로서 조보에 관한 기사는 14건이 되었다. 그다음, 숙종실록보궐정오본에서도 조보관계기사들을 검색해 본 결과, 2건이 나왔다. 한편 조지(朝紙)에 관한 기사도 숙종실록에서 검색해 보았는데, 본장 서두에서 말했듯이 조지는 조보의 동의어이자 별칭으로 실록에서도 조보와 조지를 서로 혼용했기 때문이며, 숙종실록 13권, 숙종 8년(1682) 11월 20일부터 조지에 관한 기사들이 나오기 때문이다. 따라서 우선 숙종실록에서 조지에 관한 기사들을 검색해 본 결과, 본래의 숙종실록에서만 9건이 나왔다. 따라서 숙종실록(보궐정오판 포함)에 나타난 실제 조보와 조지에 관한 모두 23건(조보 14건, 조지 9건)의 기사들을 바탕으로 숙종 시기에 조보(조지 포함. 이하 마찬가지)의 존속 실태에 관하여 살펴보기로 하겠다.

(1) 조보의 독자들과 주요 내용

우선 조보에 관한 23건의 기사들 중에서 '조보를 보니', '조보를 보건대' 등등의 말이 나오는 기사들을 찾아보았다. 그러나 '누가' 조보를 보았다고 명시한 기사는 없어서, 당시 조보의 독자가 어떤 계층이었는지 알 수 없었다. 그러나 주로 세력가들이 조보의 주요 독자였으며, 실세(失勢)한 사람들은 조보를 보지 못했던 것 같다. 왜냐하면 숙종실록보궐정오본 35권, 숙종 27년(1701) 2월 11일 1번째 기사를 보면, "정언 이동언(李東彦)이 계청하기를, 기사년(己巳年: 서기 1689년) 전시일(殿試日)은 바로 곤전(坤殿)이 손위하던 날로 전날 새벽에 벌써 처분이 있었는데, 실세한 사람들이 조보를 보지 못한 관계로 전연 알지 못하고 상례에 따라 글을 지어 바쳤던 것이다"라는 내용이 나오기 때문이다.

다음으로 조보에 어떤 내용이 실렸는지를 알아보기 위하여 이에 관계된 기사들을 찾아보았더니 모두 11건이 나왔다. 이들에 나타난 조보의 주요 내용들을 각 주제별로 묶어 보았더니 크게 5가지, 즉 임금의 전교(傳敎), 왕실의 동정(動靜), 인사(人事) 문제, 대간(臺諫)의 논계(論啓), 상소(上疏)의 내용으로 나눌 수 있었는데, 이러한 내용들을 나타내는 실록 기사들을 정리해 보면 〈표 4-10〉과 같다.

이와 같은 내용들 이외에도 조보에는 여러 가지가 실렸던 것 같다. 예컨대, 숙종실록 9권, 숙종 6년(1680) 4월 16일 2번째 기사를 보면, 장령 안후태(安後泰), 심유

---

5 이 기사는 숙종실록 39권, 숙종 30년(1704) 1월 10일 1번째 기사로, 이 기사에서 조보는 "今顧爲皇朝報恩之道"(지금 황조를 위한 보은의 도를 돌아보건대)라는 문구에서의 '조보'였다.

〈표 4-10〉 숙종실록에 나타난 조보 내용의 개관

내용의 주제(기사 수)	관계 기사와 전거
1. 임금의 전교(2)	① 국청죄인 김태윤(金泰潤)이 다시 공초하기를, … "또 치제(致祭)와 위안은 그때 성교(聖敎)가 조보에 나왔었는데, '치제' 운운하면서 도리어 저에게 미루어 대니, 저의 원통한 정상은 절절히 가련합니다"(숙종실록 35권, 숙종 27년, 서기 1701년 10월 22일 3번째 기사); ② 부수찬 남일명(南一明)이 상교로 인해 상소하여 사직하고, 또 아뢰기를, "지금 도리어 특별히 전교를 내리셔서 조지에 전파하였으므로 조금도 짐작하는 뜻이 없었으니, …"(숙종실록 63권, 숙종 45년, 서기 1719년 6월 14일 5번째 기사)
2. 왕실의 동정(2)	① 교리 오명항(吳命恒)이 상소하기를, "국가의 재정과 백성의 근심이 눈앞에 넘치도록 어려움이 염려되는데도, 왕자의 제택(第宅)으로써 홍석보(洪錫輔)의 집을 사주는 일을 탑전에서 정탈(定奪)하고 조지에다 써냈으니, …"(숙종실록 46권, 숙종 34년, 서기 1708년 12월 20일 2번째 기사); ② 부교리 홍우서(洪禹瑞)가 상소하였는데, 대략 이르기를, "왕자의 제택 일은 예관(禮官)의 직책이 아니었음에도 지난날 연신(筵臣)이 갑자기 홍석보의 집을 가지고 청하였습니다. … 드디어 탑전에서 정탈받은 것으로 조지에다 써냈으니, 어찌하여 이런 거조(擧措)가 있게 된 것입니까?"(숙종실록 47권, 숙종 35년, 서기 1709년 4월 22일 1번째 기사)
3. 인사 문제(4)	① 영의정 김수항(金壽恒)이 청대하여 아뢰기를, "송시열(宋時烈)의 진퇴는 이현석(李玄錫)에게 죄를 주고, 주지 않는 것에 관계가 없는데, 대간(臺諫)이 이를 아룀이 오랫동안 지속되어 날마다 조지에 등서되고 있으니, …"(숙종실록 13권, 숙종 8년, 서기 1682년 11월 20일 4번째 기사); ② 보덕 송성명(宋成明)이 상소하기를, "신이 전에 선부(選部: 이조)에 있을 때 마침 영권(瀛圈) 뒤의 전록(銓錄)을 당하여 감히 여론을 듣고 시망(時望)을 가려서 맨 먼저 신록(新錄: 홍문관 교리, 수찬에 새로 뽑힌 사람) 가운데 두 사람을 섬독(剡牘: 공독, 공식 문서)에 올리고 조지에 실었습니다"(숙종실록 59권, 숙종 43년, 서기 1717년 5월 6일 2번째 기사); ③ 윤방(尹昉)이 묘사(廟社)의 위판을 더럽힌 정상에 관하여 이르기를, "유백증(兪伯曾)의 시장(諡狀) 가운데 유백증이 윤방을 논핵한 일로부터 이회(李檜)의 상소에 이르기까지는 모두 조보에 나온 것이며, …"(숙종실록 55권, 숙종 40년, 서기 1714년 8월 5일 1번째 기사); ④ 정언 이동언(李東彦)이 계청하기를, "기사년(己巳年: 숙종 15년, 서기 1689년) 전시일(殿試日)은 바로 곤전(坤殿)이 손위하던 날로 전날 새벽에 벌써 처분이 있었는데, 실세(失勢)한 사람들이 조보를 보지 못한 관계로 전연 알지 못하고…"(숙종실록보궐정오본 35권, 숙종 27년, 서기 1701년 2월 11일 1번째 기사)
4. 대간(臺諫)의 논계(2)	① 안정(安綎)의 피사(避辭)에 대하여 대략 이르기를, "간신(諫臣)이 제일 먼저 다투는 바는 '분의'(分義)란 두 글자가 있고 없고에 있는데, 본부(本府)에서 등사한 소보(小報)와 조지에 분명히 '분의' 두 글자가 있었습니다. 그리고 다른 사람이 조지를 본 것도 어찌 한정이 있겠습니까마는, …"(숙종실록 55권, 숙종 40년, 서기 1714년 7월 16일 2번째 기사); ② 부응교 신사철(申思喆)이 상소하기를, "대간(臺諫)의 논계가 이미 전달된 뒤에는 본래 율명(律名)을 바꾸는 규례가 없는데, 처음에는 시원히 헐뜯으려고 사판(仕版)에서 삭제하기를 청하였다가 도로 또 남의 입김을 받아서는 관작을 삭탈하는 것으로 고쳐 조지에 써낸 것이 잠시 사이에 바뀌어 체례(體禮)가 손상되게 하였으니, 참으로 놀랍습니다"(숙종실록 57권, 숙종 42년, 서기 1716년 3월 25일 2번째 기사).
5. 상소 내용(1)	국청 죄인 민언량(閔彦良)과 성임(成任)을 한 곳에서 면질시켰다. 성임이 말하기를, "이봉징(李鳳徵)이 올린 소(疏)가 [조보에] 나온 뒤에 내가 조보를 보지 않아서, 며칠 지난 뒤에야 비로소 그 대강의 내용을 얻어 들었다"(숙종실록 35권, 숙종 27년, 서기 1701년 11월 25일 6번째 기사).

(沈濡)와 지평 권두기(權斗紀), 오도일(吳道一)이 임금께 아뢰기를, "역적 허견(許堅)의 취초를 결안한 가운데, '이태서(李台瑞)로 하여금 윤휴(尹鑴), 이원정(李元禎)을 격동시켜 체부(體府)를 다시 설치할 꾀를 도모하고, 날래고 사나운 무사를 많이 뽑아서 결탁해 심복으로 삼았다'는 등의 말이 있으나, 이것이 조보에는 빠졌으니, 막중한 역옥(逆獄)의 결안한 초사(招辭)가 이처럼 소루합니다. 청컨대 해당 승지를 중하게 추고하고, 이 한 관(款)을 다시 조보에 내게 하소서" 하니, 임금이 답하기를, "아뢴대로 하라'고 했다"는 내용이 나온다. 따라서 이러한 기사로 미루어 볼 때 역적 등 죄인의 사형 판결문도 조보에 실었음을 알 수 있다.

한편 숙종실록 11권, 숙종 7년(1681) 2월 3일 2번째 기사에는 영중추부사 송시열(宋時烈)이 차자를 올리기를, "국가에서 백성에게 신의를 잃는 방법이 많은데, 그 가운데에서 더욱 심한 것으로서 또 면포(綿布)를 거두는 한 가지 일만 한 것이 없습니다. 신이 일찍이 이로써 상달하자, 성상(聖上)께서 곧 명령을 내리셔서 먼저 궁내로 들여오는 면포부터 변통하라 하시니, 그 전교가 이미 조보에 나갔으므로, 온 나라 사람으로서 들어 알지 못하는 사람이 없으며, 소문이 이르는 곳마다 기뻐 춤추지 않음이 없었습니다"라는 내용이 나온다. 그러므로 이를 보면 궁내로 들여오는 면포의 변통에 관한 내용도 조보에 게재되었음을 알 수 있다.

또한 궁궐과 도성을 지키던 각 군영의 장신(將臣: 장군)들이 임금에게 올린 보고도 조보에 난 것 같다. 숙종실록보궐정오본 15권, 숙종 10년(1684) 4월 19일 1번째 기사를 보면, "당초에 김익훈(金益勳)의 아방(兒房: 대궐 안의 장신이 머무는 곳)의 계품(啓稟)이 조보에 나오지 않아서, … 얼마 안 되어 외람되게 정원(승정원)에 들어가게 되어서 비로소 그 일을 듣고 마음이 적이 놀랐습니다"라는 내용이 나온다. 따라서 이로 미루어 볼 때 평소 장신들의 계품도 조보에 나오나, 이날은 나오지 않아서 승정원에 직접 가서 계품의 내용을 알아본 것 같다.

그런가 하면, 죄인이 임금에게 올린 상서(上書)의 내용도 조보에 실었던 것 같다. 숙종실록 43권, 숙종 32년(1706) 7월 19일 2번째 기사를 보면, 문사낭청 유명웅(兪命雄) 등이 진소(陳疏)하기를, "삼가 금오(金吾: 의금부의 별칭)에서 아뢴 것을 보고 생각건대, '신사년(숙종 27년) 11월 19일에 윤순명(尹順命)이 비로소 김춘택(金春澤) 등의 일로써 공초를 바쳤다'고 하였는데, [그것을 조보에 내지 말라고 하자] 승정원에서 말하기를, '죄인이라고 하여 어찌 상서(上書)한 것을 받아들이지 않고 비밀로 하여 조보에 내지 않겠는가?'라고 했다"는 내용이 나오기 때문이다.

(2) 조보에 내지 못하도록 금지한 내용도 있어

위와 같이 조보에는 여러 가지가 실렸다. 그러나 조보에 내지 못하도록 한 것도 있었다. 예를 들어 숙종실록 3권, 숙종 1년(1675) 4월 17일 2번째 기사를 보면, 임금의 주강에서 광주(廣州) 사람 김익호(金翊虎)가 소(疏)를 올려 북벌을 청하자, 임금이 이우정(李宇鼎)으로 하여금 비답을 쓰게 하기를, "네가 올린 소는 매우 좋다. 임진년(선조 25년)의 [명나라의] 은혜와 병자년(인조 14년)의 [청나라로부터] 치욕을 어찌 밤낮으로 명(明)의 은혜에 감읍하고 청의 침입에 이를 갈지 않겠느냐마는 때의 형세가 맞지 아니하다. 아! 애석한 일이다"라고 하였지만, 이 일을 "조보에는 내지 말게 하였다"는 내용이 나온다.

또한 숙종실록 44권, 숙종 32년(1706) 11월 4일 2번째 기사에는 집의(執義) 이덕영(李德英)의 국옥(鞫獄)에 관한 상소에 대하여 임금이 답하기를, "소(疏) 가운데에 전교에 따라 더 형신(刑訊)한 것이라고 조보에 냈다고 하는 것은 전에 없던 일이다. … 이런 것을 그대로 버려둔다면 뒷날의 폐단을 어찌 이루 다 말할 수 있겠는가? 그대가 언지(言地)에 있으므로 소문에 따라 논열(論列)한 것이니 중률로 다스리는 일을 결코 그만둘 수 없다" 하였다는 내용이 나오는데, 이를 보면 "임금의 전교(명령)에 따라 더 형신 즉 죄인을 고문했다"는 말도 조보에 내지 못하게 했던 것 같다. 이는 아마도 임금의 잔혹성을 드러내지 못하게 하기 위한 것으로 생각된다.

(3) 승정원의 조보 담당자들의 잘못에 대한 문책

위에서 살펴보았듯이 조보에는 반드시 내야 할 내용들이 있는가 하면 내서는 안 되는 내용들도 있었는데, 이러한 것을 조보 담당 승지나 주서(注書)가 지키지 않으면 문책을 받았다. 이에 관한 기사가 숙종실록에서 적지 않게 보이는데, 우선 숙종실록 42권, 숙종 31년(1705) 10월 30일 3번째 기사를 보면 아래와 같은 기록이 나온다.

> 간원(諫院)에서 임금에게 아뢰기를, "후사(喉司: 승정원의 별칭)는 출납하는 직임을 맡았으므로, 여느 미안한 하교가 있더라도 복역(覆逆)하여 간쟁하는 일이 있으면 조보에 베껴 써낼 수 없는 것이 본디 통행하는 관례입니다. 지난밤 비망기는 관계되는 바가 지극히 중대한데, 한편으로는 복역하면서 또 한편으로는 조보에 냈으니, 그 상세히 살피고 삼가지 못한 잘못이 큽니다. 청컨대 당해 승지를 종중추고(從重推考)하소서" 하니, 임금이 답하기를 "아뢴 대로 하라"

하였다.

한편 위에서 말했듯이, 숙종실록 44권, 숙종 32년(1706) 11월 4일 2번째 기사를 보면, 집의 이덕영(李德英)의 국옥에 관한 상소에 대하여 임금이 답하기를, "소(疏) 가운데에 전교에 따라 더 형신한 것이라고 조보에 냈다고 하는 것은 전에 없던 일이다. 이런 것을 그대로 버려둔다면 뒷날의 폐단을 어찌 이루 다 말할 수 있겠는가? 그대가 언지(言地)에 있으므로 소문에 따라 논열한 것이니 중률로 다스리는 일을 결코 그만둘 수 없다"고 했다는 내용이 나온다. 그런가 하면, 조보에 내야 할 것을 내지 않았다고 해서 그 담당자를 엄중하게 처벌하기도 했는데, 숙종실록 46권, 숙종 34년(1708) 6월 6일 2번째 기사를 보면 아래와 같이 적혀 있다.

> 정언 홍우서(洪禹瑞)가 올린 상소에 대하여 임금이 답하기를, "어제 회강(會講)한 문의(文義)와 설화(說話)를 보니, 박행의(朴行義)가 전현(前賢)을 꾸짖어 헐뜯은 것에 말이 틀리고 어긋남이 많으므로 몹시 매우 해이(駭異)하였다. … [그것을] 거조(擧條)에 써내어 효연(曉然)히 알게 한 것이 이미 이날의 하교이니, 반드시 공공연히 가려 둘 이치가 없었는데, 즉시 조지에 내지 않은 것은 진실로 몹시 미안하다. 해당 승지는 종중추고(從重推考)하고, 아래 조항의 일 가운데에 끌어내려 꾸짖고 욕한 것은 특히 선비를 대우하는 도리를 잃었으니, 추고하여 경책(警責)하라" 하였다.

그런가 하면, 조보에 즉시 내지 않고 늦게 냈다고 해서 그 담당자를 엄벌하기도 했다. 예컨대, 숙종실록 46권, 숙종 34년(1708) 6월 6일 2번째 기사를 보면, 정언 홍우서(洪禹瑞)가 상소하기를, "역적 민암(閔黯)의 사건에 명명(明命: 임금의 명령)이 혁연(赫然)하다는 것으로써 제방(隄防)을 삼았으며, 또 명하여 거조(擧條: 임금께 아뢰는 조항)에 써내게 해서 중외로 하여금 소연히 알게 하였는데도 출납의 직임에 있는 자가 전연 지식(止息)시켜 반포할 뜻이 없었고, 시일이 오래되어 물의가 시끄럽게 떠들썩한 뒤에야 비로소 느릿느릿하게 조지에 베껴 내었으니, 만일 조정에 조금이라도 기강이 있었다면 어찌 감히 그러하겠습니까? 해당 승지의 죄는 직임을 다하지 못하였을 뿐만이 아닙니다. … 무릇 이 두서너 가지 일은 모두 망작(妄作)에 관계되니, 논책하지 않을 수 없습니다" 하니, 임금이 답하기를, "거조에 써내어서 효연하게 알게 한 것이 이날의 하교이니 반드시 공공연히 가려둘 이치가 없었는데 즉시 조지에 내지 않은 것은 진실로 몹시 미안하다. 해당 승지는 종중추고(從重推考)하라"고 했다고 기록되어 있다.

3) 청나라 조보·당보의 유입과 일본 조보에 대한 언급

숙종실록을 보면, 우리나라 조보에 관한 기사만이 아니라 중국의 조보와 당보(塘報) 및 일본의 조보에 관한 언급도 나온다. 우선 숙종실록 15권, 숙종 10년(1684) 12월 3일 2번째 기사를 보면, "약방부제조 윤지선(尹趾善)이 말하기를, '당초에 천영선(千永善)을 재자관(齎咨官)의 행차에 [북경으로] 들여보낸 것은 오로지 저쪽 사정을 정탐하기 위한 것인데, … 대저 천영선이 얻어 온 문서는 바로 청국의 당보(搪報)로서, 우리나라 조지와 같은 것이었습니다. 청국 글자로 썼는데, 청나라 역관으로 하여금 그 글을 번역하게 하였더니, 바로 우리나라 남(柟)과 허견(許堅)의 옥정(獄情)을 저들에게 보고한 것들이었습니다'"는 내용이 나온다. 따라서 이로 미루어 볼 때, 우리나라 사신의 수행원들이 청나라에 가는 주요 목적 중 하나는 청나라 사정을 염탐하기 위한 것이며, 그 방법의 하나로서 청나라의 당보(조보)를 얻어왔음을 알 수 있다. 또한 당시 청나라의 당보에는 우리나라에서 청나라에 보고한 남(柟)과 허견(許堅)의 옥정(獄情) 등도 실렸음을 알 수 있다.

다음으로 숙종실록 51권, 숙종 38년(1712) 7월 24일 2번째 기사를 보면, "교리 오명항(吳命恒)이 문의(文義)로 인하여 임금께 아뢰기를, … '또 역설(譯舌)의 무리가 북경의 조보 1장을 얻으면 그 진가를 분별하지 않고 언제나 상자(賞資)를 더하니 더욱 경계해야 합니다' 하니, 임금이 옳게 여겼다"는 내용이 나온다. 여기서 '역설'이란 중국어 통역을 말하는데, 이들이 청나라 북경에서 나오는 청나라 조보 한 장을 얻으면 그것이 진짜인지 아닌지를 가리지 않고 칭찬하니 더욱 경계해야 한다고 임금께 아뢰었는데, 임금이 이를 옳게 여겼다는 것이다. 따라서 이러한 기사 내용으로 미루어 볼 때, 당시 우리나라의 중국어 통역 무리는 어떤 경로를 통해서라도 청나라 조보를 한 장 얻으면, 그것이 마치 보물이라도 되는 듯 자랑하면서 다른 사람들에게 보여 주었던 것 같다.

그러나 우리나라의 임금과 고급관료들은 청나라 조보 내용의 신빙성을 그리 높게 평가하지 않은 듯하다. 숙종실록 31권, 숙종 23년(1697) 12월 17일 3번째 기사를 보면, "도승지 이현석(李玄錫)이 상소하기를, '명(明)나라의 사기(史記)는 뒤섞여 어지러우며 계통이 없습니다. 이른바 『소대전칙』(昭代典則) 등의 책은 조보를 등차(謄箚)한 것에 지나지 않으므로, 어떤 것은 동일한 사건인데도 흩어져 나와 있고, 어떤 것은 미미한 사건인데도 잘못 헤아려, 『통감강목』(通鑑綱目)의 예를 본뜬다면 큰 차이가 있습니다'"라면서, 은근히 청나라 조보를 폄하했던 것을 알 수 있다.

끝으로 숙종실록 65권, 숙종 46년(1720) 1월 24일 2번째 기사를 보면, 당시 일본에는 청나라 연경(燕京: 북경)과는 달리 조보가 없었다는 언급도 나온다. 이는 우리나라 일본통신사(日本通信使) 홍치중(洪致中) 등이 일본에 갔다가 돌아와서 세자(世子)에게 보고한 것인데, 그 내용을 간단히 소개해 보면 아래와 같다.

> 통신정사(通信正使) 홍치중(洪致中), 부사(副使) 황선(黃璿), 종사관(從事官) 이명언(李明彦) 등이 일본에서 돌아오니, 세자가 소견(召見)하고 위유(慰諭)하였다. 홍치중이 말하기를, "위령(威靈: 임금의 위력)이 미친 바로 인해 저들이 중간에서 방해하는 일이 없었으니, 이는 모두가 나라의 은혜입니다. 저들의 국경에 들어간 뒤로부터 혹시라도 알아 둘 만한 사정이 있을까 해서 각별히 유의하였습니다. 특히 병제(兵制)와 같은 종류에 있어서는 더욱 들어 알고자 하였으나, 연경(燕京)과는 달리 본래 조보가 없고, 또 그 법령이 매우 엄해서 비록 하천(下賤)들일지라도 그 사정을 언급하지 않았으므로 실로 탐지해 낼 방도가 없었습니다."

이에서도 볼 수 있듯이 당시 일본에는 중국이나 우리나라와는 달리 조보와 같은 관보가 존재하지 않았는데, 가장 큰 이유는 당시 일본은 무신(武臣)들이 나라를 통치했기 때문이다. 당시 일본의 사정은 위에서 말한 일본통신사 홍치중 등의 귀국 보고에도 자세히 나오는데, 이를 소개하면 [참고사료 4-3]과 같다.

[참고사료 4-3]

1719년 당시 일본의 사정(일본통신사 귀국 보고)

홍치중이 아뢰기를 "대저 그 나라는 법금(法禁)이 아주 엄중하여 명령하면 행하고 금하면 그쳤으며, 물력(物力)은 매우 풍성했고, 인구도 또한 많았습니다. 5천 리(里)에 걸친 수로(水路)가 마을마다 연결되어 있었는데, 그들의 부강하고 풍요로운 방도를 추구해 보니 본디 다른 방법은 없었고, 단지 간약(簡約)을 위주로 삼았습니다. 의복은 비록 비단옷을 입기는 하였으나, 아랫바지를 벗기까지 하여 들어가는 경비가 매우 간략하였고, 음식은 조그마한 그릇에 담아서 먹되 먹는 것도 적었습니다. 관백(關白)은 본래 부자(父子)가 서로 계승한 것은 아닌데, 말 타고 사냥하기를 좋아한다고 하여 처음에는 혹시 난처한 일이 있을까 염려하였습니다. 그러나 모든 일에 있어서 순리와 편의를 따르는 데 노력하고, 그 자신이 매우 검소한 것을 숭상하여 항상 목면(木綿)을 입기 때문에 비록 그 나라의 재상이라 하더라도 관백이 보는 곳에서는 감히 화려한 의복을 입지 못한다 하였습니다. 관백이 사냥을 나가 밤늦게 돌아오다가 시골 민가에 들어가 유숙하자, 집정(執政)이 간언(諫言)을 올리니, 관백이 말하기를 '천성이 사냥을 좋아하므로 진실로 갑자기 그만두기 어렵고, 또한 무예를 익힐 수 있는데, 어찌 폐할 수 있겠는가? 군주의 은혜가 백성에게 미친다면 비록 들에서 노숙을 하더라도 무슨 해로울 것이 있겠는가? 그렇지 않다면 비록 구중궁궐 안에 있을지라도 어찌 위험이 없겠는가?' 하였다 합니다. 그가 나라를 다스리는 요령에 대하여 소견이 없지 않다고 하겠습니다. 임진년(壬辰年)의 일(임진왜란)은 일본(日本)이 지금까지 후회하고 있으며, 평수길(平秀吉: 도요토미 히데요시)을 평적(平賊)이라 부르기까지 하였습니다. 인심이 이와 같고, 그 나라 안의 위아래가 서로 협력하여 또한 변란이 없으니, 우선은 우려할 만한 일이 없을 것입니다. 대저 저들과는 바다를 사이에 두고 살고 있으니, 우호(友好)를 잃을 수는 없는 일입니다. 영남(嶺南) 한 도(道)는 방비가 매우 허술한데, 바람이 한번 불면 배를 타고 올 수 있는 적(敵)에 대하여 어찌 견제하는 방책을 쓰지 않을 수가 있겠습니까?" 하였다.

이명언(李明彦)이 말하기를, "평수길(平秀吉)이 난을 일으킬 즈음에 그 자신이 이미 걸오(桀驁: 성질이 사납고 교만함)하였고, 일시(一時)의 여러 장수들도 또한 시대에 응하여 나온 자가 많았습니다. 그러므로 능히 우리나라를 유린할 수 있었으나, 그들 자신의 손상과 실패 또한 많았기 때문에 지금까지도 뉘우치고 경계한다 합니다. 섬나라 왜인(倭人)은 매우 속임수가 많기 때문에 평적(平賊)이란 이야기도 혹 우리들로 하여금 듣게 하려고 일부러 한 것인 듯도 합니다. 다만 그 60주(州)의 관원들을 볼 때 모두가 몹시 노둔하고 용렬하여 백성을 다스리고 대중을 제어하는 재능이 없었으니, 우리나라는 아마 남쪽의 근심은 없을 것입니다. 섬나라 오랑캐가 우리나라는 모든 일에 지구성이 없음을 알고 반드시 서로 다투어 곡종(曲從: 자기의 의사를 굽혀 좇음)하게 하려고 하는데, 이는 아마 효종조(孝宗朝)로부터 북벌하려는 뜻이 있어 남쪽의 이웃을 후대하였고, 묘당(廟堂)에서도 모든 일을 곡종해 왔기 때문에 이와 같은 결과를 초래한 것으로 생각됩니다" 하였다.

황선(黃璿)이 말하기를, "우리나라는 저 나라와 서로 견제하고 있을 뿐이니, 왕복하는 일은 본디 그다지 다툴 수는 없으며 또한 굳이 곡종할 것도 없습니다. 무릇 접대하는 즈음에 반드시 처치의 타당함을 얻는 데 힘쓴다면 좋을 것입니다" 하였다.

홍치중(洪致中)이 또 말하기를, "저들이 사신(使臣)에게 보내 준 회례은화(回禮銀貨)는 전례에 따라 대마도(對馬島)에 보관해 두고 공작목(公作木) 2백 동(同)을 대신한다는 뜻으로 이미 장계를 올려 아뢴 바 있습니다. 듣건대 임술년(숙종 8년, 서기 1682년)의 전례(前例)는 사신의 품정(稟定)에 의해 미리 양남(兩南)에 분부하였으되, 감하는 수량은 애당초 민간에 나누어 정하지 않았다 합니다. 이번의 사신 행차 때에는 영남 백성들의 노고와 들어간 비용이 적지 않았습니다. 그리고 또 지금 양전(量田)의 역사(役事)가 바야흐로 시작되어 백성들이 몹시 지쳐 있습니다. 미리 본도(本道)의 감사(監司)에게 분부하여 감하는 공작목 2백 3동 영(零)은 민간에 나누어 정하지 않도록 하는 것이 마땅할 듯합니다" 하니, 세자가 허락하였다(숙종실록 65권, 숙종 46년, 서기 1720년 1월 24일 2번째 기사).

제10절

경종 시기(1720-1724) 조보의 존속 실태

위에서는 숙종 시기에 조보의 실태에 관하여 살펴보았는데, 그러면 다음 임금인 제20대 왕 경종 시기에는 어떠했는가? 이에 관해서도 조선왕조실록 중 경종실록과 경종수정실록에 나오는 조보관계기사들을 바탕으로 살펴보기로 하겠다.

1) 조선 제20대 임금 경종과 경종실록

경종은 숙종과 희빈 장(張)씨의 첫째 아들로 숙종 14년(1688) 10월 28일 창경궁 취선당에서 태어났다. 오래 기다리던 아들이 태어나자 숙종은 매우 기뻐하며 그를 서둘러 세자로 책봉했으며, 이후 숙종 46년(1720) 왕위에 올라서 조선 제20대 임금인 경종이 되었다. 그러나 경종은 세자 때부터 신변상, 정치상으로 갖은 수난을 겪다가 경종 4년(1724) 8월 25일, 37세의 젊은 나이로 비극적인 삶을 마감했다.

경종이 승하하자, 다음 임금인 영조 2년(1726) 8월 25일 그의 재위 기간의 국정 전반에 관한 경종실록의 편찬을 시작했다. 그러나 편찬 작업은 처음부터 논란이 많아서, 실록 찬수에 교정을 맡은 주서(注書) 이수해(李壽海)는 1729년 3월 사국(史局) 뒷면에 농간이 있다고 상소를 올렸다가 당습(黨習)을 버리지 않는다는 이유로 유배되기도 했다. 이러한 와중에 영조 7년(1731) 5월 경종실록의 편수가 일단 끝나자 시정기(時政記)의 세초가 논의되었으며, 다음 해 2월 실록이 완성되었다. 경종실록은 경종 즉위년인 1720년 6월 8일부터 12월 말까지를 2권으로 하고, 경종 원년을 3권,

경종 2년을 5권, 경종 3년을 3권, 경종 4년을 2권으로 편찬하여, 실록의 분량은 모두 15권 7책이 되었다. 경종실록의 정식 이름은「경종덕문익무순인선효대왕실록」(景宗德文翼武純仁宣孝大王實錄)이다.

이와 같이 경종실록이 완간되자, 영조 8년(1732) 3월 춘추관의 요청에 따라 사대사고(四大史庫)에 봉안하고, 이어서 실록당랑(實錄堂郎)의 회차일(會遮日)에 시정기와 중초(中草)를 세초하였다. 그러나 실록 내용에 노론과 소론 간의 대립과 신임사화(辛壬士禍)가 주류를 이루었으며, 기사 가운데 사건이나 인물에 대해 '사신왈'(史臣曰) 또는 '근안'(謹按)이라는 논평을 하면서 신임사화에 대해서는 대체로 긍정적인 반면, 노론대신들에 대해서는 매우 부정적이었다. 그리하여 영조 8년(1732) 4월 헌납 민정(閔珽)과 사간 한덕후(韓德厚) 등이 실록에 이진검(李眞儉)의 옥사(獄事)가 실려 있지 않다며 문제를 제기하였고, 이에 대한 기록을 넣어 다시 간인(刊印)해야 한다고 주장하였다. 또한, 영조 17년(1741) 11월 헌납 이천보(李天輔)도 소를 올려 경종실록의 잘못된 점을 바로잡고 빠진 것을 보충해야 한다고 주장하였다.

이후 노론의 정치적 기반이 탄탄해지고 신임사화가 무옥(誣獄)으로 규정됨에 따라 경종실록의 수정이 불가피하게 되었다. 경종실록에는 특히 신임사화에 대한 시비와 순역(順逆)이 노론에 대해 나쁘게 기록되어 있어, 이에 불만을 품었던 노론 측에서 "경종실록은 이집(李㙫), 조문명(趙文命), 이덕수(李德壽), 서명균(徐命均) 등 소론이 주가 되어 편찬한 탓으로 노론에 불리한 기사가 많이 있다"는 점을 지적해 왔기 때문이다.

이처럼 노론 측에서 경종실록에 잘못된 점의 개수(改修)와 빠진 것을 보완해야 한다고 주장하면서 정조 1년(1777) 노론의 이사렴(李師濂), 유당(柳戇) 등이 소를 올려 선조수정실록(宣祖修正實錄)과 현종개수실록(顯宗改修實錄)의 예에 따라 경종실록도 수정할 것을 제안하였다. 이에 마침내 경종실록을 수정하기로 결정하고 이듬해인 정조 2년(1778) 2월 수정을 시작하여 정조 5년(1781) 7월 완성했는데, 경종의 즉위년과 재위 4년간을 각각 1권씩으로 편찬했다. 그리하여 경종수정실록은 모두 5권 3책의 인본(印本)으로 이루어졌는데, 정조 3년(1779) 7월 경연관 송덕상(宋德相)은 경종실록의 수정본이 편찬되면 구본(舊本)은 없애 버리자고까지 했으나, 정조는 고례(古例)에 따라 양 본을 함께 보존하도록 하였다. 그리하여 경종실록에도 두 가지 버전, 즉 경종실록과 이를 수정한 경종수정실록이 전해지고 있다.

2) 경종실록을 통해 본 조보 발행 실태

경종 시기 조보의 존속 실태를 알아보기 위해 국사편찬위원회 홈페이지의 경종실록에서 조보관계기사를 검색하였다. 경종실록에는 두 가지 버전이 있는데, 우선 경종실록에서 조보와 조지에 관한 기사들을 각각 검색해 보았는데, 조보에 관한 기사는 경종실록과 경종수정실록에 각각 2건씩 나왔으며, 조지에 관한 기사는 경종실록에서 2건, 경종수정실록에서 1건이 나왔다. 그러나 이들 중, 경종수정실록 4권, 경종 3년(1723) 12월 8일 1번째 기사는 경종실록 13권, 경종 3년(1723) 12월 8일 1번째 기사와 그 내용이 완전히 동일했다. 따라서 이 기사를 제외하면, 두 가지 버전의 경종실록에 나온 조보와 조지에 관한 기사는 모두 합쳐 6건밖에 되지 않았는데, 이처럼 건수가 적은 것은 경종의 재위 기간이 고작 4년 2개월에 불과했기 때문이다. 그러나 실록을 통해 이 기간에도 조보는 계속 발행되었음을 알 수 있다.

(1) 조보, 조지에는 임금의 윤음(綸音)도 반포

경종실록(수정본 포함)에 나오는 모두 6건의 조보와 조지관계기사들 중에서 우선 경종실록 5권, 경종 1년(1721) 10월 14일 7번째 기사를 보면, 우의정 조태구(趙泰耈)가 과천(果川)에서 한양 도성(都城)으로 들어오는 길에서 임금의 윤음(綸音)이 실린 조지(朝紙)를 보았다는 내용이 나오는데, 이 기사의 내용을 소개하면 아래와 같다.

> 우의정 조태구(趙泰耈)가 과천(果川)에서 출발하여 도성 문밖에 와서 상소하기를, "어제 비망기를 내려 신에게, '전의 일을 포기하고 마음을 돌이켜 도성으로 돌아오라'는 뜻으로 효유(曉諭)하셨습니다. 비록 승정원에서 중간에 정지하게 만들었지만, 윤음(綸音)이 조지에 반포되어 있었기에 신이 받들어 채 반(半)도 읽기 전에 간담이 찢어지려 하였습니다. 옛사람은 비록 수적(囚籍)에 있을지라도 글을 올린 자가 있었습니다. 하물며 신이 진 허물이 비록 중할지라도 현재 미처 감단(勘斷)하지 않은 경우이겠습니까? 오늘날 거조(擧條)가 참으로 춘궁(春宮)께 부탁하고 병을 이유로 수고로움을 나누려는 뜻에서 나온 것임을 알지만, 전사(前史)를 두루 상고해 보아도 한때의 병 때문에 문득 만기(萬機)를 사양한 것이 전하와 같은 경우는 아직 듣지 못하였습니다. 엎드려 바라건대 확연히 계획을 바꾸시어 빨리 성명(成命)을 거두소서" 하니, 임금이 답하기

를, "오늘날의 일은 비단 조종조(祖宗朝)의 고사(故事)일 뿐만 아니라 오로지 나랏일을 위한 것이다. 경은 염려하지 말라" 하고, 사관(史官)을 보내어 유시(諭示)하게 하였다.

이 기사는, 경종이 다병무자(多病無子)하자, 경종 1년(1721) 숙종이 경종의 이복동생 연잉군(延礽君: 훗날 영조)을 세제(世弟)로 책봉하고 정사(政事)를 대행하게 하면서 윤음을 조지에 반포하자, 이러한 임금의 조치를 거두어 달라고 우의정 조태구가 청한 것에 대한 내용이다. 이러한 기사를 볼 때, 조지(조보)에는 임금의 윤음도 반포했음을 알 수 있다.

윤음은 조선시대에 임금이 국민에게 내린 훈유(訓諭)의 문서로서, 그 내용은 양로(養老), 권농(勸農), 척사(斥邪), 포충(褒忠), 구휼(救恤), 독역(督役), 군포탕감(軍布蕩減), 계주(戒酒), 과폐이정(科弊釐正), 수성(守城), 반행(頒行) 등 매우 다양하였다. 이와 같은 윤음은 많은 사람들에게 널리 알릴 필요가 있으므로 조보에도 반포했지만, 소책자 형태의 주자(鑄字)로 간행해서 반포하기도 했다. 식자층을 대상으로 한 경우는 한문으로 간인(刊印)해서 반포하였으나, 일반 백성을 대상으로 한 경우는 한글로 번역해서 반포하기도 했다. 바로 이러한 윤음이 반포된 조지를 우의정 조태구가 과천에서 서울로 돌아오는 길에 중간에서 보았다고 한 것이다.

(2) 조보에는 상소 내용도 게재

조보에는 또한 문목(問目) 즉 죄인을 신문하는 조목도 실렸던 것 같다. 예컨대 경종실록 7권, 경종 2년(1722) 4월 13일 5번째 기사를 보면, "국청(鞫廳)의 위관 최석항(崔錫恒)이 여러 금부당상(禁府堂上), 승지, 양사(兩司)를 거느리고 임금을 청대하고, 입시하여 아뢰기를, '백망(白望), 김용택(金龍澤), 이천기(李天紀) 등은 비록 결안하지는 아니했지만, 실정을 캐낸 문목이 이미 조보에 나왔으니, 중외로 하여금 환히 알게 하는 것이 마땅하겠습니다' 하니, 임금이 말하기를, '그렇다'고 하였다"는 내용이 나오기 때문이다.

그런가 하면, 죄인을 잡아다가 고문을 가하면서 공초를 받은 과정도 조보에 냈던 것 같다. 경종수정실록 3권, 경종 2년(1722) 9월 21일 2번째 기사를 보면, 1722년 3월 노론 일파가 왕을 시해하고자 모의했다는 목호룡(睦虎龍)의 고변이 있자, 소론 일파의 의도대로 노론 4대신(大臣)을 비롯한 관련자 50여 명을 처단할 때, 억지로 누명을 씌우고 형신(刑訊: 고문)하여 물고를 내기도 했다. 이러한 임인년(1722년) 옥안(獄案)에 대하여 같은 해 9월 21일 다시 논의할 때, 이조좌랑 박사익(朴師益)이 말하기를 "신도 그때의 조보를 보았는데, 첫날에는 다른 죄인들을 잡아 올 동안 형신을 정지한다고 썼었는데, 다음날에는 또 승복했다고 써내었고, 그 아래에는 물고로 입계했다고 되어 있었습니다" 운운한 내용이 나오기 때문이다.

조보에는 또한 신하들이 올린 상소 내용도 게재하였다. 그러나 임금에게 올린 상소는 그에 대한 임금의 소비(疏批) 즉 대답이 있기 전에는 조보에 내지 않았다. 경종실록 2권, 경종 즉위년(1720) 12월 19일 2번째 기사를 보면, 참지 황선(黃璿)이 소를 올려 비지(批旨)를 개정하도록 청한 일에 대하여 변명하였는데, 대략 이르기를, "일전에 김일경(金一鏡)에 대한 소비가 정원에 내려왔으므로, 요원(僚員)과 더불어 품백(稟白)할 것을 상의하였는데, 이미 품달하면 회답을 받들기 전에는 조지에 등출(謄出)하지 않는 것이 본래 정원의 정해진 전례이니, 처음 비답을 반시(頒示)하지 못했던 것은 그 형세가 그러했던 것입니다"라는 내용이 적혀 있기 때문이다.

3) 임금의 비지(批旨)를 위조한 가짜 조지도 등장

한편 경종실록(수정실록 포함)을 보면, 경종 3년(1723)에 임금의 비지를 위조한 조보(조지)가 나돌아서 전(前) 현감 황하신(黃夏臣)이 그 누명을 쓰고 억울하게 옥(獄)에서 죽은 사건이 일어나기도 했다. 이러한 사건에 관한 기사가 경종실록과 경종수정실록에 모두 합쳐 3건이나 나오는데, 그중에서 가장 먼저 나온 기사인 경종실록 13권, 경종 3년(1723) 12월 8일 1번째 기사 내용을 간단히 소개해 보면 아래와 같다.

> 전(前) 현감 황하신이 옥에서 죽었다. 이에 앞서 어떤 사람이 어비(御批: 임금이 열람한 문서 위에 붙이는 말) 한 본(本)을 가짜로 만들어 호서(湖西) 지방에 전파한 일이 있었는데, 대개 그 말한 내용에 '임금이 마음속으로 국옥(鞫獄)의 남형(濫刑)이 많았던 것과 찬적(竄謫)이 너무 지나친 것을 뉘우치고 깨달아 문안을 몰입하라 명하고, 혹은 여러 신하들을 용서하여 석방할 것과 또 세 환관(宦官)을 출축하는 것을 허락한다'고 하였다. 이만근(李萬根)이 비로소 고을 사람을 통해 이를 얻어 보았는데, 대관 이진순(李眞淳)이 듣고 먼저 이만근을 핵실(覈

實)할 것을 청하였다. 설국(設鞫)하기에 미쳐 황하신이 공초하기를, "금년 9월에 일찍이 알지 못하던 한 상한(常漢)이 어린 종을 통해 만나 보기를 청하기에 병이 있다며 사절하였더니, 곧바로 창 밖에 와서 죄로 귀양 온 병조의 이속(吏屬)이라 하면서 조보 가운데에서 베껴 낸 비지를 가지고 와서 보였는데, 자획(字畫)이 난잡하였으므로 이를 베껴 동생 황하민(黃夏民)에게 보여 주었습니다. 그러나 점점 그 수상함을 깨닫고 그대로 곧 불에 태웠으니, 그 전파된 것은 곧 조카 황상질(黃尙質)이 베낀 것입니다. …" 하였다. 국청에서 여러 번 더 자세히 캐묻고 또 남중로와 황하신을 잡아다가 대질시키니 초사에 약간의 어긋남이 있었다. 마침내 황하신이 그 사람의 성명을 현고(現告)하지 않는다 하여 일차 형신하였으나, 대답한 바가 종전과 같았다. 이진순이 상소하여 잠시 형신을 정지하고 찾아와서 보여준 사람을 기포(譏捕)할 것을 청하였지만, 미처 비답을 내리지 않아서 그 아들이 또한 격고(擊鼓)[6]하여 원통함을 하소연하였는데, 황하신이 갑자기 죽었다. 황하신은 본래 성실하고 신중하다고 일컬어졌으니, 가짜 비지를 스스로 짓지 아니한 것은 세상이 다 알았다. 대신(大臣)도 또한 차자(箚子)로 아뢰려 하였으나 그렇게 하지 못하였다. 결국 나이 일흔이 넘어서 항양(桁楊: 차꼬) 아래에서 죽으니, 이를 원통해 하지 않는 사람이 없었다.

이와 거의 비슷한 내용이 경종수정실록 4권, 경종 3년(1723) 12월 8일 1번째 기사에도 나온다. 그러나 끝부분은 약간 다른데, 이를 보면, "[당시에] 호서(湖西)에 사족(士族)들이 많이 있었기 때문에 흉당들이 이들을 일망타진하기 위한 계책으로 위조된 비망기를 만들어 사람을 시켜 유전시키고 나서는 이어 또 적발하였는데, 이는 장차 단련(鍛鍊)하여 대대적인 도륙(屠戮)을 자행하기 위한 것이었다. 황하신이 죽자 옥사는 끝내 무실(無實)한 것이 되고 말았으므로, 사람들이 모두 억울하게 여겼다. 영조 임금 초에 이르러 그 일을 추후 다스림에 따라 흉당들이 설계한 것임이 비로소 모두 드러났다"고 적혀 있다.

이 사건에 관한 것은 경종수정실록 3권, 경종 2년(1722) 9월 21일 2번째 기사에

---

6 임금이 거둥할 때 원통한 일을 임금에게 상언(上言)하기 위하여 북을 쳐서 임금의 하문(下問)을 가다리는 것을 말한다.

도 나온다. 이를 보면, "그 뒤 영종(英宗: 영조를 말함) 을사년(영조 원년, 서기 1725년) 3월 15일 소결(疏決)할 적에 우의정 민진원(閔鎭遠)이 아뢰기를, '신 등이 성교(聖敎)에 의거하여 임인년(경종 2년, 서기 1722년)의 옥안을 고열(考閱)하여 보았는데, 목호룡(睦虎龍)의 상변 가운에 있는 허다한 사설들은 모두 허공에서 꾸며 만들어 낸 것이었습니다. … 황하신의 죽음은 더욱 참독합니다. 그때 위조한 조지가 원근에 전파된 것은 호중(湖中)의 인사(人士)로서 보지 않은 사람이 없었는데, 황하신은 이 때문에 항양(桁楊) 아래에서 죽었습니다. 신이 들은 바에 의하면 황하신은 충효로 일컬어진 사람이라 하니, 결코 거짓 비답을 만들어 낼 사람이 아닙니다. 의당 복관(復官)시켜 주어야 합니다' 하였다"고 적혀 있다.

제11절

영조 시기(1724-1776) 조보의 존속 실태

이번에는 제21대 임금 영조 시기에 조보의 존속 실태에 관하여 살펴보기로 하겠는데, 영조는 무려 52년 동안(1724-1776)이나 나라를 통치했다. 그래서 그런지 영조실록에서 조보관계기사들을 찾아보면 69건이나 나온다. 그러면 이들을 토대로 영조시대에 조보의 존속 실태를 살펴보되, 그에 앞서 영조실록에 관하여 간단히 살펴보고 넘어가기로 하겠다.

1) 조선 제21대 임금 영조와 영조실록

영조는 숙종의 세 아들 중 둘째 아들로서 숙종 20년(1694)에 태어났는데, 생모는 화경숙빈(和敬淑嬪) 최씨이다. 영조는 숙종 25년(1699) 6세 때 연잉군(延礽君)에 봉해졌으나 어머니의 출신이 미천했던[7] 관계로, 숙종의 후궁인 영빈(寧嬪) 김씨의 양자 노릇

7 영조의 생모 최씨는 7세 때 무수리로 궁에 들어와서 숙종의 계비 인현왕후(仁顯王后)를 섬기며 궁궐 생활을 하였으나, 숙종 15년(1689) 인현왕후가 폐출되고 희빈(禧嬪) 장씨가 왕비가 되자 모진 구박을 받았다. 그러나 숙종과의 사이에서 아들 영수(永壽)를 임신하여 숙종 19년(1693) 숙원(淑媛)이 되고 아들을 낳았다. 그러나 영수는 2달 만에 세상을 떠났고, 이듬해 갑술환국으로 인현왕후가 복위된 후 연잉군(延礽君) 이금(李昑: 훗날 영조)을 낳자, 그해 숙의(淑儀)가 된 데 이어 1695년에는 귀인(貴人)에 오르고, 1699년 정1품 숙빈(淑嬪)에 봉해졌다(두산백과).

을 하였다. 1721년 숙종이 승하하고 왕세자가 즉위해 경종이 되었지만, 그는 건강이 좋지 않았고 또 아들이 없었다. 그러자 연잉군은 노론 측 지지를 받아 경종의 뒤를 이을 왕세제로 책봉되었다. 경종 4년(1724) 10월 11일(음력 8월 25일) 경종이 승하하자 그 뒤를 이어 연잉군이 왕위에 올랐는데, 그가 바로 조선 제21대 임금 영조이다.

영조는 역대 조선 임금들 가운데 재위 기간이 52년으로 가장 길었으며, 또한 수많은 치적을 남겼다. 그리고 영조 52년(1776) 3월 5일 83세로 승하했다. 그러자 2년 뒤인 정조 2년(1778) 2월 영종실록청을 설치하고 영조실록의 편찬에 착수하였고, 3년 6개월 만인 정조 5년(1781) 7월 영조실록을 완성했다. 이 실록은 영조가 즉위하여 승하하기까지 반세기가 넘는 기간인 51년 8개월 동안에 있었던 정치, 외교, 국방, 경제, 사회, 문화 등 각 방면의 역사적 사실을 연월일 순에 따라 편년체로 서술한 것으로 분량은 127권 83책에 이르며, 금속(주자)활자로 인쇄했다.

영조의 묘호가 본래는 영종(英宗)이었기 때문에 영조실록의 판심에는 '영종대왕실록'으로 되어 있다. 영조실록의 정식 명칭도 본래는 「영종지행순덕영모의열장의홍륜광인돈희체천건극성공신화대성광운개태기영요명순철건건곤녕익문선무희경현효대왕실록」(英宗至行純德英謨毅烈章義弘倫光仁敦禧體天建極聖功神化大成廣運開泰基永堯明舜哲乾健坤寧翼文宣武熙敬顯孝大王實錄)이었다. 그러나 고종 26년(1889) '영종'의 묘호(廟號)를 '영조'(英祖)로 추존했기 때문에 일반적으로는 '영조실록'이라고 부르는데, 본래는 오대사고(五大史庫)에 봉안했으나, 현재는 서울대학교 규장각한국학연구원에 보관되어 있다.

2) 독자들을 통해 본 영조 시기 조보의 존속 실태

그러면 영조의 재위 시기에 조보의 존속 실태는 어떠했는가? 이를 알아보기 위하여 영조실록에서 조보관계기사를 검색해 보았더니 조보에 관한 것이 35건, 조지에 관한 것이 34건으로 모두 69건이나 나왔다. 따라서 이들 69건의 기사들을 토대로 영조 시대에 조보의 존속 실태를 살펴보았다.

(1) 조보 독자들의 신분과 열람 장소

우선 조보에 관한 69건의 기사들 중에서 '조보를 보니' 또는 '조보를 보건대' 등등 조

〈표 4-11〉 영조실록에 나타난 '조보를 보았다'는 독자들과 그 내용의 개관

누가(독자) 언제 · 어디서	조보에서 무엇(내용)을 보았는가?	기사 출처
① 봉조하 민진원(閔鎭遠)이 임금께 아뢰기를, 그 후 손수 써주신 글이 조보에 나온 것을 삼가 보았는데,	[임금이 손수 써 주신 글]	영조실록 33권, 영조 9년(1733) 2월 6일 2번째 기사
② 이관후(李觀厚)가 공초하기를, 18일 패초(牌招)를 어겼다는 것으로 파직되어 춘천으로 내려갔었습니다. 그 뒤 조보를 보았습니다.	삭직(削職)을 청하는 소장은 있었으나 질차(叱嗟) 등의 말은 기재되어 있지 않았으므로…	영조실록 42권, 영조 12년(1736) 7월 17일 1번째 기사
③ 광주부윤 민통수(閔通洙)가 상소하여 이르기를, 신이 성주(星州)의 적소(謫所)에 있을 때 갑자기 국상(國喪) 소식을 듣고 곧 주성(州城)에 들어가 그대로 머물러 성복(成服)할 즈음에 지난 조지를 얻어 보았더니	대점(大漸) 전일의 소보(小報) 가운데에 '다음(茶飮)을 하셨다'는 등의 말이 있었으나, 이제 독삼차를 사용하고도 범연히 '다음'이라 칭하였으니, 이렇게 하고도 '모두 조보에 내서 온갖 사람에게 분명히 알렸다'고 한 것은 누가 속이는 것입니까?	영조실록 49권, 영조 15년(1739) 7월 29일 1번째 기사
④ 죄인 이경중(李敬中)이 공초(供招)하기를, 신의 이웃에 사인(士人) 조징(趙徵)이 있었는데, 술에 취하여 조보를 읽을 때면	문득 대신(大臣)의 성자(姓字)를 지웠습니다.	영조실록 61권, 영조 21년(1745) 2월 13일 1번째 기사

보를 보았다는 기사들을 찾아보았다. 이러한 내용의 기사는 곧 당시에 조보가 존속했다는 것을 말해 주기 때문이다. 따라서 이러한 기사들을 찾아서 누가, 언제, 어디서 조보를 보았으며, 무엇(내용)을 보았는지를 표로 간단히 정리해 보았더니 〈표 4-11〉과 같았다.

조보를 보았다는 사람들을 보면, 봉조하 민진원, 신분 미상의 죄인 이관후, 광주부윤 민통수, 신분 미상의 죄인 이경중 등으로, 관료뿐만 아니라 역적모의를 한 죄인들도 조보를 구해서 읽었음을 알 수 있다. 한편 이들이 조보를 읽은 장소를 보면 서울뿐만 아니라 강원도 춘천과 경상도 성주(星州) 등지로, 조보를 전국 각지에서 읽었음을 알 수 있다.

비록 〈표 4-11〉에는 나와 있지 않으나, 영조실록 24권, 영조 5년(1729) 9월 10일 2번째 기사를 보면, 임금이 비국(備局)의 당상을 인견(引見)하는 자리에서 이르기를, "내가 통한(痛恨)스럽게 여기는 것이 아직도 두 가지 일이 있다. 조태구(趙泰耉)가 선인문(宣人門)으로부터 들어와 '장차 망하게 된 국가를 구원하려 한다'고 말한 것과, 신축년(경종 원년, 서기 1721년) 겨울 송상기(宋相琦)의 상소에 대한 비답(批答)에 '보호동궁'(保護東宮)이란 네 글자가 있었기 때문에 흉악한 사람들이 인용하여 말하게 된 일이다. 내가 그때에 조보를 보다가 서안(書案)을 향하여 혼자 한탄했었다"는 내용이

나온다. 따라서 이로 미루어 볼 때, 영조 또한 세자로 있었을 때 조보를 본 것을 알 수 있다.

그러나 영조는 일부러 조보를 보지 않은 적도 있었다. 영조실록 11권, 영조 3년(1727) 1월 6일 1번째 기사를 보면, "임금이 신축년(경종 원년, 서기 1721년)에 세제(世弟)로 책봉되자 김일경(金一鏡)이 목호룡(睦虎龍)을 부추겨 변서(變書)를 내게 해서 참혹한 옥사를 일으킨 일을 거론하면서 이르기를, '옛적부터 지금까지 어찌 신축년(경종 원년, 서기 1721년)과 임인년(경종 2년, 서기 1722년)의 일처럼 참혹하고 독살스러운 것이 있었겠느냐? 내가 그때 차마 조보를 볼 수가 없었고…'" 운운했다. 이와 비슷한 내용은 영조실록 23권, 영조 5년(1729) 8월 18일 2번째 기사에도 나오는데, 이를 보면, "임금이 말하기를, '[내가 세제(世弟)로] 책봉되자 김일경(金一鏡)이 나를 꺼려하여 목호룡(睦虎龍)을 부추겨 변서(變書)를 내게 한 것인데, 그 뒤로는 조보를 보지 않았다'"고 적혀 있다.

3) 조보의 여러 가지 주요 내용들의 실태

다음으로 조보에는 어떤 내용이 실렸는지를 알아보기 위하여 이에 관계된 기사들을 찾아보았더니 모두 9건이나 나왔다. 따라서 이들에 나타난 조보의 내용들을 유형별로 묶어 보았더니 〈표 4-12〉에서 보듯이 크게 3가지, 즉 ① 임금과 왕실의 동정(動靜), ② 인사(人事) 문제, ③ 형옥(刑獄: 형벌과 감옥에 관한 일) 등에 관한 것으로 나눌 수 있었다. 그런데 이들 중 임금의 동정을 다룬 조보에서 병환에 관한 것은 영조의 병환에 관한 것이 아니라, 경종(景宗)의 병환과 갑작스러운 죽음을 둘러싼 문제에 관한 것들이었다.

(1) 조보에 실린 여러 가지 주요 내용들

위에서 언급한 내용들 외에도 조보에는 여러 가지가 실렸던 것 같다. 예컨대, 영조실록 2권, 영조 즉위년(1724) 12월 8일 6번째 기사를 보면, 국청대신(鞫廳大臣) 이하가 또 입시한 가운데 "위관 조태억(趙泰億)이 목호룡(睦虎龍)과 김일경(金一鏡)의 죄악을 추안(推案)을 살펴 뽑아내어 조보에 써낼 것을 청하자, 임금이 허락하였다"는 내용이 나오기 때문이다. 따라서 이 기사로 미루어 볼 때, 경종 2년(1722) 목호룡이 경종을

〈표 4-12〉 영조실록 기사들을 통해 본 조보 내용의 주요 유형

내용의 유형	관계 기사와 전거
1. 임금과 왕실의 동정(動靜)	① 이의연(李義淵)을 국문하자 공초하기를, "선대왕(先大王)께 어찌 병환이 없었다 하겠습니까? '권근'(倦勤)이라는 두 글자는 대개 정사(政事)에 부지런하지 않으셨음을 이릅니다. 비록 조보에 나타나는 것으로 본다 하더라도 선대왕께서는 능히 종종 숙종대왕의 제전(祭奠)에 몸소 참여하지 않으신 적이 있었습니다. 이로써 병환이 있음을 알았던 것입니다"(영조실록 2권, 영조 즉위년, 서기 1724년 11월 26일 3번째 기사). ② 광주부윤 민통수(閔通洙)가 상소하여 이르기를, "갑자기 국상(國喪)을 듣고 곧 주성(州城)에 들어가 그대로 머물러 성복(成服)할 즈음에 지난 조지를 얻어 보았더니 대점(大漸) 전일의 소보 가운데에 '다음(茶飮)을 하셨다'는 등의 말이 있으므로… [임금님의] 성후가 위중함을 알기는 하였으나 조보에 쓴 것이 대수롭지 않으므로 드시는 약물은 막연히 몰랐는데…"(영조실록 49권, 영조 15년, 서기 1739년 7월 29일 1번째 기사). ③ 영중추부사 이광좌(李光佐)가 상소하기를, "약방의 계사가 조보에 나왔는데도…"(영조실록 23권, 영조 5년, 서기 1729년 7월 6일 1번째 기사). ④ [임금의 병환에 관하여] 수찬 윤섭(尹涉)이 상소하여 이르기를, "그때의 조보에 나온 바가 어떠했는지는 그대로 놓아 두고 논하지 않겠습니다"(영조실록 23권, 영조 5년, 서기 1729년 7월 28일 1번째 기사). ⑤ [박상검(朴尙儉)의 옥사 때 자성의 언문교서를 조보에 낸 것에 대하여] 이진순(李眞淳)이 말하기를, "사람이 그 부모에게 추악한 욕을 하는 자가 있으면 그 아들은 마땅히 분통하게 여겨 원수를 갚아야 하고 또한 사람들을 향하여 그런 말을 말해서도 부당한데, 이제 드러내 놓고 말하는 데 그치지 않고 또 각주(脚註)를 부연하여 조지에 실어서 원근에 전파시켰으니, 어찌 매우 미안하지 않겠습니까?"(영조실록 3권, 영조 즉위년, 서기 1725년 1월 2일 5번째 기사)
2. 인사(人事) 문제	① 이관후(李觀厚)가 공초하기를, "그 뒤 조보를 보았었습니다. 삭직(削職)을 청하는 소장은 있었으나 질차(叱嗟) 등의 말은 기재되어 있지 않았으므로…"(영조실록 42권, 영조 12년, 서기 1736년 7월 17일 1번째 기사).
3. 형옥(刑獄) 관계	① 임금이 말하기를, "[내가 세제(世弟)로] 책봉되자 김일경(金一鏡)이 나를 꺼려하여 목호룡(睦虎龍)을 부추겨 변서를 [조보에] 내게 한 것인데, 그 뒤로는 조보를 보지 않았다"(영조실록 11권, 영조 3년, 서기 1727년 1월 6일 1번째 기사). ② [김일경 등의 처벌에 대한 지평 임주국林柱國의 상소문에 관하여] 사신(史臣)은 말한다. "최석항(崔錫恒)은 또 일이 동궁에 관계된다는 이유로 옥안(獄案)에 기록하지 말 것을 청하였고, 이것을 조보에 내어 팔방에 전파시킴으로써…"(영조실록 6권, 영조 1년, 서기 1725년 5월 13일 14번째 기사). ③ 사간원에서 또 아뢰기를, "지평 김유(金濰)가 전계(傳啓)를 읽어 나가다가 박치원(朴致遠)의 일에 이르자 최석항(崔錫恒) 등이 소리를 같이하여 말하기를, '그 일은 이미 윤종(允從)하셨습니다' 하니, 김유가 곧 읽기를 정지하고 자리를 파(罷)하여 나온 뒤, 곧장 '의금부에 품처하는 동안 잠시 정지한다'는 말을 조보에 써내었습니다"(영조실록 9권, 영조 2년, 서기 1726년 1월 12일 1번째 기사).

시해하려는 모의가 있었다는 이른바 삼급수설(三急手說)을 고변하여, 역모로 지목된 건저(建儲) 4대신(大臣) 이이명(李頤命), 김창집(金昌集), 이건명(李健命), 조태채(趙泰采) 등이 사형되고, 60여 명이 처벌된 신임사화(辛壬士禍)의 추안도 조보에 실었던 것 같다.

이때 자성(慈聖: 대비)의 언문교서(諺文敎書)도 조보에 실었던 것 같다. 영조실록 3

권, 영조 1년(1725) 1월 2일 5번째 기사를 보면, "박상검(朴尙儉)의 옥사는 그때 자성의 언문교서를 조보에 품출하여 여러 신하들로 하여금 모두 보게 했는데…" 운운하는 내용이 나오기 때문이다.

한편 거조(擧條) 즉 임금에게 아뢰는 조항들의 일부도 조보에 냈던 것 같다. 영조실록 2권, 영조 즉위년(1724) 11월 5일 5번째 기사를 보면, 영의정 이광좌(李光佐)가 아뢰기를, "거조를 써낸 뒤에야 군상(君上)의 덕의(德意)와 조정의 득실을 알 수 있는 것입니다. 그러나 근래 가끔 전혀 조지에 써내지 않는 경우가 있고, 또 혹은 연설(筵說)을 죄다 베껴 내기 때문에 지나치게 장황하기도 합니다" 하니, 임금이 말하기를, "거조를 조보에 죄다 내지 않는 것이 비록 잘못된 구례라 하나, 이는 승지가 헤아려서 그렇게 한 것이다"라고 했다. 따라서 이러한 기사 내용을 볼 때, 거조를 모두 조보에 낸 것은 아니지만, 거조는 '군상(君上)의 덕의와 조정의 득실을 알 수 있는 것'으로서, 곧 조보의 주요 내용 가운데 하나였음을 짐작할 수 있다.

이처럼 거조가 조보의 주요 내용이 된 이유는 영조실록 37권, 영조 10년(1734) 1월 9일 3번째 기사에 잘 나타나 있다. 이 기사를 보면, "사간원에서 아뢰기를, '대각(臺閣)은 시정(時政)에 대해 한 가지 일도 몰라서는 아니 되는 것인데, 군국, 형옥에 대한 정사와 제도(諸道)의 장문(狀聞)에 대한 일을 모두 참여하지 못해 알지 못하는 탓으로 문견이 넓지 못하니, 이는 눈과 귀를 막고서 보고 듣기를 요구하는 것과 같은 것입니다. [그러니] 승정원에서 계하되는 문서와 거조 가운데 조보에 나오지 않은 것은 모두 대각으로 보내어 대각에 나오는 신하들로 하여금 볼 수 있게 하소서'라고 임금에게 주청하였다"는 내용이 나온다. 따라서 이러한 내용으로 미루어 볼 때, 승정원에서 계하하는 문서나 거조는 조보의 주요 내용이었음을 짐작할 수 있다.

그렇기 때문에 때문에 이와 같은 거조를 비롯하여 중요한 내용을 승지가 조보에 내지 않았을 경우는 처벌을 받기도 했다. 영조실록 38권, 영조 10년(1734) 8월 10일 3번째 기사를 보면, "사간원에서 임금께 아뢰기를, '신이 어제 대청(臺廳)에 이르러 듣건대, 승지를 추고하라는 하교가 있어 원리(院吏)로 하여금 베껴 오게 하니, 후원(喉院: 승정원)의 관리가 일이 본원(本院)에 관계된 것이라 핑계하고 조보에 내지 않았다고 합니다. 국가에서 대각(臺閣)을 설치한 것은 반드시 그 일에 따라 참여하여 알리고자 함이니, 이런 잘못된 법규는 진실로 의의(意義)가 없습니다. 해당 승지를 마땅히 추고하고 지금부터라도 이후로는 비록 후원에 관계된 것일지라도 조보에 내게 해야 합니다' 하니, 임금이 모두 옳게 여겨, 승지는 특별히 파직할 것을 명하였다"

는 내용이 나온다.

(2) 임금이 조보에 내지 말도록 명령한 내용

위에서 살펴보았듯이 조보에는 여러 가지 다양한 내용을 실었다. 그러나 임금이 '조보에 내지 말라'[勿出朝報]고 한 내용도 없지 않았다. 예컨대, 영조실록 22권, 영조 5년(1729) 5월 29일 3번째 기사를 보면, "임금이 특별히 비망기를 내려 이광덕(李匡德)을 추고하라고 명하였고 또 조보에도 내지 말라고 명했기 때문에" 운운하는 내용이 나온다. 이는 당시 전라도관찰사 이광덕이 전주의 건지산(乾止山) 아래 논과 밭을 내수사(內需司: 왕실의 재정 관리를 맡아본 관아)에서 경작하려는 것을 거절하고 임금께 올렸던 상소에 불경한 말이 있다 하여, 임금이 이광덕을 문초하라고 명령하면서 이를 조보에 내지 말라고 한 것을 말한다. 따라서 이런 기사를 볼 때, 임금에 대해 불경한 내용은 조보에 내지 못하게 했던 것 같다. 그렇다면 이광덕이 임금에게 올린 상소에서 임금에 대해 불경한 내용은 도대체 무엇이었을까? 그로부터 이틀 뒤인 영조 5년(1729) 6월 1일자 2번째 기사를 보면, 아래와 같은 내용이 나온다.

> 상참(常參)을 행하였다. 정우량(鄭羽良)이 임금께 아뢰기를, "이광덕의 소장에 새로 탄생한 옹주가 몇 분이나 되는지 모르겠다고 한 말은 이것이 또한 어찌할 수 없는 말을 말한 것이겠습니까? 옛사람의 말은 이보다 심한 것이 많이 있습니다. 당(唐)나라 위징(魏徵)의 소릉(昭陵)에 대한 대답과 우리나라 조식(曹植)이 궁중의 한 과부(寡婦)라고 한 말에서 알 수가 있는 것입니다" 하니 임금이 말하기를 "효종께서는 다섯 후궁을 두었었기 때문에 고(故) 선정신(先正臣) 송시열(宋時烈)이 용만(龍灣: 의주)과 남한산성의 일로 경계했었다. 그러나 새로 태어난 옹주가 몇 분인지 모르겠다고 한 말은 불만스러워 하는 말인 것이다. 조보에 내지 말라고 한 것은 내가 부끄러워서 그렇게 한 것이 아니라 국세(國勢)의 외로움과 위태로움을 멀리 팔방과 객사(客使)에게 전파시킬 필요가 없었기 때문이었다"(영조실록 22권, 영조 5년, 서기 1729년 6월 1일 2번째 기사).

이러한 기사 내용으로 미루어 볼 때, 내수사에서 전주의 건지산 아래 논과 밭을 경작하려고 하자, 이를 전라도관찰사 이광덕이 거절하면서 임금께 올린 소장에서 "새로 탄생한 옹주가 몇 분이나 되는지 모르겠으나, 건지산 아래 논밭까지 경작하려고 하느냐"고 항의했던 것 같다. 그러자 임금이 이런 말을 조보에 내지 말라고 한 것에 대하여, "그것은 내가 부끄러워서 그렇게 한 것이 아니라 국세의 외로움과 위태로움을 멀리 팔방과 [외국인들의] 객사에게 전파시킬 필요가 없었기 때문이었다"고 변명했다. 그러자 이틀 뒤에, 사간 서명빈(徐命彬)이 임금에게 소장을 올려서 아뢰기를, "이광덕의 소장은 그 대의(大意)가 궁방에서 절수(折受) 받는 것에 대한 폐단을 논한 것에 불과한 것인데, 당초의 비교(批教)에는 미안하게 여기는 뜻이 너무 드러나 있었고 계속해서 내린 비망기에는 성색의 노여움을 현저하게 더하여 조보에 내지 말라는 명을 내리기까지 하였으니, 더욱 성인의 광명정대한 체통이 아닌가 합니다"(영조실록 22권, 영조 5년, 서기 1729년 6월 3일 1번째 기사)라고 은근히 임금을 힐난했다.

이러한 신하의 힐난에도 불구하고, 영조가 조보에 내지 못하게 한 일이 또 한 번 있었다. 영조실록 37권, 영조 10년(1734) 2월 18일 3번째 기사를 보면, "임금이 이조참의 서종옥(徐宗玉)을 불러 하교하기를, '나는 선왕의 측실의 아들로서 외람되이 감히 감당할 수 없는 자리를 더럽히고 있는데, 외가가 한미(寒微)하여 친속 가운데 태복시(太僕寺)에서 복역하다가 그 일신을 마친 사람이 있으니, 내가 외가를 대우한 것이 너무 야박했다고 할 수 있다. 이것은 사친(私親)에 대한 겸공(謙恭)하는 뜻을 본받으려고 한 때문이다. 그리고 사친의 아버지를 증직(贈職)시키는 일은 이미 선조(先朝)의 구례(舊例)가 있으니, 마땅히 따라서 행해야 할 것이다' 하고, 인빈(仁嬪)의 아버지 김한우(金漢祐)의 예(例)에 의거하여 영의정에 추증하게 하고 나서 이어 조보에는 내지 말게 하였으니, 이는 더 크게 떠벌리고 싶지 않아서였다"는 내용이 나오는데, 여기서 영의정에 추증한 '사친의 아버지'는 곧 영조의 생모인 숙빈(淑嬪) 최씨(崔氏)의 아버지 최효원(崔孝元)을 말한다.

4) 조보의 주요 기능 및 영향력과 전파력

지금까지 영조의 재위 시기에 조보의 내용에 관하여 살펴보았는데, 그러면 당시에 조보는 어떤 기능을 수행하였고, 사람들에게 얼마나 영향을 미쳤을까? 이에 관해 직접적으로 다룬 실록 기사는 찾지 못했으나, 영조실록 37권, 영조 10년(1734) 1월 9일 3번째 기사 내용으로 미루어 볼 때, 조보는 시정(時政)에 관해 관료들과 백성들의 문견을 넓혀 주는 눈과 귀의 역할을 담당했다. 그러면서 시정에 관한 각종 소식의 전파에 많은 영향을 미쳤던 것 같다. 예컨대, 영조실록 3권, 영조 1년(1725) 1월 2일 5번째 기사를 보면, "박상검(朴尙儉)의 옥사는 그때 자성의 언문교서를 조보에 품출(稟出)하여 여러 신하들로 하여금 모두 보게 했는데, [이처럼] 조지(朝紙)에 실어서 원근에 전파시켰으니, 어찌 매우 미안하지 않겠습니까?" 운운하는 내용이 나오는데, 이로 미루어 볼 때 어떤 사실을 조보에 실어 여러 신하들에게 보게 하면, 그것이 원근에 널리 전파되었던 것 같다.

이러한 사실은 영조실록 6권, 영조 1년(1725) 5월 13일 14번째 기사에서도 찾아볼 수 있다. 이 기사를 보면, "최석항(崔錫恒)은 또 일[경종의 시해에 관한 고변]이 동궁에 관계된다는 이유로 옥안(獄案)에 기록하지 말 것을 청하였으나, [김일경이] 이것을 조보에 내어 팔방에 전파시킴으로써 마치 참으로 무함할 만한 단서가 있는 듯이 하여 사람들의 청문을 의란(疑亂)시켰다. 이리하여 그 당서(黨胥)들이 서로 흉언을 유포하여 일세를 광혹시켰는데…" 운운하고 있다. 따라서 이로 미루어 볼 때, 조보의 영향력과 전파력은 매우 컸던 것 같다.

또한 조보는 역사서의 사초(史草)로서의 기능도 담당했다. 즉 조보는 실록 등을 편찬할 때 그 사료로 사용되기도 했다. 영조실록 60권, 영조 20년(1744) 12월 2일 2번째 기사를 보면, "임금이 주강(晝講)을 행하고, 이어서 대신(大臣)과 찬집청의 여러 당상관을 인견하였다. … 송인명(宋寅明)이 말하기를, '승정원일기가 모두 불타 없어져 문적이 탕진되었으므로, 옛날 일들을 징험하기가 어렵습니다. 사가(私家)에 혹은 일기초(日記草)가 있고, 혹은 조보와 정사도 있으며, 삼사에도 또한 내려오는 난보(爛報)들이 있습니다. 관청을 설치하는 것은 비록 서서히 의논한다 하더라도, 시임(時任) 승지와 주서(注書) 가운데서 이를 주관하게 하여 신칙해서 수합하도록 하는 것이 마땅할 것 같습니다' 하니, 임금이 이를 윤허하였다"고 기록되어 있다.

제12절

정조 시기(1776-1800) 조보의 존속 실태

앞에서는 조선의 제21대 임금 영조 시기 조보의 존속 실태를 살펴보았다. 그러면 다음 임금인 제22대 임금 정조 시기에 조보의 존속 실태는 어떠했는가? 이에 관하여 살펴보기에 앞서, 정조와 정조실록에 관하여 간단히 살펴보고 넘어가기로 하겠다.

1) 조선 제22대 임금 정조와 정조실록

정조는 영조 28년(1752) 영조의 둘째 아들 장헌세자(莊獻世子, 일명 사도세자, 고종 때 장조로 추존)와 혜경궁 홍씨(惠慶宮洪氏) 사이에서 맏아들로 태어났다. 영조 35년(1759)에 세손에 책봉되었으나, 그가 11살 때인 영조 38년(1762) 친부 장헌세자가 뒤주에 갇혀 죽임을 당하였다. 그러자 죄인의 아들은 왕이 될 수 없다는 전례에 따라, 영조는 정조를 장헌세자에 앞서 요절한 영조의 맏아들 효장세자(孝章世子, 뒤에 진종으로 추존)의 후사(後嗣)로써 왕통을 잇게 하였다. 그리하여 세손이지만 세자의 지위를 갖게 된 정조는 영조 51년(1775) 영조 임금을 대신해서 대리청정하다가 다음 해 영조가 승하하자 25세의 나이로 왕위에 올랐다.

왕위에 오른 정조는 수많은 사업을 벌였다. 그러나 재위 24년 만인 1800년 6월, 49세의 나이로 갑작스러운 죽음을 맞게 되었다. 정조가 승하하자, 그는 그의 유언대로 그의 아버지 사도세자의 능인 화성의 융릉(隆陵) 동쪽 언덕에 묻혔다. 그랬다가 순조 21년(1821) 그의 비(妃) 효의왕후(孝懿王后)가 죽으면서 현륭원 서쪽 언덕에 합장되어 오늘날의 건릉(健陵)이 되었다. 정조의 시호는 문성무열성인장효왕(文成武烈聖仁莊孝王)이었으나, 1897년 조선이 국호를 대한제국으로 하자 1899년 황제로 추존되어 선황제(宣皇帝)가 되었다.

정조가 승하한 지 6개월 뒤인 순조 1년(1800) 12월 정조실록의 편찬을 위한 실록청을 설치하고, 이병모(李秉模)를 실록총재관으로 임명하여 편찬을 시작했다. 그리하여 4년 8개월 만인 순조 5년(1805) 8월 정조실록을 완성하여 4대 사고(史庫)에 안치했다. 이렇게 안치한 정조실록의 권두서(卷頭書)에 적혀 있는 본래의 명칭은 「정종문성무열성인장효대왕실록」(正宗文成武烈聖仁莊孝大王實錄)이다. 그러나 대한제국 때인 1899년 정종의 묘호(廟號)를 정조로 추존했기 때문에 이에 따라 '정종실록'이 아닌 '정조실록'으로 불리게 되었다.

정조실록은 1776년 3월 10일 정조가 즉위해서 1800년 6월 28일 승하하기까지 24년 4개월 동안의 재위 기간 중 정치·외교·국방·경제·사회·문화 등 각 방면의 역사적 사실을 연월일 순에 따라 편년체로 서술한 것이다. 분량은 모두 54권 56책인데, 부록에는 정조의 시책문(諡冊文)·애책문(哀冊文)·비문(碑文)·지문(誌文)·시장(諡狀)·행장(行狀)이, 그리고 부록 속편에는 천릉비문(遷陵碑文)·천릉지문(遷陵誌文) 등이 수록되어 있다. 정조실록은 현재 서울대학교 규장각한국학연구원에 소장되어 있다.

2) 독자들을 통해 본 정조 시기 조보의 존속 실태

정조 시기에 조보의 존속 실태를 알아보기 위하여, 우선 정조실록에서 조보와 조지에 관한 기사들을 검색해 보았다. 그 결과, 조보에 관한 기사가 13건, 조지에 관한 기사가 20건으로, 모두 33건이 나왔다. 따라서 이들 기사를 바탕으로 정조 시기에 조보의 존속 실태를 살펴보기로 하였다.

(1) '조보를 보았다'는 독자들과 그들의 신분

조보에 관한 33건의 기사들 중에서 먼저 '조보를 보니' 또는 '조보를 보건대' 등등 조보를 보았다는 기사들을 찾아보았다. 이들은 곧 당시에 조보가 존속했다는 것을 말해 주기 때문이다. 따라서 이러한 기사들을 찾아서 누가, 언제, 어디서 조보를 보았으며, 조보에서 무엇(내용)을 보았는지를 표로 간단히 정리해 보았더니 〈표 4-13〉과

〈표 4-13〉 정조실록에 나타난 '조보를 보았다'는 독자들과 그 내용의 개관

누가(독자) 언제 · 어디서	조보에서 무엇(내용)을 보았는가?	기사 출처
① 우의정 김종수(金鍾秀)가 차자(箚子)를 올려 아뢰기를, 방금 조지를 보건대	일곱 대신(臺臣)을 귀양 보내라는 명이 있었습니다.	정조실록 28권, 정조 13년(1789) 10월 25일 2번째 기사
② 우의정 이병모(李秉模)가 임금께 아뢰기를, 갑작스레 조지를 본 신(臣)은	[지난번 총관(摠管)의 허물을 기록하라고 하신 하교가] 후손에게 남겨줄 좋은 계책에 결점이 되지나 않을까 걱정되었습니다.	정조실록 41권, 정조 18년(1794) 10월 5일 3번째 기사
③ 이조판서 심환지(沈煥之)가 상소하여 아뢰기를, 신이 조지에 나온 [명의록의] 개요를 보건대,	이조(吏曹)의 벌칙을 기괴한 일로 돌리고, 마치 자신을 옳게 여기고 도리어 신을 그르다고 배척한 것처럼 하였으니…	정조실록 44권, 정조 20년(1796) 3월 23일 1번째 기사
④ 평안도관찰사 홍양호(洪良浩)가 상소하였다. 신이 삼가 조지를 보니	사역원 초기(草記)에 의해 이번 절사(節使) 편에 중국 돈을 무역해 오게 하기 위해서 묘당과 의논한 끝에 자문(咨文)을 꾸며 들여보내기로 하였다고 했는데…	정조실록 36권, 정조 16년(1792) 10월 19일 2번째 기사
⑤ 판중추부사 김종수(金鍾秀)가 상소하기를, 신은 어제 조보를 보고서	비로소 이세(二歲)를 비롯한 형조의 죄수들을 풀어 보내라는 명이 있었음을 알았습니다.	정조실록 29권, 정조 14년(1790) 3월 12일 2번째 기사
⑥ 첨지중추부사 정술조(鄭述祚)가 상소하기를, 신이 조지를 얻어 보았는데	1천 석(石)을 내어 사사로이 사람을 진구(賑救)한 경우에는 법전에 의거해 직책을 제수하라는 하교를 내리셨는데…	정조실록 13권, 정조 6년(1782) 6월 2일 2번째 기사
⑦ 수찬 엄사만(嚴思晩)이 상소하기를, 신이 전교(傳敎)가 조지에 난 것을 볼 때마다	[왕언(王言)의 체재는 간명하고 중후한 것을 귀하게 여기는 것인데 전교가] 한 종이의 열 줄에 정녕히 반복하여 조금도 남겨 두시는 것이 없습니다.	정조실록 8권, 정조 3년(1779) 11월 12일 2번째 기사
⑧ [전 영의정] 김치인(金致仁)이 아뢰기를, 신이 엊그제 조지에서	김우진에게 내린 처분의 전교를 보니,	정조실록 22권, 정조 10년(1786) 10월 27일 1번째 기사
⑨ 약원도제조 홍낙성(洪樂性)이 아뢰기를, 조지에 나온 것은 신이 과연 보았습니다마는,	두 대신(大臣)의 일은 모두 진선(盡善)하지 못한 듯합니다.	정조실록 24권, 정조 11년(1787) 7월 26일 3번째 기사
⑩ 부수찬 이의봉(李義鳳)이 상소하기를, 조지를 받아 보니,	전 경기감사 김사목(金思穆)의 장계에 파주목에 안치한 죄인 정치달의 처가 제멋대로 이탈하여 떠나갔다는 말이 있었습니다.	정조실록 31권, 정조 14년(1790) 9월 4일 3번째 기사
⑪ 최종악은 흉소(凶疏)를 소매에 넣어 가지고 가서 김양순에게 질문하였고 조지를 보고서야… 또 함께 조지를 보고서…	[흉소에 관하여] 정성휴(鄭聖休)와 논란하였으며, … 교대로 감히 말할 수 없는 일을 말했는가 하면,	정조실록 13권, 정조 6년(1782) 6월 30일 7번째 기사
⑫ 죄인 이선해(李善海)가 공술하기를, 조지를 보고서 알게 되었으나	이면(裏面)을 알지 못했기 때문에 그런 어구[下語陰慘]가 [서찰에] 있게 되었습니다.	정조실록 1권, 정조 즉위년(1776) 6월 23일 1번째 기사

같았다.

이 표에서 '조보를 보았다'는 사람들을 보면, 우의정(전임 포함 3명), 이조판서, 평안도관찰사, 판중추부사, 첨지중추부사, 약원(藥院)도제조, 수찬, 부수찬, 그리고 죄인(3명)으로서 관료들뿐만 아니라 역적모의를 한 죄인들도 조보를 읽었음을 알 수 있다. 한편 이들이 조보를 읽은 장소를 보면, 비록 그 장소들이 정확히 언급되어 있지 않아서 자세히는 알 수 없으나, 지방의 평안도관찰사도 조보를 읽었던 것으로 보아 전국 각지에서 조보를 읽었음을 짐작할 수 있다.

이와 같은 사람들 이외에도 수많은 사람들이 조보를 읽었다. 그중에는 임금도 포함되어 있었다. 정조실록 44권, 정조 20년(1796) 4월 17일 1번째 기사를 보면, 승지 신기(申耆)가 임금께 올린 상소문에 "임금이 비답을 고치기 전에는 주상이 보는 조보일지라도 써넣지 못하는데 어떻게 조보에 반포할 수 있겠습니까" 운운하는 내용이 나온다. 따라서 이러한 내용으로 미루어 볼 때, 임금도 조보를 보았으며, 임금이 보는 조보는 별도로 정서(正書)해서 바쳤던 것 같다.

한편 영의정도 당연히 조보를 읽었다. 정조실록 25권, 정조 12년(1788) 3월 10일 5번째 기사를 보면, 임금이 일성록(日省錄) 중에 이노춘(李魯春)을 처분한 일을 영의정 김치인(金致仁)에게 보여 주게 했더니 "영상은 애당초 그 전말을 몰랐다고 말하였다. 그러나 이는 진실이 아닌 듯하다. 일성록에 기록된 것은 조지에 나온 것에 불과하고, 조지에 나온 것이라면 영상이 비록 휴직하고 있을 때라 하더라도 어찌 보지 못했을 리가 있겠는가" 운운하는 내용이 나온다. 따라서 영상(영의정)은 휴직하고 있을 때라도 조보를 반드시 보았음을 알 수 있다.

이 밖에도 재조(在朝)는 물론이고 재야(在野)의 여러 사람들도 조보를 보았던 것 같다. 예컨대, 정조실록 1권, 정조 즉위년(1776) 7월 24일 1번째 기사를 보면, 임금이 이르기를, "무릇 [역적 심상운의] 결안이 나오게 되면서는 재조나 재야에서 조지를 보는 사람들로 하여금 심상운(沈翔雲)의 죄악이 이에 그치는 것처럼 알게 만들어 버린 것이다. 이것이 위관(委官)들을 개탄스럽게 여기는 까닭이다"라면서 역적 심상운 등의 국문(鞫問)에 참여했던 여러 당상(堂上)들을 파직하였다는 내용이 나온다. 또한 정조실록 28권, 정조 13년(1789) 9월 28일 3번째 기사에는 우의정 김종수(金鍾秀)가 임금께 아뢰기를, "조지에 나가는 것을 눈이 있는 사람이면 모두가 보았을 텐데" 운운하였다. 따라서 이를 볼 때 '눈이 있는 사람이면 모두가 조보를 보았을' 정도로 많은 사람들이 조보를 보았던 것 같다.

(2) 조보를 보지 않은 사람들과 그 사유

위와 같이 많은 사람이 조보를 보았으나, 물론 그렇지 않은 사람도 많았다. 예컨대, 정조실록 8권, 정조 3년(1779) 9월 26일 1번째 기사를 보면, "도승지 홍국영(洪國榮)이 임금 앞에 나아가 아뢰기를, '오늘은 신이 성명(聖明)을 길이 헤어지는 날입니다. 이제 부신(符信)을 바치고 나갈 것인데 신이 한 번 금문 밖으로 나간 뒤에 다시 정치에 뜻을 두어 조지를 구하여 보고 사람을 불러 만난다면 이것은 국가를 잊은 것이니, 천신(天神)이 반드시 죽일 것입니다'" 운운한 내용이 나온다. 이는 정조의 신임을 얻어 정조 즉위 직후부터 세도정권을 장악했던 홍국영이 도승지 직에서 물러나면서, 앞으로는 정치에 관심을 갖지 않고, 그래서 조보도 일부러 보지 않겠다고 말하는 것이었다.

이처럼 의도적으로 조보를 보지 않은 사람도 있었지만, 집이 외떨어진 곳에 있는 까닭에 조보를 보지 못한 사람도 있었다. 정조실록 45권, 정조 20년(1796) 12월 27일 8번째 기사를 보면, 죄인 정경조(鄭景祚)가 임금께 아뢰기를, "집이 외떨어진 곳에 있어 미처 조보를 보지 못했기 때문에 접견하는 자리에 나가서도 전혀 무슨 일인지 몰라서 미처 말하지 못했습니다" 하는 내용이 나온다.

한편 동몽교관(童蒙敎官) 즉 각 군현에서 사학(私學)을 설치하여 향교에 들어가기 전의 어린 학동들을 모아 훈도하던 사람 정도의 신분을 가진 이들은 조보를 늘상 보지는 못했던 것 같기도 하다. 정조실록 44권, 정조 20년(1796) 3월 22일 3번째 기사를 보면, 동몽교관 최곤(崔崑)이 소회 8조를 올리니, 임금이 비답하기를, "아침에 훈련대장의 상소로 인하여 열 줄의 비답을 내렸으니, 너는 모름지기 조지를 가져다 보아라"는 내용이 나오기 때문이다.

그런가 하면, 글자를 알지 못한 여인네들은 조보를 알지도 못했고, 보지도 못했던 것 같다. 정조실록 42권, 정조 19년(1795) 3월 18일 1번째 기사를 보면, "좌의정 유언호(兪彦鎬)가 아뢰기를, '속히 분명하게 분부를 내리시어 그[역적 정치달의 처]가 자수하게 해 주소서' 하니, 임금이 이르기를 '그는 여인의 몸인데 어떻게 조보를 알겠는가. 그러니 자수시키려 한들 어떻게 될 수 있겠는가'라고 하였다"는 내용이 나오기 때문이다.

3) 주요 내용들을 통해 본 조보의 존속 실태

다음으로 독자들이 조보에서 무엇(내용)을 보았는지, 다시 말해서 조보에 어떤 내용이 실렸는지를 살펴보면 앞서 〈표 4-13〉에서 보듯이, 형옥에 관한 것이 5건으로 가장 많았다. 다음으로는 임금의 하교와 전교가 3건, 인사에 관한 것이 3건, 외교관계에 관한 것이 1건이었다. 그러나 이는 독자들이 조보에서 무엇을 보았는지를 기준으로 조보의 내용을 알아본 것에 불과하다. 따라서 다음으로는 '○○을 조보에 실었다', '○○이 조보에 반포되었다', '○○이 조보에 나왔다' 등등이 언급된 기사를 정조실록에서 찾아서 이들을 바탕으로 당시 조보에 어떤 내용들이 실렸는지를 종합해서 유형별로 묶어 보았다. 그 결과 임금의 언동에 대한 내용이 많았는데, 이것은 〈표 4-14〉와 같이 정리할 수 있다.

〈표 4-14〉 정조실록에 나타난 조보의 주요 내용

내용의 유형	관계 기사와 그 전거
전교(傳敎)	① "신(臣)이 전교가 조지에 난 것을 볼 때마다…"(정조실록 8권, 정조 3년, 서기 1779년 11월 12일 2번째 기사) ② "신이 엊그제 조지에서 김우진(金宇鎭)에게 내린 처분의 전교를 보니…"(정조실록 22권, 정조 10년, 서기 1786년 10월 27일 1번째 기사) ③ 임금이 이르기를, "가령 내린 전교가 참으로 간쟁할 만한 단서가 있다면 조지에 반포하여…"(정조실록 10권, 정조 4년, 서기 1780년 8월 13일 1번째 기사) ④ 우의정 채제공(蔡濟恭)이 아뢰기를, "조지에 난 성상의 전교에는 매양 자기 당에 사사로이 한다고 하셨으니…"(정조실록 27권, 정조 13년, 서기 1789년 7월 9일 1번째 기사) ⑤ 임금이 전교하기를 "그 후 경연에서 내린 전교를 반포하여 알린 조지의 문적을 하나하나 상세히 조사하여…"(정조실록 31권, 정조 14년, 서기 1790년 9월 19일 2번째 기사) ⑥ 이복원(李福源)이 아뢰기를, "근일의 전교와 비답과 연본(筵本)을 모아 한 책으로 만들어 인쇄하여 세상에 반포하면 큰 의리의 근원과 우리 성상의 본의를 천명 발휘할 수 있고 전후 여러 적이 역적이 된 까닭이 저절로 드러나게 될 것입니다" 하였다. 상이 이르기를, "이들 문자는 조지에 이미 반포하였고 연본 역시 비밀로 하지 못하게 하였으니, 눈이 있는 자라면 모두 보았을 터인데 인행과 등본이 무슨 차이가 있겠는가"(정조실록 35권, 정조 16년, 서기 1792년 5월 22일 1번째 기사).
하교(下敎)	① 우의정 이병모(李秉模)가 임금께 아뢰기를, "신은 지난번 총관의 허물을 조지에 기록하라고 하신 하교가…"(정조실록 41권, 정조 18년, 서기 1794년 10월 5일 3번째 기사) ② 첨지중추부사 정술조(鄭述祚)가 상소하기를, "조지를 얻어 보니, '1천 석(石)을 내어 사사로이 사람을 진구(賑救)한 경우에는 법전에 의거하여 직책을 제수하라'는 하교를 내리셨는데…"(정조실록 13권, 정조 6년, 서기 1782년 6월 2일 2번째 기사) ③ 임금이 전교하기를, "특별히 관대한 율문을 적용한다는 하교가 분명 조지에 있다고 하는데, …"(정조실록 31권, 정조 14년, 서기 1790년 10월 3일 3번째 기사) ④ 부수찬 박규순(朴奎淳)이 상소하기를, "지난번 영남 유생이 고함치기를 '선조(先朝) 때의 통청(通淸)하라는 하교는 너희들이 조지에서 베껴 낸 것에 불과하고 처음부터 보배로 간직하라

〈표 4-14〉 조보의 주요 내용으로서 임금의 언동(계속)

내용의 유형	관계 기사와 그 전거
	는 하교가 계시지 않았다'고 하였습니다"(정조실록 35권, 정조 16년, 서기 1792년 8월 19일 4번째 기사).
유시(諭示)	① 영중추부사 김치인(金致仁)이 옥당(玉堂)의 차자가 다시 엄해졌다는 이유로 인피(引避)하고 성(城)을 나가니, 임금이 특별히 유시하기를, "아, 누누이 전유(傳諭)하는 것이 어찌 다만 경(卿)만을 위로하는 것일 뿐이겠는가. 겸하여 조지를 보는 자들로 하여금 자취와 마음이 흑과 백처럼 전혀 다르다는 것을 분명히 알게 하여, 바야흐로 일어나는 의논을 막고 다투어 일어나는 칼날을 막아 경을 아는 자는 자취와 마음을 헤아리고 경을 모르는 자는 경의 마음을 헤아리게 하고자 해서이다"(정조실록 25권, 정조 12년, 서기 1788년 3월 27일 2번째 기사). ②임금이 중외의 신하들에게 유시하였는데, "중외에서 이 [유시가 실린] 조지를 볼 경우 만약 안목이 갖추어진 자라면 내 마음을 이해하리라 생각한다"(정조실록 42권, 정조 19년, 서기 1795년 3월 18일 1번째 기사).
금령(禁令)	① 우의정 이병모(李秉模)가 아뢰기를, "신이 이미 정치의 근원을 밝히고 하교를 신중히 하는 것이 금지령을 거두어들이는 근본이 된다고 하였으므로 금지령을 거두어들이는 일만을 가지고 전하를 위하여 다시 진술하겠습니다. 신이 멀리 지방관으로 나가 있어서 한두 가지도 자세히는 알지 못하나, 조보로 전해진 것과 퍼진 것만을 가지고 말하더라도 그 놀라움은 연전의 일에 몇 갑절이나 됩니다"(정조실록 40권, 정조 18년, 서기 1794년 5월 25일 2번째 기사).
기타 동정(動靜)	① [임금의 건강] 원임(元任) 장령 어석령(魚錫齡)이 상소하기를, "[임금에게] 진어(進御)하는 약은 비록 강계다음(薑桂茶飮)이라도 반드시 조보에 실어야 하는데…"(정조실록 21권, 정조 10년, 서기 1786년 6월 1일 2번째 기사) ② [임금의 건강] 좌의정 심환지(沈煥之) 등이 임금께 안부를 묻자, 상이 이르기를, "내가 맨 처음 소요산(逍遙散)을 복용한 뒤로 매일 두 번씩 마셔 몇 첩이나 복용했는지 모를 정도인데 이와 같은 일은 다른 사람에게 말하기 어렵고 그저 속만 탈 뿐이므로 조지를 통해 사람들에게 알린 것은 그저께의 두 첩에 지나지 않는다"(정조실록 54권, 정조 24년, 서기 1800년 6월 16일 1번째 기사). ③ [선대왕의 행록] 임금이 시임대신, 원임대신과 선조(先朝)에 대해 편차(編次)하는 각신들을 소견하고 어제(御製)인 영종대왕의 행록(行錄)을 내렸는데, 모두 60여 조항에 달하였다. 하교하기를, "조지에 나온 것 이외에 심상한 사교(辭敎) 사이라 할지라도 경 등이 우러러 들은 것이 있으면 일일이 거론하여 아뢰도록 하라"(정조실록 6권, 정조 2년, 서기 1778년 11월 18일 1번째 기사). ④ [행차] 임금이 별영(別營)으로 가서 읍청루(挹淸樓)에서 수군(水軍) 훈련을 행하였다. 임금이 이르기를, "지금은 일이 다 원만하게 이루어져 장차 환궁하려 한다. 그런데 대신(大臣) 이하를 부처(付處)하고 파직, 삭직시키는 일이 연례행사처럼 되어 왔는데 이 일만은 결코 있어서는 안될 것이다. … 아무리 아래에서 궂은일을 하는 미천한 사람들이라 할지라도 털끝 하나 다치게 하고 싶지가 않은데 더더구나 예우해야 할 신하들이야 더 말해 무엇하겠는가. 그래서 신하들을 관례처럼 불러들여 접견하면서 특별히 이런 모임을 마련한 것이다. 중외에서 이 조지를 볼 경우 만약 안목이 갖추어진 자라면 내 마음을 이해하리라 생각한다"(정조실록 42권, 정조 19년, 서기 1795년 3월 18일 1번째 기사).

(1) 임금의 언동(言動)에 관한 조보의 내용

조보의 내용들 중에서 가장 많은 것은 역시 임금의 언동(言動) 즉 말(言)과 행동(動)이었다. 여기서 임금의 말은 전지, 전교, 하교, 유시, 비답 등을 말하며, 행동은 신하들의 소견(召見), 차대, 경연 등에 참가하는 것 및 기타 여러 가지 동정을 말한다. 이러한 임금의 언동 중에서 조보에 가장 많이 실린 내용은 〈표 4-14〉에서 보듯이 전교(傳敎)와 하교(下敎) 등의 명령이었다. 그러면 전교는 무엇이고, 하교는 무엇을 말하는가? 정조실록 51권, 정조 23년(1799) 5월 22일 5번째 기사를 보면, "대개 전지(傳旨)라는 것과 전교라는 것과 하교라는 것은 체모가 각기 다르다"면서 그 차이를 아래와 같이 설명해 놓았다.

> 벼슬을 내리거나 상을 주거나 형벌을 가하거나 사형을 시키는 일을 각 해당 관사에 내릴 때에 교서를 전하여 내보내면 승지가 대략 추려서 적어 내리고 당후주서(堂后注書)가 자세히 적어서 접는 문서로 만들어 계하를 받아서 내리는 것을 유음전지(流音傳旨)라고 한다. 주서가 또 베껴 적어 인장을 찍고 승지가 벼슬 이름을 갖추어 적은 다음, 해당 관사에 내려보내는 것을 하음전지(下音傳旨)라고 한다. 승지가 임금 앞에서 임금이 말로 하유(下諭)하는 것을 불러주는 대로 받아 적어 승지가 반포하는 것이라든지 사알(司謁)이 각 담당 승지에게 전하는 것을 담당 승지가 글로 써서 반포하는 것을 전교라고 한다. 경연에 나온 신하들이 직접 임금을 뵙고 들은 것을 물러 나와 받들어 행하는 것을 하교라고 한다. 또 혹 승전색(承傳色)이 말로 전하는 하교를 받아 내오면 여섯 승지들이 모여 앉아 글로 적어서 전하되, '승전색 구전하교'라고 쓰고 적어서 조지에 반포하는데, 그 체모는 또한 전교와 같다. 왕의 말은 실[絲]과 같아서 그 실이 풀려 나오듯이 나오는데 그 말을 사관(史官)이 적어서 팔방에 전하는 것이다. 그러므로 조정에서 한마디 분부나 한마디 호령도 감히 소홀히 하지 못하는 것이다.

정조실록에서는 이처럼 전지, 전교, 하교의 차이를 설명해 놓았으나, 정조실록에서 조보에 실린 전지관계기사는 찾지 못했으며, 다만 전교에 관한 기사 6건과 하교에 관한 기사 4건을 찾아볼 수 있었다. 이 밖에 유시(諭示) 2건, 금령(禁令) 1건도 찾았는데, 여기서 유시란 임금이 백성에게 타일러 가르치는 말씀을 말하며, 금령이란 어떠한 행위를 하지 못하게 하는 법령을 말한다.

한편 임금이 드시는 약에 관한 것은 조보에 반드시 게재했던 것 같다. 〈표 4-14〉에서 '기타 동정'의 ①번을 보면, "[임금에게] 진어(進御: 올림)하는 약은 비록 강계다음(薑桂茶飮: 생강, 계피, 차)이라도 반드시 조보에 실어야 하는데…" 운운하는 내용이 나오며, 또한 ②번에서도 임금이 소요산을 복용한 것도 조보를 통해 사람들에게 알렸다고 하기 때문이다. 다음 ③번을 보면, "어제(御製)인 영종대왕의 행록을 내렸는데, 모두 60여 조항에 달하였다" 운운한 것을 볼 때, 영조의 행록 60여 조항도 조보에 실었음을 알 수 있다. 끝으로 ④번은 임금이 수군 훈련을 참관하고 나서 신하들에게 한 말로, 이것도 조보에 실렸던 것 같은데, 그 내용을 살펴보면 일종의 하소연처럼 보이기도 한다.

(2) 형옥(刑獄)에 관한 조보의 내용

위와 같은 임금의 언동(言動)에 관한 것 다음으로 조보에 많이 실렸던 내용은 형옥 즉 형벌과 옥사(獄事)에 관한 것들이었다. 이들 중 옥사란 살인과 반역 등의 중대한 범죄를 다스리는 일 또는 그러한 사건을 말한다. 이와 같은 형옥에 관한 것이 조보에 실렸다는 기사들, 예컨대 "조지를 보건대 일곱 대신(臺臣)을 귀양 보내라는 명이 있었습니다", "흉당 민항렬(閔恒烈)에 대한 문목 1통을 우선 조지에 등포(謄布)하여…" 등등의 내용이 실린 기사들을 정조실록에서 찾아보았더니 아래와 같이 모두 12건이 나왔다. 이는 정조실록에 실린 조보관계기사 33건 가운데 약 36%를 차지하는 분량이다.

> ① 임금이 하교하기를 "흉당 민항렬(閔恒烈)에 대한 문목 1통을 우선 조지에 등포(謄布)하여 중외에서 자세히 알도록 하라"(정조실록 1권, 정조 즉위년, 서기 1776년 6월 30일 1번째 기사).
>
> ② 우승지 이의익(李義翊)과 우부승지 김종수(金鍾秀)가 상소하기를, "역적 심상운(沈翔雲)을 친국(親鞫)하실 때에 5가지 조목으로 하문하셨는데, 이번의 결안이 일단 조지에 나간다면…"(정조실록 1권, 정조 즉위년, 서기 1776년 7월 23일 1번째 기사).
>
> ③ 임금이 국문에 참여했던 여러 당상(堂上)들을 파직하였다. 그리고 이르기를, "무릇 [역적 심상운에 대한] 결안이 나오게 되면서는 단지 다섯 가지 조목의 죄안을 전부 기록하지 않았을 뿐만 아니라 재조(在朝)나 재야(在野)에서 조지를 보는 사람들로 하여금 심상운의 죄악이 이에 그치는 것처럼 알게 만들어 버린 것이다. 이것이 위관(委官)들을 개탄스럽게 여기는 까닭이

다"(정조실록 1권, 정조 즉위년, 서기 1776년 7월 24일 1번째 기사).

④ 방금 조지를 보건대 일곱 대신(臺臣)을 귀양 보내라는 명이 있었습니다(정조실록 28권, 정조 13년, 서기 1789년 10월 25일 2번째 기사).

⑤ 어제 조보를 보고서, 비로소 이세(二歲)를 비롯한 형조의 죄수들을 풀어 보내라는 명이 있었다는 것을 알았습니다(정조실록 29권, 정조 14년, 서기 1790년 3월 12일 2번째 기사).

⑥ 정언 조진정(趙鎭井)이 상소하기를, "정후겸(鄭厚謙), 이재간(李在簡)의 일관된 흉계와 지해(趾海), 술해(述海), 상범(相範), 계능(啓能)의 온 집안으로 연결된 역모에 대해서 조지가 한번 반포되자 놀라고 분개해 하지 않는 사람이 없습니다"(정조실록 30권, 정조 14년, 서기 1790년 5월 12일 3번째 기사).

⑦ 부수찬 이의봉(李義鳳)이 상소하기를, "신이 조지를 받아 보니, 전 경기감사 김사목(金思穆)의 장계에 파주목에 안치한 죄인 정치달(鄭致達)의 처가 제멋대로 이탈하여 떠나갔다는 말이 있었습니다. 아, 정처(鄭妻: 정치달의 아내)의 범행이 어떠한데 이런 일이 있단 말입니까"(정조실록 31권, 정조 14년, 서기 1790년 9월 4일 3번째 기사).

⑧ 형조가 아뢰기를, "춘천에 사는 유학 남려(南鑢)는 말하기를 '저의 아비 남옥이 익남과 관계를 끊은 사실은 이미 장전(帳殿)의 공초에서 자세히 말하였고, 익남과는 상관이 없다는 내막을 전하께서 통촉하시고 특별히 관대한 율문을 적용하라'는 하교가 조지에 명백히 쓰여 있습니다"(정조실록 31권, 정조 14년, 서기 1790년 10월 3일 3번째 기사).

⑨ 정언 박윤수(朴崙壽)가 아뢰기를, "대각(臺閣)에 들어간 신하들은 마땅히 연명 차자를 올려야 할 것인데도 불구하고 상소를 막는 일에 대해 정계(停啓)한다는 말이 조보에 실려 반포되어, 보고 듣는 사람들을 크게 놀라게 했습니다. 정계한 대간들에게 파직의 벌을 적용하소서"(정조실록 33권, 정조 15년, 서기 1791년 10월 5일 3번째 기사).

⑩ 우의정 이병모(李秉模)가 아뢰기를, "일전의 조지에 갑자기 김종수(金鍾秀)의 일을 우선 정계한다는 내용의 글이 나온 것은 크게 대간(臺諫)이 잘못한 것입니다"(정조실록 41권, 정조 18년, 서기 1794년 9월 5일 4번째 기사).

⑪ 우의정 이병모(李秉模)가 아뢰기를, "삼사(三司)의 합계는 사체가 엄중한데 지난번 반대할 때에는 김종수의 일에 대해서 애초에 거론도 하지 않다가

갑자기 연석에서 물러간 뒤에 우선 정계한다는 글을 내어 조지에 싣기까지 하였습니다"(정조실록 41권, 정조 18년, 서기 1794년 9월 5일 5번째 기사).

⑫ 임금이 하교하기를, "죄인 이명연(李明淵)의 공초 가운데 홍가(洪家)에 관계되는 모든 구절을 지우고 조지에 냈는데, 이는 그 사람을 온전한 사람으로 만들어 주려는 본의(本意)와 그 집만을 온전하게 보전하려는 고심이 아울러 행해지게 하려던 것이다"(정조실록 46권, 정조 21년, 서기 1797년 4월 23일 4번째 기사).

이처럼 형옥에 관한 기사들이 조보에 두 번째로 많이 실린 이유는 확실히 알 수 없다. 그러나 아마도 정조 시기 역시 당파 싸움으로 인하여 모함이나 탄압, 처벌이 많았기 때문인 것 같다. 또한 이러한 사건들을 조보를 통하여 널리 관민들에게 알려서 죄를 짓지 말도록 경고하기 위해서였던 것 같기도 하다.

(3) 신하들의 상소와 그에 대한 임금의 비답 관계 내용

세 번째로 조보에 많이 실렸던 내용은 신하들의 상소(上疏)와 그에 대한 임금의 비답(批答)이었다. 상소란 신하가 임금에게 글로서 자신의 뜻을 전하는 것으로, 그 내용은 대개 건의, 청원, 진정 등이었다. 그리고 비답이란 신하가 올린 상소, 차자 등에 대하여 임금이 내린 답서나 하답(下答)을 말한다. 이와 같은 신하들의 상소와 그에 대한 임금의 비답도 조보의 주요 내용의 하나로 조보에 많이 실렸다. 이러한 사례들을 정조실록에서 찾아보았더니 〈표 4-15〉와 같았다.

조선 시대에는 상소 제도가 발달하여 신하들이 자유롭게 임금에게 상소를 올릴 수 있었다. 그러나 때로는 신하들이 어떤 사안(事案)에 관하여 조보에서 보도한 내용도 제대로 보지도 않고 상소하기도 했던 것 같다. 정조실록 41권, 정조 18년(1794) 12월 2일 1번째 기사를 보면, 임금이 판중추부사 김종수(金鍾秀)에게 이르기를, "경(卿)이 소(疏)에서 진술한 마음과 소 중에 쓴 말은 경의 말이 없어도 내가 이미 다 알고 있다. [그러나] 어찌하여 조지를 상세히 보지도 않고 지레 마음 내키는 대로 소를 올렸단 말인가?" 하고 나무라는 내용이 나온다. 또한 정조실록 45권, 정조 20년(1796) 7월 2일 3번째 기사에도 김종수의 긴 상소와 관련해서 임금이 하교하기를, "이 이후에 이처럼 조지에도 없고 상소장에도 오르지 않은 일을 대관, 소관을 막론하고 만약 입에 담는 자가 있다면 마땅히 하교에서 말한 법률을 적용할 것이다. 이

〈표 4-15〉 정조실록에 나타난 정조 시기의 조보에 실린 상소와 그에 대한 비답관계기사(실례)

내용의 유형	관계 기사와 전거
1. 신하의 상소	① 조보를 보고서야 [흉소(凶疏)에 관하여] 정성휴(鄭聖休)와 논란하였으며, …(정조실록 13권, 정조 6년, 서기 1782년 6월 30일 7번째 기사) ② 사간원이 아뢰기를, "지난번 승정원이 연명 상소를 올렸을 때 이의봉(李義鳳)이 허튼 수작을 하면서 회피할 획책을 한 행동은 놀랍습니다. 그 내용 자체가 … 조지가 일단 반포되자 사람들의 놀라움과 의혹은 점점 더해 갔었습니다"(정조실록 36권, 정조 16년, 서기 1792년 10월 11일 5번째 기사).
2. 상소에 대한 임금의 비답	① 임금이 판중추부사 김종수(金鍾秀)에게 하교하기를, "[경의 상소에 대하여] 비답 없이 되돌려 주었다고 조보에 써서 내었고…"(정조실록 29권, 정조 14년, 서기 1790년 2월 22일 3번째 기사). ② 판중추부사 박종악(朴宗岳), 김희(金憙)가 우의정 이병모(李秉模)를 파직하라는 명을 철회할 것을 청하니, 임금이 비답하기를, "우상(右相)의 연주(筵奏)가 조보에 나올 것이니 그것을 보면 나의 처분의 본뜻을 알게 될 것이다"(정조실록 40권, 정조 18년, 서기 1794년 5월 26일 1번째 기사). ③ 좌의정 김종수가 아뢰기를, "원소(原疏)는 비록 반포되지 않았지만, 조지에 실린 비답을 가지고 말한다면 상소문의 내용은 듣지 않고도 알 수 있습니다. 그런데 지금 여러 날이 지났는데도 조정에는 적막하게 한마디 말도 없습니다"(정조실록 37권, 정조 17년, 서기 1793년 5월 30일 1번째 기사). ④ 동몽교관 최곤(崔崑)이 소회 8조를 올리니, 임금이 비답하기를, "아침에 훈련 대장의 상소로 인하여 열 줄의 비답을 내렸으니, 너는 모름지기 조지를 가져다 보아라"(정조실록 44권, 정조 20년, 서기 1796년 3월 22일 3번째 기사).

로써 엄히 신칙하라" 하고, 이어 이를 받아들인 승지들을 모두 성(城) 밖으로 내쫓으라고 명하였다가 곧 용서해 주었다는 내용이 나온다. 그런가 하면, 정조실록 23권, 정조 11년(1787) 2월 3일 3번째 기사에는 유생들이 상소를 남발하는 데 관하여 임금이 아래와 같은 하교를 내렸다는 내용이 실리기도 했다.

> 근래에 외방의 유소(儒疏)는 실로 사림(士林)의 수치가 되고 있다. … 비록 누가 이것을 주장하는지 모르겠으나 그 유폐(流弊)가 거침없이 전파되니 어찌 세도(世道)를 위해 근심할 일이 아니겠는가? 이 일이 얼마나 참혹한지 차마 말을 할 수가 없으니, 어느 구(句)와 무슨 말은 옳고 그르다고 하는데, 나라에서 낱낱이 따져서 말하고자 하지 않으나 장소(章疏)에는 본래 장소의 체모가 있는 법이다. 조지에 나온 것을 제외하고 연석에서 부시(敷示)한 것을 어찌 감히 마음대로 뽑어대는가? 이런 규례를 고치지 않으면 도리어 의(義)를 날로 어둡게 하고 이(理)를 날로 어긋나게 하여 나랏일이 날로 잘못될 것이니 결단코 등한시하여 지나칠 수가 없다. 이런 뜻으로 성균관으로 하여금 외방의 여러 유생들에

게 칙유(勅諭)하게 하라.

신하들이 상소를 올리면, 그에 대하여 임금은 비답, 예컨대 '윤허한다', '윤허하지 않는다', '청(請)을 허락한다', '청을 허락하지 않는다' 등의 답서를 내리는 것이 관례였다. 그러나 이러한 비답을 내리지 않는 경우도 적지 않았으며, 이런 사실이 조보에 나기도 했다. 예컨대, 정조실록 35권, 정조 16년(1792) 8월 21일 6번째 기사를 보면, 장령 권빈(權儐)이 임금께 아뢰기를, "근일 삼사(三司)의 신하가 상소하고 차자(箚子)한 것이 언사(言事) 아님이 없는데, … 간혹 '도로 가지고 가라'(還持去)라는 세 글자를 조지에 반포하여 사람들이 보고 듣는다면 흔쾌하게 받아들이는 아량에 부족함이 있을 듯합니다. 삼가 원하건대 지금 이후부터는 모든 장주(章奏)에서 참으로 언사에 관계되는 것은 반드시 성비(聖批)를 내리시어 말하는 자로 하여금 마음을 다하게 하소서" 하니, 임금이 이르기를, "말은 그럴듯하나 비답을 내리지 않는 것 역시 어찌 그만둘 수 있는 일이겠는가" 하면서, 모든 상소에 대하여 반드시 비답을 내릴 수는 없다고 반박했다.

(4) 조정과 인사관계 소식 등에 관한 내용

위에서 살펴본 조보의 내용들 이외에도 조보에는 여러 가지 내용들이 실렸다. 그러나 그중에서 조정(朝廷)의 소식과 인사(人事)관계 소식들에 관해서만 간단히 살펴보기로 하겠다. 인사관계 소식은 조정 소식의 일부이지만, 이를 분리해서 정조실록에서 조정에 관한 소식과 인사관계 소식이 실렸다는 기사들을 찾아서 간단히 제시해 보면 〈표 4-16〉과 같다.

정조실록의 기사들을 보면 이 표와 같이 조정의 소식 가운데 경연(經筵)에서 신하가 임금에게 아뢴 말, 대신(大臣)에 대한 평가, 계사(啓辭)의 수준에 관한 평가, 중국 돈의 수입 문제, 과거(科擧) 시험의 폐단 문제 등이 조보에 실렸음을 알 수 있다. 또한 인사(人事)에 관한 소식으로는 금부당상, 포도대장을 찬배(竄配) 즉 유배시키라는 명령을 취소했다는 소식과, 모두 7명의 대신(臺臣)들을 귀양 보내라고 임금이 명령했다는 소식이 조보에 실렸음을 알 수 있다.

〈표 4-16〉 정조 시기의 조보에 실린 조정과 인사관계 소식

내용의 유형	관계 기사와 전거
1. 조정의 소식	① 차대(次對)에서 김익(金熤)이 또 아뢰기를, "경악(經幄)의 신하가 경연의 자리에서 아뢴 말은 조보에 기록되어 중앙과 지방에 반포되고 있으니…"(정조실록 15권, 정조 7년, 서기 1783년 1월 16일 1번째 기사). ② 조보를 보니, "두 대신(大臣)의 일은 모두 진선(盡善)하지 못한 듯합니다"(정조실록 24권, 정조 11년, 서기 1787년 7월 26일 3번째 기사). ③ 차대(次對)에서 좌의정 채제공(蔡濟恭)이 임금에게 아뢰기를, "조지에 나온 계사로 논하더라도 경연의 유신들을 '겨우 어(魚) 자와 노(魯) 자를 구분한다'는 말로 단정지었습니다. 이 네 글자는 그 얼마나 무식하고 용렬하냐는 지목인데, 이것을 논사(論思)의 자리에 있는 사람들에게 갖다 붙인단 말입니까. … 이는 정사의 대체를 손상시키는 것입니다" 하니, 상이 옳게 여기고 일이 생기는 대로 간언을 올릴 것을 신칙하였다(정조실록 33권, 정조 15년, 서기 1791년 10월 20일 1번째 기사). ④ 신이 삼가 조지를 보니 '사역원 초기(草記)에 의해 이번 절사(節使) 편에 중국 돈을 무역해 오게 하기 위해서 묘당과 의논한 끝에 자문(咨文)을 꾸며 들여보내기로 하였다'고 했는데 신은 그것이 옳지 않은 일이라고 생각합니다(정조실록 36권, 정조 16년, 서기 1792년 10월 19일 2번째 기사). ⑤ 지평 조항진(趙恒鎭)이 상소하기를, "과거(科擧) 시험이 폐단이 된 지 이미 오래되었으니, … 삼가 원컨대 널리 의견을 물어 빨리 시행(혁파)하소서" 하니 임금이 비답하기를, … "어제 연석에서 예조판서가 그 폐단을 바로잡을 계책을 누누이 말하므로 그 말에 따라 그로 하여금 의견을 널리 물어 다시 여쭙게 하였으니, 자세한 내용은 조보를 보도록 하라"(정조실록 54권, 정조 24년, 서기 1800년 4월 21일 1번째 기사).
2. 인사(人事) 소식	① 임금이 대신과 도감 당상을 소견하였다. 반수(班首)와 대신을 중도에 부처(付處)한 명(命)과 금부당상, 포도대장을 찬배(竄配)한 명을 환수하였다. … 우의정 김종수(金鍾秀)가 아뢰기를, "대저 이 일은 본래 일부터 이러한 사소한 일에 이르기까지 성상의 처분이 매양 자전의 하교와 큰 차이가 나는 것이 많습니다. 조지에 나가는 것을 눈이 있는 사람이면 모두가 보았을 텐데, 아마 성상의 심중에도 반드시 불안하신 바가 있을 것입니다"(정조실록 28권, 정조 13년, 서기 1789년 9월 28일 3번째 기사). ② 우의정 김종수(金鍾秀)가 차자를 올려 아뢰기를, "방금 조지를 보건대, 일곱 대신(臺臣)을 귀양 보내라는 명이 있었습니다"(정조실록 28권, 정조 13년, 서기 1789년 10월 25일 2번째 기사).

4) 조보 내용들의 취사선택과 그에 대한 통제

위에서는 정조실록의 기사들을 통해서 당시 조보에는 어떤 내용의 기사들이 실렸는지를 알아보았다. 그렇다면 온 나라에서 벌어진 수많은 사건들 중에서 어떤 것을 조보에 실었고, 또 어떤 것을 조보에 싣지 않았을까? 다시 말해서, 조보에 실릴 내용들을 어떻게 취사선택했을까?

(1) '조보에 내라'는 긍정적 통제와 그 사유

조보에 실을 내용들은 승정원에서 기주관(記注官)들이 선택해서 승지와 임금의 계하(啓下: 재가)를 얻은 뒤 조보에 반포했던 것 같다. 이때 임금이 어떤 것은 반드시 조보에 반포하도록 하고, 또 어떤 것은 조보에 내지 못하도록 통제했다. 이와 같은 통제 중에서, 우선 조보에 반드시 내도록 한 긍정적 통제(affirmative control)부터 살펴보기 위하여 이에 관한 사례(事例)들을 정조실록에서 찾아보았더니 아래와 같이 8건이 나왔다.

① 임금이 하교하기를, "흉당 민항렬(閔恒烈)에 대한 문목(問目) 1통을 우선 조지에 등포(謄布)하여 중외에서 자세히 알도록 하라" 하였다(정조실록 1권, 정조 즉위년, 서기 1776년 6월 30일 1번째 기사).

② 좌참찬 황경원(黃景源)의 상소에 대하여 임금이 비답하기를, "효자, 열녀의 일은 해도(該道)에서 초계(抄啓)하여 이미 정려(旌閭), 급복(給復)한 자가 많다마는, 조지에 내지 않았기 때문에 경이 미처 듣지 못하였을 것이다" 하고, 이어서 하교하기를, "효열과 충의를 정려, 급복하는 것은 풍성(風聲)을 세워서 일세(一世)를 용동(聳動)시켜 이를 권장하기 위한 것인데, 다만 그릇된 관례에 본디 조지에 반시하는 일이 없기 때문에 중신도 오히려 알지 못하니, 백성이 어떻게 보고 느낄 바를 알겠는가? 이 뒤로 정, 증직, 급복 등의 일은 각각 해방(該房)에서 승전(承傳)을 봉입(捧入)하여 전지(傳旨)한 뒤에 곧 조지에 써서 반포하게 하라" 하였다(정조실록 8권, 정조 3년, 서기 1779년 12월 16일 1번째 기사).

③ 좌의정 서명선(徐命善)이 임금께 상소하여 아뢰기를, "혹시 이 사람(조진형)을 뒤따라 다시 그런 짓을 하려는 자가 있을지도 모르니, 반드시 매우 엄하게 배척하여 의리는 없어질 수 없고, 제방은 무너뜨릴 수 없다는 것을 사람마다 알게 해야만 국가의 형세가 길이 굳건해지고 세도가 안정될 것입니다" 하니, 임금이 말하기를, "경의 말에 실로 격동의 마음을 금할 수 없었다. 이것을 조지에 내어 한편으로는 추향을 바루게 하는 방도로 삼고, 한편으로는 선을 좋아하고 악을 미워한다[勸善懲惡]는 뜻을 밝히도록 하라"(정조실록 10권, 정조 4년, 서기 1780년 9월 20일 3번째 기사).

④ 사간 윤행리(尹行履)의 상소에 대하여 임금이 하교하기를, "경(卿)이 아뢴

말을 보니, 세종, 문종, 단종 세 조정의 실록에 실려 있는 것과 선조께서 분석하신 윤음(綸音)은 실로 후세에 증거로 내세울 수 있는 자료가 된다. 지금부터는 이를 받들어 믿어서 전날의 의혹을 통쾌하게 풀 수 있겠으니, 이 아뢴 말을 조보에 베껴 반포하여 누구나 그 사실을 자세히 알 수 있도록 하라" 하고, … 이어 전교하기를, "김경지(金敬之)의 상소문은 두루 상고해 보아도 없다고 하니, 이는 대간이 박통원(朴通源)의 상소를 잘못 듣고 말한 것은 아닌가. 이 초기(草記)도 조보에 베껴 반포하여 중외의 모두가 사실을 알고 의심을 환하게 풀도록 하라" 하였다(정조실록 32권, 정조 15년, 서기 1791년 3월 9일 2번째 기사).

⑤ 영중추부사 이복원(李福源), 좌의정 채제공(蔡濟恭) 등의 연명 상소에 대하여 임금이 비답하기를, "합외(閤外)의 구전하교를 보고 연중(筵中)의 많은 설화를 들은 자로서 참으로 혈기가 있는 무리라면 누군들 털끝만큼의 차이로 천리나 어긋나게 되는 분수에 대해서 미혹되었음을 깨닫지 않겠는가. 이런 때에 경들이 상소로 이처럼 진달(陳達)하니 내가 바라는 뜻을 저버리지 않은 것이다. 모름지기 이 상소를 정원으로 하여금 특례로 등사하여 조지에 반포하라" 하였다(정조실록 35권, 정조 16년, 서기 1792년 5월 22일 2번째 기사).

⑥ 내각이 부사과 남공철(南公轍)의 함답(緘答)에 대하여 아뢰자, 임금이 비답하기를, "공함 발송에 관한 전교와 답통(答通)의 공초를 조지에 반포하여 많은 사람들이 다 보게 하라. … 문풍(文風)이란 세도와 관계되는 것이기에 남공철 한 사람으로 많은 선비들이 타산지석(他山之石)을 삼게 하고자 함이다"(정조실록 36권, 정조 16년, 서기 1792년 10월 25일 1번째 기사).

⑦ 행사직 이문원(李文源)의 상소에 대하여 임금이 비답하기를, "경의 아룀은 현재의 급선무라고 이를 만하니 대단히 옳은 말이다. 나라에 체통이 있는 것은 마치 사람에게 가법(家法)이 있는 것과 같으니, 예의 형식에 따른 작은 절차에 속하는 것이라고 말하지 말라. … 나라의 체통이 확립되면 조정이 존중되고 자신을 아끼는 선비들도 의당 배출되어 권면을 가하지 않더라도 앞으로 요순 시대와 같은 예양의 풍속이 일어나게 될 것이다. 경들은 모쪼록 나의 말을 진부한 이야기로 간주하지 말고 우선 이를 조지에 반시(頒示)하라"(정조실록 38권, 정조 17년, 서기 1793년 12월 1일 4번째 기사).

⑧ 비변사가 아뢰기를, "조적(糶糴)하는 법은 백성을 위해 만든 것으로서 모

곡(耗穀)을 취해 쓰는 것은 옛 법의 뜻에 어긋나는 일입니다. … 경외의 아문을 막론하고 모곡을 내다 팔 때에 혹시라도 예전의 잘못을 답습함으로써 스스로 중한 처벌을 받지 않도록 하라는 내용으로 제도(諸道)에 엄히 신칙토록 하소서" 하니, 임금이 비답하기를, "이 초기(草記)가 체례(體例)상으로 매우 타당함을 얻었으니 백성에게 무척 다행스러운 일이다. 먼저 경외에 엄히 신칙하라. 그리고 바로 조지에 반포함으로써 각각 이러한 법령을 잘 알고서 감히 범죄 행위를 저지르지 말도록 하라" 하였다(정조실록 52권, 정조 23년, 서기 1799년 11월 25일 2번째 기사).

이처럼 정조는 여러 가지 이유로 어떤 특정 사건을 조보에 내라고 명령했다. 그러나 신하가 그렇게 하라고 제안한 것을 거절한 사례도 눈에 띈다. 예컨대, 정조실록 54권, 정조 24년(1800) 6월 11일 1번째 기사를 보면, 헌납 오한원(吳翰源)이 상소하기를, "신은 삼가 5월 30일 연석에서 내리신 분부를 읽어 보니 끝없이 이어진 수많은 말씀이 간곡하고 진지하였으니 만물을 다스리고 우주를 굴리는 거룩하신 대성인의 지극한 사랑과 덕이 충분히 금석을 꿰뚫고 우매한 짐승까지도 감화시킬 만하였습니다. … 신의 견해로는, 이 연본(筵本) 한 통을 조지에 올려 팔방에 반포해 보여 집집마다 강명하고 외우며 마음속으로 기뻐하고 감복하게 함으로써 세도를 바루고 백성의 뜻을 통일시키는 방도로 삼는 것이 좋겠습니다" 하니, 임금이 비답하기를, "여러 재상들에게 회람시키고 삼사(三司)에 돌려 보여 줬으니 마음을 새롭게 가져 개혁을 하는 일이 그 어찌 연본을 다시 조지로 반포하는 데에 있겠는가"라면서 거절했다.

(2) '조보에 내지 말라'는 부정적 통제와 그 사유

위에서 보았듯이, 임금은 어떤 내용은 조보에 반포하도록 명령하기도 했다. 그러나 반대로 임금이 어떤 내용을 조보에 내지 못하도록 부정적 통제(negative control)를 가하기도 했다. 이러한 사례들을 정조실록에서 찾아보았더니, 다른 임금들과는 달리 정조 임금이 어떤 내용을 '조보에 내지 말라'고 직접 명령한 사례는 찾아볼 수 없었다. 그러나 어떤 내용을 조보에 게재하지 않은 것과 그 이유에 관한 기사들은 여러 건이 있었는데, 이들을 간략하게 소개하면 다음과 같다.

① 임금이 하교하기를, "대보단(大報壇)의 향사(享祀)에 대한 일을 조지에 기재하지 않은 것은 대개 이유가 있다. [이는] 당초 북원(北苑)에서 향사한 뜻에는 어긋나는 것이기 때문이니, 이 뒤로는 친행(親行)이나 섭행(攝行)을 막론하고 황단(皇壇)의 제향에 관한 서계(誓戒), 이의(肄儀), 망배례(望拜禮)를 모두 북원에서 거행하는 것을 기록하여 항식(恒式)으로 삼으라"(정조실록 7권, 정조 3년, 서기 1779년 2월 17일 2번째 기사).

② 차대(次對)에서 영의정 김치인(金致仁)이 아뢰기를, "엊그제 좌의정이 받은 엄중한 하교의 내용이 조지에 나오지 않아서 신은 자세히 알지 못합니다. 그러나 다만 대신에게 죄가 있으면 벌을 주고 배척해도 되는데 전하께서는 뚜렷하게 벌을 주거나 배척하지 않으신 채 대신으로 하여금 황급하여 어쩔 줄을 모르게 하여 거취를 마음대로 하지 못하게 하였으니, 예절로써 신하를 부리는 도리에 어긋났습니다" 하니, 임금이 말하기를, "경의 말이 또한 좋으므로 깊이 마음에 새기겠다"고 하였다(정조실록 22권, 정조 10년, 서기 1786년 11월 11일 1번째 기사).

③ 임금이 전교하기를, "갑진년(1784)의 전교는 중외에만 반포하고 조지에는 내지 않았으니, 그 집안 사람이 전교의 내용을 가지고 한 번 사례하는 것은 이상한 일이 아니다. 모든 사건을 뒤에 와서 새삼 제기하는 것이 될 법이나 한 말인가. 이후부터 병신년(정조 즉위년, 서기 1776년) 이전의 일을 다시 상소문에 언급한 것은 받아들이지 말고, 뿐만 아니라 [승정원에서] 계판(揭版)에 쓰기 전에 즉시 태워버리고 슬며시 보고하도록 하라" 하였다(정조실록 30권, 정조 14년, 서기 1790년 7월 11일 2번째 기사).

④ 임금이 조정 신하들에게 하유하였다. "지난 가을에 있은 금부(禁府) 당상의 일을 어찌 차마 말할 수 있겠는가. 자전(慈殿)을 빙자하는 데 구애를 받고 작은 일로 큰일을 그르칠까 염려하여 가까운 섬에 잠깐 귀양 보내는 것마저 떠나자마자 용서해 주고 말았다. … 그러나 이미 문적(文籍)으로 조지에 명백히 나타내 보이지 않았으니, 외정에서 어떻게 알 길이 있겠는가"(정조실록 31권, 정조 14년, 서기 1790년 11월 24일 2번째 기사).

⑤ 장령 정관휘(鄭觀輝)가 상소하기를, "신이 듣건대 세전의 상참(常參) 때 정승이 한유(韓鍮)의 일로 진달하여 윤허까지 받아서 입이 있는 자는 모두 전하고 귀가 있는 자는 모두 들었다고 합니다. 그런데 이제 이미 많은 날짜가

지나갔는데도 아직껏 조지에 반시하지 않아서 도리어 물정을 의혹하게 하고 있으니, 신의 생각에는 즉시 정원으로 하여금 조지에 내게 하는 것이 타당하다고 여깁니다" 하니, 상이 이르기를, "우상이 첫 연석에서 과연 한유의 일에 대하여 금오(金吾: 의금부의 별칭)의 문안을 없애 버리라는 청이 있어 그렇게 할 것을 윤허하였으나, 추후에 들으니 현재 있는 것이 없다기에 거조를 반포하지 말도록 한 것이 바로 이것이다"라고 하였다(정조실록 44권, 정조 20년, 서기 1796년 1월 5일 3번째 기사).

⑥ 봉조하 김종수(金鍾秀)가 사람들의 말이 망극하다는 이유로 의금부에서 석고대죄하고 명을 기다렸다. 이에 임금이 하교하기를, "사관(史官)이 돌아옴에 경의 부주(附奏)를 살펴보았다. 이 부주를 조지에 내어 보인다면 중외에서 보고 듣는 사람들이 놀라 의혹스러워하지 않을 수 있겠는가. 부주는 봉하여 돌려보낼 것이니, 경은 마음을 편히 갖고 아침을 기다려 사관과 함께 들어오도록 하라" 하였다(정조실록 45권, 정조 20년, 서기 1796년 7월 2일 6번째 기사).

⑦ 임금이 우의정 윤시동(尹蓍東), 내각 제학 심환지(沈煥之)를 불러 만나 보았다. "경들은 어찌 감히 이 전교를 굳이 어겨 형정(刑政)의 조화가 경들로 인해 막히고 가리게 해서야 되겠는가. 지금 이미 밝게 유시하였으니, 이를 조지에 내지 않더라도 대신과 여러 신하들로 하여금 잘 알게 하라"(정조실록 45권, 정조 20년, 서기 1796년 7월 3일 2번째 기사).

⑧ 이택징(李澤徵)이 두 번째 상소하기를, "각신(閣臣: 규장각 관원)이 입대하는 예절을 가지고 말하더라도 신은 단지 그 내용을 조보에 내지 않는 것은 예모(禮貌)에 방해가 있어서인가 의아해서 한 말일 뿐입니다"(정조실록 13권, 정조 6년, 서기 1782년 5월 27일 2번째 기사).

위와 같은 실록 기사들을 보면, 임금이 의도적으로 조보에 반포하지 않은 내용들도 적지 않았다. 그런가 하면, 어떤 문건을 발표할 때는 내용의 일부를 지우기도 했던 것 같다. 예컨대, 정조실록 46권, 정조 21년(1797) 4월 23일 4번째 기사를 보면, 역적 이명연(李明淵)의 공초 가운데 홍가(洪家)에 관계되는 모든 구절을 지우고 조보에 낸 것에 대하여 임금이 하교하기를, "이는 그 사람을 온전한 사람으로 만들어 주려는 본의(本意)와 그 집만은 온전하게 보전하려는 고심이 아울러 행해지게 하려던 것이다. 나의 그 집안을 위한 마음이 어찌 그 집안만을 위해서이겠는가. 충신(忠信)과 독경(篤敬)이 항상 앞에 있는 것처럼 행동하면 짐작해 결정하는 권도(權度)가 저절로 있게 된다. 그가 태연하게 운운한 것은 낱낱이 따질 것도 없으니 일체를 자연에 맡겨 둔다면 흔들어 대든 가지고 놀든 나와는 전연 상관이 없는 것이다. 그의 집안은 국가의 척완(戚畹)이니 엄중히 타일러 직임에 이바지하도록 하라"고 하였다고 기록되어 있다.

(3) 조보 내용의 누락, 변경 등에 대한 문책

위에서 살펴보았듯이, 임금은 어떤 내용은 조보에 반포하도록 명령하고, 또 어떤 내용은 조보에 내지 못하도록 하기도 했다. 그리고 조보 담당자들이 조보에 내야 할 것을 내지 않거나, 또는 어떤 내용을 임의로 조보에 낼 경우는 처벌을 받았다. 이러한 사례는 정조실록에도 여러 건이 나와 있다. 우선 정조실록 21권, 정조 10년(1786) 6월 1일 2번째 기사를 보면, "전(前) 장령 어석령(魚錫齡)이 상소하기를, '의관(醫官)은 진어(進御)하는 약을, 비록 강계다음(薑桂茶飮)일지라도 반드시 조보에 실어야 하는데, 10일부터 그 다음날까지 약 이름을 하나도 쓰지 않았다가 양사(兩司)의 차자가 나온 뒤에야 비로소 삼(蔘)과 부자(附子)를 거듭 썼다는 것을 알았습니다. 이는 필시 그들도 삼과 부자는 절대로 부당하다는 것을 알고는 일부러 이처럼 숨기려고 꾀한 것입니다. 의관을 추고하소서' 하니 임금이 윤허했다"고 한다.

또한 정조실록 44권, 정조 20년(1796) 4월 17일 1번째 기사를 보면, 승지 신기(申耆)가 대신(大臣)의 거조를 조보에 게재하지 않은 일이 문제가 되자, 신기가 변명하기를, "비답을 고치기 전에는 주상이 보는 조보일지라도 써넣지 못하는데 어떻게 조보에 반포할 수 있겠습니까." 했으나, 임금이 이르기를, "이것이 어찌 지금에 와서 제기할 일이겠는가. [신기를] 엄중하게 추고하라"고 했다고 기록되어 있다.

그런가 하면, 계사(啓辭)의 일정 부분을 지운 것을 그대로 조보에 냈다고 해서 담당자를 처벌하기도 했다. 예컨대, 정조실록 36권, 정조 16년(1792) 10월 22일 4번째 기사를 보면, 임금이 전교하기를, "일전의 합계에 몇 구절을 지워 뭉갠 일이 있었는데, 이것이 그대로 각 관아의 조지에 실려 있지 않은 곳이 없었고, 먹으로 약간 지워져 있었다고 처음 들었다. 비록 승선(承宣)이 그렇게 하도록 한 것은 아니겠으나 뒷날의 폐단이 될까 싶어 너무 놀랍다. 들으니 대청(臺廳)에서 본 초안을 등초하여 내주다 그리되었다고 하니 해당 대신(臺臣)은 파직시키고 하리(下吏)는 유사로 하여금 법에 비추어 귀양 보내게 하여 훗날의 징계가 되게 하라"고 했다고 기록되어 있다.

한편 확정되지 않은 사실을 조보에 내도 담당자를 처벌했다. 예컨대, 정조실록 41권, 정조 18년(1794) 9월 5일 5번째 기사를 보면, "우의정 이병모(李秉模)가 아뢰기를, '삼사의 합계는 사체가 엄중한데 지난번 빈대할 때에는 김종수(金鍾秀)의 일에 대해서 애초에 거론도 하지 않다가 갑자기 연석에서 물러간 뒤에 우선 정계한다는 글을 내어 조지에 싣기까지 하였습니다. 해당 대신을 파직시키소서' 하니, 임금이 하교하기를, '경의 말이 사체에 맞으니, 그대로 하라'"고 했다고 한다.

(4) 조보의 내용을 위조한 사건도 발생

비록 관원이 그런 것은 아니었지만, 조보를 위조한 사건들도 있었다. 정조실록 3권, 정조 1년(1777) 5월 10일 4번째 기사를 보면, 장령 정우순(鄭宇淳)이 상소하기를, "지난번 윤음(綸音)을 위조한 것은 이미 전에 없었던 변괴인데, 양산군(梁山郡)에서는 또 조보를 위조한 옥사(獄事)가 발생했습니다. 처음 서류(庶類)들의 엿보는 마음에서 인연된 것인데 결국에는 관직을 만들어 내어 성명을 나열하여 적어서 대낮에 관부(官府)에 방자하게 투시(投示)하였습니다만, 이미 4개월이 지나도록 아직도 구핵(究覈)하지 못하고 있으니, 영남의 도신(道臣)은 종중추고(從重推考)하고, 모의하여 위조한 수범(首犯)은 율(律)에 의하여 무겁게 감죄(勘罪)하는 것이 의당하겠습니다"라고 했다는 내용이 나온다. 이와 같은 내용의 상소는 경상관찰사 이연상(李衍祥)도 올렸는데, 그 내용을 소개해 보면 아래와 같다.

> 정월 보름쯤에 양산에 사는 서류 한 사람이 본군(本郡)에 소지(小紙)를 올리면서 말하기를 "이것은 조보를 등서하여 온 것이다" 했습니다만, 그 내용이 황탄스러운 데 관계된 것이었으므로 군수 최민(崔敏)이 이를 소매에 넣어 가지고 와서 신에게 보였는데 한 장에 기록한 것이 상하 양관(兩款)으로 되어 있었습니다. 상관 가운데도 또한 2단(段)으로 되어 있었는데, 그 1단은 곧 병신년(정조 즉위년, 1776년) 6월 20일 전랑(銓郎)을 복구할 때에 내린 전교였습니다. 이 일은 본디 그들과 아무런 관계가 없는 것인데 지금 이것을 등서하여 바친 그 의도를 헤아릴 수 없었습니다. 또 1단은 첫머리에 '전왈'(傳曰)이라는 두 글자를 쓰고 서북과 영남 사람을 조용(調用)하라는 것을 내용으로 하고 있는데, 이는 조지에서 보지 못했던 바입니다. 하관(下款)은 추조보(追朝報)라고 썼고, 아

무개가 아무 벼슬을 했다는 것을 열거하여 기록했는데 이른바 아무개라는 사람은 서류로서 문관이 된 사람의 이름이었고, 아무 벼슬이라는 것은 청현직(淸顯職)과 화요직(華要職)의 관함이었습니다. 그런데 만들어 낸 인명도 있고 잘못 일컬은 관함도 있었으니, 관계된 것이 비록 가볍지는 않았으나 어의(語意)에 전혀 줏대가 없었습니다. 그 설계의 요점은 오로지 광혹시키고 공갈하여 향교와 서원의 향임(鄕任), 당임(堂任)을 도모하려는 데에서 나온 것이었습니다…" 하니, 임금이 비답하기를, "본건의 일이 이미 이와 같으니 어찌 지나치게 인혐할 필요가 있겠는가?"라고 하였다(정조실록 3권, 정조 1년, 서기 1777년 5월 10일 5번째 기사).

이와 같이 조보 자체를 위조하기도 했지만, 임금의 윤음(綸音)을 위조하여 그것이 조보에 나온 것처럼 꾸민 사건도 있었다. 정조실록 2권, 정조 즉위년(1776) 12월 25일 1번째 기사를 보면, 전 장령 이평(李枰)이 상소하기를, "신의 이웃에 있는 사람이 충주, 여주에서 와서 신에게 묻기를, '일곱 조항의 윤음이 6, 7행에 불과한데 두고을 사이에 전하고 있다. 그런데 정말 이런 일이 있었는지 모르겠다'고 하기에, 신이 상세히 물어보았습니다. 그랬더니 원래 조지에 게재된 사륜(絲綸)이 아니었으며 한(漢)·당(唐) 중주(中主) 이하의 임금도 결코 말할 수 없는 것이었습니다. 신이 밤이 새도록 생각하여 보았는데, 이는 모두 불령(不逞)한 무리들이 보이지 않는 곳에 숨어서 서로 근거 없는 말로 선동하여 향곡(鄕曲)을 의혹과 혼란에 빠뜨려 기필코 나라에 흉화(凶禍)를 끼치고야 말려는 것이라고 여겨졌습니다. 삼가 바라건대 죄인을 체포하여 근원을 타파하고 속히 명명(明命)을 내려 팔도에 효유하게 하소서" 하였다. 이러한 상소를 받은 임금이 이평에게 입시(入侍)하라고 명하자, 이평이 입시하여 임금께 아뢰기를, "위조한 윤음이 매우 흉패(凶悖)스러웠기 때문에 1본(本)을 등서하여 가지고 왔습니다"라며 이를 바치자 그 내용을 본 임금은 아래와 같이 말했다.

아! 통분스럽다. 과인이 임어(臨御)한 지 1년도 지나지 않았는데 사방에 잘못 전해진 성문(聲聞)이 많다. 춘저(春邸)에 있을 때부터 근거 없이 비방하는 말에 관계된 것들이 한둘이 아니었는데 이는 역적들이 만들어 낸 것이다. 인심은 지극히 신령스런 것이니, 어찌 의혹이 풀리지 않을 리가 있겠는가? 지금 이 윤음을 위조한 거조는 참으로 이른바 "그럴듯한 방도로 속인 것이다"라고 할 수 있으니, 아! 팔방의 백성들이 어떻게 이 거조가 흉도들이 만들어 낸 것인 줄 알겠는가? 대저 흉도들의 계교는 지극히 공교하고도 참혹한 것이어서 한쪽으로는 사부(士夫)를 미혹시키고 한쪽으로는 군인을 선동하며 한쪽으로는 어리석은 백성들을 속임으로써 상하가 소란하고 중외의 인심이 이반되게 한 것이니, 그렇게 한 연후에야 비로소 망측한 계책을 행할 수 있기 때문인 것이다.

아! 무신년(영조 4년, 서기 1728년)과 을해년(영조 31년, 서기 1755년)의 역적은 참으로 천고에 없었던 역변인데, 혹 심유현(沈維賢)의 무망에 인하고 혹 역적 윤지(尹志)의 괘서에 인하기도 하였다. 그러나 곧바로 윤음을 위조한 것이 마치 조보에서 나온 것처럼 했다는 말은 듣지 못하였다. 그 내용에 은연중 아직 양암이 끝나지 않았기 때문에 우선 반시하지 않는다는 등의 말을 써서 목하(目下)가 믿을 수 있게 하는 단서를 만들었으니, 이른바 섬뜩하여 마음이 떨린다는 것은 그래도 헐한 데 속하는 말이다. 다행히 방운(邦運)이 장구함을 힘입어 죄인을 체포하였고 정국(庭鞫)에서 친문하여 맥락이 서로 연관된 것을 밝혔으니, 이로부터 간귀(奸宄)의 와굴(窩窟)이 타파될 수 있게 되었다. 그러나 먼 외방의 창생들은 내가 분명히 하유하지 않으면 또한 어떻게 깨달을 수 있겠는가? … 아! 나의 팔방의 백성들은 이 뒤로는 모든 조정의 정령에 대해 방백과 수령이 지휘하는 것이 아니면 혹시라도 동요되거나 와언(訛言)에 휩쓸림이 없이 각기 자신의 생업에 편안히 종사하여 안락한 삶을 누리기 바란다. 아! 과인은 결코 창생의 소망을 저버리지 않을 것이니, 그대들은 믿기 바란다(정조실록 2권, 정조 즉위년, 서기 1776년 12월 25일 1번째 기사).

위와 같이 임금의 윤음을 위조하여 그것이 조보에 나온 것처럼 꾸민 사건도 있었는데, 이러한 사건을 상소를 통해서 임금에게 고발한 전 장령 이평(李枰)은 "삼가 바라건대 [그] 죄인을 체포하여 근원을 타파하고 속히 명명(明命)을 내려 팔도에 효유하게 하소서"라고 청하였다. 그러나 그 죄인을 잡았는지, 만약 잡았다면 어떠한 처벌을 내렸는지에 관한 것은 정조실록에 나오지 않아서 알 수 없다.

5) 정조실록에 나타난 조보의 주요 기능

앞에서는 정조실록에 나오는 조보관계기사들을 통하여 당시 조보의 내용들을 추측해 보았다. 그렇다면 이와 같은 조보의 내용들은 독자들에게 어떤 구실을 했는가? 정조실록을 보면, 정조가 조보의 기능에 관하여 언급한 것들이 상당히 많이 나온다. 그렇다면 정조는 조보가 어떤 기능을 수행한다고 보았고, 실제로 그것을 국정에 어떻게 활용했을까?

(1) 국정, 형옥, 법령 등에 관한 반시(頒示)와 홍보 기능

첫째로 조보는 국정관계 소식이나 법령 따위를 관민들에게 널리 알려 주는 기능을 수행한다고 정조는 생각했다. 이는 그가 임금으로 즉위한 지 3개월 뒤인 1776년 6월 30일 내린 하교를 보아도 알 수 있다. 그는 하교하기를, "[역적 민항렬(閔恒烈)의 죄과에 관하여] 마땅히 다시 한번 유시하여 조정 신하들이 흉당들의 근저를 알게 하려고 했다. … 훤하게 유시를 내리기 전에는 여러 신하들이 어떻게 전말을 알 수 있겠는가? 민항렬에 대한 문목 1통을 우선 조지에 등포하여 중외에서 자세히 알도록 하라"(정조실록 1권, 정조 즉위년, 서기 1776년 6월 30일 1번째 기사)고 했다.

또한 정조실록 52권, 정조 23년(1799) 11월 25일 2번째 기사를 보면, 비변사가 조적법(糶糴法)에 관련하여 "경외의 아문을 막론하고 모곡을 내다 팔 때에 혹시라도 예전의 잘못을 답습함으로써 스스로 중한 처벌을 받지 않도록 하라는 내용으로 제도(諸道)에 엄히 신칙토록 하소서"라 주청하니, 임금이 비답하기를, "이 초기(草記)가 체례(體例)상으로 매우 타당함을 얻었으니 백성에게 무척 다행스러운 일이다. 먼저 경외에 엄히 신칙하라. 그리고 바로 조지에 반포함으로써 각각 이러한 법령을 잘 알고서 감히 범죄 행위를 저지르지 말도록 하라"고 했다고 한다.

그런가 하면, 1792년 대각(臺閣)이 부사과 남공철(南公轍)의 함답(緘答: 공문에 대한 회답)에 대해 아뢰자, 임금이 비답하기를, "대답의 내용이 비록 장황한 느낌이 드나 문체는 소품을 본뜨지는 않았다. 그냥 되돌려 주지 않고 그대로 판하(判下: 재가)한다"면서, "그에게는 그야말로 나무꾼이 벼슬아치가 되고 미천한 자가 높은 자리에 오르는 듯한 일대 좋은 소식이다. 공함 발송에 관한 전교와 답통(答通)의 공초를 조지에 반포하여 많은 사람들이 다 보게 하라. … 문풍(文風)이란 세도와 관계되는 것이기에 남공철 한 사람으로 많은 선비들이 타산지석(他山之石)을 삼게 하고자 함이다"(정조실록 36권, 정조 16년, 서기 1792년 10월 25일 1번째 기사)라고 그 이유를 설명했다. 이와 같은 실록 기사들로 미루어 볼 때, 정조는 형옥이나 행정에 관한 것 등을 많은 사람들에게 알리는 수단으로 조보를 활용했음을 알 수 있다.

(2) 백성의 효유(曉諭)와 계도(啓導) 기능

둘째로 정조는 조보의 또 하나의 주요 기능으로 효시와 효유 기능을 들었는데, 이는 조보를 통하여 백성들이 어떤 사실 등에 관한 것을 잘 알아듣도록 타이르는 것을 말한다. 이러한 조보의 기능은 정조실록 23권, 정조 11년(1787) 4월 4일 4번째 기사에 잘 나와 있는데, 전(前) 검열 이신호(李信祜)가 상언하기를, "갑진년(정조 8년, 서기 1784년) 가을에 조정의 막대한 경사로 인해 출륙(出陸)시키신 은전이 저의 아비에게 미쳤는데 본도(本道)에서 성상의 하교에 의하여 이미 배소(配所)를 정하여 공문을 보내 알렸습니다. 그런데 갑자기 이미 발송했던 공문을 환수하고 방계(防啓)하여 중지시켰습니다. … 성상의 은혜를 입어서 병든 아버지가 죽기 전에 가서 뵐 수 있기를 빕니다." 하니, 임금이 판하(判下)하기를, "역적의 족속이 아닌데도 부자(父子)가 서로 만나지 못하게 하는 것은 이미 나라의 금법이 아니다. 또 출륙시키지 않은 것과 감등(減等)하지 않은 것은 더욱 다름이 있으니 방송하도록 분부하라. 그리고 이러한 사실을 조지를 보는 사람들로 하여금 알도록 효유하라"고 명령했다고 기록되어 있다.

그러므로 이러한 실록 기사를 볼 때, 조보는 백성들에게 어떤 사실 등을 잘 알아듣도록 효유하는 기능을 수행했음을 알 수 있다. 이와 같은 조보의 기능에 대한 근거가 되는 또 하나의 실록 기사로는 정조실록 1권, 정조 즉위년(1776) 7월 23일 1번째 기사를 들 수 있다. 비록 이는 정조가 아니라, 우승지 이의익(李義翊)과 우부승지 김종수(金鍾秀)가 상소에서 한 말이기는 하지만, 이를 보면, 이의익과 김종수가 임금께 아뢰기를, "역적 심상운(沈翔雲)에 관한 결안(結案: 사형을 결정한 최종 판결문)이 일단 조지에 나간다면, 안의 백료(百僚)에서 밖의 팔역(八域)에 이르기까지 거의 모두 알지 못하던 바를 더욱 알게 되고 듣지 못하던 바를 더욱 듣게 되어, 천이(天彝)가 크게 밝아지고 백성들의 마음이 통쾌해지게 될 것입니다"라고 했다.

한편 헌납 오한원(吳翰源)은 상소하기를, "신은 삼가 5월 30일 연석(筵席)에서 내리신 상의 분부를 읽어 보니 끝없이 이어진 수많은 말씀이 간곡하고 진지하였으니 만물을 다스리고 우주를 굴리는 거룩하신 대성인의 지극한 사랑과 덕이 충분히 금석을 꿰뚫고 우매한 짐승까지도 감화시킬 만하였습니다"라면서, "이러한 말씀의 연본(筵本) 한 통을 조지에 올려 팔방에 반포해 보여 집집마다 강명하고 외우며 마음속으로 기뻐하고 감복하게 함으로써 세도를 바루고 백성의 뜻을 통일시키는 방도로 삼는 것이 좋겠습니다"라고 했다. 그러나 이러한 오한원의 상소에 대하여 임금은 비답하기를, "[그것을 이미] 여러 재상들에게 회람시키고 삼사(三司)에 돌려 보여 줬으니 마음을 새롭게 가져 개혁을 하는 일이 그 어찌 연본을 다시 조지로 반포하는 데에 있겠는가" 하면서 거절했다(정조실록 54권, 정조 24년, 서기 1800년 6월 11일 1번째 기사). 따라서 이를 볼 때, 백성을 효유하기 위한 임금의 전교는 조보에 반포했지만, 임금이 재상들과 언론을 담당한 사헌부, 사간원, 홍문관 등의 관료들에게 내리는 전교는 회람 등의 방법을 통해서도 알려 주었던 것 같다.

(3) 대세(大勢)의 올바른 인도와 권선징악 기능

셋째로 정조는 조보의 또 하나의 주요 기능으로 추향(趨向) 즉 대세(大勢)의 올바른 인도와 권선징악(勸善懲惡)의 기능을 언급했다. 이러한 언급은 정조실록 10권, 정조 4년(1780) 9월 20일 3번째 기사에서 찾아볼 수 있다. 이 기사를 보면, 좌의정 서명선(徐命善)이 임금께 아뢰기를, "김종수(金鍾秀)를 논핵한 것은… 혹시 이 사람을 뒤따라 다시 그런 짓을 하려는 자가 있을지도 모르니, 반드시 매우 엄하게 배척하여 의리는 없어질 수 없고, 제방은 무너뜨릴 수 없다는 것을 사람마다 알게 해야만 국가의 형세가 길이 굳건해지고 세도가 안정될 것이기 때문입니다"라고 하자, 임금이 말하기를, "경의 말에 실로 격동의 마음을 금할 수 없었다. 이것을 조지에 내어 한편으로는 추향을 바루게 하는 방도로 삼고, 한편으로는 권선징악의 뜻을 밝힌다는 것을 보이도록 하겠다"고 했다. 정조의 이러한 말로 미루어 볼 때, 그는 조보가 대세의 흐름을 올바로 인도하고, 백성들이 선을 좋아하고 악을 미워하도록 하는 기능을 수행한다고 보았음을 알 수 있다.

때문에 정조는 형옥(刑獄)에 관한 문제를 조보에서 다룰 때, 단순히 죄인의 죄만 조보에 싣지 말고, 권선징악적인 입장에서 왜 죄인을 처벌했는지 그 이유도 게재토록 했다. 이는 정조실록 1권, 정조 즉위년(1776) 7월 24일 1번째 기사를 보면 알 수 있는데, 정조는 역적 심상운(沈翔雲)의 국문에 참여했던 여러 당상(堂上)들을 파직하면서 이르기를, "무릇 결안에서 다섯 가지 조목의 죄안을 전부 기록하지 않았을 뿐만 아니라 재조(在朝)나 재야(在野)에서 조지를 보는 사람들로 하여금 심상운의 죄악이 이에 그치는 것처럼 알게 만들어 버린 것이다. 이것이 바로 위관(委官)들을 개탄스럽게 여기는 까닭이다"라고 그 이유를 설명했다.

(4) 그 밖에 조보의 여러 가지 주요 기능들

넷째로 정조는 조보가 간쟁(諫爭)의 단서 제공과 자유 토론의 장(場)을 마련해 주는 기능도 갖고 있다고 생각했다. 정조실록 10권, 정조 4년(1780) 8월 13일 1번째 기사를 보면, 임금이 청대(請對)한 여러 승지 및 삼사의 신하들과 의금부 당상을 불러 하교하기를, "가령 짐이 내린 전교가 참으로 간쟁할 만한 단서가 있다면 조지에 반포하여 안팎으로 하여금 모두 알게 해야만 가부 간에 저절로 대동(大同)의 논의가 있을 것이니, 감히 다시 번거로운 소란을 일삼지 말라"고 하였다. 바로 이러한 정조의 하교는 대단히 혁신적인 사상으로, 언론의 자유주의 이론(the Libertarian Theory of Press)의 핵심 개념인 '사상의 자유공개시장 원리'(the free market-place of ideas) 개념과 비슷하기 때문이다. 즉 '만약 임금이 내린 전교라고 할지라도 그에 간쟁할 만한 단서가 있으면, 그것을 조보에 반포하여 모두가 알게 해야만 가부(可否) 간에 대동의 논의가 있을 것'이라는 생각은 곧 '인간은 이성(理性)에 의하여 정사(正邪)와 선악(善惡)을 구별할 수 있으므로, 누구든지 말하고 싶은 것을 자유롭게 말하도록 허용하면, 자연히 진실되고 건전한 사상은 생존할 것이요, 불건전하고 허위적인 것은 자연히 소멸하게 된다'는 '사상의 자유공개시장 원리'와 아주 비슷하다.

다섯째로 정조는 조보가 관민들로 하여금 어떤 공사(公私) 문제 등에 관한 사리를 정확하게 분별토록 만들어 줄 수 있는 기능을 갖고 있다고 보았다. 정조실록 25권, 정조 12년(1788) 3월 27일 2번째 기사를 보면, 정조가 신하들에게 특별히 유시하기를, "조지를 보는 자들로 하여금 자취와 마음이 흑과 백처럼 전혀 다르다는 것을 분명히 알게 하여, 바야흐로 일어나는 의논을 막고 다투어 일어나는 칼날을 막아 자취와 마음을 헤아리게 하고자 한다"고 말했기 때문이다.

여섯째로 만약 조보를 통하여 인사 문제 등에 관하여 분명히 알리면, 유언비어를 봉쇄하거나 예방할 수 있다고 정조는 생각했다. 정조실록 22권, 정조 10년(1786) 12월 19일 3번째 기사를 보면, 영의정 김치인(金致仁)이 임금께 아뢰기를, "신이 엊그제 황당한 말에 대해 약간 말씀드렸습니다만 요사이 들으니, 여염의 선비들 사이에 이야기가 마구 떠돌아 와전이 와전으로 전해져서 기괴하고 두려운 말들이 갖가지로 나온다고 합니다"라고 하자, 임금이 비답하기를, "경(卿)이 아뢴 말을 듣고 매우 놀랐다. 이는 필시 경을 미워하는 자가 나와 정승 사이를 이간시키려고 한 일일 것이다. 그렇지 않다면 이번에 정승으로 거듭 간택된 것이 오랫동안 쉰 끝에 되었기 때문에 기대하는 마음이 도리어 분수에 지나쳐 이쪽을 훼방하여 저쪽을 칭찬하다가 저절로 뜻하지 않았던 곳까지 말하게 된 것일 것이니, '서리를 밟으면 굳은 얼음이 얼 때가 온다'는 경계를 깊이 생각해야겠다. 이 거행의 조목을 승정원에서 조지에 분명히 반포하여 안팎으로 하여금 잘 알게 함으로써 엿보는 간계를 뿌리지 못하게 하라"고 명령했기 때문이다.

일곱째로 조보의 기능을 하나만 더 들어 보면, 관리들에게 새로운 자세를 가다듬도록 촉구하는 기능이 있다고 정조는 여겼다. 정조실록 42권, 정조 19년(1795) 3월 11일 8번째 기사를 보면, 파주목사와 고양군수에 대한 임금의 처분에 항의해서 양사(兩司: 사헌부와 사간원)의 대신들이 사직시켜 달라고 임금에게 요청하자, 정조가 말하기를, "오늘날의 습속을 생각하면 밤중에 나도 모르게 벌떡 일어나곤 하는데 경들 몇 사람을 책망할 것이 뭐가 있겠는가. 사피(辭避)하지도 말고 물러가 물론(物論)을 기다리지도 말라. 지금 이후로는 자기 자신을 속이다가 다른 사람을 속이고 다른 사람을 속이다가 임금을 속이고 임금을 속이다가 자연히 하늘까지 속이고 있는 요즈음의 잘못된 풍조를 서로들 일깨워 주며 더욱더 닦아 나감으로써 괄목할 만한 효과가 있게 해야 할 것이다. 이 일을 경들부터 스스로 유념하는 동시에 중외에서 조지를 보는 자들로 하여금 새로 자세를 가다듬을 줄 알도록 하라"고 하였다. 따라서 이를 볼 때, 조보는 관리들에게 새로운 자세를 가다듬도록 촉구하는 데에도 쓰였음을 알 수 있다.

6) 정조실록 기사들을 통해 본 조보의 효과

앞에서는 정조실록에 나타난 조보의 주요 기능들에 관하여 살펴보았는데, 그렇다면 조보는 이러한 기능들을 실제로 얼마나 효과적으로 수행했는가? 간단히 말해서, 조보는 어떠한 효과가 얼마나 있었는가? 이와 같은 조보의 효과를 알아보기 위하여 정조실록에서 조보의 효과 내지 영향력에 관한 기사들을 찾아보았다. 그 결과, '조지가 한번 반포되자 놀라고 분개해 하지 않는 사람이 없습니다', '조지가 일단 반포되자 사람들의 놀라움과 의혹은 점점 더해 갔었습니다', '조보로 전해진 것과 퍼진 것만을 가지고 말하더라도 그 놀라움은 연전의 일에 몇 갑절이나 됩니다' 등등 조보의 효과를 가늠해 볼 수 있는 내용을 담은 기사들이 6건 나왔는데, 이들을 간략하게 소개해 보면 아래와 같다.

① 우승지 이의익(李義翊)과 우부승지 김종수(金鍾秀)가 상소하기를, "역적 심상운(沈翔雲)에 관한 이번의 결안이 일단 조지에 나간다면, 안의 백료(百僚)에서 밖의 팔역(八域)에 이르기까지 거의 모두 알지 못하던 바를 더욱 알게 되고 듣지 못하던 바를 더욱 듣게 되어, 천이(天彝)가 크게 밝아지고 백성들의 마음이 통쾌해지게 될 것입니다"(정조실록 1권, 정조 즉위년, 서기 1776년 7월 23일 1번째 기사).

② 도승지 홍국영(洪國榮)이 아뢰기를, "장신(將臣)이 입시한 것이 조지에 나게 되면 외인들이 놀라 동요할 우려가 없지 않으니, 이 뒤로는 실직(實職)이나 군함(軍啣)으로 써서 반하(頒下)하는 것이 편리하겠습니다" 하니, 임금이 그대로 따랐다(정조실록 3권, 정조 1년, 서기 1777년 4월 5일 1번째 기사).

③ 정언 조진정(趙鎭井)이 상소하기를, "인한(麟漢), 정후겸(鄭厚謙), 항열(恒烈), 이재간(李在簡)의 일관된 흉계와 지해(趾海), 술해(述海), 상범(相範), 계능(啓能)의 온 집안으로 연결된 역모에 대해서는 이미 처벌의 조치를 취했으나 화란의 근본은 그대로 남아 있습니다. … 아, 이것이 무슨 말입니까. 만약 향안(鄕案: 지방 양반들의 명부)을 그대로 두고 장물(藏物)을 밝혀내지 않는다면 대익의 범죄는 과연 무슨 죄입니까. 조지가 한번 반포되자 놀라고 분개해하지 않는 사람이 없습니다"(정조실록 30권, 정조 14년, 서기 1790년 5월 12일 3번째 기사).

④ 부응교 이태형(李太亨) 등이 연명으로 차자를 올려 아뢰기를, "신 등이 삼가 듣건대 이번 조흘강(照訖講) 때 역적의 자식이 멋대로 [과거에] 응시하여 강을 통과했다 합니다. 아, 이 무슨 변괴입니까. 요즈음 국법이 너무 관대하고 기강이 점차 무너져 과거에 응시할 수 없는 저와 같은 자가 조금도 거리낌 없이 멋대로 과장(科場)에 들어오기까지 이르렀습니다. … 엄히 문초하여 실정을 알아낸 뒤에 죄에 걸맞은 율을 적용하고, 함부로 응시한 역적의 자식은 외딴섬에 멀리 유배하는 조치를 절대로 그만둘 수 없다고 봅니다" 하니, 임금이 비답하기를, "이른바 그와 같은 자라고 한 것은 누구를 말하는 것이고, 이른바 과거에 응시할 수 없는 자라고 한 것은 역시 누구를 말

하는 것인가? 이름 없는 사람에게 죄주기를 청한 것은 예전에도 없고 지금도 없는 일이니, 이 차자가 한번 조지에 나가면 너희에게 적지 않은 수치가 될 것이다. 너희들은 스스로 인책할 길을 생각하라"고 하였다(정조실록 33권, 정조 15년, 서기 1791년 8월 29일 3번째 기사).

⑤ 사간원이 아뢰기를, "지난번 승정원이 연명 상소를 올렸을 때 이의봉(李義鳳)이 허튼 수작을 부리면서 회피할 획책을 한 행동은 놀랍습니다. … 그는 사실 이상으로 상대를 찬양하고 타당치 않은 말을 인용하여 마치 아무런 탈이 없는 대신(大臣)이 평소에 정도를 수호하고 사특함을 물리치기에 힘쓰다가 조용한 틈을 타 사의를 고한 사람처럼 꾸몄으니 그 내용 자체가 이미 사실과는 틀리고 태도 역시 앞뒤를 재는 듯한 인상이어서 조지가 일단 반포되자 사람들의 놀라움과 의혹은 점점 더해 갔었습니다. 간삭(刊削)의 벌을 내리소서"(정조실록 36권, 정조 16년, 서기 1792년 10월 11일 5번째 기사).

⑥ 우의정 이병모(李秉模)가 또 아뢰기를, "신이 이미 정치의 근원을 밝히고 하교를 신중히 하는 것이 금지령을 거두어들이는 근본이 된다고 하였으므로 금지령을 거두어들이는 일만을 가지고 전하를 위하여 다시 진술하겠습니다. 지난날의 일을 이제 와서 어찌 차마 말할 수 있겠습니까마는, 신이 멀리 지방관으로 나가 있어서 한두 가지도 자세히는 알지 못하나, 조보로 전해진 것과 퍼진 것만을 가지고 말하더라도 그 놀라움은 연전의 일에 몇 갑절이나 됩니다"(정조실록 40권, 정조 18년, 서기 1794년 5월 25일 2번째 기사).

위와 같은 내용들로 미루어 볼 때, 조보의 효과는 상당히 컸던 것 같은데, 그 주요 이유의 하나는 당시 조선 사회에는 조보가 유일무이의 뉴스 매체였기 때문이다. 그러므로 비록 조보의 발행 부수는 많지 않았으나, 하나의 조보를 여러 사람이 회람함으로써 그 효과가 발행 부수의 몇 배가 되었다고 볼 수 있다. 심지어는 역적모의자들도 조정의 동향을 알기 위하여 조보를 구해서 열심히 읽었던 것 같다. 정조실록 2권, 정조 즉위년(1776) 11월 16일 1번째 기사를 보면, 임금이 하교하기를, "윤양후(尹養厚)의 집에서 나온 문서에 의거하여 살펴보면 조지의 연락과 서찰의 왕래가 이처럼 빈번하였고 이처럼 무난하였는데, 윤양후의 요역(妖逆)으로 감히 죄안을 뒤집기 위해 스스로 해명할 계책을 품었다. 천극(荐棘)이 얼마나 엄밀한 일이고 또 더구나 지은 죄범이 얼마나 흉악한 것인가?"라고 했다고 기록되어 있다.

7) 조보의 존속 실태에 관한 기타 사항들

지금까지 정조실록에 나타난 모두 33건의 조보관계기사들을 중심으로 당시 조보의 내용, 기능, 효과 등에 관하여 살펴보았다. 그런데 앞에서 살펴본 것 외에 정조는 조보의 인쇄 문제도 거론했고, 또한 조보의 발행을 담당한 승정원의 올바른 자세를 천명하기도 했다.

(1) 조보의 인쇄 문제에 관한 정조의 거론과 무산

인쇄술이 발명된 이후에도, 중국이나 서양의 여러 나라들과는 달리 유독 우리나라는 조보를 인쇄해서 발행하지 않았다. 그러자 정조는 1776년 3월 10일 즉위한 지 약 두 달 뒤, 승지에게 "조보를 주자(鑄字)로 인출하는 것이 어떻겠느냐?"고 거론했는데, 이에 관한 정조실록 1권, 정조 즉위년(1776) 5월 25일 5번째 기사를 소개해 보면 아래와 같다.

> 임금이 승지 유당(柳戇)을 소대(召對)하여 이르기를, "조보를 주자(鑄字)로 인출하는 것이 어떻겠느냐?" 하매, 유당이 아뢰기를, "선묘조(宣廟朝)에도 이러한 의논이 있었지만 과연 실행하지는 못하였습니다" 하니, 임금이 말하기를, "혹은 중국에 흘러들어 가게 될 것을 염려한 것이나, 옥루(屋漏)에서도 부끄러울 것이 없게 한다면 무슨 염려할 것이 있겠는가?" 하였다.
>
> 유당이 말하기를, "신(臣)이 구구하게 생각하고 있는 바가 있습니다. 연석(筵席)에서의 말은 진실로 마땅히 엄격하게 비밀로 해야 하지마는, 지난번 하교를 내리시면서부터는 부자간에 서로 전하지 않게 되었습니다. 신의 조카가 바야흐로 주서(注書)로 있는데도 감히 신에게 말을 전하지 아니하니, 숙질간은 부자간과 같은 것인데도 이토록 비밀로 하여 숨기고 있습니다. 승선(承宣)이 교대로 입시하는 것도 또한 감히 서로 전하지 않습니다마는, 연석에 나오셨을 때의 설화는 성명(聖明)께서 위에 계시는데 어찌 다른 염려가 있겠습니까? 혹시라도 충신과 비슷한 크게 간사한 무리가 있다가 성상의 총명을 가리거나 현혹하는 말을 아뢰었는데도 바깥에서는 막연하여 듣지 못하게 된다면, 이목(耳目)의 신하들도 논척할 수 없게 될 것이니, 어찌 민망스럽지 않겠습니까?" 하니, 임금이 말하기를, "아뢴 말이 진실로 옳다. 지난번 잘못 전하는 사고가

있었기 때문에 신칙하는 하교를 내렸을 뿐인데, 바깥사람들이 나의 뜻을 알지 못하고서 지나치게 두려워하고 조심하게 된 것이다. 부자간에도 서로 전하지 않는 것에 있어서는 지나치다" 하였다.

유당이 말하기를, "상하의 주고받는 말이 진실로 사람들의 마음에 맞게 된다면 바깥에 전파되는 것이 또한 어찌 안될 것이 있겠습니까? 일은 본말(本末)이 있는 법이니, 승지와 사간(司諫)을 극력 가려서 쓴다면 금단하지 않아도 자연히 엄격해지게 될 것입니다" 하니, 임금이 말하기를 "그 말이 매우 좋다" 하였다.

이와 같은 기사에서도 보듯이 조보의 인출 즉 인쇄해서 발행하는 문제는 선조 때에도 거론된 바 있다. 그러나 선조는 "만약 인쇄조보가 다른 나라에 유전(流轉)되면 이것은 나라의 잘못을 선전하는 것이다"라며 선조 11년(1578) 당시 민간인들이 인쇄해서 발행하던 소위 '민간인쇄조보'의 발행도 금지시킨 바 있다. 그 뒤 약 2백여 년 동안이나 조보의 인출 문제는 거론조차 되지 않았다가 정조가 즉위 직후 다시 거론한 것이다. 그러면서 조보를 인출하지 않은 것은 "혹은 중국에 흘러들어 가게 될 것을 염려한 것이나, 옥루(屋漏)에서도 부끄러울 것이 없게 한다면 무슨 염려할 것이 있겠는가?"라고 하였다. 그러나 승지 유당이 말하기를, "부자간에도 비밀을 지키는 것은 매우 어렵다"고 하자, 이후 정조는 조보의 인출 문제를 더 이상 거론하지 않았던 것 같다. 그 결과, 우리나라 조보는 대한제국 말에 소멸될 때까지 인쇄하지 않고 손으로 필사해서 발행되었다.

(2) 봉환, 복역에 관한 승정원의 적폐에 관한 정조의 질타

앞서 말했듯이 정조는 조보의 발행을 담당한 승정원의 올바른 자세를 천명하기도 하였다. 조선시대에 나라를 다스리는 기준이 된 최고의 법전인 성종 7년(1476)에 완성하여 성종 16년(1485)에 펴낸『경국대전』(經國大典)에 의하면, 승정원은 왕명의 출납을 관장하던 관청(오늘날 대통령비서실에 해당)으로, 도승지·좌승지·우승지·좌부승지·우부승지·동부승지 각 1인씩 모두 6인의 승지가 있었으며, 이들은 모두 정3품 당상관이었다. 이러한 승정원의 주요 임무 내지 기능은 왕명의 출납을 관장하는 것이었는데, 이는 임금의 명령(교서, 전교 등)을 신하와 백성들에게 내리는 한편, 신하와 백성들이 임금에게 올리는 온갖 상소와 보고 등을 취사선택해서 임금에게 바치는 일을 말한다.

그러므로 임금이 내리는 교서나 신하들이 임금에게 올리는 모든 상소나 문서들은 반드시 승정원을 거치게 됨으로써, 자연히 승정원은 많은 권력을 갖고 그 권력을 제멋대로 행사하기도 했다. 그러자 이러한 사실을 알고 있던 정조는 특히 신하들이 올리는 모든 상소나 보고들을 공정하게 처리하고, 그 결과를 숨김없이 조보에 반포하라고 명령하면서 당시 승정원의 누습적이고 안일한 태도에 관하여 아래와 같이 질타했다.

> 대각(臺閣: 사헌부와 사간원의 통칭)에 없는 곧은 절개가 어찌 유독 정원(政院)에만 있는가. 근래 정원의 이른바 복역(覆逆: 상주)이란 것은 단지 하나의 임금의 마음을 엿봄이며 영합하고 비방을 면하려 함일 뿐이다. 이는 이해(利害)가 마음속에 왕래하기 때문에 차라리 무엄한 죄를 범할지언정 개탄스러운 거조를 피하지 않는다. 일이 크거나 작거나 간에 왕명에 대한 모든 봉환(封還)과 복역이 모두 저들의 손에서 시작되어 저들의 입에서 나온다. 작은 일에도 한사코 봉환하고 큰일에도 한사코 복역하여 오직 자기가 반포했다는 혐의를 면하고자 하여 이런 잘못된 예(例)를 새로 만들어 내니, 만약 각별히 엄하게 신칙하지 않으면 그 폐단이 거의 제방이 무너지고 풀리는 것보다 심하게 될 것이다. 엿보고 살피는 것이 부족해서 영합까지 하고 영합도 부족하여 비방을 면하려 하는데, 이는 벗어나기를 도모하여 자기 한 몸만을 구분해서 처리하고자 하는 것을 교묘한 방법으로 삼는 것이다. 이런 버릇을 그치지 않는다면 그 조짐이 장차 임금을 뒷전으로 여기고 어버이를 버리는 데 이르고야 말 것이니, 제방이 완전히 무너져서 세도(世道)와 조정의 해가 되는 것과 비교하여 조금도 차이가 없다. 그런데 이것이 범연하게 볼 일인가. 이 전교를 정원 벽에 써 붙여 두고서 각자 항상 바라보아 유래하는 봉환, 복역의 아름다운 일이 훼손되는 데 이르지 않게 하고, 또 중외에 조지를 보는 자들로 하여금 함부로 추측하는 버릇을 끊어 버리게 하여, 한편으로는 옛 규칙을 보존하고 한편으로는 투박한 풍속을 바로잡으라(정조실록 25권, 정조 12년, 서기 1788년 6월 22일 3번째 기사).

이와 같은 정조의 하교에서 '봉환'(封還)이란 신하들의 상소나 보고 따위를 승정원에서 수리하지 않고 봉한 채로 그대로 돌려보내는 것을 말하며, '복역'(覆逆)이란 임금에게 보고하는 것을 말한다. 즉 이러한 업무를 승정원에서 공정하게 처리하지 않고, 자신들의 이해(利害)에 따라 어떤 것은 봉환하고 어떤 것은 복역하면서, 어떤 것은 조보에 반포하고 또 어떤 것은 반포하지 않았다는 것이다. 그러므로 승정원은 봉환, 복역의 아름다운 일이 훼손되지 않게 하고, 또 중외에 조지를 보는 자들로 하여금 함부로 추측하는 버릇을 끊어 버리게 하라는 것이 곧 정조의 명령이었다.

제13절

순조 시기(1800-1834) 조보의 존속 실태

앞서 제22대 임금 정조에 이어, 여기서는 제23대 임금인 순조 시기 조보의 존속 실태에 관하여 살펴보기로 하겠다. 그러나 그에 앞서 우선 순조와 순조실록에 관하여 간단히 살펴보고 넘어가기로 하자. 순조는 정조 14년(1790) 6월 18일 정조와 그의 후궁 수빈(綏嬪) 박(朴)씨 사이에서 둘째 아들로 태어났다. 정조의 정비 효의왕후(孝懿王后)가 후사를 잇지 못하자, 정조는 순조를 효의왕후의 아들로 삼게 하고 정조 24년(1800) 1월 그를 왕세자로 책봉했다. 그리고 그해 6월 28일 정조 임금이 갑자기 승하하자, 7월 4일 순조가 11세의 어린 나이로 조선의 제23대 임금으로 즉위했다.

1) 조선 제23대 임금 순조와 순조실록

이처럼 순조가 11세에 즉위하자, 영조의 계비 정순왕후(貞純王后)가 수렴청정을 하게 되었다. 그러다가 순조 3년(1803) 12월부터 정순왕후가 수렴청정을 거두고, 14세의 순조가 직접 국정을 관장하기 시작했으나 그의 정치력은 여전히 미약했다. 이러한 가운데, 순조 34년(1834) 11월 13일, 순조가 45세의 나이로 승하했다. 이후 실록청을 설치하고, 헌종 1년(1835) 5월 순조의 재위 기간인 1800년 7월부터 1834년 11월까지 34년 5개월 동안의 국정 전반에 대한 역사를 다룬 순조실록의 편찬을 시작했다. 그리하여 헌종 4년(1838) 윤4월 순조실록을 완성해서 인쇄한 뒤, 각 사고에 봉안하고, 시정기, 초초(初草), 중초(中草)를 세초(洗草)하였다.

순조실록의 원래 제목은 '순종대왕실록'이었는데, 이는 순조의 원묘호(原廟號)가 순종이었기 때문이다. 그러나 철종 8년(1857) 8월 묘호를 순조로 추존하면서 '순조실록'으로 개칭했다. 순조실록의 정식 명칭은 「순조연덕현도경인순희문안무정헌경성효대왕실록」(純祖淵德顯道景仁純禧文安武靖憲敬成孝大王實錄)이다. 순조실록은 총 34권(부록 2권 포함) 36책으로 구성되어 있으며, 활자로 인쇄하였다. 본문은 순조 재위 34년 5개월간의 역사를 연월일 순의 편년체로 기록했고, 부록은 왕의 행록(行錄), 시책문(諡冊文), 애책문(哀冊文), 비문(碑文), 지문(誌文), 시장(諡狀), 행장(行狀), 천릉비문(遷陵碑文), 천릉지문(遷陵誌文) 등을 모아서 수록한 것이다. 이러한 부록은 본래 1책이었으나, 고종 2년(1865) 윤5월 철종실록의 편찬 때 추가로 편찬해서 2책이 되었다.

2) 순조실록을 통해 본 조보의 존속 실태

순조 시기 조보의 존속 실태에 관하여 살펴보기 위하여 우선 순조실록에서 조보와 조지에 관한 기사들을 검색해 보았다. 그 결과, 조보에 관한 기사가 1건, 조지에 관한 기사가 9건이 나왔다. 따라서 이들 10건의 기사를 바탕으로 순조의 재위 기간에 조보의 존속 실태를 살펴보았다.

(1) 대왕대비는 한글판 조보도 보고, 관료들도 조보에서 각종 소식 접해

우선 순조실록 1권, 순조 즉위년(1800) 7월 20일 2번째 기사를 보면, 흥미로운 내용이 나온다. 이는 "대왕대비(大王大妃)가 조보나 소장(疏狀)과 차자(箚子)를 언서(諺書: 한글)로 등서하여 들여오게 하였다"는 것이다. 여기서 '대왕대비'는 순조가 11세에 즉위하자 수렴청정을 했던 영조의 계비 정순왕후를 말하는데, 다시 말해 정순왕후가 한문으로 흘려 썼던 조보를 언서 즉 한글로 다시 써서 바치게 했던 것이다. 따라서 이를 볼 때 순조 시기에는 '한글판 조보'가 대왕대비를 비롯하여 왕비, 비빈, 궁녀들 사이에서 회람되었음을 짐작해 볼 수 있다.

비록 한글판 조보였지만 대왕대비도 조보를 보았으며, 그 밖의 관료들도 조보를 보았다. 순조실록에서 조보를 보았다는 기사들을 찾아보면 3건이 나오는데, 이들 기사에서 조보를 보았다는 사람과, 이들이 보았다는 조보의 내용을 간단히 표로 정리해 보면 〈표 4-17〉과 같다.

〈표 4-17〉 순조실록에 나타난 '조보를 보았다'는 독자들과 그 내용의 개관

누가(독자) 언제·어디서	조보에서 무엇(내용)을 보았는가?	기사의 출처
① 정언 강시환(姜時煥)이 피혐(避嫌)하여 임금께 아뢰기를, 지난번 걸면(乞免)하는 장주에서 김한동(金翰東), 심규로(沈奎魯)의 당역(黨逆)의 죄를 약간 논핵하였습니다. 그런데 요사이 정목(政目)과 조지에 나온 것을 보니	김한동의 이름이 승선(承宣)의 망(望)에 그대로 있고, 심규로는 금방 도백(道伯)에서 파직하였다는 것을 들었는데 곧바로 군직(軍職)을 부여받았으니 제방이 엄정하지 못하고 법강이 완전히 없어진 것입니다.	순조실록 4권, 순조 2년(1802) 7월 1일 3번째 기사
② [북경(北京)에서] 돌아온 세 사신(使臣)을 임금이 소견하였다. 서용보(徐龍輔)가 아뢰기를, 신(臣)이 돌아오는 도중에서 조지를 보니	전후 내리신 윤음(綸音)이 비통하면서도 광명하고 광명하면서도 엄정하였습니다. 그 가운데 선왕(先王)이 지켜온 의리에 불급한 것도 이른바 용서 없이 죽여야 하고, 선왕이 지켜 온 의리에 지나치는 것도 이른바 용서 없이 죽여야 한다고 하는 하교는 더없이 흠앙하는 마음을 견딜 수 없었습니다.	순조실록 8권, 순조 6년(1806) 2월 7일 1번째 기사
③ 영부사 이시수(李時秀)를 성정각(誠正閣)에서 소견하였다. 임금이 말하기를, 그간 세변(世變)이 극심하였던 것을 이미 들어서 알고 있으리라고 생각이 되는데, 경의 소견은 어떠한가? 하니, 이시수가 말하기를, 난역(亂逆)을 예로부터 어찌 한정하겠습니까만, 저 김달순(金達淳) 같은 자는 일찍이 들어 본 적이 없습니다. 중로에 조지에 나온 것을 보았습니다만,	더할 수 없이 놀랍고 통분스러운 것이었습니다. 처분을 내리신 것을 보기에 이르러서는 선조(先朝)의 의리를 천명하고 선조의 지사(志事)를 계술하는 뜻이 일성(日星)처럼 환히 게시되어 있었으므로 신은 말할 수 없는 흠송(欽頌)스러움을 견딜 수 없었습니다. 그런데 삼사(三司)에서 안법(按法)하자는 요청을 아직도 이렇게 윤허하지 않고 계시니, 이는 많은 말을 할 것이 없는 것입니다.	순조실록 8권, 순조 6년(1806) 4월 1일 1번째 기사

우선 이들 기사에서 조보를 보았다는 사람을 보면, 정언 강시환, 북경(北京) 사신 서용보, 영부사 이시수로서 모두 고위관료들이었다. 다음으로 이들이 조보를 본 장소를 보면, 강사환은 어디서 보았는지 밝혀 놓지 않았으나, 서영보는 북경에서 돌아오는 도중에 보았고, 이시수는 궁궐 또는 한양으로 오는 중로(中路)에서 보았다고 한다. 따라서 이로 미루어 볼 때, 조보는 한양뿐 아니라 지방에서도 볼 수 있었던 것 같다. 그러면 이들은 조보에서 무엇 즉 어떤 내용을 보았는가?

강시환은 조보에서, 논핵당했던 김한동이 승선(承宣)의 후보자 명단에 그대로 있는 것과 금방 도백(道伯)에서 파직하였던 심규로가 곧바로 군직(軍職)을 부여받았다는 것을 보았다고 한다. 따라서 이로 미루어 볼 때 조보에는 관리들의 임명과 파면 등에 관한 인사 문제가 실렸음을 알 수 있다. 그리고 서용보는 조보에서 임금이 내린 윤음(綸音)을 보았고, 이시수는 난역 죄인에 대한 처벌 내용을 조보에서 보았다고

한다. 따라서 이로 미루어 볼 때, 조보에는 임금의 윤음도 실었고, 죄인들에 대한 처벌 내용도 실었음을 알 수 있다.

(2) 조보에는 죄인의 국문·유배 및 임금의 성교도 반포

조보에는 위와 같은 내용들 이외에 조정의 여러 가지 사항이나 일 등도 반포했다. 순조실록 2권, 순조 1년(1801) 2월 25일 1번째 기사를 보면, 역적이나 강상죄인(綱常罪人)에 대한 국문(鞫問) 내용도 조보에 반포한 것 같다. 이 기사에는 아래와 같이, "죄인[천주교도]이 지만(遲晩: 죄인이 벌을 받을 때 자복하면서, 너무 오래 속여 미안하다는 뜻으로 자기의 잘못을 고백하던 것)한 후에 물고(物故: 심문 중에 죄인이 죽음)된 것으로 조지에 반포해야 할 것입니다" 운운하는 내용이 나오기 때문이다.

> 임금이 시임대신(時任大臣), 원임대신(原任大臣), 금오당상(金吾堂上)을 소견하였다. 대왕대비(당시 수렴청정을 한 정순왕후)가 하교하기를, "국문(鞫問)의 일을 지체시키고 있으니, 진실로 민망스럽다" 하였다. 영부사 이병모(李秉模)가 말하기를, "이번의 옥사는 도당(徒黨)이 진실로 번다하여 경외에 있는 자들이 만천을 헤아릴 정도입니다. 당초에 성의(聖意)는 대체로 그들 가운데 우심한 자를 극형으로 다스려 풍성(風聲)이 미치는 바에 따라 한 사람을 징토하여 만 사람을 면려(勉勵)하는 도리에서 나왔으므로 신 등이 삼가 덕의(德義)를 본받아 단지 갇혀 있는 자들만 경중을 나누어 아뢰었습니다. 이가환(李家煥)은 그들 가운데 본래 문명이 드러났으니, 당초에 사학(邪學: 천주교)의 책자를 중국에서 가지고 왔을 때에 그가 만약 이를 짐독(鴆毒)과 같이 보고 사갈(蛇蝎)처럼 여겨 피하였더라면, 후생의 무리가 반드시 점차 물들어 그릇될 리가 없었을 것입니다. 그러나 그가 수창(首倡)한 것으로 말미암아 그 말이 점차 번지게 되어 경외에서 이를 붙좇아 따라 물이 하늘에 사무치고 불이 벌판에 번지듯이 화변(禍變)이 만연하였으니, 그 근본은 모두 그에게 돌아가는 것이었습니다. 그러나 미처 법을 적용하기 전에 귀신의 주벌(誅罰)이 먼저 가해졌으니, 마땅히 지만(遲晩)한 후에 물고(物故)된 것으로 조지에 반포해야 할 것입니다. 이승훈(李承薰)은 당초에 사서(邪書)를 구입해 가지고 와서 온 세상에 전하여 배포하였으니 인심이 함닉(陷溺)되고 세도(世道)가 어그러진 것은 진실로 그 근원을 추구해 보면 그가 작용(作俑)하지 않은 것이 없었습니다."

조보에는 또한 관료의 정배 사실도 반포했다. 순조실록 5권, 순조 3년(1803) 5월 27일 1번째 기사에는 중관(中官) 양대의(梁大宜)를 광양현(光陽縣)에 정배한 사실을 조지에 반포한 것에 대하여 영사 서용보(徐龍輔)가 차자(箚子: 간단한 서식의 상소문)를 임금에게 올려 논의한 내용이 나온다. 그러나 이를 보면 "이제 이를 사륜(絲綸: 임금의 명령을 적은 문서의 글)에 드러내고 조지에 반포한 것이 마치 성헌(成憲)과 구전(舊典)처럼 하였으니 일초(一初)의 다스림에 허물이 되고 말류(末流)의 폐단을 열어 놓게 되는 것은 이루 다 말할 수가 없습니다"라고 비판하고 있다.

그런가 하면, 조보에는 경연에서 임금이 내린 성교(聖敎)도 반포했다. 순조실록 8권, 순조 6년(1806) 2월 10일 4번째 기사를 보면, 부호군 신현(申絢)이 임금께 상소하여 아뢰기를, "신이 삼가 전(前) 영상 서매수(徐邁修)의 부주(附奏)를 살펴보건대, 갑자기 정월 초 6일의 연본(筵本)에 대한 일을 거론하여 '좌'(左) 자가 누락된 것이 기주관(記注官)의 착오인 것 같다고 하였습니다. 아! 이것이 무슨 말입니까? 기주관의 사체는 지극히 근엄한 것이고 당일의 연석에서 담화하는 것은 더욱 막중한 데 관계되는 것이기 때문에 신이 받은 성교를 주서(注書)에게 신칙시켜 상세히 기록하게 하였으며 신이 또 누차 교검(校檢)하였는데 연석에서 들은 것과 조금도 차이가 나거나 틀린 것이 없었습니다. 그렇기 때문에 원본(原本)을 그대로 봉입(捧入)했던 것이고 곧이어 특교(特敎)에 따라 조지에 반포하였던 것입니다. 그런데 지금 이 '좌'(左) 자가 누락되었다고 하는 것은 절대로 근리(近理)하지 않을 뿐만이 아닙니다" 운운하는 내용이 나온다.

이에 관련된 것은 이틀 뒤인 순조 6년(1806) 2월 12일 1번째 기사에도 나온다. 이를 보면 앞선 기사에서 문제가 된 것, 즉 연본(筵本)에서 '좌'(左) 자가 누락된 것에 대하여 승정원에서 하번한림(下番翰林) 정관수(鄭觀綏)에게 묻자, 그가 대답하기를 "이미 예람(睿覽)을 거쳤고 또 조지를 반하한 뒤에 어떻게 감히 첨가하거나 삭제할 수 있겠는가? 일기책에 이르러서는 소중한 것이 더욱 자별한데 어떻게 감히 마음대로 넣고 빼고 할 수가 있단 말인가?"라 했다고 한다. 그러자 서매수가 다시 말이 없이 일어나서 갔다는 내용이 나오는데, 이러한 기사들을 볼 때 경연에서 임금이 내린 성교(聖敎)도 조보에 반포했음을 알 수 있다.

(3) 조보의 영향력이 커서 임금의 홍보 수단으로도 활용

위와 같이 조보는 반포 수단으로 주로 사용되었지만, 또한 임금의 덕치(德治)에 대한 홍보 수단으로도 사용되었다. 이는 순조실록 21권, 순조 18년(1818) 8월 9일 1번째 기사를 보아도 알 수 있는데, 이 기사 내용의 일부를 소개해 보면 아래와 같다.

> 임금이 시임(時任), 원임(原任) 대신(大臣)과 각신(閣臣)을 불러 보았다. 우의정 남공철(南公轍)이 아뢰기를, "좋은 날 좋은 때에 전궁(殿宮)을 모시어 받들고 편안히 거처를 옮기니 여러 신하의 마음이 모두 절실히 기뻐하고 다행스럽게 여깁니다. 이 궁궐은 곧 영종(英宗: 영조를 말함) 때 오랜 기간에 걸쳐 잘 다스려 이룩된 터전입니다. 신은 비록 영종을 직접 섬기지는 못했지만 원래 벼슬하던 집안이므로 어릴 때부터 어른들에게 들은 바가 있습니다. 그때 보령(寶齡)이 벌써 팔순이 넘었는데도 정사에 부지런하여 한가한 때가 없었으며, 닭이 울 때를 한정하여 금문(禁門)을 열고 승정원의 공사(公事)는 밤 3경이 되어야 끝났다 합니다. 혹시 변경의 보고나 백성의 일로 시급한 것이 있으면 비록 잠을 잘 때라도 모두 아뢰어 들이도록 하고, 신하들을 불러 보시기를 하루에도 서너 번씩 하였으며, 조지에 기재되어 나오는 교서는 간곡하신 천백 마디 말씀이 모두 백성을 사랑하고 나라를 걱정하는 일이었습니다. 이때에는 대소(大小)의 신료(臣僚)들이 직무에 충실하여 분주하지 않은 자가 없었습니다."

이처럼 조보가 임금의 홍보 수단으로도 사용되었던 것은, 조보의 영향력이나 전파력이 그만큼 컸기 때문이었던 것 같다. 순조실록 15권, 순조 12년(1812) 2월 10일 5번째 기사를 보면, 순조 11년(1811) 12월 18일 홍경래가 평안도에서 반란을 일으켜서 10여 일 만에 청천강 이북 지역을 거의 장악하였을 때 영변(寧邊)에서 내응한 적 남윤강(南允剛)은 곧 남윤묵(南允默)의 얼제(孼弟)인데, 남윤묵의 아들이 그의 비장(裨將)이 되었으니, 당초 적변(賊變)이 일어났을 때 마땅히 정탐을 바꾸어야만 했을 것인데도 이미 능히 형찰(詗察)을 먼저 일삼지 못했고, 남윤강이 내응한 것 때문에 참살(斬殺)된 이후 적의 조카가 막비(幕裨)에 있는 것을 꺼림칙하게 생각하여 영변부의 치보(馳報)에 쓰인 명자(名字)를 급히 고쳐 남명강(南明剛)으로 장계 안에 써 넣었다고 한다. 그런데 "그것이 조지에 나옴에 미쳐서는 사람들의 말이 자자하여 놀라고 분통스러워하지 않음이 없었으니…" 운운하는 내용이 나온다. 따라서 이로 미루어 볼 때, 어떤 사실이 조보에 나면 그에 대한 독자들의 반응이 상당히 컸던 것 같다.

제14절

철종 시기(1849-1863) 조보의 존속 실태

위에서는 제23대 임금 순조 시기 조보의 존속 실태를 살펴보았다. 따라서 이번에는 조선 제24대 임금인 헌종(憲宗) 시기 조보의 존속 실태를 살펴볼 차례이다. 그러나 그 이유는 알 수 없으나, 헌종의 15년 동안(1834-1849)의 재위 기간의 역사를 다룬 헌종실록에 조보와 조지에 관한 기사들을 검색해 본 결과, 조보(조지 포함)에 관한 기사가 한 건도 나오지 않았다. 그러므로 헌종(憲宗) 시기 조보의 실태는 실록을 통해서는 알 수 없다. 따라서 여기서는 제25대 임금 철종(哲宗) 시기 조보의 존속 실태에 관하여 살펴보기로 하겠다.

1) 조선 제25대 임금 철종과 철종실록

철종은 순조 31년(1831)에 전계대원군(全溪大院君)의 서자로 한양에서 태어났는데, 이름은 이원범(李元範)이었다. 전계군의 일가는 끊임없이 크고 작은 역모에 연루되어 유배와 사면을 반복했는데, 헌종 10년(1844) 이원범은 가족과 함께 교동으로 유배되었다가 곧 강화로 옮겨져 아무런 교육도 받지 못하고 농사를 지으며 살고 있었다. 그런데 헌종 15년(1849) 6월 6일 헌종이 후사 없이 붕어하자, 순원왕후(純元王后: 제23대 임금 순조의 정비)는 영조의 유일한 혈손인 전계군의 아들 이원범을 왕위 계승자로 지명했다. 그리하여 이원범은 헌종이 죽은 지 이틀 만인 6월 8일에 갑자기 덕완군(德完君)에 봉해지고, 다음 날 창덕궁에서 조선의 제25대 임금 철종으로 즉위했다.

즉위 당시 철종의 나이는 19세였지만 친정을 하기에는 부족한 점이 많아서 순원왕후가 수렴청정을 했다. 즉위 3년 만인 철종 3년(1852)부터 친정을 시작했으나 독자적 정치력은 발휘하지 못하다가 재위 14년 만인 1863년 12월 8일 33세의 나이로 병사(病死)하고 말았다.

철종이 승하하자, 이듬해(1864) 4월 실록청을 설치하고 철종실록의 편찬을 시작했다. 그리고 고종 2년(1865) 윤5월 철종실록을 16일 출판하여, 각 사고(史庫)에 봉안하고 세초(洗草)하였다. 이렇게 출간한 철종실록은 1849년 6월부터 1863년 12월까지 철종의 재위 기간인 14년 7개월 동안의 국정 전반에 관한 역사를 기록한 것으로서 모두 16권(부록 1권) 9책의 인본(印本)인데, 부록에는 행록(行錄), 시책문(謚冊文), 애책문(哀冊文), 비문(碑文), 지문(誌文), 시장(謚狀), 행장(行狀)을 수록하였다. 이러한 철종실록의 정식 이름은 「철종희륜정극수덕순성문현무성헌인영효대왕실록」(哲宗熙倫正極粹德純聖文顯武成獻仁英孝大王實錄)인데, 현재 국사편찬위원회 홈페이지에 그 원문과 번역문이 공개되어 있다.

2) 철종실록을 통해 본 조보의 발행 실태

철종실록에서 조보와 조지에 관한 기사들을 검색해 본 결과, 조보에 관한 것은 1건도 나오지 않고, 조지에 관한 것은 3건이 나왔다. 그런데 이들 기사는 철종 즉위년(1849), 철종 5년(1854) 그리고 철종 8년(1857)에 각각 나온다. 따라서 이들을 볼 때 철종 시기에도 조지(조보)가 계속 발행되었음을 알 수 있다. 그렇다면 철종실록에 나오는 조지에 관한 기사의 내용은 무엇이었는가?

(1) 대왕대비의 한글 교지를 한문으로 번역해서 조보에 내다

우선 철종실록 1권, 철종 즉위년(1849) 6월 9일 2번째 기사를 보면, 철종의 수렴청정을 하던 대왕대비(大王大妃: 순원왕후)가 희정당(熙政堂)에서 시임(時任: 현임)과 원임(原任: 전임) 대신(大臣)들을 소견(召見)했는데, 대왕대비가 이르기를, "오늘(즉위날) 주상께서 대명(大命)을 받게 되었으니, 이는 종사(宗社)의 무궁한 복이라 하겠소. 그러나 주상에게는 시초가 되는데 군덕(君德)의 성취는 오직 강학(講學)이 있는바, 임금이 배우지 아니하면 어떻게 정사(政事)를 하겠소? 군신 상하가 한마음으로 힘써 기어코 덕성(德

性)을 보도(輔導: 도와서 올바른 곳으로 인도함)해야 하겠는데, 이 일을 깊이 여러 대신들에게 기대하는 바이오. 나는 여러 차례 상척(喪戚: 친척의 상)을 당하여 정신이 혼미(昏迷)한 터에 또 이러한 차마 보지 못할 일을 당하였으니 어떻게 강작(强作)하겠소만, 종사는 지극히 중하고 주상은 새로이 사위(嗣位: 임금의 자리를 이어받음)하게 되었으니, 또다시 경(卿) 등을 불러 포유(布諭: 나라에서 행할 일이나 임금의 지시를 백성에게 널리 알려 줌)하는 바이오. 이 뒤로 보도하는 책임은 오직 여러 대신들에게 있다고 여기오"라고 하였다.

그러자 여러 대신들이 차례로 아뢰었는데, 권돈인(權敦仁)은 아뢰기를, "언문교지(諺文敎旨)를 읽고 성충(聖衷)을 헤아려 보면 역시 면려하고 조심하여 치법과 모유(謨猷)는 탕(湯)임금의 반명(盤銘)에 있는 '날로 새로워지고 또 새로워진다'(日日新又日新)는 말보다 훨씬 더하시니, 신은 경축(慶祝) 만만(萬萬)함을 이기지 못하겠습니다" 하였으며, … 정원용(鄭元容)이 또 아뢰기를, "지금 내리신 언문교지를 승지더러 번역케 하여 1통은 어람(御覽)토록 올리게 하고 조지에도 반포하심이 좋을 듯합니다" 하니, 대왕대비가 이르기를 "그렇게 하라" 하였다. 이러한 기사로 미루어 보건대, 철종이 즉위하는 날 대왕대비인 순원왕후는 한글로 된 교지를 내렸으며, 이것을 승지로 하여금 한문(漢文)으로 번역해서 1통은 임금에게 올리고, 또 1통은 조보 담당자에게 주어서 조보에 냈음을 알 수 있다.

(2) 대계에 대한 임금의 비지와 문무관원 근무 성적도 조보에 게재

다음으로 철종실록에는 나오는 조지에 관한 두 번째 기사는 철종실록 6권, 철종 5년(1854) 12월 14일 1번째 기사이다. 이를 보면, 대계(臺啓) 즉 사헌부나 사간원의 대간들이 벼슬아치의 잘못을 임금에게 보고하던 글에 대한 임금의 비지(批旨)도 조보에 게재되었음을 알 수 있는데, 그 내용을 소개해 보면 아래와 같다.

> 성균관에서 아뢰기를, "거재유생(居齋儒生) 등이 권당(捲堂: 성균관 유생들이 국정에 불만이 있을 때 모두 단결하여 성균관을 나가는 것)하면서 소회(所懷)를 말하기를, '신(臣) 등이 일전에 조지를 접하여 대계(臺啓)에 대하여 내린 비지(批旨)를 보았는데, 조하망(曹夏望)의 일은 아뢴 대로 하라는 명이 있었습니다마는, 듣건대 전지(傳旨)가 내려지지 않은 것이 이제 5일이 되어 유사(攸司)의 거행이 더디어졌다고 하니, 국가의 정령을 위하여 지극히 근심하고 탄식하는 마음이

그지없습니다'라고 하였습니다" 하니, 임금이 하교하기를, "공자(孔子)의 학궁(學宮)에 처하여 공자(孔子)의 도(道)를 배우는 것은 장차 인군(人君)을 섬기려는 것이다. 전지(傳旨)를 궁중에 머물러 두는 것이 어찌 여러 유생의 간여할 바이겠느냐? 형정(刑政)은 조정의 일이고 대각(臺閣)이 가부를 가리는 것이거늘, 자신의 의견만을 내세우고 대체(大體)를 알지 못하니, 어떻게 인군을 섬기겠느냐? 깊이 개연(慨然)스러우니, 이러한 뜻으로 그들을 유시하여 즉시 성균관에 들어가도록 권고하라" 하였다.

철종실록에 마지막으로 나오는 조보에 관한 기사는 철종실록 9권, 철종 8년(1857) 1월 22일 1번째 기사인데, 이를 보면, "희정당(熙政堂)에서 차대(次對)를 행하였다. 좌의정 김도희(金道喜)가 임금께 아뢰기를, '전최(殿最)를 개탁(開坼)한 뒤에 병비(兵批)에서 품계(品階)를 올리고 내린 것을 조지에 반포하소서' 하니, 임금이 그대로 윤허하였다"고 한다. 이러한 기사에 나오는 단어의 뜻부터 우선 살펴보면, '차대'(次對)란 매월 여섯 차례 의정부당상, 대간, 옥당(玉堂: 홍문관 관원)들이 입시(入侍)하여 중요한 정무를 상주하는 일을 말한다. 그리고 '전최'(殿最)란 관리들의 근무 성적을 상하로 평정하던 법으로, 이는 상(上)이면 최(最), 하(下)면 전(殿)이라 한 데에서 나온 말이다. 경관(京官)은 각 관사의 당상관과 제조(提調)가, 외관(外官)은 관찰사가 매년 6월 15일과 12월 15일 두 차례에 걸쳐 등제(等第)를 매겨서 임금께 아뢰었다. 끝으로 '병비'(兵批)란 병조에서 무관을 골라 뽑는 일을 말한다. 따라서 위와 같은 내용의 기사를 볼 때, 조보에는 문무관리들의 근무 성적도 실었던 것 같다.

제15절

고종 시기(1863-1907) 조보의 존속 실태

앞서 말했듯이 조보는 고종 31년(1894)경에 사라지게 되었다. 그러면 여기서는 조선 제26대 임금 고종 시기에 조보의 존속 실태와 소멸 과정에 관하여 살펴보기로 하겠다. 고종은 철종 3년(1852) 7월 25일, 아버지 흥선군(興宣君: 뒤에 흥선대원군으로 추존) 이하응(李昰應)과 어머니 여흥부대부인(驪興府大夫人) 민씨(閔氏)의 둘째 아들로 한양의 정선방(貞善坊)에서 출생하였다. 선대 임금인 철종이 후사가 없이 1863년 12월 8일 재위 14년 만에 33세를 일기로 승하하자 제24대 임금 헌종의 어머니 신정왕후(神貞王后, 속칭 조대비)가 고종의 아버지 흥선군과 묵계하여 그의 둘째 아들 이명복으로 하여금 익종(翼宗: 헌종의 아버지)의 대통을 잇도록 지명하여 익성군(翼成君)에 봉하고, 관례를 거행하여 제26대 임금 고종으로 즉위하게 하였다.

1) 조선 제26대 임금 고종과 고종실록

고종이 12세의 어린 나이로 왕위에 오르자, 신정왕후(조대비)가 수렴청정을 하게 되었다. 그리고 고종의 아버지 흥선대원군이 조정에서 영향력을 행사하면서 조대비의 수렴청정을 도왔다. 그러다가 고종 3년(1866) 2월 조대비가 철렴(撤簾: 수렴청정을 거둠)을 선언하자 고종이 친정을 수행하게 되었다. 그러나 대정(大政)을 협찬하게 한다는 명분으로 실질적으로는 흥선대원군이 정권을 잡고 10년 동안이나 집정하게 되었다. 하지만 고종이 장성하여 직접 통치하고자 하는 의욕을 갖게 되면서 흥선대원군과 대립하게 되었다. 이러한 상황을 지켜보던 고종의 왕비 명성황후(明成皇后: 일명 민비, 1866년 9월 결혼)와 노대신들이 유림을 앞세워 흥선대원군의 하야를 주장하였고, 결국 고종 10년(1873) 11월, 고종이 직접 정치를 다스린다는 서무친재(庶務親裁)의 명을 내려 흥선대원군에게 주어졌던 권한을 환수하고 통치 대권을 장악했다.

(1) 고종의 즉위와 갑오개혁, 을사늑약 및 퇴위

이후 고종은 구미(歐美) 열강과도 조약을 맺는 등 적극적으로 개항 정책을 추진해 나갔다. 그러자 이러한 개화·개항 정책을 찬성하는 개화파와, 이를 반대하는 수구파 간의 알력이 생기게 되었다. 이러한 틈을 타서 일본이 정치적, 경제적으로 조선을 침투해 오자, 개화파와 수구파 간의 대립이 점차 첨예화되어, 결국 고종 19년(1882) 임오군란과 고종 21년(1884) 갑신정변까지 발생하였다. 그런가 하면 고종 31년(1894)에 일어난 동학농민운동은 청일 전쟁을 유발하였고, 이 전쟁에서 일본이 승리하자 친일파는 흥선대원군을 영입하여, 김홍집(金弘集) 등의 개화파가 혁신 내각을 조직해 개국 이래의 각종 제도를 바꾸는 갑오개혁을 1894년 7월 초부터 단행하였다.

1904년 2월 8일 러시아와 일본 간에 러일 전쟁이 발발했다. 이는 러시아제국과 일본제국이 한반도에서의 주도권을 쟁취하려는 무력 충돌이었다. 결국 러일 전쟁에서 승리한 일본은 1905년 9월 5일, 미국 뉴햄프셔주의 군항도시 포츠머스(Portsmouth)에서 러시아와의 강화조약을 체결했다. 그중 제1항은 "러시아제국은 한국에서 일본제국의 정치·경제·군사상의 우월권을 인정한다"였는데, 국제사회에서는 이를 러시아제국이 일본제국의 한국 식민지화에 대해 공인한 것으로 인식했다.

그러자 일본은 우리나라에 을사늑약(일명 을사보호조약)의 체결을 강요하였다. 이에 고종은 반대하였으나 을사오적의 친일 대신들에 의해 결국은 1905년 11월 17일 을사늑약이 체결되었다. 이에 따라 일제가 우리나라의 외교권을 박탈하고, 서울에 통감부를 설치하여 우리나라 국정에 전반적으로 간여하기 시작했다. 그러자 고종은 이 문제를 국제정치 마당에 호소하고자, 1907년 6월 네덜란드 헤이그에서 개최되는 제2차 만국평화회의에 특사 이상설(李相卨), 이준(李儁), 이위종(李瑋鍾)을 몰래 파견하여 국권 회복을 기도했다. 그러나 이는 일본의 방해로 실패하고 말았으며, 이 사건을 빌미로 일본은 고종에게 퇴위하도록 협박했다. 결국 고종은 재위 44년 만에 황태자(순종)에게 양위(讓位)한 뒤, 태황제(太皇帝)의 칭호를 받고 덕수궁에서 말년을 보냈다.

(2) 고종실록의 편찬과 그 내용의 구성 체재

1910년 8월 29일 일제가 대한제국을 무력으로 합방하자, 고종은 이태왕(李太王)으로 불리다가 1919년 1월 21일 승하하였다. 고종 이전에는 임금이 승하하면 곧 실록청을 설치하여 그의 실록을 편찬했지만, 나라를 잃은 고종의 실록을 편찬해 줄 기관이나 관원들은 없었다. 그리하여 고종이 승하한 뒤 8년이 지날 때까지 고종실록은 나올 수 없었다. 그러다가 1927년 초에야 이왕직(李王職)에서 고종실록의 편찬 계획을 세우게 되었는데, 이왕직이란 일제강점기에 이왕가(李王家)와 관련된 사무 일체를 담당하던 기구로, 조선총독부가 아닌 일본의 궁내성(宮內省)에 소속된 기구였다.

이러한 이왕직에서 1927년 4월, 역대 임금들의 실록의 예에 따라 고종과 순종의 실록을 편찬하기로 하였다. 그리고 편찬위원회의 초대위원장은 당시 이왕직 차관이었던 일본인 시노타 지사쿠(條田治策)가 맡았다. 그러나 그가 곧 장관으로 영전하자, 이왕직에서는 부위원장 직제를 신설하고, 당시 이왕직 예식과장(禮式課長)이던 이항구(李恒九)를 차관으로 승격시켰다. 그리고 그에게 부위원장직을 맡겨 실록 편찬의 책임을 지도록 하였다. 하지만 실제적인 총책임자는 1930년 4월 감수위원으로 임명된 경성제국대학 교수이던 일본인 오다 쇼고(小田省吾)가 맡았다. 그렇게 실록 편찬을 위한 편찬실을 설치하고, 고종실록의 편찬 작업을 시작했다.

편찬위원들은 우선 실록의 기술, 체재, 편책은 역대 실록, 특히 철종실록의 예에 따른다는 원칙을 세웠다. 그리고 실록 편찬에 필요한 자료의 수집과 등사가 끝나자 1930년 4월부터 고종실록의 찬술 작업에 착수하였다. 편찬위원은 모두 한국인으로 서상훈(徐相勛), 남규희(南奎熙), 이명상(李明翔), 조경구(趙經九), 홍종한(洪鍾瀚), 권순구(權純九)였다. 이들은 5년 동안에 고종 임금의 재위 45년(1863-1907)간의 역사를 역대 조선왕조실록의 체재에 준하여 편년체로 찬술하였다. 그리하여 1934년 6월 편찬 작업을 모두 마치고, 1935년 3월 고종실록을 간행했다. 분량은 모두 52권 52책이었는데, 이들 중 48권 48책은 편년 기사이고, 4권 4책은 목록이다.

이러한 고종실록의 원명은 「고종태황제실록」(高宗太皇帝實錄)인데, 이것이 일제강점기에 일본인의 간여 아래 편찬되었기 때문에 '조선왕조실록'의 일부분으로 인정하지 않는 견해도 많다. 또한 실록의 내용도 개항 이전까지는 비교적 원사료에 충실하나 이후의 기사는 매우 간략하였다. 그러나 각국과의 여러 약장, 관제의 개폐, 관직의 차제(差除), 각사각영(各司各營)의 회계부, 폐단과 질고, 재변(災變), 진대(賑貸) 등에 대한 기사는 충실하였다. 또한 갑오개혁 이후의 조서, 칙령, 법률, 각령(閣令),

부령(部令) 등을 거의 망라하고 있어, 우리나라 근대사 연구에 있어서 주요 사료로 활용되고 있다.

2) 조보를 조정의 공보매체로 적극 활용

위와 같이 다난했던 고종 시기에 조보의 실태를 살펴보기 위하여, 국사편찬위원회 홈페이지에 공개되어 있는 고종실록에서 조보와 조지에 관한 기사들을 검색해 본 결과, 조보에 관한 것은 9건이 나왔고, 조지에 관한 것은 32건이 나왔다. 그러나 조보에 관한 9건의 기사들 중, 2건은 신문현상으로서의 조보에 관한 것이 아니었다.[8] 그러므로 이들 2개의 기사를 제외하면, 실제로 조보에 관한 기사는 7건이었다. 그리고 조지에 관한 기사는 32건이었는데, 이를 볼 때 고종 시기에는 '조보'를 '조지'라고 많이 불렀던 같다. 그러나 여기서는 '조지'도 '조보'라고 부르기로 하고, 고종실록에 나타나 있는 모두 39건의 조보관계기사들을 바탕으로 고종 시기 조보의 존속 실태를 살펴보기로 하겠다.

(1) '조보에 반포하라'는 기사가 전체의 51%에 달해

고종실록에 나타나 있는 모두 39건의 조보관계기사들을 보면, 고종 1년(1864) 2월 15일부터 시작해서 고종 41년(1904) 7월 15일까지 40년 동안이나 '조보' 또는 '조지'라는 단어가 나오고 있다. 따라서 이를 볼 때 조보는 고종 시기에도 최소한 고종 41년(1904)까지는 존속했다고 볼 수 있다. 비록 1883년에 우리나라 최초의 근대신문인 「한성순보」가 창간되었고, 1894년에는 신식 관보가 발행되기 시작했지만, 이들과 관계없이 조보는 1904년, 그러니까 일본의 강요에 의한 을사늑약이 체결되기 전해

8 이들 중 하나는 고종실록 1권, 고종 1년(1864) 1월 12일 5번째 기사에 나오는 "충주목사 정순조(鄭順朝)의 말(牧使鄭順朝報辭)"이라는 문구에서 나온 '조보'이다. 또 하나는 고종실록 24권, 고종 24년(1887) 윤4월 19일 3번째 기사에 나오는 "죄인 신기선(申箕善)이 진술하기를, '새벽이 되어 집에 돌아와 아침밥을 먹을 때 조보(朝報)를 들으니 저를 승지로 임명하였다고 하였습니다'" 운운한 것에서 등장한 '조보'인데, 이는 신문현상으로서 조보를 말하는 것이 아니라 '조정의 소식'을 뜻하는 것이라고 볼 수 있다.

까지 계속 발행되었던 것 같다.

특히 고종 시기에는 조보가 조정의 공보매체로 적극 활용되었다. 고종실록에 실려 있는 조보관계기사들을 보면, 예컨대 신정왕후(조대비)가 전교하기를 "이번 연석(筵席)에서 한 말을 조지에 반포할 것을 명하였다", 김병학이 아뢰기를, "이 연석에서 한 이야기를 조지에 반포하는 것이 좋을 듯합니다" 하니, 임금이 윤허하였다, 임금이 하교하기를, "이 계사(啓辭)를 조보에 올려서 반포하여 각자 사실을 자세히 알도록 하라" 하였다는 등의 기사가 무려 20건으로 전체(39건)의 51%를 차지하였다.

이처럼 임금이 '조보에 내라'고 직접 명령하거나 또는 신하가 임금에게 '어떤 사실을 조보에 내는 것이 어떻겠느냐'고 아뢰면 '그렇게 하라'고 한 기사들을 그 내용의 유형별로 분류해서 간략하게 소개하면 〈표 4-18〉과 같다. 이에서 보듯이 경연(經筵)에서 임금과 신하들이 나눈 이야기를 조보에 발표하라는 명령이 모두 16건으로서 가장 많으며, 다음은 임금(조대비 포함)의 전교 내용을 조보에 발표하라는 것이 2건, 나머지는 "계사(啓辭)를 조보에 발표하라"는 것과 "입계좌목(入啓座目)을 조지에 반포하는 것을 정식(定式)으로 삼으라"는 것이 각각 1건씩이었다.

〈표 4-18〉 '조보에 내라'는 고종(조대비 포함)의 하교와 그 내용

내용의 유형	관계 기사
전교 내용 (2건)	① 임금이 전교하기를, "이 전교를 조지에 반포해서 방백과 수령이 모두 알게 하라" 하였다(고종실록 1권, 고종 1년, 서기 1864년 9월 8일 1번째 기사). ② 임금이 경무대(景武臺)에 나아가 왕세자가 시좌(侍座)한 상태에서 영의정 심순택(沈舜澤)이 아뢰기를, "지금 수많은 일들 가운데서 춘궁을 보익하는 일보다 먼저 할 것이 없으니, 동궁의 신료를 극선(極選)과 청현으로 하시겠다는 성상의 하교는 참으로 지당합니다. 이 일을 조지에 내게 되면 누가 칭송하고 공경하지 않겠습니까?" 하였다(고종실록 22권, 고종 22년, 서기 1885년 5월 27일 1번째 기사).
경연 내용 (16건)	① 대왕대비(조대비)가 전교하기를 "이번 연석(筵席)에서 한 말을 조지에 반포할 것을 명하였다"(고종실록 1권, 고종 1년, 서기 1864년 2월 15일 4번째 기사). ② 임금이 하교하기를, "오늘 경연에서 나온 이야기들을 조지에 반포하도록 하라" 하였다(고종실록 2권, 고종 2년, 서기 1865년 5월 4일 1번째 기사). ③ 임금이 하교하기를, "오늘 이 경연 석상에서의 내용을 조지에 반포하라"(고종실록 7권, 고종 7년, 서기 1870년 8월 25일 2번째 기사). ④ 임금이 하교하기를, "오늘 연석에서 이야기된 것을 조지에 반포하는 것이 좋겠다" 하였다(고종실록 7권, 고종 7년, 서기 1870년 11월 17일 1번째 기사). ⑤ 임금이 하교하기를, "오늘 경연에서 한 이야기를 조지에 낼 것이다" 하였다(고종실록 8권, 고종 8년, 서기 1871년 4월 25일 1번째 기사).

〈표 4-18〉 '조보에 내라'는 고종(조대비 포함)의 하교와 그 내용(계속)

내용의 유형	관계 기사
경연 내용 (16건)	⑥ 임금이 하교하기를, "오늘 연석에서 이야기된 내용을 조지에 써서 반포하라" 하였다(고종실록 8권, 고종 8년, 서기 1871년 12월 12일 1번째 기사). ⑦ 임금이 하교하기를, "이 연설(筵說)을 조지에 반포하라" 하였다(고종실록 9권, 고종 9년, 서기 1872년 7월 25일 1번째 기사). ⑧ 임금이 하교하기를, "오늘 연석에서의 말 중에서 이 조항을 조보에 반포하는 것이 좋겠다" 하였다(고종실록 11권, 고종 11년, 서기 1874년 4월 5일 1번째 기사). ⑨ 임금이 하교하기를, "이 연설은 조지에 반포하라" 하였다(고종실록 13권, 고종 13년, 서기 1876년 2월 27일 1번째 기사). ⑩ 임금이 하교하기를, "오늘 연설을 조지에 반포하라" 하였다(고종실록 13권, 고종 13년, 서기 1876년 8월 10일 1번째 기사). ⑪ 임금이 하교하기를, "오늘 연석에서 한 이야기들을 조지에 반포하라" 하였다(고종실록 19권, 고종 19년, 서기 1882년 6월 14일 3번째 기사). ⑫ 승정원에서 의계(議啓)를 올려, "오늘 입시하여 연석에서 이야기된 내용을 조지에 반포하라는 하교를 받들었습니다" 하였다(고종실록 19권, 고종 19년, 서기 1882년 6월 14일 4번째 기사). ⑬ 임금이 하교하기를, "오늘 연석에서 한 말을 조지에 반포하라" 하였다(고종실록 28권, 고종 28년, 서기 1891년 2월 8일 1번째 기사). ⑭ 영의정 김병학(金炳學)이 아뢰기를, "오늘 연석에서 말씀한 내용을 조지에 반포하는 것이 좋을 듯합니다" 하니, 임금이 윤허하였다(고종실록 6권, 고종 6년, 서기 1869년 11월 7일 1번째 기사). ⑮ 경기감사 박영보(朴永輔)가 아뢰기를, "오늘의 연설을 조지에 반포하여 백성들로 하여금 다같이 알게 하고 또한 봉행하는 처지에서도 힘을 합쳐 전하의 덕을 빛내게 하는 것이 좋을 듯합니다" 하니, 임금이 "그렇게 하라"고 하교하였다(고종실록 8권, 고종 8년, 서기 1871년 2월 20일 1번째 기사). ⑯ 임금이 하교하기를, "오늘 연석에서 있던 이야기를 조지에 반포하는 것이 좋겠다" 하였다(고종실록 8권, 고종 8년, 서기 1871년 3월 16일 1번째 기사).
계사(啓辭) (1건)	① 임금이 차대(次對)를 행하였다. 임금이 전교하기를, "이 계사를 조보에 올려 반포하여 각자 사실을 자세히 알도록 하라" 하였다(고종실록 24권, 고종 24년, 서기 1887년 8월 15일 2번째 기사).
입계좌목 (1건)	① 임금이 전교하기를, "세자의 서연(書筵)과 소대(召對)에 입대(入對)할 때, 입계좌목(入啓座目)을 조지에 반포하는 것을 정식으로 삼으라" 하였다(고종실록 24권, 고종 24년, 서기 1887년 11월 1일 2번째 기사).

(2) '조보에 내지 말라'는 기사는 2건에 불과

위와 같이 고종실록에서 조보와 조지에 관한 모두 39건의 기사들 중에서 무려 20건이 어떤 사실을 조보에 내라는 것임을 볼 때 고종 시기에는 특히 국사(國事)를 백성들에게 알리는 데 조보를 적극적으로 활용했음을 알 수 있다. 그 반면, 어떤 사실을 '조보에 내지 말라'는 부정적 통제는 다른 임금들의 경우와는 달리 겨우 2건밖에 나타나지 않았다.

첫째는 고종 2년(1865) 3월 29일 대왕대비(조대비)가 만동묘(萬東廟)에 치제(致祭)하는 것을 중지하라고 명하면서, “그곳의 명(明)나라 관계 옛 사적들을 다 가져오게 하되, 모두 날을 받아서 할 것이며 조보에 내지는 말라”(고종실록 2권, 고종 2년, 서기 1865년 3월 29일 1번째 기사)는 것이었다. 그리고 두 번째는 아래와 같이 고종 10년(1873) 11월 4일 밤 고종이 연석(筵席)에서 한 이야기 중에 두 가지 사항을 ‘조보에 내라’고 하교했다가 다시 ‘조보에 내지 말라’고 명령한 것이었다.

> 임금이 시임대신(時任大臣)과 원임대신(原任大臣)을 소견(召見)하였다. 임금이 하교하기를, “어젯밤 연석에서 이야기한 두 가지 사항[효순과 현일에 관한 일]을 조지에 내도록 하교하였다. 그런데 병인년(고종 3년, 서기 1866년) 2월에 대왕대비께서 수렴청정을 그만둔 후 모든 정사를 내가 직접 맡게 되었는데 이제 옛일을 다시 꺼내는 것은 온당치 못하다. 그러므로 대신들에게 문의하라고 한 명령을 철회하고자 한다”고 하니, 영돈녕부사 홍순목(洪淳穆)이 아뢰기를, “어제 연석에서 하교를 받고 신들은 감히 대답할 수가 없었습니다. 얼마 후에 다시 연설에 대한 명을 듣고 저도 모르게 서로 쳐다보면서 황송해 하고 있을 즈음에 이러한 하교가 내렸는데 이것은 사체상 매우 지당합니다” 하고, 좌의정 강로(姜㳣)가 아뢰기를, “어제 하교를 받고 신들은 너무 황공하여 미처 대답해 드리지 못하였습니다” 하고, 우의정 한계원(韓啓源)이 아뢰기를, “어제 창졸간에 일어난 일이라 미처 아뢰지 못하였습니다. 대왕대비께서 수렴청정을 그만두신 뒤 전하께서 모든 정사를 직접 보신 일은 온 나라 사람들이 다 알고 있으니 이제 와서 다시 알릴 필요는 없을 것입니다. 오늘 이 하교를 받고 천만 우러르게 됩니다” 하니, 임금이 하교하기를, “대신들의 의견이 또한 이러하니 연석에서 한 그 말들을 조보에 반포하지 말게 하라” 하였다(고종실록 10권, 고종 10년, 서기 1873년 11월 5일 2번째 기사).

위에서 살펴본 바와 같이 어떤 사항을 조보에 내거나 내지 말 것은 임금이 결정했다. 따라서 만약 임금이나 담당 관아의 허락 없이 마음대로 어떤 사항을 조보에 낼 경우는 그 담당자를 처벌했던 것 같은데, 이는 고종실록 29권, 고종 29년(1892) 2월 10일 2번째 기사를 보면, 다음과 같이 기록되어 있기 때문이다.

의정부에서 또 아뢰기를, "이번 도목정사(都目政事) 중에서 97도(度)부터 102도까지는 반포하지 않고 조보에 반포하였습니다. 이것은 전조(銓曹: 이조)의 관리가 알지 못하는데 담당 서리들이 중간에서 작간을 부렸다고 합니다. 기강이 아무리 문란하다고 하여도 어찌 이렇듯 극심한 변괴 현상이 있을 수 있습니까? 인신(印信)을 위조한 것만도 극률(極律)에 해당하는데 더구나 이렇게 많은 도목 정사를 위조하여 반포한 것이야 더 말할 것이 있습니까? 너무나 통분하여 차라리 말하지 않으려고 합니다. 해당 서리를 법에 따라 형률을 시행하는 일을 조금도 늦추어서는 안 됩니다. 그리고 이것은 틀림없이 한 사람의 서리가 한 짓이 아닐 것이니 속히 추조(秋曹: 형조)로 하여금 엄하게 조사하여 진상을 밝히고 주모자와 추종자를 구분하여 계품(啓稟)하여 참작해서 처리하게 하소서" 하니, 임금이 전교하기를, "아래의 버릇이 어찌 이렇게까지 존엄성이 없고 거리낌이 없을 수 있는가? 너무나 통분하여 차라리 말하지 않으려고 한다. 용서할 수 없는 죄에 속하는 만큼 응당 묘당(廟堂)에서 유사(攸司)에 칙령을 내려 구핵(鉤覈)하여 조율(照律)하게 해야 할 것이다. 그런데 이조(吏曹) 관리들은 이미 모른다고 하였는데, 이번에 죄를 따지어 파면시키는 것은 또한 문제가 되는 대로 바로잡아 주고 깨우쳐 주라는 뜻인가? 청한 바는 그대로 시행하겠다"고 하였다.

한편 조보에 마땅히 실어야 할 사항을 싣지 않거나 또는 잘못 실었을 경우도 그 담당자를 처벌했던 것 같다. 예컨대 고종실록 22권, 고종 22년(1885) 6월 10일 3번째 기사를 보면, 영의정 심순택(沈舜澤)이 올린 차자에, "일전에 연창부부인(延昌府夫人)의 담제(禫祭) 후에 왕대비전(王大妃殿)께 문안하는 의식 절차는 바로 응당 시행하여야 할 일로서 사체(事體)가 지극히 중대한데도 승정원에서 애초에 통지하지 않아 2품 이상의 관리들이 모두 참가하지 못하였습니다. 그런데도 [문안 의식을] 조지에 태연하게 특서하였으니 이것은 이전에 없는 일로서 더욱 황송하기 그지없습니다. 바라건대 이날 입직한 승지에게 현고(現告)를 받고 견파(譴罷)하는 법전을 시행하소서" 하니, 임금이 비답하기를 "승지를 견파하는 일은 아뢴 대로 하라"고 했다고 한다.

(3) 조보 이외에 방(榜)도 공보매체로 많이 사용한 듯

위에서 살펴보았듯이 고종 시기에는 조보를 나라의 공보매체로서 많이 활용했다.

또한 방(榜) 즉 여러 사람들에게 널리 알리기 위하여 길거리 등에 써붙이는 글도 공보매체로 많이 활용했는데, 이러한 방이 오히려 조보보다 효과적이었던 것 같다. 고종실록 10권, 고종 10년(1873) 8월 26일 1번째 기사를 보면, 임금이 하교하기를, "이 연설(筵說)을 조지에 실어 반포하는 것이 좋지 않겠는가?" 하니, 좌의정 강로(姜㳣)가 아뢰기를, "네 대문에 방을 써 붙여 모르는 사람이 한 사람도 없게 하는 것이 조지에 실어 반포하는 것보다 오히려 낫습니다" 하니, 임금이 하교하기를 "그렇겠다" 했다고 기록되어 있는데, 이러한 내용의 실록 기사를 보면 아래와 같다.

> 임금이 차대(次對)를 행하였다. 하교하기를, "각영(各營)의 장신(將臣)들은 앞으로 나오라. 요즘 듣자니 과거에 응시하는 유생들이 성문을 들어오는 데에도 문세(門稅)를 받는다고 한다. 나라에서 선비들을 대우하는 예는 마땅히 각별해야 하는데 어찌 이렇게까지 침해하게 되었는가? 나는 그것이 타당한 일인지 모르겠다. 이 세금을 받은 것은 부득이한 데에서 나온 일인데, 여러 군영에서는 전혀 단속하거나 신칙하지 않아 심지어 받지 말아야 할 세금도 받아 냈으니, 이게 무슨 꼴인가?" 하니, 훈련대장 이용희(李容熙) 등이 아뢰기를, "이것은 모두 신들이 제대로 단속하지 못한 잘못에서 온 것입니다" 하였다. 임금이 하교하기를, "총융사(摠戎使)가 오늘 참석하지 못하여 이 말을 듣지 못하였으니, 경(卿) 등은 나가서 이 내용을 전달해 주고 세금을 받은 군사들에게 엄하게 신칙하여 실효가 있게 하라" 하니, 좌의정 강로가 아뢰기를, "만일 각 영에서 신칙하는 일이 없을 경우에는 군사들이 세금을 받는 일을 혼잡하게 하기 쉬운데, 각 영에서는 과거를 보일 때 여기까지 미처 생각하지 못하였기 때문입니다" 하였다. 임금이 하교하기를, "선비란 나라의 원기(元氣)인데 예우하지 않을 수 있겠는가? 그리고 애당초에 세금을 정할 때 수레에 실은 짐에 대해서만 세금을 받게 하고 등짐에 대해서는 세금을 물리지 않았다. 혹 등짐에 대해 세를 받는 경우에도 큰 짐에 대해서만 받고 작은 짐은 받지 말아야 한다. 이제부터는 유생들이 아니더라도 작은 등짐에는 절대로 세금을 받지 않는 것이 좋겠다" 하고, 또 하교하기를, "이 연설(筵說)을 조지에 실어 반포하는 것이 좋지 않겠는가?" 하니, 강로가 아뢰기를, "네 대문에 방을 써 붙여 모르는 사람이 한 사람도 없게 하는 것이 조지에 실어 반포하는 것보다 오히려 낫습니다" 하니, 임금이 하교하기를, "그렇겠다" 하고, 이용희 등이 아뢰기를, "삼가

성상께서 하교하신 대로 방을 써 붙이고 돌려가면서 보게 하겠습니다" 하였다(고종실록 10권, 고종 10년, 서기 1873년 8월 26일 1번째 기사).

3) 고종 시기 조보의 독자들과 주요 내용

위에서 보았듯이 고종 시기에는 조보를 조정의 공보매체로서 적극 활용했는데, 그렇다면 당시에 조보는 누가 주로 보았을까? 이를 알아보기 위하여 고종실록에 실려 있는 조보관계기사들 중에서 '조보를 보았다', '조보를 보건대' 등등의 기사들을 찾아서 누가 조보를 보았으며, 어떤 내용을 보았는지를 알아보았다.

(1) 고종실록에 나타난 조보의 독자들과 내용

그 결과, 〈표 4-19〉의 첫째 단(段)에서 보듯이 모두 6건이 나왔는데, 이를 보면 독자로는 영의정이 2명, 봉조하(奉朝賀)가 1명, 영중추부사 1명, 중추원의관 1명, 그리고 소윤(少尹) 1명이 조보를 본 것으로 나타났다. 그러나 실록에는 이러한 사례가 너무 적어서 이것만을 가지고서는 누가 조보의 주요 독자였는지는 알 수 없다. 하지만 영의정을 비롯한 현직 관료들은 물론이고 퇴임 관료들도 조보를 본 것으로 추정되는데, 위에서 본 '봉조하'란 조선 시대에 전직 관원을 예우하기 위하여 종2품 관원이 퇴직한 뒤에 특별히 내린 벼슬을 말하기 때문이다. 이러한 조보의 독자들 중에서 어떤 사람은 시골에서도 조보를 보았던 것 같은데, 〈표 4-19〉에서 ④번을 보면, 영중추부사 송근수(宋近洙)가 올린 상소에서 말하기를, "신(臣)이 향리(鄕里)에 있다 보니 조보를 드물게 받아 보지만 …" 운운하고 있다.

한편 조보의 독자들이 어떤 내용을 보았는지를 살펴보면, 〈표 4-19〉의 둘째 단(段)에서 보듯이, 신단(申檀) 즉 효종이 청나라 심양(瀋陽)에 볼모로 갈 때 호종하였으며, 고종 1년(1864) 9월 승정원의 승지가 되었던 신단의 처분에 대한 내용을 비롯하여, 소장(疏狀)의 형식, 서연(書筵: 왕세자를 위한 경연)의 참가자, 도목정사(都目政事: 이조, 병조에서 행하는 대규모 인사행정), 칙임관, 주임관, 판임관의 문고리 인사(人事), 주화(鑄貨)의 통용 등에 관한 내용이 조보에 실렸다. 그러나 이들은 당시 조보의 내용을 대표한다고는 할 수 없어, 고종 시대에 조보에 어떤 내용들이 실렸는지는 정확히 알 수 없다.

〈표 4-19〉 고종실록에 나타난 '조보를 보았다'는 독자들과 그 내용의 개관

누가(독자) 언제·어디서	조보에서 무엇(내용)을 보았는가?	기사 출처
① 대왕대비가 영의정 조두순(趙斗淳)에게 전교하기를, 신단(申檀)에 대한 처분을 과연 잘 알고 있는가? 하니, 두순이 아뢰기를, 신 등이 이미 조지에서 보았습니다.	[신단(申檀)에 대한 처분]	고종실록 1권, 고종 1년 (1864) 10월 5일 4번째 기사
② 영의정 이유원(李裕元)이 임금께 아뢰기를, 일단 반포된 조지를 보면	모두 다 이런 상태[요란하게 들뜬 형식이고 박실한 정사에는 힘쓰지 않음]에서 벗어나지 않아서 쌓인 소장(疏章)이 곧바로 형식이 되니…	고종실록 11권, 고종 11년(1874) 11월 15일 1번째 기사
③ 봉조하 송근수(宋近洙)가 올린 상소의 대략에, 신이 삼가 조지에 나온 글을 보니	서연(書筵)에 입대하는 사람은 단지 춘방과 계방의 상하번(上下番)뿐이고 사와 부, 빈객(賓客)이 등대(登對)하는 때는 드물다고 하니,	고종실록 30권, 고종 30년(1893) 6월 9일 1번째 기사
④ 영중추부사 송근수(宋近洙)가 올린 상소의 대략에, 신이 향리에 있다 보니 조보를 드물게 받아 보지만,	때때로 혹 도목정사(都目政事)에 대한 문서를 보면	고종실록 27권, 고종 27년(1890) 10월 2일 4번째 기사
⑤ 중추원의관 안종덕(安鍾悳)이 올린 상소의 대략에, 요즘의 조지를 보니	칙임관, 주임관, 판임관의 벼슬이 매번, 가까이 돌면서 사적인 총애를 받는 이들이거나 점쟁이나 이단(異端)의 무리들에게 내려지는 것은 무엇 때문입니까?	고종실록 44권, 고종 41년(1904) 양력 7월 15일 2번째 기사
⑥ 소윤(少尹) 이건창(李建昌)이 올린 상소의 대략에, 신(臣)이 삼가 조보를 보니	동전, 은전, 엽전, 당오전(當五錢)을 교환하여 통용하라는 명이 있었습니다.	고종실록 28권, 고종 28년(1891) 11월 19일 2번째 기사

그러나 앞서 〈표 4-18〉에서 '조보에 내라'는 고종(조대비 포함)의 하교와 그 내용들 즉 조보에 실으라고 명령한 내용들을 보면, 경연에서 임금과 신하들이 나눈 이야기가 16건으로 가장 많았으며, 다음은 임금의 전교 내용이 2건이었고, 계사(啓辭)와 세자의 서연(書筵)과 소대(召對)에서의 입계좌목이 각각 1건이었다. 따라서 이것과 독자들이 조보에서 보았다는 내용을 모두 합쳐서 추정해 보면, 당시 조보에는 경연에서 임금과 신하들이 나눈 이야기, 임금의 하교, 관리에 대한 임명과 처분, 계사, 도목정사, 입계좌목 등등 여러 가지 다양한 내용이 실렸던 것 같다.

(2) 임금과 세자는 정서한 조보를 보았던 듯

이와 같은 내용의 조보는 정서(正書)해서 임금과 세자도 읽었던 것 같은데, 정서한 조보가 규장각과 춘방(春坊), 계방(桂坊)의 서고에서 수장해 오고 있다는 기사가 고종실록에 2건 나오기 때문이다. 첫째로 고종실록 10권, 고종 10년(1873) 11월 9일 10

번째 기사를 보면, "부수찬 홍시형(洪時衡)이 올린 상소의 대략에, [신의] 부친의 상사를 당하고도 발상(發喪)하지 않았다는 것의 … 전후 날짜에 대해서는 규장각에 보관되어 있는 정서로 쓴 조보에 명백하게 기록되어 있습니다" 운운한 것인데, 이러한 내용으로 미루어 볼 때, 승정원에서 조보를 정서해서 임금에게 올리고, 그것을 임금이 보고 나면 규장각에 보관했던 것 같다.

또한 이처럼 정서한 조보는 세자에게도 별도로 올렸던 것 같다. 고종실록 25권, 고종 25년(1888) 3월 8일 2번째 기사를 보면, 3월 7일 밤에 우사당(右史堂) 당후(堂后)에서 갑자기 화재가 일어나서 승정원일기가 많이 타 버리자, 임금이 하교하기를, "춘방과 계방에 정서한 조보를 여러 해 동안 수장한 것이 있다. 그러니 이를 상고하여 [승정원일기를] 보수하라"고 했다는 내용이 나오는데, 이에서 '춘방'은 세자시강원(世子侍講院)의 별칭이며, '계방'은 세자익위사(世子翊衛司) 즉 세자의 강학(講學)에 관한 일을 관장한 관서였다. 따라서 이로 미루어 볼 때 승정원에서 별도로 정서한 조보는 세자도 본 뒤에 춘방과 계방 서고에 보관했던 것 같다. 그런데 이러한 정서 조보를 도난당한 사건이 벌어지기도 했는데, 고종실록 21권, 고종 21년(1884) 8월 3일 2번째 기사를 보면 아래와 같은 내용이 나온다.

> 시강원(侍講院)에서 아뢰기를, "인조조(仁祖朝)부터 익종조(翼宗朝)까지의 정서한 조보로서 세자가 열람하던 것을 경복궁의 춘방(春坊) 서고에 보관하였는데, 지금 들으니 전부 없어졌다고 하여 본원에서 조사해 보았습니다. 작년 섣달에 중관 심능화(沈能和)가 훔쳐다 김순길(金順吉)의 집에 숨겨 두었다가 방완실(方完實)에게 몰래 팔아먹었는데, 못쓰게 된 몇 본(本)을 지금 찾아냈으니 단서가 다 드러난 셈입니다. 정서한 조보가 얼마나 귀중한 것인데 이처럼 훔쳐서 팔아먹기까지 하다니 전에 없던 놀라운 일입니다. 이미 잃어버린 조보는 반드시 수색해서 찾아내야 하니, 해당 중관 및 동조한 놈들을 잡아다가 엄히 조사하고 유사(攸司)로 하여금 품처하게 하는 것이 어떻겠습니까?" 하니, 임금이 윤허하였다.

그러자 형조에서 정서한 조보를 훔쳐다가 팔아먹은 내시(內侍) 심능화와, 그것을 받아 둔 김순길 및 그것을 산 종이 장사꾼 방완실 등을 철저히 엄하게 신문한 결과 심능화가 공술하기를, "훔쳐내 온 한 조항은 김순길의 아들 사복(四卜)에게 조사하면 자연히 환히 알 수 있게 될 것입니다"(고종실록 21권, 고종 21년, 서기 1884년 8월 20일 2번째 기사)고 했다고 한다.

4) 승정원일기, 일성록 등의 보수를 위한 사료로써 조보의 활용

앞서 살펴보았듯이 특히 고종 시기에는 조보가 국사(國事) 등을 관민들에게 알리는 공보 매체로서 적극적으로 활용되었다. 그런가 하면, 조보는 뒤에 승정원일기, 일성록 등을 보수하거나 수정할 때도 활용되었는데, 고종실록 11권, 고종 11년(1874) 2월 5일 1번째 기사를 보면 아래와 같이 적혀 있다.

> 임금이 영의정 이유원(李裕元)을 인견하였다. 검열 김홍집(金弘集)이 아뢰기를, "본 춘추관에서 보관하고 있는 실록은 올해 포쇄(曝曬)할 차례인데, 봄철이 되었으니 즉시 택일하여 거행하는 것이 어떻겠습니까?" 하니, 임금이 윤허하였다. 이어 임금이 하교하기를, "승정원일기는 잃어버린 것이 과연 몇 권이나 되는가?" 하니, 도승지 이회정(李會正)이 아뢰기를, "권수를 점검해 보니, 최근에 잃어버린 것이 18책이라고 합니다" 하였다. 임금이 하교하기를, "무엇 때문에 이렇게 잃은 것이 많은가? 이번에 대궐 안에 들어왔다가 불탄 것은 몇 권에 지나지 않는 것 같다" 하니, 이회정이 아뢰기를, "대궐로 들어오는 것 외에는 승정원 밖으로 내보내지 않는 것이 규례인데, 이것을 아침저녁으로 열람하면서 출납이 일정하지 않기 때문에 그 잃어버린 경위를 자세히 조사할 수 없었습니다" 하였다. 임금이 하교하기를, "승정원일기의 권수가 매우 많기는 하지만 두 부를 베껴서 한 부는 북한산성에 나누어 두는 것이 좋겠다" 하니, 이회정이 아뢰기를, "부본(副本)이 있다면 보충하기는 편리할 수는 있으나 거기에 드는 물자를 갑자기 준비하기는 어렵습니다" 하였다. 임금이 하교하기를, "국조(國朝)의 사적은 오직 승정원일기와 일성록에 기록되어 있을 뿐인데, 어떻게 하면 잘 보관하겠는가?" 하니, 이유원이 아뢰기를, "잘 보관하는 것이 참으로 쉽지 않습니다. 당분간 나라의 비용에 여유가 있기를 기다렸다가 따로 한 부를 필사하여 보관해 두는 것이 좋을 것 같습니다" 하였다. 임금이 하교하기를, "승정원일기와 일성록을 수정, 보충할 때 규장각의 신하들에

게 참가하여 힘을 합쳐서 하게 하는 것이 좋겠다" 하니, 이회정이 아뢰기를, "강희(康熙), 옹정(雍正) 연간의 승정원일기도 잃어버린 것이 있는데, 이것은 일성록을 편집하기 전의 것이기 때문에 수집하여 보충하기가 가장 어려울 듯합니다" 하였다. 임금이 하교하기를, "일성록은 과연 정조(正祖)가 탄생한 임신년(1752)에 시작되었다" 하니, 이회정이 아뢰기를, "과거 승정원일기를 보충할 때에는 각사(各司)의 문서와 등록을 모아서 참고하여 편찬하였습니다. 그런데 참가한 승지들의 좌목(座目)이 혹 기록에서 누락된 것이 있었습니다" 하였다. 임금이 하교하기를, "대소 각사의 등록 문자를 모두 거두어 모아서 들이게 하여 뽑아 쓸 자료로 삼게 하라" 하니, 이회정이 아뢰기를, "삼가 하교대로 통지하겠습니다" 하였다.

임금이 하교하기를, "야사(野史)와 조야첨재(朝野僉載) 외에 또 잡기(雜記) 등의 서적이 있다. 그리고 듣자니 사대부 집안에는 왕조를 세운 이래의 조보와 정목(政目)을 베껴 둔 것이 있다고 한다. 일찍이 승지를 지낸 사람의 집에 혹시 있을 수 있으니 또한 널리 물어서 각 사의 기록에 누락된 것을 보충하는 것이 좋을 것이다" 하니, 이유원이 아뢰기를, "최근에 간혹 조지, 정목 및 상소문의 문자를 수록하는 벽을 가진 자가 있으니, 비록 유생들의 집이라 하더라도 힘써 방문하여 상고함으로써 널리 채록하는 방도로 삼는 것이 참으로 좋겠습니다" 하였다(고종실록 11권, 고종 11년, 서기 1874년 2월 5일 1번째 기사).

한편 앞서 말했듯이 고종실록 25권, 고종 25년(1888) 3월 8일 2번째 기사를 보면, 3월 7일 밤에 우사당 당후에서 갑자기 화재가 일어나서 승정원일기가 많이 타 버리자, 임금이 하교하기를, "춘방과 계방에 정서한 조보를 여러 해 동안 수장(收藏)한 것이 있다고 하니, 이를 상고하여 보수하라"고 했다는 내용이 나온다. 이처럼 조보는 정서해서 춘방과 계방의 서고에 수장하다가 승정원일기 등을 보수할 때 그 사료로 사용하기도 했다.

제16절

갑오개혁에 따른 조보의 소멸과 그 이후

지금까지 중종 3년(1508) 3월 14일부터 고종 41년(1904) 7월 15일까지 조선왕조실록에 나타나 있는 조보(조지 포함)관계기사들을 바탕으로 우리나라 조보의 존속 실태를 역대 임금별로 살펴보았다. 이러한 실태로 미루어 볼 때, 비록 그 기원은 정확히 알 수 없으나, 조보는 최소한 중종 3년(1508)부터 고종 41년(1904년)까지 396년 동안이나 존속해 왔음을 알 수 있다. 그러면 마지막으로 이러한 조보가 언제, 왜 소멸했으며, 그 후 어떻게 되었는지에 관해 살펴보기로 하겠다.

1) 우리나라 조보의 소멸 시기와 소멸 이유

조보의 소멸 시기는 정확히 알 수 없다. 왜냐하면 그 시기에 관하여 학자들 간에 의견이 엇갈리고 있기 때문이다. 그러나 실록을 보면 '조보'라는 명칭과 그에 관계된 기사는 고종 28년(1891) 11월 19일 2번째 기사를 끝으로 더 이상 나오지 않으며, '조지'라는 명칭과 그에 관계된 기사는 고종 41년(1904) 7월 15일 2번째 기사를 마지막으로 더 이상 나오지 않는다.

(1) 조선왕조실록에서 조보와 조지에 관한 마지막 기사들

실록의 마지막 기사들 중에서 우선 '조보'라는 명칭에 관계된 기사를 보면, "소윤(少尹) 이건창(李建昌)이 올린 상소의 대략에, '신(臣)은 현재의 직위에 맞지 않는다는 것을 스스로 알고 있는데 하물며 어찌 감히 본분을 벗어나 망언을 할 수 있겠습니까? 그런데 삼가 조보를 보니 동전(銅錢), 은전(銀錢), 엽전(葉錢), 당오전(當五錢)을 교환하여 통용하라는 명이 있었습니다'"(고종실록 28권, 고종 28년, 서기 1891년 11월 19일 2번째 기사)라고 되어 있다. 그리고 '조지'라는 명칭을 사용한 마지막 실록 기사의 내용은 다음과 같다.

> 중추원의관(中樞院議官) 안종덕(安鍾悳)이 올린 상소의 대략에, "5월 21일에 내린 칙서(勅書)를 삼가 보니, 빛나는 586자의 말은 간곡하기 그지없고 엄정하면서도 측은하게 여긴 것이었는데, 자신을 반성하고 자책하며 신하들을 신칙(申飭)한 내용은 마치 해와 달처럼 밝고 쇠나 돌처럼 확고한 것이었습니다. … 경장(更張: 갑오개혁) 이후에 이른바 칙임관(勅任官), 주임관(奏任官), 판임관(判任官)의 구별이 있었지만, 한 사람도 위의 뜻에 순종하지 않는 사람이 없었습니다. 그런데 요즘의 조지를 보니, 칙임관, 주임관, 판임관의 벼슬이 매번 가까이 돌면서 사적인 총애를 받거나 점쟁이나 이단(異端)의 무리들에게 내려지는 것은 무엇 때문입니까?"(고종실록 44권, 고종 41년, 서기 1904년 7월 15일 2번째 기사)

이와 같은 기사를 끝으로 조보나 조지에 관한 기사는 조선왕조실록에서 더이상 찾아볼 수 없다. 그러므로 조보(조지 포함)는 최소한 고종 41년(1904) 7월 15일이나 그 뒤에 소멸되었다고 볼 수 있다. 그러나 황현(黃玹)이 지은 『매천야록』(梅泉野錄)[9] 2권(卷二), 고종 31년(1894) 갑오(甲午) 11월 4번째 기사를 보면, 조보는 고종 31년(1894) 11월부터 관보로 개편했다고 기술해 놓았다.

> 승정원의 공사청(公事廳)을 파하고 종전의 공문 반포 예규도 함께 폐지하고, 일체를 칙령(勅令)으로써 행했다. [임금의] 전교(傳敎)를 칙지(勅旨)라고 개칭하고 저보(邸報)를 관보(官報)라고 하고 구제(舊制) 매일저보(每日邸報: 조보를 말함)

---

9 구한말 유생 학자이자 재야 문인인 황현이 고종 원년(1864)부터 1910년 경술국치까지 47년간의 역사를 편년체로 쓴 한문 필사본 기록물로서, 총 6권 7책으로 구성되어 있다. 황현은 1864년부터 1894년 갑오개혁 이전 시기는 큰 사건만 기록했고, 그 뒤부터 1910년까지는 상세하게 기록했다. 매천(梅泉)은 황현의 호(號)이다.

는 각 아문서리들이 초록해서 나누어 전했다. 초기(草記)가 거칠고 문란해서 기별초(奇別草)라 이르기까지 했는데 오래지 않아 보는 사람[오래 보아 오지 않은 사람]은 제대로 알 수 없어서 관보국(官報局)을 설치하여 인쇄로 하였다 (황현 저, 이장희 역, 1973, pp. 177-178).

이와 같은 황현의 기록을 근거로 해서 흔히들 조보는 1894년 11월에 폐지하고, 그 대신 소위 신식 '관보'를 발간하기 시작했다고 말하고 있다. 그 이유는 '구제매일저보' 즉 조보는 주로 한자(漢字)를 쓰는데, 그 서체(書體)가 매우 독특하여 이른바 '기별초'라 불리는 흘림체를 사용하여 난잡하게 흘려 썼으므로 한문이 능통한 사람도 여기에 익숙하지 않으면 잘 알아보기 어려울 정도였기 때문에, 종래의 조보를 폐지하고 그 대신 관보국을 설치하여 새로운 관보를 인쇄해서 발간하게 되었다는 것이다. 그러나 황현의 이러한 설명에는 의문점이 없지 않은데, 조보의 발행이 폐지된 이유가 단순히 그 내용과 문체가 어려웠기 때문이었다고 하는 것은 납득하기 어렵기 때문이다. 또한 황현은 말하기를, 조보는 고종 31년(1894) 갑오 11월에 폐지되었고 그 대신 새로운 '신식(新式) 관보'를 내기 시작했다고 하나, 1894년 11월 '신식 관보'의 발간 이후에도 조보가 나왔다는 기록들이 있기 때문이다.

이러한 기록의 하나로는, 1901년 프랑스 파리에서 출간된 꾸랑의 『한국서지』(*Bibliographie Coréenne*)라는 책을 들 수 있다. 꾸랑은 이 책을 1890년부터 쓰기 시작하여 1894년 1, 2권을 처음 출판하고, 이어서 10년 만인 1901년 완성본을 출판했다. 그런데 이 책에서 "조보, 기별 또는 한경보(漢京報)"라는 항목을 보면, "승지에 의하여 만들어진 부수(部數)들은 배달인에게 넘어가서 그것을 계속적으로 구독하는 여러 관리들과 돈 1냥반(兩半)의 비용을 지불하는 개인들에게 전달된다. … [외국] 공사관이나 영사관에도 실질적으로 판매된다"(꾸랑 저, 이희재 역, 1994, pp. 393-394)는 내용이 나온다. 따라서 이로 미루어 볼 때, 조보는 1890년부터 1901년 간에도 계속 발행되면서 외국 공관원들에게도 판매되었던 것 같다.

이러한 꾸랑의 기록 이외에 1894년 11월 '신식 관보'의 발간 이후에도 조보가 나왔다는 또 하나의 기록으로는 위에서 언급한 고종실록 44권, 고종 41년(1904) 7월 15일 2번째 기사를 들 수 있다. 이 기사를 보면, "중추원의관 안종덕(安鍾悳)이 올린 상소의 대략에, … 요즘의 조지를 보니, 칙임관, 주임관, 판임관의 벼슬이 매번 가까이 돌면서 사적인 총애를 받거나 점쟁이나 이단(異端)의 무리들에게 내려지는 것은 무엇 때문입니까?"라는 내용이 나온다. 따라서 조보는 1904년 7월 15일까지도 발간되었던 것 같다. 하지만 이 기사에서 안종덕이 보았다는 조지는 신식 '관보'의 별칭이었을 가능성도 없지 않아서, 조보가 1904년 7월 15일까지도 발행되었다고 단언할 수는 없다.

(2) 고종실록에서 살펴본 조보의 폐지 배경과 시기

위와 같이 조보의 폐지 시기와 그 이유는 정확히 알 수 없다. 그러나 조보의 폐지는 1894년 7월부터 시작된 갑오개혁(일명 갑오경장)에 따라 승정원이 승선원(承宣院)으로 개편된 이유와 시기와 밀접한 관계가 있을 것 같았다. 그래서 고종실록 32권에서 승선원에 관한 기사들을 찾아보았더니, 고종 31년(1894) 7월 22일 1번째 기사에 "군국기무처(軍國機務處)에서 의안 및 궁내부(宮內府), 종정부(宗正府), 종백부(宗伯府)의 관제와 궁내부 총제(總制)를 올렸는데, 의안은 다음과 같다"면서 6번째 의안에서 "승선원에서는 왕명의 출납과 기주(記注), 기사(記事), 상서원(尙瑞院), 품계, 검사(檢查)에 관한 일을 맡는다"[10]고 기록되어 있다. 따라서 이때 종래의 승정원을 승선원으로 개편했음을 알 수 있다.

그런데 약 두 달 뒤인 고종 31년(1894) 9월 11일 3번째 기사를 보면, 군국기무처에서 회의 안건을 올렸는데, 그중 3번째 안건에 "승선원은 정령(政令)을 출납하는 곳이니 궁내부에 소속시켜서는 안 됩니다. 응당 의정부로 이속시켜 행정 사무를 전일하게 하여야 합니다"라는 내용과, 이를 포함한 여러 의안들의 끝에 "이상에 대하여 임금이 모두 윤허하였다"는 내용이 나온다. 그러므로 이를 볼 때, 처음 승정원을 승선원으로 개편하면서 궁내부에 소속시켰다가, 이후 승선원은 정령을 출납하는 곳이므로 의정부로 이속시켰음을 알 수 있다.

그러나 또 두 달 뒤인 고종 31년(1894) 11월 21일 1번째 기사를 보면, "임금이 총리대신과 각 아문의 대신(大臣)[총리대신 김홍집(金弘集), 탁지대신(度支大臣) 어윤중(魚允中), 학무대신(學務大臣) 박정양(朴定陽), 궁내대신(宮內大臣) 이재면(李載冕)]들을 소

---

10 이어서 "도승선(都承宣) 1원(員), 좌승선(左承宣) 1원, 우승선(右承宣) 1원, 좌부승선(左副承宣) 1원, 우부승선(右副承宣) 1원, 기주(記注) 2원[상서 주사(尙瑞主事)를 겸한다], 기사(記事) 2원[1원은 품계주사(品階主事)를 겸하고 1원은 검사주사(檢查主事)를 겸한다], 향실(香室), 금루주사(禁漏主事) 2원이다"라고 기록되어 있다.

견하였다. 청대(請對)하였기 때문이다. 김홍집이 아뢰기를, '신 등은 오늘 칙령과 새로운 규정을 품재(稟裁) 받기 위하여 등대(登對)하였습니다. … 명령을 받고 칙령 제1호부터 제8호까지 써서 바칩니다' 하니, 임금이 어압(御押)을 하고 궁내부대신이 어보(御寶)를 찍었다. 이어 임금이 하교하기를, '승선원을 이미 없앴으니, 별도로 시종관(侍從官)을 두어야 할 것이다'" 운운하는 내용이 나온다. 따라서 이러한 기사를 볼 때, 그 사이에 승선원이 이미 없어졌음을 알 수 있으나, 정확히 언제 없어졌는지는 알 수 없다.

하지만 같은 날짜, 즉 고종 31년(1894) 11월 21일 2번째 기사를 보면, "칙령 제1호에서 제8호까지 보고하였다"면서 이들 칙령을 열거해 놓았다. 그중에서 제1호를 보면 "내가 재가(裁可)한 공문식제(公文式制)를 반포하게 하고 종전의 공문 반포 규례는 오늘부터 폐지하며 승선원의 공사청(公事廳)도 아울러 없애도록 한다"고 기록되어 있다. 따라서 이러한 기사로 미루어 볼 때, 고종 31년(1894) 11월 21일자로 조보 발행도 폐지된 것 같다.

2) 관보국의 설치와 '신식 관보'의 발행

위와 같이 우리나라 조보는 고종 31년(1894) 11월 21일자로 발행이 폐지된 것 같다. 그렇다면 그 대신 나오게 된 소위 '신식 관보'는 언제부터 발간하기 시작했는가? 그리고 신식 관보에는 주로 어떤 내용을 게재했으며, 신식 관보와 조보의 차이점은 무엇이었는가?

(1) '신식 관보'의 첫 발행 날짜에 대한 이견들

이와 같은 문제의 고찰을 위하여 실록에서 '관보'라는 단어를 검색해 보았더니 모두 90건의 기사가 나왔다. 그러나 이들 중, 신문현상의 한 종류로서 관보에 관한 것은 22건으로 고종실록에 19건, 순종실록에 3건이었는데, 이들은 모두 1894년 갑오개혁 이후 나온 것들로 소위 '신식 관보'에 관한 것들이었다. 우선 고종실록 31권, 고종 31년(1894) 6월 28일 4번째 기사를 보면, 당시 갑오개혁에서 각 아문(衙門)의 관제를 개정할 때, "관보국에서는 정령과 헌법, 각 관부의 일체 공판(公判) 문서를 만들고 공포하는 일을 맡아 본다"고 했다고 기록되어 있다. 따라서 이를 볼 때, 과거의 조보는 승정원에서 발행했으나, 신식 관보는 의정부 관보국에서 발행하면서, 국가의 '정령과 헌법, 각 관부의 일체 공판 문서를 공포'하는 수단으로 관보를 발간토록 한 것을 알 수 있다. 그렇다면 이러한 관보국은 언제 설치되었고, 언제부터 관보를 발간하기 시작했는가?

이에 관한 기사는 고종실록에는 나오지 않는다. 그러나 모리스 꾸랑의 『한국서지』를 보면, 1894년 7월 22일부터 관보를 발행했다고 적혀 있다(이희재 역, 1994, p. 797). 그러나 정진석은 주장하기를, 관보영인본(舊韓國「官報」: 개국 503년 自6월 21월-至12월 30일, 아세아문화사, 1973)을 보면, "창간호로 짐작되는 관보에는 1894년 7월 23일부터 7월 31일까지 9일간의 기사가 32쪽에 걸쳐 날짜 순으로 실려 있어 동년 7월 23일 관보가 창간된 것으로 알려져 왔으나, 이 날짜로 관보를 발간한 것은 아니고, 실제로는 빨라도 8월 1일이나 그 이후에 창간되었다고 보는 것이 옳은 것이다"(정진석, 1990, p. 128)라고 하였다.

하지만 최정태에 의하면, 현재 남아 있는 관보의 실물 일부와 영인본으로 전존(傳存)하는 관보를 보면, 1894년 6월 21일부터 다음 해 3월 30일까지는 호수(號數)를 붙이지 않고 부정기적으로 발행하다가 4월 1일부터 정식으로 호수를 붙여 정기적으로 발행했다고 한다. 따라서 이제까지 관보의 첫 발행일자는 갑오개혁이 시작되기 직전인 1894년 음력 6월 21일(양력 7월 23일)로 알려졌으나, 관보의 진짜 첫 발행일자는 갑오개혁 실시(6월 25일) 이후, 즉 6월 28일(양력 7월 30일)이 된다고 최정태는 주장했다(최정태, 1992, p. 44). 이상과 같이 구한말 신식 관보의 창간 날짜에 관해서는 여러 가지 주장들이 있는데, 이들 중 어떤 것이 맞는지에 대해서는 앞으로 더 연구가 필요할 것이다.

(2) 신식 관보의 주요 내용은 법령·칙령·인사·외교 문제

위와 같이 신식 관보의 첫 발행 날짜에 관해서는 여러 가지 의견이 분분하나, 기존의 조보는 고종 31년(1894) 11월 21일로 발행이 폐지된 것 같다. 그렇다면 그 대신 나오게 된 신식 관보에는 주로 어떤 내용들을 게재했는가? 이를 제대로 알아보기 위해서는 실제 신식 관보들의 내용들을 분석해 보아야 한다. 그러나 여기서는 고종실록과 순종실록에 나타나 있는 기사들 가운데 신식 관보에 관한 기사들을 토대로 해서 신식 관보에는 어떠한 내용들을 실었는지를 간단히 유추해 보기로 하겠다.

우선 고종실록 32권, 고종 31년(1894) 7월 12일 2번째 기사를 보면, "군국기무처

(軍國機務處)에서 올린 회의 의안과 전고국조례(銓考局條例), 명령반포식, 선거조례 회의 의안 중 '명령반포식' 제6조 법률과 명령은 모두 관보를 통하여 반포하며…" 운운하는 내용이 나온다. 따라서 이로 미루어 볼 때, 관보에는 '명령반포식 제6조 법률과 명령'을 게재했음을 알 수 있다. 그러나 이러한 법령과 명령뿐 아니라, 모든 법령이나 칙령도 관보에 게재했는데, 고종실록 32권, 고종 31년(1894) 11월 21일 2번째 기사를 보면, 이날 포고한 칙령 제15호에 "일체 법률이나 칙령은 관보로 포고한다"는 규정이 적혀 있기 때문이다.

이와 같은 '일체의 법률이나 칙령' 이외에, 관보에는 관리의 임명이나 전출, 처벌 등 인사(人事) 소식도 게재했다. 예컨대, 고종실록 38권, 고종 35년(1898) 양력 12월 6일 3번째 기사를 보면, "종2품 고영근(高永根) 등이 올린 상소의 대략에, … '신(臣) 등이 어제 관보를 읽는 가운데 심상훈(沈相薰)과 민영기(閔泳綺)를 탁지부대신(度支部大臣)과 군부대신(軍部大臣)의 직책에 임명한 것이 있었습니다'"라는 내용이 나온다. 또한 고종실록 40권, 고종 37년(1900) 양력 6월 4일 1번째 기사를 보면, "의정부의정(議政府議政) 윤용선(尹容善)이 임금에게 아뢰기를, '근래의 관보를 보니, 그동안 재판장 임시서리 이유인(李裕寅) 등을 유배에 처하라는 명이 있었습니다'"라고 기록되어 있다. 또한 고종실록 40권, 고종 37년(1900) 양력 6월 1일 4번째 기사를 보면, "중추원의장 신기선(申箕善)이 올린 상소의 대략에, '신이 관보를 보니, 의정부에 내려보낸 비답의 내용이 엄중하였고 유형과 파면에 대한 명이 끝내 반포되고 말았으니…'" 운운한 내용이 나오고 있다.

그런가 하면, 관보에는 고위관료의 부음(訃音)도 실었다. 예컨대, 고종실록 39권, 고종 36년(1899) 양력 5월 16일 1번째 기사를 보면, "상(上)이 이르기를, '재신(宰臣)이 졸서(卒逝)한 뒤에 비록 종전의 규례와 같이 부의(賻儀)를 주지는 못하나 지난날 관보에 게재하자는 논의가 있었다. 과연 어떻게 하였는가?' 하니, 신기선이 아뢰기를, '2품 이상이 졸서한 뒤 서단(逝單)을 받으면 정부에 통첩하여 관보에 게재하자는 뜻으로 본부(本府)에서 장례원에 조회하였고, 이미 시행하겠다는 조복(照復)이 있었습니다'라고 하였다"는 내용이 실려 있다.

관보에는 위와 같은 것들 이외에 외교에 관한 소식도 게재했다. 고종실록 47권, 고종 43년(1906) 양력 2월 12일 2번째 기사에 "함경남도관찰사 신기선(申箕善)이 올린 상소에 '늦게야 관보를 보니, 외교권이 모두 이웃 나라에 넘어가고 말았으니, 이것은 지난 역사에 없었던 일이며 우리나라가 처음 당한 치욕입니다. … 아아! 가슴 아픈 일입니다. 이것이 무슨 변괴란 말입니까?'" 운운하는 내용이 실려 있는데, 이는 을사늑약(1905)에 관한 내용이다.

관보에는 또한 정부기관의 각종 포고(布告)도 실었다. 고종실록 37권, 고종 35년(1898) 양력 6월 25일 1번째 기사를 보면, "임금이 의정부대신을 소견할 때, 농상공부대신 이도재(李道宰)가 아뢰기를, '43개 군(郡)의 각 광산은 이미 궁내부에 속해 있고 금성군(金城郡)도 그 가운데 들어 있으니, 속히 관보로 반포하여 중앙과 지방에서 알리는 것이 어떻습니까?' 하니, 상이 이르기를, '그렇게 하되, 외부(外部: 외무부)와 서로 의논해서 하라' 하였다"는 내용이 나오고 있다.

(3) 상소 내용 등도 신식 관보에 많이 게재

위와 같이 신식 관보에는 법률이나 칙령, 인사, 외교, 포고 등에 관한 것들을 주로 실었다. 그러나 조보와 마찬가지로 상소 내용도 많이 게재하였다. 고종실록 35권, 고종 34년(건양 2년, 서기 1897년) 양력 3월 22일 3번째 기사를 보면 "종2품 고영근(高永根) 등이 올린 상소의 대략에…", "중추원의장 신기선이 올린 상소의 대략에…", "함경남도 관찰사 신기선이 올린 상소에…", 또는 "황해도관찰사 민영철(閔泳轍)이 올린 상소의 대략에…" 운운하면서 상소 내용을 간략히 소개하고 있다. 그런데 순종실록 1권, 순종 즉위년(융희 1년, 서기 1907년) 양력 9월 2일 1번째 기사를 보면 아래와 같이 황태자에게 상소를 하거나 접견을 할 때 일정한 법식을 지키도록 하였다.

> 상(上: 임금)이 궁내부대신과 내각대신 이하를 소견(召見)하였다. … 상이 이르기를, "이제부터는 대소 신하들이 황태자에게 상소를 올리거나 말을 할 때 모두 '소인'이라고 칭할 것이며, 무릇 입대(入對)할 때에도 칙임관(勅任官) 이상이 전(殿)에 올라가서 경례를 하면 동궁(東宮: 황태자)은 머리를 끄덕여 답례하거나 악수를 하여 정성을 보이는 것을 정식으로 삼도록 하라" 하였다. 이완용이 아뢰기를, "오늘 접견 석상에서 한 말은 관보에 내어 모두가 보도록 하는 것이 좋을 것 같습니다" 하니, 상이 윤허하였다.

끝으로 당시 관보의 발행 비용에 대해서 간단히 살펴보면, 고종실록 46권, 고종 42년(1905) 양력 10월 5일 3번째 기사에 "의정부에서, '탁지부의 청(請)으로 인하여 의정부 관할 우체세와 관보비 증가액 1,180환(圜), 중추원 이전 수리비 422환 … 등을 예비금에서 지출하는 문제를 의논을 거쳐 상주합니다' 하니, 제칙(制勅)을 내리기를, '재가한다'고 하였다"는 내용이 나온다. 또한 순종실록 2권, 순종 1년(1908) 양력 1월 24일 4번째 기사를 보면, "탁지부에서 청의(請議)한 것으로 인하여, 내각의 경비 1,652환, 관보비 150환, … 인쇄국을 설치하고 운영하는데 드는 자본 4만 환 [등등을] 예비금 가운데서 지출하는 문제에 대해, 내각에서 의논을 거쳐 상주하니, 제칙을 내리기를, '재가한다'고 하였다"는 내용이 나온다. 따라서 이러한 내용으로 미루어 볼 때, 관보의 인쇄를 위한 인쇄국 설치에 드는 자본금 4만 환을 비롯하여 매년 상당한 금액을 관보 발행비로 사용한 것 같다.

(4) 관보와 조보의 주요 공통점과 차이점

앞에서 신식 관보에 관하여 살펴보았는데, 그 내용은 종전의 조보와 비슷했던 것 같다. 따라서 1894년 6월 21일부터 이듬해 3월 30일까지 나온 관보는 옛날 조보와 거의 같은 형식으로 나온 '인쇄된 조보'라고 할 수 있다고 박정규는 말하고 있다(박정규, 1978, p. 127). 그러나 서체(書體), 체재, 인쇄 등은 조보와 크게 달랐다. 이에 관해서는 실록에는 나오지 않으나, 꾸랑의『한국서지』에서 "V. 의궤부(儀軌部)" 항목을 보면, 관보는 1894년 7월 22일부터 발행했다면서 아래와 같이 소개하고 있다.

> **관보(官報)**: 인쇄되던 그 전날(1894. 7. 22)부터 서울의 신문에 주어진 명칭이다. 그 이전 것[조보를 지칭]이나 마찬가지로 우선은 한자로 쓰였으나 이 새로운 신문은 1895년 1월 6일부터 한자와 한글을 혼용하였다. 다만 한글은 접사(接辭)와 어미에만 사용되었다. 동년 4월 25일 관보는 특별히 독립된 부서인 내각기록국(內閣記錄局)에서 발행되었으며 7월 22일부터는 유럽식 종이(4절판, 33×25cm) 위에 활자로 인쇄되었다. [내용은] 법적 처분, 공적인 회장(回章), 체포, 임명, 교육에 관한 보고, 상업, 외교 등으로, 내용도 풍부하고 다양해졌다(모리스 꾸랑 저, 이희재 역,『한국서지』, 1994, p. 797).

한편 최정태는 말하기를, "이 관보는 1984년 창간하여 1910년 폐간할 때까지 16년 동안 발행했는데, 이 기간에 형식 면에서 볼 때, 관보는 크게 두 가지 유형으로 구분할 수 있다. 즉 초기 9개월 동안의 호수(號數)도 없이 부정기적으로 발행한 것과, 1895년 4월 1일부터 약 15년 동안의 관보에 호수와 요일을 표시하고 일간(日刊)으로 제1호를 발행한 것이 그것이다"(최정태, 1992, pp. 55-57)라고 하였다. 이처럼 1895년 4월 1일부터 새로운 체재로 출발한 관보는 다시 두 달이 지난 1895년 6월 1일 제77호부터 활자에 획기적인 변혁을 일으켜, 그때까지 사용해 왔던 동활자(銅活字)의[11] 사용을 중단하고 일본에서 수입한 신식 연활자(鉛活字)를 사용했다고 한다. 또한 체재도 개혁해서 한글을 전용하는 등 새로운 형태를 갖추면서, 내용도 종전까지는 일정한 원칙 없이 게재했던 것을 일정한 형식에 맞추어 편집함으로써[12] 내용의 중복이 없어지고 시의적(時宜的) 내용을 체계적으로 게재하기 시작했다고 한다(최정태, 1992, p. 57).

3) 우리나라 조보와 근대신문과의 관계

위에서 살펴보았듯이, 승정원에서 발행하던 조보는 고종 31년(1894) 11월 21일 반포한 칙령 제1호에 의거하여 승선원의 공사청과 함께 폐지된 것 같다. 그렇다면 이렇게 하여 폐지된 조보는 우리나라 근대신문의 생성과 발달에는 도대체 어떠한 영향을 미치고 사라졌을까?

(1) 조보와 우리나라 근대신문의 생성 과정

임근수(林根洙)에 의하면, "서구(西歐)의 근대신문은 어떠한 시원(始原)으로부터 출발해서 자연발생적으로 근대사회의 '근대신문'으로 이행, 발전된 것인데 반하여, 우리나라를 비롯한 비서구사회의 '근대신문'은 그 전반적 근대화 과정에 있어서와 마찬가지로 인위적, 인공적 또는 타율적 노력에 의하여 비자연발생적으로 부식된 것이다.

---

11 그러나 「구한국관보」(舊韓國官報)의 영인본에서 관보 해제를 보면, "조보는 고종 31년(1894) 6월 갑오경장의 개혁 운동으로 승정원이 궁내부(宮內府)에 부속되어 승선원으로 고치고 따로 관보국을 두어 [조보를] 관보로 이름을 바꾸고 조선시대의 전통적인 활자의 하나인 정리자(整理字)를 사용하여 인쇄, 발행했다"(「구한국관보」 영인본, 서울: 아세아문화사, 1973)고 한다.

12 그러나 박정규에 의하면 근대적 관보 체제로 개편된 것은 1895년 4월 1일부터이며, 이때부터 號數(제1호)와 요일을 표시하고 각 기사도 분류하여 게재했다고 한다(박정규, 1987, p. 128).

즉 비서구사회의 근대신문은 '묘목의 이식(移植)→착근(着根)→배양(培養)→생장(生長)'이 그 생성의 기본적 공식이 될 수 있다는 것인데, 이것을 필자는 '이식설'(移植說)로 호칭하고 싶다. 그러니까 서구의 '근대신문'의 생성 과정에 대해서는 '자연발생적 시원설'로 이해, 파악되어야 할 것인데 반하여 우리나라를 비롯한 모든 비서구사회의 그것은 '비자연발생적 이식설'로 설명되어야 한다"(임근수, 1975, p. 127)는 것이다.

이와 같은 우리나라 근대신문의 생성 과정에 관한 임근수의 이식설에 의문을 제기한 학자도 없지 않다(차배근, 1996, pp. 5-33 참조). 하지만 임근수의 이식설에도 일리가 없지 않은데, 우리나라 최초의 근대신문인 「한성순보」(漢城旬報)와 「한성주보」(漢城周報)의 생성 과정을 살펴보면, 이들은 우리나라 전통신문인 조보와는 거의 관계가 없이, 서양의 언론문물을 중국과 일본을 통하여 간접적으로 수용하면서 생성되었기 때문이다. 다시 말해서, 우리나라 최초의 근대신문들인 「한성순보」나 「한성주보」는 우리나라 전통신문인 조보가 자연적으로 근대 신문으로 이행, 발전한 것이 아니라, 외국에서 이식해 온 것이라고 볼 수 있다.

그러므로 우리나라 최초의 근대신문들인 「한성순보」나 「한성주보」는 조보와는 관계없이 독자적으로 생성되었다. 그래서 통리교섭통상사무아문 산하 박문국에서 일종의 관보로서 「한성순보」와 「한성주보」를 창간한 뒤에도 본래의 관보였던 조보를 폐지하지 않고 이전과 마찬가지로 계속해서 발간했던 것이다. 앞서 살펴보았듯이 1894년 6월 신식 관보를 발행하면서 이전의 구식 조보를 폐지했다면, 그리고 1883년 우리나라 최초의 근대적 관보인 「한성순보」를 창간했다면, 그 이전의 전근대적 관보였던 조보는 폐간하는 것이 순리였다. 그러나 「한성순보」의 창간 이후에도 조보를 폐간하지 않고 계속 발행했는데, 그래서 한때는 전근대적 필사신문인 '조보'와 근대적 인쇄신문인 「한성순보」, 「한성주보」가 공존하기도 했다. 그렇다면 그 이유는 무엇이었는가?

그 주요 이유의 하나는 당시 우리나라 관민들은 조보와 「한성순보」, 「한성주보」를 똑같은 신문현상으로 인식하지 못하고 서로 별개의 현상으로 보았기 때문이다. 따라서 '조보'를 '신문'이라고 부르지도 않았는데, 우리나라에 '신문'이라는 단어 자체는 1876년 2월 27일 한일수호조약 이후 제1차 수신사로 일본에 갔다가 돌아온 김기수(金綺秀)가 일본의 근대문물을 정리한 『일동기유』(日東記遊)라는 책자에서 "일본에는 소위 신문지(新聞紙)라는 것이 있어 날마다 활자로 인쇄하는데, 그것이 없는 곳이 없다"면서 처음 소개했다. 그러나 일반 백성들이 '신문'이라는 것을 알게 된 것은 그 뒤 「한성순보」와 「한성주보」가 나온 이후부터였다. 그렇다면 「한성순보」와 「한성주보」는 어떠한 신문이었으며, 이들은 조보와는 어떻게 달랐는가?

(2) 한성순보, 한성주보의 창간과 성격

「한성순보」는 1883년 10월 31일 창간된 우리나라 최초의 근대신문이었다. 그러나 이는 우리의 전통적 신문이었던 조보를 발전시킨 것이 아니라, 19세기 말부터 서양의 근대적 언론문물 제도를 중국과 일본을 통하여 받아들여 창간한 것이었다. 그러나 「한성순보」는 서양이나 중국, 일본의 근대신문처럼 민간인들이 영리를 목적으로 발간한 것이 아니라, 개화 수단으로서 정부의 통리교섭통상사무아문 산하 박문국(博文局)에서 발간한 일종의 관보였다.

따라서 이러한 「한성순보」가 나오자 수구파들은 야소교(예수교)의 전파 수단으로 창간했느니, 또는 일본에 아첨하기 위해 발간했느니 하며 이를 비난했다(이광린, 1974, p. 76). 그럼에도 「한성순보」는 그 제호(題號) 그대로 10일마다 한 호씩 13여 개월에 걸쳐 40여 호를 꾸준히 발간하며 이 땅에 '신문'이라는 새로운 문물을 소개했다. 그러나 1884년 12월 4일 김옥균(金玉均), 서재필(徐載弼) 등의 개화파가 갑신정변(甲申政變)을 일으키자, 민중들이 박문국을 습격해서 불을 질러 그 시설 일체가 소실됨에 따라 「한성순보」의 간행은 중단되고 말았다.

하지만 5개월 뒤 「한성순보」를 속간하기로 결정, 그 준비를 하다가 도중에 계획이 바뀌면서 주간(週刊)으로 하는 동시에 제호도 「한성주보」(漢城周報)로 고쳐 1886년 1월 25일 첫 호를 냈다. 여기에 실려 있는 '주보서'(周報序)라는 제목의 창간사를 보면 이 신문의 창간 목적과 경위, 내용 등에 관한 것이 자세히 나와 있는데, 그중 일부를 소개해 보면 다음과 같다.

> [한성순보가 나올 때는] 상하의 관민(官民)이 매우 편리하게 여겼더니 갑신정변이 일어나 박문국이 철폐되고 순보가 간행되지 않게 되자, 상하 관민이 모두 말하기를 "사람의 정(情)은 보는 바에 따라 옮겨 감이 참으로 심한 것이로다. 과거 순보가 간행되지 않았을 적에는 불편한 것을 모르고 지냈으나, 순보가 간행되다가 중단되니 겨우 틔었던 이목(耳目)이 어두워지는 것 같다"고 하여 모든 사람이 [순보의] 간행을 바라고 폐간을 바라지 않는다.
>
> 상(上: 임금)께서 이런 실정을 살펴 아시고 통리아문(統理衙門)에 명하시어

> 다시 박문국의 설치에 대한 가부를 의논케 하시니, 모두들 다시 설립하는 것이 좋겠다고 하였다. 그러므로 그 관원과 법을 전보다 약간 증감하고 국가의 교섭과 관리의 승출(陞出)에서부터 가항(街巷)의 요속(謠俗)과 농상사무(農桑事務)와 상세(商勢) 시가(市價)의 고하에 이르기까지 모두 빠짐없이 기재하고, 또 관직을 갖지 않은 사람의 투고는 그 내용을 따지지 않고 별본(別本)으로 출간하기로 하였다(관훈클럽신영기금, 「한성주보」 번역판, 제1호에서 전재).

이와 같은 '주보서'를 보면, "과거에 순보(한성순보)가 간행되지 않았을 적에는 불편한 것을 모르고 지냈으나, 순보가 나오자 상하의 관민이 매우 편리하게 여겼더니, 순보가 간행되지 않게 되자, 상하 관민 모두가 불편하게 여기면서 겨우 틔었던 이목이 어두워지는 것 같다"고 했다. 따라서 이러한 내용으로 미루어 볼 때, 그 이전부터 당시까지도 조보가 나왔지만, 임금을 비롯하여 관민들은 이를 「한성순보」와 같은 신문으로 인식하지 못했던 것 같다. 그래서 비록 「한성순보」나 「한성주보」도 관보의 성격을 띠고 있었으며, 스스로도 관보임을 천명했음에도 불구하고 이러한 신문이 나온 뒤에도 조보는 관례대로 계속 발행했던 것 같다. 이것이 바로 「한성순보」나 「한성주보」라는 또 하나의 관보를 창간한 뒤에도 조보를 폐지하지 않고 계속 발행했던 주요 이유였다고 볼 수 있다. 그렇다면 조보와 「한성순보」, 「한성주보」는 과연 서로 아무런 관계가 없었는가?

(3) 조보가 「한성순보」, 「한성주보」에 미친 주요 영향

앞서 말하기를, 우리나라 최초의 근대신문들인 「한성순보」나 「한성주보」는 그 이전의 조보와는 전혀 관계없이 독자적으로 생성되었다고 했다. 그렇다고 해서 조보가 「한성순보」나 「한성주보」에 아무런 영향도 미치지 않은 것은 아니었는데, 「한성순보」나 「한성주보」를 보면 조보의 흔적을 적지 않게 찾아볼 수 있기 때문이다. 따라서 차배근은, 임근수와는 달리 우리나라 근대신문의 '이식설' 대신에 '접목설'(接木說)을 내세우기도 했다.

차배근의 주장에 의하면, "우리나라의 근대신문이 서양의 근대적 언론문물을 받아들여서 생성된 것은 사실이지만, 서양의 근대적 언론문물 제도를 그대로 이식한 것이 아니라, 그것을 능동적이고 선별적으로 수용하면서 또한 우리의 전통적 신문현상인 조보에 접목시켜 우리 나름대로의 근대신문을 생성시켰다"(차배근, 1996, p.

30)는 것이다. 그러면서 차배근은 조보가 「한성순보」와 「한성주보」에 미친 주요 영향으로 다음과 같은 사례들을 손꼽았다(차배근, 1996, pp. 24-26).

① 특히 「한성순보」는 조보와 마찬가지로 모든 기사를 순 한문으로 썼다. 또한 「한성순보」 제1면 머리의 '내국기사'(內國紀事)란[13]에 실린 '유지공록'(諭旨公錄), '의정부장'(議政府狀), '함감농형장계'(咸監農形狀啓), '관상감계'(觀象監啓), '경감장계'(京監狀啓) 등의 제목의 기사들도 그 형식이 조보의 그것들과 거의 똑같다. 이는 「한성주보」 역시 그러했는데, 제1면 머리의 '국내기사'(國內紀事)란에 실린 '의정부장'(議政府狀), '경기도관찰사장계'(京畿道觀察使狀啓), '의정부초기'(議政府草記), '교섭아문초기'(交涉衙門草記) 등의 기사들도 여전히 조보의 기사 형식을 그대로 답습했다.[14]

② 조보는 「한성순보」와 「한성주보」의 조정(朝廷) 관계 기사의 주요 뉴스원(源, source)이 되기도 하였다. 즉 「한성순보」나 「한성주보」를 보면, '조보운'(朝報云)이라고 하여 조보에 실린 조정 관계 기사를 많이 인용하였다. 따라서 꾸랑도 『한국서지』에서 "「한성순보」는 조보에서 전래한 관청 소식과 그 내용으로 구성되어 있다"(Courant, 1894, p. 178)고 기록하였다.

③ 조보는 위와 같이 「한성순보」와 「한성주보」의 기사 형식이나 뉴스원 등에 중요한 영향을 미쳤을 뿐만 아니라, 지방의 개인 독자들에 대한 신문의 배포와 대금 징수에도 영향을 미쳐, 조보의 배포 담당자들이었던 경주인(京主人)이 「한성순보」와 「한성주보」의 지방 배포와 신문 대금의 징수 업무를 맡기도 했다. 이는 「한성순보」 창간호 20면에 실린 박문국공고(博文局公告) 제3관(款)을 보아도 알 수 있다. 이 공고를 보면, "혹시 시세(時勢)에 관심이 있어 신문을 꼭 구람(購覽)하려는 뜻이 있으면, 서울 거주자는 저동(苧洞)의 박

13 이 난(欄)의 명칭은 제4호에서는 '내국근사'(內國近事), 제5호에서는 '내국관보'(內國官報)라고 하였다가 제6호부터는 '국내관보'(國內官報)로 고정되었다.

14 이와 같은 조보의 기사 형식은 「한성순보」와 「한성주보」뿐만 아니라, 15년 뒤인 1898년에 창간된 「황성신문」(皇城新聞)에서도 찾아볼 수 있다. 즉 「황성신문」 제1면 '논설' 다음에 위치한 '관보'(官報)란에 실린 기사들을 보면 조보의 형식을 그대로 답습했는데, 다른 기사들은 모두 국한문을 혼용했으나 '관보'란만은 1910년 「황성신문」이 폐간될 때까지 계속 순 한문의 조보 형식을 고집했다.

문국에 와서 그 뜻을 보이기 바라며, 서울 이외 지방 거주자는 경저(京邸)에 소식을 전하면 본국(本局)에서 마땅히 적절히 배부하겠는데, [먼저] 신문값을 보내는 것이 도리이다"라고 밝혀 놓았다.

특히 「한성순보」는 조보와 마찬가지로 모든 기사를 순 한문으로 썼다. 그러나 「한성주보」는 국한문을 혼용했거나 한글만 쓴 것도 있었다. 한편 조보의 형태는 두루마리였으며, 규격은 일정하지 않았으나, 「한성순보」와 「한성주보」는 모두 잡지형이었으며, 발행면수는 매호 16-24쪽이었다.

4) 「한성순보」와 「한성주보」의 폐간 이후 우리나라 신문 사정

지금까지 앞에서 우리나라 최초의 근대신문인 「한성순보」과 「한성주보」와 조보가 이들에 미친 주요 영향 등을 간단히 살펴보았다. 그러나 1883년 10월 31일 창간했던 「한성순보」는 약 13개월 만인 1884년 12월 4일 김옥균, 서재필 등의 개화파가 갑신정변을 일으키자, 민중들이 박문국(博文局)을 습격하고 불을 질러서 그 시설 일체가 소실됨에 따라 간행이 중단되고 말았다. 그리고 그 대신 1886년 1월 25일 첫 호를 냈던 「한성주보」는 2년 반 동안 모두 106호 이상이 활발하게 발간되다가 1888년 7월 7일 폐간되고 말았는데, 그 이유는 재정난 때문이었던 것으로 알려지고 있다.

이렇게 해서 「한성주보」가 폐간되자 그 후 약 10년 동안 근대신문이 다시 출현하지 않으면서, 오로지 전근대적 조보와 신식 관보만 존재하게 되었다. 그러자 조보가 오히려 한동안 관료와 식자(識者) 그리고 주한(駐韓) 외교관들 사이에서도 인기를 끌면서, 심지어 돈을 받고 거래되기도 했던 것 같다. 앞서 말했듯이 1901년 출간된 꾸랑의 『한국서지』를 보면, 1890년에서 1901년 간에도 조보는 계속 발행되면서 외국 공관원들도 돈을 주고 사서 보았다고 적혀 있기 때문이다.

그러다가 1896년 4월 7일, 서재필이 우리나라 최초의 근대적 민간신문인 「독립신문」을 창간함으로써 우리나라는 다시 근대신문을 갖게 되었다. 그 뒤 1898년 1월에는 「협성회회보」(동년 4월 「매일신문」으로 개제, 1899년 4월 다시 「상무총보」로 개제), 3월에는 「경성신문」(동년 4월 「대한황셩신문」으로 개제, 동년 9월 다시 「황성신문」으로 개제), 8월에는 「뎨국신문」(1903년 7월 「帝國新聞」으로 개제), 그리고 1899년 1월에는 「시사총보」 등이 잇달아 창간되면서, 우리나라에서도 신문이 매스 미디어의 하나로 자리를 굳히게 되었다. 그러나 1905년부터 일본의 본격적 침략으로 말미암아 우리나라 신문들은 언론의 자유를 송두리째 빼앗겨서 나락으로 떨어지고 말았다.

제5장

우리나라 조보에 관한 신문학적 종합분석

앞서 제4장에서는 조선왕조실록(이하 '실록'으로 약칭)에서 조보의 존속 실태를 역대 임금의 재위 기간별로 살펴보았다. 그러면 끝으로 제5장에서는 실록에 나타난 조선시대 조보의 실태를 신문학적으로 분석해서 종합적으로 고찰해 보기로 하겠다. 즉 "우리나라 조보를 S(Source)→M(Message)→C(Channel)→R(Receiver)→E(Effects) 커뮤니케이션 모형에 따라 신문학적으로 분석해 본다면, 조보는 ① 어떤 기관(S)이 무슨 목적으로 ② 주로 어떤 내용(M)을 어떤 형태로 편집, 제작하여 ③ 어떤 채널(C)을 통하여 ④ 어떤 독자(R)들에게 전달하여 ⑤ 독자들과 사회에 어떠한 영향(E)을 미쳤는가?" 하는 [연구문제 4]에 관하여 살펴보기로 하겠다. 이와 같은 연구문제에 관한 해답을 얻기 위해서 실록에 나타난 조보관계기사들을 검색해 이들을 조보의 발행기관(S), 내용(M), 배포채널(C), 독자(R) 그리고 효과(E)에 관한 것으로 분류한 다음, 이들을 바탕으로 [연구문제 4]에 관하여 고찰해 보았다.[1]

1 이처럼 제5장에서는 실록에 나타난 조보의 존속 실태를 S→M→C→R→E라는 커뮤니케이션 모형에 따라 다시 한번 종합적으로 분석해 본 것이기 때문에 앞서 소개한 실록의 조보관계기사들, 특히 제4장의 기사들과 중복되는 내용이 많다는 점을 미리 밝혀 둔다.

제1절

조보의 발행 목적과 발행기관에 관한 분석·고찰

첫 번째로 조보의 발행기관(s)에 관한 고찰에서는 ① 조선왕조는 도대체 왜 조보를 발행했으며, 조보의 구체적 목적 내지 사명은 무엇이었는가?(조보의 발행 목적, 사명과 조보의 기능, 성격 등), ② 조선왕조는 조보를 어떤 기관(機關)으로 하여금 발행토록 했는가?(조보의 발행기관), ③ 조보는 어떤 과정을 거쳐 어떻게 발행되었는가?(조보의 발행과정), ④ 조보의 실제 편집·제작자는 누구였는가?(실제 편집·제작 담당자 등), ⑤ 이들은 조보를 제작·발행할 때 누구의 어떤 통제와 감독을 얼마나 받았는가?(조보에 대한 각종 통제와 감독) 등에 관하여 살펴보도록 하자.

1) 실록 기사들에 나타난 조보의 여러 가지 발행 목적

우선 조선왕조가 도대체 왜 조보를 발행했는지를 알아보기 위하여 이에 관한 것을 실록에서 찾아보았으나, 이에 관한 직접적인 언급은 나와 있지 않았다. 하지만 조보에 어떠어떠한 사실을 반포하여 널리 알리라는 등의 내용이 담긴 기사들은 적지 않게 나왔다. 따라서 이러한 실록 기사들을 분석해서 조보의 발행 목적을 알아보았다.

(1) 임금의 하교·유시 등과 법령 등의 반시 목적

조보의 발행 목적이나 사명, 기능, 성격 등에 관한 언급은 앞서 제4장에서 소개했듯이 특히 정조실록에 많이 나와 있는데, 첫째로 조보는 국정 관계 소식이나 법령 따위를 관민들에게 널리 반시(頒示) 또는 홍보하기 위하여 발행했다고 볼 수 있다. 정조실록 1권, 정조 즉위년(1776) 6월 30일 1번째 기사를 보면, 정조가 임금으로 즉위한 지 3개월 뒤인 1776년 6월 30일 하교하기를, "[역적 민항렬(閔恒烈)의 죄과에 관하여] 마땅히 한 번 다시 유시(諭示)하여 조정 신하들이 흉당(凶黨)들의 근저를 알게 하려고 했다. … 민항렬에 대한 문목(問目) 1통을 우선 조지에 등포(謄布)하여 중외에 자세히 알도록 하라"고 했다고 한다.

또한 정조실록 52권, 정조 23년(1799) 11월 25일 2번째 기사를 보면, 비변사가 조적법(糶糴法)에 관련하여 "경외(京外)의 아문을 막론하고 모곡을 내다 팔 때에 혹시라도 예전의 잘못을 답습함으로써 스스로 중한 처벌을 받지 않도록 하라는 내용으로 제도(諸道)에 엄히 신칙토록 하소서"라 주청하자, 임금이 비답하기를, "이 초기(草記)가 체례(體例)상으로 매우 타당함을 얻었으니 백성에게 무척 다행스러운 일이다. 먼저 경외에 엄히 신칙하라. 그리고 바로 조지에 반포함으로써 각각 이러한 법령을 잘 알고서 감히 범죄 행위를 저지르지 말도록 하라"고 하였다.

그런가 하면, 정조실록 36권, 정조 16년(1792) 10월 25일 1번째 기사를 보면, 대각(臺閣)이 부사과 남공철(南公轍)의 함답(緘答: 공문에 대한 회답)에 대해 아뢰자, 정조가 비답하기를, "공함(公緘) 발송에 관한 전교와 답통의 공초를 조지에 반포하여 많은 사람들이 다 보게 하라. … 문풍(文風)이란 세도와 관계되는 것이기에 남공철 한 사람으로 많은 선비들이 타산지석(他山之石)을 삼게 하고자 함이다"라고 그 이유를 설명했다.

위와 같은 실록 기사들로 미루어 볼 때, 조보는 국정 관계 소식이나 법령 따위를 관민들에게 널리 반시 또는 홍보하기 위하여 발행했다고 볼 수 있다. 이와 같은 조보의 발행 목적은 고종실록에서도 간접적으로 찾아볼 수 있다. 고종실록에는 조보(조지 포함)에 관한 기사들이 모두 39건 나오는데, 그중에서 '조보에 발표하라'는 내용의 기사가 무려 20건으로 전체의 51%를 차지했다.

(2) 백성들의 효유(曉諭)와 계도(啓導)의 목적

또한 조보의 주요 발행 목적은 국정에 관한 사실 등을 관민들이 잘 알아듣도록 타이르기 위한 것이었던 것 같다. 조보의 이러한 발행 목적을 뒷받침해 주는 실록 기사로는 정조실록 1권, 정조 즉위년(1776) 7월 23일 1번째 기사를 들 수 있다. 이는 비록 정조가 한 말이 아니라 우승지 이의익(李義翊)과 우부승지 김종수(金鍾秀)가 상소에서 임금에게 아뢴 말이지만, 이를 보면 "역적 심상운(沈翔雲)에 관한 결안(結案)이 일단 조지에 나간다면, 안의 백료(百僚)에서 밖의 팔역(八域)에 이르기까지 거의 모두 알지 못하던 바를 더욱 알게 되고 듣지 못하던 바를 더욱 듣게 되어, 천이(天彝)가 크게 밝아지고 백성들의 마음이 통쾌해질 것입니다"라고 했다.

한편 정조실록 54권, 정조 24년(1800) 6월 11일 1번째 기사에서 헌납 오한원(吳翰源)은 상소하기를, "신은 삼가 5월 30일 연석(筵席)에서 내리신 상의 분부를 읽어보니 끝없이 이어진 수많은 말씀이 간곡하고 진지하였으니 만물을 다스리고 우주를 굴리는 거룩하신 대성인의 지극한 사랑과 덕이 충분히 금석을 꿰뚫고 우매한 짐승까지도 감화시킬 만하였습니다"라고 하면서, 이런 말씀의 "연본(筵本) 한 통을 조지에 올려 팔방에 반포해 집집마다 강명하고 외우며 마음속으로 기뻐하고 감복하게 함으로써 세도를 바루고 백성의 뜻을 통일시키는 방도로 삼는 것이 좋겠습니다"라고 했다. 이와 같은 실록 기사로 미루어 볼 때, 조보의 또 하나의 주요한 발행 목적은 국정에 관한 어떤 문제에 관하여 백성들을 효유하는데 있었던 것 같다.

(3) 대세(大勢)의 올바른 인도와 권선징악의 목적

조보의 또 하나 주요 발행 목적은 추향(趨向) 즉 대세(大勢)를 올바르게 인도(引導)하고, 백성들로 하여금 선(善)을 좋아하고 악(惡)을 미워하도록 하기 위한 데 있었던 것 같다. 이러한 조보의 발행 목적은 정조실록 10권, 정조 4년(1780) 9월 20일 3번째 기사에서 찾아볼 수 있다. 이 기사를 보면, 좌의정 서명선(徐命善)이 임금께 아뢰기를, "김종수(金鍾秀)를 논핵한 것은 … 혹시 이 사람을 뒤따라 다시 그런 짓을 하려는 자가 있을지도 모르니, 반드시 매우 엄하게 배척하여 의리는 없어질 수 없고, 제방(隄防)은 무너뜨릴 수 없다는 것을 사람마다 알게 해야만 국가의 형세가 길이 굳건해지고 세도가 안정될 것이기 때문입니다"라고 하자, 임금이 말하기를, "경의 말에 실로 격동의 마음을 금할 수 없었다. 이것을 조지에 내어 한편으로는 추향을 바루게 하는 방도[趨向之道]로 삼고, 한편으로는 권선징악(勸善懲惡)의 뜻을 밝힌다는 것을 보이도록 하라"고 하였다. 정조의 이러한 말로 미루어 볼 때, 조보의 발행 목적이 추향(趨向) 즉 대세의 흐름을 올바르게 인도하고, 백성들로 하여금 권선징악의 정신을 갖도록 만들기 위한 것이었음을 짐작할 수 있다.

때문에 정조는 관리들이 형옥에 관한 문제를 조보에 낼 때, 단순히 죄인의 죄만 신지 말고, 권선징악의 입장에서 왜 죄인을 처벌했는지 그 이유 등도 함께 게재토록 했고, 이렇게 하지 않은 당상들을 파직하기도 했다. 정조실록 1권, 정조 즉위년(1776) 7월 24일 1번째 기사를 보면, 정조는 역적 심상운(沈翔雲)의 국문에 참여했던 여러 당상들을 파직하면서 "무릇 결안에서 다섯 가지 조목의 죄안을 전부 기록하지 않았을 뿐만이 아니라 재조(在朝)나 재야(在野)에서 조지를 보는 사람들로 하여금 심상운의 죄악이 이에 그치는 것처럼 알게 만들어 버린 것이다. 이것이 바로 위관(委官)들을 개탄스럽게 여기는 까닭이다"라고 그 이유를 설명했다.

(4) 실록에 함유된 조보의 그 밖에 여러 발행 목적

위와 같은 조보의 발행 목적들 이외에도, 조보는 간쟁(諫爭)의 단서를 제공하고, 자유 토론의 장(場)을 마련해 주기 위한 목적도 가지고 있었던 것 같다. 정조실록 10권, 정조 4년(1780) 8월 13일 1번째 기사를 보면, 임금이 청대(請對)한 여러 승지 및 삼사의 신하들과 의금부 당상을 불러 하교하기를, "가령 짐이 내린 전교가 참으로 간쟁할 만한 단서가 있다면 조지에 반포하여 안팎으로 하여금 모두 알게 해야만 가부 간에 저절로 대동(大同)의 논의가 있을 것이니, 감히 다시 번거로운 소란을 일삼지 말라"고 했다.

바로 이와 같은 정조의 하교는 대단히 혁신적인 사상으로, 언론의 자유주의 이론(the Libertarian Theory)의 핵심 개념인 '사상의 자유공개시장 원리'(the free market-place of ideas)와 비슷하다. '만약 임금이 내린 전교라고 할지라도 그에 간쟁할 만한 단서가 있으면, 그것을 조보에 반포하여 모두가 알게 해야만 가부(可否) 간에 대동의 논의가 있을 것'이라는 생각은 곧 '인간은 이성(理性)에 의하여 정사(正邪)와 선악(善惡)을 구별할 수 있으므로 누구든지 말하고 싶은 것을 자유롭게 말하도록 허용하면 자연히 진실되고 건전한 사상은 생존할 것이요, 불건전하고 허위적인 사상은 소멸하게 된다'는 '사상의 자유공개시장 원리'와 거의 비슷하기 때문이다.

조보는 또한 관민들로 하여금 어떤 공사(公私) 문제 등에 관한 사리를 정확하게 분별토록 만들어 주기 위한 목적도 갖고 있었던 것 같다. 정조실록 25권, 정조 12년(1788) 3월 27일 2번째 기사를 보면, 임금(정조)이 신하들에게 특별히 유시하기를, "조지를 보는 자들로 하여금 자취와 마음이 흑과 백처럼 전혀 다르다는 것을 분명히 알게 하여, 바야흐로 일어나는 의논을 막고 다투어 일어나는 칼날을 막아, 자취와 마음을 헤아리게 하고자 한다"고 했기 때문이다.

그런가 하면, 조보는 어떤 국정 문제에 관한 유언비어를 봉쇄 내지 예방하기 위한 목적도 가졌던 것으로 추정된다. 정조실록 22권, 정조 10년(1786) 12월 19일 3번째 기사를 보면, 영의정 김치인(金致仁)이 임금께 아뢰기를, "신이 엊그제 황당한 말에 대해 약간 말씀드렸습니다만, 요사이 들으니 여염의 선비들 사이에 이야기가 마구 떠돌아 와전(訛傳)이 와전으로 전해져서 기괴하고 두려운 말들이 갖가지로 나온다고 합니다"라고 하자, 임금이 비답하기를, "경(卿)이 아뢴 말을 듣고 매우 놀랐다. 이는 필시 경을 미워하는 자가 나와 정승 사이를 이간시키려 한 일일 것이다. … '서리를 밟으면 굳은 얼음이 얼 때가 온다'는 경계를 깊이 생각해야겠다. 이 거행의 조목을 승정원에서 조지에 분명히 반포하여 안팎으로 하여금 잘 알게 함으로써 엿보는 간계를 뿌리지 못하게 하라"고 명령했기 때문이다.

끝으로 조보의 발행 목적을 하나만 더 들어 보면, 관리들에게 새로운 자세를 가다듬도록 촉구하기 위한 목적을 들 수 있다. 정조실록 42권, 정조 19년(1795) 3월 11일 8번째 기사를 보면, 파주목사와 고양군수에 대한 임금의 처분에 항의해서 양사(兩司: 사헌부와 사간원)의 대신들이 사직시켜 달라고 임금에게 요청하자, 이에 임금이 비답하기를 "오늘날의 습속을 생각하면 밤중에 나도 모르게 벌떡 일어나곤 하는데 경들 몇 사람을 책망할 것이 뭐가 있겠는가. 사피(辭避)하지도 말고 물러가 물론(物論)을 기다리지도 말라. 지금 이후로는 자기 자신을 속이다가 다른 사람을 속이고 다른 사람을 속이다가 임금을 속이고 임금을 속이다가 자연히 하늘까지 속이고 있는 요즈음의 잘못된 풍조를 서로들 일깨워 주며 더욱더 닦아 나감으로써 괄목할 만한 효과가 있게 해야 할 것이다. 이 일을 경들부터 스스로 유념하는 동시에 이를 조보에 내어 중외에서 조지를 보는 자들로 하여금 새로이 자세를 가다듬을 줄 알도록 하라"고 하였다. 따라서 이를 볼 때, 조보는 관리들에게 새로운 자세를 가다듬도록 촉구하기 위해서 발행했다고도 볼 수 있다.

(5) 조보의 내용을 통해 본 조보의 발행 목적

위에서는 임금이 조보에 어떠어떠한 사실을 반포하라고 명령했다는 등의 내용을 담은 실록 기사들을 통하여 조보의 발행 목적을 추정해 보았다. 그러나 조보의 내용을 보아도 조보의 발행 목적을 짐작할 수 있는데, 이에 관해서는 다음의 '메시지' 항목에서 자세히 살펴보기로 하고 여기서는 한두 가지만 간단히 언급하면, 조보의 내용 중에서 가장 많은 것은 임금의 말[言] 즉 전지(傳旨), 전교(傳教), 하교(下教), 유시

(諭示), 비답(批答) 등과, 임금의 행동 즉 신하들의 소견(召見), 차대(次對), 경연(經筵) 등에 참가 및 기타 여러 가지 동정(動靜)이었다. 따라서 이로 미루어 볼 때 조보의 가장 중요한 발행 목적은 임금의 언동 등을 관민(官民)들에게 알리기 위한 것이었다고 볼 수 있다.

조보의 발행 목적 가운데 두 번째로 중요한 목적은, 백성들에게 각종 법령을 고지(告知)하고, 이를 지키도록 준법 정신을 고취하고 권선징악의 정신을 권장하기 위한 것이었다. 조보의 내용들을 분석해 보면, 임금의 언동에 관한 것 다음으로 조보에 많이 실린 것은 형옥(刑獄) 즉 형벌과 옥사(獄事)에 관한 것들이었기 때문이다. 그 다음으로 조보에 많이 실렸던 내용은 신하들의 상소와 그에 대한 임금의 비답 내용이었다. 따라서 이로 미루어 볼 때, 조보의 또 하나의 주요 발행 목적은 신하들의 의사(意思)를 임금에게 상달하고, 그에 대한 임금의 생각을 신하들에게 하달해서 국정(國政)을 원만하게 운영해 나가려는 데 있었던 것 같다.

또한 조보의 내용을 보면 인사(人事)에 관한 소식도 많이 실었는데, 이들 대부분은 관리의 임면(任免)에 관한 것이었다. 그러나 관리의 문책에 관한 내용도 적지 않았다. 예컨대, 정조실록 28권, 정조 13년(1789) 9월 28일 3번째 기사에는 금부당상, 포도대장을 찬배(竄配) 즉 유배시키라는 명령을 취소했다는 내용이 실렸으며, 정조실록 28권, 정조 13년(1789) 10월 25일 2번째 기사에는 모두 7명의 대신(臺臣)들을 귀양 보내라고 임금이 명령했다는 소식이 실려 있다. 따라서 이러한 실록 기사들의 내용을 볼 때, 조보의 또 하나의 발행 목적 내지 기능은 조정의 인사 문제를 특히 관리들에게 알려 주려는 데 있었다고 볼 수 있는데, 인사 문제는 자고로 관리들은 물론이고 일반 백성들에게도 관심의 대상이었기 때문이다.

2) 조보의 발행기관으로서의 승정원

앞에서 조보의 발행 목적부터 살펴보았는데, 그러면 조보는 어떤 기관에서 발행했는가? 이에 관한 것을 우선 실록에서 찾아보았으나, 어느 기관에서 조보를 발행했는지에 관하여 명확하게 밝혀 놓은 기사는 찾지 못했다. 그러나 승정원에서 발행했음을 시사하는 내용은 여기저기 많이 나오고 있었다.

(1) 조선왕조 초기에는 예문춘추관에서 발행했다는 설

앞서 언급했듯이, 최준은 "우리나라에서는 일찍부터 소식을 전하는 일종의 기별지가 있었는데, 이러한 제도가 신라와 고려왕조를 거쳐 조선왕조에 들어서서는 더욱 발달되어, 태조 원년(1392) 9월 14일 예문춘추관을 두어 사관(史官)으로 하여금 조정의 결재사항과 견문록을 기록하여 경외 대소아문에 돌렸으며, 그 후 조보는 조선왕조 제7대 왕 세조 때부터 승정원에서 취급하였다"(최준, 1960, p. 1)고 주장했다.

이와 같은 최준의 주장을 그대로 받아들여 이홍직 편, 『국사대사전』(서울: 일중당, 1963)의 '조보' 항에서는 "우리나라 역대 왕조에서는 기별지가 발달되어서, [조선왕조] 태조 1년(1392) 예문춘추관을 두어 사관(史官)으로 하여금 조정의 결재사항과 견문록을 기록케 하여 각 아문에 돌렸다. 세조 때부터 이 조보는 승정원에서 취급하게 되었고, 중종 15년(1520) 때에는 상공(商工) 관계자에게 반포하였으며, 인종 때에도 이러한 기록이 보인다. 이는 승정원에서 처결된 사항을 길록 서사(書寫)하여 발행한 것으로 그 내용은 조칙을 비롯하여 장주와 묘당(廟堂)의 결의사항, 서임(敍任) 사령, 지방관의 장계, 그 밖에 사회의 돌발 사건도 보도하였다. 이 조보 제도는 고종 31년(1894) 11월 21일 승정원이 폐지될 때까지 계속되었다"(이홍직, 1963, p. 1403)고 서술해 놓았다.

그런가 하면, 북한의 리용필 저, 『조선신문 100년사』(평양: 김일성종합대학출판사, 1985)에서도 "조보는 일명 기별지 또는 저보 등으로 불리웠는데, 그 최초의 기원에 대해서는 아직 정설이 없다. 그러나 15세기 초에 예문춘추관에서 사관(史官)으로 하여금 조정의 결재사항들과 견문록을 옮겨 적어 중앙과 지방의 여러 관청들에 돌리게 하였고, 그 얼마 후부터는 국왕의 결재사항과 관공 문서를 전문적으로 다루는 기관인 승정원에서 조보를 발행했다는 사실은 이미 확실한 것으로 되어 있다"(리용필, 1985, p. 9)고 적혀 있다.

한편 김민환도 그의 저서 『한국언론사』(서울: 나남, 1996)에서 "이성계는 즉위한 그 해인 1392년 예문춘추관을 설치하고 사관(史官)으로 하여금 조보라는 것을 필사하여 각 관청에 돌리게 하였다. 조보의 발행기관은 그 후 승정원으로 바뀌었다"(김민환, 1996, p. 94)라고 서술해 놓았다. 그러나 실록에는 예문춘추관에서 조보를 발행했다는 기록이 보이지 않는다. 하지만 언제부터인지는 확실치 않으나 승정원에서 조보를 발행한 것은 확실한데, 그렇다면 승정원은 어떤 기관이었는가?

(2) 조보의 발행기관 승정원의 역사와 기능 및 조직

승정원은 조선시대에 왕명의 출납을 관장하던 국왕의 비서기관으로 오늘날의 대통령비서실과 비슷하다.[2] 승정원은 정원(政院)·후원(喉院)·은대(銀臺)·대언사(代言司) 등으로 불리기도 하였다. 태조 원년(1392) 7월 반포된 관제에 의하면, 승정원은 고려의 제도를 이어받아 본래는 중추원(中樞院)의 속아문으로 '승지방'(承旨房)이라는 명칭으로 설치된 기관인데, 왕명 출납의 실무를 맡게 하면서 그 장관인 도승지(정3품)와 이를 보좌하는 좌승지, 우승지, 좌부승지, 우부승지 각 1명을 두어 맡은 바 업무를 관장토록 하였다. 이때의 관제에 의하면 중추원은 왕명 출납 이외에 군기(軍機)도 관장하는 강력한 기구였다. 그러나 왕자의 난 이후 태종이 정권을 장악하고 사병을 폐지하는 과정에서 정종 2년(1400) 4월 중추원의 기능을 축소, 분할하였다. 이 과정에서 군기의 사무는 의흥삼군부(義興三軍府)로 이관하고, 왕명 출납을 위하여 승지방을 승정원으로 독립시켰다.

그러나 태종 1년(1401) 의흥삼군부를 승추부(承樞府)로 개편할 때 승정원의 기능을 여기에 귀속시키면서 그 명칭도 대언사(代言司)로 바뀌었다. 그러면서 도승지를 지신사(知申事), 승지를 대언(代言)으로 개칭하였다가, 태종 5년(1405) 육조(六曹)의 강화책의 하나로 승추부를 병조에 병합하면서 다시 승정원을 독립 관서로 부활시키고, 지신사, 좌대언, 우대언, 좌부대언(左副代言), 우부대언(右副代言) 및 당후관(堂後官)과 동부대언(同副代言)을 새로 두었다. 그러다 세종 15년(1433) 지신사를 도승지로, 대언을 승지로 고쳐 승정원 제도를 완비하여 육조의 업무를 각각 분담하게 되었다. 즉 승정원에는 도승지, 좌승지, 우승지, 좌부승지, 우부승지, 동부승지 각 1인씩 모두 6명의 승지를 두어 도승지는 이조(吏曹), 좌승지는 호조, 우승지는 예조, 좌부승

---

2 승정원에 관한 주요 사료원으로는 다음과 같은 서책들이 있다. ① 은대조례(銀臺條例): 승정원의 정무집행(政務執行)의 사례를 모아 엮은 책. 승정원의 사무를 처리하는 데 참고하기 위하여 대원군의 명에 의하여 고종 7년(1870) 편찬하였다. 인본(印本) 1책. 은대는 승정원의 별칭이다(고려대학교민족문화연구소 편, 『한국도서해제』, 서울: 고려대학교민족문화연구소, 1971, p. 417). ② 은대편고(銀臺便攷): 사본(寫本). 3권 3책. 승정원에서 행하는 여러 가지 사항에 대한 규범을 적은 책. 표지의 서명(書名)은 『육고』(六考)로 되어 있다(고려대학교민족문화연구소 편, 『한국도서해제』, 서울: 고려대학교민족문화연구소, 1971, p. 417). ③ 은대선생안(銀臺先生案): 승정원 승지의 선생안(인명록). 조선 개국 초 태조 임금 때부터 고종 31년(1894)까지 취임했던 승지의 성명이 기록되어 있다. 5책 사본.

지는 병조, 우부승지는 형조, 동부승지는 공조를 맡았는데, 이들을 이방·호방·예방·병방·형방·공방의 6방이라 하였다. 이들 육방의 승지는 모두 정3품 당상관으로 임명하고, 당후관으로는 정7품 주서(注書) 1명을 두어 일기(日記) 등의 기록을 담당하게 하였으며, 중기 이후 사변가주서(事變假注書: 정7품) 1명을 더 두었다.[3] 이처럼 세종 때에 이루어진 승정원의 골격과 직제는 그 후 조선 말기 고종 31년(1894) 갑오개혁 때 승선원(承宣院)으로 개칭될 때까지 무려 489년 동안이나 거의 그대로 유지되었다(한국학중앙연구원 편, 『한국민족문화대백과』, '승정원' 항목).

위에서 말했듯이, 6승지들은 분방(分房)하여 각각 6조의 하나를 맡아 업무를 분장했으나 반드시 그랬던 것은 아니고, 왕명에 의해 각 승지의 담당 업무는 융통성 있게 변경될 수 있었다. 그리고 승지들은 그들의 고유 업무 외에도 타관(他官)을 겸직하는 예가 많았다. 즉 승지는 경연참찬관·춘추관수찬관을 겸하는 것이 상례였다. 또한 도승지는 홍문관 직제학을 겸하여 지제교(知製敎)가 되고, 상서원정을 겸하였으며, 승지 가운데에서 내의원(內醫院)·상의원(尙衣院)·사옹원(司饔院)의 부제조를 겸하게 하기도 하였다. 형방승지는 전옥서제조(典獄署提調)를 겸하였다.

승정원의 기능에 대해서 『경국대전』이나 『속대전』(續大典) 등에는 "왕명의 출납을 관장한다"고 되어 있으나, 승정원은 국왕의 비서기관이었기 때문에 그 권한도 적지 않았다. 그러나 갑오개혁 때 고종 31년(1894) 7월 승정원을 궁내부(宮內府) 예하 승선원(承宣院)으로 개편하면서[4] 그 권한이 대폭 축소되었다. 같은 해(1894) 9월 승선원을 다시 의정부로 이속시켰고,[5] 그 뒤 1895년 4월 승선원이 시종원(侍從院)의 비서감(秘

---

3 고려대학교민족문화연구소 편, 『한국도서해제』(서울: 고려대학교민족문화연구소, 1971, p. 417)에는 다음과 같이 서술해 놓았다. "승정원이란 왕실의 비서실과 같은 곳으로 왕명의 출납을 관장하는 기관이다. 이 제도가 완성된 것은 세종 15년의 일로서, 정3품의 승지 6명과 정7품의 주서(注書) 2명으로 구성되었으며, 육조의 일을 6승지가 분담하여 맡고, 왕이 의정부, 육조, 대간, 홍문관 등에 명령을 내릴 때는 반드시 승정원을 통하고, 반대로 각 기관에서 왕에게 상주하는 일 역시 승정원을 통하여 하였다."

4 고종실록 32권, 고종 31년(1894) 7월 22일 1번째 기사를 보면, "군국기무처(軍國機務處)에서 의안(議案) 및 궁내부(宮內府), 종정부(宗正府), 종백부(宗伯府)의 관제와 궁내부 총제(總制)를 올렸는데, 그중에서 6번째 의안을 보면 1. 승선원에서는 왕명의 출납과 기주(記注: 글로 적음), 기사(記事: 사실을 적음), 상서원(尙瑞院), 품계(品階), 검사(檢查)에 관한 일을 맡는다. 급료는 도승선(都承宣) 1원, 좌승선 1원, 우승선 1원, 좌부승선 1원, 우부승선 1원, 기주(記注) 2원, 기사(記事) 2원, 향실(香室), 금루주사(禁漏主事) 2원이다"라고 기록되어 있다.

5 고종실록 32권, 고종 31년(1894) 9월 11일 3번째 기사를 보면, 군국기무처에서 회의 안건을 올

書監)이 되었다가, 11월에 독립하여 비서원(秘書院)으로 개편되었다가, 1905년(광무 9년) 다시 비서감이 되었으나 1907년(융희 1년) 폐지되고 말았다.

3) 조보의 제작·발행 과정과 네 가지 버전

이처럼 승정원에서는 조보도 발행했다. 그러나 이에 대해서는 조선왕조의 헌법에 해당하는 『경국대전』이나 『속대전』에 명시되어 있지 않으며, 실록에도 명시되어 있지 않다. 하지만 전해종(全海宗)에 의하면, "승정원은 단순히 왕명의 출납 업무만 수행한 것이 아니라, 승정원의 승지는 국정에 관한 의견을 상달하고, 정치적으로 영향력을 행사했으며 직접 왕명을 받아 봉행하고 때로는 왕을 배행(陪行)하며 행정 및 사무적 일과 단순히 의례적이고 형식적인 일을 했다. 그 밖에 일기(日記: 승정원일기를 말함)를 기술하고 조보를 기재, 반포하는 임무도 갖고 있었다"(전해종, 1965, pp. 187-188)고 한다. 그렇다면 조보는 승정원의 누가 어떻게 제작해서 발행했는가?

(1) 조보의 제작·발행 과정에 관한 모리스 꾸랑의 설명

이와 같은 문제를 알아보기 위해서는 우선 조보의 제작·발행 과정부터 알아야 한다. 그래야만 누가 어떤 일을 각각 맡아서 처리했는지 알 수 있기 때문이다. 따라서 실록에서 조보의 제작·발행 과정에 관한 기사들을 검색해 보았으나 발견하지 못했다. 그래서 조보의 제작·발행 과정에 관한 선행연구들을 찾아보았더니, 그 과정에 관한 언급들은 많았으나, 일목요연하게 구체적으로 기술해 놓은 것은 찾지 못했다. 그러므로 여기서는 조보의 제작·발행 과정에 관한 여러 가지 선행연구들을 발표순으로 살펴본 뒤, 이들을 종합해서 조보의 제작·발행 과정을 알아보기로 하겠다.

프랑스인 모리스 꾸랑(Maurice Courant)은 1890년 5월 주한(駐韓) 프랑스 공사관의 서기관 겸 통역관으로 우리나라에 와서 1년 10개월 동안 근무하며 한국문헌의 서지(書誌) 작업에 착수해서 1894년과 1895년에 프랑스 파리에서 『한국서지』(*Bibliographie*

린 사실이 나오는데, 그중 두 번째 의안에 다음과 같이 기록되어 있다. "'승선원은 정령(政令)을 출납하는 곳이니 궁내부에 소속시켜서는 아니 됩니다. 응당 의정부로 이속시켜 행정사무를 전임하게 하여야 한다는 사안입니다' 하니, 이 사안에 대해 임금이 모두 윤허하였다."

Coréenne)라는 책을 두 권으로 나누어 각각 발간했다. 이 책에서 "No. 1521. 한경보(漢京報: Hankyengpo: Gazette de Seoul), 또는 조보(Tjyopo: Gazette de la Cour) 또는 기별(Keuipyel: Nouvelles)"이라는 항목을 보면, 조보 내용의 수집 방법과 발행 과정 등에 관해서 다음과 같이 기술해 놓았다.

> 임금을 끊임없이 둘러싸고 있는 신하들은 모든 주어지는 명령을 즉시 적어서 궁내에 있는 승정원의 사무실에 전한다. 승전원의 승지들, 각 행정기구와 대신(大臣)에 의해 보내진 문서 담당자들 그리고 각 부서에 지불해야 할 것이 있는 사람들은 궁중의 하인들이 가져온 내용들을 도착하는 대로 어떤 명(命)도 첨부하지 않고 전사(轉寫)하며 그것이 바로 조보를 구성하는 것이다. 모든 관(官)과 모든 대신들은 따라서 1부씩을 갖게 된다. 승지에 의하여 만들어진 부수(部數)들은 배달인에게 넘어가 그것을 계속적으로 구독하는 여러 관리들과 돈 1냥반(兩半)의 비용을 지불하는 개인들에게 전달된다. 다른 부수들은 월말에 모아져 지방의 행정관과 양반들에게 보내진다. [외국] 공사관이나 영사관에도 실질적으로 판매된다. 조보의 모든 원본이 같은 것은 아니다. 대신(大臣)들의 것은 훨씬 완전하다(꾸랑 저, 이희재 역, 『한국서지』. 서울: 일조각, 1994, pp. 393-394에서 인용).

이와 같은 꾸랑의 기술에서 "각 행정기구와 대신(大臣)에 의해 보내진 문서 담당자들 그리고 각 부서에 지불해야 할 것이 있는 사람들"은 아마도 기별서리를 말한 것 같다. 꾸랑이 위와 같이 조보의 제작·발행 과정을 자세하게 설명해 놓은 것은, 그가 우리나라에 체재한 기간(1890. 5.-1892. 2.)에 조보의 발행 과정을 직접 보거나, 그에 대하여 직접 들은 것을 기술했기 때문인 것 같다. 그러나 그 이전, 즉 꾸랑이 우리나라에 체재하기 이전에도 조보를 이런 식으로 발행했는지는 알 수 없다.

(2) 조보의 제작·발행 과정에 관한 선행연구자들의 설명

1918년 1월 이중화(李重華)는 「반도시론」(半島時論)이라는 잡지에 발표한 "반도(半島)의 신문과 잡지"라는 글에서 조보의 발행 절차를 아래와 같이 비교적 자세하게 설명해 놓았다. 이는 아마도 그가 조보의 발행 과정을 직접 관찰했기 때문일 수도 있는데, 조보는 그가 1881년 서울에서 출생하여 흥화학교(興化學校) 영어과(英語科)에 다니던 때인 1895년까지 계속 발행되었기 때문이다.

> 조보의 발행은 순전한 정부의 공식 발행이 아니라, 승정원이 매일 정사(政事)의 재가된 안건을 게판(揭板)하면 국무(國務) 각 관청으로서 각 1인의 서리를 파송하여 이를 등사하여 각해(各該) 관청의 장관에게 발송하며, 또 이를 경향(京鄕) 관리와 기타 원독(願讀)의 수응(需應)에 공(供)하얏나니 매일 이를 수사(手寫)하여 분송하는 임무를 담당한 자를 기별서리라 칭하며, 이 사람 등이 회합하는 곳을 기별청이라 하였나니 기별은 소식 즉 신문의 뜻[義]이라. … (이중화, 1918, p. 25)

한편 안민세(安民世: 안재홍)는 1935년 「조선일보」에 연재한 '조선신문소사'(朝鮮新聞小史)라는 글에서 조보란 "승정원에서 처리하는 사항·조령·장주와 관리임면 등을 기재하야 매조(每朝)에 반포하는 '기주'축('記注'軸)이니 기별서리란 자(者)가 있어 모필(毛筆)로서 맨들어 내고 기별군사라는 사령이 있어 분전(分傳)하든 것이다"(조선일보, 1935. 7. 6일자)라고 간략하게 조보와 그 발행 과정을 설명해 놓았다.[6] 그러면서 "이러한 관보인 조보에서 파생된 자(者) 저보가 있으니 조선 상대(上代)에는 각도부군(各道府郡) 등 지방행청에서는 중앙지에 반드시 '경주인'(京主人)을 두어 관계(官界)의 소식을 각각 그 자기의 지방에 적어 보내게 한 것이니 이는 '긔별'로서 아칭(雅稱)하여 저보라고 한 자(者)이다"라고, 저보에 관해서도 설명해 놓았다.

1949년 유자후(柳子厚)도 『조선민주사상사』(서울: 조선금융조합연합회)라는 저서에서 조지(조보)의 발행기관, 발행과 배포 방법, 체재 등에 관하여 설명해 놓았다. 이에서 조보의 발행 과정만 소개하면 아래와 같다.

> 조지는 왕명의 출납을 장악하고 있는 승정원에서 승지가 발포하면 기별서리

---

6 이를 그대로 인용하여 성준덕(成俊德)은 그가 편찬한 『한국신문사』(서울: 신문학회, 1955)에서 "조보는 승정원에서 처리하는 사항 — 조령(詔令), 장주(章奏)와 관리임면 등을 보도하여 매일 아침마다 반포하는 「기주」(記注)축이니 「기별」 등은 서리(書吏)가 따로 있어서 모필(毛筆: 붓)로써 만들어 내면 기별군사(奇別軍士)는 이를 즉시 분전(分傳)하는 것이다"(성준덕, 1955, pp. 1-2)라고 기술해 놓았다.

가 등사하여 각 행정부에서 오는 각 부(部)의 기별서리가 와서 각기 이것을 이초(移抄)하여다가 기별군사에게 배부하여 인차(鱗次)로 도(道), 읍(邑), 면(面)까지 일세(一世)에 반포케 하는 것이었다(이 조지인 기별지를 서사하는 서리를 '기별서리'라 하였고 이 반포의 기별지를 배달하는 자를 '기별군사'라 일컬어 왔다). 재조(在朝)의 관(官)이나 재야(在野)의 인(人)이 모두 이 조지를 열독하고 매일 정사의 동향을 알게 되는 것이었다. 조지의 체재로 말하면, 당시 이미 활자가 있었으나 윤전식이 아닌 식자(植字)의 조판(組版), 또는 목각(木刻)의 인쇄판으로 도저히 지난(至難)함으로 기별지라 하게 된 것이었다. 그리고 이 기별지의 등사가 여자의 손에서도 많이 나왔다는 기록과 전설(傳說)이 있음을 보면 진한문(眞漢文)의 기별지를 우리 국문으로 번역하여 등사된 것 같다. 그리하여 나라의 정사의 동향을 여성들에게도 주지케 하였던 것이다(유자후, 1949, p. 115).

1956년 이상협(李相協)도 「대한신문연감: 1956」(서울: 대한신문연감사)에 게재한 "한국신문의 걸어온 발자취"라는 글의 첫머리에서 조보에 관하여 언급하면서, "이는 조정(朝廷)의 공식 발표가 아니고, 승정원에서 그날의 정사(政事)의 재가건(裁可件)을 비롯하여 관리 임면 등의 기록을 게판(揭板)하면 국무 각 관청에서 파송한 기별서사가 기사(記寫)한다. 이것을 다시 기별군사가 매일 아침 관계 각 처에 배달하였다. 또 지방관청에서는 중앙에 경주인을 두고 이를 전사(轉寫)하여 각기 지방에 전달하였다"(이상협, 1956, p. 1)라고 조보의 발행 과정을 간단하나 일목요연하게 설명해 놓았다.

끝으로 북한 평양에서 1995년 발간한 『조선출판문화사: 고대~중세』라는 책을 보면, "조보의 발행은 이조봉건시기 초기에는 예문춘추관에서 담당, 수행하였고, 16세기에는 승정원에서 그 사업을 주관하였는데, 편집으로부터 발행, 배포 과정은 지극히 간단하였다"면서, "승정원에서 각 관청으로부터 제공받은 자료와 승정원 자체가 발표할 필요를 느끼는 자료들을 먼저 취사선택하여 조보소에 넘기면 중앙 각급 관청들과 한성부 및 기타 기관들에서 파견한 기별서리들이 필사해 갔다(p. 395). 이렇게 필사한 것은 사실 원고가 아니라 그 자체가 곧 보도물이며 인쇄하지 않고 필사로 끝나는 만큼 이로써 조보의 편집과 제작 과정은 끝났다. 이것은 인쇄하는 것이 아니고(선조 때 잠깐 인쇄한 일이 있었다) 필사해 가는 것인 만큼 그 필사한 글씨는 속기체 초서로 썼기 때문에 알아보기 힘들 정도이다. 특히 글씨체는 필사해 가는 기별서리가 다른 만큼 필사하는 서리의 필법에 따라 각이(各異)하였다"(p. 396)고 기술해 놓았다.

(3) 조보의 제작·발행 과정과 네 가지 버전(version)

앞에서 조보의 제작·발행 과정에 관한 여러 선행연구자들의 설명을 살펴보았는데, 그 설명이 각 연구자들에 따라 조금씩 다르다. 그러나 이들 중 이상협(1956, p. 1)이 가장 일목요연하게 설명해 놓았다. 따라서 이를 중심으로 하되, 다른 선행연구자들의 설명도 종합해서 조보의 제작·발행 과정을 살펴보면, 대체로 다음과 같았다고 볼 수 있다.

> ① 승정원에서 각 관청으로부터 제공받은 자료와 승정원 자체에서 발표할 필요를 느끼는 자료들을 취사선택하여 그날 발표할 내용들, 예컨대 임금의 전교(傳敎), 임금이 재가한 정사(政事)의 건(件), 임금의 동정(動靜), 관리의 임면(任免) 등에 관한 소식들(조보의 내용)을 종이에 써서 매일 아침 승정원(나중에는 기별청)의 게시판에 게판(揭板)했다.
>
> ② 그러면 미리 와서 기다리던 중앙정부의 각 관청 소속 기별서리들이 각각 가지고 온 종이와 붓으로 게판해 놓은 조보의 원본을 그대로 베낀다. 이때 지방정부(군현 등)의 서울연락소인 경저(京邸)의 경주인('경저리'라고도 부름)들도 승정원에 와서 기다리다가 조보 원본이 게판되면 이를 모두 그대로 베끼거나 또는 자기 소속 지방정부에 관계된 것만 초록(抄錄)했다.
>
> ③ 중앙의 각 관청 소속 기별서리들과 지방정부의 경저리들이 승정원에 가서 게판해 놓은 조보 원본의 내용을 베껴서, 기별서리들은 그것을 각각 자기 관청 소속 기별군사로 하여금 자기 소속 관청에 빨리 배달토록 하면, 이를 해당 관청에서 윤독하거나 또는 여러 부를 등사해서 나누어 보았다. 한편 군(郡)·현(縣) 등 지방관청의 경주인들은 각각 자기가 승정원에서 베낀 것을 경저로 가지고 와서, 자신이 직접 또는 아내나 딸 등을 시켜 여러 부(部)를 전사한 다음, 이들을 자기 소속 지방관청으로 며칠에 한 번씩 모아서 보냈다. 이때 조보를 읽기 원하는 재야(在野)의 사대부나 식자(識者) 등에게도 비공식적으로 전해 주거나, 또는 몰래 돈을 받고 팔기도 했다. 그러면 재야에서는 이를 회람하거나 무단으로 등서하여 나누어 보았다.

조보는 대체로 위와 같은 방식과 순서로 발행되었다. 그러므로 조보에는 크게 네 가지 버전(version)이 있었다.

첫째는 승정원에서 게판한 조보로, 곧 조보의 원본(original version)인데, 이는 승정원에서 그 관내(뒤에는 기별청)에 게시한 것이기 때문에 '게시판신문'(bulletin board news)이라고 볼 수 있다.

둘째는 중앙정부의 각 관청 소속 기별서리들이 승정원(나중에는 기별청)에 가서 조보의 원본을 그대로 베껴서 자기 관아에 보낸 것으로, 이는 '기별서리 버전'(Kibyelseori version)의 조보이다. 이러한 기별서리 버전의 조보는 손으로 쓴 신문이므로 '필사신문'(handwritten newssheets)이라고 볼 수 있다.

셋째는 지방정부(군, 현 등)의 서울연락소인 경저(京邸)의 '경저리'(경주인)들이 기별서리들과 마찬가지로 승정원에 가서 조보의 원본이 게시되면 이를 그대로 베끼거나 또는 자기 소속 지방정부에 관계된 것만을 초록(抄錄)해서 자기 소속 지방 관아에 보낸 것으로, 이는 '경저리 버전'(Kyungjeori version)의 조보이다.[7] 이러한 경저리 버전의 조보는 경저리들이 마치 편지처럼 자신이 속한 지방정부로 보냈으므로 '서한신문'(newsletter)이라고 볼 수 있다.

넷째는 재야(在野)의 사대부나 식자(識者), 선비 등이 기별서리나 경저리 또는 관리들에게서 조보를 얻어서 이를 그대로 등사하거나 일부만 초록해서 비공식적으로 지인(知人) 등에게 전달해 준 것으로, 이는 '무단필사(無斷筆寫) 버전'(unauthorized copying version)의 조보이다. 이러한 무단필사 버전의 조보들은 특히 조선 후기 재야의 사대부나 민간인들 사이에서 수없이 많이 유통되었다.

이처럼 조보에는 네 가지 버전이 있었으나, 서로 구별하기는 어려웠다. 조보는 근대 인쇄신문과는 거리가 먼 것으로, 비록 '조보'라고는 불렀지만 '조보'라는 신문

---

7 이와 같은 경저리 버전의 조보를, 안민세(安民世: 안재홍)는 기별서리 버전의 조보와 구별하여 '저보'라고 부르고 있다. 안민세가 1935년 7월 조선일보에 연재한 "조선신문소사"(朝鮮新聞小史)라는 글을 보면, "조보가 분명한 관보이어니와 이에서 파생된 자(者) '저보'가 있으니, … 각도부군(各道府郡) 등 지방행청에서는 중앙지에 반드시 '경주인'이 있어 관계(官界)의 소식을 각각 그 자기의 지방에 적어 보내든 것이니 이는 'ㄱ 별'로서 아칭(雅稱)하여 '저보'라고 한 자(者)이다"(「신문평론」 창간호, 1947년 4월, p. 8에서 전재)라고 말하였다. 이와 마찬가지로, 국사학자 최승희(崔承熙)도 그의 저서 『한국고문서연구』(증보판)(서울: 지식산업사, 1989)에서 조보와 저보를 각각 별개의 것으로 구별해 놓았다.

제호(題號, newspaper title)도 없이 오른쪽에, 예컨대 '戊子九月初二日' 식으로 당일 날짜만 간지(干支)로 적어 놓았기 때문이다. 그리고 조보의 규격과 필체 등도 조보마다 각각 달랐는데, 이는 각 관청의 기별서리나 각 경저의 경저리들이 가져온 종이의 규격이 서로 달랐고, 필체도 각 기별서리나 경저리에 따라 달랐기 때문이다.

(4) 조보와 서양 최초 신문 「악타」의 세 가지 버전 비교

위와 같이 우리나라 조보에는 크게 네 가지 버전이 있었는데, 이는 서양 최초의 신문으로 일컫는 로마공화국시대의 「악타 세나투스」와 「악타 디우르나」의 버전들과 비슷하다. 앞서 제3장에서 살펴보았듯이 서양에서는 로마공화국 말기에 당시 집정관 카이사르(Caesar)가 기원전 59년부터 관보(official gazette)인 「악타 세나투스」와 「악타 디우르나」를 처음으로 발행하기 시작했다. 그러나 이들 관보는 오늘날의 신문처럼 종이에 인쇄한 것이 아니라, 각종 소식 등을 날마다 석고판 등에 문자로 새긴 다음, 이것들을 로마광장(Forum of Rome)을 비롯한 로마시내 주요 공공장소의 게시판들에 걸어 놓아서 시민들이 읽도록 한 '게시판신문'이었다. 이것이 「악타 세나투스」와 「악타 디우르나」의 오리지널 버전으로, 우리나라 승정원에서 승정원 내(뒤에는 기별청)에 게시한 조보와 비슷했다. 그러나 「악타 세나투스」와 「악타 디우르나」의 오리지널 버전은 뉴스 등을 석고판에 새겨서 로마시내 주요 공공장소의 게시판들에 며칠 동안 걸어 놓아서 시민들이 직접 보도록 한 반면,[8] 우리나라 조보의 원본(original version)은 승정원(후에는 기별청)에 게시하여 중앙 각 부처의 기별서리들과 지방 각 군현의 경저리들만이 베껴 가도록 한 것이 다른 점이었다.

위와 같이 로마시내 주요 공공장소에 게시했던 게시판신문 형태의 「악타 세나투스」와 「악타 디우르나」는 지방에 거주하는 사람들은 직접 읽어 볼 수 없었다. 그러자 지방에 머물고 있던 로마의 귀족과 장군 등이 고용한 로마 주재의 전속(專屬) 통보원들이[9] 로마시내에 걸어 놓은 게시판신문 형태의 「악타 세나투스」와 「악타 디

8 이처럼 게시판신문 형태의 「악타 세나투스」와 「악타 디우르나」는 며칠 동안 걸어 놓았다가 떼어서 다른 공공문서들과 함께 보관해서 역사적 자료로 사용하게 했다고 한다.

9 이들은 지방의 장원에 주로 머물고 로마의 귀족들이나 또는 공무상으로 지방에 머물고 있던 장군이나 고급관료 등이 원로원과 평민원의 의결사항, 국가의 전세, 군대의 동정 등을 알기 위해 수도(首都) 로마에 주재시키면서 중요한 뉴스들을 수집해서 편지로 통보토록 한 개인적인 통보

우르나」의 내용을 파피루스(papyrus)에 필사해서 지방에 머물고 있던 주인들에게 편지로 통보했다. 이로써 파피루스판 필사 형태의 「악타 세나투스」와 「악타 디우르나」도 나오게 되었는데, 이들은 바로 우리나라 조보의 경저리 버전과 비슷한 것이었다. 그러나 파피루스에 필사한 서양의 「악타 세나투스」와 「악타 디우르나」는 어디까지나 지방의 귀족과 장군 등의 개인적인 로마 주재 통보원이나 노예들이 로마시내에 게시해 놓은 게시판신문 형태의 「악타 세나투스」와 「악타 디우르나」의 내용을 필사해서 자기 주인들에게 편지를 통해 통보한 사신(私信) 형태의 서한신문(newsletter)이었던 반면, 우리나라의 경저리 버전 조보는 공식적인 것이었다.

이후 서양에서 파피루스에 필사한 「악타 세나투스」와 「악타 디우르나」가 점차 상류사회에서 유행하게 되자, 귀족이나 장군 등의 개인적인 통보원들과는 별도로, 직업적 통보원들도 등장해 로마시내에 걸어 놓은 「악타 세나투스」와 「악타 디우르나」의 내용을 파피루스에 필사해서 로마와 그 밖의 지역 사람들에게 팔게 되었다. 그리하여 로마시대 신문 연구학자인 지파드는 일종의 상업적 형태의 필사본 「악타 세나투스」와 「악타 디우르나」도 등장하게 되었다고 주장하고 있다(Giffard, 1975-76, p. 107). 지파드에 따르면 당시 직업적 통보원들은 게시판 형태의 관보인 「악타 세나투스」와 「악타 디우르나」의 내용을 그대로 필사만 해서 독자들에게 판 것이 아니라, 자신들이 거리나 시장 등에서 수집한 가십 따위의 소식들도 추가해서 독자들에게 팔았다고 한다. 이처럼 당시 직업적 통보원들이 필사해서 독자들에게 판 「악타 세나투스」와 「악타 디우르나」는 서양 최초의 상업적 신문이자 민간신문이라고도 볼 수 있다.

그런데 이와 비슷한 민간신문은 한 때 우리나라에서도 존재했다. 앞서 제3장에서 살펴보았듯이 조선조 선조 때 서울에 직업 없는 사람들이 관보인 조보를 인쇄해서 관리들과 민간인들에게 팔았는데, 이것이 우리나라 최초의 민간신문이자 인쇄신문이었다. 그러나 이러한 민간인쇄조보는 당시 임금인 선조의 진노를 사게 되어 시작한 지 불과 두세 달 뒤에 발행이 정지되었고, 이에 관계되었던 30여 명의 민간인들이 정배를 당하고 말았다.

이상과 같이 서양 최초의 신문인 「악타 세나투스」와 「악타 디우르나」에는 세 가

원(일종의 통신원)들로서, 우리나라의 경저리(京邸吏)와 비슷했다.

지 형태의 버전(version)이 있었는데, 이들 중 첫째 버전은 우리나라 조보 중 승정원에서 매일 아침 게판한 조보의 원본과 비슷했으며, 둘째 버전은 우리나라 조보의 기별서리와 경저리 버전과 비슷했다. 그리고 세 번째 버전은 우리나라에서 선조 때 등장했다가 곧 사라진 민간인쇄조보와 비슷했는데, 이는 단순한 우연이 아니라, 모든 나라의 신문은 역사적으로 서로 비슷한 양태로 생성되기 때문이라고 볼 수 있다.

4) 조보 원본의 편집·제작자들과 분장 업무

앞에서 우선 조보의 제작·발행 과정부터 살펴보았는데, 그러면 조보는 구체적으로 누가 어떻게 제작·발행했는가? 조보의 제작·발행자라고 하면, 넓은 의미로는 앞서 살펴본 조보의 네 가지 버전의 관계자들을 모두 포함할 수 있다. 그러나 여기서는 조보 원본의 편집·제작자들에 관해서만 살펴보기로 하겠는데, 비록 기별서리와 경저리도 조보 원본을 필사할 때 그 일부를 생략하여 초록하는 등의 편집 행위를 하기도 했지만, 이들은 엄밀히 말해서 조보의 제작·발행자가 아니라, 조보를 필사, 복제하여 배포하는 전달자에 속하기 때문이다. 그러므로 여기서는 우선 조보 원본의 편집·제작자들에 관해서만 살펴보기로 하고, 기별서리와 기별군사, 경주인(경저리) 등에 관해서는 다음 항목, 즉 '조보의 전달과 배포'에서 살펴보기로 하겠다.

(1) 조보의 편집·제작 책임자는 승정원 승지

앞서 조보의 원본(오리지널 버전)에 관하여 설명할 때, 이는 승정원에서 각 관청으로부터 제공받은 자료와 승정원 자체가 발표할 자료들을 취사선택하여 그날 발표할 내용들을 종이에 써서 매일 아침 승정원 내(나중에는 기별청)의 게시판에 게판한, 게시판신문 형태였다고 말했다. 그렇다면 이와 같은 조보의 원본은 누가 어떻게 제작해서 게시하였는가?

이에 관한 것을 우선 실록에서 찾아보았으나, 구체적으로 설명해 놓은 것은 찾지 못했다. 하지만 조보(원본)의 편집·제작자가 누구였는지를 간접적으로 나타내는 기록들은 적지 않게 나오는데, 이들을 보면 조보의 편집·제작 책임자는 승정원 승지였음이 확실하다. 만약 조보에 잘못이 있을 경우, 승지를 추고(推考: 문초하거나 캐물어 처벌하는 것)하라는 등등의 내용이 실록에 많이 나오기 때문인데, 그중에서 몇 가지만 들어 보면 아래와 같다.

① 간원(諫院)에서 임금에게 아뢰기를, "후사(喉司: 승정원의 별칭)는 출납하는 직임을 맡았으므로, 여느 미안한 하교가 있더라도 복역(覆逆)하여 간쟁하는 일이 있으면 조보에 베껴 써낼 수 없는 것이 본디 통행하는 관례입니다. [그러나] 지난밤의 비망기(備忘記)는 관계되는 바가 지극히 중대한데, 한편으로는 복역하면서 한편으로는 조보에 냈으니, 상세히 살피고 삼가지 못한 잘못이 큽니다. 청컨대 당해 승지를 종중추고(從重推考)하소서" 하니, 임금이 답하기를, "아뢴 대로 하라" 하였다(숙종실록 42권, 숙종 31년, 서기 1705년 10월 30일 3번째 기사).

② 정언 홍우서(洪禹瑞)가 상소하기를, "역적 민암(閔黯)의 사건에 명명(明命: 임금의 명령)이 혁연(赫然)하다는 것으로써 제방(隄防)을 삼았으며, 또 명하여 거조(擧條: 임금께 아뢰는 조항)에 써내게 해서 중외로 하여금 소연히 알게 하였는데도 출납의 직임에 있는 자가 전연 지식(止息)시켜 반포할 뜻이 없었고, 시일이 오래되어 물의(物議)가 시끄럽게 떠들썩한 뒤에야 비로소 느릿느릿하게 조지에 베껴 내었으니, 만일 조정에서 조금이라도 기강이 있었다면 어찌 감히 그러하겠습니까? 해당 승지의 죄는 직임을 다하지 못하였을 뿐만이 아닙니다" 하니 … 임금이 답하기를, "거조에 써내어서 효연하게 알게 한 것이 이날의 하교이니 반드시 공공연히 가려둘 이치가 없었는데 즉시 조지에 내지 않은 것은 진실로 몹시 미안하다. 해당 승지는 종중추고(從重推考)하라"고 하였다(숙종실록 46권, 숙종 34년, 서기 1708년 6월 6일 2번째 기사).

③ 정언 홍우서(洪禹瑞)의 상소에 대하여 임금이 답하기를, "어제 회강(會講)한 문의(文義)와 설화(說話)를 … 즉시 조지에 내지 않은 것은 진실로 몹시 미안(未安)하다. 해당 승지는 종중추고(從重推考)하라" 하였다(숙종실록 46권, 숙종 34년, 서기 1708년 6월 6일 2번째 기사).

④ 사간원에서 임금께 아뢰기를, "신이 어제 대청(臺廳)에 이르러 듣건대, 승지를 추고하라는 하교가 있어 원리(院吏)로 하여금 베껴 오게 하니, 후원(喉院: 승정원)의 관리가 일이 본원(本院)에 관계된 것이라 핑계하고 조보에 내

> 지 않았다고 합니다. … 해당 승지를 마땅히 추고하고 지금으로부터 이후로는 비록 후원에 관계된 것일지라도 조보에 내게 해야 합니다" 하니, 임금이 이를 모두 옳게 여겨, 승지는 특별히 파직할 것을 명하였다(영조실록 38권, 영조 10년, 서기 1734년 8월 10일 3번째 기사).

위와 같은 내용의 실록 기사들을 볼 때, 조보의 편집·제작 책임자는 승지였음이 확실하다. 그러나 6방(房)의 승지들 중에서 어떤 방의 승지가 조보의 편집·제작 책임을 맡았는지는 알 수 없다. 실록 기사들에서도 '해당 승지를 추고하라'고만 했을 뿐, 그 승지가 어떤 방 소속인지는 밝혀 놓지 않았기 때문이다. 그런데 최정태(崔貞泰)에 의하면, "조보의 발행은 승정원 내의 어느 한 부서(部署)가 단독으로 행하지 않고 6방 승지의 자문 아래 정7품급 주서(注書) 2명과 사변가주서(事變假注書) 1명이 합의제로 조보의 내용을 편집하고 실무를 주재하였다"(최정태, 1992, p. 17)고 한다. 그러나 그 전거(典據)를 밝히지 않아 사실 여부는 알 수 없다.

하지만 조보의 편집·제작을 전담하는 색승지(色承旨)를 별도로 두었던 것 같기도 하다. 선조실록 65권, 선조 28년(1595) 7월 14일 4번째 기사를 보면, 동지중추부사 윤선각(尹先覺)과 부제학 이정형(李廷馨)이 임금께 아뢰기를, "지난번 중국 사신이 8일에 싸 가지고 온 장계(狀啓)가 즉시 조보에 전파되어 누설되었으니 매우 잘못한 일입니다. 색승지를 파직하고 동참했던 승지를 추고(推考)하소서" 했다는 내용이 나오기 때문이다. 또한 선조실록 65권, 선조 28년(1595) 7월 15일 1번째 기사에는 사헌부가 임금께 아뢰기를, "군국(軍國)의 기밀 사항을 일체 밖에 누설할 수 없는데, 근일 승정원에서 자세히 살피지 않고 본초(本草)를 내주어 조보에 전파되기까지 하였으니 매우 놀랍습니다. 색승지를 파직하고 동참했던 승지를 아울러 추고할 것을 명하소서" 하니, 임금이 답하기를 "색승지를 체직하고 동참했던 승지는 추고하라"고 했다고 적혀 있다. 따라서 이러한 기사들로 미루어 볼 때 조보의 발행 책임자는 색승지였던 것 같기도 한데, 색승지란 어떤 일정한 일을 맡거나, 책임을 맡은 승지를 말한다.

(2) 조보의 편집·제작 실무는 주서가 맡아

위에서 살펴보았듯이 조보의 편집·제작 책임자는 승지, 그중에서도 색승지였음이 확실하다. 그러나 실제 실무 작업은 주서(注書)가 맡았는데, 이는 실록을 보면 아래와 같이 "[주서가] 아득히 모르고 지나쳐 버린 채 전혀 실상을 기록하지 않아 조보에도 나오지 않았으니, … 해당 주서를 파직하소서", "[주서가] 조보에 대강만 초출(抄出)하였으며, 성상의 비답에서도 잘못하여 빠뜨린 곳이 많으니 … 당해 주서를 파직하소서" 했다는 내용 등등이 나오기 때문이다.

① 간원이 아뢰기를, "당후(堂后: 주서의 별칭)의 직임은 실로 기주(記註)를 관장하여 임금의 행동과 국가의 정사(政事)를 기록하니, 한원(翰苑)에 버금가는 막중한 임무입니다. 그런데 근래 전혀 사람을 가리지 않아 식자(識者)들이 한심하게 여긴 지 오래입니다. 그저께 조강에서 대간이 아뢴 말을 조보에 대강만을 초출(抄出)하였으며, 성상의 비답에서도 잘못하여 빠뜨린 곳이 많았습니다. 사리에 어두워 직무를 제대로 수행하지 못한 과실이 큽니다. 당해 주서를 파직하소서"(인조실록 19권, 인조 6년, 서기 1628년 11월 21일 1번째 기사).

② 사헌부가 아뢰기를, "당후의 직임은 보통의 서관(庶官)에 비할 것이 아니므로 실관(實官)에 사고가 있으면 비록 혹 임시 차임을 하더라도 반드시 일시의 인망이 있는 사람을 가리는 것은 그 뜻이 있는 데가 있어서입니다. 그런데 요즘 와서는 전례만을 따라 구차히 채울 뿐, 전혀 사람을 가리지 않고 있으니 이미 물의가 많이 있습니다. 어제 대사헌 송순(宋諄), 대사간 윤선(尹銑)이 탑전에서 직접 의를 법으로 다스릴 것을 아뢴 것은 많은 곡절이 있어서 그런 것이며, 골육의 은혜를 온전히 해야 한다고 하는 설에 대하여 하교하기에 이르러서는 현저히 복계(覆啓)의 논의가 있었는데도 아득히 모르고 지나쳐 버린 채 전혀 실상을 기록하지 않아서 조보에도 나오지 않았으니, 식견이 매우 부족합니다. 해당 주서를 파직하소서" 하니, 임금이 답하기를, "무릇 친국을 할 때 탑전에서 올린 계사를 조보에 내는 것은 구례가 아닌데, 하필 전에 없던 예를 만들어야 하는가. 다만 전혀 사실을 기록하지 않은 것에 대해서는 추고해야 옳다" 하였다(광해군일기 73권, 광해 5년, 서기 1613년 12월 8일 3번째 기사).

③ 임금이 이르기를, "요즘 동궁(東宮)의 조보를 가져다가 상고해 보니 주서의 기사가 매우 엉성하였다"(인조실록 25권, 인조 9년, 서기 1631년 10월 17일 3번째 기사).

이와 같은 실록 기사들에서 보듯이, 조보에 게재할 내용들은 주서가 기사로 작성하였고[10] 잘못하면 책임을 추궁당하기도 했다. 그렇다면 주서는 어떤 벼슬이었는가? 주서는 승정원의 정7품 관직으로 정원은 2인이었다. 이러한 주서는 고려시대의 중추원 당후관(堂後官)을 조선조 정종 2년(1400)에 승정원 당후관으로 고쳤다가 주서로 개칭한 것이었다. 이와 같은 주서의 직임은 위에서 보듯이, 임금의 행동과 국가의 정사(政事)를 기록하는 일, 즉 기주(記註)를 관장하는 것으로, 한원(翰苑) 즉 예문관(藝文館)에 버금가는 막중한 임무였다. 그리고 이러한 임무를 맡은 주서는 승정원일기도 기록하고 조보의 편집·제작 업무도 맡았다. 그런가 하면, 세조 3년(1457) 7월부터는 춘추관기사관을 당연직으로 겸임하게 하여 사초(史草)의 기록이나 실록 편찬에도 참여했고, 의금부, 전옥서(典獄署) 등에 중요 형옥이 있을 때는 그 심리에 참여하기도 했다. 때문에 그 업무가 과중하게 되자, 선조 때부터는 사변가주서(事變假注書) 1인을 증원하여 비변사와 국옥(鞫獄)에 관한 문서를 전담하도록 했다. 그런가 하면, 연산군 때는 가설주서(假設注書) 2인을 더 두기도 하였으나 중종반정 직후인 중종 1년(1506)에 폐지되었고, 다만 주서 2인이 모두 궐원(闕員)이 되었을 때는 가주서를 임시로 선임하기도 했다(『한국민족문화대백과』 참조).

(3) 조보에 발표할 내용들의 취재와 기사 작성

위에서 살펴보았듯이, 조보의 편집·제작 책임은 승지가 맡았으나, 실제 실무 작업은 주서(注書)가 담당했다. 그렇다면 조보에 발표할 내용들은 어떻게 수집 또는 취재했는가? 이에 관한 설명은 실록에 나오지 않으나, 명종실록 34권, 명종 22년(1567) 6월 15일 2번째 기사를 보면, "사헌부에서 임금에게 아뢰기를, '지평 이우직(李友直)과 정언 정탁(鄭琢)이 성상소(城上所)에서 합사(合司)하여 논계(論啓)한 것을 조보에 전언(傳言)한 것은 대의를 잃지 않아 제법 아무 잘못이 없어 보입니다'라고 하였다"는 내용

10 그러나 승지가 직접 조보에 낼 기사를 작성하기도 했던 것 같은데, 숙종실록 46권, 숙종 34년(1708) 6월 6일 2번째 기사를 보면, "정언(正言) 홍우서(洪禹瑞)가 상소(上疏)하기를, '역적 민암(閔黯)의 사건에 관하여 시일이 오래되어 물의(物議)가 시끄럽게 떠들썩한 뒤에야 [승지가] 비로소 느릿느릿하게 조지에 베껴 내었으니, 만일 조정에서 조금이라도 기강이 있었다면 어찌 감히 그러하겠습니까? 해당 승지의 죄는 직임을 다하지 못하였을 뿐만이 아닙니다' 하니 … 임금이 답하기를, '해당 승지는 종중추고(從重推考)하라' 하였다"는 내용이 나오기 때문이다.

이 나온다. 이러한 내용으로 미루어 볼 때, 정부의 각 관아의 관리들이 발표할 것이 있으면, 이를 조보의 편집·제작자인 승정원의 승지나 주서에게 전언(傳言) 즉 제보를 해 주었던 것 같다. 심지어는 헛소문까지 승정원의 승지나 주서에게 전언해 주기도 했던 것 같은데, 선조실록 217권, 선조 40년(1607) 10월 3일 3번째 기사를 보면, "간원(諫院)이 아뢰기를, '공조참판 허진(許晉)은 헛소문을 심지어는 정원에 올리고 조보에 싣기까지 하였습니다'"라는 내용이 나온다.

한편 조보에 낼 기사는 각 관아의 관리가 작성하여 승정원의 주서나 승지에게 보내기도 했던 것 같다. 선조실록 180권, 선조 37년(1604) 10월 25일 3번째 기사를 보면, "[사헌부] 장령 채형(蔡衡)이 아뢰기를, … '어제 비답을 받들 적에 미처 상세히 살피지 못한 탓으로 본부의 조보에 '파추(罷推)할 필요가 없다'고 한 '추'(推) 자를 전연 쓰지 않고서 단지 '파직할 필요가 없다'고만 썼으니 … 신(臣)을 체직시켜 주소서' 하니, 임금이 답하기를, '대단한 일이 아니니 사퇴하지 말라' 하였다"고 적혀 있기 때문이다. 또한 다른 실록 기사들에도 아래와 같은 내용들이 나온다.

> ① 사헌부 지평 송극인(宋克訒)이 아뢰기를, "윤훤(尹暄)을 잡아다가 국문하는 일에 대해 어제 비로소 [임금께서] 비답을 내리셨습니다. 신은 성상소(城上所)로서 명을 받은 뒤 연계(連啓)를 우선 정지해야 할지 여부를 동료들에게 알려 의논한 즉시 조보에 냈어야 했는데, 깜박 살피지 못하고 말았습니다. 초경(初更)이 지난 뒤 간원이 우선 정지한다고 한 분발(分撥)을 보고서야 비로소 잘못을 깨달았으니, 잘못이 큽니다. 파척시켜 주소서" 하니, 임금이 이르기를 "사직하지 말라"고 답하였는데, 물러가 물론(物論)을 기다렸다(광해군일기 52권, 광해 4년, 서기 1612년 4월 28일 1번째 기사).
>
> ② 사간원 정언 오장(吳長)이 임금에게 아뢰기를, "그제 역적 김제세(金濟世)를 사형에 처하라는 일을 아뢰고, 어제 잠시 그 의논을 정지했는데, 신이 깜박 잊고 성상소 하리에게 '고정'(姑停)이라는 두 글자를 말하지 않아서 조보에 써서 내지 못하게 하였으니, 파척시켜 주소서" 하니, 임금이 "사직하지 말라"고 답하였는데, 물러가 물론을 기다렸다(광해군일기 52권, 광해 4년, 서기 1612년 4월 18일 4번째 기사).
>
> ③ 간원이 아뢰기를, "공조참판 허진(許晉)은 아무런 탈이 없이 집에 있었는데 예조가 망령되이 하리(下吏)가 전하는 헛소문을 믿고서 죽었다는 공사(公事)

를 만들었고 심지어는 정원에 올리고 조보에 싣기까지 하였습니다. 당상과 낭청을 모두 추고토록 명하시고 색리(色吏)를 수금하고 치죄하소서" 하니, 임금이 "아뢴 대로 하라"고 답하였다(선조실록 217권, 선조 40년, 서기 1607년 10월 3일 3번째 기사).

④ 전(前) 장령 어석령(魚錫齡)이 상소하기를, "의관(醫官)은 진어하는 약을 비록 강계다음(薑桂茶飮)일지라도 반드시 조보에 실어야 하는데, 10일부터 그 다음날까지 약 이름을 하나도 쓰지 않았다가 양사(兩司)의 차자가 나온 뒤에야 비로소 삼(蔘)과 부자(附子)를 거듭 썼다는 것을 알았습니다. 이는 필시 그들도 삼과 부자는 절대로 부당하다는 것을 알고는 일부러 이처럼 숨기려고 꾀한 것입니다. 의관을 추고하소서" 하니 임금이 윤허하였다(정조실록 21권, 정조 10년, 서기 1786년 6월 1일 2번째 기사).

⑤ 우의정 이병모(李秉模)가 아뢰기를, "삼사(三司)의 합계는 사체가 엄중한데 지난번 빈대(賓對)할 때에는 김종수(金鍾秀)의 일에 대해서 애초에 거론도 하지 않다가 갑자기 연석에서 물러간 뒤에 우선 정계(停啓)한다는 글을 내어 조지에 싣기까지 하였습니다. 해당 대신을 파직시키소서" 하니, 임금이 하교하기를, "경의 말이 사체에 맞으니, 그대로 하라"고 하였다(정조실록 41권, 정조 18년, 서기 1794년 9월 5일 5번째 기사).

⑥ 의정부에서 또 아뢰기를, "이번 도목정사(都目政事: 관리들의 고과표) 중에서 97도(度)부터 102도까지는 누락하고 조보에 반포하였습니다. 이것은 전조(銓曹: 이조)의 관리가 알지 못하는데 담당 서리들이 중간에서 작간을 부렸다고 합니다. … 이것은 틀림없이 한 사람의 서리가 한 짓이 아닐 것이니 속히 추조(秋曹: 형조)로 하여금 엄하게 조사하여 진상을 밝히고 주모자와 추종자를 구분하여 계품(啓稟)하여 참작해서 처리하게 하소서" 하니, 임금이 전교하기를, "그대로 시행하라" 하였다(고종실록 29권, 고종 29년, 서기 1892년 2월 10일 2번째 기사).

위와 같은 여러 가지 실록 기사들로 미루어 볼 때, 각 관아에서 조보에 낼 자료나 기사를 써서 승정원에 보내 주면, 조보의 편집·제작자가 그중에서 발표할 가치가 있는 것들을 취사선택하여 조보에 실었던 것 같다. 그러나 이와는 달리 주서가 조강(朝講) 등에 직접 참여하여 그 내용을 직접 취재하기도 했던 것 같은데, 인조실록 19권, 인조 6년(1628) 11월 21일 1번째 기사를 보면, "간원(사간원)이 아뢰기를, '당후(堂后)의 직임은 실로 기주(記註: 당시의 정책을 기록하는 것)를 관장하여 임금의 행동과 국가의 정사(政事)를 기록하니, 한원(翰苑)에 버금가는 막중한 임무입니다. 그런데… 그저께 조강에서 대간이 아뢴 말을 조보에 대강만 초출하였으며, 성상의 비답에서도 잘못하여 빠뜨린 곳이 많았습니다. 사리에 어두워 직무를 제대로 수행하지 못한 과실이 큽니다. 당해 주서를 파직하소서'"라는 내용이 나오기 때문이다. 그러므로 이를 보면, 주서는 조강 등에 참여해서 대간 등이 임금에게 아뢴 내용들 중에서 조보에 낼 내용을 초출(抄出: 골라서 뽑아냄)하여 조보에 발표하기도 했음이 거의 확실하다.

그런가 하면, 조정의 각 관아에서 임금에게 아뢰는 조항들 즉 거조(擧條)에서 일부를 승지나 주서가 골라서 조보에 냈던 것 같다. 영조실록 2권, 영조 즉위년(1724) 11월 5일 5번째 기사를 보면, "영의정 이광좌(李光佐)가 아뢰기를, '거조를 써낸 뒤에야 군상(君上)의 덕의(德意)와 조정의 득실을 알 수 있는 것입니다. 그러나 근래 가끔 전혀 조지에 써내지 않는 경우가 있고, 또 혹은 연설(筵說)을 죄다 베껴 내기 때문에 지나치게 장황하기도 합니다' 하니, 임금이 말하기를, '거조를 조보에 죄다 내지 않는 것이 비록 잘못된 구례라 하나, 이는 승지가 헤아려서 그렇게 한 것이다'"[11]라고 했다고 기록되어 있기 때문이다.

(4) 조보에 발표할 내용의 취사선택과 임금의 재가

조보에 발표할 내용들은 대체로 위와 같은 식으로 수집했던 것 같다. 그러면 이들

---

11 그러나 실제로는 거조 내용은 거의 모두 조보에 실었던 것 같다. 영조실록 37권, 영조 10년(1734) 1월 9일 3번째 기사를 보면, "사간원에서 아뢰기를, '대각(臺閣: 사헌부와 사간원을 아울러 이르는 말)은 시정(時政)에 대해 한 가지 일도 몰라서는 아니 되는 것인데, 군국(軍國), 형옥에 대한 정사와 제도(諸道)의 장문(狀聞)에 대한 일을 모두 참여하여 알지 못하는 탓으로 문견(聞見)이 넓지 못하니, 이는 눈과 귀를 막고서 보고 듣기를 요구하는 것과 같은 것입니다. [그러니] 승정원에서 계하(啓下)되는 문서와 거조 가운데 조보에 나오지 않은 것은 모두 대각으로 보내어 대각에 나오는 신하들로 하여금 볼 수 있게 하소서'라고 임금에게 주청하였다"고 한다. 그런데 이를 바꾸어 말하면, 승정원에서 계하(啓下), 즉 어떤 안건을 임금에게 아뢰어서 재가를 받은 문서나 거조는 모두 조보에 내야 하며, 그렇지 않은 않는 것은 대각으로 보내서 신하들이 볼 수 있게 해야 된다는 것이다. 따라서 이와 같은 사간원의 주청을 보면, 특히 거조는 대부분 조보에 실었던 것 같다.

중에서 실제로 조보에 발표할 내용은 누가 어떻게 취사선택했을까? 이에 관한 자세한 것은 실록에 나와 있지 않다. 그러나 정조실록 50권, 정조 22년(1798) 11월 17일 1번째 기사를 보면, 거조(擧條)에 대한 임금의 비지(批旨)를 승지와 주서가 임금에게 읽어 올리는 법에 관하여 아래와 같이 기록하고 있다.

> 임금이 시임(時任), 원임(原任) 대신(大臣) 및 규장각의 관원, 예조의 당상관을 소견하였다. 임금이 이르기를, "대신(大臣)이 처음 접견하는 자리에서 '거조'를 올리는 것은 근래에 와서 생겨난 규례이다. … 대개 '거조'란 것은, 바로 거행할 사항을 이르는 것이다. 예전에는 주서(注書)가 기록한 초안을 접견하고 물러간 뒤에 즉시 계하(啓下)하면 승지가 이를 초출해서 응당 거행하여야 할 사항을 조보에다 써서 널리 알렸다. 그러므로 이른바 거행할 사항이란 것이 으레 몇 줄에 지나지 않았다. 그리고 거행할 사항에 대한 비지를 승지와 주서가 읽어 올리는 법에 이르러서는, 선조(先朝) 병술년(영조 42년, 서기 1766년) 이후로부터 비롯된 것인데, 대개 사관들이 대부분 상(上: 임금)의 분부를 제대로 알아듣지 못하기 때문에 착오가 있을까 염려하여 읽어 올리게 한 것이 드디어 규례화된 것이다. [그러나] 근래에 들어서는 거행할 사항을 적은 것이 문득 하나의 장대한 글이 되었다.

이와 같은 실록 기사의 내용을 간단히 설명해 보면, 예전에는 주서가 거조를 기록한 초안(草案)을 임금을 접견하여 직접 올려 임금이 계하(재가)하면 승지가 이를 초출해서 응당 거행하여야 할 사항을 조보에다 써서 널리 알렸다는 것이다. 그러나 영조 42년(1766) 이후로부터는 거행할 사항에 대한 비지(批旨)를 승지와 주서가 임금에게 읽어 올리도록 규례화했는데, 이는 대개 사관들이 대부분 상(上: 임금)의 분부를 제대로 알아듣지 못하기 때문에 착오가 있을까 염려해서 그랬다는 것이다.

그러므로 이러한 내용으로 미루어 볼 때, 영조 42년(1766) 이전에는 주서가 조보에 낼 여러 가지 기사들의 초안을 작성하여 임금의 재가를 얻어서 승지에게 주면, 그중에서 실제로 조보에 낼 내용을 승지가 초출해서 조보에 실었던 것 같다. 그러나 영조 42년(1766)부터는 주서와 승지가 함께 조보에 낼 사항들을 취사선택하여 임금에게 올려 재가를 받은 뒤 조보에 실었던 것 같다.

하지만 정조실록 37권, 정조 17년(1793) 6월 11일 2번째 기사를 보면, 임금이 전교하기를, "근래에 이른바 거조라는 것이 또한 실속 없는 글 중의 한 가지이다. [그러나] 고사(故事)에는 여러 신하들이 연석에서 아뢴 말로 조보에 낼 만한 것들을 승지가 뽑아서 조지에 실어 반포하는 것이 이른바 거행조건(擧行條件)이라는 것이었다. 그런데 기주관(記注官)의 재주가 점점 옛날만 못해져서 초(草) 잡은 책으로 계하받는 법식이 나왔고, 또 그 뒤로는 간통(簡通)을 당사자에게 써서 보내어 그로 하여금 자구(字句)를 고치게 하고 있다"면서, "지금부터는 거듭 옛 제도를 회복시켜 대소 조회와 연석에 나왔을 때 연신(筵臣)이 아뢴 말로서 당연히 거조로 내야 할 것들 중에서 단지 거행할 대략만을 일체 연설(筵說)의 예에 따라 써서 들이고 문장을 잔뜩 늘여서 엮는 버릇은 일체 엄금하도록 하라"고 했다고 한다. 따라서 이를 볼 때, 거조는 조보에 낼 내용을 승지가 초출해서 임금에게 올리는 것인데, 이 거조의 '문장을 잔뜩 늘여서 엮는 버릇'이 생겨서 임금이 이러한 버릇을 엄금하고 조보에 낼 기사의 항목만 간단히 올리도록 해서, 이를 재가하면 조보에 발표했던 것 같다.

5) 조보의 편집·제작자들의 직무에 관한 규제와 문책

위에서 살펴보았듯이 조보는 승정원의 승지와 주서가 주로 수집, 취사선택하여 발표했다. 그러나 이때 승지와 주서는 여러 가지 통제를 받았으며, 만약 직무에 태만하거나 잘못을 저지르는 등의 경우 처벌을 받았다. 그렇다면 그들은 구체적으로 어떠한 통제와 처벌을 받았는가?

(1) 승지의 직무태만과 부주의에 대한 문책

우선 승지의 직무태만에 대한 문책부터 간단히 살펴보면, 어떤 중요한 사건에 관한 것을 조보에 즉시 제때에 내지 않으면 승지가 문책을 받았는데, 이에 관한 실록 기사들을 찾아보면 아래와 같은 기사들이 나온다.

> ① 정언 홍우서(洪禹瑞)가 상소하기를, "역적 민암(閔黯)의 사건에 명명(明命: 임금의 명령)이 혁연하다는 것으로써 제방(隄防)을 삼았으며, 또 명하여 거조(擧條)에 써내게 해서 중외로 하여금 소연(昭然)히 알게 하였는데도 출납의 직임에 있는 자가 전연 지식(止息)시켜 반포할 뜻이 없었고, 시일이 오래되

어 물의가 시끄럽게 떠들썩한 뒤에야 비로소 느릿느릿하게 조지에 베껴 내었으니, 만일 조정에 조금이라도 기강이 있었다면 어찌 감히 그러하겠습니까? 해당 승지의 죄는 직임을 다하지 못하였을 뿐만이 아닙니다. … 무릇 이 두서너 가지 일은 모두 망작(妄作)에 관계되니, 논책하지 않을 수 없습니다" 하니, 임금이 답하기를, "거조에 써내어서 효연(曉然)하게 알게 한 것이 이날의 하교이니 반드시 공공연히 가려둘 이치가 없었는데 즉시 조지에 내지 않은 것은 진실로 몹시 미안하다, 해당 승지는 종중추고(從重推考)하라" 고 하였다(숙종실록 46권, 숙종 34년, 서기 1708년 6월 6일 2번째 기사).

② 정언 홍우서(洪禹瑞)의 상소에 대하여 임금이 답하기를, "어제 회강(會講: 왕세자가 월 2회 사부 이하 여러 관원을 모아 놓고 경사와 그 밖의 서적을 강론하는 일)한 문의(文義)와 설화(說話)를 보니, 박행의(朴行義)가 전현(前賢)을 꾸짖어 헐뜯은 것에 말이 틀리고 어긋남이 많으므로 몹시 해이(駭異)하였다. … [그것을] 거조에 써내어서 효연히 알게 한 것이 이미 이날의 하교이니, 반드시 공공연히 가려 둘 이치가 없었는데, 즉시 조지에 내지 않은 것은 진실로 몹시 미안(未安)하다. 해당 승지는 종중추고(從重推考)하고, 아래 조항의 일 가운데에 끌어내려 꾸짖고 욕한 것은 특히 선비를 대우하는 도리를 잃었으니, 추고하여 경책(警責)하라"고 하였다(숙종실록 46권, 숙종 34년, 서기 1708년 6월 6일 2번째 기사).

이처럼 승지가 어떤 중요한 사건에 관한 것을 조보에 제때에 내지 않으면 문책을 받았다. 그러나 규정된 절차를 무시하고 서둘러 조보에 내도 역시 문책을 받았다. 예컨대 숙종실록 42권, 숙종 31년(1705) 10월 30일 3번째 기사를 보면, "간원에서 임금에게 아뢰기를, '후사(喉司: 승정원의 별칭)는 출납하는 직임을 맡았으므로, 어느 미안한 하교가 있더라도 복역(覆逆: 임금에게 상주)하여 간쟁하는 일이 있으면 조보에 베껴 써낼 수 없는 것이 본디 통행하는 관례입니다. 지난밤의 비망기는 관계되는 바가 지극히 중대한데, 한편으로는 복역하면서 한편으로는 조보에 냈으니, 상세히 살피고 삼가지 못한 잘못이 큽니다. 청컨대 당해 승지를 종중추고(從重推考)하소서' 하니, 임금이 답하기를, '아뢴 대로 하라' 하였다"고 기록되어 있다.

한편 임금이 조보에 내지 말라고 표시해 놓은 내용이나 어휘 등을 부주의하게 조보에 낸 경우도 해당 승지가 문책을 받았다. 예컨대 인조실록 27권, 인조 10년

(1632) 11월 15일 3번째 기사를 보면, "홍문관 부제학 이경여(李敬輿) 등이 차자를 올리기를, '불행하게도 흉악하고 사특한 병고가 궁액(宮掖)의 안에서 나왔고 또 불행하게도 못된 짓을 저지른 자들이 대부분 자전(慈殿)의 궁인에게서 나왔습니다. … [이들] 제적(諸賊)이 승복한 초사(招辭)에서 [특정 부분에 대하여 이는 조보에] '써서는 안 된다'고 임금께서 '부당서'(不當書)라는 세 글자의 부표(付標)를 해 놓으셨는데도, 그 뒤에 정원(승정원)이 제대로 계품하여 선처하지 못한 결과, [부표해 놓은 부분이] 일체 삭제되지 않은 상태로 조보에 등사되어 사방에 전해짐으로써 성상의 아름다운 뜻이 모두 드러나지 못하게 되었고, 어리석은 백성이 의혹을 갖게 되었습니다' 하였다"고 기록되어 있다. 그리고 이틀 뒤인 11월 17일 2번째 기사를 보면, "임금이 하교하기를, '전일 [저주 사건의 범인] 귀희(歸希) 등을 사사(賜死)할 적에 전지 가운데 미안한 말이 있기 부표해서 내렸으니, 그 뜻이 범연한 것이 아니었다. 그런데 그때 승지가 제대로 살피지 못한 결과 아울러 조보에 등사해 나오게 하였으니, 일이 부당하기 짝이 없다. 해당 승지를 추고하라'"고 명령했다.

또한 인조실록 47권, 인조 24년(1646) 4월 21일 1번째 기사를 보면, 내옥(內獄) 죄인 형란(荊蘭)의 결안 중에서 '삭제하라'는 어구(語句)를 그대로 조보에 냄으로써 담당자가 처벌을 받기도 했다. 이를 좀 더 자세히 소개하면, 내옥 죄인 형란이 공초한 말 가운데 "원손(元孫)은 성질이 민첩하지 못하고 또 보존될 것인지도 기필할 수 없으니 모름지기 유서(遺書)를 여러 왕손에게 전하라"는 등의 말이 있었는데, 이를 문사낭청 조한영(曺漢英)이 초록하면서 '원손을 보전할 수 없다'는 말을 차마 바로 쓰지 못해 삭제했다. 그런데 삭제한 그 말이 조보에 그대로 나와서 이를 임금이 보고, 이러한 실수를 저지른 담당자를 처벌했던 것이다.

(2) 주서의 직무태만과 자질 부족에 대한 문책

위와 같이 조보의 편집·제작 직무를 맡은 승지가 그 직무에 태만하면 문책을 받았다. 이는 주서의 경우도 마찬가지였는데, 주서는 심지어 자질 부족으로 파직을 당하기도 했다. 예컨대, 인조실록 19권, 인조 6년(1628) 11월 21일 1번째 기사를 보면, "간원(사간원)이 아뢰기를, '당후(堂后: 주서의 별칭)의 직임은 실로 기주(記註)를 관장하여 임금의 행동과 국가의 정사(政事)를 기록하니, 한원(翰苑)에 버금가는 막중한 임무입니다. 그런데 근래 전혀 사람을 가리지 않아 식자들이 한심하게 여긴 지 오래입니다. 그저께 조강에서 대간이 아뢴 말을 조보에 대강만 초출하였으며, 성상의 비답에서도 잘못하여 빠뜨린 곳이 많았습니다. 사리에 어두워 직무를 제대로 수행하지 못한 과실이 큽니다. 당해 주서를 파직하소서'"라는 내용이 나온다. 이와 비슷한 내용은 다른 실록에도 적지 않게 나오는데, 그중 두 개만 소개하면 아래와 같다.

> ① 사헌부가 아뢰기를, "당후의 직임은 보통의 서관(庶官)에 비할 것이 아니므로 실관(實官)에 사고가 있으면 비록 혹 임시 차임을 하더라도 반드시 일시의 인망이 있는 사람을 가리는 것은 그 뜻이 있는 데가 있어서입니다. 그런데 요즘 와서는 전례만을 따라 구차히 채울 뿐, 전혀 사람을 가리지 않고 있으니 이미 물의가 많이 있습니다. 어제 대사헌 송순(宋諄), 대사간 윤선(尹銑)이 탑전에서 직접 의를 법으로 다스릴 것을 아뢴 것은 많은 곡절이 있어서 그런 것이며, 골육의 은혜를 온전히 해야 한다고 하는 설에 대하여 하교하기에 이르러서는 현저히 복계(覆啓)의 논의가 있었는데도 아득히 모르고 지나쳐 버린 채 전혀 실상을 기록하지 않아서 조보에도 나오지 않았으니, 식견이 매우 부족합니다. 해당 주서를 파직하소서" 하니, 임금이 답하기를, "무릇 친국을 할 때 탑전에서 올린 계사를 조보에 내는 것은 구례가 아닌데, 하필 전에 없던 예를 만들어야 하는가. 다만 전혀 사실을 기록하지 않은 것에 대해서는 추고해야 옳다" 하였다(광해군일기 73권, 광해 5년, 서기 1613년 12월 8일 3번째 기사).
>
> ② 사헌부가 아뢰기를, "가주서(假注書) 이형원(李馨遠)은 비밀스런 조보를 졸필로 어지럽게 글씨를 써서 사람들이 해득할 수가 없게 하니, 기사(記事)의 임무에 적합하지 않습니다. 체차하소서" 하니, 임금이 "아뢴 대로 하라"고 답하였다(선조실록 128권, 선조 33년, 서기 1600년 8월 19일 2번째 기사).

(3) 조보에 마땅히 내야 할 것을 내지 않아도 처벌

한편 조보에 마땅히 내야 할 사항을 내지 않거나 또는 잘못 냈을 경우도 담당 승지나 주서를 처벌했다. 예컨대, 정조실록 44권, 정조 20년(1796) 4월 17일 1번째 기사를 보면, 승지 신기(申耆)가 대신(大臣)의 거조를 조보에 게재하지 않은 일이 문제가 되자, 신기가 변명하기를, "비답을 고치기 전에는 주상이 보는 조보일지라도 써넣지 못하는데 어떻게 조보에 반포할 수 있겠습니까" 했으나, 임금이 이르기를, "이것이 어찌 지금에 와서 제기할 일이겠는가. [신기를] 엄중하게 추고하라"고 했다고 기록되어 있다.

또한 승지가 승정원에 관계된 일이라고 해서 조보에 내지 않았다가 파직당하기도 했다. 예컨대, 영조실록 38권, 영조 10년(1734) 8월 10일 3번째 기사를 보면, "사간원에서 임금께 아뢰기를, '신이 어제 대청(臺廳)에 이르러 듣건대, … 후원(喉院: 승정원)의 관리가 일이 본원(本院)에 관계된 것이라 핑계하고 조보에 내지 않았다고 합니다. … 해당 승지를 마땅히 추고하고 지금부터 이후로는 비록 후원에 관계된 것일지라도 조보에 내게 해야 합니다' 하니, 임금이 모두 옳게 여겨, 승지는 특별히 파직할 것을 명하였다"고 한다.

그런가 하면, 승지가 계사(啓辭)의 일정 부분을 지우고 조보에 냈다가 처벌받기도 했다. 예컨대, 정조실록 36권, 정조 16년(1792) 10월 22일 4번째 기사를 보면, "임금이 전교하기를, '일전의 합계에 몇 구절을 지워 뭉갠 일이 있었는데, 이것이 그대로 각 관아의 조지에 실려 있지 않은 곳이 없었고 먹으로 약간 지워져 있었다고 처음 들었다. 비록 승선(承宣)이 그렇게 하도록 한 것은 아니겠으나 뒷날의 폐단이 될까 싶어 너무 놀랍다. 들으니 대청(臺廳)에서 본 초안을 등초하여 내주어 그리되었다고 하니 해당 대신(臺臣)은 파직시키고 하리(下吏)는 유사로 하여금 법에 비추어 귀양 보내게 하여 훗날의 징계가 되게 하라'"고 했다고 기록되어 있다.

위에서 살펴본 것들 이외에도, 승지와 주서는 조보 업무와 관련하여 여러 가지 통제와 문책을 받았다. 예컨대, 상소(上疏)가 계하(啓下: 임금이 보고 결재하는 것)되기도 전에 조보에 낸 일로 질책을 받기도 했다. 선조실록 119권, 선조 32년(1599) 11월 16일 5번째 기사를 보면, "임금이 비망기를 내리기를, '정원(政院)은 중추적 역할을 수행하는 기관이니 출납할 때에 십분 신밀(愼密)히 하여 성실한 자세로 왕명을 잘 받들어야 마땅하다. 그런데 이번 채겸길(蔡謙吉)의 상소와 관련하여, … 도대체 임금이 보지도 못한 상소를 대신(大臣)이 먼저 알고서 상차(上箚)하여 쟁변(爭辨)하기에 이른 것이다. 계하하지 않은 상소는 본디 조보에 나올 리가 없으니, 이는 필시 정원에서 지레 발표했거나 개인적으로 사전에 몰래 알려 줘서 그렇게 되었을 것인데, 사체(事體)로 볼 때 매우 해괴하고 놀랍다. 엄중히 구명하고 싶으나 우선은 용서할 것이니 앞으로는 이처럼 스스로 죄를 짓지 말도록 하라'"고 경고했다.

(4) 조보에 국사에 관한 기밀을 누설해도 문책

오늘날의 언론과 마찬가지로 조선시대의 조보에서도 국사(國事)에 관한 기밀 문제가 논란의 대상이 되었다. 중종실록 22권, 중종 10년(1515) 5월 2일 1번째 기사를 보면, "조강(朝講)에서 대사헌 권민수(權敏手)가 아뢰기를, '모든 국사가 비밀이 지켜지지 않고 있는데, 이는 승정원이 잘 검속하지 못하기 때문입니다. … 또 사관(史官)도 그 말을 누설하고 있어 매우 사리에 부당하니, 정원에 하교하시어 이런 폐단이 없게 해야 합니다'고 하였다. 그러자 임금이 이르기를, '조보가 하는 일은 예로부터 있는 것이다. 그러나 비밀히 해야 할 일은 정원이 스스로 비밀을 지켜야 할 것이다. … 국사를 알리는 것은 조보의 맡은 바 직무이므로, 비밀을 핑계로 조보를 규제해서는 아니 되니, 비밀히 해야 할 일은 승정원이 스스로 알아서 해야 된다'"고 천명했다. 그러면서 중종은 승정원에 전교하기를, "무릇 조보는 다만 양사(兩司: 사헌부와 사간원)에게 알리는 것이니 일체 금지할 필요는 없다"고 부언했는데, 이는 대단히 선진적인 조처였다.

하지만 중종 이후 다른 임금 때에는 조보가 국사에 관한 기밀을 누설하는 것을 엄격하게 통제했다. 이러한 통제는 선조 시기에 특히 심했는데, 아마도 임진왜란 때문이 아닐까 한다. 임진왜란 당시 선조실록을 보면 기밀 누설로 말미암아 조보의 발행기관인 승정원 승지들을 문책했다는 기사들이 특히 눈에 많이 띈다. 그중 하나로 선조실록 65권, 선조 28년(1595) 7월 14일 4번째 기사를 보면, 아래와 같은 내용이 나온다.

> 상(上)이 별전에 나가 비변사 당상을 인견하면서 이르기를 "근래 조보가 돌기 이전에 비밀 장계가 거리에 먼저 알려졌다 한다. 이는 반드시 우리나라 사람이 중간에서 누설했기 때문이니, 매우 놀랍다" 하니, 부제학 이정형(李廷馨)과 동지중추 윤선각(尹先覺)이 아뢰기를, "지난번 중국 사신이 8일에 싸 가지고 온 장계를 보자고 했다 합니다. 이로써 말하면 반드시 누설한 일이 있으니, 매우 마음이 아픕니다" 하였다. 선각이 아뢰기를, "이정형이 아뢰려던 바가 즉시 조보에 전파되었으므로 정형이 차주(箚奏)하지 않았는데, 정원에서도 또 신중히 살피지 않았으니, 오로지 정원의 책임입니다" 하니, 상이 이르기를, "매우 온당치 못하다" 하였다. … 집의 유대정(兪大禎)이 아뢰기를, "색승지(色承旨)를 파직하고 동참했던 승지를 추고하소서" 하니, 상이 이르기를, "비록 자세히 살피지 못했더라도 파직시킬 수는 없다" 하였다.

또한 선조실록 65권, 선조 28년(1595) 7월 15일 1번째 기사에는 "사헌부에서 아뢰기를 '군국(軍國)의 기밀 사항을 일체 밖에 누설할 수 없는데, 근일 정원(승정원)에서 자세히 살피지 않고 본초(本草)를 내주어 조보에 전파되기까지 하였으니, 색승지를 파직하고 동참했던 승지를 아울러 추고할 것을 명하소서' 하니 임금이 답하기를 '그렇게 하라' 하였다"고 적혀 있다. 그리고 선조실록 88권, 선조 30년(1597) 5월 17일 7번째 기사에는, "헌납 최천건(崔天建)이 와서 임금께 아뢰기를, '모든 공사(公事)로 인한 문서에 혹시라도 중국의 장수들과 관련된 것이면 비밀히 하여 일체 알아차리지 못하게 해야 할 터인데, 이를 조보에 내보내어 외부에 전파시켰으니 매우 부당한 짓입니다. 담당 승지를 추고하도록 하소서' 하니, 임금이 '아뢴대로 하라'고 답하였다"는 내용이 나오는데, 이를 보면 명나라 장수들에게도 그들에 관한 일은 일체 비밀에 부쳤던 것 같다.

때문에 선조실록을 보면, 임금이 '조보에 내지 말라'[勿出朝報]는 명령이나 지시를 내렸다는 내용이 많이 나온다. 예컨대, "임금이 전교하기를, '내가 일찍이 승지에게 말하기를, 이 자문(咨文)은 조보에 내지 말라. 외인이 알까 두렵다'고 하였다"(선조실록 53권, 선조 27년, 서기 1594년 7월 17일 3번째 기사), "상이 정원에 전교하기를, '지금 대간이 회계(回啓)한 말은 조보에 내지 말라' 하였다"(선조실록 56권, 선조 27년, 서기 1594년 10월 17일 11번째 기사)는 등의 내용이 나온다. 이런 명령이나 지시는 임금뿐 아니라 영의정 등의 고위관료도 내렸던 것 같은데, 선조실록 88권, 선조 30년(1597) 5월 9일 2번째 기사를 보면, "영의정 유성룡(柳成龍) 등이 아뢰기를, '상이 내리신 비망기를 신들이 직접 단단히 봉함하여 승지에게 건네주고 조보에 내지 말라 하고서 물러 나왔습니다'"라고 기록되어 있다.

이처럼 임금이나 영의정 등이 어떤 사항은 '조보에 내지 말라'고 명령했지만, 반대로 또 어떤 사항은 '조보에 내라'고 지시하기도 했다. 예컨대 "상(上)이 정원에 전교하기를, '황신(黃愼)의 서장(書狀)에 적들이 다시 나올 것인지는 확실히 알 수 없으나 설령 나온다고 하더라도 반드시 명년 봄에는 나오지 못할 것이다'라고 하였는데, 지금의 적에 대한 정보는 한마디라도 중요한 듯 하니, 이 한 건을 조보에 기재하여 민정(民情)을 안정시켜야 한다"(선조실록 83권, 선조 29년, 서기 1596년 12월 5일 3번째 기사)고 하자, "비변사가 아뢰기를, '황신(黃愼)의 서장 안에 기록되어 있는 조항은 상교(上敎)에 따라 조보에 기재하여 민정을 안정시키는 것이 지당합니다'라고 하였다"(선조실록 83권, 선조 29년, 서기 1596년 12월 8일 4번째 기사)고 한다.

한편 선조실록 220권, 선조 41년(1608) 1월 22일 3번째 기사를 보면, 비밀문서 취급에 관한 승정원의 규례가 나오는데, "정원이 아뢰기를, '신들은 모두 용렬한 자로서 후설(喉舌)의 직책에 있으니 왕명을 출납하는 책임에는 비록 만에 하나도 실효를 거두지 못했지만 정원에 유래되는 구례(舊例)에 대해서는 반드시 준수하여 파괴시키지 않으려고 한 것이 신들의 구구한 뜻이었습니다. 전부터 밖에서 들어온 모든 비밀문서와 안에서 내린 봉서(封書)를 조보에 내기 전에 대간이 알려고 하면 성상소가 서찰로 주서(注書)에게 물어보고 주서도 서찰로 답하는 것이 바로 구례입니다'"라고 설명했다.

위에서 살펴보았듯이 조보의 편집·제작 직무를 맡았던 승지와 주서는 그 직무와 관련하여 여러 가지 통제와 문책을 받았다. 그중에서 가장 많았던 통제는 조보의 내용에 관한 것이었다. 이러한 통제는 크게 두 가지 유형으로 나누어 볼 수 있는데, 하나는 '어떠어떠한 내용을 조보에 내지 말라'[勿出朝報]는 것이었고, 또 하나는 '어떠어떠한 내용을 조보에 내라'는 것이었다. 그렇다면 조선왕조는 조보의 편집·제작자들에게 어떠한 내용을 조보에 내고, 어떠한 내용을 조보에 내지 말라고 했는가? 이에 관해서는 다음 절인 "조보의 메시지에 관한 분석·고찰"에서 자세히 살펴보기로 하겠다.

제2절

조보의 메시지에 관한 분석·고찰

위에서는 조보의 발행 기관과 편집자 등에 관하여 살펴보았다. 그러면 이번에는 조보의 메시지에 관하여 고찰해 보기로 하겠다. 그러나 우선 조보의 기본 형태, 편집 체재, 사용 문자와 서체(書體) 등에 관하여 살펴보고 나서, 조보에 게재할 내용의 취사선택에 대한 기준에 관하여 살펴보기로 하겠다. 그런 다음, 조보에는 실제로 어떤 내용을 주로 게재했는지에 관하여 살펴보기로 하겠다. 그러나 이러한 조보의 내용들 중에서 재이기사(災異奇事)에 관한 것은 별도로 고찰해 보겠는데, 이런 기사는 당시에는 대단히 중요한 정치 기사였음에도 불구하고, 이를 오늘날 신문의 가십 기사 정도로 오해하는 연구자들도 적지 않기 때문이다.

1) 조보의 기본 형태·편집 체재와 사용문자

첫째로 조보의 기본적 판형, 편집 체재, 사용문자와 그 서체, 인쇄 등에 관하여 살펴보기 위하여 이에 관한 기사들을 실록에서 찾아보았다. 그러나 실록에는 이에 관한 기사는 거의 나오지 않았으며, 또한 조보의 실물도 얼마 남아 있지 않아서 정확히는 알 수 없었다. 그러므로 되도록 조보의 실물들을 중심으로 하되, 여러 가지 선행연구들을 참조하여 이에 관한 것을 살펴보기로 하겠다.

(1) 조보의 기본 형태와 편집 체재

우선 조보의 기본 형태부터 살펴보면, 우리나라 조보는 인쇄해서 대량 복제한 것이 아니라, 기별서리, 경주인, 또는 독자 등이 한지(韓紙)의 한 면(單面)에다가 붓으로 기사 내용을 일일이 세로로 내려 쓴 필사신문이었다. 그런데 필사하는 한지는 필사자가 각각 준비했기 때문에 조보의 크기가 일정치 않았다. 그러나 필사 종이로는 보통 우리나라의 전통적 한지(韓紙)를 반(半)으로 잘라서 사용했기 때문에, 조보의 폭(세로)은 대체로 약 35cm로 서로 비슷했다. 그러나 길이(가로)는 매일매일 기사의 분량에 따라 각각 달랐는데, 길이가 긴 경우는 조보를 둘둘 말아 놓았다가 펴서 읽을 수 있게 했다. 그런가 하면 조보의 내용도 서로 다를 수 있었는데, 필사자가 조보를 필사할 때 그 내용을 모두 그대로 베끼기도 했지만, 일부 내용은 생략하고 요점만 초록하기도 했기 때문이다.

조보의 편집 체재도 필사자에 따라 각각 조금씩 달랐다. 현재 서울대학교 규장각에 소장되어 있는 조보의 실물(고문서 No. 66006)을 보면, 모든 글자는 세로쓰기를 했는데, 맨 오른쪽 첫 줄 상단으로부터 다섯 글자쯤 내려서(가로쓰기에서 들여쓰기와 동일) 세로로 '庚辰七月二十一日'(경진 7월 21일, 서기 1880년)이라고만 써 놓았으며, '조보'라는 제호(題號)는 적혀 있지 않다. 그리고 줄을 바꾸어 기사들을 한문(이두도 조금 섞었음) 초서체(흘림체)로 띄어쓰기도 하지 않고, 16줄(행)을 오른쪽에서 왼쪽 방향으로 세로로 연달아서 써 놓았다. 그러나 중간중간에 '한일자'(一字) 같은 것을 가로로 그어 놓았는데, 이는 한 기사와 다른 기사를 구별하기 위하기 위한 표식이었다.

그러나 이와 같은 조보의 기본적 편집 체재는 한문 초서체로 쓴 조보의 경우이며, 앞서 언급했듯이 임금이나 왕비, 왕세자에게 올리기 위하여 한문 초서체를 다시 해서체로 정서(正書)한 소위 '정서 조보'의 편집 체재는 좀 달랐다. 그 실례의 하나로, 최승희의 『한국고문서연구』(성남: 한국정신문화연구원, 1985) 206쪽에 실려 있는 정서 조보를 보면, 맨 오른쪽 첫 줄에 몇 자 내려서 '己酉六月初一日'(기유 6월 초1일, 서기 1849년)이라고 써 놓고, 다음 줄부터 기사들을 오른쪽에서 왼쪽 방향으로 한문 정서체로 연달아 쭉 써 놓았다. 이렇게 써 놓은 기사들을 보면 중간중간에 ◯표를 해 놓았는데, 이는 서로 다른 기사들을 구별하기 위한 것으로, 앞서 말한 한문 초서체 조보에서 '한일자'(一字)와 같은 표식에 해당하는 것이었다. 그런데 조보의 기사들은 오늘날 신문과는 달리, 기사 제목도 붙이지 않았고, 길이도 짧아서 어떤 기사는 "당일무숙배"(當日無肅拜)라는 겨우 다섯 글자 분량인 경우도 있었다.

"조보 기사들의 배열은 내용의 경중과 사건 처리 순서에 따라 배열되어 있다"고 리철화는 말했다(1995, p. 396). 그러나 방금 위에서 말한 기유 6월 초1일자 정서 조보를 보면, 1번째 기사는 "관상감에서 이달 30일 묘시(卯時)부터 술시(戌時)까지 내린 비의 양을 측우기로 측정해 보았더니 수심이 1촌 5푼이라고 보고했다"는 것이고, 2번째 기사는 "예조참판 한정교(韓正敎)가 첫 번째로 임금에게 사직서를 올렸으나 승정원에서 도로 반려했다"는 것이었고, 3번째 기사는 "경상감사가 문서로 보고하기를 지난달 22일 경상도에 내린 비의 양은 수심이 1촌 5푼이었다"는 것이었고, 4번째 기사는 "강원감사가 보고하기를, 지난달 27일 강원도에 내린 비의 양의 수심이 4촌 3푼이었다"는 것이었고, 5번째 기사가 "당일무숙배"(當日無肅拜) 즉 "오늘은 지방의 임지로 떠나는 관원이 임금에게 작별을 아뢰는 예식이 없었다"는 것 등이었다.[12]

이러한 기사들의 배열 순서를 보면, 헌종 15년(1849) 음력 5월에 우량(雨量)이 주요 이슈가 되어 이에 관한 기사들을 세 건이나 보도하면서 왜 2번째 기사에는 인사 문제, 5번째 기사에서 숙배 관계 기사를 넣었는지 알 수 없다. 그러므로 리철화의 말처럼 "기사들의 배열은 내용의 경중과 사건 처리 순서에 따라 배열되었다"고 단언하기는 어렵다.

(2) 조보의 사용문자는 한문에 이두를 섞어 사용

조보 기사의 문장은 한자(漢字)에다가 이두(吏讀)를 조금 섞어 썼다. 그래서 조보의 문장은 독특한 조선식 한문 문체를 이루었다. 조선의 공문서도 대체로 이와 같은 방법으로 작성되었는데(김상호, 1986, p. 159), 이는 조보도 일종의 공문서로 간주했기 때문이었던 것 같다(최정태, 1992, p. 24). 꾸랑의 『한국서지』의 서론을 보면, 한국의 문자(文字)에 관하여 설명하면서 조보에서 사용한 문자에 관해서도 논급해 놓았는데, 이를 소개해 보면 아래와 같다.

> No. 1521: 조보는 모두 중국의 표의문자[한자]이지만 실제로는 어휘와 문자 구조가 이문(吏文)의 언어와 유사한 혼용어로 적혀 있다. 그래서 '감시(監視)한

---

12 觀象監今月三十日自卯時至戌時降雨下雨測雨器水深一寸五分啓○禮曹參判韓正敎初度呈辭呈政院還出給○慶尙監司書目去月二十二日之雨營下水深一寸五分事○江原監司書目去月二十七日之雨營下水深四寸二分事○當日無肅拜 등

> 다'는 뜻은 '적간'(摘奸)으로, '준비'의 뜻은 '마련'(磨鍊)으로, '콩'은 '태'(太), '무명'은 '백목'(白木), 물오리는 '월외'(月外)로 쓰여 있는데, 이러한 표현들은 한자(漢字)로는 전혀 뜻이 통하지 않거나 다른 의미로 쓰이는 것이다. '하다'라는 '위'(爲)와 '…는'이라는 자(者)의 잦은 사용은 한국어의 조사(助詞) '하다'와 소사인 '는'이 자주 나오기 때문이다. 문구의 끝에는 '사'(事)가 놓이고, 명령형은 조사 없이 동사만 쓰이며, 동사만으로 구성된 간략한 구절에는 '하고,' '하니', '하야' 등을 독자가 붙여서 긍정형으로 설명한다든지 문구의 끝에 동사가 생략된다든지 하는 이 모든 특성이 조보의 체제를 이문(吏文)과 문학어 사이의 기묘한 중간형으로 만들고 있다(꾸랑 저, 이희재 역, 1994, p. 40).

이처럼 꾸랑은 조보에 사용한 문자와 문체에 관하여 비교적 자세하게 설명해 놓았으나, 이는 그가 우리나라에 체류한 기간(1890. 5.-1892. 2.)에 직접 조보를 보고 설명해 놓은 것이다. 따라서 그 이전 즉 1890년 이전에 발행한 조보들의 문자와 문장도 반드시 이와 같았다고는 단언할 수는 없다. 그러면 조보에 사용한 문자들의 서체(書體) 즉 필사체는 어떠했는가?

(3) 사용문자의 서체는 '기별초'라는 흘림체

조보에 사용한 글자들의 서체는 매우 독특하였는데, 이른바 '기별초'(奇別草) 또는 '기별글씨'라고 부른 흘림체(초서체)를 사용하였다. 이러한 흘림체는 "난잡하게 흘려 썼으므로 한문(漢文)이 능통한 사람도 여기에 익숙치 않으면 잘 알아보기 어려울 정도였다"(『매천야록』, 고종 31년 11월 29일조)고 한다. 이처럼 한문에 능통한 사람조차 해독하기 어려울 정도의 흘림체를 조보에 사용한 것은, 조보는 필사신문이므로 짧은 시간 안에 많은 부수의 복제가 필요한 만큼 필사자들이 시간적 여유가 부족한 탓에 속필(速筆)을 하다가 보니 자연히 난잡하게 흘려 쓰게 되었던 것이라 추정된다. 선조실록 128권, 선조 33년(1600) 8월 19일 2번째 기사를 보면, "사헌부가 아뢰기를, '가주서(假注書) 이형원(李馨遠)이 조보를 졸필로 어지럽게 써서 사람들이 해득할 수가 없게 하니, 기사(記事)의 임무에 적합하지 않습니다. 체차하소서' 하니, '아뢴 대로 하라'고 답하였다"고 기록되어 있기 때문이다. 그러나 최승희에 의하면, 조보를 해독하기 어려운 필체로 쓴 것은 "조정(朝廷)의 소식(비밀)이 중국으로 유출되는 것을 막기 위한 목적이 있지 않나 생각된다"(최승희, 1985, p. 194)고 했다. 그렇다면 어떤 견해가 더 타당할까?

심영환의 『조선시대 고문서 초서체연구』(서울: 소와당, 2008)라는 책을 보면, "조보에 등장하는 초서체는 일종의 속기체(速記體)로, 이는 조선시대 중앙관서의 초서체인데 아주 독특한 서체"라면서, "현존하는 조보의 서체를 보면 대략 세 가지 유형으로 분류할 수 있다. 첫째는 입안(立案)에서 쓰이던 초서체와 동일한 자형을 가진 초서체로 이는 전통형이라고 할 수 있다. 둘째는 위와 같은 전통형과는 달리 거의 판독할 수 없을 정도 쓰인 초서체인데, 이는 난서형(亂書形)이라고 할 수 있다. 셋째는 전통형과 난서형과는 달리 전혀 새로운 결구(結構)의 초서체인데, 이는 정형형(定型形)이라고 할 수 있다"고 했다. 그러면서 다음과 같이 부연했다.

> 위와 같은 세 가지 유형 중 정형형으로 분류한 초서체가 오늘날 가장 많이 남아 있는 조보체의 초서로 조선시대 관서 초서체의 전형적인 속기체 유형을 보여주는 대표적 사례라고 할 수 있다. 조보체 중에서 전통형이란 곧 이전의 일반적인 초서체와 관서 초서체를 계승하여 발전시킨 초서체를 말한다. 곧 조선 중기 이전의 조보가 남아 있지 않지만 당시의 결송입안(決訟立案) 중에서 현재 전통형으로 분류한 조보체와 유사한 초서체의 결구와 장법(章法)이 보인다. 따라서 이러한 조보체는 전통형이고 그 자체를 판독하기에 용이하다. 이와는 반대로 난서형으로 분류한 조보체는 조보의 내용 자체(字體)를 이전의 어떤 조보체에도 없는 연면체(連綿體)의 필의(筆意)로 거칠고도 장황하게 서사(書寫)했기 때문에 읽기가 매우 힘들다. 정형형이란 이러한 전통형이나 난서형과 같은 조보체의 성격을 모두 흡수하여 특유의 결구와 장법을 형성한 것을 말한다. 오늘날 흔히 보이는 대부분의 조보체는 바로 이 정형형 조보체의 결구이다(심영환, 2008, p. 150).

이렇게 심영환은 조보의 서체에 관하여 설명하면서, "조보의 초서체는 조선시대 관서 초서체 중에서 가장 빠르게 필사할 수 있는 것이 특징인데, 조정의 동향을 관계자들만 알 수 있도록 하기 위한 비밀 엄수에 가장 큰 이유가 있다"고 말하고 있다. 따라서 이러한 심영환의 설명으로 미루어 볼 때, 조보에서 독특한 초서체를 사용했던 이유는, 되도록 빠르게 조보를 필사하는 동시에 조정의 비밀 엄수를 위하여 조정의 주요 관리들만 해독할 수 있는 독특한 초서체를 사용했기 때문이라고 할 수 있다. 그러나 모든 조보가 이러한 독특한 초서체로 쓰여진 것은 아니었다.

(4) 흘림체 아닌, 해서체의 '정서 조보'도 있어

조보에는 초서체가 아니라 해서체(楷書體)로 정서(正書)한 것도 있었다. 고종실록 10권, 고종 10년(1873) 11월 9일 10번째 기사에 "부수찬 홍시형(洪時衡)이 올린 상소의 대략에, [신의] 부친의 상사를 당하고도 발상하지 않았다는 것의 … 전후 날짜에 대해서는 규장각에 보관되어 있는 정서로 쓴 조보에 명백하게 기록되어 있습니다"라고 하였는데, 이를 볼 때, 왕실도서관이었던 규장각에 정서로 쓴 보조가 보관되어 있었음을 알 수 있다. 그런데 이처럼 규장각에 보관되어 있는 '정서 조보'는 보존용으로 만들었던 것 같다. 조선 말기 육조(六曹)의 각 관아의 사무 처리에 필요한 행정 법규와 사례를 편집한 행정법전(1867년 5월 반포)인 『육전조례』(六典條例)의 예전(禮典), 규장각조를 보면, "이서(吏胥)인 정서기별리(正書奇別吏) 3인으로 하여금 조보를 정서토록 하여 보존용 조보를 만들었다"고 적혀 있기 때문이다.

이처럼 규장각에 보존하기 위하여 정서한 조보도 있었지만, 임금과 세자 등에게 올리기 위하여 정서한 조보도 있었던 것 같다. 고종실록 25권, 고종 25년(1888) 3월 8일 2번째 기사를 보면, 3월 7일 밤에 우사당(右史堂) 당후(堂后)에서 갑자기 화재가 일어나 승정원일기가 많이 타 버리자, 임금이 하교하기를, "춘방(春坊)과 계방(桂坊)에 정서한 조보를 여러 해 동안 수장(收藏)한 것이 있다고 하니, 이를 상고하여 보수(補修)하라"고 했다는 내용이 나오는데, 이에서 '춘방'은 세자시강원(世子侍講院)의 별칭이며, 계방은 세자익위사(世子翊衛司) 즉 세자의 강학(講學)에 관한 일을 관장한 관서이기 때문이다. 따라서 이로 미루어 볼 때, 세자시강원과 세자익위사(세자강서원이라고도 부름)에서도 조보를 정서하여 임금과 세자에 바쳐 열람토록 한 뒤에 각각 춘방과 계방의 서고에 보관했던 것 같다.[13] 그런데 이러한 정서 조보를 도난당한 사건이 벌어지기도 했는데, 고종실록 21권, 고종 21년(1884) 8월 3일 2번째 기사를 보면 다음과 같은 내용이 나온다.

---

13 최승희, 『한국고문서연구』(성남: 한국정신문화원, 1985), 205쪽을 보면, "왕손의 교육 기관인 시강원(侍講院)이나 강서원(講書院)에도 정서기별서리가 있어서 국왕이나 세자, 세손(世孫)도 정서 조보를 열람하였다"고 한다.

> 시강원(侍講院)에서 아뢰기를, "인조조(仁祖朝)부터 익종조(翼宗朝)까지의 정서한 조보로서 세자(世子)께서 열람하시던 것을 경복궁의 춘방(春坊) 서고(書庫)에 보관하였는데, 지금 들으니 전부 없어졌다고 하여 본원에서 조사해 보았습니다. 작년 섣달에 중관(中官) 심능화(沈能和)가 훔쳐다 김순길(金順吉)의 집에 숨겨 두었다가 방완실(方完實)에게 몰래 팔아먹었는데, 못쓰게 된 몇 본(本)을 지금 찾아냈으니 단서가 다 드러난 셈입니다. 정서한 조보가 얼마나 귀중한 것인데 이처럼 훔쳐서 팔아먹기까지 하다니 전에 없던 놀라운 일입니다. 이미 잃어버린 조보는 반드시 수색해서 찾아내야 하니, 해당 중관 및 동조한 놈들을 잡아다가 엄히 조사하고 유사(攸司)로 하여금 품처(稟處)하게 하는 것이 어떻겠습니까?" 하니, 임금이 이를 윤허하였다.

그러자 형조에서 정서한 조보를 훔쳐다가 팔아먹은 내시(內侍) 심능화와 그것을 받아 둔 김순길 및 그것을 산 종이 장사꾼 방완실 등을 철저히 엄하게 신문한 결과, 심능화가 공술하기를, "훔쳐내 온 한 조항은 김순길의 아들인 사복(四卜)에게 조사하면 자연히 환히 알 수 있게 될 것입니다"라고 하였다. 그러자 형조에서는, "사복을 꼭 잡아다가 상세히 조사하여 들이겠습니다"라고 아뢰었다고 한다.

위에서 보듯이 조보에는 해서체로 정서한 것도 있었지만, 또한 한글로 쓴 조보도 있었다. 순조실록 1권, 순조 즉위년(1800) 7월 20일 2번째 기사를 보면, "대왕대비(大王大妃)가 조보나 소장(疏狀)과 차자(箚子)를 언서(諺書)로 등서(謄書)하여 들여오게 하였다"는 내용이 나온다. 여기서 '대왕대비'는 순조가 11세의 어린 나이로 즉위하자 수렴청정했던 영조의 계비 정순왕후(貞純王后)를 말한다. 정순왕후가 한문으로 흘려 썼던 조보를 언서 즉 한글로 다시 써서 바치게 했던 것이다. 따라서 이를 볼 때 순조 시기에는 '한글판 조보'를 별도로 만들어 대왕대비를 비롯하여 왕비, 비빈, 궁녀들도 회람했음을 엿볼 수 있다.

(5) 조보는 끝내 인쇄하지 않고 필사로만 발행

위에서 살펴보았듯이 조보에는 해서체로 정서한 것도 있었으나, 이는 예외적인 경우이고, 일반적으로는 '조보체'라는 흘림체로 필사했다. 이는 우리나라 조보는 앞서 여러 번 언급했듯이 인쇄해서 대량 복제한 것이 아니라, 기별서리, 경주인 또는 독자 등이 종이[한지]의 한 면(單面)에다가 붓으로 기사 내용을 일일이 쓴 필사신문이었기 때문이다. 그렇다면 왜 인쇄하지 않고 필사만 했을까?

그 이유의 하나로는 인쇄술이 발달하지 못했기 때문이라고 생각할 수 있다. 그러나 우리나라의 인쇄술은 세계적으로도 유명한 것으로 목판(木板)인쇄는 이미 통일신라 때부터 시작되었는데, 그 증거물의 하나로는 신라 경문왕(景文王) 8년(868)에 인쇄된 「금강반야경」(金剛般若經)을 들 수 있다. 그런가 하면, 금속활자인쇄술은 우리나라가 고려 고종 21년(1234)에 세계 최초로 발명했는데, 이는 서양 최초의 금속활자 인쇄술로 알려진 구텐베르크의 금속활자인쇄술보다 211년이나 앞선 것이었다.

조선시대로 들어와서는 인쇄술이 더욱 발전하여 태조 1년(1392)에는 경적(經籍)의 인쇄와 제사 때 쓰이는 향과 축문, 인신(印信: 도장) 등을 관장하기 위하여 교서감(校書監)이라는 관서를 설치하였다. 그러나 태종 1년(1401) 그 이름을 교서관(校書館)으로 고쳤다가 세조 때 전교서(典校署)로 개칭했다가 성종 15년(1484) 다시 교서관으로 환원과 동시에 『경국대전』에 뚜렷한 관서로 규정해 놓았다. 하지만 정조 1년(1777) 규장각제학 서명응(徐命膺)의 건의에 따라 규장각에 편입시키면서, 규장각은 내각(內閣)이라 하고, 교서관은 외각(外閣)이라고 하였다. 그리하여 교서관은 외각이라고 불렸으며, 운각(芸閣)이라고도 불렸다.

이처럼 조선시대에는 국가에서 인쇄기관까지 설치했으므로, 만약 조보를 인쇄해서 발행할 의지가 있었다면 얼마든지 가능했다. 또한 조선시대에는 여러 가지 인쇄술, 즉 목판인쇄술(wood-block printing), 목활자인쇄술(wooden movable type printing), 금속활자인쇄술(metal movable type printing) 등이 이미 보편화되어 민간인들도 문집 등을 인쇄해서 간행할 정도였다. 이는 앞서 여러 번 언급했던 선조 10년(1577)에 민간인들이 조보를 인쇄해서 판매한 일을 보아도 알 수 있다.

(6) 조보의 인출에 관한 정조의 거론과 무산

인쇄술이 발명된 이후에 중국이나 서양의 여러 나라들에서는 각종 신문을 인쇄해서 발행했으나, 유독 우리나라만은 조보를 인쇄해서 발행하지 않았다. 그러자 이러한 사실을 알았던 정조는 즉위한 지 약 두 달 뒤인 1776년 5월, 승지에게 "우리나라에서도 조보를 주자(鑄字)로 인출(印出)하는 것이 어떻겠느냐?"고 거론한 바 있는데, 이에 관한 실록 기사를 소개해 보면 아래와 같다.

임금이 승지 유당(柳戇)을 소대(召對)하여 이르기를, "조보를 주자(鑄字)로 인출하는 것이 어떻겠느냐?" 하매, 유당이 아뢰기를, "선묘조(宣廟朝)에도 이러한 의논이 있었지만 과연 실행하지는 못하였습니다" 하니, 임금이 말하기를, "혹은 중국에 흘러 들어가게 될 것을 염려한 것이나, 옥루(屋漏)에서도 부끄러울 것이 없게 한다면 무슨 염려할 것이 있겠는가?" 하였다.

유당이 말하기를, "신(臣)이 구구하게 생각하고 있는 바가 있습니다. 연석(筵席)에서의 말은 진실로 마땅히 엄격하게 비밀로 해야 하지마는, 지난번 하교를 내리시면서부터는 부자간에 서로 전하지 않게 되었습니다. 신의 조카가 바야흐로 주서(注書)로 있는데도 감히 신에게 말을 전하지 아니하니, 숙질간은 부자간과 같은 것인데도 이토록 비밀로 하여 숨기고 있습니다. 승선(承宣)이 교대로 입시하는 것도 또한 감히 서로 전하지 않습니다마는, 연석에 나오셨을 때의 설화는 성명(聖明)께서 위에 계시는데 어찌 다른 염려가 있겠습니까? 혹시라도 충신과 비슷한 크게 간사한 무리가 있다가 성상의 총명을 가리거나 현혹하는 말을 아뢰었는데도 바깥에서는 막연하여 듣지 못하게 된다면, 이목(耳目)의 신하들도 논척할 수 없게 될 것이니, 어찌 민망스럽지 않겠습니까?" 하니, 임금이 말하기를, "아뢴 말이 진실로 옳다. 지난번 잘못 전하는 사고가 있었기 때문에 신칙하는 하교를 내렸을 뿐인데, 바깥사람들이 나의 뜻을 알지 못하고서 지나치게 두려워하고 조심하게 된 것이다. 부자간에도 서로 전하지 않는 것에 있어서는 지나치다" 하였다.

유당이 말하기를, "상하(上下)의 주고받는 말이 진실로 사람들의 마음에 맞게 된다면 바깥에 전파되는 것이 또한 어찌 안될 것이 있겠습니까? 일은 본말(本末)이 있는 법이니, 승지와 사간을 극력 가려서 쓴다면 금단하지 않아도 자연히 엄격해지게 될 것입니다" 하니, 임금이 말하기를 "그 말이 매우 좋다" 하였다(정조실록 1권, 정조 즉위년, 서기 1776년 5월 25일 5번째 기사).

이와 같은 기사에서 보듯이 정조가 조보를 주자(鑄字) 즉 금속활자로 인쇄해서 발행하는 것이 어떻겠느냐고 승지 유당의 의중을 떠보았다. 그러나 승지 유당이 말하기를, 부자간에도 비밀을 지키는 것은 매우 어렵다고 하자, 정조는 이를 받아들이고 조보의 인출 문제를 더 이상 거론하지 않았던 것 같다.

(7) 조보를 신식 「관보」로 전환하며 드디어 인쇄 시작

이렇게 조보의 인출 문제는 무산되었는데, 정조 2년(1778) 이덕무(李德懋)와 함께 사은사 채제공(蔡濟恭)을 따라 청나라 수도 북경을 방문하고 돌아온 박제가(朴齊家)는 그 견문록인 『북학의』(北學議: 1778년 간행)의 '내편'(內篇)에서 '당보'(塘報)라는 제목으로 당시 중국에서 발행하던 저보에 관하여 소개하면서 우리나라에서도 저보 즉 조보를 인쇄해서 발행했으면 좋겠다고 제안했는데, 아래와 같이 그 방법을 구체적으로 제시하기도 했다.

> 중국의 저보는 모두 인판(印版)이다. 우리나라에서도 저보를 [선조 때] 인출하다가 중지했는데, 이 사실이 '경연일기'(經筵日記: 이율곡의 『석담일기』를 말함)에 기록되어 있다는 말을 들었다. 저보를 인출하면 몇 가지 이로움이 있다. 말하자면, 사초(史草)를 고람(考覽)할 때 편리하며, 각 관청의 서리의 수효를 수십 명이나 줄일 수 있으며, 허비하는 종이를 3, 4배나 줄일 수 있다. 특히 지금 당장 종이를 허비하지 않을 뿐 아니라 훗날에 사기(史記)를 편수할 때 등사하는 종이도 허비하지 않게 된다. 만약 인출하고자 하면, 매우 편리한 방법이 있으니 그것은 나무로써 활자를 만드는 것이다. 저보 중에 항상 쓰는 어휘로서 감찰(監察), 다시(茶時), 패초(牌招), 찰임(察任), 문안(問安), 답왈(答曰), 지도(知道) 따위를 3자나 4자 내지 5, 6자를 연달아 새기고 아울러 소장(疏章), 정목(政目) 또는 그 밖의 벼슬한 사람들에게 저보를 박게 하여도 족할 것이다.

이처럼 18세기 후반기의 대표적 실학자였던 박제가 역시 중국에서 조보(저보)를 인행하는 것을 보고 우리나라에서도 조보를 인쇄해서 발행할 것을 은근히 제안했다. 그러나 이러한 박제가의 제안을 무시되었고, 정조 이후 다른 임금들도 조보의 인출문제를 더 이상 제기하지 않았다. 그 결과, 우리나라 조보는 고종 31년(1894) 갑오개혁 때 종래의 조보를 '신식 관보'로 전환할 때까지 인쇄하지 않고 손으로만 필사해서 발행되었는데, 황현(黃玹)이 지은 조선 말기 비사(祕史) 『매천야록』(梅泉野錄)을 보면, 조보를 '신식 관보'로 바꾸면서 인쇄, 발행하게 된 내력을 다음과 같이 설명해 놓았다.

> 승정원의 공사청(公事廳)을 파하고 종전의 공문 반포 예규도 함께 폐지하고,

일체를 칙령으로써 행했다. '전교'(傳敎)를 '칙지'(勅旨)라고 개칭하고 '저보'(조보)를 '관보'(官報)라고 하고, 구제(舊制) 매일 저보는 각 아문(衙門) 서리들이 초록해서 나누어 전했다. 초기(草記)가 거칠고 문란해서 '기별초'(奇別草)라고 이르기까지 했는데 오래지 않아 보는 사람[오래 보아 오지 않은 사람]은 제대로 알 수 없어서 관보국을 설치하여 인쇄로 하였다(황현, 『매천야록』, 2권, 고종 31년, 서기 1894년, 갑오년 11월조 4번째 기사: 이장희 역, 『매천야록』. 서울: 대양서적, 1973, pp. 177-178).

황현에 의하면, 조보는 주로 한문(漢字)을 쓰되 이두를 보조적으로 사용하였는데, 그 서체(書體)가 거칠고 문란해서 기별초 즉 '기별글씨체'라고 불리기도 했다. 이러한 조보의 서체는 매우 독특하고 난잡한 초서체(흘림체)였기 때문에, 한문에 능통한 사람이라도 조보를 오랫동안 보아서 그에 익숙하지 않으면 알아보기 어려울 정도였다고 한다. 따라서 조정에서는 관보국이라는 부서를 새로 설치하고, 예전의 조보를 신식(新式)으로 고치면서 인쇄해서 발행하기 시작했다는 것이다. 그러나 '구제의 매일 저보' 즉 승정원에서 매일 발행하던 '조보'는 종래와 마찬가지로 각 아문의 서리들이 초록해서 소속 기관에 나누어 전했다고 한다.

하지만 꾸랑의 『한국서지』를 보면, "관보는 인쇄되던 그 전날(1894년 7월 22일)부터 서울의 신문에 주어진 명칭이다. 그 이전 것이나 마찬가지로 우선은 한자로 쓰였으나 이 새로운 신문은 1895년 1월 6일부터 한자와 한글을 혼용시켰다. [하지만] 한글은 접사와 어미에만 사용되었다. 동년 4월 25일 관보는 특별히 독립된 부서인 내각기록국(內閣記錄局)에서 발행되었으며 7월 22일부터는 유럽식 종이(4절판, 33×25cm) 위에 활자로 인쇄되었다"(모리스 꾸랑 저, 이희재 역, 『한국서지』. 서울: 일조각, 1994, p. 797)고 설명해 놓았다.

2) 조보에 게재할 내용의 취사선택과 통제

앞에서는 조보의 기본형태와 편집 체재, 사용문자와 서체, 인쇄 문제 등에 관하여 살펴보았다. 그러면 여기서는 조보에 게재할 내용의 취사선택 기준은 어떠했는가에 관하여 살펴보기로 하겠는데, 조보에 게재할 내용은 일단 승정원의 조보 담당 주서

(注書)가 선정해서 임금이나 승지의 계하(啓下: 재가)를 받아 조보에 내야할 것과 내지 않아야 할 것을 취사선택했던 것 같다.[14] 그리고 회합이나 경연 등에서 임금이 '조보에 내라' 또는 '조보에 내지 말라'고 직접 하교하기도 했는데, 그렇다면 임금이나 승지는 어떤 내용을 조보에 싣고, 어떤 내용을 싣지 못하게 했는가?

(1) 조보에 낼 것과 내지 말아야 할 것들

이와 같은 문제는 다음에 살펴볼 조보의 주요 내용을 이해하는 데 중요한 관건의 하나가 된다. 그러므로 우선 이에 관한 것을 실록에서 찾아보았으나, 명확한 기준이나 원칙들은 열거해 놓은 것은 찾지 못했다.[15] 그러나 조보에 반드시 내야 할 내용과 조보에 내서는 안 되는 내용이 있었으며, 이를 지키지 않으면 조보 담당 승지나 주서(注書)가 문책을 받았다는 내용의 기사들은 찾을 수 있었다. 이러한 기사는 특히 숙종실록에 적지 않게 보이는데, 그중에서 숙종실록 42권, 숙종 31년(1705) 10월 30일 3번째 기사를 보면 아래와 같다.

> 간원(사간원)에서 임금에게 아뢰기를, "후사(喉司: 승정원의 별칭)는 출납하는 직임을 맡았으므로, 여느 미안한 하교가 있더라도 복역(覆逆)하여 간쟁하는 일

---

14 조보에 낼 기사들의 초안을 임금에게 올리면 임금은 그 내용을 일일이 읽으면서 어떤 내용을 내지 말라고 부표(付標)를 해 놓았던 것 같은데, 인조실록 38권, 인조 17년(1639) 3월 21일 2번째 기사를 보면, 장령 홍무적(洪茂績)이 기로소(耆老所)를 다시 설치할 것을 인조 임금에게 건의하자, 임금이 답하기를, "다시 설치하는 것이 무방하다. 당상은 추고하지 말라" 하고, 이어서 그 계사를 정원에 봉해 내리며 이르기를, "부표(付標)한 곳은 조보에 내지 말라 하였는데, [부표한 곳은] 곧 '임금이 욕을 당했다'[主辱]는 두 글자였다"는 내용이 나오기 때문이다.

15 그러나 최남선(崔南善)에 의하면, 조보의 게재 사항(내용)에 관하여는 「은대편교」(銀臺便攷) 권(卷) 1, 이고(吏攷) 조보의 조하(條下)에 "치간처치(致諫處置), 위배승패취직(違牌承牌就職), 승문원간택(承文院揀擇), 좌기후구전(坐起後口傳), 시행계목(施行啓目), 삼처분관(三處分館), 동지사선래(冬至使先來), 식년무과 규거(式年武科規矩), 복제단자이병비(服制單子吏兵批), 세초전지(歲抄傳旨), 관찰사절도사천(觀察使節度使薦), 능행시군령(陵行時軍令), 수궁대장망(守宮大將望), 삼사육조참의급이품이상패거래(三司六曹參議及二品以上牌去來), 분주서가주서망(分注書假注書望). ○배표방물봉낭길일(拜表方物封囊吉日), 제과택일(諸科擇日), 병출조보(竝出朝報). ○범사계피인등설전교(凡事係彼人等說傳敎), 환곡사전교급거조(還穀事傳敎及擧條), 사계군무기당군문장신포신입전(事係軍務騎堂軍門將臣捕臣入傳), 병물출조보(並勿出朝報). ○사계황명(事係皇明), 물출조보(勿出朝報)"라는 규정이 보였다고 한다(최남선, 「고사천자」(古事千字), "[秋]춘추관". 고대 아세아문제연구소 육당전집편찬위원회 편, 『육당 최남선 전집』 4권. 서울: 현암사, 1973, p. 98).

> 이 있으면 조보에 베껴 써낼 수 없는 것이 본디 통행하는 관례입니다. 지난밤의 비망기는 관계되는 바가 지극히 중대한데, 한편으로는 복역하면서 한편으로는 조보에 냈으니, 상세히 살피고 삼가지 못한 잘못이 큽니다. 청컨대 당해 승지를 종중추고(從重推考)하소서" 하니, 임금이 답하기를, "아뢴 대로 하라" 하였다.

다음으로 숙종실록 44권, 숙종 32년(1706) 11월 4일 2번째 기사를 보면, 집의 이덕영(李德英)의 국옥(鞫獄)에 관한 상소에 대하여 임금이 비답하기를, "소(疏) 가운데에 전교에 따라 더 형신한 것이라고 조보에 냈다고 하는 것은 전에 없던 일이다. 이런 것을 그대로 버려둔다면 뒷날의 폐단을 어찌 이루 다 말할 수 있겠는가? 그대가 언지(言地)에 있으므로 소문에 따라 논열(論列)한 것이니 중률(重律)로 다스리는 일을 결코 그만둘 수 없다"고 했다는 내용이 나온다.

이처럼 조보에 내지 말아야 할 것을 게재한 경우, 담당자는 처벌을 받았다. 그런가 하면, 반대로 조보에 내야 할 것을 내지 않았다고 해서 그 담당자를 엄중 처벌하기도 했는데, 숙종실록 46권, 숙종 34년(1708) 6월 6일 2번째 기사를 보면 아래와 같이 적혀 있다.

> 정언 홍우서(洪禹瑞)의 상소에 대하여 임금이 답하기를, "어제 회강(會講)한 문의(文義)와 설화(說話)를 보니, 박행의(朴行義)가 전현(前賢)을 꾸짖어 헐뜯은 것에 말이 틀리고 어긋남이 많으므로 몹시 해이(駭異)하였다. … [그것을] 거조(擧條)에 써내어 효연히 알게 한 것이 이미 이날의 하교이니, 반드시 공공연히 가려 둘 이치가 없었는데, 즉시 조지에 내지 않은 것은 진실로 몹시 미안(未安)하다. 해당 승지는 종중추고(從重推考)하고, 아래 조항의 일 가운데에 끌어내려 꾸짖고 욕한 것은 특히 선비를 대우하는 도리를 잃었으니, 추고하여 경책(警責)하라"고 하였다.

위와 같은 실록 기사들을 보면, 조보의 내용 중에는 반드시 내야 할 것들과 내서는 안 되는 것들이 있었으며, 이를 지키지 않으면 조보 담당 승지나 주서가 문책을 받았다. 첫째로 숙종실록 42권, 숙종 31년(1705) 10월 30일 3번째 기사를 보면, 비록 임금의 하교가 있더라도 "복역(覆逆)하여 간쟁하는 일이 있으면 조보에 베껴 써

낼 수 없는 것이 본디 통행하는 관례"였음을 알 수 있다. 둘째로 숙종실록 44권, 숙종 32년(1706) 11월 4일 2번째 기사를 보면, "임금의 전교에 따라 더 형신한 것"이라는 말을 조보에 내지 말았어야 했던 것 같다. 셋째로 숙종실록 46권, 숙종 34년(1708) 6월 6일 2번째 기사를 보면, "박행의(朴行義)가 전현(前賢)을 꾸짖어 헐뜯은 것에 말이 틀리고 어긋남을 … 거조에 써내어서 효연히 알게 한 것이 이날 회강에서 임금의 하교인데"라는 내용이 나오는데, 이는 이러한 임금의 하교는 즉시 조보에 내야 하나, 이를 승지가 조보에 내지 않았으니 문책을 하라는 것이었다. 그러므로 이러한 실록 기사들을 보면, 조보에 반드시 내야 할 내용과 내서는 안 되는 내용이 있었으며, 이를 지키지 않으면 조보 담당 승지나 주서가 문책을 받았음을 알 수 있다. 그러면 어떤 내용을 조보에 내라거나 내지 말라는 명령은 주로 누가 내렸는가?

실록에 나타난 사례들로 미루어 볼 때 주로 임금이 직접 내리거나 또는 신하의 건의를 받아 임금이 내렸던 것 같다. 그러나 정승들도 내렸던 것 같은데, 선조실록 88권, 선조 30년(1597) 5월 9일 2번째 기사를 보면, 영의정 유성룡(柳成龍), 판중부사 윤두수(尹斗壽), 좌의정 김응남(金應南)이 임금에게 아뢰기를, "어제 승정원에 내리신 전교를 신들이 보니 '항조(皇朝)에서 경리하겠다'는 명을 내리셨는데, 전하께서 갑자기 이러한 일을 하시면 중국의 장수들이 그 말을 듣게 될 것입니다. 그렇게 되면 반드시 엉뚱한 말이 원근에 퍼져 일을 크게 그르칠 것이니, 어찌 큰 걱정거리가 아니겠습니까? … 그러므로 우선 뒷날을 기다려 경연에서 직접 아뢰거나 혹 기회에 따라 전달하기로 하고는, 내리신 비망기를 신들이 직접 단단히 봉함하여 승지에게 건네주고 조보에는 내지 말라고 하고서 물러 나왔습니다"라는 내용이 나오기 때문이다. 그러나 이는 특별한 경우이며, 대부분의 경우는 임금이 내렸던 것 같다. 그러면 어떤 내용은 '조보에 내라'[出於朝報]고 하였고, 어떤 내용은 '조보에 내지 말라'[不出於朝報]고 하였는지에 관한 실록 기록들을 좀 더 살펴보면서 그 이유 내지 기준들을 실제 사례를 중심으로 알아보기로 하겠다.

(2) '조보에 내라'는 긍정적 통제와 그 사례들

먼저 '조보에 내라'고 한 내용과 그 사유부터 살펴보기로 하겠는데, 임금이나 관료들이 '조보에 내라'고 하는 것을 신문학에서는 '긍정적 통제'(affirmative control)라고 부른다. 그 반면, '조보에 내지 말라'고 하는 것은 '부정적 통제'(negative control)라고 부른다. 이러한 두 가지 통제 중에서 더 무서운 것은 긍정적 통제인데, '무엇을 신문에 내라'는 것은 그것만 신문에 내야 하는 반면, '무엇을 신문에 내지 말라'는 것은 그것만은 내지 말고 나머지는 모두 내도 좋다는 말이 되기 때문이다.[16] 그런데 조선시대 조보를 보면, 긍정적 통제와 부정적 통제를 모두 사용했다. 그렇다면 조보는 구체적으로 어떤 내용들이, 왜 통제를 받았는가?

우선 실록에 실려 있는 긍정적 통제에 관한 몇 가지 사례들을 들어 보면, 선조는 임진왜란 때 민정(民情)을 안정시키기 위하여 왜적(倭敵)에 관한 정보를 조보에 내도록 지시했다. 선조실록 83권, 선조 29년(1596) 12월 5일 3번째 기사를 보면, "임금이 [왜적을 방어하는 12가지 방도를] 승정원에 전교하기를, '황진(黃愼)의 서장(書狀)에 적들이 다시 나올 것인지는 확실히 알 수 없으나 설령 나온다고 하더라도 반드시 명년 봄에는 나오지 못할 것이다'라고 하였는데, 지금 적에 대한 정보는 한마디라도 중요한 듯하니, 이 한 건을 조보에 내어서 민정을 안정시켜야 한다"고 하였다. 그러자 비변사(備邊司)가 아뢰기를, "황신의 서장 안에 기록되어 있는 조항은 상교(上教)에 따라 조보에 내서 민정을 안정시키는 것이 지당합니다"라고 했다고 기록되어 있다.

그런가 하면, 인조는 천재(天災)에 관한 것을 숨기지 말고 솔직하게 조보에 내도록 명령하기도 했다. 인조실록 10권, 인조 3년(1625) 9월 26일 1번째 기사를 보면, 주강(晝講)에서 참찬관 최명길(崔鳴吉)이 임금께 아뢰기를, "천재가 거듭 발생하여 인심이 놀라 소동하고 있습니다. 따라서 천재가 있더라도 조보에는 내지 말고 상께서 경계하고 삼가면서 마음을 닦고 허물을 반성하시는 것이 마땅합니다" 하니, 임금이 이르기를, "온 나라 백성은 모두가 적자(赤子)이니 그들에게 앞으로 화란(禍亂)이 있을 것을 알게 해야 된다. 왜 그들에게 숨겨야 한단 말인가"라고 하면서 천재에 관한 것을 조보에 내라고 지시했다.

또한 숙종은 신하들로부터 역적의 옥사(獄事)에 대한 결안의 초사(招辭)가 조보에 실리지 않았다는 보고를 받자, 해당 승지를 처벌하고 그것을 조보에 싣도록 명령하기도 했는데, 숙종실록 9권, 숙종 6년(1680) 4월 16일 2번째 기사를 보면 다음과 같

16 이는 남북한의 언론 체제를 보아도 쉽게 알 수 있는데, 북한의 언론 체제는 긍정적 통제체제로서 '사회주의 건설을 위한 내용'만 다루어야 한다. 반면에 남한의 언론 체제는 부정적 통제체제로서 형법이나 언론관계법에서 규정해 놓은 최소한의 금지사항들 이외에는 모두 다루어도 무방하기 때문이다.

이 기록되어 있다.

> 장령 안후태(安後泰)와 심유(沈濡), 지평 권주기(權斗紀)와 오도일(吳道一)이 임금께 아뢰기를, "역적 허견(許堅)의 취조를 결안한 가운데 또 이태서(李台瑞)로 하여금 윤휴(尹鑴), 이원정(李元禎)을 격동시켜서 체부(體府)를 다시 설치할 꾀를 도모하고, 날래고 사나운 무사를 많이 뽑아서 결탁해 심복으로 삼았다는 등의 말이 있는데, 조보에는 빠졌으니 막중한 역옥(逆獄)의 결안한 초사가 이처럼 소류(疏漏)합니다. 청컨대 해당 승지를 중하게 추고하고, 이 한 관(款)을 다시 조보에 내게 하소서" 하니 임금이 "아뢴대로 하라"고 하였다.

그런가 하면, 숙종은 '장희빈을 자진(自盡)케 하라'는 전지를 조보에 내도록 하라고 명령하기도 했다. 숙종실록 35권, 숙종 27년(1701) 10월 8일 11번째 기사를 보면, "판중추부사 서문중(徐文重), 우의정 신완(申玩), 이조판서 이여(李畬)가 청대하니 임금이 인현하였다. [이들이 장희빈의 구명을 청했으나 임금이 허락하지 않았다] 서문중이 말하기를, '상교(上敎)에 이른바 사약(賜藥)의 경우 만약 사제(私第)에 내보내어 사약한다면, 이것은 또한 유사(攸司)의 형벌이 됨을 면하기 어렵기 때문에 감히 진달하는 것입니다' 하니, 임금이 말하기를, '자진하게 하라는 것은 유사의 형벌을 말하는 것이 아니다. 비록 승정원으로 하여금 전지를 받들게 하지 아니하더라도 어찌 이를 처리할 방도가 없겠는가? 다만 전지를 조보에 내도록 하라'고 하니, 드디어 모두 물러났다"고 적혀 있다.

한편 영조는 육호룡(睦虎龍)과 김일경(金一鏡)이 선왕을 무함한 죄악의 추안을 조보에 낼 것을 국청대신(鞫廳大臣)이 청하자, 그렇게 해서 사방에 알리라고 쾌히 허락하기도 하였다. 이는 영조실록 2권, 영조 즉위년(1724) 12월 8일 6번째 기사에 적혀 있는데, 그 내용을 보면, "국청대신 이하가 또 입시하였다. 위관 조태억(趙泰億)이 목호룡과 김일경의 죄악을 추안을 살펴 뽑아내어 조보에 써낼 것을 청하자 허락하였다. 연신(筵臣) 중에서 어떤 이가 '스스로 여긴다'(自視) 이하의 말은 마땅히 다 써서는 안될 것이라고 말하니, 임금이 말하기를, '이것은 숨길 수 있는 일이 아니다. 모두 써낸 뒤에야 교문(敎文)과 더불어 전후로 서로 화응(和應)한 정상을 사방에 마땅히 알게 될 것이다'고 하였다"고 한다.

영조는 또한 일곱 살 여자아이가 애를 낳은 사건을 조사해서 보고한 어사 구상

(具庠)의 장계도 조보에 내라고 하교하였다. 영조실록 109권, 영조 43년(1767) 윤7월 29일 2번째 기사를 보면 "산음어사(山陰御使) 구상이 입시하여 [산음에서 일곱 살 여자아이가 애를 낳은 사건을 조사해서 보고하는] 서계(書啓)를 올렸다. 임금이 말하기를, '일곱 살 아이가 애를 낳았으니, 어찌 이상한 일이 아니겠는가? 이미 그 아비를 알아냈으니 현혹한 영남의 민심이 거의 안정될 수 있을 것이다' 하니 구상이 말하기를 '그렇습니다' 하였다. [이에 임금이] 하교하기를, '[이 문제를 논계하지 않은] 산음현감에게 사적(仕籍)에서 삭제하는 법을 시행하고, 이 [구상의] 장계를 조보에 내도록 하라. 그리고 그 여자, 어미, 간통한 남자, 아이를 바다의 섬에다 나누어 귀양 보내어 노비로 삼으라'고 명하였다"고 한다.

(3) '조보에 내라'는 내용과 그 이유는 정조실록에 잘 나타나

위에서 보듯이 역대 임금들 거의 모두가 어떤 내용을 조보에 내라고 하교했는데, 그 내용과 이유는 매우 다양했다. 그러나 이에 관한 것은 정조실록에 가장 잘 나타나 있는데, 그중에서 몇 가지 사례들만 들어 보면 아래와 같다.

> ① 좌참찬 황경원(黃景源)의 상소에 대하여 임금이 비답하기를, "효열(孝烈)·충의(忠義)를 정려, 급복하는 것은 풍성(風聲)을 세워서 일세(一世)를 용동(聳動)시켜 권장하기 위한 것이다. … 이후로는 정려, 증직, 급복 등의 일은 각각 해방(該房)에서 승전(承傳)을 봉입(捧入)하여 전지(傳旨)한 뒤에 곧 조지에 써서 반포하게 하라" 하였다(정조실록 8권, 정조 3년, 서기 1779년 12월 16일 1번째 기사).
>
> ② 좌의정 서명선(徐命善)이 임금께 상소하여 아뢰기를, "혹시 이 사람[조진형]을 뒤따라 다시 그런 짓을 하려는 자가 있을지도 모르니, 반드시 매우 엄하게 배척하여, 의리는 없어질 수 없고, 제방(隄防)은 무너뜨릴 수 없다는 것을 사람마다 알게 해야만 국가의 형세가 길이 굳건해지고 세도가 안정될 것입니다" 하니, 임금이 말하기를, "경의 말에 실로 격동의 마음을 금할 수 없었다. 이것을 조지에 내어 한편으로는 추향(趨向)을 바루게 하는 방도로 삼고, 한편으로는 선을 좋아하고 악을 미워한다는 뜻을 밝히도록 하여라"(정조실록 10권, 정조 4년, 서기 1780년 9월 20일 3번째 기사).
>
> ③ 사간 윤행리(尹行履)의 상소에 대하여 임금이 하교하기를, "경(卿)이 아뢴

말을 보니, 세종, 문종, 단종 세 조정의 실록에 실려 있는 것과 선조께서 분석하신 윤음은 실로 후세에 증거로 내세울 수 있는 자료가 된다. 지금부터는 이를 받들어 믿어서 전날의 의혹을 통쾌하게 풀 수 있겠으니, 이 아뢴 말을 조보에 베껴 반포하여 누구나 그 사실을 자세히 알 수 있도록 하라" 하였다(정조실록 32권, 정조 15년, 서기 1791년 3월 9일 2번째 기사).

④ 내각이 부사과 남공철(南公轍)의 함답(緘答)에 대하여 아뢰자, 임금이 비답하기를, "공함 발송에 관한 전교와 답통(答通)의 공초를 조지에 반포하여 많은 사람들이 다 보게 하라. … 문풍(文風)이란 세도와 관계되는 것이기에 남공철 한 사람으로 많은 선비들이 타산지석을 삼게 하고자 함이다"(정조실록 36권, 정조 16년, 서기 1792년 10월 25일 1번째 기사).

⑤ 비변사가 아뢰기를, "조적(糶糴)하는 법은 백성을 위해 만든 것으로서 모곡(耗穀)을 취해 쓰는 것은 옛 법의 뜻에 어긋나는 일입니다. … 경외의 아문을 막론하고 모곡을 내다 팔 때에 혹시라도 예전의 잘못을 답습함으로써 스스로 중한 처벌을 받지 않도록 하라는 내용으로 제도(諸道)에 엄히 신칙토록 하소서" 하니, 임금이 비답하기를, "이 초기가 체례(體例)상으로 매우 타당함을 얻었으니 백성에게 무척 다행스러운 일이다. 먼저 경외에 엄히 신칙하라. 그리고 바로 조지에 반포함으로써 각각 이러한 법령을 잘 알고서 감히 범죄 행위를 저지르지 말도록 하라" 하였다(정조실록 52권, 정조 23년, 서기 1799년 11월 25일 2번째 기사).

이처럼 정조는 어떤 특정 사건이나 사항 등을 조보에 내라고 하교하면서 그 이유를 밝히기도 했는데, 이들은 효열(孝烈), 충의(忠義) 등을 정려하기 위한 것, 백성들이 추향(趨向)을 바루게 하고, 권선징악의 마음을 갖도록 하기 위한 것, 백성들의 의심을 풀어 주기 위한 것, 관원들의 어떤 행동이 다른 사람들에게 모범이나 타산지석이 되도록 하기 위한 것, 신민들이 미풍양속을 지키도록 하기 위한 것, 백성들이 법령을 알고 이를 위반하지 않도록 하기 위한 것 등이었다. 이들은 곧 조보의 발행목적 내지 현재적(顯在的) 순기능과 일치하는 것으로 볼 수 있다.

(4) 고종 때는 '조보에 반포하라'는 기사가 전체의 51%에 달해

위와 같이 어떤 사실을 '조보에 내라'는 임금의 하교는 특히 고종 때 가장 많았다.

고종실록을 보면 고종 1년(1864) 2월 15일부터 고종 41년(1904) 7월 15일까지 40년 동안 조보에 관한 기사가 모두 39건이 나오는데, 이들 중에서 어떤 사실을 '조보에 발표하라'는 긍정적 통제를 담은 기사가 무려 20건으로 전체의 51%를 차지한 반면, '조보에 내지 말라'는 부정적 통제는 2건에 불과했다. 따라서 이를 볼 때, 고종 시기에는 특히 조보가 조정의 공보매체로 적극 활용되었음을 알 수 있다. 그렇다면 '조보에 발표하라'는 20건의 기사는 과연 무엇을 조보에 내라는 것이었는가?

이들 기사의 내용을 유형별로 분류해 보면, "오늘 경연(經筵)에서 나온 이야기들을 조지에 반포하도록 하라"는 등의 내용이 포함된 기사가 모두 16건으로 가장 많았다. 다음은 임금(조대비 포함)의 전교 내용을 조보에 발표하라는 것, 예컨대 "이 전교를 조지에 반포해서 방백과 수령이 모두 알게 하라"는 등의 내용이 포함된 기사가 2건이었다. 그리고 나머지 2건 중 하나는 차대(次對)에서 신하가 올린 계사에 대해 "이 계사를 조보에 올려서 반포하여 각자 사실을 자세히 알도록 하라"는 것이었고, 또 하나는 "세자의 서연(書筵)과 소대(召對)에 입대할 때, 입계좌목(入啓座目)을 조지에 반포하는 것을 정식으로 삼으라"는 것이었다.

이러한 기사에 나오는 주요 술어들을 간단히 설명하면, 첫째로 '전교'(傳敎)란 임금이 신하에게 내리는 명령으로 '하교'(下敎)라고도 불렀다. 둘째로 '경연'(經筵)이란 임금이 유교 성현의 가르침을 공부하는 자리로서 '연석'(筵席)이라고도 불렀는데, 이는 임금이 공부하는 자리이자 또한 어떤 정책에 관한 신하들과의 세미나의 장(場)이었다. 경연의 종류에는 오전의 조강(朝講), 낮의 주강(晝講), 오후의 석강(夕講)과 불시에 열리는 소대(召對) 등이 있었다. 이들 경연은 대부분 편전에서 행해졌으며, 경연에서 임금이 신하들과 함께 경전이나 시사(時事) 등을 묻고 답할 때 신하가 임금의 자문에 답하여 올리는 말은 '연설'(筵說)이라고 불렀다. 셋째로 '계사'(啓辭)란 공사(公事)나 논죄에 관하여 임금에게 아뢴 말이나 글을 말한다. 마지막으로 '입계좌목'(入啓座目)이란 임금에게 상주하는 말이나 글월의 차례를 적은 목록을 말하는데, 고종 24년(1887) 11월 1일부터는 세자의 서연(書筵)과 소대(召對)에 입대할 때는 그 입계좌목을 반드시 조지에 반포하는 것을 정식 규정으로 삼았다.

(5) 신하의 건의에 따라 임금이 조보에 내도록 명령하기도

위에서 보았듯이 조보에 내도록 한 것들 중에는 임금이 직접 하교한 것들이 대부분이었으나 신하의 건의에 따른 것들도 적지 않았다. 이러한 사례의 하나로 신하 이평(李坪)의 건의에 따라 역적 김일승(金日昇)의 허리띠에서 나온 흉서(凶書)까지도 조보에 내서 중외에 널리 알린 경우가 있는데, 광해군일기 53권, 광해 4년(1612) 5월 6일 5번째 기사를 보면, 아래와 같은 내용이 나온다.

> 의금부가 임금에게 아뢰기를, 이평(李坪)의 상소를 대신에게 의논하니,… "[반란을 모의한 역적] 김일승(金日昇)이 기축년에 정적(鄭賊)과 몰래 주고받은 서찰을 조보에 내도록 하였으니, 이 규례에 의하여 이를 조보에 싣는다면 모든 사람들이 읽어 역당(逆黨)의 흉악한 정상을 사람마다 분명히 알 수 있을 것입니다. … 흉서(兇書)를 돌려 보이는 문제에 있어서는, 전례에 의하여 조보에 내어서 중외로 하여금 두루 알 수 있도록 하는 것은 안 될 것이 없습니다." 하고, 영부사 기자헌(奇自獻)은 의논드리기를 "추형하는 일은 본래 형서에 실려 있지 않으며, 옛날 제왕과 우리나라의 여러 임금이 간혹 시행한 예가 있기도 하지만, 이는 다만 한때의 명에서 나왔을 뿐입니다"라고 하였고, 덧붙여 "흉서와 역적의 편지는 구례에 의해 베껴서 조보에 내어 사방의 사람들에게 역당의 흉악한 정상을 분명히 알도록 하는 것은 아마도 불가할 게 없는 듯합니다" 하였다. 그리고 "영의정은 병이 있어 수의(收議)하지 못하였습니다" 하니, 임금이 "의논대로 하라"고 전교하였다.

그리하여 신하들의 의논 끝에 역적 김일승의 의대(衣帶) 속에서 나온 편지(흉서)를 조보에 실어 중외에 반포하게 되었는데, 그 편지에는 아래와 같이 적혀 있었다고 한다.

> 이 지역의 군대가 이미 수천 명이 되는데, 출동할 시기를 또 늦추었으니 염려스럽고 염려스럽다. 그러니 급히 명망이 있는 자를 … 군중(軍中)에서 뭇사람의 마음을 진정시켜야 한다. 그리고 노전(盧田)과 관둔전(官屯田), 내노비(內奴婢)와 궁첩 부녀들을 공이 있는 사람에게 나누어 주고, 공물을 진상하는 일을 일체 경감하여 혁파하고, 승사(僧社)와 천예(賤隸)들이 모두 벼슬길에 나갈 수 있게 하고, 사천(私賤)과 관속도 모두 혁파하고, 도읍을 구월산 아래에 정한다는 것을 맹세하는 글에 넣어라. 거사할 때에 감사, 병사, 신천군수, 봉산군수를 먼저 제거한 뒤에, 다른 나머지 읍의 수령은 각각 그 장관이 임의대로 처

리하라. 김강재(金强哉)는 수상한 뜻이 있어서 이미 처치하기로 정하였다. 이 중(僧)은 믿을 만하기 때문에 글을 써서 삼천부(三天符) 아래에 올린다. … (광해군일기 53권, 광해 4년, 서기 1612년 5월 9일 5번째 기사)

바로 이와 같은 역적 김일승의 흉서를 조보에 실어 중외에 반포하자, 대사헌 이이첨(李爾瞻) 등이 임금께, "김일승은 역적 팽석(彭錫)과 가장 친밀한 일당으로서 장(杖)을 맞다가 바로 죽었는데, 의대 속의 흉서가 이미 드러남으로써 그 역모의 정상이 모두 드러나 의심의 여지가 없었습니다. 그런데 이를 조보에 써 팔방에 돌려 보이기만 하고, 상형(常刑)은 가하지 않으니 매우 가슴 아픕니다"라고 아뢰었다고 한다(광해군일기 54권, 광해 4년, 서기 1612년 6월 7일 6번째 기사).

이처럼 역적의 흉서를 조보에 내서 널리 알렸다는 기사는 광해군일기 74권, 광해 6년(1614) 1월 26일 2번째 기사에도 나온다. 이를 보면, "양사(兩司) 장관이 탑전(榻前)에서 아뢰기를, '근래 인심이 극도로 악해져서, 지난해에 저주한 한 가지 일은 명백하여 의심할 것이 없어서 비록 어리석은 남자와 어리석은 여자라도 모르는 이가 없는데도 그 사이에 역적을 비호하는 의논이 하나 있어서, 혹 사실이 아니라고 하기도 하나, 너무나 통탄스러운 일입니다. 지금 이 옥사는, 의일(義一)은 이미 다 바르게 공초했으나 그 밖의 여러 죄인은 굳게 참고 자복하지 않아서, 이 때문에 외간에서는 이 곡절을 모르고 이 옥사를 실상이 없는 것이라고 하니, 참으로 해괴하고 분개스럽습니다. 김란(金蘭)을 잡아들여 의일과 대질시키고 의일의 베개 속에 있던 서찰을 김란이 일일이 보게 한 뒤에 처치하되, 그 흉서 속의 음모한 곡절을 다 조보에 내서 중외에 보여 중외의 백성들로 하여금 다 그것이 명백하여 의심스러운 것이 없음을 환히 알게 해야 합니다' 하니, 임금이 이르기를, '마땅히 헤아려 처리하겠다'고 하였다"고 기록되어 있다.

3) '조보에 내지 말라'는 내용들과 그 사례

앞에서는 먼저 '조보에 내라'고 한 긍정적 통제에 관하여 살펴보았다. 그러면 지금부터는 '조보에 내지 말라'고 한 부정적 통제와 그 사례들에 관하여 살펴보기로 하겠는데, 이에 관한 것들을 실록에 수십 건이 나와서, 그 건수가 '조보에 내라'는 긍정적 통제에 관한 기사들보다 훨씬 많았다. '조보에 내지 말라'고 한 것은 물론 실제로 조보에 실리지 않았는데, 그렇다면 조선왕조는 주로 어떠한 내용을 조보에 내지 말라고 했는가?

(1) 임진왜란 때에는 주로 군사 기밀

'조보에 내지 말라'는 내용 중에서 많은 비중을 차지한 것은 군사 기밀이었다. 이는 조선시대에 큰 전란이 두 번(임진왜란, 병자호란)이나 일어났기 때문이기도 한데, 임진왜란은 선조 25년(1592) 4월부터 시작되어 선조 31년(1598) 11월까지 7년 동안이나 계속되었고, 병자호란은 인조 14년(1636) 12월부터 시작되어 인조 15년(1637) 1월까지 1년 동안 계속되었다. 따라서 자연히 군사 기밀에 관한 것을 '조보에 내지 말라'는 부정적 통제에 관한 기사가 실록에 많이 나타날 수밖에 없었던 것 같다.

우선 임진왜란 전후에 '조보에 내지 말라'고 한 실례의 하나로 선조실록 53권, 선조 27년(1594) 7월 17일 3번째 기사를 보면, "임금이 전교하기를, '내가 일찍이 승지에게 말하기를, '이 자문(咨文)은 조보에 내지 말라. 외인이 알까 두렵다'고 하였다'"는 내용이 있다. 여기서 '자문'이란 조선시대에 주로 중국의 육부와 조회, 통보, 교섭 등을 목적으로 왕래하던 문서를 말하는데, 위의 실록 기사에서 선조가 왜 자문을 '조보에 내지 말라'고 했는지 그 이유를 소개해 보면 아래와 같다.

> 임금이 영의정 유성룡(柳成龍)을 인견하였다. "요동(遼東)의 자문은 어떠한가?" 하니 성룡이 아뢰기를 "요즘에 유정(劉綎: 명나라 장수)의 병력이 철수하려 하고 군기(軍器)도 점차 수송해 가려고 하므로 매우 실망하는 마음이 있었는데, 어제 이 자문을 보니 중국이 우리나라를 잊지 않는 뜻을 알 수 있습니다. 다만 중국이 군사를 대거 출동하여 왜적의 소굴을 소탕한 다음에야 비로소 수천의 군사로도 부산 등지를 지킬 수 있을 것입니다. 이제 만약 3천의 병력과 유(劉) 총병의 군사 5천으로 돌격해 오는 저 왜적을 당해내려고 해도 오래 지탱하기 어려운 것입니다. … 중국이 참으로 용병(用兵)을 하고 봉공(封貢)을 허락하지 않고자 한다면 의당 먼저 군량을 조치하고 대군을 출동하여 적을 섬멸한 뒤에야 천여 명의 병력으로 부산을 지킬 수 있을 것입니다. 중국의 생각은 꼭 우리나라가 충분히 협력할 수 있을 것으로 여기지만 우리나라는 피폐하여 필시 지탱할 수 없을 것입니다" 하였다. … 임금이 이르기를, "영상의 말

이 나의 뜻과 같으니 이 일은 한편으로는 참으로 기쁘고 한편으로는 두렵다. 중국군은 도착하지 않았는데, 지금 떠나는 소서비(小西飛)의 왜졸이 만약 봉공을 파한 논의를 먼저 통보한다면 적은 반드시 독기를 부릴 것이니 그 화(禍)는 이루 말할 수 없을 것이다. 그러므로 내가 일찍이 승지에게 말하기를, '이 자문은 조보에 내지 말라. 외인이 알까 두렵다' 하였다."

한편 우리나라의 군사적 기밀을 일본 측에 감추기 위하여 '조보에 내지 말라'고 한 실록 기사는 한 건밖에 찾지 못했다. 그것도 임진왜란 때 우리나라 의병대장 조헌(趙憲)이 임금에게 올린 상소문 중에서 일본에 관한 사항과 자신의 이름을 조보에 내지 말아 달라고 임금에게 부탁한 것이었다. 이에 관한 기사인 선조수정실록 25권, 선조 24년(1591) 3월 1일 7번째 기사를 보면, "전교수(前敎授) 조헌이 소장을 올렸으나 답이 없었다. 조헌이 일본의 서계(書契)가 패역스럽고 왜사(倭使)도 함께 나왔다는 말을 듣고서 옥천에서 흰옷으로 갈아입고 걸어와서 예궐(詣闕)하여 소장을 올렸는데 그 내용에, '바라건대 신의 상소문을 머물러 두시고 [신이 아뢴] 기책(機策)을 은밀히 조처하시되 동평관(東平館)에 있는 사람들로 하여금 구득(購得)할 수 없게 할 것은 물론, 신의 이름을 조보에 싣지 않게 하여 주시면 매우 다행이겠습니다'" 운운한 내용이 나온다.

(2) 임진왜란 때 조선을 도우려 온 명나라 장수들의 만행

위에서 살펴보았듯이 '조보에 내지 말라'는 내용은 예전에도 오늘날과 마찬가지로 군사나 국사상 기밀에 관한 것이 많았다. 그러나 실록을 보면, '조보에 내지 말라'는 기사들 중에서 가장 많은 것은 중국(명나라·청나라)과 중국인 등에 관한 것들로서 전체의 50-60%나 차지했는데, 이들은 대부분 우리나라의 기밀이나 사정을 중국과 중국인들에게 감추기 위한 것들이었다. 심지어는 임진왜란 때에도 일본 측에 감추기 위한 것보다는 명나라 측에 감추기 위한 부정적 통제가 훨씬 더 많았다. 그런가 하면, 임진왜란 때 조선을 도우러 온 명나라 장수들의 심기를 건드리지 않기 위하여 선조가 이들과 이들의 조선인 소통사(小通事: 통역)들의 만행도 '조보에 내지 말라'고 지시하기도 했는데, 이에 관한 실록 기사를 소개하면 아래와 같다.

사헌부가 [명나라 장수들의] 소통사(小通事)들의 비행에 관하여 또 아뢰기를,

> "요즈음 중국 장관(將官)들의 행차가 잇달아 나와 의주부터 부산까지 일로(一路)의 [우리나라] 백성들이 접대하느라고 분주하여 겨를이 없는데, 이들이 백성들에게 피해를 주고 포악한 짓을 자행하는 것은 실로 [우리나라] 소통사들이 부추긴 것입니다. … 금번 [명나라] 이참장(李參將)이 남쪽으로 내려갔을 때 소통사들이 각기 가정(家丁) 한 사람씩을 데리고 가서 여러 고을을 분담하여 돌아다니면서 침해(侵害)하고 수탈하였는데 베를 한 치까지 심사하여 징수하는 등 수운(輸運)하는 것이 전일에 비해 아주 많으니 가슴을 도려내는 듯한 백성들의 아픔이 실로 애처롭습니다. 민심의 울분이 이에 이르러 더욱 극심하니 어찌 [그들이] 마음대로 하도록 내버려 두고 징계하여 다스리지 않을 수 있겠습니까. 이참장을 수행했던 소통사들을 참장이 [압록]강을 건너간 뒤에 모두 잡아다가 엄히 국문하여 죄를 주소서. 그리고 지금 이후로는 중국 장수의 차비역관(差備譯官)은 으레 원역관(元譯官)으로 차정(差定)하고 평안감사와 의주부윤에게 하유하여 소통사는 일체 수행하지 못하도록 하소서" 하니, 임금이 승정원에 전교하기를, "참장이 떠난지 겨우 하루밖에 안 되어 이목(耳目)이 두렵고 또 우리나라 사람이 누설할지도 모르니, 이 계사(啓辭)를 아직 조보에 내지 말라. 그리고 참장이 강을 건너간 뒤에 처리하는 것이 온당할 듯하니 정원이 의논하여 처리하라" 하였다(선조실록 185권, 선조 38년, 서기 1605년 3월 17일 3번째 기사).

한편 선조실록 127권, 선조 33년(1600) 7월 5일 4번째 기사를 보면, 정원이 아뢰기를, "[명나라] 도통판(陶通判)의 차비통사(差備通事)가 와서 말하기를, '통판(通判)의 말에 너의 나라는 본래 예의를 안다고 일컫는데, 지금 국왕이 꼭 백의로 회례(回禮)하고자 하니 그 예(禮)의 소재를 실로 알 수 없다' 하니, … 임금이 전교하기를, '중국인은 흰 빛깔의 옷을 싫어하기 때문에 흰옷으로 회례하는 것을 싫어하는 데에서 이 말이 나오게 된 것이다. 이 뜻을 승지만 알고 조보에는 내지 말라'고 하였다"고 적혀 있다.

(3) 광해군 때는 주로 명나라에 감추기 위한 것들

임진왜란이 끝난 이후 광해군 집권 시기에도 우리나라 사정이나 기밀을 명나라 측에 감추거나 또는 심기를 건들지 않기 위하여 이에 관련된 것은 조보에 내지 말라고 했다. 광해군일기를 보면 이런 기사들이 모두 12건으로, 광해군일기에 나오는 모든 조보관계기사 56건 중 21%나 되었다. 따라서 광해군은 전제 정치를 하면서, 국사에 관한 일들을 비밀로 한 것이 많았다는 생각이 얼핏 들었으나, '조보에 내지 말라'고 한 12건의 기사들 중, 국내 일에 관한 것은 겨우 1건이었고,[17] 나머지 11건은 명나라 사신 등이 알지 못하도록 감추라는 것들이었다. 이 기사들을 열거해 보면 아래와 같다.

① 임금이 비망기(備忘記)로 일렀다. "중국 관리(唐官)들이 들어온 뒤에 추문(推鞫)하라고 추문청에 말하라. 그리고 조보에 감추어야 할 일은 중국 관리들이 관소(館所)에 머무는 동안은 내지 말도록 정원이 살펴라"(광해군일기 3권, 광해 즉위년, 서기 1608년 4월 8일 2번째 기사).

② 임금이 전교하였다. "[중국의] 객사(客使)가 오랫동안 국경에 머무를 모양이니, 우리나라의 비밀스러운 일은 조보에 내지 말고, 또 몰래 내통하는 자를 특별히 엄금하도록 은밀히 선위사(宣慰使) 등에게 지시하라"(광해군일기 15권, 광해 1년, 서기 1609년 4월 5일 4번째 기사).

③ 임금이 비망기로 일렀다. "중국 사신과 관계되어 감추어야 할 듯한 일은 대간(臺諫)의 계사라도 봉입(封入)하고 조보에 싣지 말라. 비답 역시 그렇게 하라. 어제 간원(諫院)의 계사 역시 조보에 싣지 말라. 그리고 이러한 일을 정원에서 명심하여 살피도록 하라"(광해군일기 17권, 광해 1년, 서기 1609년 6월 2일 7번째 기사).

④ 임금이 비망기로 일렀다. "옥당(玉堂: 홍문관 별칭)의 차자(箚子)와 헌부의 계사 및 비답을 모두 조보에 싣지 말라는 일을 정원에서 신명해 검칙하라"(광해군일기 17권, 광해 1년, 서기 1609년 6월 8일 4번째 기사).

⑤ 임금이 전교하였다. "지금 중국 사신은 황상(皇上)의 좌우에서 가까이 모시는 신하로서 조서(詔書)를 받들고 우리나라에 왔으니 체면이 높고 무겁다. 우리의 도리에 있어서는 마땅히 정성과 공경을 다하여 그들의 환심을 잃

---

17 이 기사는 광해군일기중초본 84권, 광해 6년(1614) 11월 26일 5번째 기사로서, "임금이 비망기로 이르기를, '신설(申渫) 등의 일은 조보에 내지 말라' 하였다. 왕은 고변하는 사람들의 마음이 해이해질까 봐 걱정한 것이다"라는 내용의 기사이다.

지 않도록 해야 할 뿐이다. 요즈음 삼사(三司)에서는 고담준론을 좋아하는데, 이는 이익은 없고 손해만 있으니 어찌 미안하지 않은가. 중국의 귀인(貴人)이 우리나라 삼사의 의논에 어찌 털끝 하나라도 꿈적하겠는가. 다만 생각건대 이러한 논의가 새어나가 혹 저들의 귀에 들어가게 되면 뜻밖의 처리하기 어려운 근심이 어찌 반드시 없으리라고 보장하겠는가. 나는 그것이 매우 두렵다. 이런 뜻을 정원은 잘 알아서 조사(詔使)와 관계되는 모든 일을 십분 단속하고 절대로 조보에 내지 말라. 그리고 원접사(遠接使)와 관반(館伴)으로 하여금 통역관을 엄히 단속해서 중국 사람들에게 전파하지 못하도록 하라"(광해군일기중초본 17권, 광해 1년, 서기 1609년 6월 9일 3번째 기사).

⑥ 임금이 전교하였다. "선조(先朝) 때는 모든 중국 장군 및 중국 조정의 일에 관계되는 기별과 남북 변방의 정세와 군사 기밀에 대한 일을 모두 비밀로 하게 했던 것은 의도한 바가 있었던 것이다. 더구나 중국 사람들이 관(館)에 머무르고 있는 날에 어찌 비밀히 할 일이 없겠는가. 이 뒤로는 정원이 일일이 살펴서 옛 전례에 의하여 시행하되 조보에 내지 못하게 하라"(광해군일기 25권, 광해 2년, 서기 1610년 2월 11일 3번째 기사).

⑦ 임금이 전교하였다. "안에서 봉하(封下)하는 일은 정원이 비밀로 하고 조보에도 내지 말아야 한다"(광해군일기 25권, 광해 2년, 서기 1610년 2월 13일 2번째 기사).

⑧ 임금이 전교하였다. "중국 사신들이 강을 건널 날이 머지않았으니, 무릇 비밀에 관계되는 일은 조보에 내지 말고 정원에서 전례에 의거하여 살펴서 시행하라"(광해군일기 29권, 광해 2년, 서기 1610년 5월 24일 1번째 기사).

⑨ 임금이 전교하였다. "칙사(勅使)가 머무르고 있는지가 이미 오래여서, 조보나 정목(政目) 같은 것을 모두 보고 있을 것인데, 그 속에 비밀에 부쳐야 될 일이 없지 않을 것이다. 그런데도 인심이 매우 사나워 전연 돌아보지 않은 채 누설하고 있으니, 정원은 은밀히 더욱 살펴 만약 책사나 비밀스러운 일에 관계되는 것이 있으면 은밀히 봉서(封書)로 출입하여 조보에 실리지 말게 하라"(광해군일기 31권, 광해 2년, 서기 1610년 7월 20일 3번째 기사).

⑩ 임금이 전교하기를, "모든 비밀에 간여된 사항은 조보에 내지 말라." 하였다. 이때 역적을 토벌하는 사항 중 혹 중국 조정에 알리지 말아야 할 것들은 모두 비밀에 부치게 했기 때문에 세상에 아무도 전달할 수 없었다(광해

군일기 69권, 광해 5년, 서기 1613년 8월 8일 3번째 기사).

⑪ 임금이 전교하였다. "중국에서 노추(奴酋)를 정벌하는 일에 관하여는 비밀로 출입시키고 일체 조보에 내지 말도록 정원이 살펴서 시행하라"(광해군일기 80권, 광해 6년, 서기 1614년 7월 8일 13번째 기사).

이들 기사에서 보듯이 광해군 때에 '조보에 내지 말라'는 내용이 거의 모두가 명나라 사신 등에 감추기 위한 것들이었던 것은, 당시는 중국에서 명나라와 청(淸)나라가 교체되던 시기여서 이러한 국제 현실에서 균형 있는 중립외교를 펼쳐 조선의 안보를 유지하기 위해서는 특히 명나라 눈치를 보지 않을 수 없었기 때문이었던 것 같다. 그러나 그 뒤 인조 때부터는 명나라나 청나라에 감추거나 눈치를 보기 위하여 조보에 내지 말라는 내용의 기사들이 많이 사라지고, 국내 문제에 관한 것들에 대한 부정적 통제가 많이 나오고 있다. 그렇다면 인조 이후에는 주로 어떤 것들을 '조보에 내지 말라'고 하였는가?

(4) 임금에게 불경하거나 불리한 내용

먼저 임금에 대하여 불경한 내용은 조보에 내지 못하게 했는데, 영조실록 22권, 영조 5년(1729) 5월 29일 3번째 기사를 보면, "임금이 특별히 비망기를 내려 이광덕(李匡德)을 추고하라고 명하였고 또 조보에도 내지 말라고 명령하였다"는 내용이 나온다. 이는 당시 전라관찰사 이광덕이 전주의 건지산(乾止山) 아래 논과 밭을 내수사(內需司)에서 경작하려는 것을 거절하고 임금께 올렸던 상소에 불경한 말이 있다 하여, 임금이 이광덕을 문초하라고 명령하며 이를 조보에 내지 말라고 한 것을 말한다. 따라서 이를 볼 때, 임금에 대하여 불경(不敬)한 내용은 조보에 내지 못하게 했던 것 같다.

한편 영조실록 37권, 영조 10년(1734) 2월 18일 3번째 기사를 보면, 영조 임금이 그의 장인(丈人) 즉 영조의 생모인 숙빈 최씨의 친아버지 최효원(崔孝元)을 영의정에 추증하면서 그 사실을 '조보에 내지 말라'고 했다. 이러한 사실을 아래와 같이 실록에 기술해 놓았는데, 이를 보면 영조가 임금이었음에도 불구하고 가엾다는 생각이 들기도 한다.

임금이 이조참의 서종옥(徐宗玉)을 불러 하교하기를, "나는 선왕(先王)의 측실(側室) 아들로서 외람되이 감히 감당할 수 없는 자리를 더럽히고 있는데, 외가

(外家)가 한미하여 친속(親屬) 가운데 태복시(太僕寺)에서 복역(服役)하다가 그 일신을 마친 사람이 있으니, 내가 외가(外家)를 대우한 것이 너무 야박했다고 할 수 있다. 이것은 사친(私親)에 대한 겸공(謙恭)하는 뜻을 본받으려고 한 때문이다. 그리고 사친의 아버지를 증직(贈職)시키는 일은 이미 선조(先朝)의 구례(舊例)가 있으니, 마땅히 따라서 행해야 할 것이다" 하고, 인빈(仁嬪)의 아버지 김한우(金漢祐)의 예(例)에 의거하여 [최효원을] 영의정에 추증하게 하고 나서 이어 조보에는 내지 말게 하였으니, 이는 더 크게 떠벌리고 싶지 않아서였다(영조실록 37권, 영조 10년, 1734년 2월 18일 3번째 기사).

그런가 하면, 광해군은 중죄인을 임금이 친국(親鞫)한 것에 관한 것도 조보에 싣지 못하게 했다. 광해군일기 52권, 광해 4년(1612) 4월 5일 2번째 기사를 보면, "사헌부가 아뢰기를, '친국하는 날 탑전(榻前)에서 아뢴 일은 외인이 들을 수 없었을 뿐만 아니라 삼사(三司)의 관원도 듣지 못하였으니, 온당하지 못한 것 같습니다. 만일 비밀에 관련된 것이 아니면 정원으로 하여금 아울러 조보에 내게 하소서' 하니, 임금이 답하기를, '탑전에서 아뢴 내용을 어떻게 조보에 낼 수 있겠는가' 하였다"는 내용이 나온다. 따라서 이를 볼 때, 사헌부에서 임금의 친국에 대한 내용을 조보에 내도록 건의했으나, 광해군은 이에 반대했음을 알 수 있다. 그 뒤, 광해군 6년 "성주(星州) 죄인을 왕명으로 불러 추국하라"고 심희수(沈喜壽)가 임금에게 아뢰었으나, 이것도 조보에 싣지 않았는데(광해군일기 76권, 광해 6년, 서기 1614년 3월 10일 3번째 기사), 이는 아마도 임금의 잔혹성을 드러내지 못하게 하기 위한 것 같다.

(5) 왕실과 관련된 좋지 않은 일들

위와 같이 임금 자신에 관한 것뿐 아니라, 왕실에 연관된 좋지 않은 내용들도 조보에 내지 못하게 했다. 이러한 사례의 하나로는 우선 중전(中殿)의 병환에 관한 것을 들 수 있는데, 선조실록 126권, 선조 33년(1600) 6월 24일 2번째 기사를 보면, "약방제조 김명원(金命元) 등이 중전에게 문안하기를, '삼가 의관(醫官)에게 내린 분부를 보니 신들이 걱정됨을 견디지 못하여 감히 와서 문안합니다' 하니, 임금이 답하기를, '서열(暑熱) 때문에 잠시 불편한 것이니 문안하지 말라' 하였다. … 이어서 승정원에 전교하기를, '정원과 옥당(玉堂)이 전례에 따라 문안하면 틀림없이 내전이 번거롭게 여길 것이니, 조보에 내지 말도록 하라. 또 조보에 만약 중전이나 중궁전(中宮殿)이라고 써서 낸다면 미안할 듯하니 왕비전(王妃殿)이라고 쓰라' 하였다"고 기록되어 있다.

그런가 하면, 효종은 대군(大君)이 망룡의(蟒龍衣)를 입은 일에 관한 무함도 '조보에 내지 말라'고 명령한 적이 있는데, 이에 관하여 효종실록 11권, 효종 4년(1653) 윤(閏)7월 14일 1번째 기사에 아래와 같이 기록해 놓았다.

> 전(前) 대사헌 김남중(金南重)이 상소하기를, "신이 삼가 듣건대, 그저께 조강 때에 전하께서 대군(大君)이 망룡의(蟒龍衣)를 입었다는 말을 거론하여 골육을 이간한다고 대간(臺諫)을 죄책하셨는데, 대신(大臣)이 신의 이름만을 거론하여 대답하였다 합니다. 대개 신이 처음에 듣건대, 대군이 그곳에 있을 때에 저들이 우대하여 망룡의를 입게 하였다고 하였습니다. 신이 이 말을 듣고 놀랍고 의혹이 들어 그때 동행한 사신에게 물었더니, 진짜 용포(龍袍)가 아니라 여러 가지로 수놓은 옷이라 하기에 신이 이에 전해 들은 것이 부실한 줄 알았습니다. 자초지종은 이러할 뿐입니다. 보통 사람에 대해서도 윤리를 벗어난 말이나 망측한 이야기로 골육 사이를 갈라놓아서는 안 되는데, 더구나 대군이 어떤 지위라고 천일(天日) 아래에서 무함하려 하겠습니까. 신이 이미 엄한 하교를 들은 이상 감히 이미 갈린 대관(臺官)이라 하여 태연하게 그만둘 수 없으므로 감히 이렇게 아룁니다"고 하였는데, 상이 답하지 않고 정원에 명하여 조보에 내지 말게 하였다.

또한 선조의 6남 순화군(順和君)의 패륜 행위에 관한 것도 '조보에 내지 말라' 한 바 있다. 선조실록 127권, 선조 33년(1600) 7월 17월 1번째 기사를 보면, "승정원이 아뢰기를, '신들이 어제 내린 비망기를 삼가 보니, … 성상(聖上)께서 [동생] 순화군의 패륜 행위에 대하여 스스로 허물하시어 자책하시는 뜻이 예사롭지 않아 군하(群下)를 볼 면목이 없다고까지 하교하셨습니다. 바라건대 성상께서는 마음을 너그러이 가지시어 군하의 마음을 안정시키소서' 하니 임금이 전교하기를, '알았다. 이는 대낮에 많은 사람이 있는 중에 [순화군이 여자를] 강제로 붙잡아 겁간하였기 때문에 이와 같이 말한 것이다. 또한 이 일을 온 대궐 안에 있는 사람들이 모르는 자가 없기 때문에 말한 것이다. 그러나 이 곡절을 정원만 알고 조보에는 내지 말라' 하였다"고 한다.

(6) 그 밖의 여러 가지 내용들

위에서 살펴본 것들 이외에도 여러 가지 내용을 조보에 내지 못하도록 하였다. 예컨대, 임금이 비답을 내리지 않은 상소 내용은 조보에 싣지 못하도록 했다. 선조실록 119권, 선조 32년(1599) 11월 16일 5번째 기사를 보면, "임금이 비망기를 내려 이르기를, '임금이 계하(啓下)하지 않은 상소(上疏)는 본디 조보에 나올 리가 없는데, 내가 요즈음 사체(四體)가 노곤하고 목숨이 실탄처럼 붙어 있는 상태라서 아직까지 채겸길(蔡謙吉)의 상소의 사연을 보지도 못했는데, 도대체 그 내용이 어찌하여 조보에 나왔는가' 하면서, '이를 엄중히 구명(究明)하고 싶으나 우선은 용서할 것이니 앞으로는 이와 같이 하여 스스로 죄를 짓지 말도록 하라'"고 하였다고 기록되어 있다.

한편 광해군일기중초본 17권, 광해 1년(1609) 6월 8일 4번째 기사를 보면, "임금이 비망기로 전교하기를, '옥당(玉堂: 홍문관)의 차자(箚子: 간략히 적어 올리던 상소문)와 헌부의 계사 및 [그에 대한 임금의] 비답 등을 모두 조보에 싣지 말라는 일을 정원에서 신명(申明)해서 검칙(檢飭)하라'고 하였다"는 내용이 나온다. 그러나 그 이유는 밝혀 놓지 않아서 알 수 없다.

다음으로 인조실록 35권, 인조 15년(1637) 10월 16일 1번째 기사를 보면, "임금이 [승지] 김상(金尙)에게 이르기를 '연중(筵中: 경연 중)에서 말한 번거롭고 자질구레한 말은 조보에 내지 말라'고 하였다"는 말이 나온다. 따라서 이를 볼 때, 경연에서 임금과 신하들이 나눈 이야기들 중에서 중요하지 않은 내용 등은 조보에 싣지 않았던 것 같다. 그리고 인조실록 36권, 인조 16년(1638) 3월 22일 1번째 기사를 보면, "지평 심대부(沈大孚)가 신경원(申景瑗)의 죄 등에 대하여 아뢰자, 임금이 답하기를, '이 피혐(被嫌)은 근래의 규정에 어긋남이 있다. [심대부의] 계사를 도로 내주고, 조보에 내지 말라'고 하였다"고 적혀 있다. 따라서 이로 미루어 볼 때, 규정에 어긋난 피혐 즉 어떤 사건에 관련되어 다른 사람에게 혐의를 받으면 그 혐의를 피하기 위해 그 사건과 관련된 모든 언행과 출퇴(出退)를 삼가는 일은 조보에 싣지 말도록 했던 것 같다.

끝으로 하나의 사례만 더 소개하면, 조보에 실을 어떤 내용의 전체 가운데 일부 문구 등을 조보에 내지 말라고 임금이 부표(付標)를 해 놓은 것도 조보에 싣지 말아야 했다. 이러한 사례의 하나로 인조실록 27권, 인조 10년(1628) 11월 15일 3번째 기사를 보면, "홍문관 부제학 이경여(李敬輿) 등이 차자를 올려 아뢰기를, '불행하게도 흉악하고 사특한 변고가 궁액(宮掖)의 안에서 나왔고 또 불행하게도 못된 짓을 저지른 자들이 대부분 자전(慈殿)의 궁인에게서 나왔습니다. … [성상이 귀희(歸希) 등의 궁인을 사사(賜死)하라는] 옥안에 부표하신 것을 보면, … '부당서'(不當書: 조보에 써서는 안 된다)라는 세 글자를 부표하여 명을 내리셨는데도 그 뒤에 승정원이 제대로 계품(啓稟)하여 선처하지 못한 결과, 제적(諸賊)이 승복한 초사(招辭)가 일체 삭제되지 않은 상태로 조보에 등사되어, 사방에 전해짐으로써 성상의 아름다운 뜻이 모두 드러나지 못하게 되었습니다'"라는 것이다. 그러자 임금이 이를 제대로 살피지 못한 해당 승지를 추고하라 했다고 실록에는 적혀 있다.

이와 비슷한 내용은 인조실록 38권, 인조 17년(1639) 3월 21일 2번째 기사에도 나온다. 이에서는 "장령 홍무적(洪茂績)이 아뢰기를, '기로소(耆老所)는 곧 국가가 태평할 때에 노인을 우대하던 성전(盛典)입니다. 지금 임금이 욕을 당하여 신하가 죽어야 하는 절박한 때를 당한 데다가…'" 운운한 문장이 나온다. 이것은 '임금이 욕을 당하여'[主辱]라는 두 글자에 임금이 부표를 해 놓았으나 이 두 글자를 삭제하지 않고 그냥 조보에 냈으니, 해당 승지를 추고하라는 것이었다.

4) 실록에 나타난 조보의 주요 내용과 그 실태

앞에서는 조보의 내용을 취사선택하는 것과 그에 대한 긍정적 통제('조보에 내라') 및 부정적 통제('조보에 내지 말라')에 관하여 살펴보았다. 그러면 여기서는 실제로 조보에 실었던 주요 내용에 관하여 살펴보기로 하겠다. 그러나 그에 앞서, 조보에 관한 선행연구들에서 조보에 어떤 내용들을 실었다고 했는지에 관하여 간단히 알아보고 넘어가기로 하겠다.

(1) 조보의 내용에 관한 선행연구들의 개관

꾸랑은 1894년 프랑스 파리에서 출간한 『한국서지』에서 "조보는 임금의 기원, 의식, 행동과 임금의 건강 상태, 조정의 상(喪), 임명, 과거(科擧) 안내, 채택된 지원자 명단을 싣고 있다. 사건에 관한 것은 거의 없고, 삼정승의 퇴임과 임명, 기근, 그 밖의 중요한 일을 제외하고는 언제나 간단한 용어로 되어 있다"(꾸랑 저, 이희재 역, 『한국서지』, 1994, pp. 393-394에서 인용)고 조보의 내용에 관하여 간단히 설명해 놓았다.

한편 최준(崔埈)은 조보에 대해 설명하기를, "조보는 승정원에서 처결된 사항을

〈표 5-1〉 주제별로 본 조보 기사들의 내용 분포(박정규)

주제별	건수(%)	순위	주제별	건수(%)	순위
인사(人事)관계기사	261건(27.0%)	1	문안(問安)관계기사	16(1.7)	10
숙배(肅拜)관계기사	196(20.3)	2	관상(觀象)관계기사	10(1.0)	11
패초(牌招)관계기사	121(12.5)	3	사망(死亡)관계기사	9(0.9)	12
사직소(辭職疏)·비답(批答)	108(11.1)	4	거동(擧動)관계기사	8(0.8)	13
정사(呈辭)관계기사	99(10.2)	5	외교(外交)관계기사	7(0.7)	14
범죄(犯罪)관계기사	39(4.0)	6	농사(農事)관계기사	7(0.7)	14
제향(祭享)관계기사	33(3.4)	7	개명(改名)관계기사	4(0.4)	16
건강(健康)관계기사	27(2.8)	8	불분명·불해독기사	7(0.7)	17
과거(科擧)관계기사	17(1.8)	9	합계	969(100)	

기록, 서사(書寫)하여 발행한 것으로 그 내용은 조칙(詔勅)을 비롯하여 장주(章奏), 묘당(廟堂)의 결의사항, 서임사령(敍任辭令), 그리고 지방관의 장계(狀啓) 등이었다. [그러나] 이러한 임금의 명령과 묘당의 처결사항에 그치지 않고 사회의 돌발 사건도 보도하였다"(최준, 1960, p. 2)고 하였다. 이홍직은 그가 편찬한 『국사대사전』(1963)에 이와 같은 최준의 기술을 그대로 인용해 놓았으며, 이진섭(李眞燮) 역시 "왕조의 언론 전사 형태"라는 논문에 그대로 전재해 놓았다(이진섭, 1968, p. 258).

그리고 1980년 차배근은 조보의 내용을 그 뉴스원을 기준으로 모두 7가지 유형으로 나누고 각각에 대한 실례를 들며 자세히 설명해 놓았다. 즉 ① 조선왕조의 주권자인 국왕의 통치상 필요한 제반 명령과 지시를 포함하는 '전교'(傳敎), ② 봉권지배층에 속하는 유생과 관료들의 당면 정책과 중요 문제들에 대한 건의인 '소장'(疏章), ③ 그에 대한 국왕의 답변인 '비답'(批答), ④ 국왕이 관민들에게 보내는 회유문인 '윤음'(綸音), ⑤ 관리의 임면, ⑥ 자연계 및 인간 사회에서 발생하는 특이한 현상들인 '기문기사'(奇聞奇事), ⑦ 중앙과 지방의 각 관서로부터 승정원을 거쳐 국왕에게 올려 보내는 각종 복명서(復命書)와 보고서 등이 조보의 주요 내용이었다고 설명했다(차배근, 1980, p. 84).

이상과 같은 연구들과는 달리, 박정규는 헌종과 고종 때 나온 78일분의 조보 실물들을 대상으로 그 내용을 분석해서 조보에 어떤 내용들이 실렸는지를 실증적으로 알아본 결과, 〈표 5-1〉과 같이 나타났다고 한다(박정규, 1982, p. 96). 즉 인사관계기사가 가장 많았으며, 2위는 숙배(관리로 임명된 사람이 궁궐로 들어가 임금에게 감사의 예를 올리는 것)관계기사, 3위는 패초(왕명을 받아 승지가 신하를 부르는 것)관계기사, 4위는 사직소와 그에 대한 비답(사직을 청하는 상소와 그에 대한 임금의 대답), 5위는 정사(관원들의 휴가, 휴직, 사직원)관계기사, 6위는 범죄에 관한 기사, 7위는 각종 제사에 관한 기사, 8위는 임금이나 왕비, 세자 등의 건강에 관한 기사 등의 순으로 많이 나타났다는 것이다. 그러나 이러한 결과는 조선 후기인 헌종과 고종 때에 나온 78일분의 조보 실물들만을 대상으로 그 내용을 분석해서 나온 것이므로, 조선 초기나 중기에 발행된 조보의 내용도 그랬는지는 알 수 없다.

끝으로 최정태의 연구만 하나 더 보면, "조보는 관보적 기능을 가지고 있어서 국왕의 조칙(詔勅)을 비롯하여 비답(批答) 및 윤음 등을 실어 조정의 동정을 알렸으며, 관리의 임면 등 인사 관련 사항과 지방장관의 장계(狀啓) 등을 수록했다. 또한 오늘날의 신문기사와 같은 내용도 수시로 게재하였는데 특히 신기한 자연 현상을 관심 있게 다루었다. … 이 밖에 조보는 정부의 결정 및 지시사항만을 전달한 것에 그친 것이 아니라 조선 봉건지배층의 사상적 무기로서 유교 사상, 윤리관과 사회관, 세계관 등을 선전하는 역할도 동시에 담당했다. 그리고 조보의 내용을 관보적 내용과 민간적 내용을 한 곳으로 모아 관리의 임면(任免), 이동, 승급 등 일체의 인사관계 소식과 국왕의 동정, 건강 상태, 경연(經筵), 기타 국가적 행사들, 예컨대 과거(科擧) 그리고 때로는 관료들의 사망에 이르기까지의 자세한 소식들도 보도하였으며 오늘날 우리가 보통 생각하고 있는 관보보다, 그리고 조선 말에 나타난 관보보다 더 광범위한 내용을 다루었다"(최정태, 1992, pp. 25-26)고 기술하였다.

(2) 조보 내용의 분석 방법과 분석 대상 실록 기사들

위에서 우선 조보의 내용에 관한 선행연구들의 결과부터 간단히 살펴보았는데, 조보의 내용을 명확하게 알아보기 위해서는 박정규처럼 조보의 실물들을 구해서 그에 게재된 기사들을 분석해 보아야 한다. 그러나 앞서 여러 번 언급했듯이 조보의 실물들이 거의 남아 있지 않으며, 남아 있는 것도 대부분이 조선 후기의 것들이다. 따라서 이것들만 가지고서는 조선조에 조보가 등장한 이후부터 소멸될 때까지 그 내용을 모두 알 수는 없다. 따라서 본서에서는 실록에 나오는 조보관계기사들 중에서 '조보를 보건대', '조보를 보니' 어떠어떠한 내용이 실렸거나 나와 있었다, 어떠어떠한 내용을 '조보에 실었다', '조보에 반포되었다' 등의 내용이 담긴 실록 기사들을 모두 찾아서, 이들을 바탕으로 조보에 어떤 내용들이 실렸는지를 알아보기로 하였다. 그리하여 실록에서 조보의 내용이 언급되어 있는 실록 기사(이하 '조보 내용 언급기사'로

〈표 5-2〉 역대 임금의 실록에서 조보 내용 언급기사들의 건수

역대 임금 실록	조보 내용 언급기사(건)	역대 임금 실록	조보 내용 언급기사(건)
11대 중종실록	5	20대 경종실록(수정본 포함)	3
12대 인종실록	0	21대 영조실록	9
13대 명종실록	4	22대 정조실록	12
14대 선조실록	10	23대 순조실록	3
15대 광해군일기(중초본)	21	24대 헌종실록	0
16대 인조실록	10	25대 철종실록	3
17대 효종실록	6	26대 고종실록	20
18대 현종실록(개수본 포함)	5	27대 순종실록	0
19대 숙종실록	11	합계	122

호칭)들을 모두 찾아보았더니 〈표 5-2〉에서 보듯이 모두 122건이 나왔다.

따라서 이들 122건의 조보 내용 언급기사에 언급된 조보의 내용을 중심으로 하되, 그 밖의 기사들에 나타난 조보 내용들, 예컨대 앞서 살펴본 '조보에 어떤 내용을 내라'는 기사의 내용도 모두 합쳐 이들을 분석해서 조보에 주로 어떤 내용을 실었는지를 고찰해 보았다. 그러나 그 내용을 일일이 살펴볼 수는 없으며, 또한 그렇게 하는 것이 조보의 내용을 전체적으로 이해하는 데에도 적절치 않으므로, 조보의 내용들을 유형별로 나눈 뒤, 어떤 유형의 내용을 각각 얼마나 조보에 실었는지를 고찰해 보기로 하였다.

하지만 조보에 실렸던 여러 가지 다양한 내용을 몇 가지 유형으로 일목요연하게 분류하는 것은 쉽지 않았다. 첫째로 무엇보다 분류 기준이 명확해야 하는데, 무엇을 기준으로 조보의 다양한 내용을 과연 몇 개의 유형으로 나누어야 할지 알 수 없었기 때문이다. 둘째로 조보의 내용들을 몇 개 유형으로 나누려면 그 유형들을 상호배제적(mutually exclusive), 즉 어떤 내용이 반드시 하나의 유형에만 들어갈 수 있도록 유형을 설정해야 하는데, 이것도 쉽지 않았기 때문이다. 셋째로 조보의 내용들을 몇 개의 유형으로 나눌 때 그 내용들이 각 유형들에 모두 들어가서 남는 내용이 하나도 없도록 소진적(exhaustive)으로 유형을 설정해야 하는데, 이것 역시 쉽지 않았기 때문이다.

그러므로 이 책에서는 조보의 내용들을 서로 비슷한 내용들끼리 묶은 다음, 각 묶음을 하나하나의 유형으로 간주하고, 그에 적절한 이름을 붙여 보았다. 그리고

〈표 5-3〉 조보 내용 언급기사들의 유형별 건수

내용의 유형	언급건수(%)	순위	내용의 유형	언급건수(%)	순위
임금의 전교와 하교	16건(13.1%)	2	상소와 그에 대한 비답	12(9.8)	5
임금의 윤음	2(1.6)	13	관원의 인사(人事)	17(13.8)	1
임금의 신상(병환 등)	5(4.1)	11	역모와 그에 대한 처벌	13(10.7)	3
임금과 왕실의 동정	9(7.4)	6	일반범죄에 대한 형옥	7(5.7)	10
경연에서의 대담과 연설	8(6.6)	8	중국관계	8(6.6)	8
임금에게 올린 각종 보고	13(10.7)	3	기타	9(7.4)	6
임금에게 올리는 거조(擧條)	3(2.5)	12	합계	122(100.0)	

*이 책에 서술된 순서대로 표에 정리한 것

각 유형의 조보 내용들의 건수를 세어 보았더니 〈표 5-3〉과 같이 나타났다. 그러나 여기서 각 유형의 건수는 조보 내용에 관해 언급된 실록 기사만을 바탕으로 한 것인 데다가 그 수도 많지 않아서, 이것을 가지고서는 조보에는 어떤 유형의 내용이 얼마나 실렸다고 일반화하기 힘들다.

하지만 일단 이러한 점을 무시하고 조보에는 어떤 유형의 내용들이 각각 어느 정도나 실렸는지를 알아보면, 〈표 5-3〉에서 보듯이 가장 많은 내용은 관원의 인사(人事)에 관한 것이었고, 두 번째는 임금의 전교(傳敎)와 하교(下敎), 세 번째는 임금에게 올린 보고 및 역모(逆謀)와 그에 대한 처벌, 다섯 번째는 신하들의 상소와 그에 대한 임금의 비답(批答), 여섯 번째는 임금의 신상(身上), 여덟 번째는 임금과 왕실의 동정 등의 순으로 많이 나타났다. 그러면 지금부터는 조보의 내용을 각 유형별로 살펴보되, 순위대로 살펴보지 않고 임금의 전교부터 시작하여 서로 연관된 것들을 연이어서 살펴보기로 하겠다.

(3) 조보의 내용 중 임금의 전교(傳敎)가 두 번째로 많아

조선은 왕이 다스리는 군주(君主) 국가였다. 따라서 조보의 내용 중에서 두 번째로 비중이 높은 것은 임금이 신하들에게 내리는 명령에 관한 것이었다. 여기서 임금의 명령이란 전교, 하교, 유시, 그리고 이들과 성격이 약간 다른 윤음(綸音) 등을 말한다. 이들 중에서도 특히 임금의 전교와 하교가 가장 많았는데, 이들은 모두 임금이 신하에게 내리는 명령을 말한다. 그러나 정조실록 51권, 정조 23년(1799) 5월 22일 5번째 기사를 보면, "대개 전지(傳旨)라는 것과 전교(傳敎)라는 것과 하교(下敎)라는 것

[참고사료 5-1]

"대개 전지(傳旨)라는 것과 전교(傳教)라는 것과 하교(下教)라는 것은 체모가 각기 다르다"

벼슬을 내리거나 상을 주거나 형벌을 가하거나 사형을 시키는 일을 각 해당 관사에 내릴 때에 교서를 전하여 내보내면 승지가 대략 추려서 적어 내리고 당후주서(堂后注書)가 자세히 적어서 접는 문서로 만들어 계하를 받아서 내리는 것을 유음전지(流音傳旨)라고 한다. 주서가 또 베껴 적어 인장을 찍고 승지가 벼슬 이름을 갖추어 적은 다음 해당 관사에 내려보내는 것을 하음전지(下音傳旨)라고 한다. 승지가 임금 앞에서 임금이 말로 하유(下諭)하는 것을 불러 주는 대로 받아 적어 승지가 반포하는 것 또는 사알(司謁)이 각 담당 승지에게 전하는 것을 담당 승지가 글로 써서 반포하는 것을 전교(傳教)라고 한다. 경연(經筵)에 나온 신하들이 직접 임금을 뵙고 들은 것을 물러 나와 받들어 행하는 것을 하교(下教)라고 한다. 혹 승전색(承傳色)이 말로 전하는 하교를 받아 내오면 여섯 승지들이 모여 앉아 글로 적어서 전하되 '승전색 구전하교'라고 쓰고 적어서 조지에 반포하는데, 그 체모는 또한 전교와 같다. 왕의 말은 실과 같아서 그 실이 풀려 나오듯이 나오는데 그 말을 사관(史官)이 적어서 팔방에 전하는 것이다. 그러므로 조정에서는 한마디 분부나 한마디 호령도 감히 소홀히 하지 못하는 것이다(정조실록 51권, 정조 23년, 서기 1799년 5월 22일 5번째 기사).

은 체모가 각기 다르다"면서 그 차이를 [참고사료 5-1]과 같이 설명해 놓았다. 이를 보면, 전교란 "승지가 임금 앞에서 임금이 말로 하유(下諭)하는 것을 불러 주는 대로 받아 적어서 반포하는 것 또는 사알(司謁)이 각 담당 승지에게 전하는 것을 담당 승지가 글로 써서 반포하는 것"을 말한다. 이와 같은 전교가 조보에 가장 많이 실렸는데, 예컨대 정조실록에만도 관련 기사가 아래와 같이 7건이나 되었다.

① "신이 전교(傳教)가 조지에 난 것을 볼 때마다…"(정조실록 8권, 정조 3년, 서기 1779년 11월 12일 2번째 기사).

② "신이 엊그제 조지에서 김우진(金宇鎭)에게 내린 처분의 전교를 보니…"(정

조실록 22권, 정조 10년, 서기 1786년 10월 27일 1번째 기사).

③ 임금이 이르기를, "가령 내린 전교가 참으로 간쟁할 만한 단서가 있다면 조지에 반포하여…"(정조실록 10권, 정조 4년, 서기 1780년 8월 13일 1번째 기사).

④ 우의정 채제공(蔡濟恭)이 아뢰기를, "조지에 난 성상의 전교에는 매양 자기 당에 사사로이 한다고 하셨으니…"(정조실록 27권, 정조 13년, 서기 1789년 7월 9일 1번째 기사).

⑤ 임금이 전교하기를 "그 후 경연에서 내린 전교를 반포하여 알린 조지의 문적을 하나하나 상세히 조사하여…"(정조실록 31권, 정조 14년, 서기 1790년 9월 19일 2번째 기사).

⑥ 이복원(李福源)이 아뢰기를, "근일의 전교와 비답과 연본(筵本)을 모아 한 책으로 만들어 인쇄하여 세상에 반포하면 큰 의리의 근원과 우리 성상의 본의를 천명 발휘할 수 있고 전후 여러 적이 역적이 된 까닭이 저절로 드러나게 될 것입니다" 하였다. 상이 이르기를, "이들 문자는 조지에 이미 반포하였고 연본 역시 비밀로 하지 못하게 하였으니, 눈이 있는 자라면 모두 보았을 터인데 인행(印行)과 등본(謄本)이 무슨 차이가 있겠는가"(정조실록 35권, 정조 16년, 서기 1792년 5월 22일 1번째 기사).

⑦ 수찬 엄사만(嚴思晩)이 상소하기를, "신이 전교가 조지에 난 것을 볼 때마다 [왕언(王言)의 체재는 간명하고 중후한 것을 귀하게 여기는 것인데 전교가] 한 종이의 열 줄에 정녕히 반복하여 조금도 남겨 두시는 것이 없습니다"(정조실록 8권, 정조 3년, 서기 1779년 11월 12일 2번째 기사).

이와 같이 임금의 전교를 조보에 많이 실었던 것은, 임금의 명령 중에서 본래 전교가 많았기 때문이기도 했지만, 신하들에게 임금의 전교를 널리 알리기 위한 목적도 있었던 것 같다. 예컨대 고종실록 1권, 고종 1년(1864) 9월 8일 1번째 기사를 보면, "임금이 전교하기를, '이 전교를 조지에 반포해서 방백과 수령이 모두 알게 하라' 하였다"고 적혀 있기 때문이다.

(4) 임금의 하교(下敎)도 조보에 많이 실어

한편 임금의 하교도 조보에 많이 실었던 것으로 실록에 나타났는데, 하교란 [참고

사료 5-1]에서 보듯이 "경연(經筵)에 나온 신하들이 직접 임금을 뵙고 들은 것을 물러 나와 받들어 행하는 것"이라고 한다. 또 "혹은 승전색(承傳色)이 말로 전하는 하교를 받아 내오면 여섯 승지들이 모여 앉아 글로 적어서 전하되 '승전색 구전하교'라고 쓰고 적어서 조지에 반포하는데, 그 체모는 또한 전교와 같다"고 설명해 놓았다. 이와 같은 하교도 조보에 많이 실었는데, 예컨대 정조실록을 보면 아래와 같은 기사들이 나와 있다.

① 첨지중추부사 정술조(鄭述祚)가 상소하기를, "신이 조지를 얻어 보았는데 1천 석(石)을 내어 사사로이 사람을 진구(賑救)한 경우에는 법전에 의거 직책을 제수하라는 하교를 내리셨는데…"(정조실록 13권, 정조 6년, 서기 1782년 6월 2일 2번째 기사).

② 형조가 임금께 아뢰기를, "춘천에 사는 유학 남려(南鑢)가 말하기를 '저의 아비 남옥(南玉)이 익남과 관계를 끊은 사실은 이미 장전(帳殿)의 공초에서 자세히 말하였고, 익남과는 상관이 없다는 내막을 전하께서 통촉하시고 특별히 관대한 율문을 적용하라는 하교가 조지에 명백히 쓰여 있습니다…"(정조실록 31권, 정조 14년, 서기 1790년 10월 3일 3번째 기사).

③ 부수찬 박규순(朴奎淳)이 상소하기를, "지난번 영남 유생이 고함치기를 '선조(先朝) 때의 통청(通淸)하라는 하교는 너희들이 조지에서 베껴 낸 것에 불과하고 처음부터 보배로 간직하라는 하교가 계시지 않았다'고 하였습니다"(정조실록 35권, 정조 16년, 서기 1792년 8월 19일 4번째 기사).

④ 우의정 이병모(李秉模)가 임금께 아뢰기를, "신은 지난번 총관(摠管)의 허물을 조지에 기록하라고 하신 하교가…"(정조실록 41권, 정조 18년, 서기 1794년 10월 5일 3번째 기사).

이러한 임금의 하교들을 실은 이유 역시 국정(國政)을 신하들에게 널리 알리는 동시에 임금의 덕의(德義)를 높이려는 데 있었던 것 같다. 고종실록 22권, 고종 22년(1885) 5월 27일 1번째 기사를 보면, "임금이 경무대(景武臺)에 나아가 왕세자가 시좌(侍座)한 상태에서 영의정 심순택(沈舜澤)이 아뢰기를, '지금 수많은 일들 가운데서 춘궁(春宮)을 보익하는 일보다 먼저 할 것이 없으니, 동궁의 신료를 극선(極選)과 청현으로 하시겠다는 성상의 하교는 참으로 지당합니다. 이 일을 조지에 내게 되면 누가 칭송하고 공경하지 않겠습니까?' 하였다"는 내용이 나오기 때문이다.

위와 같은 전교와 하교 이외에 '유시'(諭示)와 '교서'(教書)도 조보에 자주 실었는데, 유시는 전교, 하교와 비슷하나 임금이 백성에게 타일러 가르치는 것을 말한다. 이러한 유시에 관한 실록 기사의 하나로, 정조실록 42권, 정조 19년(1795) 3월 18일 1번째 기사를 보면 "금상(今上)이 중외의 신하들에게 유시하였는데, '중외에서 이 [유시가 실린] 조지를 볼 경우 만약 안목이 갖추어진 자라면 내 마음을 이해하리라 생각한다'고 하였다"고 기록되어 있다.

다음으로 교서는 임금이 내리는 명령서, 훈유서(訓諭書), 선포문(宣布文)의 성격을 지닌 문서로서, 그 내용에 따라 즉위교서(卽位教書), 구언교서(求言教書), 공신녹훈교서(功臣錄勳教書), 배향교서(配享教書), 문묘종사교서(文廟從祀教書), 반사교서(頒赦教書)가 있다. 또한 한글로 쓴 교서도 있었는데, 영조실록 3권, 영조 1년(1725) 1월 2일 5번째 기사를 보면, "전도사(前都事) 유응환(柳應煥)이 상소하기를, '박상검(朴尙儉)의 옥사(獄事)는 그때 자성(慈聖: 대비)의 언문교서를 조보에 품출(稟出)하여 여러 신하들로 하여금 모두 보게 했는데…'" 운운하는 내용이 나온다.

(5) 윤음(綸音)도 나라에 중대사가 있을 때 조보에 실어

유시와 비슷한 것으로 '윤음'(綸音)이라는 것도 조보에 많이 실었다. 윤음은 국가에 어떤 중대한 사변이나 사건이 발생하여 백성들을 설복하거나 회유할 필요가 있을 때 임금이 관민들에게 내린 훈유(訓諭)의 문서로, 그 내용은 양로(養老), 권농(勸農), 척사(斥邪), 포충(褒忠), 구휼(救恤), 독역(督役), 군포탕감(軍布蕩減), 계주(戒酒), 과폐이정(科弊釐正), 수성(守城), 반행(頒行) 등 매우 다양하였다. 이와 같은 윤음은 많은 사람들에게 널리 알릴 필요가 있으므로 조보에도 반포했지만, 소책자 형태로 주자(鑄字)로 간행해서 반포하기도 했고, 양반 관료만을 대상으로 할 경우는 한문으로 간인(刊印)해서 반포하였다.[18] 그러나 한문을 모르는 백성들을 위해서는 한글로 번역해서 반포하

---

18 이러한 윤음 중에서 현재 남아 있는 것들을 몇 가지 들어보면 다음과 같다. ①『수성윤음』(守城綸音, 1책, 인본): 영조 27년(1751) 9월 발표한 것으로, 내용은 유사시에 조총이 있는 군인은 그것을 가지고, 조총이 없는 사람은 활이나 돌을 가지고 도성(都城: 서울의 성)의 지정된 위치에 올라가서 성을 잘 지키라고 군인들에게 당부한 것이다. ②『어제계주윤음』(御製戒酒綸音, 1책, 인본): 영조 33년(1757)에 영조가 대신(大臣) 이하 백관에게 금주를 명할 때 내린 윤음을 목

기도 했는데, 이를 '언해본'(諺解本)이라고 불렀다.

이와 같은 윤음은 조보에도 발표했는데, 경종실록 5권, 경종 1년(1721) 10월 14일 7번째 기사를 보면, "우의정 조태구(趙泰耉)가 과천에서 출발하여 도성 문밖에 와서 상소하기를, '어제 비망기를 내려 신에게 전의 일을 포기하고 마음을 돌이켜 도성으로 들어오라는 뜻으로 효유(曉諭)하셨습니다. 비록 승정원에서 중간에 정지하게 만들었지만, 윤음이 조지에 반포되어 있었기에 신이 받들어 채 반(半)도 읽기 전에 간담이 찢어지려 하였습니다'" 운운하는 내용이 나온다. 이 기사는 경종이 다병무자(多病無子)하자, 경종 1년(1721) 숙종이 경종의 이복동생 연잉군(延礽君: 훗날 영조)을 세제(世弟)로 책봉하고 정사(政事)를 대행하게 하면서 이에 대한 윤음을 조지에 반포하자, 이러한 임금의 조치를 거두어 달라고 우의정 조태구가 청한 것에 대한 것이다.

바로 이러한 기사를 볼 때, 조보에는 임금의 윤음도 반포했음을 알 수 있다. 이는 또한 순조실록 8권, 순조 6년(1806) 2월 7일 1번째 기사를 보아도 알 수 있는데, 이 기사에는 "[북경에서] 돌아온 세 사신(使臣)을 임금이 소견하였다. 서용보(徐龍輔)가 아뢰기를, '신(臣)이 돌아오는 도중에서 조지를 보니 전후 내리신 윤음이 비통하

판 인쇄한 책. 본문은 18매인데 전반부는 한글로 토를 붙인 현토문(懸吐文)이고, 후반부는 한글만으로 뜻을 해석한 언해부(諺解部)이다. 영조는 이 책에서는 술 중독의 해를 들어 음주를 경계할 것을 권하였으며, 치료법을 기술하면서 은근히 당쟁의 폐를 들어 경계시켰다. 현재 서울대학교 규장각과 연세대학교도서관에 소장되어 있다. ③『유호서남인윤음』(諭湖西南人綸音, 1책, 인본): 정조 6년(1782) 현 충청북도 지방에 흉년이 들었을 때 이곳 백성들을 무마하기 위해 반포한 책. ④『어제양로무농반행소학오륜행실향음의식향약조례윤음』(御製養老務農頒行小學五倫行實鄕飮儀式鄕約條例綸音): 정조가 풍속을 교화하기 위해『소학』,『오륜행실』,『향음의식』,『향약조례』등을 편찬하였던 사실을 언급하며 양로(養老)와 무농(務農)을 권장하고자 정조 21년(1797) 1월 1일에 내린 윤음을 반행한 것. ⑤『어제유함경남북관대소민인등윤음』(御製諭咸鏡南北關大小民人等綸音, 1책, 인본): 정조 12년(1788) 함경도 일대에 흉년이 들어 인민들이 유랑하자 이들을 회유하기 위하여 발표한 윤음을 인쇄한 것. 현재 국립중앙박물관에 소장되어 있다. ⑥『척사윤음』(斥邪綸音, 1책, 인본): 헌종 5년(1839) 11월 천주교를 배척하기 위해 헌종이 전국의 백성에게 내린 윤음을 인쇄한 책. 내용은 조선 태조 이후 역대의 교훈, 격언 등을 모아 "사(邪)를 배척하고 바른길로 돌아갈 것[斥邪歸正]"을 가르친 것이다. 검교제학(檢校提學) 조인영(趙寅永)에 의해 만들어진 것으로, 한글 번역을 붙여 대중이 알기 쉽도록 했다. ⑦『어제유대소신료급중외민인등척사윤음』(御製諭大小臣僚及中外民人等斥邪綸音, 1책, 인본): 고종 18년(1881) 반행. 고종이 기독교의 폐해 사례를 들어 기독교를 배척하기 위해 내린 윤음. 이 윤음은 기독교 신자 가운데 풍속을 해치는 사람이 있음을 염려하여 척사귀정의 요지로서 백성과 관리에게 내린 윤음으로, 활자로 인쇄했으며, 뒤에 한글 번역을 붙여 놓았다.

면서도 광명하고, 광명하면서도 엄정하였습니다. 그 가운데 선왕(先王)이 지켜온 의리에 불급한 것도 이른바 용서 없이 죽여야 하고, 선왕이 지켜온 의리에 지나치는 것도 이른바 용서 없이 죽여야 한다고 하는 하교는 더없이 흠앙하는 마음을 견딜 수 없었습니다"라고 기록되어 있다.

(6) 임금의 신상 문제, 특히 건강도 조보의 주요 내용

조선은 임금이 나라를 다스리는 군주국가로, 따라서 임금의 신상에 관한 소식도 관민의 큰 관심사가 되었다. 그중에서도 특히 임금의 붕어(崩御)와 병환 등에 관한 것이 조보의 많은 지면을 차지하게 되었는데, 이에 관한 실록 기사의 사례들을 몇 가지 들어 보면 아래와 같다.

> ① 전(前) 좌랑 이회보(李回寶)가 상소하여 이르기를, "[신(臣)이] 삼가 저보를 보니, 대행대왕(大行大王)의 증후를 감한(感寒)이라고 분명하게 썼었는데, … 자전께서 다른 궁(宮)에서 별도로 거처하신 후 전의 증세가 다시 일어났다는 설이 매양 조보에 나왔습니다"(효종실록 2권, 효종 즉위년, 서기 1649년 9월 1일 5번째 기사).
>
> ② 광주부윤 민통수(閔通洙)가 상소하여 이르기를, "신이 성주(星州)의 적소(謫所)에 있을 때 갑자기 국상(國喪)을 듣고 곧 주성(州城)에 들어가 그대로 머물러 성복(成服)할 즈음에 지난 조지를 얻어 보았더니 대점(大漸) 전일의 소보(小報) 가운데에 '다음(茶飮)을 하셨다'는 등의 말이 있었으나, 이제 독삼차를 사용하고도 범연히 다음이라 칭하였으니, 이렇게 하고도 '모두 조보에 내서 온갖 사람에게 분명히 알렸다'고 한 것은 누가 속이는 것입니까?"(영조실록 49권, 영조 15년, 서기 1739년 7월 29일 1번째 기사)
>
> ③ 원임(元任) 장령 어석령(魚錫齡)이 상소하기를, "[임금에게] 진어(進御)하는 약은 비록 강계다음(薑桂茶飮)이라도 반드시 조보에 실어야 하는데…"(정조실록 21권, 정조 10년, 서기 1786년 6월 1일 2번째 기사).
>
> ④ 좌의정 심환지(沈煥之) 등이 임금께 안부를 묻자, 상이 이르기를, "내가 맨 처음 소요산(逍遙散)을 복용한 뒤로 매일 두 번씩 마셔 몇 첩이나 복용했는지 모를 정도인데, 이러한 일은 다른 사람에게 말하기 어렵고 그저 속만 탈 뿐이므로 조지를 통해 사람들에게 알린 것은 그저께의 두 첩에 지나지 않

는다"(정조실록 54권, 정조 24년, 서기 1800년 6월 16일 1번째 기사).

위와 같은 실록 기사들 중에서 특히 ③번을 보면, "[임금에게] 진어(進御)하는 약은 비록 강계다음(薑桂茶飮)이라도 반드시 조보에 실어야 하는데…" 운운하는 내용이 나오는데, 이로 미루어 볼 때 임금에게 바치는 약은 그것이 비록 생강과 계피차라고 할지라도 반드시 조보에 실었던 것 같다.

(7) 임금과 왕실의 여러 가지 동정도 조보에 실어

위와 같이 임금의 신상에 관한 소식들 이외에 임금과 왕실의 동정도 조보에 보도하였다. 명종실록 32권, 명종 21년(1566) 3월 5일 1번째 기사를 보면, "임금이 도승지 강사필(姜士弼)을 영평부원군(鈴平府院君) 윤개(尹漑)의 집에 보내 문병하자, 윤개가 아뢰기를, '신이 늙고 병든 중에서도 날마다 조보를 보고 … 요즈음 조정이 많이 개혁되어 점차 순백(純白)에 이르고 있습니다. … 미상불 기쁘고 좋아서 잠시만 더 살아 덕화(德化)의 성취를 보았으면 하였는데, 의외에 중병에 걸렸습니다'라고 하였다"고 한다. 그리고 정조실록 42권, 정조 19년(1795) 3월 18일 1번째 기사에는 "임금이 별영(別營)으로 가서 읍청루(挹淸樓)에서 수군(水軍) 훈련을 행하였다"고 적혀 있다.

이러한 임금의 동정 이외에 세자, 비빈, 왕자 등의 동정과 궁궐 내에서 이루어지는 여러 가지 일들에 관한 소식들도 관원이나 백성들의 주요 관심사가 아닐 수 없었다. 따라서 이에 관한 것들도 조보에 적지 않게 실렸던 것으로 보인다. 우선 양궁(兩宮: 임금과 세자)에 관한 것으로는, 광해군일기 66권, 광해 5년(1613) 5월 16일 13번째 기사를 보면, 전(前) 우의정 한응인(韓應寅)이 공초하기를, "신(臣)이 물러 나와 이튿날 조보를 보니 '우리 양궁(兩宮) 사이에는 화기가 애애하다'는 전교가 실려 있었습니다"라는 내용이 기록되어 있다.

다음으로 대왕대비에 관한 것으로는 고종실록 22권, 고종 22년(1885) 6월 10일 3번째 기사에 "영의정 심순택(沈舜澤)이 올린 차자(箚子)에, '일전에 연창부부인(延昌府夫人)의 담제(禫祭) 후에 왕대비전(王大妃殿)께 문안하는 의식 절차는 바로 응당 시행해야 할 일로서 사체(事體)가 지극히 중대한데도 승정원에서 애초에 통지하지 않아서 2품 이상의 관리들이 모두 참가하지 못하였습니다. 그런데도 [문안 의식을] 조지에 태연하게 특서(特書)하였으니 이것은 이전에 없는 일로서 더욱 황송하기 그지없습니다. 바라건대 이날 입직한 승지에게 현고(現告)를 받고 견파(譴罷)하는 법전을 시행하소서' 하니, 임금이 비답하기를 '승지를 견파하는 일은 아뢴 대로 하라'고 하였다"는 내용이 나온다.

한편 곤전(坤殿: 왕비를 이르는 말)에 관한 것은 숙종실록보궐정오본 35권, 숙종 27년(1701) 2월 11일 1번째 기사를 보면, "정언 이동언(李東彦)이 계청하기를, '기사년(己巳年: 숙종 15년, 서기 1689년) 전시일(殿試日)은 바로 곤전이 손위(遜位)하던 날로 전날 새벽에 벌써 처분이 있었는데, 실세(失勢)한 사람들이 조보를 보지 못한 관계로 전연 알지 못하고…" 운운하는 내용이 나온다. 그리고 왕자에 관한 실록 기사로는 아래와 같은 것들을 찾아볼 수 있으나, 이들은 단순히 왕자의 동정에 관한 것이 아니라, 왕자가 큰 저택을 구입하는 것에 대해 비판한 것이다.

> ① 도승지 남용익(南龍翼)이 임금께 아뢰기를, "양사(兩司)가 논한 궁가(宮家)의 일에 대하여 오래도록 윤허해 따르려 하지 않으시는데, 날이면 날마다 그 사실이 조보에 기재되어 팔방에 전파되고 있으니, 성덕에 누만 끼치는 일이 되고 있습니다"(현종실록 6권, 현종 4년, 서기 1663년 1월 16일 1번째 기사).
>
> ② 교리 오명항(吳命恒)이 상소하기를, "국가의 재정과 백성의 근심이 눈앞에 넘치도록 어려움이 염려되는데도, 왕자의 제택(第宅)으로 홍석보(洪錫輔)의 집을 사주는 일을 탑전(榻前)에서 정탈(定奪)하고 조지에다 써냈으니…"(숙종실록 46권, 숙종 34년, 서기 1708년 12월 20일 2번째 기사).
>
> ③ 부교리 홍우서(洪禹瑞)가 상소하였는데, 대략 이르기를, "왕자의 제택 일은 예관(禮官)의 직책이 아니었음에도 지난날 연신(筵臣)이 갑자기 홍석보의 집을 가지고 청하였습니다. … 드디어 탑전에서 정탈받은 것으로 조지에다 써냈으니, 어찌하여 이런 거조(擧措)가 있게 된 것입니까?"(숙종실록 47권, 숙종 35년, 서기 1709년 4월 22일 1번째 기사)

그런가 하면, 궁중의 동정(動靜)에 관한 것으로는 중종실록 46권, 중종 18년(1523) 1월 2일 3번째 기사를 보면, "간원(諫院: 사간원)이 아뢰기를, 본원에서 조보를 보건대, '내농작(內農作)은 간략한 예로 한다'고 하였습니다"라는 내용이 나오는데, 여기서 '내농작'이란 창덕궁의 돈화문 밖에 있는 밭에서 내시(內侍)들이 채소를 길러 임금에게 바치던 것을 말한다.

(8) 경연에서 나눈 이야기도 조보에 많이 반포

조보의 내용 중에는 경연(經筵)에서 임금과 신하들이 나눈 대화도 많은 비중을 차지했다. 경연이란 임금이 경전 즉 유교 성현의 가르침을 공부하는 자리로 '연석'(筵席)이라고도 불렀다. 이는 임금이 공부하는 자리였으나, 각종 정책이나 시사(時事) 문제에 관한 임금과 신하들의 세미나 장(場)이기도 했다. 이러한 경연에는 오전의 조강(朝講), 낮의 주강(晝講), 오후의 석강(夕講)과 불시에 열리는 소대(召對) 등이 있었으며, 이들은 대부분 편전에서 열렸다.

조보에는 이와 같은 경연에서 임금과 신하들이 나눈 연설이나 임금이 내린 하교 등을 많이 반포했다. 정조실록 15권, 정조 7년(1783) 1월 16일 1번째 기사를 보면, "차대(次對)에서 김익(金熤)이 또 아뢰기를, '경악(經幄)의 신하가 경연의 자리에서 아뢴 말은 조보에 기록되어 중앙과 지방에 반포되고 있으니…'" 운운하는 말이 나온다. 또한 고종실록을 보면, "임금이 하교하기를, '오늘 경연에서 나온 이야기들을 조지에 반포하도록 하라'"(고종실록 2권, 고종 2년, 서기 1865년 5월 4일 1번째 기사), "임금이 하교하기를, '오늘 이 경연 석상에서의 내용을 조지에 반포하라'"(고종실록 7권, 고종 7년, 서기 1870년 8월 25일 2번째 기사), "임금이 하교하기를, '오늘 경연에서 나눈 이야기를 조지에 반포하는 것이 좋겠다'"(고종실록 8권, 고종 8년, 서기 1871년 3월 16일 1번째 기사) 등등의 기사가 15개나 보인다. 이를 보더라도 경연에서 임금과 신하들이 나눈 이야기들이 조보에 많이 반포되었음을 알 수 있다.

또한 조보에는 경연에서 임금이 내린 성교(聖敎)도 반포했다. 예컨대, 순조실록 8권, 순조 6년(1806) 2월 10일 4번째 기사를 보면, 부호군 신현(申絢)이 임금께 상소하여 아뢰기를, "신이 삼가 전 영상 서매수(徐邁修)의 부주(附奏)를 살펴보건대, 갑자기 정월 초 6일의 연본(筵本)에 대한 일을 거론하여 '좌'(左) 자가 누락된 것이 기주관(記注官)의 착오인 것 같다고 하였습니다. 아! 이것이 무슨 말입니까? 기주관의 사체는 지극히 근엄한 것이고 당일의 연석에서 담화하는 것은 더욱 막중한 데 관계되는 것이기 때문에 신이 받은 성교를 주서(注書)에게 신칙시켜 상세히 기록하게 하였으며 신이 또 누차 교검(校檢)하였는데 연석에서 들은 것과 조금도 차이가 나거나 틀린 것이 없었습니다. 그렇기 때문에 원본(原本)을 그대로 봉입(捧入)했던 것이고 곧이어 특교(特敎)에 따라 조지에 반포하였던 것입니다. 그런데 지금 이 '좌'(左) 자가 누락되었다고 하는 것은 절대로 근리(近理)하지 않을 뿐만이 아닙니다" 운운한 내용이 나온다.

그런가 하면, 조보에는 경연에서 임금이 신하의 청원에 대하여 비답한 것도 실었다. 예컨대, 정조실록 54권, 정조 24년(1800) 4월 21일 1번째 기사를 보면, “지평 조항진(趙恒鎭)이 상소하기를, ‘과거(科擧) 시험이 폐단이 된 지 이미 오래되었으니, 옛날 현인이 말했던 30년의 사과(詞科)를 혁파해야 될 정도로 회복할 수 있다는 말씀은 곧 오늘을 예견한 말이라 할 수 있습니다. 삼가 원컨대 널리 의견을 물어 빨리 시행하소서’ 하니 임금이 비답하기를, ‘요즘 과거법이 엄격하지 못한 폐단은 어찌 이루 다 말할 수 있겠는가. 어제 연석에서 예조판서가 그 폐단을 바로잡을 계책을 누누이 말하였으므로 그 말에 따라 그로 하여금 의견을 널리 물어 다시 여쭙게 하였으니, 자세한 내용은 조보를 보도록 하라’”는 내용이 나온다.

한편 서연(書筵)에서 나눈 이야기도 조보에 실렸는데, 서연은 경연과 비슷하나 차기 국왕이 될 왕세자에게 경사(經史)를 강론하여 유교적 소양을 쌓게 하는 교육의 장이었다. 이와 같은 서연에 관한 것도 조보에 실었는데, 고종실록 24권, 고종 24년(1887) 11월 1일 2번째 기사를 보면, “임금이 전교하기를, ‘세자의 서연과 소대(召對)에 입대(入對)할 때, 입계좌목(入啓座目)을 조지에 반포하는 것을 정식으로 삼으라’ 하였다”고 적혀 있다. 또한 고종실록 30권, 고종 30년(1893) 6월 9일 1번째 기사에는 “봉조하 송근수(宋近洙)가 올린 상소의 대략에, ‘신이 삼가 조지에 나온 글을 보니 서연에 입대하는 사람은 단지 춘방(春坊)과 계방(桂坊)의 상하번(上下番)뿐이고 사(士)와 부(夫), 빈객(賓客)이 등대(登對)하는 때는 드물다고 하니…’” 운운한 내용이 나온다.

(9) 임금에게 올린 각종 보고 내용도 조보에 실어

앞에서 살펴본 것과 같이 임금과 신하들은 경연을 통해서 정보나 의견 등을 서로 나누었을 뿐 아니라, 그 밖에도 여러 방법이나 통로, 예컨대 각종 보고와 차대(次對), 윤대(輪對), 인견(引見)[19] 등을 통하여 정보나 의견을 나누었으며, 그 내용을 조보에

19 차대란 비변사(備邊司)의 도제조(都提調) 이하 당상관(堂上官)과 삼사(三司)의 관원 각 1원(員)이 매달 여섯 차례, 즉 5일, 10일, 15일, 20일, 25일, 30일에 임금을 뵙고, 정치에 관계되는 사무나 행정부의 행정에 관한 의견을 아뢴 것을 말하는데, 본래는 매달 3차례였던 것을 숙종 때에 특명으로 6차례로 고친 것이었다. 윤대란 문무 관원이 윤번으로 궁중에 들어가서 임금의 질문에 응대하기도 하고, 정사의 득실을 아뢰기도 하는 것을 말한다. 이러한 제도는 세종 7년(1425) 6월 처음 시작했는데, 처음에는 동반(東班) 4품 이상, 서반(西班) 2품 이상의 관원으로 하여금 날마다 임금을 알현하여 대답하게 하였다. 그러나 뒤에는 동반 6품 이상과 서반 4품 이상의 관원으로 정하여 각각 차례대로 날마다 윤대하게 했는데, 그 인원은 하루에 5인을 넘을

[참고사료 5-2]

정보·의견 교환을 위한 여러 가지 구두적·문서적 보고 방법

계문(啓聞): 신하가 임금에게 아뢰는 일.

계본(啓本): 임금에게 올리는 문서.

계사(啓辭): 논죄에 관한 상주문서(上奏文書).

계주(啓奏): 신하가 글로 임금에게 아뢰는 것.

계하(啓下): 임금이 결재하여 내려보낸 공문서.

공사(供辭): 죄인이 범죄 사실을 자세히 말함.

관문(關文): 상관이 하관(下官)에게 보내는 공문.

구언(求言): 임금이 신하에게 바른말이나 어떤 방책 등을 널리 구함.

달사(達辭): 왕세자의 섭정 때 올리는 계사.

도계(道啓): 관찰사가 임금에게 아뢰어 바치는 글.

등문(登聞): 백성이 억울한 일이 있으면 그 일을 임금께 직접 호소하는 것.

등철(登徹): 상주문을 임금에게 올리는 것.

별유(別諭): 임금이 특별히 내리는 지시나 분부.

복궐(伏闕): 임금에게 상소(上訴)하기 위하여 대궐 앞에 엎드려 상소하는 것.

복명서(復命書): 맡은 일을 처리하고 그 내용을 일의 명령자에게 보고하기 위해 작성한 문서.

봉박(封駁): 임금에게 글을 올려 일의 잘못됨을 논박하는 것.

비답(批答): 상소문에 대하여 임금이 말미에 적는 가부의 하답(下答).

비망기(備忘記): 임금이 명령을 적어서 승지에게 전하는 문서.

사계(査啓): 조사한 결과를 상주하는 것.

사본(査本): 조사 보고서.

상서(上書): 백성들이 임금에게 글을 올림.

상소(上疏): 신하나 백성들이 임금에게 글을 올리는 일이나 그 글.

상언(上言): 백성이 임금에게 올리는 진정서, 즉 백성이 임금에게 올리는 글.

상참(常參): 의정대신(議政大臣)을 비롯하여 중신(重臣) 및 시종신(侍從臣)이 매일 편전(便殿)에 진참하여 임금께 국무를 아뢰는 것.

서하(書下): 임금이 스스로 문자를 적어서 내려 주는 일. 계하(啓下)와 비슷함.

소비(疏批): 상소문에 대한 임금의 비답(批答).

연교(筵教): 연석(筵席)에서 임금이 내리는 명령.

유지(諭旨): 임금이 신하에게 내리는 글.

윤대(輪對): 각 사(司)의 낭관이 매월 세 차례씩 윤번으로 임금을 뵙고 직무에 관하여 아뢰던 일.

인견(引見): 임금이 의식을 갖추고 영의정, 좌의정, 우의정 따위의 관리를 만나보던 일.

입계(入啓): 임금에게 글을 올리는 것.

장계(狀啓): 임금의 명령을 받들고 지방에 내려간 벼슬아치가 임금에게 서면으로 보고하는 계본(啓本).

서계(書啓): 봉명관(奉命官)이나 봉명사신(奉命使臣)이 써서 올리는 복명서.

장청(狀請): 장본(狀本)을 올려 주청(奏請)하는 것.

전대(轉對): 조정의 신하들이 순번대로 돌아가며 임금을 알현하여 국사에 관한 자신의 의견을 말하고 또한 임금의 질문에 답변하는 것.

정단(呈單): 서면(書面)을 관아에 제출하는 것.

정사(呈辭): 벼슬을 사양하거나 휴가를 청하는 일 따위의 원서를 관부(官府)에 제출하는 것.

정소(呈訴): 소장(訴狀)을 관청에 냄.

정탈(定奪): 임금의 재결(裁決).

제서(制書): 임금의 명령을 사람들에게 알리려고 적은 문서. 어비(御批), 조지(詔旨) 등으로 부르기도 함.

조서(詔書): 임금의 명령을 사람들에게 알리려고 적은 문서.

조지(詔旨): 임금이 내리는 명령.

주청(奏請): 임금에게 상주(上奏)하여 청함.

차대(次對): 매달 여섯 차례씩 의정, 대간, 옥당 등이 나라의 중요한 일을 임금에게 아뢰는 일.

차자(箚子): 간단한 서식의 상소문, 격식을 갖추지 않은 상소문.

첩보(牒報): 서면으로 상관에게 보고하는 일 또는 그 보고서.

첩정(諜呈): 하관(下官)이 상관에게 서면으로 보고하는 것.

청대(請對): 신하가 긴급한 용무로 인하여 임금을 배알하기를 청하는 것.

청추(請推): 직무상 과실이 있는 관원을 고찰하기를 주청하는 것.

초기(草記): 서울 각 관아에서 정무상 그리 중요하지 않은 사실만 간단히 적어 임금에게 올리는 문서.

탈장(頉狀): 사고(事故)에 관하여 보고하는 공문.

통문(通文): 여럿이 돌려가며 보는 통지문.

판부(判付): 임금에게 상주한 안(案)을 임금이 허가하는 일.

패자(牌子): 신분이 높은 사람이 비천한 사람에게 보내는 서면(書面). 패지(牌旨)와 같은 말.

하첩(下帖): 첩하(帖下)와 같은 말.

행관(行關): 동등한 관청이 상호 간에 공문을 보냄.

회계(回啓): 임금의 하문(下問)에 대하여 심의하여 대답하는 것. 회달(回達)이라고도 함.

회달(回達): 임금의 하문(下問)에 대하여 심의하여 상주(대답)하는 것. 회계(回啓)라고 많이 부름.

회문(回文): 여러 사람이 차례로 돌려 보도록 쓴 문서. 회장(回章)이라고도 부름.

후계(喉啓): 승정원의 계주(啓奏).

발표하기도 하였다. 이러한 보고에도 여러 가지 종류가 있었는데, [참고사료 5-2]에서 자세히 볼 수 있다.

계사(啓辭)란 공사(公事)나 논죄에 관하여 각 관청이나 신하가 임금에게 아뢰는 말이나 글을 말한다. 선조실록 165권, 선조 36년(1603) 8월 10일 2번째 기사를 보면, "호민(好閔)이 아뢰기를, '조보와 정원의 계사로 보면, 전일 김순명(金順命)이 아뢴 것에 잘못한 점이 없고 바로 그의 직분이었습니다'"라는 내용이 나온다. 따라서 이를 볼 때, 승정원의 계사가 조보에 실렸음을 알 수 있다. 이처럼 각 관아나 관원들이

수 없게 하였다. 그리고 인견이란 임금이 신하를 불러들여 만나서 의견을 묻는 것을 말한다.

임금에게 올린 계사들이 조보에 실렸음은 다음과 같은 실록 기사들을 보아도 알 수 있다.

① 대사헌 김신원(金信元)이 아뢰기를, "앞서 조보에서 사헌부의 계사를 보았는데…"(광해군일기 1권, 광해 즉위년, 서기 1608년 2월 23일 3번째 기사).

② 대사간 유인길(柳寅吉) 등이 아뢰기를, "어저께 조보에서 그저께 승지 조탁이 올린 계사를 보았습니다"(광해군일기 46권, 광해 3년, 서기 1611년 10월 29일 1번째 기사).

③ 우의정 이항복(李恒福)이 임금께 대답하기를, "지난번에 조보를 보니 정원에 이런 계(啓)가 있었습니다"(광해군일기 50권, 광해 4년, 서기 1612년 2월 6일 2번째 기사).

④ 좌의정 정인홍(鄭仁弘)이 영남[고향 집]에 있으면서 상차(上箚)하여 사직하면서 아뢰기를, "근래 조보를 보니, 양사와 옥당의 계사에 배척하고 공격함이 원수보다 더 심합니다"(광해군일기중초본 82권, 광해 6년, 서기 1614년 9월 13일 6번째 기사).

⑤ 대사간 이식(李植)이 상소하기를, "신은 병으로 일을 살피지 못하고 외간의 새로운 논의도 아득히 듣지 못하다가 우연히 조보를 접하고는 헌납 김반(金槃)이 신들이 계사에서 한 말을 따다가 매우 준절하게 책망한 것을 보았습니다. …"(인조실록 14권, 인조 4년, 서기 1626년 8월 29일 2번째 기사).

⑥ 차대에서 좌의정 채제공(蔡濟恭)이 임금에게 아뢰기를, "조지에 나온 계사로 논하더라도 경연의 유신들을 '겨우 어(魚) 자와 노(魯) 자를 구분한다'는 말로 단정지었습니다. 이 네 글자는 그 얼마나 무식하고 용렬하다는 지목인데, 이것을 논사(論思)의 자리에 있는 사람들에게 갖다 붙인단 말입니까. 그 외에 자질구레한 일들도 대간의 계사에 오르는 경우가 많습니다. 이는 정사의 대체를 손상시키는 것입니다" 하니, 상이 옳게 여기고 일이 생기는 대로 간언을 올릴 것을 신칙하였다(정조실록 33권, 정조 15년, 서기 1791년 10월 20일 1번째 기사).

⑦ 임금이 전교하기를, "이 계사를 조보에 올려서 반포하여 각자 사실을 자세히 알도록 하라"(고종실록 24권, 고종 24년, 서기 1887년 8월 15일 2번째 기사).

계품(啓稟)도 위의 계사와 마찬가지로 신하가 임금에게 어떤 내용을 아뢰는 것을 말한다. 예컨대 숙종실록보궐정오본 15권, 숙종 10년(1684) 4월 19일 1번째 기사를 보면, "당초에 김익훈(金益勳)의 아방(兒房: 대궐 안에서 장신이 머무는 곳)의 계품이 조보에 나오지 않아서 … 얼마 되지 아니하여 외람되게 정원에 들어가게 되어서 비로소 그 일을 듣고 마음에 적지 않게 놀랐습니다"라는 내용이 나온다. 이로 미루어 볼 때 장신(將臣: 장군)들의 계품도 조보에 나오나, 이날은 나오지 않아서 승정원에 직접 가서 계품의 내용을 알아본 것 같다.

서계(書啓)란 임금의 명을 받은 관리가 임무를 완수하고 보고하는 복명서로서, 예컨대 암행어사가 임무를 마치고 돌아와 국왕에게 보고하는 문서 등을 말한다. 효종실록 11권, 효종 4년(1653) 9월 21일 4번째 기사를 보면, "판중추부사 조익(趙翼)이 상소하기를, '신이 조보를 보건대, 이조(吏曹)가 선조 때의 시종신(侍從臣)을 서계할 때 신의 이름도 그 가운데 포함시켰는데, …'" 운운하고 있다.

함사(緘辭)란 관아에 직접 출두할 수 없는 경우 서면으로 진술하는 문서를 말한다. 인조실록 16권, 인조 5년(1627) 5월 15일 4번째 기사를 보면, "김류(金瑬)가 상소하기를, '신이 조보를 보건대, 최명길(崔鳴吉)이 함사에 신의 이름을 배척하여 거론하기를 '크게 김류의 진노(嗔怒)를 당하였다' 하고, 또 '김류가 상신(相臣)에게 말을 전하기를 「만약 남쪽 군병을 조발하여 보내려면 먼저 나를 체찰사(體察使)에서 해임시키라」 하였는데, 상신들이 서로 돌아보며 「그렇다면 어찌하겠는가?」 하여 그 의논이 마침내 중지되었다'라고 하였습니다'"라고 기록되어 있다.

상서(上書)란 위와 같은 관아나 관원의 보고서가 아니라, 일반 백성이 임금, 관찰사, 수령, 암행어사 등에게 올리는 민원서(民願書)를 말한다. 숙종실록 43권, 숙종 32년(1706) 7월 19일 2번째 기사를 보면, "문사낭청 유명웅(兪命雄) 등이 진소(陳疏)하기를, 삼가 금오(金吾: 의금부의 별칭)에서 아뢴 것을 보고 생각컨대, '신사년(숙종 27년) 11월 19일에 윤순명(尹順命)이 비로소 김춘택(金春澤) 등의 일로써 공초를 바쳤다' 하였는데, [그것을 조보에 내지 말라고 하자] 승정원에서 말하기를, '죄인이라고 하여 어찌 상서(上書)한 것을 받아들이지 않고 비밀로 하여 조보에 내지 않겠는가?'"라고 했다는 내용이 나온다. 이러한 실록 기사로 미루어 볼 때, 조보에는 죄인이 임금에게 올린 상서의 내용까지도 실었던 것 같다.

(10) 조보에는 임금에게 아뢰는 거조도 실어

그런가 하면, 조보에는 거조(擧條)와 입계좌목(入啓座目)도 실었다. 거조란 신하들이 임금에게 아뢰는 조항들을 말하는데, 영조실록 2권, 영조 즉위년(1724) 11월 5일 5번째 기사를 보면, "영의정 이광좌(李光佐)가 아뢰기를, '거조를 써낸 뒤에야 군상(君上)의 덕의(德意)와 조정의 득실을 알 수 있는 것입니다. 그러나 근래 [거조를] 가끔 전혀 조지에 써내지 않는 경우가 있고, 혹은 연설(筵說)을 죄다 베껴 내기 때문에 지나치게 장황하기도 합니다' 하니, 임금이 말하기를, '거조를 조보에 죄다 내지 않는 것이 비록 잘못된 구례라 하나, 이는 승지가 헤아려서 그렇게 한 것이다'라고 하였다"고 한다. 따라서 이러한 기사를 볼 때, 거조를 모두 조보에 낸 것은 아니지만, 거조는 '군상(君上)의 덕의(德意)와 조정의 득실을 알 수 있는 것'으로, 곧 조보의 주요 내용 중 하나였음을 짐작할 수 있다.

그러나 대각(臺閣: 사헌부와 사간원의 통칭)에서 거조는 시정(時政)을 아는데 매우 중요하므로 조보에 나오지 않은 거조도 모두 알려 달라고 요구하기도 했다. 영조실록 37권, 영조 10년(1734) 1월 9일 3번째 기사를 보면, "사간원에서 아뢰기를, '대각은 시정에 대해 한 가지 일도 몰라서는 아니 되는 것인데, 군국(軍國), 형옥에 대한 정사와 제도(諸道)의 장문(狀聞)에 대한 일에 모두 참여하여 알지 못하는 탓으로 문견이 넓지 못하니, 이는 눈과 귀를 막고서 보고 듣기를 요구하는 것과 같은 것입니다. [그러니] 승정원에서 계하되는 문서와 거조 가운데 조보에 나오지 않은 것은 모두 대각으로 보내어 대각에 나오는 신하들로 하여금 볼 수 있게 하소서'"라는 내용이 나온다. 이를 바꾸어 말하면, 대각을 비롯하여 모든 관아에서는 시정(時政)에 관한 일을 모두 알아야 하는데, 이를 알지 못하게 하는 것은 마치 '눈과 귀를 막고서 보고 듣기를 요구하는 것'과 같으므로, 승정원에서 계하, 즉 임금에게 재가를 받은 문서나 거조는 모두 조보에 내야 하며, 그렇지 않은 않는 것은 대각으로 보내 신하들이 볼 수 있게 해야 된다는 것이다.

그러므로 승정원에서 계하하는 중요한 거조는 모두 조보에 내도록 했으며, 그렇게 하지 않을 경우는 해당 승지가 처벌을 받기도 했다. 영조실록 38권, 영조 10년(1734) 8월 10일 3번째 기사를 보면, "사간원에서 임금께 아뢰기를, '신이 어제 대청(臺廳)에 이르러 듣건대, 승지를 추고하라는 하교가 있어 원리(院吏)로 하여금 베껴 오게 하니, 후원(喉院: 승정원)의 관리가 일이 본원(本院)에 관계된 것이라 핑계하고 조보에 내지 않았다고 합니다. 국가에서 대각을 설치한 것은 반드시 그 일에 따라 참여하여 알리고자 함이니, 이런 등의 잘못된 법규는 진실로 의의(意義)가 없습니다. 해당 승지를 마땅히 추고하고 지금부터 이후로는 비록 후원에 관계된 것일지라도 조보에 내게 해야 합니다' 하니, 임금이 모두 옳게 여겨, 해당 승지는 특별히 파직할 것을 명하였다"고 한다.

(11) 신하들의 상소 내용도 조보에 실어

조보에 많이 실렸던 내용 중 또 한 가지 유형은 신하들의 상소(上疏)와 그에 대한 임금의 비답(批答)이었다. 상소란 신하(백성 포함)가 임금에게 글로서 자신의 뜻을 전하는 것으로, 그 내용은 대개 건의, 청원, 진정 등이었다.[20] 그리고 비답이란 신하가 올린 상소에 대하여 임금이 상소의 말미에 적어 놓는 가부(可否)의 하답(下答)을 말한다. 이와 같이 신하들의 상소와 그에 대한 임금의 비답이 조보의 주요 내용의 하나가 되었던 것은, 조선시대에는 특히 상소 제도가 발달하여 신하들이 거의 자유롭게 임금에게 상소를 올릴 수 있게 되면서 공론정치에 있어 상소가 중요한 역할을 했기 때문이다. 그러므로 신하들의 상소와 그에 대한 임금의 비답의 내용도 조보에 많이 싣게 되었던 것인데, 이는 아래와 같은 실록 기사들을 보아도 능히 짐작할 수 있다.

① 사간원이 아뢰기를, "이달 17일에 신들이 삼가 조보를 보니, 군자감 정호관(丁好寬)이 상소를 올렸는데, 그 대략은 문사의 직임을 체직하게 하여 보잘것없는 분수를 편안하게 해 주고 정온을 너그러이 용서해 주어 성덕을 넓히기를 바란다는 것이었습니다"(광해군일기 76권, 광해 6년, 서기 1614년 3월 26일 5번째 기사).

② 장령 김영조(金榮祖)가 아뢰기를, "신이 대궐에 나아가서야 비로소 저보(조보)를 보았는데, 요즘 목성선(睦性善) 등이 올린 상소 때문에 양사가 논열(論列)하면서 어떤 사람은 소장을 불에 태우라고 청하기도 하고 어떤 사람은

---

20 이러한 상소는 봉장(封章), 주소(奏疏), 진소(陳疏), 장소(章疏) 등으로도 불렸는데, 그 서식은 『전율통보』(典律通補)라는 책에 자세히 소개되어 있다. 상소문의 봉투 앞면에는 '上前開坼'(상전개탁)이라고 썼고, 봉(封)하는 곳에는 '臣署名謹封'(신서명근봉)이라 쓰고, 종이를 이어 붙인 곳 뒷면에는 '臣署名'(신서명)이라 표시하여 종이를 이어 붙인 것임을 명백히 하였는데, 여기서 '서명'이란 오늘날의 서명, 즉 signature가 아니라, 상소자 본인의 성명을 쓴다는 의미이다. 상소문은 서식에 맞게 써야 하나 간략하게 쓴 상소문도 있었는데, 이를 차자(箚子)라고 불렀다.

관직을 파면시키라고 청하기도 하였으나 성상께서 윤허하지 않는다는 비답을 내렸다고 하였습니다. … 다만 조보에 언급한 것을 근거하여 살펴보니 목성선만이 운운한 것이 아니라 신도 이를 괴이하게 여겼습니다"(인조실록 10권, 인조 3년, 서기 1625년 10월 22일 2번째 기사).

③ 윤방(尹昉)이 묘사(廟社)의 위판을 더럽힌 정상에 관하여 이르기를, "유백증(兪伯曾)의 시장(諡狀) 가운데 윤방을 논핵한 일로부터 이회(李檜)의 상소에 이르기까지는 모두 조보에 나온 것이며, …"(숙종실록 55권, 숙종 40년, 서기 1714년 8월 5일 1번째 기사).

④ 사간원이 아뢰기를, "지난번 승정원이 연명 상소를 올렸을 때 이의봉(李義鳳)이 허튼 수작을 하면서 회피할 획책을 한 행동은 놀랍습니다. 그 내용이 … 조지에 일단 반포되자 사람들의 놀라움과 의혹은 점점 더해 갔었습니다"(정조실록 36권, 정조 16년, 서기 1792년 10월 11일 5번째 기사).

이러한 실록 기사들에서도 볼 수 있듯이 신하들이 올린 상소의 내용은 조보에 많이 실었으나 임금이 계하(재가)하지 않은 상소의 내용은 조보에 내지 못했다. 선조실록 119권, 선조 32년(1599) 11월 16일 5번째 기사를 보면, "[임금이] 비망기를 내려 하교하기를, '정원은 중추적 역할을 수행하는 기관이니 출납할 때에 십분 신밀(愼密)히 하여 성실한 자세로 왕명을 잘 받들어야 마땅하다. 그런데 이번 채겸길(蔡謙吉)의 상소와 관련하여, … 도대체 임금이 보지도 못한 상소를 대신이 먼저 알고서 상차(上箚)하여 쟁변하기에 이른 것이다. 계하하지 않은 상소는 본디 조보에 나올 리가 없으니, 이는 필시 정원에서 지레 발표했거나 개인적으로 사전에 몰래 알려 줘서 그렇게 되었을 것인데, 사체(事體)로 볼 때 매우 해괴하고 놀랍다. 엄중히 구명하고 싶으나 우선은 용서할 것이니 앞으로는 이와 같이 하여 스스로 죄를 짓지 말도록 하라'"고 명령하였다.

(12) 신하의 상소에 대한 임금의 비답도 조보에 실어

반면에 신하들이 어떤 사안(事案)에 관하여 조보에 실린 내용도 제대로 보지 않고 임금에게 상소하는 경우도 있었다. 예컨대, 정조실록 41권, 정조 18년(1794) 12월 2일 1번째 기사를 보면, 임금이 판중추부사 김종수(金鍾秀)에게 이르기를, "경(卿)이 소(疏)에서 진술한 마음과 소 중에 쓴 말은 경의 말이 없어도 내가 이미 다 알고 있다.

어찌하여 조지를 상세히 보지도 않고 지레 마음 내키는 대로 소를 올렸단 말인가?" 하고 나무라는 내용이 나온다. 또한 정조실록 45권, 정조 20년(1796) 7월 2일 3번째 기사에도 김종수의 긴 상소와 관련해서 임금이 하교하기를, "이 이후에 이처럼 조지에도 없고 상소장에도 오르지 않은 일을 만약 입에 담는 자가 있다면 대관, 소관을 막론하고 마땅히 하교에서 말한 법률을 적용할 것이다. 이로써 엄히 신칙하라." 하고, 이어 이를 받아들인 승지들을 모두 성(城) 밖으로 내쫓으라고 명하였다가 곧 용서해 주었다는 내용이 나온다. 그런가 하면, 정조실록 23권, 정조 11년(1787) 2월 3일 3번째 기사에 보면, 유생들이 상소를 남발하는 데 관하여 임금이 아래와 같은 하교를 내리기도 했다.

> 근래에 외방의 유소(儒疏)는 실로 사림(士林)의 수치가 되고 있다. … 비록 누가 이것을 주장하는지 모르겠으나 그 유폐(流弊)가 거침없이 전파되니 어찌 세도(世道)를 위해 근심할 일이 아니겠는가? 이 일이 얼마나 참혹한지 차마 말을 할 수가 없으니, 어느 구(句)와 무슨 말은 옳고 또 다른 구와 말은 그르다고 하는데, 나라에서 낱낱이 따져서 말하고자 하지 않으나 장소(章疏)에는 본래 장소의 체모가 있는 법이다. 조지에 나온 것을 제외하고 연석에서 부시(敷示)한 것을 어찌 감히 마음대로 뽐어대는가? 이런 규례를 고치지 않으면 도리어 의(義)를 날로 어둡게 하고 이(理)를 날로 어긋나게 하여 나랏일이 날로 잘못될 것이니 결단코 등한시하여 지나칠 수가 없다. 이런 뜻으로 성균관으로 하여금 외방의 여러 유생들에게 칙유(勅諭)하게 하라(정조실록 23권, 정조 11년, 서기 1787년 2월 3일 3번째 기사).

이처럼 유생들이 상소를 남발하지 못하도록 하기도 했으나, 신하들이 일단 상소를 올리면, 그에 대해 임금은 비답, 예컨대 '윤허한다', '윤허하지 않는다', '청(請)을 허락한다', '청을 허락하지 않는다' 등의 하답을 내리는 것이 일반적인 관례였다. 이러한 임금의 비답도 조보에 많이 실었는데, 정조실록 44권, 정조 20년(1796) 3월 22일 3번째 기사를 보면, "동몽교관 최곤(崔崑)이 소회 8조를 올리니, 임금이 비답하기를, '아침에 훈련대장의 상소로 인하여 열 줄의 비답을 내렸으니, 너는 모름지기 조지(조보)를 가져다 보아라'"고 했다고 한다.

그러나 신하들의 상소에 임금이 비답을 내리지 않는 경우도 적지 않았는데, 이런 사실 역시 조보에 나기도 했다. 예컨대, 정조실록 35권, 정조 16년(1792) 8월 21일 6번째 기사를 보면, 장령 권빈(權儐)이 임금께 아뢰기를, "근일 삼사(三司)의 신하가 상소하고 차자(箚子)한 것에 언사가 아님이 없는데, … 간혹 '도로 가지고 가라'[還持去]라는 세 글자를 조지에 반포하여 사람들이 보고 듣는다면 흔쾌하게 받아들이는 아량에 부족함이 있을 듯합니다. 삼가 원하건대 지금 이후부터는 모든 장주(章奏)에서 참으로 언사(言事)에 관계되는 것은 반드시 성비(聖批)를 내리시어 말하는 자로 하여금 마음을 다하게 하소서" 하니, 임금이 이르기를, "말은 그럴듯하나 비답을 내리지 않는 것 역시 어찌 그만둘 수 있는 일이겠는가" 하면서, 모든 상소에 대해 비답을 내릴 수는 없다고 반박했다.

한편 신하가 임금에게 올린 상소는 그에 대한 임금의 비답이 있기 전에는 조보에 내지 못하게 했다. 경종실록 2권, 경종 즉위년(1720) 12월 19일 2번째 기사를 보면, 참지 황선(黃璿)이 소를 올려 이르기를, "일전에 김일경(金一鏡)에 대한 소비(疏批)가 정원에 내려왔으므로, 요원(僚員)과 더불어 품백할 것을 상의하였는데, 이미 품달하면 회답을 받들기 전에는 조지에 등출(謄出)하지 않는 것이 본래 정원의 정해진 전례이니, 처음 비답을 반시(頒示)하지 못했던 것은 그 형세가 그러했던 것입니다"라는 내용이 적혀 있다. 또한 임금의 비답을 조보에 잘못 내면 그 담당자가 체직을 당하기도 했는데, 선조실록 180권, 선조 37년(1604) 10월 25일 3번째 기사를 보면, 장령 채형(蔡衡)이 아뢰기를, "어제 비답을 받들 적에 미처 상세히 살피지 못한 탓으로 본부의 조보에 '파추(罷推)할 필요가 없다'고 한 '추'(推) 자를 전연 쓰지 않고서 단지 '파직할 필요가 없다'라고만 썼으니 신을 체직시켜 주소서" 하니, 임금이 답하기를, "대단한 일이 아니니 사퇴하지 말라"고 했다고 기록되어 있다.

(13) 관원들의 인사(人事)에 관한 내용은 주로 문책과 처벌

조보에서 가장 많은 비중을 차지한 것은 관원들의 인사(人事)에 관한 여러 가지 소식들이었다. 조선은 신분제 관료 사회여서 관리는 물론이고, 일반 백성들도 관리들의 임명과 파면, 승진과 강등, 전출과 처벌 등에 많은 관심을 갖고 있었기 때문이다. 임금이 관리를 임명하면 그 소식을 조보에 실었는데, 예컨대 명종실록 32권, 명종 21년(1566) 4월 11일 4번째 기사를 보면, "임금이 백인걸(白仁傑)을 선공감부정(繕工監副正)으로 명했는데, 그는 당시 유배지에서 바둑을 두고 있다가 조보를 보고서야 그것을 알았다"고 기록해 놓았다.

그러나 임금이 관리를 임명하기 전에 이조(吏曹)에서는 후보자에 관한 기사도 조보에 냈던 것 같다. 숙종실록 59권, 숙종 43년(1717) 5월 6일 2번째 기사를 보면, "보덕 송성명(宋成明)이 상소하기를, '신이 전에 [이조의] 선부(選部)에 있을 때 마침 영권(瀛圈) 뒤의 전록(銓錄)을 당하여 감히 여론을 듣고 시망(時望)을 가려서 맨 먼저 신록(新錄: 홍문관 교리, 수찬에 새로 뽑힌 사람) 가운데 두 사람을 섬독(剡牘: 공독)에 올리고 조지에 실었습니다'"라는 내용이 나오기 때문이다. 그런가 하면, 임금이 가까운 신하들만 칙임관·주임관·판임관 등으로 임명하자, 이에 대하여 중추원의관이 항의하는 내용도 조보에 실렸는데, 고종실록 44권, 고종 41년(1904) 양력 7월 15일 2번째 기사를 보면, "중추원의관 안종덕(安鍾悳)이 올린 상소의 대략에, '요즘의 조지를 보니 칙임관·주임관·판임관의 벼슬이 매번 가까이 돌면서 사적인 총애를 받는 사람이나, 점쟁이나 이단(異端)의 무리들에게 내려지는 것은 무엇 때문입니까?'"라고 항의했다고 기록되어 있다.

이처럼 관리의 선발과 임명에 관한 소식도 조보에 났지만, 실록에서 조보에 실렸다는 인사관계기사들을 찾아보면 이상하게도 대부분이 문책과 처벌, 파직(罷職)과 삭직(削職) 등에 관한 것이다. 파직이란 관직에서 물러나게 하는 것을 말하고, 삭직이란 죄를 지은 관원의 벼슬과 품계를 빼앗고 관원 명부에서 이름을 지워버리는 것을 말하는데, 이에 관한 것들이 조보에 실렸다는 실록 기사들을 몇 개만 열거해 보면 아래와 같다.

① 사헌부에서 임금에게 아뢰기를, "지평 이우직(李友直)과 정언 정탁(鄭琢)이 성상소(城上所)에서 합사하여 논계한 것을 조보에 전언(傳言)한 것은 대의를 잃지 않아 제법 아무 잘못이 없어 보입니다"라고 하니, … 사간원에서 아뢰기를, "합사 내용을 조보에 전언하여 나라 안에 전파한 것은 잘못이니 정탁을 파직하소서"라고 했다(명종실록 34권, 명종 22년, 서기 1567년 6월 15일 2번째 기사).

② 경상도 유생 진사 장온(張蘊) 등이 상소하기를, "원임 대신(臺臣) 정인홍(鄭仁弘)이 쫓겨난 것에 대한 진위는 모두 조보에 발표되고 전파된 데서 나와 원근(遠近)이 모두 보고 들은 것입니다"(선조실록 220권, 선조 41년, 서기 1608년 1월 28일 6번째 기사).

③ 우의정 심희수(沈喜壽)가 아뢰기를, "일찍이 휴가 중에 조보에서 간관(諫官)

한 사람이 말로 인해 죄를 얻어 떠난 것을 보았습니다"(광해군일기 19권, 광해 1년, 서기 1609년 8월 26일 1번째 기사).

④ 이관후(李觀厚)가 공초하기를, "18일 패초(牌招)를 어겼다는 것으로 파직되어 춘천으로 내려갔었습니다. 그 뒤 조보를 보았습니다. 삭직(削職)을 청하는 소장은 있었으나 질차(叱嗟) 등의 말은 기재되어 있지 않았으므로…"(영조실록 42권, 영조 12년, 서기 1736년 7월 17일 1번째 기사).

⑤ 임금이 이르기를, "대신(大臣) 이하를 부처(付處)하고 파직, 삭직시키는 일이 연례행사처럼 되어 왔는데 이 일만은 결코 있어서는 안 될 것이다. … 아무리 아래에서 궂은일을 하는 미천한 사람들이라 할지라도 털끝 하나 다치게 하고 싶지가 않은데 더더구나 예우해야 할 신하들이야 더 말해 무엇하겠는가. 그래서 신하들을 관례처럼 불러들여 접견하면서 특별히 이런 모임을 마련한 것이다. 중외에서 이 조지를 볼 경우 만약 안목이 갖추어진 자라면 내 마음을 이해하리라 생각한다"(정조실록 42권, 정조 19년, 서기 1795년 3월 18일 1번째 기사).

위와 같이 잘못을 저지른 관원들은 파직이나 삭직을 시켰으나, 모함받은 관료가 자신을 모함한 사림을 파직시켜 줄 것을 임금에게 청원하기도 했다. 예컨대, 선조실록 117권, 선조 32년(1599) 9월 14일 3번째 기사를 보면, "영의정 윤두수(尹斗壽)가 정사(呈辭)하기를, '신(臣)은 몸가짐이 옳지 못하여 중하게 탄핵을 입고 심지어는 탐욕과 음험으로 지목받아 그 추악한 말이 [조보] 지면에 낭자하였습니다. 그리하여 조보가 전해지자 더럽게 보고 천히 여기지 않는 자가 없으니, 신은 다시 감히 정부의 체모를 욕되게 할 수 없습니다. … 신에게 새로 제수한 직명을 속히 체차하여 방헌(邦憲)을 바루소서' 하니, 임금이 '안심하고 [질병의] 조리만 하라'고 답하였다"고 한다.

그러나 이는 특수한 경우이고, 당시에는 잘못한 대신(大臣)과 관료들은 정배를 보내기도 했고, 이 역시 조보에 반포했다. 정조실록 28권, 정조 13년(1789) 10월 25일 2번째 기사를 보면, 우의정 김종수(金鍾秀)가 차자를 올려 아뢰기를, "방금 조지를 보건대, 일곱 대신(臺臣)을 귀양 보내라는 명이 있었습니다"라는 내용이 나온다. 그렇다면 이렇게 정배나 파직, 삭직을 당한 관원들은 무슨 잘못을 저질렀기 때문이었을까? 그 잘못에는 여러 가지가 있겠으나, 관원 후보자를 잘못 천거했기 때문이기도 했다. 광해군일기 67권, 광해 5년(1613) 6월 3일 2번째 기사를 보면, "정언 조정립(趙廷立)이 아뢰기를, '신이 도성에 들어온 뒤에 요즈음 조보를 보니, 양사가 합계하여 이항복이 역적 정협을 잘못 천거한 죄를 논하였습니다'"라는 내용이 나온다. 또한 광해군일기 72권, 광해 5년(1613) 11월 6일 2번째 기사에는 "판중추부사 기자헌(奇自獻)이 이어서 아뢰기를, '신이 조보를 보니, 의주부윤을 잘못 추천한 일로 비변사 당상의 추고를 청하는 것이었습니다'"라고 적혀 있다.

그러나 이러한 사실들을 조보에 보도하면서 간혹 그 내용을 잘못 보도하기도 했던 것 같다. 예컨대 숙종실록 57권, 숙종 42년(1716) 3월 25일 2번째 기사를 보면, "부응교 신사철(申思喆)이 상소하기를, '대간(臺諫)의 논계가 이미 전달된 뒤에는 본래 율명(律名)을 바꾸는 규례가 없는데, 처음에는 시원히 헐뜯으려고 사판(仕版)에서 삭제하기를 청하였다가 도로 또 남의 입김을 받아서는 관작(官爵)을 삭탈하는 것으로 고쳐 조지에 써낸 것이, 잠시 사이에 바뀌어 체례(體禮)가 손상되게 하였으니, 참으로 놀랍습니다'"라는 내용이 나오기 때문이다.

(14) 관원 인사에서의 부당함과 잘못 등에 관한 비판도 실어

위에서 살펴보았듯이 조보에 게재된 인사관계기사들은 문책과 처벌, 파직과 삭직 등에 관한 것이 주류를 이루었다. 그러나 인사상의 부당함이나 잘못 등에 대한 신하들의 항의나 비판 등도 조보에 실었는데, 이러한 사례들을 몇 가지만 열거해 보면 아래와 같다.

> ① 대사간 윤춘년(尹春年) 등이 임금께 아뢰기를, "신들이 이달 8일의 조보를 보니 전 청풍군수 최덕종(崔德種)은 관아의 권속을 많이 거느렸는데도 공죄(公罪)로만 조율하였고, 전 덕원부사 이혹(李鵠)은 사행(私行)을 접대하였다 해서 사죄(私罪)로 조율하였습니다[어찌 조율이 서로 다릅니까]"(명종실록 13권, 명종 7년, 서기 1552년 5월 26일 1번째 기사).
>
> ② 함경감사 서필원(徐必遠)이 상소하기를, "신이 유학(幼學) 조해(趙楷) 등의 상소 및 조보에서 양사(兩司)가 인피(引避)[21]한 내용을 보고 너무나 놀랐습니다.

---

21 인피(引避): 직무상 거북한 처지에 있어 그 벼슬을 사양하여 물러나거나 은퇴하여 후진에게 길을 열어 줌.

조해 등 동유(童儒)들 소견이야 말할 것이 없다 하더라도 조정의 사대부들마저 그런 말을 한단 말입니까"(현종실록 8권, 현종 5년, 서기 1664년 3월 28일 1번째 기사).

③ 영의정 김수항(金壽恒)이 청대하여 임금께 아뢰기를, "송시열(宋時烈)의 진퇴는 이현석(李玄錫)에게 죄를 주고, 주지 않는 것과 관계가 없는데, 대간(臺諫)이 이를 아룀이 오랫동안 지속되어 날마다 조지에 등서되고 있으니, 어찌된 일입니까"(숙종실록 13권, 숙종 8년, 서기 1682년 11월 20일 4번째 기사).

④ 정언 강시환(姜時煥)이 피혐(避嫌)[22]하여 임금께 아뢰기를, "지난번 걸면(乞免)하는 장주에서 김한동(金翰東), 심규로(沈奎魯)의 당역(黨逆)의 죄를 약간 논핵하였습니다. 그런데 요사이 정목(政目)과 조지에 나온 것을 보니 김한동의 이름이 승선(承宣)의 망(望)에 그대로 있고, 심규로는 금방 도백(道伯)에서 파직하였다는 것을 들었는데 곧바로 군직(軍職)을 부여받았으니 제방이 엄정하지 못하고 법강이 완전히 없어진 것입니다"(순조실록 4권, 순조 2년, 서기 1802년 7월 1일 3번째 기사).

한편 내관(內官)의 잘못에 대하여 임금이 죄를 주지 않은 것에 대해서 사헌부에서 항의하기도 했으며, 이런 내용 역시 조보에 실었다. 인조실록 29권, 인조 12년(1634) 3월 8일 1번째 기사를 보면, "헌부(사헌부)가 아뢰기를, '삼가 조보를 보건대, 대신(大臣)과 중신들도 이들[내관]에게 멸시를 받고서 사실에 의거하여 진계하였는데도 전하께서 죄를 주지 아니하셨으니…'" 운운하고 있다. 그런가 하면, 임금이 잘못한 대신(大臣)을 빨리 파직하지 않는다고 항의하는 내용도 조보에 실렸는데, 정조실록 40권, 정조 18년(1794) 5월 26일 1번째 기사를 보면, "판중추부사 박종악(朴宗岳), 김희(金憙)가 우의정 이병모(李秉模)를 파직하라는 명을 철회할 것을 청하니, 임금이 비답하기를, '우상의 연주(筵奏)가 조보에 나올 것이니 그것을 보면 나의 처분의 본뜻을 알게 될 것이다'"고 했다고 기록되어 있다.

또한 임금이 관료에게 내렸던 처벌을 환수하자, 이에 대해 대신이 항의한 것도

22 피혐(避嫌): 어떤 사건에 관련되어 다른 사람에게 혐의(嫌疑)를 받으면, 그 혐의를 피하기 위하여 사건과 관련된 모든 언행(言行)과 출퇴(出退)를 삼가는 일.

조보에 실었다. 정조실록 28권, 정조 13년(1789) 9월 28일 3번째 기사에는 "임금이 반수(班首)와 대신을 중도에 부처(付處)한 명(命)과 금부당상, 포도대장을 찬배(竄配)한 명을 환수하였다. … [그러자] 우의정 김종수(金鍾秀)가 아뢰기를, '대저 이 일은 본래 일부터 이러한 사소한 일에 이르기까지 성상의 처분이 매양 자전의 하교와 큰 차이가 나는 것이 많습니다. 조지에 나가는 것을 눈이 있는 사람이면 모두가 보았을 텐데, 아마 성상의 심중에도 반드시 불안하신 바가 있을 것입니다'"라고 항의했다.

(15) 역모(逆謀) 사건에 관한 내용도 의외로 많아

실록에 나타난 조보의 내용을 보면, 역모(逆謀) 즉 임금이나 나라를 배반할 계획을 도모하다가 발각되어 처벌받은 사건에 관한 내용도 의외로 많이 나온다. 이는 실제로 역모 사건이 많이 일어났기 때문이기도 하지만, 특히 조선 중기와 후기에 정치적 견해를 달리하는 붕당 간의 당쟁이 격화되면서 각 붕당끼리 서로를 반역자로 모함했기 때문인 것도 같다. 그리하여 역모 사건에 관련된 기사가 조보에 많이 실렸던 것 같은데, 그중에서 몇 가지만 열거해 보면 아래와 같다.

① 경상도 유생(儒生) 생원 하성(河惺) 등이 상소하기를, "삼가 생각건대 적신(賊臣) 유영경(柳永慶)이 권세를 멋대로 부리고 파당을 심어 임금을 저버리고 국가를 그르친 죄는 … 조보에 실려 있고 여러 사람의 입에 전파되었으니 이목(耳目)이 있는 자는 누가 보고 듣지 못하였겠습니까…"(선조실록 220권, 선조 41년, 서기 1608년 1월 26일 5번째 기사).

② 우의정 정인홍(鄭仁弘)이 상차(上箚)하기를, "신은 영외(嶺外)에 살아 도성에서 천 리 멀리 떨어져 있으니 흉신들이 멋대로 해 시사가 위태롭다는 것을 어떻게 스스로 알 수 있겠습니까. 박여량이 조보를 신에게 보여 주어 [그것을 알게 되었습니다]"(광해군일기 57권, 광해 4년, 서기 1612년 9월 22일 3번째 기사).

③ 전 우의정 정인홍(鄭仁弘)이 상소하였는데, "신이 삼가 조보를 보고 또 길에서 들어 보니, 전하께서 역적을 너무나 관대하게 다스리기에 힘쓰신 나머지 공론을 따르지 않는다고 하였습니다"(광해군일기 67권, 광해 5년, 서기 1613년 6월 19일 12번째 기사).

④ 임금이 말하기를, "[내가 세제(世弟)로 책봉되자] 김일경(金一鏡)이 나를 꺼

려하여 목호룡(睦虎龍)을 부추겨 변서(變書)를 [조보에] 내게 한 것인데, 그 뒤로는 조보를 보지 않았다"(영조실록 23권, 영조 5년, 서기 1729년 8월 18일 2번째 기사).

⑤ 김일경(金一鏡) 등의 처벌에 대한 지평 임주국(林柱國)의 상소문에 관하여 사신(史臣)은 말한다. "최석항(崔錫恒)은 또 일이 동궁에 관계된다는 이유로 옥안에 기록하지 말 것을 청하였고, 이것을 조보에 내어 팔방에 전파시킴으로써…"(영조실록 6권, 영조 1년, 서기 1725년 5월 13일 14번째 기사).

⑥ 임금이 하교하기를 "흉당 민항렬(閔恒烈)에 대한 문목(問目) 1통을 우선 조지에 등포(謄布)하여 중외에서 자세히 알도록 하라"(정조실록 1권, 정조 즉위년, 서기 1776년 6월 30일 1번째 기사).

⑦ 우승지 이의익(李義翊)과 우부승지 김종수(金鍾秀)가 상소하기를, "역적 심상운(沈翔雲)을 친국(親鞫)하실 때에 다섯 가지 조목으로 하문하셨는데, 이번의 결안이 일단 조지에 나간다면…"(정조실록 1권, 정조 즉위년, 서기 1776년 7월 23일 1번째 기사).

⑧ 임금이 국문(鞫問)에 참여했던 여러 당상들을 파직하였다. 그리고 이르기를, "무릇 [역적 심상운에 대한] 결안이 나오게 되면서는 단지 다섯 가지 조목의 죄안을 전부 기록하지 않았을 뿐만 아니라 재조(在朝)나 재야(在野)에서 조지를 보는 사람들로 하여금 심상운의 죄악이 이에 그치는 것처럼 알게 만들어 버린 것이다. 이것이 위관(委官)들을 개탄스럽게 여기는 까닭이다"(정조실록 1권, 정조 즉위년, 서기 1776년 7월 24일 1번째 기사).

⑨ 정언 조진정(趙鎭井)이 상소하기를, "인한(隣漢)·정후겸(鄭厚謙)·항열(恒烈)·이재간(李在簡)의 일관된 흉계와 지해(趾海)·술해(述海)·상범(相範)·계능(啓能)의 온 집안으로 연결된 역모에 대해서 조지가 한 번 반포되자 놀라고 분개해 하지 않는 사람이 없습니다"(정조실록 30권, 정조 14년, 서기 1790년 5월 12일 3번째 기사).

이처럼 역모 사건에 관한 것을 조보에 발표하면서, 죄인을 잡아다가 고문을 가하며 공초받는 과정을 자세히 보도하기도 했다. 경종수정실록 3권, 경종 2년(1722) 9월 21일 2번째 기사를 보면, 임인년(1722) 3월 노론(老論) 일파가 왕을 시해하고자 모의했다는 목호룡(睦虎龍)의 고변(告變)이 있자, 소론 일파의 의도대로 노론 4대신을 비롯한 관련자 50여 명을 처단할 때 억지로 누명을 씌우고 형신하여 물고(物故)를 내기도 했는데, 이러한 임인년 옥안(獄案)에 대하여 같은 해 9월 21일 다시 논의할 때, 이조좌랑 박사익(朴師益)이 말하기를 "신도 그때의 조보를 보았는데, 첫날에는 이미 다른 죄인들을 잡아 올 동안 형신을 정지한다고 썼었는데, 다음날에는 또 승복했다고 써냈고, 그 이후로는 물고로 입계(入啓)했다고 되어 있었습니다" 운운한 내용이 나온다.

또한 추국청(推鞫廳)에서 반역 사건 관련자를 심문한 기록인 추안(推案)도 조보에 실었다. 영조실록 2권, 영조 즉위년(1724) 12월 8일 6번째 기사를 보면, 국청대신 이하가 입시한 가운데 "위관 조태억(趙泰億)이 목호룡과 김일경(金一鏡)의 죄악을 추안을 살펴 뽑아내어 조보에 써낼 것을 청하자, 임금이 허락하였다"는 내용이 나온다. 따라서 이를 볼 때, 1722년 목호룡이 경종을 시해하려는 모의가 있었다는 이른바 삼급수설(三急手說)을 고변하여, 역모로 지목된 건저(建儲) 4대신(四大臣)인 이이명(李頤命), 김창집(金昌集), 이건명(李健命), 조태채(趙泰采) 등이 사형당하고, 60여 명이 처벌된 신임사화(辛壬士禍)의 추안도 조보에 실었음이 분명하다.

그런가 하면, 역적에 대한 결안(結案) 즉 판결문도 조보에 실었던 것 같다. 숙종실록 9권, 숙종 6년(1680) 4월 16일 2번째 기사를 보면, "장령 안후태(安後泰), 심유(沈濡)와 지평 권두기(權斗紀), 오도일(吳道一)이 임금께 아뢰기를, '역적 허견(許堅)의 취초(取招)를 결안한 가운데, '이태서(李台瑞)로 하여금 윤휴(尹鑴), 이원정(李元禎)을 격동시켜서 체부(體府)를 다시 설치할 꾀를 도모하고, 날래고 사나운 무사를 많이 뽑아서 결탁해 심복으로 삼았다'는 등의 말이 있는데, 이것이 조보에는 빠졌으니, 막중한 역옥(逆獄)의 결안한 초사(招辭)가 이처럼 소루(疏漏)합니다. 청컨대 해당 승지를 중하게 추고하고, 이 한 관(款)을 다시 조보에 내게 하소서' 하니, 임금이 '아뢴 대로 하라'고 답했다"는 내용이 나오기 때문이다.

(16) 역모 이외의 기타 형옥 사건도 조보에 많이 실어

위와 같은 역모에 관한 사건들 이외에 여러 가지 범죄 행위에 관한 형옥(刑獄) 즉 형벌과 옥사(獄事)관계기사도 조보에 많이 실었는데, 이에 대한 실록 기사들을 몇 개만 들어 보면 다음과 같다.

① 정원(승정원)이 아뢰기를, "지금 조보를 보니, 김극달(金克達)의 죄는 진실로

중대하거니와 그 사간이 이 때문에 도망하는 사람이 많다는 것은 전 관찰사 성세창(成世昌)이 이미 계달했고…"(중종실록 68권, 중종 25년, 서기 1530년 7월 8일 1번째 기사).

② 경상도 유생 진사 정온(鄭蘊) 등이 상소하기를, "직도(直道)를 용납하기 어려운 것은 예로부터 모두 그러했으니, 대신(臺臣)들이 정인홍(鄭仁弘)을 귀양 보내자고 청한 것은 실로 당연합니다. … 이는 모두 조보에 발표되고 전파된 데서 나와 원근이 모두 보고 들은 것입니다"(선조실록 220권, 선조 41년, 서기 1608년 1월 28일 6번째 기사).

③ 부응교 권우(權堣), 부교리 윤집(尹鏶), 부수찬 오정위(吳挺緯)가 상소하기를, "신들이 조보를 보니 한희유(韓希愈)의 죄목 가운데 '분주히 힘을 썼다'는 하교가 있었고…"(효종실록 8권, 효종 3년, 서기 1652년 6월 7일 5번째 기사).

④ 어제 조보를 보고서, 비로소 이세(二歲)를 비롯한 형조의 죄수들을 풀어 보내라는 명이 있었다는 것을 알았습니다(정조실록 29권, 정조 14년, 서기 1790년 3월 12일 2번째 기사).

⑤ 부수찬 이의봉(李義鳳)이 상소하기를, "신이 조지를 받아 보니, 전 경기감사 김사목(金思穆)의 장계에 파주목에 안치한 죄인 정치달(鄭致達)의 처가 제멋대로 이탈하여 떠나갔다는 말이 있었습니다. 아, 정처(鄭妻: 정치달의 아내)의 범행이 어떠한 것인데 이런 일이 있단 말입니까"(정조실록 31권, 정조 14년, 서기 1790년 9월 4일 3번째 기사).

한편 순조 때는 천주교 신자들도 죄인으로 몰아서 이가환(李家煥) 등을 처벌하면서 그 내용을 조보에 발표하기도 했다. 순조실록 2권, 순조 1년(1801) 2월 25일 1번째 기사를 보면, "죄인이 지만(遲晩: 죄인이 벌을 받을 때 자복하면서, '너무 오래 속여 미안하다'는 뜻으로 자기의 잘못을 고백하던 것)한 후에 물고(物故: 죄인이 죽음을 당하는 일, 또는 죄지은 사람을 죽임)된 것으로 조지에 반포해야 할 것입니다" 운운하는 내용이 아래와 같이 나온다.

임금이 시임대신(時任大臣), 원임대신(原任大臣), 금오당상(金吾堂上)을 소견하였다. 대왕대비(당시 수렴청정을 한 정순왕후)가 하교하기를, "국문(鞫問)의 일을 지체시키고 있으니, 진실로 민망스럽다" 하였다. 영부사 이병모(李秉模)가 말하기를, "이번의 옥사는 도당(徒黨)이 진실로 번다하여 경외에 있는 자들이 만천(萬千)을 헤아릴 정도입니다. 당초에 성의(聖意)는 대체로 그들 가운데 우심한 자를 극형으로 다스려 풍성(風聲)이 미치는 바에 따라 한 사람을 징토하여 만 사람을 면려(勉勵)하는 도리에서 나왔으므로 신 등이 삼가 덕의(德義)를 본받아 단지 갇혀 있는 자들만 경중을 나누어 아뢰었습니다. 이가환은 그들 가운데 본래 문명(文名)이 드러났으니, 당초에 사학(邪學: 천주교)의 책자를 중국에서 가지고 왔을 때에 그가 만약 이를 짐독(鴆毒)과 같이 보고 사갈(蛇蝎)처럼 여겨 피하였더라면, 반드시 후생의 무리가 점차 물들어 그릇될 리가 없었을 것입니다. 그러나 그가 수창(首倡)한 것으로 말미암아 그 말이 점차 번지게 되어 경외에서 이를 붙좇아 따라 물이 하늘에 사무치고 불이 벌판에 번지듯이 화변(禍變)이 만연하였으니, 그 근본은 모두 그에게 돌아가는 것이었습니다. 그러나 미처 법을 적용하기 전에 귀신의 주벌(誅罰)이 먼저 가해졌으니, 마땅히 지만한 후에 물고된 것으로 조지에 반포해야 할 것입니다. 이승훈(李承薰)은 당초에 사서(邪書)를 구입해 가지고 와서 온 세상에 전하여 배포하였으니 인심이 함닉(陷溺)되고 세도(世道)가 어그러진 것은 진실로 그 근원을 추구해 보면 그가 작용(作俑)하지 않은 것이 없었습니다."

또한 조보에는 위와 같은 내용뿐 아니라, 문목(問目) 즉 죄인을 신문하는 조목도 실었던 것 같다. 경종실록 7권, 경종 2년(1722) 4월 13일 5번째 기사를 보면, "국청(鞫廳)의 위관 최석항(崔錫恒)이 여러 금부당상, 승지, 양사(兩司)를 거느리고 임금을 청대하고 입시하여 아뢰기를, '백망(白望), 김용택(金龍澤), 이천기(李天紀) 등은 비록 결안하지는 아니하였지만, 실정을 캐낸 문목이 이미 조보에 나왔으니, 중외로 하여금 환히 알게 하는 것이 마땅하겠습니다' 하니, 임금이 답하기를, '그렇다'고 하였다"고 기록되어 있다.

(17) 중국관계기사, 중국 조보에 관한 것도 실어

조보에는 중국에 관한 것들도 적지 않게 실렸다. 예컨대 중종실록 41권, 중종 16년(1521) 4월 28일 2번째 기사를 보면, "대간(臺諫)이 임금께 아뢰기를, '내일 [명나라 황제의] 칙서(勅書)를 맞는 것은 바로 국가의 중대한 일입니다. 신 등이 물러가 집에 있기가 미안해서 한 곳에 모여 조보를 기다렸습니다. 그러나 날이 이미 저물었는데도 아직까지 들은 바가 없기 때문에 신 등이 들어왔습니다'" 운운하는 내용이 나오는데, 이러한 내용으로 미루어 볼 때 명나라 황제의 칙서가 오면 이를 조보에 실었음을 짐작할 수 있다. 그런가 하면, 중국 돈을 무역해 오는 것도 조보에 실었다. 정조실록 36권, 정조 16년(1792) 10월 19일 2번째 기사를 보면, "평안도관찰사 홍양호(洪良浩)가 상소하기를 '신이 삼가 조지를 보니 사역원 초기(草記)에 의해 이번 절사(節使) 편에 중국 돈을 무역해 오게 하기 위해서 묘당과 의논한 끝에 자문(咨文)을 꾸며 들여보내기로 하였다고 했는데, 신은 그것이 옳지 않은 일이라고 생각합니다'"라는 내용이 나온다.

이처럼 조보에는 중국관계기사들도 실었는데, 그중에는 중국의 조보, 당보 등에 관한 것도 적지 않았다. 예컨대, 선조실록 109권, 선조 32년(1599) 2월 23일 1번째 기사를 보면 중국 명나라의 당보(塘報)에 관하여 아래와 같이 기록해 놓았다.

> 상(上: 임금)이 [명나라] 도사(都司) 오종주(吳從周)의 관소에 거동하였다. … 오종주가 말하기를, "귀국에서도 천조(天朝: 중국)의 당보(塘報)를 봅니까?" 하니, 상이 이르기를, "외번(外藩)의 신하가 어떻게 얻어 보겠소이까" 하자, 오종주가 말하기를, "천하가 한 집안이고 내외가 일체인데 어찌 번방(藩邦)이라고 하여 스스로 멀리하십니까. 사천(泗川)의 촉왕(蜀王)은 매일 사람을 보내 조보를 탐지해 갑니다"라고 하였다.

그런데 선조실록 198권, 선조 39년(1606) 4월 19일 4번째 기사를 보면, "우승지 송준(宋駿)이 예조의 말로 아뢰기를, '삼가 살피건대, 진하사 민몽룡(閔夢龍) 등이 요동에 도착하여 성모(聖母)에게 존호(尊號)를 올리는 등황조서(謄黃詔書) 1통을 사적(私的)으로 얻어서 보내 왔습니다. 평상시에 사신이 북경에 있으면서 이와 같이 중요한 관계가 있는 조보를 문견하여 치계(致啓)하면, 중국 조정에서 우리나라에 통보하여 알릴 때까지 기다리지 않고 사신이 치계한 것에 의거하여 중국 조정에 주문(奏聞)하는 것이 예입니다. 그런데 이번에는 진하하는 사신이 요동에 도착하자마자 이 등황조서를 얻어 전계(轉啓)하였습니다'" 운운하고 있다. 따라서 이러한 내용으로 미루어 볼 때, 우리나라 사신들이 중국 북경에 가면 중국의 조보를 읽으면서 중요한 기사가 나면 그 내용을 우리나라 조정에 보고하였고, 우리나라에서는 그에 따라 중국 조정에 대처한 것을 알 수 있다. 그러므로 우리나라 임금과 고위관료들은 당시 중국의 조보에 관해서도 잘 알고 있었던 것 같다.

그런가 하면, 숙종실록 15권, 숙종 10년(1684) 12월 3일 2번째 기사를 보면, "약방(藥房)부제조 윤지선(尹趾善)이 말하기를, '당초에 천영선(千永善)을 재자관(齎咨官)의 행차에 [북경으로] 들여보낸 것은 오로지 저쪽 사정을 정탐하기 위한 것인데, … 대저 천영선이 얻어 온 문서는 바로 청국의 당보(塘報)로, 우리나라 조지와 같은 것이었습니다. 청국 글자로 썼는데, 청나라 역관(譯官)으로 하여금 그 글을 번역하게 하였더니, 바로 우리나라 남(柟)과 허견(許堅)의 옥정(獄情)을 저들에게 보고한 것들이었습니다'"라는 내용이 나온다. 따라서 이러한 내용으로 미루어 볼 때, 우리나라 사신의 수행원들이 청나라에 가는 주요 목적의 하나는 청나라 사정을 염탐하기 위한 것이며, 그 방법의 하나로서 청나라의 당보(청나라 때 조보)를 얻어 왔음을 알 수 있다. 또한 당시 청나라 당보에는 우리나라에서 청나라에 보고한 남(柟)과 허견(許堅)의 옥정(獄情) 등에 관한 내용도 실렸음을 짐작할 수 있다.

다음으로 숙종실록 51권, 숙종 38년(1712) 7월 24일 2번째 기사를 보면, "교리 오명항(吳命恒)이 문의(文義)로 인하여 임금께 아뢰기를, … '또 역설(譯舌)의 무리가 북경의 조보 1장을 얻으면 그 진가를 분별하지 않고 언제나 상자(賞資)를 더하니 더욱 경계해야 합니다' 하니, 임금이 이를 옳게 여겼다"는 내용이 나온다. 여기서 '역설'이란 중국어 통역을 말하는데, 즉 이들이 청나라 북경에서 나오는 청나라 조보 한 장을 얻으면 그것이 진짜인지 아닌지를 가리지 않고 칭찬하니, 이를 더욱 경계해야 한다고 임금께 아뢰었고, 임금이 이를 옳게 여겼다는 것이다. 따라서 이러한 기사 내용으로 미루어 볼 때, 당시 우리나라의 중국어 통역 무리는 청나라 조보를 어떤 경로를 통해서라도 한 장 얻으면, 그것이 마치 보물이라도 되는 듯 자랑하면서 다른 사람들에게 보여 주었던 것 같다. 그러므로 당시 우리나라 사람들 중에서 일부는 청나라 조보의 체재나 내용에 관해서도 익히 알고 있었던 것 같다.

그러나 우리나라 임금과 고급관료들은 중국 조보 내용의 신빙성을 그리 높게 평가하지는 않은 듯하다. 숙종실록 31권, 숙종 23년(1697) 12월 17일 3번째 기사를 보면 "도승지 이현석(李玄錫)이 상소하기를, '명나라의 사기(史記)는 뒤섞여 어지러우며 계통이 없습니다. 이른바 『소대전칙』(昭代典則) 등의 책은 조보를 등차(謄箚)한 것에 지나지 않으므로, 어떤 것은 동일한 사건인데도 흩어져 나와 있고, 어떤 것은 미미한 사건인데도 잘못 헤아려, 『통감강목』(通鑑綱目)의 예를 본뜬다면 큰 차이가 있습니다'"라면서, 명나라 조보를 은근히 폄하했기 때문이다.

끝으로 숙종실록 65권, 숙종 46년(1720) 1월 24일 2번째 기사를 보면, 당시 일본에는 청나라 연경(燕京: 북경)과는 달리 조보가 없었다는 언급도 나온다. 이는 우리나라 일본통신사(日本通信使) 홍치중(洪致中) 등이 일본에 갔다가 돌아와서 세자(世子)에게 보고한 것인데, 그 내용을 간단히 소개해 보면 아래와 같다.

> 통신정사(通信正使) 홍치중(洪致中), 부사(副使) 황선(黃璿), 종사관(從事官) 이명언(李明彦) 등이 일본에서 돌아오니, 세자가 소견하고 위유(慰諭)하였다. 홍치중이 말하기를, "위령(威靈: 임금의 위력)이 미친 바로 인해 저들이 중간에서 방해하는 일이 없었으니, 이는 모두가 나라의 은혜입니다. 저들의 국경에 들어간 뒤로부터 혹시라도 알아 둘 만한 사정이 있을까 해서 각별히 유의하였습니다. 병제(兵制)와 같은 종류에 있어서는 더욱 들어 알고자 하였으나, 연경(燕京)과는 달리 본래 조보가 없고, 또 그 법령이 매우 엄해서 비록 하천(下賤)들일지라도 그 사정을 언급하지 않았으므로 실로 탐지해 낼 방도가 없었습니다."

이에서도 볼 수 있듯이 당시 일본에는 중국이나 우리나라와는 달리 조보와 같은 관보가 존재하지 않았는데, 가장 큰 이유는 당시 일본은 무신(武臣)들이 나라를 통치했기 때문이다. 당시 일본의 사정은 위에서 말한 일본통신사 홍치중 등의 귀국 보고에 자세히 나오는데, 이에 관한 것은 생략하기로 하겠다.

(18) 그 밖의 여러 가지 내용과 헛소문도 실려

지금까지 앞에서 살펴본 것들 이외에도 조보에는 여러 가지 내용이 실렸다. 예컨대 중종실록 52권, 중종 19년(1524) 12월 9일 1번째 기사를 보면, "남곤(南袞) 등이 아뢰기를, 신들이 조보를 보고 평안도의 여역(癘疫: 돌림병)에 관한 일에 매우 놀랐으나, 그치게 할 방도를 생각해 내지 못했습니다"라고 하였다. 이를 보면, 평안도에 역병이 유행한 것을 조보에 보도하였음을 알 수 있다. 또한 조보에는 동전(銅錢), 은전(銀錢), 엽전(葉錢), 당오전(當五錢)을 교환하여 통용하라는 기사도 났는데, 고종실록 28권, 고종 28년(1891) 11월 19일 2번째 기사를 보면, "소윤(少尹) 이건창(李建昌)이 올린 상소의 대략에, '신(臣)이 삼가 조보를 보니 동전, 은전, 엽전, 당오전을 교환하여 통용하라는 명이 있었습니다'"라는 내용이 나온다. 그리고 조보에는 조세(租稅)와 진휼(賑恤)에 관한 것도 실었는데, 이를 말해 주는 실록 기사로는 다음과 같은 것들을 들 수 있다.

① 이조(吏曹)참의 조복양(趙復陽)이 소를 올려 사직을 청하고, 또 아뢰기를, "저번에 들으니 전라감사 김시진(金始振)이 호조판서 허적(許積)에게 글을 보내 자기가 직접 연분(年分: 농사의 풍흉에 따라 토지의 등급을 나눔)을 다시 조사하려 한다고 하였습니다. 그런데 조보를 보니 허적이 이것을 진달(陳達)하여 제도(諸道) 감사(監司)로 하여금 일체 그렇게 하도록 하기를 청하였습니다"(현종실록 3권, 현종 1년, 서기 1660년 10월 21일 1번째 기사).

② 영중추부사 송시열(宋時烈)이 차자(箚子)를 올리기를, "국가에서 백성에게 신의(信義)를 잃는 것이 많은데, 그 가운데에서 더욱 심한 것으로서 또 면포(綿布)를 거두는 한 가지 일만 한 것이 없습니다. 신이 일찍이 이로써 상달하자, 성상께서 곧 명령을 내리셔서 먼저 궁내로 들여오는 면포부터 변통하라 하시니, 그 전교가 이미 조보에 나갔으므로 온 나라 사람으로서 들어 알지 못하는 사람이 없으며, 소문이 이르는 곳마다 기뻐 춤추지 않음이 없었습니다"(숙종실록 11권, 숙종 7년, 서기 1681년 2월 3일 2번째 기사).

③ 부교리 이민적(李敏迪)이 청대(請對)하여 입시해서 [임금께] 아뢰기를, "신이 방금 전에 외방에서 왔기 때문에 진휼에 관한 시책을 자세히 모르겠습니다만, 시험 삼아 조보에 나온 것을 보건대, 백급(白給: 무상지급)하는 수량은 너무 적은 반면 조적곡(糶糴穀)으로 주는 것이 태반을 차지하고 있으니, 어사가 내려가더라도 착실하게 구제하는 효과를 기대하기는 어려울 듯합니다"(현종실록 5권, 현종 3년, 서기 1662년 2월 8일 3번째 기사).

한편 조보에는 천재지변에 관한 것도 많이 실었다. 예컨대 효종실록 19권, 효종 8년(1657) 9월 5일 3번째 기사를 보면, 주강(晝講)에서 찬선 송준길(宋浚吉)이 아뢰기를, "신이 서울에 들어온 지 이미 수십 일이 되었는데 조보를 연일 보건대, 천변(天變)이 실리지 않은 날이 없었습니다"라고 기록되어 있다. 또한 효종실록 20권, 효종 9년(1658) 10월 20일 3번째 기사에는 "영중추부사 이경석 (李景奭)이 차자(箚子)를 올려 아뢰기를, '삼가 조보를 보니 호남 영하(嶺下)의 여러 고을에 이달 초에 또 지진의 변이 있었다고 하였습니다'"라는 내용이 나온다. 이밖에도 조보에는 천재지변과 기이한 자연 현상에 관한 기사들이 많이 나오는데, 이에 관해서는 조금 뒤에서 별도로 자세히 살펴보기로 하겠다.

그런가 하면, 조보에는 심지어 헛소문도 실렸던 것 같다. 중종실록 48권, 중종 18년(1523) 5월 20일 1번째 기사를 보면, 조강(朝講)에서 참찬관 정사룡(鄭士龍)이 아뢰기를, "신이 전일의 조보를 보건대 '조광조(趙光祖)와 동시에 죄 입은 사람들을 모두 서계(書啓)하도록 했다' 하기에 사람들이 보거나 듣고서 놀라워하지 않는 사람이 없었는데, 뒤에 다시 들으니 곧 헛말이었습니다. 성상의 분부에 기미(幾微)를 잘 살펴야 한다는 말씀은 지극히 지당하십니다" 하니, 임금이 이르기를, "그런 헛말을 어찌하여 [조보에] 써서 전파하였는가? 그때 대신들이 말하는 사람이 있었으나, 내가 인심을 동요하게 해서는 안 된다고 여겨 들어 주지 않았다"는 내용이 나온다. 또한 선조실록 217권, 선조 40년(1607) 10월 3일 3번째 기사에는 헛소문을 조보에 실은 죄로 색리(色吏)를 치죄하였다는 내용이 실려 있다. 즉 "간원(諫院)이 아뢰기를, '공조참판 허진(許晉)은 아무런 탈이 없이 집에 있었는데 예조(禮曹)가 망령되이 하리가 전하는 헛소문을 믿고서 죽었다는 공사(公事)를 만들었고 심지어는 이를 정원에 올리고 조보에 싣기까지 하였습니다. 당상과 낭청을 모두 추고토록 명하시고 색리를 수금하고 치죄하소서' 하니, 임금이 '아뢴 대로 하라'고 답하였다"고 한다.

5) 조보의 내용 중 천재와 이변에 관한 기사에 대한 고찰

지금까지 조보의 주요 내용에 관하여 살펴보았는데, 그중에서 천재(天災)와 이변(異變)에 관한 것은 여기서 좀 더 자세하게 살펴보기로 하겠다. '천재'란 가뭄이나 지진, 홍수 따위와 같이 자연 현상으로 일어나는 재난을 말하며, '이변'이란 전혀 예상하지 못한 사태나 괴이한 자연 현상으로, 예컨대 태양이 두 개가 떴다든지, 계란만한 우박이 내려서 소가 죽었다든지, 네 발이 달린 병아리가 나타났다든지, 암탉이 수탉으로 변했다든지 하는 것을 말한다. 그런데 이러한 자연 현상에 관한 기사들도 조보에 많이 실렸다. 그렇다면 그 이유는 무엇이었는가?

(1) 조보에 천재와 이변에 관한 내용의 게재 이유

천관우(千寬宇)는 "한국신문전사(韓國新聞前史)의 몇 가지 문제"라는 논문에서 중종실록 35권, 중종 15년(1520) 음력 2월 25일자 2번째 기사에서 "남곤(南袞)이 임금께 아뢰기를, '외방의 재이(災異), 수한(水旱: 장마와 가뭄), 도적 등의 사건과 같은 것은 비록 그 담당 관청으로 내려보내서 처리케 하는 것이 상례이지만 그것을 의정부가 미리 들어서 알아두어야 하는 것이 마땅할 것입니다'"라고 한 것을 보면, 지방관(地方官)이 그 관할 구역 내에서 일어나는 사건을 일일이 중앙에 보고하는 가운데 재해, 수해, 도적 등 오늘날의 사회면 기사에 해당하는 내용도 조보에 기록하였던 것을 규지(窺知)할 수 있다(천관우, 1963, p. 440)고 말했다. 한편 이진섭(李眞燮)도 위와 같은 천관우의 논문 내용을 그대로 인용하면서, 조보에는 "재이, 수한, 도적 등 오늘날 신문의 사회면 기사에 해당하는 내용도 기록했다는 사실을 알 수 있다"(이진섭, 1968, p. 27)고 기술했다.

그런가 하면, 최준(崔埈)은 그의 저서 『한국신문사』에서 "조선왕조 제15대 왕 광해군 때의 '조보'에 나타난 몇 구절을 들어보면 다음과 같다. ○2월, 강원감사가 올린 보고서에서 아뢰기를 '삼척부사가 보고하기를 닭이 알을 깠는데 수평아리 하나가 발이 4개, 날개가 4개가 달렸다'고 하였다(丁巳), ○6월 초3일, 관상감이 보고하기를, '달이 검푸른 빛인데 그 안은 붉고 바깥은 푸른색이더라' 하였다(丁未), ○함경감사가 보고하기를, '홍원(洪原)에서 큰 우박이 내렸는데 계란처럼 커서 나는 새가 모두 죽고 사람도 놀래서 죽었다' 하였다"면서, "이처럼 조보에는 임금의 명령과 묘당(廟堂)의 처결사항만에 그치지 않고 사회의 돌발 사건도 보도하였다"(최준, 1960, p. 2)고 설명해 놓았다.

이와 같은 최준의 설명을 박정규도 그의 박사논문에 그대로 인용해 놓았다(박정규, 1982, p.77). 또한 최정태도 "조보의 내용은 조정(朝廷)이 지정한 공식 뉴스가 주축을 이루었으나, 특이한 자연 현상 등 사회의 관심사도 게재하였다"(최정태, 1992, p. 10)면서, "오늘날 신문기사와 같은 내용도 수시로 게재했는데, 특히 신기한 자연 현상에 대해 관심 있게 다루었다"고 했다. 그리고 그 실례로서 "'달이 검푸른 빛인데 그 안은 붉고 바깥은 푸른색이더라', '큰 우박이 내렸는데 달걀처럼 커서 나는 새가 모두 죽고 사람도 놀래서 죽었다'는 등의 기사가 흔히 등장했다"(최정태, 1992, p. 24)고 설명했다. 그렇다면 이러한 설명 내지 주장은 과연 사실이거나 타당한가?

결론부터 말하자면, 사실이 아니거나 타당하지 않다. 왜냐하면 위에서 특히 최준 등이 실례로 들은 자연 현상이나 이상한 현상들에 대한 실록 기사들은 당시에는 단순한 자연 현상에 관한 사회 기사나 기문기사(奇聞奇事)가 아니라, 아주 중요한 정치 기사였기 때문이다.

동양에서는 특히 삼광(三光) 즉 해와 달과 별에 이상이 생긴다는 것은 곧 임금을 비롯하여 내전(內殿) 등에 변고가 생기고 그러면 임금이 바뀐다는 징조라고 예전부터 간주해 왔다. 이를 재이설(災異說)이라고 부르는데, 다시 말해 재이를 천의(天意)에 의하여 군주의 행위에 대해 하늘이 내린 경고라고 본 것이다.

재이설을 이론으로 정리한 것은 중국 한나라의 동중서(董仲舒)였다. 즉 군주가 실정(失政)하면 하늘은 먼저 재해를 내려 경고하고, 그래도 반성하지 않을 때는 인간이 짐승을 낳는 등의 괴이한 현상을 발생시켜서 놀라게 하였으며 그래도 반성하지 않을 경우는 국가를 멸망시킨다는 것으로, 이러한 재이설은 군주의 무궤도한 행위에 대해서 억제적 역할을 수행하였다(종교학대사전, 1998. 8. 20.). 이는 실록에 실려 있는 천재와 이변에 관한 기사들을 보아도 알 수 있는데, 그러면 우선 이러한 실록 기사들부터 살펴보기로 하겠다.

(2) 조보의 중대 내용으로 천재지변과 이변(異變)

인조실록 10권, 인조 3년(1625) 9월 26일 1번째 기사를 보면, "임금이 주강(晝講)에 자정전(資政殿)에서 「맹자」를 강(講)하였다. 참찬관 최명길(崔鳴吉)이 임금께 아뢰기를, '천재(天災)가 거듭 발생하여 인심이 놀라 소동하고 있습니다.[23] 따라서 천재가 있더라도 조보에는 내지 말고 상께서 경계하고 삼가면서 마음을 닦고 허물을 반성하시는 것이 마땅합니다' 하니, 임금이 이르기를, '온 나라의 백성은 모두가 적자(赤子)이니 그들에게 앞으로 화란(禍亂)이 있을 것을 알게 해야 된다. 왜 그들에게 숨겨야 한단 말인가'라고 하였다"고 기록되어 있다. 따라서 이러한 기록으로 미루어 볼 때, 인조 때는 천재에 관한 것들을 숨김없이 모두 조보에 실어서 백성들이 알게 했음을 알 수 있다.

이는 비단 인조 때뿐 아니라, 조선시대 전체를 통틀어서도 마찬가지였다. 천재지변은 단순히 그 피해 때문만이 아니라, 하늘이 특히 임금에게 내리는 경고의 하나로 여겨졌기 때문이다. 이는 효종실록 19권, 효종 8년(1657) 9월 5일 3번째 기사에

---

23 이 기사에서는 이렇게만 기술하면서 그 천재가 어떤 것이었는지에 관해서는 자세히 기록하지 않았다. 그러나 「추관지」(秋官志) 제3편 考律部-續條-星曆(不告災祲) 인조 3년조를 보면, "임금이 전지(傳旨)를 내려 이렇게 말하였다. '관상감 당직관 윤숙(尹肅)은 본월 29일 황혼 때에 흰 기운이 서쪽에서부터 남쪽으로 뻗친 것을 보았는데, 여염 사람들도 또한 본 사람이 있다'"고 기록해 놓았다.

실려 있는 아래와 같은 내용을 보아도 능히 알 수 있다.

> 임금이 주강(晝講)에 나가 「시전」(詩傳)의 기변장(頍弁章)을 강(講)하였다. … 찬선 송준길(宋浚吉)이 아뢰기를, “임금이 방종하면 해롭지 않은 곳이 없는데 천변(天變)에 이르러서는 반드시 괜히 생기는 것이 아니므로 임금이 진실로 방심하고 천변을 두려워하지 않는다면 어떻게 해볼 도리가 없는 것입니다. 옛날 일을 가지고 보더라도 어찌 그렇지 않았었습니까. 신이 서울에 들어온 지 이미 수십 일이 되었는데 조보를 연일 보건대 천변이 실리지 않은 날이 없었습니다. 그 중에 미세한 변고는 그 영향이 얼마나 올지 모르겠습니다만 태백성(太白星)이 낮에 나타나는 것에 있어서는 옛날 사람들의 말로 본다면 ‘태백성이 낮에 나타나고 두어 달 사이에 무사한 적은 있지 않다’고 하였습니다” 하니, 임금이 이르기를, “해마다 이런 변고가 생기니 매우 근심스럽고 두렵다” 하였다.
>
> 준길이 또 아뢰기를, “정자(程子)가 말하기를 ‘「춘추」(春秋)에 운석(隕石)이 백이(伯夷)의 사당에 떨어진 일을 기록하면서 ‘돌이 떨어졌다’[石隕]고 하지 않고 ‘돌을 떨어지게 하였다’[震隕石夷伯之廟]라고 하고 ‘진’(震) 자를 반드시 백이의 사당이란 글자 위에다 쓴 것은, 그것을 인사(人事)의 잘못으로 돌린 것이다’라고 했습니다. 대체로 재변이 생기는 것은 인사로 말미암아 그렇지마는 이미 생긴 뒤에 그 재변을 그치게 하는 도리 또한 인사에 달려 있습니다. ‘만일 인사를 닦으면 재변은 재앙이 되지 않는다’고 하였는데 이 역시 정자의 말입니다. 그러므로 신(臣)의 어리석은 생각으로는 성상께서 고요한 곳에 몸을 묻으시고서 마음을 차분하게 갖고 하늘의 상제(上帝)를 대하듯이 조심하고 두려워해야 한다고 봅니다.”

이러한 기사에서도 보듯이, 당시는 천재지변이 일어나는 것을 특히 임금이 정치를 잘못한 탓이라고 생각했다. 그리하여 천재지변이 일어나면 임금은 두려워했고, 신하들은 임금에게 선정을 베풀라고 여러 가지 주문을 했다. 예컨대, 겨울에 천둥과 번개가 친 것도 큰 변고의 하나로 간주하여 소란을 떨기도 했는데, 이에 관련하여 효종실록 20권, 효종 9년(1658) 10월 20일 3번째 기사를 보면 다음과 같은 내용이 나온다.

영중추부사 이경석(李景奭)이 차자를 올리기를, "신(臣)이 그저께 입시하여 전하의 얼굴을 보고 전하의 목소리를 들어 보니 온화하고 화평하여 기체가 완전히 회복되셨기에 기쁨을 금하지 못하였고 물러 나와서는 마음이 무던하여 먹지 않아도 배가 부른 것 같았습니다. 그런데 뜻밖에 지난밤에 차가운 비가 동이물을 붓듯이 퍼부으면서 거센 바람까지 불어 집을 흔들었으며 새벽에는 천둥과 번개가 치는데 번쩍번쩍하고 요란하였습니다. 이는 여름에도 너무 심하다고 할 정도인데 더구나 겨울에 있어서는 어떠하겠습니까. 신이 섬뜩하여 일어나 앉아서 날이 새기를 기다렸습니다. 삼가 생각컨대 상께서 지금 조섭 중에 계신데 놀라고 불안한 마음이 어떠하셨겠습니까. 신이 더욱 구구한 걱정을 금치 못하겠습니다. 삼가 조보를 보니 호남 영하(嶺下)의 여러 고을에 이달 초에 또 지진의 변이 있었다고 하였습니다. 10월에 아래에서는 지진이 일어나고 위에서는 천둥이 쳤으니 그 응험이 어떻게 나타날지는 모르겠으나, 이치(理致)로 미루어 보면 사람이 어찌 편할 수 있겠습니까. 아, 참으로 위태롭습니다. … 「주역」(周易)의 진괘(震卦)에 이르기를 '군자(君子)는 하늘을 두려워하여 몸을 닦고 살피기를 힘쓴다' 하였고, 또 익괘(益卦)의 상(象)에 이르기를 '바람과 우레가 익괘이니 군자가 이 상을 이용하여 선한 일을 보면 따라가고 허물이 있으면 고친다' 하였는데, 대체로 재앙을 만나면 두려워해야 한다는 것은 말하는 자는 보통으로 말하고 듣는 자도 예삿일로 듣습니다만, 이것 말고는 다른 도리가 없습니다."

(3) 심지어는 암탉이 수탉으로 변한 것도 하늘의 경고

위와 같이 당시에는 겨울에 천둥과 번개가 친 것도 큰 변고의 하나로 간주하여 신하들이 임금에게 근신을 하라고 주문했다. 그런가 하면, 심지어는 암탉이 수탉으로 변한 것도 하늘이 임금에게 내리는 경고로 간주하여 신하들이 상소를 올려 선정을 펴라고 주청하기도 했는데, 효종실록 11권, 효종 4년(1653) 7월 2일 2번째 기사를 보면 아래와 같이 적혀 있다.

영중추부사 이경여(李敬輿)가 상차(上箚)하여 또 아뢰기를, "재이(災異)의 도(道)는 그 이치가 아득하나, 이번에 암탉이 수탉으로 변한 것은 음(陰)이 성할 조짐임을 알 수 있습니다. 예전에 소옹(邵雍)이 말하기를 '나라가 흥할 때는 군도(君道)가 성하고 부도(父道)가 성하고 부도(夫道)가 성하고 군자의 도가 성하나, 망할 때는 반드시 신도(臣道)가 성하고 자도(子道)가 성하고 처도(妻道)가 성하고 소인의 도가 성하고 이적(夷狄)의 도가 성한다. 이 때문에 구괘(姤卦)의 초육(初六)에 여장(女壯: 여덕이 부정하여 강장함)을 미리 경계하여 성인(聖人)이 양을 돕고 음을 눌렀으니 그 뜻이 깊다' 하였습니다. 삼가 바라건대, 전하께서는 선을 들어 쓰고 악을 막으며 옳은 것을 옳게 여기고 그른 것을 그르게 여겨 군자가 늘 성하고 소인이 늘 사라지게 하며 충직한 자를 가까이하고 참녕한 자를 멀리하며 덕의(德義)를 먼저 힘쓰고 공리(功利)를 뒤로 하여 이것으로 국가의 원기를 도와서 끝없는 큰 복을 터 잡으소서. …

접때 전하께서 연영전(延英殿)에 납시어 많은 관원을 접견하셨을 때에 재변을 당하여 몹시 절박하게 경계하고 두려워하시는 뜻이 말씀에 넘치고 뭇 신하에게 하문하여 도움을 구하는 것이 매우 절실하셨으니, 입시한 신하들이 누구인들 반가워하고 감격하지 않았겠습니까. … 신은 전후에 은혜를 받은 것이 월등한데 지척에서 하문하실 때에 고루한 생각을 다 아뢰지 못하였으므로 애타는 마음이 밤새도록 그치지 않았습니다. 이에 감히 예전에 들은 것을 대략 주워 모으고 진심을 드러내어 다음과 같이 삼가 아뢰니, 성심(聖心), 성학(聖學), 제가(齊家), 효제(孝悌), 돈종(惇宗), 임상(任相), 추성(推誠), 예하(禮下), 애민(愛民), 근정(勤政)과 기강을 세우고[立紀綱], 명기를 중히 여기고[重名器], 붕당을 없애고[去朋黨], 아첨을 멀리하고[遠讒佞], 상벌을 살피고[審賞罰], 형옥을 돌보고[恤刑獄], 교화를 밝히고[明敎化], 인재를 기르고[養人才], 병정을 닦고[修兵政], 절검을 숭상하고[崇節儉], 신의를 중히 여기는 것[重信義]이 도리입니다."

(4) 재이를 하늘의 경고로 보는 것은 천인감응설

현종 시기에도 재이가 많이 일어났던 것 같은데, 현종개수실록 19권, 현종 9년(1668) 4월 29일 2번째 기사를 보면, 남부참봉(南部參奉) 박승후(朴承後)가 재이와 5부 방민(坊民)의 폐단에 대하여 상소문을 올리면서 재이에 관하여 아래와 같이 논하였다.

아, 오늘날 하늘이 어쩌면 이렇게까지 노하였단 말입니까. 새해 첫 달 열흘 사이에 음산한 무지개가 태양을 꿰뚫었으며, 이(珥: 고리)가 있고 관(冠)이 있고 배(背)가 있었습니다. 이른바 배란 것은 등지고서 가는 형상인 것으로, 그 조짐이 몹시 흉한 것입니다. 계속해서 백기(白氣)가 서방에 나타났는데, 신은 천문에 대해서는 본디 전혀 깜깜합니다만 방서(方書)를 상고해 보니, 거기에 '오성(五星)의 정기가 흩어져서 요성(妖星)이 되는데, 병인일(丙寅日)에 나타난 것은 모두 형혹(熒惑)이 생겨나는 바이다. 그것의 이름은 7개가 있는데, 이름은 비록 다르지만 재변(災變)이 되기는 마찬가지로, 그것이 가리키는 곳에서는 그에 따른 재이(災異)를 당한다. 이른바 재이란 것은 수한(水旱)과 병상(兵喪), 기황(飢荒)을 말한다. 길면서도 큰 것은 재이가 심하고 오랫동안 내리며, 짧고 작은 것은 재이가 약하고 짧은 기간 동안 내린다'라고 하였습니다. 지난번에 서방에 나타난 백기는 그 이름이 한둘이 아니나 대개 혜성(彗星)의 일종입니다. 혜성이란 것은 옛것을 없애고 새것을 펴는 것을 말합니다.

그 후에도 각종의 변고가 없는 날이 없었으며, 2월 23일 초저녁에는 온 하늘 사방의 거의 20곳이나 되는 곳이 일시에 갈라졌는데, 모양이 4, 5척 되는 장검(長劍)을 세워 놓은 것 같았습니다. 그런데 하늘 남쪽 한 곳과 북쪽 한 곳은 처음에는 희미하다가 점차 커졌는데, 무지개의 빛과 같은 것이 푸르고 붉게 빛났고, 길이도 4, 5척가량 되었으며, 잠시 뒤에 점차 희미해졌고 장검 같은 형상은 한참 뒤에야 없어졌습니다. 이것은 신(臣) 혼자서만 본 것이 아니라 고을 사람들 중에서도 본 자가 많았습니다. 그런데 조보에는 나오지 않았으니, 이곳에서만 보이고 저곳에서는 보이지 않은 것은 아닙니까. 신은 우러러 그 변고를 보고는 마음이 놀랍고 보기에 참혹하였습니다. 이에 방서를 상고해 보니, 거기에 '하늘이 갈라진 것은 양(陽)의 기운이 부족한 것으로, 나라가 분열되려는 상이다' 하였습니다. 한혜제(漢惠帝) 2년에 하늘의 동남쪽이 갈라졌으며, 진혜제(晋惠帝) 원강(元康) 2년에 서남쪽 하늘이 갈라졌고, 양무제(梁武帝) 태청(太淸) 2년에 서북쪽 하늘이 갈라졌는데, 끝내는 모두 병란이 일어났습니다. 그러니 지금 하늘 사방이 모두 갈라진 것이 어찌 크게 두려운 것이 아니겠습니까.

이 기사에서도 볼 수 있듯이, 조선시대에는 재이를 단순한 자연 현상으로 보지 않고, 중국 고대 동중서(董仲舒)의 '천인감응설'(天人感應說)을 근거로 해서 하늘이 땅 위에 임금들에게 정치를 바르게 하라는 일종의 경고로 보았다. 서한(西漢)의 사상가

[참고사료 5-3]

이율곡의『석담일기』에 기록된 천재지변과 그에 관한 논의

△융경(隆慶) 3년 기사(己巳)[선조 2년(1569)]

▶겨울 10월. 재변으로 인하여 [임금이] 정전(正殿)을 피하시고 반찬을 감(減)하시며 음악을 철폐하시고, 사방으로 직언(直言)을 구하셨다. 이때에 태양의 이변이 수상하여 공경(公卿)에게 널리 물으시니 영의정 이준경(李浚慶)이 대답하기를, "가례(嘉禮: 임금의 혼인)가 가까운데 이변이 이러하오니 후일 내전(內殿)에서 정치를 간섭하고 외척이 날뛰고 폐단이 일어날까 염려되오니 바라건대 두려워하시고 덕을 닦으소서" 하였다.

△융경 4년 경오(庚午)[선조 3년(1570)]

▶3월. 우박이 오고 흰 무지개가 해를 꿰뚫었다. 천변이 연이어 나타나 인심이 흉흉하자, 대신과 대간과 정원이 [임금께] 정전(正殿)을 피하시고 직언을 구하도록 청했으나, 임금께서는 다시 일후(日候)를 관찰하라 하시고 않으셨다.

▶4월. 근신(近臣)이 다시 재변으로 정전을 피하시도록 청하니, 임금께서 "전(殿)을 피하는 것은 곧 임금이 자기를 폄(貶)하는 일이거늘 신하가 어찌 경솔히 말할 수 있을까" 하셨다. 임금께서 종묘에 하향대제(夏享大祭)를 몸소 행하시려 하는데 대신(大臣), 간신(諫臣), 근신(近臣)이 모두 재변이 있는 중이니 친히 제행하시지 말도록 청하여 임금께서도 그만두셨다.

△만력(萬曆) 원년 계유(癸酉) 겨울[선조 6년(1573)]

▶금상(今上) 6년 정월. 흰 무지개가 해를 꿰뚫으니 [임금이] 조야에 직언을 구하는 교서를 내리고 또 성운(成運)과 이항(李恒)을 불러 역마(驛馬)를 타고 올라오라 하니, 장차 재앙을 방비할 계책을 물으려 함이었다. 하지만 성운과 이항은 병이 있다 하고 오지 아니하였다.

▶흰 무지개가 해를 꿰뚫은 재앙으로 [임금이] 정전을 피하고, 반찬을 감하고, 음악을 거두었다.

▶낙동강 물이 하루 동안 흐리지 아니하였다.

▶2월. 가물고 바람이 불고 또 흙비가 내렸다.

▶10월. 우레 소리로 인하여 삼공(三公)이 사직하기만 청하고 특별히 건의한 계책은 없었다.

▶이이(李珥)가 대답하기를, "요사이 보매 천시(天時)와 인사(人事)가 점점 어긋나서 천변이 자주 나도 두려워하지 아니하고, 기강이 풀리고, 인심이 흩어져서 장차 나라 꼴이 되지 않을 것 같사오니, 만일 전하께서 큰 뜻을 분발하시어 퇴폐된 것을 정돈하지 아니하시면, 나라의 체제가 붕괴되고 와해될 기세가 날을 받은 듯 닥쳐올 것입니다" 하였다.

▶2월. 흰 무지개가 해를 꿰뚫었다. 임금이 마침 친히 보고서 두려워하여 영의정 이탁(李鐸), 좌의정 박순(朴淳)을 불러(우의정 노수진(盧守愼)은 병으로 말미 중에 있었다) 하교하기를 [이하 생략].

△만력 2년 갑술(甲戌) [선조 7년(1574)]

▶금상 7년 정월. 재변(災變)으로 인하여 [임금이] 정전을 피하고 찬을 감하고 음악을 듣지 않았다.

▶경성(京城)에 지진이 있었다.

▶정유일. 임금이 비현각(丕顯閣)에서 [영의정] 이탁(李鐸)에게 말하기를, "근래에 위로는 천변이 심상치 않고, 아래로는 민생(民生)이 곤고하오. … 이제 영의정에게 묻소. 장차 어떻게 하면 상천(上天)의 노여움을 풀고 민생을 소생시키며 나를 편히 할 수 있겠소?" 하니 이탁이 대답하기를 "신의 생각으로는 주상께서 마땅히 유념하실 것은 경천(敬天), 근민(勤民) 두 가지 일입니다. … 흰 무지개의 변은 고금으로 병란의 상징이라 하니, 변방의 수비를 미리 조처하여야 할 것입니다" 하였다.

▶2월. 함경도에서 벌레가 섞인 눈이 내렸다.

동중서는 하늘이 능히 인간사를 간여할 수 있고 사람의 행위 또한 하늘을 감응시킬 수 있어, 자연계의 재이(災異)와 상서로움은 하늘이 사람에 대한 견책과 장려를 표현하는 것이라 여겼다. 그는 "국가에 장차 실도지패(失道之敗)가 예상되면 하늘은 먼저 재해를 내려 꾸짖고 훈계한다. 스스로 반성할 줄 모르면 다시 괴이한 일을 나타내 경계하고 놀라게 한다. 그래도 여전히 변하지 않으면 상하게 하고 패망으로 나아가게 한다"고 했다. 이 때문에 임금은 재해의 원인을 알아보고 이에 상응하는 조치를 취해서 하늘을 감동시켜야 하며, 하늘이 원래대로 안배해 주도록 만들어야 한다는 것이었다. 그러므로 조보에서도 재이를 중시하였고, 신하들은 임금에게 재해에 상응하는 조치를 취해서 하늘을 감동시켜야 한다면서 여러 선정(善政) 방법을 주문했다. 율곡 이이(李珥)가 쓴 『석담일기』(石潭日記)에서도 당시에 일어난 천재지변을 소개하며 임금에게 여러 가지 간언을 했는데, 그중에서 상권에 나오는 내용 일부만 소개해 보면 [참고사료 5-3]과 같다.

(5) 중국에선 한(漢)나라 때부터 재이 통해 시정 비판도

위와 같이 조선시대에는 천재지변을 통해 임금에게 선정(善政)을 주문하고 시정(時政)을 비판하기도 했는데, 중국에서는 한(漢)나라 때부터 이렇게 하기 시작했다고 한다(차배근, 1984, p. 66). 이것에는 황제의 전권(專權)을 막아 보려는 정치적 목적도 있었다. 즉 신하들이 황제에게 간쟁(諫爭)을 할 때 아무리 유교적 인의(仁義)를 내세워 직간(直諫)해도 황제의 마음을 움직이기 힘들 경우, 재이(災異)를 빙자해서 황제에게 간언해서 이를 황제가 받아들이도록 유도했던 것이다.

또한 한(漢)나라 유학자들은 재이를 빙자해서 시정을 비판하기도 했는데, 이러한 방법에는 두 가지가 있었다. 첫째는 어떤 특정 사건이나 문제에 관련된 조정의 부당함을 지적하면서, 만약 그것을 시정하지 않으면 장차 천재가 발생할 것이라고 예언하는 방법이었다. 그리고 두 번째는 어떤 재이가 발생한 것을 빙자해서 시정의 폐단을 비판하면서, 그 폐단의 시정을 위한 상소나 직언 등을 올리는 방법이었다.

바로 이와 같은 방법들은 신하들이 황제의 잘못을 규제하고, 황제가 선정(善政)을 펴며, 겸손지덕(謙遜之德)을 갖추도록 하고, 또한 언로(言路)를 넓혀 주는 데에도 실제로 많은 효과가 있었다고 한다. 그리하여 전한(前漢)의 문제(文帝)와 선제(宣帝), 후한(後漢)의 광무제(光武帝), 명제(明帝), 장제(章帝) 등은 모두 어진 임금들로서 재이를 당할 때마다 자신들의 죄를 뉘우치면서 조서(詔書)를 내려 계구심(戒懼心)을 표시하였다. 그런가 하면, 용약(庸弱)한 군주들이었던 전한의 성제(成帝)와 후한의 화제(和帝) 등도 일식(日蝕)이 일어나는 것을 보고 그 재이를 근심하는 조서를 내린 바 있었다(차배근, 1984, pp. 66-67).

이러한 조서에는 구언조(求言詔)가 포함되는 경우가 많아서, 황제와 백성들 간의 언로(言路)를 넓혀 주기도 했다. 구언조란 국가가 천재지변 등과 같은 중대한 문제에 당면하게 될 때, 그에 대한 대처 방법 등에 대해서 백성들에게 의견을 구(求)하는 임금의 명령을 말한다. 그리하여 이와 같은 구언조가 내리면 신하나 백성들이 여러 가지 의견이나 제안 등을 제출함으로써, 황제와 백성들 간의 '하의상달'(下意上達)의 언로가 열리게 되었던 것이었다. 그러나 이와 같은 언로는 천재지변이나 전쟁 등의 사태가 해결되면 곧 닫히기도 했는데, 중국 북송(北宋) 말기에 금(金)나라 군사들이 북송의 수도 카이펑(開封)의 성문까지 처들어 오자, 조정에서 수차례에 걸쳐 백성들에게 구언조를 내려서 그 위국(危局)을 해결할 수 있는 방도를 찾았다. 그러나 금나라 군사가 물러가자 백성과의 언로는 다시 막았다고 한다. 그러자 카이펑의 백성들 사이에서 "성문이 닫히니 언로가 열리고, 성문이 열리니 언로가 닫혔다"[24]는 풍자적 민요가 유행했다고 한다.

24 "城門閉言路開, 城門開言路閉":「宋會要輯稿帝系」九之十一. 朱傳譽,『宋代新聞史』, 臺北: 中國學術著作獎助委員會, 1967, p. 260에서 인용.

제3절

조보의 전달·배포·유포 채널에 관한 분석·고찰

앞에서는 조보의 메시지에 관하여 살펴보았는데, 그러면 이러한 조보의 메시지는 어떠한 채널(channel)을 통하여 독자들에게 어떻게 전달·배포 또는 유포되었는가? 여기서는 이러한 문제 즉 신문학적 분석 대상의 세 번째 영역인 '신문 메시지의 전달 채널'에 관하여 살펴보기로 하겠다.

1) 조보의 전달·배포·유포 방법에 관한 선행연구들

이와 같은 문제를 고찰하기 위해 우선 실록에서 조보의 전달·배포·유포 채널에 관한 기사들을 검색해 보았다. 그러나 검색 결과 겨우 12건의 기사밖에 나오지 않았으며, 그나마도 대부분 경저리(경주인)에 관한 것이었다. 그러므로 이들 기사를 중심으로 조보의 전달·배포·유포 채널에 관하여 살펴보기로 하되, 그간의 선행연구 결과들도 참조하기로 하겠다. 그러면 우선 조보의 전달·배포·유포 방법에 관한 그간의 선행연구자들의 주장부터 간단히 소개해 보기로 하겠다.

① 모리스 꾸랑(Maurice Courant): 승지에 의하여 만들어진 조보들은 배달인에게 넘어가 그것을 계속적으로 구독하는 여러 관리들과 돈 1냥반(兩半)의 비용을 지불하는 개인들에게 전달된다. 다른 조보들은 월말에 모아져 지방의 행정관과 양반들에게 보내진다. [외국] 공사관이나 영사관에도 실질적으로

판매된다(꾸랑 저, 이희재 역, 1994, pp. 393-394).

② 최남선: 조보는 매일 아침[每朝] 또는 수시하여 승정원으로부터 요로(要路) 대관(大官)의 집과 각 지방의 경주인처(京主人處)로 분전(分傳)되는데, 경주인이 받는 것은 그날 즉시 또는 수편(隨便)하여 각해(各該) 지방관에게로 체전(遞傳)되어, 이른바 '한경보'(漢京報) 혹은 '경보'(京報)로 중앙 사정의 전문(傳聞)의 길이 되었다(「고사천자」, 『육당 최남선 전집』 4권, 1973, pp. 96-97).

③ 최준: 조보의 기록 서사는 기별서리(주로 吏曹書吏)가 전적으로 맡아 보았고, 그 배달 범위는 이조(吏曹), 호조, 예조, 병조, 형조, 공조 등의 육조판서로서 중대한 일이 있을 때에는 하루에 몇 번이고 서사(書寫)하여 이를 기별군사가 돌렸다. 이것을 서울에 주재하고 있는 경주인들도 서사하여 각각 자기 고을에 전달하였다(최준, 1960, p. 2).

④ 이홍직: [조보의] 기록 서사는 기별서리가 주로 맡아 보았고, 그 배달은 육조판서의 필요에 따라 기별군사가 하루에 몇 번이고 돌렸다. 또 이것을 서울에 주재하는 경주인들도 서사하여 각각 자기 고을에 기별하였다(이홍직 편, 1963, p. 1403).

⑤ 이진섭: 조보의 전달은 기별서리 또는 이조서리(吏曹書吏)가 필사한 것을 기별군사가 육조(六曹)에 돌렸는데 지방의 전달은 주로 서울에 주재하고 있는 경주인(京主人)들이 필사해서 각기 자기 고을에 전달했다(이진섭, 1968, p. 27).

⑥ 최정태: 왕실 및 중앙관서 그리고 조보가 당일 필요한 곳은 기별군사를 통하여 즉시 전달되었지만 지방 및 하부 관청에는 일괄적으로 모아서 배포하였기 때문에 정보의 시의성이 떨어지고 정부의 공시사항이나 지시, 전달사항이 신속히 처리되지 못했다(최정태, 1992, p. 27).

⑦ 박정규: 기별서리가 조보를 필사하여 서울의 독자들에게는 기별군사라는 사령이 매일 배달했다. 그리고 지방의 경우는 경주인을 통하거나 승정원에서 우역(郵驛)을 통하여 직접 보낸 예도 있다. 필자의 조사에 따르면 시대에 따라 다르겠으나 지방의 수령(守令)이 수취한 조보는 주로 5일 간격으로 발송한 것이었다. … 우역을 통하여 지방으로 보낸 조보에는 정사(政事)가 동봉되었고 피봉에는 예컨대 '정주목사개탁'(定州牧使開坼), '광양현감개탁'(光陽縣監開坼)이라고 적어 수신인을 밝히고 뒷면에는 간지(干支)와 월일을 명기하

였다(박정규, 1978, p. 127).

⑧ 정진석: 승정원의 발표 사항을 기별서리들이 손으로 써서 주로 관리를 중심으로 한 양반 계급에 배포했다. 배포 방법은 경주인(京主人)과 영주인(營主人)을 통해서 이루어졌다(정진석, 1990, p. 25).

⑨ 리용필: 조보는 봉건정부의 한 부서인 승정원에서 직접 발행했는데, 봉건관리들에게 그때그때에 알릴 필요가 있는 자료들을 관공 문서들 가운데서 선택, 발췌하여 매일 붓으로 써서 '조보소'에 게시하면 중앙 각 관서와 한성부 및 저(邸: 서울에 있는 지방장관들의 연락소와 같은 곳)에서 기별서리들이 모여 와 그대로 종이에 옮겨 베껴서 해당하는 관리들에게 전달하였다. … 조보의 독자는 중앙의 정승, 육판서로부터 지방의 관찰사, 군수에 이르는 관리들이었다(리용필, 1985, p. 10).

⑩ 리철화: 조보의 배포 방법을 보면, 수도(首都) 안에서는 직접 기별서리 자신이 배포하는 경우와 각 관청에 배치되어 있는 기별군사가 배포하는 경우가 있었다. 그리고 도(道), 군(郡) 급에는 서울연락소인 경주인과 도급의 서울연락소인 계수주인이 각기 자기가 위임받은 도 혹은 군에 발송하였다. 이 발송체계는 우역체계를 이용하기도 하였다. 이렇게 발송하는 경우에 개별 독자에게 각각 한 부씩 보내는 것이 아니라, 회람 형태로 되어 있었으며, 비밀을 보장하기 위하여 밀봉해 보내는 것이 통례로 되어 있었다. 따라서 배포 대상 즉 독자층은 높은 관리들이거나 퇴직한 양반들에게 한하였고 일반인에게는 배포하지 않았다(리철화, 1995, p. 397).

위와 같이 조보가 독자들에게 어떻게 전달·배포·유포되었는지에 관하여 여러 선행연구자들은 여러 가지로 말하고 있다. 그러나 이들은 마치 시각장애인이 코끼리를 만져 보고 각각 어떻게 생겼다고 말하는 것과 비슷한 느낌이 든다. 왜냐하면 부분적으로는 모두 맞는 말이지만, 전체적인 모습은 제시되어 있지 않기 때문이다. 그렇다면 조보는 독자들에게 어떻게 전달·배포·유포되었는가?

2) 조보의 각 버전에 따른 전달·배포·유포 방법

조보가 독자들에게 어떻게 전달·배포·유포되었는지 그 방법 내지 채널을 알기 위해서는 먼저 조보의 제작·발행 과정부터 알 필요가 있는데, 이에 관해서는 앞서 조보의 편집·제작·발행자에 관한 항목에서 살펴보았다. 이를 다시 한번 간단히 소개하면 다음과 같다.

> ① 승정원에서 각 관청으로부터 제공받은 자료와 승정원 자체에서 발표할 필요를 느끼는 자료들을 취사선택하여 그날 발표할 소식(조보의 내용)을 종이에 써서 매일 아침 승정원(나중에는 기별청)에 게시(게판)했다.
>
> ② 승정원에 미리 와서 기다리던 중앙정부의 각 관청 소속 기별서리들과 각 지방 즉 부(府), 목(牧), 군(郡), 현(縣) 등의 경주인들이 각각 지참해 온 종이와 붓으로 승정원에 게시된 조보(원본)를 그대로 베끼거나 초록했다.
>
> ③ 이를 기별서리들은 각각 자기 소속 관청의 기별군사(奇別軍士)에게 주어서 자기 소속 관청에 전달토록 하면, 이를 해당 관청에서 윤독하거나 또는 여러 부를 등서해서 나누어 보았다. 한편 지방 각 군현의 경주인들은 각각 자기가 승정원에서 베낀 조보를 경저(京邸)로 가지고 와서, 자신이 직접 또는 부인과 딸 등을 시켜 여러 부(部)를 전사한 다음, 이들을 며칠에 한 번씩 한꺼번에 자기 소속 군현의 수령들에게 보냈다.
>
> ④ 기별서리나 경주인들이 조보를 전달할 때, 조보를 원하는 재야(在野)의 사대부나 선비, 식자(識者) 등에게도 비공식적으로 전해 주거나, 몰래 돈을 받고 팔기도 했다. 그러면 이를 재야의 사대부나 선비, 식자 등이 보고 나서 다른 여러 사람들에게 회람시키거나 또는 무단(無斷)으로 등서하거나 일부만 초록해서 여러 지인(知人)들에게 전달해 주었다.

즉 조보에는 네 가지 버전(version)이 있었으며, 각 버전에 따라 그 전달·배포·유포 방법도 달랐다. 예컨대, 기별서리 버전의 조보는 기별군사가 매일 전달했고, 경저리 버전의 조보는 경저리가 우역제도(郵驛制度)나 인편을 이용하여 며칠에 한 번씩 지방 관아로 전달했다. 그리고 무단필사 버전의 조보는 친한 사람들 사이에서만 비공식적으로 전달 또는 유포되었다. 그러면 지금부터는 이들 네 가지 버전의 조보별로 그 전달·배포·유포 방법에 관하여 좀더 자세히 살펴보기로 하겠다.

3) 오리지널 버전(원본) 조보의 게시 방법

첫째로 오리지널 버전의 조보란 방금 위에서 말했듯이 승정원에서 매일 아침에 게시한 조보의 원본으로, 이는 일종의 게시판 형태의 신문이었다. 그러나 오리지널 버전의 조보는 관리나 백성들이 직접 읽도록 한 것이 아니라, 중앙 각 관서의 기별서리와 지방 경저의 경주인들이 베껴다가 자기 소속 관서에 전달해 주도록 하기 위한 것이었다. 그렇다면 이러한 오리지널 버전의 조보를 승정원에서는 언제, 어디에, 어떻게 게시해 놓았는가?

(1) 오리지널 버전 조보의 게시 방법과 시간

이러한 질문에 대한 답을 알아보기 위하여 우선 실록에서 오리지널 버전 조보의 게시 방법과 게시 시간에 관한 기사를 찾아보았으나 발견할 수 없었다. 그러나 『한국서지』의 편찬자로 주한(駐韓) 프랑스 공사관원이었던 꾸랑에 의하면, "조보는 매일, 일반적으로 정오 전에 나왔다. 따라서 그 전날 저녁까지와 당일(當日) 아침의 교명(敎命)이 포함된다"고 하였다. 그러므로 이로 미루어 볼 때 오리지널 버전 조보의 게시 시간은 매일 오전이었던 것 같다.

한편 오리지널 버전 조보의 게시 방법에 관해서도 실록에는 나오지 않으나, 리용필이 비교적 자세히 설명해 놓았다. 리용필에 의하면, "승정원에서 조보에 발표할 내용들을 취사선택하여 그것을 붓으로 써서 조보소에 게시하면 기별서리들이 모여 와서 그대로 종이에 옮겨 베껴서 해당 관리들에게 전달했다"(리용필, 1985, p. 10)고 한다. 그런데 이를 조보소에 게시할 때 조보의 높이는 조선 한지 규격 높이 그대로인 35센치미터 정도였고, 길이는 그날그날의 내용의 양에 따라 조금씩 달랐으며, 제목(신문제호)은 따로 달지 않고 매 호의 머리에 날짜를 달고 개별 기재 사항에는 자료출처만을 밝혔으며, 글씨는 순한문(이두 문자를 일부 섞어 씀) 초서체였다고 한다.

그러므로 이처럼 승정원에서 게시한 오리지널 버전의 조보는 근대적 인쇄신문과는 거리가 멀었다. 비록 '조보'라고는 불렀지만 '조보'라는 신문제호(題號, newspaper title)도 없이 오른쪽에 예컨대 '戊子九月初二日'이라는 식으로 간지(干支)로 당일 날짜만 붓으로 적어 놓고, 기사의 제목(headlines)도 없이 각 기사 위에는 '—' 표나 'ㅇ' 표를 해서 다른 기사와 구별해 놓았으며, 각 기사도 오늘날 신문의 제목만큼이나 간단하고 짧았다. 그러면 이러한 오리지널 버전 조보는 매일 아침 승정원의 어디에 게시했는가?

(2) 오리지널 버전 조보의 게시 장소

앞에서 언급한 리용필에 의하면, 조보의 원본은 '조보소'(朝報所)에 게시했다고 한다. 그러나 실록에서 '조보소'라는 낱말을 검색해 보았더니 이에 관한 기사가 나오지 않았다. 하지만 선조실록 12권, 선조 11년(1578) 1월 15일 4번째 기사를 보면, "조보를 등서(謄書)하는 사람들이 시끄럽게 궐정(闕庭)을 메우므로 양사(兩司: 사헌부와 사간원)와 의정부의 관리를 제외하고 전(前)과 같이 함부로 들어온 자는 병조(兵曹)로 하여금 날날이 아뢰어 죄를 다스리게 했다"는 내용의 기사가 나오는데,[25] 이는 승정원에서 게시하는 조보를 등서하기 위하여 대소 관청의 서리들과 경주인들이 궁궐의 승정원 앞의 마당에 가득 모여들어 시끄럽게 하므로, 이를 병조로 하여 질서를 잡게 했다는 것이다.

이러한 기사를 보건대, 궐정 즉 임금이 거처하는 궁궐 내에 조보를 게시한 것은 확실하다. 그렇다면 구체적으로 궁궐 내의 어디에 게시했을까? 선조실록 199권, 선조 39년(1606) 5월 1일 8번째 기사를 보면, 기별하리(奇別下吏) 즉 기별서리들이 빈청(賓廳)에 떼 지어 모여 떠들었다는 내용이 있다.

> 임금이 비망기(備忘記)로 좌부승지 최염(崔濂)에게 전교하였다. "조금 전 떠드는 소리에 대해 물었더니, 각사(各司)의 기별하리(奇別下吏)들이 빈청(賓廳)에 떼 지어 모여 그렇게 되었다고 한다. 평상시 궐문을 엄하게 지키지 못하여 잡인들이 마음대로 드나들어 여염집과 같이 된 것도 이미 놀랍거니와, 빈청은 바

---

25 한편 광해군일기 24권, 광해 2년(1610) 1월 11일 6번째 기사를 보면, 당시 생원시(生員試)에서 응시자들이 서로 커닝하는 장면을 "한 사람이 사서의(四書疑)를 지으면 백 사람이 베끼는데 목을 빼어 엿보면서 돌려가며 베끼기를 마치 하리(下吏)들이 조보를 서로 전하며 베끼듯이 합니다"라고 묘사해 놓았다. 이를 통하여 당시 기별서리들이 조보의 원본을 베끼던 모습을 대충 짐작할 수 있다.

로 대내(大內)와 지척으로 종재(宗宰)가 와서 처하는 곳이다. 그런데 기별이서(奇別吏胥)들로 하여금 빈청에 모여 마음대로 떠들어 소리가 어소(御所)에까지 들리도록 했으니 매우 놀랍다. 입직한 병조 낭청과 수문장을 아울러 파직하라" 하였다.

이와 같은 내용을 볼 때, 빈청(賓廳: 승정원 옆에 있었음)에 오리지널 버전 조보를 게시했던 것도 같다. 그러나 빈청은 위의 기사에서도 설명해 놓았듯이, '대내(大內)와 지척으로 종재(宗宰)가 와서 처하는 곳'이므로 이러한 빈청에 오리지널 버전 조보를 게시하여 기별서리들로 하여금 등사해 가도록 했다고는 볼 수 없다. 그렇다면 조보는 도대체 궁궐 내의 어느 곳에 게시했을까?

최준의 『한국신문사』(1960, p. 2)를 보면, "기별서리가 모이는 곳을 기별청(奇別廳)이라 하였고…" 운운하며 조보를 게시한 곳이 기별청이었음을 시사하고 있다. 그런가 하면 이진섭은 말하기를, "조보의 전달은 기별서리 또는 이조서리(吏曹書吏)가 필사한 것을 기별군사가 육조(六曹)에 돌렸는데, … 기별서리가 모인 곳은 기별청이라고 했다"(이진섭, 1968, p. 27)고 한다. 그러나 최정태는, "조선조에 조보를 제작·발표하는 곳을 조보소 또는 기별청"이라고 하면서 "… [승정원에서] 완성된 조보 원본은 바로 기별청으로 보내져 [이곳에서] 기별서리들에 의하여 일일이 필사로 복제(複製) 발행하였다"고 한다. "그러나 기별청이 실제 어디에, 어느 규모로 존재하였는지에 대해서는 명확한 자료가 보이지 않는다"(최정태, 1992, p. 14, p. 17)고 부언했다. 이와 같은 내용들을 토대로 실록에서 '조보소'와 '기별청'이라는 단어를 검색해 보았더니, 조보소에 관한 기사는 한 건도 나오지 않고, 기별청에 관한 기사만 한 건 나오는데, 이는 고종실록 29권, 고종 29년(1892) 4월 1일 4번째 기사이며 내용은 아래와 같다.

형조에서 아뢰기를, "도목정사(都目政事) 때에 중간에서 농간을 부린 죄인 안우정(安禹鼎), 안태정(安泰鼎), 김두형(金斗亨) 등을 잡아다가 구핵(鉤覈)한 결과 안우정의 공초에, '지난달 27일 도목정사 때 담당 서리(書吏)로 일하였는데 … 천만 뜻밖에도 이렇게 정목(政目)을 위조한 사실이 있었으니 이것은 참으로 전에 없던 변괴입니다' … 김두형의 공초에, '도목정사를 하는 날 이조(吏曹)의 대령서리(待令書吏)로서 기별청에서 일을 보았습니다. 그런데 밤낮 쓰고 있으니 정신이 혼미하여 그저 이조서리(吏曹書吏)가 보내 온 것만 믿고 써서 공포했을 뿐 횟수가 얼마나 되는지, 정목이 끝났는지 끝나지 않았는지도 몰랐고, 또 문밖에서 들여보낸 것이 있기 때문에 손이 가는 대로 써냈는데 그것은 바로 안태정이 써 보낸 것이었습니다. 그리하여 스스로 서로 호응한 죄를 범하게 되었습니다'" 하였다.

바로 이러한 기사 내용을 보면, 안우정 등이 도목정사의 담당 서리(書吏)로 일할 때 기별청에서 도목정사의 내용을 쓴 것이지 조보의 내용을 쓴 것은 아니었다. 하지만 이때 즉 고종 29년(1892) 4월 1일 당시 기별청이라는 건물이 있었음은 확실하다. 그러면 이 건물은 언제 지었을까? 이는 알 수 없으나, 앞서 소개한 선조실록 199권, 선조 39년(1606) 5월 1일 8번째 기사에 "기별하리들이 빈청(賓廳)에 떼 지어 모여 마음대로 떠드는데, 이를 단속하지 못한 입직 낭청과 수문장을 파직하라"고 임금이 하교한 것을 볼 때, 최소한 이때는 기별청이 없었음이 확실하다. 그러나 그 후에도 기별서리와 경주인들이 승정원과 빈청 앞마당에 모여들어 계속 시끄럽게 굴자, 이를 방지하기 위하여 '기별청'이라는 건물을 새로 짓고 그 안에서 조보의 원본을 등사토록 한 것으로 추정된다. 이 기별청을 언제 지었는지는 알 수 없지만 오늘날 경복궁에 가 보면 기별청이라는 건물이 있다.[26]

4) 기별서리 버전 조보의 등사와 전달·배포 방법

위에서는 우선 조보의 오리지널 버전(원본)의 게시 시간과 게시 방법 및 게시 장소에 관하여 살펴보았다. 그러면 다음으로 기별서리 버전 조보의 전달·배포 방법에 관하

---

26 경복궁에 있는 기별청 건물은 2001년 10월 복원한 것으로, 일제강점기에 일제에 의해 훼손, 변형되었던 경복궁의 복원 공사를 1990년부터 시작, 1995년 조선총독부 건물을 철거하고 그곳에 본래 자리 잡았던 흥례문, 유화문, 기별청, 영제교 등 6동의 '흥례문 권역'을 복원할 때 새로 지은 것이다. 기별청의 위치를 간단히 설명하면, 경복궁의 첫 번째 문인 광화문으로 들어가서 조금 더 가면 두 번째 문인 흥례문(興禮門)이 나오고, 그다음 영제교(永濟橋: 본래는 금천교(禁川橋)였으나 세종 8년부터 영제교로 바꿈)를 지나면 왼편으로 유화문(維和門)이 있는데, 이를 열면 빈청(賓廳)과 승정원이 있다. 그리고 유화문 오른편에 두 칸짜리 기와집이 있었는데 이것이 바로 기별청이다. 이 기별청 건물은 복원 당시 그 초석 일부가 확인되어 이를 근거로 복원한 것이다.

여 살펴보기로 하겠는데, 기별서리 버전의 조보란 앞서 말했듯이 중앙 각 관청 소속 기별서리들이 승정원(기별청 포함)에 가서 조보의 원본을 그대로 베껴서 기별군사들로 하여금 자기 소속 관청과 그 관리들에게 전달한 것을 말한다. 그러면 이와 같은 전달 제도는 언제부터 실시되었는가?

(1) 기별서리와 기별군사 제도의 시행 시기는 알 수 없어

차상찬(車相瓚)은 1936년 11월 「조광」 잡지 제2권 11호에 발표한 "조선신문발달사"라는 글에서 "기별제도가 이조(李朝)에 와서 더욱 발달하여 그것을 전속으로 서사(書寫)하는 소위 '기별서리'(주로 吏曹書吏)와 또 그것을 배급하는 기별군사까지 두어 가지고 날마다 승정원에서 처결한 사항을 기록, 등사하야 관계 각처에 배급하고 그 필법은 금일의 속기법과 비슷한 소위 '기별지 글씨'라는 특이한 필법으로 보통 사람으로는 같은 한자(漢字)라도 해득하기 어렵게 썼다"(차상찬, 1936, p. 45)고 말했다. 그러나 이러한 제도가 조선시대 언제부터 시행되었는지는 밝히지 않아서 알 수 없다.

하지만 추측하자면 중종 15년(1520) 이전부터 실시된 것 같은데, 중종실록 38권, 중종 15년(1520) 3월 26일 1번째 기사를 보면, "조강(朝講)에서 영사 남곤(南袞)이 아뢰기를, '근일 본부(本府: 의정부를 말함)에서 사록(司錄)으로 하여금 항상 승정원에 출사(出仕)하여 조보를 통하도록 하자'고 계청하였으나 임금의 윤허를 얻지 못했다"고 기록되어 있다. 그 내용은 아래와 같다.

> 임금이 조강에 나아갔다. 남곤이 아뢰기를, "정부(政府: 의정부)는 마땅히 온 나라의 일에 참여하여 알아야 하는 것이니, 혹 일을 의논할 경우 미리 생각해야 위의 하문에 답할 때 쩔쩔매는 실수를 하지 않을 것입니다. 외방의 재변, 수재나 한재(旱災), 도둑 등의 일은 비록 예에 따라 관계되는 해사(該司)에 내리고 있으나 정부 역시 참여해 들어야 하는 것입니다. 예전에는 중서성(中書省)이 정치하는 본부가 되어 모든 공사(公事)가 여기를 통해 출납되었는데, 지금은 승정원이 후설(喉舌)의 기관이 되어 그 출납을 관장하고 있기 때문에 정부는 관여하지 못하게 되었습니다. 그러므로 사록 한 사람을 항상 승정원에 출사시키도록 의논드린 것인데, 출사하게 되면 한림주서(翰林注書)가 기사(記事)할 때에는 진실로 참여할 수가 없다 하더라도, 무릇 조보의 기사에 대하여는 듣는 대로 통보하게 하는 것이 편리할 듯하였으므로 전일에 이것을 아뢰었습

니다. 조종조(祖宗祖)에서도 역시 한림(翰林) 한 사람에게 항상 사록을 겸하도록 한 것이 아마 이 때문인 것 같습니다. 그 뒤 관제를 고칠 때에 폐지했는데 이미 폐지된 법을 비록 다시 세울 수는 없다고 하더라도, 사록을 항상 승정원에 출사케 해서 조보를 통보하게 한다면 신의 생각에는 사체(事體)에 방해되지 않을 듯합니다" 하니, 임금이 이르기를, "무릇 조보의 내용은 과연 의정부 및 대간(臺諫)에서 다 알도록 함이 가하나, 사록으로 하여금 기록된 내용을 보고 듣게 해도 자세히 알 수 있을 것이다. 옛날에는 비록 한림으로 사록을 항상 겸하도록 했으나, 관제가 이미 바뀌었으니 별도로 그 법을 세우는 것은 불가하다. 다만 정원은 이런 뜻을 알아서 큰일이 있으면 정부 낭관을 불러 말하는 것이 가하다" 하매, 남곤이 아뢰기를, "춘추(春秋)의 직임은 항상 외관(外官)이 겸임하는 예가 많은데, 지금 역시 사록이 그 직을 겸임해서 항상 정원에 출사토록 하는 것이 어떠하겠습니까?" 하니, 임금이 이르기를, "신법(新法)이 비록 좋더라도 반드시 폐단을 낳게 되니 다시 세우는 것은 불가하다" 하매, 남곤이 아뢰기를, "신의 뜻 역시 그러합니다. 다만 녹사를 항상 정원에 출사시켜 조보를 통보하게 한다면, 반드시 잘못 전하는 일도 없을 것이고, 또 빠뜨리는 것도 없을 것입니다. 옛날에는 대간과 좌우급사중(左右給事中)이 좌(左)는 중서성(中書省)에 속하고, 우(右)는 문하성(門下省)에 속해 출납하는 모든 정령(政令)에 참여해서 알았는데, 지금의 관제는 옛날과 같지 않기 때문에 임시로 편의한 대로 하고자 하는 것입니다" 하니, 김극개(金克愷)가 아뢰기를, "관제는 고칠 수 없습니다. 조종의 헌장(憲章)은 마땅히 잘 지켜서 실추가 없도록 해야지 이미 정해 놓은 법규를 번거롭게 고쳐서는 안 됩니다" 하였다.

바로 이와 같은 기사에서, 남곤이 중종에게 계청하기를 기존의 조보 제도를 일부 고쳐 녹사로 하여금 항상 승정원에 출사하여 조보를 통하도록 하자고 했으나, 이에 중종이 반대하면서 다만 "어떤 사항을 사관(史官)으로 하여금 조보에 기록하게 하여 삼공(三公)의 집에 보내던 관례는 혁파하라"고 명령한 것을 볼 때, 조보의 발행을 승정원에서 관장하기 시작하면서, 기별서리가 조보를 등서하여 기별군사로 하여금 의정부를 비롯한 중앙관서들에 이를 전달토록 하는 제도는 중종 15년(1520) 이전부터 실시되어 온 것 같다.

다만 이러한 기존 제도 중에서 어떤 사항을 사관(史官)으로 하여금 조보에 기록하게 하여 삼공의 집에 보내던 관례는 중종 33년(1538)에 혁파했던 것 같다. 중종실록 86권, 중종 33년(1538) 1월 21일 2번째 기사를 보면, 임금이 하교하기를 "이조좌랑 노한문(盧漢文)이 윤대에서 진술했듯이 사관으로 하여금 조보에 기록하게 하여 삼공의 집에 보내는 것은 김안로(金安老)가 시킨 짓이다. 김안로가 한 일은 모두 혁파하도록 하였는데, 이 일은 위에서 미처 알지 못하였고 아래에서도 계달(啓達)하는 자가 없었기 때문에 그전에 하던 대로 하여 지금에 이른 것이다. 삼공이 비록 춘추관의 당상이라고 하더라도 사관이 사초(史草)를 써서 재상의 집에 전하는 것은 일에 있어서 매우 적합하지 않다. 곧 아뢴 대로 혁파하라"고 했다고 기록되어 있기 때문이다. 그러면 승정원에서 발행하는 조보를 등서하여 의정부를 비롯한 중앙관서들에 전달한 기별서리와 기별군사는 각각 어떤 직급의 벼슬아치들이었는가?

(2) 기별서리의 직급과 조보 등서의 직무

기별서리는 기별하리(奇別下吏) 또는 기별이서(奇別吏書)라고도 불렀는데, 이들은 앞서 말했듯이 매일 아침 승정원에 가서 오리지널 버전의 조보를 등서(謄書: 등사(謄寫) 또는 전사(轉寫)라고도 함)해서 기별군사로 하여금 자기 소속 관아에 전달토록 하는 직무를 맡았던 서리를 말한다. 그러므로 기별서리도 '서리'(書吏)라는 하급 관원들 중 하나였는데, 서리는 조선 건국 직후에는 영사(令史), 연리(椽吏), 전리(典吏) 등과 함께 '이전'(吏典)이라고 불렀으며, 이과(吏科) 시험에 합격한 사람 중에서 임명하였다. 그러나 세종 때 '이전'이 내시(內侍), 다방(茶房), 녹사(錄事), 지인(知印) 등과 구별되면서 '서리'로 통일되었다. 서리는 그 이전의 이과(吏科) 시험보다 가벼운 서(書)·산(算)·훈민정음을 시험 과목으로 하는 '서리취재'(書吏取才)라는 시험을 3년에 1회씩 실시하여 뽑았다. 이처럼 3년마다 한 번씩 뽑은 서리가 전국에 약 1,200명이 있었는데, 이들은 본래 의정부와 중추부 소속이지만, 동반(東班)의 각 관아에는 의정부가, 서반의 각 관사에는 중추부가 이들을 나누어 배속시켰으므로 근무하는 관아는 다양했다. 그리고 당상아문(堂上衙門)의 서리는 종7품이었고 종3품 이하 아문의 서리는 종8품으로 녹사의 종6품보다 낮았다.

이와 같은 서리들 중에서 조보의 등사 임무를 맡았던 서리가 곧 기별서리였는데,[27]

27 그러나 기별서리는 조보의 등서 임무 이외에 다른 업무도 수행했던 것 같다. 중종실록 74권,

각 관아에 기별서리를 몇 명씩 두었는지는 실록에 나와 있지 않다. 그러나 정조실록 37권, 정조 17년(1793) 1월 12일 3번째 기사에 장용청(壯勇廳)의 설치 연혁이 나와 있는데, 그중에서 관원 구성을 보면 "총융사(摠戎使) 1원(員), 종사관(從事官) 1원, … 기별서리 1원, 사령(使令) 1원, 분발사령(分撥使令) 1원, 소차서리(疏箚書吏) 1원 …" 등등으로 기록되어 있다. 따라서 이로 미루어 볼 때, 각 관아에 1명 내지 2명의 기별서리를 두었던 것 같다. 그리고 기별서리와 비슷한 분발사령도 두었던 것 같은데, 분발사령이란 분발, 즉 조보 발표 이전에 그 주요 내용을 종이에 적어서 미리 배부한 것을 전달하던 사람을 말한다.

위에서 말했듯이 기별서리에 관한 자세한 것은 실록에는 나와 있지 않으나, 조선왕조의 주요 법전들을 보면 기별서리의 정원과 직무 등에 관한 것들이 적지 않게 나온다. 예컨대, 숙종 33년(1707) 9월에 출간한 『전록통고』(典錄通考)라는 통일법전을 보면, "기별서리에게는 매 2일에 특근(特勤) 1일을 지급하며, 재직 기간이 만료되면 다른 관직으로 전임시켜 우대한다"(『典錄通告』 吏典, 官衙典 書吏條)고 규정하였다. 그런가 하면, 고종 2년(1865)에 이(吏), 호(戶), 예(禮), 병(兵), 형(刑), 공(工) 육전의 소장사목(所掌事目)·조례·시행 세칙 등을 규정한 일종의 행정법규집인 『육전조례』(六典條例) 중에서 '형전사목'(刑典事目)을 보면, "기별서리가 업무를 태만하여 국왕의 전교(傳敎)를 이튿날까지 조보에 반포하지 않거나 계하공사(啓下公事)를 판부(判付)에 기입하지 않든지 또는 반포하지 않을 경우는 기읍(畿邑)으로 정배 보내도록 한다"고 규정하고 있다.

한편 기별서리들 중에는 정서기별서리(正書奇別書吏)라는 것도 있었는데, 『육전조례』 중 예전(禮典)을 보면, 세자시강원(世子侍講院: 세자의 교육 기관), 세손강서원(世孫講書

중종 28년(1533) 3월 4일 5번째 기사를 보면, "헌부(사헌부)가 아뢰기를, '근일 이장(李璋)이 승복한 사연을 신들은 자세히 모르고 있습니다. 이제 기별서리로 하여금 의금부에 가서 묻게 하였더니, 금부(禁府)낭관이 대답하기를 '전에 승전(承傳)이 있었기 때문에 전해 줄 수 없다'고 하였습니다" 운운한 기사가 나온다. 또한 광해군일기 186권, 광해 15년(1623) 2월 10일 1번째 기사에는 "비변사(備邊司)가 아뢰기를, '작년에 비국에 관한 일을 조보에 써낸 것에 대해서 엄한 분부를 내려셨으므로 이후로 한 글자, 한마디 말도 함부로 내지 않았는데 삼사가 조보에 내지 않은 것을 가지고 비밀로 했는데 … 그러나 삼사가 비국(備局)의 공사를 들을 수 없는 것이 큰 흠전(欠典)이니, 이후로는 기별서리로 하여금 정원에서 등서하게 하여 일에 따라 바로잡아 함께 국사를 처리하게 한다면 매우 다행스럽겠습니다'라고 하였다"고 기록되어 있다.

院: 왕세손의 교육 기관) 및 규장각에 각각 정서기별서리 3인을 둔다고 규정되어 있다. 이들 중 세자시강원과 세손강서원의 정서기별서리들은 조보체(흘림체)로 쓰여진 조보를 해서체(楷書體)로 정서(正書)하여 임금과 왕세자, 왕세손에 올려서 열람토록 하였다(최승희, 1989, p. 205). 그리고 규장각의 정서기별서리는 흘림체로 된 조보를 정서하여 규장각에 보존토록 하였다(『六條例』 禮典, 奎章閣條).

(3) 기별군사와 기별서리 버전 조보의 배달

위와 같은 중앙정부 각 관아의 기별서리들은 매일 아침 승정원에 가서, 그곳에 게시된 조보(원본)를 등서했다. 그리고 이를 자기 소속 기별군사에게 소속 관서로 배달토록 했다. 따라서 기별서리가 등사한 조보, 즉 기별서리 버전 조보의 실제 배달꾼은 기별군사였다. 그렇다면 기별군사는 어떤 관원들이었는가?

실록을 찾아보면 '기별군사'에 관한 기사가 전혀 나오지 않는다. 따라서 기별군사는 특정 직책이 아니라, 각 관아의 군사(軍士)들 중에서 조보의 배달 업무를 맡은 자를 '기별군사'라고 호칭했던 것 같은데,[28] 군사는 각 관아에 딸린 이속(吏屬)의 하나였다. 그러나 정조 5년(1781)에 형조좌랑 박일원(朴一源)이 형정과 재판에 참고할 목적으로 국초(國初) 이래의 각종 법례·판례·관례를 모아서 개인적으로 편찬한 『추관지』(秋官志)라는 책의 제1편 '경용현방전'(經用縣房錢)을 보면, 기별군사를 '기별사령' 또는 '조보군사'라고도 불렀으며, 당상관아(堂上官衙)에는 전속 기별군사가 있었으나, 당하관아에서는 소속 군사들 중에서 그때그때 가능한 사람에게 조보의 배달 임무를 맡겼던 것 같다(최정태, 1992, p. 14, 각주 21 참조). 그리하여 이들이 기별서리 버전의 조보를 자기 소속 관청에 배달하면, 이를 각 관청에서 회람(回覽)하거나 또는 여러 부를 다시 필사해서 고위관리들에게 나누어 주었던 것 같다. 광해군일기 68권, 광해 5년(1613) 7월 27일 6번째 기사를 보면, "지평 조존도(趙存道)가 아뢰기를, '신이 삼가 관학(館學: 성균관) 유생 이득양(李得養) 등의 상소를 초한 것을 관관(館官) 등의 조보 말단에다 첨부하여 여러 곳에 회람시킨 것을 보았습니다'" 운운한 내용이 나오기 때문이다.

---

28 이와 비슷한 심부름꾼은 일본에도 있었다. 근대 이전에 일본에서는 각 관서에 '히갸쿠'(飛脚, ひきゃく)라는 심부름꾼을 두어 급한 공문서나 명령, 소식 등을 전달토록 했다. 이들은 걸음이 빨라 마치 날아다니는 다리를 가진 것 같다고 해서 한자로 '비각'(飛脚)이라고 불렀다고 한다.

하지만 기별군사는 서울의 중앙 관아에만 조보를 돌렸으며, 지방의 감영(監營) 등에는 승정원에서 대개 5일분의 조보를 한꺼번에 하나의 봉투에 넣어서 파발이나 보발 등을 통해서 보냈던 것 같다. 현재 남아 있는 조보의 실물들을 보면, 그 봉투 앞면에는 '모관개탁, 승정원공사'(某官開坼, 承政院公事)라고 쓰여 있고, 뒷면에는 '모년 모월모일이모일지'(某年某月某日以某日至)라고 적혀 있기 때문이다. 예컨대, 서울대학교 규장각한국학연구원에 소장되어 있는 조보 실물(서울대, No. 66006)을 보면, 피봉 앞면에는 '定州牧使開坼, 承政院公事'(정주목사 뜯어 보아라. 승정원 공사)라고 쓰여 있고, 뒷면에는 '庚辰七月二十一日以二五日至'(경진년 7월 21일부터 25일까지)라고 쓰여 있다. 이런 것들로 미루어 볼 때, 지방정부의 우두머리인 감사(監司), 절도사(節度使), 목사(牧使) 등에게는 승정원에서 직접 조보의 원본을 필사하여, 이를 5일분씩 합쳐서 봉투에 넣어 우역제도를 통해 전달했던 것 같다.

(4) 선조 때는 각사에서 조보의 등서를 금지하기도

위와 같이 지방관아에는 승정원에서 직접 조보를 보냈지만, 중앙의 각 관아에는 기별군사가 조보를 전달했다. 그러면 이를 각 관아에서 회람하거나 또는 여러 부를 다시 등서해서 관원들에게 나누어 주었던 것 같다. 그러나 임진왜란 때는 이를 금지하기도 했는데, 선조실록 83권, 선조 29년(1596) 12월 29일 1번째 기사를 보면, 아래와 같이 큰 관부(官府)를 제외하고는 승정원에 가서 조보(원본)를 등서해 오는 것을 금지토록 했다. 그런데 그 이유는 의외로 우리나라를 도와주러 왔던 명나라 관원들에게 우리나라 실정을 감추기 위한 것이었다.

> 상(上: 임금)이 비망기(備忘記)로 일렀다. "지금 군사 계획이 이미 누설되었으니 이 일은 다시 할 수 없게 되었다. … 또한 우리나라 조보는 누구나 등서하고 있는데 조종조(祖宗朝)에서는 이와 같은 일이 없었다. 이는 비록 군사 기밀이 아니더라도 사체에 방해되는 것이 많다. 더구나 중국 관원 중에서는 별로 맡은 일도 없으면서 도성(都城) 안에 계속 남아 있는 사람이 있는데, 대체로 중국 사람의 속셈은 헤아리기 어려우니 모든 일을 남몰래 살피지 않을 이치가 없다. 이후부터는 비록 예사로운 조보일지라도 큰 관부(官府)를 제외하고 여러 작은 각 관사(官司)에서 등서하는 것은 일체 엄금할 것을 정원은 비변사에 이르라"고 하였다.

이와 같은 기사에 이어, 선조실록 89권, 선조 30년(1597) 6월 8일 1번째 기사에는 다음과 같은 내용이 나온다. “상(上: 임금)이 이르기를 ‘우리나라의 조보가 군기(軍機)를 누설하기 때문에 전일에 각사로 하여금 등서하지 말도록 금했다. 지금은 하지 않고 있는가?’ 하니, [동지사] 노직(盧稷)이 아뢰기를, ‘의정부와 육조(六曹) 이외는 하지 않고 있습니다’ 하자, 상이 이르기를, ‘요즘은 조보를 정지하는 것이 옳다. 삼사(三司)와 정부(의정부)는 별도로 가주서(假注書)를 정하여 봉(封)해서 보여 주고, 그 나머지는 만들지 않는 것이 마땅하다’ 하였다”고 한다. 따라서 이런 내용을 볼 때, 임진왜란 중인 1596년 12월 29일부터는 의정부와 육조를 제외한 나머지 관아들에서는 조보의 등서가 금지되었고, 선조 30년(1597) 6월부터는 선조가 조보의 발행까지 중단토록 명령했으나, 이런 명령은 지평 남이신(南以信)의 간청으로 철회되었다(선조실록 89권, 선조 30년, 서기 1597년 6월 12일 2번째 기사 참조).

5) 경주인 버전 조보의 전달·배포 채널

위에서는 기별서리 버전 조보의 배달·배포 방법에 관하여 살펴보았는데, 그렇다면 세 번째로 경주인 버전의 조보는 그 독자들에게 어떻게 전달 또는 배포했는가? 경저리 버전이란 앞서 말했듯이 지방행정단위인 부(府)·목(牧)·군(郡)·현(縣) 등에서[29] 서울에 설치해 놓은 연락사무소인 경저(京邸)의 우두머리인 경주인(경저리라고도 불렀음)이 매일 아침 승정원에 가서 거기에 게시해 놓은 조보 원본의 내용을 그대로 모두 베끼거나 주요 내용만 초록해서 자기 고을 수령들, 예컨대 부사(府使)·목사(牧使)·군수(郡守)·현감(縣監) 등에게 보낸 버전의 조보를 말한다. 그러면 이러한 경주인 버

---

29 이처럼 지방을 부(府)·목(牧)·군(郡)·현(縣) 등으로 나누어 다스린 것을 군현(郡縣)제도라고 불렀는데, 조선시대의 군현제도를 보면 백성에 대한 향리나 토호의 사적 지배를 막고 중앙집권체제를 강화하기 위하여 모든 군현에 수령을 파견한 일원적 지배 체제를 갖춘 것이 특징이다. 조선시대의 외직(外職)은 전국을 8도로 나누고, 그 밑에 부·목·군·현을 두었고, 군현 밑에 면(面)·이(里)·오가작통법(五家作統法)을 두고 운영하였다. 그러면서 도(道)에는 관찰사(觀察使)를 두고 모든 군현의 군수(郡守)와 현령(縣令: 현감)을 중앙에서 직접 파견하였다. 그러나 이와 같은 조선시대의 군현제도는 1894년 갑오개혁 때 8도를 23부로 개편하면서 폐지되고, 부(府) 밑에 군(郡)과 면(面)을 두게 되었다(출처: 두산백과).

전의 조보는 지방 수령들에게 어떻게 전달되었는가? 이와 같은 문제에 관하여 살펴보기에 앞서, 경주인이란 도대체 무엇이며, 이들의 임무는 무엇이었는가를 먼저 살펴보고 넘어가기로 하겠다.

(1) 경주인의 신분과 여러 가지 임무

정조 5년(1781)에 형조좌랑 박일원(朴一源)이 형정과 재판에 참고할 목적으로 편찬한 각종 법례·판례·관례집인 『추관지』를 보면, 경저리(경주인)를 "서리(胥吏) 또는 서민(庶民)으로 서울에 머물러 있으면서 지방 관아의 사무를 연락하고 대행하는 사람"(법제처, 1975, p. 123)이라고 정의해 놓았다. 다음으로 이홍직 편, 『국사대사전』에서 '경주인' 항목을 찾아보면, 아래와 같이 설명해 놓았다.

> 고려와 조선조 때 중앙과 지방 관청의 연락사무를 맡아보던 향리(鄕吏). 일명 경저리, 저인(邸人). 이들이 일을 보던 처소를 경저(京邸)라 하였다. 이 제도는 고려 중엽 이후 조선조 말기까지 존속한 것으로, 경주인의 임무는 상경하는 자기 소관(所管)의 지방민에게 침식을 제공했으며, 번상(番上)으로 상경하는 이예(吏隸)나 군인들이 각 관청에 배치되어 국역(國役)에 종사할 때도 그들의 신변을 보호할 책임이 있었다. … 그리고 중앙과 지방과의 문서의 전달도 담당한 한편, 지방에서의 각종 상납물이 기일 내에 도착하지 않으면 이를 경주인이 대납해야 했으며, [이럴 경우, 뒤에] 몇 배의 이자를 붙여 지방 관청에 요구함으로써 많은 이득을 보았기 때문에 여러 가지 폐단이 일어났다. 이와 같은 폐단을 없애기 위하여 대동법(大同法)을 실시한 이후는 종전의 지방민을 경주인으로 삼던 제도를 폐지하고 서울에 거주하는 사람을 경주인으로 고용하고 역가(役價)라는 보수를 지급하여 지방 관청과의 연락사무를 담당하게 하였다. 그러나 그 이전의 폐단이 그대로 계속되었을 뿐만 아니라 서울의 관리와 양반들은 경주인의 자리를 사들여서 자기들 하인에게 그 일을 맡기고 이익을 볼 수 있었으므로 그 자리가 점점 높은 값으로 매매되어 그 값이 5천 냥에 달한 경우도 있었다고 한다. 이렇게 되자 경저의 기능은 완전히 마비되어 조선조 철종 때에는 경저 없는 군현(郡縣)이 많이 나타나게 되었다(이홍직, 1963, p. 82).

이에서 보듯이, 경주인은 "고려와 조선조 때 중앙과 지방 관청의 연락사무를 맡아보던 향리"로서, "중앙과 지방과의 문서의 전달도 담당"했다고 했을 뿐, 조보의 등사와 전달에 관한 언급은 없다. 『한국민족문화대백과사전』과 『두산백과사전』에서 찾아본 결과도 마찬가지이다. 그런가 하면, 경주인에 관한 본격적 연구논문의 하나인 이광린의 "경주인연구"(1962)에서도 경주인[30]의 주요 임무로 ① 상경(上京)하는 지방민의 접대와 보호, ② 지방관(地方官)의 사속(私屬)으로서 그 청탁에 응하는 일, ③ 지방과의 문서 연락, ④ 지방세비의 책임 납부와 그 체납시의 대납 등만 열거했을 뿐, 조보의 전달에 관한 언급은 없었다.

그래서 실록에서 경주인과 그 여러 별칭에 관한 기사(원문)들을 검색해 보았더니, '경주인'에 관한 것이 38건, '경저리'에 관한 것이 7건, '저리'(邸吏)에 관한 것이 47건, '저인'(邸人)에 관한 것이 35건, '경공인'(京貢人)에 관한 것이 5건이 나와서 경주인에 관한 기사가 모두 132건이나 되었다. 그러나 이들 대부분은 경저인의 역가(役價), 공물(貢物)의 대납과 이를 둘러싼 비리, 그리고 그에 대한 처벌 등에 관한 것이었고, 조보에 관련된 것은 겨우 한 건 밖에 없었다. 그러나 이 기사인 선조수정실록 12권, 선조 11년(1578) 2월 1일 1번째 기사 역시 경주인(경저리)이 조보를 등사해서

---

30 이광린에 의하면, "경주인은 경저리(京邸吏) 혹은 저인(邸人)이라고 하여 이조(李朝)시대에 중앙과 지방과의 연락을 담당하였던 여각(旅閣) 주인"(p. 237)으로 서울 성내외(城內外)에는 전국 각 군현(郡縣)의 경주인집이 있어, 속담에도 "파리 경주인"이라는 말이 있듯이 지방의 이례(吏隷) 즉 향리(鄕吏)와 노예들이 마치 파리가 모여들 듯이 모여들었다고 한다. 명종실록 12권, 명종 6년(1551) 10월 무인조(戊寅條)를 보면, "임금이 주강(晝講)을 할 때 … 지경연사 정사룡(鄭士龍)이 아뢰기를 중국 한(漢)나라 때에 군국(郡國)의 저사(邸舍)가 모두 수도에 있었는데, 우리나라 역시 이 제도를 모방하여 서울에 경저를 설치하여 여러 읍의 향리들이 서울에 왕래할 때 모두 저(邸)에 머무르니 고로 저주(邸主)된 자 또한 경자(京邸)를 운영하면서 살 수가 있었고, 서울의 각사(各司)가 문서를 지방에 전달할 때에 통보하기 쉬웠다"고 기재되어 있다고 한다. 따라서 이러한 기록을 볼 때 우리나라 경저 제도는 중국에서 받아들였음을 알 수 있는데, 전국의 각 군현(郡縣)이 서울에 경저를 설치, 운영한 것은 중앙의 소식을 지방에 전하고, 지방의 손님을 접대하기 위한 것임을 알 수 있다고 한다. 그러면서 이러한 제도는 [고려] 제19대 임금 명종 8년(1178) 이전에 이미 설치되어 있었던 것 같다고 하였다. 경주인의 신분은 향리나 천예(賤隷) 계급으로 자유업이 아니라 국역(國役)의 하나였는데, 처음에는 지방에서 상경하여 일정한 기간 종사한 뒤 교체되었다. 그러나 조선조 후반기에 대동법(大同法)이 실시된 뒤로부터는 지방민이 올라오지 않고 서울 사람들이 나라에서 역가(役價)를 받아 경저를 경영했다고 한다. 그러자 경주인 자리가 5천 냥에 매매되는 등 비싼 값에 매매되어 경저의 기능은 완전히 마비되었고, 경저가 없는 군현들이 많이 나타나게 되었다. 게다가 지방관을 비롯하여 이례(吏隷)들이 경저에 숙박한 비용과 혹 경주인에게 빌려 쓴 금액 등의 저채(邸債)를 조속한 시일 내에 상환하지 못하면 경주인이 이자까지 붙여 요구함으로서, 이것이 커다란 사회 문제로 발전했다고 한다.

자기 고을에 전달했다는 것이 아니라, 민간인쇄조보를 돈을 주고 사서 자기 고을에 보냈다는 것이었다.

(2) 경주인의 조보 전달 임무에 관한 기사는 실록엔 안 나와

민간인쇄조보란 앞서 여러 번 언급했듯이 선조 11년(1578) 서울에 사는 직업 없는 사람들이 활자를 새겨서 조보를 인쇄해서 판매하다가, 이를 알게 된 선조에 의해 금지당한 민간신문을 말한다. 바로 이러한 민간인쇄조보에 관한 기사 중 하나가 방금 위에서 말한 선조수정실록 12권, 선조 11년(1578) 2월 1일 1번째 기사인데, 그 내용 중에서 앞부분과 맨 끝부분만 소개해 보면 아래와 같다.

> 조보를 사적(私的)으로 인출하는 일을 금지하였다. 이에 앞서 서울에 사는 놀고먹는 식자(識者)들이 중국에서는 통보를 모두 인출한다는 소문을 듣고 그것을 모방하여 조보를 인출하여 판매해서 생계의 밑천으로 삼으려고 정부(의정부)와 헌부(사헌부)에 정소(呈訴)하였는데 모두 허락하였다. 그러자 그 사람들이 활자를 새겨 조보를 인쇄해서 각사(各司) 및 외방저리(外方邸吏)에게 판매를 하니, 사대부들이 모두 편리하게 여겼다.

바로 이 기사의 앞부분을 보면, "조보를 인쇄해서 각사(各司) 및 외방저리(外方邸吏)에게 판매를 하니"라는 말이 나오는데, 여기서 '외방저리'란 지방 각 군현(郡縣)의 서울연락소인 경저(京邸)의 경저리(경주인)를 말한다. 따라서 경주인은 민간인쇄조보도 구입해서 자기 소속 군현의 수령에게 보냈음을 짐작할 수 있다. 그러나 승정원에서 발행하는 공식 조보를 등서해서 자기 소속 군현에 전달했다는 언급은 무슨 까닭인지 실록에 나오지 않는다.

하지만 경주인이 공문서 등의 문서를 전달했다는 내용은 실록에 여러 번 나오고 있다. 예컨대, 세조실록 42권, 세조 13년(1467) 5월 24일 3번째 기사를 보면, "최윤손(崔閏孫)이 유서(諭書: 국왕이 군사권을 가진 관원에게 내렸던 명령서)를 가지고 함길도(咸吉道)에 갔으니, 그 글의 말이 경저인이 가지고 간 글과 같았다"고 적혀 있다. 또한 광해군일기중초본 64권, 광해 15년(1623) 2월 14일 1번째 기사에는 "공문(公文)은 전례(前例)에 따라 각도 계수관(界首官)의 저리(邸吏)들로 하여금 전달하게 할 것을 승전(承傳)을 받들어 시행하게 하는 것이 마땅하겠습니다"라는 내용이 나온다. 따라서 이러한 기사들의 내용을 볼 때, 경주인들은 유서나 공문의 전달 업무도 담당했음을 알 수 있다.

그러나 사적(私的)인 서간 등을 전달해 주는 것은 불법이었던 것 같다. 예컨대 현종실록 13권, 현종 7년(1666) 11월 19일 1번째 기사를 보면, 임금이 대신(大臣) 등을 인견하였을 때, 수원부사 유창이 임금께 아뢰기를 "병조좌랑 유연(柳埏)이 그의 노모를 위하여 반찬거리를 얻으려고 저리를 시켜 서간을 전해온 일이 있었습니다" 하니, 임금이 "유연을 파직추고(罷職推考)하라"고 명령했다는 내용이 나오기 때문이다.

(3) 경주인의 조보 전달에 관한 안민세(안재홍)의 견해

위에서 살펴보았듯이 실록을 보면, 비록 경주인이 조보를 등사해서 자기 소속 고을 수령에게 보냈다는 내용은 찾아볼 수 없으나, 공문서 등의 문서를 전달했다는 내용은 여러 번 나오고 있다. 따라서 이로 미루어 볼 때, 경주인이 조보도 전달했다고 짐작해 볼 수 있다. 이는 조보에 관한 선행연구들에서도 그렇게 말하고 있는데, 일찍이 안민세(安民世: 안재홍)는 1935년 7월 조선일보에 연재한 "조선신문소사"(朝鮮新聞小史)라는 글에서 저보와 경주인에 관하여 아래와 같이 서술했다.

> 조보가 분명한 관보이어니와 이에서 파생된 자(者) 저보가 있으니 조선 상대(上代)에는 각도부군(各道府郡) 등 지방행청에서는 중앙지에 반드시 '경주인'이 있어 관계(官界)의 소식을 각각 그 자기의 지방에 적어 보내든 것이니 이는 '긔별'로서 아칭(雅稱)하여 '저보'라고 한 자(者)이다. 이를테면 정다산(丁茶山)의 『목민심서』(권1, 赴任六條)에 "저보하송지초(邸報下送之初)에 기사성폐자(其司省弊者)는 성지(省之)니라"고 한 것 같은 것이다. 즉 승정원에서 처리하는 사항, 조령(詔令), 장주(章奏)와 관리 임면 등을 기재하야 매조(每朝)에 반포하는 '기주'축('記注'軸)이니 '긔별'은 기별서리란 자(者) 있어 모필로서 맨들어 내고 기별군사라는 사령이 있어 분전(分傳)하든 것이다(조선일보, 1935. 7. 6.).

이에서 보듯이 안민세에 의하면, 조선시대에는 지방의 각도부군(各道府郡) 등의 행정청에서 중앙지(서울)에 반드시 '경주인'을 두고 이들로 하여금 중앙 관계(官界)의 소식을 각각 자기의 지방에 적어 보내게 했는데, 이것이 '긔별'이라고 부르며, '긔별'의 또 다른 명칭이 '저보'라고 하면서, 이것은 분명한 관보이지만 조보에서 파생된 것이라고 하여 조보와 저보를 구별했다. 즉 중앙의 승정원에서 매일 아침 발행하는 정식 관보는 '조보'이며, 이를 경주인이 등서하여 자기가 속한 지방행정청에 보낸 것은 '저보'라는 것이다.

이와 같은 안민세의 견해를 성준덕(成俊德)도 그대로 받아들여, 1955년 편찬한 『한국신문사』에서 "조보는 확실히 관보로서 발간되었으나, 이에서 파생된 '저보'라는 것이 또 있었다. 우리나라 상대(上代)에는 각 도부군(道府郡) 등 지방관청으로부터 으레 중앙에다가 파견한 '경주인'이 있어 이는 [중앙] 관계(官界) 소식을 각각 자기 지방청으로 적어 보내는 것이 주요 사명이었으니, 이를 '기별'이라고도 하고 '저보'라고도 하였다"(성준덕, 1955, pp. 1-2)라고 서술했다. 그러나 최준은 1960년 출간한 그의 저서 『한국신문사』에서 조보와 저보를 서로 구별하지 않고, 다만 승정원에서 처결한 사항을 기별서리가 서사하여 이를 기별군사가 돌리면, 이것을 "서울에 주재하고 있는 경주인들도 서사하여 각각 자기 고을에 전달하였다"(최준, 1960, p. 2)고 설명해 놓았다.

(4) 천관우·이진섭도 경주인에 의한 조보 전달을 주장

한편 천관우(千寬宇)도 경주인들이 조보를 등사해서 자기 고을에 전달했다고 말하면서 그 유래에 관하여 간단하면서도 비교적 상세하게 소개해 놓았다. 즉 1963년에 천관우가 발표한 "한국신문전사(前史)의 몇 가지 문제"라는 논문을 보면, 황현(黃玹)의 『매천야록』(梅泉野錄) 고종 14년조에 "근래 서울의 사대부(士大夫)는 부귀유한(富貴遊閑)하여 평소에는 손에 붓을 드는 일이 없고, … 누워서 저보를 보고 며칠날 무슨 과거(科擧)가 있다는 것을 알고…" 운운하는 내용이 나오는데, 여기서 '저보'는 곧 '조보'로서 일찍이 중국에서 발달한 제도라면서, 거궁전(戈公振)의 『중국보학사』(中國報學史)에 나오는 '저보'와 '저'(邸)에 관한 아래와 같은 내용을 소개했다.

> 저보는 한(漢)·당(唐)에서 시작된 것이니 혹은 '잡보'(雜報), '조보'(朝報), '조보'(條報)라고도 하였다. … [이는] 황실의 동정(動靜), 관리의 승강(升降), 그 밖의 유시(諭示), 상주(上奏) 등을 기록한 것이었다. … 이리하여 형성된 관보는 마침내 국가의 제도가 된 것이다. … [한편] '저'(邸)는 『漢書』의 주(註)에 "지방의 제후(諸侯)가 경도(京都: 서울)에 올라와 황제를 알현할 때 머무르는 숙사(宿舍)로서 경도에 있는 것을 모두 '저'라고 한다(천관우, 1963, pp. 438-439에서 인용).

이처럼 천관우는 중국 한나라와 당나라 때 발행되었던 저보에 관하여 소개하면서, "이는 우리의 저보가 경주인에 의하여 각 지방에 전달되는 것과 동일한 것이다. [그러나] 이 제도가 중국에서 전해한 것인지, 혹은 우리나라에서 독자적으로 발달한 것에다가 중국식 명칭을 붙인 것인지는 아직 분명히 말할 수는 없지마는, 아무튼 '조보'와 '저보'는 동일한 것으로서 그 어의(語義)를 보면, '조보'는 조정(朝廷)이 발표하는 것이며, '저보'는 그것을 필사하여 경향(京鄕) 각지로 전달되는 보도(報道) 곧 일종의 서한신문을 지칭하는 것으로 보이며, '기별'은 곧 저보의 우리 고유의 표현이었던 것이라 할 수 있다"(천관우, 1963, p. 439)고 설명했다.

그러나 이와 같은 '조보' 또는 '저보'가 언제부터 우리나라에서 발행되었는지는 아직 밝혀지지 않고 있으나, 조선 명종 8년(1553)에 나온 법령집인 『수교집요』(受敎輯要) 중 형조수교(刑曹手敎)를 보면 "국가에서 군현(郡縣)을 설치하고 경도(京都: 서울)에는 각 군현마다 저원(邸院)을 각립(各立)한 것은 조보를 통보하고 빈여(賓旅)를 접대하기 위한 것인데, 근년에 흉황이 심하여 폐단이 다단(多端)하다"라고 했기 때문에 조보의 지방 전달은 늦어도 16세기 이전에는 있었던 것이 확실하다고 천관우는 주장했다(천관우, 1963, p. 441). 그러면서 이광린의 '경주인연구'라는 논문에 의하면, "현재까지 알려진 경주인에 관한 최고(最古)의 기록은, 고려 명종 8년(1178)에 있었다(동경국립박물관소장, 金堤金山寺 香爐銘). 그러나 더 거슬러 올라가면 신라의 '기인제'(其人制)의 설치와 때를 같이 하지 않을까 하는 추정도 불가능하지는 않을 것"이라고 하면서, 경주인의 임무와 기능에 관하여 아래와 같이 기술했다.

> 경주인의 경향(京鄕) 연락의 임무는 물론 중앙의 정부기관과 지방의 정부기관을 연락하는 것을 본령으로 한다. 즉 전술한 '우역'(郵驛)이나 '파발'(擺撥)도 정부기관의 공문서 전달에 사용되었던 것이지만, 경주인의 저보는 지방 관청이 수시로 필요로 하는 중앙의 정보를 얻는 자발적인 수단이었다고 할 수 있다. 그러나 이 경주인의 연락은 관청의 공문서만이 아니라 사가(私家), 그것도 주로 지방 특권층의 서한 전달도 담당한 것이라 한다. 여기에 저보 내지 사한(私翰)이 정치, 사회상 중요한 의미를 갖는 것이 시사된다. 즉 중앙의 관료는 대개 지방에 그 족당(族黨) 혹은 사림(士林)에 근거를 갖는 것이어서, 당쟁과 같은 것도 중앙 정계에서 나타나는 현상은 도리어 지방에 반거(蟠居: 모여서 삶)하는 전통적 세력을 배경으로 한 빙산의 일각일 수 있다. 즉 중앙의 관료는 지

방 출신이요, 지방 사림의 대개는 기회만 있으면 중앙의 관료가 되고자 하는 그러한 상호관계에 있는 것이다. 또 국가의 공인된 제도상으로도 "경재소(京在所)는 당해 지방인을 택하여 서울에 상주케 하고, 그 지방에 관한 일로 서울에 관계되는 것은 반드시 조호주선(調護周旋)하게 되어 있었다"(『목민심서』 吏典 用人). …

"지방인으로서 재능과 인망이 있는 자를 택하여 서울에 파견하고, 그들의 집회소를 향소(鄕所 또는 留鄕所, 鄕廳)라고 하고 중앙에서 파견된 수령의 지방 행정을 보좌케 하였다"(『雅言覺非』)라고 한 것이어서, 경소는 조선 중기 이후로 없어지고 그 관할 아래 있었을 '경저리'(경주인)가 그 기능을 대행하게 된 것이요, 향소는 후세에 이를수록 그 질이 저하되었지마는 좌수(座首), 별감(別監) 등의 직제는 조선 말기까지 존속된 것이다. 이같이 중앙과 지방을 관통하는 조직은 반드시 경소, 향소만이 아니라 재경관료와 그 지방적 기초인 사림 혹은 그 집결체인 서원(書院) 등과의 사이에는 본질상으로 비슷한 관계가 상정(想定)되는 것이요, 따라서 저보도 정부의 공식 발표의 등사만이 아니라 비공식의 비밀 정보도 지방에 수시로 연락되었을 것이라 추상하지 않을 수 없다. 중앙에 정변(政變)이 있으면 그 사건이 정부기관을 통한 전달보다도 더 빨리 지방 사림에게 전달된 일이 많았다는 구전(口傳)도 이러한 데에서 연유하는 것이라고 보아야 할 듯하다(천관우, 1963, pp. 441-442).

천관우는 이렇게 말하면서, 그러나 "다만 이 문제는 지방제도 또는 사림의 구조 등 거대한 과제와 아울러서만 해명될 것이요, 여기서는 더 깊이 들어갈 준비도 없는 바이라, 우선 경주인의 저보 전달이 내포하는 중대한 측면만 지적해 두는데 그치고자 한다"고 끝을 맺었다.

한편 이진섭도 위와 같은 천관우의 논문을 거의 그대로 인용하면서 조보의 지방 전달은 경주인이 맡았다고 주장했다. 즉 "조보의 전달은 기별서리 또는 이조서리(吏曹書吏)가 필사한 것을 기별군사가 육조(六曹)에 돌렸으나, 지방의 전달은 주로 서울에 주재하고 있는 경주인들이 필사해서 각기 자기 고을에 전달했다. 그래서 기별서리가 모인 곳은 기별청(奇別廳)이라고 했고, 경주인이 모인 곳은 경인청(京人廳)이라고 했는데, 이 경인(京人) 제도는 원래 고려 때부터 있었다 하며, 이조(李朝) 때 더욱 조직적으로 움직여 중앙과 지방 관청의 연락사무 전반을 맡아 보는 향리의 위치에 있었다. 이를 경저리, 저인이라고도 했는데, 이들이 일을 보는 처소를 일명 경저(京邸)라고도 했다"(이진섭, 1968, p. 27)고 기술했다.

(5) 조선시대에 서울 주재 전국 각 군현 경주인들의 숫자

앞에서 말했듯이, 경주인이 조보를 등사해서 자기 소속 고을 수령에게 보냈다는 기사는 실록에서 찾지 못했다. 그러나 조보에 관한 여러 선행연구자들, 예컨대 안민세(안재홍), 성준덕, 최준, 천관우, 이진섭 등에 의하면, 지방관서에 보내는 조보는 각 군현의 경주인(경저리)들이 매일 아침 승정원에 가서 그곳에 게시된 조보 원본을 등사해서 '우역'(郵驛)이나 '파발'(擺撥)을 이용하거나 또는 방자(房子: 지방 관아에서 심부름하던 남종) 등의 인편을 통해서 각기 자기 고을 관아에 전달했다고 말하고 있다. 따라서 지방에 보내는 조보는 경주인이 등사해서 전달한 것도 거의 확실하다. 그렇다면 이러한 업무를 담당했던 전국 각 군현(郡縣)의 경주인들은 도대체 몇 명이나 되었을까? 바꾸어 말하면, 전국의 몇 개 군현에서 서울에 경주인을 두고 있었는가?

우선 조선시대의 전국 군현의 숫자부터 살펴보면, 시대에 따라 달랐다. 이는 군현제를 여러 번 개혁했기 때문이다. 특히 태종 때는 군현제를 크게 정비하여 전국을 8도로 나누고,[31] 그 아래 부(府)·대도호부(大都護府)·목(牧)·도호부(都護府)·군(郡)·현(縣)을 두고, 그 밑에 면(面)·이(里)·오가작통법(五家作統法)을 두어 운영하였다. 그 뒤, 이러한 지방행정 단위의 수에 변화가 있었는데, 성종 16년(1485)에 인행한 『경국대전』을 보면, 부(府)가 2개, 대도호부가 4개, 목(牧)이 20개, 도호부가 44개, 군(郡)이 82개, 현(縣)이 175개로, 부(府) 이하 현(縣)까지 소위 '군현'의 수가 327개에 달했다.[32] 그러나 이들 327개 군현이 모두 서울에 경주인을 주재시킨 것은 아니었으며, 또한 각 도(道)의 관찰사·절도사·도사(都事)·평사(評事) 그리고 분경(奔競) 즉 엽관운동(獵官

---

31 8도는 경기도·충청도·전라도·경상도·황해도·강원도·평안도·함길도(咸吉道)였으며, 이들 각 도의 명칭은 그 지역의 주된 읍명의 첫 글자를 따서 붙였다. 예컨대 강원도는 강릉과 원주, 평안도는 평주와 안주의 첫 글자를 따서 붙인 것이다.

32 그러나 갑오개혁이 일어난 뒤, 1895년에 8도(道) 대신에 23부제(府制)를 실시하면서 종래의 부(府)·목(牧)·군(郡)·현(縣)을 총 337군(郡)으로 단일화함으로써 과거의 군현제는 사실상 폐지되고 말았다. 하지만 23부제는 행정이 불편하고 번거로우며 재정상의 부담이 크다는 이유로 1897년에 폐지되었고, 이후 13도제(道制)를 실시하기 시작했다.

運動)을 벌인 군현의 수장은 경저인을 두지 못하게 하였기[33] 때문에 경주인이 몇 명이나 되었는지는 정확히 알 수 없다.

한편 경주인은 각 군현에서 임의로 둔 것 같으나, 조정에서 그 수를 줄이도록 규제하기도 했던 것 같다. 인조실록 10권, 인조 3년(1625) 10월 26일 2번째 기사를 보면, 비변사가 평안도의 조세 감면 등의 사항을 복계하기를, "청천강 이북과 연해(沿海) 각 고을에 임시로 경주인과 방자(房子)를 줄이고 그 나머지 여러 고을과 계수관(界首官)에는 방자 한 사람씩만 머무르게 두어 문서를 전송(傳送)하게 해야 하겠습니다"라고 기록되어 있기 때문이다. 그럼에도 순조 9년(1809)에는 저리의 수가 무려 360명에 달했던 것 같은데, 순조실록 12권, 순조 9년(1809) 5월 12일 2번째 기사를 보면, 김재찬이 관왜(館倭)의 폐단을 제거할 것을 청하면서 이르기를 "사도(四都) 360 고을에 배정(排定)된 숫자를 저리들을 추적해 잡아 와서 강제로 먼저 바치게 하는데…" 운운하는 내용이 나오기 때문이다. 하지만 고종 20년(1883)에는 저리의 숫자가 많이 줄었던 것 같다. 고종실록 20권, 고종 20년(1883) 9월 23일 1번째 기사를 보면, "의정부에서 임금께 아뢰기를 '각사(各司)에서 상납하는 정비(情費)와 지방읍의 저리, 계방(契房) 그리고 서리(胥吏)의 인원을 줄일 것을 이미 감생청(減省廳)에서 관문으로 신칙하였으나 지금까지도 봉행하지 않고 있으니 이제부터 즉시 봉행하지 않는 자는 제서유위율(制書有違律)로 논죄하소서'"라고 적혀 있기 때문이다.

그러나 당시 지방읍의 저리(경주인)를 몇 명이나 줄였으며, 그리하여 저리의 수는 모두 합쳐 얼마나 되었는지는 알 수 없다. 하지만 앞서 말했듯이 순조 9년(1809) 저리의 총수가 무려 360명에 달했던 것으로 미루어 볼 때, 아마도 거의 모든 군현에서 서울에 경주인을 두었던 것 같다. 그 이유는 정확히 알 수 없으나, 서울에 경주인을 두는 것이 각 군현의 수령들에게 여러 가지로 유리했기 때문이었던 것만은 두말할 필요가 없다.

---

33 예종실록 1권, 예종 즉위년(1469) 10월 21일 1번째 기사를 보면, "임금이 전교하기를, 경상관찰사 김겸광(金謙光)의 분경(奔競)한 일은 추핵하지 말도록 명하고, 인하여 사헌부에 전지하기를, '이제부터 제도(諸道)의 관찰사·절도사·도사(都事)·평사(評事)는 경저인을 거느리지 못하게 하라'고 하였다"고 기록되어 있다. 한편 진장(鎭將)은 저리가 없었는데, 고종실록 14권, 고종 14년(1877) 1월 30일 2번째 기사를 보면, "진장의 녹봉(祿俸)이 매우 적고 또 저리(邸吏)도 없기 때문에" 운운하는 내용이 나온다.

(6) 경주인 버전 조보의 실제 전달 방법과 전달인

앞서 말했듯이 승정원이 조보 원본을 매일 아침에 게시하면, 경주인들은 각각 종이와 붓을 가지고 와서 기다리다가 조보의 원본을 그대로 베끼거나 그중에서 중요하거나 자기 군현에 관계된 것들만 초록(抄錄)해서 자기 소속 지방의 수령들에게 보냈다. 그러면 수령이 이를 본 뒤에 주요 관원들에게 회람시키거나 또는 여러 부를 필사해서 동료나 지인 등에게 나누어 주기도 했다. 그렇다면 이러한 경주인 버전 조보는 서울의 경주인이 자기 지방 수령들에게 어떻게 전달했는가?

이에 관한 것도 실록에서는 찾지 못했다. 그러나 경주인과 방자(房子)는 여러 가지 문서와 함께 조보도 전송했던 것 같은데, 여기서 방자는 각종 관서에서 심부름하던 남종을 말한다. 그리고 이러한 방자들 중 경주인 밑에서 문서의 전달 등을 하던 사람은 '경방자'(京房子)라고 불렀다. 그렇다면 경주인과 경방자는 어떤 수단을 통하여 서울에서 지방까지 조보(경주인 버전)를 보냈는가?

이에 관한 것도 실록에는 나와 있지 않으나, 최남선에 의하면, "경주인이 [승정원에서] 받는 것[조보]은 그냥 즉시 또 수편(隨便)하여 각해(各該) 지방관에게로 체전(遞傳)되었다"(최남선, 1973, pp. 96-97)고 한다. 즉 경주인이 그때그때 편한 대로 여러 가지 수단, 예컨대 우역(郵驛), 파발(擺撥), 인편 등을 통해 조보를 자기 군현에 보냈다는 것이다. 한편 리철화는 말하기를, "경주인이 조보를 자기 군에 보내는 발송체계는 우역체계를 이용하기도 하였으나, 이렇게 발송하는 경우에 개별 독자에게 각각 한 부씩 보내는 것이 아니라, 비밀을 보장하기 위하여 밀봉해 보내는 것이 통례로 되어 있었다"(리철화, 1995, p. 397)고 한다. 그리고 박정규에 의하면, 경주인이 조보를 지방의 자기 고을에 보낼 때 매일 보낸 것은 아니고, 2-3일 간격으로 보낸 경우도 있으나, 대부분은 5일, 10일, 20일 분량을 한꺼번에 보냈으며, 1개월분을 한꺼번에 보낸 경우도 적지 않았다고 한다(박정규, 1982, p. 121).

위에서 살펴보았듯이 조보에 관해 연구한 대부분의 연구자들이 말하기를, 조보 중에서 경주인 버전 조보는 경주인과 그의 하인인 경방자를 통하여 배포되었다고 한다. 그러나 정진석은 "[조보의] 배포 방법은 경주인과 영주인(營主人)을 통해서 이루어졌다"(정진석, 1990, p. 25)고 주장했다. 그러면 여기서 '영주인'이란 어떤 직분과 신분의 사람을 말하는가?

영주인은 '영저리'(營邸吏), '영저인'(營邸人)이라고도 부르는데, 이들은 각 도(道)의 감영에 속하여 감영과 그 밑의 여러 관아 및 고을 간의 연락, 특히 문서 등의 전달 임무를 맡은 이속(吏屬)을 말한다. 따라서 이들이 감영에 전달된 조보(경저리 버전)를 그 아래 여러 관아나 고을에 전달했을 수는 있으나, 지방 감영 소속의 이속(하급 관리)인 영주인이 서울의 승정원에서 게시하는 오리지널 버전 조보를 지방의 관아에 직접 배포했다는 것은 사리에 맞지 않는 것으로 생각된다.

6) 무단필사 버전 조보의 전달·유포 채널

앞에서는 경주인 버전 조보의 전달·배포 방법에 관하여 살펴보았다. 그러면 마지막으로 무단필사 버전 조보의 전달·유포 방법에 관하여 살펴보기로 하겠는데, 무단필사 버전 조보란 재야(在野)의 사대부나 식자(識者), 선비 등이 기별서리나 기별군사, 경주인이나 경방자 등을 통하여 비공식적으로 조보를 입수하여 그것을 본 뒤에 무단으로 등사하거나 일부만 초록해서 지인(知人)이나 친지 등에게 은밀하게 전달해준 조보를 말한다. 그러므로 이러한 버전의 조보는 재야의 사대부나 식자들이 주로 보았는데, 이들 무단필사 버전 조보도 필사신문이었기 때문에 규격과 필체뿐 아니라 내용도 조금씩 달랐다. 조보를 필사하는 과정에서 필사하는 사람이 주요 내용만 초록하거나 내용을 조금씩 첨삭하거나 심지어는 위조까지 했기 때문이다. 그러나 이렇게 무단필사한 조보가 공식적인 기별서리 버전인지, 경주인 버전인지는 구별하기 어려웠기 때문에 일반 사람들은 이를 진짜 조보로 알았다. 그러면 이러한 무단필사 버전 조보는 도대체 누가, 어디서, 어떻게 조보를 구해서 그것을 무단으로 필사한 뒤, 누구에게, 어떻게 전달 또는 유포했는가?

(1) 무단필사자들의 조보 입수 방법과 필사 및 전파 이유

우선 무단필사 버전 조보를 만들기 위해 누가 어디서 어떻게 조보를 구했는지부터 살펴보기로 하겠는데, 이에 관한 것도 실록에서 찾아보았으나 발견하지 못했다. 그러나 꾸랑의 『한국서지』를 보면, "승지에 의하여 만들어진 조보들은 배달인에게 넘어가 그것을 계속적으로 구독하는 여러 관리들과 돈 1냥반(兩半)의 비용을 지불하는 개인들에게 전달된다"(꾸랑 저, 이희재 역, 1994, p. 393)는 내용이 나온다. 따라서 이를 보면, 꾸랑이 『한국서지』를 편찬할 당시인 1890년 전후에는 조보의 배달인에게 돈을 1냥반만 주면 조보를 살 수 있었던 것 같다.

한편 황현(黃炫)이 고종 1년(1864)부터 1910년까지 47년간의 역사를 편년체로 서술한 『매천야록』(梅泉野錄) 중 고종 14년(1877)조에 "근래에 서울의 사대부(士大夫)는 부귀유한(富貴遊閒)하여 평소에는 손에 붓을 드는 일이 없고 … 누워서 저보(조보를 말함)를 보고 며칠날 무슨 과거(科擧)가 있다는 것을 알았다"(천관우, 1963, p. 438)는 내용이 나오는데, 이를 보아도 1877년 당시에는 일반 사대부도 조보를 구득(求得)할 수 있었던 것 같다.

따라서 위와 같은 기록들을 볼 때, 무단필사 버전 조보의 필사자들은 기별군사나 경주인 등에게 돈을 주고 조보(기별서리나 경주인 버전)를 쉽게 입수할 수 있었던 것 같다. 그리하여 그들이 조보를 본 다음, 이를 친지나 지인 등에게 주어서 회람토록 하거나 또는 그것을 필사하여 친지나 지인들에게 전해 주었던 것 같다. 그러면 이러한 조보를 받은 사람들이 그것을 다시 필사하여 다른 사람들에게 전해 줌으로서 이와 같은 무단필사 버전의 조보들이 재야에서 많이 유포 내지 유통되었던 것 같다. 그렇다면 이렇게 조보를 무단 필사해서 유포·유통시킨 사람들은 누구였을까?

이들이 재야(在野)의 사대부나 전직(前職) 관료, 선비, 식자(識者) 등이었음은 분명한데, 그러면 이들은 도대체 왜 조보를 무단 필사해서 전파시켰을까? 그 이유에는 여러 가지 있을 수 있으나, 그중 하나로는 어떤 새로운 소식을 들으면 그것을 다른 사람에게 전해 주고 싶은 인간의 본능적인 욕구를 들 수 있다. 그러나 이보다는 조선 시대의 공론정치, 붕당정치 등에 그 근본적인 이유가 있었다. 그중에서도 특히 지방의 사림(士林)과 유림(儒林) 등에 의한 붕당정치와의 관계가 깊다고 볼 수 있다. 왜냐하면 조보의 무단 필사자들은 주로 재야의 사대부나 전직 관료, 유학자 등이었는데, 이들이 조보를 필사하여 동료들에게 전파한 것은 자신들의 정치적 목적의 달성에 필요한 중앙정부의 소식을 같은 당파 인사들에게 전파하기 위해서였다고 볼 수 있기 때문이다.

그런가 하면, 무단필사 버전 조보는 역적모의 수단으로 전파되기도 했던 것 같다. 예컨대 선조실록 47권, 선조 27년(1594) 1월 25일 2번째 기사를 보면, "적괴(賊魁) 송유진(宋儒眞)을 압슬하고 다시 추문하니 공초하기를, '역적모의는 오원종(吳元宗)과 홍근(洪瑾)이 하였습니다. … 오원종이 조보와 기타 문서를 매양 가지고 와서 저에게 보여 주었습니다'"라는 내용이 나온다. 또한 광해군일기 57권, 광해 4년(1612) 9월 22일 3번째 기사에는 "우의정 정인홍(鄭仁弘)이 상차(上箚)하기를, '신은 영외(嶺外)에 살아 도성에서 천리 멀리 떨어져 있으니 … 흉신(兇臣)들이 멋대로 해 시사가 위태롭다는 것을 어떻게 스스로 알 수 있겠습니까. 박여량(朴汝樑)이 조보를 신에게 보여 주어 [그것을] 알게 되었습니다'"라는 내용이 나온다.

(2) 무단 필사자들은 조보 내용을 일부 위조하기도

위와 같은 여러 가지 이유 내지 목적에서 조보를 무단으로 필사해서 다른 사람들에게 전달한 사람들은, 조보를 필사할 때 그 내용을 위조하기도 했던 것 같은데, 실록을 보면 조보 위조 사건에 관한 기사들이 나오기 때문이다. 예컨대 정조실록 3권, 정조 1년(1777) 5월 10일 4번째 기사를 보면, 장령 정우순(鄭宇淳)이 상소하기를, "지난번 윤음(綸音)을 위조한 것은 이미 전에 없었던 변괴인데, 양산군(梁山郡)에서는 또 조보를 위조한 옥사(獄事)가 발생했습니다. 처음 서류(庶類)들의 엿보는 마음에서 인연된 것인데 결국에는 관직을 만들어 내어 성명을 나열하여 적어서 대낮에 관부(官府)에 방자하게 투시(投示)하였습니다만, 이미 4개월이 지나도록 아직도 구핵(究覈)하지 못하고 있으니, 영남의 도신(道臣)을 종중추고(從重推考)하고, 모의하여 위조한 수범(首犯)은 율(律)에 의하여 무겁게 감죄(勘罪)하는 것이 의당하겠습니다"라는 내용이 나온다. 이와 같은 내용의 상소는 경상도관찰사 이연상(李衍祥)도 올렸는데, 그 내용을 소개해 보면 아래와 같다.

> 정월 보름쯤에 양산군(梁山郡)에 사는 서류(庶類) 한 사람이 본군(本郡)에 소지(小紙)를 올리면서 말하기를 "이것은 조보를 등서하여 온 것이다" 했습니다만, 그 내용이 황탄스러운 데 관계된 것이었으므로 군수 최민(崔敏)이 이를 소매에 넣어 가지고 와서 신에게 보였는데 한 장에 기록한 것이 상하 양관(兩欵)으로 되어 있었습니다. 상관 가운데도 또한 2단(段)으로 되어 있었는데 그 1단(段)은 곧 병신년(정조 즉위년, 서기 1776년) 6월 20일 전랑(銓郎)을 복구할 때에 내린 전교였습니다. 이 일은 본디 그들과 아무런 관계가 없는 것인데 지금 이것을 등서하여 바친 그 의도를 헤아릴 수 없었습니다. 또 1단은 첫머리에 '전왈'(傳曰)이라는 두 글자를 쓰고 서북과 영남 사람을 조용(調用)하라는 것을 내용으로 하고 있는데, 이는 조지에서 보지 못했던 바입니다. 하관(下款)은 '추조보'(追朝報)라고 썼고, 아무개가 아무 벼슬을 했다는 것을 열거하여 기록했는데 이른바 아무개라는 사람은 서류(庶類)로서 문관이 된 사람의 이름이었고 아무 벼슬이라는 것은 청현직(淸顯職)과 화요직(華要職)의 관함이었습니다. 그

런데 만들어 낸 인명도 있고 잘못 일컬은 관함도 있었으니, 관계된 것이 비록 가볍지는 않았으나 어의(語意)에 전혀 좃대가 없었습니다. 그 설계의 요점은 오로지 광혹시키고 공갈하여 향교와 서원의 향임(鄕任), 당임(堂任)을 도모하려는 데에서 나온 것이었습니다. …" 하니, 임금이 비답하기를, "본건의 일이 이미 이와 같으니 어찌 지나치게 인혐할 필요가 있겠는가?" 하였다(정조실록 3권, 정조 1년, 서기 1777년 5월 10일 5번째 기사).

이와 같은 조보 위조 사건에 관한 것은 『추관지』(秋官志) 제3편 법률고(考律部)-속조(續條)-제서(制書)에도 다음과 같이 기록되어 있다. "금상(今上: 정조) 원년(元年), 양산군에서 조보를 위조한 죄인 신륵(申玏) 등의 사계(査啓: 조사 보고서)에 대하여 본조(本曹: 형조를 말함)의 계목(啓目)에는 이렇게 말하였다. '경상감사 이성원(李性源)의 사계를 보니 당초에 손처인(孫處仁)을 실주서(實注書)라고 한 말은 안세영(安世榮)의 입에서 나와 신륵(申玏)의 귀에 들어간 것입니다. 이수(李邃)에 대한 설(說)은 신장(訊杖)을 참으면서 변명하는 것이 무슨 숨기는 사정이 있는 것 같습니다. 사람의 상정으로 본다면 손처인이나 이수의 설(說)은 가볍고 그다지 무거운 것이 없는데, 손처인의 설은 평문(平問)에 바로 승복하고, 이수의 설에는 죽기를 맹세하고 불복하니, 이것은 진실로 의심할 만한 사단(事端)이 됩니다. 형(刑)을 더하여 실정을 알아내라는 뜻을 도신(道臣: 경상감사를 말함)에게 분부하시는 것이 어떻겠습니까' 하니 [임금이] 판부에서 이렇게 말하였다. '신륵의 정상은 매우 의심할 만하다. 그러나 안가(安哥) 성을 가진 자가 물고하여 대질할 길이 없다. 여러 번의 형신도 또한 적다고 할 수 없다. 조률정배(照律定配)하라.'" 따라서 이러한 기록을 볼 때, 조보의 내용을 위조한 신륵 등은 유배형을 받았음을 알 수 있다.

(3) 임금의 비지(批旨)를 위조한 무단필사 조보까지 등장

위와 같이 조보를 무단 필사해서 전파한 사람들은 조보의 일부 내용을 위조하기도 했는데, 심지어는 임금의 비지(批旨: 신하가 올린 상소에 대하여 임금이 내리는 비답)까지 위조하기도 했다. 실록을 보면, 이러한 사건에 관한 기사가 경종실록과 경종수정실록에 모두 3건이나 나온다. 그중에서 가장 먼저 나온 기사 즉 경종실록 13권, 경종 3년(1723) 12월 8일 1번째 기사의 내용을 우선 간단히 소개해 보면 다음과 같다.

전(前) 현감 황하신(黃夏臣)이 옥에서 죽었다. 이에 앞서 어떤 사람이 어비(御批: 임금이 열람한 문서 위에 붙이는 말) 한 본(本)을 가짜로 만들어서 호서 지방에 전파한 일이 있었는데, 대개 그 내용에 '임금이 마음속으로 국옥(鞫獄)의 남형(濫刑)이 많았던 것과 찬적(竄謫)이 너무 지나친 것을 뉘우치고 깨달아 혹은 문안을 몰입(沒入)하라 명하고, 혹은 여러 신하들을 용서하여 석방할 것과 또 세 환관을 출축하는 것을 허락한다'고 하였다. 이만근(李萬根)이 비로소 고을 사람을 통해 이를 얻어 보았는데, 대관 이진순(李眞淳)이 듣고 먼저 이만근을 핵실(覈實)할 것을 청하였다. 설국(設鞫)하기에 미쳐 황하신이 공초하기를, "금년 9월에 일찍이 알지 못하던 한 상한(常漢)이 어린 종을 통해 만나 보기를 청하기에 병이 있다며 사절하였더니, 곧바로 창밖에 와서 죄로 귀양 온 병조의 이속(吏屬)이라 하면서 조보 가운데에서 베껴 낸 비지(批旨)를 가지고 와서 보였는데, 자획(字畫)이 난잡하였으므로 옮겨 베껴 동생 황하민(黃夏民)에게 보여 주었습니다. 그러나 점점 그 수상함을 깨닫고 그대로 곧 불에 태웠으니, 그 전파된 것은 곧 조카 황상질(黃尙質)이 베낀 것입니다. … 국청(鞫廳)에서 여러 번 더 자세히 캐묻고 또 남중로와 황하신을 잡아다가 대질시키니 초사(招辭)에 약간의 어긋남이 있었다. 마침내 황하신이 그 사람의 성명을 현고(現告)하지 않는다 하여 일차 형신하였으나, 대답한 바가 종전과 같았다. 이진순이 상소하여 잠시 형신을 정지하고 찾아와서 보여 준 사람을 기포(譏捕)할 것을 청하였지만, 미처 비답을 내리지 않아서 그 아들이 또한 격고(擊鼓)[34]하여 원통함을 하소연하였는데, 황하신이 갑자기 죽었다. 황하신은 본래 성실하고 신중하다고 일컬어졌으니, 가짜 비지(批旨)를 스스로 짓지 아니한 것은 세상이 다 알았다. 대신(大臣)도 또한 차자(箚子)로 아뢰려 하였으나 그렇게 하지 못하였다. 황하신이 나이 일흔이 넘어서 항양(桁楊) 아래에서 죽으니, 원통해 하지 않는 사람이 없었다.

이와 거의 비슷한 내용이 경종수정실록 4권, 경종 3년(1723) 12월 8일 1번째 기

34 격고(擊鼓): 임금이 거둥할 때 원통한 일을 상언(上言)하기 위하여 북을 쳐서 임금의 하문(下問)을 기다리는 것을 말한다.

사에도 나온다. 그러나 끝부분은 약간 다른데, 이를 보면, "[당시에] 호서에 사족(士族)들이 많이 있었기 때문에 흉당들이 이들을 일망타진하기 위한 계책으로 위조된 비망기를 만들어 사람을 시켜 유전(流傳)시키고 나서는 이어 적발하였는데, 이는 장차 단련하여 대대적인 도륙(屠戮)을 자행하기 위한 것이었다. 황하신이 죽자 옥사(獄事)는 끝내 무실(無實)한 것이 되고 말았으므로, 사람들이 모두 억울하게 여겼다. 영조 임금 초에 이르러 그 일을 추후 다스림에 따라 흉당들이 설계(設計)한 것임이 비로소 모두 드러났다"고 적혀 있다.

이 사건에 관한 것은 경종수정실록 3권, 경종 2년(1722) 9월 21일 2번째 기사에도 나온다. 이를 보면, "그 뒤 영종(英宗: 영조를 말함) 을사년(영조 원년, 서기 1725년) 3월 15일 소결(疏決)할 적에 우의정 민진원(閔鎭遠)이 아뢰기를, '신 등이 성교(聖教)에 의거하여 임인년(경종 2년, 서기 1722년)의 옥안(獄案)을 고열하여 보았는데, 목호룡(睦虎龍)의 상변(上變) 가운에 있는 허다한 사설들은 모두 허공에서 꾸며 만들어 낸 것이었습니다. … 황하신의 죽음은 더욱 참독(慘毒)합니다. 그때 위작(僞作)한 조지가 원근에 전파된 것은 호중(湖中)의 인사(人士)로서 보지 않은 사람이 없었는데, 황하신은 이 때문에 항양(桁楊) 아래에서 죽었습니다. 신이 들은 바에 의하면 황하신은 충효로 일컬어진 사람이라 하니, 결코 거짓 비답을 만들어 낼 사람이 아닙니다. 의당 복관(復官)시켜 주어야 합니다'라고 하였다"고 적혀 있다.

(4) 잠상들도 조보를 필사, 중국인과 왜인들에게 팔아

한편 잠상인(潛商人: 불법 상인)들도 조보를 무단 필사하여 중국인들과 왜인(일본인)들에게 몰래 팔기도 하였다. 광해군일기 165권, 광해 13년(1621) 5월 2일 5번째 기사를 보면, "임금이 동래부사에게 유시하였다. '왜관(倭館) 일은 놀랄 만한 것이 한 두 가지가 아니다. 그중에서 조보의 정목(政目)을 베껴 주는 일과 잠상인들이 중국과 우리나라 기밀을 [왜관에] 누설시킨 일은 심력을 기울여 살펴서 처리하지 않으면 안 될 것이다'"라고 적혀 있다. 또한 광해군일기 25권, 광해 2년(1610) 2월 11일 4번째 기사를 보면, 아래와 같은 내용이 나온다.

> 임금이 전교하였다. "우리나라의 인심이 좋지 못하고 법령이 엄하지 않아서 간사하고 자질구레한 무리들이 이익을 즐겨 나라를 팔고 있으니 그 폐해가 없지 않다. 조보의 정목(政目)과 국중 기관(機關)에 관한 일을 남몰래 써서 타국

에 누설하고 알린다는 기별이 전부터 있었다. 더구나 지금은 왜인들이 국경에 드나들고 중국의 사신이 때 없이 오가는 처지이니, 또 반드시 잠상으로서 그들과 남몰래 교통하는 무리가 있을 것이다. 엄한 기찰(譏察)을 더하여 율(律)에 따라 중히 다스려서 뜻밖의 변을 막아야 한다. 이 뜻을 비밀리에 경상도, 평안도 등처의 관찰사에게 유시하라."

이와 같은 임금의 전교가 내리자, 약 보름 뒤인 3월 6일 영의정 이덕형(李德馨)이 특히 왜인과의 교통에 관하여 상차(上箚)하기를, "옛날 선조(先朝) 때에 [일본 쓰시마섬 제18대 도주] 평의지(平義智)가 [우리나라에] 처음 나오자, 선왕께서 매우 염려하시어 잠상을 단절하게 하고 여러 차례 교서를 내려 경계하게 하였는데, 동평관(東平館: 일본 사신이 머물던 객관. 서울 인사동에 있었음)에 이르러서는 특별히 병조와 포도청에 명하여 순찰하며 금지하게 하였으니, 법이 엄하지 않은 것이 아니었습니다. 어두운 밤마다 순찰하는 수직 군사에게 뇌물을 주며 죽기를 각오하고 교역(交易)하여 심지어는 조보를 등초(謄抄)하여 보여 주기까지 하였다는 말이 있었으니, 이는 다름이 아니라 상인들도 비록 국법이 지극히 엄한 줄은 알지만 처형당하는 자는 몇 명이 없고 이익을 챙기는 자가 매우 많으니 금법(禁法)을 범하는 것이 참으로 당연합니다"(광해군일기 26권, 광해 2년, 서기 1610년 3월 6일 4번째 기사)라면서, 이를 엄격히 처벌할 것을 건의했다.

이상에서 "조보는 어떠한 채널을 통하여 어떻게 독자들에게 전달·배포 또는 유포되었는가?"에 관하여 살펴보았다. 간단히 요약하면, 서울 시내의 경우 조정이나 기타 각급 관청에 소속된 기별서리나 기별군사들이 자기 소속 관서에 배포했으며, 각 도(道)의 관찰사 등에게는 파발(擺撥)이나 보발을 이용하여 전달했고, 지방의 부목군현 등의 수령에게는 각 지방관서의 서울연락소인 경저(京邸)의 우두머리인 경주인이나 계수주(界首主)가 서울-지방 간의 연락원인 경방자(京房子)나 파발(擺撥), 보발을 이용하여 조보를 배포한 것으로 추정된다. 그리고 그 밖의 독자들은 기별서리나 기별군사 또는 경저를 통하여 비공식적으로 조보를 얻어서 그것을 회람하거나 등서(謄書) 또는 초록해서 나누어 보았다.

제4절

조보의 독자들에 관한 분석·고찰

조보에 관한 5개의 분석 대상 영역들 중에 앞서 제3절에서는 조보의 전달 내지 배포 채널에 관하여 살펴보았다. 그러면 여기서는 조보의 독자(수용자)에 관하여 살펴보기로 하되, 다만 "조보의 독자들은 주로 누구(주요 독자들과 이들의 신분 등)였으며, 이들은 조보를 어떻게 구해서, 언제 어디서 읽었는가?" 하는 문제 등에 관해서만 간단히 살펴보기로 하겠다.

1) 임금과 세자·황후·왕자 등도 조보의 독자

우선 조보의 독자들이 누구였는지를 알아보기 위해 실록에서 예컨대, "사간 신경진(辛慶晉)이 아뢰기를, '신이 삼가 조보를 보니…'", "검토관 정경세(鄭經世)가 아뢰기를, '임진 변란 초에 신은 상중(喪中)에 있었으므로 어쩌다 조보를 보면, …'", "역적(逆賊) 오원종(吳元宗)이 조보를 매양 가지고 와서 보여 주었습니다", "장령 정조(鄭造)가 아뢰기를, '성상의 분부를 받들고 나서 조보에 나온 여러 적들의 공초를 상고해 보건대…'" 등등, 조보를 보았다는 사람들의 관직과 신분 등을 밝혀 놓은 기사들을 검색해 보았다. 그 결과, 모두 77건이 나왔다. 따라서 이들을 중심으로 조보의 독자들은 주로 누구였으며, 이들은 조보를 언제, 어디서 읽었는가 등을 알아보았다.

(1) 임금과 세자들도 조보를 열심히 읽었던 듯

우선 임금도 조보를 읽었는지부터 알아보았더니 '읽었다'는 기사들이 여러 개 발견되었다. 그중 하나로 선조실록 7권, 선조 6년(1573) 3월 17일 1번째 기사를 보면, "임금이 조강(朝講)에서 승지에게 이르기를 '조보를 보니…'"라는 내용이 나온다. 따라서 이를 볼 때 최소한 선조 임금은 조보를 읽었음을 알 수 있다. 또한 선조실록 84권, 선조 30년(1597) 1월 23일 1번째 기사에도 "임금이 별전에 나아가 대신(大臣)과 비변사 유사당상(有司堂上)에게 이르기를, '어제 내가 본 병부의 소첩(小帖)은 바로 조보를 등사한 것과 같았다'"는 내용이 나오는데, 이를 볼 때 선조는 병부의 소첩을 보고 그것이 조보를 등사한 것임을 알아차릴 정도로 조보를 숙독했던 것 같다.

한편 영조실록 24권, 영조 5년(1729) 9월 10일 2번째 기사를 보면, 임금이 비국(備局)의 당상을 인견하는 자리에서 이르기를, "내가 통한스럽게 여기는 것이 아직도 두 가지 일이 있다. 조태구(趙泰耉)가 선인문(宣人門)으로부터 들어와 '장차 망하게 될 국가를 구원하려 한다'고 말한 것과, 신축년(경종 원년, 서기 1721년) 겨울 송상기(宋相琦)의 상소 비답에 '보호동궁'(保護東宮)이란 네 글자가 있었기 때문에 흉악한 사람들이 인용하여 말하게 된 일이다. 내가 그때 조보를 보다가 서안(書案)을 향하여 혼자 한탄했다"는 내용이 나온다. 그러므로 영조도 조보를 보았음이 확실하다.

그러나 영조가 세제(世弟)로 있었을 때는 조보를 일부러 보지 않은 적도 있었다. 영조실록 11권, 영조 3년(1727) 1월 6일 1번째 기사를 보면, 임금이 신축년(경종 원년, 서기 1721년)에 세제로 책봉되자 김일경(金一鏡)이 목호룡(睦虎龍)을 부추겨 변서를 내게 해서 참혹한 옥사를 일으킨 일을 거론하면서 이르기를, "옛적부터 지금까지에 어찌 신축년과 임인년(경종 2년, 서기 1722년)의 일처럼 참혹하고 독살스러운 것이 있었겠느냐? 내가 그때 차마 조보를 볼 수가 없었고…" 운운했기 때문이다. 이와 비슷한 기사는 영조실록 23권, 영조 5년(1729) 8월 18일 2번째 기사에도 나오는데, 이를 보면, "임금이 말하기를, '[내가 세제(世弟)로] 책봉되자 김일경이 나를 꺼려하여 목호룡을 부추겨 변서를 내게 한 것인데, 그 뒤로는 조보를 보지 않았다'"는 내용이 나온다.

다음으로 정조실록 44권, 정조 20년(1796) 4월 17일 1번째 기사를 보면, 승지 신기(申耆)가 임금께 올린 상소문에 "임금이 비답을 고치기 전에는 주상이 보는 조보일지라도 써넣지 못하는데 어떻게 조보에 반포할 수 있겠습니까" 운운하는 내용이 나온다. 따라서 이러한 내용으로 미루어 볼 때 선조, 영조, 정조를 비롯한 임금들도 조보를 보았음을 알 수 있다.

(2) 임금과 세자는 정서조보, 정순황후는 한글판 조보를 읽어

위와 같이 조보는 임금과 세자도 읽었으나, 이들은 정서(正書)한 조보를 읽었던 것 같다. 고종실록을 보면 정서한 조보가 규장각과 춘방(春坊), 계방(桂坊)의 서고에 수장되어 있다는 기사가 2건이나 나오기 때문이다. 첫째로 고종실록 10권, 고종 10년(1873) 11월 9일 10번째 기사를 보면, "부수찬 홍시형(洪時衡)이 올린 상소의 대략에, [신(臣)이] 부친의 상사를 당하고도 발상(發喪)하지 않았다는 것의 … 전후 날짜에 대해서는 규장각에 보관되어 있는 정서로 쓴 조보에 명백하게 기록되어 있습니다" 운운했는데, 이러한 내용으로 미루어 볼 때, 당시 승정원에서는 조보를 정서해서 임금에게 올린 뒤, 임금이 보고 나면 그것을 규장각에 보관했던 것 같다.

이처럼 정서한 조보는 세자(世子)에게도 별도로 올려 세자도 보았던 것 같다. 고종실록 25권, 고종 25년(1888) 3월 8일 2번째 기사를 보면, 3월 7일 밤에 우사당(右史堂) 당후(堂后)에서 갑자기 화재가 일어나서 승정원일기가 많이 타 버리자, 임금이 하교하기를, "춘방과 계방에 정서한 조보를 여러 해 동안 수장(收藏)한 것이 있다. 이를 상고하여 보수(補修)하라"고 말했다는 내용이 나오는데, 이에서 '춘방'은 '세자시강원'(世子侍講院)의 별칭이며, '계방'은 '세자익위사'(世子翊衛司) 즉 세자의 강학(講學)에 관한 일을 관장한 관서를 의미한다. 따라서 이로 미루어 볼 때 승정원에서 별도로 정서한 조보는 세자도 본 뒤에 이를 춘방과 계방의 서고에 보관했던 것 같다.

그런가 하면, 순조 시기에는 별도로 '한글판 조보'도 만들어서 정순왕후(貞純王后)에게 올렸다. 순조실록 1권, 순조 즉위년(1800) 7월 20일 2번째 기사를 보면, "대왕대비(大王大妃)가 조보나 소장(疏狀)과 차자(箚子)를 언서(諺書)로 등서하여 들여오게 하였다"고 기록되어 있다. 이 기사에서 '대왕대비'는 순조가 11세의 어린 나이에 즉위하자 수렴청정을 했던 영조의 계비 정순왕후를 말하는데, 정순왕후가 한문으로 흘려 썼던 조보를 언서 즉 한글로 번역해서 바치게 했던 것이다. 따라서 이를 볼 때 순조 시기에는 별도로 '한글판 조보'를 만들어 대왕대비가 읽었으며, 이를 비빈, 궁녀들도 회람했을 것으로 짐작된다.

2) 중앙과 지방의 각 관아에서도 조보를 구독

한편 조보는 중앙정부의 각 아문(衙門)에서도 보았는데, 이에 관한 기사들을 실록에서 검색해 보았더니 아래와 같이 사간원에서 조보를 보았다는 기사가 3건, 사헌부에서 조보를 보았다는 기사가 2건, 그리고 조보를 발간한 승정원에서도 조보를 보았다는 기사가 1건이 나왔다.

① 간원(사간원의 준말)이 아뢰기를, "본원에서 조보를 보건대, …"(중종실록 46권, 중종 18년, 서기 1523년 1월 2일 3번째 기사).

② 간원이 아뢰기를, "전사간(前司諫) 최우(崔堣)는 김여부(金汝孚) 등과 붕결(朋結)하였다가 일이 발각된 뒤 파직되어, 문외출송(門外黜送)을 당한 뒤에도 서울을 출입하며 조보를 빌려 보기도 하였으니…"(명종실록 27권, 명종 16년, 서기 1561년 5월 28일 1번째 기사).

③ 사간원이 아뢰기를, "이달 17일에 신들이 삼가 조보를 보니, …"(광해군일기 76권, 광해 6년, 서기 1614년 3월 26일 5번째 기사).

④ 사헌부가 아뢰기를, "어제 조보를 보니, …"(광해군일기 84권, 광해 6년, 서기 1614년 11월 4일 1번째 기사).

⑤ 헌부(사헌부의 준말)가 아뢰기를, "삼가 조보를 보건대, …"(인조실록 29권, 인조 12년, 서기 1634년 3월 8일 1번째 기사).

⑥ 정원(승정원의 준말)이 아뢰기를, "지금 조보를 보니, …"(중종실록 68권, 중종 25년, 서기 1530년 7월 8일 1번째 기사).[35]

이처럼 실록에는 조보를 보았다는 관아들이 3개밖에 나와 있지 않으나, 실제로는 중앙의 모든 관아는 물론이고, 지방의 각 감영(監營: 각 도의 관찰사가 사무를 보던 관청)에서도 조보를 보았다. 이는, 뒤에서 살펴볼 조보 독자들의 신분을 보면, 중앙과 지방의 거의 모든 관아의 수장(首長)들과 고위관료들이 포함되어 있기 때문이다. 이

35 조보를 발행한 승정원에서 "조보를 보니…" 운운한 것은 좀 이상하나, 이 기사 이외에 승정원의 도승지가 조보를 보았다는 기사는 실록에 2개가 더 나온다. ① 도승지 정온(鄭蘊)이 상소하기를, "신이 삼가 근일의 조보를 보건대…"(인조실록 30권, 인조 12년, 서기 1634년 윤8월 21일 2번째 기사) ② 도승지 남용익(南龍翼)이 임금께 아뢰기를, "양사가 논한 궁가(宮家)의 일에 대하여 오래도록 윤허해 따르려 하지 않으시는데, 날이면 날마다 그 사실이 조보에 기재되어…"(현종실록 6권, 현종 4년, 서기 1663년 1월 16일 1번째 기사)

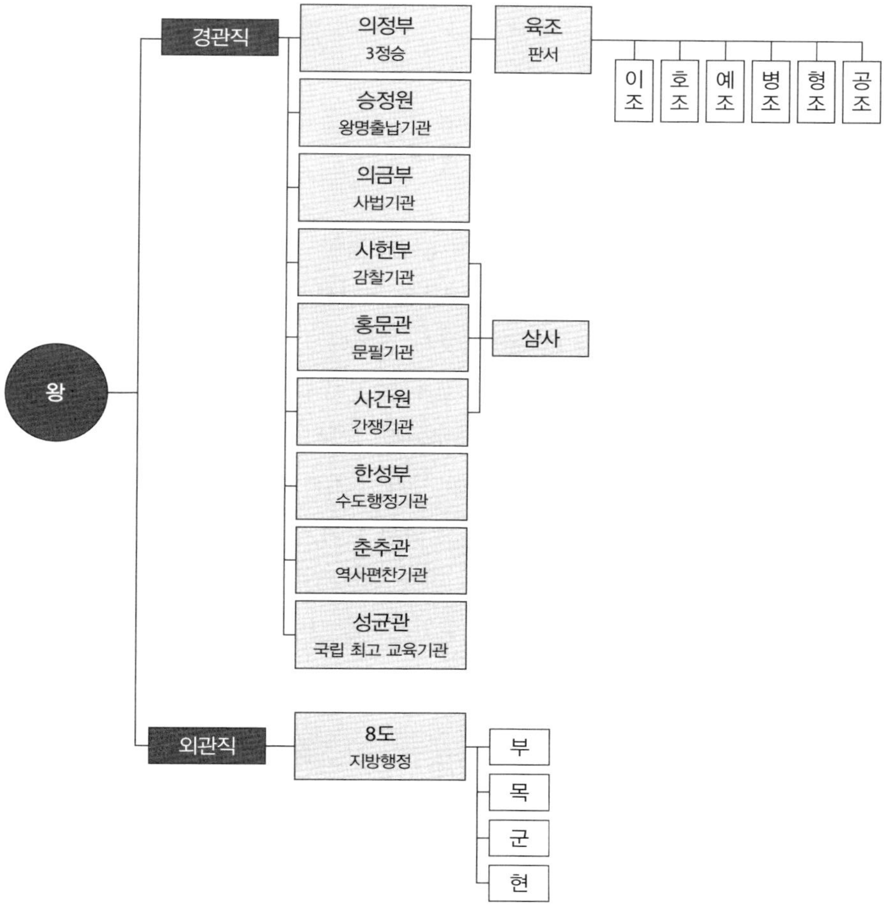

〈그림 5-1〉 조선왕조의 관직과 행정기관의 구성 체계

는 또한 각 관아에서 조보정사채(朝報政事債) 즉 조보와 정사(政事)[36]의 비용으로 낸 돈을 보아도 알 수 있다. 예컨대, 「육전조례」(六典條例)라는 법전에서 공전(工典) 소속 조지서(造紙署)의 예산서를 보면, "조보정사채로 4냥을 낸다"고 기록되어 있는데, 이를 보면, 관용 종이를 만들던 조지서에서도 1년에 4냥씩 내고 조보와 정사를 구독했음

36 조보와는 달리, 조정의 인사(人事) 소식만을 게재하여 배포한 필사신문적 현상을 말한다(앞서 제2장을 참조할 것).

을 알 수 있다.

3) 조보를 본 독자들 중 관리들의 실태

조보는 위와 같이 중앙과 지방의 각 관아에서도 보았으며, 개인적으로도 조보를 구해서 보기도 하였는데, 그러면 어떤 사람들이 조보를 읽었는가? 이를 알아보기 위해 실록에서 조보를 보았다는 기사들을 모두 검색해서 누가 조보를 보았는지 그 독자들을 집계해 보았더니 앞서 말했듯이 모두 77건이 나왔다. 이들 기사를 보면, 예컨대 "좌의정 김상헌(金尙憲)이 상차(上箚)하기를, '신이 조보를 보건대…'", "평안도 관찰사 홍양호(洪良浩)가 상소하기를 '신이 삼가 조지를 보니…'", "역적(逆賊) 오원종(吳元宗)이 조보와 기타 문서를 매양 가지고 와서 보여 주었습니다." 등등, 조보를 보았다는 사람들의 신분을 밝혀 놓은 것이 대다수였다. 따라서 이들을 바탕으로 어떤 신분이나 계층의 사람들이 주로 조보를 읽었는지를 알아보기로 하겠다.

(1) 조선시대 관직(官職)과 관서(官署)들의 개관

먼저 관리 중에서는 어떤 사람들이 조보를 보았는지를 알아보기로 하되, 우선 조선왕조의 관직과 관서(官署: 행정기구)들부터 간단히 살펴보면, 대략 [그림 5-1]과 같다. 물론 관직은 여러 가지로 구분할 수 있으나, 조선시대에는 우선 관직을 크게 경관직(京官職)과 외관직(外官職)으로 구분했다.

첫째로 경관직이란 중앙(한양)에 있는 각 관서의 관직으로, 경직(京職) 혹은 경관(京官)이라고도 불렀다. 이러한 경관직은 다시 동반(東班)과 서반(西班)으로 나누었는데, 동반은 문신(文臣)을, 서반은 무신(武臣)들을 말했다. 이렇게 부른 것은, 조정의 조회(朝會)나 제반 의식 때 남쪽을 향하여 앉은 임금을 향하여 문관은 동쪽에, 무관은 서쪽에 섰기 때문이었다. 따라서 관서(官署)도 크게 동반과 서반으로 나뉘었는데, 동반에는 종친부(宗親府), 의정부(議政府), 한성부(漢城府) 등에서부터 귀후서(歸厚署), 사학(四學)에 이르기까지 수십 개의 관서가 있었다. 이 밖에 개성부와 각 능전(陵殿)의 관직도 경관직에 속했으며, 조선 후기에는 한성부·수원부·광주부·강화부를 사도(四都)라 하여 경관직으로 임명했다. 그리하여 『경국대전』를 보면 동반의 경관직이 모두 741개에 달했다.

〈표 5-5〉 의정부 3정승이 '조보를 보았다'는 실록 기사들

관직명	'조보를 보았다'는 실록 기사와 그 출처	기사 건수
영의정 (정1품)	① 영의정 이유원(李裕元)이 임금께 아뢰기를, "일단 반포된 조지를 보면…"(고종실록 11권, 고종 11년, 서기 1874년 11월 15일 1번째 기사); ② 영의정 조두순(趙斗淳)이 임금께 아뢰기를, "신 등이 이미 조지에서 보았습니다. …"(고종실록 1권, 고종 1년, 서기 1864년 10월 5일 4번째 기사); ③ 원임(原任: 전임) 영의정 김치인(金致仁)이 아뢰기를, "신이 엊그제 조지에서 김우진에게 내린 처분의 전교를 보니…"(정조실록 22권, 정조 10년, 서기 1786년 10월 27일 1번째 기사)	3건
좌의정 (정1품)	① 좌의정 정인홍이 영남[고향 집]에 있으면서 상차(上箚)하여 사직하면서 아뢰기를, "근래 조보를 보니…"(광해군일기 82권, 광해 6년, 서기 1614년 9월 13일 6번째 기사); ② 좌의정 최명길(崔鳴吉)이 아뢰기를, "요즈음 조보를 보니…"(인조실록 35권, 인조 15년, 서기 1637년 9월 10일 1번째 기사); ③ 좌의정 김상헌(金尙憲)이 상차(上箚)하기를, "신이 조보를 보건대, …"(인조실록 47권, 인조 24년, 서기 1646년 5월 5일 3번째 기사)	3
우의정 (정1품)	① 우의정 정인홍(鄭仁弘)이 차자에서 이르기를, "당초에 박여량이 조보를 신에게 보여 주었으므로…"(광해군일기 57권, 광해 4년, 서기 1612년 9월 20일 1번째 기사); ② 우의정 심희수(沈喜壽)가 아뢰기를, "일찍이 휴가 중에 조보에서 간관(諫官) 한 사람이 말로 인해 죄를 얻어 떠난 것을 보았습니다"(광해군일기 19권, 광해 1년, 서기 1609년 8월 26일 1번째 기사); ③ 우의정 이항복이 임금께 대답하기를, "지난번에 조보를 보니…"(광해군일기 50권, 광해 4년, 서기 1612년 2월 6일 2번째 기사); ④ 우의정 정인홍이 아뢰기를, "신은 먼 외방에 있었으니 흉신(兇臣)들이 멋대로 해 시사가 위태롭다는 것을 어떻게 스스로 알 수 있겠습니까. 박여량이 조보를 신에게 보여 주어 [그것을 알게 되었습니다]"(광해군일기 57권, 광해 4년, 서기 1612년 9월 29일 7번째 기사); ⑤ 우의정 조태구(趙泰耉)가 과천(果川)에서 한양 도성으로 들어오는 길에서 임금의 윤음이 실린 조지를 보았다(경종실록 5권, 경종 1년, 서기 1721년 10월 14일 7번째 기사); ⑥ 우의정 김종수(金鍾秀)가 차자(箚子)를 올려 아뢰기를, "방금 조지를 보건대…"(정조실록 28권, 정조 13년, 서기 1789년 10월 25일 2번째 기사); ⑦ 우의정 이병모(李秉模)가 임금께 아뢰기를, "갑작스레 조지를 본 신은…"(정조실록 41권, 정조 18년, 서기 1794년 10월 5일 3번째 기사); ⑧ 원임 우의정 정인홍이 상소하였는데, "신이 삼가 조보를 보고 또 길에서 들어 보니…"(광해군일기 67권, 광해 5년, 서기 1613년 6월 19일 12번째 기사)	9

한편 서반에는 중추부(中樞府), 오위도총부(五衛都摠府), 오위(五衛)에서부터 세자익위사(世子翊衛司)에 이르기까지 여러 관서가 있었으며, 이들 관서에는 모두 3,324개의 관직이 있었다. 그리하여 경관직은 동반과 서반을 합쳐 모두 4,065개로, 조선의 총 관직수 5,605직과(職窠) 중에서 약 73%를 차지하였다(『한국민족문화대백과』, '경관직' 항목에서 주로 인용).

둘째로 외관직이란 지방에 있던 각 관아의 벼슬로, 외임(外任) 또는 외직(外職)이라고도 불렀다. 이러한 외관직에는 감사(監司)·부윤(府尹)·대도호부사(大都護府使)·목

사(牧使)·도호부사(都護府使)·군수(郡守)·현령(縣令)·현감(縣監)과 그 밖에 찰방(察訪)·역승(驛丞)·도승(渡丞) 등 교통 기관의 전속관원, 그리고 경력(經歷)·도사(都事)·판관(判官)·교수(敎授)·훈도(訓導)·심약(審藥)·검률(檢律)·역관(譯官) 등의 문관 및 병사(兵使)·수사(水使)·만호(萬戶) 등의 무관이 모두 외관에 해당되었다. 『경국대전』에 의하면, 종9품 이상 종2품 이하의 문관 외관직의 총수는 795개였고, 종6품 이상 종2품 이하의 무관 외관직의 총수는 103개였으며, 문무 겸임 관리직은 총 387개였다. 이들 중 문관 외관직 795개를 관직별로 구분하면 감사가 8인, 부윤이 4인, 대도호부사 4인, 목사 20인, 사(使) 1인(京畿), 도호부사 44인, 수(守) 1인(京畿), 서윤(庶尹) 1인(평안도), 군수 82인, 영(令) 1인(京畿), 도사 8인, 판관 36인, 현령 34인, 감(監) 1인(京畿), 찰방 23인, 현감 141인, 교수 72인, 참봉 2인(『대전회통』에는 7인으로 기록), 훈도 262인, 심약 16인, 검률 9인, 역승 18인, 도승 7인 등이었다.

한편 무관 외관직은 겸직을 제외하면 병마절도사 7인, 수군절도사 6인, 병마수군절제사 1인(전라도), 병마절제사 2인(경상도 1, 전라도 1), 병마우후(兵馬虞候) 6인, 수군첨절제사 12인, 수군우후 5인, 병마만호 18인, 수군만호 54인, 병마평사(兵馬評事) 2인(영안도 1, 평안도 1) 등이었다. 그리고 부(府)·대도호부·목·도호부·군·현·역(驛)·진(鎭) 등에 배정된 전국 외아전(外衙前)의 수는 모두 33,106인에 이르렀다.

(2) 의정부 3정승도 조보를 반드시 읽은 듯

위와 같이 조선시대에는 모두 5,605개의 관직 또는 벼슬이 있었다. 그러므로 이들 가운데 대부분은 조보를 보았던 것으로 추정되는데, 당시에는 한 장의 조보를 여러 사람들이 윤독 또는 회람했기 때문이다. 우선 의정부 3정승이 조보를 보았다는 실록 기사들부터 찾아보았더니 모두 15건이 나왔는데, 이들 기사를 소개해 보면 〈표 5-5〉와 같다. 이에서 보듯이 영의정이 조보를 보았다는 실록 기사는 3건이 나왔는데, 이들 중 하나는 원임(原任) 즉 전임 영의정도 보았다는 기사이다. 따라서 이로 미루어 볼 때 현임(現任) 영의정은 물론 전임 영의정도 조보를 읽었음을 알 수 있다.

이러한 사실은 정조실록 25권, 정조 12년(1788) 3월 10일 5번째 기사를 보면 더욱 확실히 알 수 있다. 이 기사를 보면, "임금이 일성록 중에 이노춘(李魯春)을 처분한 일을 영의정 김치인(金致仁)에게 보여 주게 했더니 '영상은 애당초 그 전말을 몰랐다'고 말하였다. 그러나 이는 진실이 아닌 듯하다. 일성록에 기록된 것은 조지에 나온 것에 불과하고, 조지에 나온 것이라면 영상이 비록 휴직하고 있을 때라 하더라도 어찌 보지 못했을 리가 있겠는가" 운운하는 내용이 나오기 때문이다. 이러한 내용을 볼 때, 영의정은 휴직했을 때에도 조보를 반드시 보았음을 알 수 있다.

(3) 육조의 판서와 고위관료도 모두 조보를 구독한 듯

육조(六曹)의 판서를 비롯한 고위관료들도 조보를 보았는데, 육조는 나랏일을 나누어 맡아서 처리하던 중앙 관청으로, 이조(吏曹), 호조(戶曹), 예조(禮曹), 병조(兵曹), 형조(刑曹), 공조(工曹) 등 6개 부서가 있어 각 부서에서 맡은 일을 처리했다. 즉 이조는 관리를 뽑거나 알맞은 부서에 배치하는 인사에 관한 일을 맡았고, 호조는 세금과 예산에 관한 일을 맡았으며, 예조는 나라의 행사나 제사를 관장하고 과거 시험을 진행했다. 그리고 병조는 국방과 병사에 관한 일을 맡았고, 형조는 범죄와 법률에 관한 일을 맡았으며, 공조는 토목 공사나 공업에 관한 일을 맡았다. 이들 각 조의 우두머리는 '판서'라고 했는데, 판서는 정2품 이상 관리가 맡도록 했고, 그 밑에 참판(종2품)과 참의(정3품) 등을 두어 판서를 보좌하게 하였다. 그러면 이러한 육조의 관리들은 조보를 얼마나 읽었을까? 이를 알아보기 위하여 조보를 보았다는 실록 기사들 중 육조의 관리가 보았다는 것들을 찾아보았더니 아래와 같이 모두 5건이 나왔다.

① 이조판서 심환지(沈煥之)가 상소하여 아뢰기를, "신이 조지에 나온 [명의록의] 개요를 보건대…"(정조실록 44권, 정조 20년, 서기 1796년 3월 23일 1번째 기사).

② 이조참의 조복양(趙復陽)이 소를 올려 사직을 청하고, 또 아뢰기를 "조보를 보니…"(현종실록 3권, 현종 1년, 서기 1660년 10월 21일 1번째 기사).

③ 예조판서 조복양(趙復陽)이 상소하여 사직하기를, "삼가 조보에 나온 대사헌 이경억(李慶億)이 추고(推考)하기를 청하면서 아뢴 것을 보니…"(현종개수실록 19권, 현종 9년, 서기 1668년 4월 10일 3번째 기사).

④ 임금이 백인걸(白仁傑)을 [공조의] 선공감부정(繕工監副正, 종3품)으로 임명했는데, 그는 당시 유배지에서 바둑을 두고 있다가 조보를 보고서야 그것을 알았다(명종실록 32권, 명종 21년, 서기 1566년 4월 11일 4번째 기사).

⑤ 원임(原任) 좌랑 이회보(李回寶)가 상소하여 이르기를, "신이 삼가 저보를 보니…"(효종실록 2권, 효종 즉위년, 서기 1649년 9월 1일 5번째 기사).

이들 기사에서 보듯이 육조의 관리들 중에서 조보를 보았다는 관리는 이조(吏曹)에 2명(판서, 참의), 예조에 1명(판서), 공조에 1명(선공감부정) 그리고 육조와 도관의 정6품 관직인 좌랑 1명이었으며, 호조, 병조, 형조에는 한 명도 없었다. 그러나 이는 실록에 나와 있는 기록들만 보았을 경우이며, 실제로는 육조의 관리들은 모두 조보를 보았다고 추정된다. 왜냐하면 정조 15년(1791)에 완성한 형조에 관한 법전인 「추관지」(秋官志)의 제1편 경용(經用: 정상적 비용)을 보면, 형조의 당상관 3인(판서·참판·참의)의 조보 구독료로 모두 12냥(1인당 4냥씩)을 지출하고, 낭관(郎官) 6인에게 조보를 배달해 주는 조보군(朝報軍) 1인에게 배달료로 4냥을 지불한다고 규정되어 있기 때문이다(법제처, 1975, pp. 54-56). 따라서 이로 미루어 볼 때, 육조의 다른 부서들도 모두 형조와 마찬가지로 조보 구독료를 내고, 조보군에게 수고료도 지불했을 것이다. 그렇다면 육조 모두에서 조보를 보았을 것이라는 합리적 추정이 가능하다.

그러나 신임 관리들은 조보를 보기 어려웠던 것 같다. 인조실록 34권, 인조 15년(1637) 3월 13일 2번째 기사를 보면, "이조(吏曹)가 아뢰기를, '근래에 조사(朝士)들이 [서울에서] 기착할 곳이 없어 간혹 관직을 제수하면 사은하고는 마음대로 시골로 내려가 버리거나, 경성에 있다가 관직을 제수하였는데도 이를 모르고서 그대로 시골로 내려가 버립니다. 이에 간사한 관리가 중간에서 요첩(料帖)을 위조하여 국고의 미곡을 훔쳐 먹는 자가 간혹 있습니다. 이것은 조사가 조보를 보지 못하기 때문입니다. 조보는 종이를 마련하기 어렵다 하더라도 사은과 배사에 관한 분발(分撥)[37] 정도는 조그만 종이에도 쓸 수 있으니, 기별하는 아전 1명을 차출하여 본조에서 행공하고 있는지 여부를 알 수 있게 하고 호조의 급료기(給料記)를 가져다 진위를 조사하도록 하는 것이 합당합니다' 하니, 상(임금)이 따랐다"고 기록되어 있기 때문이다.

(4) 삼사(三司) 고위 관리들은 특히 조보를 많이 읽은 듯

조보는 특히 삼사(三司)의 관리들이 많이 보았던 것 같은데, 삼사란 사헌부·사간원·홍문관을 합하여 부른 말이다. 이들 중 사헌부는 백관에 대한 감찰·탄핵 및 정치에 대한 언론을, 사간원은 국왕에 대한 간쟁과 정치 일반에 대한 언론을 담당한 언관

---

37 제2장에서 살펴보았듯이 조보에 주요 사항이 있을 때, 이 사실을 발행하기 전에 먼저 초안하여 회람한 것으로 오늘날의 호외(號外)와 비슷한 것이다.

(言官)으로, 이 두 기관의 관원을 대간(臺諫)이라 불렀고, 양사(兩司) 또는 언론 양사라 고 하였다. 홍문관은 궁중의 서적과 문한(文翰)을 관장하였고, 경연관(經筵官)으로서 왕의 학문적, 정치적 고문에 응하는 학술적 직무를 담당했는데, 이 기관은 세조 때 없어진 집현전의 기능을 계승한 것이었다. 따라서 언관의 기능을 담당하게 됨으로 서 언론 양사인 사헌부·사간원과 함께 언론 삼사로 부르게 되었다. 그러면 이들 삼사의 관원 중에서는 누가 조보를 보았는가?

이를 실록에서 찾아보았더니 〈표 5-6〉과 같이 사헌부에서 5건, 사간원에서 10건, 홍문관에서 4건으로 총 19건이 나왔다. 즉 앞서 살펴본 육조의 관리들보다 '조보를 보았다'는 삼사 관리들의 수가 더 많았다. 그러나 이는 어디까지나 조보를 본 관리들 중에서 실록에 언급된 사람들의 숫자이므로, 이를 가지고 어떤 관서의 관리들이 조보를 더 많이 보았다고 말할 수는 없다. 하지만 조보를 본 삼사의 관리들이 육조의 관리들보다 실록에 더 많이 언급된 것은 사실인데, 그렇다면 그 이유는 무엇일까?

앞서 간단히 말했듯이 삼사의 관리들은 모두 언관(言官)의 기능을 담당했는데, 언관은 임금에게 간언(諫言) 즉 임금의 잘못을 지적하고 바로잡도록 하는 말을 하는 관원이었다. 그러므로 이러한 삼사의 관원들은 모두 조보를 열심히 읽으면서 혹시 임금의 잘못을 발견하면 그것을 바로잡도록 간언했으며, 이러한 간언이 조보에 게재되었기 때문에 삼사의 관리들 중에 '조보를 보았다'는 관리들이 육조나 그 밖의 관서의 관리들보다 실록에 더 많이 언급된 것 같다. 때문에 삼사의 관리들 중에서도 특히 사간원 관리들이 조보를 보았다는 기록이 실록에 많이 나오는데, 삼사가 모두 언관의 기능을 담당했지만, 그중에서도 사간원은 주로 국왕에 대한 간쟁(諫諍)과 논박(論駁)을 담당한 관청이었던 반면, 사헌부는 언론 활동, 풍속 교정, 백관에 대한 규찰과 탄핵 등을 관장한 관청이었고, 홍문관은 궁중의 경서(經書), 사적(史籍)의 관리와 문한(文翰)의 처리 및 왕의 각종 자문에 응하는 일을 관장하던 관서였기 때문인 것 같다.

(5) 그 밖의 중앙관서 관리들도 조보의 독자

위에서 살펴본 주요 중앙관서의 관리들 이외에도 모든 중앙관서의 관리들이 조보를 읽었던 것 같은데, 실록을 보면 아래와 같이 경연청(經筵廳), 세자시강원(世子侍講院), 약원(藥院: 내의원의 별칭), 중추원(中樞院), 돈녕부(敦寧府), 한성부(漢城府) 등의 관리들도

〈표 5-6〉 삼사 관리들 중 조보를 보았다는 실록 기사

관아 명칭	'조보를 보았다'는 실록 기사와 그 출처	기사 건수
사헌부(司憲府)	① 대사헌(大司憲: 종2품) 김신원(金信元)이 아뢰기를, "앞서 조보에서 사헌부의 계사(啟辭)를 보았는데…"(광해군일기 1권, 광해 1년, 서기 1608년 2월 3일 3번째 기사); ② 장령(掌令: 정4품, 정원 2인) 권경우(權慶祐)가 아뢰기를, "어제 조보에서 삼가 정원(승정원)이 입계한 사연을 보건대"(선조실록 119권, 선조 32년, 서기 1599년 11월 22일 2번째 기사); ③ 장령 정조(鄭造)가 아뢰었다. "성상의 분부를 받들고 나서 조보에 나온 여러 적들의 공초를 상고해 보건대…"(광해군일기 66권, 광해 5년, 서기 1613년 5월 24일 4번째 기사); ④ 장령 김영조(金榮祖)가 아뢰기를, "신이 대궐에 나아가서야 비로소 저보(邸報)[38]를 보았는데…"(인조실록 10권, 인조 1년, 서기 1625년 10월 22일 2번째 기사); ⑤ 지평(持平: 정5품, 정원 2인) 최충원(崔忠元)이 아뢰기를, "신이 14일의 조보를 보니…"(선조실록 154권, 선조 35년, 서기 1602년 9월 22일 3번째 기사)	5건
사간원(司諫院)	① 대사간(大司諫: 정3품) 류인길(柳寅吉) 등이 아뢰기를, "어저께 조보에서 그저께 승지 조탁이 올린 계사를 보았습니다"(광해군일기 46권, 광해 3년, 서기 1611년 10월 29일 1번째 기사); ② 대사간 윤춘년(尹春年) 등이 임금께 아뢰기를, "신들이 이달 8일의 조보를 보니…"(명종실록 13권, 명종 7년, 서기 1552년 5월 26일 1번째 기사); ③ 대사간 이식(李植)이 상소하기를, "신은 병으로 일을 살피지 못하고 외간의 새로운 논의도 아득히 듣지 못하다가 우연히 조보를 접하고는…"(인조실록 14권, 인조 4년, 서기 1626년 8월 29일 2번째 기사); ④ 사간(司諫: 종3품) 신경진(辛慶晋)이 아뢰기를, "신이 삼가 조보를 보니…"(선조실록 56권, 선조 27년, 서기 1594년 10월 12일 3번째 기사); ⑤ 사간 최관(崔瓘)이 임금에게 나아가 아뢰기를, "또 신이 조보를 보니…"(선조실록 57권, 선조 27년, 서기 1594년 11월 16일 1번째 기사); ⑥ 사간 이정원(李挺元)이 아뢰기를, "신이 밤이 깊어서야 조보를 보니…"(광해군일기 75권, 광해 6년, 서기 1614년 2월 24일 5번째 기사); ⑦ 정언(正言: 정6품) 조정립(趙廷立)이 아뢰기를, "신이 도성에 들어온 뒤에 요즈음 조보를 보니…"(광해군일기 67권, 광해 5년, 서기 1613년 6월 3일 2번째 기사); ⑧ 정언 강홍중(姜弘重)이 아뢰기를, "삼가 근일의 조보를 보니…"(광해군일기 67권, 광해 5년, 서기 1613년 6월 9일 2번째 기사); ⑨ 정언 이경증(李景曾)이 아뢰었다. "그런데 조보를 보니…"(인조실록 12권, 인조 4년, 서기 1626년 5월 2일 2번째 기사); ⑩ 정언 강시환(姜時煥)이 피혐(避嫌)하여 임금께 아뢰기를, "요사이 정목(政目)과 조지에 나온 것을 보니…"(순조실록 4권, 순조 2년, 서기 1802년 7월 1일 3번째 기사); ⑪ 헌납(獻納: 정5품, 정원 1인) 김기(金紀)가 아뢰기를, "어제 조보를 보니…"(중종실록 23권, 중종 23년, 서기 1528년 1월 29일 2번째 기사)	10
홍문관(弘文館)	① 부응교(副應敎: 종4품) 권우(權堣), 부교리 윤집(尹鏶), 부수찬 오정위(吳挺緯)가 상소하기를, "신들이 조보를 보니…"(효종실록 8권, 효종 3년, 서기 1652년 6월 7일 5번째 기사); ② 부교리(副校理: 종5품) 이민적(李敏迪)이 청대(請對)하여 입시해서 아뢰기를, "신이 방금 전에 외방에서 왔기 때문에 진휼(賑恤)에 관한 시책을 자세히 모르겠습니다만, 시험 삼아 조보에 나온 것을 보건대…"(현종실록 5권, 현종 3년, 서기 1662년 2월 8일 3번째 기사); ③ 수찬(修撰: 정6품) 엄사만(嚴思晩)이 상소하기를, "신이 전교(傳敎)가 조지에 난 것을 볼 때마다…"(정조실록 8권, 정조 3년, 서기 1779년 11월 12일 2번째 기사); ④ 부수찬(副修撰: 종6품) 이의봉(李義鳳)이 상소하기를, "조지를 받아 보니…"(정조실록 31권, 정조 14년, 서기 1790년 9월 4일 3번째 기사)	4

38 여기서는 저보를 보았다고 했으나, 뒤에서는 "다만 조보에 언급한 것을 근거하여 살펴보니" 운운했다. 그러므로 앞서 저보는 조보를 가리킨 것으로 보이는데, 저보는 곧 조보의 별칭이기 때문이다.

조보를 읽었다는 기록이 나오기 때문이다.

① [경연청] 참찬관 정사룡(鄭士龍)이 조강(朝講)에서 임금께 아뢰기를, "신이 전일(前日)의 조보를 보건대…"(중종실록 48권, 중종 18년, 서기 1523년 5월 20일 1번째 기사)

② [경연청] 검토관 정경세(鄭經世)가 아뢰기를, "임진 변란 초에 신은 상중(喪中)에 있었으므로 어쩌다 조보를 보면, …"(선조실록 59권, 선조 28년, 서기 1595년 1월 30일 2번째 기사)

③ [세자시강원] 찬선 송준길(宋浚吉)이 주강(晝講)에서 아뢰기를, "신이 서울에 들어온 지 이미 수십 일이 되었는데 조보를 연일 보건대…"(효종실록 19권, 효종 8년, 서기 1657년 9월 5일 3번째 기사)

④ [세자시강원] 진선 권시(權諰)가 상소로 아뢰기를, "신이 지금 조정에 와서 조보에 그 이름[鄭之問]이 있는 것을 보고 깜짝 놀라 …"(효종실록 19권, 효종 8년, 서기 1657년 11월 13일 2번째 기사)

⑤ [내의원] 도제조 홍낙성(洪樂性)이 아뢰기를, "조지에 나온 것은 신이 과연 보았습니다마는…"(정조실록 24권, 정조 11년, 서기 1787년 7월 26일 3번째 기사)

⑥ [중추원] 첨지중추부사 정술조(鄭述祚)가 상소하기를, "신이 조지를 얻어 보았는데…"(정조실록 13권, 정조 6년, 서기 1782년 6월 2일 2번째 기사)

⑦ [중추원] 의관 안종덕(安鍾悳)이 올린 상소의 대략에, "요즘의 조지를 보니…"(고종실록 44권, 고종 41년, 광무 8년, 서기 1904년 양력 7월 15일 2번째 기사)

⑧ [돈녕부] 이시수(李時秀)를 임금께서 성정각(誠正閣)에서 소견하였다. 이시수가 말하기를, "[궁궐로 오는] 중로(中路)에 조지에 나온 것을 보았습니다만…"(순조실록 8권, 순조 6년, 서기 1806년 4월 1일 1번째 기사)

⑨ [한성부] 소윤 이건창(李建昌)이 올린 상소의 대략에, "신이 삼가 조보를 보니…"(고종실록 28권, 고종 28년, 서기 1891년 11월 19일 2번째 기사)

위와 같은 여러 관청들 이외에, 특정한 관장 업무가 없이 문무의 당상관으로서 소임이 없는 자들을 소속시켜 대우하던 기관인 중추부(中樞府)의 관원들도 조보를 보았다. 효종실록 20권, 효종 9년(1658) 10월 20일 3번째 기사를 보면, 영중추부사(중추부 최고 책임자, 정1품) 이경석(李景奭)이 올린 상소의 대략에, "신이 향리에 있다 보니 조보를 드물게 받아 보지만, …" 운운했다는 내용이 나오며, 고종실록 27권, 고종 27년(1890) 10월 2일 4번째 기사에도 영중추부사 송근수(宋近洙)가 차자(箚子)를 올려 아뢰기를, "삼가 조보를 보니…" 운운했다고 기록되어 있다. 또한 중추부의 2인자인 판중추부사가 조보를 보았다는 기사도 3건이 나온다.[39]

그런가 하면, 현직에서 물러난 공신이나 고위관료들도 조보를 보았다. 인조실록 47권, 인조 24년(1646) 11월 15일 1번째 기사에는 "평흥군(平興君) 신준(申埈)이 조보를 보고 사람들에게 말하기를…" 운운하는 기사가 나오며, 명종실록 32권, 명종 21년(1566) 3월 5일 1번째 기사에는 "임금이 도승지 강사필(姜士弼)을 영평부원군(鈴平府院君) 윤개(尹漑)의 집에 보내 문병하자, 윤개가 아뢰기를, '신이 늙고 병든 중에서도 날마다 조보를 보고…' 운운했다는 기사가 실려 있다.[40] 그리고 영조실록 33권, 영조 9년(1733) 2월 6일 2번째 기사를 보면, "봉조하 민진원(閔鎭遠)이 임금께 아뢰기를, '그 후 [임금께서] 손수 써 주신 글이 조보에 나온 것을 삼가 보았는데…'"라는 내용이 나오고, 고종실록 30권, 고종 30년(1893) 6월 9일 1번째 기사에는 봉조하 송근수(宋近洙)가 올린 상소의 대략에, "신이 삼가 조지에 나온 글을 보니…" 운운하는 내용이 실려 있는데, 여기서 '봉조하'는 전직 관원을 예우하기 위하여 종2품의 관원이 퇴직한 뒤에 특별히 내린 벼슬을 말한다.

(6) 외관직 고위 관리들도 모두 조보를 읽은 듯

지금까지 위에서는 조선시대 관리들 중에서 우선 경관직, 즉 중앙(한양)에 있는 각 관서 관리들 중에서 조보를 읽었다는 사람들의 실태를 살펴보았다. 그러면 외관직 즉 지방에 있던 각 관아 관원들 중에서 조보를 본 사람들의 실태는 어떠했는가? 이

---

39 ① 판중추부사 기자인(奇自獻)이 이어서 아뢰기를, "신이 조보를 보니…"(광해군일기 72권, 광해 5년, 서기 1613년 11월 6일 2번째 기사) ② 판중추부사 조익(趙翼)이 상소하기를, "신이 조보를 보건대…"(효종실록 11권, 효종 4년, 서기 1653년 9월 21일 4번째 기사) ③ 판중추부사 김종수(金鍾秀)가 상소하기를, "신은 어제 조보를 보고서…"(정조실록 29권, 정조 14년, 서기 1790년 3월 12일 2번째 기사)

40 이들 기사에 나오는 신준은 1506년 중종반정의 공으로 평원군에 봉해졌다. 그리고 윤개는 명종이 즉위하자 문정왕후(文定王后)가 수렴청정하면서 윤원형(尹元衡) 등이 을사사화를 일으켜 대윤(大尹) 일파를 제거할 때 가담해서, 추성위사홍제보익공신(推誠衛社弘濟保翼功臣) 2등에 책록되고 영평부원군에 봉해졌다.

를 알아보기 위하여 실록에 나타난 조보관계기사들 중에서 외관직 관리들이 조보를 보았다는 기사들을 검색해 보았더니, 아래와 같이 4건이 나왔다.

① 평안도관찰사 홍양호(洪良浩)가 상소하였다. "신이 삼가 조지를 보니…"(정조실록 36권, 정조 16년, 서기 1792년 10월 19일 2번째 기사)

② 함경감사 서필원(徐必遠)이 상소하기를, "신이 유학(幼學) 조해(趙楷) 등의 상소 및 조보 내의 양사(兩司)가 인피한 내용을 보고 너무나 놀랐습니다"(현종실록 8권, 현종 5년, 서기 1664년 3월 28일 1번째 기사).

③ 경상도도체찰사판중추부사 이덕형(李德馨)이 임금께 아뢰기를, "지난번 신이 조보를 보니…"(선조실록 142권, 선조 34년, 서기 1601년 10월 19일 2번 째 기사)

④ 광주부윤 민통수(閔通洙)가 상소하여 이르기를, "신이 성주(星州)의 적소(謫所)에 있을 때 갑자기 국상(國喪)을 듣고 곧 주성(州城)에 들어가 그대로 머물러 성복(成服)할 즈음에 지난 조지를 얻어 보았더니…"(영조실록 49권, 영조 15년, 서기 1739년 7월 29일 1번째 기사)

이처럼 외관직 관리 중에서 '조보를 보았다'는 실록 기사가 적게 나온 것은 본래 실록은 왕실이나 중앙관서의 동정을 위주로 기록했기 때문이다. 따라서 실록에는 외관직 관리들이 조보를 보았다는 기록이 적게 나온 것 같다. 그러나 위의 ①과 ②에서 평안도관찰사 홍양호와 함경감사 서필원이 조보를 보았다는 내용을 볼 때 다른 도(道)의 관찰사(觀察使)들도 모두 조보를 보았을 것으로 추정된다. 관찰사는 각 도에 파견되어 지방 통치의 책임을 맡았던 최고의 지방장관으로 감사(監司), 도백(道伯), 방백(方伯), 외헌(外憲), 도선생(道先生), 영문선생(營門先生) 등으로도 불렸는데, 이들은 조정의 동향을 알기 위하여 또는 중앙으로 진출하기 위하여 그 누구보다도 조정이나 중앙관서들의 동정에 관심이 컸기 때문이다.

한편 위의 ③을 보면, 왕명을 받아서 여러 도(道)를 순찰하면서 민정과 군정을 다스리던 도체찰사(都體察使)와 그 휘하의 종사관인 판중추부사도 조보를 보았다. 그리고 ④에서 광주부윤 민통수도 조보를 보았다는 실록 기사로 미루어 볼 때, 전국 각지의 부윤들도 조보를 보았다고 볼 수 있는데, 부윤이란 도(道) 아래 행정구역인 부(府)의 책임자였다. 경기도 광주(廣州)는 본래 목사(牧使: 정3품)를 두었다가 선조 10년(1577)에 부윤(府尹: 종2품)으로 승격하였다가 정조 19년(1795) 유수(留守)로 승격하면서 외관직이 아닌 경관직(京官職: 정2품)이 되었다. 따라서 이러한 부윤이나 유수들 이외에 그 아래 급(級)인 목사(牧使), 군수(郡守), 현감(縣監) 등도 조보를 보았을 것이다.

이 밖에 수많은 외관직 관원들도 조보를 보았을 것이다. 우역(郵驛) 업무를 맡았던 찰방(察訪), 역승(驛丞), 도승(渡丞) 등도 조보를 보았음이 거의 확실한데, 왜냐하면 이들은 조보의 전송 업무도 맡았기 때문이다. 이들 외관직 관리 중 일부에게는 승정원에서 직접 조보를 보내기도 했던 것 같은데, 서울대학교 규장각에 소장되어 있는 고종 16년(1879) 조보의 실물(미정리문서 가번호: 132018)을 보면, 이것이 들어 있는 봉투 앞면에는 '황주목사개탁'(黃州牧使開坼: 황주목사 뜯어 보아라)이라고 쓰여져 있으며, 뒷면에는 '승정원'이라고 적혀 있기 때문이다. 그러나 부(府)·목(牧)·군(郡)·현(縣)의 관리들은 서울에서 경저리가 보내는 조보를 주로 보았는데, 이에 관해서 뒤에서 자세히 살펴보기로 하겠다.

이상에서 '조보를 보았다'는 실록 기사들 중에서 우선 관리들부터 살펴보았는데, 그중에는 실록에 신분을 밝혀 놓지 않은 관리들도 3건이 나왔다. 첫째로 중종실록 52권, 중종 19년(1524) 12월 9일 1번째 기사를 보면, "남곤(南袞) 등이 아뢰기를, '신들이 조보를 보고…'"라고 남곤 등이 조보를 보았다는 사실만 실록에 기록해 놓고 남곤의 신분은 밝혀 놓지 않았다. 그런데 그가 조보를 보았다는 1524년 12월 당시 그는 영의정이었다. 둘째로 선조실록 165권, 선조 36년(1603) 8월 10일 2번째 기사에는 "유영경(柳永慶)이 아뢰기를, '조보와 정원의 계사를 보면…'" 운운하였으나 역시 유영경의 신분은 밝혀 놓지 않았다. 그러나 유영경이 조보를 보았다고 한 1603년 8월 당시 그는 이조판서였다. 셋째로 인조실록 16권, 인조 5년(1627) 5월 15일 4번째 기사를 보면, "김류(金瑬)가 상소하기를, '신이 조보를 보건대…'" 운운하면서 그의 신분은 밝히지 않았으나, 그가 조보를 보았다고 한 1627년 5월 당시 그는 부체찰사(副體察使)였다.

4) 관리들 이외에 실록에 나타난 조보 독자들의 실태

지금까지 '조보를 보았다'는 실록 기사들 중에서 관리들에 대한 기사부터 살펴보았다. 그러면 관리 이외에 조보 독자들에 대해서도 알아보기 위하여 이에 관한 기록을 실록에서 찾아보았다. 그러나 실록 기사에는 이러한 사실이 별로 나와 있지 않았는데, 실록은 주로 관리들의 동정 등을 기록한 것이었기 때문인 것 같다. 그러므로 실록에 나온 조보의 독자들에 관한 기록만을 가지고 관리들 이외에 일반 사람들은 조보를 많이 보지 않았다고 일반화할 수는 없다. 비록 조보에는 나와 있지 않지만 재야의 사대부나 일반 백성들도 기별서리나 경주인들로부터 얻은 조보 또는 이러한 조보의 윤독이나 회람, 무단 필사한 조보 등을 통하여 조보를 많이 읽었을 수도 있기 때문이다.

(1) 전임 관리와 퇴임·사직·파직 관리도 조보를 계속 읽은 듯

전임 관리나 사직한 관리들도 관리의 범주에 넣어야 할 것인가, 아니면 관리가 아닌 일반 백성으로 보아야 할 것인가? 어떤 것이 타당한지는 모르겠으나 실록을 보면 전임 관리들이 조보를 보았다는 기록이 많이 나온다. 예컨대, "원임(原任: 전임) 영의정 김치인(金致仁)이 아뢰기를, '신이 엊그제 조지에서 김우진에게 내린 처분의 전교를 보니…'"(정조실록 22권, 정조 10년, 서기 1786년 10월 27일 1번째 기사), "원임 우의정 정인홍이 상소하였는데, '신이 삼가 조보를 보고 또 길에서 들어 보니…'"(광해군일기 67권, 광해 5년, 서기 1613년 6월 19일 12번째 기사), "원임 좌랑 이회보(李回寶)가 상소하여 이르기를, '신(臣)이 삼가 저보(조보)를 보니…'"(효종실록 2권, 효종 즉위년, 서기 1649년 9월 1일 5번째 기사) 등등의 기사가 있다.

그런가 하면, 현직에서 물러난 공신이나 고위 관리들이 조보를 보았다는 실록 기사로는 ① "평흥군(平興君) 신준(申埈)이 조보를 보고 사람들에게 말하기를…"(인조실록 47권, 인조 24년, 서기 1646년 11월 15일 1번째 기사), ② "임금이 도승지 강사필(姜士弼)을 영평부원군(鈴平府院君) 윤개(尹漑)의 집에 보내 문병하자, 윤개가 아뢰기를, '신이 늙고 병든 중에서도 날마다 조보를 보고…'"(명종실록 32권, 명종 21년, 서기 1566년 3월 5일 1번째 기사) 등등을 들 수 있다. 또한 ③ "봉조하 민진원(閔鎭遠)이 임금께 아뢰기를, '그 후 [임금이] 손수 써 주신 글이 조보에 나온 것을 삼가 보았는데…'"(영조실록 33권, 영조 9년, 서기 1733년 2월 6일 2번째 기사), ④ "봉조하 송근수(宋近洙)가 올린 상소의 대략에, '신이 삼가 조지에 나온 글을 보니…'"(고종실록 30권, 고종 30년, 서기 1893년 6월 9일 1번째 기사) 하는 내용의 기사들도 보이는데, 여기서 '봉조하'(奉朝賀)는 종2품의 관원이 퇴직한 뒤에 전직 관원을 예우하기 위해 특별히 내린 벼슬을 말한다.

한편 죄를 지어 파직당한 관리들도 조보를 보았던 것 같다. 광해군일기 52권, 광해 4년(1612) 4월 2일 2번째 기사를 보면, "이시발(李時發)이 공초(供招)하기를, '삼가 조보를 보니…'" 운운했다고 적혀 있는데, 이시발은 병조참판, 형조판서, 삼남도 검찰사 등을 역임한 문신으로, 1605년 대북 세력들이 선조의 계비인 인목대비(仁穆大妃)의 폐모론을 제기했을 때 이에 반대했다가 양사의 탄핵을 받아 사직당했다. 다음으로 영조실록 42권, 영조 12년(1736) 7월 17일 1번째 기사를 보면, "이관후(李觀厚)가 공초하기를, '18일 패초(牌招: 임금이 승지를 시켜 신하를 부르던 일)를 어겼다는 것으로 파직되어 춘천으로 내려갔었습니다. 그 뒤 조보를 보았습니다'"라고 기록되어 있는데, 이관후가 어떤 벼슬을 했었는지는 알 수 없으나, 위의 기사를 볼 때, 그가 조보를 볼 당시 그는 패초를 어긴 죄로 파직된 전직 관리였다. 또한 광해군일기 66권, 광해 5년(1613) 5월 16일 13번째 기사를 보면, "한응인(韓應寅)이 공초하기를, '신(臣)이 물러 나와 이튿날 조보를 보니…'" 운운했는데, 한응인은 우찬성, 호조판서, 우의정 등을 역임하다 파직당한 문신이었다.

이처럼 죄를 지어서 파직된 관리들도 조보를 보았지만, 실록에는 그 밖의 죄인들도 조보를 보았다는 기사가 나온다. 예컨대, 광해군일기 51권, 광해 4년(1612) 3월 26일 5번째 기사를 보면 "황상(黃祥)이 공초하기를, '조보를 보고서야…'" 운운했다는 내용이 나오는데, 황상이 어떤 사람이고 무슨 죄를 지었으며, 죄를 짓기 전에 조보를 보았는지, 아니면 죄를 지은 뒤에 조보를 보았는지는 정확히 알 수 없으나, 죄인으로서 조보를 본 것은 사실이다.

그런가 하면, 역적이 조보를 보았다는 기사들도 실록에 여러 건 나온다. 예컨대 정조실록 1권, 정조 즉위년(1776) 6월 23일 1번째 기사를 보면, "죄인 이선해(李善海)가 공술하기를, '조지를 보고서 알게 되었으나…'" 운운했다는 내용이 나온다. 또한 선조실록 47권, 선조 27년(1594) 1월 25일 2번째 기사에는 "역적 오원종(吳元宗)이 조보와 기타 문서를 매양 가지고 와서 보여 주었습니다"라는 내용이 나오며, 정조실록 13권, 정조 6년(1782) 6월 30일 7번째 기사에는 "최종악(崔鍾岳)은 흉소(凶疏)를 소매에 넣어 가지고 가서 김순에게 질문하였고 조지를 보고서야…" 운운하는 내용이 나온다. 따라서 이러한 실록 기사들을 볼 때 죄인이나 역적들도 필요한 정보를 얻기 위하여 조보를 구해서 읽었던 것 같다.

(2) 유학자, 선비 등 수많은 사람이 조보를 회람한 듯

한편 유학자와 사인(士人) 즉 벼슬을 하지 않은 선비가 조보를 보았다는 기록도 실록에 여러 건이 나온다. 광해군일기 10권, 광해 즉위년(1608) 11월 10일 6번째 기사를 보면, "유학(儒學) 정충복이 상소하기를, '지난 25일의 조보를 보니…'" 운운한 내용이 나온다. 또한 영조실록 61권, 영조 21년(1745) 2월 13일 1번째 기사에는 "죄인 이경중(李敬中)이 공초하기를, '신의 이웃에 사인(士人) 조징(趙徵)이 있었는데, 술에 취하면 조보를 읽을 때 [대신들의 동정이나 인사관계기사 등에서] 문득 대신(大臣)들의 성자(姓字)를 지웠습니다'"라고 적혀 있다. 그리고 인조실록 6권, 인조 2년(1624) 5월 29일 4번째 기사에는 "장악정 정종명(鄭宗溟)과 교리 정홍명(鄭弘溟)이 상소하기를, '신의 아비는 실로 알지도 못하다가 조보를 보고서야…'" 운운한 내용이 나오는데, 여기서 정종명과 정홍명의 '아비'의 신분은 밝혀 놓지 않았으나, 아마도 평범한 백성이었을 것이라 생각된다.

이러한 사람들 이외에도 수많은 사람들이 조보를 보았는데, 당시는 조보를 한 번 보고 버리는 것이 아니라, 여러 사람들이 돌아가면서 회람했기 때문이다. 이는 선조실록 47권, 선조 27년(1594) 1월 25일 2번째 기사를 보아도 알 수 있는데, 이를 보면, "역적 오원종(吳元宗)이 조보와 기타 문서를 매양 가지고 와서 보여 주었습니다"라고 했다. 또한 광해군일기 57권, 광해 4년(1612) 9월 29일 7번째 기사에도 "우의정 정인홍(鄭仁弘)이 아뢰기를, '신은 먼 외방에 있었으니 흉신(兇臣)들이 멋대로 해 시사가 위태롭다는 것을 어떻게 스스로 알 수 있겠습니까. 박여량이 조보를 신에게 보여 주어 [그것을 알게 되었습니다]'"라고 하여, 정인홍이 멀리 외방에 있을 때 박여량이라는 사람이 그에게 조보를 보여 주었다는 것을 알 수 있다. 그리고 광해군일기 68권, 광해 5년(1613) 7월 27일 6번째 기사에는 "지평 조존도(趙存道)가 아뢰기를, '신이 삼가 관학(館學: 성균관) 유생 이득양(李得養) 등의 상소를 초(草)한 것을 관관(館官) 등의 조보 말단에다 첨부하여 여러 곳에 회람시킨 것을 보았습니다'" 운운하는 내용이 나오는데, 이를 보면 성균관 유생들도 조보를 회람하였고, 조보 말단에 상소의 초안도 첨부한 것을 알 수 있다.

(3) 재야(在野) 식자(識者)들도 조보를 많이 보아

앞서 여러 번 말했듯이 우리나라 조보는 인쇄해서 발행한 것이 아니라, 승정원에서 발표하는 오리지널 버전 조보를 기별서리와 경주인들이 필사해서 배포한 것이었는데, 이들이 일반인들에게 돈을 받고 조보를 판매하기도 했다. 그러면 그것을 산 일반인들이 다시 등서해서 다른 사람들에게 나누어 주었다.[41] 이처럼 조보는 누구나 얼마든지 등서해서 다른 사람들에게 전할 수 있었기 때문에, 재야(在野)의 많은 사람들도 조보를 보았던 것 같다. 예컨대, 정조실록 1권, 정조 즉위년(1776) 7월 24일 1번째 기사를 보면, 임금이 이르기를, "무릇 [역적 심상운의] 결안이 나오게 되면서는 재조나 재야에서 조지를 보는 사람들로 하여금 심상운의 죄악이 이에 그치는 것처럼 알게 만들어 버린 것이다"라는 내용이 나온다. 또한 정조실록 28권, 정조 13년(1789) 9월 28일 3번째 기사에는 우의정 김종수(金鍾秀)가 임금께 아뢰기를, "조지에 나가는 것을 눈이 있는 사람이면 모두가 보았을 텐데" 운운하는 구절이 나온다. 이로 미루어 볼 때 '눈이 있는 사람이면 모두가 조보를 보았을' 정도로 많은 사람이 조보를 보았던 것 같다.

그러나 이는 과장된 표현으로 한문을 모르는 사람은 조보를 볼 수 없었다. 정조 때인 18세기에는 사대부(士大夫) 계층을 제외한 농민, 공인, 상인들은 대부분 한문을 몰랐던 데다가 조보는 특유의 흘림체로 썼기 때문에 접근이 어려웠다. 이는 여성들도 마찬가지였는데, 예컨대 정조실록 42권, 정조 19년(1795) 3월 18일 1번째 기사를 보면, 좌의정 유언호(兪彦鎬)가 아뢰기를, "속히 분부를 내리시어 그[역적 정치달의 처]가 자수하게 하소서" 하니, 임금이 이르기를 "그는 여인의 몸인데 어떻게 조보를 보겠는가. 그러니 자수시키려 한들 어떻게 할 수 있겠는가"라고 하였다는 내용이 나온다.

하지만 글자를 알아도 조보를 보지 못한 사람들도 많았는데, 예컨대 동몽교관(童蒙敎官) 즉 각 군현에서 사학(私學) 서당을 설치하여, 향교에 들어가기 전 어린 학동들을 모아 훈도하던 사람도 조보를 늘상 보지는 못했던 것 같다. 정조실록 44권, 정조 20년(1796) 3월 22일 3번째 기사를 보면, 동몽교관 최곤(崔崑)이 소회 8조를 올리니, 임금이 비답하기를, "아침에 훈련대장의 상소로 인하여 열 줄의 비답을 내렸으니, 너는 모름지기 조지를 가져다 보아라"고 한 내용이 나오기 때문이다.

한편 외떨어진 곳에 있는 까닭에 조보를 보지 못한 사람도 있었다. 정조실록 45

---

41 유영옥, 2010, "『頤齋亂藁』를 통해 본 '조보'의 유통과 함의", 「동양한문학연구」(동양한문학회) 제33집, p. 261를 보면, 조보는 유림(儒林)들 간에 "은혜롭고도 부담 없는 선물"이 되었다고 한다.

권, 정조 20년(1796) 12월 27일 8번째 기사를 보면, 죄인 정경조(鄭景祚)가 임금께 아뢰기를, "집이 외떨어진 곳에 있어 미처 조보를 보지 못했기 때문에 접견하는 자리에 나가서도 전혀 무슨 일인지 몰라서 미처 말하지 못했습니다"는 내용이 나온다. 그런가 하면, 일부러 조보를 보지 않는 사람도 있었다. 예컨대, 정조실록 8권, 정조 3년(1779) 9월 26일 1번째 기사를 보면, "도승지 홍국영(洪國榮)이 임금 앞에 나아가 아뢰기를, '오늘은 신이 성명(聖明)을 길이 헤어지는 날입니다. 이제 부신(符信)을 바치고 나갈 것인데 신이 한번 금문(禁門) 밖으로 나간 뒤에 다시 세상일에 뜻을 두어 조지를 구하여 보고, 사람을 불러 만난다면 이것은 국가를 잊은 것이니, 천신(天神)이 반드시 죽일 것입니다'" 운운하는 내용이 나오는데, 이는 정조의 신임을 얻어 정조의 즉위 직후부터 정권을 장악했던 홍국영이 도승지 직에서 물러나면서, 앞으로는 정치에 관심을 갖지 않을 것이고, 그래서 조보도 보지 않겠다는 것이었다.

(4) 실록에는 무신(武臣)과 외국 공사관 독자는 나오지 않아

위와 같이 조보를 읽지 않는 사람도 물론 있었지만, 수많은 관리들과 일반 백성들이 조보를 보았다. 그런데 실록을 보면, 무신(武臣) 관원들이 조보를 보았다는 기사는 거의 나오지 않는데, 그 이유는 알 수 없다. 그러나 각 도의 관찰사급(종2품)인 병마절도사(兵馬節度使)들과 목사급(牧使級)인 수군절도사(水軍節度使) 등은 조보를 보았을 것으로 추정된다. 이들도 역시 조정에서의 인사(人事) 문제에 민감했을 것으로 생각되기 때문이다. 또한 충무공 이순신의 『난중일기』(亂中日記)를 보면 임진왜란 중에 조보를 보았다는 기록이 아래와 같이 나온다.

> [乙未] 十一月 初一日(1595년 12월 1일). 항복한 왜병에게 술을 먹이다(饋降倭酒): 새벽에 망궐례(望闕禮)를 행하고, 늦게 나아가 공무를 보다. 사도(蛇渡)가 나갔다. 함평·진도·무장(茂長)의 전선(戰船)을 내보냈다. 김희번(金希番)이 서울에서 내려왔다. 조보와 영의정의 편지를 갖고 와서 바치다. 항왜(降倭) 등에게 술을 먹였다. 오후에 방답(防踏)과 활쏘기 7순(巡)을 하다(李忠武公全書 卷之七 亂中日記 중에서).

그런가 하면, 선산 지역에 살았던 무관 출신 노상추(盧尙樞)가 18세기와 19세기에 걸쳐 68년간 중앙에서의 무관직 생활과 선산 시골에서의 생활 등을 상세하게 기록한『노상추일기』(盧尙樞日記) 제3권, 순조 10년(1810) 6월 3일자 일기를 보면, "아침에 초관(哨官) 상득용(尙得容)이 와서 만나서 조보를 보았다"는 내용이 나온다.

마지막으로 비록 조보에는 나오지 않으나, 조선 말기에는 외국의 공사관(公使館)이나 영사관(領使館)에서도 조보를 보았다. 앞서 말했듯이 프랑스 공사관의 통역관이었던 꾸랑(Maurice Courant)이 1894-1896년에 걸쳐 편찬한『한국서지』(Bibliographie Coréenne)를 보면, "현재 조보는 공사관과 영사관에서도 구독하고 있다. 각 관서(官署)와 고급관리들은 [조보] 원본(原本)을 가지며[보며] 승정원서리가 만든 사본(寫本)은 한 달에 1냥반(兩半)의 구독료를 지불한 사람에게 준다"(꾸랑 저, 이희재 역, 1994, pp. 393-394)고 부연 설명해 놓았다. 따라서 이를 볼 때, 1894-1896년(고종 31년-건양 1년) 당시 외국 공사관이나 영사관에서는 승정원서리(아마도 기별서리)가 만든 조보의 사본을 한 달에 1냥반을 주고 사서 보았음을 알 수 있다.

5) 독자들이 조보를 본 장소와 시간

앞에서는 주로 누가 조보를 보았는지에 관해서 살펴보았다. 그러면 끝으로 독자들이 어디서, 언제 조보를 보았는지에 관해서도 간단히 살펴보기로 하겠는데, 이는 조보를 이해하는 데 중요한 요소 중 하나가 되기 때문이다. 예컨대 전국의 어떤 지역에서 조보를 보았는지를 알면, 조보가 지역적으로 얼마나 널리 보급되었는지를 알 수 있다. 또한 조보를 본 시간을 알면 조보가 지역적으로 얼마나 빨리 전달되었는지를 알 수 있다. 그러므로 실록에서 '조보를 보았다'는 사람들이 그것을 어디에서, 언제 보았는지를 검색해 보았더니, 조보를 본 장소에 관한 기사가 23건, 그리고 조보를 본 시기나 시간에 관한 기사는 7건이 나왔다. 하지만 이들 30건의 실록 기사들만으로 조보의 열람 장소와 시간을 정확히 알 수는 없다. 그러나 우선 이들을 간단히 살펴보기로 하겠다.

(1) 대부분 서울에서 많이 보았으나 지방에서도 보아

우선 독자들이 조보를 보았다는 장소부터 살펴보면 대부분 수도인 서울이었으며, 그중에서도 조정이나 대궐이었다. 이는 실록에 나타난 조보의 독자들이 대부분 경관직 관원이었기 때문이라고 볼 수 있다. 인조실록 10권, 인조 3년(1625) 10월 22일

2번째 기사를 보면, "장령 김영조(金榮祖)가 아뢰기를, '신이 대궐에 나아가서야 비로소 저보(조보)를 보았는데…'" 운운했다. 그리고 효종실록 19권, 효종 8년(1657) 9월 5일 3번째 기사에는 "주강(晝講)에서 찬선 송준길(宋浚吉)이 아뢰기를, '신이 서울에 들어온 지 이미 수십 일이 되었는데 조보를 연일 보건대…'" 운운했다. 또한 효종실록 19권, 효종 8년(1657) 11월 13일 2번째 기사에는 "진선 권시(權諰)가 상소로 아뢰기를, '신이 지금 조정에 와서 조보에 그 이름[정지문]이 있는 것을 보고 깜짝 놀라…'" 운운했다고 적혀 있다.

이처럼 중앙관서 관원들은 주로 서울의 조정이나 대궐 등에서 조보를 보았다. 그러나 외관직(外官職)인 각 도관찰사 등은 당연히 지방 임지(任地)에서 조보를 보았는데, 현종실록 8권, 현종 5년(1664) 3월 28일 1번째 기사를 보면, "함경감사 서필원(徐必遠)이 상소하기를, '신이 유학(幼學) 조해(趙楷) 등의 상소 및 조보에 실린 양사(兩司)가 인피한 내용을 보고 너무나 놀랐습니다'"라고 기록되어 있다. 그리고 정조실록 36권, 정조 16년(1792) 10월 19일 2번째 기사에서는 "평안도관찰사 홍양호(洪良浩)가 상소하기를, '신이 삼가 조지를 보니…'" 운운했다. 또한 선조실록 142권, 선조 34년(1601) 10월 19일 2번째 기사에는 "경상등도체찰사판중추부사(慶尙等道都體察使判中樞府事) 이덕형(李德馨)이 임금께 아뢰기를, '지난번 신이 조보를 보니…'" 운운했다는 내용이 나온다.

이러한 외관직 관원 이외에 지방에 가 있던 현직 또는 전직 관리들도 지방에서 조보를 보았다. 광해군일기 82권, 광해 6년(1614) 9월 13일 6번째 기사에 "좌의정 정인홍(鄭仁弘)이 영남[고향 집]에 있으면서 상차(上箚)하여 사직하면서 아뢰기를, '근래 조보를 보니…'" 운운한 것을 보면, 좌의정 정인홍은 영남의 고향 집에 내려가 있으면서도 조보를 보았던 것 같다. 그런가 하면, 파직된 관리가 지방에 내려가서 조보를 보기도 했던 것 같은데, 영조실록 42권, 영조 12년(1736) 7월 17일 1번째 기사를 보면 "이관후(李觀厚)가 공초하기를, '18일 패초(牌招)를 어겼다는 것으로 파직되어 춘천으로 내려갔었습니다. 그 뒤 조보를 보았습니다'"라고 적혀 있다.

그러나 지방에서 조보를 보기는 좀 어려웠던 것 같다. 선조실록 144권, 선조 34년(1601) 12월 25일 2번째 기사를 보면, "헌납 이진빈(李軫賓), 정언 김지남(金止男), 이경운(李卿雲)이 아뢰기를, '신들이 4, 5년 이래 상(喪)을 당하기도 하고 외직(外職)에 있기도 하여 조정에 있던 날이 적어서 그 사이의 조보를 본 것이 드물었으므로…'" 운운했다. 또한 광해군일기 57권, 광해 4년(1612) 9월 22일 3번째 기사에서도 "우의정 정인홍이 상차(上箚)하기를, '신은 영외(嶺外)에 살아서 도성에서 천리 멀리 떨어져 있으니 … 흉신(兇臣)들이 멋대로 해 시사가 위태롭다는 것을 어떻게 스스로 알 수 있겠습니까. 박여량이 조보를 신에게 보여 주어 [그것을 알게 되었습니다]'" 운운하고 있다. 그런가 하면, 고종실록 27권, 고종 27년(1890) 10월 2일 4번째 기사에도 "영중추부사 송근수(宋近洙)가 올린 상소의 대략에, '신이 향리에 있다 보니 조보를 드물게 받아 보지만…'" 운운했다.

(2) 심지어는 조보를 유배지에서도 보고 여행 도중에서도 볼 수 있어

그럼에도 불구하고 유배지에서 조보를 보기도 했다. 명종실록 32권, 명종 21년(1566) 4월 11일 4번째 기사를 보면, "임금이 백인걸(白仁傑)을 [공조의] 선공감부정(繕工監副正)으로 임명했는데, 그는 당시 유배지에서 바둑을 두고 있다가 조보를 보고서야 그것을 알았다"고 기록되어 있다. 비록 그의 유배지가 어디였는지는 밝혀 놓지 않았으나, 조선시대의 유배형은 세 가지 등급, 즉 2,000리, 2,500리, 3,000리로 나누어 서울에서 멀리 떨어진 곳으로 보냈다는 점에서 추측해 볼 수는 있다. 그런데 이처럼 서울에서 멀리 떨어진 유배지에서 그것도 죄인이 어떻게 조보를 얻어서 보았는지는 알 수 없다. 그러나 영조실록 49권, 영조 15년(1739) 7월 29일 1번째 기사를 보면, 뒤에 광주부윤을 역임한 민통수(閔通洙)도 상소하여 이르기를, "신이 성주(星州)의 적소(謫所: 유배지)에 있을 때 갑자기 국상(國喪)을 듣고 곧 주성(州城)에 들어가 그대로 머물러 성복(成服)할 즈음에 지난 조지를 얻어 보았더니…" 운운했다.

한편 여행 중에도 조보를 얻어 볼 수 있었던 것 같은데, 선조실록 6권, 선조 5년(1572) 5월 1일 1번째 기사를 보면, "기대승(奇大升)이 아뢰기를, '신(臣)이 병이 들어 고향으로 돌아갈 때 한강(漢江)에 이르러 조보를 보고 매우 놀랐습니다'"라고 기록되어 있다. 또한 경종실록 5권, 경종 1년(1721) 10월 14일 7번째 기사에는 "우의정 조태구(趙泰耉)가 과천에서 한양 도성(都城)으로 들어오는 길에서 임금의 윤음이 실린 조지를 보았다"고 적혀 있다. 그런가 하면 순조실록 8권, 순조 6년(1806) 2월 7일 1번째 기사에는 "[임금이 북경에서] 돌아온 세 사신(使臣)을 소견(召見)하였는데, 서용보(徐龍輔)가 아뢰기를, '신(臣)이 돌아오는 도중에서 조지를 보니…'" 운운했다. 그리고 순조실록 8권, 순조 6년(1806) 4월 1일 1번째 기사를 보면, "영부사 이시수(李時秀)를 성정각(誠正閣)에서 [임금을] 소견(召見)하였을 때 아뢰기를 '중로(中路)에 조지에 나온 것을 보았습니다만…'" 운운했다. 그러나 여기서 '중로'가 한양으로 오는 중로인지, 아니면 궁궐로 오는 중로였는지는 알 수 없다.

(3) 조보를 본 시기와 시간 등은 독자에 따라 달라

끝으로 조보를 언제 보았는지 살펴보면, 이에 관한 기사는 실록에 모두 7건이 나온다. 우선 조보를 본 시간을 보면, 광해군일기 75권, 광해 6년(1614) 2월 24일 5번째 기사에서 "사간 이정원(李挺元)은 아뢰기를, '신이 밤이 깊어서야 조보를 보니…'" 운운했다. 그리고 광해군일기 66권, 광해 5년(1613) 5월 16일 13번째 기사에서는 "전임 우의정 한응인(韓應寅)은 공초하기를, '신(臣)이 물러 나와 이튿날 조보를 보니…'" 운운했으며, 또한 정조실록 22권, 정조 10년(1786) 10월 27일 1번째 기사를 보면, "[전 영의정] 김치인(金致仁)이 아뢰기를, '신이 엊그제 조지에서 김우진에게 내린 처분의 전교를 보니…'" 운운했다. 그런가 하면, 선조실록 59권, 선조 28년(1595) 1월 30일 2번째 기사에서는 "검토관 정경세(鄭經世)가 아뢰기를, '임진변란 초에 신은 상중(喪中)에 있었으므로 어쩌다 조보를 보면…'" 운운했다. 그러므로 이러한 실록 기사들로 미루어 볼 때, 조보는 통상 아침에 나왔으나 독자들의 편의나 형편, 거주 지역 또는 조보가 전달된 시간이나 날짜에 따라 조보를 본 시간이 독자에 따라 달랐던 것 같다.

하지만 서울의 독자들은 매일매일의 조보를 모두 본 것 같은데, 효종실록 19권, 효종 8년(1657) 9월 5일 3번째 기사를 보면, "주강(晝講)에서 찬선 송준길(宋浚吉)이 아뢰기를, '신이 서울에 들어온 지 이미 수십 일이 되었는데 조보를 연일 보건대…'" 운운했기 때문이다. 또한 인조실록 30권, 인조 12년(1634) 윤8월 21일 2번째 기사에는 "도승지 정온(鄭蘊)이 상소하기를, '신이 삼가 근일의 조보를 보건대…'" 운운했는데, 이 말은 '근일의 조보를 모두 보았다'는 뜻으로 해석할 수 있다. 그러나 정조실록 41권, 정조 18년(1794) 10월 5일 3번째 기사에서는 "우의정 이병모(李秉模)가 임금께 아뢰기를, '갑작스레 조보를 본 신은…'" 운운했는데 여기에서 '갑작스레 조보를 보았다'는 말은 무슨 뜻인지 해석하기가 어렵다.

제5절

조보의 기능과 효과에 관한 분석·고찰

지금까지 조보에 관한 다섯 개의 신문학적 분석대상 영역들 중에서 조보의 독자에 관한 것까지 살펴보았다. 그러면 끝으로 조보의 기능(機能, function)과 효과(效果, effect)에 관하여 고찰해 보기로 하겠는데, 신문학(新聞學)에서는 일반적으로 '신문의 기능'이라고 하면, 신문이 실제로 수행하거나 또는 수행해야 된다고 생각되는 구실이나 사명과 이들의 수행을 위한 제반 활동을 말한다. 그리고 '신문의 효과'라고 하면, 위와 같은 신문의 기능의 수행 결과로서 나타나게 되는 실제적 모든 영향, 즉 독자와 사회에 대한 순기능과 역기능들을 말한다. 그렇다면 신문현상의 하나로서, 우리나라 조보는 어떠한 기능을 어떻게 수행하면서 당시의 독자들과 국가, 사회에 어떠한 효과 내지 영향을 얼마나 미쳤는가?

1) 실록에 나타난 조보의 여러 가지 주요 기능

이와 같은 문제의 고찰을 위하여 우선 실록에서 조보의 기능에 관련된 기사들을 찾아보았다. 그 결과, 조보의 기능에 관한 직접적인 서술이나 설명은 찾지 못했으나, 조보가 맡은 임무 등에 관한 언급은 여러 곳에서 찾아볼 수 있었다. 그러면 이러한 실록 기사들을 중심으로 조보의 맡은 바 기능들이 무엇이었는지부터 추정해 보기로 하겠다.

(1) 국사(國事)에 관하여 관민에게 알리는 공보 기능

실록에서 조보의 기능에 관한 구체적 언급은 중종실록 22권, 중종 10년(1515) 5월 2일 1번째 기사에 처음 나온다. 이를 보면, "조강(朝講)에서 대사헌 권민수(權敏手)가 아뢰기를, '모든 국사(國事)가 비밀이 지켜지지 않고 있는데, 이는 승정원이 잘 검속(檢束)하지 못하기 때문입니다. … 정원에 하교하시어 이런 폐단이 없게 해야 합니다' 하니, 상이 이르기를, '조보가 하는 일은 예로부터 있는 것이다. … 국사를 알리는 것이 조보의 맡은 바 직무이므로, 비밀을 핑계로 조보를 규제해서는 아니 되니, 비밀히 해야 할 일은 승정원이 스스로 알아서 하면 된다'"고 천명했다. 이와 같은 기사를 볼 때, 국사를 알리는 것이 곧 조보의 맡은 바 현재적(顯在的) 정기능이었음을 알 수 있다. 그러므로 국사에 관한 비밀을 핑계로 조보를 규제해서는 안 된다고 중종이 천명한 것은 대단히 선진적인 언론사상이었다.

이와 같은 조보의 공보 기능에 대한 언급은 중종뿐 아니라 그 이후 다른 임금들의 실록에서도 많이 눈에 띄인다. 또한 앞서 조보의 내용에서 살펴보았듯이 국정(國政)에 관한 어떤 사항을 관민에게 알리기 위하여 임금이 먼저 '그것을 조보에 반포하라'고 교시하거나 또는 신하가 임금에게 '어떤 사실을 조보에 내는 것이 어떻겠느냐'고 아뢰면 임금이 '그렇게 하라'고 지시했다는 기사들도 실록에 많이 나온다. 이와 같은 기사는 특히 고종실록에 많이 나오는데, 고종실록에서는 모두 39건의 조보관계기사들 중에서 20건이 이와 같은 내용을 담은 기사로, 전체의 51%나 되었다.

이들 20건의 기사들을 그 내용별로 분류해 보면, 경연(經筵)에서 임금과 신하들이 나눈 이야기를 조보에 발표하라는 명령이 16건으로 가장 많았으며, 다음으로 임금(조대비 포함)의 전교 내용을 조보에 발표하라는 것이 2건이었다. 나머지는 계사(啓辭)를 조보에 발표하라는 것과 입계좌목(入啓座目)을 조지에 반포하는 것을 정식(定式)으로 삼으라는 것이 각각 1건씩이었는데, 마지막의 '입계좌목'은 세자의 서연(書筵)과 소대(召對)에 입대(入對)할 때는 반드시 조보에 반포하라는 것으로 이는 고종 24년(1887) 11월 1일부터는 정식 규정으로 삼았다.

(2) 법령, 형옥(刑獄) 등의 반시(頒示)와 백성의 계도 기능

조보는 위와 같은 국사의 공보 기능과 함께, 법령, 형옥(刑獄) 등에 관한 것을 관민들에게 널리 알려 주는 반시(頒示)와 계도 기능도 수행했다. 이러한 기능은 특히 정조실록에 잘 나타나 있는데, 정조실록 1권, 정조 즉위년(1776) 7월 23일 1번째 기사를 보면, 비록 이는 정조 임금이 아니라 우승지 이의익(李義翊)과 우부승지 김종수(金鍾秀)가 상소에서 한 말이기는 하지만, 아무튼 이들이 임금께 아뢰기를, "역적 심상운(沈翔雲)에 관한 결안(結案: 최종 판결문)이 일단 조지에 나간다면, 안의 백료(百僚)에서 밖의 팔역(八域)에 이르기까지 거의 모두 알지 못하던 바를 더욱 알게 되고 듣지 못하던 바를 더욱 듣게 되어, 천이(天彛)가 크게 밝아지고 백성들의 마음이 통쾌해지게 될 것입니다"라고 했다는 내용이 나온다.

한편 정조실록 52권, 정조 23년(1799) 11월 25일 2번째 기사를 보면, 비변사가 조적법(糶糴法)에 대하여 "경외(京外)의 아문을 막론하고 모곡(耗穀)을 내다 팔 때에 혹시라도 예전의 잘못을 답습함으로써 스스로 중한 처벌을 받지 않도록 하라는 내용으로 제도(諸道)에 엄히 신칙토록 하소서"라 주청하니, 임금이 비답하기를, "이 초기(草記)가 체례(體例)상으로 매우 타당함을 얻었으니 백성에게 무척 다행스러운 일이다. 먼저 경외에 엄히 신칙하라. 그리고 바로 조지에 반포함으로써 각각 이러한 법령을 잘 알고서 감히 범죄 행위를 저지르지 말도록 하라"고 했다.

따라서 이를 볼 때, 정조는 조보를 법령과 형옥에 관한 것을 많은 백성들에게 널리 알려서 백성들이 죄를 짓지 않도록 계도하는 권선징악의 수단으로 간주했고, 따라서 이러한 조보의 기능을 적극적으로 활용했음을 알 수 있다. 그렇기 때문에 정조는 관리들이 형옥에 관한 문제를 다룰 때, 단순히 죄인의 죄만 조보에 싣지 말고, 권선징악적 입장에서 왜 죄인을 처벌했는지 그 이유 등도 게재하도록 했다. 그러면서 이렇게 하지 않은 관료들을 파직시키기도 했는데, 정조실록 1권, 정조 즉위년(1776) 7월 24일 1번째 기사를 보면, 정조는 역적 심상운(沈翔雲)의 국문(鞫問)에 참여했던 여러 당상들을 파직하면서 이르기를, "무릇 결안에서 다섯 가지 조목의 죄안을 전부 기록하지 않았을 뿐 아니라 재조(在朝)나 재야에서 조지를 보는 사람들로 하여금 심상운의 죄악이 이에 그치는 것처럼 알게 만들어 버린 것이다. 이것이 바로 위관(委官)들을 개탄스럽게 여기는 까닭이다"라고, 심상운의 국문에 참여했던 여러 당상들을 파직한 이유를 밝혔다.

조보의 권선징악 기능에 관한 정조의 언급은 정조실록 10권, 정조 4년(1780) 9월 20일 3번째 기사에서도 찾아볼 수 있다. 이 기사를 보면, "좌의정 서명선(徐命善)이 임금께 아뢰기를, '김종수(金鍾秀)를 논핵한 것은 혹시 이 사람을 뒤따라 다시 그런 짓을 하려는 자가 있을지도 모르니, 반드시 매우 엄하게 배척하여 의리는 없어질 수 없고, 제방(隄防)은 무너뜨릴 수 없다는 것을 사람마다 알게 해야만 국가의 형세가 길이 굳건해지고 세도가 안정될 것입니다'"라고 하자, 임금이 말하기를, "경의 말에 실로 격동의 마음을 금할 수 없었다. 이것을 조지에 내어 한편으로는 추향을 바루게 하는 방도[趨向之道]로 삼고, 한편으로는 선(善)을 좋아하고 악(惡)을 미워한다는 뜻을 밝힌다는 것을 보이도록 하겠다"고 했다.

(3) 특히 윤음의 게재를 통한 백성의 효유 기능

실록에 나타난 조보의 또 하나의 주요 기능으로는, 임금이 백성들에게 어떤 사실이나 사건 등에 관하여 잘 알아듣도록 효유(曉諭)하는 것이 있었다. 이러한 조보의 기능은 임금의 각종 교시를 통해서도 수행되었지만, 특히 윤음(綸音)의 게재를 통해 이루어졌다. 윤음이란 조선시대에 임금이 국민에게 내린 훈유(訓諭: 가르치고 타이름) 문서로서, 그 내용은 양로(養老)·권농(勸農)·척사(斥邪)·포충(褒忠)·구휼(救恤)·독역(督役)·군포탕감(軍布蕩減)·계주(戒酒)·과폐이정(科弊釐正)·수성(守城)·반행(頒行) 등 매우 다양하였는데, 이와 같은 윤음은 되도록 많은 사람들에게 널리 알릴 필요가 있었기 때문에 주로 조보에 반포했다.

이러한 임금의 윤음이 조보에 반포되면 여러 사람들이 이를 돌려가며 회람했으며, 또한 그 내용이 구두로도 널리 퍼지게 되어 그 효과가 매우 컸던 것 같다. 예컨대 경종실록 5권, 경종 1년(1721) 10월 14일 7번째 기사를 보면, 우의정 조태구(趙泰耉)가 과천에서 한양 도성으로 들어오는 길에서 임금에게 상소하기를 "윤음이 조지에 반포되어 있었기에 신이 받들어 채 반(半)도 읽기 전에 간담이 찢어지려 하였습니다"라고 기록되어 있는데, 이는 경종이 다병무자(多病無子)하자, 경종 1년(1721) 숙종이 경종의 이복동생 연잉군(延礽君: 훗날 영조)을 세제(世弟)로 책봉하고 정사(政事)를 대행하게 하면서 이런 내용의 윤음을 조지에 반포하자, 이러한 임금의 조치를 거두어 달라고 우의정 조태구가 청하면서 한 말이었다.

백성들에 대한 이러한 효유는 윤음뿐 아니라, 임금의 교시를 조보에 게재하는 것 등을 통해서도 이루어졌다. 이러한 사례는 정조실록 23권, 정조 11년(1787) 4월 4일 4번째 기사에서 찾아볼 수 있다. 이 기사를 보면, 전(前) 검열 이신호(李信祜)가 상언하기를, "갑진년(정조 8년, 서기 1784년) 가을에 조정의 막대한 경사로 인해 출륙(出陸)시키신 은전이 저의 아비에게 미쳤는데 … 성상의 은혜를 입어서 병든 아버지가 죽기 전에 가서 뵐 수 있기를 빕니다" 하니, 임금이 판하(判下: 허락)하기를, "역적의 족속이 아닌데도 부자(父子)가 서로 만나지 못하게 하는 것은 이미 나라의 금법이 아니다. 또 출륙시키지 않은 것과 감등하지 않은 것은 더욱 다름이 있으니 방송(放送)하도록 분부하라. 그리고 이러한 사실을 널리 조지를 보는 사람들로 하여금 알도록 효유하라"고 명령했다.

(4) 실록의 편찬과 개수을 위한 사초(史草)로서의 잠재적 기능

조보는 본래 시의적(時宜的) 소식의 전달을 위한 매체였지만, 그 내용은 후에 실록, 승정원일기, 일성록, 시정기(時政記) 등 각종 역사서를 편찬하거나 수정할 때 그 사초(史草)로도 널리 활용되었기 때문에 이 방면에서도 중요한 잠재적(潛在的) 기능을 수행했다. 이처럼 조보가 실록 등의 편찬과 개수(수정) 시에 그 사초로 사용되었다는 기록은 앞서 조보의 내용에서 말했듯이 실록에 수없이 많이 나온다. 그중 하나로, 광해군일기 21권, 광해 1년(1609) 10월 5일 1번째 기사를 보면, 임진왜란으로 말미암아 실록이 소실되자 이를 다시 편찬하기 위한 사료로 사용하기 위하여 과거의 조보를 모두 찾아서 모았다고 적혀 있다.

이와 비슷한 내용의 기사들, 즉 임진왜란으로 말미암에 소실된 실록을 다시 편찬 또는 개수하기 위하여 과거의 조보를 수집하여 참고했다거나 또는 참고하려고 한다는 기사들은 인조실록에만도 모두 7건이나 나온다. 그리하여 임진왜란 이전의 실록들을 다시 편찬하는 데 조보를 사초로 활용하였음을 알 수 있다.

이처럼 조보는 실록의 편찬과 개수에도 그 사초로 사용되었지만, 승정원일기를 다시 편찬할 때도 주요한 사초의 하나가 되었다. 또한 조보는 시정기(時政記)의 수정에서도 사초로 사용되었으며, 일성록(日省錄)의 편찬과 개수에서도 그 사초로 사용되었다.

(5) 과거시험 답안[試券]의 모범 문장으로도 기능

조보는 위와 같이 각종 사서(史書)의 편찬과 개수에 그 사초로 많이 활용되었다. 그런가 하면, 유생들이 과거시험 답안을 쓸 때 조보를 그 자료나 모범 문장 등으로 활용하기도 했다. 이에 관한 것은 인조실록 14권, 인조 4년(1626) 9월 2일 1번째 기사에서 찾아볼 수 있는데, 이 기사의 내용을 간단히 소개하면 아래와 같다.

> 우의정 신흠(申欽)이 차자(箚子)를 올려 임금께 아뢰기를, … "지금의 [과거시험의] 문체(文體)는 진부한 것이 병폐입니다. 우리나라 선인들이 지은 글들을

따다가 짜 맞추기 때문에 심오한 뜻이 있어서 깊이 반복해서 음미해 보아야 그 글을 좋고 나쁨을 알 수 있는 것이 아닙니다. 더구나 시권(試券: 답안지)이 겨우 5백여 축이어서 수효가 많지 않았는데 어찌 잘못 보아서 인재를 놓칠 리가 있겠습니까. 평소에 아무리 재사(才士)라고 하던 사람도 시험장에 들어가서는 제술(製述)을 잘하지 못하는 경우가 있기 마련인데, 시관(試官)이 어떻게 그가 평소 재사라는 것을 미리 알아서 뽑겠습니까. 신이 비록 가부(可否)하는 것을 혐의스럽게 여겼지만 낙권(落卷: 낙방한 답안지)까지도 지나쳐 보지 않았기 때문에 좋은 작품이 있었는데도 뽑히지 못했다는 것은 신으로서는 생각할 수 없는 일입니다. 그중에 하나라도 약간 특이하고 문세(文勢)가 훌륭한 것이 있었다면 어찌 뽑지 않았을 리가 있겠습니까. 낙권 가운데는 지금의 폐단을 말한 것이 매우 많았는데, 모두가 근래의 조보에 실린 대간(臺諫)들의 논계(論啓) 내용을 베껴 쓴 것으로서, 어염(魚鹽) 등의 해세(海稅)와 사노비(寺奴婢), 공주(公主) 집의 도배하는 문제, 이욱(李澳)·이락(李洛)의 방환(放還), 모장(毛將)의 처리 문제 등등 일일이 따질 수 없는 것으로, 이런 종류가 전체에서 반이나 되었습니다. 그 말들이 난잡한 데다 과문(科文)의 체제에도 어긋났고 문체도 좋지 않았기 때문에 뽑지 않았던 것입니다. 이른바 '재사가 많이 낙방되었다'고 하는 것이 과연 이들을 두고 한 말인지 모르겠습니다.

이는 인조 4년(1626) 경에 과거시험의 답안지[試券]들을 보면, 조보에 실린 대간(臺諫)들의 논계(論啓) 내용을 그대로 베껴 쓴 것들이 많았다는 것이다. 따라서 이로 미루어 볼 때, 당시에 과거시험을 준비한 유생들은 조보를 열심히 읽으면서 그에 실린 대간들의 논계 내용과 문체를 공부해서 과거시험을 볼 때 활용했던 것 같은데, 이러한 사실은 그간에 잘 알려지지 않았다.

그러나 중국의 신문역사를 다룬 책들을 보면, 송나라 때 민간신문인 '소보'(小報)에는 신문판매 촉진 방법의 일환으로서 언제, 어디서, 어떠한 과거시험을 치른다는 뉴스와 함께 과거시험에 필요한 참고물도 소개했다고 한다(차배근, 1984, p. 166). 또한 청나라 때 민간신문인 '경보'(京報)도 역시 과거시험에 관한 뉴스와 정보를 상세히 게재함으로써 과거시험 응시자들이 반드시 경보를 사 보도록 만들었다. 그런가 하면, 경보를 발행한 보방(報房: 일종의 신문사)들에서는 과거시험 준비용 서적까지 출판하기도 했다(차배근, 1984, p. 313).

(6) 역적 모의자와 중국인·왜인에 의한 염탐 수단으로 역기능

조보는 위와 같은 기능들 이외에도 여러 가지 역할을 수행하였다. 그중 하나로는 역적 모의자들이 조정의 동향을 알기 위한 수단으로 조보를 악용하기도 했는데, 이는 조보의 잠재적(비의도적) 역기능의 하나였다고 볼 수 있다. 정조실록 2권, 정조 즉위년(1776) 11월 16일 1번째 기사를 보면, 임금이 하교하기를, "[역적] 윤양후(尹養厚)의 집에서 나온 문서에 의거하여 살펴보면 조지의 연락과 서찰의 왕래가 이처럼 빈번하였는데, … 죄범이 얼마나 흉악한 것인가?"라고 했다고 기록되어 있는데, 이는 곧 윤양후가 역적모의를 하면서 조정의 사정을 엿보기 위하여 조보를 구해서 열심히 읽고 또한 그것을 다른 역적 모의자들과 빈번하게 나누어 보았다는 것이다.

그런가 하면, 조보는 중국인들과 왜인(일본인)들이 우리나라 사정을 염탐하기 위한 수단으로 사용되기도 하였다. 그리하여 중국인들과 왜인들은 우리나라의 잠상(潛商: 법으로 금하는 물건을 몰래 파는 사람)들에게서 몰래 조보를 사 보기도 했는데, 광해군일기 25권, 광해 2년(1610) 2월 11일 4번째 기사를 보면, 아래와 같은 내용이 나온다.

> 임금이 전교하였다. "우리나라의 인심이 좋지 못하고 법령이 엄하지 않아서 간사하고 자질구레한 무리들이 이익을 즐겨 나라를 팔고 있으니 그 폐해가 없지 않다. 조보의 정목(政目)과 국중 기관(機關)에 관한 일을 남몰래 써서 타국에 누설하고 알린다는 기별이 전부터 있었다. 더구나 지금은 왜인들이 국경에 드나들고 중국의 사신이 때 없이 오가는 처지이니, 또 반드시 잠상으로서 그들과 남몰래 교통하는 무리가 있을 것이다. 엄한 기찰(譏察)을 더하여 율(律)에 따라 중히 다스려 뜻밖의 변을 막아야 한다. 이 뜻을 비밀리에 경상도, 평안도 등처의 관찰사에게 유시하라."

이처럼 조보를 중국인이나 왜인(일본인)들에게 파는 일을 법으로 엄격히 금지한 것은, 중국인과 왜인들이 우리나라 기밀이나 사정을 염탐하는데 우리나라 조보가 중요한 구실을 했기 때문이다. 그러나 이는 우리나라 사신이 중국에 가서 그곳 사정을 살필 때 중국의 조보가 중요한 정보원(情報源)이 되었다는 것과 마찬가지이다. 숙종실록 65권, 숙종 46년(1720) 1월 24일 2번째 기사를 보면, 통신정사(通信正使) 홍치중(洪致中) 등이 일본에 갔다가 돌아와서 세자에게 보고하기를, "[저희들이] 저들의 국경에 들어간 뒤로부터 혹시라도 알아 둘만한 사정이 있을까 해서 각별히 유의

하였습니다. 병제(兵制)와 같은 종류에 있어서는 더욱 들어 알고자 하였으나, 연경(燕京: 북경)과는 달리 본래 조보가 없고, 또 그 법령(法令)이 매우 엄해서 비록 하천(下賤)들일지라도 그 사정을 언급하지 않았으므로 실로 탐지해 낼 방도가 없었습니다"라고 했다는 내용이 나온다. 이는 우리나라 사신들이 중국 연경에 가면 그곳 조보를 통해 중국 사정을 탐지했으나, 일본에는 조보가 없어서 그곳 사정을 탐지해 낼 방도가 없었다는 것으로, 이와 같이 우리나라 사신들 역시 조보를 통해 중국의 사정을 탐문했음을 알 수 있다.

(7) 그 밖에 조보의 여러 가지 기능들

지금까지 실록에 나타난 조보의 몇 가지 주요 기능들에 관하여 살펴보았다. 그러나 이 밖에도 조보는 조선 사회에서 여러 가지 기능들을 수행하면서 많은 영향을 미쳤는데, 그중에서 몇 가지만 더 들어 보면 아래와 같다.

첫째로 조보는 신하들의 하의(下意) 또는 민의(民意)들을 임금에게 상달하고, 또 한편으로는 임금의 상의(上意)를 신하들에게 하달(下達)하는 매체로서 중요한 기능을 했다. 이러한 조보의 기능은 주로 신하들의 상소(上疏)와 이에 대한 임금의 비답 형태로 이루어졌는데, 앞서 조보의 메시지에 대한 부분에서 살펴보았듯이, 조보를 보면 신하들이 임금에게 올린 여러 가지 상소들의 내용과 그에 대한 임금의 비답 내용이 상당히 많은 비중을 차지하고 있다.

둘째로 조보는 간쟁(諫爭)의 단서 제공과 자유 토론의 장(場)을 마련해 주는 기능을 담당했다. 이는 정조실록 10권, 정조 4년(1780) 8월 13일 1번째 기사를 보아도 알 수 있는데, 정조 임금이 청대(請對)한 여러 승지 및 삼사의 신하들과 의금부 당상을 불러 하교하기를, "가령 짐이 내린 전교가 참으로 간쟁할 만한 단서가 있다면 조지에 반포하여 안팎으로 하여금 모두 알게 해야만 가부(可否)간에 저절로 대동(大同)의 논의가 있을 것이니, 감히 다시 번거로운 소란을 일삼지 말라"고 하였다.

바로 이와 같은 정조의 하교는 대단히 혁신적 사상으로, 언론의 자유주의 이론(the Libertarian Theory)의 핵심 개념인 '사상의 자유공개시장 원리'(the free market-place of ideas) 개념과 비슷하다고도 볼 수 있다. "만약 임금이 내린 전교라고 할지라도 그에 간쟁할 만한 단서가 있으면, 그것을 조보에 반포하여 모두가 알게 해야만 가부간에 대동의 논의가 있을 것"이라는 생각은 곧 "인간은 이성(理性)에 의하여 정사(正邪)와 선악(善惡)을 구별할 수 있으므로, 누구든지 말하고 싶은 것을 자유롭게 말하도록 허용하면, 자연히 진실되고 건전한 사상은 생존할 것이요, 불건전하고 허위적인 것은 소멸하게 된다"는 '사상의 자유공개시장 원리'와 아주 비슷하기 때문이다.

셋째로 조보는 관민들로 하여금 어떤 공사(公私) 문제 등에 관한 사리를 정확하게 분별토록 만드는 기능을 수행했다. 정조실록 25권, 정조 12년(1788) 3월 27일 2번째 기사를 보면, 임금이 신하들에게 특별히 유시하기를, "조지를 보는 자들로 하여금 자취와 마음이 흑과 백처럼 전혀 다르다는 것을 분명히 알게 하여, 바야흐로 일어나는 의논을 막고 다투어 일어나는 칼날을 막아, 자취와 마음을 헤아리게 하고자 한다"고 천명했기 때문이다.

넷째로 조보는 유언비어의 봉쇄 내지 예방 기능을 갖고 있었다. 정조실록 22권, 정조 10년(1786) 12월 19일 3번째 기사를 보면, "영의정 김치인(金致仁)이 임금께 아뢰기를, '신이 엊그제 황당한 말에 대해 약간 말씀드렸습니다만 요사이 들으니, 여염의 선비들 사이에 이야기가 마구 떠돌아 와전(訛傳)이 와전으로 전해져서 기괴하고 두려운 말들이 갖가지로 나온다고 합니다'" 하자, 임금이 비답하기를, "경(卿)이 아뢴 말을 듣고 매우 놀랐다. 이는 필시 경을 미워하는 자가 나와 정승 사이를 이간질하려고 한 것일 것이다. 그렇지 않다면 이번에 정승으로 거듭 간택된 것이 오랫동안 쉰 끝에 되었기 때문에 기대하는 마음이 도리어 분수에 지나쳐 이쪽을 훼방하여 저쪽을 칭찬하다가 저절로 뜻하지 않았던 곳까지 말하게 된 것일 것이니, '서리를 밟으면 굳은 얼음이 얼 때가 온다'는 경계를 깊이 생각해야겠다. 이 거행의 조목을 승정원에서 조지에 분명히 반포하여 안팎으로 하여금 잘 알게 함으로써 엿보는 간계를 뿌리지 못하게 하라"고 명령했다.

마지막으로 조보의 기능을 하나만 더 들어 보면, 관리들에게 새로운 자세를 가다듬도록 촉구하는 기능을 들 수 있다. 정조실록 42권, 정조 19년(1795) 3월 11일 8번째 기사를 보면, 파주목사와 고양군수에 대한 임금의 처분에 항의해서 양사(兩司: 사헌부와 사간원) 대신들이 사직시켜 달라고 임금에게 요청하자, 임금이 이르기를, "오늘날의 습속을 생각하면 밤중에 나도 모르게 벌떡 일어나곤 하는데 경들 몇 사람을 책망할 것이 뭐가 있겠는가. … 지금 이후로는 자기 자신을 속이다가 다른 사람을 속이고, 다른 사람을 속이다가 임금을 속이고, 임금을 속이다가 자연히 하늘까지 속이고 있는 요즈음의 잘못된 풍조를 서로들 일깨워 주며 더욱더 닦아 나감으로써 괄목할 만한 효과가 있게 해야 할 것이다. 이 일을 경들부터 스스로 유념하는 동시에 중외에서 조지를 보는 자들로 하여금 새로 자세를 가다듬을 줄 알도록 하라"고 했다. 따라서 이를 볼 때, 조보는 관리들에게 새로운 자세를 가다듬도록 촉구하는 데에도 활용되었음을 알 수 있다.

2) 실록에 나타난 조보의 효과와 영향력

앞에서는 조보의 여러 가지 기능들에 관하여 살펴보았다. 그러면 조보는 이러한 기능들을 수행하면서 실제로 당시의 독자들과 국가사회에 어떠한 효과 내지 영향을 얼마나 미쳤을까? 이에 관한 직접적인 언급은 실록에 나와 있지 않지만, 여러 가지 실록 기사들을 보면, 조보의 영향력 내지 전파력은 조보가 새로 등장했다고 추정되는 중종 시기부터 상당히 컸던 것으로 보인다.

(1) 조정의 정사(政事)에 관한 소식 전파에 큰 영향 미쳐

중종실록 48권, 중종 18년(1523) 5월 20일 1번째 기사를 보면, 조강(朝講)에서 참찬관 정사룡(鄭士龍)이 아뢰기를, "신이 전일의 조보를 보건대 '조광조(趙光祖)와 동시에 죄 입은 사람들을 모두 서계(書啓)하도록 했다' 하기에 사람들이 보거나 듣고서 놀라워하지 않는 사람이 없었는데…" 운운하는 말이 나온다. 또한 중종실록 48권, 중종 18년(1523) 5월 26일 2번째 기사를 보면, "재변(災變)으로 인하여 죄인들을 소방(疏放: 놓아 주는 것)할 때, 그 무리들을 모두 놓아 주게 되었다고 잘못 조보에 기록되어 원근에 널리 전파되었다"는 내용이 나온다. 이러한 실록 기사들로 미루어 볼 때, 조보를 직접 본 사람들은 물론이고, 조보를 직접 보지 못한 사람들에게도 조보에 보도된 내용이 전언(傳言)을 통해 입에서 입으로 널리 전파되었음을 알 수 있다.

이처럼 조보는 상당한 영향력과 전파력을 발휘하면서 특히 조정의 정사(政事)에 관한 소식의 전파에 중요한 역할을 했던 것 같다. 예컨대 선조실록 220권, 선조 41년(1608) 1월 28일 6번째 기사를 보면, "경상도 유생 진사 정온(鄭蘊) 등이 상소하기를, '원임대신(原任臺臣) 정인홍(鄭仁弘)이 쫓겨난 것에 대한 진위는 모두 조보에 발표되고 전파된 데에서 나와 원근이 모두 보고 들은 것입니다'"라는 내용이 나온다. 또한 선조실록 178권, 선조 37년(1604) 9월 15일 2번째 기사에는, "대사헌 최천건(崔天健), 장령 이호의(李好義), 지평 최동식(崔東式)이 아뢰기를, [이러한] 도감(都監)의 공사(公事)가 계하된 지 이미 오래되었는데도 어제 조보에 나오고 나서야 비로소 알게 되었으니…" 운운하는 내용이 실려 있다. 따라서 이러한 기사들을 볼 때, 관료들도 조보를 통하여 나라의 여러 가지 소식들을 알았던 것 같다.

한편 선조실록 220권, 선조 41년(1608) 1월 26일 5번째 기사에는 "경상도 유생(儒生) 생원 하성(河惺) 등이 상소하기를, '삼가 생각건대 적신(賊臣) 유영경(柳永慶)이 권세를 멋대로 부리고 파당을 심어 임금을 저버리고 국가를 그르친 죄는 … 조보에 실려 있고 여러 사람의 입에 전파되었으니 이목(耳目)이 있는 자는 누가 보고 듣지 못하였겠습니까…'" 운운하는 내용이 나온다. 따라서 이러한 기사들로 미루어 볼 때, 조보는 나라의 중대사에 관한 뉴스의 폭넓은 전파에 중요한 역할을 하면서 시정(時政)에 관해 관료들와 백성들의 문견(聞見)을 넓혀 주는 눈과 귀의 구실을 담당했고, 조정 내외의 신료들에게 국가 정사(政事)를 이해시키는 동시에 정령(政令)들을 전달해 주는 데에도 중요한 영향을 미쳤다고 볼 수 있다.

이러한 영향은 고급 관리 뿐만 아니라 하급 관리나 일반 백성들에게도 마찬가지였다고 볼 수 있는데, 이들도 간접적인 경로를 통해서 조보를 보거나 그 내용을 귀로 듣고 국가의 정사(政事)를 이해할 수 있었다고 추정되기 때문이다. 결론적으로 말해서 조보는 조선 사회에서 아주 중요한 뉴스 매체의 구실을 하면서 개인들과 국가사회에 많은 영향을 미쳤다고 볼 수 있다.

(2) 실록 기사들에 나타난 조보의 전파력과 영향력

조보가 위와 같이 조선 사회에 여러 가지로 중요한 영향을 미쳤을 것이라는 근거의 하나로는 조보를 통한 각종 소식의 전파가 상당히 빠르고 넓었다는 점을 들 수 있다. 이를 뒷받침하는 기사들이 실록에 상당히 많이 나오는데, 예컨대 숙종실록 11권, 숙종 7년(1681) 2월 3일 2번째 기사를 보면, "영중추부사 송시열(宋時烈)이 임금에게 차자(箚子)를 올려 아뢰기를, '성상(聖上)께서 명령을 내리시어 먼저 궁내로 들여오는 면포부터 변통하라는 전교가 조보에 나가자, 온 나라 사람으로서 들어 알지 못하는 사람이 없으며, 소문이 이르는 곳마다 기뻐 춤추지 않는 이들이 없었습니다'" 라는 내용이 나온다. 또한 영조실록 3권, 영조 1년(1725) 1월 2일 5번째 기사에도 "박상검(朴尙儉)의 옥사(獄事)는 그때 자성의 언문교서(諺文敎書)를 조보에 품출(稟出)하여 여러 신하들로 하여금 모두 보게 했는데, [이처럼] 조지에 실어 원근에 전파시켰으니, 어찌 매우 미안하지 않겠습니까?" 운운하는 내용이 나온다. 이러한 실록 기사들로 미루어 볼 때, 조보가 관리들과 백성들 및 원근에 미치는 전파력과 영향력이 상당히 컸음을 짐작할 수 있다.

이러한 사실은 영조실록 6권, 영조 1년(1725) 5월 13일 14번째 기사에서도 찾아 볼 수 있다. 이를 보면, "최석항(崔錫恒)은 또 일[경종의 시해에 관한 고변]이 동궁에 관계된다는 이유로 옥안(獄案)에 기록하지 말 것을 청하였으나, [김일경이] 이것을 조보에 내어 팔방에 전파시킴으로써 마치 참으로 무함할 만한 단서가 있는 듯이 하여 사람들의 청문을 의란(疑亂)시켰다. 이리하여 그 당여(黨與)들이 서로 흉언을 유포하여 일세(一世)를 광혹(誑惑)시켰는데" 운운하고 있다. 이러한 사실을 보더라도 조보의 영향력과 전파력은 매우 컸음을 알 수 있다.

이처럼 조보의 영향력과 전파력이 상당히 컸던 주요 이유 중 하나는 당시 조선 사회에서는 조보가 유일무이의 공식적 뉴스 매체였기 때문이었다고 볼 수 있다. 비록 조보의 독자들은 주로 조정의 고급 관리들이었기 때문에 조보의 발행 부수는 많지 않았으나, 당시에는 조보를 한 번 보고 버리는 것이 아니라, 여러 다른 사람들이 계속해서 회람했다. 그 결과, 하나의 조보를 여러 사람이 회람함으로써 실제적으로는 하급 관리와 일반 백성들까지도 조보를 보았기 때문에 그 효과나 영향력도 발행 부수보다 몇 배가 증대되었다고 볼 수 있다.

(3) 결언: 조보의 기능과 효과에 관한 앞으로의 연구 방향

지금까지 실록 기사들에 나타난 조보의 기능과 영향력에 관하여 살펴보았다. 그러나 이에 관한 사료들의 부족으로 제대로 알아보지 못했다. 따라서 앞으로는 실록 이외에 다른 여러 가지 실증적 사료들을 찾아내서 이들을 바탕으로 조보의 기능과 영향력에 관하여 좀 더 과학적으로 연구해 볼 필요가 있다. 다행히 이러한 방향의 연구가 나오기 시작해서 마지막으로 이것을 간단히 소개해 보고자 하는데, 이는 바로 유영옥의 "『이재난고』(頤齋亂藁)를 통해 본 '조보'의 유통과 함의"(「동양한문학연구」 제33집, 2011)라는 제목의 연구논문이다.

이 논문은 조선 후기의 학자 이재(頤齋) 황윤석(黃胤錫: 1739-1791)의 문집『이재난고』에 나타난 조보의 활용 방법을 중심으로 당시 조보의 주요 기능들을 연구한 것이다. 이 연구에서 유영옥은 조선 사회에서 조보의 주요 기능 내지 구실로 여섯 가지, 즉 ① 공론정치의 대본(臺本), ② 일종의 구직(求職) 정보지, ③ 고향 소식을 전하는 안서(雁書), ④ 지인(知人)과의 사적(私的) 네트워크의 연결 고리, ⑤ 다른 사람들과의 관계를 가늠하는 척도, ⑥ 지인(知人) 등에 주는 은혜롭고 부담 없는 선물로서의 기능들을 손꼽았다. 이러한 조보의 기능들은 "황윤석을 비롯한 조선 사회의 사대부들이 조보를 가지고 무엇을 했느냐?"(What the aristocrats did with the newspaper?)라는 '이용과 충족 이론'의 입장(The uses and gratification approach)에서 조보의 기능들을 고찰해 본 것인데, 이처럼 사족(士族) 황윤석이 조보를 어떻게 활용했느냐를 중심으로 조보의 기능을 연구해 본 것은 매우 참신하고 흥미로운 시도이다.

반면, 앞서 이 책에서 살펴본 실록에 나타난 조보의 기능들은 "조보는 독자 개인들과 조선 사회에 무엇을 했느냐?"(What the Chobo did to people and society?)라는 미디어 중심의 시각에서 본 것이라고 할 수 있는데, 물론 이러한 연구도 필요하다. 그러나 앞으로는 조선시대 문인들의 문집 등에 나타난 사료들을 바탕으로 "당시 조보의 독자들이 조보를 가지고 무엇을 어떻게 하면서 자신들의 사회적 또는 개인적 욕구들을 충족시켰는가?"는 '이용과 충족 이론'의 입장에서 조보의 기능들을 고찰해 볼 필요가 있다. 그리하여 조선 사회에서 조보가 도대체 어떠한 기능을 어떻게 수행하면서 당시의 독자들과 국가사회에 어떠한 효과 내지 영향을 얼마나 미쳤는지를 정확하게 밝혀볼 수 있을 것이다.

참고문헌

동양어 문헌

강대원(1959), 『세계신문소사』(世界新聞小史). 서울: 서울신문학원.

거궁전(戈公振)(1928), 『중국보학사』(中國報學史). 상하이: 상하이서국(上海書局).

고대 아세아문제연구소 육당전집편찬위원회 편(1973), 『육당 최남선 전집』 4권. 서울: 현암사.

고려대학교민족문화연구소 편(1971), 『한국도서해제』. 서울: 고려대학교민족문화연구소.

곽복산(1955), 『신문학개론』. 서울: 서울신문학원.

김갑천(1998), "인조조(仁祖朝) 정치의 이기론적(理氣論的) 패러다임: 재이론(災異論)을 중심으로", 「한국사회과학」(서울대학교 사회과학연구원) 제20권 제4호, pp. 145-182.

김경래(2004), "인조대(仁祖代) 조보와 공론정치", 문학석사학위논문(서울대학교 대학원).

김경수(1999), "조보의 발행과 그 성격", 「사학연구」 제58-59호, pp. 723-755.

김두종(1974), 『한국고인쇄기술사』. 서울: 탐구당.

김민환(1996), 『한국언론사』. 서울: 나남.

김상호(1986), "조선시대(朝鮮時代)의 공문서관리(公文書管理)", 「서지학연구」(한국서지학회) 제1집, pp. 157-175.

김영주(1999), "조선조 민간인쇄조보의 몇 가지 쟁점", 「언론학연구」(부경언론학회) 제3집, pp. 266-299.

김영주(2008), "조보에 대한 몇 가지 쟁점: 필사조보의 기원, 폐간시기, 기문기사의 성격과 민간인쇄조보를 중심으로", 「한국언론정보학보」 통권 제43호, pp. 247-281.

김영주·이범수(2017), "조선시대 민간인쇄조보의 언론사적 의의", 「한국언론정보학보」 통권 제85호, pp. 8-29.

김일성종합대학신문학강좌(1958), "조선 신문의 원형(原型)으로서의 기별지에 관하여", 「력사논문집」 제2집, 평양: 과학원출판사.

꾸랑, 모리스 저, 이희재 역(1994), 『한국서지』(韓國書誌). 서울: 일조각.

라이광린(賴光臨)(1966), 『중국신문전파사』(中國新聞傳播史). 타이페이(臺北): 삼민서국(三民書局).

리용필(1985), 『조선신문100년사』. 평양: 김일성종합대학출판사.

리철화(1995), 『조선출판문화사: 고대~중세』. 평양: 사회과학출판사.

민세안재홍선집간행위원회 편(1992), "신문론", 『민세안재홍선집 4』. 서울: 지식산업사, pp. 279-343.

민세학인(民世學人)(1935), "조선신문소사: 기원은 조보, 개화의 선구", 「조선일보」 제5069호-제5089호, 1935년 7월 6일부터 27일까지 총 17회 연재.

박정규(1978), "조보의 기원에 대한 연구", 「신문연구소학보」(서울대학교신문연구소) 제15집, pp. 113-134.

박정규(1982), "조선왕조시대의 전근대적 신문에 관한 연구: 조보와 그 유사물의 특성을 중심으로", 문학박사학위논문(서울대학교 대학원).

박정규(1983), "한성순보와 조보에 관한 연구", 「한국언론학보」 제16호, pp. 23-31.

박제가(1778), 『북학의』(北學議).

박제가 저, 이익성 역주(1971), 『역주북학의』. 서울: 을유문화사.

법제처 편(1975), 『추관지』. 서울: 법제처.

삼소거사(三笑居士)(1916), "조선신문계의 회고와 아보(我報)", 「매일신보」(每日申報), 1916년(大正 5년) 3월 4일자 3면.

서진원(2016), "조보에 관한 기록학적 고찰", 문학석사학위논문(서울대학교 대학원).
성준덕 편(1955), 『한국신문사』. 서울: 신문학회.
수춘학인(壽春學人)(1930), "조선신문잡지연혁급발달사"(朝鮮新聞雜誌沿革及發達史), 「별곤건」 제5권 6호, pp. 22-27.
신석호(1964), "조선왕조실록의 편찬과 보관", 『한국사료해설집』. 서울: 한국사학회, pp. 14-82.
심영환(2008), 『조선시대 고문서 초서체연구』. 서울: 소와당.
안민세(1947-1948), "조선신문소사", 「신문평론」 제1호-제4호, 1947년 4월부터 1948년 2월까지 연재.
안재홍(1927), "조선신문사론", 「조선일보」, 1927년 1월 5일부터 9일까지 3회 연재.
안재홍(1935), "조선신문소사", 「조선일보」, 1935년 7월 6일부터 7월 27일까지 연재.
안확(1923), 『조선문명사』(일명 朝鮮政治史). 서울: 회동서관.
야마구치 마사유키(山口正之)(1933), "清朝に於ける在支西歐人と朝鮮使臣", 「史學雜誌」 44권 7호, pp. 74-80.
양진석(2000), "국민대 소장 조보의 특징", 「학예연구」(국민대학교 박물관) 창간호, pp. 45-53.
유길준전서편찬위원회 편(1883), "신문에 대한 해설문", 『유길준전서 4』. 서울: 일조각.
유길준(1895), "신문지", 『서유견문』. 도쿄: 교준사(交詢社), pp. 457-469.
유영옥(2011), "「이재난고」(頤齋亂藁)를 통해 본 '조보'의 유통과 함의", 「동양한문학연구」(동양한문학회) 제33집, pp. 237-266.
유자후(1949), 『조선민주사상사』. 서울: 조선금융조합연합회.
이광린(1962), "경주인연구", 「인문과학」(연세대학교 인문과학연구소) 제7집, pp. 237-267.
이광린(1974), "한성순보와 한성주보에 대한 일고찰", 『한국개화사연구』. 서울: 일조각, pp. 60-102.
이긍익(1776), 『연려실기술』(燃藜室記述), 별권 권지13, 정교전고(政敎典故) 형옥금령(刑獄禁令).
이상협(1956), "한국신문의 걸어온 발자취", 『대한신문연감: 1956』. 서울: 대한신문연감사, pp. 1-18.
이이(李珥)(1578), 『석담일기』(石潭日記: 하권). 선조 11년(1578), 만력(萬曆) 6년 무인(戊寅).
이종수(1931), "조선신문사: 사상변천을 중심으로", 「동광」 제28호(1931년 11월호), pp. 69-75.
이종수(1934), "조선잡지발달사(완)", 「신동아」 제4권 6호, pp. 68-72.
이종수(1936), "조선잡지발달사", 「조광」 제2권 12월호, pp. 122-136.
이중화(1918), "반도(半島)의 신문과 잡지", 「반도시론」(半島時論) 1918년 1월호, pp. 20-30.
이진섭(1968), "왕조의 언론전사(言論前史) 형태", 「한국의 언론」 간행위원회 편, 『한국의 언론』(제1집). 서울: 문화공보부, pp. 19-32.
이홍직 편(1963), 『국사대사전』. 서울: 일중당.
일기자(一記者)(1925), "조선언론계의 연혁", 「개벽」 제59호(1925년 5월호), pp. 63-65.
임근수(1969), "동양에 있어서의 근대신문의 생성과정에 대한 비교사적 연구", 「아세아연구」(고려대학교 아세아문제연구소) 36집, pp. 161-206.
임근수(1970), 『신문발달사』. 서울: 정음사.
임근수(1975), "한국커뮤니케이션사 연구의 방법에 관한 일고찰", 「신문연구」 제16권 제1호, pp. 116-146.
임우성(1938), "조선신문사", 「비판」, 1938년 8월호, pp. 2-10.
임종순(1969), "조보와 경보에 대하여", 「서지학」 제2호, pp. 19-29.
전해종(1965), "승정원고"(承政院考), 「진단학보」 제25-27합병호, pp. 182-221.
정진석(1990), 『한국언론사』. 서울: 나남.
정진석(2009), "경성제대 졸업한 엘리트, 왜 북한은 이름을 지웠을까?" 「신동아」 통권 603호(12월호), pp. 584-595.
주촨유(朱傳譽)(1967), 『송대신문사』(宋代新聞史). 타이페이(臺北): 중국학술저작창조위원회.

진기홍(1964), 『구한국시대의 우표(郵票)와 우정(郵政)』. 서울: 경문각.
쩡쉬바이(曾虛白) 편저(1981), 『중국신문사』. 5판. 타이페이(臺北): 국립정치대학신문연구소.
차배근(1980), "우리나라 조보에 대한 신문학적 분석고: 한국신문의 원형으로서의 그 사적 의의", 「신문연구소학보」(서울대학교) 제17집, pp. 65-102.
차배근(1984), 『중국전근대언론사』(中國前近代言論史). 서울: 서울대학교출판부.
차배근(1984), "중국 「저보」(邸報)의 기원과 발달과정에 관한 소고(小考): 우리나라 「조보」와 비교연구를 위하여", 「신문연구소학보」(서울대학교) 제21집, pp. 53-99.
차배근(1996), "한국 근대신문의 생성과정과 「독립신문」: 이식설에 관한 몇 가지 의문점을 중심으로." 「언론과 사회」 14호, pp. 5-33.
차상찬(1935), "조선신문발달사", 「개벽」(신간) 4호(4월호), pp. 2-12.
차상찬(1936), "조선신문발달사", 「조광」 제2권 11호(1936년 11월호), pp. 40-52.
차상찬(1971), "한국신문 발달사", 「저널리즘」 5호(봄호), pp. 156-165.
천관우(1963), "한국신문전사(韓國新聞前史)의 몇 가지 문제", 고재욱선생화갑기념논총편찬위원회 편, 『민족과 자유와 언론』. 서울: 일조각, pp. 411-444.
천관우(1968), "한국신문 80년의 발자취: 제1부 해방 이전", 한국신문협회, 『한국신문연감: 1968』. 서울: 한국신문협회, pp. 27-46.
천관우(1969), 『언관(言官)·사관(士官)』. 서울: 배영사.
최남선(1935), 「고사천자」(古事千字): '[秋] 춘추관' 「매일신보」, 1935년 9월 11일부터 11월 27일까지 연재.
최남선(1973), 「고사천자」, 육당최남선선집편찬위원회 편, 『육당최남선전집 4』. 서울: 고려대학교 아세아문제연구소, pp. 96-99.
최승희(1981), 『조선초기 언관·언론연구』. 서울: 서울대학교출판부.
최승희(1985), 『한국고문서연구』. 성남: 한국정신문화연구원.
최승희(1989), 『한국고문서연구』(증보판). 서울: 지식산업사.
최정태(1992), 『한국의 관보: 조선조에서 대한민국 정부수립 이전까지』. 서울: 아세아문화사.
최준(1960), "한국신문사의 서설", 「신문학보」 창간호, pp. 16-25.
최준(1960), 『한국신문사』. 서울: 일조각.
필자미상(1910), "한국에 신문지", 「대한매일신보」 한글판 1910년 1월 1일자(국한문판 1910년 1월 6일자에는 "아국(我國)에 보지(報紙)"라는 제목으로 실렸음).
하정(霞汀)(1934), "조선신문발달사: 사상변천을 중심으로", 「신동아」 제4권 5호, pp. 52-59.
한국정신문화연구원 편(1991), 『한국민족문화대백과사전』. 성남: 한국정신문화연구원.
황현(1971), 『매천야록』(梅泉野錄). 서울: 국사편찬위원회.
황현 저, 이장희 역(1973), 『매천야록』. 서울: 대양서적.
희산학인(希山學人)(1924), "40여 년간 변천 많은 조선신문계: 민간경영은 서재필씨가 효시", 「매일신보」, 1924년 6월 1일자 4면.

서양어 문헌

Allen, Eric C. (1930), "International Origins of the Newspaper," *Journalism Quarterly* VII, No. 4, pp. 307-319.
Boivin, Emile (1952), *Histoire du Journalism*, Paris: Puf.

Bücher, Karl (1893). *Die Entstehung der Volkswirtschaft*. Tübingen, Germany: H. Laupp. Translated by S. Morley Wickett, *Industrial Evolution*. New York: H. Holt.

Bücher, Karl (1922). "Die Aufänge des Zeitungswesens" (*The Origin of the Press*). In Karl Bücher, *Die Entstehung der Volkswirtschaft*. Tübingen, Germany: H. Laupp; 이해창(1979). 『독일신문학연구』(제3판). 서울: 이화여자대학교출판부, pp. 157-187.

Cicero (1912-1918). *Letters to Atticus*. Translated by E. O. Winstedt. 3 vols. London: Heineman.

Cicero (1927-1929). *Epistulae ad Familiares*(*Letters to his Friends*). Translated by W. Glynn Williams. 3 vols. London: Heineman.

Endres, Kathleen L. (2008). "Newsletters, Newspapers, Pamphlets." In Rashimi Luthra (Ed.) *Journalism and Mass Communication*, Vol. I. Paris: Unesco-Eolss, pp. 90-104.

Fand, Irving (1997). *A History of Mass Communication*. Boston: Focal Press.

Giffard, C. Anthony (1975-1976). "Ancient Romes Daily Gazette," *Journalism History* 2(4), pp. 107-108.

Groth, Otto (1928). *Ein system des Zeitungskunde*. Mannbeim: J. Bensheimer.

Jebb, Richard C. (1907). "Ancient Organs of Public Opinion," *Essay and Addresses*. Cambridge: Cambridge University Press.

Lin Yu-Tang (1936). *A History of the Public Opinion in China*. Chicago: University of Chicago Press.

Merrill, John (1959). *A Handbook of the Foreign Press*, Baton Ruge, Los Angeles: Louisiana State University Press, 1959, p. 31.

Romeo, Nick (2013). "Social Media is So Old Even the Romans Had It," www.thedailybeast.com/artricles/2013/10/25.

Stephens, Michell (1988). *A History of News: From the Drum to the Satellite*. New York: Viling Penguin, pp. 61-67.

Suetonius, Gaius (1924). *The Lives of the Caesars*. Translated by J. C. Rolfe. London: Heineman.

Tacitus (1942). *The Annals of Tacitus*. Translated by Alfred John Church and William Jackson Brodribb. New York: The Macmillan and Co.

Wright, Charles R. (1959). "Functional Analysis and Mass Communication," *Public Opinion Quarterly* 24, pp. 605-620.

웹사이트

"조보." 고려대학교 해외한국학자료센터. http://kostma.krea.a.ckr/dir/list?vci=RIKS+ORMA+KSM-WU.0000.0000-20140410.TOYO_1101

"조선왕조실록." 국사편찬위원회 조선왕조실록. https://silok.history.go.kr

찾아보기

ㄱ

가주서(假注書) 509, 517

각초(閣鈔) 120, 121, 148, 200, 201, 248, 258

간쟁(諫爭) 428, 483, 550, 591, 657

강대원(康大元) 44

「개원잡보」(開元雜報) 14

거궁전(戈公振) 137, 241, 612

거조(擧條) 381, 388, 398, 420, 421, 424, 434, 564

게시판신문(揭示板新聞) 48, 223, 494, 495

게판(揭板) 491, 492, 493

경관(京官) 445, 630

『경국대전』(經國大典) 433, 488, 521

경기(京奇) 67, 89, 108, 116-119, 121, 200, 201, 204

경모(京毛) 115, 121

경보(京報) 9, 38, 57, 61, 63, 64, 67, 89, 108, 116-121, 123, 130-133, 136, 138, 142, 148, 167-172, 174-176, 200, 257, 258, 594, 655

『경연일기』(經筵日記) 27, 85, 291, 523

경인청(京人廳) 614

경저(京邸) 47, 49, 65, 71, 74, 116, 119, 127, 140, 143, 149, 214, 246, 267, 493, 607, 608, 615

경저리(京邸吏) 49, 71, 74, 137, 143, 146, 242, 245, 495, 497, 593, 608, 614, 615

경저리 버전 496, 497

경종수정실록(景宗修正實錄) 386, 387, 389-391

경종실록(景宗實錄) 386, 387, 390

경주인(京主人) 18, 19, 38, 43, 46-49, 54, 71-74, 85, 114, 127, 140, 142-144, 204, 214, 245, 491-493, 520, 594-596, 600, 607, 608, 611-615, 617, 624, 643

계수주인(界首主人) 595

계판(揭版) 419

「고사천자」(古事千字) 38, 139

고종실록(高宗實錄) 448, 450

공론(公論) 37, 42, 76, 78

관보(官報) 10, 12-15, 18, 26, 32, 33, 41, 46, 49, 53, 64, 70, 72, 74, 80, 108, 115, 118-200, 121, 124, 141, 146, 148, 149, 200, 202, 247, 249, 285, 292, 466-468, 612

관보국(官報局) 32, 49, 141, 148, 464, 524

광해군일기(光海君日記) 334, 336, 338, 340, 345, 346, 538

광해군일기중초본 337, 358

괘서(掛書) 424

교서관(校書館) 67, 521

군보(軍報) 257

규장각(奎章閣) 90, 91, 457, 605, 627

기문기사(奇聞奇事) 58

기별(奇別) 5, 6, 11, 13-15, 18, 22, 23, 29, 30, 35-37, 46-49, 58, 61, 64, 67, 72, 74, 83, 89, 108, 114-117, 119-121, 123, 128, 129, 136, 141, 142, 145, 147-153, 155, 157, 262, 266, 268, 269, 279, 280, 282, 285, 287, 613

기별군사(奇別軍士) 14, 16, 18, 38, 41, 43, 49, 58, 59, 64, 68, 73, 74, 85, 146, 147, 183, 192, 196, 491-493, 594-596, 601-603, 605, 606, 612, 614, 624

기별사령(奇別使令) 605

기별서리(奇別書吏) 14, 16, 19, 35, 38, 41, 43, 49, 54, 58, 59, 64, 67, 73, 74, 82, 85, 140, 146, 147, 154, 157-159, 183, 193, 196, 197, 204, 320, 490-492, 494, 495, 497, 520, 594-596, 600-605, 607, 612, 614, 624, 643

기별제도(奇別制度) 19, 129, 212

기별지(奇別紙) 8, 9, 12, 15-17, 19, 21, 22, 41-44, 48, 53, 58, 61, 66, 72, 79, 80, 81, 84, 89, 108, 121, 128, 142, 145, 147, 151, 152, 155-157, 159, 200, 210, 211, 262, 278, 486

기별청(奇別廳) 49, 35, 152, 154, 157, 159, 491, 494, 599, 600, 614

기별초(奇別草) 32, 33, 141, 148, 517, 524
기별하리(奇別下吏) 154, 158, 598, 603
기주관(記注官) 416, 440, 557
김경래(金慶來) 76
김경수(金慶洙) 75
김경진(金敬鎭) 93
김민환(金珉煥) 19
김영주(金永周) 59, 62, 148
꾸랑, 모리스(Courant, Maurice) 29, 116, 119, 202, 462, 465, 468, 473, 489, 516, 524, 544, 593, 597, 618, 646

ㄴ

『난략』(爛略) 192
『난록』(爛錄) 96, 97, 117, 173
난보(爛報) 15, 38, 41, 48, 58, 61, 72, 74, 89, 97, 108, 115, 117, 120, 121, 123, 130, 131, 136, 142, 145-148, 162-166, 173, 200, 401
『난보초록』(爛報抄錄) 95, 98
『난선』(爛選) 68, 95, 97, 117, 173, 192
『난여』(爛餘) 95, 96, 117, 192
『난여일록』(爛餘日錄) 96
『난초』(爛抄) 68, 95-97, 192
『난초』(爛草) 98, 173
녹지(錄紙) 51, 118, 203, 204
「뉴스 레터」(*News-Letter*) 237

ㄷ

단란조보(斷爛朝報) 116, 162, 166, 268, 308
당보(塘報) 27, 116, 120, 121, 138, 142, 148, 176, 200, 201, 257, 271, 272, 274, 382, 523, 578, 579
당후(堂后) 356
대간(臺諫) 154, 183, 330, 356, 360, 377, 635
데스터, 칼(Karl d'Ester) 237
「독립신문」 4, 5, 10, 11, 15, 43, 53, 284, 285, 287, 295, 474
동중서(董仲舒) 588

ㄹ

라이광린(賴光臨) 246
「로마사제연보」(羅馬司祭年報) 217
리용필 81, 595, 597
리철화 595
린위탕(林語堂) 246

ㅁ

『매천야록』(梅泉野錄) 32, 45, 46, 139, 141, 148, 213, 267, 461, 523, 612, 619
명종실록(明宗實錄) 314
목판인쇄(木板印刷) 16, 247, 255, 521
『미암일기』(眉巖日記) 100, 317
민간인쇄조보(民間印刷朝報) 5, 10-13, 18, 21-23, 26-28, 40, 43, 45, 60-62, 285, 286, 291, 293-296, 320
민세학인(民世學人) 286
민치량(閔致亮) 97

ㅂ

박문국(博文局) 18, , 471, 472, 474
박정규(朴正圭) 50-52, 92, 116, 118, 139, 142, 149, 167, 204, 213, 280, 468, 545, 583
박정현(朴鼎賢) 101
박제가(朴齊家) 27
방지(榜紙) 118, 203, 204
보발(步撥) 606, 624
보방(報房) 176, 256, 258, 360, 655
보장(報狀) 120, 121, 148, 200, 201, 249
『북학의』(北學議) 27
분발(分撥) 51, 67, 115, 118, 119, 121, 123, 134-136, 188-193, 194-198, 502, 634
뷔허, 칼(Bücher, Karl) 220, 234, 237
빈청(賓廳) 598

ㅅ

사간원(司諫院) 183, 190, 288, 289, 398, 431, 498, 634

사변가주서(事變假注書)　67, 488, 499, 501
사헌부(司憲府)　26, 190, 289, 292, 293, 634
상도유후원(上都留後院)　214, 246, 247
상도진주원(上都進奏院)　214, 246, 247
색승지(色承旨)　511, 512, 499
서한신문(書翰新聞)　19, 49, 141, 214, 217, 223, 225, 231, 236, 245, 494, 496, 613
『석담일기』(石潭日記)　25, 28, 39, 291
선조수정실록(宣祖修正實錄)　357
선조실록(宣祖實錄)　316-326, 328, 329, 332, 357
설총(薛聰)　9, 10, 12, 16, 22, 23, 66, 146, 211, 285
성준덕(成俊德)　17, 43, 286, 615
성희안(成希顔)　307
소보(小報)　57, 89, 108, 121, 123, 130, 133, 134, 136, 138, 179-186, 200, 253, 257
소차(疏箚)　51, 118, 203
수춘학인(壽春學人)　8, 9, 11, 23, 128, 129, 146, 151, 152, 210, 263, 264, 277
숙종실록(肅宗實錄)　375-377, 379-381
숙종실록보궐정오본(肅宗實錄補闕正誤本)　376, 377, 379
「숙종정유조보등록」(肅宗丁酉朝報燈錄)　95
순조실록(純祖實錄)　436, 437
승문원(承文院)　270, 322
승선(承宣)　438, 510
승선원(承宣院)　463, 464, 488
승정원(承政院)　14, 16, 18-20, 29, 30, 32, 33, 35, 36, 38, 41, 43, 44, 46, 49, 54, 58, 64, 67, 69, 72-74, 77, 80, 82, 84, 90, 115, 127, 129, 131, 142, 144-147, 151, 154, 156, 159, 171, 182, 186, 193, 196, 202, 211, 212, 214, 261, 264, 265, 277, 279, 290, 296, 311, 330, 332, 388, 398, 432-434, 440, 441, 451, 453, 463, 465, 469, 486-489, 491, 492, 494, 495, 497, 506, 511, 513, 527, 529, 541, 544, 555, 594, 595, 601, 606, 610
승정원일기(承政院日記)　76, 131, 159, 163, 317, 335, 401, 457-459, 501, 519, 627, 654
시정기(時政記)　106, 335, 358, 654
신석호(申奭鎬)　104
신식 관보(新式官報)　141, 202, 464, 465, 523
심영환　518

ㅇ

「악타 디우르나」(*Acta Diurna*)　3, 138, 217-235, 495, 496
「악타 세나투스」(*Acta Senatus*)　3, 217-220, 222-235, 495, 496
안재홍(安在鴻)　12-15, 114, 142, 149, 192, 286, 294, 615
안확(安廓)　35
언문교서(諺文敎書)　163, 397, 552, 660
역보(驛報)　116, 120-121, 142, 148, 200, 201, 248
역승(驛丞)　632, 640
역제(驛制)　201
역참(驛站)　244
영기(營奇)　51, 61, 67, 118-120, 148, 200, 203-204
영저리(營邸吏)　617
영저인(營邸人)　617
영조실록(英祖實錄)　393, 394, 399-401
영주인(營主人)　19, 204, 595, 617
예문춘추관(藝文春秋館)　19, 20, 48, 74, 81, 84, 129, 212, 486, 492
왕안석(王安石)　268
외관직(外官職)　630, 631, 647
우역(郵驛)　244, 248, 256, 594, 596, 613, 617, 640
유길준(兪吉濬)　31
유만주(兪晩柱)　103
유영옥　77
유자후(柳子厚)　41, 120, 147
유희춘(柳希春)　100, 317
윤대(輪對)　558, 603
윤음(綸音)　54, 58, 64, 67, 388, 389, 417, 422-424, 438, 531, 552, 553, 620, 648, 653
은대(銀臺)　487
『음애일기』(陰崖日記)　100
『응천일록』(凝川日錄)　101
이가환(李家煥)　439, 577
이광린(李光麟)　47, 609, 613
이긍익(李肯翊)　28, 291, 306

이덕무(李德懋) 27
이두(吏讀) 9, 16, 22-23, 31, 33, 66, 146, 211, 285, 516
이범수 62
이상협(李相協) 43
이승훈(李承薰) 439, 577
이식설(移植說) 275
이영춘(李迎春) 74
이이, 율곡(李珥, 栗谷) 25, 85, 290, 318
이이첨(李爾瞻) 318
이입설(移入說) 261, 266, 274, 282
『이재난고』(頤齋亂藁) 77, 102, 661
이종수(李鍾洙) 10-11, 23, 211, 285
이중화(李重華) 35, 490
이진섭(李眞燮) 45, 120, 139, 141, 213, 267, 280, 545, 583, 594, 614, 615
이항구(李恒九) 448
이해창(李海暢) 234
이홍직(李弘稙) 72, 545, 594
인조실록(仁祖實錄) 349, 350, 353, 357, 360
일성록(日省錄) 106, 405, 458, 459, 632, 654
임근수(林根洙) 222, 236, 240, 469
임종순(任鍾淳) 63, 148, 167, 171, 174

ㅈ
『잠계문집』(潛溪文集) 95
재이(災異) 312, 372, 586, 588, 591
저(邸) 137, 214, 242
저리(邸吏) 26, 60, 74, 143, 183, 214, 610, 616
저보(邸報) 3, 9, 14-15, 17-19, 22, 32, 33, 46-49, 55, 58, 64-65, 67, 74, 81, 84, 89, 107, 108, 114-119, 120, 121, 123, 126, 127, 136, 138-144, 146-149, 176, 180, 200, 202, 205, 213-216, 241-242, 244-252, 254-257, 262, 267, 269, 274, 276, 280-282, 491, 524, 611, 613, 614
저인(邸人) 49, 71, 608, 615
저장(邸狀) 116, 120, 142, 148, 200, 249
저지(邸紙) 89, 108, 115, 120-121, 142, 147-148, 200-201
저초(邸鈔) 120, 121, 142, 148, 200, 201
접목설(接木說) 261, 274, 282, 283
정경운(鄭慶雲) 100
정사(政事) 51, 67, 93, 118, 119, 203, 629
정서기별서리(正書奇別書吏) 604, 605
정조실록(正祖實錄) 402-404, 481, 483, 484
정진석(鄭晉錫) 19, 465, 595
제당(堤塘) 256-257
조보(朝報) 4, 11, 13-16, 18-22, 24, 25, 27-31, 33, 38-41, 43-53, 58, 61, 63-70, 72-74, 76, 77, 79, 82-86, 88-90, 108, 115-121, 123-127, 129, 130, 133, 135, 138-149, 151, 152, 154-156, 158, 163, 165-167, 170, 171, 173, 174, 180, 182, 190, 191, 193-198, 200-202, 205, 213, 215, 247, 249, 262, 263, 265-272, 274, 276-280, 282-284, 286-290, 293, 302, 304, 309, 314, 319, 321, 323, 325, 326, 328, 330, 332, 333, 339, 342, 344, 346, 350, 353, 356-359, 363, 367, 374, 376, 377, 379, 389, 391, 395-398, 401, 403, 406, 407, 411, 421, 423, 424, 427, 432, 435, 437-439, 443, 444, 446, 450, 452, 460, 470, 480, 482, 489, 499, 500, 502, 507, 515, 526, 533, 538, 540, 586, 613, 624
조보소(朝報所) 492, 597, 598, 599
조보체(朝報體) 518, 520
조지(朝紙) 35-38, 41, 42, 48, 58, 61, 72, 74, 89, 107, 108, 115, 117, 121, 123-125, 134, 145-148, 185, 200, 272, 302, 304, 377, 381, 382, 392, 398, 403-405, 407, 408, 410-412, 415-417, 419, 420, 422, 425, 427, 430, 431, 434, 437-441, 444, 445, 451, 454, 530, 531, 570, 574, 620
주서(注書) 67, 131, 154, 156, 186, 345, 380, 401, 409, 432, 440, 499-502, 504-506, 508, 509, 513, 524, 525, 557
주전유(朱傳譽) 251, 256
중종실록(中宗實錄) 307, 308, 309, 310, 312, 313
지파드, 앤소니(Giffard, Anthony C.) 218, 225
진기홍(陳琪洪) 92
진주관(進奏官) 214, 250

진주관보(進奏官報) 249
진주보(進奏報) 249
진주원(進奏院) 138, 214, 246, 250, 252
진주원보(進奏院報) 249
진주지후관(進奏知後官) 250
쩡쉬바이(曾虛白) 201, 243, 245, 247, 255

ㅊ
차대(次對) 415, 445, 454, 485, 558, 562
차배근(車培根) 52, 53, 55, 58, 137, 140, 180, 214, 215, 242, 253, 257, 268, 275, 360, 470, 472, 545
차상찬(車相瓚) 8, 11, 12, 15, 16, 22, 23, 58, 66, 120, 210, 261, 277, 286, 601
차자(箚子) 164-165, 182, 184-185, 190, 203, 379, 404, 430-431, 437, 440, 453, 508, 538, 543, 555, 568, 570, 581, 627, 654
천관우(千寬宇) 45, 46, 47, 48, 139, 140, 148, 213, 280, 582, 612-615
철종실록(哲宗實錄) 443
『청우일록』(青又日錄) 103
최남선(崔南善) 38, 115, 139, 192, 213, 267, 280, 594
최승희(崔承熙) 74, 127, 142, 149, 517
최정태(崔貞泰) 66, 68, 118, 143, 148, 167, 172, 193, 203, 465, 468, 546, 583, 594
최준(崔埈) 19, 43, 66, 92, 129, 151, 152, 211-212, 204, 211, 261, 263-266, 277-279, 286, 295, 486, 544, 583, 594, 615
『추관지』(秋官志) 608, 621
춘추관(春秋館) 38, 72, 312, 335, 370, 603

ㅋ
카이사르(Caesar, Gaius Julius) 137, 218, 220-222
키케로(Cicero) 224, 225, 228

ㅌ
통문(通文) 147
통보(通報) 288
통정사(通政司) 254

ㅍ
파발(擺撥) 54, 606, 613, 617, 624
판드, 어빙(Fand, Irving) 220
필사신문(筆寫新聞) 22, 52, 236-238, 245, 494

ㅎ
한경보(漢京報) 29-30, 38, 58, 61, 67, 89, 108, 115, 116-117, 119, 120-121, 142, 147-148, 200, 202, 490, 594
『한국서지』(韓國書誌) 29, 30, 202, 462, 465, 468, 473, 489, 516, 524, 618, 646
「한성순보」(漢城旬報) 4, 5-6, 7, 10-11, 15, 17, 18, 21, 24, 43, 52, 470, 472, 473, 474
「한성주보」(漢城周報) 470, 471, 472, 473, 474
현종개수실록(顯宗改修實錄) 370
현종실록(顯宗實錄) 370
홍문관(弘文館) 69, 488, 634
황유첨(黃有詹) 101
황윤석(黃胤錫) 77, 102
황현(黃玹) 32, 45, 139, 141, 148, 213, 267, 461, 462, 612, 619
효종실록(孝宗實錄) 362
후원(喉院) 487
흠영(欽英) 103

차배근(車培根)

강원도 횡성 출생
서울대학교 사범대학 국어과 졸업
미국 켄트주립대학교(Kent State University) 대학원 커뮤니케이션학과 졸업(언론학 박사)
서울대학교 언론정보학과 교수
현재 서울대학교 언론정보학과 명예교수

주요저서: 『커뮤니케이션학개론』(상·하, 1976), 『사회통계방법』(1977), 『사회과학연구방법』(1979), 『설득커뮤니케이션이론』(1989), 『매스 커뮤니케이션 효과이론』(제2판, 1999), 『사회과학연구방법』(개정판, 공저, 2013), 『한국신문학사』(공저, 1977), 『중국전근대언론사』(1984), 『중국조선민족언론사』(공저, 1997), 『개화기 일본유학생들의 언론출판활동연구』(2000), 『우리 신문 100년』(공저, 2001), 『서울대학교 대학신문사 I: 1952-1961』(2004), 『중국근대언론발달사: 1815-1945』(2008), 『미국신문발달사』(2014), 『한국커뮤니케이션학사』(2017), 『커뮤니케이션학이란 무엇인가』(공저, 2017), 『한국언론학선구자: 김동성과 김현준』(공저, 2019) 등